Ursula Kampmann

Die Münzen der römischen Kaiserzeit

Ursula Kampmann

Die Münzen der römischen Kaiserzeit

2. Auflage 2011

BATTENBERG

Bibliografische Information Der Deutschen Bibliothek

Die Deutsche Bibliothek verzeichnet diese Publikation in der Deutschen Nationalbibliografie; detaillierte bibliografische Daten sind im Internet über http://dnb.ddb.de abrufbar.

ISBN 978-3-86646-071-3

2. Auflage 2011

(www.battenberg.de)

Für meine Eltern und meine Großmutter,
die mich nie von meiner verrückten Idee
abzubringen versuchten, Alte Geschichte zu studieren.

Inhaltsverzeichnis

1. Vorwort .9
2. Einleitung .11
3. Die Nominale .20
4. Die Vorderseiten .24
5. Die Rückseiten .24
6. Die Münzstätten .31
7. Die wichtigsten Legenden und ihre Abkürzungen .33

Katalogteil

	Seite
1. Caesar	35
2. Augustus	38
3. Livia	48
4. Agrippa	49
5. Tiberius	50
6. Drusus Maior	52
7. Antonia Minor	53
8. Drusus Minor	54
9. Germanicus	55
10. Agrippina Maior	56
11. Caligula	57
12. Claudius	59
12a. Britannicus	62
13. Agrippina Minor	63
14. Nero	64
15. Bürgerkrieg	69
16. Clodius Macer	71
17. Galba	72
18. Otho	76
19. Vitellius	77
20. Vespasianus	81
21. Domitilla die Ältere	89
22. Titus	90
23. Iulia Titi	96
24. Domitianus	97
25. Domitia Longina	105
26. Nerva	106
27. Traianus	109
28. Marcus Ulpius Traianus	118
29. Plotina	119
30. Marciana	120
31. Matidia	121
32. Hadrianus	122
33. Sabina	138
34. Aelius	140
35. Antoninus Pius	141
36. Faustina Maior	157
37. Marcus Aurelius	161
38. Faustina Minor	176
39. Lucius Verus	181
40. Lucilla	186
41. Commodus	188
42. Crispina	200
43. Pertinax	201
44. Didius Iulianus	203
45. Manlia Scantilla	204
46. Didia Clara	205
47. Pescennius Niger	205
48. Clodius Albinus	207
49. Septimius Severus	210
50. Iulia Domna	222
51. Caracalla	227
52. Plautilla	237
53. Geta	239
54. Macrinus	244
55. Diadumenianus	247
56. Elagabalus	248
57. Iulia Paula	253
58. Aquilia Severa	254
59. Annia Faustina	255
60. Iulia Soaemias	255
61. Iulia Maesa	256
62. Severus Alexander	258
63. Orbiana	265
64. Iulia Mamaea	266
65. Maximinus I. Thrax	268
66. Paulina	270
67. Maximus	271
68. Gordianus I.	272
69. Gordianus II.	273
70. Balbinus	274
71. Pupienus	275
72. Gordianus III.	277
73. Tranquillina	283
74. Philippus I. Arabs	284
75. Otacilia Severa	288
76. Philippus II.	289
77. Pacatianus	291
78. Iotapianus	292
79. Traianus Decius	293
80. Herennia Etruscilla	296
81. Herennius Etruscus	297
82. Hostilianus	299
83. Trebonianus Gallus	301
84. Volusianus	303
85. Aemilianus	306
86. Cornelia Supera	308
87. Uranius Antoninus	308
88. Valerianus I.	309
89. Mariniana	313
90. Gallienus	314
91. Salonina	323
92. Valerianus II.	325
93. Saloninus	326
94. Macrianus	328
95. Quietus	329

	Seite
96. Regalianus	330
97. Dryantilla	331
98. Postumus	331
99. Laelianus	337
100. Marius	338
101. Victorinus	339
102. Tetricus I.	340
103. Tetricus II.	342
104. Claudius II. Gothicus	343
105. Quintillus	346
106. Aurelianus	348
107. Severina	352
108. Zenobia	353
109. Vabalathus	354
110. Tacitus	355
111. Florianus	358
112. Probus	360
113. Carus	365
114. Numerianus	367
115. Carinus	369
116. Magnia Urbica	372
117. Nigrinianus	372
118. Iulianus I. von Pannonien	373
119. Diocletianus	373
120. Maximianus	380
121. Constantius I. Chlorus	386
122. Galerius	390
123. Galeria Valeria	394
124. Carausius	394
125. Allectus	399
126. Domitius Domitianus	400
127. Severus II.	401
128. Maximinus Daia	403
129. Maxentius	406
130. Romulus	409
131. Domitius Alexander	409
132. Licinius I.	410
133. Licinius II.	413
134. Valens	414
135. Martinianus	415
136. Constantinus I.	415
137. Urbs Roma	424
138. Constantinopolis	425
139. Helena	426
140. Theodora	427
141. Fausta	427
142. Crispus	428
143. Dalmatius	431
144. Hannibalianus	432
145. Constantinus II.	432
146. Constans	436
147. Constantius II.	439
148. Magnentius	445
149. Decentius	447
150. Nepotianus	448
151. Vetranio	448
152. Constantius Gallus	449
153. Iulianus II.	451
154. Iovianus	454
155. Valentinianus I.	455
156. Valens	458
157. Procopius	461
158. Gratianus	462
159. Valentinianus II.	465
160. Theodosius I.	467
161. Aelia Flacilla	470
162. Magnus Maximus	471
163. Flavius Victor	473
164. Eugenius	473
165. Arcadius	475
166. Aelia Eudoxia	477
167. Theodosius II.	478
168. Aelia Eudocia	480
169. Pulcheria	481
170. Marcianus	482
171. Leo I.	483
172. Aelia Verina	484
173. Leo II.	485
174. Zeno	486
175. Aelia Ariadne	487
176. Basiliscus	488
177. Aelia Zenonis	489
178. Leontius	489
179. Honorius	490
180. Constantinus III.	492
181. Constans II.	493
182. Maximus	493
183. Priscus Attalus	494
184. Iovinus	495
185. Sebastianus	496
186. Constantius III.	496
187. Galla Placidia	497
188. Johannes	498
189. Valentinianus III.	499
190. Eudoxia	501
191. Honoria	502
192. Petronius Maximus	503
193. Avitus	503
194. Maiorianus	504
195. Libius Severus	505
196. Anthemius	506
197. Euphemia	507
198. Olybrius	507
199. Glycerius	508
200. Iulius Nepos	508
201. Romulus Augustulus	509

Anhang

Bildindex der Kaiser und männlichen Angehörigen des Kaiserhauses 511

Bildindex der weiblichen Angehörigen des Kaiserhauses 519

Alphabetischer Kaiserindex 522

Konkordanzliste 523

Abbildungsnachweis 526

1.1 Vorwort

Es ist schon einige Jahre her, daß die letzte Auflage des „Kankelfitz“ publiziert wurde. Als mir Freunde gegen Ende des Jahres 2001 erzählten, welche Preise dieses doch mittlerweile ziemlich überarbeitungsbedürftige Buch bei eBay regelmäßig erzielte, realisierte ich zum ersten Mal, wie wichtig es wäre, einen Katalog römischer Münzen für Sammler zusammenzustellen. Daß ich es sein würde, die sich dieser Aufgabe stellt, hätte ich zum damaligen Zeitpunkt nicht gedacht.
Nun also ist er da, der „Kampmann“, mit einem völlig neu erarbeiteten Katalogteil, mit Biographien aller Kaiser und Münzpreisen auf dem aktuellen Stand. Für die Katalogerstellung wurde als Grundlage das Material benutzt, das in den von der Qualität her sehr unterschiedlichen Bänden des Roman Imperial Coinage (RIC) katalogisiert ist. Grundsätzlich jede Rückseite bis hinauf zu Stücken mit der Seltenheit R2 wurde in den neuen Katalog aufgenommen. Einzige Ausnahme bilden die ersten Kaiser bis einschließlich der Silbermünzen Neros; für sie wurden als Grundlage die neuen Kataloge der Bibliothèque nationale, Paris, gewählt.
Ohne die Vorarbeit all' der Wissenschaftler, die diese Kataloge erarbeitet haben, wäre das vorliegende Buch nicht möglich gewesen. Für die Preisgestaltung hatte ein amerikanischer Münzhändler bereits wichtige Grundlagen geliefert. Für die meisten Einschätzungen zog ich das Buch von David L. Vagi, Coinage and History of the Roman Empire, Sidney / Ohio 1999, heran und paßte die Preise lediglich an den deutschen Markt an. Ein befreundeter Sammler aus Mainz kontrollierte für das 3. und 4. Jahrhundert meine Preisvorschläge.
Für die Beschaffung des Bildmaterials sei den Fotografen Lübke & Wiedemann gedankt, die in großzügigster Weise das Werk mit dem Bereitstellen von Bildmaterial unterstützt haben. Herr Winfried Danner hat mir völlig unbürokratisch Einblick in sein Archiv des digital bearbeiteten Bildmaterials gewährt. Und dann dürfen natürlich die nicht vergessen werden, die ihre Erlaubnis gaben, das reichhaltige Bildmaterial zu verwenden: Dr. Hubert Lanz (Numismatik Lanz, München), Dr. Christoph von Mosch (Gorny & Mosch / Giessener Münzhandlung, München), Heiner Stotz (Numismatik Leu, Zürich) und Dr. Hans Voegtli (Münzen und Medaillen AG, Basel).
Die Münzen und Medaillen AG, Basel, erlaubte mir wieder unbegrenzten Zugang zu ihrer Bibliothek, auch dafür danke ich Dr. Hans Voegtli sowie Dr. Bernhard Schulte und Joachim Stollhoff. Im Museum zu Allerheiligen, Schaffhausen, stand mir immer ein Arbeitsplatz zur Verfügung, und Herr Kurt Wyprächtiger teilte großzügig seine RIC-Bände mit mir.
Dann sollen natürlich auch all diejenigen nicht vergessen sein, die im Gietl-Verlag dafür gesorgt haben, daß dieses Buch so schön werden konnte, wie es ist. Einen besonderen Dank dafür an Heinrich Gietl und Josef Roidl sowie an Herrn Stefan Birzer, der den Katalog gesetzt und vor allem die Korrekturen in Rekordzeit in den Text eingearbeitet hat.
Ein ganz besonderer Dank geht an all' die Sammler, die ich im Laufe meines beruflichen Lebens kennenlernen durfte. Im Gespräch mit ihnen allen habe ich vieles gelernt, nicht nur Numismatisches. Die gemeinsame Begeisterung für das Münzsammeln beseitigte gesellschaftliche, geographische und sprachliche Barrieren im Nu. Ich bin glücklich, sagen zu können, daß viele Münzhändler und -sammler, denen ich bei Vorträgen, auf Münzbörsen oder Auktionen begegnet bin, heute meine Freunde sind. Für sie ist dieses Buch geschrieben, als ein kleiner Dank für die unzähligen, schönen Stunden, die ich mit ihnen allen verleben durfte.

Ursula Kampmann
Lörrach, Januar 2004

1.2 Vorwort zur 2. Auflage

„Aber dass „der Kampmann" sich „zum neuen Standardwerk im deutschen Münzhandel entwickeln" wird (Rückentext), ist ein kühner Wunschtraum der Verleger. Es ist halt nur wieder so eine Art Kankelfitz."

So unkte ein Rezensent, als 2004 die erste Auflage des „Kampmann" den alten „Kankelfitz" ersetzte. Und damals gab ich ihm nicht einmal Unrecht. Zu übertrieben schien es mir, daß mein kleines Opusculum solch eine Rolle bei Händlern und Sammlern spielen würde. Doch heute stelle ich verblüfft fest, daß einige Münzhandlungen – natürlich nicht diejenigen, die einen Anspruch auf Wissenschaftlichkeit erheben, sondern eher diejenigen, die ihre Texte an den Bedürfnissen der Sammler orientieren – den „Kampmann" in ihren Auktionskatalogen und Listen zitieren. Ich freue mich jedes Mal, wenn ich wieder einen Sammler mit dem „Kampmann" unterm Arm auf einer Münzbörse nach Ergänzungen für seine Sammlung suchen sehe. Und ich habe häufig die Gelegenheit, mich zu freuen.
Natürlich läßt mich all das nicht die Mängel vergessen, die „der Kampmann" hat. Er ist nicht vollständig – wie auch, der RIC, der auf Vollständigkeit Anspruch erhebt, nimmt fast einen Meter im Buchregal ein und schon ein Band kostet ein Vielfaches vom „Kampmann". Er hat inhaltliche Lücken – auch in dieser Ausgabe konnte ich den Wunsch vieler Sammler, den Vorderseiten mehr Raum zu geben, aus Platzgründen nicht nachkommen (möchten Sie wirklich zwei Bücher auf die Münzbörse schleppen?). Und doch bin ich nicht unzufrieden mit dem Buch. Es ist leicht zu handhaben. Es wird von Anfängern und Fortgeschrittenen gleichermaßen benutzt. Die ersten Aufregungen haben einer stillen Akzeptanz und Selbstverständlichkeit Platz gemacht. Last but not least ist nach nur sechs Jahren eine Neuauflage nötig geworden, weil die gesamte 1. Auflage verkauft ist.
Der „Kampmann" hat seinen Weg gemacht. Er hat sich still und heimlich zu dem Buch entwickelt, das ein deutschsprachiger Sammler von römischen Münzen benutzt. Und das freut mich sehr. So sah ich keinen Grund, sein Konzept grundsätzlich zu überarbeiten. Lediglich die Preise wurden mit Hilfe der Internet-Seite „coinarchives" komplett an die aktuelle Marktsituation angepaßt. Außerdem habe ich den Katalog für einige Kaiser überarbeitet, für die der RIC wirklich zu veraltet war. Konkordanztabellen machen eine Benutzung des alten und des neuen „Kampmann" nebeneinander leicht.
Nicht vergessen möchte ich, Dr. Thomas Ganschow für seine Mitarbeit zu danken. Ohne ihn wäre die Neuauflage sicher nicht zeitgerecht fertig geworden.
Und damit wünsche ich mit der zweiten Auflage des „Kampmann" viel Freude am Sammeln.

Ursula Kampmann
Lörrach, Oktober 2010

2. Einleitung (Unbedingt vor der ersten Benutzung lesen!!!)

Sie haben sich dafür entschieden, Münzen der römischen Kaiserzeit zu sammeln? Gratuliere, Sie haben damit ein wunderschönes Hobby ausgewählt, das Ihnen noch viel Freude bereiten wird. Sie werden vieles lernen über die Geschichte der römischen Kaiser, über die Wirtschaft des Imperiums, über Religion, Provinzen und Militärwesen. Sie werden auch jenen sagenhaften Jagdtrieb verspüren, der das Rauschmittel ist, das jeden Sammler antreibt, dieses sagenhafte Gefühl von „ich werde heute in diesen Börsensaal / Laden / Auktionssaal hineingehen und eine wunderschöne Münze für einen einmalig günstigen Preis kaufen".
Oder sagen wir besser, irgendwann werden Sie dieses Gefühl verspüren, denn in Ihrer Anfangszeit als Sammler wird es Ihnen eher so gehen wie den meisten Neulingen: Sie sind unsicher, ob der verlangte Preis günstig, angemessen oder überhöht ist.
Dieses Gefühl in den Griff zu bekommen, dabei will Ihnen der Katalog helfen. Er will Ihnen einen Anhaltspunkt geben, ob die Münze, die Ihnen angeboten ist, wirklich so sagenhaft selten sein könnte, wie es der Verkäufer behauptet. Das Büchlein ist gedacht als ständiger Begleiter, in dem man schnell nachsehen kann, ob der eine Kaiser seltener ist als der andere und ob man beim mühsamen Durchwühlen eines Münzhaufens wirklich ein Schnäppchen gemacht hat. Um aber möglichst schnell die Münze unter den vielen Nummern aufzufinden, die Sie suchen, müssen Sie sich jetzt kurz die Mühe machen, die folgenden Zeilen zu lesen. Es handelt sich beim folgenden Abschnitt praktisch um die Gebrauchsanweisung des Katalogs.

2.1 Was enthält dieses Buch?

Um es gleich vorweg zu nehmen. Dieser Katalog ersetzt keinen der wissenschaftlichen Standardkataloge wie den RIC (= Roman Imperial Coinage), den BMC (= British Museum Catalogues), oder den BN (Bibliothèque nationale). Dieser Katalog ist ein Buch für Sammler, das sich bemüht, möglichst viele Münztypen, denen der Sammler in seinem Alltag begegnet, aufzulisten.
Grundlage für den Katalogteil war der RIC. Alle Münzen, die im RIC bis einschließlich der Seltenheit R2 angegeben sind, sind in dem vorliegenden Katalog enthalten. Bei seltenen Kaisern und Kaiserinnen wurde der Vollständigkeit der Kaiserliste halber eine Ausnahme gemacht. Hier finden sich auch Münzen, für die im RIC eine höhere Seltenheit genannt werden. Für die 2. Auflage haben wir die Zeit der Soldatenkaiser anhand von Monographien zu einzelnen Kaisern überarbeitet, weil die entsprechenden RIC-Bände auf Grund ihres Publikationsdatums – zwischen 1927 und 1949 – inzwischen veraltet sind.
Nur die Rückseitentypen fanden als einzelne Nummern Aufnahme in den Katalog. Eine genaue Aufstellung zu machen zwischen den verschiedenen Koppelungen von Vorder- und Rückseitentypen hätte den Rahmen der Arbeit gesprengt. Deshalb ist nur in seltenen Fällen auf besondere Vorderseiten hingewiesen und zwar nicht im Katalogteil, sondern unter der Rubrik „Hinweise für Sammler".

2.2 Und wie finde ich die Münze, die ich suche?

Die Münzen in diesem Katalog sind nach dem Kaiser, seinem Mitregenten oder dem bzw. der Verwandten des Kaisers geordnet, der oder die auf der Vorderseite dargestellt ist. Das heißt, Sie müssen zunächst einmal ermitteln, wer auf der Vorderseite der Münze abgebildet ist. Für den Anfänger kann dies noch eine Herausforderung darstellen. Helfen soll Ihnen dabei der Bildindex im hinteren Teil, wo Sie aneinandergereiht die Porträts der verschiedenen Kaiser betrachten und vergleichen können.
Häufig ist es natürlich auch nützlich, die Legende zu lesen, die auf der Vorderseite geschrieben steht. Schließlich legte jeder Kaiser Wert darauf, daß man ihn eindeutig identifizieren konnte. Allerdings erscheinen nicht immer die Namen, unter denen wir heute einen Kaiser kennen. Caligula oder Caracalla sind zum Beispiel Spitznamen, die sich heute aber so eingebürgert haben, daß kaum noch jemand diese Kaiser bei ihrem römischen Namen, Caius Caesar bzw. Marcus Aurelius Antoninus, nennt. Eine weitere Komplikation kann die Tatsache darstellen, daß auf einer Münze nicht nur der Name eines Kaisers genannt wird (z. B. Traianus),

sondern die gesamte Titulatur gelegentlich inklusive des Namens des Adoptivvaters (in dem Fall Nerva). Schon mancher Jungsammler hat stundenlang einen Denar des Traianus unter Nerva gesucht. Sollte Ihnen so etwas passieren, dann denken Sie daran, daß Erfahrung am eindrücklichsten ist, wenn man sie aus seinen eigenen Fehlern heraus macht. Und auch der größte Numismatiker hat mal ganz klein angefangen. Um Ihnen aber nach Möglichkeit eine lange Suche zu ersparen, ist jedem Kaiser eine Aufstellung der häufigsten, nicht aller (!) Vorderseitenlegenden beigegeben. Überprüfen Sie also anhand der angegebenen Legenden, ehe Sie sich an die Suche machen, ob es wahrscheinlich ist, daß Sie „ihren" Kaiser in diesem Kapitel finden. Jeder Kaiser hat übrigens hier in diesem Buch eine eigene Nummer. Diese Nummer ist die erste, die Sie aufschreiben müssen, um ein sogenanntes „Zitat" zu bekommen, das Ihr Stück eindeutig identifiziert.

Gut, gehen wir davon aus, daß Sie den Kaiser herausgefunden haben. Nun wenden Sie sich der Rückseite zu. Auf jeder Rückseite finden Sie eine Rückseitenlegende. Sie gilt es nun zu entziffern. Ist Ihnen das geglückt, dann sind Sie schon fast fertig, denn im Katalog sind die Rückseitenlegenden – getrennt nach Münzmetallen – alphabetisch aufgeführt. Entdecken Sie innerhalb der Legende eine Klammer, so können die darin enthaltenen Buchstaben in der Legende vorkommen, müssen aber nicht. Nur eine kleine Komplikation kann noch auftreten. Manchmal benutzten nämlich die Kaiser die gleiche Umschrift für eine ganze Reihe von Darstellungen. Um nun Platz zu sparen, sind all diese Darstellungen unter der gleichen Rückseitennummer mit einer neuen Unternummer aufgeführt.

Das scheint Ihnen kompliziert? Ehrlich gesagt, als ich diesen Abschnitt nochmals gelesen hatte, fand ich ihn selbst höchst verwirrend. Also, machen wir uns die Sache einfach, nehmen wir ein Beispiel. Sie suchen diese Münze:

Die Identifizierung des Kaisers fällt Ihnen sicher leicht. Auf der Vorderseite lesen Sie HADRIANVS AVGVSTVS, also Kaiser Hadrianus. Der ist in unserem Katalog aufgeführt unter Nummer 32. Sie blättern also dorthin und wenden sich danach der Frage zu, ob Sie Ihr Stück unter den Denaren oder den Bronzemünzen suchen müssen. Die Frage ist natürlich nach dem Augenschein schnell beantwortet, das Stück ist aus Silber, also bitte ran an die Aufstellung der Denare. Nächste Frage, die Umschrift. Sie lautet COS III, also sehen wir nach, daß wir sie in der Aufstellung finden. Tatsächlich, zwischen CONCORDIA und DIANA EPHESIA entdeckt der Sammler die gesuchte Umschrift COS III. Ich gebe zu, ich habe natürlich ein besonders schwieriges Beispiel ausgesucht. In 95 % der Fälle wäre damit die Arbeit erledigt. Aber Hadrianus hat mit der Umschrift COS III eine ganze Reihe von Nominalen und Münzbildern herausgegeben. Wir stellen also fest, daß unsere Münze weder ein Kistophor noch ein Quinar ist, Nr. 32.53 und 32.56 also ausfallen, und daß keine zusätzliche Umschrift auf dem Stück erwähnt ist, es sich also nicht um 32.57 handelt. Jetzt müssen Sie die Nummern 32.54 und 32.55 auf die Rückseitendarstellung überprüfen. Wenn Sie Probleme haben, die verschiedenen göttlichen Damen und Herren eindeutig zu identifizieren, dann benutzen Sie bitte den Abbildungsindex der göttlichen Wesen, Seite 24. Dort sind die meisten von Ihnen zu finden. Eine Dame mit Helm, Speer und einer freien Brust, die noch dazu eine Victoria auf der ausgestreckten Hand hält, ist schnell mit Roma identifiziert, die mit dieser Inschrift entweder stehend 32.54.25 oder sitzend 32.54.26 auftreten kann. Da unsere Roma steht, haben wir also als Nummer des Denars anzugeben: 32 – für den Kaiser, 54 – für die Umschrift und 25 für die Darstellung: 32.54.25.

Wie gesagt, in den meisten Fällen ist es wesentlich einfacher. Aber Sie müssen noch eine Kleinigkeit beachten:

Es war leider nicht Platz, um alle Nominale gleichberechtigt aufzuführen. Deshalb geht der Katalog ab Vespasianus jeweils von bestimmten Leitnominalen aus. Bei den edlen Metallen ist das der Denar, bzw. der Antoninian, bei den Bronzemünzen der Sesterz. Es wurde jeweils zunächst danach gesehen, welche Umschriften in diesen Nominalen vorhanden sind. Gab es Stücke mit identischer Umschrift und Darstellung in anderen Nominalen, so werden diese nur in Klammern erwähnt. Unter den Aurei bzw. als Dupondius, As oder Semis werden nur die Typen aufgeführt, die es nicht als Denar bzw. Antoninian oder als Sesterz gab.
Und gleich noch ein Beispiel. Sie suchen diese Münze:

Das Porträt kennen Sie ja schon. Es ist wieder das bärtige Antlitz des Hadrianus und es wird Sie keine Sekunde aus dem Gleichgewicht bringen, daß die Umschrift IMP CAESAR TRAIANVS HADRIANVS lautet. Schließlich können Sie ja unter den häufigsten Umschriften sehen, daß der Name des Adoptivvaters Traianus gelegentlich in Münzumschriften des Hadrianus erscheint.
Nun lesen Sie die Rückseitenlegende: AETERNITAS AVGVSTI. Sie blättern unter den Bronzemünzen nach und tatsächlich entdecken Sie unter Nummer 32.134: Sesterz. AETERNITAS AVG(VSTI) SC Aeternitas frontal stehen (Dupondius). Die Rückseitenumschrift stimmt, die Klammern bedeuten, daß es sowohl die Umschrift AETERNITAS AVG und AETERNITAS AVGVSTI gibt. Aber wie steht das mit dem Nominal? Es handelt sich nicht um einen Sesterz, sondern um einen Dupondius! Richtig müßte man das Zitat also folgendermaßen angeben: 32.134 (Dupondius).

Für die Prägungen ab der Zeit der Tetrarchie wird die Sache einfacher. Da sich die Münzen hinsichtlich ihrer Metalle auch im Bildprogramm deutlich unterscheiden, sind alle Münztypen gleichwertig aufgeführt.

Fassen wir am Schluß noch einmal kurz die Schritte zusammen, mit denen Sie Ihre Münze im Katalog finden können.

1. Ermitteln des dargestellten Kaisers oder seines / seiner Verwandten.
2. Ermitteln der Rückseitenlegende.
3. Ermitteln der Rückseitenabbildung.

Achtung: Aurei, Goldquinare und Quinare können unter den Denaren bzw. den Antoninianen aufgeführt sein. Dupondien und Asse sind unter den Sesterzen aufgeführt.

Jetzt bleibt mir nur, Ihnen beim Suchen viel Spaß zu wünschen.

2.3 Warum hat denn jede Münze drei Preise oder wie bestimme ich eine Erhaltung?

Die drei Preise, die für jede Münze angegeben sind, entsprechen den drei grundsätzlichen Erhaltungsgraden „schön“, „sehr schön“ und „vorzüglich“. Wenn Sie bereits das ebenfalls im Gietl-Verlag erschienene Buch „Die Münzen der Römischen Republik“ von Rainer Albert gelesen haben, dann wissen Sie, wie man diese drei Erhaltungen definiert:

Vorzüglich: Kaum Umlaufspuren, keine Abnützungen bei den erhöhten Stellen, alle Einzelheiten der Prägung … einwandfrei erhalten.

Sehr schön: Deutliche Spuren des Umlaufs, doch die Einzelheiten der Prägungen ohne Beeinträchtigung … abgeflacht.

Schön: Deutliche Abnützung, Einzelheiten … nicht mehr voll erkennbar; Schrift voll lesbar.

Neben diesen drei Grunderhaltungen gibt es am oberen und am unteren Ende der Skala noch die Bezeichnungen:

FDC oder Stempelglanz: Keinerlei Abnützung erkennbar, der originale Stempelglanz ist noch vorhanden.

Sge bzw. ge: Letzteres wird von boshaften Sammlern als gerade noch erhalten aufgelöst; die beiden Kürzel sge (= sehr gut erhalten) und ge (= gut erhalten) bedeuten im Sammlerjargon eigentlich das genaue Gegenteil. Bei Münzen in dieser Erhaltung muß man sich ehrlich fragen, ob sie noch sammelwürdig sind.

Neben diesen fünf Erhaltungen gibt es noch zahlreiche Zwischenstufen. Man unterscheidet im Bereich zwischen vorzüglich und sehr schön folgende Abstufungen:

Vorzüglich
Fast vorzüglich
Sehr schön bis vorzüglich
Gutes sehr schön
Sehr schön

Eine unendlich feine Abstufung also, die – und hier wird es gerade für den Anfänger kompliziert – kaum von zwei Betrachtern gleich gesehen wird.
Erhaltungen sind zwar nicht willkürlich, aber doch vom Auge eines Betrachters abhängig. Ein Sammler, der normalerweise Münzen der Erhaltung schön sammelt, wird dazu tendieren, ein Stück, das sehr schön bis vorzüglich ist, als vorzüglich einzustufen. Anders herum werden einem Sammler, der nur vorzügliche Stücke in seiner Sammlung liegen hat, die feineren Abstufungen der Erhaltungen schön bis sehr schön nicht vertraut sein. Das Wichtigste ist also für jeden, sich selbst einen Maßstab zu bilden, wie er die Münzen einordnet, die er selbst sammelt. Anhand von diesem Maßstab muß er jede einzelne Münze, die er kaufen will, überprüfen. Sich dabei nur auf die Beschreibung in einem Katalog zu verlassen, kann durchaus Enttäuschungen in sich bergen.

Hier noch einmal eine Aufstellung der verschiedenen Erhaltungen:

Erhaltung	Abkürzung
FDC oder Stempelglanz	FDC / Stgl.
Vorzüglich	vz
Sehr schön	ss
Schön	s
Sehr gut erhalten	sge
Gut erhalten	ge

2.4 Oh, diese Preise!

Es wäre ja so einfach, wenn es bei antiken Münzen nur auf die Erhaltung ankäme, um den Preis festzulegen. Natürlich spielt die Erhaltung eine wesentliche Rolle, ebenso wie die Seltenheit, aber so viele andere Komponenten müssen ebenfalls in die Preisgestaltung einbezogen werden:

Stil: Das ist zum einen mal mit Sicherheit der Stil. Auch in einer Massenproduktion, wie sie in der römischen Münzstätte durchgeführt wurde, gab es Könner und Stümper unter den Stempelschneidern, und das sieht man den Münzprägungen auch an. Da finden wir von Zeit zu Zeit Porträts, wie sie an die Großplastik gemahnen, feinste Charakterstudien, an denen jeder Ästhet seine Freude hat. Und man findet gelegentlich Porträts, da ist man sich gar nicht so sicher, ob ihr Schöpfer nicht bereits die Stufe zur Majestätsbeleidigung überschritten hat. Natürlich fällt der Stil beim Preis ins Gewicht. Ein Stück von hervorragendem Stil wird mit Sicherheit einen höheren Preis bringen als ein Stück von schlechterem Stil. Ob allerdings ein Stück in „sehr schön" mit gutem Stil einen besseren Preis bringt als ein Stück in schlechtem Stil und „vorzüglich", das ist eher weniger wahrscheinlich.

Tönung und Patina: Sie alle kennen die hoch gereinigten Denare mit ihren blank gewienerten Oberflächen. Was eine deutsche Hausfrau durchaus schätzen könnte, ist für den Sammler ein Graus. Viele Münzen mußten irgendwann in ihrer Geschichte gereinigt werden, aber das soll man nach Möglichkeit bitte nicht so deutlich sehen.

Bei Silber bezeichnet man das, was auf der Münze liegt, eigentlich nicht als Patina – auch wenn Sie es in vielen Katalogen so lesen können – sondern als Tönung. Eine alte Sammlungspatina, also der feine dunkle Film, der das Relief einer Münze erst so richtig zum Vorschein bringt, ist etwas höchst begehrenswertes und ich kenne viele Sammler, die für eine Münze in sehr schön mit feiner alter Sammlungspatina jeden glänzenden, gerade erst gereinigten Denar in FDC liegen lassen würden.

Noch wichtiger ist die Oberfläche der Münze bei den Bronzemünzen. Dort spricht man nun tatsächlich von Patina. Eine Patina entsteht durch den chemischen Vorgang, den eine Bronzemünze erfährt, wenn sie jahrhundertelang in einer bestimmten Umgebung liegt. Je nach den chemischen Bestandteilen im Boden, nach den Bedingungen im Wasser oder in einem Münzkästchen verwandelt sich das Metall sehr, sehr langsam in ein Mineral. Das bedeutet, eine echte Patina ist hochempfindlich. Manch stolzer Besitzer eines Stückes mit der geschätzten Malachitpatina hatte, nachdem er seine Bronze fallen ließ, nur noch zwei Hälften in der Hand, an denen er klar sehen konnte, daß die Patina außen nur eine dünne Schicht bildete, während die Bronze im Inneren völlig zersetzt war.

Mein Vorgänger Ralph Kankelfitz hat eine ausgezeichnete Aufstellung der wichtigsten Arten der Patina geliefert, die einer meiner verehrten Lehrer, Pierre Strauss, einmal als vorbildlich bezeichnet hat. Ich möchte sie Ihnen aus diesem Grund nicht vorenthalten:

Hellgrün: Mitunter bröcklig, Flecken springen leicht ab, gilt als „junge" Patina, die nur auf der Oberfläche haftet, darunter oft dunkler Kupferkern. Bei Verkrustungen negativ einzuschätzen.

Bläuliches Intensivgrün: Tiefergehende Veränderung von Kupferbronzen, zum Teil mit glänzender speckiger Oberfläche (Malachitpatina) seltener auch zum Oliv tendierend. Recht beliebte und geschätzte Färbung. Verflacht jedoch gelegentlich die Profilierung, wenn sie zu dick ist.

Blaugrau: Die sogenannte Rauch-Patina. Zarter staubförmiger Belag, der Konturen der Gepräge sogar noch schärft. Meist in vulkanischen Gegenden gefunden (Ätna, Vesuv, Mysien). Seltene und hochgeschätzte Patina, die gute Stücke erheblich verteuert.

Gelbocker: Meist in lehmiger Erde oder im Schlamm entstandene Patina. In der Regel leicht körnige Oberfläche, je glatter, je seltener. Reizvolle Tönung, die nicht mit der hellen Messingfarbe früher Bronzen verwechselt werden darf. Ihre Fundorte sind meistens die Schwemmsandgebiete großer Flußmündungen, daher auch „Tiber-Patina" genannt.

Mokkabraun: Die wohl häufigste Patinafarbe, die in vielen Tönungen vorkommt. Sie zeigt allgemein die glatteste Oberfläche und bringt Reliefs vorteilhaft zur Geltung. Eindeutiger Plusfaktor, wenn beidseitig.

Rotbraun: Eine Ablagerungserscheinung von Kupferoxidul, tritt meist fleckenförmig auf (nicht entfernen!). Sehr viel seltener umschließt sie das ganze Münzbild einschließlich Rückseite. Ist dies der Fall, dann ist sie eindeutig wertsteigernd, bei Flecken jedoch nicht.

Schwarz: Schwärzlich glänzende Patina galt früher als besonderer Vorzug. Für den heutigen Geschmack ist sie oft zu dick und beeinträchtigt daher unliebsam das Münzbild. Man bezeichnet sie auch als sogenannte Quellen-Patina, weil sie häufig an Stücken vorkommt, die in Brunnen gefunden wurden, deren mineralhaltiges Wasser die Färbung verursachte.
Was Ralph Kankelfitz nicht erwähnte, ist die Tatsache, daß bei vielen Bronzemünzen die Patina leider nicht durch Einwirkungen der Umwelt entstand, sondern durch die kunstfertige Hand eines Bearbeiters. Eine stumpfe grüne, braune oder schwarze Färbung steht immer im Verdacht, künstlich aufgetragen zu sein. Ihr fehlt häufig der zarte Glanz, den eine echte Patina aufweist. Hier kann man dem Anfänger nur raten, vorsichtig zu sein und zu schauen, zu schauen und nochmals zu schauen. Die beste Lehrmeisterin ist auch hier die praktische Erfahrung, die man nur erwirbt, indem man möglichst viel Stücke in die Hand nimmt.

Die sogenannten kleinen Schönheitsfehler: Manch Sammler ist schon glücklich von einer Münzbörse nach Hause gegangen, weil er ein Stück, das im Katalog mit einem hohen Preis zu finden war, für einen Bruchteil des Katalogwertes bekommen hat. Das böse Erwachen kam in den meisten Fällen erst dann, wenn man genau dieses Stück wieder verkaufen wollte. Es hatte nämlich mit Sicherheit einen der kleinen und doch so wertmindernden Schönheitsfehler wie z. B. ein gestopftes Loch oder einen befeilten Rand. Beides Dinge, die häufig optisch kaum ins Gewicht fallen, den Preis aber stark nach unten drücken.
Man sollte es sich sorgfältig überlegen, ob man ein Stück mit einem solchen Fehler in die Sammlung legt. Wem es darauf ankommt, möglichst wertbeständig zu sammeln, dem kann man nur davon abraten. Wer dagegen die Seltenheit eines bestimmten Stückes schätzt, das er sich ohne den bewußten Schönheitsfehler kaum leisten könnte, dem kann man nur raten, so eine Gelegenheit zu ergreifen.
Nachfolgend eine kleine (unkomplette) Aufstellung der wichtigsten Schönheitsmängel, sofern nötig mit Erklärung und einem Hinweis auf den Grad der Wertminderung.

Bearbeitet Damit wird meist euphemistisch die Tatsache vermerkt, daß Schrift oder Darstellung einer Bronze nachgeschnitten wurde. → Stark wertmindernd (v. a. in Deutschland und den USA, in Italien wird interessanterweise eine Nachbearbeitung kaum in die Preisgestaltung einbezogen).

Dezentriert Vorder- oder Rückseitenstempel sind nicht ganz auf der Münze zu sehen – im Bereich der römischen Kaiserzeit relativ selten. → Wertmindernd.

Einhieb Zur Wertkontrolle wurden in der Antike häufig Einhiebe ins Metall geschlagen. → Je nach Lage des Prüfhiebs wertmindernd.

Fassungsspuren Befeilung am Rand, um die Münze als Schmuck zu fassen → wertmindernd.

Gefüttert Schon in der Antike versuchten Münzfälscher ihr Glück. Ein „gefüttertes" Stück besteht aus einer äußeren Schicht von edlem Metall und einem Kern von unedlen Metall. → Je nach Sichtbarkeit des unedlen Metall wertmindernd bis stark wertmindernd.

Geglättet Gerade bei Bronzen aus alten Sammlungen entdeckt man immer wieder, daß mit einem Polierstift das Feld geglättet wurde, um einen ästhetisch gefälligeren Eindruck zu schaffen. → Leicht wertmindernd.

Gelocht Münzen wurden häufig gelocht, um als Schmuck getragen zu werden. → Stark wertmindernd.

Gestopftes Loch Münzen wurden häufig gelocht, um als Schmuck getragen zu werden – solche Löcher wer-

	den von guten Goldschmieden z. T. mit Metall ausgefüllt und nachgraviert. → Stark wertmindernd.
Korrosion	Zersetzung des Metalls → Je nach Grad und Ausdehnung der Korrosion leicht bis stark wertmindernd.
Kratzer	Damit kann von einem feinen Kratzer bis zum großen Einhieb alles bezeichnet werden. → Leicht bis Stark wertmindernd.
Nachgeschnitten	Um eine bessere Erhaltung vorzutäuschen, wird gelegentlich versucht, Darstellung oder Schrift einer Bronzemünze durch eine Überarbeitung zu verbessern. → Stark wertmindernd.
Plattiert	siehe gefüttert.
Poliert	Gerade bei Bronzen aus alten Sammlungen entdeckt man immer wieder, daß mit einem Polierstift das Feld geglättet wurde, um einen ästhetisch gefälligeren Eindruck zu schaffen. → Leicht wertmindernd.
Prüfhieb	siehe Einhieb.
Punze	Zur Wertbestätigung wurden in der Antike häufig Zeichen ins Metall geschlagen. → Je nach Lage der Punze wertmindernd.
Randfehler	Kratzer oder Delle am Rand → Leicht wertmindernd
Scharf gereinigt	Reinigung, die auf die Oberflächenstruktur zersetzende Wirkung hatte. **Achtung:** Durch starke Reinigung kann der Beweis für die Echtheit einer Münze nicht mehr erbracht werden! → Stark wertmindernd.

Provenienz: Die Provenienz, die Herkunft eines Stückes aus einer bedeutenden Sammlung, kann ebenfalls großen Einfluß auf den Preis einer Münze haben. Wer würde nicht gerne einen Aureus besitzen, den einst Enrico Caruso in seiner Sammlung liegen hatte? In so einem Fall ist ein Sammler durchaus bereit, mehr als den Preis zu zahlen, den er normalerweise für einen Aureus diesen Typs rechnen müßte. Man kann auch beim Verkauf mit einem erhöhten Preis für so ein Stück rechnen. Deshalb empfiehlt es sich, alle Informationen über die Herkunft einzelner Stücke sorgfältig zu sammeln.

Garantie: Was man ebenfalls in seine Berechnung eines Münzpreises einbeziehen sollte, ist die Garantie für die Echtheit, die einem der Händler gibt – oder eben nicht. Wer bei einem Mitglied einer wichtigen Händlerorganisation, wie der IAPN (International Association of Professional Numismatists), dem VddM (Verband der deutschen Münzhändler) oder anderen gleichwertigen Verbänden kauft, kann sich darauf verlassen, daß jede gekaufte Münze, von der er nachweisen kann, daß sie falsch ist, wieder zurückgenommen wird. Diese Garantie sollte vor allem dem Anfänger, der sich noch nicht sicher ist in der Fälschungserkennung, einen Aufpreis wert sein. Er gewinnt dadurch auch die Beratung durch einen Fachmann, deren Wert sich gerade in der Phase des Lernens nicht hoch genug einzuschätzen ist.

Verkaufspreise sind keine Ankaufspreise: Viele Sammler vergessen, daß der Münzhändler vom Handel mit Münzen leben muß. Das heißt, jede Münze, die er verkaufen will, muß er billiger ankaufen. Dabei hängt die Gewinnspanne ganz eng mit dem Wert der Münze zusammen. Bei Münzen, deren Verkaufspreis im unteren dreistelligen Bereich liegt, muß der Händler mit einer wesentlich höheren (prozentualen) Gewinnspanne rechnen wie bei teuren Stücken. Schließlich bleibt sein Arbeitsaufwand exakt der gleiche: Die Münze muß buchhalterisch verwaltet, bestimmt, ein Zettel geschrieben werden. Der Käufer erwartet selbstverständlich eine ausführliche Beratung. Wenn Sie nun allein den Preis der Arbeit in Ihre Kalkulation einbeziehen, dann wird Ihnen sicher klar, daß hier der An- und Verkaufspreis prozentual weiter auseinanderliegen muß als bei einem Stück mit einem vierstelligen Preis.

Wer daran interessiert ist, in Münzen zu investieren, also nach Möglichkeit den Preis, den er gezahlt hat, wieder zurückzubekommen, der sollte sich lieber weniger Münzen kaufen, dafür aber solche, die im höheren Preisbereich liegen. Die Händlerspanne nimmt nach oben hin stark ab. Außerdem sollte man nicht vergessen, daß auch Händler dazu tendieren, Stücke gerne zu kaufen, von denen sie wissen, daß sie sie schnell wieder weiterverkaufen können, also attraktive Stücke mit einer hübschen Tönung oder Patina und einer interessanten Rückseitendarstellung. In solchen Fällen wird der Verkäufer vermutlich einen wesentlich besseren Verkaufspreis erzielen, da der Händler nicht damit rechnen muß, solch ein Stück eventuell jahrelang über Münzbörsen schleppen zu müssen, ehe er es verkaufen kann.

Um es noch einmal kurz zusammenzufassen, folgende Kriterien bestimmen den Preis einer Münze:

1. Erhaltung
2. Seltenheit
3. Stil
4. Tönung / Patina
5. Schönheitsfehler
6. Provenienz
7. Garantie
8. Ankauf oder Verkauf?

Und welche Preise stehen in diesem Buch? Im Katalog wurde ein Durchschnittsankaufspreis angegeben, wie ihn ein Händler für eine bestimmte Münze fordern könnte. Dieser Durchschnittspreis kann wesentlich über- oder unterschritten werden, je nachdem wie oder wo man das Stück kauft und welche besonderen Umstände bei seiner Erhaltung noch zu berücksichtigen sind. Worauf besonders geachtet wurde, sind die Verhältnisse der Preise untereinander, so daß es dem Sammler leichter fallen müßte, so zu berechnen, was er für einen seltenen Typ ausgeben kann. Bei Stücken, die so selten im Handel auftauchen, daß jede Preisschätzung nur ein zaghaft geäußerter Wunsch sein kann, wurde das Kürzel LP (= Liebhaberpreis) eingesetzt.

2.5 Was sollen eigentlich die Zitate?

Bis zu den Münzen der Tetrarchie ist jedem Rückseitentypus eine bestimmte RIC-Nummer zugeordnet. Der RIC, Roman Imperial Coinage, hat sich weltweit als die wichtigste Referenz erwiesen, nach der römische Münzen bestimmt werden. Auch dieser Katalog wurde anhand des RIC erstellt. Leider konnte dabei nicht jedes Vorkommen eines „Typus“ in diesem Katalog vermerkt werden. Stücke mit verschiedenen Vorderseitenlegenden und gleichem Rückseitentypus wurden für dieses Buch zusammengefaßt. Erwähnt ist jeweils das erste Vorkommen des Rückseitentypus im RIC. Der Hinweis auf das jeweils erste Vorkommen soll dem Sammler und vor allem dem Händler die Suche erleichtern, kann sie ihm aber nicht ganz ersparen.

2.6 Noch ein Wort zum Kulturgüterschutz

Am 18. Mai 2007 fertigte die Bundesdeutsche Regierung ein neues Gesetz aus, das Kulturgüterrückgabegesetz (KultGüRückG). Die damit verbundenen Aktivitäten einiger Beamter haben ziemliche Unruhe in der Sammlergemeinde ausgelöst.
Zunächst wollen wir klarstellen, daß bisher (also zum Zeitpunkt der Drucklegung im Oktober 2010) noch kein Gericht – im Gegensatz zu eBay, einigen Polizeibeamten und dem hessischen Ministerium – von einem Sammler erwartet hat, daß er für alle seine Münzen einen Herkunftsnachweis erbringen konnte. Für Stücke, die Sie vor dem 26. April 2007, also vor dem von der Regierung festgelegten Stichtag, gekauft haben, brauchen

Sie so einen Herkunftsnachweis auf keinen Fall, ebenso wenig wie für Münzen, die Sie heute erwerben. Natürlich ist es nützlich, Rechnungen aufbewahrt zu haben. Dies dient nicht nur im Falle einer polizeilichen Überprüfung, sondern auch wenn sich nach langen Jahren ein Stück als falsch erweist und man es dem Verkäufer, sofern er Mitglied in den großen Verbänden ist, zurückgeben kann.

Soweit die rechtliche Seite, nun zur moralischen. Kein Münzsammler wird mitschuldig sein wollen an der Zerstörung von Kulturgut. Und er ist es auch nicht! Im Gegenteil, jahrhundertelang haben gebildete Menschen gesammelt, um so Zeugnisse der Vergangenheit in ihren Händen zu halten. Sie haben das Erbe der Antike in die Gegenwart gerettet, haben die moderne Geschichtsforschung und die Archäologie begründet. Ein Münzsammler steht in einer großen Tradition und kann stolz auf seine Vorgänger in diesem Hobby sein.

Selbstverständlich sollte es inzwischen für jeden Sammler eine Ehrensache sein, bei Münzen, die frisch aus der Erde kommen, energisch nachzufragen und im Zweifelsfall freundlich abzulehnen. Die Zeiten, in der man unbedenklich Stücke aus frischen Schatzfunden kaufen konnte, sind vorbei – endgültig.

Eine Herkunft aus einem Schatzfund heißt aber noch lange nicht, daß Sie das Stück nicht kaufen dürfen. Es gibt viele Gelegenheiten, bei denen ein Verkäufer völlig legal über einen Schatzfund verfügt. In einigen deutschen Bundesländern zum Beispiel gilt nach wie vor die hadrianische Teilung, geht also ein Schatzfund hälftig in den Besitz von Finder und Eigentümer des Grundstücks über, auf dem er gefunden wurde. Auch in England wird diese sehr effiziente Regelung angewandt. In einem anderen Fall mögen die gefundenen Stücke nicht von dem hohen wissenschaftlichen Interesse, das das Gesetz für einen Übergang in staatliches Eigentum zur Voraussetzung macht, gewesen sein. Wie auch immer, in so einem Fall spricht der Verkäufer gerne über die konkreten Umstände.

Wenn Ihnen aber eine Sache verdächtig vorkommt, dann verzichten Sie lieber auf einen Ankauf. Sie ersparen sich damit Gewissensbisse und vielleicht sogar Ärger.

3. Die Nominale

Es folgt eine Liste der Nominale, die dem Sammler am häufigsten begegnen werden. Da ein Bild manchmal mehr sagt als tausend Worte wird für jedes Nominal ein Beispiel abgebildet.

Gold:

Aureus: Der Aureus, der Goldene, ist die Goldmünze der römischen Kaiserzeit. Eingeführt wurde er bereits zur Zeit der Römischen Republik, nämlich unter Sulla um das Jahr 83 v. Chr., ausgeprägt wurde er noch während der Herrschaft von Constantinus I. Sein Gegenwert war bis hinein in das 3. Jahrhundert n. Chr. 25 Denare.

Goldquinar: Rechnen Sie nicht damit, jemals einen Goldquinar Ihrer Sammlung einverleiben zu können. Die Stücke sind einfach zu selten. Goldquinare, vom Wert her ein halber Aureus, wurden nicht von allen Kaisern geprägt. Vermutlich waren sie nicht Teil des „normalen" Münzsystems, sondern wurden anläßlich irgendwelcher Feierlichkeiten an besonders bevorzugte Personen verteilt.

Solidus: Wenn Sie heute das Wort „solide" benutzen, dann spiegelt sich daran die Karriere, die der Solidus, die neue Goldmünze des Constantinus I., gemacht hat. Er wurde im Jahr 309 eingeführt, um den Aureus zu ersetzen und blieb bis weit in die Geschichte des Byzantinischen Reiches hinein die Münze, mit der Fernkaufleute zahlten.

1½ Scripula oder 9 Siliquae: Diese kleine Goldmünze im Wert von 2,6 Solidi wurde von Constantinus I. eingeführt und nur bis zum Jahr 388 geprägt. Sie hatte wohl weitestgehend zeremonielle Zwecke.

Semis: Der Semis ist, wie schon sein Name sagt, die Hälfte eines Solidus. Auch diese Einheit wurde von Constantinus I. eingeführt.

Tremissis: Der Tremissis scheint eine Erfindung des Magnus Maximus gewesen zu sein, der ihn im Jahr 283 oder 284 zum ersten Mal prägen ließ. Er entsprach einem Drittelsolidus und ersetzte das höchst unpraktische Nominal der 1½ Scripula. Seine Karriere fand vor allem im westlichen Teil des Imperiums statt. Die Merowinger übernahmen das Nominal und prägten es bis weit in das 7. Jahrhundert hinein.

Medaillone: Auch wenn es sie in Gold bereits in früherer Zeit gegeben hat, nur wenige Medaillone haben aus der Zeit vor der Herrschaft des Constantinus überlebt. Unter ihm wurde die Prägung dieser mehrfachen Solidi wesentlich verstärkt. Sie wurden zumeist als Donative genutzt, also im Falle eines besonderen Ereignisses an hochstehende Beamte und die Soldaten verteilt.

Silber:

Denar: Was soll man schreiben über die Leitwährung des Römischen Reiches, die über 500 Jahre Bestand hatte? Jeder kennt den Denar, noch heute werden einige Landeswährungen nach seinem Vorbild bezeichnet. Eingeführt während des 2. Punischen Krieges um das Jahr 212 v. Chr., bildete er bis weit ins Zeitalter der Soldatenkaiser hinein die Grundlage, auf der die römische Wirtschaft fußte. Nach Gordianus III. ging seine Prägung zurück zugunsten des Antoninians. Ein Denar entsprach vier Sesterzen. Als Rechnungseinheit „denarius communis" blieb der Denar übrigens noch lange nach seiner Abschaffung bestehen.

Quinar: Der seltene Quinar, der gleichzeitig mit dem Denar um das Jahr 212 v. Chr. eingeführt worden war, wurde mit zwei Quinaren auf einen Denar gerechnet.

Antoninian: Dieser Münzname ist nichts anderes als ein moderner Kunstname, den Sammler der Münze nach ihrem „Erfinder", Caracalla – mit römischem Namen Marcus Aurelius Antoninus –, gaben. Der Antoninian ist leicht vom Denar dadurch zu unterscheiden, daß auf seiner Vorderseite der Kaiser eine Strahlenkrone trägt. Da dies auch das traditionelle Kennzeichen der Dupondien ist, nimmt man heute an, daß der Wert des Antoninians ursprünglich zwei Denaren entsprach, auch wenn diese Münzen im Gewicht und Silbergehalt eher 1½ Denaren gleich waren.

Argenteus: Der Argenteus wurde im Jahr 294 von Diocletianus eingeführt, um dem Römischen Reich wieder eine Silberwährung zu geben, die auf einem reinen, nicht von Kupfer entwerteten Nominal beruhte. Der Argenteus war kein Erfolg, seine Produktion wurde bereits 312 beendet. Zu erwähnen bleibt, daß es extrem seltene halbe Argentei gibt.

Miliarense: Der Miliarense war eine große Silbermünze, die unter Constantinus I. eingeführt wurde. Manche Wissenschaftler betrachten diese seltenen Stücke als Medaillone. Dafür würde sprechen, daß sie sich in schwere und leichte Miliarense teilen, wobei eine Unterscheidung erst klar wird, wenn man die Waage zu Hilfe nimmt.

Siliqua: Auch von den Siliquae, die ebenfalls unter Constantinus I. eingeführt wurden, gibt es schwere und leichte, die sich leider nur selten durch ihre Darstellung unterscheiden. Es gibt übrigens auch von der Siliqua extrem seltene Teilstücke, die als Halbsiliquae bezeichnet werden.

Kistophor: Das Wort kommt aus dem Griechischen und bezeichnet eine Münze, die eine Kiste trägt nach ihrem ursprünglichen Vorderseitenmotiv, der Kista Mystika, die eine wichtige Rolle im Dionysoskult spielte. Es handelt sich um einen Münztyp aus Pergamon, der sich während des 2. Jahrhunderts in ganz Kleinasien verbreitete.
Die römischen Kaiser benutzten dieses gut eingeführte Münznominal in ihrem Prägeprogramm für die Provinzen. Der Cistophorus wurde zu drei Denaren gerechnet. Die Motive sind kaiserliche Propaganda, beziehen aber durchaus lokale Vorstellungen, Gottheiten und Gebäude mit ein.

Bronze:

Sesterz: Die klassische römische Bronzemünze begann ihre Karriere in Silber, als sie zusammen mit dem Denar um das Jahr 212 v. Chr. eingeführt wurde. Erst Augustus machte den Sesterz zu der Bronzemünze, als die wir ihn heute kennen. Vier Sesterze entsprachen einem Denar oder 100 Stücke einem Aureus.

Dupondius: Der Dupondius war ein doppelter As und zeigt das zumeist auch, indem der Kaiser auf der Vorderseite eine Strahlenkrone trägt. Hin und wieder ließen die Münzmeister diese Strahlenkrone weg, da in der Antike der Dupondius aus Messing durch seine gelbliche Farbe sich sowieso vom As aus Kupfer, das eher rötlich schimmerte, unterschied. Da sich heute in vielen Fällen die Oberfläche der Bronzemünzen in Patina umgesetzt hat, sind wir gelegentlich nicht mehr in der Lage, den Dupondius vom As zu unterscheiden.

As: Den As gab es seit dem frühen 3. Jahrhundert v. Chr. Sein Name soll in etwa „volle Einheit" bedeuten. Seine Rolle als Standardmünze der Römer verlor er unter Augustus, der den Sesterz dazu machte. In der Kaiserzeit waren zwei Asse einen Dupondius wert, vier Asse einen Sesterz.

Semis und Quadrans: Nur selten wurden die kleinsten römischen Münzen, der Quadrans und der Semis, geprägt. Der Quadrans entsprach einem Viertel-As, der Semis war das Doppelstück des Quadrans und entsprach einem halben As.

Follis oder Nummus: Wie dieses Nominal geheißen hat, das Diocletianus während seiner großen Münzreform im Jahr 294 eingeführt hat, wissen wir heute nicht. Sicher hieß er nicht „follis". Diese heute weit verbreitete Bezeichnung stand in der Antike für ein Säckchen, in dem eine bestimmte Anzahl von Münzen abgezählt verpackt war.

Die große Bronzemünze des Diocletianus wurde schon unter seinen Nachfolgern systematisch kleiner, so daß auf den ersten Blick ein Follis, der unter Constantinus I. geprägt wurde, nichts gemeinsam zu haben scheint mit den frühen Stücken.

Centenionalis, Maiorina und wie sie alle heißen: Für die Zeit nach Constantinus I. haben wir ein Problem mit der Bezeichnung für Bronzemünzen. Die Größen und Gewichte der Stücke wechseln sehr schnell und es existieren kaum zeitgenössische Namen. Deshalb verzichtet zum Beispiel der RIC (und in seiner Folge auch wir) auf die verwirrenden Nominal-Bezeichnungen. Man behilft sich statt dessen mit der wesentlich klareren Aufstellung nach AE 1, AE 2, AE 3, AE 4, wobei das größte Nominal mit AE 1 bezeichnet wird, das kleinste mit AE 4.

4. Die Vorderseiten

Bis auf wenige unerhebliche Ausnahmen ist auf der Vorderseite einer römischen Münze der Kaiser oder einer seiner Verwandten abgebildet. Die römische Porträtkunst ist – man kann es nicht anders sagen – vom Feinsten. Schon in republikanischer Zeit lagen in jedem Haushalt Wachsmasken von den verstorbenen Toten, so daß der Geschmack der Römer das realistische Porträt bevorzugte. Mit wenigen Ausnahmen ließen sich alle Kaiser so darstellen, wie sie tatsächlich aussahen. Modifikationen wurden nur insofern geduldet, als sie einen bestimmten Zug des Kaisers deutlicher hervorheben sollten, die in Falten gelegte Stirn zum Beispiel die tiefe Anstrengung, die der Kaiser bei seiner Planung für das Römische Reich an den Tag legte.
Eine Betrachtung wert ist es auch, welche Kaiser sich gerne als Feldherr darstellen ließen. Panzer und Paludamentum, also Feldherrnmantel, galten als ikonographisches Kürzel des Kaisers im Felde, während eine nur drapierte Büste auf die zivilen Tugenden eines Herrschers verweist.
Während bis zur Mitte des 3. Jahrhunderts n. Chr. die Variationsbreite der kaiserlichen Büste sehr gering ist, setzt mit Postumus, Aurelianus und unter Probus eine Vielzahl unterschiedlicher Darstellungsformen des Kaisers ein. Je nach Situation wird er als tapferer Kriegsheld, als ziviler Senator oder als Günstling der Götter präsentiert. Für diese Sonderbüsten gibt es zahlreiche Spezialsammler, im Katalog sind sie unter „Hinweise für Sammler“ gelegentlich erwähnt.

5. Die Rückseiten

Was das Sammeln römischer Münzen so richtig interessant macht, sind die unterschiedlichen Rückseiten, die sich zum Teil eng auf die Tagespolitik der Kaiser beziehen. Wir haben in ihnen offizielle Verlautbarungen vorliegen, haben einen Hinweis darauf, aus welchem Blickwinkel die Regierung das politische und militärische Geschehen interpretiert haben wollte.
Leider würde es den Rahmen dieses Buches sprengen, zu jedem Rückseitentypus den historischen Hintergrund anzugeben. In diesem Zusammenhang darf man auf die Serie „Kleine numismatische Kaisergeschichte“ hinweisen, die in der Zeitschrift „Münzen & Papiergeld“ resp. „Münzen & Sammeln“ veröffentlicht wurde und wird. Wir wollen uns hier an dieser Stelle darauf beschränken, die drei wichtigsten Rückseitenkategorien zu erläutern:

5.1 Der Kaiser als Heerführer

Auch wenn es Augustus gelang, diese Tatsache mustergültig zu verschleiern, die Kaiserherrschaft stützte sich in erster Linie auf die Macht des Kaisers über das Heer. Dementsprechend nehmen militärische Themen einen breiten Raum ein in der kaiserlichen Selbstdarstellung. Dazu gehören zunächst Szenen wie die ADLOCVTIO, bei der der Kaiser seinem Heer gegenübersteht, die Hand erhoben wie zum Gruße (tatsächlich handelt es sich um den antiken Rednergestus) und eine Ansprache hält. Andere Abbildungen zeigen den Kaiser oder seinen Nachfolger in voller Rüstung, um die militärischen Qualitäten der Führungsspitze herauszustellen. Wieder andere Bilder setzen das genau um, indem sie den Kaiser an der Spitze eines Heeres einherreitend zeigen.

5.2 Der Kaiser als Patronus

Wichtigste Qualität eines republikanischen Politikers war es, eine möglichst große Zahl von Klienten um sich scharen zu können, die ihn bei einer Wahl unterstützen sollten. Der Patronus versprach als Gegenleistung, sich um die Anliegen des Klienten zu kümmern, sowie dessen Existenzgrundlage zu sichern. Erfüllung und Bestätigung dieses ungeschriebenen Vertrages erfolgten durch die Übergabe von Nahrungsmitteln durch den Patronus an seine Klienten.

Schon Augustus gelang es, praktisch die ganze römische Unterschicht als seine Klienten zu gewinnen, indem er regelmäßig Geld und Speise an sie verteilte. Die anderen Kaiser folgten seinem Beispiel. Numismatischen Niederschlag hat dies gefunden in den zahlreichen Liberalitas-Szenen, in denen wir den Kaiser auf einem Podium sitzen sehen, wie er Gaben an seine Klienten verteilt.

5.3 Der römische Glaube

Noch Cicero behauptete, die Römer würden deshalb über die Weltherrschaft verfügen, weil sie das Volk wären, das die größte Pietas besäße. Dies stimmt insofern, als wohl nur in wenigen anderen Staatswesen den Kulten ein so breiter Raum gegeben wurde. Wie wichtig der Regierung die Religion war, ist deutlich zu sehen an dem hohen Anteil der göttlichen Wesen, die die römischen Münzrückseiten bevölkern. Dabei muß sich der Sammler hüten, das Vorurteil der Renaissance zu übernehmen und in den Damen mit den verschiedenen Attributen nur Personifikationen zu sehen. Die dargestellten Göttinnen, wie Concordia, Fides oder Iustitia, waren göttliche Kräfte, die begehrenswerte Zustände, wie Eintracht, Treue oder Gerechtigkeit, bewirken konnten. Ihnen wurde genauso geopfert und sie besaßen genauso ihre Kultstätten wie die traditionellen Götter, beispielsweise Iupiter oder Minerva.

Die Namen all dieser Gottheiten können auf Münzen mit besonderen Kultnamen verbunden werden. Es gibt eben nicht nur eine Concordia, die göttliche Macht, die Eintracht bewirken konnte, sondern eine Concordia Militum, also die Macht, die die Eintracht der Soldaten mit ihrem obersten Feldherrn, dem Kaiser, bewirkte, eine Concordia Augustorum, eine Gottheit, die für die Eintracht der Herrschenden untereinander zuständig war, und eine Concordia Romanorum, die also für die Eintracht zwischen den römischen Bürgern verantwortlich zeichnete. Besonders Gottheiten, die mit dem Kultnamen Militum (= der Soldaten) versehen sind, halten als zusätzliches Attribut häufig ein Feldzeichen in den Händen.

Gottheit	Zeichnung	Attribute	Wirkungsweise
Abundantia		Füllhorn (hier irrtümlich als Zweig wiedergegeben), Modius (= Getreidemaß) oder Geld in einem Behältnis	Abundantia bewirkte das Vorhandensein von Nahrung im Überfluß.
Aequitas		Waage, gelegentlich Füllhorn oder Szepter	Aequitas war die Macht, die allen das ihnen Zustehende zuteilte; Gleichheit nicht im Sinne einer demokratischen Gleichheit ist gemeint, sondern Angemessenheit.
Aesculapius		Schlangenstab, gelegentlich Omphalos oder Telesphoros	Ursprünglich griechischer Gott, der von den Römern als Heilgott während einer Seuche eingeführt wurde.
Aeternitas		Weltkugel und Phönix, gelegentlich Säule	Aeternitas bewirkte die ständige Erneuerung des Römischen Reiches, das wie der Phönix durch diese Erneuerungen ewig bestehen sollte.
Annona		Füllhorn, gelegentlich Ähren, Modius (= Getreidemaß), Schiffsbug oder Anker; leicht zu verwechseln mit Abundantia	Annona war die Macht, die bewirkte, daß die Getreideernte in den Erzeugerländern gut ausfiel, daß die Getreideschiffe sicher das Meer überquerten und so die Bevölkerung von Rom genug zu essen hatte.
Apollon	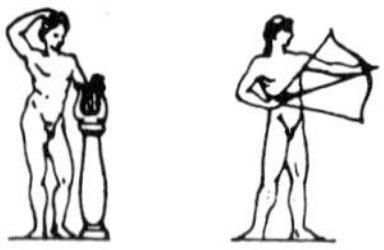	Pfeil und Bogen oder Leier	Ursprünglich griechischer Gott, der wie Aesculapius von den Römern als Heilgott eingeführt wurde; später aber im griechischen Sinn auch als Gott der Harmonie, der Kunst und der Weissagung verehrt.
Bacchus		Weinkrug, Panther, Thyrosstab	Gott der Ekstase, des „Aus sich heraustretens", wie es durch Wein bewirkt werden kann; gleichzeitig Gott der körperlichen Liebe; zur Zeit der Republik kam es zu einer Verfolgung seiner Anhänger.
Ceres		Ähren, Mohnkapsel, Fackel	Ihr Name kommt von crescere, wachsen, gedeihen. Ceres ist die göttliche Macht, die bewirkt, daß das Getreide wächst.
Clementia		Patera, Szepter	Clementia war die Gottheit, die mildtätige Verzeihung bewirkte.

Gottheit	Zeichnung	Attribute	Wirkungsweise
Concordia		Patera, Füllhorn, als Concordia Militum Feldzeichen, häufig opfernd dargestellt.	Concordia war die Gottheit, die Eintracht bewirken konnte.
Cybele (= Magna Mater)		Tympanon, Löwe, Mauerkrone	Cybele war eine orientalische Fruchtbarkeitsgöttin, deren Rituale von Eunuchen geleitet wurden. Obwohl ihr Kult bereits während des 2. Punischen Krieges eingeführt worden war, gewann er erst unter den Severern eine wirkliche Bedeutung.
Diana		Pfeil und Bogen, Hirsch, Fackel	Der Kult der Diana wurde ursprünglich als zentraler Kult im Bundesheiligtum der latinischen Stämme eingeführt; in klassischer Zeit galt sie als Göttin der Sklaven, da ihr Kult einer der wenigen war, an denen Sklaven die Teilnahme erlaubt war. In Anlehnung an die griechische Artemis gelegentlich als Göttin der Jagd bezeichnet.
Fecunditas		Füllhorn, kleines Kind	Fecunditas war die Macht, die dem Viehbestand und den Menschen Nachwuchs schenkte.
Felicitas		Caduceus, Füllhorn	Felicitas war die Macht, die den glücklichen Ausgang eines Unternehmens beeinflußte.
Fides		Patera, Füllhorn, als Fides Militum Feldzeichen	Fides war die Gottheit, die das getreue Verhalten zwischen Über- und Untergeordnetem bewirkte.
Fortuna		Füllhorn, Steuerruder	Fortuna galt als die Macht, die das Schicksal – zum Guten und zum Schlechten – beeinflussen konnte.
Genius		Patera, Füllhorn, häufig opfernd dargestellt	Ursprünglich bezeichnete man als Genius die zeugende Kraft, die eine Familie befähigte, sich von Generation zu Generation fortzupflanzen. In der Kaiserzeit entwickelte sich der Genius zu einer Art „Schutzengel", zu einer göttlichen Macht, die ein Ganzes, das Heer, den römischen Staat, die kaiserliche Familie, behütete und ihren Weiterbestand garantierte.

Gottheit	Zeichnung	Attribute	Wirkungsweise
Hercules		Keule, Löwenfell	Römische Variante des griechischen Heros Herakles.
Hilaritas	 	Zweig, Füllhorn	Hilaritas war die Gottheit, die eine heitere Gelassenheit bewirkte.
Honos		Zweig, Füllhorn	Honos war die Gottheit, die dafür sorgte, daß jede echte Leistung auch mit der dafür vorgesehenen Ehrung belohnt wurde.
Iuno		Patera, Pfau, Szepter	Mitglied der kapitolinischen Trias, für den Bereich der Frau zuständig.
Iupiter	  	Blitz, Adler, Victoria, Szepter für den Iupiter Optimus Maximus; andere Kultnamen (Tonans, Stator) werden mit anderen Attributen verbunden.	Oberster Staatsgott der Römer, Mitglied der kapitolinischen Trias.
Iustitia		Waage, Füllhorn	Kraft, die Gerechtigkeit bewirkt.
Laetitia		Kranz, Szepter	Laetitia war die Macht, die eine freudige Haltung bewirkte.
Liberalitas	 	Füllhorn, Rechenbrett, Münzen	Liberalitas war die Macht, die den Kaiser dazu veranlaßte, den Bürgern großzügige Geschenke zu machen.
Libertas		Pileus (= Freiheitshut), Szepter	Libertas war die Gottheit, die den Römern ihre Freiheiten innerhalb der von dem Gesetz gesteckten Rahmen garantierte.
Mars	  	Trophäe, Rüstung, Helm, Speer, kl. Victoria	Mars war der Schützer des römischen Gebietes gegen Krankheit, Seuche, Unwetter und den Feind. In letzter Funktion entwickelte er sich zum Gott des Verteidigungskrieges.

Gottheit	Zeichnung	Attribute	Wirkungsweise
Mercur		Caduceus, Flügelhaube, Geldbeutel	Mercur war ein ursprünglich griechischer Gott, dessen Kult die Römer im Jahr 495 v. Chr. während einer Wirtschaftskrise importiert hatten.
Minerva	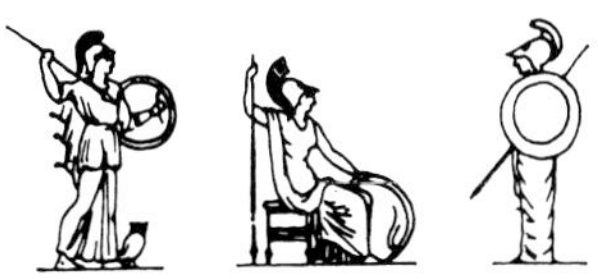	Rüstung, Ägis, Helm, Speer, Schild, Eule; als Palladium auch in Form einer Statue	Mitglied der kapitolinischen Trias, Gottheit, die Handwerk und Kriegskunst beschützte. Aenaeas wurde die Überführung des Palladiums, der ältesten Kultstatue Roms, von Troia nach Rom zugeschrieben.
Moneta		Waage, Münzen, Füllhorn	Moneta war die Gottheit, die die Herstellung der Münzen überwachte.
Neptun		Dreizack, Delphin, Prora (= Schiffsbug)	Neptun beschützte die Gewässer.
Pax		Zweig, Kranz, Füllhorn, Caduceus	Pax war die göttliche Macht, die den durch Sieg begründeten Frieden schenkte.
Pietas		meist opfernd dargestellt, deshalb Altar, Patera o. ä.	Pietas war die Macht, die einen Menschen leitete, der ehrfürchtig alle von den Vorfahren ererbten Regeln, Bräuche und Gesetze einhielt. Pietas beschränkte sich in Rom nicht auf den religiösen Bereich!
Providentia		Stab und Erdball	Providentia bewirkte die kluge Planung durch Voraussicht der römischen Politiker.
Pudicitia		immer einen Schleier vors Gesicht ziehend dargestellt	Pudicitia bewirkte die schamvolle Zurückhaltung, die römische Männer an ihren Hausfrauen so sehr schätzten.
Roma		Helm, Füllhorn, Schild, häufig Victoria auf der ausgestreckten rechten Hand	Roma, häufig mit dem Kultnamen Aeterna bezeichnet, galt als die Kraft, die das römische Staatswesen zusammenhielt und seinen Sieg über die anderen Völker bewirkte.
Salus		meist eine Schlange aus einer Patera fütternd, häufig vor Altar	Salus war die Macht, die die Gesundheit bewirkte – im Gegensatz zu Aesculapius, der die Krankheit heilte.

Gottheit	Zeichnung	Attribute	Wirkungsweise
Saturnus		Harpa	Saturnus war ursprünglich die Macht, die den Getreiderost verursachen oder verhindern konnte, verschmolz aber schon bald mit dem griechischen Gott Chronos, so daß wir in Saturn den Beschützer des Goldenen Zeitalters sehen dürfen.
Securitas	  	Säule, Szepter, Kranz	Securitas war die Macht, die bewirkte, daß Menschen in Sicherheit leben konnten.
Serapis		Polos, Szepter	Gott äyptischer Herkunft, wurde zusammen mit Isis verehrt.
Sol		Strahlenkrone, Erdball	Gott orientalischer Herkunft; wurde unter Probus zum obersten Reichsgott erhoben.
Spes	 	immer mit gerafftem Gewand einherschreitend, auf der ausgestreckten Hand Blüte	Gottheit, die Hoffnung auch in aussichtsloser Lage schenkte.
Tellus		Sichel, Ähren	Tellus war die Kraft, die das Wachstum der Pflanzen aus dem Erdboden bewirkte.
Tranquillitas		Szepter	Tranquillitas war die Gottheit, die Ruhe im Handeln schenkte, ohne in Hektik zu verfallen.
Uberitas		Füllhorn	Uberitas war die göttliche Macht, die alles in Überfülle schenkte.
Venus		in Verbindung mit ihren verschiedenen Kultnamen mit verschiedenen Symbolen gekoppelt	Stammutter der Römer.
Venus Genetrix		Globus, Szepter	

Gottheit	Zeichnung	Attribute	Wirkungsweise
Venus Felix		Victoria, Szepter	
Venus Victrix		Helm, Speer	
Vesta		Schöpfkelle, Patera, Szepter, Palladium	Vesta war die Kraft, die im Herdfeuer verkörpert war; in ihrem Tempel wurden die wichtigsten römischen Heiligtümer aufbewahrt, darunter auch das Palladium.
Victoria		Kranz, Palmzweig, Trophäe	Victoria war die Göttin, die den Sieg brachte.
Virtus		Rüstung, Helm, Schild, Speer, linke Brust frei, Parazonium	Virtus war die Gottheit, die all die Tugenden bewirkte, über die ein wahrer römischer Mann verfügen sollte. Dazu gehörten in erster Linie Pietas und Fides. Da gerade diese beiden Tugenden es waren, denen man den Erfolg der Römer im Krieg zuschrieb (und nicht etwa, wie man meinen könnte, ihrer Tapferkeit), wurde Virtus mit dem Krieg verbunden und mit den Waffen der Soldaten dargestellt.
Vulcanus		Zange, Amboß, Pileus	Göttliche Kraft, die den Handwerker befähigte, seine Produkte zu schaffen.

Keinen Anfänger sollte die Vielfalt der römischen Götter und Mächte entmutigen. Auch die Römer selbst waren in der Ikonographie nicht so bewandert. Deshalb sind in praktisch 99 % der Fälle die Gottheiten, die schwierig zu identifizieren gewesen wären, durch die Umschrift bezeichnet.

6. Die Münzstätten

Auf die Münzstätten, in denen für die verschiedenen Kaiser geprägt wurde, ist jeweils im Kapitel Münzgeschichte verwiesen. Für die Auflösung der Münzstättenzeichen vgl. Diocletianus, S. 368. Die geographische Lage der verschiedenen Münzstätten entnehmen Sie der Karte auf Seite 34.

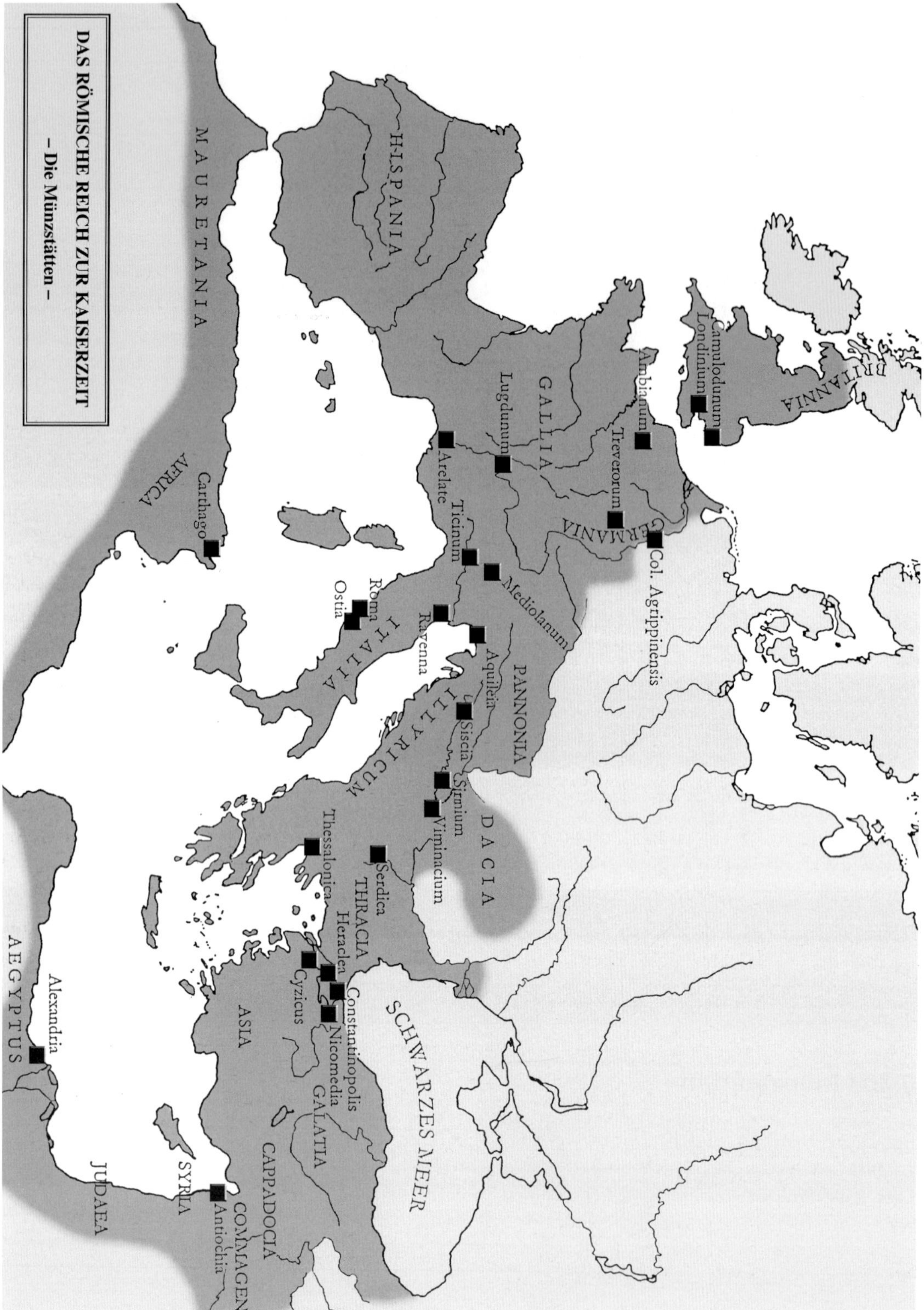
DAS RÖMISCHE REICH ZUR KAISERZEIT
– Die Münzstätten –
MAURETANIA
AFRICA
Carthago
HISPANIA
GALLIA
Lugdunum
Arelate
Ambianum
Treverorum
Camulodunum
Londinium
BRITANNIA
GERMANIA
Col. Agrippinensis
Ticinum
Mediolanum
Roma
Ostia
ITALIA
Ravenna
Aquileia
PANNONIA
ILLYRICUM
Siscia
Sirmium
Viminacium
DACIA
Serdica
THRACIA
Thessalonica
Heraclea
Cyzicus
Constantinopolis
Nicomedia
ASIA
GALATIA
CAPPADOCIA
SCHWARZES MEER
Alexandria
AEGYPTUS
JUDAEA
SYRIA
Antiochia
COMMAGENE

7. Die wichtigsten Legenden und ihre Abkürzungen

AFR	Africanus – Sieger über die Stämme Afrikas.
ARAB	Arabicus – Sieger über die Stämme Arabiens.
ARM	Armeniacus – Sieger in Armenien.
AVG	Augustus oder Augusta – Titel des römischen Kaisers in der Nachfolge des Octavianus, der diesen Titel am 16. 1. 27 v. Chr. vom Senat verliehen bekam.
AVGVR	Mitglied der Priesterschaft, die sich mit dem Vorhersagen der Zukunft aus dem Vogelflug beschäftigte; politisch wichtiges Amt, da ein ungünstiges Zeichen militärische oder politische Entscheidungen aufschieben oder verhindern konnte.
BRIT	Britannicus – Sieger über die keltischen Stämme in Britannien.
C oder CAESAR	Ursprünglich Beiname der Gens Iulia, zu der C. Iulius Caesar gehörte; wurde während der Kaiserzeit zu einem Titel, den der potentielle Nachfolger und Mitregent des amtierenden Kaisers trug.
CENS	Censor – Ursprünglich höchstes republikanisches Amt. Der Censor vergab die Staatsaufträge und führte eine Bevölkerungszählung durch, bei der er die Zugehörigkeit einzelner Personen zu den verschiedenen Ständen neu festlegen konnte; durch die Ausübung des Censorenamtes gewann der Kaiser Kontrolle über die römische Oberschicht.
COS	Consul – Ursprünglich wichtigstes republikanisches Amt. Der Consul stand zusammen mit seinem Kollegen der römischen Exekutive vor; dies änderte sich in der Kaiserzeit wesentlich. Das Konsulat wurde zu einem Ehrenamt, bekleidet vom Kaiser selbst und seinen engsten Günstlingen.
DAC	Dacicus – Sieger über die Daker.
DES	Designatus = Designiert, also bereits gewählt für ein Amt, das noch nicht angetreten wurde.
DIVVS	Göttlich.
D N	Dominus Noster – Unser Herr; Titel des Kaisers, der seit der Herrschaft des Diocletianus verstärkt auftritt.
F	Filius oder Filia = Sohn oder Tochter.
GER	Germanicus – Sieger über die germanischen Stämme.
IMP	Imperator – Ursprünglich der Titel des militärischen Oberbefehlshabers. Da seit Augustus der Kaiser nominell grundsätzlich als Oberbefehlshaber galt, auch wenn ein ganz anderer Feldherr die Streitkräfte tatsächlich führte, wurde Imperator zu einem Teil der kaiserlichen Titulatur.
INV	Invictus – Unbesiegt.
IVN	Iunior – Der Jüngere.
N C	Nobilissimus Caesar – In etwa zu übersetzen mit „alleredelster Caesar".

NEP	Nepos = Enkel.
N F	Nobilissima Femina – In etwa zu übersetzen mit „alleredelste Frau“.
P F	Pius Felix – Während Pius das Wort ist, das die Römer benutzten, um einen Mann zu kennzeichnen, der allen althergebrachten Überlieferungen Achtung erweist, ist Felix die Eigenschaft, die daraus resultiert, nämlich ein Glück bei allen Handlungen zu besitzen, das nur die Götter schenken können.
P P	Pater Patriae – Vater des Vaterlandes.
P M	Pontifex Maximus – Höchstes religiöses Amt zur Zeit der Republik. Der Pontifex Maximus besaß die Aufsicht über alle Priesterkollegien, seine Entscheidung war grundlegend für jegliche religiöse Frage. Später wurde dieser Titel vom römischen Bischof übernommen.
PERP	Perpetuus – Fortwährend, ununterbrochen.
PAR	Parthicus – Sieger über die Parther.
PRIN IVV	Princeps Iuventutis – Erster der Jugend; genauso wie der Senat einen Princeps wählte, ernannte der ordo equestris, also der zweite Stand, den Princeps Iuventutis; dieser Titel wurde in der Kaiserzeit zum Kennzeichen des potentiellen Nachfolgers des Kaisers.
SARM	Sarmaticus – Sieger über die Sarmaten.
S C	Senatus Consultus – Auf Beschluß des Senats. Die Bedeutung dieser Inschrift auf römischen Bronzemünzen ist umstritten. Wer Näheres über die umfassende wissenschaftliche Diskussion zu diesem Thema wissen will, sei verwiesen auf die hervorragende Arbeit von R. Wolters, Nummi Signati, München 1999, S. 115ff.
SPQR	Senatus Populusque Romanorum = Senat und Volk der Römer.
TR P	Tribuniciae Potestate = Die Vollmachten, die das Amt eines Volkstribuns mit sich brachte. Augustus sicherte seine Herrschaft über die Römer ab, indem er sich losgelöst vom Amt eine Reihe von Vollmachten übertragen ließ, unter denen sich auch die Tribuniciae Potestas befand. Damit verfügte der Kaiser über das Recht, Gesetze im Senat einzubringen, sowie vom Senat erlassene Gesetze aufzuhalten; außerdem wurde durch diese Vollmacht seine Person sakrosankt. Diese Vollmacht mußte jährlich erneuert werden.

1. Caesar

∗100 v. Chr., † 44 v. Chr.

Zur Geschichte

C. Iulius Caesar gilt als Totengräber der Republik und als Wegbereiter des Principats unter Augustus. Schon Sueton hat ihn in seinen Lebensbeschreibungen der Kaiser zu den Caesaren gezählt. Aus diesem Grund werden seine Prägungen, obwohl eigentlich noch in der Republik verhaftet, auch von Sammlern von kaiserzeitlichen Münzen gesammelt.
Geboren um 100 v. Chr. verfolgte Caesar die klassische Karriere der römischen Beamten, zeichnete sich jedoch schon früh durch unkonventionelle, von seinen Standesgenossen mit Argwohn betrachtete Vorgehensweisen aus. Er erreichte im Jahr 60 v. Chr. mit Hilfe von Pompeius und Crassus das Konsulat. Nach seiner Amtszeit wurden ihm die Provinzen Gallien und Illyrien zugewiesen, wo er gegen die Kelten einen profitablen Krieg beginnen konnte, der ihn innerhalb von etwa 10 Jahren zum mächtigsten Mann in Rom machte. Mit Hilfe der sagenhaften Beute finanzierte Caesar einer ganzen Reihe von Gefolgsleuten die Karriere, was sie zu einer Unterstützung seiner Politik zwang. Durch den Versuch, ihren zu mächtig gewordenen Standesgenossen zu demütigen, löste der Senat und auf seiner Seite Pompeius den Bürgerkrieg aus. Formal setzte sich C. Iulius Caesar ins Unrecht, indem er als Feldherr den Rubicon überschritt und damit mit seinem Heer den ihm anvertrauten Amtsbereich verließ, ohne seine Amtsgewalt abzugeben. In der Schlacht bei Pharsalos (Griechenland) am 9. August 48 besiegte Caesar Pompeius und seine Anhänger. Damit war er der mächtigste Mann in Rom und praktisch Alleinherrscher. Sein Entschluß, die Dictatur auf Lebenszeit zu übernehmen, führte zu seiner Ermordung an den Iden des März 44 v. Chr. durch eine Gruppe von Senatoren, die glaubte, daß sein Tod eine Wiederbelebung der Republik erlauben würde.

Zur Münzgeschichte

Die Prägungen Caesars sind noch in der republikanischen Zeit verwurzelt. Obwohl Caesar selbst nie als Münzmeister amtierte, zeigen zahlreiche Münzen seinen Namen und seine Propaganda. Dies beruht zum einen auf der Tatsache, daß Münzmeister, die er bei ihrer Wahl unterstützt hatte, sich dafür mit der Übernahme seiner Propaganda „bedankten", zum anderen daß er als Imperator das Recht besaß, Münzen herausgeben zu lassen, um seine Truppen zu bezahlen.
Am 13. Februar 44 v. Chr. verlieh der Senat Caesar das Recht, Münzen mit seinem Porträt prägen zu lassen. In der römischen Welt war diese Ehre bisher noch nie verliehen worden. Dieses Beispiel machte Schule. Mit einer kurzen Übergangszeit während der Herrschaft des Augustus, sollten in den nächsten Jahrhunderten alle Herrscher ihre Münzen mit ihrem Porträt schmücken.

Hinweise für Sammler

Die Denare mit dem Porträts Caesars gehören zu den gesuchtesten Münzen der römischen Numismatik. Beim Kauf wird nur selten Wert darauf gelegt, ob diese Münzen wirklich unter Caesar geprägt wurden, also in der kurzen Zeit zwischen der Verleihung des Rechts, seinen Namen auf die Münzen zu setzen und seiner Ermordung. Während nur wenige Stücke in diese Zeitspanne fallen, wurde der Großteil der Porträtmünzen geprägt in den Monaten nach dem Tode Caesars.
Der historisch interessierte Sammler, dem Porträtmünzen Caesars zu teuer sind, sollte deshalb auf Münzen ohne sein Porträt zurückgreifen und sich damit trösten, daß diese Stücke wirklich unter Caesar geprägt wurden und damit Zeugnis seiner Politik und Geschichte sind.

Aurei und Goldquinare

1.1 46. CAESAR COS ITER Verschleierte weibliche Büste n. r. / A HIRTIVS PR Lituus, Krug und Axt.
Cr. 466/1. Syd. 1017-1018a. **1200 1800 4000**

1.2 44. CAES DIC QVAR Kopf der Venus n. r. / COS QVINC in Lorbeerkranz.
Cr. 481/1. Syd. 1021. **2000 5000 10 000**

1.3 45. C CAES DIC TER Büste der Victoria n. r. / L PLANC PR(AEF VRB) Krug.
Cr. 475/1. Syd. 1019. **1500 2500 5000**

1.4 AV-Quinar. 45. C CAES DIC TER Büste der Victoria n. r. / L PLANC PR(AEF VRB) Krug.
Cr. 475/1. Syd. 1020. **1800 5000 10 000**

s *ss* *vz*

Denare und Quinare ohne Porträt

1.5 47. C CAESAR IMP COS ITER Büste der Venus n. r. / A ALLIENVS PROCOS Trinacrus n. l., den r. Fuß auf Prora, Triskelis in der l. Hand.
Cr. 457/1. Syd. 1022. **600 1000 LP**

1.6 46. COS TERT DICT ITER Kopf der Ceres n. r. / AVGVR PONT MAX Schöpfkelle, Wedel, Krug und Lituus, im Feld Buchstabe M oder D
Cr. 467/1. Syd. 1023-24. **100 200 500**

1.7 47-46. Kopf der Venus n. r. / CAESAR Aeneas n. l., auf der Schulter seinen Vater Anchises, auf der ausgestreckten Rechten Palladium
Cr. 458/1. Syd. 1013. **100 200 400**

1.8 49-48. Elefant n. r. gehend, eine Schlange zertretend CAESAR / Opfergeräte
Cr. 443/1. Syd. 1006. **100 300 500**

1.9 46-45. Kopf der Venus n. r., dahinter Cupido / CAESAR Trophäe, darunter zwei Gefangene.
Cr. 468/1. Syd. 1014. **100 250 600**

1.10 46-45. Kopf der Venus n. l., davor Cupido und Lituus, dahinter Szepter / CAESAR Trophäe, darunter zwei Gefangene.
Cr. 468/2. Syd. 1015. **150 400 1200**

s *ss* *vz*

1.11 48-47. LII Weibliche Büste mit Eichenkranz n. r. / CAESAR Trophäe aus Rüstung, Schild und Trompete, im Feld r. Axt.
Cr. 452/2. Syd. 1009. **120 220 400**

1.12 48-47. LII Weibliche Büste mit Eichenkranz n. r. / CAESAR Trophäe, darunter gefangener Gallier.
Cr. 452/4-5. Syd. 1010-11. **120 220 400**

Denare mit Porträt – zu Lebzeiten

1.13 44. CAESAR DICT (IN) PERPETVO Verschleierter Kopf mit etruskischer Krone n. r. / C MARIDIANVS Venus mit Victoria und Schild auf Globus n. l. stehend.
Cr. 480/15-16. Syd. 1067-1068. **500 1750 3000**

1.14 44. CAESAR IM P M Kopf mit etruskischer Krone n. r., (im Feld Halbmond) / L AEMILIVS BVCA Venus mit Victoria und Szepter n. l. stehend.
Cr. 480/4. Syd. 1060. **500 1750 3000**

1.15 44. CAESAR DICT PERPETVO Kopf mit etruskischer Krone n. r. / L BVCA Caduceus und Fasces über Kreuz, r. Globus, darüber Hände im Handschlag l. Axt.
Cr. 480/6. Syd. 1063. **500 1750 3000**

1.16 44. CAESAR DICT PERPETVO Kopf mit etruskischer Krone n. r. / L BVCA Venus mit Victoria und Szepter n. l. stehend.
Cr. 480/8. Syd. 1061. **500 1750 3000**

1.17 44. CAESAR DICT PERPETVO Kopf mit etruskischer Krone n. r. / L BVCA Venus mit Victoria und Szepter n. r. sitzend.
Cr. 480/7. Syd. 1062. **500 1750 3000**

1.18 44. CAESAR DICT QVART Kopf mit etruskischer Krone n. r., dahinter Lituus / M METTIVS Iuno Sospita mit Schild in Biga n. r.
Cr. 480/2. Syd. 1057. **800 2000 5000**

1.19 44. CAESAR IMP Kopf mit etruskischer Krone n. r., im Feld Lituus und Kelle / M METTIVS Venus n. l. stehend mit Schild und Victoria, im Feld l. unterschiedliche Buchstaben.
Cr. 480/3. Syd. 1056. **500 1750 3000**

s ss vz

1.20 44. CAESAR IMP Kopf mit etruskischer Krone n. r., (dahinter Stern). / P SEPVLLIVS MACER Venus n. l. stehend mit Victoria und Szepter.
Cr. 480/5. Syd. 1071. **500 1750 3000**

1.21 44. CAESAR DICT PERPETVO Kopf mit etruskischer Krone n. r. / P SEPVLLIVS MACER Venus n. l. stehend mit Victoria und Szepter.
Cr. 480/9-11. Syd. 1072-1073. **500 1750 3000**

1.22 44. CAFSAR DICT PERPETVO Verschleierter Kopf mit etruskischer Krone n. r. / P SEPVLLIVS MACER Venus n. l. stehend mit Victoria und Szepter.
Cr. 480/12-14. Syd. 1074. **500 1750 3000**

Denare mit Porträt – postum

1.23 43. M ANTON IMP (RPC) Kopf des Marcus Antonius n. r. / CAESAR DIC Kopf mit etruskischer Krone n. r., dahinter Krug.
Cr. 488/1-2. Syd. 1065-1066. **500 900 2000**

1.24 44. CAESAR PARENS PATRIAE Verschleierter Kopf mit etruskischer Krone n. r., im Feld Apex und Lituus / C COSSVTIVS MARIDIANVS AAA FF kreuzförmig angeordnet.
Cr. 480/19. Syd. 1069. **500 900 1800**

1.25 43. Kopf mit etruskischer Krone n. r. / L FLAMINIVS IIII VIR Weibliche Gestalt mit Caduceus und Szepter n. l. stehend.
Cr. 485/1. Syd. 1088. **500 900 1800**

1.26 42. Kopf mit etruskischer Krone n. r., davor Caduceus, dahinter Zweig / L LIVINEIVS REGVLVS Stier n. r. stürmend.
Cr. 494/24. Syd. 1106. **700 1200 3000**

1.27 42. Kopf mit etruskischer Krone n. r. / L MVSSIDIVS LONGVS Füllhorn auf Globus, l. Ruder, r. Caduceus und Apex.
Cr. 494/39. Syd. 1096. **500 1200 3000**

1.28 44. CAESAR PARENS PATRIAE Verschleierter Kopf mit etruskischer Krone n. r. / P SEPVLLIVS MACER Desultor (Reiter) n. r. mit Peitsche, ein zweites Pferd am Zügel neben ihm, dahinter Kranz und Palmzweig.
Cr. 480/20. Syd. 1075. **800 1500 LP**

1.29 40. Kopf mit etruskischer Krone n. r. / Q VOCONIVS VITVLVS Q DESIGN SC Kalb n. l.
526/4. Syd. 1133. **700 2000 4000**

s ss vz

1.30 40. DIVI IVLI Kopf mit etruskischer Krone n. r., dahinter Lituus / Q VOCONIVS VITVLVS Kalb n. l.
Cr. 526/2. Syd. 1132. **700 2000 4000**

1.31 40. (SC) Kopf mit etruskischer Krone n. r. / TI SEMPRONIVS GRACCVS Q DES(IG SC) Standarte, Adler, Pflug und Szepter
Cr. 525/3-4. Syd. 1127-1129. **400 1200 3000**

Bronze

1.32 Dupondius(?), 45. CAESAR DIC TER Büste der Victoria n. r., (dahinter Stern) / C CLOVI PRAEF Behelmte Minerva mit Trophäe, Axt, Speer und Schild n. l. gehend, davor Schlange.
Cr. 476/1. Syd. 1025-1026. **120 250 600**

1.33 Sesterz(?). 38. CAESAR DIVI F Kopf des Octavian n. r. / DIVOS IVLIVS Kopf Caesars mit etruskischer Krone.
Cr. 535/1. Syd. 1335. **200 600 2000**

2. Augustus

** 63 v. Chr., † 14 n. Chr.*

Zur Geschichte

Caius Octavius begann seine Karriere, die ihn an die Spitze des römischen Staates bringen sollte, als Adoptivsohn Caesars. Mit nichts als diesem Erbe und einer ungewöhnlich großen Portion Skrupellosigkeit brachte es der junge Mann, der bei Caesars Ermordung erst 19 Jahre alt war, so weit, daß ihn die mächtigen Mitarbeiter Caesars, die sich nun die Macht im römischen Staate teilten, im sogenannten „zweiten Triumvirat", als gleichberechtigt anerkennen mußten. Im Windschatten des Marcus Antonius wirkte Augustus an der Vernichtung der Caesarmörder mit (Sieg von Philippi 42 v. Chr.), und erhielt danach seinen Anteil an der Verwaltung des römischen Reiches. Sein Glück und Verhandlungsgeschick brachte ihm Italien und damit die Hauptstadt Rom ein, wo er seinen Wohnsitz nahm. Das war die beste Ausgangsposition für Verleumdungskampagnen gegen seine ehemaligen Mitstreiter, die er nacheinander erst in der öffentlichen Meinung Roms, dann militärisch besiegen konnte. Selbst kein großer Heerführer (bei der Schlacht von Philippi hatte ihn eine praktische Krankheit in seinem Zelt festgehalten), konnte er sich dafür auf seinen Freund und Mitstreiter Marcus Agrippa stützen, dessen militärisches Genie allen anderen Heerführern seiner Zeit überlegen war. Höhepunkt und Abschluß des Kampfes um die Alleinherrschaft war die Schlacht bei Actium, in der Augustus die Streitkräfte seines ehemaligen Schwagers, Marcus Antonius, und die seiner Verbündeten, der ägyptischen Königin Kleopatra, vernichtete. Den ehemaligen Gegnern blieb nur der Selbstmord.

Klüger als Caesar verbarg Augustus seine Stellung als Alleinherrscher im römischen Staat unter einer wahren Fülle von außerordentlichen, aber im römischen Denken durchaus verwurzelten Vollmachten. Während er offiziell im Senat alle Befugnisse zurückgab – wofür ihm zahlreiche Ehrungen, darunter auch der Name Augustus, verliehen wurden –, behielt er sich ausreichende Privilegien vor, um das römische Reich zu lenken. Die Macht des Augustus beruhte im Wesentlichen auf drei Pfeilern: Dem Imperium Proconsulare, einer Vollmacht, die ihm das Kommando über die römischen Legionen und die Einkünfte aus den wichtigsten Provinzen sicherte, der Tribunicia Potestas, den Vollmachten die ein Volkstribun in Rom besaß, also dem Recht, den Senat einzuberufen, Senatsbeschlüsse vorzuschlagen oder durch das Veto aufzuhalten, und dem, was man Auctoritas nennt, der Möglichkeit, die Karriere jedes Senators zu fördern oder zu hindern, so daß einem Politiker, der aufsteigen wollte, gar nichts anderes übrig blieb, als sich den Wünschen des Augustus zu fügen. Seit 27 v. Chr., dem Jahr in dem er dieses neue System, das bei Historikern die Bezeichnung „Principat" führt, begründete, wandelte Augustus sein Image vom Massenmörder zum Friedensfürst, was ihm auf unglaubliche Art und Weise gelang. Höhepunkt dieser Politik war seine Feier zur Entsühnung des römischen Volkes von den Gräueln der Bürgerkriege im Saecularfest 17 v. Chr. Noch heute ist uns die Herrschaft des Augustus in erster Linie durch ihre Blüte an Kunst und Kultur gegenwärtig. Vergil (Aenaeis) und Livius (Ab urbe condita) bestimmen unser Bild dieser Epoche.

Augustus hat als skrupelloser, aber auch genialer Politiker die Weichen gestellt für eine neue Form des Zusammenlebens im römischen Staat.

Zur Münzgeschichte

Die Münzprägung des Augustus entwickelte sich konsequent aus dem, was in der Republik begonnen hatte. In der Münzstätte von Rom zeichneten zunächst drei, dann vier Beamte für die Prägungen verantwortlich. Bis zum Jahre 4 v. Chr. erscheinen ihre Namen auf den Münzen, dann verschwinden sie völlig, auch wenn wir aus anderen Quellen wissen, daß diese Beamten weiterhin ihren Dienst taten. Sind zu Beginn dieses Prozesses noch einzelne Münzbilder auf die Familienpropaganda der Münzbeamten bezogen, so stellen die Monetalen im Laufe der Regierung des Augustus ihre Tätigkeit mehr und mehr in den Dienst des Regimes.

Aus dem Recht des Feldherrn, während seines Feldzuges eigene Münzen prägen zu dürfen, um seine Truppen zu besolden, entwickelte sich unter Augustus eine rege Prägetätigkeit in den Provinzen. Er gründete zum Teil nur kurzfristige Münzstätten in Emerita (Mérida in Portugal), in zwei weiteren spanischen Städten, wobei die Wissenschaft vermutet, daß es sich dabei um Caesaraugusta (Saragossa) und

Colonia Patricia (Cordoba) handeln könnte. Ferner wurde geprägt in Nemausus (Nimes), Lugdunum (Lyon), evt. kurzfristig in Trier, an verschiedenen Orten in Italien, vielleicht in Brundisium (Brindisi), in Rom, Nordgriechenland, Samos, Ephesos, Pergamon, Antiochia und sogar in der Kyrenaika. Da die Münzstättenzuweisung in einigen Teilen noch umstritten ist, wurde hier in diesem Katalog darauf verzichtet, die vermuteten Prägeorte zu nennen.
Eine der wichtigsten Neuerungen, die die Herrschaft des Augustus brachte, war seine Neuordnung des Kleingeldes aus unedlem Metall. Während der Bürgerkriege waren diese Nominale praktisch kaum noch ausgeprägt worden. Erst unter Augustus erfuhr die Nominalreihe ihre endgültige Ordnung, wie sie sich uns in der Kaiserzeit darstellt: in den goldenen Aureus, zu 25 silbernen Denaren, zu 100 Sesterzen aus Messing, zu 200 Dupondii aus Messing, zu 400 kupfernen Assen, zu 1.600 kupfernen Quadrantes.
Alle bei den Münzen angegebenen Jahreszahlen sind v. Chr., soweit nicht anders erwähnt.

Hinweise für Sammler

Grundsätzlich sind Münzen des Augustus nicht besonders selten und teuer. Gerade die Massenprägungen aus Lyon mit den beiden Nachfolgern des Augustus auf der Rückseite kann man bereits für wenig Geld kaufen. Legt man aber Wert darauf, eine bestimmte Rückseite mit einem historischen Bezug zu erhalten, so können die Preise leicht ins Unerschwingliche führen. Häufig kann sich der Sammler damit helfen, daß er nicht das „bekannte" Stück sucht, sondern auf andere Münzen ausweicht; z. B. nicht „AEGYPTO CAPTA" mit der Darstellung des Krokodils, sondern eine der Münzen von RIC 250 – 262, Kampmann 2.12 – 2.18, die geprägt wurden, um die Soldaten nach der Schlacht von Actium zu bezahlen.

Vor dem Jahr 27 v. Chr. — *s* *ss* *vz*

Aurei

Außer den hier genannten Beispielen existieren zu zahlreichen Denaren höchst seltene Aurei, die hier nicht einzeln aufgeführt wurden, da ihnen der Sammler im Alltag kaum begegnet.

2.1 29. Kopf n. r. / IMP CAESAR Victoria auf Globus von vorne mit Kranz und Vexillum.
RIC 268. **2.500 5.000 15.000**

2.2 41. CAESAR IMP PONT III VIR R P C Kopf n. r. / M ANT IMP AVG III VIR RPC M BARBAT Q P Kopf des Marcus Antonius n. r.
Cr. 517/1. Syd. 1180. **3.000 6.000 15.000**

Denare

Sofern es sich um andere Silbernominale wie Quinare und Kistophoren handelt, wird dies extra vermerkt.

2.3 28. CAESAR COS VI Kopf n. r., dahinter Lituus / AEGVPTO CAPTA Krokodil n. r.
RIC 275a. **500 1.500 4.000**

2.4 27. CAESAR DIVI F COS VI Kopf n. r., darunter Capricorn / AEGVPTO CAPTA Krokodil n. r.
RIC 545. **500 1.500 4.000**

2.5 Quinar, 29. CAESAR IMP VII Kopf n. r. / ASIA RECEPTA Victoria mit Kranz und Palmzweig auf Cista Mystica.
RIC 276. **40 75 125**

s *ss* *vz*

2.6 Kistophor, 25-24. IMP CAESAR Kopf n. l., davor Lituus. / AVGVSTVS Capricorn n. r., auf dem Rücken Füllhorn, alles in Lorbeerkranz.
RIC 477. **200 500 1.500**

2.7 Kistophor, 25-24. IMP CAESAR Kopf n. r. / AVGVSTVS Bündel aus sechs Ähren.
RIC 478. **200 500 1.500**

2.8 Kistophor, 25-24. IMP CAESAR Kopf n. r. / AVGVSTVS Altar der Artemis, davor zwei Hirsche.
RIC 479. **200 500 1.500**

2.9 Kistophor, 27. IMP CAESAR Kopf n. r. / AVGVSTVS Sphinx n. r.
RIC 527. **200 500 1.500**

2.10 43. C CAESAR COS PONT AVG Kopf n. r. / C CAESAR DICT PERP PONT MAX Kopf Caesars mit etruskischer Krone n. r.
Cr. 490/4. Syd. 1320. **250 750 1.500**

2.11 42. CAESAR III VIR RPC Kopf n. r. / CAESAR DIC PER Sella Curulis, darauf Kranz.
Cr. 497/2. Syd. 1322. **200 500 1.000**

s *ss* *vz*

2.12 29. Kopf der Venus n. r. / CAESAR DIVI F Octavian mit Lanze in Rüstung im Redegestus.
RIC 251. **150 350 700**

2.13 29. Kopf der Pax oder Concordia n. r., davor Lorbeerzweig, dahinter Füllhorn. / CAESAR DIVI F Octavian mit Lanze in Rüstung im Redegestus.
RIC 253. **150 350 700**

2.14 29. Büste der Victoria n. r. / Octavian als Neptun mit Szepter und Aplustrum n. l., den Fuß auf Globus gestützt.
RIC 256. **150 350 700**

2.15 29. Kopf n. r. / CAESAR DIVI F Venus n. r. stehend mit Helm, Speer und Schild.
RIC 250a. **150 350 700**

2.16 29. Kopf n. r. / CAESAR DIVI F Pax mit Füllhorn und Lorbeerzweig.
RIC 252. **150 350 700**

2.17 29. Kopf n. r. oder n. l. / CAESAR DIVI F Victoria n. l. oder n. r. auf Globus mit Kranz und Palmzweig.
RIC 254. **150 350 700**

s ss vz

2.18 29. Kopf n. r. / Mercur auf Fels n. r. sitzend, die Lyra spielend.
RIC 257. **150 350 700**

2.19 37. IMP CAESAR DIVI F III VIR (ITER) R P C Kopf n. r. / (COS ITER ET TER DESIG) Schöpfkelle, Weihwedel, Krug und Lituus.
Cr. 537/1 und 538/1.
Syd. 1332 und 1334. **150 350 700**

2.20 36. IMP CAESAR DIVI F III VIR ITER R P C Kopf n. r. / COS ITER ET TER DESIG Tempel mit vier Säulen, darin verschleierte Gestalt, einen Lituus haltend, auf dem Architrav DIVO IVL.
Cr. 540/2. Syd. 1338. **200 500 1.200**

2.21 29. Octavian als Herme n. r., dahinter Blitzbündel / IMP CAESAR Octavian auf Sella Curulis n. l., in der Hand Victoria.
RIC 270. **200 400 1.000**

2.22 29. Kopf n. r. / IMP CAESAR Herme auf Blitzbündel.
RIC 269. **200 400 1.000**

2.23 29. Kopf n. r. / IMP CAESAR auf dem Fries der Curia Iulia.
RIC 266. **200 400 1.000**

s ss vz

2.24 29. Kopf n. r. oder n. l. / IMP CAESAR Maritime Trophäe.
RIC 265. **150 350 700**

2.25 29. Kopf n. r. / IMP CAESAR auf Triumphbogen.
RIC 267. **200 400 1.000**

2.26 29. Bel. Kopf n. r. / IMP CAESAR Statue auf Säule, die mit Rostren geschmückt ist.
RIC 271. **150 350 700**

2.27 42. CAESAR IMP III VIR RPC Kopf n. r. / LEPIDVS PONT MAX III V R P C Kopf des M. Lepidus n. r.
Cr. 495/2. Syd. 1323. **250 500 1.000**

2.28 38. IMP CAESAR DIVI IVLI F Kopf n. r. / M AGRIPPA COS in zwei Zeilen.
Cr. 534/3. Syd. 1331. **200 400 1.000**

2.29 41. CAESAR IMP PONT III VIR R P C Kopf n. r. (gel. mit Lituus hinter Kopf) / M ANT IMP AVG III VIR RPC M BARBAT Q P (falls Lituus, endet Umschrift L GELL Q P) Kopf des Marcus Antonius n. r.
Cr. 517/2 und 8. Syd. 1181 und 1188. **200 400 700**

2.30 39. CAESAR IMP (PONT) III VIR RPC Kopf n. r. / M ANTON IMP III VIR R P C (AVG) Kopf des Marcus Antonius n. r. (darunter gel. Stern).
Cr. 528/1. Syd. 1193-1194. **200 400 700**

s ss vz

2.31 Kistophor, 28. IMP CAESAR DIVI F COS VI LIBERTATIS P R VINDEX Bel. Kopf n. r. / PAX Pax einen Caduceus haltend, hinter ihr Cista Mystica, alles in Lorbeerkranz.
RIC 476. **200 500 1.500**

2.32 40. C CAESAR III V IR R P C Kopf n. r. / Q SALVIVS IMP COS DESIG Blitzbündel.
Cr. 523/1. Syd. 1326. **150 350 600**

2.33 43. C CAESAR IMP (oder III VIR RPC) Kopf n. r. / SC (oder POPVL IVSSV) Reiterstatue n. l.
Cr. 490/1. Syd. 1316-1318. **350 600 1.200**

Bronze

2.34 As, 28. Kopf n. r. / CA in Lorbeerkranz.
RIC 495. **100 250 500**

2.35 38. CAESAR DIVI F Kopf n. r. / DIVOS IVLIVS Kopf Caesars mit etruskischer Krone n. r.
Cr. 535/1. Syd. 1335. **200 600 2.000**

2.36 38. (CAESAR) DIVI F Kopf n. r. / DIVOS IVLIVS in Kranz.
Cr. 535/2. Syd. 1336. **100 250 500**

Nach dem Jahr 27 v. Chr.

Aurei

2.37 19-18. Kopf n. r. / AVGVSTVS Capricorn, auf seinem Rücken Füllhorn, zwischen den Vorderbeinen Globus und Ruder.
RIC 125. **1.500 3.000 7.000**

2.38 2-4 n. Chr. C L CAESARES AVGVSTI F COS DESIG PRINC IVVENT Caius und Lucius Caesar, die Enkel des Augustus, als Principes Iuventutis mit Lanze und Silberschild frontal stehend, im Feld oben Schöpfkelle und Lituus.
RIC 206. **1.250 2.500 3.500**

2.39 8. AVGVSTVS DIVI F / C CAES AVGVS F Gaius Caesar n. r. galoppierend, hinter ihm Feldzeichen.
RIC 198. **1.500 3.000 7.000**

2.40 15. AVGVSTVS DIVI F Kopf n. l. / IMP X Drusus und Tiberius überreichen Augustus einen Lorbeerzweig.
RIC 164b. **1.500 3.000 7.000**

s ss vz

2.41 15. AVGVSTVS DIVI F Kopf n. r. / IMP X Stier n. r.
RIC 166a. **1.500 3.000 7.000**

2.42 19. AVGVSTVS Kopf n. r. / SIGNIS RECEPTIS Capricorn n. r.
RIC 521. **1.500 3.000 7.000**

Denare mit Porträt

Quinare sind in dieser Rubrik vermerkt, das Nominal wird dabei zusätzlich erwähnt.
Folgende Vorderseitenvarianten kommen vor:
Umschrift: ohne Umschrift,
AVGVSTVS,
AVGVSTVS DIVI F,
CAESAR,
CAESAR AVGVSTVS,
CAESAR AVGVSTVS DIVI F PATER PATRIAE,
CAESARI AVGVSTO,
IMP CAESAR,
IMP CAESAR AVGVST(VS),
IMP IX TR PO V
und andere Varianten.
Büste: Kopf n. r., n. l., bloßer Kopf, mit Lorbeerkranz, mit Eichenkranz, davor Lituus.

2.43 Quinar, 27. Victoria auf Prora mit Kranz und Palmzweig n. l.
RIC 474. **40 70 100**

2.44 27. AVGVSTVS Kuh n. r.
RIC 475. **300 700 1.500**

2.45 Kistophor, 27-23. AVGVSTVS Sphinx n. r.
RIC 487. **150 500 1.500**

2.46 Kistophor, 27-23. AVGVSTVS Capricorn, auf dem Rücken Füllhorn, alles in Lorbeerkranz.
RIC 488. **150 500 1.500**

2.47 Kistophor, 27-23. AVGVSTVS Sechs Ähren.
RIC 490. **150 500 1.500**

2.48 19-18. Kopf n. r. / AVGVSTVS Capricorn, auf seinem Rücken Füllhorn, zwischen den Vorderbeinen Globus und Ruder.
RIC 126. **250 500 1.000**

s ss vz

2.49 8. C CAES AVGVS F Gaius Caesar n. r. galoppierend, hinter ihm Feldzeichen.
RIC 199. C. 40. **250 500 1.000**

2.50 2-4 n. Chr. C L CAESARES AVGVSTI F COS DESIG PRINC IVVENT Caius und Lucius Caesar, die Enkel des Augustus, als Principes Iuventutis mit Lanze und Silberschild frontal stehend, im Feld oben Schöpfkelle und Lituus.
Dieser Typ ist der mit Abstand am häufigsten geprägte.
RIC 207. **100 150 250**

2.51 19-18. CAESAR AVGVSTVS Zwei Lorbeerzweige.
RIC 51. **200 500 1.000**

2.52 19-18. CAESAR AVGVSTVS um Schild, darauf CL V, darum SPQR, l. und r. je ein Lorbeerzweig.
RIC –. **200 500 1.000**

2.53 Kistophor, 19. COM ASIAE Tempel, auf dem Architrav ROM ET AVGVST
RIC 506. **150 500 1.500**

2.54 19-18. DIVVS IVLIVS Komet.
RIC 37. **200 500 1.000**

s ss vz

2.55 27-26. IMP CAESAR DIVI F um Rundschild.
RIC 543. **200 500 1.000**

2.56 15. IMP X Drusus und Tiberius überreichen Augustus je einen Lorbeerzweig.
RIC 165. **200 500 1.000**

2.57 15. IMP X Stier n. r.
RIC 167. **200 500 1.000**

2.58 12. IMP XII Stier n. l.
RIC 178a. **200 500 1.000**

2.59 15. IMP X ACT Apollon von Actium im langen Gewand mit Kithara und Plectron (auch für IMP XII bekannt)
RIC 171a. **200 500 1.000**

2.60 19-18. IOV TON Tempel, darin Statue des Iupiter mit Blitzbündel und Szepter.
RIC 64. **200 500 1.200**

2.61 19-18. MAR VLT Rundtempel, darin Feldzeichen.
RIC 105a. **200 500 1.200**

s ss vz

2.62 19-18. MAR(T) VLT(O) Rundtempel, darin Mars mit Feldzeichen.
RIC 69. **200 500 1.200**

2.63 Kistophor, 19. MART VLTO Rundtempel, darin Feldzeichen.
RIC 507. **150 500 1.500**

2.64 19-18. OB CIVIS SERVATOS in oder um Eichenkranz.
RIC 77. **200 500 1.000**

2.65 19-18. OB CIVIS SERVATOS in oder um Eichenkranz, darin Schild, darauf (SPQR) CL V
RIC 75. **200 500 1.000**

2.66 Quinar, 25-23. P CARISI LEG Victoria n. r., eine Trophäe bekränzend.
RIC 1. **40 70 100**

2.67 13-14 n. Chr. PONTIF MAXIM Weibliche Personifikation n. r. sitzend, Szepter und Zweig haltend.
RIC 220. C. 223. **200 500 1.000**

2.68 19-18. SIGNIS RECEPTIS Mars mit Feldzeichen.
RIC 82a. **200 500 1.000**

s ss vz

2.69 19-18. SIGNIS RECEPTIS SPQR um Schild, auf dem CL V steht, l. und r. davon Feldzeichen.
RIC 86. **200 500 1.000**

2.70 19-18. SPQR Triumphalquadriga, darin Palmzweig.
RIC 110. **150 500 1.200**

2.71 19-18. SPQR Rundtempel, darin Triumphalquadriga, darauf Feldzeichen.
RIC 119. **200 500 1.200**

2.72 19-18. SPQR CL auf Schild.
RIC 42. **200 500 1.000**

Münzmeister-Denare

2.73 13. CAESAR AVGVSTVS Kopf n. r. / C ANTISTIVS REVINVS III VIR Schöpfkelle, Lituus, Dreifuß und Patera.
RIC 410. **250 500 1.200**

2.74 19. Q RVSTIVS FORTVNAE ANTIAT Büsten der Fortuna Victrix und der Fortuna Felix auf einer Trage, deren Enden in Widderköpfen auslaufen / CAESARI AVGVSTO EX SC Altar, darauf FOR RE.
RIC 322. **150 300 600**

2.75 19. TVRPILIANVS III VIR Kopf des Liber mit Efeukranz n. r. / CAESAR AVGVSTVS SIGN RECE Kniender Parther, ein Feldzeichen überreichend.
RIC 287. **250 500 1.200**

		s	ss	vz
2.76	19. L AQVILLIVS FLORVS III VIR Kopf des Sol mit Strahlenkrone n. r. / CAESAR AVGVSTVS SIGN RECE Kniender Parther, ein Feldzeichen überreichend. *RIC 304.*	250	500	1.200
2.77	12. AVGVSTVS Kopf n. r. / L CANINIVS GALLVS III VIR Kniender Parther ein Feldzeichen präsentierend. *RIC 416.*	250	500	1.200
2.78	12. AVGVSTVS Kopf des Augustus n. r. / L LENTVLVS FLAMEN MARTIALIS Augustus den vergöttlichten Iulius in Rüstung mit Victoria bekränzend. *RIC 415.*	250	500	1.200
2.79	16. Kopf n. r. / L MESCINIVS RVFVS Mars mit Parazonium und Speer auf Cippus stehend, darauf SPQR V PR RE CAES *RIC 351.*	250	500	1.200
2.80	16. Kopf n. r. / L VINICIVS Triumphbogen., darauf SPQR IMP CAE. *RIC 359.*	250	500	1.200
2.81	16. AVGVSTVS TR POT VIII Kopf n. r. / L VINICIVS L F III VIR Säulenstumpf, darauf SPQR IMP CAE QVOD V M S EX EA P QIS AD ADE. *RIC 360.*	250	500	1.200

		s	ss	vz
2.82	19. CAESAR AVGVSTVS Kopf n. r. / M DVRMIVS III VIR Löwe n. l., einen Hirsch angreifend. *RIC 318.*	350	700	1.500

		s	ss	vz
2.83	17. AVGVSTVS DIVI F Kopf n. r. / M SANQVINIVS III VIR Kopf Caesars n. r., darüber Komet. *RIC 142.*	350	700	1.500
2.84	19. CAESAR AVGVSTVS Kopf n. r. / P PETRON TVRPILIAN III VIR Pegasus r. *RIC 297.*	250	500	1.200

		s	ss	vz
2.85	19. CAESAR AVGVSTVS Kopf n. r. / TVRPILIANVS III VIR Tarpeia unter Schilden begraben. *RIC 299.*	250	500	1.500

Bronzemünzen mit Porträt

Vs

Typ 1: CAESAR AVGVSTVS TRIBVNIC POTEST Kopf n. r.;
Typ 2: CAESAR AVGVST PONT MAX TRIBVNIC POT Kopf n. r. oder l.;
Typ 3: AVGVSTVS Kopf n. r.

		s	ss	vz
2.86	As, 6. Typ 2 / A LICIN NERVA SILIAN III VIR AAA FF um SC. *RIC 432.*	100	250	750
2.87	As, 27-23. CAESAR Kopf n. r. / AVGVSTVS in Lorbeerkranz. *RIC 486.*	100	250	750
2.88	As, 16. Typ 1 / C ASINIVS GALLVS III VIR AAA FF um SC. *RIC 373.*	100	250	750
2.89	As, 16. Typ 1 / C CASSIVS CELER III VIR AAA FF um SC. *RIC 376.*	100	250	750

		s	ss	vz
2.90	As, 16. Typ 1 / C GALLIVS LVPERCVS III VIR AAA FF um SC. *RIC 379.*	100	250	750
2.91	As, 15. Typ 1 / C PLOTIVS RVFVS III VIR AAA FF um SC. *RIC 389.*	100	250	750
2.92	Sesterz, 27-23. Typ 3 / CA in Lorbeerkranz. *RIC 501.*	100	250	750
2.93	Dupondius, 27-23. Typ 3 / CA in Lorbeerkranz, geschmückt mit Rostren. *RIC 502.*	100	250	750
2.94	As, 15. Typ 1 / CN PISO CN F III VIR AAA FF um SC. *RIC 382.*	100	250	750
2.95	As, 15. Typ 1 / L NAEVIVS SVRDINVS III VIR AAA FF um SC. *RIC 385.*	100	250	750
2.96	As, 23. CAESAR AVGVST TRIBVNI POTEST (und andere Abkürzungen der Legende) Kopf n. r. / P CARISIVS LEG AVGVSTI in drei Zeilen. *RIC 25.*	100	250	750
2.97	As, 11-12. IMP CAESAR DIVI F AVGVSTVS IMP XX Kopf n. l. / PONTIF MAXIM TRIBVN POT XXXIIII um SC. *RIC 471.*	100	250	750
2.98	As, 7. Typ 2 / P LVRIVS AGRIPPA III VIR AAA FF um SC. *RIC 427.*	100	250	750
2.99	As, 7. Typ 2 / M MAECILIVS TVLLVS III VIR AAA FF um SC. *RIC 435.*	100	250	750

s *ss* *vz*

2.100 As, 7. Typ 2 / M SALVIVS OTHO III VIR AAA FF um SC.
RIC 431. **100 250 750**

2.101 Sesterz, 10-7. CAESAR PONT MAX Bel. Kopf n. r. / ROM ET AVG Altar von Lyon.
RIC 229. **200 500 1.000**

2.102 Sesterz, 13-14. CAESAR AVGVSTVS DIVI F PATER PATRIAE Bel. Kopf n. r. / ROM ET AVG Altar von Lyon.
RIC 231a. **200 500 1.000**

2.103 As, 10-7. CAESAR PONT MAX Bel. Kopf n. r. / ROM ET AVG Altar von Lyon.
RIC 230. **40 80 150**

2.104 As, 6. Typ 2 / SEX NONIVS QVINCTILIAN III VIR AAA FF um SC.
RIC 439. **100 250 500**

2.105 As, 6. Typ 2 / VOLVSVS VALER MESSAL III VIR AAA FF um SC.
RIC 441. **100 250 750**

Bronzemünzen ohne Porträt – Sesterze und Dupondien

Vs Typ 1: OB CIVIS SERVATOS in Eichenkranz, l. und r. Lorbeerzweig;
Typ 2: AVGVSTVS TRIBVNIC POTEST in Eichenkranz.

2.106 Sesterz, 16. Typ 1 / C ASINIVS C F GALLVS III VIR AAA FF um SC.
RIC 370. **100 250 500**

2.107 Dupondius, 16. Typ 2 / C ASINIVS GALLVS III VIR AAA FF um SC.
RIC 372. **50 120 250**

2.108 Sesterz, 16. Typ 1 / C CASSIVS C F CELER III VIR AAA FF um SC.
RIC 374. **100 250 500**

2.109 Dupondius, 16. Typ 2 / C CASSIVS CELER III VIR AAA FF um SC.
RIC 375. **50 120 250**

2.110 Dupondius, 18. Typ 2 / C CENSORINVS L F AVG III VIR AAA FF um SC.
RIC 326. **50 120 250**

2.111 Sesterz, 16. Typ 1 / C GALLIVS C F LVPERCVS III VIR AAA FF um SC.
RIC 377. **100 250 500**

2.112 Dupondius, 16. Typ 2 / C GALLIVS C F LVPERCVS III VIR AAA FF um SC.
RIC 378. **50 120 250**

2.113 Sesterz, 18. Typ 1 / C MARCI L F CENSORIN AVG III VIR AAA FF um SC.
RIC 325. **100 250 500**

s *ss* *vz*

(Abbildung verkleinert)

2.114 Sesterz, 15. Typ 1 / C PLOTIVS RVFVS III VIR AAA FF um SC.
RIC 387. **100 250 500**

2.115 Dupondius, 15. Typ 2 / C PLOTIVS RVFVS III VIR AAA FF um SC.
RIC 388. **50 120 250**

2.116 Sesterz, 15. Typ 1 / CN PISO CN F III VIR AAA FF um SC.
RIC 380. **100 250 500**

2.117 Dupondius, 15. Typ 2 / CN PISO III VIR AAA FF um SC.
RIC –. **50 120 250**

2.118 Sesterz, 17. Typ 1 / M SANQVINIVS Q F III VIR AAA FF um SC.
RIC 341. **100 250 500**

2.119 Dupondius, 17. Typ 2 / M SANQVINIVS Q F III VIR AAA FF um SC.
RIC 342. **50 120 250**

2.120 Sesterz, 15. Typ 1 / L NAEVIVS SVRDINVS III VIR AAA FF um SC.
RIC 383. **100 250 500**

2.121 Dupondius, 15. Typ 2 / L SVRDINVS III VIR AAA FF um SC.
RIC 384. **50 120 250**

2.122 Sesterz, 18. Typ 1 / Q AELIVS L F LAMIA III VIR AAA FF um SC.
RIC 323. **100 250 500**

2.123 Dupondius, 18. Typ 2 / Q AELIVS LAMIA III VIR AAA FF um SC.
RIC 324. **50 120 250**

2.124 Sesterz, 17. Typ 1 / P LICINIVS STOLO III VIR AAA FF um SC.
RIC 345. **100 250 500**

2.125 Dupondius, 17. Typ 2 / P (LICINIVS) STOLO III VIR AAA FF um SC.
RIC 346. **50 120 250**

2.126 Dupondius, 18. Typ 2 / T CRISPINVS SVLPICIAN III VIR AAA FF um SC.
RIC 333. **50 120 250**

2.127 Sesterz, 18. Typ 1 / T QVINCTIVS CRISPINVS III VIR AAA FF um SC.
RIC 327. **100 250 500**

s ss vz

2.128 Sesterz, 17. Typ 1 / TI SEMPRONIVS GRACCVS III VIR AAA FF um SC.
RIC 348. 100 250 500

2.129 Dupondius, 17. Typ 2 / TI SEMPRONIVS GRACCVS III VIR AAA FF um SC.
RIC 349. 50 120 250

Bronzemünzen ohne Porträt – Quadrantes

2.130 5. APRONIVS MESSALA III VIR Altar geschmückt mit Girlande / GALVS SISENNA AAA FF um SC.
RIC 443. 20 50 100

2.131 5. APRONIVS SISENNA III VIR Altar geschmückt mit Girlande / MESSALLA SISENNA AAA FF um SC (und viele andere Aufteilungen der Beamtennamen auf Vs und Rs).
RIC 446. 20 50 100

2.132 4. C NAEVIVS CAPELLA um SC / III VIR AAA FF Altar mit Girlande geschmückt.
RIC 466. 20 50 100

2.133 4. C RVBELLIVS BLANDVS um SC / III VIR AAA FF Altar mit Girlande geschmückt.
RIC 467. 20 50 100

2.134 9. LAMIA SILIVS ANNIVS Handschlag um Caduceus / III VIR AAA FF um SC.
RIC 420. 20 50 100

2.135 9. LAMIA SILIVS ANNIVS Schöpfkelle und Lituus / III VIR AAA FF um SC.
RIC 421. 20 50 100

2.136 9. LAMIA SILIVS ANNIVS Füllhorn / III VIR AAA FF Altar (gel. mit Girlande geschmückt).
RIC 422. 20 50 100

2.137 4. L VALERIVS CATVLLVS um SC / III VIR AAA FF Altar mit Girlande geschmückt.
RIC 468. 20 50 100

2.138 8. PVLCHER TAVRVS REGVLVS Handschlag um Caduceus / III VIR AAA FF um SC.
RIC 423. 20 50 100

2.139 8. PVLCHER TAVRVS REGVLVS Schöpfkelle und Lituus / III VIR AAA FF um SC.
RIC 424. 20 50 100

s ss vz

2.140 8. PVLCHER TAVRVS REGVLVS Füllhorn / III VIR AAA FF Altar (gel. mit Girlande geschmückt).
RIC 425. 20 50 100

2.141 4. P BETILIENVS BASSVS um SC / III VIR AAA FF Altar, geschmückt mit Girlande.
RIC 465. 20 50 100

Divus Augustus

2.142 *Unter Traianus Decius.* Antoninian. CONSECRATIO Adler.
RIC 77. 50 100 200

2.143 *Unter Traianus Decius.* Antoninian. CONSECRATIO Altar.
RIC 78. 50 100 200

2.144 *Unter Tiberius.* Dupondius. DIVVS AVGVSTVS PATER Kopf mit Strahlenkrone n. l. / PROVIDENT SC Altar.
RIC 81. 75 150 400

2.145 *Unter Tiberius.* Dupondius. DIVVS AVGVSTVS PATER Kopf mit Stahlenkrone n. l., darüber Stern, darunter Blitz / SC Weibliche Gestalt n. r. sitzend, Patera und Szepter haltend.
RIC 72. 75 150 400

2.146 *Unter Tiberius.* Dupondius. DIVVS AVGVSTVS PATER Kopf mit Strahlenkrone n. l. / SC Adler auf Globus.
RIC 82. 75 150 400

2.147 *Unter Tiberius.* Dupondius. DIVVS AVGVSTVS PATER Kopf mit Strahlenkrone n. l. / SC Geflügelter Blitz.
RIC 83. 75 150 400

(Abbildung verkleinert)

2.148 *Unter Tiberius.* Sesterz. Augustus auf Elefanten-Quadriga n. l., im Feld DIVO AVGVSTO SQPR. / TI CAESAR DIVI AVG F AVGVST P M TR POT XXXVI (oder XXXVII) um SC
RIC 56, 62. 400 2.000 4.000

3. Livia

Gattin des Augustus,
** 57 v. Chr., † 29 n. Chr.*

Zur Geschichte

Livia Drusilla war in erster Ehe verheiratet mit Tiberius Claudius Nero, dem sie im Jahre 42 den späteren Kaiser Tiberius gebar. Obwohl sie im Jahre 39 mit ihrem zweiten Sohn Nero Claudius Drusus schwanger war, zwang der verliebte Augustus ihren Mann, sich von ihr scheiden zu lassen, um sie selbst zu heiraten, nachdem auch er sich von seiner Frau hatte scheiden lassen.
Auch wenn Tacitus und Sueton – und in ihrer Folge unzählige Schreiber von historischen Romanen – Livia alle möglichen Giftmorde unterstellen wollten, um ihren Sohn Tiberius an die Herrschaft zu bringen, war sie mit Sicherheit keine intrigante Mörderin. Sie verkörperte vielmehr kongenial das Ideal, das Augustus mit seiner Wiederbelebung der römischen Moralvorstellungen erzielen wollte: Die sittsame Hausfrau, die im Heim am Herd webend, ihren Ehemann von ihrem Wirkungskreis aus unterstützte.
Livia überlebte Augustus und starb unter der Herrschaft des Tiberius im Alter von 86 Jahren. Sie wurde im Grabmal des Augustus beigesetzt und unter der Herrschaft des Claudius im Jahr 42 n. Chr. zur Diva erhoben.

Hinweise für Sammler

Nur ein einziges zeitgenössisches Münzbild kann sicher mit dem Porträt der Livia in Verbindung gebracht werden, die Darstellung der Salus auf Bronzemünzen des Tiberius, die in den Jahren 22 – 23 geprägt wurden. Sie spiegeln die Gesundung der mittlerweile 80jährigen Livia von einer schweren Krankheit. Alle anderen Identifizierungen mit Livia von Personifikationen wie Pietas oder Iustitia, wie sie auf Münzen des Tiberius zu finden sind, sind reine Spekulation.
Postume – und höchst seltene – Prägungen, Aureus, Denar, Sesterz, Dupondius und As, für seine Gönnerin Livia wurden unter Galba herausgegeben. Galba zog im Bürgerkrieg viel Prestige aus der Tatsache, daß er als junger Mann noch von der Augusta selbst gefördert worden war. Man trifft im Handel so selten auf diese Prägungen, daß sie hier lediglich erwähnt seien.

Münzen

		s	*ss*	*vz*
3.1	*Unter Tiberius.* Dupondius. SALVS AVGVSTA Drapierte Büste n. r. Rv. TI CAESAR DIVI AVG F AVG P M TR POT XXIIII um S-C. *RIC 47.*	**150**	**500**	**1.500**
3.2	*Unter Tiberius.* Sesterz. S P Q R IVLIAE AVGVST Zwei Maultiere ziehen ein Carpentum. Rv. TI CAESAR DIVI AVG F AVGVST P M TR POT XXIIII um SC. *Livia trug nach ihrer testamentarischen Adoption durch Augustus den Titel Iulia Augusta. RIC 51.*	**250**	**600**	**2.000**

4. Agrippa
** 63 v. Chr., † 12 v. Chr.*

Zur Geschichte

Agrippa war seit seiner Jugend treuer Freund und Verbündeter des Augustus. Mit seinem militärischen Genie, seinem Talent zur Verwaltung und seiner uneigennützigen Disziplin half er dem Augustus beim Aufstieg – ihm sind unter anderen die Siege bei Naulochos über Sextus Pompeius und bei Actium über Marcus Antonius zu verdanken – und war später zur Zeit der Alleinherrschaft seines Freundes dessen wichtigster Helfer. Augustus dankte es dem Agrippa, indem er ihn mit seiner Tochter Iulia vermählte, die Kinder der beiden als seine eigenen Söhne adoptierte und Agrippa mit allen Vollmachten ausstatten ließ, so daß sein Freund im Falle seines eigenen, vorzeitigen Ablebens die Macht in Rom hätte übernehmen können. Doch so weit sollte es nicht kommen: Agrippa starb vor Augustus auf einer seiner unzähligen Reisen im kaiserlichen Auftrag im Jahre 12 v. Chr. in Kampanien.

Hinweise für Sammler

Münzen mit dem Bild des Agrippa zu seinen Lebzeiten sind höchst selten. Alle Abbildungen seines Porträts sind in irgendeiner Art und Weise immer mit Augustus kombiniert. Erst Caligula, der Enkel des Agrippa, setzte das Bild seines Großvaters alleine auf Münzen.

Münzen

Denare

4.1 *Unter Augustus.* 13. CAESAR AVGVSTVS Kopf des Augustus n. r. / C SVLPICIVS PLATORIN Augustus und Agrippa in Toga auf einem Podium n. l. sitzend.
RIC 407. **200 500 1000**

4.2 *Unter Augustus.* 12. AVGVSTVS COS XI Kopf des Augustus mit Eichenkranz n. r. / M AGRIPPA COS TER CROSSVS LENTVLVS Kopf des Agrippa mit einer Mauerkrone, die mit Rostren geschmückt ist.
RIC 414. **1.000 2.500 5.000**

s ss vz

4.3 *Unter Augustus.* 13. CAESAR AVGVSTVS Kopf des Augustus n. r. / M AGRIPPA PLATORINVS III VIR Kopf des Agrippa n. r.
RIC 408. **1.000 2.500 5.000**

Bronze

4.4 *Unter Augustus.* As, Nemausus. IMP DIVI F Kopf des Augustus und des Agrippa voneinander wegsehend / COL NEM Krokodil l. oder l. an Palme gekettet, darunter Palmzweig.
RIC 159. **50 100 250**

4.5 *Unter Caligula.* As. M AGRIPPA L F COS III Kopf n. l., eine Krone aus Rostren tragend / SC Neptun mit Delphin und Dreizack frontal stehend.
RIC 58. **100 200 600**

5. Tiberius

14 – 37

Zur Geschichte

Tiberius Claudius Nero, Sohn der Livia aus ihrer ersten Ehe, verband mit seinem Stiefvater Augustus eher Haß denn Liebe. Augustus sah in dem tüchtigen jungen Mann ein ideales Werkzeug seiner Politik, das sich widerspruchslos zu fügen hatte. Scheidung von der geliebten Frau, um die ungeliebte Tochter des Augustus zu heiraten, unzählige (erfolgreiche) Feldzüge im Auftrag des Reiches, Tiberius tat seine Pflicht, bis es ihm im Jahre 6 v. Chr. zu viel wurde, und er sich auf die Insel Rhodos zurückzog. Dort lebte er 8 Jahre lang als Privatmann, ehe er im Jahr 2 n. Chr. nach Rom zurückkehrte. Während Augustus ihn zunächst mit Verachtung strafte, blieb diesem jedoch im Jahr 4 n. Chr. nichts anderes mehr übrig, als Tiberius als Nachfolger zu akzeptieren. Alle anderen möglichen Kandidaten waren zu diesem Zeitpunkt bereits tot.

Tiberius trat die Herrschaft nur widerwillig an und seine Zusammenarbeit mit dem Senat entwickelte sich zu einer Katastrophe. Durch die Dominanz des Augustus der freien Meinungsäußerung entwöhnt, versagten die Senatoren, als Tiberius von ihnen eine Mitarbeit bei der Herrschaft verlangte. Enttäuscht zog sich der Kaiser im Jahre 27 nach Capri zurück, wo er sich – auch wenn ihn Sueton und Tacitus aller sexuellen Entartungen verdächtigen – vor allem der Philosophie hingab und dabei die Zügel der Herrschaft nicht aus der Hand legte, wie die Amtsenthebung des Seianus im Jahr 31 zeigt.

Tiberius starb im Jahre 37 n. Chr. Seine Asche wurde im Mausoleum des Augustus beigesetzt. Er ist einer der wenigen römischen Kaiser, die nach ihrem Tod weder zum Divus erhoben wurden, noch der damnatio memoriae verfielen.

Zur Münzgeschichte

Tiberius setzte im Großen und Ganzen die Organisation der Münzprägung unter Augustus fort. Wir finden praktisch keine Änderungen unter seiner Herrschaft, man kann allerdings eine Reduzierung politischer Aussagen auf Gold- und Silbermünzen sowie eine Zunahme von Inhalten auf Bronzemünzen feststellen. Hauptmünzstätte, vielleicht sogar die einzige, für Silber- und Goldmünzen blieb Lugdunum (Lyon). Bronzemünzen wurden weiterhin unter Aufsicht von Monetalen in Rom geprägt.

Hinweise für Sammler

Die Preise für den häufigsten Münztyp unter Tiberius, Denare mit der Rückseite PONTIF MAXIM sind – wenn man ihn lediglich aus seiner Seltenheit erklären wollte – überproportional hoch. Dies liegt daran, daß ein Großteil aller auf dem Markt erhältlichen PONTIF MAXIM – Münzen nach USA verkauft werden, wo man diese Stücke als „tribute penny“ des Neuen Testaments vermarktet.

Münzen

Folgende Vorderseitenvarianten kommen vor:
Umschrift: TI CAESAR DIVI AVG F AVGVST IMP VII,
TI CAESAR DIVI AVG F AVGVST IMP VIII,
TI CAESAR DIVI AVG F AVGVSTVS IMP VII,
TI CAESAR DIVI AVG F AVGVSTVS,
TI DIVI AVGVSTVS
und andere Varianten
Büste: n. r., n. l., barhäuptig, mit Lorbeerkranz.

Aurei

5.1 PONTIF MAXIM Weibliche Gestalt n. r. thronend, in der r. Hand Szepter, in der l. Hand Zweig.
RIC 25. **1.000 2.000 4.000**

5.2 TR POT XVI (oder XVII) IMP VII Tiberius in Triumphalquadriga n. r.
RIC 1 (oder 3). **1.000 2.000 4.000**

5.3 Goldquinar. TR POT XVII (oder XX, XXII, XXIIII, XXV, XXVI, XXVII, XXVIII, XXVIIII, XXX, XXXI, XXXII, XXXIII, XXXIIII, XXXV, XXXVI, XXXVII, XXXVIII) Victoria auf Globus n. r. sitzend, in beiden Händen Kranz haltend.
RIC 6 (oder 7-22). **900 1.800 4.000**

Denare

5.4 PONTIF MAXIM Weibliche Gestalt n. r. thronend, in der r. Hand Szepter, in der l. Hand Zweig.
RIC 26, 28, 30. **150 300 600**

s ss vz

5.5 TR POT XVI (oder XVII) IMP VII Tiberius in Triumphalquadriga n. r.
RIC 2 (oder 4). **150 300 600**

Bronzemünzen mit Porträt

5.6 Dupondius. CLEMENTIAE SC Schild, darin kleine Büste von vorne.
RIC 38. **400 2.000 5.000**

5.7 Dupondius. MODERATIONIS SC Schild, darin kleine Büste von vorne.
RIC 38. **400 2.000 5.000**

5.8 As. PONTIF MAXIM TRIBVN POTEST XVII SC Weibliche Gestalt n. r. thronend, in der r. Hand Szepter, in der l. Hand Zweig.
RIC 13-14. **100 200 600**

5.9 As. PONTIF MAXIM TRIBVN POTEST XXIIII um SC.
RIC 44. **100 250 600**

5.10 As. PONTIF MAXIM TRIBVN POTEST XXXVII SC Geflügelter Caduceus.
RIC 65. **100 250 600**

5.11 As. PONTIF MAX TR POT XXXVI (oder XXXIIX) SC Steuerruder über Globus; am Fuße des Steuerruders kleiner Globus.
RIC 52 (oder 64). **100 250 600**

s ss vz

5.12 Dupondius, Commagene. PONT MAXIM COS III IMP VII TR POT XXI (oder XXII) Zwei Füllhörner um Caduceus.
RIC 89 (oder 90). **100 250 600**

5.13 Dupondius oder As. ROM ET AVG Altar von Lyon, flankiert von zwei Säulen, darauf Victorien, den Altar bekränzend.
RIC 31. **100 200 500**

5.14 Quadrans. ROM ET AVG Altar von Lyon, flankiert von zwei Säulen, darauf Victorien, den Altar bekränzend.
RIC 32. **50 100 250**

Bronzemünzen ohne Porträt

5.15 Sesterz. TI CAESAR DIVI AVG F AVGVST P M TR POT XXXVI (oder XXXVII, XXXIIX) um SC / Tempel, darin Statue der Concordia.
RIC 55 (oder 61, 67). **800 2.000 7.000**

5.16 Sesterz. TI CAESAR DIVI AVG F AVGVST P M TR POT XXIIII um SC / CIVITATIBVS ASIAE RESTITVTIS Kaiser mit Patera und Szepter n. l. sitzend.
RIC 48. **800 2.000 5.000**

5.17 Sesterz. TI CAESAR DIVI AVG F AVGVST P M TR POT XXXVI (oder XXXVII) um SC / DIVO AVGVSTO SPQR Divus Augustus in Elefantenquadriga n. l. fahrend.
RIC 56 (oder 62). **800 2.000 5.000**

		s	*ss*	*vz*
5.18	Dupondius. TI CAESAR DIVI AVG F AVG P M TR POT XXIIII um SC / IVSTITIA Büste der Iustitia mit Diadem n. r. *Man will in dieser Darstellung ein Porträt der Livia erkannt haben.* *RIC 46.*	**200**	**750**	**1.500**

5.19	Dupondius. DRVSVS CAESAR TI AVGVSTI F TR POT ITER um SC / PIETAS Büste der Pietas mit Diadem n. r. *Im Namen des Drusus geprägt. Man will in dieser Darstellung ein Porträt der Livia erkannt haben.* *RIC 43.*	**200**	**750**	**1.500**
5.20	Dupondius. TI CAESAR DIVI AVG F AVG P M TR POT XXIIII / SALVS AVGVSTA Büste der Livia n. r. *RIC 47.*	**300**	**800**	**2.000**
5.21	Sesterz. TI CAESAR DIVI AVG F AVGVST P M TR POT XXIIII um SC / SPQR IVLIAE AVGVSTVS Geschmückter Karren, von zwei Maultieren n. r. gezogen. *RIC 51.*	**800**	**2.000**	**5.000**

Spintrien

T. V. Buttrey, The Spintriae as a historical source, NC 1973, 52-63.

Spintrien wurden häufig als „Bordellmarken" bezeichnet. Tatsächlich handelt es sich hier um Spielmarken, bei denen die Rückseite mit den Nummern von I-XVI bedeutungstragend war, während die Vorderseite mit der erotischen Szene oder dem Kaiserkopf lediglich als Dekoration diente. Zwischen den Rückseiten der verschiedenen Emissionen gibt es zahlreiche Stempelkopplungen, so daß wohl alle Marken von einem einzigen privaten Hersteller ausgegeben wurden.

5.22	AE. Erotische Szene / Zahlzeichen I - XVI *Buttrey Tf. A, 1-13.*	**1.000**	**2.000**	**4.000**
5.23	AE. Kopf des Augustus mit Strahlenkrone, Lorbeerkranz oder barhaupt n. r. oder l. / Zahlzeichen I - XVI *Buttrey Tf. B, 1-10.*	**150**	**300**	**500**
5.24	AE. Kopf des Tiberius mit Lorbeerkranz n. l. / Zahlzeichen I - XVI *Buttrey Tf. B, 14-16.*	**150**	**300**	**500**

6. Drusus Maior

Bruder des Tiberius,
** 38 v. Chr., † 9 n. Chr.*

Zur Geschichte

Drusus der Ältere, mit seinem vollen Namen Nero Claudius Drusus Germanicus, war der Sohn von Livia und ihrem ersten Mann, der erst nach ihrer zweiten Heirat mit Augustus zur Welt kam. Im Gegensatz zu seinem Bruder, dem späteren Kaiser Tiberius, besaß er ein gewinnendes Wesen und war der erklärte Liebling seines Adoptivvaters. Er wurde verheiratet mit der Nichte des Augustus, Antonia, der Tochter von Octavia und Marcus Antonius. Drei Kinder gingen aus dieser Ehe hervor: Der spätere Kaiser Claudius, Germanicus und eine Tochter namens Livilla, die später den Sohn des Tiberius, Drusus heiraten sollte.

Drusus ist hierzulande in erster Linie durch seine Kämpfe gegen germanische Stämme bekannt. Zusammen mit Tiberius eroberte er das Alpenvorland für Rom und richtete die Provinz Raetien ein. Durch eine Verletzung, die er sich beim Sturz von seinem Pferd zuzog, kam er im Jahre 9 n. Chr. ums Leben.

Hinweise für Sammler

Keine zeitgenössischen Münzen mit dem Porträt des Drusus sind bekannt. Alle Stücke wurden unter der Herrschaft des Claudius geprägt, der seinen in der Öffentlichkeit bekannten und beliebten Vater dazu nutzte, für seine eigene Herrschaft Propaganda zu machen.

Münzen

Folgende Vorderseitenvarianten kommen vor:
Umschrift: NERO CLAVDIVS DRVSVS GERMANICVS IMP.
Büste: n. l., barhäuptig, mit Eichenkranz.

Aurei

6.1	*Unter Claudius.* Triumphbogen, auf dem Architrav Inschrift DE GERM. *RIC 69, 71.*	**1.600**	**4.000**	**10.000**

		s	ss	vz
6.2	*Unter Claudius.* DE GERMANIS Standarte, davor gekreuzte längliche Schilde. *RIC 73.*	1.600	4.000	10.000

Denare

6.3	*Unter Claudius.* Triumphbogen, auf dem Architrav Inschrift DE GERM. *RIC 70, 72.*	350	1.200	5.000

6.4	*Unter Claudius.* DE GERMANIS Standarte, davor gekreuzte längliche Schilde. *RIC 74.*	350	1.200	5.000

Bronzemünzen mit Porträt des Drusus

(Abbildung verkleinert)

6.5	*Unter Claudius.* Sesterz. TI CLAVDIVS CAESAR AVG P M TR P IMP (P P) SC Claudius in Toga auf Sella Curulis sitzend, in der ausgestreckten r. Hand einen Zweig haltend, zu seinen Füßen Waffen. *RIC 109.*	200	1.000	3.000

Bronzemünzen mit Porträt des Claudius

6.6	*Unter Claudius.* Sesterz. TI CLAVDIVS CAESAR AVG P M TR P IMP (P P) Kopf des Claudius mit Lorbeerkranz n. r. Rv. NERO CLAVDIVS DRVSVS GERMAN IMP SC Triumphbogen. *RIC 114.*	300	1.200	4.000

7. Antonia Minor

Gattin des Drusus,
** 36 v. Chr., † 37 n. Chr.*

Zur Geschichte

Antonia die Jüngere war die zweite Tochter von Marcus Antonius und Octavia, der Schwester des Augustus, aus der Zeit, als das politische Bündnis mit seinem späteren politischen Gegner noch opportun schien. Über Antonia sind alle Kaiser nach Tiberius, also Caligula, Claudius und Nero, mit dem Verlierer im Kampf um die Alleinherrschaft, Marcus Antonius, enger verwandt, als sie es mit Augustus waren. Antonia wurde verheiratet mit Drusus Maior, Sohn der Livia. Sie gebar ihm zwei Kinder, Germanicus und den späteren Kaiser Claudius. Antonia wurde in der Antike dafür gepriesen, daß sie im Stile einer altrömischen Matrone ihrer Familie vorstand. Sie soll sich, wenn wir Tacitus folgen wollen, selten in die römische Politik eingemischt haben, wenn dann aber mit großem Erfolg. Durch die vielen wichtigen Männer, die in ihrem Haus ein und aus gingen, soll sie von der Verschwörung des Sejanus gegen Tiberius Kenntnis erhalten haben und mit Hilfe ihres Sekretärs, der später der Minister des Claudius wurde, und mit Unterstützung ihrer Sklavin, der später legendären Geliebten des Vespasianus, die Intrige aufgedeckt und verhindert haben. Si non è vero, è ben trovato.

Hinweise für Sammler

Wie die Münzen, die Claudius für seinen Vater prägen ließ, sind auch die Münzen der Antonia von Claudius dazu gedacht, um mit Hilfe seiner bekannteren Vorfahren für sich selbst zu werben. Alle Stücke mit dem Porträt der Antonia sind unter ihm geprägt. Genau wie man die Porträtzüge Livias in der Büste der Pietas und der Iustitia auf Dupondien des Tiberius erkennen wollte, hat man die gleiche Büste der Iustitia auf Dupondien des Tiberius mit Antonia identifiziert. Die Begründung, man habe darauf hinweisen wollen, daß ihr mit der Bestrafung der Mörder ihres Sohnes, Germanicus, Gerechtigkeit widerfahren sei, ist mehr als zweifelhaft. (Mit der gleichen Begründung wurde übrigens dieselbe Büste mit Agrippina Maior identifiziert.)

s ss vz

Münzen

Folgende Vorderseitenvarianten kommen vor:
Umschrift: ANTONIA AVGVSTA
Büste: n. r., drapiert.

Aurei

7.1 *Unter Claudius.* SACERDOS DIVI AVGVSTI Zwei Fackeln, die durch ein Band verbunden sind.
RIC 503. **2.000 4.000 12.500**

Denare

7.1a *Unter Claudius.* CONSTANTIAE AVGVSTA Constantia mit Fackel und Füllhorn frontal.
RIC 66. **600 2.000 7.500**

7.2 *Unter Claudius.* SACERDOS DIVI AVGVSTI Zwei Fackeln, die durch ein Band verbunden sind.
RIC 68. **600 2.000 7.500**

Bronzemünzen mit Porträt

7.3 *Unter Claudius.* Dupondius. TI CLAVDIVS CAESAR AVG P M TR P IMP (P P) SC Claudius beim Opfer n. l. stehend, die Toga über den Kopf gezogen, in der r. Hand Simpulum.
RIC 104. **200 700 1.500**

8. Drusus Minor

*Sohn des Tiberius, * 15/14 v. Chr., † 23 n. Chr.*

Zur Geschichte

Drusus war der leibliche Sohn des Tiberius von seiner ungeliebten Gattin Iulia, der Tochter des Augustus. Bei den Historikern steht Drusus sehr im Schatten des völlig überschätzten Germanicus, dem Neffen des Tiberius, den er bei seiner Adoption durch Augustus seinerseits adoptieren mußte.
Drusus war ein hoffnungsvoller Feldherr, und Tiberius mag darauf gehofft haben, ihn zu seinem Nachfolger einsetzen zu können, doch sein plötzlicher Tod im Jahre 23 n. Chr. machte diesen Plänen ein Ende. Schon in der Antike wurde gemunkelt, die Ehefrau des Drusus, Livilla, habe aus Verliebtheit in Seianus ihren Ehemann ermordet. Deren gemeinsamer Sohn Gemellus sei in Wirklichkeit das Kind des Liebhabers. Tiberius selbst scheint gegen Ende seines Lebens dies geglaubt zu haben, da er seinen leiblichen Enkel Tiberius Gemellus zugunsten des Adoptivenkels Caligula vernachlässigte.

Münzen

Bronze

8.1 *Unter Tiberius.* Sesterz. Köpfe der beiden Söhne des Drusus sehen aus zwei Füllhörnern heraus, zwischen ihnen geflügelter Caduceus. Rv. DRVSVS CAESAR TI AVG F DIVI N PONT TR POT II um SC
RIC Tib. 28. **300 750 3.500**

8.2 *Unter Tiberius.* As. PONTIF TRIBVN POTEST ITER um SC.
RIC Tib. 26. **100 350 800**

9. Germanicus
Vater des Caligula
**15 v. Chr., † 19 n. Chr.*

Zur Geschichte

Germanicus war der Sohn des Bruders von Tiberius, Drusus Maior, und seiner Frau Antonia und damit der Bruder des späteren Kaisers Claudius.
Augustus veranlaßte bei der Adoption des Tiberius, daß dieser den Germanicus adoptierte, damit zwei Söhne für das Erbe zur Verfügung standen, Germanicus und des Tiberius eigener Sohn Drusus. Wohl gleichzeitig vermählte Augustus Germanicus mit Agrippina der Älteren, seiner leiblichen Enkelin, Tochter der Iulia und des Agrippa. Mit ihr hatte Germanicus 9 Kinder, darunter den späteren Kaiser Caligula.
Tacitus gestaltete die Figur des Germanicus zu einem Sinnbild römischer Virtus, dies darf aber nicht über die Tatsache hinwegtäuschen, daß Germanicus sich wesentlich öfter mit Meutereien unter seinen Truppen auseinanderzusetzen hatte als sein Adoptivbruder Drusus. Bei einer versuchten Eroberung der Gebiete Germaniens, an denen schon Varus gescheitert war, erlitt das römische Heer unter seinem Kommando eine vernichtende Niederlage, so daß Tiberius nichts anderes übrig blieb, als ihn abzuberufen. Nach seiner Rückkehr schickte der Kaiser ihn in den Osten, wo Germanicus einer Krankheit erlag. Seine Gemahlin Agrippina machte den Statthalter der Provinz, Cn. Calpurnius Piso, und sogar Tiberius für seinen Tod verantwortlich. Der Fall wurde nie aufgeklärt. Der angeklagte Senator starb – kurz vor Ende der Untersuchungen – durch Selbstmord.

Hinweise für Sammler

Von Germanicus sind keine Prägungen zu Lebzeiten bekannt. Die meisten Prägungen mit seinem Porträt wurden von seinem Sohn Caligula und von seinem Bruder Claudius herausgegeben.

Münzen

Folgende Vorderseitenvarianten kommen vor:
Umschrift: GERMANICVS CAESAR,
GERMANICVS CAESAR TI AVG F DIVI AVG N
Büste: n. r., n. l., barhäuptig.

s *ss* *vz*

Bronzemünzen

9.1 *Unter Caligula.* As. C CAESAR AVG GERMANICVS PON M TR POT um SC.
RIC 35. **100 300 900**

9.2 *Unter Caligula.* As. C CAESAR DIVI AVG PRON AVG P M TR P III (oder IIII) P P.
RIC 43, 50. **100 300 900**

9.3 *Unter Claudius.* As. TI CLAVDIVS CAESAR AVG GERM P M TR P IMP PP um SC.
RIC 106. **100 300 900**

9.5 *Unter Caligula.* Dupondius. Germanicus in Triumphalquadriga n. r. Rv. SIGNIS RECEPT DEVICTIS GERM SC Germanicus in voller Rüstung n. l. stehend, die r. Hand im Redegestus erhoben, im l. Arm Adlerszepter.
RIC 57. **120 500 1.200**

10. Agrippina Maior

Gattin des Germanicus,
Mutter des Caligula,
**14 v. Chr., †33 n. Chr.*

Zur Geschichte

Agrippina die Ältere war eine leibliche Enkelin des Augustus, ihre Mutter war seine Tochter Iulia, ihr Vater sein engster Mitarbeiter Agrippa. Sie wurde 5 n. Chr. mit Germanicus, dem Sohn des Drusus, und damit Enkel der Livia verheiratet. Agrippina begleitete ihren Ehemann auf seinen Feldzügen und wurde so Zeugin seines plötzlichen Todes in Syrien. Zutiefst verstört brachte sie die Asche ihres Mannes in einer Urne nach Rom. Dort klagte sie den Statthalter Cn. Calpurnius Piso – und damit indirekt Tiberius selbst – an, ihren Mann ermordet zu haben. Piso starb durch Selbstmord, ehe ein Urteil im Prozeß erging. Agrippina fuhr fort, ihre Verdächtigungen gegen Tiberius laut vorzubringen, so daß dessen Vertreter, der Praetorianerpraefekt Seianus, dafür sorgte, daß sie auf die Insel Pandateria verbannt wurde. Sie starb im Jahre 33 n. Chr. durch Selbstmord.

Hinweise für Sammler

Besonders Caligula war es nach dem Tod des Tiberius ein Bedürfnis, seiner Mutter, die in seinen Augen als Märtyrerin gestorben war, öffentlich Ehrerbietung zu erweisen. Persönlich fuhr er nach Pandateria, um ihre Asche heimzuholen. In diesen Zusammenhang gehören auch die Münzen, die unter seiner Herrschaft das Bild der Agrippina zeigen.

Münzen

s ss vz

Folgende Vorderseitenvarianten kommen vor:
Umschrift: AGRIPPINA MAT C CAES AVG GERM,
AGRIPPINA M F GERMANICI CAESARIS,
AGRIPPINA M F MAT C CAESARIS AVGVSTI.
Büste: n. r., drapiert.

Aurei

10.1 *Unter Caligula.* C CAESAR AVG GERM P M TR POT (oder C CAESAR AVG PON M TR POT III COS III) Kopf des Caligula (z. T. mit Lorbeerkranz).
RIC 13 und 21. **3.000 7.000 20.000**

Denare

10.2 *Unter Caligula.* C CAESAR AVG GERM P M TR POT (oder C CAESAR AVG PON M TR POT III COS III, bzw. TR POT IIII COS IIII) Kopf des Caligula (z. T. mit Lorbeerkranz).
RIC 14, 22, 30. **700 1.600 5.000**

Bronzemünzen mit Porträt

(Abbildung verkleinert)

10.3 *Unter Caligula.* Sesterz. SPQR MEMORIAE AGRIPPINAE Geschmückter, von zwei Maultieren gezogener Totenwagen.
RIC 55. **500 1.200 7.500**

(Abbildung verkleinert)

10.4 *Unter Claudius.* TI CLAVDIVS CAESAR AVG GERM P M TR P IMP P P um SC.
RIC 102. **400 1.200 7.500**

11. Caligula
37 – 41

Zur Geschichte

Caligula, Sohn der Augustusenkelin Agrippina Maior und des Sohnes der Livia, Nero Claudius Drusus, hieß mit seinem richtigen Namen Gaius Iulius Caesar Germanicus. Seinen Spitznamen verdankte er einem Aufenthalt im Heerlager, wo ihm seine Eltern eine komplette kleine Legionärsuniform schneidern ließen. Die Soldaten waren von ihm als Maskottchen, einem Legionär im Miniformat so begeistert, daß sie ihn Caligula, von caliga (= Soldatenstiefel) nannten.

Nach dem Tod seines Vaters und seiner Brüder sowie der Verbannung seiner Mutter lebte Caligula in Angst und Schrecken, ebenfalls von Seianus vernichtet zu werden. Doch Seianus wurde gestürzt, ehe er Caligula etwas antat. Der junge Mann wurde nach Capri beordert, wo ihn Tiberius zusammen mit Tiberius Gemellus als Nachfolger designierte.

Nach dem Tod des Tiberius rief der Senat unter Übergehung von Tiberius Gemellus Caligula zum Alleinherrscher aus. Ohne jegliche politische Erfahrung und verunsichert durch die Schrecken seiner Kindheit entwickelte sich Caligula zu einem mißtrauischen Tyrann, dem zahlreiche Politiker zum Opfer fielen. Im Jahre 41 n. Chr. schlossen sich deswegen die Praetorianer mit einigen einflußreichen Senatoren, darunter der spätere Kaiser Claudius, zusammen, um Caligula zu ermorden, was am 24.1.41 geschah.

Zur Münzgeschichte

Hinsichtlich des Münzsystems gab es unter Caligula keine sichtbaren Änderungen. Einzelne Wissenschaftler nehmen jedoch heute an, daß die Münzstätte für Edelmetall im Jahre 37/8 von Lugdunum (Lyon) nach Rom verlegt wurde. Auch wenn der letzte Beweis für diese These fehlt, sprechen doch viele Argumente dafür, daß es Caligula war, der die Münzherstellung in der Hauptstadt zentralisierte.

Hinweise für Sammler

Bei den Kaisern des iulisch-claudischen Kaiserhauses sind Porträtmünzen des Caligula zusammen mit denen des Claudius die am seltensten erhältlichen. Dies mag auch daran liegen, daß beide Kaiser vor ihrem Amtsantritt kaum politisch hervortraten, so daß sie in ihrer Münzpropaganda auf ihre bekannteren Vorfahren verwiesen. Nie vorher und nie nachher spielten die Prägungen für Familienangehörige prozentual so eine große Rolle.

Münzen

Folgende Vorderseitenvarianten kommen vor:
Umschrift: C CAESAR AVG GERM P M TR POT,
C CAESAR AVG GERM P M TR POT COS,
C CAESAR AVG GERMANICVS,
C CAESAR AVG GERMANICVS,
C CAESAR AVG GERMANICVS P M TR POT,
C CAESAR AVG GERMANICVS PON M TR POT,
C CAESAR AVG PON M TR POT III COS III,
C CAESAR AVG PON M TR POT IIII COS IIII,
C CAESAR DIVI AVG PRON AVG,
C CAESAR DIVI AVG PRON AVG P M TR P III P P,
C CAESAR DIVI AVG PRON AVG P M TR P IIII P P.
Büste: n. r., n. l., barhäuptig, mit Lorbeerkranz.

Aurei

11.1 SPQR PP OB CS in Eichenkranz
RIC 27. **4.000 8.000 30.000**

Denare

11.2 Kopf des Divus Augustus mit Strahlenkrone n. r., r. und l. je ein Stern.
RIC 2. **700 1.600 5.000**

11.3 AGRIPPINA MAT C CAES AVG GERM Büste der Agrippina n. r.
RIC 8. **700 1.600 5.000**

11.4 GERMANICVS CAES P C CAES AVG GERM Kopf des Germanicus n. r.
RIC 12. **700 1.600 5.000**

11.5 SPQR PP OB CS in Eichenkranz
RIC 19. **700 1.600 5.000**

Bronzemünzen mit Porträt

s ss vz

11.6 Sesterz. ADLOCVT COH Der Kaiser r. auf einem Podest, die r. Hand im Redegestus erhoben, Soldaten l. von ihm ansprechend.
RIC 32. **700 1.500 4.000**

11.7 Sesterz. AGRIPPINA, DRVSILLA, IVLIA SC Die drei Schwestern des Caligula: l. Agrippina als Securitas mit Säule, in der Mitte Drusilla als Concordia mit Patera, r. Iulia als Fortuna mit Ruder, alle drei halten ein Füllhorn.
RIC 33. **700 2.000 5.000**

11.8 Sesterz. SPQR PP OB CIVES SERVATOS in Eichenkranz.
RIC 37. **500 1.200 3.000**

11.9 As. VESTA SC Vesta mit Szepter und Patera n. l. thronend.
RIC 38. **200 500 1.000**

Bronzemünzen ohne Porträt

11.10 Sesterz. C CAESAR AVG GERMANICVS P M TR POT, PIETAS Pietas n. l. sitzend, in r. Hand Patera, den l. Ellbogen auf Statue der Spes gestützt / DIVO AVG SC Opferszene
RIC 36. **700 1.500 4.000**

s ss vz

(Abbildung verkleinert)

11.10a Sesterz. C CAESAR DIVI AVG PRON AVG P M TR P III (oder IIII) P P, PIETAS Pietas n. l. sitzend, in r. Hand Patera, den l. Ellbogen auf Statue der Spes gestützt / DIVO AVG SC Opferszene
RIC 44. **700 1.500 4.000**

11.11 Dupondius. C CAESAR AVG GERMANICVS PON M TR POT um SC / NERO ET DRVSVS CAESARES Nero und Drusus n. r. galoppierend.
RIC 34. **300 700 1800**

Bronzemünzen ohne Porträt – Quadrantes

11.12 Quadrans. Pileus / PON M TR P III P P COS DES III um RCC.
RIC 58. **20 50 100**

11.13 Quadrans. Pileus / PON M TR P III P P COS TERT um RCC.
RIC 45. **20 50 100**

11.14 Quadrans. Pileus / PON M TR P IIII P P COS TERT um RCC.
RIC 52. **20 50 100**

11.15 Quadrans. Pileus / PON M TR P IIII P P COS QVART um RCC.
RIC –. **20 50 100**

12. Claudius
41 – 54

Zur Geschichte

Claudius war als Sohn des Drusus Maior und der Antonia Minor ein echter Enkel des Marcus Antonius und der Livia sowie ein Großneffe des Augustus.
Er litt als Kind unter den Folgen einer nicht näher bekannten Krankheit, die ihn körperlich in solchem Grade hemmte, daß Augustus und Livia eine offizielle Entscheidung fällten, daß Claudius nicht als Repräsentant der kaiserlichen Familie in der Öffentlichkeit agieren dürfe.
Mit zunehmendem Alter gaben sich die körperlichen Probleme. Claudius wurde jedoch auch von Tiberius nicht zu einem Amte zugelassen, weil er sich politisch zu stark für Agrippina Maior engagiert hatte, die Tiberius beschuldigte, hinter dem Tod ihres Mannes zu stecken. Erst Caligula ermöglichte Claudius den Eintritt in den Senat.
Nachdem Caligula seine Unfähigkeit gezeigt hatte zu herrschen, einigten sich die führenden Politiker mit den Praetorianern auf Claudius als Thronfolger nach der Ermordung des Caligula. Claudius wurde ins Praetorium gebracht und dort von den Soldaten zum Kaiser ausgerufen.
Claudius war ein fähiger Herrscher, den aber körperliche Probleme und die Untreue seiner zweiten Frau desillusionierten. Er ließ es deshalb dankbar zu, daß seine dritte Gemahlin, Agrippina die Jüngere, ihm einen Teil der Arbeit abnahm und gleichzeitig dafür sorgte, daß ihr Sohn Nero als Nachfolger des Claudius eingesetzt wurde.
Im Jahre 54 starb Claudius an den Folgen einer Pilzvergiftung. Ob Agrippina dabei ihre Hände im Spiel hatte, ist bis heute nicht geklärt.

Zur Münzgeschichte

Hinsichtlich des Münzsystems gab es unter Claudius keine Änderungen. Es scheint aber, als hätte die Kontrolle über die Münzstätte nicht so effektiv funktioniert wie zuvor. Es existieren zahlreiche, aus offiziellen Stempeln geprägte Münzen mit unedlem Kern. Man hat darin eine verdeckte Verschlechterung des Metalls von staatlicher Seite sehen wollen, nimmt aber heute eher an, daß sich private Fälscher Verbündete im staatlichen Münzamt gesucht haben.

Bemerkenswert ist ferner, daß unter Claudius in Kleinasien eine kleine Serie von Kistophoren geprägt wurde, wie sie Augustus herausgegeben hat und Hadrianus später nachahmen sollte. Diese Kistophoren spielten nie eine wichtige Rolle im täglichen Geldumlauf.

Hinweise für Sammler

Unter Claudius scheint die Produktion von Bronzemünzen nicht mehr ausgereicht zu haben, um den lokalen Bedarf zu decken. Deshalb finden sich zahlreiche lokale Nachahmungen, deren Qualität von täuschend ähnlich bis zu völlig barbarisch reicht. Bei diesen Imitationen handelt es sich nicht (!) um antike Fälschungen, sondern um offiziell hergestellte Münzen, die den täglichen Kleingeldbedarf decken sollten.

Münzen

Folgende Büstenvarianten sind bekannt:
Umschrift: TI CLAVD CAES AVG,
TI CLAVD CAESAR AVG GERM P M TR P,
TI CLAVD CAESAR AVG P M TR P,
TI CLAVD CAESAR AVG P M TR P III,
TI CLAVD CAESAR AVG P M TR P IIII,
TI CLAVD CAESAR AVG P M TR P VI IMP X,
TI CLAVD CAESAR AVG P M TR P VI IMP XI,
TI CLAVD CAESAR AVG P M TR P VIIII IMP XVI,
TI CLAVD CAESAR AVG P M TR P VIIII IMP XVIII,
TI CLAVD CAESAR AVG P M TR P M TR P X IMP P P,
TI CLAVD CAESAR AVG P M TR P X PP IMP XVIII,
TI CLAVD CAESAR AVG P M TR P X IMP XI,
TI CLAVD CAESAR AVG P M TR P XI IMP P P COS V.
Büste: n. r., n. l., barhäuptig, mit Lorbeerkranz, mit Eichenkranz.

Aurei

12.1 AGRIPPINAE AVGVSTAE Büste der Agrippina n. r.
RIC 80. **2.000 5.000 15.000**

12.2 CONSTANTIAE AVGVSTI Constantia n. l. sitzend, die r. Hand zum Gesicht führend.
RIC 2. **1.500 3.500 7.000**

s ss vz

12.3 DE BRITANN Triumphbogen, darauf Reiterstatue zwischen zwei Trophäen.
RIC 33. **1.500 3.500 7.000**

12.4 EX SC OB CIVES SERVATOS in Eichenkranz.
RIC 15. **1.500 3.500 7.000**

12.5 IMPER RECEPT Prätorianerlager, darin Tempel mit einer weiblichen Gestalt, eine Lanze haltend.
RIC 7. **2.000 4.000 12.000**

12.6 NERO CLAVD CAES DRVSVS GERM PRINC IVVENT Büste des Nero n. l.
RIC 82. **2.000 4.000 12.000**

12.7 PACI AVGVSTAE Nemesis n. r. gehend, in der Hand Zweig, vor ihr aufgerichtete Schlange.
RIC 9. **1.500 3.500 7.000**

12.8 PRAETOR RECEPT Claudius im Handschlag mit Praetorianer, der ein Feldzeichen trägt.
RIC 11. **1.800 4.000 10.000**

Denare

Wenn es sich um Kistophoren handelt, ist es extra erwähnt.

12.9 AGRIPPINAE AVGVSTAE Büste der Agrippina n. r.
RIC 80. **700 1.500 5.000**

s ss vz

12.10 CONSTANTIAE AVGVSTI Constantia n. l. sitzend, die r. Hand zum Gesicht führend.
RIC 32. **500 1.000 3.000**

12.11 DE BRITANN Triumphbogen, darauf Reiterstatue zwischen zwei Trophäen.
RIC 34. **500 1.200 4.000**

12.12 Kistophor. DIAN EPHE Statue der Artemis von Ephesos in einem Tempel.
RIC 118. **150 500 1.200**

12.13 Kistophor. DIANA EPHESIA Statue der Artemis von Ephesos. *Das Porträt hinter dem des Claudius ist das der Agrippina.*
RIC 119. **250 600 1.800**

12.14 EX SC OB CIVES SERVATOS in Eichenkranz.
RIC 16. **500 1.000 3.000**

12.15 IMPER RECEPT Prätorianerlager, darin Tempel mit einer weiblichen Gestalt, eine Lanze haltend.
RIC 26. **600 1.200 4.000**

12.16 NERO CLAVD CAES DRVSVS GERM PRINC IVVENT Büste des Nero n. r. oder n. l.
RIC 83. **600 1.200 3.600**

S SS VZ

12.17 PACI AVGVSTAE Nemesis n. r. gehend, in der Hand Zweig, vor ihr aufgerichtete Schlange.
RIC 10. **500 1.000 3.000**

12.18 PRAETOR RECEPT Claudius im Handschlag mit Praetorianer, der ein Feldzeichen trägt.
RIC 12. **600 1.200 3.600**

12.19 Kistophor. ROM ET AVG COM ASI Tempel der Roma und des Augustus in Pergamon.
RIC 120. **150 500 1.200**

Bronzemünzen mit Porträt

12.20 Dupondius. CERES AVGVSTA SC Ceres n. l. thronend mit Ähren und langer Fackel.
RIC 94, 110. **100 250 800**

12.21 As. CONSTANTIAE AVGVSTI SC Constantia mit Helm und langem Szepter n. l. stehend.
RIC 95, 111. **100 250 800**

12.22 Sesterz. EX SC OB CIVES SERVATOS in Eichenkranz.
RIC 96, 112. **200 1.000 3.000**

12.23 As. LIBERTAS AVGVSTA SC Libertas mit Pileus n. r gewandt stehend.
RIC 97, 113. **100 250 800**

S SS VZ

12.24 Sesterz. NERO CLAVDIVS DRVSVS GERMAN IMP SC Triumphbogen
RIC 98, 114. **300 1.200 4.000**

12.25 Quadrans. ROM ET AVG Altar von Lyon, r. und l. Säule, darauf je eine ihn bekränzende Victoria.
RIC 1. **50 100 250**

12.26 As. SC Minerva in voller Rüstung n. r., einen Speer werfend.
RIC 100, 116. **100 250 800**

12.27 Sesterz. SPES AVGVSTA SC Spes mit Blume, das Gewand raffend n. l. gehend.
RIC 99, 115. **200 800 2.500**

Bronzemünzen ohne Porträt – Quadrantes

12.28 TI CLAVDIVS CAESAR AVG Hand, eine Waage haltend, darunter PNR. Rv. PON M TR P IMP COS DES IT um SC (Rückseitenumschriften enden auch IMP COS II, IMP P P COS II)
RIC 85. (RIC 88, 91). **35 50 150**

		s	ss	vz

12.29 TI CLAVDIVS CAESAR AVG Modius. Rv. PON M TR P IMP COS DES IT um SC
RIC 84. **35** **50** **150**

Divus Claudius

Alle hier aufgeführten Münzen wurden unter Nero geprägt.

12.30 Aureus. DIVVS CLAVDIVS AVGVSTVS Kopf n. l. Rv. EX SC Vier Pferde einen geschmückten Wagen ziehend.
RIC 4. **1.000** **4.000** **10.000**

12.31 Denar. DIVVS CLAVDIVS AVGVSTVS Kopf n. l. Rv. EX SC Vier Pferde einen geschmückten Wagen ziehend.
RIC 5. **500** **1.000** **2.000**

12a Britannicus

**41, †55*

Zur Geschichte

Tiberius Claudius Caesar Germanicus, der anläßlich der Siege seines Vaters im Jahre 43 den Beinamen Britannicus erhielt, unter dem er wesentlich bekannter ist, war der Sohn des Kaisers Claudius von Messalina.

Nach der Adoption des Nero durch Claudius im Jahre 50 verlor Britannicus die Rechte des ältesten Sohns an seinen Stiefbruder. Claudius baute Nero systematisch als Thronfolger auf, während die Unzufriedenen sich um den jungen Britannicus scharten.

Nach dem Tod des Claudius ging die Herrschaft ohne Komplikationen auf Nero über. Britannicus blieb die Hoffnung der kaiserlichen Feinde, so daß die Vermutung aufkam, er sei vergiftet worden, als er im Jahre 55 nach einem Anfall von Epilepsie plötzlich starb.

Zur Münzgeschichte

Wir kennen Sesterzen mit dem Porträt des Britannicus, wobei umstritten ist, wo und wann diese Emission entstand. Lange Zeit nahm man an, die Stücke seien gegen Ende der Herrschaft des Claudius geprägt worden, etwa um die Zeit, als Britannicus die Toga Virilis anlegte. Doch heute wissen wir, daß in dieser Periode die römische Münzstätte keine Bronzemünzen herstellte. Alternativ schlug man vor, die Stücke seien unter Titus entstanden, unter dessen Herrschaft eine ganze Reihe von Restitutionsprägungen ausgegeben wurde. Die enge Freundschaft zwischen den beiden Männern machte dies plausibel.

Von Kaenel vertritt eine neue Theorie, die darauf beruht, daß eine größere Anzahl von Münzen im Namen des Britannicus, der Agrippina und des Nero auf dem Balkan gefunden wurde. Der Wissenschaftler geht von einem Entstehungsort nahe der Fundorte aus und nimmt eine Münzstätte in Thrakien an. Für diese Theorie sprechen auch der etwas provinzielle Stil der Darstellungen und die ungewöhnliche Machart der Stücke.

	s	ss	vz

Münzen

Folgende Vorderseitenvarianten kommen vor:
Umschrift: TI CLAVDIVS CAESAR AVG F BRITANNICVS,
TI CLAVDIVS CAESAR G F BRITANNICVS.
Büste: n. r., n. l., barhäuptig, drap.

Bronzemünzen mit Porträt

		s	ss	vz
12a.1	SC Mars n. l. *RIC S. 130, Anm.*	10	40	1.000

13. Agrippina Minor

Gattin des Claudius,
**16, †59*

Zur Geschichte

Agrippina Minor war die gemeinsame Tochter des Germanicus und der Agrippina Maior. Sie war damit über ihre Großmutter Iulia, die Tochter des Augustus, eine Urenkelin des Augustus in direkter Linie. In erster Ehe war sie verheiratet mit Cn. Domitius Ahenobarbus, dem sie den Nero gebar.
Während der Herrschaft des Caligula war sie maßgeblich in die gescheiterte Verschwörung des Marcus Aemilius Lepidus verstrickt, was ihr eine jahrelange Verbannung eintrug, die erst unter Claudius aufgehoben wurde.
Nach dem Tod der zweiten Gemahlin des Claudius entschied sich der Kaiser, Agrippina zu heiraten. Als Kaiserin gelang es ihr, dem gesundheitlich stark angegriffenen Claudius immer mehr Arbeit abzunehmen und so starken Einfluß auf die Regierung des römischen Reiches zu nehmen. Ihr Sohn Nero wurde von Claudius adoptiert und nach seinem Tod dem echten Sohn des Claudius, Britannicus, vorgezogen. Nach dem Regierungsantritt des Nero endete die Herrschaft der Agrippina schnell. Sowohl ihr Sohn als auch seine Ratgeber, Seneca und Burrus, verdrängten sie aus ihren Machtstellungen. Wütenden Versuchen der Agrippina, ihre Position zurück zu gewinnen, begegnete Nero mit tödlichem Haß: Er ließ seine Mutter im Jahre 59 töten.

Münzen

Folgende Büstenvarianten sind bekannt:
Umschrift: AGRIPP AVG DIVI CLAVD NERONIS CAES MATER,
AGRIPPINA AVGVSTA CAESARIS AVG,
AGRIPPINAE AVGVSTAE.
Büste: n. r., drapiert, barhäuptig, mit Ährenkranz; zusammen mit Nero – als Doppelbüste oder einander gegenüber.

Aurei

s *ss* *vz*

13.1 *Unter Nero.* AGRIPP AVG DIVI CLAVD NERONIS CAES MATER EX SC Wagen n. l., gezogen von vier Elefanten. Im Wagen der vergöttlichte Claudius sowie eine weibliche Gestalt (Fides praetorianorum?).
RIC 6. **1.500 3.500 7.500**

13.2 *Unter Claudius.* TI CLAVD CAESAR AVG GERM P M TRIB POT P P Kopf des Claudius mit Lorbeerkranz n. r.
RIC 80. **2.000 5.000 15.000**

13.3 *Unter Nero.* NERONI CLAVD DIVI F CAES AVG GERM IMP TR P um Eichenkranz, darin EX SC
RIC 1. **1.500 3.500 7.500**

Denare

13.4 *Unter Nero.* AGRIPP AVG DIVI CLAVD NERONIS CAES MATER EX SC Wagen n. l., gezogen von vier Elefanten. Im Wagen der vergöttlichte Claudius sowie eine weibliche Gestalt (Fides praetorianorum?).
RIC 7. **700 1.500 4.000**

13.5 *Unter Nero.* NERONI CLAVD DIVI F CAES AVG GERM IMP TR P um Eichenkranz, darin EX SC
RIC 2. **700 1.500 3.500**

13.6 *Unter Claudius.* TI CLAVD CAESAR AVG GERM P M TRIB POT P P Kopf des Claudius mit Lorbeerkranz n. r.
RIC 81. **700 1.500 5.000**

13.7 *Unter Claudius.* Kistophor. TI CLAVD CAESAR AVG P M TR P X IMP XIIX Kopf des Claudius mit Lorbeerkranz n. r.
RIC 117. **250 750 1.500**

14. Nero

54 – 68

Zur Geschichte

Nero wurde im Jahre 37 als Ururenkel des Augustus geboren. Seiner Mutter Agrippina gelang es, ihren Ehemann Claudius dazu zu überreden, ihren Sohn aus der Ehe mit Domitius Ahenobarbus zu adoptieren und als Nachfolger einzusetzen.

Nach seiner Thronbesteigung im Alter von 17 Jahren im Jahre 54 überließ Nero die Regierungsgeschäfte zunächst seinem Berater Seneca und dem Praetorianerpraefekten Burrus. Er selbst widmete sich der Musik und dem Sport. Doch mit zunehmendem Alter nahm der Kaiser immer mehr Einfluß auf die laufenden Geschäfte. Nero besaß nicht den Ehrgeiz, die schwierige Kunst des Regierens zu lernen, so daß es zu einer ganzen Reihe von Fehlentscheidungen kam. Dazu gehörten die Ermordung seiner Mutter Agrippina, die Scheidung von seiner Gemahlin Octavia, der Tochter des Claudius, sowie die zögerliche Bereitschaft, anläßlich des großen Brandes von einem Aufenthalt auf dem Lande nach Rom zurückzukehren.

Dieses Feuer, das im Jahre 64 n. Chr. im Circus Maximus ausbrach, wurde in der Phantasie des Volkes mit Neros Plänen für den Neubau seines Palastes verknüpft, so daß man den Kaiser selbst für den Brandstifter hielt. Dieser wehrte sich, indem er dem Pöbel einen Sündenbock lieferte: die Mitglieder der damals noch ziemlich unbekannten Sekte der Christen. Es kam zu dem, was die christlichen Schriftsteller die erste große Christenverfolgung nennen, während der unter anderen Petrus und Paulus den Märtyrertod gestorben sein sollen.

Nach der Niederschlagung der Pisonischen Verschwörung und nach dem Empfang des Königs von Armenien, was selbst Regimegegner für ein gelungenes Schauspiel der Macht des römischen Reiches hielten, begab sich Nero im Jahre 66/7 auf „Tournee" nach Griechenland, wo er insgesamt 1808 Siegeskränze gewann. Die Liebe seiner Militärkommandanten dagegen verlor er durch die willkürliche Bestrafung von potentiellen Gegnern. Während Neros letzten Regierungsjahres kam es in verschiedenen Provinzen zu Aufständen.

Die Übergabe des Kaiseramtes an Galba durch den Senat raubte Nero den letzten Rückhalt, so daß ihm nichts anderes übrig blieb, als Selbstmord zu begehen. Während die senatorische Oberschicht über Nero als Tyrannen die damnatio memoriae verhängte, behielt er im Volk ein gutes Angedenken, so daß noch lange nach dem Tod des Kaisers „falsche Neros" mit Anhang und Unterstützung rechnen konnten.

Zur Münzgeschichte

Unter Nero fand eine kleine Münzverschlechterung statt: Die Aurei wurden in ihrem Gewicht von theoretisch 7 Skrupel (= ca. 7,96 g.) um 2 % auf $6\frac{1}{3}$ Skrupel (7,61 g.) herabgesetzt, die Denare von $3\frac{1}{2}$ Skrupel (= 3,99 g.) auf 3 und $\frac{1}{12}$ Skrupel (= 3,67 g.). Diese kleine Änderung kann noch nicht als Inflation interpretiert werden. Es handelt sich vielmehr um eine Marktanpassung der Münzgewichte an die leicht gestiegenen Gold- und Silberpreise.

Hinweise für Sammler

Die Gold- und Silbermünzen Neros waren im Verhältnis zu denen anderer Kaiser sehr beliebt und sind lange umgelaufen. Deshalb ist es sehr schwierig und teuer, einen wirklich vorzüglichen Denar oder Aureus von Nero zu erhalten, die gleichen Stücke in schön und sehr schön dagegen sind kommun.

Münzen

Als Caesar

Folgende Büstenvarianten sind bekannt:
Umschrift: NERO CLAVD CAES DRVSVS GERM PRINC IVVENT und
NERONI CLAVDIO DRVSO GERM COS DESIGN.
Büste: n. l., n. r., drapiert, barhäuptig.

Aurei

14.1 50-54. TI CLAVD CAESAR AVG GERM P M TRIB POT P P Kopf des Claudius mit Lorbeerkranz n. r. / NERO CLAVD DRVSVS GERM PRINC IVVENT Drapierte Büste Neros n. l.
RIC 82. **2.000 4.000 12.000**

	s	ss	vz

Denare

14.2 50-54. EQVESTER ORDO PRINCIPI IVVENT Speer über Schild (Aureus).
RIC 79. **200 600 2.000**

14.3 50-54. TI CLAVD CAESAR AVG GERM P M TRIB POT P P Kopf des Claudius mit Lorbeerkranz n. r. / NERO CLAVD DRVSVS GERM PRINC IVVENT Drapierte Büste Neros n. l.
RIC 83. **500 900 3.000**

14.4 50-54. SACERD COOPT IN OMN CONL SVPRA NVM EX SC Cullulus, Lituus, Dreifuß, Patera (auch als Aureus und höchst selten als Sesterz).
RIC 77. **200 600 2.000**

Als Augustus

Folgende Büstenvarianten sind für Aurei und Denare bekannt:
Umschrift: IMP NERO CAESAR AVG P P,
IMP NERO CAESAR AVGVSTVS,
NERO CAESAR,
NERO CAESAR AVGVSTVS,
NERO CAESAR AVG IMP,
NERO CL DIVI F CAES AVG P M TR P II und
NERO CLAVD DIVI F CAES AVG GERM IMP TR P COS.
Büste: n. r.; barhäuptig, mit Lorbeerkranz, Globus an der Spitze der Büste.

Aurei

14.5 64-66. AVGVSTVS AVGVSTA Kaiser (Nero?) mit Patera und langem Szepter, r. von ihm Kaiserin (Poppaea?) mit Patera und Füllhorn.
RIC 44. **1.000 2.000 4.000**

14.6 64-65. AVGVSTVS GERMANICVS Nero mit Strahlenkrone frontal stehend, in der Hand Zweig und Victoria auf Globus.
RIC 46. **1.000 2.000 4.000**

14.7 64-65. CONCORDIA AVGVSTA Concordia mit Füllhorn und Patera n. l. sitzend.
RIC 48. **1.000 2.000 4.000**

14.8 64-66. IANVM CLVSIT PACE P R TERRA MARIQ PARTA Ianustempel mit geschlossenen Toren.
RIC 50. **1.000 2.000 5.000**

	s	ss	vz

14.9 64-67. IVPPITER CVSTOS Iupiter mit Blitzbündel und langem Szepter n. l. thronend.
RIC 52. 1.000 2.000 4.000

14.10 64-67. ROMA Roma auf Panzer n. l. sitzend, in der r. Hand Victoria, in der l. Parazonium.
RIC 54. 1.000 2.000 4.000

14.11 65-67. SALVS Salus mit Patera n. l. thronend.
RIC 59. 1.000 2.000 4.000

14.12 65-66. VESTA Vestatempel mit Standbild der Vesta.
RIC 61. 1.000 2.000 4.000

Denare

14.13 67-68. *Ohne Legende.* Adler zwischen zwei Feldzeichen.
RIC 68. 100 800 2.800

14.14 64-66. AVGVSTVS AVGVSTA Kaiser (Augustus?) mit Patera und langem Szepter, r. von ihm Kaiserin (Livia?) mit Patera und Füllhorn.
RIC 45. 100 500 2.000

14.15 64-65. AVGVSTVS GERMANICVS Nero mit Strahlenkrone frontal stehend, in der Hand Zweig und Victoria auf Globus.
RIC 47. 100 500 2.000

14.16 64-65. CONCORDIA AVGVSTA Concordia mit Füllhorn und Patera n. l. sitzend.
RIC 49. 100 500 2.000

14.17 64-65. IANVM CLVSIT PACE P R TERRA MARIQ PARTA Ianustempel mit geschlossenen Toren.
RIC 51. 100 500 2.000

14.18 64-68. IVPPITER CVSTOS Iupiter mit Blitzbündel und langem Szepter n. l. thronend.
RIC 53. 100 500 2.000

	s	ss	vz

14.19 55-56. PONTIF MAX TR P II um Eichenkranz, darin EX SC (auch als TR P III PP und als TR P II COS II für 56-57, als TR P IIII PP für 57 und 58, als TR P V PP für 58-59, als TR P VI PP und TR P VI COS IIII PP für 59-60 und als TR P VII COS IIII PP für 60-61; alle ebenso als Aureus).
RIC 9. 100 500 2.000

14.20 60-61. PONTIF MAX TR P VII COS IIII P P, EX SC Ceres frontal stehend, in der Rechten zwei Kornähren, in der Linken eine lange, brennende Fackel (auch als TR P VIII COS IIII P P für 61-62 und als TR P VIIII COS IIII P P für 62-63; alle ebenso als Aureus).
RIC 24. 100 500 2.000

14.21 60-61. PONTIF MAX TR P VII COS IIII P P, EX SC Roma mit Schild n. r., einen runden Schild beschreibend (auch als TR P VIII COS IIII P P für 61-62, als TR P VIIII COS IIII P P für 62-63 und als TR P X COS IIII P P für 63-64; alle ebenso als Aureus).
RIC 28. 100 500 2.000

14.22 60-61. PONTIF MAX TR P VII COS IIII P P, EX SC Virtus n. l., den Fuß auf einen Helm gestützt, mit Lanze und Parazonium (auch als TR P VIII COS IIII P P für 61-62, als TR P VIIII COS IIII P P für 62-63 und als TR P X COS IIII P P für 63-64; alle ebenso als Aureus).
RIC 26. 100 500 2.000

14.23 64-68. ROMA Roma auf Panzer n. l. sitzend, in der r. Hand Victoria, in der l. Parazonium.
RIC 55. 100 500 2.000

14.24 65-68. SALVS Salus mit Patera n. l. thronend.
RIC 60. 100 500 2.000

14.25 65-66. VESTA Vestatempel mit Standbild der Vesta.
RIC 62. 100 500 2.000

	s	ss	vz

Bronzemünzen mit Porträt

Folgende Büstenvarianten sind für Bronzemünzen bekannt:

Umschrift: IMP NERO CAESAR AVG GERMANICVS,
IMP NERO CAESAR AVG PONTIF,
IMP NERO CAESAR AVG P M TR POT P P,
IMP NERO CAESAR AVG P MAX TRIB POT P P,
IMP NERO CAESAR AVG PONTIF MAX TRIB POT P P,
IMP NERO CLAVD CAESAR AVG GERM P M TR P XIII P P,
IMP NERO CLAVD CAESAR AVG GERM P M TR P XIV P P,
NERO CAES AVG IMP, NERO CAESAR AVG GERM IMP,
NERO CAESAR AVG IMP TR POT PP,
NERO CAESAR AVG IMP TR POT XI PPP,
NERO CLAV CAE AVG GER P M TR P IM,
NERO CLAVD CAESAR AVG GERM P M TR P IMP P P,
NERO CLAVD CAESAR AVG GERMANICVS,
NERO CLAVDIVS CAESAR AVG GER P M TR P IMP P P,
NERO CLAVDIVS CAESAR AVG GERMANICVS.
All diese Umschriften existieren in unzähligen Abkürzungsvarianten der angegebenen Grundformen.

Büste: n. r., n. l.; barhäuptig, mit Lorbeerkranz, mit Strahlenkrone, gepanzert, mit Ägis, mit Globus unter der Büste.
Die Kombinationen zwischen Vorderseitenlegende, Büstenvariante und Rückseitendarstellung sind unzählig. Wir beschränken uns hier darauf, die Rückseitentypen aufzuzählen.

14.26 Sesterz. ADLOCUT COH / SC Nero steht zusammen mit dem Praetorianer Praefekt auf einem kleinen Podium und hält vor drei Soldaten eine Ansprache; die ersten beiden Soldaten tragen ein Feldzeichen; im Hintergrund Andeutung von Architektur (Lager der Praetorianer?)
RIC Typ 1. **400 1.000 3.500**

14.27 Sesterz. ANNONA AVGVSTI CERES / SC Ceres mit Fackel n. l. sitzend, hält zwei Kornähren über Modius; ihr gegenüber Annona mit Füllhorn, dahinter Schiffsbug.
RIC Typ 2. **300 800 2.500**

14.28 As. ARA PACIS / SC Altar.
RIC Typ 4. **200 400 600**

14.29 Semis. CERTAMEN QVINQ ROM CO (und andere Abkürzungen). Preistisch mit Ölkrug und Kranz, ein runder Schild ist gegen den Tisch gelehnt.
Die Darstellung bezieht sich auf die Ludi Quinquennalis, die zum ersten Mal im Jahre 60 abgehalten wurden.
RIC Typ 30. **80 150 350**

	s	ss	vz

14.30 Sesterz. CONG I DAT POP / SC Nero n. r. (oder n. l.) auf einem Podium sitzend, vor ihm Treppe, über die ein Bürger mit einem kleinen Kind zu einem Beamten heraufsteigt, um sein Geschenk in Empfang zu nehmen; im Hintergrund Minerva und Liberalitas.
RIC Typ 9 (bzw. 8). **600 2.500 5.000**

14.31 Sesterz. DECVRSIO / SC Nero mit eingelegter Lanze n. r. (oder n. l.) galoppierend, hinter ihm Soldat, (z. T. mit voranschreitendem Soldaten).
RIC Typ 11 (bzw. 10 oder 12). **300 800 2.500**

14.32 As. GENIO AVGVSTI / SC Genius mit Füllhorn aus Patera über brennendem Altar l. von ihm opfernd.
RIC Typ 13. **150 300 500**

14.33 Dupondius. MAC AVG / SC Frontalansicht des Macellum.
RIC Typ 18. **250 500 1.200**

s ss vz

14.34 Sesterz. PACE P R TERRA MARIQ PARTA IANVM CLVSIT / SC Ianustempel mit geschlossenen Türen.
RIC Typ 14 und 15. **400 1.500 5.000**

14.35 Dupondius und As. PACE P R TERRA MARIQ PARTA IANVM CLVSIT / SC Ianustempel mit geschlossenen Türen.
RIC Typ 14 und 15. **200 500 1.000**

14.36 Sesterz. PACE P R VBIQ PARTA IANVM CLVSIT / SC Ianustempel mit geschlossenen Türen.
RIC Typ 16 und 17. **400 1.500 5.000**

14.37 Dupondius und As. PACE P R VBIQ PARTA IANVM CLVSIT / SC Ianustempel mit geschlossenen Türen.
RIC Typ 16 und 17. **200 500 1.000**

14.38 Semis. PONTIF MAX TR P IMP P P / SC (und andere Legendenvarianten) Roma mit Kranz und Parazonium n. l. sitzend.
RIC Typ 26-28. **75 120 250**

14.39 As. PONTIF MAX TR POT IMP P P / SC Apollon n. r., die Kithara spielend (auch andere Abkürzungsvarianten der Umschrift).
Die Darstellung bezieht sich auf die Ludi Quinquennalis, die zum ersten Mal im Jahre 60 abgehalten wurden.
RIC Typ 3. **200 500 1.200**

s ss vz

14.40 Sesterz. PORT AVG oder POR OST / SC Hafen von Ostia aus der Vogelperspektive.
RIC Typ 19. **1.500 3.500 12.000**

14.41 Sesterz. ROMA / SC Roma auf Panzer n. l. oder n. r. sitzend, einen Schild und einen Speer haltend.
RIC Typ 21 und 22. **300 800 2.500**

14.42 Dupondius. ROMA / SC Roma auf Panzer n. l. oder r. sitzend, einen Schild und einen Speer haltend.
RIC Typ 21 und 22. **200 400 600**

14.43 Sesterz. ROMA / SC Roma auf Panzer n. l. oder r. sitzend, auf der ausgestreckten r. Hand Victoria, in der anderen Schild, Speer oder Parazonium.
RIC Typ 23-25. **300 800 2.500**

14.44 Dupondius. ROMA / SC Roma auf Panzer n. l. oder r. sitzend, auf der ausgestreckten r. Hand Victoria, in der anderen Schild, Speer oder Parazonium.
RIC Typ 23-25. **200 400 600**

14.45 Dupondius. ROMA / SC Roma mit Kranz und Parazonium n. l. sitzend.
RIC Typ 26-28. **200 400 600**

14.46 Sesterz. SC Triumphbogen, darauf Quadriga mit dem siegreichen Kaiser.
RIC Typ 5. **600 2.500 5.000**

14.47 Sesterz. SC Victoria mit Palladium und Palmzweig n. r. gehend.
RIC Typ 34. **300 800 2.500**

		S	SS	VZ
14.48	As. SC Victoria n. l. fliegend, auf dem Schild Inschrift SPQR *RIC Typ 35.*	200	400	600
14.49	Sesterz. SECVRITAS AVGVSTI / SC Securitas n. r. thronend, vor ihr brennender Altar. *RIC Typ 29.*	300	800	2.500
14.50	Dupondius. VICTORIA AVGVSTI / SC Victoria mit Kranz und Palmzweig n. l. oder r. fliegend. *RIC Typ 33.*	200	400	600

Bronzemünzen ohne Porträt – Quadrantes

14.51	Eule auf Altar / P M TR P IMP P P SC Olivenzweig *RIC Typ 20 / 7.*	25	50	100
14.52	Helm auf Säule, daran gelehnt Lanze und mit Ägis verzierter Schild / PON M TR P IMP P P S C Olivenzweig. *RIC Typ 6 / 7.*	25	50	100

15. Bürgerkrieg

68 – 69

Zur Geschichte

Nero machte sich durch verschiedene grundlose Todesurteile gegen loyale, aber mächtige Heerführer seine Generäle zu Feinden. Es kam zu mehreren Aufständen in Africa (Clodius Macer), in Germanien (Vindex) und in Spanien (Galba). Während die Revolte des Vindex noch von loyalen Truppen des Nero niedergeschlagen werden konnte, setzte sich Galba durch die Unterstützung des Senats durch. Er beendete nach seiner Machtergreifung die Rebellion des Clodius Macer, wurde aber seinerseits durch Otho und Vitellius in seinem Amt angefochten. Während Vespasianus sich als vierter in den Streit um den Thron einmischte, nutzte Claudius Iulius Civilis die Gelegenheit, die Bataver und andere Stämme im nördlichen Germanien von Rom loszulösen. Auch dieser Aufstand wurde niedergeschlagen, in dem Moment, in dem Vespasianus seine Alleinherrschaft durchgesetzt hatte.

Zur Münzgeschichte

Während der Jahre 68 bis 70 wurden unterschiedliche Serien herausgegeben, von denen keine das Porträt oder den Namen eines Herrschers zeigt. Viele Stücke weisen große Ähnlichkeiten mit den Münztypen auf, die von Galba, Vitellius und Vespasianus geprägt wurden.

Man unterscheidet folgende Gruppen: 1.) Spanische Gruppe, in Verbindung mit Galba, der diese Münzen zwischen seiner Ausrufung zum Imperator am 2. April 68 bis zur Ermordung Neros Anfang Juni prägte; 2.) Gallische Gruppe, in Verbindung mit dem Aufstand des Vindex, geprägt vielleicht in Wien, zwischen den ersten Tagen des März 68, als Vindex seinen Aufstand begann, bis Mai, als die Rebellion durch das militärische Einschreiten des Verginius Rufus beendet wurde; 3.) Augustus Gruppe, deren Herkunft nicht völlig geklärt ist, man nimmt derzeit an, daß sie in Spanien und Gallien geprägt wurde; 4.) Militärische Gruppe, deren Herkunft entweder mit Gallien oder Germanien angenommen wird und deren Zeitansatz nicht ins letzte Detail geklärt ist; 5.) Gruppe der Gallischen Revolte, die in Zusammenhang steht mit Iulius Civilis; 6.) Afrikanische Gruppe, geprägt von den Unterstützern des Galba in Afrika zwischen April und Juni 68.

Hinweise für Sammler

Die Münzen aus der Zeit der Bürgerkriege sind fast alle selten! Lediglich die Typen 15.1 und 15.9 sind in den letzten Jahren öfter im Handel aufgetaucht.

Münzen

1.) Spanische Gruppe (alles Denare)

15.1 BON(I) EVENT Weibliche Büste n. r. / ROMA RENASC(ES) Roma n. r. stehend, ein Feldzeichen und eine Victoria haltend.
RIC 9f. **400 600 2.000**

15.2 (GENIO P R) Jugendliche männliche Büste, über der Schulter Füllhorn. / MARTI VLTORI Mars n. r. kämpfend.
RIC 17. **500 1.000 3.000**

15.3 MONETA Weibliche Büste n. r. / SALVTARIS Amboß, Zange und Hammer.
RIC 30. **500 1.000 3.000**

15.4 LIBERTAS RESTITVTA Weibliche Büste n. r. / SPQR auf einem Schild, darum ein Eichenkranz.
RIC 27. **500 1.000 3.000**

15.5 CONCORDIA HISPANORVM ET GALLIARVM Die Büsten der Gallia und der Hispania einander gegenüber, zwischen ihnen Victoria. / VICTORIA PR Victoria in einer Biga n. r.
RIC 15. **500 1.000 3.000**

2.) Gallische Gruppe (alles Denare)

15.6 ROMA RESTITVTA Weibliche Büste mit Helm n. r. / IVPPITER LIBERATOR Iuppiter mit Blitzbündel und Szepter n. l. sitzend.
RIC 62. **500 1.000 3.000**

s ss vz

15.7 MARS VLTOR Büste des Mars mit Helm n. r. / SIGNA P R Legionsadler zwischen zwei Feldzeichen, vor Adler brennender Altar.
RIC 51. **500 1.000 3.000**

15.8 SALVS ET LIBERTAS Minerva mit Schild und Speer frontal stehend. / SPQR in einem Eichenkranz.
RIC 66. **500 1.000 3.000**

15.9 SALVS GENERIS HVMANI Victoria mit Palme und Kranz n. r. oder n. l. / SPQR in Eichenkranz.
RIC 68. **400 600 2.000**

3.) Augustus-Gruppe

15.10 Kopf des Augustus n. r. / AVGVSTVS Capricorn.
RIC 82. **500 1.000 3.000**

4.) Militärische Gruppe

15.11 FIDES EXERCITVVM Zwei Hände im Handschlag / CONCORDIA PRAETORIANORVM Concordia mit Füllhorn und Zweig.
RIC 118. **500 1.000 3.000**

15.12 FIDES EXERCITVVM Zwei Hände im Handschlag / FIDES PRAETORIANORVM Zwei Hände im Handschlag.
RIC 121. **500 1.000 3.000**

15.13 IOM CAPITOLINVS Büste des Iuppiter n. l. / VESTA P R QVIRITIVM Vesta mit Patera und Fackel n. l. sitzend.
RIC 125. **500 1.000 3.000**

16. Clodius Macer

† 68

Zur Geschichte

Clodius Macer war als legatus Augusti propraetore Africae verantwortlich für die militärische und zivile Kontrolle der Provinz Africa. Unzufriedenheit mit der Regierung Neros und die Möglichkeit, Rom von seiner Kornversorgung abzuschneiden, brachten ihn dazu, sich gegen Nero aufzulehnen und die Stadt Karthago, wichtigster Hafen der Provinz Afrika, einzunehmen. Im späten Sommer oder frühen Herbst des Jahres 68 wurde Macer auf Veranlassung des Galba umgebracht. Dies mag der Grund sein, warum Macers Anhänger später Vitellius unterstützten.

Zur Münzgeschichte

Vermutlich wurden die Münzen des Macer in Karthago geprägt. Es wurden nur Silbermünzen ausgegeben, keine Aurei. Die wenigen Bronzemünzen, die man Macer zuschreiben kann, scheinen Abgüsse von Denaren zu sein.

Hinweise für Sammler

Ungefähr 60 Münzen des Macer von 34 Vorderseiten- und 41 Rückseitenstempeln sind bekannt. Davon zeigt nur RIC Group 7 mit 13 bekannten Münzen sein Porträt.

Münzen

Folgende Vorderseitenvarianten kommen vor:
Umschrift: L CLODI MACRI,
L CLODIVS MACER
Büste: n. r., barhäuptig.

Denare

s ss vz

16.1 PROPRAE AFRICAE Galeere.
RIC 35. 6.000 8.000 20.000

Denare ohne Porträt

16.2 L CLODI MACRI S C Löwenkopf n. r. Rv. LEG III LIB AVG Adler zwischen zwei Feldzeichen.
RIC 10. 4.000 7.000 15.000

17. Galba
68 – 69

Zur Geschichte

Als C. Iulius Vindex seinen Aufstand gegen Nero begann, brauchte er als Aushängeschild einen römischen Aristokraten, der mehr Reputation besaß als er selbst. Er wandte sich an Servius Sulpicius Galba, den Statthalter der spanischen Provinz Tarraconensis. Galba stammte aus einem alten, schon in republikanischer Zeit bekannten Geschlecht. Nach einem von Nero angestifteten Attentat ließ Galba sich überzeugen, die Gegenkandidatur zu übernehmen.
Seine Truppen riefen ihn am 2. April 68 zum Imperator aus und Galba nannte sich selbst legatus senatus populique Romani (= Beauftragter des Senats und Volks von Rom). Nach dem Selbstmord Neros übernahm er auf Bitten des Senats das Kaiseramt. Er zog nach Rom. Schon kurz nach seiner Ankunft erfuhr er, daß das germanische Heer ebenfalls einen Kaiser ausgerufen hatte, Vitellius. Nur zwei Wochen später löste Galba selbst durch seine unkluge Wahl des Nachfolgers den Aufstand des Otho aus, der in Rom von den Praetorianern unterstützt wurde. Dieser Aufstand kostete Galba das Leben. Die Praetorianer ermordeten ihn am 15. Januar 69.

Zur Münzgeschichte

In der kurzen Zeit seiner Regierung bediente sich Galba einer großen Zahl verschiedener Münzstätten. In dem Moment, in dem er die Akklamation seiner Truppen als Imperator annahm, zeichnete er für ihren Lohn verantwortlich, so mußte noch in Spanien mit dem Prägen begonnen werden. Vermutlich entstanden in der Zeit vor dem Tod Neros die unter Bürgerkrieg aufgeführten Stücke der Spanischen Gruppe. Sicher stammen von damals die Prägungen mit der Umschrift GALBA IMPERATOR. Nach seiner Ernennung zum Kaiser gab Galba Münzen mit seinem Porträt heraus, die vermutlich in Tarraco und Narbo geprägt wurden. Im Verhältnis zur Kürze seines Aufenthalts in Rom ist die Zahl der römischen Prägungen beeindruckend.

Hinweise für Sammler

Von den drei Kaisern des Vier-Kaiserjahres sind die Münzen des Galba am leichtesten zu finden, allerdings nur die des SER GALBA IMP CAESAR, Stücke mit der Aufschrift GALBA IMPERATOR dagegen sind ein wenig seltener.
Es existieren vereinzelt Denare mit der zusätzlichen Aufschrift SC von folgenden Typen: HISPANIA, SPQR Zwei Speere und Rundschild, VICTORIA PR und VIRTVS. Sie sind alle sehr selten und man man muß mit ca. 800 EUR in sehr schön dafür rechnen.

Münzen

Folgende Vorderseitenvarianten kommen vor:
Umschrift: GALBA IMP(ERATOR),
SER(VIVS) GALBA IMP(ERATOR),
IMP GALBA CAESAR AVG P P,
IMP SER GALBA AVG,
IMP SER GALBA CAESAR AVG (P M, PM TR P oder TR P),
IMP SER SVLP(IC) GALBA CAES AVG TR P,
SER GALBA AVG (IMP),
SER GALBA CAESAR AVG,
SER GALBA IMP AVG(VSTVS),
SER GALBA IMP CAES AVG (PM, PM TR P oder TR P),
SER GALBA IMP CAESAR AVG PON M TR POT (oder P P P),
SER SVLPI GALBA IMP CAE(SAR) AVG (P M) TR P.
Büste: n. r., n. l., barhäuptig, mit Lorbeerkranz, mit Eichenkranz, drapiert, gepanzert, mit Ägis, Globus an der Spitze der Büste.

Als Imperator

Aurei

17.1 HISPANIA Weibliche Büste n. r.
RIC 20. **2.000 7.500 25.000**

Denare

17.2 BON(I) EVEN(TVS) Bonus Eventus mit Patera, Kornähren und Mohnkapsel n. l. stehend.
RIC 5f. **250 600 2.000**

17.3 CONCORDIA PROVINCIARVM Concordia mit Zweig und Füllhorn n. l. stehend.
RIC 35. **200 500 1.800**

17.4 DIVA AVGVSTA Livia mit Patera und Szepter n. l. stehend.
RIC 13f. **200 500 1.800**

17.5 Galba n. r. galoppierend. Rv. GALLIA Weibliche Büste n. r.
RIC 85. **300 750 2.500**

17.6 GALLIA HISPANIA Gallia und Hispania im Handschlag.
RIC 15f. **300 750 2.500**

17.7 Galba n. r. oder n. l. galoppierend. / HISPANIA Weibliche Büste n. r.
RIC 1-3. **300 750 2.500**

s ss vz

17.8 LIBERTAS PVBLICA Libertas mit Pileus und Szepter n. l. stehend.
RIC 23. **200 500 1.800**

17.9 LIBERTAS RESTITVTA Büste der Libertas r.
RIC 7, 9. **200 500 1.800**

17.10 ROMA RENASC(ENS) Roma mit Victoriastatuette und Speer n. r. gehend.
RIC 25ff. **200 500 1.800**

17.11 ROMA VICTRIX Roma mit Zweig und Speer l. stehend.
RIC 45. **200 500 1.800**

17.12 SALVS GENE(RIS) HVMANI Salus mit Ruder aus Patera über Altar r. von ihr opfernd.
RIC 96. **200 500 1.800**

17.13 SPQR auf Schild in Eichenkranz.
RIC 47. **200 500 1.800**

17.14 SPQR OB CS in Eichenkranz.
RIC 62. **200 500 1.800**

17.15 TRES GALLIAE Drei weibliche Büsten n. r.
RIC 89ff. **300 750 2.500**

17.16 VICTORIA PR Victoria auf Globus mit Kranz und Palmzweig, frontal stehend.
RIC 11. **200 500 1.800**

17.17 VIRTVS Virtus mit Parazonium und Speer frontal stehend.
RIC 12. **200 500 1.800**

Als Kaiser

Aurei

17.18 AEQVITAS AVG Aequitas mit Waage und Füllhorn n. l.
RIC 121. **1.800 5.000 15.000**

17.19 AVG IMP Weibliche Gestalt mit Zweig und Schild.
RIC 123. **1.800 5.000 15.000**

17.20 CONCORDIA PROVINCIA(RVM) Concordia mit Zweig und Füllhorn n. l. stehend.
RIC 181f. **1.800 5.000 15.000**

s ss vz

17.21 DIVA AVGVSTA Livia mit Szepter und Patera n. l. stehend.
RIC 142. **1.800 5.000 15.000**

17.22 FORTVNA AVG Fortuna mit Ruder und Füllhorn n. l. stehend.
RIC 127. **1.800 5.000 15.000**

17.23 HISPANIA Hispania mit Kornähren, Schild und zwei Speeren n. l. gehend.
RIC 192. **2.000 6.000 17.500**

17.24 PAX AVG Pax mit Caduceus, Kornähren und Globus n. l. stehend.
RIC 129. **1.800 5.000 15.000**

17.25 ROMA RENASC(EN) Roma mit Victoriastatuette und Szepter n. l. stehend.
RIC 194. **1.800 5.000 15.000**

17.26 SALVS GEN HVMANI Weibliche Gestalt mit Ruder aus Patera über brennendem Altar opfernd.
RIC 146f. **1.800 5.000 15.000**

17.27 SPQR / OB / CS in Eichenkranz.
RIC 163f. **1.800 5.000 15.000**

17.28 VICTORIA PR Victoria mit Kranz und Palmzweig auf Globus n. l. stehend.
RIC 148. **1.800 5.000 15.000**

17.29 VIRTVS Virtus mit Speer und Parazonium frontal stehend.
RIC 220. **1.800 5.000 15.000**

Denare

17.30 AEQVITAS AVG Aequitas mit Waage und Füllhorn n. l.
RIC 122. **180 500 1.800**

17.31 AVG IMP Weibliche Gestalt mit Zweig und Schild.
RIC 124. **150 400 1.500**

17.32 CONCORDIA PROVINCIA(RVM) Concordia mit Zweig und Füllhorn n. l. stehend.
RIC 125f., 149. **150 400 1.500**

17.33 DIVA AVGVSTA Livia mit Szepter und Patera n. l. stehend.
RIC 143, 150ff. **150 400 1.500**

17.34 FORTVNA AVG Fortuna mit Ruder und Füllhorn l. stehend.
RIC 128. **150 400 1.500**

17.35 GALLIA HISPANIA Gallia und Hispania im Handschlag.
RIC 154. **300 600 2.500**

17.36 HISPANIA mit Kornähren, Schild und zwei Speeren n. l. gehend.
RIC 144, 155. **300 600 2.500**

s ss vz

17.37 IMP Gallia in Rüstung n. r. reitend.
RIC 145, 156. 300 600 2.500

17.38 LIBERTAS PR oder LIBERTAS PVBLICA Libertas frontal stehend mit Pileus und Ähren oder Rute.
RIC 157ff. 150 400 1.500

17.39 ROMA RENASC(EN)S Roma mit Victoriastatuette und Szepter n. l. stehend.
RIC 160ff. 150 400 1.500

17.40 ROMA VICTRIX Roma mit Victoriastatuette und Parazonium auf Panzer n. l. sitzend.
RIC 130. 150 400 1.500

17.41 SALVS GEN HVMANI Weibliche Gestalt mit Ruder über brennendem Altar r. von ihr opfernd.
RIC 171f. 150 400 1.500

17.42 SPQR / OB / CS in Eichenkranz.
RIC 166ff. 150 400 1.500

17.43 Quinar. VICTORIA GALBAE AVG Victoria mit Palmzweig und Kranz auf Globus n. r. stehend.
RIC 131f. 150 1.000 2.500

17.44 VICTORIA PR Victoria mit Kranz und Palmzweig auf Globus n. l. stehend.
RIC 173. 150 400 1.500

17.45 VIRTVS Virtus mit Speer und Parazonium frontal stehend.
RIC 176ff. 150 400 1.500

s ss vz

Bronzemünzen mit Porträt

17.46 Sesterz. ADLOCVTIO SC Galba in voller Rüstung auf Podium n. r. eine Ansprache haltend, hinter ihm Offizier, vor ihm fünf Soldaten.
RIC 462ff. 800 2.000 12.000

17.47 As. AEQVITAS (AVGVSTI) SC Aequitas mit Waage und Szepter n. l. oder n. r. stehend.
RIC 491ff. 100 300 1.000

17.48 Sesterz. AVGVSTA SC Livia mit Patera und langem Szepter n. l. sitzend.
RIC 331ff. 250 800 2.000

17.49 Sesterz. AVGVSTA SC R XL Livia mit Patera und langem Szepter n. l. sitzend.
Die Aufschrift SC R XL erinnert daran, daß Galba zum Dank für die Unterstützung der spanischen und gallischen Provinz ihnen die 2½ %ige Einfuhrsteuer erließ.
RIC 433. 500 1.200 3.600

17.50 As. CERES AVGVSTA SC Ceres mit Kornähren und Caduceus n. l. sitzend.
RIC 291. 100 300 1.000

17.51 Sesterz. CONCORD AVG SC Concordia mit Szepter und Zweig n. l. sitzend.
RIC 339ff. 250 800 2.000

		s	ss	vz
17.52	As. DIVA AVGVSTA SC Livia mit Patera und langem Szepter n. l. stehend. *RIC 65. C. 49.*	100	300	1.000
17.53	Sesterz. EX SC OB CIVES SERVATOS in Eichenkranz. *RIC 385.*	250	800	2.000
17.54	Dupondius. FELICITAS AVGVST SC Felicitas mit Patera und Füllhorn n. l. stehend. *RIC 273.*	100	300	1.000
17.55	Dupondius. FIDES PVBLICA SC Fides mit Patera und Füllhorn l. stehend. *RIC 135.*	100	300	1.000
17.56	As. –. *RIC 138.*	100	300	1.000
17.57	Sesterz. HISPANIA CLVNIA SVL SC Galba mit Parazonium auf Sella Curulis n. l. sitzend, ihm gegenüber weibliche Gestalt mit Palladium und Füllhorn. *RIC 469ff.*	1.000	4.000	LP
17.58	Sesterz. HONOS ET VIRTVS SC Honos mit Szepter und Füllhorn n. r. stehend, ihr gegenüber Virtus mit Parazonium und Speer. *RIC 474ff.*	350	800	2.000
17.59	Sesterz. LIBERT AVG SC Libertas mit Pileus und Rute n. r. *RIC 436.*	250	800	2.000
17.60	Sesterz. LIBERT(AS) AVG(VSTA) SC R XL Libertas mit Pileus und Rute n. l. stehend. *RIC 438ff.*	500	1.200	3.600
17.61	As. –. *RIC 293ff.*	200	600	1.500

		s	ss	vz
17.62	Sesterz. LIBERTAS PVBLICA Libertas mit Pileus und Rute l. stehend. *RIC 237.*	250	800	2.000
17.63	Dupondius und As. –. *RIC 136f., 68ff.*	100	300	1.000
17.64	Sesterz. LIBERTAS RESTITVTA SC Galba n. l. stehend, der knieenden Libertas wieder aufhelfen, Roma sieht dabei zu. *RIC 479f.*	500	1.200	3.600
17.65	Sesterz. MARS VICTOR SC Mars mit Speer und Trophäe frontal stehend. *RIC 481f.*	350	800	2.000
17.66	Sesterz. PAX AVG(VST) SC Pax mit Zweig und Caduceus oder Füllhorn n. l. sitzend. *RIC 444f.*	250	800	2.000

		s	ss	vz
17.67	Dupondius. PAX AVG(VSTA) SC Pax mit Zweig und Caduceus oder Füllhorn n. l. stehend oder sitzend. *RIC 277ff.*	100	300	1.000
17.68	As. PAX AVG SC Pax mit Zweig und Caduceus n. l. stehend, aus Patera über brennendem Altar opfernd. *RIC 140.*	100	300	1.000
17.69	As. PAX AVGVSTI SC Pax mit Füllhorn n. l., mit Fackel einen Haufen Waffen anzündend. *RIC 496ff.*	150	400	1.200
17.70	Sesterz. PIETAS AVGVSTI SC Pietas frontal stehend, r. von ihr Altar. *RIC 483.*	350	800	2.000
17.71	As. PROVIDENT SC Altar. *RIC 499.*	150	400	1.200
17.72	As. QVADRAGENS REMISSAE Triumphbogen. *RIC 77ff. C. 165.*	120	350	1.200
17.73	Sesterz. ROMA SC Roma mit Victoriastatuette und Parazonium oder Speer n. l. auf Panzer sitzend oder stehend. *RIC 238ff.*	250	800	2.000
17.74	As. –. *RIC 141.*	100	300	1.000
17.75	Sesterz. ROMA SC R XL Roma mit Zweig, Szepter und Trophäe n. l. stehend. *RIC 450.*	500	1.200	3.600
17.76	Sesterz. ROMA RESTI SC Galba n. l. stehend, der knienden Roma aufhelfend. *RIC 485.*	500	1.200	3.600
17.77	Sesterz. SALVS AVGVSTA SC Salus mit Patera und Szepter n. l. sitzend. *RIC 395.*	250	800	2.000
17.78	As. SALVS AVGVSTI SC Salus an Säule gelehnt r. stehend, aus Patera Schlange fütternd. *RIC 500ff.*	100	300	1.000
17.79	Sesterz. SC Aesculapius mit Schlangenstab. *RIC 486ff.*	500	1.200	3.600

s ss vz

17.80 Sesterz. SC Victoria mit Kranz oder Palladium und Palmzweig.
RIC 251ff. **250 800 2.000**

17.81 As. –.
RIC 510ff. **100 300 1.000**

17.82 As. SC Legionsadler zwischen zwei Standarten.
RIC 303f. **150 500 1.500**

17.83 As. SECVRITAS P ROMANI SC Securitas n. l. sitzend, vor ihr Waffenhaufen, daran Fackel gelehnt.
RIC 504ff. **100 300 1.000**

17.84 Sesterz. SENATVS PIETATI AVGVSTI SC Senatus mit Zweig n. l. stehend, Galba einen Kranz aufsetzend.
RIC 489. **500 1.200 3.600**

17.85 Sesterz. SPQR OB CIV(ES) SER(VATOS) in Eichenkranz.
RIC 259ff. **300 800 2.000**

17.86 Dupondius. –.
RIC 286. **120 350 1.200**

17.87 As. VESTA SC Vesta mit Palladium und Patera oder Szepter n. l. sitzend.
RIC 305ff. **100 300 1.000**

17.88 Sesterz. VICTORIA IMPERI ROMANI SC Victoria mit Kranz und Palmzweig n. l. gehend.
RIC 490. **300 800 2.000**

17.89 Sesterz. VICTORIAE IMP GALBAE AVG Victoria n. r stehend, einen Schild mit SPQR beschreibend.
RIC 133. **200 500 1.500**

17.90 Sesterz. XXXX REMISSA SC Triumphbogen.
RIC 134. **300 800 2.000**

18. Otho

69

Zur Geschichte

M. Salvius Otho, im Jahre 32 geboren, war ein enger Vertrauter Neros. Der schickte ihn als Statthalter in die Provinz Lusitania, wo Galba während seines Aufstandes gegen den Kaiser seine Hilfe suchte. Otho unterstützte zunächst Galba, wandte sich aber enttäuscht ab, als der Kaiser Calpurnius Piso Frugi als Nachfolger adoptierte. Mit der Hilfe der Praetorianer ließ Otho sich am 15. Januar 69 zum Kaiser ausrufen. Galba verlor in diesem Aufstand sein Leben. Otho kämpfte danach erfolglos gegen die Truppen des Vitellius, der vom germanischen Heer zum Gegenkandidaten bestimmt worden war und nun versuchte, der Hauptstadt habhaft zu werden. Nach einer schweren Niederlage gegen Vitellius bei Betriacum in Oberitalien am 14. April nahm sich Otho am 16. April 69 das Leben, wenn wir Tacitus und Sueton glauben wollen, um den Verlust weiterer Menschenleben durch einen Bürgerkrieg zu vermeiden.

Zur Münzgeschichte

Münzstätte des Otho war Rom. Da er in erster Linie Gold- und Silbermünzen brauchte, um die Loyalität der Truppen zu bezahlen und noch genug der von Galba und Nero geprägten Bronzemünzen im Umlauf waren, kennen wir aus seiner Regierungszeit keine Bronzemünzen.

Hinweise für Sammler

Von den drei Kaisern des Bürgerkriegs ist Otho mit Abstand der seltenste.

Münzen

Folgende Vorderseitenvarianten kommen vor:
Umschrift: IMP (M) OTHO CAESAR AVG TR P.
Büste: n. r. oder n. l., barhäuptig, mit Drapierung an der Schulter.

Aurei

18.1 PAX ORBIS TERRARVM Pax n. l. stehend.
RIC 3, 5. **3.500 10.000 30.000**

18.2 PONT MAX 1.) Aequitas, 2.) Ceres, 3.) Vesta.
RIC 18-23. **3.500 10.000 30.000**

s *ss* *vz*

18.3 SECVRITAS PR Securitas n. l. stehend.
RIC 7, 9, 11. **3.500 10.000 30.000**

18.4 VICTORIA OTHONIS Victoria mit Kranz und Palmzweig n. l. gehend.
RIC 13, 15. **3.500 10.000 30.000**

Denare

18.5 CERES AVG Ceres n. l. stehend.
RIC 1. **250 1.000 2.500**

18.6 PAX ORBIS TERRARVM Pax n. l. stehend.
RIC 4, 6. **250 1.000 2.500**

18.7 PONT MAX 1.) Aequitas, 2.) Iupiter, 3.) Vesta, 4.) Kaiser.
RIC 19-24. **250 1.000 2.500**

18.8 SECVRITAS PR Securitas n. l. stehend.
RIC 8, 10, 12. **250 1.000 3.000**

18.9 VICTORIA OTHONIS Victoria mit Kranz und Palmzweig n. l. gehend.
RIC 14, 16f. **300 1.200 3.000**

19. Vitellius

69

Zur Geschichte

Der im Jahr 12 n. Chr. geborene Aulus Vitellius war – ehe er das Kaiseramt antrat – ein relativ unbeschriebenes Blatt. Unter Nero hatte er das Konsulat bekleidet und war von ihm als Legat nach Germania Inferior geschickt worden, wo ihn am 2. Januar 69 die Legionen zum Kaiser ausriefen. Es schlossen sich die Legionen Galliens, Spaniens und Britanniens an. Damit verfügte Vitellius über eine ausreichende Streitmacht, um sich gute Chancen auf das Kaiseramt auszurechnen. Er schickte eine Vorausabteilung nach Italien, die das Heer des Otho bei Betriacum besiegte. Darauf erkannte ihn der Senat am 19. 4. 69 als Kaiser an. Vitellius selbst erreichte Rom nicht vor Mitte Juli des Jahres 69. Zu diesem Zeitpunkt hatte bereits Vespasianus den Kampf um die Macht aufgenommen. Vitellius mußte sich dessen Verbündeten stellen, die mit einem Heer nach Italien marschierten. Am 24. Oktober 69 kam es bei Cremona zur entscheidenden Schlacht. Die Truppen des Vespasianus siegten und zogen nach Rom, das sie nach einem blutigen Straßenkampf erobern konnten. Während der Erstürmung des Kapitol kam es zu Ausschreitungen, bei denen sich das einfache Volk für die erlittenen Leiden an Vitellius rächte. Der Kaiser starb an seinen Verletzungen am 20. Dezember des Jahres 69.

Zur Münzgeschichte

Unter der acht Monate dauernden Regierung des Vitellius wurde eine umfassende Münzprägung durchgeführt. Drei Münzstätten arbeiteten in seinem Auftrag: Tarraco in Spanien, Lugdunum in Gallien und Rom.

Hinweise für Sammler

Auch die Münzprägung des Vitellius teilt sich auf – wie die des Galba – in Stücke, auf denen er den Titel Imperator trägt und in solche, die er als Augustus herausgab. Der Titel Imperator erscheint nur auf den Münzen, die in Tarraco oder in Lugdunum geprägt wurden. Sie entstanden vermutlich vor seiner Anerkennung als Kaiser durch den Senat am 19. 4. 69.

Münzen

s ss vz

Folgende Vorderseitenvarianten kommen vor:
Umschrift: A VITELLIVS AVG IMP GERMAN,
A VITELLIVS GER IMP AVG P M TR P,
A VITELLIVS GERM IMP AVG (P M) TR P,
A VITELLIVS GERM IMP TR P,
A VITELLIVS GERMA IMP AVG P M TR P,
A VITELLIVS GERMAN IMP (AVG P M) TR P,
A VITELLIVS GERMANICVS IMP (AVP P M TR P),
A VITELLIVS IMP GERMAN(ICVS).
Büste: n. r., n. l., barhäuptig, mit Lorbeerkranz, drapiert, gelegentlich kleiner Palmzweig vor Büste, Globus an der Spitze der Büste.

Aurei

19.1 CLEMENTIA IMP GERMAN(ICI) Clementia mit Zweig und Szepter n. l. sitzend.
RIC 1ff., 17. **2.000 5.000 15.000**

19.2 CONCORDIA PR Concordia mit Patera und Füllhorn n. l. sitzend.
RIC 72, 89. **2.000 5.000 15.000**

19.3 CONSENSVS EXERCITVVM Mars mit Legionsadler und Vexillum n. r. gehend.
RIC 4f., 22, 26, 49, 64. **2.000 5.000 15.000**

19.4 FIDES EXERCITVVM Zwei Hände im Handschlag.
RIC 52. **2.000 5.000 15.000**

19.5 IVPPITER VICTOR Iupiter mit Victoriastatuette und Szepter n. l. sitzend.
RIC 74, 92. **2.000 5.000 15.000**

19.6 LIBERI(S) IMP GERMANICI Büsten des Sohnes und der Tochter des Vitellius, einander gegenüber.
RIC 8, 78, 99, 102. **2.000 5.000 15.000**

19.7 LIBERTAS RESTITVTA Libertas mit Pileus und Szepter frontal stehend.
RIC 9, 80, 104. **2.000 5.000 15.000**

19.8 L VITELLI COS III CENSOR Vater von Vitellius, L. Vitellius, auf Sella Curulis n. l. sitzend.
RIC 94, 96. **2.000 5.000 15.000**

19.9 L VITELLIVS COS III CENSOR Büste des Vaters von Vitellius, L. Vitellius, mit Lorbeerkranz und drapiert n. r., davor Szepter.
RIC 7, 76, 98. **2.000 5.000 15.000**

19.10 PONT MAXIM Vesta mit Patera und Szepter n. r. sitzend.
RIC 106. **2.000 5.000 15.000**

s ss vz

19.11 SECVRITAS IMP GERMAN Securitas mit Szepter n. r. sitzend, brennende Fackel an Altar r. von ihr gelehnt.
RIC 11f. **2.000 5.000 15.000**

19.12 SENAT P Q ROMANVS Victoria mit Schild n. l. gehend.
RIC 32. **2.000 5.000 15.000**

19.13 SPQR OB C S im Eichenkranz.
RIC 82. **2.000 5.000 15.000**

19.14 VESTA PR QVIRITIVM Vesta mit Fackel auf Thron n. l. sitzend.
RIC 58. **2.000 5.000 15.000**

19.15 VICTORIA AVGVSTI Victoria n. l. gehend, einen Schild haltend, der mit SPQR beschrieben ist (seltene Variante, eine Trophäe auf einem Baumstumpf befestigend).
RIC 13f., 34f., 38, 61. **2.000 5.000 15.000**

19.16 VICTORIA IMP GERMAN(ICI) Victoria mit Kranz und Palmzweig auf Globus n. r. oder n. l. stehend.
RIC 15f. **2.000 5.000 15.000**

19.17 XV VIR SACR FAC Dreifuß, darauf Delphin, daneben Rabe.
RIC 87, 89, 108. **2.000 5.000 15.000**

Denare

19.18 *Ohne Legende.* Victoria mit Patera und Palmzweig n. l. sitzend.
RIC 71, 110. **150 400 2.500**

19.19 CLEMENTIA IMP GERMAN(ICI) Clementia mit Zweig und Szepter n. l. sitzend.
RIC 18. **100 300 1.500**

19.20 CONCORDIA PR Concordia mit Patera und Füllhorn n. l. sitzend.
RIC 66, 73, 90. **100 300 1.500**

19.21 CONCORDIA PRAETORIANORVM Concordia mit Zweig und Füllhorn n. l. stehend.
RIC 19. **100 300 1.500**

19.22 CONSENSVS EXERCITVVM Mars mit Legionsadler und Vexillum n. r. gehend.
RIC 6, 20ff., 48, 50f. **150 400 2.500**

s ss vz

19.23 FIDES EXERCITVVM Zwei Hände im Handschlag.
RIC 27ff., 47, 53f., 67. **100 300 1.500**

19.24 FIDES PRAETORIANORVM Zwei Hände im Handschlag.
RIC 55. **150 400 2.500**

19.25 IO MAX CAPITOLINVS Iupiter in Tempel sitzend.
RIC 31, 56. **200 600 3.000**

19.26 IVPPITER VICTOR Iupiter mit Victoriastatuette und Szepter n. l. sitzend.
RIC 68, 75, 93. **100 300 1.500**

19.27 LIBERI IMP GERMAN Büsten des Sohnes und der Tochter des Vitellius, einander gegenüber.
RIC 57, 79, 99, 101. **500 1.200 4.000**

19.28 L VITELLI COS III CENSOR Vater von Vitellius, L. Vitellius, auf Sella Curulis n. l. sitzend.
RIC 95, 97. **250 700 2.000**

19.29 L VITELLIVS COS III CENSOR Büste des Vaters von Vitellius, L. Vitellius, mit Lorbeerkranz und drapiert n. r., (davor Szepter).
RIC 77. **1.000 4.000 10.000**

19.30 LIBERTAS RESTITVTA Libertas mit Pileus und Szepter frontal stehend.
RIC 10, 69, 80, 103. **100 300 1.500**

19.31 PONT MAXIM Vesta mit Patera und Szepter n. r. sitzend.
RIC 107. **100 300 1.500**

19.32 SPQR OB C S im Eichenkranz.
RIC 69A, 83. **150 400 2.500**

s ss vz

19.33 VESTA PR QVIRITIVM Vesta mit Fackel auf Thron n. l. sitzend.
RIC 33, 59f., 65. **100 300 1.500**

19.34 VICTORIA AVGVSTI Victoria n. l. gehend, einen Schild haltend, der mit SPQR beschrieben ist (seltene Variante, eine Trophäe auf einem Baumstumpf befestigend).
RIC 36f., 62f. **100 300 1.500**

19.35 XV VIR SACR FAC Dreifuß, darauf Delphin, daneben Rabe.
RIC 70, 86, 88, 109. **100 300 1.500**

Bronzemünzen

19.36 As. AEQVITAS AVGVSTI SC Aequitas mit Waage und Rute n. l. stehend.
RIC 125, 160. **200 400 1.500**

19.37 Sesterz. ANNONA AVG SC Vitellius und Ceres einander gegenüber, zwischen ihnen Altar, hinter Ceres Prora.
RIC 131, 155, 166. **500 2.500 7.500**

19.38 Dupondius oder As. ANNONA AVGVSTI SC Annona zwischen Modius und Schiff.
RIC 144. **250 500 2.000**

19.39 Sesterz. CERES AVG SC Ceres n. l. sitzend (As).
RIC 132. **500 2.500 7.500**

19.40 As. CLEMENTIA IMP GERMAN SC Clementia mit Zweig und Szepter n. l. sitzend.
RIC 39. **200 400 1.500**

19.41 Sesterz. CONCORD AVG SC Concordia n. l. sitzend.
RIC 133. **500 2.500 7.500**

19.42 Dupondius(?). CONCORDIA AVGVSTI SC Concordia n. l. sitzend.
RIC 126, 161f., 170. **250 500 2.000**

19.43 As(?). CONCORDIA AVGVSTI SC Concordia n. l. sitzend.
RIC 171. **200 400 1.500**

s *ss* *vz*

19.44 As. CONSENSVS EXERCITVVM SC Mars n. l. gehend.
RIC 40. **250** **500** **2.000**

19.45 As. CONSENSVS HISPANIARVM SC Hispania mit Rundschild und zwei Speeren.
RIC 41. **250** **600** **1.800**

19.46 As. FIDES EXERCITVVM SC Zwei Hände im Handschlag.
RIC 42. **250** **600** **1.800**

19.47 Sesterz. HONOS ET VIRTVS SC Honos und Virtus einander gegenüberstehend.
RIC 113. **500** **2.500** **7.500**

19.48 As. I O MAX CAPITO SC Iuppiter in Tempel sitzend.
RIC 127. **250** **600** **1.800**

19.49 Dupondius oder As. LIBERTAS AVGVSTI SC Libertas mit Pileus und Rute n. l. stehend.
RIC 128. **200** **400** **1.500**

19.50 As. LIBERTAS RESTITVTA SC Libertas mit Pileus und Rute frontal stehend.
RIC 43f. **200** **400** **1.500**

19.51 Sesterz. L VITELL CENSOR II(I) SC Vitellius auf Podium n. r. sitzend, vor ihm drei Bürger, hinter ihm ein weiterer Bürger.
RIC 114, 134f. **1.000** **8.000** **12.500**

19.52 Sesterz. MARS VICTOR SC Mars n. l. gehend.
RIC 115f, 136f., 156, 167f. **500** **2.500** **7.500**

19.53 Sesterz. PAX AVGVSTI SC Pax mit Zweig und Füllhorn n. l. stehend (Dupondius).
RIC 117f, 138f., 157. **500** **2.500** **7.500**

19.54 Dupondius. –. Vitellius und Roma im Handschlag.
RIC 147f. **250** **500** **1.800**

s *ss* *vz*

19.55 Sesterz. PAX GER ROM SC Roma n. l. sitzend übergibt Vitellius Victoriastatuette.
RIC 119. **1.000** **8.000** **12.500**

19.56 Dupondius oder As. PAX AVGVSTI SC Pax, einen Haufen von Waffen in Flammen setzend.
RIC 149, 164, 172. **250** **500** **1.800**

19.57 As. PROVIDENT SC Altar
RIC 129, 150, 163, 173f. **250** **400** **1.500**

19.58 As. ROMA RENASCENS SC Roma mit Victoriastatuette und Speer n. r. stehend.
RIC 45. **200** **400** **1.500**

19.59 Dupondius. ROMA SC Roma n. l. sitzend.
RIC 130. **250** **400** **1.500**

19.60 Sesterz. SC Mars n. r. gehend.
RIC 120f, 141, 158. **500** **2.500** **7.500**

19.61 Dupondius oder As. SC Legionsadler zwischen zwei Standarten, alles auf Proren.
RIC 153. **250** **500** **1.800**

19.62 As. SECVRITAS ROMANI SC Securitas n. l. sitzend, vor ihr Altar.
RIC 175. **200** **400** **1.500**

19.63 Sesterz. SPQR OB CIV SER in Eichenkranz.
RIC 122, 159. **500** **2.500** **7.500**

19.64 Dupondius oder As. VESTA SC Vesta mit Trophäe und Szepter n. l. sitzend.
RIC 154. **200** **400** **1.500**

19.65 As. VICTOR AVGVS(TI) SC Victoria, ein Schild an Trophäe befestigend.
RIC 151f., 165, 176. **200** **400** **1.500**

19.66 Sesterz. VICTORIA AVG(VSTI) SC Victoria, einen Schild beschreibend mit OB CIVES SER.
RIC 123f., 142, 169. **500** **2.500** **7.500**

19.67 As. VICTORIA AVGVSTI SC Victoria n. l. gehend, einen Schild haltend, der mit SPQR beschrieben ist.
RIC 46. **200** **400** **1.500**

20. Vespasianus
69 – 79

Zur Geschichte

Titus Flavius Vespasianus kam am 17.12.9 n. Chr. in Reate / Italien als Sohn eines Steuerbeamten auf die Welt. Nur mit Mühen konnte er sich die römische Ämterkarriere leisten. Da Nero in dem armen Aufsteiger keine Konkurrenz witterte, betraute er ihn mit der Niederschlagung des jüdischen Aufstandes. Vespasianus und sein Sohn Titus waren sehr erfolgreich, als sich hauptsächlich im Westen des Reiches die Thronwirren nach dem Selbstmord des Nero abspielten.

Vitellius ließ einen großen Teil der Offiziere, die Otho für die Heere im Osten ernannt hatte, wieder abberufen und machte sich damit bei den dort stationierten Truppen unbeliebt. Deren Kommandant protegierte Vespasianus als Gegenkandidat zum Kaiser. Er brachte ein Bündnis mit dem Statthalter von Ägypten zustande, und so verfügten die Aufständischen über genügend Truppen, Rom zu erobern, ohne den jüdischen Krieg vorzeitig beenden zu müssen. Am 20.12.69 stürmten die Truppen Vespasianus' das Kapitol, am 22.12.69 wurde Vespasianus vom Senat als Kaiser anerkannt, im Sommer des Jahres 70 traf er selbst in Rom ein.

Ihn erwartete keine leichte Aufgabe: Durch die Thronwirren war es an den Grenzen zu Unruhen gekommen, die es schon in den ersten Regierungsjahren niederzuschlagen gelang. Viel schlimmer war die hohe Staatsverschuldung, der Vespasianus mit eiserner Sparsamkeit begegnete („pecunia non olet"). Während des Jahrzehnts seiner Regierung konnten nicht nur die Lücken in der Haushaltskasse wieder gefüllt werden. Gleichzeitig fand ein umfassendes Bauprogramm in Rom statt, im Rahmen dessen die zahlreichen öffentlichen Gebäude, die während der Bürgerkriege in Flammen aufgegangen waren, wieder errichtet wurden und neue für das römische Volk entstanden, z. B. das Kolosseum, das unter Titus fertig gestellt wurde.

Unter Vespasianus wurde auch die Provinzialisierung des Reiches stark vorangetrieben, also den Honoratioren aus dem Provinzen der Zugang zu Ämtern und Würden erleichtert.

Vespasianus gehört zu den erfreulichsten Gestalten unter den Herrschern Roms. Völlig uneitel und mit einem bissigen Humor gesegnet, nahm er die Idee Friedrichs des Großen, erster Diener des Staates zu sein, vorweg. Vespasianus starb am 24.6. des Jahres 79 im Alter von 68 Jahren in einem kleinen Badeort des Sabinerlandes an einer Darminfektion. Er hinterließ seinen Söhnen ein wohlgeordnetes Reich.

Zur Münzgeschichte

Die Entwicklung der Münzprägung unter Vespasianus ist interessant und spiegelt seinen Wandel von einem Beteiligten an den Bürgerkriegen zu einem „Neugründer" des römischen Reiches. Während am Anfang seiner Regierung zahlreiche Münzstätten für ihn tätig waren, so z. B. Ägypten (Alexandria?), Judaea, Kleinasien (Ephesos?), Lugdunum, Moesien, Spanien (Tarraco?), Syrien (Antiochia), verdrängte Rom die Münzstätten in den Provinzen immer mehr. Am Ende seiner Regierung wurden außerhalb Roms – mit Ausnahme Lugdunums – keine Münzen mehr geprägt.

Hinweise für Sammler

Der RIC führt 1581 Nummern von Münztypen auf, die unter Vespasian geprägt wurden. Solch gewaltige Zahlen auf wenigen Seiten zusammenzufassen, fällt schwer. Deshalb ist ab Vespasian nur noch das erste Vorkommen im RIC als Zitat genannt und die Aurei, von denen es Denare gleichen Typs gibt, werden – mit wenigen Ausnahmen – nicht getrennt aufgeführt, sondern nur unter den Denaren vermerkt.

Münzen

Folgende Vorderseitenvarianten kommen vor:
Umschrift: CAESAR VESPASIANVS AVG,
IMP CAESAR (AVG) VESPASIANVS,
IMP CAESAR VESPAS AVG COS III TR P P P,
IMP CAESAR VESP AVG COS V CENS,
IMP CAESAR VESPASIAN(VS) AVG (P M TR P),
IMP CAES VESP AVG COS III,
IMP CAES VESP AVG P M (COS III oder V CENS),
IMP CAES VESPASIAN AVG P M TR P P P COS III,
IMP VESP(ASIAN) AVG
und zahlreiche andere Varianten.
Als Divus: DIVVS AVGVSTVS VESPASIAN(VS).
Büste: n. r., n. l., barhäuptig, mit Lorbeerkranz, mit Strahlenkrone, gepanzert, drapiert, eine Drapierung an einer Schulter, Globus an der Spitze der Büste.

Achtung, wegen der Publikation der 2. Auflage des RIC mußten wir die Münzen des Vespasian komplett überarbeiten. Im Katalog ist die alte Nummer jeweils hinter der neuen vermerkt. Eine Konkordanz der alten Kampmann Nummern zu den neuen finden Sie am Ende des Buchs auf S. 523.

Aurei

20.1 20.1 AETERNITAS Aeternitas, Kopf von Sonne und Mond haltend.
RIC 838f. **1.500 3.000 7.500**

20.2 20.3 COS DESIG III TR POT Aequitas.
RIC 1303. **1.500 3.000 7.500**

20.3 20.32 COS III FORT RED Fortuna.
RIC 1110f. **1.500 3.000 7.500**

20.4 20.4 COS III TR POT 1.) Aequitas, 2.) Neptun.
RIC 1112f. **1.500 3.000 7.500**

20.5.2

20.5 20.36 COS VI 1.) Capricorn, 2.) Stier.
RIC 768f. **1.500 3.000 7.500**

20.6 20.6 COS VIII Vespasianus von Victoria bekränzt.
RIC 935f. **1.500 3.000 7.500**

20.7 20.39 DE IVDAEIS Trophäe.
RIC 1179. **1.500 3.000 7.500**

20.8 20.41 FORTVNA AVGVST Fortuna n. l. stehend.
RIC 682. **1.500 3.000 7.500**

20.9 20.44 IMP XIIII Stier n. r.
RIC 779. **1.500 3.000 7.500**

20.10 20.9 IVDAEA Trauernde Judaea.
RIC 1. **2.500 6.000 20.000**

s ss vz

20.11 20.11 NEP RED Neptun.
RIC 44. **1.500 3.000 7.500**

20.12 – PACI AVGVSTI Nemesis.
RIC 1130. **1.500 3.000 7.500**

20.13 20.12 PAX AVG(VST) Pax.
RIC 770f. **1.500 3.000 7.500**

20.14 20.69 SPQR PP OB CS in Eichenkranz.
RIC 1131. **1.500 3.000 7.500**

20.15 20.15 TRIVMP AVG Vespasianus im Triumphwagen n. r.
RIC 1127. **5.000 12.000 40.000**

20.16 20.16 TR POT COS Vespasianus und seine Söhne in Quadriga n. r.
RIC 1383. **1.500 3.000 7.500**

20.17 – TR POT COS III Aequitas.
RIC 1114. **1.500 3.000 7.500**

20.18 20.74.4 TR POT X COS VIIII Weibliche Gestalt mit Mauerkrone.
RIC 1070. **1.500 3.000 7.500**

20.19 20.17 VESTA Rundtempel.
RIC 515f. **1.500 3.000 7.500**

Denare

20.20 20.18 *Ohne Legende.* Vespasianus und trauernde Iudaea, zwischen ihnen Palme (Aureus).
RIC 1558. **80 250 500**

20.21 20.19 *Ohne Legende.* Zwei Hände im Handschlag halten Legionsadler zwischen zwei Standarten.
RIC 1389. **30 80 150**

20.22 20.20 *Ohne Legende.* Kaiser als Triumphator in Quadriga n. r. (Aureus).
RIC 49. **60 150 400**

20.23 20.21 ANNONA AVG Annona n. l. sitzend (Aureus).
RIC 963ff. **30 80 150**

20.24 20.22 AVG in Kranz.
RIC 1399. **50 120 350**

20.25 20.23 AVGVR PON MAX Priesterliche Geräte.
RIC 42. **30 80 150**

s ss vz

20.26 20.24 AVGVR TRI POT Priesterliche Geräte.
RIC 43. 30 80 150

20.27 20.25 CAESAR AVG F COS CAESAR AVG F PR Die Köpfe von Titus und Domitian einander gegenüber (Aureus).
RIC 15f. 150 300 800

20.28 20.26 CERES AVGVST Ceres (Aureus).
RIC 967ff. 30 80 150

20.29 20.27 CONCORDIA AVG Ceres (sic!) (Aureus).
RIC 1400. 30 80 150

20.30 20.28 CONCORDIA AVGVSTI Concordia n. l. sitzend.
RIC 357. 30 80 150

20.31 20.29 CONSEN(SVS) EXERCIT(VS) Zwei Soldaten mit Legionsadlern im Handschlag (Aureus).
RIC 1381f. 50 120 350

20.32 20.33 COS ITER FORT RED Fortuna (Aureus).
RIC 18f. 30 80 150

20.33 20.34 COS ITER TR POT 1.) Aequitas (Aureus), 2.) Fortuna, 3.) Mars (Aureus), 4.) Neptun (Aureus), 5.) Pax (Aureus).
RIC 20ff. 30 80 150

20.34 20.35 COS V Zwei Lorbeerzweige.
RIC 681. 40 100 200

20.35.1

20.35 20.37 COS VII 1.) Adler, 2.) Kuh n. r. (Aureus), 3.) Pegasus.
RIC 840ff. 40 100 200

20.36.2

20.36 20.38 COS VIII 1.) Mars, 2.) Ochsen unter einem Joch, 3.) Prora.
RIC 937ff. 30 80 150

s ss vz

20.37 20.40 FIDES PVBL Zwei Hände im Handschlag, Caduceus, Ähren und Mohn haltend.
RIC 520. 30 80 150

20.38 20.42 GENIVM (oder GENIVS) P R Genius mit Patera und Füllhorn l. stehend (Aureus).
RIC 1353ff. 40 100 200

20.39 20.7 HISPANIA Hispania n. l. stehend (Aureus).
RIC 1295f. 40 100 200

20.40 20.43 IMP(ER) Kaiser n. l. reitend.
RIC 1367ff. 30 80 150

20.41.1

20.41 20.45 IMP XIX 1.) Sau mit drei Ferkeln, 2.) Ziegenhirte, eine Ziege melkend.
RIC 977ff. 50 150 300

20.42 20.46 IMP XIX Modius.
RIC 980f. 30 80 150

20.43 20.47 IOVIS CVSTOS Iupiter n. l. opfernd.
RIC 849f. 30 80 150

20.44 20.48 IVDAEA Trauernde Iudaea (Aureus).
RIC 1ff. 80 250 500

20.45 20.49 IVDAEA DEVICTA Gefesselte Iudaea, hinter ihr Palme (Aureus).
RIC 1119f. 100 350 750

20.46 20.50 LIBERI IMP AVG VEPSAS Büsten von Domitian und Titus einander gegenüber.
RIC 1429. 100 350 750

s ss vz

20.47 20.51 –. Domitian und Titus nebeneinander stehend.
RIC 1430. **80 250 500**

20.48 20.52 LIBERTAS PVBLICA Libertas.
RIC 1339. **30 80 150**

20.49 20.53 MARS VLTOR Mars (Aureus).
RIC 1297ff. **30 80 150**

20.50 20.54 NEP RED Neptun l. stehend (Aureus).
RIC 1555. **30 80 150**

20.51 20.55 OB CIVES SERVATOS um Eichenkranz.
RIC 700. **30 80 150**

20.52 20.56 PACI AVGVSTAE Victoria.
RIC 1431f. **30 80 150**

20.53 20.57 PACI ORB TERR AVG Weibliche Büste mit Mauerkrone n. r.
RIC 1433f. **60 150 400**

20.54 20.58 PACIS EVENT(VM) Genius mit Patera und Ähren l. stehend.
RIC 1374f. **40 100 200**

20.55 20.60 PON MAX Vesta.
RIC 45. **30 80 150**

20.56 20.62 PON MAX TR P COS V 1.) Geflügelter Caduceus, 2.) Vespasianus n. r. sitzend.
RIC 683f. **30 80 150**

20.57.1

20.57 20.63 PON MAX TR P COS VI 1.) Pax, 2.) Securitas, 3.) Victoria (Aureus).
RIC 772ff. **30 80 150**

20.58 20.64 PON MAX TR P COS VII 1.) Geflügelter Caduceus, 2.) Pax (Aureus).
RIC 851ff. **30 80 150**

s ss vz

20.59.3

20.59 20.66 PONTIF MAXIM 1.) Geflügelter Caduceus, 2.) Nemesis, 3.) Vespasianus n. r. sitzend.
RIC 544ff. **30 80 150**

20.60 20.67 ROMA PERPETVA Roma n. l. sitzend.
RIC 1359. **40 100 200**

20.61 20.68 SALVS AVG Salus n. l. sitzend.
RIC 513. **30 80 150**

20.62 20.69 SPQR in Eichenkranz.
RIC 514. **60 150 400**

20.63 20.71 TITVS ET DOMITIAN(VS) CAES(ARES) PRIN IV(EN) Titus und Domitian nebeneinander sitzend oder reitend (Aureus).
RIC 5f. **100 200 600**

20.64 20.72 TRI POT Vesta n. l. sitzend.
RIC 46. **30 80 150**

20.65 20.73 TRI POT II COS III P P Mars, Pax (Aureus).
RIC 39ff. **30 80 150**

20.66.4

20.66 20.74 TR POT X COS VIIII 1.) Capricorn mit Globus, 2.) Ceres, 3.) Victoria, 4.) Männliche Gestalt auf Rostralsäule (von allen Aureus).
RIC 1058ff. **30 80 150**

20.67 20.75 VESP AVG Victoria n. r. stehend.
RIC 688. **30 80 150**

20.68 20.76 VESTA Vesta n. l. stehend.
RIC 360. **30 80 150**

20.69 20.77 VIC AVG Victoria mit Kranz und Palmzweig auf Globus n. r. stehend (Aureus).
RIC 47f. **30 80 150**

S *SS* *VZ*

20.70 20.78 VICTORIA AVGVSTI Victoria n. r. stehend.
RIC 362. **30** **80** **150**

20.71 20.79 Quinar. VICTORIA AVGVST(I) Victoria (Goldquinar).
RIC 508. **150** **500** **1.000**

20.72 20.80 VICTORIA IMP VESPASIANI Victoria.
RIC 1340f. **30** **80** **150**

20.73 20.81 VIRTVS AVGVST Virtus (Aureus).
RIC 1542. **30** **80** **150**

Bronzemünzen

20.74 20.82 Sesterz. AEQVITAS AVGVST(I) SC Aequitas (Dupondius, As).
RIC 227. **30** **80** **200**

20.75 20.83 Sesterz. AETERNITAS PR SC Victoria, das Palladium an Vespasianus übergebend.
RIC 32. **400** **1.200** **4.000**

20.76 20.84 Sesterz. ANNONA AVGVST SC Annona.
RIC 876. **50** **250** **1.200**

20.77 20.85 As. CAESAR AVG F COS CAESAR AVG F PR SC Büsten des Titus und des Domitian einander gegenüber.
RIC 1321. **100** **400** **1.500**

20.78 20.86 Sesterz. CAES(AR) AVG F DES(IG) IMP AVG F COS DES(IG) IT(ER) (oder II) SC Titus und Domitian einander gegenüber.
RIC 143ff. **100** **400** **2.000**

20.79 20.87 Dupondius. CERES AVG(VSTA) SC Ceres.
RIC 259ff. **40** **250** **600**

20.80 20.88 Sesterz. CONCOR(DIA) AVG(VSTI) SC Concordia (Dupondius, As).
RIC 155. **50** **250** **1.200**

20.81 20.89 As. COS ITER FORT RED SC Fortuna.
RIC 1323. **30** **80** **200**

20.82 20.90 As. COS ITER TR POT SC 1.) Aequitas, 2.) Mars, 3.) Neptun, 4.) Pax.
RIC 1324ff. **30** **80** **200**

20.83 20.91 Sesterz. DEVICTA IVDAEA SC Victoria n. r. stehend, auf einen Schild an Palme SPQR schreibend, unter der Palme trauernde Iudaea.
RIC 68f. **1000** **2.500** **5.000**

S *SS* *VZ*

20.84 20.93 Dupondius. FELICITAS PVBLICA SC Felicitas (As).
RIC 133. **40** **250** **600**

20.85 20.94 Sesterz. FIDES EXERCITVVM SC Hände im Handschlag, einen Legionsadler haltend, der auf einer Prora steht.
RIC 70ff. **50** **250** **1.200**

20.86 20.96 As. FIDES PVBLICA SC Zwei Hände im Handschlag, Caduceus und Ähren haltend.
RIC 300. **30** **80** **200**

20.87 20.97 Dupondius. FIDES PVBLICA (SC) Fides (As).
RIC 1163ff. **40** **250** **600**

20.88 20.98 Sesterz. FORTVNAE REDVCI SC Fortuna (Dupondius, As).
RIC 73ff. **50** **250** **1.200**

20.89 20.99 Sesterz. HONOS ET VIRTVS SC Honos und Virtus, einander gegenüber.
RIC 78f. **100** **400** **2.000**

20.90 – As. IMP V P P COS II DESIG III SC Aequitas.
RIC 1336. **30** **80** **200**

20.91 – As. IMP V P P COS II DESIG III FORT RED SC Fortuna.
RIC 1337. **30** **80** **200**

20.92 20.101 Sesterz. IVDAEA CAPTA SC Trauernde Iudaea unter Palme sitzend, z. T. mit einem zweiten Juden, die Hände hinter dem Rücken gefesselt, oder mit Vespasianus.
RIC 159f. **500** **1.500** **5.000**

20.93 20.102 As. IVD(AEA) CAPT(A) SC Trauernde Iudaea unter Palme sitzend (Dupondius).
RIC 304ff **250** **700** **1.800**

20.94 20.103 Sesterz. LIBERTAS AVGVSTI (oder PVBLICA) SC Libertas (Dupondius, As).
RIC 170ff. **50** **250** **1.200**

20.95 20.104 Sesterz. LIBERTAS RESTITVTA SC Vespasianus, einer weiblichen Gestalt aufhelfend, dahinter Roma.
RIC 52. **400** **1.200** **4.000**

s ss vz

20.96 20.105 Sesterz. MARS VICTOR SC Mars.
RIC 90ff. 50 250 1.200

20.97 20.106 Sesterz. PAX AVG(VSTA) oder AVGVST(I) SC Pax (Dupondius, As).
RIC 181ff. 50 250 1.200

20.98 20.107 Sesterz. PAX(S) AVG(VSTI) SC Pax mit Fackel einen Haufen von Waffen anzündend.
RIC 240f. 80 400 1.500

20.99 20.108 Sesterz. PAX P ROMANI SC Pax.
RIC 187ff. 50 250 1.200

20.100 20.109 Dupondius. PON MAX TR POT P P COS V CENS Geflügelter Caduceus zwischen zwei Füllhörnern.
RIC 756ff. 40 250 600

20.101 20.111 Dupondius. PRINCIP IVVENT SC Domitian mit Zepter n. l.
RIC 888. 70 200 400

20.102 20.112 As. PROVID(ENT) SC Altar.
RIC 313ff. 70 200 400

20.103 20.114 Sesterz. ROMA SC Roma (Dupondius, As).
RIC 190ff. 50 250 1.200

s ss vz

20.104 20.115 Sesterz. –. Roma, hinter ihr die sieben Hügel Roms, Wölfin und die Zwillinge, sowie Flußgott Tiber.
RIC 108. 500 1.500 5.000

20.105 20.113 Sesterz. ROMA RESVRGES SC Vespasianus, Roma aufhelfend, dahinter Minerva.
RIC 109f. 500 1.500 5.000

20.106 20.116 Sesterz. ROMA VICTRIX SC Roma (Dupondius).
RIC 196. 50 250 1.200

20.107 20.117 Sesterz. SALVS AVGVSTA SC Salus.
RIC 111. 50 250 1.200

20.108 20.118 Sesterz. SALVS AVGVSTI SC Salus (Dupondius, As).
RIC 112. 50 250 1.200

20.109.2

20.109 20.120 Sesterz. SC 1.) Mars, 2.) Spes (As), 3.) Victoria (Dupondius, As), 4.) Vespasianus n. r. galoppierend.
RIC 113ff. 50 250 1.200

s ss vz

20.110.2

20.110 20.121 Sesterz. SC 1.) Tempel der Isis, 2.) Tempel des Iupiter (As), 3.) Kaiser in Quadriga (As), 4.) Kaiser l. stehend, einen Fuß auf Prora, zu seinen Füßen Jude und Jüdin, dahinter Palme.
RIC 249ff. **500 1.500 5.000**

20.111 20.122 Dupondius. SC Victoria, einen Schild tragend, darauf SPQR (As).
RIC 1152ff. **40 250 600**

20.112 20.123 As. SC 1.) Adler auf Globus, 2.) Legionsadler zwischen zwei Standarten (auf Proren), 3.) Vespasianus n. l. reitend.
RIC 320ff. **30 80 200**

20.113 20.124 Dupondius. SECVRITAS AVGVSTI SC Securitas (As).
RIC 280. **40 250 600**

20.114 20.125 Dupondius. SECVRITAS P ROMANI SC Securitas (As).
RIC 38. **40 250 600**

20.115 20.126 Sesterz. SIGNIS RECEPTIS SC Victoria, dem Vespasianus eine Standarte bringend.
RIC 119f. **500 1.500 5.000**

20.116 20.127 Sesterz. SPES AVGVSTA SC Spes, dem Vespasianus eine Blume anbietend, Vespasianus ist begleitet von Domitian und Titus.
RIC 206. **100 400 2.000**

20.117 20.128 Sesterz. SPQR ADSERTORI LIBERTATIS PVBLIC(AE) in Eichenkranz.
RIC 122ff. **100 400 2.000**

20.118 20.129 Sesterz. SPQR (PP) OB CIV(ES) SER(VATOS) in Eichenkranz (Dupondius).
RIC 211. **100 400 2.000**

20.119 20.130 Sesterz. T ET DOM C EX SC Titus und Domitian auf Podium einander gegenübersitzend, zwischen ihnen zwei Bürger.
RIC 13. **100 400 2.000**

20.120 20.131 Sesterz. T ET DOM CAESARES PRINC IVVEN SC Titus und Domitian n. r. reitend, ihnen voran Soldat.
RIC 54. **100 400 2.000**

s ss vz

20.121 20.132 As. T ET DOMITIAN CAESARES PRIN IVVENT SC Titus und Domitian n. r. reitend.
RIC 64. **100 400 1.500**

20.122 20.133 Sesterz. T IMP AVG F COS II CAESAR DOMITIAN(VS) AVG F COS DES(I)G II SC Titus und Domitian einander gegenüber stehend.
RIC 1185f. **100 400 2.000**

20.123 20.134 Dupondius. TVTELA AVGVSTI SC Frau mit zwei Kindern.
RIC 282. **100 600 1.800**

20.124 20.135 As. VESTA SC Tempel der Vesta.
RIC 599ff. **40 250 600**

20.125 20.136 Sesterz. VICTORIA AVG SC Victoria, den opfernden Vespasianus bekränzend.
RIC 212. **80 400 1.500**

20.126 20.138 As. VICTORIA AVG SC Victoria, eine Trophäe errichtend, darunter angebundener Jude.
RIC 328ff. **40 250 600**

20.127 20.137 Sesterz. VICTORIA AVG(VSTI) SC. Victoria, einen Schild mit OB CIV SERV beschreibend, der an einer Palme befestigt ist (z. T. mit trauernder Iudaea).
RIC 213ff. **80 400 1.500**

20.128 20.139 Sesterz. VICTORIA AVGVSTI SC Victoria, einen Schild mit VIC AVG beschreibend, der an einer Palme befestigt ist, unter dem trauernde Iudaea sitzt.
RIC 389. **100 400 2.000**

20.129 20.140 Sesterz. –. Victoria, dem Vespasianus das Palladium überreichend.
RIC 131f. **400 1.200 4.000**

20.130 20.141 As. –. Victoria n. l. gehend.
RIC 1175ff. **30 80 200**

20.131 20.142 Dupondius. VICTORIA NAVALIS oder AVGVST(I) SC Victoria auf Prora (As).
RIC 284f. **40 250 600**

s ss vz

Semisses und Quadrantes

20.132 – Quadrans. Modius und Ähren. Rv. P M TR P P P COS III SC Vexillum.
RIC 354. **75 200 400**

20.133 20.147 Quadrans. Ruder auf Globus. Rv. P M TR P P P COS V SC Geflügelter Caduceus (auch COS VI, VII und VIII).
RIC 736. **15 50 100**

20.134 20.144 Quadrans. Palme. Rv. P(ON) M TR P P P COS III SC Vexillum (auch cos iiii).
RIC 340f. **75 200 400**

20.135 20.145 Quadrans. Trophäe. Rv. –. Vexillum (auch COS IIII).
RIC 344. **75 200 400**

20.136 20.148 Quadrans. Palme. Rv. PON M TR P P P COS III SC Priesterliche Geräte.
RIC 342f. **75 200 400**

20.137 20.146 Quadrans. Trophäe. Rv. PON M TR P P P COS III SC Zwei Speere zwischen zwei Schilden.
RIC 345. **15 50 100**

20.138 – Quadrans. Caduceus zwischen Füllhörnern. Rv. SC in Lorbeerkranz
RIC 1017ff. **15 50 100**

20.139 – Quadrans. Ruder vor Globus. Rv. SC in Lorbeerkranz.
RIC 903. **75 200 400**

Als Divus Vespasianus

20.140 20.155 *Unter Traianus Decius.* Antoninian. CONSECRATIO Adler.
RIC 79. **50 150 250**

20.141 20.156 *Unter Traianus Decius.* Antoninian. CONSECRATIO Altar.
RIC 80 **50 150 250**

20.142 20.157 *Unter Titus.* Sesterz. DIVO AVG VESP(AS) SPQR Vespasianus mit Victoria in einer Elefantenquadriga n. r.
RIC 257ff. **300 700 2.000**

s ss vz

20.143 20.158 *Unter Titus.* Sesterz. DIVVS AVGVSTVS VESP(ASIAN) Vespasianus mit Zweig und Szepter n. l. sitzend.
RIC 260f. **250 600 1.800**

20.144 20.159 *Unter Titus.* Denar. EX SC Victoria, einen Schild an Trophäe befestigend, unter der Gefangener sitzt (Aureus).
RIC 363f. **50 100 400**

20.145 20.160 *Unter Titus.* Denar. –. Quadriga n. r. oder l. (Aureus).
RIC 360ff. **50 100 400**

20.146 20.161 *Unter Titus.* Denar. -. Schild, der an Cippus lehnt, auf dem eine Urne steht, Lorbeerbäumchen r. und l. (Aureus).
RIC 358f. **50 100 400**

20.147 20.163 *Unter Titus.* Denar. Schild auf dem SC steht, getragen von zwei Capricornen (Aureus).
RIC 356f. **50 100 400**

21. Domitilla die Ältere

Gattin des Vespasianus, † 69 (?)

Zur Geschichte

Wenig ist bekannt über Domitilla die Ältere, Gemahlin des Vespasianus. Sie stammte aus einer alten römischen Familie und Verwandte von ihr hatten schon hohe Ämter bekleidet, so daß ihre Familie Vespasian den Aufstieg erleichtern konnte. Sie starb vor Vespasians Thronbesteigung.

Hinweise für Sammler

Alle Münzen zu Ehren der Domitilla der Älteren wurden unter Titus geprägt.

Münzen

Folgende Vorderseitenvarianten kommen vor:
Umschrift: DIVA DOMITILLA AVGVSTA.
Büste: Drapiert, n. r.

Achtung, wegen der Publikation der 2. Auflage des RIC mußten wir die Münzen der Domitilla komplett überarbeiten. Im Katalog ist die alte Nummer jeweils hinter der neuen vermerkt. Eine Konkordanz der alten Kampmann Nummern zu den neuen finden Sie am Ende des Buchs auf S. 523.

Denare

21.1 21.2 *Unter Domitianus.* FORTVNA AVGVST Fortuna n. r.
RIC 157. **800 2.000 5.000**

Bronzemünzen

21.2 21.5 DOMITILLAE IMP CAES VESP AVG SPQR Carpentum von zwei Maultieren gezogen n. r.
RIC 264. **300 700 2.500**

s ss vz

21.3 21.6 MEMORIAE DOMITILLAE SPQR Carpentum von zwei Maultieren gezogen n. r.
RIC 262f. **300 700 2.500**

22. Titus
Caesar 69 – 79, Augustus 79 – 81

Zur Geschichte

Titus, der wie sein Vater offiziell den Namen Titus Flavius Vespasianus führte, wurde am 30. 12. 39 in Rom geboren. Er soll in seiner Kindheit eng mit Britannicus, dem Sohn des Claudius, befreundet gewesen sein, ja einzelne Autoren glauben sogar, er wäre beinahe am selben Gift gestorben, das Britannicus den Gerüchten nach tötete.
Titus unterstützte seinen Vater Vespasianus bei all seinen Unternehmungen. Er half tatkräftig mit bei der Niederwerfung des Jüdischen Aufstandes und leitete das römische Heer in Judaea, als sein Vater als neu gewählter Kaiser nach Rom reiste. Unter seinem Kommando fand die Eroberung Jerusalems im Jahre 70 statt.
Die antiken Schriftsteller schildern Titus als „Sonnyboy". Tatsächlich war seine Regierung eher geprägt von Katastrophen. Am bekanntesten wurde der große Vesuvausbruch am 24. 8. 79, als der Vulkan die Städte Herculaneum und Pompeji unter seinen Lavamassen begrub. Schlimmer für die Stadtrömer waren ein verheerender Großbrand und der Ausbruch einer Seuche. Titus versuchte, der Weltuntergangsstimmung entgegenzuwirken, indem er ein breit angelegtes „Vergnügungsprogramm" inszenierte, zu dem auch die vorzeitige Eröffnung des Kolosseums gehörte.
Titus starb bereits zwei Jahre nach seiner Thronbesteigung am 13. 9. 81. Trotz gegenteiliger Gerüchte hat ihn sein Bruder Domitianus nicht vergiftet.

Zur Münzgeschichte

Als Titus den Thron bestieg, war Rom mehr oder weniger die einzige Münzstätte, die regelmäßig prägte. Titus ließ die Kistophorenprägung in Kleinasien wieder aufnehmen, und eröffnete eine zweite Münzstätte, der Fundevidenz nach in Thrakien und Bithynien, wo ein Teil der kaiserlichen Bronzemünzen hergestellt wurde. Hier in dieser Münzstätte wurde auch ein großer Teil der Restitutionsprägungen ausgegeben.

Hinweise für Sammler

Unter Titus fand eine umfassende Prägung älterer Münztypen in Bronze statt. Sie tragen alle auf der Rückseite eine Titulatur des Titus wie IMP T CAES DIVI VESP F AVG P M TR P P P COS VII oder VIII sowie gelegentlich das Wort RESTITVIT, so oder in Abkürzung. Folgende Restitutionsprägungen kommen vor: Divus Augustus, „Livia" (Iustitia, Pietas und Salus, von denen man glaubte, es handle sich um Porträts der Livia), Agrippa, Tiberius, Drusus, Nero Drusus, Germanicus, Agrippina die Ältere, Claudius und Galba. Alle Typen – mit Ausnahme der für Divus Augustus und Tiberius geprägten Sesterzen mit dem n. l. thronenden Kaiser – sind selten. Für die genannten Stücke muß man in schön 200, in sehr schön ca. 1.000 Euro rechnen.
Achtung, wegen der Publikation der 2. Auflage des RIC mußten wir die Münzen des Titus komplett überarbeiten. Im Katalog ist die alte Nummer jeweils hinter der neuen vermerkt. Eine Konkordanz der alten Kampmann Nummern zu den neuen finden Sie am Ende des Buchs auf S. 523.

Münzen

Als Caesar

Folgende Vorderseitenvarianten kommen vor:
Umschrift: IMPERATOR T CAESAR AVGVSTI F,
T CAESAR IMP VESP(ASIANVS),
T CAES IMP VESP (PON TR POT CENS),
T CAES VESPASIAN IMP PON TR POT COS II
(auch COS III, IIII, V, VI und VII).
Büste: n. r., n. l., barhäuptig, mit Lorbeerkranz, gepanzert, mit Ägis, Globus an der Büstenspitze.

Aurei

22.1 22.1 *Ohne Legende.* Trauernde Iudaea unter Palme n. r. sitzend, hinter ihr Titus n. r. stehend.
RIC 368. **2.500 5.000 18.000**

22.2 22.2 AETERNITAS Aeternitas l. stehend.
RIC 856. **1.000 2.500 6.000**

22.3.1

22.3 22.3 COS IIII 1.) Stier n. r. oder 2.) Capricorn n. r. mit Globus und Ruder, darüber Füllhorn.
RIC 780f. **1.000 2.500 6.000**

		s	ss	vz
22.4	22.4 COS V Kuh n. l. *RIC 859.*	**1.000**	**2.500**	**6.000**
22.5	22.22.1 COS VI Roma n. r. sitzend. *RIC 954.*	**1.000**	**2.500**	**6.000**
22.6	22.25 IMP VIII Stier n. r. *RIC 786.*	**1.000**	**2.500**	**6.000**
22.7	22.6 PAX AVG(VST) Pax n. l. stehend. *RIC 509.*	**1.000**	**2.500**	**6.000**
22.8	22.7 PONTIF TR P COS IIII Victoria n. l. stehend auf Cista mystica. *RIC 785.*	**1.000**	**2.500**	**6.000**
22.9	22.8 PONTIF TR POT Fortuna n. l. stehend. *RIC 696.*	**1.000**	**2.500**	**6.000**

		s	ss	vz
22.10	22.10 VESTA Rundtempel. *RIC 530.*	**1.250**	**3.000**	**7.500**
22.11	22.11 VIC AVG Victoria n. r. *RIC 367.*	**1.000**	**2.500**	**6.000**

Denare

		s	ss	vz
22.12	22.12 *Ohne Legende.* Trauernde Iudaea unter Palme n. r. sitzend, hinter ihr Titus n. r. stehend. *RIC 369.*	**100**	**300**	**800**

		s	ss	vz
22.13	22.13 *Ohne Legende.* Titus in Quadriga n. r. (Aureus). *RIC 370f.*	**100**	**300**	**800**
22.14	22.15 ANNONA AVG Annona n. l. sitzend (Aureus). *RIC 971f.*	**50**	**150**	**500**
22.15	22.16 AVG in Kranz (Aureus). *RIC 1435ff.*	**75**	**200**	**800**
22.16	22.17 CERES AVGVST Ceres n. l. stehend (Aureus). *RIC 973f.*	**50**	**150**	**500**
22.17	22.18 CONCORDIA AVG Ceres (sic!) n. l. (Aureus). *RIC 1438ff.*	**50**	**150**	**500**
22.18	22.19 CONCORDIA AVGVSTI Concordia n. l. sitzend. *RIC 1560.*	**50**	**150**	**500**
22.19	22.20 COS III Zwei Lorbeerzweige. *RIC 690.*	**50**	**150**	**500**

22.20.2

		s	ss	vz
22.20	22.21 COS V 1.) Adler, 2.) Kuh n. r. (Aureus), 3.) Minerva, 4.) Pegasus. *RIC 857ff.*	**50**	**150**	**500**
22.21	22.22 COS VI 1.) Mars, 2.) Ochsen im Joch, 3.) Prora n. r. *RIC 948ff.*	**50**	**150**	**500**
22.22	22.24 FIDES PVBL Zwei Hände im Handschlag, Caduceus und Ähren haltend. *RIC 528.*	**50**	**150**	**500**
22.23	22.26 IMP XIII Sau mit drei Jungen. *RIC 986.*	**75**	**200**	**800**
22.24	22.27 –. Ziegenhirt, eine Ziege melkend. *RIC 985.*	**100**	**300**	**1.000**
22.25	22.28 IOVIS CVSTOS Iupiter n. l. stehend. *RIC 874.*	**50**	**150**	**500**
22.26	22.29 NEP RED Neptun n. l. stehend (Aureus). *RIC 365f.*	**50**	**150**	**500**
22.27	22.30 PACI AVGVSTAE Victoria n. r. *RIC 1470.*	**50**	**150**	**500**

		s	ss	vz
22.28	22.31 PACI ORB TERR AVG Weibliche Büste n. r. *RIC 1443f.*	**100**	**300**	**1.000**
22.29	22.34 PONTIF TRI POT Titus mit Zweig und Szepter n. r. sitzend (Aureus). *RIC 555f.*	**50**	**150**	**500**
22.30	22.35 PONTIF TR P COS III 1.) Geflügelter Caduceus, 2.) Titus mit Zweig und Szepter n. r. sitzend. *RIC 692f.*	**50**	**150**	**500**
22.31	22.36 PONTIF TR P COS IIII Pax n. l. sitzend. *RIC 783.*	**50**	**150**	**500**
22.32	22.37 PONTIF TR P COS V Pax n. l. sitzend. *RIC 865.*	**50**	**150**	**500**
22.33	22.38 PONTIF TR POT Geflügelter Caduceus. *RIC 694.*	**50**	**150**	**500**
22.34	– SALVS AVG Salus n. l. sitzend. *RIC 517f.*	**50**	**150**	**500**
22.35	22.39 SPQR in Lorbeerkranz. *RIC 519.*	**50**	**150**	**500**

s ss vz

22.36.1

22.36 22.40 TR POT VIII COS VII 1.) Quadriga mit Kornähren n. l. (Aureus), 2.) Trophäe (Aureus), 3.) Venus (Aureus).
RIC 1072ff. **50 150 500**

22.37 22.41 Quinar. VICTORIA AVGVST(I) Victoria n. r. oder n. l. (Goldquinar).
RIC 804ff. **200 500 LP**

Bronzemünzen

22.38 22.42 As. AEQVITAS AVGVST(I) SC Aequitas n. l. stehend.
RIC 441. **60 250 800**

22.39 22.43 Sesterz. ANNONA AVGVST SC Annona n. l. sitzend.
RIC 1021ff. **200 500 2.000**

22.40 22.44 Sesterz. CAESAR DOMITIAN COS DES II SC Domitianus mit Szepter n. l. reitend.
RIC 418f. **300 800 3.000**

22.41 22.45 Dupondius. CERES AVGVST SC Ceres n. l. stehend.
RIC 1025ff. **60 250 1.000**

22.42 22.46 Dupondius. CONCOR(DIA) AVG(VSTI) SC Concordia n. l. stehend oder sitzend (As).
RIC 434. **60 250 1.000**

22.43 22.47 Sesterz. CONGIAR PRIMVM PR DAT SC Titus auf Podium n. l. sitzend, vor ihm Helfer, eine Tessera einem Bürger zeigend, dahinter Minerva.
RIC 420. **300 800 3.000**

s ss vz

22.44 22.48 Dupondius. FELICITAS PVBLICA SC Felicitas n. l. stehend (As).
RIC 435. **60 250 1.000**

22.45 22.49 As. FIDES PVBLICA SC Zwei Hände im Handschlag, Kornähren und Caduceus haltend.
RIC 444. **60 250 800**

22.46 22.50 Sesterz. FORTVNAE REDVCI SC Fortuna n. l. stehend.
RIC 421. **200 500 2.000**

22.47 22.52 Sesterz. IVDAEA CAPTA SC Trauernde Judaea, hinter ihr Titus mit Speer und Parazonium oder Gefangener.
RIC 422. **500 2.500 LP**

22.48 22.53 As. –. Iudaea n. r. unter Palme sitzend.
RIC 1268f. **300 1.000 2.000**

22.49 22.54 Sesterz. PAX AVGVST(I) (oder AVG) SC Pax n. l. stehend (Dupondius, As).
RIC 423f. **200 500 2.000**

22.50 22.55 Dupondius. PON MAX TR POT P P COS V CENS Geflügelter Caduceus zwischen gekreuzten Füllhörnern.
RIC 763. **40 200 750**

22.51 22.56 As. PROVIDENT SC Altar.
RIC 448. **80 400 1.000**

22.52 22.57 Sesterz. ROMA SC Roma n. l. (Dupondius).
RIC 425. **200 500 2.000**

22.53 22.58 Dupondius. ROMA VICTRIX SC Roma n. l. sitzend.
RIC 439f. **60 250 1.000**

22.54 22.59 Sesterz. SALVS AVGVSTA SC Salus n. l. sitzend.
RIC 426. **200 500 2.000**

s ss vz

22.55 22.60 Sesterz. SC 1.) Mars n. r. gehend, 2.) Spes (As).
RIC 427f. **200 500 2.000**

22.56.3

22.56 22.61 Sesterz. SC 1.) Tempel des Iupiter Capitolinus, 2.) Titus als Triumphator in Quadriga n. r. (As), 3.) Titus n. r. reitend, einen Feind niederstreckend oder 4.) Domitianus n. l. reitend.
RIC 429ff. **300 800 3.000**

22.57 22.62 Sesterz. SC Titus r. stehend, r. Fuß auf Prora gestützt, zu seinen Füßen zwei ihn anflehende Juden, l. Palme.
RIC 477. **5.000 10.000 LP**

22.58 22.63 As. SC 1.) Adler, 2.) Legionsadler zwischen zwei Standarten.
RIC 449f. **60 250 800**

22.59 22.64 As. SC Tempel des Iupiter Capitolinus.
RIC 638. **250 500 2.000**

22.60 22.66 Dupondius. SECVRITAS AVGVSTI SC Securitas n. r. sitzend.
RIC 1265ff. **60 250 1.000**

22.61 22.67 Dupondius. SPQR OB CIV SER in Eichenkranz.
RIC 620. **60 250 1.000**

22.62 22.68 Dupondius. TR POT COS III CENSOR Geflügelter Caduceus zwischen gekreuzten Füllhörnern.
RIC 761f. **40 200 750**

22.63 22.70 As. VESTA SC Rundtempel.
RIC 639f. **200 400 1.500**

22.64 22.71 As. VICTORIA AVGVST(I) SC Victoria n. r. (auf Prora stehend).
RIC 416. **60 250 800**

22.65 22.72 Sesterz. VICTORIA AVGVSTI SC Victoria n. r. stehend, einen Schild an einer Palme beschreibend (mit VIC AVG).
RIC 433. **200 500 2.000**

s ss vz

22.66 22.73 As. VICTORIA NAVALIS SC Victoria n. r. auf Prora.
RIC 454. **80 400 1.000**

Als Augustus

Folgende Vorderseitenvarianten kommen vor:
Umschrift: IMP T CAES VESP AVG P M TR P (P P) COS VII (oder VIII),
IMP TITVS CAES VESPASIAN AVG P M
und seltene Varianten.
Büste: n. r., n. l., barhäuptig, mit Lorbeerkranz.

Aurei

Alle Typen. **1.000 2.500 6.000**

Denare

22.67 22.80 BONVS EVENTVS AVGVSTI Bonus Eventus n. l. stehend.
RIC 89. **50 150 500**

22.68 22.81 CERES AVGVST Ceres n. l. stehend.
RIC 3. **50 150 500**

22.69 22.83 TR POT VIII COS VII Trophäe, davor gefangener Jude.
RIC 1. **80 250 800**

22.70 22.84 TR P VIIII IMP XIIII COS VII (P P) 1.) Ceres, 2.) Capricorn, darunter Globus, 3.) Männliche Gestalt auf Rostralsäule, 4.) Quadriga, darin Ähren n. l., 5.) Venus (von allen Aureus).
RIC 17ff. **50 150 500**

22.71 22.85 –. Trophäe, davor gefangener Jude (Aureus).
RIC 29ff. **80 250 800**

22.72.2

22.72 22.86 TR P VIIII IMP XV COS VII PP 1.) Ceres, 2.) Capricorn, darunter Globus, 3.) Männliche Gestalt auf Rostralsäu-

s *ss* *vz*

le, 4.) Quadriga, darin Ähren n. l., 5.) Venus (von allen Aureus).
RIC 36ff. **50 150 500**

22.73 – –. Trophäe, davor gefangener Jude (Aureus).
RIC 48ff. **80 250 800**

22.74.1

22.74.4

22.74.7

22.74 22.88 TR P IX IMP XV COS VIII PP 1.) Geflügeltes Blitzbündel auf Sitz, 2.) Delphin sich um Anker windend, 3.) Delphin auf Dreifuß, 4.) Elefant n. l., 5.) Kranz auf Sella Curulis, 6.) Sitz mit runder Rückenlehne, 7.) Trophäe zwischen zwei Gefangenen (von allen Aureus).
RIC 100ff. **50 150 500**

22.75 22.89 Quinar. VICTORIA AVGVST Victoria n. l. sitzend oder n. r. gehend.
RIC 91ff. **250 600 LP**

Bronzemünzen

22.76 22.90 Sesterz. *Ohne Legende* (oder SC). Kolosseum.
RIC 184ff. **5.000 20.000 125.000**

22.77 22.91 As. AEQVITAS AVGVST(I) SC Aequitas n. l. stehend.
RIC 214f. **60 200 700**

22.78 22.92 As. AETERNIT AVG(VST) SC Aeternitas n. r. stehend.
RIC 217ff. **60 200 700**

s *ss* *vz*

22.79 22.93 Sesterz. ANNONA AVG SC Annona n. l.
RIC 136ff. **250 600 2.500**

22.80 22.94 Dupondius. CERES AVGVST(A) SC Ceres n. l. stehend (As).
RIC 187ff. **60 200 900**

22.81 22.95 Dupondius. CONCORD(IA) AVGVST SC Concordia n. l. sitzend.
RIC 192ff. **60 200 900**

22.82 22.96 Sesterz. FELICIT AVGVST SC Felicitas n. l. stehend.
RIC 141f. **250 600 2.500**

22.83 22.97 Sesterz. FELICIT PVBLIC SC Felicitas n. l. stehend.
RIC 143f. **250 600 2.500**

22.84 22.98 As. FIDES PVBLICA SC Zwei Hände im Handschlag, einen geflügelten Caduceus und Ähren haltend.
RIC 224. **60 200 700**

22.85 22.99 As. GENI(O) P R SC Genius n. l. opfernd.
RIC 225ff. **60 200 700**

22.86 22.100 Sesterz. IVD CAP(TA) SC Palme, darunter trauernde Judäa und gefangener Jude mit kleiner Trophäe oder Waffenhaufen.
RIC 145ff. **500 1.800 6.000**

s ss vz

22.87 22.101 Sesterz. PAX AVGVST(I) SC Pax l. stehend (Dupondius, As).
RIC 154ff. **250 600 2.500**

22.88 22.102 Sesterz. PIETAS AVGVST SC Titus und Domitian im Handschlag.
RIC 159f. **300 800 3.000**

22.89 22.103 Sesterz. PROVIDENT AVGVST SC Vespasian, Titus einen Globus übergebend, zwischen ihnen Ruder.
RIC 161f. **300 800 3.000**

22.90 22.104 Dupondius. ROMA SC Roma n. l. sitzend.
RIC 503. **60 200 900**

22.91 22.105 Dupondius. SALVS AVG SC Salus n. l. sitzend.
RIC 203f. **60 200 900**

22.92 22.107 Sesterz. SC Mars n. r. gehend.
RIC 499. **350 1.000 4.000**

22.93 22.108 Sesterz. –. Spes l. gehend (As).
RIC 168ff. **350 1.000 4.000**

22.94 22.110 Sesterz. –. Titus n. l. reitend, das Palladium von Roma erhaltend.
RIC 166f. **350 1.000 4.000**

22.95 22.111 Sesterz. –. Tempel des Iupiter Capitolinus.
RIC 172. **350 1.000 4.000**

22.96 22.112 Sesterz. –. Victoria n. l. gehend.
RIC 173f. **250 600 2.500**

22.97 22.114 As. –. Victoria l. gehend, Schild haltend, darauf SPQR.
RIC 239. **60 200 700**

22.98 22.115 Dupondius. SECVRIT(AS) AVG(VST) SC Securitas n. r. oder n. l. sitzend (As).
RIC 240ff. **60 200 900**

22.99 22.116 Dupondius. SECVRITAS P R SC Securitas n. l. sitzend.
RIC 210f. **60 200 900**

s ss vz

22.100 22.119 Sesterz. VESTA SC Vesta l. sitzend (Dupondius).
RIC 175ff. **250 600 2.500**

22.101 22.117 Sesterz. VICTORIA AVG SC Victoria n. l. stehend.
RIC 179ff. **250 600 2.500**

22.102 22.118 As. VICTORIA AVGVST SC Victoria n. r. oder n. l. stehend, gelegentlich auf Prora.
RIC 246ff. **60 200 700**

Semisses und Quadrantes

22.103 22.120 Quadrans. Kopf der Minerva. Rv. SC in Lorbeerkranz.
RIC 254. **10 50 150**

22.104 – Quadrans. Modius. Rv. SC in Lorbeerkranz.
RIC 255. **10 50 150**

Für Divus Titus

22.105 22.121 *Unter Traianus Decius.* Antoninian. CONSECRATIO Adler, Altar.
RIC 81f. **60 150 250**

23. Iulia Titi

Tochter des Titus, † 83 (?)

Zur Geschichte

Iulia Titi war die einzige Tochter des Titus von seiner zweiten Frau Marcia Furnilla. Sie war mit einem Neffen des Vespasianus verheiratet. Böse Zungen unterstellen ihr damals wie heute ein inzestuöses Verhältnis zu ihrem Onkel Domitianus. Tatsächlich hatten die beiden wohl ein sehr enges Verhältnis. Nach dem Tod der Iulia Titi – der, wie Gerüchte wissen wollen, auf eine mißglückte Abtreibung eines Kindes von Domitianus zurückgegangen sein soll – trauerte Domitianus tief um sie und machte von seinem kaiserlichen Recht Gebrauch, sie zu einer Diva zu erheben.

Achtung, wegen der Publikation der 2. Auflage des RIC mußten wir die Münzen der Iulia Titi komplett überarbeiten. Im Katalog ist die alte Nummer jeweils hinter der neuen vermerkt. Eine Konkordanz der alten Kampmann Nummern zu den neuen finden Sie am Ende des Buchs auf S. 523.

Münzen

Folgende Vorderseitenvarianten kommen vor:
Umschrift: IVLIA AVGVSTA,
IVLIA AVGVSTA T(ITI) AVG(VSTI) F,
IVLIA IMP T AVG F AVGVSTA,
IVLIA AVGVSTA DIVI TITI F,
(DIVA IVLIA AVGVSTA – nach ihrer Vergöttlichung).
Büste: n. r., drapiert.

Aurei

		s	ss	vz
23.1	23.1 *Unter Domitianus. Ohne Legende.* Iulia in Gefährt, von zwei Elefanten n. l. gezogen. *RIC 718.*	**4.000**	**12.000**	**40.000**
23.2	23.3 *Unter Domitianus.* DIVI TITI FILIA Pfau frontal stehend. *RIC 683f.*	**4.000**	**12.000**	**40.000**

Denare

		s	ss	vz
23.3	23.4 *Unter Titus.* VENVS AVG(VST) Venus n. r. stehend. *RIC 386ff.*	**250**	**500**	**1.500**

		s	ss	vz
23.4	23.5 *Unter Titus.* VESTA (SC) Vesta n. l. sitzend. *RIC 389f.*	**250**	**500**	**1.500**
23.5	– Kistophor. *Unter Domitianus.* VESTA (oder VENVS) Vesta n. l. sitzend. *RIC 848f.*	**250**	**800**	**2.000**

Bronzemünzen mit Porträt

		s	ss	vz
23.6	23.6 *Unter Titus.* Dupondius. CERES AVGVST(A) SC Ceres n. l. stehend. *RIC 391ff.*	**400**	**1.200**	**3.000**
23.7	23.7 *Unter Titus.* Dupondius. CONCORD(IA) AVG(VSTA) SC Concordia n. l. sitzend. *RIC 394f.*	**400**	**1.200**	**3.000**

		s	ss	vz
23.8	23.8 *Unter Domitianus.* Sesterz. DIVAE IVLIAE AVG DIVI TITI F SPQR Carpentum n. r. von zwei Maultieren gezogen. *RIC 717.*	**250**	**1.500**	**3.000**

		s	ss	vz
23.9	23.9 *Unter Titus.* Dupondius. VESTA SC Vesta n. l. sitzend. *RIC 397f.*	**400**	**1.200**	**3.000**

24. Domitianus
Caesar 69 – 81, Augustus 81 – 96

Zur Geschichte

Titus Flavius Domitianus, geboren im Jahre 51 als jüngster Sohn des Vespasianus und Bruder des Titus, ist der dritte und letzte Herrscher des Geschlechts der Flavier. Vor allem im Vergleich zu seinen beiden Vorgängern haben ihn die Geschichtsschreiber meist sehr negativ beurteilt.
Nachdem sich Domitianus in den Kämpfen um die Hauptstadt Rom auf Seiten seines Vaters behauptet hatte und bis zur Ankunft des Vespasianus das Amt des *praetor urbanus* bekleidete, versank er während der Herrschaft seines Vaters und seines Bruders in der relativen Bedeutungslosigkeit, um in ihm keine Konkurrenz zu Titus aufzubauen.
Nach dem Tod seines Bruders begann Domitianus eine Herrschaft mit autokratischen Zügen („dominus et deus"), wie sie im Osten des Reiches normal, in Rom aber bisher nicht eingeführt war. Er selbst nahm für sich etwas in Anspruch, das man modern mit Gottesgnadentum bezeichnen könnte, eine besonders enge Verbindung zu seiner Schutzgottheit Minerva, die in der Münzprägung Domitianus' so häufig anzutreffen ist wie keine andere Darstellung. Sie befähigte ihn – zumindest in seinen Augen –, Rom zu den Tugenden der Vorväter und damit zur alten Größe zurückzuführen. Dadurch geriet Domitianus in einen starken Gegensatz zu den religiösen und pseudo-religiösen Strömungen seiner Zeit. Eine Christenverfolgung und eine Verfolgung der Philosophen brachten den Kaiser in Gegensatz zur Senatsaristokratie.
Außenpolitisch war Domitianus bei weitem nicht so unfähig, wie man es ihm unterstellt hat. Die Einstellung der Expansion in Britannien und die Rückberufung des Agricola – von Tacitus als Geste der Mißgunst gegenüber dem fähigen Feldherrn mißdeutet (Tacitus und Agricola waren eng verwandt!) – waren nötige Maßnahmen, um alle Streitkräfte auf die Einfälle der Daker und Sarmaten konzentrieren zu können. Die Kämpfe endeten unter dem persönlichen Kommando des Domitianus erfolgreich und ebneten die Bahn für die Expansionspolitik des Traianus.
Trotz dieser eigentlich erfolgreichen Außenpolitik führte die Feindschaft zwischen Senat und Kaiser zu einem Aufstand des Antonius Saturninus in Mainz, der niedergeschlagen wurde. Dabei vernichtete man alle Dokumente, die aussagen hätten können, wer in die Verschwörung verwickelt war und wer nicht. Eine tiefe Unsicherheit des Kaisers, die zahlreiche Unschuldige in Majestätsprozessen das Leben kostete, war die Folge. Deshalb entschlossen sich im Jahre 96 mehrere Mitglieder der engsten Umgebung Domitianus', darunter der Praetorianerpraefekt, dem Leben des Kaisers ein Ende zu bereiten. Domitian wurde am 18. 9. 96 ermordet und verfiel der *damnatio memoriae.*

Zur Münzgeschichte

Domitianus scheint wenig an der Münzpolitik seiner beiden Vorgänger geändert zu haben. Hauptsächlich stammen seine Prägungen aus Rom. Ein Teil seiner Bronzemünzen wurde – wie unter seinem Vorgänger Titus – in einer offiziellen Münzstätte auf dem Balkan geprägt, deren genaue Position bis heute nicht bekannt ist. Der Prägeumfang dieser zusätzlichen Münzstätte war aber gering und die Produktion endete vollständig im Verlauf des Jahres 82.

Hinweise für Sammler

Das Motiv der Minerva ist auf den Denaren Domitians geradezu allgegenwärtig. Praktisch alle Denare des Augustus Domitianus, auf denen Minerva *nicht* abgebildet ist, sind selten.
Auch unter Domitianus wurden Restitutionsprägungen in Bronze herausgegeben: Für Divus Augustus, Agrippa, Tiberius, Drusus, Germanicus und Claudius. Sie tragen die Aufschrift IMP D(OM) CAES DIVI VESP AVG REST (oder Abwandlungen) um SC. Am seltensten sind die des Claudius, am häufigsten die des Augustus; für ein Stück in sehr schön muß man mit etwa 500 Euro rechnen.
Achtung, wegen der Publikation der 2. Auflage des RIC mußten wir die Münzen des Domitian komplett überarbeiten. Im Katalog ist die alte Nummer jeweils hinter der neuen vermerkt. Eine Konkordanz der alten Kampmann Nummern zu den neuen finden Sie am Ende des Buchs auf S. 523.

s ss vz

Münzen

Als Caesar:

Folgende Vorderseitenvarianten kommen vor:
Umschrift: CAES(AR) AVG F(IL) DOMIT(IAN) COS II-VII,
CAES(AR) AVG F DOMITIANVS COS DES II,
CAES DIVI (AVG) VESP F DOMITIAN(VS) COS VII,
CAES(AR) DIVI F DOMITIANVS (COS VII).
Büste: n. r., n. l., barhäuptig, mit Lorbeerkranz, drapiert und gepanzert.

Aurei

24.1 24.1 COS IIII Füllhorn.
RIC 918f. (Vesp.). 1.200 2.000 5.000

24.2 24.2 COS V Gefangener n. r. kniend, eine Standarte haltend.
RIC 959 (Vesp.). 1.200 2.000 5.000

24.3 24.3 VESTA Rundtempel.
RIC 537 (Vesp.). 1.500 2.500 6.000

Denare

24.4 24.4 *Ohne Legende.* Domitianus n. l. reitend (Aureus).
RIC 679f. (Vesp.). 50 100 200

24.5 24.5 AVG in Kranz.
RIC 1445 (Vesp.). 60 120 250

24.6 24.6 CERES AVGVST Ceres n. l. stehend (Aureus).
RIC 975f. (Vesp.). 40 80 180

24.7 24.7 CONCORDIA AVG Ceres (sic!) n. l. stehend.
RIC 1446 (Vesp.). 40 80 180

24.8.3

24.8 24.8 COS IIII 1.) Adler auf Cippus, 2.) Minerva, 3.) Pegasos.
RIC 920ff. (Vesp.). 40 80 180

24.9 24.9 COS V 1.) Wölfin und Zwillinge, darunter Boot (Aureus), 2.) Reiter n. r.
RIC 957ff. (Vesp.). 50 100 200

s ss vz

24.10 24.11 FIDES PVBL Zwei Hände im Handschlag um Caduceus.
RIC 1495 (Vesp.). 40 80 180

24.11 24.12 PACI AVGVSTAE Victoria n. r.
RIC 1447 (Vesp.). 40 80 180

24.12 24.13 PACI ORB TERR AVG Weibliche Büste mit Mauerkrone n. r.
RIC 1448f. (Vesp.). 40 80 180

24.13 24.14 PON MAX TR P COS IIII Geflügelter Caduceus.
RIC 1496 (Vesp.). 40 80 180

24.14 24.15 PRINCEPS IVVENTVT Spes n. l. gehend (Aureus).
RIC 787f. (Vesp.). 40 80 180

24.15 24.16 PRINCEPS IVVENTVTIS 1.) Salus n. r. stehend (Aureus), 2.) Vesta n. l. sitzend (Aureus), 3.) Zwei Hände im Handschlag, einen Legionsadler auf einer Prora haltend (Aureus).
RIC 1080ff. (Vesp.). 40 80 180

24.16.2

24.16.7

24.16 24.17 –. 1.) Salus n. r. stehend, 2.) Minerva n. r. gehend, 3.) Vesta n. l. sitzend, 4.) Ziege n. l. stehend in Lorbeerkranz, 5.) Zwei Hände im Handschlag, einen Legionsadler über Prora haltend, 6.) Brennender Altar (Aureus), 7.) Helm auf Thron (Aureus).
RIC 265ff. (Tit.). 40 80 180

24.17.2

24.17 24.20 Quinar. VICTORIA AVGVST(I) Victoria 1.) n. r. gehend oder 2.) n. l. sitzend.
RIC 790f. (Vesp.), 272ff. (Tit.). 150 500 1.250

s ss vz

Bronzemünzen

24.18 24.21 As. AEQVITAS AVGVST SC Aequitas n. l. stehend.
RIC 665f. (Vesp.), 321ff. (Tit.). **30 100 300**

24.19 24.22 Sesterz. ANNONA AVGVST SC Annona n. l. sitzend.
RIC 1040f. (Vesp.). **100 300 1.500**

24.20 24.23 Dupondius. CERES AVGVST SC Ceres n. l. stehend oder sitzend (As).
RIC 1044 (Vesp.), 308 (Tit.). **40 120 500**

24.21 24.24 Dupondius. CONCORDIA AVG(VST) SC Concordia n. l. sitzend.
RIC 335ff. (Tit.). **40 120 500**

24.22 24.25 Dupondius. DOMITIANVS COS II Geflügelter Caduceus zwischen Füllhörnern.
RIC 764 (Vesp.). **40 120 500**

24.23 24.26 Dupondius. FELICITAS PVBLICA SC Felicitas n. l. stehend (As).
RIC 658f. (Vesp.). **40 120 500**

24.24 24.27 Sesterz. PAX AVGVST SC Pax n. l. stehend (Dupondius, As).
RIC 651f. (Vesp.), 288ff. (Tit.). **100 300 1.500**

24.25 24.28 Dupondius. PRINCEPS IVENTVTIS oder PRINCIP IVVENT SC Domitianus n. l. galoppierend.
RIC 662 (Vesp.). **80 200 500**

24.26 24.29 As. PROVIDENT SC Altar.
RIC 671 (Vesp.). **80 200 500**

24.27 24.32 Sesterz. SC 1.) Mars n. r. gehend, 2.) Minerva n. l. stehend oder 3.) n. r. gehend (As).
RIC 294ff. (Tit.). **100 300 1.500**

24.28 24.33 Sesterz. SC Spes n. l. gehend (Dupondius, As).
RIC 654ff. (Vesp.), 298ff. (Tit.). **100 300 1.500**

24.29 24.35 As. –. 1.) Vespasianus in Quadriga n. r. oder 2.) Domitianus n. l. galoppierend.
RIC 672f. (Vesp.). **80 200 500**

24.30 24.36 As. –. Tempel des Iupiter Capitolinus.
RIC 646 (Vesp.). **200 500 1.200**

24.31 24.38 As. SECVRITAS AVGVST SC Securitas n. l. sitzend.
RIC 353 (Tit.). **30 100 300**

24.32 24.39 Sesterz. VESTA SC Vesta n. l. sitzend (As).
RIC 302 (Tit.). **100 300 1.500**

24.33 24.40 As. VESTA SC Rundtempel.
RIC 647f. (Vesp.). **80 200 500**

24.34 24.41 Sesterz. VICTORIA AVG(VST) SC Victoria n. l. oder n. r., gelegentlich auf Prora (As).
RIC 303ff. (Tit.). **100 300 1.500**

24.35 24.42 As. VICTORIA AVGVST SC Victoria n. r. stehend mit Kranz und Palme oder auf Prora n. r. stehend.
RIC 676f. (Vesp.). **30 100 300**

24.36 – As. VICTORIA AVGVSTI SC Victoria n. r. stehend, eine Standarte bekränzend.
RIC 493f. (Vesp.). **30 100 300**

24.37 24.43 As. VICTORIA NAVALIS SC Victoria n. r. stehend oder auf Prora n. r. stehend.
RIC 650 (Vesp.). **30 100 300**

s ss vz

Als Augustus:

Folgende Vorderseitenvarianten kommen vor:
Umschrift: DOMITIANVS AVG GERM(ANICVS),
DOMITIANVS AVGVSTVS,
IMP CAES(AR) DOMITIANVS (AVG),
IMP CAES DIVI VESP F DOMIT(IAN) AVG (P M oder GER(M) COS X),
IMP CAES DOMIT AVG GERM COS XI (oder XII) CENS (POT oder PER P P),
IMP CAES DOMIT AVG GERM COS XIII (-XVII) CENS PER P P,
IMP CAES DOMIT AVG GERM P M TR P IIII (-XVI),
IMP CAES DOMIT AVG GERM P M TR P XIIII IMP XXII,
IMP CAES DOMIT AVG GERM P M TR P VIII CENS PER P P,
IMP CAES DOMIT AVG GERMANIC COS XIIII,
IMP CAES DOMITIAN AVG GERM P M TR P VIII,
IMP CAES DOMIT(IAN) AVG GERM COS X (-XII),
IMP CAES DOMITIAN(VS) AVG GERMANIC(VS),
IMP CAES DOMITIANVS AVG GERM P M TR P VIII,
IMP CAES DOMITIAN(VS) AVG PONT ODER P M,
IMP D CAES(AR) DIVI VES(PAS) F AVG,
IMP (CAES) DOMIT(IAN) AVG GERM(AN),
IMP DOMIT AVG GERM COS XI (oder XVII),
IMP D(OMITIAN) CAES DIVI VESP F AVG P M TR P P P COS VII (oder VIII).
Büste: n. r., n. l., barhäuptig, mit Lorbeerkranz, drapiert und gepanzert, gelegentlich mit Aegis.

Minervatypen:
1 mit Victoria und Speer n. l. stehend.
2 mit Speer und Schild n. r. gehend.
3 mit Speer n. l. stehend.
4 mit Schild und Speer n. r. auf Prora stehend, gelegentlich Eule im Feld.
5 mit Speer und Blitzbündel n. l. stehend.

Aurei

24.38 24.46 GERMANICVS COS XIIII, XV, XVI oder XVII 1.) Minerva 2, 2.) Minerva 3, 3.) Minerva 4, 4.) Minerva 5.
RIC 556ff. **1.500 5.000 12.000**

24.39 24.47 –. Domitianus in Quadriga n. l. fahrend.
RIC 561. **1.800 6.000 14.000**

24.40 24.48 IMP VIIII COS XI CENS(ORIA) P(OTESTAT) P P Germania auf einem Schild n. r. sitzend und trauernd (auch für IMP XI-XII, XIIII, COS XII-XIIII und GERMANICVS COS XIIII, COS XV, COS XVI oder XVII).
RIC 325. **1.500 5.000 12.000**

24.41 24.49 P M TR POT III IMP V COS X P P Büste der Minerva n. r.
RIC 194f. **1.500 5.000 12.000**

24.42 24.50 TR POT IMP II COS VIII DES VIIII (oder IX) P P Büste der Minerva n. l.
RIC 137ff. **1.500 5.000 12.000**

s ss vz

Denare

24.43 – Kistophor. *Ohne Legende.* Legionsadler zwischen zwei Feldzeichen.
RIC 843f. **200 500 1.500**

24.44 24.52 Kistophor. AVG GERM Ährenbündel.
RIC 852f. **200 500 1.500**

24.45 – Kistophor. CAPIT RESTIT Tempel, darin Statuen der Iuno, des Iupiter und der Minerva.
RIC 841f. **200 500 1.500**

24.46 24.53 CENS P P P 1.) Minerva 3, 2.) Minerva 5.
RIC 568f. **30 70 150**

24.47 24.54 COS VII DES VIII P P 1.) Minerva 1, 2.) Minerva 2, 3.) Delphin um Anker gewunden, 4.) Blitzbündel auf Thron (Aureus), 5.) Brennender Altar, 6.) Kranz auf Sella Curulis (Aureus), 7.) Thron mit Kornähren.
RIC 19-36. **30 70 150**

24.48 24.55 COS XIIII 1.) Minerva 2, 2.) Minerva 3 (auch COS XIII), 3.) Minerva 4, 4.) Minerva 5.
RIC 552ff. **30 70 150**

24.49.3

24.49 24.57 COS XIIII LVD SAEC FEC 1.) Säule mit Inschrift in Kranz (Aureus), 2.) Altertümlicher Herold n. l. gehend oder 3.) vor Säule mit Inschrift stehend.
RIC 595-605. **100 300 1.250**

24.50 – Kistophor. COS XVII CENS P P P Legionsadler zwischen zwei Feldzeichen.
RIC 850f. **200 500 1.500**

24.51 – Kistophor. DOMITIA AVGVSTA. Büste der Domitia n. r.
RIC 845. **200 500 1.500**

24.52 24.59 IMP CAES Viersäuliger Tempel, darin Statue 1.) des Sarapis, 2.) der Kybele, 3.) der Minerva.
RIC 812ff. **200 800 2.000**

s ss vz

24.53.2

24.53 24.59 IMP CAESAR 1.) Sechssäuliger Tempel, darin Statue des Iupiter, 2.) Achtsäuliger Tempel mit unbestimmter Gottheit.
RIC 815f. **200 800 2.000**

24.54 24.60 IMP VIIII COS XI CENS(ORIA) POT(ESTAT) P P 1.) Minerva 2, 2.) Minerva 3, 3.) Minerva 4, 4.) Minerva 5.
RIC 318ff. **30 70 150**

24.55 24.61 –. Germania auf einem Schild n. r. sitzend und trauernd.
RIC 325f. **100 350 800**

24.56 - IMP XI COS XI CENS P P P 1.) Minerva 2, 2.) Minerva 3, 3.) Minerva 4.
RIC 391ff. **30 70 150**

24.57 24.62 IMP XI COS XII CENS P P P 1.) Minerva 2, 2.) Minerva 3, 3.) Minerva 4, 4.) Minerva 5 (von allen Aureus).
RIC 424-431. **30 70 150**

24.58 24.63 Quinar. –. Victoria n. r. gehend.
RIC 433. **150 500 1.000**

24.59 24.64 IMP XII COS XII CENS P P P 1.) Minerva 2, 2.) Minerva 3, 3.) Minerva 4 (Aureus), 4.) Minerva 5.
RIC 435-441. **30 70 150**

24.60 24.65 Quinar. –. Victoria n. r. gehend.
RIC 443. **150 500 1.000**

24.61 24.66 IMP XIII COS XII CENS P P P 1.) Minerva 2, 2.) Minerva 4.
RIC 450f. **30 70 150**

24.62 24.67 IMP XIIII COS XII CENS P P P 1.) Minerva 2, 2.) Minerva 3, 3.) Minerva 4 (Aureus), 4.) Minerva 5.
RIC 453-460. **30 70 150**

24.63 24.68 IMP XIIII COS XIII CENS P P P 1.) Minerva 2, 2.) Minerva 3, 3.) Minerva 4, 4.) Minerva 5 (von allen Aureus).
RIC 503-512. **30 70 150**

24.64 24.70 Quinar. –. Victoria n. r. gehend oder n. l. sitzend.
RIC 514ff. **150 500 1.000**

24.65 24.71 IMP XIIII COS XIIII CENS P P P 1.) Minerva 2 (Aureus), 2.) Minerva 3 (Aureus), 3.) Minerva 4, 4.) Minerva 5.
RIC 570ff. **30 70 150**

24.66 24.72 Quinar. –. Victoria n. r. gehend oder n. l. sitzend.
RIC 589f. **150 500 1.000**

s ss vz

24.67.1

24.67 24.73-78 IMP XV (oder XVI, XVII, XVIII, XIX, XXI) COS XIIII CENS P P P 1.) Minerva 2, 2.) Minerva 3, 3.) Minerva 4, 4.) Minerva 5.
RIC 591ff. **30 70 150**

24.68.2

24.68 24.79 IMP XXI COS XV CENS P P P 1.) Minerva 2, 2.) Minerva 3, 3.) Minerva 4, 4.) Minerva 5.
RIC 689ff. **30 70 150**

24.69 24.80 Quinar. –. Victoria n. l. sitzend.
RIC 694. **150 500 1.000**

24.70 24.81 IMP XXI COS XVI CENS P P P 1.) Minerva 2, 2.) Minerva 3, 3.) Minerva 4, 4.) Minerva 5.
RIC 728ff. **30 70 150**

24.71.3

24.71 24.83-84 IMP XXII COS XVI (oder XVII) CENS P P P 1.) Minerva 2, 2.) Minerva 3, 3.) Minerva 4, 4.) Minerva 5.
RIC 735ff. **30 70 150**

24.72 24.85 IMP XXII COS XVII CENS P P P 1.) Geflügelte Minerva n. l., 2.) Altar zwischen zwei Legionsadlern, 3.) Frau mit Taube und Caduceus n. l. gehend.
RIC 784ff. **150 500 1.000**

24.73 24.86 IVPPITER CONSERVATOR Adler auf Blitzbündel (Aureus).
RIC 143f. **70 150 400**

24.74 24.87 P M TR POT III IMP V COS X P P 1.) Minerva 2, 2.) Minerva 3, 3.) Minerva 4, 4.) Minerva 5, 5.) Adler auf Blitzbündel (von allen Aureus).
RIC 176-193, 196-200. **30 70 150**

24.75 – Quinar. –. Victoria n. r. gehend oder n. l. sitzend.
RIC 203f. **150 500 1.000**

s ss vz

24.76 24.88 P M TR POT IIII IMP VIII COS XI P P 1.) Minerva 2, 2.) Minerva 3, 3.) Minerva 4, 4.) Minerva 5, 5.) Adler auf Blitzbündel (von allen Aureus).
RIC 255-270. **30 70 150**

24.77 24.89 Quinar. P M TR P(OT) IIII IMP VIII COS XI P P Victoria n. r. gehend oder n. l. sitzend.
RIC 271ff. **150 500 1.000**

24.78 24.90 Kistophor. ROM ET AVG Tempel, darin Augustus, bekränzt von Roma mit Füllhorn.
RIC 854f. **200 500 1.500**

24.79 24.91 SALVS AVGVST Weibliche Gestalt mit Ähren und Mohn n. l. sitzend.
RIC 145. **30 70 150**

24.80 24.92 TR P COS VII 1.) Blitzbündel auf Thron, 2.) Ähren auf Thron, 3.) Dreifuß mit Raben und Delphin, 4.) Delphin um Anker gewunden, 5.) Kranz auf Sella Curulis.
RIC 1-6. **30 70 150**

24.81 24.93 TR P COS VII DES VIII P P 1.) Minerva 1 (Aureus), 2.) Minerva 2 (Aureus), 3.) Blitzbündel auf Thron (Aureus), 4.) Thron mit Kornähren (Aureus), 5.) Kranz auf Sella Curulis (Aureus), 6.) Brennender Altar (Aureus), 7.) Delphin auf Dreifuß, 8.) Delphin um Anker gewunden (Aureus).
RIC 40-75. **30 70 150**

24.82 24.94 TR POT COS VIII P P 1.) Minerva 1, 2.) Minerva 2 (Aureus), 3.) Blitzbündel auf Thron, 4.) Thron mit Kornähren, 5.) Kranz auf Sella Curulis, 6.) Delphin auf Dreifuß, 7.) Delphin um Anker gewunden, 8.) Brennender Altar (Aureus).
RIC 93-102. **30 70 150**

24.83 24.95 TR POT COS VIIII P P 1.) Minerva 2, 2.) Minerva 3.
RIC 158f. **30 70 150**

24.84 24.97 Quinar. –. Geflügelter Caduceus.
RIC 160. **150 500 1.000**

24.85 24.96 TR POT II COS VIIII (oder IX) des X P P 1.) Minerva 2, 2.) Minerva 3, 3.) Minerva 4, 4.) Minerva 5 (von allen Aureus).
RIC 161-170. **30 70 150**

24.86 24.98 TR POT IMP II COS VIII DES VIIII P P Fortuna n. l. stehend.
RIC 141. **30 70 150**

24.87 24.99 Quinar. VICTORIA AVGVST Victoria n. l. sitzend oder n. r. gehend.
RIC 115-121. **150 500 1.000**

Bronzemünzen

24.88 24.100 Dupondius. AETERNITATI AVGVST(I) SC Aeternitas n. l. stehend (As).
RIC 366. **30 100 250**

24.89 24.101 Dupondius. ANNONA AVG SC Annona n. r. sitzend (As).
RIC 367. **30 100 250**

s *ss* *vz*

24.90 24.102 Sesterz. ANNONA AVGVST(I) SC Ceres n. l. sitzend, vor ihr Annona n. r. stehend, im Hintergrund Modius auf Altar und Prora n. r.
RIC 349f. **50 250 1.000**

24.91 24.103 As. CERES AVGVST SC Ceres n. l. stehend.
RIC 834. **20 80 200**

24.92 24.104 Sesterz. COS XIIII LVD SAEC A POP FRVG AC SC Domitianus auf Podium n. r. sitzend, vor ihm zwei oder drei Bürger, im Hintergrund Tempel.
RIC 606ff. **400 2.500 8.000**

24.93 24.105 Sesterz. COS XIIII LVD SAEC FEC SC Domitianus vor Tempel n. r. stehend, vor ihm drei kniende Matronen.
RIC 610. **400 2.500 8.000**

24.94 24.106 Sesterz. –. Domitianus n. r. opfernd, r. Lyra- und Flötenspieler sowie Opferdiener mit Schwein, vorn Tellus n. r. gelagert.
RIC 614. **400 2.500 8.000**

24.95 24.107 Sesterz. –. Domitianus mit einem Begleiter n. r. stehend, vor ihm drei Kinder in Prozession n. r.
RIC 615f. **400 2.500 8.000**

24.96 24.108 Dupondius. –. Domitianus vor Tempel n. l. opfernd, l. Opferdiener mit Stier oder Ziege und Lamm sowie Lyra- und Flötenspieler (As).
RIC 619f. **150 500 1.500**

24.97 24.109 Dupondius. –. Domitianus vor Tempel n. l. opfernd, l. Lyra- und Flötenspieler, vorn Tiber n. l. gelagert (As).
RIC 621. **150 500 1.500**

24.98 24.110 Dupondius. –. Wie vorher, aber ohne Tiber (As).
RIC 618. **150 500 1.500**

24.99 24.111 Dupondius. –. Altertümlicher Herold vor Säule mit Inschrift n. l. stehend.
RIC 617. **150 500 1.500**

24.100 24.112 Sesterz. COS XIIII LVD SAEC SVF P D SC Domitianus auf Podium n. l. sitzend, einem Bürger mit Kind die Hand reichend, im Hintergrund Tempel.
RIC 609. **400 2.500 8.000**

24.101 24.114 Dupondius. FIDEI PVBLICAE SC Fides n. r. oder n. l. stehend (As).
RIC 368f. **30 100 250**

s *ss* *vz*

24.102 24.115 Dupondius. FORTVNAE AVGVSTI SC Fortuna n. l. stehend (As).
RIC 291f. **30 100 250**

24.103 24.116 Sesterz. GERMANIA CAPTA SC Trophäe, darunter weibliche Gefangene n. l. sitzend, r. stehender männlicher Gefangener.
RIC 351. **350 2.000 6.000**

24.104 24.117 Dupondius. IMP XIIII COS XIII CENSOR PERPETVVS PP um SC.
RIC 537f. **50 150 400**

24.105 24.118 As. IOVI CONSERVAT(ORI) SC Iupiter mit Szepter und Blitzbündel n. l. stehend.
RIC 218ff. **20 80 200**

24.106 24.119 Sesterz. IOVI VICTORI SC Iupiter n. l. sitzend.
RIC 352f. **50 250 1.000**

24.107 24.121 As. MONETA AVGVST(I) SC Moneta n. l. stehend.
RIC 383f. **30 100 250**

24.108 24.122 Sesterz. PACI AVGVST SC Pax n. l. stehend, Waffen mit einer Fackel in Brand setzend.
RIC 276. **250 800 4.000**

24.109 24.123 Sesterz. PAX AVGVST SC Pax n. l. stehend.
RIC 831. **50 250 1.000**

24.110 24.124 Dupondius. ROMA SC Roma n. l. sitzend.
RIC 833. **30 100 250**

s ss vz

24.111 24.125 As. SALVTI AVGVST(I) SC Altar.
RIC 224ff. **50 150 400**

24.112.3

24.112.5

24.112 24.126 Sesterz. SC 1.) Pax n. l. stehend, Waffen mit einer Fackel in Brand setzend, 2.) Victoria n. r. stehend, einen Schild mit DE GER beschriftend, 3.) Domitianus vor Schrein mit Statue der Minerva opfernd, 4.) Domitianus n. r. reitend, 5.) Domitianus n. r. galoppierend und Germanen mit Speer erstechend, 6.) Domitianus n. l. stehend, vor ihm Germane kniend, 7.) Domitianus n. l. stehend, zu seinen Füßen Rhein, 8.) Domitianus n. l. stehend, von Victoria bekränzt.
RIC 277ff. **300 1.000 5.000**

24.113 24.127 Sesterz. –. Triumphbogen.
RIC 796. **400 1.500 8.000**

24.114 24.128 Sesterz. –. Mars n. r. gehend.
RIC 838. **50 250 1.000**

s ss vz

24.115 24.129 Sesterz. –. Domitianus n. r. stehend, im Handschlag mit General n. l., dahinter zwei oder drei Soldaten.
RIC 359ff. **500 2.500 10.000**

24.116 24.130 Dupondius. –. 1.) Mars n. l. eilend (As), 2.) Victoria n. l. auf Globus stehend.
RIC 216f. **30 100 250**

24.117.2

24.117 24.131 Dupondius. –. 1.) Trophäe, daran zwei Gefangene gebunden, 2.) Standarte über Schilden, Trompeten und Speeren (As).
RIC 295f. **70 200 400**

24.118 24.132 As. –. 1.) Adler auf Zweig mit Kranz im Schnabel, 2.) Victoria mit Legionsadler n. r. gehend oder 3.) mit Schild (darauf SPQR) n. l. gehend.
RIC 307f. **20 80 200**

24.119 24.133 As. –. Eule n. l. stehend.
RIC 809. **50 150 400**

24.120 24.134 Sesterz. TR P COS VII DES VIII P P SC 1.) Minerva 2 (As), 2.) Minerva 3, 3.) Domitianus mit Palladium n. l. stehend.
RIC 76ff. **50 250 1.000**

24.121 24.135 Dupondius. –. 1.) Minerva 5 (As), 2.) Pax n. l. stehend.
RIC 82ff. **30 100 250**

24.122 24.136 Sesterz. TR P COS VIII DES VIIII P P SC 1.) Minerva 2 (As), 2.) Minerva 3.
RIC 103ff. **50 250 1.000**

24.123 24.137 Dupondius. –. Minerva 5 (As).
RIC 107ff. **30 100 250**

24.124 24.138 Dupondius. VICTORIAE AVGVSTI SC Victoria n. l. stehend, einen Schild beschreibend (As).
RIC 297f. **30 100 250**

s ss vz

24.125 24.139 Dupondius. VIRTVTI AVGVSTI SC Virtus n. r. oder n. l. stehend (As).
RIC 299f. **30 100 250**

Quadrantes und Semisses

24.126.1

24.126 24.140 Semis. Büste des Apollon n. r., z. T. Zweig vor Gesicht. / SC 1.) Rabe oder 2.) Dreifuß.
RIC 311ff. **30 100 250**

24.127 24.141 Semis. Büste des Apollon n. r., z. T. Zweig vor Gesicht. / SC Lyra.
RIC 309f. **70 200 400**

24.128 24.142 Semis. Büste der Minerva n. r. / sc Eule n. l. stehend.
RIC 501. **30 100 250**

24.129 24.143 Semis. SC Füllhorn.
RIC 122. **30 100 250**

24.130 24.144 Quadrans. Büste der Minerva n. r. / IMP DOMIT AVG GERM um SC.
RIC 234. **10 30 70**

24.131 24.145 Quadrans. Rhinozeros n. r. oder n. l. / –.
RIC 248ff. **25 100 250**

24.132.3

24.132 24.146 Quadrans. Büste der Minerva n. r. oder n. l. / 1.) SC in Kranz, 2.) Olivenzweig, 3.) Eule.
RIC 235ff. **10 30 70**

s ss vz

24.133 24.147 Quadrans. Büste der Ceres n. r. oder n. l. / SC 1.) Kornähren in Modius oder 2.) Kornähren und Mohnkapseln gebündelt.
RIC 315ff. **10 30 70**

24.134 24.148 Quadrans. Büste der Ceres n. l. / SC Segelschiff.
RIC 246. **100 300 600**

24.135 24.150 Quadrans. Trophäe / SC Olivenzweig.
RIC 247. **10 30 70**

25. Domitia Longina

Gattin des Domitianus, † ca. 130

Zur Geschichte

Domitia Longina wurde im Jahre 70 die Gemahlin des Domitianus, nachdem der ihren bisherigen Gatten dazu veranlaßt hatte, sich von ihr scheiden zu lassen. 3 Jahre später gebar sie Domitian einen Sohn, der bald darauf starb und unter die Götter erhoben wurde. Die Ehe scheint nicht die beste gewesen zu sein, denn Domitia wurde nachgesagt, mit dem Schauspieler Paris Ehebruch begangen zu haben. Tatsache ist, daß Domitian seine Frau kurzzeitig verstieß, sie dann aber wieder am Kaiserhof aufnahm. Auch danach scheint sich das Verhältnis nicht wesentlich verbessert zu haben. Domitia war in die Verschwörung gegen den Kaiser eingeweiht und zog sich nach seinem Tod ins Privatleben zurück. Sie starb im hohen Alter zwischen 126 und 130.

Hinweise für Sammler

Alle Münzen für Domitia wurden unter Domitianus geprägt. Eine Identifikationen der Domitia mit den Darstellungen von Ceres auf Klein- und Mittelbronzen des Domitianus ist reine Phantasie.
Achtung, wegen der Publikation der 2. Auflage des RIC mußten wir die Münzen der Domitia komplett überarbeiten. Im Katalog ist die alte Nummer jeweils hinter der neuen vermerkt. Eine Konkordanz der alten Kampmann Nummern zu den neuen finden Sie am Ende des Buchs auf S. 523.

Münzen

Folgende Vorderseitenvarianten kommen vor:
Umschrift: DOMITIA(E) AVG IMP CAES DIVI F DOMITIAN AVG,
DOMITIA AVG IMP DOMITIAN AVG GER(M),
DOMITIA AVGVSTA IMP DOMIT(IANI).
Büste: n. r., drapiert.

Aurei

25.1 25.1 CONCORDIA AVGVST(A) Pfau n. r.
RIC 150. **4.000 8.000 35.000**

Denare

s ss vz

25.2 25.2 CONCORDIA AVGVST Pfau n. r.
RIC 151. **1.000 2.500 8.000**

25.3 25.3 DIVVS CAESAR IMP DOMITIANI F Vergöttlichter Sohn des Domitianus auf Globus sitzend, die Hände erhoben, um ihn sieben Sterne (Aureus).
RIC 152f. **1.000 2.500 8.000**

25.4 25.5 PIETAS AVGVST Pietas n. l. sitzend.
RIC 156. **1.000 2.500 8.000**

25.5 – Kistophor. VENUS AVG Venus n. r. stehend mit Helm und Speer.
RIC 847. **250 1.200 5.000**

Bronzemünzen mit Porträt

25.6 25.6 Sesterz. DIVI CAESAR(IS) MATER oder MATRI SC Domitia n. l. sitzend.
RIC 132ff. **LP LP LP**

25.7 25.7 Dupondius. DIVI CAESARIS MATER SC Domitia n. l. opfernd.
RIC 136. **1.000 2.500 LP**

26. Nerva

96 – 98

Zur Geschichte

Nach der Ermordung des Domitianus einigten sich die Verschwörer auf Marcus Cocceius Nerva als dessen Nachfolger. Der einstige Freund und Günstling des Nero, der maßgeblich an der Aufdeckung der Pisonischen Verschwörung gegen Nero beteiligt war, zählte mittlerweile 66 Jahre. Dies und die Tatsache, daß er bereits bei seiner Thronbesteigung krank war, machten ihn zu einem perfekten Kandidaten für den Kaiserthron, da mit keiner langen Regierungszeit zu rechnen war.

Gleich nach seiner Erhebung zum Kaiser kam es zu Unruhen, vor allem unter den Truppen, die Domitianus sehr geschätzt hatten und einen Zivilbeamten wie Nerva nicht zum Kommandanten haben wollten. Dies bewog Nerva, einen beliebten Heerführer, seinen Nachfolger Marcus Ulpius Traianus, am 27. Oktober 97 zu adoptieren. Kurz darauf, am 27. Januar 98 starb Nerva. Durch seine rechtzeitige und realistische Sicherung der Nachfolge ersparte der Kaiser dem römischen Volk einen Bürgerkrieg.

Zur Münzgeschichte

Einzige Münzstätte unter Nerva ist Rom.

Hinweise für Sammler

Im Verhältnis zu seiner kurzen Regierungszeit sind die Münzen des Nerva relativ häufig im Handel anzutreffen.

Auch unter Nerva wurden einige wenige Münzen restituiert: Für Divus Augustus und für Agrippa. Man erkennt sie an der Umschrift IMP NERVA CAES AVG REST SC. Restitutionsprägungen des Augustus kosten in „sehr schön" ca. 300.– Euro; Prägungen im Namen des Agrippa sind wesentlich seltener.

Münzen

s ss vz

Folgende Vorderseitenvarianten kommen vor:

Umschrift: IMP NERVA CAES AVG P M TR POT,
IMP NERVA CAES AVG P M TR P COS II (oder III) P P,
IMP NERVA CAES AVG P M TR P II,
IMP NERVA CAES AVG P M TR P II DESIGN III P P.

Als Divus: DIVO NERVAE.

Büste: n. r., mit Lorbeerkranz.

Aurei

26.1 *Aureus. Alle Typen.* **2.500 5.000 12.000**

26.2 Quinar. VICTORIA AVGVST Victoria n. r. gehend.
RIC 10. **2.500 5.000 12.000**

Denare

26.3 AEQVITAS AVGVST Aequitas n. l. stehend (Aureus).
RIC 1. **80 180 600**

26.4 CONCORDIA EXERCITVVM Zwei Hände im Handschlag (gelegentlich um Legionsadler, der auf Prora steht) (Aureus).
RIC 2. **80 180 600**

26.5 COS II DESIGN III PP 1.) Diana n. r. gehend oder 2.) Priesterliche Geräte.
RIC 11. **80 180 600**

26.6 COS III P(ATER) P(ATRIAE) Priesterliche Geräte (Aureus).
RIC 23. **80 180 600**

26.7 FORTVNA AVGVST Fortuna n. l. stehend (Aureus).
RIC 4. **80 180 600**

26.8 FORTVNA P R Fortuna n. l. sitzend (Aureus).
RIC 5. **80 180 600**

26.9 IMP II COS III DES IIII P P Frau mit Kornähren und Speer n. l. stehend.
RIC 38. **80 180 600**

		s	ss	vz
26.10	IMP II COS III DESIGN IIII P P 1.) Libertas, 2.) Aequitas n. l. stehend, 3.) Priesterliche Symbole (Aureus). *RIC 39.*	80	180	600
26.11	IMP II COS IIII P P 1.) Fortuna n. l. stehend, 2.) Libertas n. l. stehend, 3.) Aequitas n. l. stehend, 4.) Priesterliche Symbole (Aureus), 5.) Zwei Hände im Handschlag (zum Teil um Legionsadler auf einer Prora, Aureus). *RIC 42*	80	180	600
26.12	Quinar. –. Victoria 1.) n. r. gehend oder 2.) n. l. sitzend. *RIC 45.*	300	1.500	3.000

26.13	IVSTITIA AVGVST Iustitia n. r. sitzend (Aureus). *RIC 6.*	80	180	600
26.14	LIBERTAS PVBLICA Libertas n. l. stehend (Aureus). *RIC 7.*	80	180	600
26.15	MONETA AVGVST Moneta n. l. stehend. *RIC 8.*	80	180	600
26.16	PAX AVGVSTI Der Kaiser im Handschlag mit einem Soldaten. *RIC 32.*	80	180	600
26.17	SALVS PVBLICA Salus n. l. sitzend (Aureus). *RIC 9.*	80	180	600
26.18	Quinar. VICTORIA AVGVST Victoria 1.) n. r. gehend oder 2.) n. l. sitzend. *RIC 21.*	300	1.500	3.000

Bronzemünzen

26.19	Sesterz. ADLOCVT AVG SC Nerva auf Podium n. r. stehend, vier Soldaten anredend, dahinter Tempel. *RIC 50.*	350	1.000	7.500
26.20	As. AEQVITAS AVGVST SC Aequitas n. l. stehend. *RIC 51.*	80	200	600
26.21	Sesterz. ANNONA AVGVST SC Ceres n. l. sitzend, ihr gegenüber Abundantia, zwischen ihnen Modius auf Altar und Prora. *RIC 52.*	150	400	2.500

26.22	Sesterz. CONCORDIA EXERCITVVM SC Zwei Hände im Handschlag um Legionsadler auf Prora (Dupondius). *RIC 54.*	150	400	2.500

		s	ss	vz
26.23	As. –. Zwei Hände im Handschlag. *RIC 53.*	80	200	600

26.24	Sesterz. CONGIAR P R SC Nerva auf Podium n. r. sitzend, vor ihm Offizier, Nahrung an Bürger (gelegentlich mit einem zweiten Bürger dahinter) verteilend, im Hintergrund Minerva und Liberalitas. *RIC 56.*	150	400	2.500

26.25	Sesterz. FISCI IVDAICI CALVMNIA SVBLATA SC Palme. *RIC 58.*	400	3.000	8.000
26.26	Sesterz. FORTVNA AVGVST(I) SC Fortuna n. l. stehend (Dupondius, As). *RIC 60.*	150	400	2.500
26.27	Sesterz. FORTVNA PR SC Fortuna n. l. sitzend. *RIC 62.*	150	400	2.500
26.28	Sesterz. IMP II COS III P P SC 1.) Fortuna n. l. stehend, 2.) Libertas n. l. stehend, 3.) Pax n. l. sitzend, 4.) Zwei Hände im Handschlag um Legionsadler auf Prora. *RIC 105.*	150	400	2.500
26.29	Dupondius. IVSTITIA AVGVST SC Iustitia n. r. sitzend. *RIC 63.*	80	200	600

s ss vz

(Dupondius)

26.30 Sesterz. LIBERTAS PVBLICA SC Libertas n. l. stehend (Dupondius, As).
RIC 64. **150 400 2.500**

26.31 Sesterz. PAX AVG SC Pax n. l. sitzend.
RIC 66. **150 400 2.500**

26.32 Sesterz. PLEBEI VRBANAE FRVMENTO CONSTITVTO SC Modius mit Weizenähren und Mohnkapsel.
RIC 89. **300 1.200 4.000**

26.33 Sesterz. PROVIDENTIA SENATVS SC Nerva mit Globus stehend, ihm gegenüber Senator.
RIC 90. **300 1.200 4.000**

26.34 Sesterz. ROMA RENASCENS SC Roma n. l. sitzend.
RIC 67. **150 400 2.500**

26.35 Sesterz. TVTELA ITALIAE SC Nerva n. l. sitzend, seine r. Hand zu Italia ausstreckend, zwischen ihnen Junge und Mädchen.
RIC 92. **400 2.000 6.000**

s ss vz

26.36 Sesterz. VEHICVLATIONE ITALIAE REMISSA SC Zwei grasende Maultiere.
RIC 93. **300 1.200 4.000**

Quadrantes

26.37 Quadrans. Modius mit Kornähren und Mohnkapseln / SC Geflügelter Caduceus.
RIC 109. **10 50 150**

26.38 Quadrans. Kopf der Iuno n. r. / SC Ruder auf Globus.
RIC 114. **10 50 150**

Divus Nerva

26.39 *Unter Traianus Decius.* Antoninian. CONSECRATIO 1.) Altar oder 2.) Adler.
RIC 83. **50 150 250**

27. Traianus
98 – 117

Zur Geschichte

Marcus Ulpius Traianus wurde am 18. September 53 in der latinischen Kolonie Italica in Spanien geboren. Er stammte aus einer Familie, die unter den Flaviern im Militär Karriere gemacht hatte. Traianus selbst lernte das Handwerk eines Soldaten von der Pike auf, was Ende des 1. Jahrhunderts n. Chr. in den Kreisen der römischen Nobilität nicht mehr zur Normalität gehörte. Er diente unter seinem Vater als Militärtribun in Syrien im Kampf gegen die Parther, kämpfte am Rhein und am Euphrat und hatte sich in Soldatenkreisen einen sehr guten Ruf erworben. Als Nerva, um einen Aufstand der Prätorianer zu verhindern, einen Nachfolger suchte, der das Militär mit seiner Herrschaft versöhnen würde, verfiel er deshalb auf Traianus.

Nur 3 Monate nach dessen Adoption starb Nerva, und Traianus übernahm die Regierung. Gleich zu Beginn seiner Herrschaft mußte er sich einem Konfliktherd widmen, der schon Domitianus zu schaffen gemacht hatte: Die Daker an der oberen Donau waren wiederholt in das römische Reich eingefallen. In mehreren Feldzügen trieb Traianus sie zurück, eroberte ihr Land und machte daraus die höchst ertragreiche Provinz Dakien, die dem römischen Reich durch ihre Goldbergwerke großen Reichtum und eine Wirtschaftsblüte bescherte. Traianus inszenierte ein umfassendes Bauprogramm. Niederschlag in seiner Münzprägung haben gefunden die Via Traiana, die Aqua Traiana mit dazugehörigen Thermen, ferner ließ er den Tiber regulieren und den Circus Maximus erneuern. Die meisten Rombesucher kennen seine bekannteste Schöpfung, das Forum Traiani, das jüngste und prachtvollste der Kaiserforen mit einer Länge von 116 und einer Breite von 95 Metern.

Mit dem friedlichen Leben, das Traianus nach seinem Sieg über die Daker in Rom zu führen gezwungen war, kam der Kaiser nicht zurecht. Er brach deswegen unter einem Vorwand einen Krieg gegen die Parther vom Zaun, der das römische Reich fast an den Rand seiner Leistungsfähigkeit gebracht hätte, wenn Traianus nicht rechtzeitig gestorben wäre, so daß sein Neffe und Nachfolger Hadrianus den Krieg mit möglichst geringem Schaden beenden konnte. Kurzfristig gelang es Traianus, die Provinzen Armenien, Mesopotamien und Assyrien einzurichten, ja sogar die parthische Hauptstadt Ktesiphon zu erobern. Doch die Rückzuglinien waren überdehnt, die eroberten Gebiete nicht gesichert und als Traianus sich zurückziehen mußte, fielen alle seine Eroberungen wieder den früheren Besitzern zu.

Traianus selbst wurde durch seine Siege und die Tatsache, daß unter seiner Herrschaft das römische Reich seine größte Ausdehnung erfuhr, zu einem Symbol für die kaiserliche Macht. Man feierte ihn als neuen Gründer Roms, setzte seine Asche nicht außerhalb der Stadt – wie die der anderen Kaiser – bei, sondern inmitten seines Traiansforums, in der Traianssäule. Noch das Mittelalter und die Geschichtsschreibung bis ins 19. Jahrhundert hinein feierte ihn als den größten Kaiser, den Rom je besaß. Erst eine Historikergeneration, die die Idee einer grenzenlosen Expansion nicht mehr faszinieren konnte, hat seine Leistungen kritischer beurteilt.

Vom Mythos der Adoptivkaiser:

Die Kaiser von Nerva an bis zu Commodus werden in der Geschichtsschreibung als die Adoptivkaiser bezeichnet. Damit ist gemeint, daß der jeweilige Kaiser sich seinen Nachfolger nicht unter seinen Verwandten, sondern unter den Fähigsten des Reiches suchte. Diese Idee als Grundlage der Nachfolgewahl wurde schon in der antiken Propaganda gefeiert.

Tatsächlich stellt man fest, daß nur zwei Kaiser während der Epoche der Adoptivkaiser tatsächlich einen Nachfolger adoptierten, in dem Sinne, den bei uns heute das Wort hat: Nerva und Hadrianus. Beide verfügten über keinerlei Verwandte, denen sie hätten die Macht hinterlassen können. Die anderen Kaiser wie Traianus, Antoninus Pius und Marcus Aurelius griffen dagegen auf ihren nächsten männlichen Verwandten zurück.

Zur Münzgeschichte

Einzige Münzstätte unter Traianus ist Rom.

Hinweise für Sammler

Unter Traianus wurde im Jahr 107 eine höchst interessante Serie von historisch bemerkenswerten Münzen nachgeprägt. Es wurden Aurei und Denare herausgegeben. Zeitlich stammen die Vorbilder von der Zeit der Republik (Pompeius, Caesar, Brutus u. a.)

über Augustus bis hin zu den Flaviern und Nerva. Diese Restaurationsprägung ist durch ihre Rückseitenaufschrift IMP CAES TRAIAN AVG GER DAC P R REST leicht erkennbar. Da der Sammler nur sehr selten auf solche Nachprägungen stößt, wurde hier zugunsten der häufigeren Münzen auf eine genaue Auflistung verzichtet. Preislich muß man mit ca. 1.200 – 1.500 Euro für ein Exemplar dieser Serie in „Sehr schön" rechnen.

Gelegentlich sieht man Bronzemünzen mit dem Porträt des Traianus in der Größe von Quadrantes, die nicht eigentlich zur kaiserlichen Münzprägung gehören. Die Rückseitenumschrift lautet METALL VLPIANI, METALL VLPIANI DELM, PANN oder einfach DARDANICI und bezieht sich auf die Münzstätten im Osten des Reiches. Man hat vorgeschlagen, daß diese Stücke geprägt wurden, entweder um die Arbeiter zu entlohnen oder um als Donativ an sie verteilt zu werden. Auf jeden Fall fand die Ausprägung nur sehr kurz und in sehr begrenztem Rahmen statt. Man begegnet diesen Münzen im Handel in den letzten Jahren häufiger. Für eine Prägung in einem attraktiven sehr schön muß man mit rund 500 Euro rechnen.

Münzen

Folgende Vorderseitenvarianten kommen vor:

Umschrift: IMP CAES NER(VA) TRAIAN AVG (GER DAC),
IMP CAES NER TRAIANO OPTIMO AVG GERM,
IMP CAES NER TRAIAN(O) OPTIM(O) AVG GER DAC (PARTHICO),
IMP CAES NERVA TRAIAN AVG GERM (P M TR P),
IMP CAES NERVA TRAIAN AVG GERM (DACICVS) P M (TR P VI),
IMP CAES NERVA TRAIAN AVG GER DAC P M TR P VII,
IMP CAES NERVAE TRAIANO AVG GER DAC P M TR P COS V PP,
IMP CAES NERVAE TRAIANO AVG GER DAC P M TR P COS VI P P,
IMP CAES(AR) TRAIAN AVG GERM,
IMP CAES TRAIANO OPTIMO AVG GER DAC (PARTHICO) P M TR P COS VI P P,
IMP NERVA TRAIAN AVG GER,
IMP NER TRAIAN AVG GER DACICVS,
IMP NERVA CAES TRAIAN AVG GERM P M,
IMP TRAIANO (oder TRAIANVS) AVG GER DAC P M TR P (COS V P P, COS V DES VI oder COS VI PP),
IMP TRAIANO OPTIMO AVG GER DAC P M TR P,
IMP TRAIANVS AVG GERM DACICVS und zahlreiche Varianten.

Büste: n. r., n. l., mit Lorbeerkranz, mit Strahlenkrone (nur bei Dupondien), drapiert, gepanzert, mit Aegis, an der Spitze der Büste Globus.

Aurei

		s	ss	vz
27.1	AVGVSTI PROFECTIO Kaiser n. r. reitend, vor ihm Soldat, hinter ihm drei Soldaten. *RIC 297.*	1.500	5.000	12.000
27.2	BASILICA VLPIA Fassade der Basilika Ulpia. *RIC 246.*	2.000	6.000	15.000
27.3	COS V P P SPQR OPTIMO PRINC *Mit zusätzlicher Inschrift:* 1.) Traianus n. l. stehend, die Hand über zwei Kinder haltend (ALIM ITAL), 2.) Traianus n. l. stehend, der knienden Italia aufhelfend (REST ITAL). *RIC 93-108.*	1.250	3.000	8.000

27.4.1

		s	ss	vz
27.4	*– ohne zusätzliche Inschrift.* 1.) Adler auf Blitzbündel frontal stehend, 2.) Aequitas n. l. stehend, 3.) Ceres n. l. stehend, 4.) Daker gefangen n. r. sitzend, 5.) Hercules n. l. stehend, 6.) Iupiter n. l. sitzend, 7.) Libertas n. l. stehend, 8.) Umschrift in Eichenkranz. *RIC 109-148A.*	1.000	2.500	7.500
27.5	–. Traianus mit Speer n. r. gehend r. Hand im Rednergestus erhoben. *RIC 136.*	1.250	3.000	8.000
27.6	–. Tempel mit acht Säulen, geschmückt mit fünf Statuen. *RIC 145.*	1.500	5.000	12.000
27.7	Goldquinar. –. Victoria 1.) n. r. gehend oder 2.) n. l. sitzend. *RIC 132ff.*	1.250	2.500	5.000
27.8	COS VI P P SPQR Fortuna n. l. stehend. *RIC 302f.*	1.000	2.500	7.500
27.9	DACICVS COS IIII P P Traianus in Quadriga mit Zweig und Szepter n. l. fahrend. *RIC 48.*	1.250	3.000	8.000
27.10	DACICVS COS V P P 1.) Traianus in Quadriga mit Lorbeerzweig und Szepter n. l. fahrend, 2.) Daker auf einem Waffenhaufen in Trauerhaltung. *RIC 73-78.*	1.250	3.000	8.000
27.11	Goldquinar. –. Victoria 1.) n. r. fliegend oder 2.) gehend. *RIC 73-75.*	1.250	2.500	5.000

		s	ss	vz
27.12	FORVM TRAIAN Fassade des Traiansforums. *RIC 255.*	2.000	6.000	15.000
27.13	IMPERATOR VII Traianus auf Podium n. r. sitzend, hinter ihm zwei Offiziere, zu vier Soldaten sprechend. *RIC 309.*	2.000	6.000	15.000
27.14	MARS VICTOR Mars frontal stehend. *RIC 258.*	1.000	2.500	7.500

		s	ss	vz
27.15	P M TR P COS II P P 1.) Fortuna n. l. stehend, 2.) Roma n. l. sitzend. *RIC 4-8.*	**1.000**	**2.500**	**7.500**
27.16	P M TR P COS III P P 1.) Fortuna n. l. stehend, 2.) Roma n. l. sitzend. *RIC 34-39.*	**1.000**	**2.500**	**7.500**
27.17	–. Germania n. l. sitzend. *RIC 35f.*	**1.500**	**3.500**	**10.000**
27.18	P M TR P COS IIII P P Traianus eine Trophäe errichtend. *RIC 70f.*	**1.250**	**3.000**	**8.000**
27.19	P M TR P COS V P P Traianus mit Zweig und Szepter in Quadriga n. l. fahrend. *RIC 86ff.*	**1.250**	**3.000**	**8.000**
27.20	P M TR P COS VI PP SPQR Salus n. l. sitzend (SALVS AVG). *RIC 368.*	**1.000**	**2.500**	**7.500**
27.21	PONT MAX TR POT COS II 1.) Fortuna n. l. stehend, 2.) Germania n. l. sitzend, 3.) Roma n. l. sitzend. *RIC 14-22.*			
27.22	PROFECTIO AVG Traianus n. r. reitend, vor ihm ein Soldat, hinter ihm zwei. *RIC 263.*	**1.500**	**3.500**	**10.000**
27.23	REGNA ADSIGNATA Traianus auf Podium n. l. sitzend, hinter ihm zwei Helfer, vor dem Podium drei Könige stehend. *RIC 366f.*	**2.000**	**6.000**	**15.000**
27.24	REX PARTHVS Traianus mit Praefekt auf Podium n. l. sitzend, empfängt parthischen König, dahinter fünf Soldaten. *RIC 263.*	**2.000**	**6.000**	**15.000**
27.25	SALVS GENERIS HVMANI Salus n. l. stehend mit Ruder und Patera, zu ihren Füßen Altar. *RIC 148B.*	**1.000**	**2.500**	**7.500**
27.26	SPQR OPTIMO PRINCIPI *Mit zusätzlicher Inschrift:* Kaiser Hand über zwei Kinder haltend (ALIM ITAL). *RIC 230, 246-266.*	**1.250**	**3.000**	**8.000**

27.27.8

		s	ss	vz
27.27	*– ohne zusätzliche Inschrift:* 1.) Adler auf Blitzbündel frontal stehend, 2.) Umschrift in Eichenkranz, 3.) Hercules n. l. stehend, 4.) Iupiter n. l. sitzend, 5.) Legionsadler zwischen zwei Standarten, 6.) Frau einen Delphin haltend, 7.) Traianus in Quadriga n. l. fahrend, 8.) Traianus n. r. reitend, 9.) Traianus einen Fuß auf den Kopf eines Dakers stellend, 10.) Traianus n. r. stehend und einen Daker dem Senat l. von ihm präsentierend. *RIC 149-228, 265-296.*	**1.000**	**2.500**	**7.500**
27.28	Goldquinar. –. Victoria n. r. stehend. *RIC 192.*	**1.250**	**2.500**	**5.000**
27.29	TR P COS V P P Traianus mit Zweig und Szepter in Quadriga n. l. fahrend. *RIC 90.*	**1.250**	**3.000**	**8.000**
27.30	VIRTVTI ET FELICITATI Virtus n. r. stehend, ihr gegenüber Felicitas stehend. *RIC 268.*	**1.250**	**3.000**	**8.000**

Denare

		s	ss	vz
27.31	CONSERVATORI PATRIS PATRIDAE Iupiter frontal stehend, sein Blitzbündel über Traianus r. von ihm haltend (Aureus). *RIC 249.*	**25**	**75**	**180**
27.32	COS V P P SPQR OPTIMO PRINC *Mit zusätzlicher Inschrift:* 1.) Aeternitas n. l. stehend (AET AVG oder AETERNITAS), 2.) Arabia frontal stehend (ARAB ADQVISIT) (Aureus), 3.) Daker in Trauerhaltung n. r. oder l. sitzend oder n. l. stehend (DAC CAP), 4.) Pax n. l. stehend (PAX), 5.) Pietas n. l. stehend (PIET), 6.) Vesta n. l. sitzend (VESTA). *RIC 91-108.*	**25**	**75**	**180**

		s	ss	vz
27.33	–. Personifikation der Donau n. l. gelagert mit Wassergefäß, aus dem der Fluß fließt und Hand auf Prora gestützt (DANVVIVS), *RIC 100f.*	**40**	**150**	**350**

27.34.7

		s	ss	vz
27.34	*– ohne zusätzliche Inschrift.* 1.) Aequitas n. l. sitzend, 2.) Arabia n. l. stehend (Aureus), 3.) Felicitas n. l. stehend, 4.) Fortuna n. l. stehend, 5.) Mars n. l. gehend, 6.) Pax n. l. stehend (gelegentlich einen Haufen von Waffen in Brand setzend), 7.) Roma n. l. stehend oder sitzend, 8.) Spes n. l. gehend, 9.) Trophäe, 10.) Vesta n. l. sitzend, 11.) Victoria n. l. stehend oder gehend, 12.) Victoria n. r. stehend einen Schild mit DACICA beschreibend, 13.) Traianus in Quadriga n. l. oder r. fahrend mit Zweig und Szepter (Aureus). *RIC 114-148A.*	**25**	**75**	**180**

s *ss* *vz*

27.35.1

27.35 Quinar. –. Victoria 1.) n. r. gehend oder 2.) n. l. sitzend.
RIC 133ff. **100 300 600**

27.36 COS VI P P SPQR
Mit zusätzlicher Inschrift:
1.) Fortuna n. l. sitzend (FORT RED), 2.) Providentia n. l. stehend (PROVID).
RIC 240 **25 75 180**

27.37.3

27.37 *– ohne zusätzliche Inschrift:*
1.) Felicitas n. l. stehend, 2.) Genius n. l. stehend, 3.) Iupiter frontal stehend ein Blitzbündel über den r. von ihm stehenden Traianus haltend (Aureus), 4.) Mars n. r. gehend, 5.) Roma n. r. stehend, 6.) Victoria n. r. gehend oder n. l. sitzend (auch als Quinar).
RIC 298-307. **25 75 180**

27.38 COS VI P P SPQR (OPTIMO PRINC) Trajanssäule.
RIC 238. **100 200 500**

27.39 DACICVS COS IIII 1.) Hercules frontal stehend, 2.) Victoria n. r. stehend oder n. l. gehend.
RIC 45-47. **25 75 180**

27.40 Quinar. DACICVS COS V Victoria 1.) n. r. gehend oder 2.) n. l. sitzend.
RIC 74-76. **100 300 600**

27.41 IMPERATOR VIII Trajan auf Podium n. r. sitzend, hinter ihm zwei Offiziere, zu fünf Soldaten sprechend, von denen einer reitet (Aureus).
RIC 323. **100 200 500**

27.42 PARTHICO P M TR P COS VI PP SPQR
Mit zusätzlicher Inschrift:
1.) Fortuna n. l. sitzend (FORT RED), 2.) Providentia n. l. stehend (PRO AVG / PROVID) (Aureus), 3.) Salus n. l. sitzend (SALVS AVG).
RIC 315-374. **25 75 180**

27.43 *– ohne zusätzliche Inschrift:*
1.) Büste des Sol n. r. (Aureus), 2.) Felicitas n. l. stehend, 3.) Mars n. r. gehend, 4.) Virtus n. r. stehend.
RIC 315-374 **25 75 180**

27.44 Quinar. –. Victoria n. r. gehend (auch Goldquinar).
RIC 335. **100 300 600**

s *ss* *vz*

27.45.6

27.45 P M TR P COS II P P 1.) Abundantia n. l. sitzend, 2.) Concordia n. l. sitzend, 3.) Felicitas n. l. stehend, 4.) Pax n. l. stehend, 5.) Vesta n. l. sitzend, 6.) Victoria n. l. sitzend.
RIC 1-10. **25 75 180**

27.46 –. Germania auf Schild n. l. sitzend (Aureus).
RIC 5. **100 200 500**

27.47 P M TR P COS III P P 1.) Abundantia n. l. sitzend, 2.) Concordia n. l. sitzend, 3.) Hercules frontal stehend (Aureus), 4.) Pax n. l. stehend, 5.) Vesta n. l. sitzend, 6.) Victoria n. l. sitzend.
RIC 32-42. **25 75 180**

27.48 Quinar. –. Victoria 1.) n. l. sitzend oder 2.) n. r. gehend.
RIC 43f. **100 300 600**

27.49.4

27.49.7

27.49 P M TR P COS IIII P P 1.) Abundantia n. l. sitzend, 2.) Concordia n. l. sitzend, 3.) Felicitas n. l. stehend, 4.) Hercules frontal stehend (auch als Aureus und Quinar), 5.) Mars n. r. gehend, 6.) Vesta n. l. sitzend, 7.) Victoria n. l. oder r. sitzend, stehend (manchmal auf Prora) oder gehend, 8.) Traianus l. frontal stehend von Victoria bekränzt (Aureus).
RIC 49-71. **25 75 180**

27.50 Quinar. –. Victoria 1.) n. l. sitzend oder 2.) n. r. gehend.
RIC 62. **100 300 600**

27.51 P M TR P COS V P P 1.) Hercules frontal stehend, 2.) Mars n. r. gehend, 3.) Victoria n. l. gehend oder n. r. auf Prora stehend, 4.) Traianus l. frontal stehend von Victoria bekränzt, 5.) Trophäe mit darunter sitzendem Gefangenen, 6.) Daker n. r. sitzend auf Schild in Trauerhaltung (Aureus).
RIC 79-89 **25 75 180**

s *ss* *vz*

27.52.1

27.52 P M TR P COS VI PP SPQR
Mit zusätzlicher Inschrift:
1.) Fortuna n. l. sitzend (FORT RED) (Aureus), 2.) Salus (SALVS AVG), 3.) Trophäe zwischen zwei sitzenden Parthern (PARTHIA CAPTA) (Aureus), 4.) Senat n. r. stehend vor ihm Genius des Römischen Volkes opfernd (VOTA SUSCEPTA) (Aureus).
RIC 315-374. **25 75 180**

27.53 *– ohne zusätzliche Inschrift:*
1.) Felicitas n. l. stehend, 2.) Genius n. l. stehend (Aureus), 3.) Iupiter frontal stehend ein Blitzbündel über den Kaiser r. von ihm haltend (Aureus), 4.) Mars n. r. gehend, 5.) Büste des Sol n. r. (Aureus), 6.) Virtus n. r. stehend.
RIC 315-374. **25 75 180**

27.54 –. Traianssäule
RIC 356. **100 200 500**

27.55 Quinar. –. Victoria 1.) n. r. gehend (auch Goldquinar) oder 2.) n. l. sitzend.
RIC 351f. **100 300 600**

27.56 PONT MAX TR POT COS II 1.) Abundantia n. l. sitzend, 2.) Concordia n. l. sitzend, 3.) Felicitas n. l. stehend, 4.) Pax n. l. sitzend oder stehend, 5.) Securitas n. l. stehend, 6.) Vesta n. l. sitzend, 7.) Victoria n. l. sitzend (Aureus), 8.) Weibliche Personifikation mit Speer.
RIC 11-22. **25 75 180**

27.57 Quinar. –. Victoria 1.) n. l. sitzend (Goldquinar) oder 2.) gehend.
RIC 23-27. **100 300 600**

27.58 PROVID TR P COS II P P Traianus n. r. stehend, den Globus von Nerva l. in Empfang nehmend (Aureus).
RIC 28. **100 200 500**

27.59 SPQR OPTIMO PRINCIPI
Mit zusätzlicher Inschrift:
1.) Abundantia n. l. stehend (ALIM ITAL), 2.) Aeternitas n. r. stehend (AET AVG), 3.) Arabia frontal stehend (ARAB ADQ), 4.) Fortuna n. l. sitzend (FORT RED), 5.) Pax n. l. stehend (PAX), 6.) Pietas n. l. stehend (PIET), 7.) Victoria n. r. stehend einen Schild mit DACICA beschreibend, 8.) Vesta n. l. sitzend (VESTA).
RIC 229-237; 241-264. **25 75 180**

27.60 –. Frau mit Rad und Zweig (VIA TRAIANA) (Aureus).
RIC 266f. **50 150 350**

27.61 *– ohne zusätzliche Inschrift:*
1.) Abundantia n. l. oder r. stehend (Aureus), 2.) Aequitas n. l. stehend oder n. l. sitzend, 3.) Ceres n. l. stehend, 4.) Daker in Trauerhaltung n. r. sitzend, 5.) Felicitas n. l. stehend (gelegentlich mit Altar), 6.) Fides n. l. stehend, 7.) Fortuna n. l. sitzend oder stehend, 8.) Genius n. l. oder frontal stehend (gelegentlich mit Altar) (Aureus), 9.) Legionsadler zwischen Standarte und Vexillum (Aureus), 10.) Mars n. l. / r. stehend (gelegentlich bei Trophäe) oder n. r. gehend, 11.) Pax n. l. sitzend oder stehend, 12.) Spes n. l. gehend, 13.) Trophäe, 14.) Victoria n. l. oder r. sitzend, stehend oder gehend (Aureus), 15.) Virtus n. r. stehend (Aureus), 16.) Traianus n. l. reitend (Aureus), 17.) Traianus n. r. reitend einen Daker mit seinem Speer erstechend, 18.) Traianus von Victoria bekränzt, 19.) Traianus einen Schild von einem knienden Daker entgegennehmend.
RIC 149-228, 265-296. **25 75 180**

27.62 –. Traianssäule (Aureus).
RIC 239. **100 200 500**

27.63 Quinar. –. Victoria 1.) n. l. sitzend (Goldquinar) oder 2.) n. r. gehend.
RIC 196ff. **100 300 600**

27.64.1

27.64 TR P COS II P P 1.) Concordia n. l. sitzend, 2.) Pax n. l. sitzend (Aureus).
RIC 29-31. **25 75 180**

27.65 TR P COS IIII P P Traianus in Quadriga mit Zweig und Szepter n. l. fahrend.
RIC 72. **40 150 350**

Bronzemünzen

27.66 Sesterz. ARMENIA ET MESOPOTAMIA IN POTESTATEM P R REDACTAE SC Traianus in voller Rüstung mit Parazonium, zu seinen Füßen Personifikationen von Armenia, Euphrat und Tigris.
RIC 642. **250 1.000 3.500**

27.67 Sesterz. CONGIARIVM TERTIVM SC Kaiser auf Podium n. l. sitzend, hinter ihm Offizier, von unten steigt Bürger

s ss vz

herauf, um sein Geschenk entgegenzunehmen, dahinter Libertas und Dreifuß.
RIC 469. 250 1.000 3.500

27.68 Sesterz. CONSERVATORI PATRIS PATRIAE SC Iupiter n. l. stehend, sein Blitzbündel über den Kaiser r. von ihm haltend.
RIC 619. 50 400 1.200

27.69 As. COS II DES III P P SC 1.) Abundantia n. l. sitzend, 2.) Victoria n. l. gehend.
RIC 406-408. 20 100 400

27.70 Sesterz. COS II P P SC CONG P R Kaiser auf Podium n. l. sitzend, hinter ihm Offizier, von unten steigt Bürger herauf, um sein Geschenk entgegenzunehmen, dahinter Libertas und Dreifuß.
RIC 380f. 250 1.000 3.500

27.71 Sesterz. COS III DES IIII P P S C Pax n. l. sitzend (As).
RIC 424. 50 400 1.200

27.72 As. – 1.) Mars n. r. stehend, 2.) Victoria n. l. gehend.
RIC 422ff. 20 100 400

27.73 As. COS III P P CLEMENTIA AVG SC Clementia n. l. sitzend.
RIC 409. 20 100 400

27.74 Sesterz. COS V CONGIAR SECVND SC Traianus auf Podium n. l. sitzend, hinter ihm Offizier, von unten steigt Bürger herauf, um sein Geschenk entgegenzunehmen, dahinter Libertas und Dreifuß.
RIC 450. 250 1.000 3.500

27.75 Sesterz. DACIA AVGVST PROVINCIA SC Dacia n. l. auf Felsen sitzend, einen Adler haltend, zwei Kinder (Dupondius).
RIC 621. 250 1.000 3.500

27.76 As. DAC PARTHICO P M TR POT XX COS VI P P SC in Eichenkranz (Semis).
RIC 644f. 20 100 400

27.77 Sesterz. FELICITAS AVGVST SC Felicitas n. l. stehend (Dupondius, As).
RIC 625. 50 400 1.200

27.78 Sesterz. FIDES EXERCIT S C Kaiser im Handschlag mit Soldaten, dazwischen Altar; hinter Soldat drei weitere Soldaten.
RIC 439. 250 1.000 3.500

27.79 Sesterz. FORT RED SENATVS POPVLVSQVE ROMANVS SC Fortuna n. l. sitzend (Dupondius, As).
RIC 651. 50 400 1.200

27.80 As. FORTVNA(E) AVGVSTI SC Fortuna n. l. stehend.
RIC 440f. 20 100 400

27.81 Sesterz. FORTVNAE REDVCI Fortuna n. l. sitzend (Dupondius, As).
RIC 627. C. 164. 50 400 1.200

s ss vz

27.82 Sesterz. IMP IIII COS IIII DES V P P S C 1.) Concordia n. l. sitzend, 2.) Pax n. l. sitzend.
RIC 445f. 50 400 1.200

27.83 –. Roma n. l. sitzend, vor ihr Traian (zwischen beiden kniender Dakier.
RIC 448f. 80 500 1.500

27.84 Dupondius. –. Abundantia n. l. sitzend.
RIC 444. 25 100 400

27.85 As. –. Kniender Daker dem Kaiser einen Schild überreichend.
RIC 447. 40 200 600

27.86 Sesterz. IMPERATOR VIII SC Traianus auf Podium n. r. sitzend in Begleitung von zwei Offizieren, fünf oder sechs Soldaten ansprechend.
RIC 655f. 250 1.000 3.500

27.87 Sesterz. IMPERATOR VIIII SC Wie vorher.
RIC 657f. 250 1.000 3.500

27.88 As. P M TR POT XX COS VI PP um Eichenkranz, darin SC (Semis).
RIC 659. 20 100 400

27.89 Sesterz. PORTVM TRAIANI SC Hafenbecken umgeben mit Hafengebäuden.
RIC 471. 3.000 10.000 LP

27.90 Sesterz. PRO AVG SENATVS POPVLVSQVE ROMANVS SC Providentia n. l. stehend.
RIC 661. 50 400 1.200

27.91 Sesterz. PROFECTIO AVG SC Traianus n. r. reitend, vor ihm ein, hinter ihm drei Soldaten.
RIC 633. 250 1.000 3.500

27.92 Sesterz. PROVIDENTIA AVGVSTI SPQR SC Providentia n. l. stehend.
RIC 663. 50 400 1.200

27.93 Sesterz. REGNA ADSIGNATA SC Traianus auf Podium zwischen Praefect und Soldat, davor stehen drei Könige.
RIC 666. 250 1.000 3.500

s ss vz

27.94 Sesterz. REX PARTHIS (oder PARTHVS) DATVS SC Traianus auf Podium mit Praefekt, präsentiert der knienden Parthia den König Parthamaspates.
RIC 667. 250 1.000 3.500

27.95 Sesterz. SALVS AVG SENATVS POPVLVSQVE ROMANVS SC Salus n. l. sitzend.
RIC 670. 50 400 1.200

27.96 Sesterz. SC Traianus in Quadriga n. r.
RIC 405. 80 350 1.500

27.97 As. SC in Lorbeerkranz.
RIC 442. 20 100 400

27.98 Semis. Wie vorher.
RIC 443. 20 80 200

27.99 Sesterz. SENATVS POPVLVSQVE ROMANVS SC Säule, an der Basis zwei Adler.
RIC 475. 100 500 1.500

27.100 –. Felicitas n. l. stehend (Dupondius, As).
RIC 634f. 50 400 1.200

27.101 –. Traianssäule (Dupondius).
RIC 677. 300 1.000 3.500

27.102 Dupondius. –. Victoria n. r. gehend (As).
RIC 675. 25 80 200

27.103 –. Kaiser zwischen zwei Trophäen.
RIC 676. 25 80 200

27.104 As. –. Zwei Trophäen.
RIC 681. 20 80 200

27.105 Sesterz. SPQR OB CIV SER in Eichenkranz.
RIC 421. 50 400 1.200

27.106 SPQR OPTIMO PRINCIPI SC
Mit zusätzlichen Legenden:
Sesterz. – 1.) Abundantia n. l. stehend (ABVNDANTIA und Abkürzungen) (Dupondius, As), 2.) Kaiser auf Sella Curulis n. l. sitzend vor ihm eine Frau mit zwei Kindern (ALIM ITAL) (Dupondius, As), 3.) Arabia frontal stehend (ARAB ADQVISIT u. a. Abkürzungen) (Dupondius, As), 4.) Traianus der knienden Italia aufhelfend, zwischen ihnen zwei Kinder (REST ITALIA).
RIC 459-477 und 604-638. 50 400 1.200

s ss vz

27.107 –. Flußgott in Grotte gelagert (AQVA TRAIANA) (Dupondius, As).
RIC 463f. 250 1.000 3.500

27.108 – Fassade der Basilika Ulpia (BASILICA VLPIA).
RIC 616. 300 3.000 5.000

27.109 – Fassade des Forum Traiani (FORVM TRAIANI).
RIC 630 300 3.000 5.000

27.110 – Hafenanlagen mit Lagergebäuden (PORTVM TRAIANI).
RIC 631f. 3.000 10.000 LP

27.111 – weibliche Gestalt n. l. gelagert mit Rad und Zweig (VIA TRAIANA) (Dupondius, As).
RIC 636f. 300 1.000 3.000

27.112 Dupondius. –. 1.) Trauernde Dacia (DA CAP), 2.) Traianus der knienden Italia aufhelfend zwischen ihnen zwei Kinder (ITALIA REST), 3.) Traianus n. l. stehend der knienden Roma aufhelfend zwischen ihnen zwei Kinder (ROMA REST).
25 100 400

s ss vz

27.113.6

27.113.15

27.113 *Ohne zusätzliche Legende.*
Sesterz. 1.) Umschrift in Eichenkranz (Dupondius, As), 2.) Abundantia n. l. stehend (Dupondius, As), 3.) Aequitas n. l. stehend (Dupondius, As), 4.) Ceres n. l. stehend (Dupondius, As), 5.) Concordia n. l. sitzend, 6.) Trauernde Dacia n. l. sitzend (Dupondius, As), 7.) Felicitas n. l. sitzend, 8.) Fortuna n. l. stehend (Dupondius), 9.) Mars n. r. gehend (Dupondius, As), 10.) Pax n. l. sitzend oder stehend (gelegentlich Waffen mit Fackel in Brand steckend) (Dupondius, As), 11.) Providentia n. l. sitzend, 12.) Roma n. l. sitzend oder stehend, z. T. mit kniendem Daker (Dupondius, As), 13.) Salus n. l. sitzend (Dupondius, As), 14.) Securitas n. l. sitzend, 15.) Spes n. l. gehend (Dupondius, As), 16.) Victoria n. l. stehend, eine Trophäe errichtend (Dupondius, As) oder ein Schild mit VIC DAC beschreibend (Dupondius, As).
RIC 476-603. **50 400 1.200**

27.114 –. Danuvius n. l. stehend, einen Daker niederzwingend.
RIC 556ff. **300 1.000 3.000**

27.115 –. Priester, zwei Ochsen lenkend.
RIC 567f. **300 1.000 3.000**

27.116 –. Brücke (über die Donau oder den Tiber) (Dupondius, As).
RIC 569. **100 1.000 3.000**

s ss vz

27.117 –. Circus Maximus.
RIC 571. **300 3.000 5.000**

27.118 –. Triumphbogen.
RIC 572ff. **300 1.000 3.000**

27.119 –. Iupitertempel (Dupondius, As).
RIC 575ff. **300 1.000 3.000**

(Dupondius)

27.120 –. Traianssäule (Dupondius, As).
RIC 579. **300 1.000 3.000**

27.121 Traianus: –. 1.) In Quadriga n. l. fahrend (Dupondius), 2.) n. l. reitend (Dupondius), 3.) n. r. reitend und einen Daker mit dem Speer niederstreckend (Dupondius, As), 4.) n. l. stehend einen Fuß auf einem Daker, von einer Victoria bekränzt (Dupondius, As).
100 300 1.500

27.122 Dupondius. –. 1.) Legionsadler zwischen zwei Standarten (As), 2.) Panzer (As), 3.) Ovaler Schild (As), 4.) Trophäe, 5.) Traianus n. l. opfernd.
25 100 400

27.123 As. 1.) Saturn n. l. stehend, 2.) Victoria n. l. oder r. gehend, 3.) Säule in Form einer Keule auf Löwenfell, 4.) Schild mit der Aufschrift DACIA CAPTA.
20 100 400

27.124 Sesterz. TR P(OT) COS II P P S C 1.) Concordia n. l. sitzend, 2.) Pax n. l. sitzend, 3.) Roma n. l. sitzend (As).
RIC 382-401. **50 400 1.200**

		s	ss	vz
27.125	–. Traianus n. r. (oder l.) reitend, hinter ihm ein weiterer Soldat (davor Standartenträger). *RIC 403f.*	80	350	1.500

27.126	Dupondius. –. Abundantia n. l. oder r. sitzend. *RIC 382.*	25	100	400

27.127.2

27.127	As. –. 1.) Mars n. r. stehend, 2.) Pietas n. l. stehend, 3.) Victoria n. l. gehend einen Schild mit SPQR tragend. *RIC 392ff.*	20	100	400
27.128	Sesterz. TR POT COS III P P SC 1.) Concordia n. l. sitzend, 2.) Pax n. l. sitzend (Dupondius), 3.) Traianus n. r. reitend. *RIC 412f.*	50	400	1.200
27.129	–. Triumphbogen. *RIC 419f.*	300	1.000	3.000
27.130	Dupondius. –. Abundantia n. l. sitzend. *RIC 411.*	25	100	400

27.131.3

27.131	As. –. 1.) Mars n. r. stehend, 2.) Securitas n. l. sitzend, 3.) Victoria n. l. gehend. *RIC 410ff.*	20	100	400

27.132.3

		s	ss	vz
27.132	Sesterz. TR POT COS IIII P P SC 1.) Concordia n. l. sitzend, 2.) Mars n. r. gehend, 3.) Pax n. l. sitzend. *RIC 426-438.*	50	400	1.200
27.133	–. Senat n. l. stehend, Traianus einen Globus überreichend. *RIC 437.*	80	500	1.500
27.134	Dupondius. –. 1.) Abundantia n. l. sitzend, 2.) Securitas n. l. sitzend. *RIC 428-438.*	25	100	400
27.135	As. –. 1.) Mars n. r. stehend, 2.) Mercur n. l. stehend, 3.) Victoria mit Schild n. l. oder r. gehend. *RIC 427-438.*	20	100	400
27.136	Sesterz. TR P VII IMP IIII COS IIII DES V P P SC Roma n. l. sitzend, (die Hand nach einem knienden Daker ausstreckend,) davor Traianus mit Speer. *RIC 448f. C. 598.*	80	500	1.500
27.137	Sesterz. TR P VII IMP IIII COS V P P S C 1.) Pax n. l. sitzend, 2.) Roma n. r. sitzend (gelegentlich Gefangener zu ihren Füßen, erhält eine Statuette der Victoria vom Kaiser überreicht (Dupondius), 3.) Traianus in Quadriga n. l. fahrend. *RIC 451-458.*	50	400	1.200
27.138	Dupondius. –. Abundantia n. l. sitzend. *RIC 454.*	25	100	400
27.139	As. –. Victoria auf Globus n. l. *RIC 456f. C. 604f.*	20	100	400
27.140	As. TR P XX COS VI P P SC in Kranz. *RIC 684.*	20	100	400

Semisses und Quadrantes

27.141	Semis. SC Preistisch mit Gefäß und Kranz. *RIC 685.*	30	100	250
27.142	Semis. SC Hercules mit Keule. *RIC 689.*	30	100	250
27.143	Semis. SC Diana n. r., einen Pfeil aus ihrem Köcher ziehend. *RIC 696.*	30	100	250
27.144	Quadrans. SC Wölfin n. r. oder n. l. *RIC 691-694.*	30	100	250

		s	ss	vz

		s	ss	vz
27.145	Quadrans. SC Eber n. r. *RIC 695.*	10	50	150
27.146	Quadrans. SC Eule. *RIC 698.*	10	50	150
27.147	Quadrans. SC Keule. *RIC 699.*	10	50	150

Divus Traianus

		s	ss	vz
27.148	*Unter Hadrianus.* Aureus. IMP CAES TRAIAN HADRIANO OPT AVG G D PAR Gepanzerte und drapierte Büste des Hadrianus mit Lorbeerkranz n. r. / DIVO TRAIANO PATRI (AVG) Gepanzerte und drapierte Büste des Traianus mit Lorbeerkranz n. r. *RIC 23.*	1.000	3.500	15.000
27.149	*Unter Hadrianus.* Denar. DIVVS TRAIANVS PATER AVGVSTVS Kopf des Traianus mit Lorbeerkranz n. r. *RIC 25A.*	1.000	3.500	15.000

27.150.1

		s	ss	vz
27.150	*Unter Traianus Decius.* Antoninian. CONSECRATIO 1.) Adler oder 2.) Altar. *RIC 85.*	50	150	250

28. Marcus Ulpius Traianus

Vater des Traianus, † vor 100 n. Chr.

Zur Geschichte

Marcus Ulpius Traianus, der Vater von Kaiser Traianus und dessen Schwester Marciana, stammte aus Italica, wo er zur städtischen Nobilität gehörte. Italica war eine Kolonie mit italischem Recht, was bedeutete, daß jeder Angehörige der Oberschicht von Italica sich in Rom als Eques (= Ritter) eintragen lassen und für ein Amt kandidieren konnte.
Ulpius Traianus tat dies wohl unter Nero und machte unter Vespasianus Karriere. Er diente in Judaea und war einer der Wegbereiter für Vespasianus' Kaisererhebung, wurde von diesem danach in die Baetica als Statthalter geschickt und konnte als Legat in Syrien einen plötzlichen Parthereinfall verhindern. Dafür erhielt Ulpius Traianus die *ornamenta triumphalia,* kaiserzeitlicher Ersatz des Triumphzuges, den die Kaiser seit Tiberius für sich reservierten. Höhepunkt der Karriere des Ulpius Traianus war die Übernahme des Amtes eines Proconsuls der Provinz Asia. Über sein genaues Todesdatum gibt es keine sicheren Nachrichten.

Hinweise für Sammler

Reichsrömische Münzen mit dem Porträt des Traianus Pater sind sehr selten und teuer. Eine preiswerte Alternative ist der unter Nr. 28.3 aufgeführte Denar mit dem Ganzkörperbild des Vaters von Traianus oder die auch nur selten vorkommenden Bronzemünzen der Stadt Antiochia in Syrien, wo im Jahr 76 n. Chr. zu Ehren des Vaters von Traianus noch zu seinen Lebzeiten eine Emission herausgegeben wurde. Diese Münzen sind in „schön" zu etwa 500, in „sehr schön" zu ca. 1.000 Euro gelegentlich erhältlich.

Münzen

s *ss* *vz*

Aurei

28.1 IMP TRAIANVS AVG GER DAC P M TR P COS VI P P Kopf des Traianus n. r. Rv. DIVVS PATER TRAIAN(VS) Drapierte Büste des Traianus Pater n. r.
RIC 762f. **2.500 8.000 25.000**

28.2 IMP TRAIANO AVG GER DAC P M TR P COS VI P P Drapierte und gepanzerte Büste Traianus' mit Lorbeerkranz n. r. Rv. DIVI NERVA ET TRAIANVS PAT Drapierte Büste Nervas mit Lorbeerkranz n. r., ihm gegenüber drapierte Büste des Traianus Pater n. l.
RIC 726f. **2.000 5.000 20.000**

Denare

28.3 IMP TRAIANVS (oder TRAIANO) AVG GER DAC P M TR P COS VI P P (Drapierte) Büste mit Lorbeerkranz des Traianus n. r. Rv. DIVVS PATER TRAIAN Traianus Pater n. l. sitzend, eine Patera und ein Szepter haltend.
RIC 251f. **60 150 400**

29. Plotina

Gattin des Traianus, † 122(?)

Zur Geschichte

Wann genau Traian Plotina ehelichte, ist nicht geklärt. Ganz im Stil einer römischen Hausfrau alten Stils kennen wir kaum Einzelheiten über sie, wenn wir von einigen Anekdoten absehen, die sie zeigen, nachdem ihr Mann gerade Kaiser geworden war. Sie soll sich beim Betreten des Palastes gewünscht haben, dieselbe zu bleiben, auch wenn die Umgebung sich nun so radikal geändert hatte.

Noch ein weiteres Gerücht heftet sich an die Kaiserin Plotina. Wenn es denn der Wahrheit entspricht, so kann eine ganze Generation Römer dieser Frau danken, daß sie ihnen den besten Kaiser aller Zeiten beschert hat. Traianus weigerte sich nämlich bis zu seinem Tode, seinen Neffen Hadrianus, dem er faktisch bereits alle Befugnisse für die Übernahme des Kaiseramtes zugestanden hatte, durch eine Adoption die Legalität zu verschaffen. Nach seinem Tod soll deshalb Plotina einen Sklaven unter die Bettdecke des Verstorbenen gesteckt haben, der dem herbeigerufenen Sekretär mit leiser, undeutlicher Stimme die Adoption Hadrianus' bekannt gab. Se non è vero, è ben trovato.

Auf jeden Fall lebte Plotina hoch geehrt noch einige Jahre unter der Herrschaft des Hadrianus.

Münzen

Folgende Vorderseitenvarianten kommen vor:
Umschrift: PLOTINA AVG IMP TRAIAN(I),
PLOTINA AVGVSTA IMP TRAIANI CAES,
PLOTINA AVG DIVI.
Büste: n. r., drapiert, mit Diadem.

Aurei

29.1 AVG GER DAC PARTHICI P M TR P COS VI P P Vesta n. l. sitzend.
RIC 728f. **4.000 8.000 25.000**

29.2 FELICITAS AVG COS III
Felicitas n. l. stehend mit Caduceus und Szepter.
RIC 735. **4.000 8.000 25.000**

s ss vz

Denare

(Aureus)

29.3 CAES AVG GERMA DAC COS VI P P Vesta n. l. sitzend (Aureus).
RIC 731. **800 2.000 5.000**

29.4 - Altar, darauf Statue der Pudicitia, im Abschnitt ARA PVDIC (Aureus).
RIC 733. **800 2.000 5.000**

Sesterze

29.5 FIDES AVGVST SC Fides n. r. stehend.
RIC 740. **800 3.000 15.000**

Diva Plotina

29.6 *Unter Hadrianus.* Aureus. PLOTINAE AVG Drapierte Büste der Plotina n. r. Rv. MATIDIAE AVG Drapierte Büste der Matidia mit doppelter Stephane n. r.
RIC 34. **5000 10.000 50.000**

30. Marciana

Schwester des Traianus, † 112 oder 114

Zur Geschichte

Marciana, die Schwester Traianus', wurde mit C. Salonius Matidius Patruinus verheiratet und gebar ihm vor 68 n. Chr. die Matidia. Sonst wissen wir wenig oder nichts über Marciana, außer daß sie zur nächsten Umgebung Traianus' an seinem Hof gehörte.

Hinweise für Sammler

Alle Münzen für Marciana wurden unter Traianus geprägt.

Münzen

Folgende Vorderseitenvarianten kommen vor:
Umschrift: MARCIANA AVG SOROR IMP TRAIANI,
DIVA AVGVSTA MARCIANA.
Büste: n. r., drapiert, mit Diadem.

Aurei

30.1 CAES AVG GERMA DAC COS VI P P Matidia zwischen zwei Kindern n. l. sitzend, eine Patera haltend.
RIC 742. **3.000 12.000 35.000**

Denare

30.2 CAES AVG GERMA DAC COS VI P P Matidia zwischen zwei Kindern n. l. sitzend, eine Patera haltend.
RIC 742. **1.000 2.000 6.000**

Diva Marciana

30.3 Aureus. CONSECRATIO Adler auf Szepter n. l. oder n. r. gehend, den Kopf zurückgewandt.
RIC 743, 745. **2.500 7.000 20.000**

30.4 Aureus. CONSECRATIO Carpentum von zwei Mauleseln n. l. gezogen.
RIC 746. **3.000 12.000 35.000**

30.5 Denar. CONSECRATIO Adler auf Szepter n. l. oder r. gehend, den Kopf zurückgewandt.
RIC 743. **800 1.500 4.000**

30.6 Denar. CONSECRATIO Carpentum von zwei Mauleseln n. l. gezogen.
RIC 745. **800 1.500 4.000**

		s	*ss*	*vz*
30.7	Sesterz. CONSECRATIO SC Adler auf Szepter n. l. gehend, den Kopf zurückgewandt. *RIC 748.*	**1.200**	**5.000**	**15.000**
30.8	Sesterz. CONSECRATIO SC Carpentum von zwei Mauleseln n. l. gezogen. *RIC 749.*	**1.200**	**5.000**	**LP**
30.9	Denar. EX SENATVS CONSVLTO Marciana mit Patera und Szepter auf Wagen sitzend, der von zwei Elefanten n. l. gezogen wird. *RIC 747.*	**800**	**1.500**	**4.000**

30.10	Unter Traian. Sesterz. EX SENATVS CONSVLTO SC Marciana mit Patera und Szepter auf Wagen sitzend, der von zwei Elefanten n. l. gezogen wird. *RIC 750.*	**1.200**	**5.000**	**15.000**

31. Matidia

Nichte des Traianus, † 119

Zur Geschichte

Matidia, die Tochter der Schwester Traianus' Marciana, und damit die Nichte des Kaisers, heiratete L. Vibius Sabinus, von dem sie zwei Töchter hatte. Eine davon, Sabina, wurde die Gemahlin Hadrianus'. Matidia starb im Dezember 119. Hadrianus selbst hielt ihr die Leichenrede.

Hinweis für Sammler

Alle Münzen für Matidia zu Lebzeiten wurden von Traianus, alle Münzen nach ihrem Tode von Hadrianus geprägt.

Münzen

Folgende Vorderseitenvarianten kommen vor:
Umschrift: MATIDIA AVG DIVAE MARCIANAE F,
DIVA AVGVSTA MATIDIA,
DIVA MATIDIA AVGVST(A).
Büste: n. r., drapiert, mit Diadem.

Aurei

31.1	PIETAS AVGVST Matidia frontal stehend, ihre Hände auf die Köpfe der Sabina und der Matidia Minor legend. *RIC 759.*	**2.500**	**8.000**	**25.000**

Denare

31.2	PIETAS AVG Pietas n. l. über Altar opfernd. *RIC 758.*	**600**	**1.500**	**3.000**
31.3	PIETAS AVGVST Matidia frontal stehend, ihre Hände auf die Köpfe der Sabina und der Matidia Minor legend. *RIC 759.*	**600**	**1.500**	**3.000**
31.4	PIETAS AVGVST Frau frontal stehend, auf ihren Armen zwei Kinder tragend. *RIC 760.*	**600**	**1.500**	**3.000**

Sesterze

		s	ss	vz

31.5 PIETAS AVGVST Matidia frontal stehend, ihre Hände auf die Köpfe der Sabina und der Matidia Minor legend.
RIC 761. **800 3.000 LP**

Diva Matidia

31.6 Aureus. CONSECRATIO Adler auf Szepter frontal.
RIC 424. **3.000 12.000 35.000**

31.7 Denar. CONSECRATIO Adler auf Szepter, frontal, n. l. oder n. r. gehend.
RIC 423, 425, 426. **600 1.500 3.000**

31.8 Denar. PIETAS AVG Pietas über Altar n. l. opfernd.
RIC 427. **600 1.500 3.000**

32. Hadrianus

117 – 138

Zur Geschichte

Wohl kaum ein anderer Kaiser hat das römische Reich so positiv beeinflußt wie Kaiser Hadrianus.
Er wurde am 24.1.76 als Großneffe von Traianus in der Kolonie Italica geboren. Nach dem frühen Tod seiner Eltern übernahm sein nächster männlicher Verwandter Traianus die Vormundschaft und sorgte dafür, daß Hadrianus in Rom erzogen wurde. Er durchlief unter den wachsamen Augen des Kaisers eine ungewöhnlich gründliche Ausbildung in allen zivilen und militärischen Bereichen und wurde von Traianus mit einer ganzen Reihe von verantwortungsvollen Posten betraut. Unter anderem war Hadrianus verantwortlich für die logistische Vorbereitung des Partherkrieges, der Traianus das Leben kosten sollte. Nach seiner Abreise vom Kriegsschauplatz überließ der sterbende Kaiser Hadrianus das Kommando über das gesamte im Osten stehende Heer und sicherte damit den friedlichen Übergang der Macht, auch wenn die Gerüchteküche in Rom behaupten mochte, bei der Adoption des Hadrianus sei nicht alles mit rechten Dingen zugegangen.
Gleich zu Beginn der Herrschaft Hadrianus' kam es zu Verschwörungen gegen ihn in Senatorenkreisen. Die resolute Vorgehensweise seines Stadtpraefekten – mehrere Senatoren wurden hingerichtet – schrieben die einflußreichen Kreise Hadrianus zu. Das schlechte Verhältnis von Senat und Kaiser, das die gesamte Herrschaft des Hadrianus belasten sollte, geht auf diese Zeit zurück.
Hadrianus bemühte sich, dem fast schon zu groß gewordenen Reich eine Gestalt zu geben, in der es die nächsten Jahrhunderte überdauern konnte. Wichtigstes Anliegen des Kaisers war es, die Provinzen in die Verantwortung mit einzubeziehen. Kein Kaiser vor ihm hat so viele der von ihm beherrschten Gebiete bereist, kannte so viele Probleme aus eigener Ansicht. Unter Hadrianus wurde die expansive Politik der Macht Rom beendet. Die gerade eben von Traianus eroberten Provinzen im Osten wurden sehr zum Ärger der Militärs zugunsten eines langen Waffenstillstandes aufgegeben. Hadrianus machte die römischen Truppen von einem Angriffsheer zu einem Friedensheer, dessen erste Pflicht es war, die Grenzen

zu sichern. Unter Hadrianus wurde festgelegt, daß eine Legion in der Provinz stationiert bleiben sollte, in der sie ausgehoben worden war. Gleichzeitig wurde die Truppenstärke heruntergefahren, um eine Entlastung für die Staatskasse zu erreichen. Auch wenn Hadrianus eher ein Mann des Friedens gewesen zu sein scheint, ließ er doch gegenüber Völkern, die sich mit der römischen Herrschaft nicht anfreunden konnten, keine Gnade walten, was sich bei der Niederschlagung des 2. Jüdischen Krieges unter Bar Kosiba, besser bekannt als Bar Kochba, zeigen sollte. Ferner bemühte sich Hadrianus, Italien in den Rang der anderen Provinzen herabzustufen. Nur Rom behielt seine privilegierte Stellung. Weiter erließ er im *edictum perpetuum* eine Grundsatzerklärung zur Rechtssprechung, die allen Richtern die Möglichkeit entzog, selbstständig zu entscheiden. Diese erste Hadrianische Codifizierung des römischen Rechts hat bis zum Codex Iustinianus weitergewirkt.

Persönlich scheint Hadrianus ein Mensch gewesen zu sein, der neugierig und allem Fremden gegenüber offen für die Kultur der Griechen schwärmte. Damit verbunden dürfte auch seine Vorliebe für den einfachen bithynischen Bauernknaben Antinoos gewesen sein, der unter unklaren Umständen im Jahre 130 n. Chr. in Ägypten ertrank. Das Verhältnis zu seiner Ehefrau Sabina wird von den antiken Schriftstellern als schlecht beschrieben.

Der Romreisende kennt Hadrianus vor allem von seinen wunderbaren, gut erhaltenen Bauten. Auf ihn geht das Pantheon in seiner jetzigen Gestalt zurück, sowie die Engelsburg, die ursprünglich als Grabmal für Hadrianus und die nach ihm kommenden Kaiser geplant war. Ferner ist die riesige Palastanlage in Tivoli, die Hadrianus für sich selbst bauen ließ, einen Besuch wert.

Hadrianus starb nach langwierigem und schmerzhaftem Krebsleiden am 10.7.138 in Baiae. Wenige Senatoren betrauerten seinen Tod. Seine Damnatio Memoriae wurde nur durch die Drohung des Antoninus Pius, sein Amt als Nachfolger nicht anzutreten und damit einen Bürgerkrieg auszulösen, verhindert.

Zur Münzgeschichte

Obwohl kein anderer Kaiser so viel in den verschiedenen Provinzen reiste, scheint mit wenigen Ausnahmen Rom die einzige Münzstätte geblieben zu sein. Außer einigen höchst sporadischen Emissionen in Antiochia (Syrien) und Ephesos gibt es lediglich die umfassende Wiederaufnahme der Kistophorenprägung mit zahlreichen Typen.

Einige Forscher führen auf das Ende der römischen Expansion mit und nach Hadrianus den Beginn der Inflation zurück. In der Antike war die Tatsache, daß Geld- und Warenumlauf in einem vernünftigen Verhältnis stehen müssen, unbekannt. Deshalb wurden so viele Münzen produziert, wie der Kaiser und seine Verwaltung für ihre Ausgaben brauchten. Solange es noch genügend Gebiete im römischen Reich gab, die nach ihrer Eroberung monetarisiert werden mußten und in die ein Großteil der Prägungen abflossen, blieben Münzen begehrt und behielten deshalb ihren Wert. Als dies nicht mehr der Fall war, häuften sich die Münzen in den römischen Provinzen, überfluteten den Markt und lösten so die Inflation aus.

Hinweise für Sammler

Der Preis der Münzen Hadrianus' hängt stark vom Stil des Porträts ab. Man unterscheidet grob drei verschiedene Typen (Archäologen haben wesentlich mehr Unterteilungen gefunden). Einen frühen (um 117–122), bei dem der Kopf sehr klein ist und die Züge des Kaisers sehr realistisch wiedergegeben werden, einen mittleren (um 125–128), mit einem deutlich größeren Kopf und idealisierteren Zügen, einen späten mit völlig idealisierten Zügen. Besonders die Stücke des letzten Typs sind beliebt.

Die übliche Unterteilung von Dupondius = Kopf des Kaisers mit Strahlenkrone, As = Kopf mit Lorbeerkranz trifft für die Bronzeprägung des Hadrianus nur bedingt zu. Ab dem Jahr 134 werden beide Geldsorten nur noch mit dem Porträt mit Lorbeerkranz geprägt und sind lediglich durch Größe und Farbe zu unterscheiden, wobei eine Patina die ursprüngliche Farbe soweit verbergen kann, daß das As nicht vom Dupondius unterschieden werden kann.

Münzen

Folgende Vorderseitenvarianten kommen in unzähligen Abwandlungen vor:

Umschrift: HADRIANVS AVGVSTVS,
HADRIANVS AVGVSTVS P P,
HADRIANVS AVG COS III P P,
IMP CAESAR TRAIAN(VS) HADRIANVS AVG (P M TR P COS III)
und viele andere mehr.

Büste: n. r., n. l., barhäuptig, mit Lorbeerkranz, mit Strahlenkrone (nur bei Dupondien), drapiert, nur an der l. oder r. Schulter drapiert, gepanzert, mit Aegis.

s ss vz

Aurei

32.1 *Ohne Legende.* Hadrianus auf sich aufbäumendem Pferd n. r.
RIC 293. **1.000 2.500 5.000**

32.2 *Ohne Legende.* Nil n. l. oder n. r. gelagert, an Sphinx oder Felsen gestützt, mit Füllhorn und Schilf, um ihn Nilpferd (oder zwei Zweige) und Krokodil.
RIC 312ff. **1.500 4.000 12.000**

32.3 ADVENTVTI AVG AFRICAE Hadrianus l., ihm gegenüber Africa opfernd. mit Elefantenskalp, in der Hand Kornähren, zwischen ihnen Kalb.
RIC 315. **1.500 4.000 12.000**

32.3 ADVENTVTI AVG ALEXANDRIAE Hadrianus l., ihm gegenüber Alexandria opfernd, auf dem Kopf Lotus, in der Hand Patera und Vogel.
RIC 317. **1.500 4.000 12.000**

32.4 –. Sarapis und Isis n. r. stehend, Hadrianus und Sabina ihnen gegenüber die Hand reichend.
RIC 318. **1.500 4.000 12.000**

32.5 ADVENTVTI AVG ITALIAE Hadrianus l., ihm gegenüber Italia mit Füllhorn opfernd.
RIC 320. **1.500 4.000 12.000**

32.6 ADVENTVS AVG Roma n. r. sitzend, stehend oder n. l. stehend im Handschlag mit Hadrianus.
RIC 224-226. **1.000 2.500 5.000**

32.7 AFRICA Africa, auf dem Kopf Elefantenskalp, n. l. gelagert, mit Korb und Löwen, zu ihren Füßen Korb mit Ähren.
RIC 298f. **1.500 4.000 12.000**

32.8 ANN DCCCLXXIIII NAT VRB P CIR CON Junge männliche Gestalt n. l. gelagert, mit Rad und drei Obelisken. *Zweimal wurde in der römischen Münzprägung die Datierung ab urbe condita benutzt. Hier haben wir eines der beiden Beispiele. Es handelt sich um das Jahr 874 ab urbe condita = nach Gründung der Stadt, was dem Jahr 121 n. Chr. entspricht.*
RIC 144. **3.000 12.000 30.000**

32.9.2

s ss vz

32.9.4

32.9 COS III 1.) Sol in Quadriga n. r. oder l. fahrend, 2.) Wölfin n. r. oder n. l., die Zwillinge säugend, 3.) Hadrianus n. r. stehend, 4.) Hadrianus n. r. oder n. l. reitend.
RIC 146-202, RIC 347-349. **1.000 2.500 5.000**

32.10 –. Säule, darauf Helm, daran gelehnt Schild und andere Waffen.
RIC 194. **1.200 3.000 10.000**

32.11 –. Roma, die Hände von Hadrianus l. und Senat r. von ihr zusammenführend.
RIC 349. **3.000 12.000 30.000**

32.12 COS III P P 1.) Hadrianus im Rednergestus mit Speer n. r. oder l. stehend (gelegentlich zwei Standarten l. von ihm, eine r.), 2.) Hadrianus n. r. galoppierend.
RIC 203-205. **1.000 2.500 5.000**

32.13 DISCIPLINA AVG Kaiser n. r. gehend, hinter ihm drei Soldaten mit Standarten.
RIC 232. **3.000 12.000 30.000**

32.14 DIVI NER NEP P M TR P COS FORT RED
Mit zusätzlicher Inschrift:
1.) Concordia n. l. sitzend (CONCORD), 2.) Büste des Sol n. r. (ORIENS).
RIC 14-16. **1.000 2.500 5.000**

32.15 FORTVNA SPES Fortuna n. r. stehend, ihr gegenüber Spes.
RIC 246. **1.000 2.500 5.000**

32.16 GENIO P R Genius n. l. opfernd.
RIC 249. **1.000 2.500 5.000**

32.17 IOVI CONSERVAT Iupiter frontal stehend, Hadrianus bekränzend.
RIC 250. **1.200 2.800 7.500**

32.18 IOVI VICTORI Iupiter mit Victoria und Szepter n. l. sitzend.
RIC 251. **1.000 2.500 5.000**

32.19 IVSTITIA AVG Iustitia n. l. sitzend.
RIC 252. **1.000 2.500 5.000**

32.20 P M TR P COS DES II ORIENS Büste des Sol n. r.
RIC 20. **1.000 2.500 5.000**

32.21 P M TR P COS II Genius n. l. stehend.
RIC 35. **1.000 2.500 5.000**

32.22 Quinar. –. Victoria n. r. gehend.
RIC 36. **1.500 3.000 7.500**

32.23 *– Mit zusätzlicher Umschrift:*
Büste des Sol n. r. (ORIENS).
RIC 43. **1.000 2.500 5.000**

s ss vz

32.24.6

32.24.7

32.24 P M TR P COS III
Ohne zusätzliche Umschrift:
1.) Hercules frontal sitzend, 2.) Hercules frontal stehend in Tempel, 3.) Hercules zwischen zwei Frauen stehend in Tempel, 4.) Ianus frontal stehend, 5.) Iupiter n. l. sitzend, 6.) Mars frontal stehend, 7.) Minerva frontal stehend, 8.) Neptun l. stehend, 9.) Roma r. sitzend.
RIC 55-113. **1.000 2.500 5.000**

32.25 –. Tiber n. l. gelagert.
RIC 79. **1.500 3.000 10.000**

32.26 –. 1.) Hadrianus, einen Globus von Iupiter empfangend, 2.) Hadrianus und der Genius des römischen Volkes einander gegenüber, 3.) Palladium.
RIC 109-111. **1.500 2.500 5.000**

32.27 P M TR P COS III
Mit zusätzlicher Umschrift:
Hercules frontal stehend (HERC GADIT), Hadrianus und Genius über Altar zwischen ihnen opfernd (V S PRO RED).
RIC 125, 140. **1.500 3.000 10.000**

32.28 RESTITVTORI ITALIAE Hadrianus n. r. stehend, Italia aufhelfend.
RIC 328. **1.500 4.000 12.000**

32.29 ROMA AETERNA Roma n. l. sitzend.
RIC 263. **1.000 2.500 5.000**

32.30 SECVRITAS AVG Securitas n. r. oder l. sitzend.
RIC 271-273. **1.000 2.500 5.000**

32.31 SPES PR Spes n. l. stehend.
RIC 274f. **1.000 2.500 5.000**

32.32 VENERI GENETRICI Venus mit Schild und Victoriastatuette frontal stehend.
RIC 279. **1.000 2.500 5.000**

32.33 VICTORIA AVG Victoria 1.) n. r. gehend oder 2.) n. l. stehend.
RIC 283f. **1.000 2.500 5.000**

32.34 VIRTVTI AVG Virtus n. r. stehend.
RIC 287. **1.000 2.500 5.000**

32.35 VOT PVB Genius des Senates, ihm gegenüber Genius des römischen Volkes über Altar opfernd.
RIC 288. **1.500 3.000 10.000**

s ss vz

32.36 VOTA PVBLICA Hadrianus aus Patera über Altar opfernd, dahinter Schlächter das Beil hebend, Soldat, Flötenspieler und Ministrant.
RIC 289. **2.500 5.000 20.000**

32.37 VOTA SVSCEPTA in Eichenkranz.
RIC 291. **1.000 2.500 5.000**

Denare

32.38 *Ohne Legende.* Hadrianus auf Prora n. r. stehend.
RIC 294. **50 150 400**

32.39 ADOPTIO TRIBVNIC POTEST Traianus und Hadrianus im Handschlag.
RIC 22 C. **50 150 500**

32.40 ADVENTVI AVG AFRICAE Hadrianus l., ihm gegenüber Africa opfernd mit Elefantenskalp, in der Hand Füllhorn (Aureus).
RIC 316. **50 150 400**

32.41 ADVENTVI AVG HISPANIAE Hadrianus l., ihm gegenüber Hispania opfernd, beim Altar Kalb (Aureus).
RIC 319. **50 150 400**

32.42 ADVENTVS AVGVSTI Roma n. r. stehend, im Handschlag mit Hadrianus.
RIC 227. **30 75 200**

32.43 AEGYPTOS Ägypten mit Sistrum und Korb n. l. gelagert, zu ihren Füßen Ibis.
RIC 296f. **50 150 400**

32.44 AEQVITAS AVG Aequitas n. l. stehend.
RIC 228. **30 75 200**

32.45 AFRICA Africa, auf dem Kopf Elefantenskalp, n. l. gelagert, einen Skorpion und ein Füllhorn haltend, vor ihr Korb von Früchten (Aureus).
RIC 299. **50 150 400**

32.46 ALEXANDRIA Alexandria n. l. stehend, mit Sistrum und Schlange in Korb.
RIC 300. **50 150 400**

32.47 ANNONA AVG Modius mit Getreideähren und Mohnkapsel.
RIC 230. **30 75 200**

s ss vz

32.48 ASIA Asia n. l. stehend, Fuß auf Prora, mit Haken und Ruder.
RIC 301. **50 150 400**

32.49 AVG GER DAC PAR P M TR P COS ITERO SPQR Roma n. r. stehend.
RIC 53. **50 150 400**

32.50 Quinar. AVG P M TR P COS II Victoria n. r. gehend.
RIC 54. **150 300 750**

32.51 Kistophor. COM BIT / ROM SP AVG Tempel, darin gelegentlich Hadrian und Victoria.
RIC 459-462. **150 250 700**

32.52 CONCORDIA Concordia n. l. sitzend.
RIC 257. **30 75 200**

32.53.4

32.53.19

32.53 Kistophor. COS III 1.) in Lorbeerkranz, 2.) Adler auf Blitzbündel, 3.) Asklepios n. l. stehend, 4.) Apollon Kitharoedos n. r. stehend, 5.) Apollon Didymaios n. l. stehend, 6.) Apollon mit Rabe und Zweig n. l. stehend, 7.) Artemis von Ephesos frontal stehend, 8.) n. l. stehend, 9.) Bacchus n. l. stehend, 10.) Bündel von Kornähren, 11.) Ceres n. r. gehend, 12.) oder n. l. stehend, 13.) Concordia n. l. stehend, 14.) Diana Lucifera mit Fackeln n. r. gehend, 15.) Diana als Jägerin n. l. oder r. stehend, 16.) Flußgott n. l. gelagert, 17.) Hercules n. r. stehend, 18.) Iupiter frontal stehend, 19.) n. l. stehend, 20.) n. l. sitzend, 21.) n. r. sitzend, 22.) Iupiter Labraundos mit Doppelaxt frontal stehend, 23.) Iupiter von Perge mit Standbild der Artemis von Perge n. l. oder r. sitzend, 24.) Kybele n. l. sitzend, 25.) Legionsadler zwischen zwei Standarten, 26.) Men n. l. stehend, 27.) Minerva n. l. sitzend, 28.) oder n. l. stehend, 29.) Nemesis (allein oder zu zweien), 30.) Neptun n. r. stehend, 31.) Pax n. l. stehend, 32.) Proserpina: Kultbild mit Ähren und Mohnkapsel frontal stehend, 33.) Roma n. l. sitzend, 34.) Tempel, darin gelegentlich 35.) Standbild des Apollon, 36.) der Minerva, 37.) der zwei Nemeseis (SMVR) oder 38.) der Proserpina (SARD), 39.) Triumphbogen, 40.) Venus von Aphrodisias: Kultbild, 41.) Hadrianus n. r. galoppierend.
RIC 463-471, 480-523, 529. **150 250 700**

32.54.12

32.54.19

32.54.25

32.54 COS III 1.) Abundantia n. l. stehend, 2.) oder n. l. sitzend, 3.) Adler auf Blitzbündel stehend, 4.) Aequitas n. l. stehend, 5.) Capricornus n. r., 6.) Ceres n. l. sitzend, 7.) Concordia n. l. sitzend, 8.) Diana n. r. stehend, 9.) Felicitas n. l. stehend, 10.) Fortuna n. l. stehend, 11.) Genius n. l. opfernd, 12.) Hercules n. r. oder n. l. sitzend, 13.) Hilaritas n. r. stehend, 14.) Libertas n. l. stehend, 15.) Mars n. r. gehend, 16.) Minerva n. r. oder n. l. stehend, 17.) oder n. r. gehend, 18.) Modius und Kornähren, 19.) Mondsichel, darüber Stern, vier, fünf oder sieben Sterne, 20.) Neptun n. r. oder l. stehend, 21.) Priesterliche Geräte, 22.) Pudicitia n. l. stehend, 23.) oder n. r. gehend, 24.) oder n. l. sitzend, 25.) Roma n. r. oder l. stehend, 26.) oder n. r. oder l. sitzend (Quinar), 27.) Spes n. l. gehend (Quinar), 28.) Victoria n. r. stehend, 29.) oder n. l. sitzend (Quinar), 30.) Weibliche Gestalt mit Szepter und Füllhorn n. l. stehend, 31.) Hadrianus in Rüstung eine Statuette der Victoria haltend,
RIC 146-202, 330-358. **30 75 200**

32.55 –. Galeere n. r. oder n. l.
RIC 195f. **75 150 400**

32.56 Quinar. –. Salus n. l. sitzend.
RIC 180. **150 300 750**

		s	ss	vz

32.57 COS III
Mit zusätzlicher Inschrift:
1.) Clementia n. l. stehend (CLEMENTIA AVG), 2.) Fortuna n. l. sitzend (FORT RED), 3.) Indulgentia n. l. sitzend (INDVLGENTIA AVG), 4.) Iustitia n. l. sitzend (IVSTITIA AVG), 5.) Liberalitas n. r. oder n. l. stehend (LIBERALITIS AVG), 6.) Patientia n. l. sitzend (PATIENTA AVGVSTI), 7.) Pietas n. l. sitzend (PIETAS AVGVSTI), 8.) Tranquillitas n. l. stehend (TRANQVILLITAS AVG).
RIC 359-367. **30 75 200**

32.58 COS III P P
Mit zusätzlicher Inschrift:
1.) Clementia n. l. stehend (CLEMENTIA AVG), 2.) Felicitas n. l. sitzend (FELICITAS AVG), 3.) Fortuna n. l. sitzend (FORT RED), 4.) Indulgentia n. l. sitzend (INDVLGENTIA AVG), 5.) Iustitia n. l. sitzend (IVSTITIA AVG), 6.) Liberalitas n. r. stehend (LIBERALITAS AVG), 7.) Pietas n. r. oder l. sitzend (PIETAS AVG oder PIETATI AVG), 8.) Roma n. l. sitzend (ROMA FELIX), 9.) Securitas n. l. sitzend (SECVR PVB), 10.) Tranquillitas n. l. stehend (TRANQVILLITAS AVG).
RIC 206-223. **30 75 200**

32.59 –. Galeere (FELICITATI AVG).
RIC 209f. **75 150 400**

32.60 Kistophor. DIANA EPHESIA (COS III) Statue der Artemis von Ephesos, gelegentlich in Tempel.
RIC 474-476, 525ff. **150 250 700**

32.61 DIVI NER NEP P M TR P COS FORT RED Fortuna n. l. sitzend (Aureus).
RIC 15. **30 75 200**

32.62 FELICITAS AVG (oder FELICITAS P R) Felicitas n. l. stehend oder sitzend.
RIC 233-238. *30 75 200*

32.63 FELICITATI AVG(VSTI) Galeere n. l.
RIC 239f. **75 150 400**

32.64 FIDES PVBLICA Fides n. r. stehend (Aureus).
RIC 241A. **30 75 200**

32.65 FORT REDVCI Fortuna n. l. sitzend.
RIC 242. **30 75 200**

32.66 - Hadrianus n. r. stehend im Handschlag mit Fortuna (Aureus).
RIC 243. **50 100 300**

32.67 FORTVNA AVG Fortuna n. l. stehend (Aureus).
RIC 244. **30 75 200**

		s	ss	vz

32.68 Kistophor. FORTVNA AVGVST Fortuna mit Füllhorn und Ruder n. l. stehend.
RIC 530. **150 250 700**

32.69 Kistophor. FORTVNA EPHESIA Fortuna mit Füllhorn und Ruder n. l. stehend.
RIC 477. **150 250 700**

32.70 FORTVNAE REDVCI Fortuna n. l. sitzend.
RIC 248. **30 75 200**

32.71 GERMANIA Germania mit Speer und Schild frontal stehend.
RIC 302ff. **50 150 400**

32.72 HISPANIA Hispania n. l. gelagert mit Zweig, vor oder hinter ihr Hase (Aureus).
RIC 305f. **50 150 400**

32.73 IOVIS OLYMPIVS Iupiter n. l. sitzend, Statuette der Artemis Ephesia oder Blitzbündel und Szepter haltend.
RIC 478f. **200 400 LP**

32.74 ITALIA Italia mit Szepter und Füllhorn n. l. stehend.
RIC 307. **50 150 400**

32.75 LIBERALITAS AVG VI Liberalitas n. l. stehend (Aureus).
RIC 253. **30 75 200**

32.76 LIBERALITAS AVG VII Liberalitas n. l. stehend (Aureus).
RIC 254. **30 75 200**

32.77 MARTI Mars n. l. stehend.
RIC 255. **30 75 200**

32.78 MONETA AVG Moneta n. l. stehend (Quinar in Gold und Silber).
RIC 256. **30 75 200**

32.79 NILVS Nil n. l. oder r. gelagert, an Wassergefäß gestützt, mit Füllhorn und Schilf, um ihn Nilpferd (oder zwei Zweige) und Krokodil (Aureus).
RIC 309ff. **50 150 400**

32.80 PARTHI Γ DIVI NER NEP P M TR P COS
Mit zusätzlicher Inschrift:
1.) Concordia n. l. sitzend (CONCORD), 2.) Fortuna n. l. sitzend (FORT RED)(Aureus), 3.) Iustitia n. l. sitzend (IVSTITIA), 4.) Pax n. l. stehend (PAX), 5.) Pietas n. l. stehend (PIETAS).
RIC 9-13. **30 75 200**

32.81 PARTHIC DIVI NER NEP P M TR P Pax n. l. stehend.
RIC 22D. **30 75 200**

s *ss* *vz*

32.82 PARTHIC DIVI TRAIAN AVG F P M TR P COS P P Traianus und Hadrianus, einen Globus zwischen sich haltend (Aureus).
RIC 2. **50** **150** **400**

32.83 – *Mit zusätzlicher Umschrift:*
1.) Traianus und Hadrianus im Handschlag (ADOPTIO) (Aureus), 2.) Concordia n. l. sitzend (CONCORD) (Aureus), 3.) Fortuna n. l. sitzend (FORT RED), 4.) Iustitia n. l. sitzend (IVSTITIA), 5.) Pax n. l. stehend (PAX), 6.) Pietas n. l. stehend (PIETAS).
RIC 3-8 **30** **75** **200**

32.84 PIETAS AVG 1.) Pietas n. l. betend, 2.) n. r. betend, 3.) frontal betend mit Storch, 4.) n. l. sitzend.
RIC 257-260. **30** **75** **200**

32.85 P M TR P COS DES II
Mit zusätzlicher Umschrift:
1.) Concordia n. l. sitzend (CONCORD), 2.) Fortuna n. l. sitzend (FORT RED) (Aureus), 3.) Iustitia n. l. sitzend (IVSTITIA), 4.) Pax n. l. stehend (PAX), 5.) Pietas n. l. stehend (PIETAS).
RIC 17-22. **30** **75** **200**

32.86 P M TR P COS II
Mit zusätzlicher Umschrift:
1.) Aeternitas n. l. stehend (AET AVG), 2.) Concordia n. l. sitzend (CONCORD) (Aureus), 3.) Felicitas n. l. stehend (FEL AVG) (Aureus), 4.) Fortuna n. l. sitzend (FORT RED) (Aureus), 5.) Iustitia n. l. sitzend (IVSTITIA), 6.) Pax n. l. stehend (PAX), 7.) Pietas n. l. stehend (PIETAS), 8.) Pietas n. l. stehend (VOT PVB), 9.) Salus n. l. sitzend (SALVS AVG) (Aureus).
RIC 38-47. **30** **75** **200**

32.87 –. *Ohne zusätzliche Inschrift:*
Quinar. Victoria 1.) n. r. gehend oder 2.) n. l. sitzend.
RIC 36f. **150** **300** **750**

32.88 P M TR P COS DES III
Mit zusätzlicher Umschrift:
1.) Aeternitas n. l. stehend (AET AVG), 2.) Concordia n. l. sitzend (CONCORD), 3.) Felicitas n. l. stehend (FEL AVG) (Aureus), 4.) Pietas n. r. stehend (VOT PVB), 5.) Salus n. l. sitzend (SALVS AVG) (Aureus).
RIC 48-52. **30** **75** **200**

32.89 Kistophor. P M TR P COS III 1.) Ceres n. l. stehend, 2.) Fortuna n. l. sitzend.
RIC 472f. **150** **250** **700**

32.90.6

32.90.16

s *ss* *vz*

32.90 P M TR P COS III
Ohne zusätzliche Umschrift:
1.) Aequitas n. l. stehend (Aureus), 2.) Aeternitas n. l. stehend, 3.) Concordia n. l. sitzend, 4.) Felicitas n. l. stehend, 5.) Fortuna n. l. stehend, 6.) Genius n. l. opfernd (Aureus), 7.) Iupiter frontal stehend, 8.) Libertas n. l. stehend, 9.) Mars n. r. gehend, 10.) Minerva n. r. gehend, 11.) Oceanus n. l. liegend, 12.) Pax n. l. stehend, 13.) oder n. l. sitzend, 14.) Pietas frontal oder n. r. betend, 15.) Roma n. l. stehend, 16.) oder n. l. sitzend, 17.) Salus n. l. sitzend, 18.) Spes n. l. gehend, 19.) Victoria n. r. fliegend, 20.) oder n. l. stehend, 21.) Traianus mit Ruder und Speer n. l. stehend.
RIC 55-113. **30** **75** **200**

32.91 –. Galeere l. oder r.
RIC 112f. **75** **150** **400**

32.92.5

32.92 Quinar. –. 1.) Victoria n. r. gehend (Goldquinar), 2.) n. l. stehend, 3.) n. l. gehend, 4.) n. r. stehend, 5.) n. l. sitzend (Goldquinar).
RIC 103-108. **150** **300** **750**

32.93.8

32.93 – *Mit zusätzlicher Umschrift:*
1.) Aeternitas n. l. stehend (AET oder AETER AVG), 2.) Clementia n. l. opfernd (CLEM), 3.) Concordia n. l. sitzend (CONCORD), 4.) Felicitas n. l. stehend (FEL AVG) oder n. l. sitzend (FELIC AVG oder FEL P R), 5.) Fortuna n. l. sitzend (FORT RED), 6.) Genius n. l. stehend (GEN P R) (Aureus), 7.) Hilaritas frontal betend (HILAR P R), 8.) Libertas n. l. sitzend (LIB PVB) (Aureus), 9.) oder n. l. stehend, 10.) Pietas frontal betend (VOT PVB), 11.) Providentia n. l. stehend (PRO AVG), 12.) Pudicitia frontal stehend (PVDIC), 13.) Salus n. l. sitzend (SAL oder SALVS AVG) (Aureus), 14.) oder n. l. stehend.
RIC 114-141. **30** **75** **200**

32.94 –. 1.) Hadrianus auf Podium sitzend, r. von ihm Bürger, gelegentlich zusätzlich Offizier hinter Kaiser, zwei Bürger oder Liberalitas im Hintergrund (LIBERAL AVG), 2.) Hadrianus, einen Phönix auf einem Globus haltend, darum ovaler Rahmen (SAEC AVR) (Aureus).
RIC 129ff., 136. **75** **150** **400**

32.95 PROVIDENTIA AVG Providentia n. l. stehend.
RIC 261f. **30** **75** **200**

32.96 RESTITVTORI ACHAIAE Hadrianus n. r. stehend, Achaia aufhelfend, zwischen ihnen Palmzweig in Gefäß (Aureus).
RIC 321. **50** **150** **400**

s | ss | vz

32.97 RESTITVTORI AFRICAE Hadrianus n. r. oder l. stehend, Africa mit Elefantenskalp und Kornähren aufhelfend, zwischen ihnen Kornähren.
RIC 322f. 50 150 400

32.98 RESTITVTORI GALLIAE Hadrianus n. r. oder l. stehend, Gallia aufhelfend.
RIC 324f. 50 150 400

32.99 RESTITVTORI HISPANIAE Hadrianus n. r. oder l. stehend, Hispania, Zweig haltend, aufhelfend, zwischen ihnen Hase (Aureus).
RIC 326f. 50 150 400

32.100 RESTITVTORI MACEDONIAE Hadrianus n. r. stehend, Macedonia aufhelfend.
RIC 329. 50 150 400

32.101.3

32.101 ROMA 1.) Roma n. l. sitzend, 2.) Umschrift ROMA FELIX oder 3.) ROMA AETERNAE (Aureus).
RIC 262A-265. 30 75 200

32.102 ROMVLO CONDITORI Romulus mit Speer und Trophäe n. r. gehend (Aureus).
RIC 266. 30 75 200

32.103 SALVS AVG Salus 1.) n. r. oder 2.) l. stehend oder 3.) n. l. sitzend.
RIC 267-270. 30 75 200

32.104 SPES P R Spes n. l. gehend (Aureus).
RIC 274. 30 75 200

32.105 TELLVS STABIL Tellus n. l. stehend oder n. l. gelagert.
RIC 276ff. 50 150 400

32.106 VENERIS FELICIS Venus mit Cupido und Speer n. l. sitzend (Aureus).
RIC 280. 30 75 200

32.107 Quinar. VIC AVG in Lorbeerkranz.
RIC 281. 150 300 750

32.108 VICTORIA AVG Victoria 1.) n. r. stehend, oder 2.) n. l. sitzend.
RIC 282-286. 30 75 200

32.109 VOTA PVBLICA Hadrianus über Altar oder Dreifuß l. von ihm opfernd.
RIC 290. 30 75 200

s | ss | vz

Bronzemünzen

32.110 Sesterz. ADLOCVTIO SC Hadrianus auf Podium n. r. vor drei Soldaten eine Rede haltend.
RIC 739. 200 500 2.000

32.111 Sesterz. ADVENTVI AVG AFRICAE SC Hadrianus n. r., ihm gegenüber Africa mit Elefantenskalp über Dreifuß opfernd (Dupondius oder As).
RIC 872ff. 200 500 2.000

32.112 Sesterz. ADVENTVI AVG ALEXANDRIAE SC Hadrianus n. r., ihm gegenüber Alexandria mit Beutel(?) über Dreifuß opfernd.
RIC 876. 200 500 2.000

32.113 Sesterz. –. Isis und Sarapis n. r. stehend, Hadrianus und Sabina die Hand reichend.
RIC 877. LP LP LP

32.114 Sesterz. ADVENTVI AVG ARABIAE SC Hadrianus n. r., ihm gegenüber Arabia mit Bündel von Zimtrinden über Dreifuß opfernd (Dupondius oder As).
RIC 878f. 200 500 2.000

32.115 Sesterz. ADVENTVI AVG ASIAE SC Hadrianus n. r., ihm gegenüber Asia mit Mauerkrone und Szepter über Dreifuß opfernd.
RIC 880. 200 500 2.000

32.116 Sesterz. ADVENTVI AVG BITHYNIAE SC Hadrianus n. r., ihm gegenüber Bithynia mit Mauerkrone und Ruder über Dreifuß opfernd.
RIC 881. 200 500 2.000

32.117 Sesterz. ADVENTVI AVG BRITANNIAE SC Hadrianus n. r., ihm gegenüber Britannia über Dreifuß opfernd.
RIC 882. 300 750 3.000

32.118 Sesterz. ADVENTVI AVG CILICIAE SC Hadrianus n. r., ihm gegenüber Kilikia mit Helm und Standarte über Dreifuß opfernd.
RIC 883. 200 500 2.000

32.119 Sesterz. ADVENTVI AVG GALLIAE SC Hadrianus n. r., ihm gegenüber Gallia über Dreifuß opfernd (Dupondius oder As).
RIC 884f. 200 500 2.000

32.120 Sesterz. ADVENTVI AVG HISPANIAE SC Hadrianus n. r., ihm gegenüber Hispania mit Zweig über Dreifuß opfernd (Dupondius oder As).
RIC 886f. 200 500 2.000

32.121 Sesterz. ADVENTVI AVG ITALIAE SC Hadrianus n. r., ihm gegenüber Italia mit Füllhorn über Dreifuß opfernd (Dupondius oder As).
RIC 888. 200 500 2.000

S *SS* *VZ*

32.122 Sesterz. ADVENTVI AVG IVDAEAE SC Hadrianus n. r., ihm gegenüber Judaea über Dreifuß opfernd, l. davon zwei Jungen, ein Kind vor Judaea (Dupondius oder As).
RIC 890ff. **800 4.000 8.000**

32.123 Sesterz. ADVENTVI AVG MACEDONIAE SC Hadrianus n. r., ihm gegenüber Makedonia mit Kausia und Peitsche über Dreifuß opfernd (Dupondius oder As).
RIC 895. **200 500 2.000**

32.124 Sesterz. ADVENTVI AVG MAVRETANIAE SC Hadrianus n. r., ihm gegenüber Mauretania (gelegentlich mit Elefantenskalp und) Vexillum über Dreifuß opfernd (Dupondius oder As).
RIC 897ff. **200 500 2.000**

32.125 Sesterz. ADVENTVI AVG MOESIAE SC Hadrianus n. r., ihm gegenüber Moesia mit Bogen und Köcher über Dreifuß opfernd.
RIC 903. **300 750 3.000**

32.126 Sesterz. ADVENTVI AVG NORICI SC Hadrianus n. r., ihm gegenüber Noricum in voller Rüstung mit Standarte über Dreifuß opfernd.
RIC 904. **400 1.000 5.000**

32.127 Sesterz. ADVENTVI AVG PHRYGIAE SC Hadrianus n. r., ihm gegenüber Phrygia mit phrygischer Mütze und Sichel über Dreifuß opfernd.
RIC 905. **300 750 3.000**

32.128 Sesterz. ADVENTVI AVG SICILIAE SC Hadrian n. r., ihm gegenüber Sicilia mit Kornähren über Dreifuß opfernd.
RIC 75f. **200 500 2.000**

32.129 Sesterz. ADVENTVI AVG THRACIAE SC Hadrianus n. r., ihm gegenüber Thracia über Dreifuß opfernd.
RIC 907. **200 500 2.000**

32.130 Sesterz. ADVENTVS AVG(VSTI) SC Roma und Hadrianus im Handschlag.
RIC 740f. **50 150 1.000**

32.131 Dupondius oder As. –. Roma n. r. oder l. stehend, Hadrianus grüßend.
RIC 793f. **30 150 600**

S *SS* *VZ*

(Dupondius oder As)

32.132 Sesterz. AEGYTPOS SC Aegyten n. l. gelagert mit Sistrum und Fruchtkorb, vor ihr Ibis (Dupondius oder As).
RIC 838. **200 500 2.000**

32.133 Sesterz. AEQVITAS AVG SC Aequitas n. l. stehend (Dupondius oder As).
RIC 743. **50 150 1.000**

(Dupondius)

32.134 Sesterz. AETERNITAS AVG(VSTI) SC Aeternitas frontal stehend (Dupondius).
RIC 744. **50 150 1.000**

(Dupondius oder As)

32.135 Sesterz. AFRICA SC Africa mit Elefantenskalp n. l. gelagert mit Skorpion oder Kornähren und Füllhorn, vor ihr Korb mit Ähren (Dupondius oder As).
RIC 840. **200 500 2.000**

32.136 Sesterz. ALEXANDRIA SC Alexandria mit Kornähren und Weintraube n. l. gelagert, vor ihr wachsen Ähren (Dupondius oder As).
RIC 843. **200 500 2.000**

32.137 Sesterz. ANN DCCCLXXIIII NAT Junge männliche Gestalt n. l. gelagert, mit Rad und drei Obelisken.
Zweimal wurde in der römischen Münzprägung die Datierung ab urbe condita benutzt. Hier haben wir eines der beiden Beispiele. Es handelt sich um das Jahr 874 ab urbe condita = nach Gründung der Stadt, was dem Jahr 121 n. Chr. entspricht.
RIC 609. **LP LP LP**

32.138 Dupondius oder As. ANNONA AVG SC 1.) Annona n. l. stehend, 2.) Modius gefüllt mit Kornähren.
RIC 796ff. **20 100 400**

		S	SS	VZ
32.139	Sesterz. ANNONA AVGVSTI SC Annona n. r. sitzend. *RIC 580.*	**50**	**150**	**1.000**
32.140	Sesterz. BRITANNIA SC Britannia mit Speer frontal sitzend, vor ihr Haufen aus Steinen, r. Rundschild (Dupondius oder As in „sehr schön" ca. 500). *RIC 845.*	**1.000**	**2.000**	**8.000**

		S	SS	VZ
32.141	Sesterz. CAPPADOCIA SC Kappadokia mit Mauerkrone n. l. stehend mit einer Miniatur des Mons Argaios und einer Standarte (Dupondius oder As). *RIC 847.*	**300**	**750**	**3.000**
32.142	Sesterz. CLEMENTIA AVG SC Clementia n. l. stehend. *RIC 745.*	**50**	**150**	**1.000**
32.143	Sesterz. COH(ORT) PRAETOR SC Hadrianus n. r. oder n. l. stehend, sich an Soldaten wendend (Dupondius oder As). *RIC 908ff.*	**300**	**750**	**3.000**
32.144	Dupondius oder As. CONCORDIA AVG SC Concordia n. l. stehend. *RIC 799.*	**20**	**100**	**400**
32.145	Sesterz. CONCORDIA EXERCITVVM SC Concordia n. l. stehend. *RIC 581.*	**50**	**150**	**1.000**

32.146.4

		S	SS	VZ
32.146	Sesterz. COS III PP SC. – *Mit zusätzlicher Umschrift:* 1.) Clementia n. l. stehend (CLEMENTIA AVG), 2.) Fortuna n. l. sitzend (FORT RED oder REDVCI), 3.) Indulgentia n. l. sitzend (INDVLGENTIA AVG), 4.) Iustitia n. l. sitzend (IVSTITIA AVG), 5.) Liberalitas n. r. stehend (LIBERALITAS AVG) (alle Typen auch als Dupondius oder As). *RIC 701-713.*	**50**	**150**	**1.000**

(As)

		S	SS	VZ
32.147	- Galeere n. r. oder n. l. fahrend (FELICITATI AVG) (Dupondius oder As). *RIC 703-706.*	**200**	**500**	**2.000**
32.148	Dupondius oder As. – *Ohne zusätzliche Umschrift:* 1.) Roma n. r. stehend, 2.) Hadrianus n. r. reitend. *RIC 716f.*	**20**	**100**	**400**
32.149	Dupondius oder As. – *Mit zusätzlicher Umschrift:* Tranquillitas n. l. stehend (TRANQVILLITAS AVG). *RIC 730.*	**20**	**100**	**400**
32.150	As. –. Mond und sieben Sterne. *RIC 732.*	**30**	**150**	**500**

32.151.4

		S	SS	VZ
32.151	Sesterz. COS III SC. *Ohne zusätzliche Umschrift:* 1.) Aequitas n. l. stehend (Dupondius, As), 2.) Diana n. r. stehend, 3.) Neptun n. r. oder n. l. stehend, 4.) Roma n. l. sitzend oder stehend (As), 5.) Virtus n. l. stehend, 6.) Waffenhaufen. *RIC 631-643.*	**50**	**150**	**1.000**

s ss vz

32.152 –. Hadrianus vor einem Tempel vor mehreren Bürgern eine Rede haltend.
RIC 639. **200 500 2.000**

32.153 –. Roma frontal stehend zwischen Hadrianus r. von ihr und Senat.
RIC 640. **200 500 2.000**

32.154.1

32.154 –. *Mit zusätzlicher Umschrift:*
1.) Hadrianus n. l. oder n. r. reitend (EXPED AVG),
2.) Fortuna n. l. sitzend (FORT RED) (Dupondius, As),
3.) Hilaritas n. l. stehend (HILARITAS P R) (Dupondius),
4.) Neptun n. l. oder r. stehend (NEP RED), 5.) Romulus n. r. gehend (ROMVLO CONDITORI).
RIC 644-653. **50 150 1.000**

32.155 –. Hadrianus auf Podium n. l. sitzend vor ihm Liberalitas ihr Füllhorn über einem Bürger ausleerend (LIBERALITAS AVG IIII).
RIC 648f. **200 500 2.000**

32.156 –. IOVI OPTIMO MAXIMO SPQR in Eichenkranz.
RIC 971. **300 750 3.000**

32.157 Dupondius.
–. *Ohne zusätzliche Umschrift:*
1.) Aequitas n. l. sitzend, 2.) Fides n. r. stehend (As),
3.) Salus n. l. sitzend (As).
RIC 654-657. **20 100 400**

32.158 –. Pegasos n. l. oder r. fliegend (As).
RIC 658f. **50 200 600**

32.159 –. Weibliche Gestalt mit Mauerkrone n. l. sitzend, vor ihr Flußgott.
RIC 680. **150 300 1.200**

32.160 –. *Mit zusätzlicher Umschrift:*
Annona n. l. sitzend (ANNONA AVG) (As).
RIC 660. **20 100 400**

s ss vz

32.161 As.
–. *Ohne zusätzliche Umschrift:*
1.) Ianus frontal stehend, 2.) Keule, 3.) Minerva n. r. gehend, 4.) Roma n. r. stehend, 5.) Salus n. r. stehend.
RIC 662-679. **20 100 400**

32.162 –. Greif n. l. oder r. laufend.
RIC 681ff. **150 300 1.200**

32.163 –. Galeere n. l.
RIC 674. **50 200 600**

32.164 –. Lyra.
RIC 684. **50 200 600**

32.165 –. Ziege, ein Kind stillend.
RIC 670 **50 200 600**

32.166 –. *Mit zusätzlicher Umschrift:*
Salus n. l. stehend (SALVS AVGVSTI).
RIC 678. **20 100 400**

(Dupondius oder As)

32.167 Sesterz. DACIA SC Dacia auf Felsen n. l. sitzend mit Vexillum und Krummschwert (Dupondius oder As).
RIC 849. **200 500 2.000**

32.168 Sesterz. DAC PARTHICO P M TR P COS P P SC Traianus im Handschlag mit Hadrianus (Dupondius).
RIC 534. **300 1.000 3.000**

32.169 –. *Mit zusätzlicher Umschrift:*
1.) Concordia n. l. sitzend (CONCORDIA) (Dupondius),
2.) Fortuna n. l. sitzend (FORT RED).
RIC 535f. **50 150 1.000**

32.170 As. –. Legionsadler zwischen zwei Standarten.
RIC 539. **20 100 400**

32.171 Sesterz. DISCIPLINA AVG SC Hadrianus vor drei oder vier Soldaten marschierend, die Standarten tragen (Dupondius oder As).
RIC 746f. **600 2.000 LP**

32.172 Sesterz. EXER(C) BRITAN(NICVS) SC Hadrianus n. r. reitend, fünf Soldaten ansprechend, oder Hadrianus n. r. stehend, drei Soldaten ansprechend.
RIC 912f. **1.000 4.000 10.000**

32.173 Sesterz. EXER CAPPADOCICVS SC Hadrianus n. r. reitend, drei Soldaten ansprechend.
RIC 914. **1.000 4.000 10.000**

32.174 Sesterz. EXER DACICVS SC Hadrianus n. r. reitend, drei oder vier Soldaten ansprechend, oder Hadrianus n. l. oder r. stehend, drei Soldaten ansprechend.
RIC 915-919. **1.000 4.000 10.000**

32.175 Sesterz. EXERC(ITVS) GERMA(NICVS) SC Hadrianus n. r. reitend, drei Soldaten ansprechend.
RIC 920. **1.250 5.000 LP**

		s	ss	vz
32.176	Sesterz. EXERC HISPAN(ICVS) SC Hadrianus n. r. reitend, drei Soldaten ansprechend, oder Hadrianus n. r. stehend, vier Soldaten ansprechend. *RIC 922f.*	**1.000**	**4.000**	**10.000**
32.177	Sesterz. EXERCITVS MAVRETANICVS SC Hadrianus n. r. reitend, drei oder vier Soldaten ansprechend. *RIC 924f.*	**1.000**	**4.000**	**10.000**
32.178	Sesterz. EXER MOESIACVS SC Hadrianus n. r. stehend, vier Soldaten ansprechend. *RIC 926.*	**1.000**	**4.000**	**10.000**
32.179	Sesterz. EXERCITVS NORICVS SC Hadrianus n. r. stehend, fünf Soldaten ansprechend. *RIC 927.*	**1.250**	**5.000**	**LP**
32.180	Sesterz. EXERCITVS RAETICVS SC Hadrianus n. r. reitend, drei oder vier Soldaten ansprechend, oder n. r. stehend, drei Soldaten ansprechend. *RIC 928ff.*	**1.250**	**5.000**	**LP**

		s	ss	vz
32.181	Sesterz. EXERC(ITVS) SYRIAC(VS) SC Hadrianus n. r. reitend, drei oder vier Soldaten ansprechend, oder n. r. stehend, drei oder vier Soldaten ansprechend. *RIC 936f.*	**1.000**	**4.000**	**10.000**
32.182	Sesterz. FELICITAS AVG SC Felicitas n. l. oder n. r. stehend oder n. l. sitzend (Dupondius oder As). *RIC 748ff.*	**50**	**150**	**1.000**
32.183	Sesterz. –. Hadrianus und Felicitas im Handschlag (Dupondius oder As). *RIC 754f.*	**50**	**150**	**1.000**
32.184	Dupondius. FELICITAS AVGVSTI SC Felicitas n. l. stehend. *RIC 598.*	**20**	**100**	**400**
32.185	Dupondius oder As. FELICITAS PR SC Felicitas n. r. oder n. l. stehend. *RIC 806ff.*	**20**	**100**	**400**
32.186	Sesterz. FIDES PVBLICA SC Fides n. r. stehend (Dupondius oder As). *RIC 758.*	**50**	**150**	**1.000**
32.187	Sesterz. FORTVNA AVG SC Fortuna n. l. stehend (Dupondius oder As). *RIC 759.*	**50**	**150**	**1.000**

		s	ss	vz
32.188	Sesterz. FORTVNAE REDVCI SC Hadrianus und Fortuna, n. l. sitzend oder stehend, im Handschlag (Dupondius oder As). *RIC 761f.*	**50**	**150**	**1.000**
32.189	Dupondius. –. Fortuna n. l. sitzend. *RIC 599.*	**20**	**100**	**400**
32.190	Sesterz. HISPANIA SC Hispania mit Zweig n. l. gelagert, vor ihr Hase (Dupondius oder As). *RIC 851.*	**200**	**500**	**2.000**
32.191	Sesterz. IOVI CVSTODI SC Iupiter n. l. sitzend (Dupondius oder As). *RIC 763.*	**50**	**150**	**1.000**
32.192	Sesterz. IVDAEA SC Hadrianus r. stehend, vor ihm Iudaea opfernd, bei Altar Opfer und zwei Kinder, ein drittes Kind bei Iudaea. *RIC 853.*	**1.500**	**5.000**	**15.000**
32.193	Sesterz. IVSTITIA AVG SC Iustitia n. l. sitzend (Dupondius oder As). *RIC 764.*	**50**	**150**	**1.000**
32.194	Sesterz. LIBERALITAS AVG III SC Hadrianus auf Podium n. l. sitzend, hinter ihm Offizier, vor ihm Liberalitas, vor dem Podium Bürger. *RIC 582.*	**200**	**500**	**2.000**
32.195	Sesterz. LIBERALITAS AVG VI SC Liberalitas n. l. stehend (Dupondius oder As). *RIC 765.*	**50**	**150**	**1.000**
32.196	Sesterz. LIBERALITAS AVG VII SC Hadrianus auf Podium n. l. sitzend, hinter ihm Offizier, vor ihm Liberalitas ihr Füllhorn über Bürger ausleerend. *RIC 766.*	**200**	**500**	**2.000**
32.197	Sesterz. LIBERTAS PVBLICA SC Libertas 1.) n. l. sitzend oder 2.) n. l. stehend (Dupondius oder As). *RIC 583f.*	**50**	**150**	**1.000**
32.198	Sesterz. LOCVPLETATORI ORBIS TERRARVM SC Hadrianus auf Podium n. l. sitzend, vor ihm Liberalitas ihr Füllhorn entleerend, vor der Plattform zwei Bürger. *RIC 585.*	**200**	**500**	**2.000**

s ss vz

32.199 Sesterz. MAVRETANIA SC Mauretania mit zwei Speeren ein Pferd n. l. oder r. führend (Dupondius oder As).
RIC 854ff. **200 500 2.000**

32.200 Sesterz. MONETA AVG(VSTI) SC Moneta l. stehend (Dupondius oder As).
RIC 586. **50 150 1.000**

32.201 Sesterz. NILVS SC Nil mit Schilf und Füllhorn n. r. gelagert, vor ihm Nilpferd, unter ihm Krokodil, gelegentlich mit kleinen Kindern (Dupondius oder As).
RIC 861-870. **200 500 2.000**

32.202 Sesterz. PAX AVG SC Pax n. l. stehend oder sitzend (Dupondius oder As).
RIC 769f. **50 150 1.000**

32.203 Sesterz. PIETAS AVGVSTI SC Pietas n. l. stehend (Dupondius oder As).
RIC 587f. **50 150 1.000**

32.204.2

32.204 Sesterz. P M TR P COS III SC.
Ohne zusätzliche Umschrift:
1.) Ceres n. l. stehend (Dupondius), 2.) Minerva n. l. stehend, 3.) Spes n. l. gehend.
RIC 610-612. **50 150 1.000**

32.205 –. *Mit zusätzlicher Umschrift:*
1.) Hadrianus n. l. reitend (EXPED AVG), 2.) Virtus n. l. stehend (VIRT AVG).
RIC 613-614. **50 150 1.000**

32.206 As.
–. *Ohne zusätzliche Umschrift:*
Pax n. l. stehend.
RIC 616. **20 100 400**

32.207 As.
–. *Mit zusätzlicher Umschrift:*
Fortuna n. l. sitzend (FORT RED).
RIC 617. **20 100 400**

s ss vz

32.208 Sesterz. PONT MAX TR POT COS (oder COS DES II) SC.
– *Mit zusätzlicher Umschrift:*
1.) Concordia n. l. sitzend (CONCORDIA) (Dupondius), 2.) Fortuna n. l. sitzend (FORT RED) (Dupondius).
RIC 540f., RIC 542. **50 150 1.000**

32.209 As. PONT MAX TR POT COS II SC Legionsadler zwischen zwei Standarten.
RIC 546. **20 100 400**

32.210.1 (Dupondius)

32.210.2

32.210 Sesterz.
– *Mit zusätzlicher Umschrift:*
1.) Roma n. l. sitzend im Handschlag mit Hadrianus (ADVENTVS AVG) (Dupondius), 2.) Annona n. l. oder r. stehend (ANNONA AVG) (Dupondius), 3.) Concordia n. l. sitzend (CONCORDIA) (Dupondius), 4.) Fortuna n. l. sitzend (FORT RED) (Dupondius), 5.) Salus n. l. sitzend (SALVS AVG) (Dupondius).
RIC 547-558. **50 150 1.000**

32.211 –. Hadrianus auf einem Podium sitzend, ein Geschenk an die Bürger verteilend (LIBERALITAS AVG).
RIC 552. **200 500 2.000**

32.212 Sesterz. PONT MAX TR POT COS DES III SC Annona n. l. stehend (Dupondius).
RIC 560f. **50 150 1.000**

32.213 Dupondius. PONT MAX TR POT COS III Büste des Sol n. r.
RIC 661. **20 100 400**

s ss vz

32.214.1

32.214 Sesterz. PONT MAX TR POT COS III SC
Ohne zusätzliche Umschrift:
1.) Iupiter n. l. sitzend, 2.) Felicitas n. l. stehend,
3.) Roma n. l. sitzend.
RIC 561-563. **50 150 1.000**

32.215 Sesterz.
– *Mit zusätzlicher Umschrift:*
1.) Annona n. l. stehend (ANNONA AVG) (Dupondius),
2.) Concordia n. l. sitzend (CONCORDIA), 3.) Securitas n. l. sitzend (SECVR AVG).
RIC 564-569. **50 150 1.000**

32.216 –. Hadrianus auf einem Podium sitzend, ein Geschenk an die Bürger verteilend (LIBERALITAS AVG).
RIC 567. **200 500 2.000**

32.217 –. Hadrianus auf einem Podium sitzend, ein Kind auf seinem Arm haltend, einem anderen die Hand auf den Kopf legend (LIBERTAS RESTITVTA).
RIC 568. **200 500 2.000**

32.218 Dupondius.
– *Mit zusätzlicher Umschrift:*
Fortuna (FORT RED).
RIC 571. **20 100 400**

32.219 As.
– *Ohne zusätzliche Umschrift:*
1.) Aequitas n. l. stehend, 2.) Felicitas n. l. stehend,
3.) Genius n. r. stehend, 4.) Roma n. r. stehend,
5.) Victoria n. r. gehend.
RIC 572-576. **20 100 400**

32.220 As.
– *Mit zusätzlicher Umschrift:*
1.) Fortuna n. l. sitzend (FORT RED), 2.) Pietas n. l. betend (PIE AVG).
RIC 578f. **20 100 400**

32.221 –. Britannia n. r. sitzend (BRITANNIA).
RIC 577. **150 500 LP**

s ss vz

32.222 Sesterz. PROVIDENTIA AVG SC Providentia n. l. stehend (Dupondius oder As).
RIC 772. **50 150 1.000**

32.223 Sesterz. PROVIDENTIA DEORVM SC Hadrianus frontal stehend, l. von ihm Adler ihm ein Szepter übergebend (Dupondius).
RIC 589. **150 300 1.500**

32.224 Sesterz. RELIQVA VETERA HS NOVIES MILL ABOLITA SC Lictor mit Fasces n. l. oder r. stehend, einen Haufen Papier in Brand steckend, gelegentlich zwei oder drei Bürger ihm dabei zusehend.
RIC 590-593. **200 500 2.000**

32.225 Sesterz. RESTITVTORI ACHAIAE SC Hadrianus n. l., Achaia aufhelfend, zwischen ihnen Gefäß mit Palmzweig (Dupondius oder As).
RIC 938. **200 500 2.000**

(As)

32.226 Sesterz. RESTITVTORI AFRICAE SC Hadrianus n. l., Africa mit Elefantenskalp und Kornähren aufhelfend, zwischen ihnen Kornähren (Dupondius oder As).
RIC 940f. **200 500 2.000**

32.227 Sesterz. RESTITVTORI ARABIAE SC Hadrianus n. l., Arabia mit Zimtstangen aufhelfend, zwischen ihnen Kamel (Dupondius oder As).
RIC 943. **200 500 2.000**

32.228 Sesterz. RESTITVTORI ASIAE SC Hadrianus n. l., Asia mit Mauerkrone und Szepter aufhelfend.
RIC 945f. **200 500 2.000**

s ss vz

32.229 Sesterz. RESTITVTORI BITHYNIAE SC Hadrianus n. l., Bithynia mit Mauerkrone (und Akrostolium und Ruder) aufhelfend, (zwischen ihnen Prora) (Dupondius oder As).
RIC 947f. **200 500 2.000**

32.230 Sesterz. RESTITVTORI GALLIAE SC Hadrianus n. l., Gallia aufhelfend (Dupondius oder As).
RIC 950. **200 500 2.000**

32.231 Sesterz. RESTITVTORI HISPANIAE SC Hadrianus n. l., Hispania mit Zweig aufhelfend, zwischen ihnen Hase (Dupondius oder As).
RIC 952. **200 500 2.000**

32.232 Sesterz. RESTITVTORI ITALIAE SC Hadrianus n. l., Italia mit Füllhorn aufhelfend (Dupondius oder As).
RIC 956. **200 500 2.000**

32.233 Sesterz. RESTITVTORI LIBYAE SC Hadrianus n. l., Libya aufhelfend.
RIC 958. **400 1.000 4.000**

32.234 Sesterz. RESTITVTORI MACEDONIAE SC Hadrianus n. l., Makedonia mit Kausia und Peitsche aufhelfend (Dupondius oder As).
RIC 959. **200 500 2.000**

32.235 Sesterz. RESTITVTORI NICOMEDIAE SC Hadrianus n. l., Nikomedia mit Turmkrone und Ruder aufhelfend.
RIC 961. **300 750 3.000**

32.236 Sesterz. RESTITVTORI ORBIS TERRARVM SC Hadrianus n. l. stehend, einer Frau, die einen Globus hält, aufhelfend (Dupondius).
RIC 594. **150 300 1.500**

32.237 Sesterz. RESTITVTORI PHRYGIAE SC Hadrianus n. l., Phrygia mit phrygischer Mütze und Krummschwert aufhelfend (Dupondius oder As).
RIC 962. **200 500 2.000**

32.238 Sesterz. RESTITVTORI SICILIAE SC Hadrianus n. l., Sicilia mit Triskelis und Kornähre aufhelfend (Dupondius oder As).
RIC 965. **200 500 2.000**

32.239 Sesterz. ROMA AETERNA SC Roma n. r. oder l. sitzend.
RIC 774f. **50 150 1.000**

s ss vz

32.240 Sesterz. ROMA SC Roma n. l. stehend (Dupondius oder As).
RIC 773. **50 150 1.000**

32.241 Sesterz. ROMVLO CONDITORI SC Romulus n. r. gehend.
RIC 776. **50 150 1.000**

32.242 Sesterz. SALVS AVG(VSTI) SC Salus n. r. oder l. stehend, n. l. sitzend (Dupondius oder As).
RIC 595. **50 150 1.000**

32.243 Dupondius. SALVS PVBLICA SC Salus n. l. stehend.
RIC 604. **20 100 400**

32.244 Sesterz. SC 1.) Aequitas n. l. stehend, 2.) Diana n. l. stehend, 3.) Minerva n. r. gehend, 4.) Nemesis n. r. gehend, 5.) Hadrianus n. r. stehend (alle Typen bis auf Aequitas auch als Dupondius oder As).
RIC 777-782. **50 150 1.000**

32.245 –. Flußgott (Nil) n. r. gelagert, um ihn spielen kleine Kinder.
RIC 781. **200 500 2.000**

32.246 Dupondius oder As. –. Kranz.
RIC 831. **20 100 400**

32.247 Dupondius oder As. –. Dacia n. l. sitzend mit Standarte und Sichel.
RIC 829. **50 150 600**

32.248 Dupondius oder As. –. Isis auf Hund sitzend.
RIC 826. **50 150 600**

32.249 Sesterz. SENATVS POPVLVSQVE ROMANVS Felicitas n. l. stehend.
RIC 628. **50 150 1.000**

32.250 Sesterz. SICILIA SC Triskelis mit Medusenkopf, darunter Skylla, r. Pharos von Messina.
RIC 871. **400 1.000 4.000**

32.251 Sesterz. SPES PR SC Spes n. l. gehend (Dupondius oder As).
RIC 790. **50 150 1.000**

32.252 Sesterz. SPQR (EX) SC Tempel.
RIC 783f. **200 500 2.000**

32.253 Sesterz. TELLVS STABIL SC Tellus n. l. gelagert (Dupondius oder As).
RIC 791. **50 150 1.000**

32.254 Sesterz. VICTORIA AVGVSTI SC Victoria n. r. gehend.
RIC 596. **50 150 1.000**

		s	ss	vz

32.255	Dupondius. VIRTVTI AVGVSTI SC Virtus n. r. stehend. *RIC 605.*	**20**	**100**	**400**
32.256	Sesterz. VOTA PVBL SC Hadrianus über Dreifuß n. l. opfernd, um ihn Schlächter, den Bullen erschlagend, Ministrant und zwei Flötenspieler. *RIC 792.*	**200**	**500**	**2.000**

Semisses und Quadrantes – mit Porträt

32.257.3

32.257	Quadrans. COS III PP (SC) 1.) Adler auf Blitzbündel, 2.) Caduceus, 3.) Tisch mit Gefäß und Palmzweig. *RIC 732-735.*	**10**	**50**	**150**

32.258.2

32.258	Semis. COS III SC 1.) Legionsadler zwischen Standarten, 2.) Lyra, 3.) Pegasos n. r. laufend, 4.) Roma n. l. sitzend. *RIC 685-689.*	**20**	**80**	**250**

32.259	Semis. Weibliche Gestalt mit Mauerkrone n. l. sitzend, vor ihr Flußgott. *RIC 686.*	**50**	**150**	**400**
32.260	Quadrans. P M TR P COS II SC Aequitas n. l. stehend. *RIC 559.*	**10**	**50**	**150**
32.261	Quadrans. P M TR P COS III SC 1.) Aequitas n. l. stehend, 2.) Geflügeltes Blitzbündel, 3.) Eule auf Helm, 4.) Tisch mit Gefäß und Palmzweig, 5.) Füllhorn und Waage, 6.) Rostrum. *RIC 618-623.*	**10**	**50**	**150**
32.262	Quadrans. SC Adler. *RIC 836.*	**10**	**50**	**150**

		s	ss	vz
32.263	Quadrans. SC in Lorbeerkranz. *RIC 629.*	**10**	**50**	**150**

Semisses und Quadrantes – ohne Porträt

32.264	Quadrans. Adler n. r. oder l. blickend. / P M TR P COS III SC Geflügeltes Blitzbündel. *RIC 524f.*	**10**	**50**	**150**
32.265	Quadrans. Büste des Hercules im Löwenskalp n. r. / SC Wolf n. r. *RIC 626.*	**10**	**50**	**150**

Divus Hadrianus

32.266	*Unter Antoninus Pius.* Aureus. CONSECRATIO Adler n. r. fliegend, Hadrianus gen Himmel tragend. *RIC 389A.*	**LP**	**LP**	**LP**

32.267	*Unter Antoninus Pius.* Denar. CONSECRATIO Adler auf Globus frontal stehend. *RIC 389B.*	**200**	**400**	**800**
32.268	*Unter Traianus Decius.* Antoninian. CONSECRATIO 1.) Adler, 2.) Altar. *RIC 87f.*	**75**	**200**	**400**

33. Sabina

Gattin des Hadrianus, † 136

Zur Geschichte

Sabina war die Enkelin der Schwester des Traianus und damit um ein weniges enger mit dem Kaiser verwandt als Hadrianus, den sie im Jahre 100 heiratete. Die antike Überlieferung schildert Sabina als eigensinnig und schwierig, die Ehe der jungen Frau mit dem Kaiser Hadrianus als nicht besonders glücklich. Kinder sind aus dieser Verbindung jedenfalls keine hervorgegangen. Nichtsdestotrotz begleitete Sabina Hadrianus häufig auf seinen Reisen. Auch während der für den Kaiser schicksalhaften Fahrt nach Ägypten, wo sein Günstling Antinoos den Tod fand, war Sabina dabei.

Sabina starb zwei Jahre vor Hadrianus im Jahr 136 n. Chr. Sie wurde unter die Götter erhoben und im neu erbauten kaiserlichen Mausoleum, der heutigen Engelsburg, beigesetzt.

Hinweise für Sammler

Für die Preise von Münzen der Sabina sind weniger die Rückseitendarstellungen entscheidend als die Art und Weise, wie Sabina ihr Haar trägt. Am beliebtesten sind die Darstellungen, bei der Sabina ihr Haar in geflochtene Zöpfen um den Kopf gewunden hat, wobei die ganze Haarpracht von einem Diadem gehalten wird (vgl. Abb. 33.1).

Alle Münzen mit dem Porträt der Sabina wurden unter Hadrianus geprägt.

Münzen

Folgende Vorderseitenvarianten kommen in Abwandlungen vor:
Umschrift: Zu Lebzeiten: SABINA AVGVSTA (HADRIANUSI AVG P P), Als Diva: DIVA AVG(VSTA) SABINA.
Büste: n. r. oder l., drapiert, gelegentlich mit Diadem oder die Haare hoch aufgetürmt. Nach ihrem Tod wird Sabina meist n. r. dargestellt, verschleiert und drapiert, gelegentlich mit einem Diadem oder einem Kranz.

Aurei

		s	ss	vz
	Alle Typen.	1.500	3.500	10.000

Denare

33.1.5 (Aureus)

		s	ss	vz
33.1	*Ohne Legende.* 1.) Ceres auf Korb sitzend (Aureus), 2.) Concordia n. l. sitzend, 3.) Pudicitia n. l. stehend, 4.) Venus Victrix n. r. stehend, 5.) Vesta n. l. sitzend (Aureus). *RIC 411ff.*	50	100	300

		s	ss	vz
33.2	CONCORDIA AVG Concordia n. l. stehend oder sitzend (Aureus). *RIC 390ff.*	50	100	300

		s	ss	vz
33.3	IVNONI REGINAE Iuno n. l. stehend mit Pfau (Aureus). *RIC 394ff.*	50	100	300
33.4	Quinar. –. Iuno n. l. stehend. *RIC 404.*	200	1.000	2.500
33.5	PIETAS AVG Pietas n. l. sitzend. *RIC 405.*	50	100	300
33.6	PVDICITIA Pudicitia n. l. stehend. *RIC 406f.*	50	100	300
33.7	SC 1.) Vesta n. l. sitzend, 2.) Ceres n. l. sitzend. *RIC 408.*	50	100	300
33.8	VENERI GENETRICI Venus n. r. stehend. *RIC 396.*	50	100	300
33.9	VESTA Vesta n. l. sitzend (Aureus). *RIC 410.*	50	100	300

s ss vz

Bronzemünzen

Alle Sesterzen mit Ausnahme von 33.15.1 Ceres n. l. sitzend gibt es auch als Dupondius oder As. In sehr schön muß man für dieses Nominal mit einer normalen Rückseite (also ohne 33.11) mit 250 EUR rechnen.

(Dupondius oder As)

33.10 Sesterz. CONCORDIA AVG SC Concordia n. l. stehend oder sitzend.
RIC 1017f. **100 300 2.500**

33.11 Dupondius oder As. HADRIANVS AVGVSTVS Büste Hadrianus' (mit Lorbeerkranz).
RIC 978f. **LP LP LP**

(Dupondius oder As)

33.12 Sesterz. IVNONI REGINAE SC Iuno n. r. oder n. l. stehend.
RIC 1022. **100 300 2.500**

(Dupondius oder As)

33.13 Sesterz. PIETAS (AVG) SC Pietas n. l. sitzend oder frontal stehend.
RIC 1029. **100 300 2.500**

33.14 Sesterz. PVDICITIA AVG SC Pudicitia n. l. stehend oder sitzend.
RIC 1032f. **100 300 2.500**

s ss vz

33.15.1 (Dupondius oder As)

33.15 Sesterz. SC 1.) Ceres n. l. sitzend, 2.) Vesta n. l. sitzend.
RIC 1019f. **100 300 2.500**

33.16 Sesterz. VENERI GENETRICI SC Venus n. r. stehend.
RIC 1035. **100 300 2.500**

33.17 Sesterz. VESTA SC Vesta n. l. sitzend.
RIC 1036. **100 300 2.500**

Diva Sabina

Aurei

33.18 CONSECRATIO Sabina von Adler gen Himmel getragen.
RIC 418f. **LP LP LP**

Denare

33.19 CONSECRATIO Adler auf Szepter stehend.
RIC 420f. **100 200 400**

33.20 PIETATI AVG Altar.
RIC 422. **100 200 400**

Bronzemünzen

33.21 Sesterz. CONSECRATIO SC Sabina von Adler gen Himmel getragen.
RIC 1051. **LP LP LP**

33.22 Sesterz. –. Adler auf Szepter stehend.
RIC 1052. **500 1.000 3.000**

34. Aelius

Caesar 136 – 137

Zur Geschichte

Im Jahre 136 adoptierte Hadrianus den Lucius Ceionius Commodus, der auf Münzen den Namen Aelius Caesar trägt. Ganze Generationen von Historikern haben darüber gerätselt, warum Hadrianus ausgerechnet einen so durchschnittlichen Menschen zu seinem Nachfolger machen wollte.

Tatsächlich verfügte Aelius wohl doch über einige Qualitäten, die ihn Hadrianus als Nachfolger empfahlen. Er stammte aus einer alten etruskischen Familie, die seit Generationen ihren Sitz im Senat bekleidete, was garantieren mochte, daß die Senatoren seine Amtsübernahme wohlwollend unterstützten. Außerdem fehlte Aelius jeglicher militärischer Ehrgeiz, was für Hadrianus, der miterlebt hatte, wie die Expansionspolitik des Traianus beinahe das römische Reich zugrunde gerichtet hatte, verführerisch sein mochte. Die mangelnde politische Erfahrung hoffte Hadrianus seinem Caesar wohl durch verschiedene verantwortungsvolle Posten zu vermitteln. Doch bereits von seinem ersten Einsatz in Pannonien kehrte Aelius totkrank nach Rom zurück. Er verstarb gegen Ende des Jahres 137.

Aelius hinterließ einen leiblichen Sohn, den späteren Kaiser Lucius Verus.

Münzen

Folgende Vorderseitenvarianten kommen in Abwandlungen vor:
Umschrift: L AELIVS CAESAR (TR P COS II).
Büste: n. r., barhäuptig, gelegentlich drapiert oder Drapierung an der l. Schulter.

Aurei

		s	ss	vz
34.1	TRIB POT COS II 1.) Concordia n. l. sitzend, 2.) Pietas n. r. stehend. *RIC 441f.*	2.500	5.000	12.000

34.2.1

		s	ss	vz
34.2	- *Mit zusätzlicher Inschrift:* 1.) Concordia n. l. sitzend (CONCORD), 2.) Pietas n. r. stehend (PIETAS). *RIC 443f.*	2.500	5.000	12.000

Denare

		s	ss	vz
34.3	CONCORDIA Concordia n. l. stehend. *RIC 428.*	80	160	400
34.4	PIETAS Pietas n. l. betend. *RIC 429.*	80	160	400

34.5.5

		s	ss	vz
34.5	TR(IB) POT COS II 1.) Felicitas n. l. stehend (Aureus), 2.) Fortuna-Spes frontal stehend, 3.) Pietas n. l. betend oder 4.) n. l. opfernd, 5.) Salus n. l. stehend, 6.) Spes n. l. gehend. *RIC 430-435.*	80	160	400
34.6	Quinar. –. Felicitas n. l. stehend. *RIC 430.*	LP	LP	LP

34.7.1

		s	ss	vz
34.7	–. *Mit zusätzlicher Inschrift:* 1.) Concordia n. l. sitzend (CONCORD) (Aureus), 2.) Pietas n. r. stehend (PIETAS) (Aureus), 3. Salus n. l. sitzend (SALVS) (Aureus). *RIC 436-440.*	80	160	400

Bronzemünzen

Für einen normalen Dupondius oder ein As des Aelius muß man in „sehr schön" mit 250 Euro rechnen.

		s	ss	vz
34.8	Sesterz. FELICITAS AVG SC Felicitas n. l. stehend. *RIC 1076.*	100	300	1.200
34.9	Dupondius oder As. HADRIANVS AVG COS III P P Drapierte Büste des Hadrianus n. r. (mit Lorbeerkranz). *RIC 986ff.*	LP	LP	LP
34.10	Sesterz. HISPANIA SC Hispania n. l. gelagert. *RIC 1077.*	150	450	3.500
34.11	Sesterz. TRIB POT COS II SC Ceres n. r. sitzend, ihr gegenüber Aelius. *RIC 1064A.*	150	450	3.500

s ss vz

34.12.3

34.12 Sesterz. TR POT COS II SC 1.) Fortuna-Spes frontal stehend, 2.) Spes n. l. stehend, 3.) Spes n. l. gehend, 4.) Weibliche Gestalt mit Füllhorn n. l. stehend (Dupondius oder As).
RIC 1053-1056. **100 300 2.500**

34.13 Dupondius oder As. –. Aelius n. r. stehend im Handschlag mit Roma n. l. sitzend.
RIC 1069. **100 300 1.200**

34.14.1

34.14.5

34.14 Sesterz.
–. *Mit zusätzlicher Inschrift:*
1.) Concordia n. l. sitzend (CONCORD) oder 2.) n. l. stehend (CONCORDIA), 3.) Pannonia frontal stehend (PANNONIA), 4.) Pietas n. l. oder n. r. stehend (PIETAS), 5.) Salus n. l. sitzend (SALVS). (Alle Typen bis auf Concordia stehend auch als Dupondius oder As).
RIC 1057-1064. **100 300 2.500**

35. Antoninus Pius

Caesar 138,
Augustus 138 – 161

Zur Geschichte

Am 25. Februar 138 adoptierte Hadrianus den Antoninus Pius. Dies war eigentlich eine Notlösung: Lucius Ceionius Commodus, der Erbe des Hadrianus, war zwei Monate zuvor gestorben und der Kaiser selbst mußte jeden Moment mit seinem Ende rechnen. Antoninus Pius – zum Zeitpunkt der Adoption bereits 51 Jahre alt – war von seiner neuen Aufgabe mit Sicherheit nicht begeistert. Er soll sich einen Monat Bedenkzeit ausgebeten haben, ehe er zustimmte.

Manche Historiker haben die Regierungszeit des Antoninus Pius als eine Zeit ohne Geschichte beschrieben. Für diejenigen, die sie erleben durften, war sie unsagbar glücklich. Hadrianus hatte hervorragende Arbeit geleistet. Die Grenzen waren gesichert: Keine Kriege oder Unruhen erschütterten das Reich. Antoninus Pius konnte von seinem Schreibtisch aus über die Provinzen herrschen. Die zivile Bevölkerung erhielt alle Unterstützung, die sie brauchen konnte, während das Heer eher ein Stiefkind war, dem immer mehr Mittel gestrichen wurden, weil es an den Grenzen ja schließlich friedlich blieb. Antoninus Pius hatte das Glück, daß zu seiner Zeit nie mehr Soldaten nötig waren als er besaß, unter seinem Nachfolger sollte die Sachlage ganz anders aussehen.

Noch Hadrianus hatte angeordnet, daß Antoninus Pius als Nachfolger den Sohn des früh verstorbenen Lucius Ceionius Commodus adoptieren sollte, sowie den Neffen seiner Frau Faustina I., Marcus Aurelius. Hadrianus' Idee war es, den zukünftigen Thronfolgern eine möglichst gute Ausbildung zu sichern. Tatsächlich versagte Antoninus Pius hier völlig. Er erzog beide Kaiser zu Bildungsbürgern ohne praktische Kenntnisse. Marcus Aurelius besaß noch bei seiner Thronbesteigung genügend Naivität, um sich damit zu brüsten, daß er bis zu diesem Tage keine einzige Nacht (!) außerhalb des kaiserlichen Palastes verbracht habe.

Zur Münzgeschichte

Unter Antoninus Pius blieb die einzige tätige Münzstätte Rom.

Bemerkenswert scheint die Tatsache, daß noch nie zuvor eine so umfassende Münzprägung zu Ehren einer Verstorbenen initiiert wurde als unter Antoninus Pius für Faustina I.

Hinweise für Sammler

Einen großen Teil der Münzen des Antoninus Pius kann der Sammler leicht selbst datieren, da sich häufig auf den Stücken dieses Kaisers die Angabe seiner jährlich erneuerten Tribunicia Potestas findet.

TR P X	146/7
TR P XI	147/8
TR P XII	148/9
TR P XIII	149/50
TR P XIIII	150/1
TR P XV	151/2
TR P XVI	152/3
TR P XVII	153/4
TR P XVIII	154/5
TR P XIX	155/6
TR P XX	156/7
TR P XXI	157/8
TR P XXII	158/9
TR P XXIII	159/60
TR P XXIIII	160/1

Münzen

Als Caesar

Folgende Vorderseitenvarianten kommen vor:
Umschrift: IMP T AEL CAES(AR HADR) ANTONINVS
Büste: n. r., selten n. l., barhäuptig, selten mit Lorbeerkranz, gelegentlich drapiert.

Aurei

		s	ss	vz
35.1	TRIB POT COS CONCORD Concordia n. l. sitzend. *RIC 453.*	**1.000**	**2.000**	**4.500**
35.2	TRIB POT COS DES II CONCORD Concordia n. l. sitzend. *RIC 458.*	**1.000**	**2.000**	**4.500**

Denare

		s	ss	vz
35.3	P M TR POT COS II Pietas n. l. stehend. *RIC 445.*	**40**	**150**	**350**
35.4	PONT MAX TR POT COS Felicitas n. l. stehend. *RIC 446.*	**40**	**150**	**350**

35.5.1

		s	ss	vz
35.5	TRIB POT COS 1.) Concordia n. l. stehend, 2.) Diana n. r. stehend, 3.) Minerva n. l. stehend, 4.) Pietas n. l. stehend. *RIC 447-452.*	**40**	**150**	**350**
35.6	*- Mit zusätzlicher Inschrift:* Pietas n. r. stehend (PIETAS) (Aureus). *RIC 454.*	**40**	**150**	**350**
35.7	TRIB POT COS DES II 1.) Aequitas n. l. stehend, 2.) Fides n. r. stehend, 3.) Minerva n. l. stehend. *RIC 455-457.*	**40**	**150**	**350**

Bronzemünzen

		s	ss	vz
35.8	Dupondius oder As. HADRIANVS AVG COS III P P Drapierte Büste Hadrianus' n. r. *RIC 990.*	**LP**	**LP**	**LP**
35.9	Dupondius oder As. HADRIANVS AVGVSTVS Büste Hadrianus' mit Lorbeerkranz n. r. *RIC 991.*	**LP**	**LP**	**LP**
35.10	Sesterz. P M TR POT COS SC Concordia n. l. sitzend. *RIC 1078.*	**150**	**400**	**1.500**
35.11	Sesterz. P M TR POT COS DES II SC Pax n. l. stehend. *RIC 1092.*	**150**	**400**	**1.500**
35.12	*–. Mit zusätzlicher Inschrift:* Pietas n. l. stehend (PIETAS). *RIC 1093.*	**150**	**400**	**1.500**
35.13	Sesterz. PONT MAX TR POT COS SC (PAX) Pax n. l. sitzend. *RIC 1079f.*	**150**	**400**	**1.500**
35.14	As. TRIB POT COS DES II SC Pax n. l. stehend. *RIC 1094.*	**75**	**200**	**500**
35.15	*–. Mit zusätzlicher Inschrift:* Pietas n. l. stehend (PIETAS). *RIC 1095.*	**75**	**200**	**500**

35.16.2

		s	ss	vz
35.16	Sesterz. TRIB POT COS SC *–. Mit zusätzlicher Inschrift:* 1.) Concordia n. l. sitzend (CONCORD) (As), 2.) Pietas n. r. oder n. l. stehend (PIETAS) (As). *RIC 1082.*	**150**	**400**	**1.500**

s ss vz

35.17 As.
–. *Ohne zusätzliche Inschrift:*
1.) Securitas n. l. sitzend, 2.) Zwei Hände im Handschlag.
RIC 1087. **75 200 500**

35.18 As. TR P COS SC CONCORDIA EXERCITVVM Concordia n. l. stehend.
RIC 1086. **75 200 500**

Als Augustus

Folgende Vorderseitenvarianten kommen in unzähligen Abwandlungen vor:
Umschrift: ANTONINVS AVG PIVS P P (IMP II),
ANTONINVS AVG PIVS P P TR P (V, X – XXV),
ANTONINVS AVG PIVS P P TR P COS III oder COS IIII,
IMP CAES T AEL HADR ANTONINVS AVG PIVS P P.
Büste: Auch an Büsten gibt es eine große Vielzahl. Am häufigsten findet man den Kopf n. r., barhäuptig oder mit Lorbeerkranz, die Büste drapiert und / oder gepanzert, gelegentlich eine Drapierung an einer Schulter oder der Ägis. Für Stücke mit einer Büste n. l. muß bei Denaren mit einem hohen, bei Aurei mit einem leichten Aufschlag gerechnet werden.

Aurei

35.19 *Ohne Legende.* Minerva n. r. stehend.
RIC 158. **800 2.000 5.000**

35.20 *Ohne Legende.* Roma n. l. sitzend.
RIC 103. **800 1.600 3.000**

35.21.1

35.21 *Ohne Legende.* 1.) Antoninus Pius mit Strahlenkrone n. l. stehend, 2.) Antoninus Pius in Quadriga n. l.
RIC 161f. **800 2.000 5.000**

35.22 AVG PIVS P M TR P COS II 1.) Aeternitas n. l. oder n. r. stehend, 2.) Pietas n. r. stehend.
RIC 18f., 24. **800 1.600 3.000**

35.23 COS IIII Antoninus Pius mit Globus n. l. stehend.
RIC 206. **800 1.600 3.000**

35.24 COS IIII VOTA Antoninus n. l. opfernd.
RIC 170. **800 1.600 3.000**

35.25 DES IIII Iupiter n. l. sitzend.
RIC 119A. **800 1.600 3.000**

35.26 FORTVNA OBSEQVENS COS IIII Fortuna n. l. stehend.
RIC 139. **800 1.600 3.000**

s ss vz

35.27 IMPERATOR II Iupiter n. l. sitzend.
RIC 108. **800 1.600 3.000**

35.28 IMPERATOR II BRITAN Victoria n. l. stehend.
RIC 113. **800 1.600 3.000**

35.29 IMPERATOR II MARTI VLT Mars n. r. stehend.
RIC 113A. **1.000 1.800 4.000**

35.30 IOVI STATORI Iupiter frontal stehend.
RIC 72. **800 1.600 3.000**

35.31 LAETITIA COS IIII Ceres n. r. stehend, ihr gegenüber Proserpina.
RIC 190. **1.000 2.000 5.000**

35.32 LIBERALITAS AVG II Antoninus Pius auf Podium n. l. sitzend, bei ihm Liberalitas, aus ihrem Füllhorn Münzen über Bürger schüttend, der unterhalb des Podiums steht.
RIC 74. **1.200 3.000 7.500**

35.33 LIBERALITAS AVG VIIII COS IIII Antoninus Pius auf Podium n. l. sitzend, bei ihm Liberalitas, unterhalb des Podiums Bürger.
RIC 312. **1.200 3.000 7.500**

35.34 LIBERALITAS V COS IIII Liberalitas n. l. stehend.
RIC 142. **800 1.600 3.000**

35.35 LIBERALITAS VII COS IIII Junge männliche Gestalt mit Rechenbrett n. l. stehend.
RIC 236. **800 1.600 3.000**

35.36 PIETAS AVG Pietas n. l. stehend.
RIC 79. **800 1.600 3.000**

35.37 PONT MAX TR POT COS Pietas n. r. stehend.
RIC 6. **800 1.600 3.000**

35.38 ROMA AETERNA Roma n. l. sitzend.
RIC 80c. **800 1.600 3.000**

35.39 SALVS AVG Salus n. l. stehend.
RIC 81. **800 1.600 3.000**

35.40 TEMPORVM FELICITAS COS IIII Zwei gekreuzte Füllhörner von den Büsten zwei kleiner Jungen bekrönt.
RIC 185. **1.200 4.000 8.000**

35.41 TRIB POT COS III Mars n. r. zur Erde herabsteigend, wo Rhea Silvia n. l. gelagert schläft.
RIC 99 **LP LP LP**

35.42 TR P(OT) COS II Pietas n. l. oder r. stehend.
RIC 42, 52f. **800 1.600 3.000**

		s	ss	vz
35.43	TR POT COS III Romulus n. r. gehend. *RIC 90.*	800	1.600	3.000
35.44	–. Aeneas n. r. gehend, Anchises auf der Schulter tragend, an der Hand Ascanius. *RIC 91.*	1.200	4.000	15.000
35.45	–. 1.) Antoninus Pius und Marcus Aurelius auf Podium n. l. sitzend, hinter ihnen Offizier und Liktor, 2.) Antoninus Pius, Marcus Aurelius und Lucius Verus in Triumphwagen. *RIC 92.*	1.200	3.000	7.500
35.46	TR P COS III DES IIII 1.) Iupiter n. l. sitzend, 2. Victoria n. r. fliegend. *RIC 121.*	800	1.600	3.000

35.47.1

		s	ss	vz
35.47	TR POT COS IIII 1.) Roma n. l. oder n. r. sitzend, 2.) Romulus n. r. gehend. *RIC 147ff.*	800	1.600	3.000
35.48	TR POT XI COS IIII Antoninus Pius n. l. stehend. *RIC 174.*	800	1.600	3.000
35.49	TR POT XV COS IIII Antoninus Pius n. l. stehend oder n. l. reitend. *RIC 213ff.*	800	1.600	3.000
35.50	TR POT XIX COS IIII 1.) Victoria n. l. gehend, 2.) Antoninus Pius mit Globus n. l. stehend. *RIC 255.*	800	1.600	3.000

35.51.2

		s	ss	vz
35.51	TR POT XXI COS IIII 1.) Salus n. r. stehend, oder 2.) n. l. sitzend, 3.) Victoria n. l. gehend. *RIC 279ff.*	800	1.600	3.000
35.52	VICTORIA AVG Victoria in Quadriga n. r. galoppierend. *RIC 101.*	800	1.600	3.000
35.53	VOTA VIGENNALIA COS IIII Antoninus Pius n. l. opfernd. *RIC 295.*	800	1.600	3.000

Denare

		s	ss	vz
35.54	*Ohne Legende.* Virtus n. r. stehend. *RIC 60, 104.*	20	30	100
35.55	*Ohne Legende.* Antoninus Pius als Feldherr n. r. stehend (Aureus). *RIC 105.*	20	30	100
35.56	AED DIVI AVG REST COS IIII Tempel mit Statuen des Augustus und der Livia. *RIC 124.*	20	50	150
35.57	AEQVITAS AVG Aequitas n. l. stehend. *RIC 61.*	20	30	100
35.58	AETERNITAS Aeternitas n. l. stehend. *RIC 61A.*	20	30	100
35.59	ANNONA AVG Modius. *RIC 62.*	20	30	100

		s	ss	vz
35.60	APOLLINI AVGVSTO Apollon frontal stehend (Aureus). *RIC 63.*	20	30	100
35.61	AVG PIVS P M TR P COS DES II 1.) Aequitas n. l. stehend, 2.) Diana n. r. oder n. l. stehend, 3.) Felicitas n. l. stehend, 4.) Fides n. r. stehend, 5.) Minerva n. l. stehend, 6.) Pietas n. l. oder r. stehend (Aureus). *RIC 7-14.*	20	30	100
35.62	AVG PIVS P M TR P COS II 1.) Aequitas n. l. stehend, 2.) Fides n. r. stehend, 3.) Fides Militum frontal stehend, 4.) Fortuna n. l. stehend, 5.) Pax n. l. stehend, 6.) Victoria n. r. gehend, 7.) Zwei Hände im Handschlag um Caduceus, 8.) Priesterliche Geräte, 9.) Drei Standarten. *RIC 17-32.*	20	30	100
35.63	AVG PIVS P M TR P COS II P P 1.) Fides Militum, 2.) Fortuna n. l. stehend, 3.) Pax n. l. stehend, 4.) Victoria n. r. gehend, 5.) Zwei Hände im Handschlag, 6.) Priesterliche Geräte, 7.) Modius. *RIC 33-40.*	20	30	100

		s	ss	vz
35.64	AVRELIVS CAES(AR) AVG PII F COS Kopf des Marcus Aurelius n. r., n. l., gelegentlich drapiert und / oder gepanzert (Aureus). *RIC 415-421.*	40	100	300
35.65	AVRELIVS CAES AVG PII F COS DES Kopf des Marcus Aurelius n. r. oder n. l. (Aureus). *RIC 411-414.*	40	100	300

		s	ss	vz
35.66	CLEMENTIA AVG Clementia n. l. stehend. *RIC 64.*	20	30	100
35.67	CONCORDIA AVG Concordia n. l. oder n. r. stehend. *RIC 66.*	20	30	100

Nr.	Beschreibung	s	ss	vz
35.68	CONCORDIAE Antoninus Pius im Handschlag mit Faustina maior. *RIC 191.*	20	50	150
35.69	CONG AVG VIIII COS IIII Liberalitas n. l. stehend. *RIC 308.*	20	30	100
35.70	COS III 1.) Roma n. l. stehend, 2.) Zwei Hände im Handschlag um Caduceus. *RIC 67f.*	20	30	100
35.71	COS III DES IIII 1.) Pax n. l. stehend, 2.) Virtus n. l. stehend. *RIC 117f.*	20	30	100

35.72.1 (Aureus)

35.72.2

35.72.11

Nr.	Beschreibung	s	ss	vz
35.72	COS IIII 1.) Aequitas n. l. stehend (Aureus), 2.) Annona n. l. stehend, 3.) Concordia n. l. stehend, 4.) Felicitas n. l. stehend (Aureus), 5.) Fortuna n. r. oder n. l. stehend, 6.) Genius n. l. stehend, 7.) Pax n. l. stehend, 8.) Pietas n. l. oder n. r. stehend, 9.) Salus n. l. stehend (Aureus), 10.) Vesta n. l. stehend oder n. l. opfernd, 11.) Zwei Hände im Handschlag um Caduceus, 12.) Geflügeltes Blitzbündel auf Thron, 13.) Antoninus Pius n. l. opfernd (Aureus). *RIC 127ff., 162ff., 175ff., 186ff., 192ff., 203ff., 219ff., 229ff., 238ff., 243ff.*	20	30	100
35.73	–. Schrein mit halbkreisförmigem Bogen, darin männliche Gestalt. *RIC 227.*	20	50	150

Nr.	Beschreibung	s	ss	vz
35.74	COS IIII LIB(ERAL AVG) V Liberalitas n. l. stehend (Aureus). *RIC 169.*	20	30	100
35.75	COS IIII LIB VI Liberalitas n. l. stehend. *RIC 198.*	20	30	100
35.76	DES IIII Virtus n. l. stehend. *RIC 119.*	20	30	100
35.77	FELICITATI AVG COS IIII Felicitas n. l. stehend. *RIC 242.*	20	30	100

Nr.	Beschreibung	s	ss	vz
35.78	FELIC SAEC COS IIII Felicitas n. l. stehend. *RIC 297f.*	20	30	100
35.79	FORTVNA COS IIII Fortuna n. r. stehend. *RIC 300.*	20	30	100
35.80	FORTVNA OBSEQVENS COS IIII Fortuna n. r. stehend (Aureus). *RIC 257.*	20	30	100
35.81	GENIO SENATVS Genius des Senats n. l. stehend. *RIC 69.*	20	30	100
35.82	GENIVS POP(VLI) ROMANI Genius des römischen Volkes frontal oder n. l. stehend (Aureus). *RIC 70f.*	20	30	100
35.83	IMPERATOR Victoria n. l. stehend. *RIC 115.*	20	30	100
35.84	IMP II Caduceus zwischen zwei Füllhörnern. *RIC 107.*	20	30	100
35.85	IMPERATOR II Victoria 1.) n. r. fliegend (Aureus), 2.) n. l. stehend, 3.) Geflügelter Caduceus zwischen Füllhörnern. *RIC 109-112.*	20	30	100
35.86	ITALIA Italia n. l. sitzend. *RIC 73.*	25	80	200

Nr.	Beschreibung	s	ss	vz
35.87	LIBERALITAS AVG III Antoninus Pius auf Podium n. l. sitzend, bei ihm Liberalitas, unterhalb des Podiums steht Bürger (Aureus). *RIC 75.*	40	100	300

Nr.	Beschreibung	s	ss	vz
35.88	LIBERALITAS AVG VIIII COS IIII Liberalitas n. r. stehend. *RIC 311.*	20	30	100
35.89	LIBERALITAS VII COS IIII Liberalitas n. l. stehend (Aureus). *RIC 228*	20	30	100
35.90	–. Antoninus Pius mit Rechenbrett n. l. stehend. *RIC 208.*	20	50	150

s ss vz

35.91 LIB IIII Antoninus Pius auf Podium n. l. sitzend, bei ihm Liberalitas, aus ihrem Füllhorn Münzen über Bürger schüttend, der unterhalb des Podiums steht (Aureus).
RIC 141. 40 100 300

35.92 MONETA AVG Moneta n. l. stehend.
RIC 76. 20 30 100

35.93 OPI AVG Ops n. l. sitzend.
RIC 77. 20 30 100

35.94 PACI AVG COS IIII Pax n. l. stehend.
RIC 301. 20 30 100

35.95 PAX AVG Pax n. l. stehend.
RIC 78. 20 30 100

35.96 PIETATI AVG COS IIII Pietas n. l. stehend (Aureus).
RIC 313. 20 30 100

35.97 PONT MAX TR POT COS 1.) Aequitas n. l. stehend, 2.) Diana n. r. stehend, 3.) Felicitas n. l. stehend, 4.) Fides n. r. stehend, 5.) Minerva n. l. stehend.
RIC 1-5. 20 30 100

35.98 PRIMI DECEN(NALES COS IIII) in Eichenkranz (Aureus).
RIC 171. 20 50 150

35.99 PROVIDENTIA DEORVM Geflügeltes Blitzbündel.
RIC 59. 20 30 100

35.100 PROVIDENTIAE DEORVM Geflügeltes Blitzbündel (Aureus).
RIC 80. 20 30 100

35.101 ROMA COS IIII Roma n. l. sitzend.
RIC 303. 20 30 100

35.102 SALVS AVG Salus n. l. sitzend (Aureus).
RIC 82. 20 30 100

35.103 SALVS oder SALVTI AVG COS IIII Salus n. l. stehend.
RIC 287f. 20 30 100

35.104 TEMPL(VM) DIV(I) AVG REST COS IIII Tempel, darin Statuen des Divus Augustus und der Livia (Aureus).
RIC 143f. 20 50 150

35.105 TRANQVILLITAS AVG Tranquillitas n. l. stehend.
RIC 100. 20 30 100

s ss vz

35.106 TRIB POT COS DES II 1.) Aequitas n. l. stehend, 2.) Fides n. r. stehend.
RIC 15f. 20 30 100

35.107 TR P COS II 1.) Fortuna n. l. stehend, 2.) Pax n. l. stehend, 3.) Zwei Hände im Handschlag, 4.) Modius, 5.) Priesterliche Geräte.
RIC 41-46. 20 30 100

35.108 –. Wölfin in einer Höhle, die Zwillinge säugend.
RIC 42A. 30 100 250

35.109 TR POT COS II 1.) Felicitas n. l. stehend (Aureus), 2.) Fortuna n. l. stehend, 3.) Libertas n. l. stehend, 4.) Minerva n. r. gehend (Aureus), 5.) Pax n. l. stehend, 6.) Zwei Hände im Handschlag, 7.) Priesterliche Geräte, 8.) Modius.
RIC 47-58. 20 30 100

35.110 TR POT COS III 1.) Clementia n. l. sitzend, 2.) Italia n. l. sitzend, 3.) Pax n. l. stehend, 4.) Virtus n. l. stehend, 5.) Zwei Hände im Handschlag um Caduceus.
RIC 84-97. 20 30 100

35.111 –. Wölfin (in Grotte) die Zwillinge säugend.
RIC 94ff. 30 100 250

35.112 –. *Mit zusätzlicher Inschrift:*
Italia n. l. sitzend (ITALIA) (Aureus).
RIC 98. 25 80 200

35.113 TR POT COS III DES IIII Virtus n. r. stehend.
RIC 122. 20 30 100

35.114 TR POT COS IIII 1.) Liberalitas n. l. stehend, 2.) Pax n. l. stehend, 3.) Virtus n. l. stehend.
RIC 150-154. 20 30 100

35.115 TR POT COS IIII LIB IIII Liberalitas n. l. stehend.
RIC 156. 20 30 100

35.116 TR POT XIIII COS IIII
Mit zusätzlicher Inschrift:
1.) Pax n. l. stehend (PAX) (Aureus), 2.) Pietas n. r. stehend (PIETAS), 3.) Tranquillitas n. r. stehend (TRANQ).
RIC 200-202. 20 30 100

35.117 TR POT XV COS IIII 1.) Annona n. l. stehend, 2.) Fortuna n. r. stehend, 3.) Tranquillitas n. r. stehend, 4.) Vesta n. l. stehend.
RIC 209-212. 20 30 100

35.118.1

35.118 –. *Mit zusätzlicher Inschrift:*
1.) Pax n. l. stehend (PAX) (Aureus), 2.) Pietas n. r. stehend (PIETAS), 3.) Tranquillitas n. r. stehend (TRANQ).
RIC 216ff. 20 30 100

35.119 TR POT XIX COS IIII 1.) Annona n. l. stehend, 2.) oder n. r. sitzend, 3.) Ceres n. l. sitzend (Aureus), 4.) Fortuna n. r. stehend, 5.) Pax n. l. stehend, 6.) Pietas n. l. stehend, 7.) Salus n. l. sitzend.
RIC 248-254. 20 30 100

		s	ss	vz
35.120	TR POT XX COS IIII 1.) Annona n. r. oder n. l. stehend, 2.) oder n. r. sitzend, 3.) Ceres n. l. sitzend, 4.) Felicitas sitzend, 5.) Iupiter n. l. stehend, 6.) Salus n. l. sitzend, 7.) Securitas n. l. sitzend, 8.) Victoria n. l. gehend (Aureus). *RIC 258-266.*	**20**	**30**	**100**
35.121	TR POT XXI COS IIII 1.) Aequitas n. l. stehend, 2.) Annona n. l. oder n. r. stehend, 3.) Fortuna n. l. stehend, 4.) Genius n. l. stehend, 5.) Roma n. l. sitzend. *RIC 273-278.*	**20**	**30**	**100**
35.122	TR POT XXI COS IIII LIB VIII Liberalitas n. l. stehend. *RIC 282.*	**20**	**30**	**100**
35.123	VIRTVS AVG Virtus n. l. stehend. *RIC 102.*	**20**	**30**	**100**
35.124	VOTA SOL DEC(ENN) II COS IIII Antoninus Pius über Dreifuß n. l. opfernd, neben ihm Stier (Aureus). *RIC 291f.*	**20**	**100**	**250**

		s	ss	vz
35.125	VOTA SVSCEP(TA) DEC(ENNAL) III COS IIII Antoninus Pius n. l. opfernd (Aureus). *RIC 156f.*	**20**	**50**	**150**

Bronzemünzen

		s	ss	vz
35.126	Sesterz. AED(E) DIVI AVG REST COS IIII SC Tempel, darin Statuen des Divus Augustus und der Livia (Dupondius, As). *RIC 755.*	**100**	**400**	**1.200**
35.127	Sesterz. AFRICA COS II SC Africa mit Elefantenskalp n. l. stehend (Dupondius, As). *RIC 574ff.*	**100**	**400**	**1.500**
35.128	Sesterz. ALEXANDRIA COS II SC Alexandria mit Lotosblüte auf dem Kopf n. l. stehend oder gehend (Dupondius). *RIC 577f.*	**100**	**400**	**1.500**
35.129	Sesterz. ANNONA AVG (COS IIII) SC Annona n. r. oder n. l. stehend (Dupondius, As). *RIC 597.*	**50**	**100**	**500**
35.130	Dupondius. –. Abundantia n. r. stehend (As). *RIC 656.*	**20**	**75**	**300**

		s	ss	vz
35.131	Sesterz. APOLLINI AVGVSTO SC Apollon frontal stehend. *RIC 598.*	**50**	**100**	**500**
35.132	Sesterz. ASIA COS II SC Asia mit Mauerkrone n. l. stehend. *RIC 579.*	**100**	**400**	**1.500**
35.133	Sesterz. AVRELIVS CAES AVG PII F COS DES SC Drapierte Büste des Marc Aurel n. r. oder l. (Dupondius, As). *RIC 1206ff.*	**150**	**300**	**1.500**

		s	ss	vz
35.134	Sesterz. AVRELIVS CAES(AR) AVG PII F COS SC Kopf des Marcus Aurelius, mit Lorbeerkranz oder barhäuptig, n. r. oder l., gelegentlich drapiert und gepanzert (Dupondius, As). *RIC 1211ff.*	**150**	**300**	**1.500**
35.135	As. BONO EVENTI COS II SC Bonus Eventus n. l. stehend. *RIC 555.*	**20**	**75**	**250**
35.136	Dupondius. BONO EVENTI SC Bonus Eventus n. l. stehend (As). *RIC 656A.*	**20**	**75**	**300**
35.137	As. BONVS EVENTVS COS IIII SC Bonus Eventus n. l. stehend. *RIC 899.*	**20**	**75**	**250**
35.138	Dupondius. BRITANNIA COS IIII SC Britannia n. l. sitzend (As). *RIC 930.*	**100**	**250**	**750**
35.139	Sesterz. BRITANNIA SC Britannia n. l. sitzend. *RIC 742.*	**500**	**1.500**	**5.000**
35.140	Sesterz. CAPPADOCIA COS II SC Kappadokia mit Mauerkrone n. l. stehend, zu ihren Füßen Mons Argaios. *RIC 580.*	**150**	**600**	**2.000**
35.141	Sesterz. CAPPADOCIA SC Kappadokia mit Mauerkrone n. l. stehend, zu ihren Füßen Mons Argaios. *RIC 1056.*	**150**	**600**	**2.000**

		s	ss	vz
35.142	Sesterz. CONCORDIAE SC Antoninus Pius im Handschlag mit Faustina I. zwischen ihnen Marcus Aurelius und Faustina II, sich die Hände über einem Altar reichend. *RIC 601.*	**150**	**600**	**2.000**
35.143	Sesterz. CONCORDIA EXERCITVVM SC Concordia n. l. stehend (Dupondius, As). *RIC 600.*	**50**	**100**	**500**

s ss vz

35.144 Sesterz. CONG AVG VIIII COS IIII SC Liberalitas n. l. stehend (Dupondius).
RIC 1043. **50 100 500**

35.145 Sesterz. COS II SC Antoninus Pius auf Podium n. l. sitzend, bei ihm Offizier und Liberalitas mit Rechenbrett und Füllhorn, darunter Bürger.
RIC 534. **150 600 2.000**

35.146 Sesterz. COS III SC Salus n. l. stehend.
RIC 602. **50 100 500**

35.147 Sesterz. –. Wölfin, die Zwillinge säugend in Höhle.
RIC 603. **100 300 1.000**

35.148 Dupondius. COS IIII Eule, Adler, Pfau.
RIC 848. **40 150 400**

35.149.1 (Dupondius)

35.149 Sesterz. COS IIII SC 1.) Aequitas n. l. stehend (Dupondius), 2.) Annona n. l. stehend, 3.) Fortuna n. l. oder r. stehend (Dupondius), 4.) Mars n. r. gehend oder n. l. stehend, 5.) Roma n. l. sitzend, 6.) Salus n. l. stehend oder sitzend (Dupondius, As), 7.) Securitas n. l. sitzend, 8.) Antoninus Pius n. l. stehend, 9.) Antoninus Pius n. l. opfernd (As), 10.) Antoninus Pius in Quadriga n. l. oder n. r.
RIC 758-767. **50 100 500**

35.150 Sesterz. –. Tempel mit rundem Dach, darin Statue (Dupondius, As).
RIC 913. **100 300 1.000**

35.151 Sesterz. –. Sau, ihre Jungen säugend.
RIC 768. **150 600 2.000**

35.152 Dupondius. –. Fides n. r. stehend.
RIC 797. **20 75 250**

35.153 As. –. 1.) Hercules n. r. stehend, 2.) Iupiter n. l. sitzend, 3.) Pax n. l. stehend, 4.) Venus n. l. stehend.
RIC 922, 954ff. **20 75 250**

35.154 Sesterz. COS IIII VOTA SC Antoninus Pius n. l. opfernd (Dupondius, As).
RIC 844. **50 100 500**

s ss vz

35.155 Sesterz. DACIA COS II SC Dacia mit Standarte n. l. stehend.
RIC 581. **100 400 1.500**

35.156 Sesterz. DES IIII SC Salus n. l. stehend (Dupondius) oder sitzend.
RIC 749f. **50 100 500**

35.157 Sesterz. DISCIPLIN AVG SC Antoninus Pius n. r. gehend, gefolgt von einem Offizier und drei Soldaten mit Feldzeichen.
RIC 769. **150 600 2.000**

(As)

35.158 Sesterz. FELICITAS AVG (COS II oder COS IIII) SC Felicitas n. l. stehend (As).
RIC 535. **50 100 500**

35.159 Dupondius. FELICITAS AVG(VSTI COS II) SC Felicitas frontal oder n. l. stehend (As).
RIC 658f. **20 75 250**

35.160 As. FELICITAS COS IIII SC Felicitas n. l. stehend.
RIC 924. **20 75 250**

35.161 Sesterz. FELICITATI AVG COS IIII SC Felicitas n. l. stehend.
RIC 1000. **50 100 500**

35.162 Sesterz. FIDES EXERC COS IIII SC Fides n. l. stehend (Dupondius).
RIC 926. **50 100 500**

35.163 Sesterz. FORTVNA AVG SC Fortuna n. l. stehend.
RIC 1057. **50 100 500**

35.164 Sesterz. FORTVNA AVG(VSTI COS II) SC Fortuna n. l. stehend (As).
RIC 536. **50 100 500**

35.165 Sesterz. FORTVNA OBSEQVENS COS IIII SC Fortuna n. l. stehend (Dupondius, As).
RIC 771. **50 100 500**

35.166 Sesterz. GENIO SENATVS SC Genius n. l. stehend (Dupondius, As).
RIC 605. **50 100 500**

s ss vz

35.167 Dupondius. GENIVS POP(VLI) ROMANI SC Genius Populi Romani frontal stehend (Dupondius, As).
RIC 661. **20 75 300**

35.168 Sesterz. HILARITAS SC Hilaritas n. l. stehend.
RIC 606. **50 100 500**

35.169 Sesterz. HISPANIA COS II SC Hispania mit Mauerkrone n. l. stehend, zu ihren Füßen Kaninchen.
RIC 582. **100 400 1.500**

35.170 Sesterz. HONORI AVG COS IIII SC Honos frontal stehend (Dupondius).
RIC 772. **50 100 500**

35.171 Sesterz. IMP II TR POT COS III SC Victoria n. r. fliegend.
RIC 715. **50 100 500**

35.172 Sesterz. IMPERATOR II BRITAN(NIA) SC Victoria n. l. stehend.
RIC 719. **50 100 500**

35.173 Sesterz. –. Britannia n. l. sitzend.
RIC 743f. **500 1.500 5.000**

35.174.1

35.174.2

35.174 Sesterz. IMPERATOR II SC 1.) Fides n. r. stehend, 2) Victoria n. r. fliegend (Dupondius, As), 3.) Wölfin, die Zwillinge säugend.
RIC 716ff. **50 100 500**

35.175 Dupondius. –. 1.) Iupiter n. l. sitzend (As), 2.) Victoria n. l. gehend, einen Schild haltend, darauf SPQR.
RIC 723ff. **20 75 300**

s ss vz

35.176 As. –. 1.) Hercules n. l. stehend, 2.) Libertas n. l. stehend, 3.) Salus n. l. sitzend, 4.) Spes n. l. gehend, 5.) Victoria n. r. gehend, 6.) n. l. gehend, einen Schild mit BRITAN haltend.
RIC 726-732a. **20 75 250**

35.177 As. –. Sau, Junge säugend.
RIC 733. **75 200 600**

35.178 As. –. Wölfin, die Zwillinge säugend.
RIC 734f. **40 100 300**

35.179 As. IMPERATOR II ANCILIA SC Zwei ovale rituelle Schilde.
RIC 736. **75 200 600**

35.180 Sesterz. IMP TR POT XX COS IIII SC Victoria n. r. fliegend.
RIC 960. **50 100 500**

35.181 Sesterz. INDVLGENTIA AVG COS IIII SC Indulgentia n. l. sitzend (Dupondius).
RIC 904. **50 100 500**

35.182 As. IOVI LATIO SC Iupiter frontal stehend.
RIC 737. **20 75 250**

35.183 Sesterz. IOVI STATORI SC Iupiter frontal stehend.
RIC 607. **50 100 500**

s ss vz

35.184 Sesterz. ITALIA SC Italia n. l. sitzend.
RIC 746. 100 400 1.500

35.185 Dupondius. ITALIA TR POT COS II SC Italia n. l. sitzend.
RIC 594. 75 300 800

35.186 Sesterz. IVNONI SISPITAE SC Iuno Sospita n. r. gehend.
RIC 608. 100 300 1.000

35.187 Sesterz. LIBERAL AVG SC Antoninus Pius auf Podium n. l. sitzend, bei ihm Offizier und Liberalitas mit Rechenbrett und Füllhorn, darunter Bürger.
RIC 1057A. 50 100 500

35.188 Sesterz. LIBERALITAS AVG SC Liberalitas n. l. stehend.
RIC 845. 50 100 500

35.189 Sesterz. LIBERALITAS AVG III SC Antoninus Pius auf Podium n. l. sitzend, bei ihm Offizier und Liberalitas mit Rechenbrett und Füllhorn, darunter Bürger.
RIC 608A. 150 600 2.000

35.190 Sesterz. LIBERALITAS AVG IIII COS IIII SC Antoninus Pius auf Podium n. l. sitzend, bei ihm Offizier und Liberalitas mit Rechenbrett und Füllhorn, darunter Bürger.
RIC 774. 150 600 2.000

35.191 Sesterz. LIBERALITAS AVG V SC Antoninus Pius auf Podium n. l. sitzend, bei ihm Liberalitas mit Rechenbrett und Füllhorn, darunter Bürger (As).
RIC 775. 150 600 2.000

35.192 Sesterz. –. Liberalitas n. l. stehend (Dupondius).
RIC 776. 50 100 500

35.193 Sesterz. LIBERALITAS AVG VIIII COS IIII SC Antoninus Pius auf Podium n. l. sitzend, bei ihm Offizier und Liberalitas mit Rechenbrett und Füllhorn, darunter Bürger.
RIC 1044. 150 600 2.000

35.194 Sesterz. LIBERALITAS COS II SC Antoninus Pius auf Podium n. l. sitzend, bei ihm Offizier und Liberalitas mit Rechenbrett und Füllhorn, darunter Bürger.
RIC 537. 150 600 2.000

35.195 As. LIBERALITAS IIII SC Liberalitas n. l. stehend.
RIC 818. 20 75 250

s ss vz

35.196 As. –. Antoninus Pius auf Podium n. l. sitzend, bei ihm (Offizier und) Liberalitas mit Rechenbrett und Füllhorn, darunter Bürger.
RIC 819f. 100 300 1.000

35.197 Sesterz. LIBERALITAS VI COS IIII Liberalitas n. l. stehend.
RIC 867. 50 100 500

35.198 Sesterz. LIBERALITAS VII COS IIII SC Antoninus Pius auf Podium n. l. sitzend, bei ihm Liberalitas mit Rechenbrett und Füllhorn, darunter Bürger.
RIC 905. 150 600 2.000

(Dupondius)

35.199 Sesterz. LIBERTAS COS IIII SC Libertas n. r. oder n. l. stehend (Dupondius).
RIC 916f. 50 100 500

35.200 Sesterz. LIBERTAS PVBLICA (COS II) SC Libertas n. l. stehend (Dupondius, As).
RIC 538. 50 100 500

35.201 As. LIBERT SC Libertas n. l. stehend.
RIC 738. 20 75 250

35.202 Sesterz. MARTI VLTORI SC Mars n. r. stehend.
RIC 609. 50 100 500

35.203 Sesterz. MAVRETANIA COS II SC Mauretania in Rüstung mit Speer (oder Stab) n. l. stehend.
RIC 583ff. 150 600 2.000

35.204 Sesterz. MONETA AVG(VSTI COS II) SC Moneta n. l. stehend (Dupondius, As).
RIC 539. 50 100 500

35.205 As. MVNIFICENTIA AVG COS IIII SC Munificentia n. l. stehend.
RIC 861. 20 75 250

35.206 As. –. Elefant n. l. oder n. r. stehend.
RIC 862f. 40 150 500

35.207 Sesterz. OPI AVG SC Ops n. l. sitzend.
RIC 612f. 100 300 1.000

35.208 Sesterz. PARTHIA COS II SC Parthia mit Bogen, Köcher und Pfeil n. l. stehend.
RIC 586. 100 400 1.500

35.209 Sesterz. PAX AVG COS IIII SC Pax n. l. stehend, Waffen in Brand setzend.
RIC 777. 75 150 750

S SS VZ

35.210 Sesterz. PAX AVG SC Pax n. l. stehend (Dupondius).
RIC 616. **50 100 500**

35.211 Dupondius. –. Pax n. l. stehend, Waffen in Brand setzend (As).
RIC 804. **30 100 350**

35.212 Sesterz. PHOENICE COS SC Phoenicia mit Mauerkrone n. l. stehend, zu ihren Füßen Prora und Palme.
RIC 587. **100 400 1.500**

(As)

35.213 Sesterz. PIETAS AVG SC Pietas n. l. stehend (Dupondius, As).
RIC 617. **50 100 500**

35.214 Sesterz. PIETATI AVG COS IIII SC Pietas n. l. stehend (Dupondius).
RIC 977. **50 100 500**

35.215 Sesterz. P M TR P COS II SC Pax n. l. stehend (As).
RIC 528. **50 100 500**

35.216 Sesterz. P M TR P COS II SC LIBERALITAS Antoninus Pius auf Podium n. l. sitzend, bei ihm Liberalitas (sitzend oder stehend, gelegentlich zusätzlich Offizier) mit Füllhorn, darunter Bürger.
RIC 540. **150 600 2.000**

35.217 Sesterz. P M TR P COS III SC Aenaeas, den Anchises n. r. tragend, Ascanius bei der Hand haltend.
RIC 615. **150 600 2.000**

35.218 Sesterz. P M TR POT COS DES II SC 1.) Annona n. l. stehend, 2.) Pax n. l. stehend (As).
RIC 520. **50 100 500**

35.219 As. –. Aequitas n. l. stehend.
RIC 525. **20 75 250**

35.220 Sesterz. P M TR POT COS II SC 1.) Annona n. l. stehend, 2.) Fides n. r. stehend, 3. Pax n. l. stehend.
RIC 529ff. **50 100 500**

35.221 As. –. Fortuna n. l. stehend.
RIC 533. **20 75 250**

35.222 Sesterz. P M TR POT COS III SC Victoria n. r. gehend.
RIC 614. **50 100 500**

35.223 Sesterz. P M TR POT COS IIII LIB IIII SC Liberalitas n. l. stehend (As).
RIC 776A. **50 100 500**

35.224 Sesterz. P M TR POT XXI COS IIII LIB VIII SC Liberalitas n. l. stehend (Dupondius).
RIC 976. **50 100 500**

35.225 Sesterz. PONT MAX TR POT COS SC Pax n. l. stehend (As).
RIC 519ff. **50 100 500**

S SS VZ

35.226 Sesterz. PRIMI DECENNALES COS IIII SC in Eichenkranz (As).
RIC 846. **75 150 750**

35.227 Sesterz. PROVIDENTIAE DEORVM SC Geflügeltes Blitzbündel (Dupondius).
RIC 618. **50 100 500**

35.228 Sesterz. REX ARMENIIS DATVS SC Antoninus Pius n. l. stehend, dem König der Armenier eine Krone aufsetzend.
RIC 619. **500 1.500 5.000**

35.229 Sesterz. REX QVADIS DATVS SC Antoninus Pius n. l. stehend, dem König der Quaden eine Krone aufsetzend.
RIC 620. **500 1.500 5.000**

35.230 As. ROMA COS IIII SC Roma n. l. sitzend.
RIC 911. **20 75 250**

35.231 Sesterz. ROMA(E) AETERNA(E) SC Roma n. l. sitzend.
RIC 621. **50 100 500**

35.232 Sesterz. ROMAE AETERNAE SC Tempel (Dupondius).
RIC 543. **100 400 1.200**

s *ss* *vz*

35.233 Sesterz. ROMVLO AVGVSTO SC Romulus n. r. gehend (Dupondius).
RIC 624. **50** **100** **500**

35.234 Sesterz. SALVS AVG (oder SALVS PVBLICA) (COS IIII) SC Salus n. l. stehend oder sitzend (Dupondius, As).
RIC 635ff. **50** **100** **500**

35.235 As. SALVS AVG COS II SC Salus n. l. stehend.
RIC 562. **20** **75** **250**

35.236 Dupondius. SALVS AVGVSTI SC Salus n. l. sitzend.
RIC 670. **20** **75** **300**

35.237 Sesterz. SC 1.) Diana n. l. stehend, 2.) Mars n. r. gehend (Dupondius, As), 3.) Minerva n. r. gehend, 4.) Ops n. l. sitzend, 5.) Roma n. l. sitzend, 6.) Securitas n. l. (Dupondius) oder n. r. sitzend, 7.) Spes n. l. gehend (Dupondius, As), 8.) Venus n. l. sitzend, 9.) Antoninus Pius n. l. stehend.
RIC 544, 625f., 778ff. **50** **100** **500**

35.238 Sesterz. –. Aenaeas, den Anchises n. r. tragend, Ascanius bei der Hand haltend.
RIC 627. **150** **600** **2.000**

35.239 Sesterz. –. Antoninus Pius und Marcus Aurelius auf Podium nebeneinander sitzend, zu beiden Seiten Liktor.
RIC 544A. **100** **400** **1.200**

35.240 Sesterz. –. Antoninus Pius in Quadriga n. r.
RIC 720. **75** **300** **800**

s *ss* *vz*

35.241 Sesterz. –. Sau, acht Junge säugend.
RIC 629. **150** **600** **2.000**

35.242 Sesterz. –. Wölfin, die Zwillinge säugend.
RIC 630ff. **100** **400** **1.200**

35.243.1 (As)

35.243 Dupondius. –. 1.) Apollon frontal oder n. l. stehend (As), 2.) Minerva n. r. stehend (As).
RIC 666, 806ff. **20** **75** **300**

35.244 Sesterz. SCYTHIA COS II SC Scythia mit Mauerkrone und Parazonium n. l. stehend.
RIC 588. **100** **400** **1.500**

35.245 Sesterz. SECVND DECEM ANNALES COS IIII SC in Eichenkranz.
RIC 785. **75** **150** **750**

35.246 Sesterz. SECVRITAS AVG (oder PVBLICA) SC Securitas n. l. stehend oder sitzend (Dupondius, As).
RIC 640f. **50** **100** **500**

35.247 Sesterz. SICILIA COS II SC Sicilia mit Triskelis auf Kopf n. l. stehend (Dupondius).
RIC 589. **100** **400** **1.500**

35.248 Dupondius. SPES P R SC Spes n. l. gehend.
RIC 672. **20** **75** **300**

35.249 As. SPQR OPTIMO PRINCIPI SC in Eichenkranz.
RIC 827. **30** **100** **400**

35.250 Sesterz. SYRIA COS II SC Syria mit Mauerkrone n. l. stehend, l. von ihr Orontes schwimmend.
RIC 590. **100** **400** **1.500**

s ss vz

35.251 Sesterz. TEMPL(VM) DIV(I) AVG REST COS IIII SC Tempel, darin Statue des Divus Augustus und der Livia (Dupondius, As).
RIC 787. **100 400 1.200**

35.252 Sesterz. TEMPORVM FELICITAS COS IIII SC Gekreuzte Füllhörner, überragt von männlichen Kinderbüsten (Dupondius).
RIC 857. **100 400 1.200**

35.253 Sesterz. THRACIA COS II SC Thracia mit Palmzweig n. l. stehend.
RIC 591. **100 400 1.500**

35.254 Sesterz. TIBERIS SC Tiber n. l. gelagert.
RIC 642. **100 300 1.000**

35.255 As. –. Tiberis n. l. gelagert.
RIC 691a. **50 200 800**

35.256 Sesterz. TRIB POT COS DES II SC Pax n. l. stehend.
RIC 522. **50 100 500**

35.257 Sesterz. TRIB POT COS DES II PIETAS SC Pietas n. l. oder n. r. stehend (As).
RIC 523. **50 100 500**

35.258 Sesterz. TRIB POT COS II PAX SC Pax n. l. sitzend.
RIC 531A. **50 100 500**

35.259 Sesterz. TR POT COS II SC 1.) Annona n. l. stehend, 2.) Felicitas n. l. stehend (Dupondius, As), 3.) Fides n. r. stehend (Dupondius), 4.) Fortuna n. l. stehend, 5.) Pax n. l. stehend (As), 6.) Frau mit Szepter n. l. thronend.
RIC 545-548. **50 100 500**

s ss vz

35.260 Dupondius. –. Aequitas n. l. stehend (As).
RIC 552. **20 75 300**

35.261 As. –. 1.) Minerva n. r. gehend, 2.) Bonus Eventus n. l. stehend, 3.) Genius n. l. opfernd.
RIC 563-567. **20 75 250**

35.262 As. TR POT COS II G P R S C Genius Populi Romani n. l. stehend.
RIC 568. **20 75 250**

35.263 Sesterz. TR POT COS II SC PAX Pax n. l. stehend (Dupondius, As).
RIC 549. **50 100 500**

35.264 Sesterz. TR POT COS II SC PAX AVG Pax n. l. stehend, Waffen in Brand setzend.
RIC 550. **75 150 750**

35.265 Sesterz. TR POT COS III ITALIA SC Italia n. l. sitzend.
RIC 747. **100 400 1.500**

35.266 Sesterz. TR POT COS III SC 1.) Ianus frontal stehend (As), 2.) Romulus n. r. gehend (As), 3.) Wölfin, die Zwillinge säugend.
RIC 644ff. **100 400 1.200**

35.267 Sesterz. –. 1.) Fides n. r. stehend, 2.) Providentia n. l. stehend.
RIC 646f. **50 100 500**

35.268 Sesterz. –. Sau mit Jungen n. l.
RIC 722. **150 600 2.000**

35.269 As. –. 1.) Ceres n. l. stehend, 2.) Clementia n. l. stehend, 3.) Fortuna n. l. stehend, 4.) Pax n. l. stehend, 5.) Pudicitia frontal stehend, 6.) Roma n. r. sitzend, 7.) Spes n. l. gehend, 8.) Priesterliche Geräte, 9.) Geflügelter Caduceus.
RIC 692-705. **20 75 250**

35.270 As. –. Mars zu Rhea Silvia herabsteigend.
RIC 694f. **100 300 1.000**

35.271 As. TR POT COS III TIBERIS SC Tiber n. l. gelagert.
RIC 706. **100 300 1.000**

35.272 As. TR POT COS III VICT AVG SC Victoria in Quadriga n. r.
RIC 707. **20 75 250**

35.273 Sesterz. TR POT COS III DES IIII SC Salus n. l. stehend oder sitzend.
RIC 752f. **50 100 500**

35.274 Sesterz. TR POT COS IIII SC Fortuna n. l. stehend (Dupondius, As).
RIC 787A. **50 100 500**

s ss vz

35.275 Dupondius. –. Pietas n. l. stehend.
RIC 812. 20 75 250

35.276.1

35.276 As. –. 1.) Aeternitas n. l. stehend, 2.) Ceres n. l. stehend, 3.) Minerva n. r. stehend.
RIC 830-834. 20 75 250

35.277 Sesterz.
–. *Mit zusätzlicher Inschrift:*
Italia n. l. sitzend (ITALIA), Liberalitasszene (LIBERALITAS AVG V oder LIBERALITAS AVG VIIII), Wölfin, die Zwillinge säugend (IMP III).
RIC 788ff. 100 400 1.200

35.278 As.
–. *Mit zusätzlicher Inschrift:*
1.) Iustitia n. l. sitzend (IVSTITIA), 2.) Victoria in Quadriga n. r. (VICT AVG).
RIC 835f. 20 75 250

35.279 Dupondius. TR POT XI COS IIII SC Annona n. l. stehend.
RIC 850. 20 75 250

35.280 Sesterz. TR POT XIIII COS IIII SC 1.) Annona n. r. stehend, 2.) Antoninus n. l. reitend (As).
RIC 868f. 50 100 500

35.281 Sesterz. –. Tempel, darin Statuen des Divus Augustus und der Livia.
RIC 870. 100 400 1.200

35.282 Dupondius. –. Aequitas n. l. stehend.
RIC 876. 20 75 250

35.283.1 (As)

35.283 Sesterz.
–. *Mit zusätzlicher Inschrift:*
1.) Annona n. l. sitzend (ANNONA AVG) (Dupondius, As), 2.) Moneta n. l. stehend (MON AVG) (Dupondius), 3.) Roma n. l. sitzend (ROMA) (As), 4.) Tempel (PIETAS),
RIC 871-875. 50 100 500

35.284 As.
–. *Mit zusätzlicher Inschrift:*
1.) Iustitia n. l. sitzend (IVSTITIA), 2.) Pietas n. l. sitzend (PIETATI AVG).
RIC 881f. 20 75 250

s ss vz

35.285 Sesterz. TR POT XV COS IIII SC 1.) Annona n. l. stehend (Dupondius), 2.) Fortuna n. r. stehend (Dupondius), 3.) Antoninus n. l. sitzend (Dupondius), 4.) Antoninus n. l. reitend.
RIC 887-890. 50 100 250

35.286 Dupondius. –. Providentia n. r. stehend.
RIC 896a. 20 75 250

35.287 Sesterz.
–. *Mit zusätzlicher Inschrift:*
Annona n. l. sitzend (ANNONA AVG) (Dupondius), Roma n. l. sitzend (ROMA)
RIC 891f. 50 100 250

35.288 Sesterz. TR POT XVII COS IIII ANNONA AVG SC Annona n. l. sitzend.
RIC 918. 50 100 250

35.289.4

35.289 Sesterz. TR POT XIX COS IIII SC 1.) Annona stehend oder n. r. sitzend (As), 2.) Fides Exercitus n. l. stehend (Dupondius), 3.) Indulgentia n. l. sitzend, 4.) Pax n. l. stehend (Dupondius), 5.) Providentia n. l. stehend (Dupondius, As), 6.) Roma n. l. sitzend, 7.) Vesta n. l. sitzend, 8.) in Kranz (As).
RIC 941-947. 50 100 250

35.290 Sesterz. TR POT XX COS IIII SC 1.) Annona n. r. stehend (Dupondius), 2.) Fides Exercitus frontal stehend, 3.) Iupiter n. l. stehend (Dupondius, As), 4.) Providentia n. l. stehend (Dupondius, As), 5.) Roma n. l. sitzend, 6.) Securitas n. l. sitzend.
RIC 962-967. 50 100 250

35.291 Sesterz. TR POT XXI COS IIII SC 1.) Annona n. r. oder n. l. stehend (Dupondius, As), 2.) Fortuna n. l. stehend, 3.) Genius n. l. stehend, 4.) Roma n. l. sitzend, 5.) Antoninus n. l. opfernd, 6.) Wölfin, die Zwillinge säugend.
RIC 979-986. 50 100 250

35.292 Dupondius. –. Iupiter n. l. stehend.
RIC 992. 20 75 250

35.293 Sesterz. TR POT XXI COS IIII LIB VIII SC Liberalitas n. l. stehend.
RIC 987. 50 100 250

35.294 Sesterz. TR POT XXII COS IIII SC 1.) Annona frontal stehend, 2.) Fides Exercitus n. l. stehend, 3.) Genius frontal stehend.
RIC 1005-1007. 50 100 250

35.295 Dupondius. TR POT XXIII COS IIII SC Roma sitzend.
RIC 1036. 20 75 250

35.296 As. –. Genius n. l. stehend.
RIC 1041. 20 75 250

s ss vz

35.297 Dupondius. TR POT XXIIII COS IIII SC Pietas n. l. stehend.
RIC 1049. **20 75 250**

35.298 As. –. 1.) Aeternitas n. l. stehend, 2.) Genius n. l. stehend, 3.) Pietas n. l. stehend, 4.) Zwei Hände im Handschlag.
RIC 1051-1055. **20 75 250**

35.299 Sesterz. VENERI FELICI SC Tempel (Dupondius).
RIC 651f. **100 400 1.200**

35.300 Sesterz. VICTORIA AVG SC Victoria in Quadriga n. r. (Dupondius, As)
RIC 653f. **50 100 500**

35.301 Sesterz. VICTORIA AVGVSTI SC Victoria n. l. fliegend.
RIC 655. **50 100 500**

35.302 As. VOTA Antoninus n. r. opfernd, vor ihm Tempel und zwei stehende Gestalten.
RIC 864. **40 150 500**

35.303 Sesterz. VOTA COS IIII SC Antoninus n. l. opfernd (Dupondius).
RIC 792. **100 400 1.500**

35.304 Sesterz. VOTA SOL DEC(ENN) II COS IIII SC Antoninus n. l. opfernd (Dupondius, As).
RIC 1008ff. **100 400 1.500**

35.305 Sesterz. VOTA SVSCEP(TA) DEC(ENN) III (COS IIII) SC Antoninus n. l. opfernd (Dupondius, As).
RIC 793f. **100 400 1.500**

35.306 Sesterz. VOTA VIGENNALIA COS IIII SC Antoninus n. l. opfernd.
RIC 1012. **100 400 1.500**

Quadrantes und Semisses – mit Porträt

35.307 Quadrans. COS III (SC) 1.) Eule, Adler und Pfau, 2.) Zwei Capricorne über Globus, 3.) Geflügelter Caduceus, 4.) Modius mit Kornähren, 5.) Geflügeltes Blitzbündel.
RIC 709-713, 739ff. **20 75 250**

35.308 Quadrans. COS IIII SC 1.) Eule, Adler und Pfau, 2.) Legionsadler zwischen zwei Standarten, 3.) geflügeltes Blitzbündel.
RIC 837ff. **20 75 250**

s ss vz

35.309.4

35.309 Quadrans. TR POT COS II SC 1.) Adler auf Lorbeerzweig n. l. stehend, im Schnabel Kranz, 2.) Legionsadler zwischen zwei Standarten, 3.) Tisch mit Gefäß und Palmzweig, 4.) Keule und Caduceus gekreuzt.
RIC 570-573. **20 75 250**

35.310 Quadrans. TR POT COS III (oder COS IIII) SC Füllhorn.
RIC 714. **20 75 250**

Divus Pius

Folgende Vorderseitenvarianten kommen vor:
Umschrift: DIVVS ANTONINVS.
Büste: n. r. oder n. l., barhäuptig, mit Drapierung an der l. oder der r. Schulter.

Aureus

35.311 *Unter Marcus Aurelius.* CONSECRATIO Scheiterhaufen.
RIC 435. **1.000 2.000 4.000**

Denare

35.312 *Unter Marcus Aurelius.* CONSECRATIO Adler n. r. stehend (gelegentlich auf Altar).
RIC 429ff. **20 40 125**

35.313 *Unter Marcus Aurelius.* –. Scheiterhaufen.
RIC 435ff. **30 60 175**

35.314 *Unter Marcus Aurelius.* DIVO PIO Säule mit Statue des Antoninus Pius.
RIC 439f. **30 60 175**

35.315 *Unter Marcus Aurelius.* –. Altar, Antoninus Pius n. l. sitzend.
RIC 441f. **20 40 125**

S SS VZ

35.316.1

35.316 *Unter Traianus Decius.* Antoninian. CONSECRATIO
1.) Adler, 2.) Altar.
RIC 89f. 50 150 250

Bronzemünzen

Alle Bronzemünzen zu Ehren des toten Antoninus Pius wurden unter Marcus Aurelius geprägt.

35.317 Sesterz. CONSECRATIO SC Adler n. r. oder n. l. auf Globus stehend.
RIC 1262ff. 50 150 750

35.318 Sesterz. –. Scheiterhaufen (As).
RIC 1266. 75 250 1.000

35.319 Sesterz. DIVO PIO Säule mit Statue des Antoninus Pius (As).
RIC 1269ff. 75 250 1.000

35.320 Sesterz. –. Altar.
RIC 1272f. 50 150 750

35.321 Sesterz. SC Statue des Antoninus auf von vier Elefanten gezogenem Wagen n. l.
RIC 1274. 150 500 2.000

Anonyme Quadrantes aus der Periode zwischen Domitianus und Antoninus Pius

Alle Stücke tragen auf der Rückseite lediglich die Aufschrift SC. Die Anordnung erfolgt alphabetisch nach den Darstellungen der Vorderseite, danach nach der Darstellung der Rückseite. Die RIC-Nummern beziehen sich auf den 2. Band, S. 216 – 219.
Die Darstellungen der vier Jahreszeiten wurden früher häufig als der Sohn des Lucius Verus, Annius Verus, interpretiert. Zur Richtigstellung vgl. J. van Heesch in Studia Paulo Naster Oblata, Bd. I (1982).

35.322 Büste des Apollon n. r. / Dreifuß.
RIC 26. 10 50 100

35.323 Büste des Bacchus n. r. / Elefant n. r.
RIC 33. 25 150 500

S SS VZ

35.324 Büste des Frühlings mit einem Kranz aus Blüten. / Kranz aus Blumen und Blättern.
RIC 35. 100 250 600

35.325 Greif n. r. oder l. / Dreifuß.
RIC 27. 20 80 200

35.326 Büste des Herbst mit einem Kranz aus Weintrauben. / Kranz aus Weinlaub und Trauben.
RIC 34. 100 250 600

35.327 Kopf des Iupiter n. r. / Adler auf Blitzbündel oder geflügeltes Blitzbündel.
RIC 1. 10 50 100

35.328 Büste der Minerva n. r. / Eule n. r. oder l. stehend.
RIC 7. 10 50 100

35.329 Büste der Minerva n. r. / Keule.
RIC 10. 10 50 100

35.330 Büste der Minerva n. r. / Olivenbaum.
RIC 9. 10 50 100

35.331 Helm. / Eule n. r. stehend.
RIC 11. 20 80 200

35.332 Büste des Mars n. r. / Füllhorn.
RIC 23. 20 80 200

35.333 Büste des Mars n. r. / Panzer.
RIC 19. 10 50 100

35.334 Büste des Mars n. r. / Legionsadler zwischen zwei Standarten.
RIC 22. 20 80 200

35.335 Büste des Mars n. r. / Schild über gekreuzten Speeren, auf dem Schild Wölfin, die Zwillinge säugend.
RIC 20. 20 80 200

35.336 Büste des Mars n. r. / Trophäe.
RIC 21. 20 80 200

35.337 Büste des Mercur n. r. oder l. / Hahn n. r.
RIC 29. 20 80 200

35.338 Büste des Mercur n. r. / Geflügelter Caduceus.
RIC 31. 10 50 100

		s	ss	vz

		s	ss	vz
35.339	Büste des Neptun n. l. oder r. / Delphin, gelegentlich um Anker gewunden. *RIC 14.*	**15**	**60**	**150**
35.340	Nilpferd n. l. / Lorbeerzweig. *RIC 38.*	**30**	**150**	**400**
35.341	Rhinozeros n. l. / Olivenzweig oder Eule. *RIC 36.*	**20**	**80**	**200**
35.342	Büste der Roma. / Aequitas n. l. stehend. *RIC 12.*	**15**	**60**	**150**
35.343	Büste der Roma. / Fortuna n. l. stehend. *RIC 13.*	**10**	**50**	**100**

		s	ss	vz
35.344	Büste des Sommers mit einem Kranz aus Ähren. / Kranz aus Ähren. *RIC 35.*	**100**	**250**	**600**
35.345	Kopf des Tiber n. r. oder l. / Wölfin, die Zwillinge säugend. *RIC 17.*	**20**	**80**	**200**
35.346	Kopf der Venus n. r. / Taube n. r. oder n. l. *RIC 24.*	**10**	**50**	**100**

		s	ss	vz
35.347	Büste des Winters mit Kranz aus Schilf n. r. / Kranz aus Olivenzweigen. *RIC 35.*	**100**	**250**	**600**

36. Faustina Maior

Gattin des Antoninus Pius, † 141

Zur Geschichte

Faustina wurde um 105 als die Tochter des M. Annius Verus geboren. Ihre Familie stammte wie die des Hadrianus ursprünglich aus Spanien. Sie war mit Antoninus Pius verheiratet, lange bevor er als Erbe des Hadrianus adoptiert wurde. Marcus Aurelius, der auf Geheiß Hadrianus' von Antoninus Pius als Nachfolger adoptiert wurde, war der Sohn ihres Bruders. Sie gebar ihrem Gemahl vier Kinder, von denen allerdings nur Faustina die Jüngere, die spätere Gemahlin des Marcus Aurelius, die Kinderjahre überlebte. Faustina starb bereits im 3. Regierungsjahr ihres Mannes. Antoninus Pius ließ sie sogleich unter die Götter erheben und erbaute ihr einen Tempel an der *Via sacra.* Nach ihr wurde die Stiftung der „*puellae faustinianae*" benannt, bei der mittellose Familien Unterstützung für den Unterhalt und die Erziehung von Töchtern beziehen konnten.

Hinweise für Sammler

Während Münzen der Diva Faustina maior zu den häufigsten Münzen mit dem Bildnis eines weiblichen Mitglieds der Kaiserfamilie gehören, die ein Sammler im Handel zu sehen bekommt, sind Münzen, die zu ihren Lebzeiten geprägt wurden, relativ selten.

Münzen

Folgende Vorderseitenvarianten kommen vor:
Umschrift: FAVSTINA AVG ANTONINI AVG P P,
FAVSTINA AVGVSTA.
Büste: n. r. oder seltener n. l., drapiert.

Aurei

36.1	CONCORDIA AVG Concordia n. r. oder frontal stehend. *RIC 330.*	**800**	**2.000**	**5.000**
36.2	VENERI AVGVSTAE Venus n. r. stehend. *RIC 333.*	**800**	**2.000**	**5.000**

Denare

36.3	CONCORDIA AVG Concordia n. l. sitzend (Aureus) oder n. l. stehend. *RIC 327.*	**20**	**30**	**100**

s ss vz

36.4.1

36.4 IVNONI REGINAE 1.) Iuno n. l. stehend (Aureus), 2.) Thron, darauf Kranz, dagegen gelehnt Szepter, l. Pfau, r. Fruchtkorb (Aureus), 3.) Thron, darauf Pfau.
RIC 338ff. **20 30 100**

36.5 VESTA Vesta n. l. sitzend (Aureus).
RIC 334. **20 30 100**

Bronzemünzen

36.6 Dupondius oder As. CERES SC Ceres n. l. stehend oder sitzend.
RIC 1084. **20 75 300**

(Dupondius oder As)

36.7 Sesterz. CONCORDIA AVG SC Concordia n. l. sitzend oder stehend (Dupondius oder As).
RIC 1074ff. **50 100 500**

36.8 Sesterz. IVNONI REGINAE SC Iuno n. l. stehend (Dupondius oder As).
RIC 1077f. **50 100 500**

36.9 Sesterz. –. Thron, darauf Szepter, (darunter Pfau) (Dupondius oder As).
RIC 1079f. **75 250 1.250**

36.10 Dupondius oder As. SALVTI AVG SC Salus n. l. stehend.
RIC 1096f. **20 75 300**

36.11 Sesterz. VENERI AVGVSTAE SC Venus n. l. oder n. r. stehend (Dupondius oder As).
RIC 1081f. **50 100 500**

36.12 Sesterz. VESTA SC Vesta n. l. stehend (Dupondius oder As).
RIC 1083. **50 100 500**

36.13 Dupondius oder As. –. Vesta n. l. sitzend.
RIC 1098. **20 75 300**

s ss vz

Diva Faustina

Folgende Vorderseitenvarianten kommen vor:
Umschrift: DIVA (AVG oder AVGVSTA) FAVSTINA.
Büste: n. r. oder seltener n. l., drapiert, verschleiert, mit Diadem.

Aurei

36.14 *Ohne Legende.* 1.) Ceres n. l. stehend, 2.) Iuno n. l. stehend, 3.) Frau in Biga n. l. fahrend, 4.) Tempel.
RIC 403-406. **800 2.000 5.000**

36.15 AETERNITAS Faustina in Karren, der von zwei Elefanten n. l. gezogen wird.
RIC 352. **1.500 3.000 6.000**

36.16 –. Tempel, darin Sitzstatue der Faustina.
RIC 354. **800 2.000 5.000**

36.17 AVGVSTA 1.) Iuno n. l. stehend, 2.) Fortuna n. l. stehend.
RIC 365, 372. **800 2.000 5.000**

36.18 CONCORDIA Taube.
RIC 380. **800 2.000 5.000**

36.19 CONSECRATIO Faustina in der n. l. galoppierenden Quadriga des Sol.
RIC 383. **1.500 3.000 6.000**

36.20 –. 1.) Pfau n. l., 2.) Pfau, ein Rad schlagend.
RIC 385f. **800 2.000 5.000**

36.21 EX SENATVS CONSVLTO Faustina in Karren, der von zwei Elefanten n. l. gezogen wird.
RIC 390. **1.500 3.000 6.000**

36.22 PVELLAE FAVSTINIANAE Zweistöckiges Gebäude, darin Antoninus, vor ihm Kinder und eine Frau.
RIC 398. **LP LP LP**

36.23 VOTA PVBLICA Marcus Aurelius und Faustina II. im Handschlag, hinter ihnen Concordia.
RIC 402. **LP LP LP**

Denare

36.24 *Ohne Legende.* Ceres n. r. stehend (Aureus).
RIC 403. **50 150 300**

36.25 AED DIV FAVSTINAE Tempel, darin Sitzstatue der Faustina.
RIC 343. **40 60 150**

36.26.6

36.26 AETERNITAS 1.) Aeternitas n. l. stehend, 2.) Fortuna n. l. stehend (Aureus), 3.) Iuno n. l. stehend (Aureus),

s ss vz

4.) Providentia n. l. stehend (Aureus), 5.) Venus n. r. stehend, 6.) Thron, daran Szepter gelehnt, davor Pfau.
RIC 344-353. **20 30 100**

36.27 –. Stern.
RIC 355. **50 150 300**

36.28 ANTONINVS AVG PIVS P P TR P XII oder XVI Kopf des Antoninus Pius mit Lorbeerkranz n. r.
RIC 325f. **LP LP LP**

36.29.1

36.29.7

36.29 AVGVSTA 1.) Ceres n. l. stehend (Aureus), 2.) oder n. r. stehend, 3.) Iuno n. r. sitzend, 4.) oder n. r. stehend (Aureus), 5.) Pietas n. l. stehend, 6.) Venus n. l. stehend (Aureus), 7.) Vesta n. l. stehend, 8.) oder n. l. sitzend, 9.) Thron, daran gelehnt Szepter, davor Pfau, 10.) Thron, darauf Kranz und Szepter, davor Pfau, 11.) Thron, darauf Kranz, davor Szepter.
RIC 356-377. **20 30 100**

36.30 CERES Ceres n. l. stehend (Aureus) oder sitzend.
RIC 378f. **20 30 100**

36.31 CONCORDIAE Antoninus Pius n. r. stehend im Handschlag mit Faustina.
RIC 381. **40 60 150**

36.32.3

36.32 CONSECRATIO 1.) Ceres n. l. stehend, 2.) Adler n. r. stehend, 3.) Pfau n. r. gehend (Aureus).
RIC 382-387. **20 30 100**

s ss vz

36.33 DEDICATIO AEDIS Tempel.
RIC 388. **40 60 150**

36.34 EX SC Karren, gezogen von zwei Maultieren.
RIC 389. **50 150 300**

36.35 IVNO Iuno n. l. stehend.
RIC 391. **20 30 100**

36.36 IVNO LVCINAE Iuno n. l. stehend.
RIC 391a. **20 30 100**

36.37 PIETAS AVG Pietas frontal stehend oder n. l. stehend (Aureus).
RIC 392-395. **20 30 100**

36.38 –. Tempel.
RIC 396. **40 60 150**

36.39 PVELLAE FAVSTINIANAE Antoninus Pius n. l. auf Podium sitzend, vor ihm bringen eine Frau und ein Mann kleine Kinder zu ihm.
RIC 399a. **100 250 500**

36.40 VESTA Vesta n. l. stehend oder sitzend.
RIC 400f. **20 30 100**

Bronzemünzen

36.41.1

36.41 Sesterz. AETERNITAS SC 1.) Aeternitas n. l. sitzend oder stehend, 2.) Ceres n. l. stehend oder sitzend, 3.) Fortuna n. l. stehend, 4.) Iuno n. l. stehend, 5.) Providentia n. l. oder n. r. stehend, oder n. l. sitzend, 6.) Vesta n. r. oder n. l. stehend, 7.) Weibliche Gestalt mit Blume und Szepter (bis auf Vesta alle Typen auch als Dupondius oder As).
RIC 1099-1111. **50 150 500**

36.42 Sesterz. –. Faustina in von Elefanten oder Löwen gezogenem Wagen n. r. oder n. l. (Dupondius oder As).
RIC 1112ff. **150 500 2.000**

		s	ss	vz
36.43	Sesterz. –. Tempel (Dupondius oder As). *RIC 1115.*	**100**	**300**	**1.200**
36.44	Dupondius. –. Pietas n. l. stehend. *RIC 1161f.*	**20**	**75**	**250**

36.45.4

		s	ss	vz
36.45	Sesterz. AVGVSTA SC 1.) Ceres n. l. oder n. r. stehend (Dupondius oder As), 2. Kybele n. l. sitzend, 3.) Pietas n. l. stehend, 4.) Vesta n. l. stehend (Dupondius oder As). *RIC 1116-1127.*	**50**	**150**	**500**
36.46	Dupondius oder As. –. 1.) Aeternitas n. l. gehend, 2.) Ceres n. l. sitzend, 3.) Concordia n. l. sitzend, 4.) Iuno n. l. stehend, 5.) Vesta n. l. sitzend. *RIC 1169-1184.*	*20*	*75*	*250*
36.47	Sesterz. CERES SC Ceres n. l. stehend oder sitzend (Dupondius oder As). *RIC 1128.*	**50**	**150**	**500**
36.48	Sesterz. CONSECRATIO SC 1.) Diana in Quadriga n. r., 2.) Vesta n. l. stehend (Dupondius oder As), 3.) Victoria n. r. fliegend, Faustina gen Himmel tragend, 4.) Adler n. r. oder n. l. fliegend, Faustina gen Himmel tragend (Dupondius oder As), 5.) Scheiterhaufen (Dupondius oder As). *RIC 1130-1136.*	**100**	**300**	**1.200**
36.49	Sesterz. EX SC 1.) Faustina in Wagen sitzend, der von Elefanten gezogen wird, 2.) von Maultieren gezogenes Carpentum. *RIC 1139-1141.*	**100**	**300**	**1.200**
36.50	Sesterz. FECVNDITAS SC Fecunditas n. r. stehend. *RIC 1142.*	**50**	**150**	**500**

		s	ss	vz
36.51	Sesterz. IVNO SC Iuno n. l. stehend (Dupondius oder As). *RIC 1143.*	**50**	**150**	**500**
36.52	Sesterz. MATRI DEVM SALVTARI SC Kybele n. r. thronend. *RIC 1145.*	**100**	**300**	**1.200**
36.53	Sesterz. PIETAS AVG SC Pietas n. r. oder n. l. stehend (Dupondius oder As). *RIC 1146f.*	**50**	**150**	**500**

		s	ss	vz
36.54	Dupondius oder As. PIET AVG SC Altar mit Tor in Front. *RIC 1191A.*	**30**	**125**	**350**

		s	ss	vz
36.55	Sesterz. PIETAS AVG Tempel (Dupondius oder As). *RIC 1148.*	**75**	**300**	**1.000**
36.56	Dupondius oder As. SALVTI AVGVSTAE SC Salus n. l. sitzend. *RIC 1200*	**20**	**75**	**250**
36.57	Sesterz. SC 1.) Kybele auf Löwen n. l. sitzend, 2.) Vesta n. l. stehend (Dupondius oder As), 3. Tempel. *RIC 1150ff.*	**75**	**300**	**1.000**
36.58	Dupondius oder As. –. Isis frontal stehend. *RIC 1197.*	**40**	**150**	**500**
36.59	Dupondius oder As. –. Faustina in Wagen n. l. sitzend, der von zwei Elefanten gezogen wird. *RIC 1198.*	**50**	**200**	**600**

		s	ss	vz
36.60	Dupondius oder As. –. Mondsichel und sieben Sterne. *RIC 1199.*	**40**	**150**	**500**
36.61	Sesterz. VENVS SC Venus n. l. stehend (Dupondius oder As). *RIC 1053f.*	**50**	**150**	**500**

37. Marcus Aurelius
Caesar 139 – 161, Augustus 161 – 180

Zur Geschichte

Marcus Aurelius Antoninus wurde als Neffe der Faustina am 26.4.121 in Rom geboren. Im Alter von 17 stieg er zum Thronfolger auf, da ihn sein Onkel Antoninus Pius auf Geheiß Hadrianus' als Erben adoptierte. Marcus Aurelius erhielt eine Erziehung, wie sie mittlerweile für römische Adlige üblich, für einen zukünftigen Kaiser aber denkbar schlecht war. Rhetoren erzogen ihn in der Kunst der Rede, der Philosophie und anderen theoretischen Wissenschaften. Bis zu seiner Thronbesteigung hatte Marcus Aurelius das väterliche Haus praktisch nie verlassen. Er kannte weder die Bedürfnisse der Provinzen, noch die Anforderungen, die an ihn als Feldherr gestellt werden konnten.

In Folge dessen war er völlig überfordert, als gleich zu Beginn seiner Regierung die Parther die römische Provinz Syrien angriffen. Er schickte seinen Bruder Lucius Verus gegen die Angreifer. Die Anerkennung der Rechte seines Adoptivbruders, die man Marcus Aurelius oft als großzügige Geste ausgelegt hat, war tatsächlich nichts anderes als das, was die meisten Kaiser taten: Er ernannte einen potentiellen Nachfolger, damit in einem plötzlichen Todesfall die Regierung weiterlaufen konnte. Lucius Verus erkrankte auf seiner Reise in den Osten schwer und kam nach dem Sieg der römischen Truppen todkrank in die Heimat zurück. Trotzdem bestand Marcus Aurelius im Jahre 166 darauf, daß er ihn in den Kampf gegen die im Norden andrängenden Marcomannen begleitete. Nach dem Tod seines Adoptivbruders blieb Marcus Aurelius nichts anderes übrig, als sich selbst als Feldherr zu betätigen. Die Bedingungen dafür waren nicht günstig. Unter Antoninus Pius war das römische Heer stark verkleinert worden. Eine strategische Reserve existierte nicht, so daß Marcus Aurelius für jede größere Aktion andere Grenzen entblößen mußte. In einer Art Dominoeffekt brachte jeder Sieg über die Angreifer neue Einfälle an den Grenzen, von denen die Soldaten hatten abgezogen werden müssen.

Marcus Aurelius starb körperlich zerrüttet von den Rauschgiften, die er nahm, um sein Leben zu ertragen, im Jahre 180 n. Chr. bei Wien. Den Ruhm, den ihm die Nachwelt bescherte, verdankt er zum großen Teil seinem philosophischen Werk, den Selbstbetrachtungen. Mit seinen Ideen bewegte sich Marcus Aurelius innerhalb dessen, was zum damaligen Zeitpunkt Allgemeingut der senatorischen Elite in Rom war. Der Kaiser hatte die Vorstellungen der Stoiker, die später die Ideale der christlichen Kirche prägen sollten, verinnerlicht und ihnen in seinen Selbstbetrachtungen einen Ausdruck gegeben. So wurde der Kaiser zur Gallionsfigur der stoischen Philosophie und später der christlichen Kirchenväter, die ihn als denjenigen, der nur Pflicht und kein Vergnügen gekannt hatte, gegen alle anderen Kaiser positiv heraushoben. Ironie der Geschichte ist es, daß unter Marcus Aurelius das Vorgehen gegen die Christen wesentlich schärfer wurde. Er erlaubte in einem Edikt, zum Tode Verurteilte in die Arena zu schicken, was eine ganze Reihe von Christenpogromen vor allem in den Provinzen auslöste, wo der Kaiser gleichzeitig verboten hatte, bestimmte Höchstausgaben für die Kämpfe in der Arena zu überschreiten.

Rombesucher können heute noch ein Reiterstandbild Marc Aurels bewundern, das sich als einziges Reiterstandbild der Antike erhalten hat.

Zur Münzgeschichte

Wenig ist zur Münzgeschichte während der Zeit des Marcus Aurelius zu sagen. Überraschend bleibt, daß trotz der erhöhten Kosten, die das Heer, das nun die Grenzen verteidigen mußte und dessen Kosten nicht mehr durch Plünderungen feindlicher Gegenden gedeckt werden konnten, der Silbergehalt der Denare nicht verschlechtert wurde.

Münzstätte blieb Rom.

Hinweise für Sammler

Die Münzen des Marcus Aurelius lassen sich durch die häufige Nennung der Tribunicia Potestas, die jährlich erneuert wurde, relativ einfach datieren.

TR P	146/7
TR P II	147/8
TR P III	148/9
TR P IIII	149/50
TR P V	150/1
TR P VI	151/2
TR P VII	152/3
TR P VIII	153/4
TR P VIIII	154/5
TR P X	155/6
TR P XI	156/7
TR P XII	157/8
TR P XIII	158/9
TR P XIIII	159/60
TR P XV	160/1
TR P XVI	161/2
TR P XVII	162/3
TR P XVIII	163/4
TR P XVIIII	164/5
TR P XX	165/6
TR P XXI	166/7
TR P XXII	167/8
TR P XXIII	168/9
TR P XXIIII	169/70
TR P XXV	170/1
TR P XXVI	171/2
TR P XXVII	172/3
TR P XXVIII	173/4
TR P XXVIIII	174/5
TR P XXX	175/6
TR P XXXI	176/7
TR P XXXII	177/8
TR P XXXIII	178/9
TR P XXXIIII	179/80

Münzen

Als Caesar

Folgende Vorderseitenvarianten kommen vor:
Umschrift: AVRELIVS CAESAR ANTONINI AVG PII FIL,
AVRELIVS CAESAR AVG PII F COS und viele Varianten.
Büste: n. r., seltener n. l., barhäuptig, gepanzert und/oder drapiert.

Aurei

37.1 CONCORDIA TR POT III COS II Concordia, unter ihrem Mantel Faustina II. und Marcus Aurelius bergend.
RIC 441. **LP LP LP**

37.2 COS DES II Hilaritas n. l. stehend.
RIC 425. **800 2.000 5.000**

37.3 COS II 1.) Hilaritas n. l. stehend, 2.) Minerva n. r. stehend.
RIC 427f. **800 2.000 5.000**

s ss vz

37.4 –. Marcus Aurelius in Quadriga n. l.
RIC 430. **1.000 2.000 5.000**

37.5 HILARITAS Hilaritas n. l. stehend.
RIC 432. **800 2.000 5.000**

37.6 TR POT COS II Minerva n. r. stehend.
RIC 435. **800 2.000 5.000**

37.7 TR POT III COS II Fides n. r. stehend.
RIC 445. **800 2.000 5.000**

37.8 TR POT VI (VII, VIII oder COS VIIII) COS II Roma n. l. stehend.
RIC 452. **800 2.000 5.000**

37.9 TR POT X COS II Minerva n. r. gehend.
RIC 465. **800 2.000 5.000**

37.10 TR POT XI (oder XII) COS II Apollon n. l. stehend.
RIC 469. **800 2.000 5.000**

37.11.1

37.11 TR POT XIII COS II 1.) Apollon n. l. stehend, 2.) Mars n. r. gehend.
RIC 477f. **800 2.000 5.000**

s ss vz

37.12 TR POT XIIII COS II Mars n. r. gehend.
RIC 481. **800 2.000 5.000**

37.13 TR POT XV COS II DESIG III Pietas n. l. stehend.
RIC 487. **800 1.600 5.000**

37.14 TR POT XV COS III Mars n. r. gehend.
RIC 488. **800 1.600 5.000**

37.15 VOTA PVBLICA Faustina II. n. r. stehend im Handschlag mit Marcus Aurelius, zwischen ihnen Concordia.
RIC 434. **1.000 2.000 5.000**

Denare

37.16 ANTONINVS AVG PIVS P P Kopf des Antoninus Pius n. l. oder n. r., barhäuptig oder mit Lorbeerkranz (Aureus).
RIC 411-414. **40 100 300**

37.17 ANTONINVS AVG PIVS P P TR P COS III Kopf des Antoninus Pius n. l. oder n. r., barhäuptig oder mit Lorbeerkranz, gelegentlich drapiert (Aureus).
RIC 415-421. **40 100 300**

37.18 COS DES II Honos n. l. stehend.
RIC 426. **20 40 100**

37.19.1

37.19 COS II 1.) Honos n. l. stehend, 2.) Spes n. l. gehend.
RIC 429, 431. **20 40 100**

37.20 TR POT COS II 1.) Fides n. r. stehend, 2.) Spes n. l. gehend.
RIC 436f. **20 40 100**

37.21 TR POT II COS II 1.) Fides n. r. stehend (Aureus), 2.) Minerva n. r. stehend (Aureus), 3.) Vesta n. r. stehend.
RIC 438-440. **20 40 100**

37.22.1

37.22 TR POT III COS II 1.) Minerva n. r. stehend, 2.) Providentia n. l. stehend, 3.) Frau mit Patera und Kornähren n. l. stehend.
RIC 444-447. **20 40 100**

s ss vz

37.23.1

37.23 –. *Mit zusätzlicher Inschrift:* 1.) Clementia frontal stehend (CLEM) (Aureus), 2.) Pietas n. l. stehend (PIETAS) (Aureus).
RIC 448f. **20 40 100**

37.24 TR POT IIII COS II Minerva n. r. stehend.
RIC 450. **20 40 100**

37.25 TR POT IIII COS II CLEM Clementia frontal stehend.
RIC 451. **20 40 100**

37.26 HONOS Honos n. l. stehend (Aureus).
RIC 422. **20 40 100**

37.27 IVVENTAS Iuventas n. l. stehend (Aureus).
RIC 423. **20 40 100**

37.28 PIETAS AVG Priesterliche Geräte (Aureus).
RIC 424. **20 40 100**

37.29 TR POT VI COS II 1.) Genius Exercitus l. stehend, 2.) Virtus l. stehend.
RIC 453-455. **20 40 100**

37.30 TR POT VI COS II CLEM Clementia frontal stehend (Aureus).
RIC 456. **20 40 100**

37.31 TR POT VII COS II Genius Exercitus n. l. stehend.
RIC 458. **20 40 100**

37.32 TR POT VIII COS II 1.) Genius Exercitus n. l. stehend, 2.) Minerva n. l. stehend, 3.) Virtus n. l. stehend.
RIC 459-462. **20 40 100**

37.33 TR POT VIIII COS II Minerva n. l. stehend.
RIC 463. **20 40 100**

37.34 TR POT X COS II 1.) Aequitas n. l. stehend, 2.) Genius Populi Romani n. r. stehend, 3.) Virtus n. l. stehend.
RIC 466-468. **20 40 100**

s ss vz

37.35.2

37.35 TR POT XI COS II 1.) Felicitas n. l. oder r. stehend, 2.) Securitas n. l. stehend, 3.) Virtus n. l. stehend.
RIC 470-473. 20 40 100

37.36 TR POT XII COS II 1.) Felicitas n. l. stehend, 2.) Spes n. l. gehend.
RIC 475f. 20 40 100

37.37.2

37.37 TR POT XIII COS II 1.) Spes n. l. gehend, 2.) Virtus n. r. stehend (Aureus).
RIC 479f. 20 40 100

37.38 TR POT XIIII COS II 1.) Mars frontal stehend, 2.) Minerva n. r. gehend, 3.) oder n. l. stehend.
RIC 482-484. 20 40 100

37.39 TR POT XIIII COS II DESIG III Mars frontal stehend.
RIC 486. 20 40 100

37.40 TR POT XV COS III 1.) Mars n. r. stehend, 2.) Pietas n. l. stehend (Aureus).
RIC 489f. 20 40 100

37.41 –. Marcus Aurelius in Quadriga n. l. (Aureus).
RIC 491. 40 60 150

37.42 VIRTVS COS II Virtus n. r. stehend.
RIC 433. 20 40 100

Bronzemünzen

37.43 Sesterz. ANTONINVS AVG PIVS P P TR P COS III Kopf des Antoninus Pius, n. r. oder n. l., mit Lorbeerkranz oder Strahlenkrone, gelegentlich drapiert und / oder gepanzert.
RIC 1211ff. 150 300 1.500

37.44 Sesterz. ANTONINVS AVG PIVS P P Kopf des Antoninus Pius n. r. oder n. l., (drapiert), mit Lorbeerkranz oder Strahlenkrone (Dupondius, As).
RIC 1206ff. 150 300 1.500

37.45 Dupondius oder As. CONCORDIA (COS II) SC Concordia n. l. stehend.
RIC 1254. 20 75 300

37.46 Dupondius oder As. COS II SC 1.) Roma n. l. stehend, 2.) Spes n. l. gehend, 3.) Virtus n. l. stehend, 4.) Füllhorn.
RIC 1255ff. 20 75 300

37.47 Sesterz. DES II SC Honos n. l. stehend.
RIC 1241. 50 150 750

s ss vz

37.48 Sesterz. HILARITAS SC Hilaritas n. l. stehend (Dupondius oder As).
RIC 1230. 50 150 750

37.49 Sesterz. HONOS SC Honos n. l. stehend (Dupondius oder As).
RIC 1231. 50 150 750

37.50 Sesterz. IVVENTAS SC Iuventas n. l. stehend (Dupondius oder As).
RIC 1232f. 50 150 750

37.51 Dupondius oder As. IVVENTVS (COS II) SC in Eichenkranz.
RIC 1261f. 20 75 300

37.52 Sesterz. PIETAS AVG SC Priesterliche Geräte (Dupondius oder As).
RIC 1234. 50 150 750

37.53 Sesterz. SC Hilaritas n. l. stehend, Minerva n. r. gehend oder stehend.
RIC 1235, 1243f. 50 150 750

37.54 Sesterz. –. Marcus Aurelius in Quadriga n. r. oder l.
RIC 1246f. 75 250 1.000

37.55 Dupondius oder As. –. Minerva n. r. gehend, stehend oder frontal stehend.
RIC 1263ff. 20 75 300

s ss vz

37.56.2

37.56 Sesterz. TR POT COS II SC 1.) Fides n. r. stehend, 2.) Minerva n. r. oder n. l. stehend (Dupondius oder As), 3.) Spes n. l. gehend.
RIC 1248. 50 150 750

37.57 Sesterz. TR POT COS III SC 1.) Minerva n. r. stehend (Dupondius oder As), 2.) Marcus Aurelius in Quadriga n. l.
RIC 1363. 50 150 750

37.58 Sesterz. TR POT II COS II SC Fides n. r. stehend.
RIC 1270 50 150 750

37.59 Dupondius oder As. TR POT II COS II HONOS SC Honos frontal stehend.
RIC 1271. 20 75 300

37.60 Sesterz. TR POT III COS II SC 1.) Clementia n. l. stehend, 2.) Minerva n. r. stehend, 3.) Pietas n. l. stehend (bis auf Pietas alle Typen auch als Dupondius oder As).
RIC 1272ff. 50 150 750

37.61 –. *Mit zusätzlicher Inschrift:*
1.) Clementia frontal oder n. l. stehend (CLE oder CLEM) (Dupondius oder As), 2.) Honos frontal stehend (HONOS), 3.) Pietas n. l. stehend (PIETAS) (Dupondius oder As), 4.) Virtus n. l. stehend oder sitzend (VIRTVS) (Dupondius oder As).
RIC 1275-1283. 50 150 750

37.62 Dupondius oder As.
–. *Ohne zusätzliche Inschrift:*
1.) Fides n. r. stehend, 2.) Iuventas n. r. stehend.
RIC 1288f. 20 75 300

37.63 Dupondius oder As. TR POT III COS II IVVENTAS SC Iuventas n. r. stehend.
RIC 1292. 20 75 300

37.64 Sesterz. TR POT IIII COS II SC Felicitas n. l. stehend.
RIC 1296. 50 150 750

37.65 Sesterz. TR POT IIII COS II SC VIRTVS SC Virtus n. l. stehend.
RIC 1297. 50 150 750

s ss vz

37.66 Dupondius oder As. TR POT IIII COS II SC Minerva n. r. stehend.
RIC 1298. 20 75 300

37.67 Dupondius oder As.
–. *Mit zusätzlicher Inschrift:*
1.) Honos n. l. stehend (HONOS), 2.) Virtus n. l. stehend (VIRTVS).
RIC 1298Aff. 20 75 300

37.68 Sesterz. TR POT VI COS II SC 1.) Minerva n. l. stehend (Dupondius oder As), 2.) Genius Exercitus n. l. stehend.
RIC 1301ff. 50 150 750

37.69.2

37.69 –. *Mit zusätzlicher Inschrift:*
1.) Honos n. l. stehend (HONOS), 2.) Virtus n. l. stehend (VIRTVS) (beide Typen auch Dupondius oder As).
RIC 1303f. 50 150 750

37.70.1

37.70 Sesterz. TR POT VII COS II SC 1.) Minerva n. l. stehend oder n. r. sitzend, 2.) Roma n. r. sitzend.
RIC 1308ff. 50 150 750

37.71 Sesterz. TR POT VIII COS II SC Minerva n. r. oder n. l. stehend oder n. r. sitzend (Dupondius oder As).
RIC 1312ff. 50 150 750

37.72 Dupondius oder As. 1.) Salus n. l. stehend, 2.) Spes n. l. stehend.
RIC 1319f. 20 75 300

37.73 Sesterz. TR POT VIIII COS II SC Minerva n. l. stehend.
RIC 1321. 50 150 750

37.74 Dupondius oder As. –. 1.) Mars n. r. gehend, 2.) Salus n. l. stehend, 3.) Virtus n. r. stehend.
RIC 1322ff. 20 75 300

37.75 Sesterz. TR POT X COS II SC 1.) Fortuna n. l. oder n. r. stehend, 2.) Minerva n. l. stehend, 3.) Pietas n. l. stehend (alle Typen auch als Dupondius oder As).
RIC 1325ff. 50 150 750

		s	ss	vz
37.76	Dupondius oder As. –. Securitas n. r. sitzend. *RIC 1334.*	**20**	**75**	**300**
37.77	Sesterz. TR POT XI COS II SC 1.) Felicitas n. l. stehend (Dupondius oder As), 2.) Fortuna n. l. stehend, 3.) Genius Exercitus n. l. stehend, 4.) Minerva n. l. stehend (Dupondius oder As). *RIC 1335-1340.*	**50**	**150**	**750**
37.78	Dupondius oder As. –. 1.) Aesculap n. l. stehend, 2.) Pietas n. l. stehend. *RIC 1341ff.*	**20**	**75**	**300**
37.79	Sesterz. TR POT XII COS II SC 1.) Felicitas n. l. stehend, 2.) Spes n. l. gehend (Dupondius oder As). *RIC 1344ff.*	**50**	**150**	**750**
37.80	Sesterz. TR POT XIII COS II SC 1.) Spes n. l. gehend, 2.) Virtus n. r. stehend (beide Typen als Dupondius oder As). *RIC 1348f.*	**50**	**150**	**750**

37.81.1

37.81	Sesterz. TR POT XIIII COS II SC 1.) Mars n. r. gehend (Dupondius oder As), 2.) Roma n. l. stehend. *RIC 1352ff.*	**50**	**150**	**750**
37.82	Dupondius oder As. –. Virtus n. r. stehend. *RIC 1355.*	**20**	**75**	**300**
37.83	Sesterz. TR P(OT) XV COS II VIRTVS SC Virtus n. l. stehend (Dupondius oder As). *RIC 1356f.*	**50**	**150**	**750**

37.84.2

37.84	Sesterz. TR POT XV COS III SC 1.) Mars n. r. gehend, 2.) Pietas n. l. stehend (Dupondius oder As), 3.) Marcus Aurelius in Quadriga n. l. *RIC 1358ff.*	**50**	**150**	**750**
37.85	Dupondius oder As. –. Marcus Aurelius n. l. stehend. *RIC 1362.*	**20**	**75**	**300**
37.86	Sesterz. VIRTVS COS II SC Virtus n. r. stehend (Dupondius oder As). *RIC 1252.*	**50**	**150**	**750**

		s	ss	vz
37.87	Sesterz. VOTA PVBLICA SC Marcus Aurelius und Faustina II. im Handschlag, zwischen ihnen Concordia (Dupondius oder As). *RIC 1253.*	**50**	**150**	**750**

Als Augustus

Folgende Vorderseitenvarianten kommen vor:

Umschrift: ANTONINVS AVG (ARMENIACVS),
IMP CAES M AVREL ANTONINVS AVG (P M),
IMP M ANTONINVS AVG,
IMP M ANTONINVS AVG TR P XXIII (und folgende),
IMP M AVREL ANTONINVS AVG (P M),
M ANTONINVS AVG ARMENIACVS (P M),
M ANTONINVS AVG (IMP II oder P M),
M ANTONINVS AVG ARMEN P M,
M ANTONINVS AVG ARM PARTH MAX,
M ANTONINVS AVG GERM (SARMATICVS) M AVREL ANTONINVS ARMEN(IACVS) P M,
M AVREL ANTONINVS AVG ARM PARTH MAX,
M AVREL ANTONINVS AVG (P M),
M AVREL ANTONINVS AVG GERM SARM.

Büste: n. r. oder n. l., barhäuptig oder mit Lorbeerkranz, mit Strahlenkranz, drapiert und / oder gepanzert, hin und wieder nur Drapierung an der linken Schulter.

Aurei

37.88	CONCORDIA(E) AVGVSTOR TR P XV (oder XVI) COS III Vesta n. l. sitzend *RIC 8ff.*	**800**	**2.000**	**5.000**
37.89	COS III P P Mars n. r. gehend. *RIC 414.*	**800**	**2.000**	**5.000**
37.90	DE SAR(M TR P XXX IMP VIII COS II P P) Trophäe, darunter trauernde sarmatische Frau und sarmatischer Gefangener. *RIC 340, 342.*	**1.250**	**2.500**	**6.000**
37.91	IMP VI COS III Marcus Aurelius n. r. reitend. *RIC 281.*	**800**	**2.000**	**5.000**
37.92	LIB AVGVSTOR TR P XV COS III Marcus Aurelius und Lucius Verus auf Podium n. r. stehend, vor ihnen Liberalitas, vor Podium Bürger. *RIC 15ff.*	**2.500**	**4.500**	**10.000**

37.93	P M TR P XVIII (oder TR P XIX) IMP II COS III Victoria n. r. stehend, Schild mit der Aufschrift VIC AVG an Palme befestigend. *RIC 88ff.*	**800**	**2.000**	**5.000**
37.94	P M TR P XX IMP III COS III Felicitas n. l. stehend. *RIC 153f.*	**800**	**2.000**	**5.000**

s *ss* *vz*

37.95 SALVTI AVGVSTOR TR P XVI (XVII oder XVIII) COS III Salus n. l. stehend.
RIC 53ff. 800 2.000 5.000

37.96 TR P XVIII COS III Victoria n. r. stehend oder n. l. gehend.
RIC 115f. 800 2.000 5.000

37.97 TR P XXI COS IIII Mars n. l. gehend.
RIC 169. 800 2.000 5.000

37.98 TR P XXI IMP IIII COS III Victoria n. l. gehend.
RIC 172ff. 800 2.000 5.000

37.99 –. *Mit zusätzlicher Inschrift:*
Liberalitas n. l. stehend (CONG AVG IIII).
RIC 166f. 800 2.000 5.000

37.100 TR P(OT) XXII IMP IIII COS III Victoria n. l. gehend.
RIC 179ff. 800 2.000 5.000

37.101.1

37.101 TR P XXII IMP V COS III 1.) Aequitas n. l. sitzend oder stehend, 2.) Fortuna n. l. sitzend, 3.) Victoria n. l. oder n. r. gehend.
RIC 187ff. 800 2.000 5.000

37.102 TR P XXXIII IMP VIIII (oder IMP X) COS III P P Marcus Aurelius n. l. opfernd.
RIC 400. 800 2.000 5.000

37.103 TR P XXXIIII IMP X COS III P P Fides Militum n. l. stehend.
RIC 410. 800 2.000 5.000

37.104 VICT AVG TR P XX IMP IIII COS III Victoria n. l. fliegend.
RIC 165. 800 2.000 5.000

Denare

37.105 ARMEN P M TR P XVIII (oder XIX) (IMP II) COS III Armenia n. l. sitzend in Trauerhaltung.
RIC 78ff. 40 80 200

s *ss* *vz*

37.106 ARMEN TR P XVIII IMP II COS III Armenia n. l. sitzend in Trauerhaltung (Aureus).
RIC 83ff. 40 80 200

37.107 COMMODVS CAES AVG FIL GERM Kopf des Commodus n. r., gelegentlich Büste drapiert und / oder gepanzert.
RIC 335ff. 100 300 600

37.108 CONCORD AVG TR P XV (XVI oder XVII) COS III Concordia n. l. sitzend (TR P XVII als Aureus).
RIC 1ff. 25 50 100

37.109 COS III 1.) Diana n. l. stehend, 2.) Fortuna n. l. stehend, 3.) Iupiter n. l. sitzend, 4.) Mars n. r. gehend, 5.) Minerva n. r. stehend, 6.) Roma n. l. sitzend, 7.) Salus n. r. stehend, 8.) Salus n. l. sitzend.
RIC 198ff. 25 50 100

37.110.4

37.110 COS III P P 1.) Annona n. l. stehend, 2.) Mars n. r. stehend, 3.) Minerva n. l. stehend, 4.) Roma n. l. sitzend, 5.) Salus n. l. sitzend.
RIC 412ff. 25 50 100

37.111 Quinar. –. Mars n. r. gehend.
RIC 416. 300 750 2.500

37.112 DE GERM TR P XXX (oder XXXI) IMP VIII COS III P P 1.) Waffenhaufen (Aureus), 2.) Zwei gefangene Germanen unter Trophäe.
RIC 337ff. 40 80 200

37.113 DE SARM TR P XXX (oder XXXI) IMP VIII COS III P P 1.) Waffenhaufen (Aureus), 2.) Zwei gefangene Sarmaten unter Trophäe (Aureus).
RIC 341. 25 50 100

37.114 FELIC AVG IMP VI COS III Felicitas n. l. stehend.
RIC 285b. 25 50 100

s *ss* *vz*

37.115 FELICITAS AVG COS III Felicitas n. l. stehend (Aureus).
RIC 199. 25 50 100

37.116 FEL TEMP TR P XV COS III Felicitas n. l. stehend.
RIC 12ff. 25 50 100

37.117 FORT DVCI TR P XXX IMP VIII COS III Fortuna n. l. sitzend.
RIC 343f. 25 50 100

37.118 FORT RED COS III Fortuna n. l. sitzend.
RIC 204. 25 50 100

37.119 FORT RED TR P XXII IMP V COS III Fortuna n. l. sitzend (Aureus).
RIC 185. 25 50 100

37.120 FORT RED TR P XXIII IMP V COS III Fortuna n. l. sitzend.
RIC 205. 25 50 100

37.121 FORT RED TR P XXX IMP VIII COS III Fortuna n. l. sitzend.
RIC 345. 25 50 100

37.122.5

37.122 IMP VI COS III 1.) Aequitas n. l. stehend, 2.) Concordia n. l. sitzend, 3.) Mars n. r. stehend oder gehend, 4.) Roma n. l. sitzend, 5.) Victoria n. r. oder n. l. gehend, 6.) Victoria n. l. sitzend, 7.) einen Schild mit der Aufschrift VIC GER an einer Palme befestigend, 8.) Marcus Aurelius n. l. stehend (Aureus).
RIC 236ff. 25 50 100

37.123 –. Germane n. r. oder n. l. an Fuß von Trophäe sitzend.
RIC 277ff. 40 80 150

37.124 IMP VII COS III 1.) Felicitas n. l. stehend, 2.) Genius n. l. stehend, 3.) Mars n. r. gehend, 4.) Roma n. l. stehend, 5.) Victoria n. r. gehend oder 6.) n. l. sitzend, Marcus Aurelius n. l. stehend.
RIC 299ff. 25 50 100

37.125 –. Germane n. l. an Fuß von Trophäe sitzend.
RIC 306. 40 80 150

37.126 IMP VIII COS III 1.) Mars n. r. gehend, 2.) Roma n. l. stehend, 3.) Victoria n. l. sitzend.
RIC 322ff. 25 50 100

37.127 IVSTITIA AVG TR P XXXIII IMP X COS III P P Iustitia n. l. sitzend.
RIC 401. 25 50 100

s *ss* *vz*

37.128 LIBERAL AVG V COS III Liberalitas n. l. stehend.
RIC 206. 25 50 100

37.129 LIBERAL AVG VI IMP VII COS III Liberalitas n. l. stehend (Aureus).
RIC 320f. 25 50 100

37.130 PAX (AVG) TR P XXX (oder XXXI) IMP VIII COS III 1.) Pax n. l. sitzend, 2.) Pax n. l. stehend, einen Haufen Waffen in Brand setzend.
RIC 346f. 25 50 100

37.131 PIET AVG TR P XXXI IMP VIIII COS III P P Pietas n. l. stehend.
RIC 380. 25 50 100

37.132 P M TR P XVIII IMP II COS III 1.) Annona stehend, 2.) Mars n. r. stehend.
RIC 91ff. 25 50 100

37.133 P M TR P XIX IMP II COS III 1.) Annona n. l. stehend (Aureus), 2.) Felicitas n. l. stehend (Aureus), 3.) Mars n. r. stehend.
RIC 123ff. 25 50 100

37.134 P M TR P XIX IMP III COS III 1.) Annona n. l. stehend, 2.) Felicitas n. l. stehend (Aureus), 3.) Roma n. l. sitzend.
RIC 135ff. 25 50 100

37.135 PRIMI DECENNALES COS III in Kranz (Aureus).
RIC 244ff. 25 50 100

37.136 PROV DEOR TR P XV (XVI, XVII oder XVIII) COS III 1.) Providentia sitzend, 2.) Providentia n. l. stehend (Aureus).
RIC 18ff. 25 50 100

37.137 RELIG AVG IMP VI (oder VII) COS III Mercur frontal stehend.
RIC 285f. 25 50 100

37.138 SALVTI AVG COS III Salus n. l. stehend.
RIC 207. 25 50 100

37.139 SECVRIT PVB TR P XXIX IMP VIII COS III Securitas n. l. sitzend.
RIC 325. 25 50 100

37.140 SECVRIT PVB TR P XXX IMP VIII COS III Securitas n. l. sitzend.
RIC 348. 25 50 100

s ss vz

37.141 TR P(OT) COS III 1.) Zwei Hände im Handschlag um Standarte, 2.) um Caduceus, 3.) um Kornähren, 4.) Marcus Aurelius n. l. stehend.
RIC 26-32. 25 50 100

37.142.5

37.142 TR P XVIII COS III 1.) Concordia n. l. stehend, 2.) Felicitas n. l. stehend, 3.) Felicitas n. r. sitzend, 4.) Mars n. r. gehend, 5.) Minerva n. l. stehend.
RIC 101-113a. 25 50 100

37.143 Quinar. –. Pax n. l. stehend.
RIC 114. 300 750 2.500

37.144 Quinar. –. Victoria n. l. gehend.
RIC 117f. 300 750 2.500

37.145 TR P XVIII IMP II COS III Mars n. r. stehend.
RIC 119f. 25 50 100

37.146 TR P XX COS III
Mit zusätzlicher Inschrift:
1.) Liberalitas n. l. stehend (LIB AVG III), 2.) Pax n. l. stehend (PAX AVG), 3.) Pietas n. l. stehend (PIETAS AVG), 4.) Victoria n. l. fliegend (VICT AVG) (Aureus).
RIC 144ff. 25 50 100

37.147 TR P XX IMP III COS 1.) Annona n. l. stehend, 2.) Roma n. l. sitzend.
RIC 150ff. 25 50 100

37.148 –. *Mit zusätzlicher Inschrift:*
Pax n. l. stehend (PAX).
RIC 145ff. 25 50 100

37.149.1

37.149 TR P XX IMP IIII COS III
–. *Mit zusätzlicher Inschrift:*
1.) Pax n. l. sitzend oder stehend (PAX), 2.) Victoria frontal oder n. l. stehend, einen Schild an Palme befestigend, darauf VIC PAR (Aureus).
RIC 159ff. 25 50 100

37.150.2

37.150 TR P XXI IMP IIII COS III 1.) Aequitas n. l. stehend, 2.) Providentia n. l. stehend.
RIC 170f. 25 50 100

s ss vz

37.151 TR P XXII IMP IIII COS III 1.) Aequitas n. l. stehend, 2.) Fortuna n. l. sitzend, 3.) Providentia n. l. stehend.
RIC 176ff. 25 50 100

37.152 TR P XXII IMP V COS III 1.) Aequitas n. l. sitzend (Aureus), 2.) n. l. stehend, 3.) Providentia n. l. stehend.
RIC 186ff. 25 50 100

37.153 TR P XXIII IMP V COS III Aequitas n. l. sitzend (Aureus).
RIC 208f. 25 50 100

37.154 Quinar. TR P XXIIII COS III Mars n. r. gehend.
RIC 224. 300 750 2.500

37.155 Quinar. TR P XXVI COS III 1.) Mars n. r. gehend, 2.) Victoria n. l. gehend.
RIC 268f. 300 750 2.500

37.156 TR P XXIX IMP VIII COS III 1.) Felicitas n. l. stehend (Aureus), 2.) Genius n. l. stehend, 3.) Mars n. r. gehend, 4.) Roma n. l. stehend, 5.) Victoria n. l. sitzend.
RIC 325ff. 25 50 100

37.157 TR P XXX IMP VIII COS III 1.) Aequitas n. l. stehend, 2.) Concordia frontal stehend, 3.) Felicitas n. l. stehend (Aureus), 4.) Genius n. l. stehend, 5.) Mars n. r. gehend, 6.) Roma n. l. stehend, 7.) oder n. l. sitzend.
RIC 349ff. 25 50 100

37.158 TR P XXXI IMP VIII 1.) Aequitas n. l. stehend, 2.) Annona n. r. stehend, 3.) Felicitas n. l. stehend, 4.) Fides n. l. stehend, 5.) Hilaritas n. l. stehend, 6.) Iupiter n. l. sitzend, 7.) Salus n. l. stehend, 8.) Victoria n. l. gehend, 9.) Marcus Aurelius n. l. sitzend.
RIC 371ff. 25 50 100

37.159 Quinar. –. Mars n. r. gehend.
RIC 351. 300 750 2.500

37.160 TR P XXXI IMP VIIII COS III P P 1.) Annona n. l. stehend, 2.) Iupiter n. l. sitzend, 3.) Roma n. l. sitzend.
RIC 381ff. 25 50 100

37.161 TR P XXXII IMP VIIII COS III P P 1.) Annona n. l. stehend (Aureus), 2.) Mars n. r. stehend, 3.) Minerva n. l. stehend, 4.) Roma n. l. sitzend, 5.) Salus n. l. sitzend, 6.) weibliche Gestalt mit Zweig n. l. sitzend.
RIC 384ff. 25 50 100

37.162 TR P XXXIII IMP VIIII COS III P P 1.) Annona n. l. stehend (Aureus), 2.) Mars n. r. stehend (Aureus), 3.) Salus n. l. sitzend.
RIC 395ff. 25 50 100

37.163.1

37.163 TR P XXXIII IMP X COS III P P 1.) Fortuna n. l. sitzend, 2.) Mars n. r. stehend, 3.) Salus n. l. sitzend, 4.) Victoria n. l. stehend.
RIC 402ff. 25 50 100

37.164 TR P XXXIIII IMP X COS III P P 1.) Fortuna n. l. sitzend, 2.) Victoria n. l. stehend.
RIC 409ff. 25 50 100

s *ss* *vz*

37.165 VICT AVG COS III Victoria n. l. gehend.
RIC 210. **25** **50** **100**

37.166 VOTA SOL DECENN COS III Marcus Aurelius n. l. opfernd (Aureus).
RIC 248. **40** **80** **150**

37.167 VOTA SVSCEP DECENN II COS III Marcus Aurelius n. l. opfernd (Aureus).
RIC 249. **40** **80** **150**

Bronzemünzen

37.168 Sesterz. ADLOCVT AVG SC COS III Kaiser auf Podium n. r. mit zwei Offizieren, drei Soldaten ansprechend, die Legionsadler halten.
RIC 973f. **150** **800** **2.500**

37.169 As. ANNONA AVG IMP VII COS III SC Modius mit Ähren und Mohn.
RIC 1122. **20** **70** **250**

37.170 Sesterz. CLEMENTIA AVG IMP VI COS III SC Kaiser stehend, vor ihm kniende Gestalt.
RIC 1019. **50** **150** **800**

37.171 Sesterz. CLEMENTIA AVG TR P XXX IMP VIII COS III SC Clementia n. l. stehend.
RIC 1158f. **50** **150** **800**

37.172 Sesterz. CONCORD AVG TR P XV COS III SC Concordia n. l. sitzend.
RIC 793f. **50** **150** **800**

s *ss* *vz*

37.173 Sesterz. CONCORD(IA) AVGVSTOR TR P XV (oder TR P XVI) COS III SC Aurelius und Verus im Handschlag (Dupondius, As).
RIC 795ff. **50** **150** **800**

37.174 As. CONCORD EXERC IMP VII COS III SC Zwei Hände im Handschlag um Legionsadler.
RIC 1123ff. **20** **70** **250**

37.175 Sesterz. CONCORDIA EXERCITVVM COS III SC Concordia n. l. stehend.
RIC 987. **50** **150** **800**

37.176 Dupondius. CONG AVG III TR P XX IMP III COS III S C Liberalitas n. l. stehend.
RIC 913. **20** **70** **300**

37.177 Sesterz. CONG AVG III TR P(OT) XX IMP III COS III SC Die beiden Kaiser auf Podium n. l. sitzend, hinter und vor ihnen je ein Soldat, unter Podium Bürger.
RIC 914f. **150** **800** **2.500**

37.178 Sesterz. CONG AVG IIII TR P XXI IMP IIII COS III SC Die beiden Kaiser auf Podium n. l. sitzend, vor ihnen Liberalitas, unter Podium Bürger.
RIC 946f. **150** **800** **2.500**

37.179.2

37.179 Sesterz. COS III SC 1.) Iupiter n. l. sitzend (Dupondius), 2.) Mars n. r. gehend (Dupondius), 3.) Roma n. l. sitzend (Dupondius).
RIC 916. **50** **150** **800**

s *ss* *vz*

37.180 As. –. Minerva n. r. stehend.
RIC 991. **20 70 250**

37.181 As. FELICITAS AVG IMP VI COS III SC Felicitas n. r. stehend.
RIC 1020. **20 70 250**

37.182 Sesterz. FELICITAS AVG IMP X COS III P P SC Felicitas n. l. stehend.
RIC 1239f. **50 150 800**

37.183 As. FELICITATI CAES SC Galeere n. l.
RIC 1200f. **100 350 750**

37.184 Sesterz. FEL TEMP TR P XV COS III SC Felicitas n. l. stehend (Dupondius).
RIC 804. **50 150 800**

37.185 Sesterz. FIDES EXERCITVVM COS III SC Fides n. l. stehend (Dupondius).
RIC 997ff. **50 150 800**

37.186 As. FORT RED COS III Fortuna n. l. sitzend.
RIC 976. **20 70 250**

37.187 Sesterz. FORT RED TR POT XXII (oder XXIII) IMP V COS III SC Fortuna n. l. sitzend (Dupondius).
RIC 957f. **50 150 800**

37.188 Sesterz. GERMANIA SVBACTA IMP VI COS III SC Germania n. l. oder n. r. sitzend, bei ihr Trophäe, die von Waffen umgeben ist (Dupondius, As).
RIC 1021ff. **150 800 2.500**

37.189 Sesterz. GERMANICO AVG IMP VI COS III SC Trophäe, l. Germanin sitzend, r. Germane mit gefesselten Händen.
RIC 1058ff. **150 800 2.500**

s *ss* *vz*

37.190.1

37.190 Sesterz. IMP VI COS III SC 1.) Iupiter n. l. sitzend (Dupondius), 2.) Mars n. r. gehend (Dupondius), oder 3.) n. l. stehend (Dupondius), 4.) Roma n. l. sitzend (Dupondius, As), 5.) Victoria n. l. sitzend, 6.) Victoria n. r. stehend, an Baum einen mit VIC GER beschrifteten Schild anbringend (Dupondius), 7.) Virtus n. r. stehend, 8.) Weibliche Gestalt mit Caduceus und Standarte stehend.
RIC 1000ff. **50 150 800**

37.191 As. –. Victoria n. l. gehend.
RIC 1028. **20 70 250**

37.192 Sesterz. IMP VII COS III SC 1.) Annona n. l. stehend, 2.) Fides n. l. stehend, 3.) Genius n. l. stehend (Dupondius), 4.) Iupiter n. l. sitzend (Dupondius), 5.) Mars n. l. laufend, 6.) Roma n. l. stehend (Dupondius, As), 7.) oder n. l. sitzend, 8.) Victoria n. l. sitzend (Dupondius).
RIC 1109ff. **50 150 800**

37.193 Dupondius. –. Annona n. l. stehend (As).
RIC 1133ff. **20 70 300**

37.194 As. –. Tiber n. l. gelagert.
RIC 1142ff. **50 250 500**

37.195 As. –. Zwei Hände im Handschlag um Standarte.
RIC 1146. **20 70 250**

37.196 Sesterz. IMP VIII COS III (P P) SC
Mit zusätzlicher Umschrift:
1.) Clementia n. l. stehend (CLEMENTIA AVG), 2.) Pax n. l. stehend (PAX AETERNA AVG) (As), Pietas n. l. stehend (PIETAS AVG).
RIC 1160ff. **50 150 800**

s ss vz

37.197.2

37.197 Sesterz. –. 1.) Trophäe, darunter trauernde Germanin und gefesselter Germane (DE GERM), 2.) Waffenhaufen (DE GERMANIS), 3.) Marcus Aurelius und Commodus in Quadriga (DE GERMA), 4.) Trophäe, darunter zwei gefangene Sarmaten (DE SARM).
RIC 1162ff. 150 800 2.500

37.198 Dupondius. –. Pax n. l. stehend (PAX AETERNA) (As).
RIC 1203. 20 70 300

37.199 Dupondius. –. 1.) Waffenhaufen (DE SARMATIS), 2.) Trophäe, darunter trauernde Sarmatin und gefesselter Sarmate (DE SARM).
RIC 1186ff. 40 250 500

37.200 Dupondius. –. Galeere n. r. oder n. l. (FELICITATI AVG) (As).
RIC 1192ff. 100 350 750

37.201 Sesterz. IMP VIIII COS III P P SC
Ohne zusätzliche Umschrift:
1.) Aequitas n. l. stehend (Dupondius), 2.) Annona n. l. stehend, 3.) Pax n. l. stehend, 4.) Victoria n. l. gehend (As).
RIC 1215ff. 50 150 800

37.202 Dupondius. –. Geflügeltes Blitzbündel.
RIC 1219f. 20 70 300

37.203 Sesterz. –.
Mit zusätzlicher Umschrift:
1.) Felicitas n. l. stehend (FELICITAS AVG), 2.) Iupiter n. r. stehend (PROPVGNATORI), 3.) Liberalitas n. l. stehend (LIBERALITAS AVG VII), 4.) Pietas n. l. stehend (PIETAS AVG), 5.) Aurelius n. l. opfernd (VOTA PVBLICA).
RIC 1214ff. 50 150 800

37.204 Sesterz. –. Waffenhaufen (DE SARMATIS).
RIC 1221. 100 600 2.000

37.205 As. –. Fides n. l. stehend (FIDES EXERCITVVM).
RIC 1238. 20 70 300

37.206 Dupondius. IMP X COS III P P SC Victoria n. l. gehend.
RIC 1241f. 20 70 300

s ss vz

37.207 Sesterz. LIB AVGVSTOR TR P XV (oder XX) SC COS III Die beiden Kaiser auf Podium n. l. sitzend, vor ihnen Liberalitas, unten Bürger (Dupondius, As).
RIC 806ff. 150 800 2.500

37.208 Dupondius. LIBERAL AVG TR P XIX IMP II COS III SC Liberalitas n. l. stehend (As).
RIC 893. 20 70 300

37.209 Sesterz. LIBERALITAS AVG VI (oder VII) IMP VII (oder VIII) COS III SC Liberalitas n. l. stehend (Dupondius)
RIC 1147f. 50 150 800

37.210 Sesterz. LIBERAL(ITAS) AVG(VSTORVM) VII IMP VIII COS III P P SC Marcus Aurelius und Commodus auf Podium n. l. sitzend, vor ihnen Liberalitas, (gelegentlich zusätzlich Soldat), vor dem Podium Bürger.
RIC 1207ff. 150 800 2.500

37.211 As. MARTI VICTORI IMP VI (oder VII) COS III SC Mars n. r. stehend.
RIC 1044. 20 70 250

37.212 Sesterz. PRIMI DECENNALES COS III SC in Kranz (Dupondius).
RIC 1003ff. 50 150 800

37.213 Sesterz. PROFECTIO AVG COS III SC Aurelius n. r. reitend, vor ihm ein, hinter ihm zwei oder drei Soldaten.
RIC 963. 150 800 2.500

37.214 Sesterz. PROV DEOR TR P COS II SC Providentia n. l. stehend.
RIC 1045. 50 150 800

s *ss* *vz*

37.215 Sesterz. PROV DEOR TR P XV (oder TR P XVI) COS III SC Providentia frontal stehend (Dupondius).
RIC 812ff. **50** **150** **800**

37.216 Sesterz. RELIG AVG IMP VI COS III SC Mercur n. l. in Tempel stehend.
RIC 1074ff. **150** **800** **2.500**

37.217 Duponidus. –. Mercur frontal oder n. l. stehend.
RIC 1070ff. **40** **100** **400**

37.218 Sesterz. RESTITVTORI ITALIAE IMP VI COS III SC Aurelius, der knienden Italia aufhelfend.
RIC 1077ff. **75** **250** **1.200**

(Dupondius)

37.219 Sesterz. SALVTI AVG COS III SC Salus n. l. stehend (Dupondius).
RIC 964ff. **50** **150** **800**

37.220 Sesterz. SALVTI AVG COS III SC Salus n. l. sitzend.
RIC 1011. **50** **150** **800**

37.221 Sesterz. SALVTI AVGVSTOR TR P XV (oder TR P XVI, XVII) SC COS III Salus n. l. stehend (Dupondius, As).
RIC 817. **50** **150** **800**

37.222 Sesterz. SC Mars n. r. gehend.
RIC 1012. **50** **150** **800**

37.223 As. SECVRITAS PVBLICA IMP VI COS III SC Securitas n. r. oder n. l. stehend.
RIC 1083. **20** **70** **250**

37.224 As. SECVRIT PVB TR P XXX IMP VIII COS III SC Securitas n. l. sitzend.
RIC 1166ff. **20** **70** **250**

Der größeren Übersicht halber wurde hier zwischen TR P und TR POT hinsichtlich des Alphabets nicht unterschieden.

37.225 Sesterz. TR POT XV COS III SC Aurelius und Verus auf Podium n. l. sitzend, vor ihnen Bürger.
RIC 820. **50** **150** **800**

37.226 Sesterz. –. Zwei Hände im Handschlag um Feldzeichen.
RIC 822. **50** **150** **800**

37.227 Dupondius. –. Aurelius mit Globus n. l. stehend (As).
RIC 818. **20** **70** **300**

s *ss* *vz*

37.228 Sesterz. TR P XVII IMP II COS III SC 1.) Mars n. l. gehend (As), 2.) Victoria n. l. gehend.
RIC 851. **50** **150** **800**

37.229.5

37.229 Sesterz. TR P XVIII IMP II COS III SC 1.) Genius n. l. stehend, 2.) Mars n. r. gehend, 3.) n. l. gehend (As), 4.) n. r. stehend (Dupondius, As), 5.) Minerva n. l. stehend (Dupondius), 6.) Victoria n. l. gehend (Dupondius, As), 7.) n. r. stehend, 8.) n. l. stehend.
RIC 854ff. **50** **150** **800**

37.230 Dupondius. –. Mars n. l. stehend.
RIC 868. **20** **70** **300**

37.231 Dupondius. TR P XIX IMP II COS III SC Mars n. r. gehend (As).
RIC 895. **20** **70** **300**

37.232 Sesterz. TR POT XIX IMP II COS III SC 1.) Felicitas n. l. stehend (Dupondius), 2.) Mars n. r. stehend (Dupondius), 3.) Providentia n. l. stehend (Dupondius), 4.) Marcus Aurelius n. l. stehend.
RIC 898ff. **50** **150** **800**

37.233 Sesterz. TR POT XIX IMP III COS III SC Providentia frontal stehend.
RIC 911f. **50** **150** **800**

37.234 Sesterz. TR P(OT) XX IMP III (oder IMP IIII) COS III SC Victoria frontal stehend, einen Schild mit Aufschrift VIC PAR an einer Palme befestigend (Dupondius, As).
RIC 922. **50** **150** **800**

37.235 Dupondius. –. Roma n. l. sitzend (As).
RIC 918ff. **20** **70** **300**

37.236 Sesterz. TR POT XX IMP III COS III SC Providentia n. l. stehend (Dupondius).
RIC 923. **50** **150** **800**

37.237 As. TR P XXI (oder XXII) IMP IIII COS III SC Drei Trophäen.
RIC 947. **20** **70** **250**

		s	ss	vz
37.238	Sesterz. TR POT XXI (oder XXII) IMP IIII COS III SC Victoria n. l. gehend (Dupondius). *RIC 948.*	50	150	800
37.239	As. –. Marcus Aurelius opfernd. *RIC 950.*	20	70	250
37.240	Dupondius. TR P XXII IMP IIII COS III SC Minerva n. l. stehend (As). *RIC 954.*	20	70	300
37.241	As. –. (ohne SC). Fortuna n. l. sitzend. *RIC 956.*	20	70	250
37.242	Sesterz. TR POT XXII IMP V COS III SC 1.) Aequitas n. l. sitzend (Dupondius), 2.) Victoria n. l. gehend. *RIC 959ff.*	50	150	800
37.243	Sesterz. TR POT XXIII IMP V COS III SC Aequitas n. l. sitzend (Dupondius). *RIC 969ff.*	50	150	800
37.244	Dupondius. –. 1.) Roma n. l. stehend, 2.) Salus n. l. stehend. *RIC 968ff.*	20	70	300
37.245	As. –. Annona n. l. stehend. *RIC 967.*	20	70	250
37.246	As. TR P XXVII IMP VI COS III SC Wölfin und Zwillinge in Höhle. *RIC 1089ff.*	50	150	800
37.247	Sesterz. TR P XXIX IMP VIII COS III SC Annona n. l. stehend (Dupondius). *RIC 1154ff.*	50	150	800

37.248.1 (Dupondius)

37.248	Sesterz. TR P XXX IMP VIII COS III SC 1.) Aequitas n. l. stehend (Dupondius), 2.) Pietas n. l. stehend. *RIC 1169ff.*	50	150	800
37.249	As. –. Zwei Hände im Handschlag um Caduceus. *RIC 1176ff.*	20	70	250
37.250	Sesterz. TR P XXXIIII IMP X COS III SC Pietas. *RIC 1246.*	50	150	800

37.251	As. –. Wölfin, die Zwillinge säugend, in ihrer Höhle. *RIC 1247f.*	20	70	250
37.252	Dupondius. VICT AVG COS III SC Victoria n. r. oder n. l. gehend (As). *RIC 983ff.*	20	70	300

		s	ss	vz
37.253	Sesterz. VICT AVG TR P XVIII IMP II COS III SC Victoria n. r. stehend (Dupondius). *RIC 890f.*	50	150	800
37.254	Sesterz. VICT AVG TR POT XX IMP III (oder IMP IIII) COS III SC Victoria n. l. fliegend (Dupondius). *RIC 925f.*	50	150	800
37.255	Sesterz. VICT GERM(A) IMP VI COS III SC in Lorbeerkranz (Dupondius). *RIC 1090ff.*	150	800	2.500

37.256	Sesterz. VIRTVS AVG IMP X COS III P P SC Virtus n. r. sitzend. *RIC 1249f.*	50	150	800
37.257	Dupondius. VOTA DEC ANN SVSC TR P XX IMP IIII COS III SC Marcus Aurelius n. l. stehend. *RIC 944.*	40	140	600
37.258	Sesterz. VOTA PVBLICA SC in Lorbeerkranz. *RIC 945.*	50	250	1.250
37.259	Sesterz. VOTA SOL(VTA) DECENN(ALIVM) COS III SC Marcus Aurelius opfernd, zu seinen Füßen Bulle (Dupondius). *RIC 1014ff.*	50	150	800
37.260	Sesterz. VOTA SVSCEP DECENN II COS III SC Marcus Aurelius opfernd (Dupondius). *RIC 1017.*	50	150	800
37.261	As. VOTA TR P XXI IMP IIII COS III SC Marcus Aurelius n. l. opfernd. *RIC 951.*	20	70	250

s ss vz

Divus Aurelius

Folgende Vorderseitenvarianten kommen vor:
Umschrift: DIVVS M ANTONINVS PIVS.
Büste: n. r., barhäuptig.

Aurei

37.262 *Unter Commodus.* CONSECRATIO Scheiterhaufen.
RIC 275. **1.000 2.000 5.000**

Denare

37.263.2

37.263 *Unter Commodus.* CONSECRATIO 1.) Adler auf Balken, 2.) Adler n. l. oder n. r. auf Blitzbündel, 3.) Adler auf Altar n. r. stehend, 4.) Adler n. r. oder n. l. auf Globus stehend, 5.) Adler n. r. fliegend, 6.) Scheiterhaufen.
RIC 264ff. **50 100 250**

37.264 *Unter Traianus Decius.* Antoninian. CONSECRATIO 1.) Adler, 2.) Altar.
RIC 91f. **50 150 300**

Bronzemünzen

Alle Bronzemünzen, die für den vergöttlichten Marcus Aurelius geprägt wurden, hat sein Sohn Commodus herausgegeben.

37.265.1

37.265 Sesterz. CONSECRATIO SC 1.) Adler auf Globus stehend, 2.) Adler auf Altar n. l. oder n. r. stehend, 3.) Scheiterhaufen.
RIC 654ff. **100 500 1.500**

s ss vz

37.266 –. Adler n. r. fliegend, Marcus Aurelius auf seinem Rücken
RIC 659. **150 600 2.000**

37.267 –. Statue des Marcus Aurelius in Wagen, der von vier Elefanten n. r. gezogen wird.
RIC 661. **200 800 3.000**

37.268 As. –. 1.) Adler auf Globus stehend, 2.) Adler auf Altar stehend.
RIC 663f. **50 150 300**

38. Faustina Minor

Gattin des Marcus Aurelius, † 176

Zur Geschichte

Man hat der armen Faustina Minor mehr und merkwürdigere Liebschaften nachgesagt, als ein vernünftiger Mensch glauben mag. Die absurdeste Geschichte ist eine Verliebtheit in einen Gladiator, die auf Anraten einer Hexe dadurch geheilt worden sein soll, indem Faustina in dem Blut ihres ermordeten Geliebten badete. Nach diesem Bad – so sagt man – habe sie den Commodus geboren.

Tatsächlich kennen wir außer solchen Gerüchten relativ wenig Details aus dem Leben der Faustina Minor. Sie war die Tochter des Antoninus Pius und der Faustina maior und heiratete aus dynastischen Gründen Marcus Aurelius. Sie gebar ihm 10 Kinder, von denen ein Sohn, Commodus, Kaiser werden sollte, eine Tochter, Lucilla, die Gemahlin des Kaisers Lucius Verus und eine weitere Tochter, Annia Galeria, die Großmutter von Annia Faustina, der dritten Ehefrau des Elagabal. Faustina trat als Ehefrau nur einmal ans Licht der Geschichte, als sie nach der falschen Meldung vom Tod ihres Gemahls dem Avidius Cassius bei der Übernahme des Kaiseramtes ihre Unterstützung zusagte. Dieser Mann scheint ein befähigter Feldherr des Marcus Aurelius gewesen zu sein, der anscheinend einen nach dem Tod des Kaisers drohenden Bürgerkrieg verhindern wollte, indem er im Namen der Faustina die Vormundschaft über Commodus ausübte. Als Marcus Aurelius – durchaus noch lebendig – von dieser so genannten „Verschwörung" hörte, verzieh er seiner Frau sofort und bedauerte es nur, daß Avidius Cassius durch eine unüberlegte Aktion von treuen Anhängern des Marcus Aurelius schon umgekommen war.

Faustina starb im Jahr 176 und wurde nach ihrem Tode konsekriert.

Hinweise für Sammler

Die römischen Stempelschneider haben Höchstleistungen vollbracht, als sie die junge Kaiserin darstellten. Unter Antoninus Pius sind fast alle Porträts Faustinas von relativ hohem Relief und guter Qualität. Unter Marcus Aurelius weicht die Qualität der verschiedenen Stempel weit voneinander ab. Es gibt ausgezeichnete Werke mit hohem Relief, die das leicht gealterte, aber immer noch entzückende Gesicht der Kaiserin zeigen. Daneben existieren flächig geschnittene, sehr stark stilisierte und nicht eben ästhetisch ansprechende Porträts. Von der vergöttlichten Faustina sind die qualitätsarmen Porträts mit Abstand in der Überzahl.

Münzen

Unter Antoninus Pius:

Folgende Vorderseitenvarianten kommen vor:
Umschrift: FAVSTINA AVGVSTA (AVG PII F),
FAVSTINA AVG ANTONINI AVG PII FIL,
FAVSTINA(E) AVG PII AVG F(IL) und ähnlich.
Büste: n. r., selten n. l., drapiert, das Haar gelegentlich geschmückt mit einem Perlenband oder einer Stephane.

Aurei

38.1 AVGVSTA PII FIL Diana n. l. stehend.
RIC 494. **1.000 2.000 5.000**

38.2 CONCORDIA Taube n. r
RIC 503. **1.000 2.000 5.000**

38.3 IVNONI LVCINAE Iuno n. l. stehend.
RIC 505. **1.000 2.000 5.000**

38.4 VENERI FELICI Taube n. r.
RIC 510. **1.000 2.000 5.000**

38.5 VENERI GENETRICI Venus n. l. stehend.
RIC 512f. **1.000 2.000 5.000**

Denare

38.6 AVGVSTA Ceres n. l. stehend.
RIC 493. **30 50 120**

38.7.2

38.7 AVGVSTI PII FIL 1.) Concordia n. l. stehend, 2.) Spes n. l. stehend, 3.) Venus n. l. stehend, 4.) Weibliche Gestalt mit Vogel frontal stehend, 5.) Weibliche Gestalt, ihr Gewand glättend.
RIC 495-499. **30 50 120**

s *ss* *vz*

38.8 CONCORDIA Concordia frontal stehend, oder n. l. sitzend.
RIC 500ff. 30 50 120

38.9 LAETITIA PVBLICAE Laetitia n. l. stehend.
RIC 506. 30 50 120

38.10 PVDICITIA Pudicitia n. l. stehend.
RIC 507f. 30 50 120

38.11 SAECVLI FELICIT Thron, darauf zwei Kinder.
RIC 509. 30 50 120

38.12 VENVS Venus n. l. (Aureus) oder n. r. stehend.
RIC 513ff. 30 50 120

Bronzemünzen

38.13.5 (As)

38.13 Sesterz. AVGVSTI PII FIL SC 1.) Concordia n. l. stehend (Dupondius oder As), 2.) Pietas n. l. sitzend, 3.) Pudicitia n. l. stehend, 4.) Spes n. l. stehend, 5.) Venus n. l. stehend (Dupondius oder As).
RIC 1367-1371. 50 100 500

38.14 Dupondius oder As. –. Salus n. l. sitzend.
RIC 1391. 20 75 300

38.15 Sesterz. CONCORDIA SC Concordia frontal oder n. l. stehend oder n. l. sitzend (Dupondius oder As).
RIC 1372ff. 50 100 500

38.16 Dupondius oder As. DIANA LVCINA SC Diana n. l. stehend.
RIC 1394. 20 75 300

38.17 Dupondius oder As. FELICITAS SC Felicitas n. l. stehend.
RIC 1395. 20 75 300

s *ss* *vz*

38.18 Sesterz. HILARITAS SC Hilaritas n. r. oder n. l. stehend (Dupondius oder As).
RIC 1375. 50 100 500

38.19 Sesterz. INDVLGENTIA AVG SC Indulgentia n. l. sitzend.
RIC 1376. 50 100 500

38.20 Sesterz. IVNONI LVCINAE SC Iuno n. l. stehend (Dupondius oder As).
RIC 1377. 50 100 500

38.21 Dupondius oder As. IVNO SC Iuno n. l. stehend oder sitzend.
RIC 1398ff. 20 75 300

38.22 Sesterz. LAETITIAE PVBLICAE SC Laetitia n. l. stehend (Dupondius oder As).
RIC 1378. 50 100 500

38.23 Sesterz. PIETAS SC Pietas n. l. stehend (Dupondius oder As).
RIC 1379. 50 100 500

38.24 Sesterz. PVDICITIA SC Pudicitia n. l. stehend oder sitzend (Dupondius oder As).
RIC 1380ff. 50 100 500

38.25 Sesterz. SC Diana mit Pfeil und Bogen n. l. stehend (Dupondius oder As).
RIC 1383. 50 100 500

38.26 Sesterz. –. Drei Priester und drei Vestalinnen gemeinsam vor Tempel opfernd.
RIC 1384. 200 1.500 5.000

38.27 Dupondius oder As. –. Pfau frontal stehend.
RIC 1406. 40 150 500

38.28 Sesterz. SPQR Carpentum von zwei Maultieren gezogen.
RIC 1385. 150 1.200 4.000

38.29 Sesterz. VENERI GENETRICI SC Venus n. l. stehend (Dupondius oder As).
RIC 1386. 50 100 500

38.30 Sesterz. VENVS SC Venus n. l. oder n. r. stehend (Dupondius oder As).
RIC 1387f. 50 100 500

s ss vz

Unter Marcus Aurelius

Folgende Vorderseitenvarianten kommen vor:
Umschrift: FAVSTINA AVGVSTA,
FAVSTINA AVGVSTAE.
Büste: n. r. oder n. l., gelegentlich mit Diadem.

Aurei

38.31 CONCORDIA (AVG) Concordia n. l. sitzend.
RIC 671f. **800 2.000 5.000**

38.32 FECVNDITATI AVGVSTAE Fecunditas n. r. stehend oder sitzend.
RIC 679ff. **800 2.000 5.000**

38.33 IVNONI LVCINAE Iuno n. l. stehend.
RIC 691ff. **800 2.000 5.000**

38.34 SALVTI AVGVSTAE Salus n. l. sitzend.
RIC 716ff. **800 2.000 5.000**

38.35 VENVS VICTRIX Venus n. l. stehend.
RIC 736. **800 2.000 5.000**

Denare

38.36 AETERNITAS Aeternitas n. l. stehend.
RIC 667. **25 50 100**

38.37 CERES Ceres n. l. stehend oder n. l. sitzend.
RIC 668f. **25 50 100**

38.38 CONCORDIA Concordia frontal stehend.
RIC 670. **25 50 100**

38.39 DIANA LVCIF Diana n. l. stehend (Aureus).
RIC 674. **25 50 100**

38.40 FECVND AVGVSTAE Fecunditas n. l. stehend (Aureus).
RIC 676. **25 50 100**

s ss vz

38.41 FECVNDITAS Fecunditas n. r. stehend.
RIC 677. **25 50 100**

38.42 FECVNDITAS AVGVST Fecunditas n. l. stehend.
RIC 678. **25 50 100**

38.43 FORTVNAE MVLIEBRI Fortuna n. l. sitzend.
RIC 683. **25 50 100**

38.44 HILARITAS Hilaritas n. l. stehend (Aureus).
RIC 686. **25 50 100**

38.45 IVNO Iuno n. l. stehend oder sitzend.
RIC 688ff. **25 50 100**

38.46 IVNONI REGINAE Iuno n. l. stehend oder sitzend.
RIC 694ff. **25 50 100**

38.47 LAETITA (PVB) Laetitia n. l. (Aureus) oder n. r. stehend.
RIC 700. **25 50 100**

38.48 MATRI MAGNAE Kybele n. r. (Aureus) oder n. l. sitzend.
RIC 705f. **25 50 100**

38.49 PVDICITIA Pudicitia n. l. stehend.
RIC 707f. **25 50 100**

38.50 SAECVLI FELICIT Pulvinar, darauf die Zwillingssöhne der Faustina (Aureus).
RIC 710ff. **25 50 100**

38.51 SALVS Salus n. l. sitzend oder stehend.
RIC 713ff. **25 50 100**

38.52 TEMPOR FELIC Faustina n. l. stehend (Aureus).
RIC 719. **25 50 100**

38.53 VENERI AVGVSTAE Venus n. l. sitzend (Aureus).
RIC 721. **25 50 100**

38.54 VENERI VICTRICI Venus von hinten, n. r. stehend.
RIC 723. **25 50 100**

s *ss* *vz*

38.55 VENVS Venus n. l. (Aureus) oder n. r. stehend.
RIC 728ff. **25 50 100**

38.56 VENVS FELIX Venus n. l. sitzend (Aureus).
RIC 731. **25 50 100**

38.57 VENVS GENETRIX Venus n. l. stehend (Aureus) und n. l. sitzend.
RIC 734f. **25 50 100**

38.58 VESTA Vesta n. l. sitzend.
RIC 737. **25 50 100**

Bronzemünzen

38.59 Sesterz. CERES SC Ceres n. l. sitzend.
RIC 1620ff. **50 100 500**

38.60 As. –. Ceres n. l. stehend.
RIC 1619. **20 75 300**

38.61 As. CONCORDIA SC 1.) Concordia n. l. stehend, 2.) Concordia n. l. sitzend.
RIC 1625ff. **20 75 300**

38.62 Sesterz. DIANA LVCIF(ERA) SC Diana n. l. oder n. r. stehend (As).
RIC 1628. **50 100 500**

38.63 Sesterz. FECVND(ITAS) SC Fecunditas n. l. oder n. r. stehend (As).
RIC 1634. **50 100 500**

38.64 Sesterz. FECVNDITATI AVGVSTAE Fecunditas n. r. sitzend.
RIC 1641. **50 100 500**

38.65.1 (As)

38.65 Sesterz. HILARTIAS SC 1.) Hilaritas n. l. stehend (As), 2.) Minerva n. l. stehend.
RIC 1642ff. **50 100 500**

38.66 Sesterz. IVNONI LVCINAE SC Iuno n. l. stehend (As).
RIC 1649. **50 100 500**

s *ss* *vz*

38.67 Sesterz. IVNONI REGINAE SC Iuno n. l. stehend (As).
RIC 1651. **50 100 500**

38.68 As. IVNO REGINA SC Iuno n. l. stehend.
RIC 1648. **50 100 500**

38.69 Sesterz. IVNO SC Iuno n. l. stehend (As).
RIC 1645ff. **50 100 500**

38.70 Sesterz. LAETITIA SC Laetitia n. l. stehend (As).
RIC 1653ff. **50 100 500**

38.71 As. –. Laetita n. r. stehend.
RIC 1657ff. **20 75 300**

38.72 Sesterz. MATRI CASTRORVM SC Faustina n. l. opfernd, vor ihr zwei oder drei Standarten (As).
RIC 1659. **LP LP LP**

38.73 Sesterz. MATRI MAGNAE SC Kybele n. r. sitzend (As).
RIC 1663. **75 250 800**

38.74 Sesterz. SAECVLI FELICIT SC Pulvinar, darauf zwei Kinder (As).
RIC 1665. **50 100 500**

s *ss* *vz*

38.75 Sesterz. SALVTI AVGVSTAE SC Salus n. l. sitzend (As).
RIC 1667ff. 50 100 500

38.76 As. –. Salus n. l. stehend.
RIC 1672. 20 75 300

38.77 Sesterz. TEMPOR FELIC SC Faustina n. l. stehend, um sie Kinder (As).
RIC 1673f. 50 100 500

38.78 Sesterz. VENERI GENETRICI SC Venus n. l. stehend.
RIC 1678f. 50 100 500

38.79 Sesterz. VENERI VICTRICI SC Venus n. l. stehend (As).
RIC 1681. 50 100 500

38.80 As. –. Venus und Mars.
RIC 1680. 20 75 300

38.81 Sesterz. VENVS FELIX SC Venus n. l. sitzend (As).
RIC 1686. 50 100 500

38.82 Sesterz. VENVS SC Venus n. l. stehend (As).
RIC 1685. 50 100 500

38.83 Sesterz. VENVS VICTRIX SC Venus n. l. stehend.
RIC 1688. 50 100 500

38.84 Sesterz. VESTA SC Vesta n. l. stehend (As).
RIC 1689. 50 100 500

s *ss* *vz*

Diva Faustina

Alle Münzen für die vergöttlichte Faustina wurden unter Marcus Aurelius geprägt.
Folgende Vorderseitenvarianten kommen vor:
Umschrift: DIVA AVG FAVSTINA,
DIVA(E) FAVSTINA(E) PIA(E),
DIVAE FAVSTIN AVG MATR CASTROR.
Büste: n. r. oder n. l., gelegentlich mit Diadem.

Aurei

38.85 CONSECRATIO Scheiterhaufen.
RIC 748. 1.000 3.000 7.500

38.86 MATRI CASTRORVM Faustina n. l. sitzend, vor ihr drei Standarten.
RIC 751. 1.000 3.000 7.500

Denare

38.87 AETERNITAS Aeternitas frontal oder n. l. stehend.
RIC 738ff. 30 50 120

38.88.4

38.88 CONSECRATIO 1.) Altar, 2.) Pietas n. r. stehend, 3.) Pfau frontal oder 4.) n. r., 5.) Thron, darauf Szepter, davor Pfau, 6.) Scheiterhaufen, 7.) Mondsichel, darüber sieben Sterne.
RIC 741ff. 30 50 120

38.89 MATRI CASTRORVM Faustina n. l. sitzend, vor ihr zwei oder drei Standarten.
RIC 752f. 30 50 120

Bronzemünzen

38.90 Sesterz. AETERNITAS SC 1.) Aeternitas frontal stehend, 2.) Aeternitas n. l. stehend (As), 3.) Aeternitas n. l. sitzend, 4.) Faustina n. l. sitzend.
RIC 1691ff. 50 100 500

		s	ss	vz

38.91.1

		s	ss	vz
38.91	Sesterz. CONSECRATIO SC 1.) Faustina auf Pfau n. r. fliegend, 2.) Pfau, 3.) Thron, darauf Szepter, davor Pfau, 4.) Altar, 5.) Scheiterhaufen (As). *RIC 1702ff.*	100	400	1.500
38.92	Sesterz. DIANA LVCIFERA SC Diana n. r. stehend. *RIC 1710.*	50	100	500
38.93	Sesterz. SC Thron, darauf Szepter, davor Pfau. *RIC 1713.*	75	150	750

		s	ss	vz
38.94	As. SC Mondsichel, darüber sieben Sterne. *RIC 1714.*	30	100	300

		s	ss	vz
38.95	Sesterz. SIDERIBUS RECEPTA SC Diana n. r. oder n. l. stehend. *RIC 1716f.*	75	150	750
38.96	Sesterz. –. Faustina in Biga n. r. *RIC 1717.*	100	350	1.500
38.97	Sesterz. VENVS FELIX SC Venus n. l. sitzend. *RIC 1718.*	50	100	500

39. Lucius Verus

161 – 169

Zur Geschichte

Lucius Aelius Aurelius Verus wurde am 15.12.130 als Sohn des L. Aelius geboren. Sein Vater, den Hadrianus zu seinem Nachfolger bestimmt hatte, starb überraschend. Der 8jährige wurde trotzdem auf Befehl Hadrianus' von Antoninus Pius zusammen mit dessen Neffen Marcus Aurelius als potentieller Nachfolger adoptiert. Genau wie sein Adoptivbruder erhielt Lucius Verus eine rein theoretische Erziehung, die ihn nicht auf die Aufgaben vorbereitete, die er gleich nach der Amtsübernahme zu bewältigen hatte.

Die Parther hatten die römische Provinz Syrien angegriffen und Lucius Verus wurde mit dem Oberbefehl betraut. Schon auf der Reise zum Kriegsschauplatz wurde er schwer krank, er scheint einen Schlaganfall erlitten zu haben. Trotzdem reiste er weiter und leitete zusammen mit einem Team von Generälen die Verteidigung der Grenzen. Die Parther konnten zurückgeschlagen werden, und Verus feierte zusammen mit Marcus Aurelius im Jahr 166 einen Triumph. Schon drei Jahre später mußte Lucius Verus wieder an die Front, weil die Marcomannen im Norden die Grenze überschritten hatten und bis nach Oberitalien vorgedrungen waren. Während der Reise zum Kriegsschauplatz erlitt Lucius Verus erneut einen Schlaganfall, an dem er verstarb.

Das Bild, das wir heute von Lucius Verus haben, ist stark geprägt durch ein literarisches Stilmittel, das römische Autoren gerne verwendeten: Sie hoben Eigenschaften einzelner Personen dadurch hervor, indem sie sie mit denen anderer Personen kontrastierten. So wurde die Fehlerlosigkeit eines Marcus Aurelius in der biographischen Literatur dadurch betont, indem man die Schwächen des Lucius Verus hervorhob, seine Stärken nicht erwähnte. Lucius Verus war mit Sicherheit nicht der schwache, dem Luxus ergebene Mensch, als den ihn die Historia Augusta schildert.

s ss vz

Münzen

Folgende Vorderseitenvarianten kommen vor:
Umschrift: IMP CAES(AR) L (AVRELIVS) VERVS AVG,
IMP L (AVREL) VERVS AVG,
L AVREL VERVS ARMENIACVS,
L AVREL VERVS AVG ARMENIACVS,
L (AVREL) VERVS AVG,
L VERVS AVG ARMENIACVS,
L VERVS AVG ARM PARTH MAX,
VERVS AVG.
Büste: n. r. oder n. l., barhäuptig, mit Lorbeerkranz, gepanzert und / oder drapiert.

Aurei

39.1 CONCORD(IAE) AVGVSTOR(VM) (TR P COS II) Lucius Verus und Marcus Aurelius im Handschlag.
RIC 448. **1.000 2.000 5.000**

39.2 CONCORDIAE AVGVSTOR TR P II COS II Verus und Aurelius im Handschlag.
RIC 470ff. **1.000 3.000 7.000**

39.3 CONG AVG IIII TR P VII IMP IIII COS III Liberalitas n. l. stehend.
RIC 568. **1.000 3.000 7.000**

39.4 FORT RED TR POT II COS II Fortuna n. l. sitzend.
RIC 475f. **1.000 3.000 7.000**

39.5 FORT RED TR P VIIII IMP V COS III Fortuna n. l. sitzend.
RIC 596. **1.000 3.000 7.000**

39.6 HERC PAC TR P IIII IMP II COS II Hercules frontal stehend.
RIC 510. **1.000 3.000 7.000**

39.7 LIB AVGVSTOR TR P COS II Die zwei Kaiser auf Podium, vor ihnen Soldat mit Rechenbrett und Speer, unterhalb Bürger.
RIC 459. **1.200 3.500 10.000**

39.8 REX ARMEN(IIS) DAT(VS) IMP II TR P IIII (oder TR P IIII IMP II) COS II Lucius Verus auf Podium n. l. sitzend, hinter und vor ihm Offizier stehend, unterhalb König Sohaemus.
RIC 511ff. **1.500 5.000 12.000**

s ss vz

39.9 SALVTI AVGVSTOR TR P II (oder III) COS II Salus n. l. stehend.
RIC 486ff. **1.000 3.000 7.000**

39.10 TR P IIII IMP II COS II Hercules frontal stehend.
RIC 517. **1.000 3.000 7.000**

39.11 –. Victoria n. r. stehend, einen Schild an einer Palme befestigend, auf dem VIC AVG steht.
RIC 522. **1.000 3.000 7.000**

39.12 TR P V IMP II COS II 1.) Mars n. r. gehend, 2.) Victoria n. r. stehend, einen Schild an einer Palme befestigend, auf dem VIC AVG steht.
RIC 531ff. **1.000 3.000 7.000**

39.13 TR P V (oder VI) IMP III (oder IIII) COS II Verus n. r. reitend, mit dem Speer einen Feind niederstechend.
RIC 543ff. **1.000 3.000 7.000**

39.14 TR P VII IMP IIII COS III Victoria n. r. stehend, einen Schild an einer Palme befestigend, auf dem VIC AVG steht.
RIC 571. **1.000 3.000 7.000**

Denare

39.15 CONCORD AVG (TR P) COS II Concordia n. l. sitzend.
RIC 444. **30 75 250**

39.16 COS II 1.) Lucius Verus mit Globus stehend, 2.) Zwei Hände im Handschlag um Standarte.
RIC 457f. **30 75 250**

39.17 FORT RED TR P VIII IMP V COS III Fortuna n. l. sitzend (Aureus).
RIC 586. **30 75 250**

39.18 LIB AVG III TR P VI COS II Liberalitas frontal stehend.
RIC 546. **30 75 250**

39.19 PAX (AVG) TR P VI (IMP IIII) COS II Pax n. l. stehend (Aureus).
RIC 555ff. **30 75 250**

39.20 PIETAS AVG TR P VI COS II Pietas stehend.
RIC 560. **30 75 250**

s ss vz

(Aureus)

39.21 PROFECTIO AVG TR P II COS II Lucius Verus n. r. reitend (Aureus).
RIC 477ff. 30 75 250

39.22 PROV DEOR TR P (II oder III) COS II Providentia n. l. stehend (Aureus).
RIC 460. 30 75 250

39.23 Quinar. TR P IIII COS II Victoria n. l. stehend.
RIC 527. 250 900 2.000

39.24 TR P III (oder IIII) IMP II COS II (ARMEN) Armenia n. l. sitzend (Aureus).
RIC 498ff. 30 75 250

39.25.2

39.25 TR P IIII IMP II COS II 1.) Armenia n. l. sitzend, 2.) Mars n. r. stehend, 3.) Victoria n. l. stehend oder gehend.
RIC 514ff. 30 75 250

39.26 TR P V IMP II COS II 1.) Mars n. r. stehend, 2.) Roma n. l. stehend (Aureus), 3.) Weibliche Gestalt mit Speer und Schild stehend.
RIC 528ff. 30 75 250

39.27 TR P V IMP III COS II Parther n. r. sitzend (Aureus).
RIC 540ff. 30 75 250

39.28 TR P VI IMP III COS II Parther n. r. sitzend (Aureus).
RIC 548. 30 75 250

39.29 TR P VI IMP IIII COS II Victoria n. r. stehend, einen Schild an einer Palme befestigend, auf dem VIC AVG steht (Aureus).
RIC 566. 30 75 250

39.30 Quinar. TR P VII COS III Victoria n. l. gehend.
RIC 570. 250 900 2.000

39.31 TR P VII IMP IIII COS II 1.) Aequitas n. l. stehend oder sitzend, 2.) Victoria n. l. gehend (Aureus).
RIC 574ff. 30 75 250

s ss vz

39.32 Quinar. TR P VIII COS III Victoria n. l. gehend.
RIC 579. 250 900 2.000

39.33 TR P VIII IMP IIII COS III 1.) Aequitas n. l. stehend, 2.) Victoria n. l. gehend (Aureus).
RIC 578ff. 30 75 250

39.34 TR P VIII IMP V COS III 1.) Aequitas n. l. stehend, 2.) oder n. l. sitzend (Aureus), 3.) Victoria n. l. gehend.
RIC 589ff. 30 75 250

39.35 VICT AVG TR P VI COS II Victoria n. l. fliegend (Aureus).
RIC 553ff. 30 75 250

Bronzemünzen

39.36 Sesterz. ADLOCVT AVG SC Lucius Verus auf Podium n. l. stehend, drei Soldaten ansprechend.
RIC 1359. 125 500 2.500

39.37 Dupondius. ARMEN TR P IIII IMP II COS II SC Armenia n. l. sitzend, vor ihr Standarte, hinter ihr Trophäe (As).
RIC 1366. 30 100 300

39.38 Sesterz. CONCORD AVG TR P COS II SC Concordia n. l. sitzend.
RIC 1276f. 75 250 1.000

39.39 Sesterz. CONCORD(IAE) AVGVSTOR (TR P) COS II SC Marcus Aurelius und Lucius Verus im Handschlag (Dupondius, As).
RIC 1278ff. 75 250 1.000

39.40 Sesterz. CONCORD AVGVSTOR TR P II COS II SC Marcus Aurelius und Lucius Verus im Handschlag (Dupondius, As).
RIC 1308ff. 75 250 1.000

39.41 Sesterz. COS II SC Venus n. l. stehend, einen Globus haltend (Dupondius).
RIC 1297. 75 250 1.000

39.42 Sesterz. FELIC AVG TR P III COS II SC Galeere (Dupondius, As).
RIC 1325ff. 250 1.000 3.000

39.43 Sesterz. FEL TEM COS II SC Felicitas n. l. stehend.
RIC 1300 75 250 1.000

s ss vz

39.44 Sesterz. FORT RED TR POT II (oder III) COS II SC Fortuna n. l. sitzend (Dupondius, As).
RIC 1317ff. 75 250 1.000

39.45 Dupondius. FORT RED TR P V IMP II COS SC Fortuna n. l. sitzend (As).
RIC 1415. 30 100 300

39.46 Sesterz. FORT RED TR POT VIII (oder VIIII) IMP V COS III SC Fortuna n. l. sitzend (Dupondius).
RIC 1476. 75 250 1.000

39.47 Sesterz. HILARITAS SC Minerva n. l. stehend.
RIC 1492. 75 250 1.000

39.48 Sesterz. INDVLGENTIA AVG Indulgentia n. l. sitzend.
RIC 1493. 75 250 1.000

39.49 Sesterz. LIB AVGVSTOR TR P COS II SC Die beiden Kaiser auf einem Podium n. l. sitzend, vor ihnen Liberalitas, unterhalb des Podiums Bürger.
RIC 1301f. 125 500 2.500

(As)

39.50 Dupondius. LIBERAL AVG TR P V IMP II COS II SC Liberalitas n. l. stehend (As).
RIC 1419. 30 100 300

39.51 Sesterz. PIETAS SC Pietas n. l. stehend.
RIC 1495. 75 250 1.000

39.52 Sesterz. PROFECTIO AVG TR P II COS SC Lucius Verus n. r. reitend, vor ihm Soldat, hinter ihm drei Soldaten.
RIC 1321ff. 125 500 2.500

39.53 As. PROFECTIO AVG TR P III COS II SC Verus n. r. reitend.
RIC 1356ff. 30 100 300

39.54 Sesterz. PROV DEOR TR P COS II SC Providentia n. l. stehend (Dupondius).
RIC 1303ff. 75 250 1.000

s ss vz

39.55 Sesterz. REX ARMEN DAT TR P IIII IMP II COS II SC Verus auf Podium n. l. sitzend, hinter ihm zwei Soldaten, vor ihm Offizier, unterhalb Podium Sohaemus (Dupondius).
RIC 1370ff. 125 500 2.500

39.56 Sesterz. SC Nemesis n. r. stehend.
RIC 1494. 75 250 1.000

Der größeren Übersichtlichkeit halber wurde TR P und TR POT hier alphabetisch gleich behandelt.

39.57 Sesterz. TR POT COS II SC Die beiden Kaiser auf einem Podium n. l. sitzend, unterhalb Mann mit Rute und Palmzweig.
RIC 1307. 100 500 2.500

39.58 As. –. Salus n. l. sitzend.
RIC 1324. 30 100 300

39.59 Sesterz. TR P III IMP II COS II SC Lucius Verus n. r. reitend, einen Feind erstechend.
RIC 1362f. 100 300 1.200

39.60.1

39.60 Sesterz. TR P IIII IMP II COS II SC 1.) Mars n. r. (Dupondius) oder 2.) n. l. gehend (As), 3.) n. r. stehend (Dupondius, As), 4.) Hercules frontal stehend, 5.) Victoria n. r. stehend, einen Schild mit der Inschrift VIC AVG an einer Palme befestigend (Dupondius), 6.) Lucius Verus n. r. reitend, einen Speer auf einen Armenier werfend.
RIC 1379ff. 75 250 1.000

39.61 As. –. 1.) Roma n. l. sitzend, ihre Hand Lucius Verus reichend, der vor ihr steht, 2.) Victoria n. l. gehend.
RIC 1376ff. 30 100 300

39.62 Sesterz. TR POT V IMP II COS II SC 1.) Mars n. r. gehend (Dupondius, As), 2.) Parthia n. l. sitzend (Dupondius), 3.) Parther n. r. sitzend (Dupondius), 4.) Roma n. l. stehend (Dupondius), 5.) Lucius Verus n. l. stehend, Standarte und Szepter haltend (Dupondius).
RIC 1420ff. 75 250 1.000

39.63 Dupondius. –. Victoria n. r. stehend, einen Schild mit der Aufschrift VIC PAR an einer Palme befestigend.
RIC 1436. 30 100 300

S SS VZ

39.64 Sesterz. TR POT VI IMP III COS II SC 1.) Parther n. r. sitzend (Dupondius, As), 2.) Victoria n. l. stehend, eine Trophäe errichtend (Dupondius, As).
RIC 1438ff. **75 250 1.000**

39.65.1

39.65 Sesterz. TR POT VI IMP IIII COS II SC 1.) Victoria, einen Schild mit der Aufschrift VIC PAR an einer Palme befestigend (Dupondius, As), 2.) Victoria n. l. gehend.
RIC 1456ff. **75 250 1.000**

39.66 Sesterz. TR POT VII IMP IIII COS III SC Victoria n. l. gehend (Dupondius).
RIC 1461. **75 250 1.000**

39.67 Dupondius. –. Drei Trophäen (As).
RIC 1465. **30 100 300**

39.68 As. –. Roma n. l. sitzend.
RIC 1463. **30 100 300**

39.69 Sesterz. TR POT VIII IMP IIII COS III SC Victoria n. l. gehend (Dupondius).
RIC 1466. **75 250 1.000**

39.70 Dupondius. –. Mars n. r. gehend (As).
RIC 1470. **30 100 300**

39.71 As. –. 1.) Roma n. l. sitzend, 2.) Drei Trophäen, darunter Gefangene.
RIC 1473f. **30 100 300**

39.72.2

39.72 Sesterz. TR POT VIII IMP V COS III SC 1.) Aequitas n. l. sitzend (Dupondius), 2.) Victoria n. l. gehend.
RIC 1478f. **75 250 1.000**

39.73 As. –. 1.) Mars n. l. gehend, 2.) Roma n. l. sitzend.
RIC 1481f. **30 100 300**

39.74 Sesterz. TR POT VIIII (IMP V) COS III SC Aequitas n. l. sitzend (Dupondius, As).
RIC 1484. **75 250 1.000**

S SS VZ

39.75.1

39.75 As. –. 1.) Annona n. l. stehend, 2.) Roma n. l. stehend.
RIC 1489f. **30 100 300**

39.76 Sesterz. VICT AVG TR P III IMP II COS II SC Victoria n. r. stehend.
RIC 1360f. **75 250 1.000**

39.77 Sesterz. VICT AVG TR P IIII IMP II COS II SC Victoria n. r. stehend, eine Trophäe haltend, zu ihren Füßen trauernde Armenia (Dupondius).
RIC 1408ff. **75 250 1.000**

39.78 Sesterz. VICT AVG TR P(OT) VI (IMP III) COS II SC Victoria n. l. fliegend.
RIC 1451ff. **75 250 1.000**

Divus Verus

Alle Münzen für den vergöttlichten Lucius Verus wurden im Namen des Marcus Aurelius geprägt.
Folgende Vorderseitenvarianten kommen vor:
Umschrift: DIVVS VERVS.
Büste: n. r., barhäuptig, gelegentlich drapiert.

Denar

39.79.2

39.79 CONSECRATIO 1.) Adler, 2.) Scheiterhaufen.
RIC 596. **30 100 300**

Bronzemünzen

39.80 Sesterz. CONSECRATIO 1.) Adler auf Globus, 2.) Scheiterhaufen.
RIC 1509ff. **150 500 1.200**

39.81 Sesterz. –. Verus in Wagen, der von vier Elefanten n. r. oder n. l. gezogen wird.
RIC 1507f. **250 1.500 4.000**

40. Lucilla

Gattin des Lucius Verus, † 182

Zur Geschichte

Annia Aurelia Galeria Lucilla wurde um 148/9 als Tochter von Marcus Aurelius und seiner Frau Faustina geboren. Aus dynastischen Gründen verheirateten sie ihre Eltern im Jahre 164 mit Lucius Verus. Nach dessen Tod mußte Lucilla sehr gegen ihren Willen den gesellschaftlichen Abstieg von der Kaiserin zu einer einfachen Senatorengattin erleben. Es scheint ihren Stolz schwer getroffen zu haben, daß ihr Mann Tiberius Claudius Pompeianus sich nicht an Bedeutung mit ihrem ehemaligen Ehemann vergleichen ließ. Kurz nach der Thronbesteigung ihres Bruders Commodus intrigierte sie gegen ihn und verführte einen jungen Neffen dazu zu versuchen, den Kaiser zu ermorden. Das Attentat scheiterte und Lucilla wurde mit den anderen Verschwörern hingerichtet.

Hinweise für Sammler

Münzen der Lucilla sind wesentlich seltener als Münzen von Faustina Maior und Minor. Auch hinsichtlich ihrer Porträts gibt es große Qualitätsunterschiede, wobei die besten Bildnisse von hohem Relief sind und ein kindliches Gesicht mit übergroßen Augen zeigen.

Münzen

Folgende Vorderseitenvarianten kommen vor:
Umschrift: LVCILLA(E) AVGVSTA(E),
LVCILLAE AVG ANTONINI AVG F.
Büste: n. r. und drapiert.

Aurei

		s	ss	vz
40.1	PIETAS Pietas n. l. sitzend. *RIC 777.*	1.500	3.500	7.500

Denare

40.2.1

		s	ss	vz
40.2	CONCORDIA 1.) Concordia n. l. sitzend (Aureus), 2.) stehend oder 3.) Altar. *RIC 757ff.*	30	75	200
40.3	DIANA LVCIFERA Diana n. l. oder n. r. stehend. RIC 762f.	30	75	200
40.4	FECVNDITAS Fecunditas n. r. sitzend (Aureus) oder n. r. stehend. *RIC 765ff.*	30	75	200
40.5	FECVNDITAS AVGVSTA Fecunditas n. l. stehend. *RIC 768.*	30	75	200
40.6	HILARITAS Hilaritas n. l. stehend. *RIC 769.*	30	75	200
40.7	IVNONI LVCINAE Iuno n. l. sitzend oder stehend. *RIC 770f.*	30	75	200
40.8	IVNO REGINA Iuno n. l. stehend. *RIC 772.*	30	75	200
40.9	LAETITIA Laetitia stehend. *RIC 773.*	30	75	200
40.10	PIETAS Pietas n. l. stehend (Aureus). *RIC 775.*	30	75	200

		s	ss	vz
40.11	PVDICITIA Pudicitia n. l. stehend (Aureus) oder sitzend. *RIC 780ff.*	30	75	200
40.12	SALVS Salus n. l. sitzend. *RIC 782.*	30	75	200

		s	ss	vz
40.13	VENVS (VICTRIX) Venus n. l. stehend. *RIC 784ff.*	30	75	200
40.14	VESTA Vesta n. l. stehend. *RIC 788f.*	30	75	200

		s	ss	vz
40.15	VOTA PVBLICA in oder um Lorbeerkranz (Aureus). *RIC 791.*	50	100	300

Bronzemünzen

Nr.		S	SS	VZ
40.16	Sesterz. CERES SC Ceres n. r. sitzend. *RIC 1728.*	**50**	**150**	**500**
40.17	As. –. Ceres n. l. stehend. *RIC 1729.*	**30**	**100**	**250**
40.18	Sesterz. CONCORDIA SC Concordia n. l. sitzend (As). *RIC 1730ff.*	**50**	**150**	**500**
40.19	As. –. Concordia n. l. stehend. *RIC 1733.*	**30**	**100**	**250**
40.20	Sesterz. DIANA LVCIFERA SC Diana n. l. oder n. r. stehend. *RIC 1734f.*	**50**	**150**	**500**

Nr.		S	SS	VZ
40.21	Sesterz. FECVNDITAS SC Fecunditas n. l. oder n. r. sitzend (As). *RIC 1736ff.*	**50**	**150**	**500**
40.22	Sesterz. HILARITAS SC Hilaritas n. l. stehend (As). *RIC 1740ff.*	**50**	**150**	**500**
40.23	Sesterz. IVNONI LVCINAE SC Iuno n. l. stehend (As) oder n. l. sitzend. *RIC 1747f.*	**50**	**150**	**500**

Nr.		S	SS	VZ
40.24	Sesterz. IVNO REGINA SC Iuno n. l. stehend (As). *RIC 1750f.*	**50**	**150**	**500**
40.25	Sesterz. IVNO SC Iuno n. l. sitzend. *RIC 1746.*	**50**	**150**	**500**
40.26	As. –. Iuno n. l. stehend. *RIC 1744f.*	**30**	**100**	**250**
40.27	Sesterz. MATRI MAGNAE SC Kybele sitzend. *RIC 1753.*	**75**	**200**	**750**

Nr.		S	SS	VZ
40.28	Sesterz. PIETAS SC Pietas n. l. stehend (As). *RIC 1755f.*	**50**	**150**	**500**
40.29	As. PVDICITIA SC Pudicitia n. l. sitzend oder stehend. *RIC 1758f.*	**30**	**100**	**250**
40.30	As. SALVS SC Salus n. l. sitzend oder stehend. *RIC 1760f.*	**30**	**100**	**250**
40.31	Sesterz. VENERI GENETRICI SC Venus n. l. stehend. *RIC 1762.*	**50**	**150**	**500**
40.32	Sesterz. VENVS GENETRIX SC Venus n. l. sitzend. *RIC 1778.*	**50**	**150**	**500**

Nr.		S	SS	VZ
40.33	Sesterz. VENVS SC Venus n. l. stehend (As) oder n. l. sitzend (As). *RIC 1763ff.*	**50**	**150**	**500**
40.34	As. –. Venus n. r. stehend. *RIC 1770.*	**30**	**100**	**250**

Nr.		S	SS	VZ
40.35	Sesterz. VESTA SC Vesta n. l. stehend (As). *RIC 1779.*	**50**	**150**	**500**

41. Commodus

Caesar 166 – 177, Augustus, Mitregent des Marcus Aurelius 177 – 180, Augustus, Alleinherrschaft 180 – 192

Zur Geschichte

Lucius Aelius Aurelius Commodus wurde am 31. August 161 zusammen mit seinem Zwillingsbruder Antoninus als Sohn der Marcus Aurelius und seiner Gattin Faustina Minor geboren. Commodus war damit der erste *„porphyrogenetos"*, der erste Kaiser, der geboren wurde, als sein Vater bereits Kaiser war. Commodus erhielt eine hervorragende Erziehung und wurde von seinem Vater schon als junger Mann auf Feldzüge mitgenommen. Am 3. August 178 wurde Commodus mit Crispina vermählt. Nach dem Tod seines Vaters trat Commodus im Alter von 19 Jahren am 17. März 180 die Herrschaft an. Er brach sofort den Krieg gegen die Quaden und Marcomannen ab, gestand ihnen ein Klientelverhältnis zu und zog im Oktober nach Rom, wo es schnell zu einer Verschwörung kam, in die auch seine Frau Crispina verstrickt gewesen zu sein scheint. Diese Verschwörung vergiftete das Verhältnis zwischen Commodus und dem Senat. Statt sich auf senatorische Helfer zu stützen, griff der jugendliche Kaiser lieber auf gleichaltrige, von ihm abhängige Freigelassene zurück und leistete sich dabei den einen oder anderen Fehlgriff.

Commodus scheint gegen Ende seiner Regierung tatsächlich jedes Verhältnis zur Realität verloren zu haben. Schon die Auftritte des Nero als Künstler hatten in den entscheidenden senatorischen Kreisen zu tiefem Befremden geführt, Commodus trieb dieses Spiel noch weiter, indem er sich als römischer Hercules in der Arena produzierte. Nach einem großen Brand im Jahr 192 hatte Commodus gar die Idee, die Stadt Rom neu zu gründen und nach sich zu benennen. Den Zeitpunkt für seine Ermordung soll, wenn wir den antiken Historikern glauben wollen, Commodus selbst bestimmt haben. Er plante für den Amtsantritt der Consuln am 1. Januar 193 deren Ermordung, die er selbst mit eigener Hand vornehmen wollte, um dann als großer Gladiator beide Consulate zu übernehmen. Wenn diese Geschichte nicht wahr ist, zeigt sie doch gut, was man Commodus zutraute. In die Verschwörung waren der Praefect der Praetorianer verwickelt, außerdem wohl der Nachfolger des Commodus, Pertinax, und die kaiserliche Mätresse Marcia. Ein gedungener Mörder, der Athlet Narcissus, erdrosselte Commodus am 31. Dezember 192 in dessen eigenem Bad.

Zur Münzgeschichte

Unter Commodus wurde nur in Rom geprägt. Nur wenige Münzen sind undatiert, die meisten können anhand seiner Tribunicia Potestas eingeordnet werden.

TR P V	179/80
TR P VI	180/1
TR P VII	181/2
TR P VIII	182/3
TR P VIIII	183/4
TR P X	184/5
TR P XI	185/6
TR P XII	186/7
TR P XIII	187/8
TR P XIIII	188/9
TR P XV	189/90
TR P XVI	190/1
TR P XVII	191/2

Hinweise für Sammler

Am beliebtesten (und auch am seltensten) sind unter den Porträts des Commodus diejenigen, die ihn im Löwenskalp zeigen. Als Denar kann man diese Büsten durchaus finden: Ein Sammler muß zwischen 150 und 200 EUR dafür in Sehr schön rechnen.

Münzen

Als Caesar und als Augustus unter Marcus Aurelius:

Folgende Vorderseitenvarianten kommen vor:
Umschrift: COMMODO CAES AVG FIL GERM (SARM),
IMP (CAES) L AVREL COMMODVS GERM SARM,
L AEL AVREL COMM AVG P FEL,
L (AVREL) COMMODVS AVG (GERM SARM).
Büste: n. l. oder n. r., barhäuptig oder mit Lorbeerkranz, gelegentlich gepanzert und / oder drapiert.

Aurei

41.1 ADVENTVS CAES Commodus n. r. reitend.
RIC 604. **1.000 3.000 7.500**

41.2 LIBERALITAS AVG Commodus auf Podium n. l. sitzend, Liberalitas n. l. stehend, vor ihm Bürger.
RIC 597. **1.500 4.000 10.000**

s *ss* *vz*

41.3 TR POT II COS (P P) DE GERM 1.) Zwei Gefangene um Trophäe, 2.) Waffen.
RIC 629. **1.000 3.000 7.500**

41.4 TR POT II COS (P P) DE SARM 1.) Zwei Gefangene um Trophäe, 2.) Waffen.
RIC 630. **1.000 3.000 7.500**

41.5 TR P III IMP II COS P P Castor, ein Pferd am Zügel n. l. führend.
RIC 648. **1.000 3.000 7.500**

41.6 TR P IIII IMP III COS II P P 1.) Mars n. r. gehend, 2.) Roma n. l. stehend.
RIC 659f. **1.000 3.000 7.500**

41.6a TR P V IMP III (oder IMP IIII) COS II P P Victoria n. l. sitzend.
RIC 3. **1.000 3.000 7.500**

Denare

41.7 COS P P 1.) Roma n. l. stehend, 2.) Salus n. l. sitzend.
RIC 651ff. **30 90 200**

(Aureus)

41.8 DE GERMANIS Zwei Gefangene um Trophäe (Aureus).
RIC 606f. **30 120 300**

41.9 DE SARMATIS Zwei Gefangene um Trophäe (Aureus).
RIC 609. **30 90 200**

41.10 HILARITAS Hilaritas n. l. stehend (Aureus).
RIC 611. **30 90 200**

41.11 IVNONI SISPITAE TR P II IMP II COS P P Iuno Sospita n. r. gehend.
RIC 645. **30 90 200**

41.12 LIBERALITAS AVG Liberalitas n. l. stehend.
RIC 598f. **30 90 200**

41.13 PIETAS AVG Priesterliche Geräte.
RIC 613f. **30 90 200**

s *ss* *vz*

41.14 PRINC IVVENT Commodus n. l. stehend (Aureus).
RIC 601ff. **30 90 200**

41.15 PRINCIPI IVVENTVTIS FORT REDVCI Altar (Aureus).
RIC 619. **30 100 250**

41.16 SPES PVBLICA Spes n. l. gehend.
RIC 621f. **30 90 200**

41.17 TR POT COS (II) 1.) Salus n. l. stehend, 2.) Victoria n. l. gehend.
RIC 623ff. **30 90 200**

41.18 TR P II COS P P Victoria n. l. gehend.
RIC 642f. **30 90 200**

41.19 TR POT II COS P P 1.) Fides n. l. oder n. r. stehend, 2.) Iupiter n. l. sitzend, 3.) Salus n. l. stehend.
RIC 636ff. **30 90 200**

41.20 TR P II IMP II COS P P Salus n. l. sitzend.
RIC 647. **30 90 200**

41.21.2

41.21 TR P III IMP II COS P P 1.) Roma n. l. stehend, 2.) Salus n. l. sitzend.
RIC 649f. **30 90 200**

41.22 TR P IIII IMP II COS P P Salus n. l. sitzend.
RIC 657f. **30 90 200**

41.23 TR P IIII IMP III COS II P P 1.) Fortuna n. l. sitzend, 2.) Salus n. l. sitzend 3.) Victoria n. l. gehend, 4.) oder n. l. sitzend.
RIC 661ff. **30 90 200**

41.23a TR P V IMP III COS II P P 1.) Fortuna n. l. sitzend, 2.) Roma n. r. sitzend.
RIC 1f. **20 30 100**

Bronzemünzen

41.24 *Ohne Legende.* Reiter vor Pferd stehend, l. Victoria.
RIC 1531. **75 300 1.200**

41.25 As. DE GERMANIS Zwei Gefangene zu Füßen einer Trophäe sitzend.
RIC 1532. **50 150 600**

s | ss | vz

41.26 As. DE SARMATIS Zwei Gefangene zu Füßen einer Trophäe sitzend.
RIC 1533. **30 120 500**

41.27 As. EQVESTER ORDO PRINCIPI IVVENT SC auf Schild, das auf zwei Speeren liegt.
RIC 1534. **50 150 600**

41.28 As. – in Eichenkranz.
RIC 1535. **30 100 400**

41.29 As. FELICITATI CAES SC Galeere n. l.
RIC 1513. **50 150 600**

41.30 Sesterz. HILARITAS SC Hilaritas n. l. stehend (As).
RIC 1523. **75 250 1.000**

41.31 Sesterz. IMP II COS II(I) P P SC Minerva n. l. stehend (Dupondius).
RIC 1599ff. **75 250 1.000**

41.32 As. IMP II COS II P P SC Mars n. r. gehend.
RIC 1606. **30 100 400**

41.33 Dupondius. IMP II COS II P P SC LIBERTAS AVG Libertas n. l. stehend.
RIC 1605. **30 100 400**

41.34 Dupondius. IMP III COS II P P SC Victoria n. l. gehend.
RIC 1614. **30 100 400**

41.35.1

41.35 Sesterz. –. *Mit zusätzlicher Inschrift:* 1.) Iupiter n. l. sitzend (IOVI VICTORI), 2.) Virtus n. r. sitzend (VIRTVS AVG) (Dupondius).
RIC 291f. **75 250 1.000**

41.36 Sesterz. IMP III COS II P P SC PROFECTIO AVG Commodus n. r. reitend, drei Soldaten hinter, einer vor ihm.
RIC 1613. **100 400 2.500**

41.37 Sesterz. IOVI CONSERVATORI SC Iupiter n. l. stehend, ein Blitzbündel über Commodus haltend.
RIC 1524f. **75 250 1.000**

41.38 Sesterz. LIBERALITAS AVG SC Commodus auf Podium n. l. sitzend, hinter ihm Offizier, vor ihm Liberalitas, von unten steigt Bürger auf das Podium (As).
RIC 1516. **100 400 2.500**

s | ss | vz

41.39 Sesterz. LIBERTAS AVG IMP II COS P P SC Libertas n. l. stehend (Dupondius).
RIC 1588ff. **75 250 1.000**

(As)

41.40 Sesterz. PIETAS AVG Priesterliche Geräte (As).
RIC 1526. **75 250 1.000**

41.41 As. PONTIF Priesterliche Geräte.
RIC 1514 **30 100 400**

41.42 Sesterz. PRINC IVVENT SC Commodus n. l. stehend, r. Trophäe (As).
RIC 1518ff. **75 250 1.000**

41.43 As. –. Zwei Hände im Handschlag um Legionsadler auf Prora.
RIC 1548. **30 100 400**

(As)

41.44 Sesterz. SPES PVBLICA SC Spes n. l. gehend (As).
RIC 1530. **75 250 1.000**

41.45 As. TR POT COS SC 1.) Minerva n. r. stehend. 2.) Commodus in Quadriga n. r.
RIC 1553. **30 100 400**

41.46 Sesterz. TR P II COS SC Commodus in Quadriga n. l. fahrend.
RIC 1563f. **80 300 1.200**

41.47 Sesterz. TR P(OT) II COS (P P) SC DE GERM(ANIS) Zwei Gefangene zu Füßen einer Trophäe sitzend (Dupondius).
RIC 1554f. **100 350 1.500**

41.48 Sesterz. TR P II COS (P P) SC DE SARM(ATIS) Zwei Gefangene zu Füßen einer Trophäe sitzend (Dupondius).
RIC 1557. **75 250 1.000**

s ss vz

41.49 Sesterz. TR P II COS SC LIBERALITAS AVG (II) Marcus Aurelius und Commodus auf Podium n. l. sitzend, die Verteilung von Gaben an die Bürger beobachtend.
RIC 1558. **100 400 2.500**

41.50 Sesterz. –. Liberalitas n. l. stehend.
RIC 1562. **75 250 1.000**

41.51 Sesterz. TR P II IMP II COS P P SC 1.) Castor n. l. stehend mit Pferd, 2.) Commodus über Altar opfernd.
RIC 1578ff. **75 250 1.000**

41.52.1

41.52 Sesterz. –.
Mit zusätzlicher Umschrift:
1.) Iuno Sospita n. r. gehend (IVNONI SISPITAE),
2.) Commodus über Altar opfernd (VOTA PVBLICA).
RIC 1582ff. **75 250 1.000**

41.53 Dupondius. –. Roma n. l. sitzend.
RIC 1585. **30 100 400**

41.54 As. –. Victoria n. l. gehend.
RIC 1586f. **30 100 400**

41.55 As. TR P III IMP II COS P P SC Victoria n. l. gehend.
RIC 1596f. **30 100 400**

41.56 As. TR P III IMP II COS P P SC VOTA PVBLICA Commodus n. l. opfernd.
RIC 1598. **30 100 400**

41.56a As. TR P V IMP III COS II P P SC Commodus n. r. gehend.
RIC 293. **20 70 250**

41.57 As. VOTA P Priesterliche Geräte.
RIC 1515. **30 100 400**

41.58 Sesterz. VOTA PVBLICA IMP II COS P P SC Commodus beim Opfer n. l., hinter Dreifuß Opferdiener, r. Schlächter mit Bulle.
RIC 1594f. **100 400 2.500**

s ss vz

Als Augustus:

Folgende Vorderseitenvarianten kommen vor:
Umschrift: M COMM ANT P FEL AVG BRIT,
M COMMOD ANT P FELIX AVG BRIT P P,
M COMMODVS ANT P FELIX AVG BRIT,
M COMMODVS ANTONINVS AVG.
Büste: n. l. oder n. r., barhäuptig oder mit Lorbeerkranz, gelegentlich gepanzert und / oder drapiert, in seltenen Fällen mit Löwenskalp.

Aurei

41.59 COS VII P P Commodus n. l. stehend, von Victoria bekränzt, im Handschlag mit Serapis und Isis.
RIC 246. **1.500 4.000 10.000**

41.60 HERC COM Hercules n. l. opfernd, l. Baum, darüber Löwenhaut.
RIC 221. **1.500 4.000 10.000**

41.61 IOVI VLTORI Iupiter n. l. sitzend.
RIC 200. **1.000 3.000 7.500**

41.62 LIBERAL V Commodus auf Podium n. l. sitzend, hinter ihm Offizier, vor ihm Liberalitas, von unten steigt Bürger herauf.
RIC 37. **1.500 4.000 10.000**

41.63 LIBERT P M TR P XIII IMP VIII COS V P P Libertas frontal stehend.
RIC 171. **1.000 3.000 7.500**

41.64 FEL AVG P M TR P XII IMP VIII COS V P P Felicitas n. l. stehend.
RIC 147. **1.000 3.000 7.500**

41.65 P M TR P VIIII IMP VI COS IIII P P Iupiter n. l. sitzend oder stehend.
RIC 69f. **1.000 3.000 7.500**

41.66 P M TR P XI IMP VII COS V P P 1.) Büste des Sol n. r., 2.) Victoria sitzend.
RIC 119ff. **1.000 3.000 7.500**

41.67 P M TR P XV COS VI Commodus in Quadriga n. l. fahrend.
RIC 213. **1.000 3.000 7.500**

41.68 P M TR P XVII IMP VIII COS VII P P 1.) Mars n. l. stehend, 2.) Victoria n. l. gehend.
RIC 231ff. **1.000 3.000 7.500**

41.69 –. *Mit zusätzlicher Inschrift:*
1.) Felicitas n. l. stehend (FELIC COM), 2.) Mars n. l. gehend (VICT AETER).
RIC 238ff. **1.000 3.000 7.500**

41.70 SAL AVG P M TR P XIIII COS V P P Salus n. l. sitzend.
RIC 178. **1.000 3.000 7.500**

41.71 SECVRITAS PVBLICA (TR P VI IMP IIII COS III P P) Securitas n. r. oder n. l. sitzend.
RIC 23f. **1.000 3.000 7.500**

41.73 TR P VI IMP IIII COS III P P Genius opfernd.
RIC 16. **1.000 3.000 7.500**

41.74 TR P VIII IMP V COS IIII P P 1.) Iupiter n. l. sitzend, 2.) Mars n. l. stehend, 3.) Victoria n. l. gehend.
RIC 46ff. **1.000 3.000 7.500**

s *ss* *vz*

41.75 TR P VIII IMP VI COS IIII P P 1.) Fortuna n. l. sitzend, 2.) Iupiter n. l. sitzend, 3.) Mars n. l. stehend.
RIC 53ff. **1.000 3.000 7.500**

41.76 VIRT AVG Commodus n. r. reitend.
RIC 39. **1.000 3.000 7.500**

41.77 VIRT AVG P M TR P X IMP VII COS IIII P P Commodus n. r. reitend, einen Löwen mit einem Speer angreifend.
RIC 114. **1.500 4.000 10.000**

41.78 VIRTVS AVG (oder VIRTVTI AVG) Virtus n. l. sitzend.
RIC 40f. **1.000 3.000 7.500**

41.79 VOT SVSC DEC P M TR P X IMP VII COS IIII P P Commodus n. l. opfernd.
RIC 115. **1.000 3.000 7.500**

Denare

41.80 APOLLINI PALATINO Apollon frontal stehend (Aureus).
RIC 197. **20 30 100**

41.81 CONCORDIAE COMMODI AVG Concordia n. l. stehend (Aureus).
RIC 198. **20 30 100**

41.82 COS V P P
Mit zusätzlicher Inschrift:
1.) Fortuna n. l. sitzend (FORTVNAE MANENTI), 2.) Iupiter n. l. stehend (OPTIME MAXIME), 3.) Pax n. l. sitzend (PACI AETERNAE), 4.) Commodus r. und Senator l. im Handschlag (PIETATI SENATVS), 5.) Roma n. l. sitzend (ROMAE AETERNAE) (Aureus), 6.) Victoria n. l. gehend (VICTORIAE FELICI).
RIC 191ff. **20 30 100**

41.83 –. Fortuna n. l. sitzend, ein Pferd am Zügel haltend (FORTVNA MANENTI).
RIC 191a. **40 120 250**

41.84 COS VI
Mit zusätzlicher Inschrift:
1.) Genius n. l. stehend (GEN AVG), 2.) Roma n. l. sitzend (ROMAE FELICI).
RIC 227f. **20 30 100**

41.85 Quinar. –. Commodus frontal stehend, l. von ihr Iupiter, ihn beschützend.
RIC 226. **300 800 2.500**

41.86 FELIC PERPETVAE AVG Commodus im Handschlag mit Felicitas.
RIC 249. **30 120 250**

41.87 FIDEI COHORTIVM Fides n. l. stehend.
RIC 199. **30 120 250**

41.88 FIDEI COH P M TR P XVII COS VI Fides n. l. stehend.
RIC 229a. **20 30 100**

41.89 HERCVL(I) ROMAN(O) AVG(V) Keule in Kranz (Aureus).
RIC 250ff. **30 120 250**

s *ss* *vz*

41.90 HERCVLI ROMANO (oder ROMANI) AVG Bogen, Keule und Köcher mit Pfeilen (Aureus).
RIC 253. **30 120 250**

41.91 –. Hercules n. l. stehend, eine Trophäe bekränzend (Aureus).
RIC 254. **30 120 250**

41.92 I O M SPONSOR SEC AVG Commodus n. l. stehend wird von Iupiter l. von ihm beschützt.
RIC 255. **30 120 250**

41.93 IOVI DEFENS SALVTIS Iupiter n. r. stehend.
RIC 256. **30 50 150**

41.94 LAETITIA AVG Laetitia n. l. stehend.
RIC 201. **20 30 100**

41.95 LIB AVG TR P V IMP IIII COS II P P Liberalitas n. l. stehend (Aureus).
RIC 10ff. **20 30 100**

41.96 LIB AVG IIII TR P VI IMP IIII COS III P P Liberalitas n. l. stehend.
RIC 22. **20 30 100**

41.97 LIB AVG V TR P VII IMP IIII COS III P P Liberalitas n. l. stehend.
RIC 36. **20 30 100**

41.98 LIBERALITAS AVG VII Liberalitas n. l. stehend (Aureus).
RIC 202. **20 30 100**

41.99 MAGNIFICENTIAE AVG COS VII P P in fünf Zeilen in Kranz.
RIC 248. **30 50 150**

41.100 MARTI VLTORI AVG Mars n. r. stehend.
RIC 257. **20 30 100**

41.101.2

41.101 P M TR P VIIII IMP VI COS IIII P P 1.) Aequitas n. l. stehend, 2.) Felicitas n. l. stehend, 3.) Fides n. r. stehend, 4.) Genius n. l. stehend, 5.) Mars n. r. stehend, 6.) Minerva n. l. gehend, 7.) Pax n. l. stehend, 8.) Providentia n. l. stehend, 9.) Victoria n. r. stehend oder 10.) n. l. gehend, 11.) Modius mit Kornähren.
RIC 71ff. **20 30 100**

41.102 P M TR P VIIII IMP VII COS IIII P P 1.) Fides n. r. stehend, 2.) Genius n. l. stehend, 3.) Iupiter n. l. sitzend, 4.) Mars

s ss vz

n. r. stehend, 5.) Roma n. l. stehend, 6.) Victoria n. l. gehend, 7.) Modius mit Kornähren.
RIC 88ff. **20 30 100**

41.103 P M TR P X IMP VII COS IIII P P 1.) Felicitas n. l. stehend, 2.) Iupiter n. l. sitzend, 3.) Roma n. l. stehend oder 4.) n. l. sitzend.
RIC 101ff. **20 30 100**

41.104 –. *Mit zusätzlicher Inschrift:*
1.) Annona n. l. stehend (ANN), 2.) Concordia frontal stehend (CONC MIL), 3.) Felicitas n. l. stehend (FEL oder FEL AVG), 4.) Fortuna n. l. sitzend (FOR RED), 5.) Roma n. l. sitzend (ROM), 6.) Victoria n. r. stehend, einen Schild mit VO DE beschreibend (SAEC FEC).
RIC 106ff. **20 30 100**

41.105 –. Commodus auf Podium n. l. stehend, sich an drei Soldaten wendend (FID EXERC) (Aureus).
RIC 110. **40 60 250**

41.106 P M TR P XI IMP VII COS V P P 1.) Aequitas n. l. stehend, 2.) Felicitas n. l. stehend, 3.) Iupiter n. l. sitzend, 4.) Victoria n. l. gehend, 5.) Commodus auf Sella Curulis n. l. sitzend (gelegentlich von Victoria bekränzt).
RIC 117ff. **20 30 100**

41.107 –. *Mit zusätzlicher Inschrift:*
1.) Concordia frontal stehend (CONC MIL), 2.) Felicitas n. l. stehend (FEL AVG), 3.) Fortuna n. l. sitzend (FOR RED), 4.) Liberalitas n. l. stehend (LIB AVG oder LIB AVG VI), 5.) Libertas n. l. stehend (LIBERT AVG) (Aureus), 6.) Victoria n. r. stehend einen Schild VO DE beschreibend (SAEC FEL).
RIC 126. **20 30 100**

41.108 –. Commodus auf Podium n. l. stehend, drei Soldaten ansprechend (FID EXERC).
RIC 130. **30 120 250**

41.109 –. Commodus auf Podium n. l. sitzend, hinter ihm Soldat, vor ihm Liberalitas, von unten steigt Bürger auf das Podium (LIB AVG VI)
RIC 134. **30 120 250**

41.110 Quinar. –. Mars n. r. gehend (auch mit anderen Datierungen).
RIC 118. **300 800 2.500**

41.111 P M TR P XI IMP VIII COS V P P Felicitas n. l. stehend.
RIC 137. **20 30 100**

s ss vz

41.112 –. *Mit zusätzlicher Inschrift:*
1.) Iupiter n. l. sitzend (IOV EXSVP), 2.) Nobilitas n. r. stehend (NOBILIT AVG), 3.) Commodus n. l. opfernd (VOT SOL DEC).
RIC 138ff. **20 30 100**

41.113 P M TR P XII IMP VIII COS V P P 1.) Felicitas n. l. stehend, 2.) Libertas frontal stehend, 3.) Victoria n. l. gehend.
RIC 143ff. **20 30 100**

41.114.3 (Aureus)

41.114 –. *Mit zusätzlicher Inschrift:*
1.) Felicitas n. l. stehend (PVBLIC FEL), 2.) Fortuna n. l. sitzend (FORT RED), 3.) Hilaritas n. l. stehend (HILAR AVG) (Aureus), 4.) Iupiter n. l. sitzend (IOV EXSVP oder EXSVPER) (Aureus), 5.) Laetitia n. l. stehend (LAET AVG), 6.) Nobilitas n. r. stehend (NOBILIT AVG) (Aureus), 7.) Pietas n. l. stehend (AVCT PIET), 8.) Virtus n. l. stehend (VIRTVT AVG), 9.) Commodus n. l. stehend (PAT oder PATER SENAT) (Aureus), 10.) Commodus n. l. opfernd (VOT SOL DEC).
RIC 146ff. **20 30 100**

41.115 –. Commodus auf Podium n. l. stehend, drei Soldaten ansprechend (FID EXERC).
RIC 148. **30 120 250**

41.116 P M TR P XIII IMP VIII COS V P P 1.) Aequitas n. l. stehend (Aureus), 2.) Felicitas n. l. stehend, 3.) Fortuna n. l. sitzend, 4.) Genius n. l. stehend (Aureus), 5.) Hercules frontal stehend, 6.) Iupiter n. l. stehend, 7.) Libertas frontal stehend, 8.) Salus n. l. sitzend.
RIC 162ff. **20 30 100**

41.117 P M TR P XIIII COS V P P Libertas n. l. stehend.
RIC 182. **20 30 100**

41.118 –. Mit zusätzlicher Inschrift:
1.) Fortuna n. l. stehend (FORT FEL), 2.) Iupiter n. l. stehend (IOV IVVENT), 3.) Mars n. l. stehend (MART PAC) (Aureus), 4.) Minerva n. l. stehend (MIN VICT) (Aureus), 5.) Roma n. l. sitzend (ROM AETER), 6.) Securitas n. l. sitzend (SECVR ORB), 7.) Victoria n. l. gehend (VICT FEL oder FELI).
RIC 172ff. **20 30 100**

s ss vz

41.119.4

41.119 P M TR P XIIII COS V DES VI
Mit zusätzlicher Inschrift:
1.) Fortuna n. l. stehend (FOR FEL), 2.) Iupiter n. l. stehend (IOV IVVEN), 3.) Mars n. l. stehend (MART PAC) (Aureus), 4.) Minerva n. l. stehend (MIN VICT), 5.) Securitas n. l. sitzend (SEC ORB) (Aureus).
RIC 186ff. **20 30 100**

41.120 P M TR P XV COS VI 1.) Pax n. l. sitzend, 2.) Commodus n. l. sitzend.
RIC 210ff. **20 30 100**

41.121 –. *Mit zusätzlicher Inschrift:*
1.) Apollo n. r. stehend (APOL MONET), 2.) Apollo frontal stehend (APOL PAL), 3.) Fides n. l. stehend (FIDEI COH), 4.) Libertas n. l. stehend (LIB AVG) (Aureus), 5.) Geflügelter Caduceus zwischen gekreuzten Füllhörnern (TEMP FELIC) (Aureus).
RIC 205ff. **20 30 100**

41.122.4 (Aureus)

41.122 P M TR P XVI COS VI Mit zusätzlicher Inschrift:
1.) Apollo frontal stehend (APOL PAL), 2.) Concordia n. l. stehend (CONC COM) (Aureus), 3.) Fides n. l. stehend (FIDEI COH), 4.) Minerva n. r. eilend (MIN AVG oder MINER AVG) (Aureus), 5.) Roma n. l. sitzend (ROM FEL) (Aureus).
RIC 218ff. **20 30 100**

41.123 P M TR P XVII IMP VIII COS VII P P 1.) Ceres n. l. stehend, 2.) Fides n. r. oder n. l. stehend, 3.) Fortuna n. l. stehend, 4.) Pietas n. l. sitzend, 5.) Victoria n. l. gehend (Aureus).
RIC 230ff. **20 30 100**

41.124 –. *Mit zusätzlicher Inschrift:*
1.) Liberalitas n. l. stehend (LIB AVG) (Aureus), 2.) (LIB AVG VIII) (Aureus) oder 3.) (LIB AVG VIIII)
RIC 239ff. **20 30 100**

41.125 P M TR P XVIII IMP VIII COS VII P P Pietas n. l. sitzend.
RIC 244. **20 30 100**

41.126 PROVIDENTIAE AVG Hercules n. l. stehend im Handschlag mit Africa, zu ihren Füßen Löwen (Aureus).
RIC 259. **30 120 250**

s ss vz

41.127 ROMAE FELICI Roma n. l. sitzend.
RIC 203. **20 30 100**

41.128 SAL GEN HVM Salus n. l. stehend, einer knienden Gestalt aufhelfend.
RIC 260. **20 30 100**

41.129 SERAPIDI CONSERV AVG Sarapis frontal stehend (Aureus).
RIC 261. **20 30 100**

41.131 TR P V IMP IIII COS II P P 1.) Fortuna n. l. sitzend, 2.) Minerva sitzend, 3.) Providentia n. l. stehend, 4.) Roma n. r. sitzend, 5.) Trophäe zwischen zwei Gefangenen.
RIC 4ff. **20 30 100**

41.132 Quinar. –. Fortuna n. l. sitzend.
RIC 6a. **300 800 2.500**

41.133 TR P VI IMP IIII COS III P P 1.) Aequitas n. l. stehend, 2.) Annona n. l. stehend, 3.) Felicitas n. l. stehend, 4.) Pax n. l. stehend, 5.) Providentia n. l. stehend, 6.) Roma n. r. oder n. l. sitzend.
RIC 11ff. **20 30 100**

41.134 Quinar. –. (auch TR P VII, TR P VIII IMP VI COS IIII und andere Datierungen) Victoria n. l. oder n. r. gehend (auch als Goldquinar).
RIC 20. **300 800 2.500**

41.135 TR P VII IMP IIII COS III P P 1.) Aequitas n. l. stehend, 2.) Annona n. l. stehend, 3.) Felicitas n. l. stehend, 4.) Mars n. r. gehend, 5.) Pax n. l. stehend, 6.) Pietas n. l. stehend, 7.) Providentia n. l. stehend, 8.) Roma n. l. stehend, 9.) Salus n. l. stehend.
RIC 25ff. **20 30 100**

41.136 TR P VII IMP V COS III P P 1.) Mars n. r. gehend, 2.) Providentia n. l. stehend, 3.) Roma n. l. stehend, 4.) Salus n. l. stehend.
RIC 42ff. **20 30 100**

41.137 TR P VIII IMP V COS III P P 1.) Mars n. r. gehend, 2.) Providentia n. l. stehend, 3.) Roma n. l. stehend.
RIC 47ff. **20 30 100**

41.138.9

41.138 TR P VIII IMP VI COS IIII P P 1.) Aequitas n. l. stehend, 2.) Felicitas n. l. stehend, 3.) Mars n. r. gehend, 4.) Minerva n. r. gehend, 5.) Pax n. l. stehend, 6.) Providentia n. l. stehend, 7.) Roma n. l. sitzend oder stehend, 8.) Salus n. l. stehend, 9.) Victoria n. r. stehend.
RIC 54ff. **20 30 100**

41.139 TR P VIIII IMP VI COS IIII P P 1.) Aequitas n. l. stehend, 2.) Felicitas n. l. stehend, 3.) Minerva n. r. gehend, 4.) Providentia n. l. stehend, 5.) Victoria n. r. stehend, 6.) Commodus n. l. stehend.
RIC 82ff. **20 30 100**

s ss vz

41.140 –. *Mit zusätzlicher Inschrift:*
1.) Annona n. l. stehend (ANN), 2.) Felicitas n. l. stehend (FEL), 3.) Roma n. l. stehend (D P R C), 4.) Roma n. l. sitzend (ROM), 5.) Commodus n. l. opfernd (VOT SVSC DEC).
RIC 95ff. **20 30 100**

41.141 VOT SOLV PRO VAL P R Commodus n. l. stehend.
RIC 262. **30 120 250**

Bronzemünzen

41.142 Sesterz. ANN AVG P M TR P VIII IMP VI COS IIII P P SC Annona n. l. stehend.
RIC 364. **50 100 500**

41.143 Sesterz. ANNO AVG TR P VIIII IMP VII COS IIII P P SC Annona n. l. stehend.
RIC 442. **50 100 500**

41.144 Sesterz. COS V P P SC
Mit zusätzlicher Inschrift:
1.) Pax n. l. sitzend (PACI AETERNAE), 2.) Roma n. l. sitzend (ROMA AETERNAE), 3.) Victoria n. l. fliegend (VICTORIAE FELICI) (As), 4.) Commodus und Senator im Handschlag (PIETATI SENATVS).
RIC 548ff. **50 100 500**

41.145 Sesterz. –. Fortuna n. l. sitzend, ein Pferd am Zügel haltend (FORTVNAE MANENTI).
RIC 547. **75 150 750**

41.146 As. –. Iupiter n. l. stehend (OPTIME MAXIME).
RIC 553. **20 70 250**

41.147 Sesterz. COS VI P P SC
Mit zusätzlicher Inschrift:
1.) Mars n. r. stehend (MARTI VLTORI) (Dupondius), 2.) Salus n. l. stehend (SAL GEN HVM) (As), 3.) Sarapis n. r. stehend (SERAPIDI CONSERV AVG) (Dupondius, As).
RIC 558ff. **50 100 500**

41.148 Sesterz. –. Opferszene: Commodus vor Dreifuß; mit Flötenspieler und Schlächter, der einen Stier herbeiführt (VOTA SOLV PRO SAL P R).
RIC 602f. **150 1.000 4.000**

41.149 Dupondius. COS VII P P Commodus n. l. stehend, von Victoria bekränzt, im Handschlag mit Sarapis, neben dem Isis steht (As).
RIC 628. **30 150 500**

41.150 Sesterz. HERCVL(I) ROMANO AVGV(STO) SC Keule in Lorbeerkranz (As).
RIC 637f. **50 100 500**

41.151 Sesterz. –. Bogen, Keule und Köcher mit Pfeilen.
RIC 638. **100 500 2.500**

s ss vz

41.152 Sesterz. HERCVLI ROMANO AVG SC Hercules n. l. stehend (Dupondius).
RIC640. **75 200 1.000**

41.154 Sesterz. IMP IIII COS II P P SC
Mit zusätzlicher Inschrift:
1.) Fortuna n. l. sitzend (FORT RED), 2.) Commodus n. r. reitend (ADVENTVS AVG).
RIC 294. **50 100 500**

41.155 Dupondius. –. Virtus n. r. sitzend (VIRTVS AVG).
RIC 296. **20 70 300**

41.156 As. MAGNIFICENTIAE AVG COS VII P P SC in Lorbeerkranz.
RIC 631. **20 70 250**

41.157 As. P D Bogen, Köcher, Löwenskalp auf Keule und Dreizack.
RIC 645. **LP LP LP**

41.158 Sesterz. P M TR P VIII IMP VI COS IIII P P SC Pax n. l. stehend oder sitzend.
RIC 362f. **50 100 500**

41.159 Sesterz. P M TR P VIIII IMP VI COS IIII P P SC 1.) Apollo frontal stehend, 2.) Felicitas n. l. stehend, 3.) Fides n. r. stehend, 4.) Hercules frontal stehend (As), 5.) Minerva n. r. gehend (Dupondius, As), 6.) Pax n. l. stehend oder 7.) n. l. sitzend, 8.) Roma n. l. sitzend (Dupondius, As), 9.) Securitas n. l. sitzend.
RIC 398ff. **50 100 500**

41.160 Sesterz. –.
Mit zusätzlicher Inschrift:
Annona n. l. stehend (ANN AVG).
RIC 407ff. **50 100 500**

41.161 Sesterz. P M TR P VIIII IMP VII COS IIII P P SC Pax n. l. stehend oder n. l. sitzend.
RIC 434f. **50 100 500**

41.162 Dupondius. –. Roma n. l. sitzend.
RIC 443. **20 70 300**

41.163 As. –. Roma n. l. stehend.
RIC 444. **20 70 250**

41.164 Sesterz. –.
Mit zusätzlicher Inschrift:
1.) Salus n. l. sitzend (SALVS), 2.) Victoria n. r. sitzend (VICT BRIT), 3.) Commodus n. l. opfernd (VOTA SVSCEP DECEN) (As).
RIC 439ff. **50 100 500**

41.165 Sesterz. –. Italia n. l. auf Globus sitzend (ITALIA).
RIC 438. **70 200 1.000**

41.166 Sesterz. P M TR P X IMP VII COS IIII P P SC Roma n. l. sitzend (Dupondius).
RIC 445. **50 100 500**

41.167 Sesterz. –.
Mit zusätzlicher Inschrift:
1.) Fortuna n. l. sitzend (FOR RED), 2.) Victoria n. r. stehend, VO DE auf einen Schild schreibend (SAEC FEL), 3.) Salus n. l. sitzend (SALVS), 4.) Victoria n. r. sitzend (VIC BRIT), 5.) Commodus n. l. opfernd (VOTA SVSC(EP) DECEN) (Dupondius).
RIC 446ff. **50 100 500**

s ss vz

41.168 Sesterz –. Italia n. l. auf Globus sitzend (ITALIA) (As).
RIC 447. 70 200 1.000

41.169 Sesterz. –. Commodus n. r. galoppierend, einen Panther jagend (VIRT AVG).
RIC 453. 70 200 1.000

41.170 Sesterz. –. Commodus auf Podium n. l. sitzend, hinter ihm Soldat, vor ihm Liberalitas, von unten steigt Bürger herauf (LIBERAL AVG).
RIC 448. 100 500 2.500

41.171 As. –. Concordia n. l. stehend (CONC MIL).
RIC 457. 20 70 250

41.172 Sesterz. P M TR P XI IMP VII COS IIII P P SC
Mit zusätzlicher Inschrift:
1.) Concordia n. l. stehend (CONC MIL) (As), Victoria n. r. sitzend (VICT BRIT).
RIC 459. 50 100 500

41.173.2

41.173 Sesterz. P M TR P XI IMP VII COS V P P SC 1.) Aequitas n. l. stehend, 2.) Ianus frontal stehend (As), 3.) Roma n. l. stehend, 4.) Commodus n. l. sitzend.
RIC 460ff. 50 100 500

41.174 Sesterz –. Commodus in Triumphalquadriga n. l.
RIC 464. 70 200 1.000

41.175 Dupondius. –. Victoria n. l. gehend.
RIC 476. 20 70 300

41.176 As. –. Aequitas n. l. stehend.
RIC 480. 20 70 250

41.177 Sesterz. –.
Mit zusätzlicher Inschrift:
1.) Concordia n. l. stehend (CONC MIL) (As), 2.) Felicitas n. l. stehend (FEL AVG oder FEL PVBLICA), 3.) Fortuna n. l. sitzend (FORT RED) (Dupondius), 4.) Libertas n. l. stehend (LIB AVG oder LIBERTAS AVG), 5.) Salus n. l. sitzend (SALVS), 6.) Victoria, einen Schild mit VO DE beschreibend (SAEC FEL (As) oder VIC FEL).
RIC 465ff. 50 100 500

s ss vz

41.178 Sesterz. –. Commodus auf Podium n. l. stehend, drei, vier, fünf oder sechs Soldaten ansprechend (FID EXERCIT).
RIC 468. 100 500 2.500

41.179 Sesterz. –. Commodus auf Podium n. l. sitzend, hinter ihm Soldat, vor ihm Liberalitas, von unten steigt Bürger herauf (LIBERAL AVG VI).
RIC 471. 100 500 2.500

41.180 Dupondius. –. Liberalitas n. l. stehend (LIBERAL AVG VI).
RIC 478. 20 70 300

41.181 Sesterz. P M TR P XI IMP VIII COS V P P SC
Mit zusätzlicher Inschrift:
Iupiter n. l. sitzend (IOVI EXSVPER) (As), Nobilitas n. r. stehend (NOBILITAS AVG) (As).
RIC 483ff. 50 100 500

41.182 Sesterz. –. Commodus auf Podium n. l. sitzend, hinter ihm Soldat, vor ihm Liberalitas, von unten steigt Bürger herauf (LIBERAL AVG VI).
RIC 484. 100 500 2.500

41.183 Sesterz. –. Galeere n. l. oder n. r. (PROVID AVG).
RIC 486f. 100 500 2.500

41.184 As. –. Pax n. l. sitzend (PACI AETERN).
RIC 490. 20 70 250

41.185 Sesterz. P M TR P XII IMP VIII COS V P P SC 1.) Aequitas n. l. stehend, 2.) Fortuna n. l. sitzend, 3.) Roma n. l. stehend.
RIC 491ff. 50 100 500

41.186 Dupondius. –. Felicitas n. l. stehend.
RIC 506. 20 70 300

41.187 As. –. Salus n. l. sitzend.
RIC 507. 20 70 250

41.188.9

41.188 Sesterz. –.
Mit zusätzlicher Inschrift:
1.) Felicitas n. l. stehend (FEL PVBLICA oder PVBLICA FEL), 2.) Fides n. l. stehend (FIDEI COH), 3.) Hilaritas n. l. stehend (HILARIT(AS) AVG), 4.) Iupiter n. l. stehend (IOVI IVVENI), 5.) Nobilitas n. r. stehend (NOBILIT(AS) AVG) (As), 6.) Pietas n. l. stehend (AVCTOR PIETAT), 7.) Salus n. l.

s ss vz

sitzend (SAL AVG), 8.) Virtus n. l. stehend (VIRTVTI AVG) (As), 9.) Commodus n. l. stehend (PATER SENATVS).
RIC 494ff. **50 100 500**

41.189 Sesterz. –. Die drei Monetae (MON AVG).
RIC 500. **50 250 1.250**

41.190 As. –. Iupiter n. l. sitzend (IOVI EXSVPER).
RIC 508. **20 70 250**

41.191 Sesterz. P M TR P XIII IMP VIII COS V P P SC Salus n. l. stehend oder n. l. sitzend.
RIC 511f. **50 100 500**

41.192 Dupondius. –. Fortuna n. l. sitzend.
RIC 516. **20 70 300**

41.193 As. –. 1.) Aequitas n. l. stehend, 2.) Genius n. l. stehend, 3.) Libertas n. l. stehend, 4.) Salus n. l. stehend.
RIC 517ff. **20 70 250**

41.194 Sesterz. –.
Mit zusätzlicher Inschrift:
1.) Fortuna n. l. sitzend (FOR RED) (As), 2.) Hilaritas n. l. stehend (HILARIT AVG), 3.) Salus n. l. sitzend (SAL AVG).
RIC 513ff. **50 100 500**

41.195 As. –. Commodus n. l. opfernd (VOT SOL DECEN).
RIC 522. **20 70 250**

41.196 Sesterz. P M TR P XIIII IMP VIII COS V P P SC
Mit zusätzlicher Inschrift:
1.) Fortuna n. l. stehend (FORT FELI) (As), 2.) Iupiter n. l. stehend (IOVI IVVENI) (Dupondius, As), 3.) Libertas n. l. stehend (LIBERT AVG), 4.) Mars n. l. stehend (MART PACAT), 5.) Minerva n. l. stehend (MINER VICT) (As), 6.) Pietas n. l. stehend (AVCTOR PIETAT), 7.) Securitas n. l. sitzend (SECVRIT ORB), 8.) Victoria n. l. fliegend (VICT FELI) (As).
RIC 523ff. **50 100 500**

41.197 Dupondius. –. Iupiter n. l. sitzend (IOVI EXSVPER).
RIC 531. **20 70 300**

41.198 As. –. 1.) Pax n. l. sitzend (PACI AETER), 2.) Commodus im Handschlag mit Senator (PIET SENAT), 3.) Roma n. l. sitzend (ROM AETER).
RIC 537. **20 70 250**

41.199 As. –. Fortuna n. l. sitzend, ein Pferd beim Zügel haltend (FORT MANENT).
RIC 534. **30 100 350**

41.200 Sesterz. P M TR P XIIII IMP VIII COS V DES VI SC
Mit zusätzlicher Inschrift:
1.) Fortuna n. l. stehend (FORT FELI), 2.) Iupiter n. l. stehend (IOVI IVVENI), 3.) Mars n. l. stehend (MART PACAT), 4.) Minerva n. l. stehend (MINER VICT) (Dupondius), 5.) Securitas n. l. sitzend (SECVRIT ORB).
RIC 541ff. **50 100 500**

s ss vz

41.201 Sesterz. P M TR P XV IMP VIII COS VI SC 1.) Pax n. l. sitzend, 2.) Commodus n. l. sitzend.
RIC 556f. **50 100 500**

41.202 Sesterz. –. Commodus in Triumphalquadriga n. l. fahrend (As).
RIC 558. **70 200 1.000**

41.203 Sesterz. –.
Mit zusätzlicher Inschrift:
1.) Apollon n. r. stehend (APOL MONETAE) (As), 2.) Genius n. l. stehend (GEN AVG FELIC), 3.) Libertas n. l. stehend (LIB AVG), 4.) Liberalitas n. l. stehend (LIB AVG) (As), 5.) Caduceus zwischen zwei Füllhörnern (SAECVLI FELIC (As) 6.) oder TEMP(OR) FELIC) (Dupondius, As).
RIC 559ff. **50 100 500**

41.204 Sesterz. –. Commodus auf Podium n. l. sitzend, hinter ihm Soldat, vor ihm Liberalitas, von unten steigt Bürger herauf (LIBERAL AVG VII).
RIC 563. **100 500 2.500**

41.205 As. –. Minerva n. l. stehend (MINER VICT).
RIC 572. **20 70 250**

41.206.1 (As)

41.206 Sesterz. P M TR P XVI (IMP VIII) COS VI SC
Mit zusätzlicher Inschrift:
1.) Apollon frontal stehend (APOL PALAT) (As), 2.) Apollon n. r. stehend (APOL MONETAE) (As), 3.) Concordia n. l. stehend (CONC(OR) COMMODI) (As), 4.) Fides n. l. stehend (FIDEI COH) (As), 5.) Hercules n. l. stehend (HERC COMMODIANO) (Dupondius, As), 6.) Minerva n. r. eilend (MINER AVG) (Dupondius, As), 7.) Roma n. l. sitzend (ROM FEL) (As).
RIC 578ff. **50 100 500**

41.207 Sesterz. P M TR P XVII (IMP VIII) COS VII P P SC 1.) Fortuna n. l. stehend (Dupondius, As), 2.) Liberalitas n. l. stehend, 3.) Pietas n. l. sitzend (As), 4.) Roma n. r. stehend, 5.) Victoria n. l. gehend (As).
RIC 608ff. **50 100 500**

41.208 Sesterz. –. 1.) Commodus n. r. stehend, vor ihm Säule, darauf Statue der Victoria, 2.) Commodus n. l. stehend, von Victoria bekränzt, im Handschlag mit Sarapis, neben dem Isis steht (Dupondius), 3.) Commodus in Triumphalquadriga n. l.
RIC 613ff. **70 200 1.000**

41.209 As. –. Mars n. l. stehend.
RIC 622. **20 70 250**

41.210 Sesterz. –.
Mit zusätzlicher Inschrift:
Libertas n. l. stehend (LIB AVG).
RIC 617ff. **50 100 500**

41.211 As. –. Libertas n. l. stehend (LIB AVG VIII).
RIC 627. **20 70 250**

s ss vz

41.212 As. PRIMI DECENN P M TR P X IMP VII COS IIII P P SC in Kranz.
RIC 459. 30 100 350

41.213 Sesterz. PROVIDENTIAE AVG SC Hercules n. l. stehend, ihm werden von Africa Kornähren übergeben, zu ihren Füßen Löwe.
RIC 641. 70 150 800

41.214 Sesterz. SALVS AVG SC Salus n. l. stehend.
RIC 642. 50 100 500

41.215 Sesterz. SPQR LAETITIAE C V P P SC in Lorbeerkranz (As).
RIC 551. 50 100 500

41.217 Sesterz. TR P V IMP IIII COS II P P SC 1.) Commodus frontal stehend, 2.) Commodus n. r. reitend, einen Feind niederstechend.
RIC 298f. 70 150 800

41.218 Sesterz. –.
Mit zusätzlicher Inschrift:
1.) Iupiter frontal stehend (IVPPITER CONSERVATOR), 2.) Providentia n. l. stehend (PROV DEOR) (Dupondius).
RIC 301ff. 50 100 500

41.219 –. Commodus auf Podium n. l. sitzend, hinter ihm Soldat, vor ihm Liberalitas, von unten steigt Bürger herauf (LIBERALITAS AVG).
RIC 300. 100 500 2.500

41.220 Dupondius. –. Liberalitas n. l. stehend (LIB AVG).
RIC 302. 20 70 300

41.221 Sesterz. TR P VI IMP IIII COS III P P SC Commodus in Triumphalquadriga n. l. (As).
RIC 306. 70 200 1.000

41.222.6

41.222 Sesterz. –.
Mit zusätzlicher Inschrift:
1.) Annona n. l. stehend (ANN AVG) (Dupondius), 2.) Felicitas n. l. stehend (FEL AVG) (Dupondius, As), 3.) Iupiter, Commodus beschützend (IVPPITER CONSERVATOR), 4.) Liberalitas n. l. stehend (LIB AVG IIII), 5.) Libertas n. l. stehend (LIBERTAS AVG) (Dupondius), 6.) Providentia n. l. stehend (PROV DEOR) (Dupondius).
RIC 307ff. 50 100 500

s ss vz

41.223 Sesterz. –. Commodus auf Podium n. l. sitzend, hinter ihm Soldat, vor ihm Liberalitas, von unten steigt Bürger herauf (LIB AVG IIII).
RIC 310. 100 500 2.500

41.224 Dupondius. –. Commodus n. l. opfernd (VOTA DEC ANN SVSC) (As).
RIC 318. 20 100 400

41.225 Sesterz. TR P VII IMP IIII COS III P P SC 1.) Annona n. l. stehend, 2.) Iupiter n. l. sitzend (Dupondius), 3.) Mars n. r. gehend, 4.) Roma n. l. stehend.
RIC 322ff. 50 100 500

41.226 Sesterz. –.
Mit zusätzlicher Inschrift:
1.) Annona n. l. stehend (ANN AVG) (Dupondius, As), 2.) Felicitas n. l. stehend (FEL AVG) (Dupondius, As), 3.) Iuppiter, Commodus beschützend (IVPPITER CONSERVATOR), 4.) Providentia n. l. stehend (PROV DEOR) (Dupondius, As), 5.) Salus n. l. stehend (SALVS AVG) (Dupondius, As).
RIC 326ff. 50 100 500

41.227 Sesterz. –. Commodus, einen Speer auf einen Löwen werfend (VIRTVTI AVGVSTI).
RIC 332. 50 200 1.000

41.228 Sesterz. –. Commodus auf Podium n. l. sitzend, hinter ihm Soldat, vor ihm Liberalitas, von unten steigt Bürger herauf (LIBERAL V).
RIC 329. 100 500 2.500

41.229 As. –. Minerva n. l. stehend.
RIC 338. 20 70 250

41.230 Sesterz. TR P VII IMP V COS III P P SC 1.) Annona n. l. stehend, 2.) Iupiter n. l. sitzend (Dupondius).
RIC 343f. 50 100 500

41.231 As. –. Roma n. l. stehend.
RIC 347. 20 70 250

41.232 Sesterz. –.
Mit zusätzlicher Inschrift:
Salus n. l. stehend (SALVS AVG).
RIC 345. 50 100 500

41.233 Sesterz. TR P VIII IMP V COS IIII P P SC 1.) Annona n. l. stehend, 2.) Fortuna n. r. stehend (Dupondius, As), 3.) Iupiter n. l. stehend (Dupondius) oder 4.) n. l. sitzend, 5.) Victoria n. l. gehend.
RIC 348. 50 100 500

41.234 Sesterz. –. Commodus in Triumphalquadriga n. l. fahrend.
RIC 353. 70 200 1.000

41.235 As. –. Roma n. l. stehend.
RIC 360. 20 70 250

41.236 Sesterz. –.
Mit zusätzlicher Inschrift:
1.) Hilaritas n. l. stehend (HILARITAS AVG), 2.) Providentia n. l. stehend (PROVID AVG), 3.) Salus n. l. stehend (SALVS AVG) (Dupondius).
RIC 354ff. 50 100 500

s ss vz

41.237.1

41.237.4

41.237 Sesterz. TR P VIII IMP VI COS IIII P P SC 1.) Felicitas n. l. stehend, 2.) Fides n. r. stehend, 3.) Fortuna n. l. stehend (Dupondius, As), 4.) Hercules n. r. stehend, 5.) Iupiter n. l. stehend (Dupondius) 6.) oder n. l. sitzend (Dupondius), 7.) Minerva n. r. gehend, 8.) Pax n. l. stehend, 9.) Roma n. l. sitzend (Dupondius, As), 10.) Victoria n. r. oder n. l. gehend.
RIC 365ff. **50 100 500**

41.238 Sesterz. –. Commodus in Triumphalquadriga n. l. fahrend.
RIC 376. **70 200 1.000**

41.239 Dupondius. –. Roma n. l. stehend (As).
RIC 387. **20 70 300**

41.240 As. –. 1.) Minerva n. r. oder n. l. stehend, 2.) Salus n. r. stehend.
RIC 391ff. **20 70 250**

41.241 Sesterz. –.
Mit zusätzlicher Inschrift:
1.) Annona n. l. stehend (ANN AVG), 2.) Hilaritas n. l. stehend (HILARITAS AVG), 3.) Providentia n. l. stehend (PROV AVG (Dupondius), 4.) oder PROV DEOR), 5.) Salus n. l. stehend (SALVS AVG) (Dupondius).
RIC 377ff. **50 100 500**

41.242 As. –. Elefant (MVNIFICENTIA AVG).
RIC 397. **75 250 750**

41.243 Sesterz. TR P VIIII IMP VI COS IIII P P SC 1.) Apollo n. l. stehend, 2.) Felicitas n. l. stehend, 3.) Fides n. r. stehend (As), 4.) Fortuna n. l. stehend (Dupondius), 5.) Hercules frontal stehend (As), 6.) Minerva n. r. gehend (Dupondius), 7.) Pax n. l. stehend, 8.) Roma n. l. sitzend (Dupondius, As).
RIC 408ff. **50 100 500**

s ss vz

41.244.1

41.244 As. –. 1.) Minerva n. r. stehend, 2.) Salus n. r. stehend.
RIC 428ff. **20 70 250**

41.245 Sesterz. –.
Mit zusätzlicher Inschrift:
1.) Annona n. l. stehend (ANN AVG), 2.) Providentia n. l. stehend (PROV AVG).
RIC 416f. **50 100 500**

41.246 As. –. Elefant (MVNIFICENTIA AVG).
RIC 432. **75 250 750**

41.247 As. –. Commodus n. l. opfernd (VOTA PVBLICA).
RIC 433. **30 100 400**

41.248 Sesterz. TR P XI IMP VII COS V P P SC Commodus n. l. sitzend.
RIC 475. **50 100 500**

41.249 As. TR P XV IMP VIII COS VI SC Commodus in Triumphalquadriga n. l.
RIC 577. **40 150 500**

41.250 As. VOT XX P M TR P XV IMP VIII COS V SC in Lorbeerkranz.
RIC 576. **20 70 250**

Divus Commodus

Folgende Vorderseitenvarianten kommen vor:
Umschrift: M COMM ANTO(N) AVG PIVS FEL.
Büste: n. r., mit Lorbeerkranz.

Denare

41.251 *Unter Septimius Severus.* CONSECRATIO Adler auf Globus.
RIC 72A. **200 600 LP**

Antoniniane

41.251a *Unter Traianus Decius.* CONSECRATIO 1.) Adler, 2.) Altar.
RIC 93f. **75 200 400**

Bronzemünzen

41.252 *Unter Septimius Severus.* Sesterz. CONSECRATIO SC Weibliche Gestalt vor Altar.
RIC 736A. **LP LP LP**

42. Crispina

Gattin des Commodus, † 183

Zur Geschichte

Viel ist es nicht, was wir über Bruttia Crispina wissen. Sie war die Tochter eines erfolgreichen Militärs namens Lucius Fulvius Bruttius Praesens, der es bis zum Consulat gebracht hatte, dem höchsten Amt, das ein Römer erreichen konnte, der kein Mitglied der kaiserlichen Familie war. Praesens gehörte unter Marcus Aurelius zu den engsten Beratern des Kaisers. Seine Tochter scheint nicht glücklich in ihrer Ehe geworden zu sein. Kinder hatten Commodus und Crispina nicht. Der Kaiser verbannte sie nur zwei Jahre nach seiner Machtergreifung, vielleicht in Zusammenhang mit einer Verschwörung, die seine Schwester Lucilla inszeniert hatte. Crispina wurde nach Capri verbannt, wo sie bald darauf auf Befehl des Kaisers getötet wurde.

Münzen

Folgende Vorderseitenvarianten kommen vor:
Umschrift: CRISPINA AVGVSTA,
CRISPINA AVG IMP COMMODI AVG.
Büste: n. r., selten n. l., drapiert.

Aurei

		s	ss	vz
42.1	CERES Ceres auf Cista Mystica n. l. sitzend. *RIC 277.*	1.500	4.000	18.000

		s	ss	vz
42.2	DIS CONIVGALIBVS Brennender Altar. *RIC 280.*	1.800	5.000	20.000

		s	ss	vz
42.3	PVDICITIA Pudicitia n. l. stehend. *RIC 285.*	1.500	4.000	18.000
42.4	VENVS VICTRIX Venus n. r. stehend. *RIC 290.*	1.500	4.000	18.000

Denare

		s	ss	vz
42.5	CERES Ceres n. l. stehend. *RIC 276.*	50	120	300

42.6.2

		s	ss	vz
42.6	CONCORDIA 1.) Concordia n. l. stehend, 2.) Zwei Hände im Handschlag. *RIC 278f.*	50	120	300

		s	ss	vz
42.7	DIS GENITALIBVS Brennender Altar. *RIC 281.*	75	200	500
42.8	HILARITAS Hilaritas n. l. stehend. *RIC 282.*	50	120	300

		s	ss	vz
42.9	IVNO Iuno n. l. stehend. *RIC 283f.*	50	120	300

		s	ss	vz
42.10	VENVS Venus n. l. stehend (Aureus). *RIC 286.*	50	120	300

		s	ss	vz
42.11	VENVS FELIX Venus n. l. sitzend (Aureus). *RIC 287ff.*	50	120	300

Bronzemünzen

		s	ss	vz
42.12	Dupondius oder As. CERES SC Ceres n. l. sitzend. *RIC 674.*	30	100	500
42.13	Sesterz. CONCORDIA SC Concordia n. l. sitzend (Dupondius oder As). *RIC 665.*	50	150	750

		s	ss	vz
42.14	Sesterz. DIANA LVCIFERA SC Diana n. r. stehend (Dupondius oder As). *RIC 666.*	50	150	750
42.15	Sesterz. FECVNDITAS SC Fecunditas n. r. stehend (Dupondius oder As). *RIC 667.*	50	150	750
42.16	Sesterz. HILARITAS SC Hilaritas n. l. stehend (Dupondius oder As). *RIC 668.*	50	150	750
42.17	Dupondius oder As. IVNO SC Iuno n. l. stehend. *RIC 679.*	30	100	500

		s	ss	vz
42.18	Dupondius oder As. IVNO LVCINA SC Iuno n. l. stehend. *RIC 680.*	30	100	500
42.19	Dupondius oder As. IVNO REGINA SC Iuno n. l. stehend. *RIC 681f.*	30	100	500

		s	ss	vz
42.20	Sesterz. LAETITIA SC Laetitia n. l. stehend (Dupondius oder As). *RIC 669.*	50	150	750
42.21	Sesterz. PVDICITIA SC Pudicitia n. l. sitzend. *RIC 670.*	50	150	750
42.22	Sesterz. ROMAE AETERNAE SC Roma n. l. sitzend. *RIC 671.*	50	150	750

		s	ss	vz
42.23	Sesterz. SALVS SC Salus n. l. sitzend. *RIC 672.*	50	150	750
42.24	Dupondius oder As. VENVS SC Venus n. l. stehend. *RIC 684.*	30	100	500
42.25	Sesterz. VENVS FELIX SC Venus n. l. sitzend (Dupondius oder As). *RIC 673.*	50	150	750

43. Pertinax

193

Zur Geschichte

Publius Helvius Pertinax wurde am 1. August 126 als Sohn eines Freigelassenen geboren. Als Angehöriger der römischen Armee erlebte er einen schwindelerregenden Aufstieg. Seine militärische Karriere führte ihn durch die ganze, damals bekannte Welt: Syrien, Britannien, Moesien, Dakien, Pannonien, Raetien, dann wieder Syrien, überall dort, wo man gefährliche Angriffe auf das römische Reich zurückzuschlagen hatte, bewährte sich Pertinax. Bemerkenswert ist dabei seine Treue zum Kaiserhaus. 175 bekämpfte er Avidius Cassius in Syrien, 185 schlug er eine Revolte gegen Commodus in Britannien nieder. 8 Jahre später scheint er nicht mehr bereit gewesen zu sein, die Extravaganzen seines Kaisers zu ertragen. Vermutlich war Pertinax in die Verschwörung gegen Commodus eingeweiht. Anders kann man es sich kaum erklären, wie die Machtübernahme so schnell und problemlos stattgefunden haben soll.

Nach seiner Ernennung zum Kaiser durch den Senat, plante Pertinax ein umfangreiches Sparprogramm, um die ruinierten staatlichen Finanzen wieder zu sanieren. Das widersprach den Interessen der Praetorianergarde, die sich von einem neuen Kaiser ein großes Geldgeschenk erhoffte. Pertinax hatte 12.000 Sesterze versprochen. 6.000 wurden ausgezahlt. Am 28. März ermordeten die Praetorianer daraufhin den Pertinax und riefen Didius Iulianus zum neuen Kaiser aus.

Zur Münzgeschichte

Einzige Münzstätte unter Pertinax war Rom.

Münzen

Folgende Vorderseitenvarianten kommen vor:
Umschrift: IMP CAES P HELV PERTIN(AX) AVG.
Büste: n. r., mit Lorbeerkranz, manchmal drapiert oder drapiert und gepanzert.

Aurei

Alle Typen.	4.000	12.000	30.000

Denare

s ss vz

(Aureus)

43.1 AEQVIT AVG TR P COS II Aequitas n. l. stehend (Aureus).
RIC 1. **300 1.000 2.500**

43.2 DIS CVSTODIBVS Fortuna n. l. stehend.
RIC 2. **300 1.000 2.500**

43.3 IANO CONSERVAT Ianus frontal stehend.
RIC 3. **300 1.000 2.500**

43.4 LAETITIA TEMPOR COS II Laetitia n. l. stehend (Aureus).
RIC 4. **300 1.000 2.500**

43.5 LIBERATIS CIVIBVS 1.) Liberalitas n. l. stehend, 2.) Libertas n. l. stehend.
RIC 5f. **300 1.000 2.500**

43.6 MENTI LAVDANDAE Weibliche Gestalt mit Kranz und Szepter n. l. stehend.
RIC 7. **300 1.000 2.500**

(Aureus)

43.7 OPI DIVIN(AE) TR P COS II Ops n. l. sitzend (Aureus).
RIC 8f. **300 1.000 2.500**

(Aureus)

43.8 PROVID DEOR COS II Providentia n. l. stehend (Aureus).
RIC 10f. **300 1.000 2.500**

43.9 SAECVLO FRVGIFERO Caduceus mit sechs Ähren.
RIC 12. **300 1.000 2.500**

43.10 VOT DECEN TR P COS II Pertinax n. l. opfernd.
RIC 13. **300 1.000 2.500**

Bronzemünzen

s ss vz

43.11 Sesterz. AEQVIT AVG TR P COS II SC Aequitas n. l. stehend (As).
RIC 14. **500 1.500 7.500**

43.12 Sesterz. DIS CVSTODIBVS SC Fortuna n. l. stehend.
RIC 15. **500 1.500 7.500**

43.13 Sesterz. DIS GENITORIBVS Frau über Altar opfernd, r. Kind auf Globus.
RIC 16. **500 1.500 7.500**

43.14 Dupondius. LAETITIA TEMPORVM SC Laetitia n. l. stehend.
RIC 25. **300 750 1.800**

(As)

43.15 Sesterz. LAETITIA TEMPORVM COS II SC Laetitia n. l. stehend (As).
RIC 17. **500 1.500 7.500**

43.16 Sesterz. LIB AVG TR P COS II SC Liberalitas n. l. stehend (Dupondius, As).
RIC 18. **500 1.500 7.500**

43.17 Sesterz. –. Pertinax auf Podium n. l. sitzend, von unten steigt Bürger herauf, hinten Liberalitas (Dupondius).
RIC 19. **LP LP LP**

43.18 Sesterz. OPI DIVIN TR P COS II SC Ops n. l. sitzend (Dupondius, As).
RIC 20. **500 1.500 7.500**

43.19 Dupondius. PON M TR P COS II SC Ops n. l. sitzend.
RIC 27A. **300 750 1.800**

43.20 Dupondius. PRIMI DECENNALES COS II SC in Eichenkranz.
RIC 28. **300 750 1.800**

s *ss* *vz*

43.21	Sesterz. PROVIDEN(TIAE) DEORVM COS II SC Providentia n. l. stehend (Dupondius, As). *RIC 21f.*	**500**	**1.500**	**7.500**
43.22	Sesterz. ROMAE AETERNAE COS II SC Roma n. l. sitzend. *RIC 23.*	**500**	**1.500**	**7.500**
43.23	Sesterz. VOT DECEN TR P COS II SC Pertinax n. l. stehend (Dupondius, As). *RIC 24.*	**500**	**1.500**	**7.500**

Divus Pertinax

Alle Münzen unter Septimius Severus:
Folgende Vorderseitenvarianten kommen vor:
Umschrift: DIVVS PERT(IN) PIVS PATER.
Büste: n. r., barhäuptig, gelegentlich drapiert.

Aurei

43.24	CONSECRATIO Scheiterhaufen. *RIC 24B.*	**7.500**	**12.000**	**35.000**

Denare

43.25	CONSECRATIO Adler auf Globus (Aureus). *RIC 24A.*	**500**	**1.250**	**2.500**

Bronzemünzen

43.26	Sesterz. CONSECRATIO SC Adler auf Globus (As). *RIC 660B.*	**800**	**4.000**	**12.000**
43.27	Sesterz. –. Scheiterhaufen. *RIC 660C.*	**1.000**	**5.000**	**25.000**

44. Didius Iulianus

193

Zur Geschichte

Marcus Didius Severus Iulianus war ein Sohn aus einer alten und berühmten Familie. Er wurde im Haus der leiblichen Mutter des Marcus Aurelius erzogen und war so von frühester Jugend an mit dem Kaiserhaus vertraut. Didius Iulianus durchlief frühzeitig die Ämterlaufbahn und bewährte sich als militärischer Führer. Zum Zeitpunkt seiner Wahl zum Kaiser war er bereits 60 Jahre alt. Man sagt ihm nach, er habe sich seine Wahl dadurch erkauft, daß er den Praetorianern ein Geldgeschenk von 25.000 Sesterzen pro Mann versprochen habe – zum Vergleich beim Regierungsantritt von Marcus Aurelius waren 20.000 Sesterzen gezahlt worden. Der Senat rief Didius Iulianus zum Kaiser aus, gleichzeitig ließ sich Septimius Severus in Pannonien zum Kaiser proklamieren. Septimius Severus zog nach seiner Erhebung zum Kaiser sofort nach Rom und setzte der Herrschaft des Didius Iulianus ein Ende, der ermordet wurde, ehe Severus noch die Stadt Rom betrat.

Zur Münzgeschichte

Auch unter Didius Iulianus blieb Rom die einzige Münzstätte. Bemerkenswert ist die Tatsache, daß Didius Iulianus anscheinend damit rechnete, Stammvater einer neuen Dynastie zu werden. Er bezog seine Ehefrau, Manlia Scantilla, und seine Tochter, Didia Clara, voll in sein Prägeprogramm mit ein. Vielleicht plante er, den Ehemann seiner Tochter, Cornelius Repentinus, den er zum *Praefectus urbi* erhob, zu seinem Nachfolger zu machen.

Münzen

Folgende Vorderseitenvarianten kommen vor:
Umschrift: IMP CAES M DID (SEVER) IVLIAN AVG.
Büste: n. r., mit Lorbeerkranz, z. T. gepanzert und / oder drapiert, gelegentlich nur Drapierung an einer Schulter.

s *ss* *vz*

Aurei

Alle Typen. 8.000 18.000 50.000

Denare

44.1 CONCORD MILIT Concordia frontal stehend (Aureus).
RIC 1. **500 1.200 2.500**

(Aureus)

44.2 P M TR P COS Fortuna n. l. stehend.
RIC 2. **500 1.200 2.500**

44.3 RECTOR ORBIS Iulianus mit Globus n. l. stehend (Aureus).
RIC 3. **500 1.200 2.500**

44.4 SECVRITAS P R Securitas n. l. stehend.
RIC 4. **500 1.200 2.500**

Bronzemünzen

44.5 Sesterz. CONCORD MILIT SC Concordia frontal stehend (Dupondius).
RIC 14. **500 1.800 LP**

44.6 Sesterz. P M TR P COS SC Fortuna n. l. stehend (Dupondius).
RIC 15. **500 1.800 LP**

44.7 Sesterz. RECTOR ORBIS SC Iulianus mit Globus n. l. stehend (Dupondius).
RIC 16. **500 1.800 LP**

45. Manlia Scantilla

Gattin des Didius Iulianus

Zur Geschichte

Wenig ist bekannt über die Gattin des Didius Iulianus, Manlia Scantilla. Sie gehörte zu einer bedeutenden urrömischen Familie, die bereits in republikanischer Zeit politischen Einfluß besessen hatte. Sie überlebte die Ermordung ihres Mannes, man soll ihr seinen Leichnam zur Beisetzung übergeben haben. Mehr wissen wir nicht über sie.

Münzen

Folgende Vorderseitenvarianten kommen vor:
Umschrift: MANL(IA) SCANTILLA AVG.
Büste: alle n. r. und drapiert.

Aurei

Alle Typen. **8.000 18.000 40.000**

Denare

45.1 IVNO REGINA Iuno n. l. stehend (Aureus).
RIC 7. **800 1.800 4.000**

45.2 PIETAS PVBLICA Pietas vor Altar stehend.
RIC 8. **800 1.800 4.000**

Bronzemünzen

45.3 Sesterz. IVNO REGINA SC Iuno n. l. stehend (Dupondius oder As).
RIC 18. **400 1.500 LP**

46. Didia Clara

Tochter des Didius Iulianus

Zur Geschichte

Didia Clara war die Tochter des Didius Iulianus. Dieser verheiratete sie mit dem Angehörigen einer ehemals bedeutenden republikanischen Familie, mit Cornelius Repentinus. Gleichzeitig übergab ihm Didius Iulianus eines der wichtigsten Ämter in Rom, das des *praefectus urbi*. Was mit beiden nach der Ermordung ihres Vaters, bzw. Schwiegervaters geschah, ist nicht bekannt.

Münzen

Folgende Vorderseitenvarianten kommen vor:
Umschrift: DIDIA CLARA AVG.
Büste: n. r.; drapiert.

Aurei

46.1 HILAR TEMPOR Hilaritas n. l. stehend.
RIC 10. **8.000 18.000 40.000**

Denare

46.2 FORTVNAE FELICI Fortuna n. l. stehend.
RIC 9. **800 1.800 4.000**

46.3 HILAR TEMPOR Hilaritas n. l. stehend.
RIC 10. **800 1.800 4.000**

Bronzemünzen

46.4 Sesterz. HILAR TEMPOR SC Hilaritas n. l. stehend (Dupondius oder As).
RIC 20. **400 1.500 LP**

47. Pescennius Niger

193 – 194

Zur Geschichte

Pescennius Niger stammte aus dem Ritterstand und hatte wie alle, die nach dem Tod des Commodus um das Kaiseramt konkurrierten, eine militärische Karriere absolviert. Vor seiner Erhebung zum Kaiser diente er als Proconsul der Provinz Syrien. Entweder nach der Ermordung des Pertinax oder nach der des Didius Iulianus ließ sich Pescennius Niger von seinen Truppen zum Kaiser erheben. Der ganze Orient und Ägypten schlossen sich Pescennius Niger an und er erhielt Unterstützung vom parthischen König.
Nach seinem Sieg über Didius Iulianus begann Septimius Severus seinen Kampf gegen Pescennius Niger. In einer Abfolge von Schlachten wurde er immer stärker in die Defensive gedrängt. Anfang des Jahres 194 fiel Ägypten von Pescennius Niger ab, den entscheidenden Sieg erzielten die Truppen des Severus bei Issos in Kilikien. Pescennius Niger mußte fliehen, wurde nahe seiner ehemaligen Hauptstadt Antiochia eingeholt und dort enthauptet.

Zur Münzgeschichte

Pescennius Niger, der als Proconsul von Syrien zum Kaiser ausgerufen wurde, nutzte die Münzstätte Antiochia, die bereits vorher öfters zur Herstellung von römischen Münzen für die Besoldung von Soldaten gedient hatte.
Bronzemünzen sind von ihm nicht bekannt.

Hinweise für Sammler

Während bei den regulären Prägungen aus Rom normalerweise kaum Legendenvarianten existieren, weichen die Umschriften auf Münzen des Pescennius Niger stark voneinander ab. Von der Rückseiteninschrift INVICTOR IMPERAT TROPHAEA z. B. erscheinen folgende Varianten: INVICTO IMP, IMVISTO IMPER, INVICT IMPERAT, INVICTO IMPERAT, INVICTO IMP TA, INVICTO IMP TROPAE, INVICTO IMP TROPAEA, INVICTO IMP TROPHAEA, INVICTO MPERAI. Das gleiche gilt für die Vorderseitenumschriften.
Im Katalog sind lediglich die häufigsten Varianten erwähnt.

s ss vz

Münzen

Folgende Vorderseitenvarianten kommen vor:
Umschrift: IMP C(AES) PESC(EN) NIGER IVS(TVS) AV(G) (COS II) und überraschend viele weitere Abwandlungen dieser Legende.
Büste: n. r. und mit Lorbeerkranz, selten drapiert und gepanzert oder mit leichter Drapierung an einer Schulter.

Aurei

47.1 CONCORDIA PP Concordia n. l. stehend.
RIC 12. **15.000 35.000 100.000**

47.2 IOVI CONSERVATORI Iupiter n. l. sitzend.
RIC 42. **15.000 35.000 100.000**

Denare

47.3 AETERNITAS AVG Mondsichel, darüber sieben Sterne.
RIC 1. **500 1.000 2.500**

47.4 APOLLINI SANCTO Apollon n. l. stehend.
RIC 2. **500 800 2.000**

47.5 BONAE SPEI Spes n. l. gehend.
RIC 3. **500 800 2.000**

47.6 BONI EVENTVS Fides frontal oder n. l. stehend.
RIC 4ff. **500 800 2.000**

47.7 CERER(I) FRVG(IFERI) 1.) Ceres n. l. stehend, 2.) Fides n. l. stehend.
RIC 7ff. **500 800 2.000**

47.8 FELICIA (oder FELICITAS) TEMPOR(A) Zwei gekreuzte Füllhörner.
RIC 13ff. **500 1.000 2.500**

47.9 FELICIT TEMPOR Ähre zwischen zwei Füllhörnern.
RIC 14. **500 1.000 2.500**

47.10 FELICITAS TEMPOR(VM) Korb, darin Ähren oder Früchte.
RIC 16f. **500 1.000 2.500**

47.11 FIDEI EXER Drei Standarten, auf der mittleren Schild, darauf VIC AVGG.
RIC 18. **500 1.000 2.500**

47.12 FORTVNAE REDVCI Fortuna n. l. stehend oder n. l. sitzend.
RIC 21ff. **500 800 2.000**

47.13 INVICTO IMPERAT TROPHAEA Trophäe und Waffen.
RIC 31ff. **500 800 2.000**

47.14 IOVI CONSER Iupiter n. l. sitzend.
RIC 41. **500 800 2.000**

s ss vz

47.15 IOVI PRAE ORBIS Iupiter n. l. sitzend.
RIC 43. **500 800 2.000**

47.16 IVSTI AVG Zwei Capricorne, die auf ihrem Rücken einen Schild tragen, darauf sieben Sterne.
RIC 44. **500 1.000 2.500**

47.17 IVSTITIA AVG(VSTI) Iustitia n. l. stehend (Aureus).
RIC 45ff. **500 800 2.000**

47.18 MARTI AVG(VSTO) oder MARTI INVICTO Mars n. r. gehend.
RIC 51ff. **500 800 2.000**

47.19 MARTI VICTOR(I) Mars n. l. stehend oder n. l. gehend.
RIC 54ff. **500 800 2.000**

47.20 MINER VICT(RIX) Minerva n. l. stehend.
RIC 59ff. **500 800 2.000**

47.21 MONET(AE) AVG oder MONETA COS Moneta n. l. stehend.
RIC 62ff. **500 800 2.000**

47.22 PIETATI AVG Pescennius Niger n. l. opfernd.
RIC 68. **500 800 2.000**

47.23 ROMAE AETERN(AE) Roma n. l. sitzend (Aureus).
RIC 69ff. **500 800 2.000**

47.24 SAECVLI FELICITAS Mondsichel, darüber sieben Sterne.
RIC 73f. **500 800 2.000**

47.25 SALVTI AVG(VSTI) Salus n. l. oder n. r. stehend.
RIC 75ff **500 800 2.000**

47.26 SPEI FIRM Spes n. l. gehend.
RIC 79. **500 800 2.000**

47.27 VICTO IMP TROPAEA Trophäe und Waffen.
RIC 80. **500 800 2.000**

47.28 VICTORIA AVG Victoria n. l. fliegend.
RIC 82. **500 800 2.000**

		s	ss	vz
47.29	VICTORIAE 1.) Victoria n. r. oder 2.) n. l. stehend, 3.) Victoria einen Schild mit AVG beschreibend. *RIC 83ff.*	500	800	2.000
47.30	VICTORIAE AVG 1.) Victoria n. l. gehend oder 2.) n. l. stehend. *RIC 88f.*	500	800	2.000

47.31	VICTORIA IVST AVG Victoria n. l. gehend. *RIC 81ff.*	500	800	2.000
47.32	VIRTVS AVG 1.) Mars n. r. gehend, 2.) Minerva n. l. stehend. *RIC 90f.*	500	800	2.000

47.33.1

47.33	VIRTVTI AVG 1.) Mars n. r. stehend, 2.) n. r. gehend oder 3.) n. l. stehend. *RIC 92ff.*	500	800	2.000

48. Clodius Albinus

Caesar 193 – 196,
Augustus 196 – 197

Zur Geschichte

Clodius Albinus stammte aus dem afrikanischen Hadrumetum, wo er als Sohn einer angesehenen Familie um 140 zur Welt kam. Über seinen genauen Aufstieg sind wir nicht informiert, aber zum Zeitpunkt der Ermordung des Commodus hatte er bereits eine erfolgreiche militärische Karriere hinter sich. Im Jahr 192 diente er als Legat in Britannien, hatte also das Kommando über mehrere Legionen inne, die in einem Kampf um die Macht entscheidendes Gewicht haben mochten. Aus diesem Grund versuchte Septimius Severus, sich mit ihm zu arrangieren, indem er dem gefährlichen Rivalen die Zusammenarbeit anbot. Septimius Severus ernannte Clodius Albinus zum Caesar, zu seinem Stellvertreter und potentiellen Nachfolger.

Diese Zusammenarbeit wurde nach dem Sieg über Pescennius Niger hinfällig, und Septimius Severus brach mit seinem ehemaligen Verbündeten. Er ernannte seinen Sohn Caracalla zum Caesar. Daraufhin ließ Clodius Albinus sich von seinen Truppen zum Augustus und Gegenkaiser zu Septimius Severus ausrufen. Er fiel mit den britischen Truppen in Gallien ein, wo er zunächst erste Siege erringen konnte, ehe er am 19. Februar 197 von den Truppen des Septimius Severus geschlagen wurde und auf der Flucht sein Leben verlor.

Zur Münzgeschichte

Die Münzprägung des Clodius Albinus zerfällt in zwei Gruppen, zum einen die, die in Rom für ihn als Caesar geprägt wurden, zum anderen die, die mit dem Augustustitel in einer gallischen Münzstätte herausgegeben wurden. Man hat diese Münzstätte in Lugdunum lokalisieren wollen wegen eines seltenen Denars, der die Rückseitenlegende GENIO LVGDVNI trägt.

Hinweise für Sammler

Münzen des Clodius Albinus sind bei weitem häufiger als diejenigen des Pertinax, des Didius Iulianus oder des Pescennius Niger. Vor allem Münzen, auf denen Clodius Albinus den Titel Caesar trägt, sind weit verbreitet. Auffällig ist bei diesen Stücken der flache Stempelschnitt und der große Kopf des Kaisers auf der Vorderseite. Die gallischen Münzen für den Augustus Clodius Albinus lassen sich vom Porträt her leicht von den reichsrömischen Stücken unterscheiden. Sie zeichnen sich durch kleine Köpfe von einem hohen Relief aus.

Münzen

Folgende Vorderseitenvarianten kommen vor:
Umschrift: D CL(ODIVS) SEPT ALBIN(VS) CAES (als Caesar),
IMP CAES D CLO (SEP) ALB(IN) AVG (als Augustus).
Büste: *Als Caesar* n. r., barhäuptig, gelegentlich drapiert und / oder gepanzert; *als Augustus* ebenfalls n. r., mit Lorbeerkranz, gelegentlich drapiert und /oder gepanzert.

Aurei

48.1 FORTVNAE AVG COS II Fortuna n. l. sitzend.
RIC 6. **15.000 35.000 120.000**

48.2 SAECVLO FRVGIFERO COS II Saeculum Frugiferum n. l. stehend oder n. l. sitzend.
RIC 9f. **15.000 35.000 120.000**

Denare

48.3 AEQVITAS AVG COS II Aequitas n. l. stehend.
RIC 13. **100 250 600**

48.4 CLEMENTIA AVG COS II Clementia n. l. stehend.
RIC 14. **100 250 600**

48.5 COS II Aesculap n. l. stehend.
RIC 2. **75 150 300**

48.6 FEL(ICITAS) AVG COS II Felicitas n. l. stehend.
RIC 15f. **100 250 600**

48.7 FELICITAS COS II Felicitas n. l. stehend.
RIC 4. **75 150 300**

s ss vz

48.8 FIDES AVG COS Zwei Hände im Handschlag um Legionsadler.
RIC 18. **100 250 600**

48.9 FIDES AVG COS II Fides n. r. stehend.
RIC 17. **75 150 300**

48.10.1

48.10 FIDES LEGION COS II 1.) Zwei Hände im Handschlag um Legionsadler, 2.) Legionsadler zwischen zwei Standarten.
RIC 19f. **200 500 1.500**

48.11 FORTITVDO AVG INVICTA Hercules n. r. oder n. l. stehend.
RIC 21. **100 350 1.250**

48.12 FORT REDVCI COS II Fortuna n. l. sitzend (Aureus).
RIC 5. **75 150 300**

48.13 FORTVNA AVG COS II Fortuna n. l. stehend.
RIC 22. **100 250 600**

48.14 GEN LVG COS II Genius von Lugdunum frontal stehend (Aureus).
RIC 23. **100 250 600**

48.15 IOVIS VICTORIAE COS II Iupiter n. l. stehend.
RIC 26. **100 250 600**

48.16 IOVI VICTORI Iupiter n. l. sitzend.
RIC 27. **100 250 600**

48.17 MARS PATER COS II Mars n. r. gehend.
RIC 29. **100 250 600**

48.18 MAR VLT COS II Mars n. r. stehend.
RIC 28. **100 250 600**

48.19 MINER PACIF COS II Minerva n. l. stehend.
RIC 7. **75 150 300**

48.20 MIN PAC COS II Minerva n. l. stehend.
RIC 30. **100 250 600**

48.21 MONET AVG COS II Moneta stehend.
RIC 31. **100 250 600**

48.22 PAX AVG COS II Pax n. l. stehend.
RIC 32. **100 250 600**

48.23 PROVID AVG COS Providentia n. l. stehend (Aureus).
RIC 1. **75 150 300**

s *ss* *vz*

48.24 PROV(IDENTIA) AVG COS II Providentia n. l. stehend.
RIC 33ff. **100 250 600**

48.25 ROMAE AETERNAE Roma n. l. sitzend.
RIC 11. **75 150 300**

48.26 SAEC(VLI) FEL COS II Felicitas n. l. stehend.
RIC 37f. **100 250 600**

48.27 SAEC FRVGIF COS II Saeculum Frugiferum n. l. stehend.
RIC 8. **100 350 1.250**

48.28 SAECVLO FRVGIFERO Saeculum Frugiferum n. l. stehend.
RIC 12. **100 350 1.250**

48.29 SALVTI AVG COS II Salus n. l. stehend oder sitzend.
RIC 39f. **100 250 600**

48.30 SPE(S) AVG COS II Spes n. l. gehend.
RIC 41f. **100 250 600**

48.31 VICT AVG COS II 1.) Victoria n. r. gehend, 2.) n. r. stehend, 3.) n. l. stehend, 4.) n. r. sitzend.
RIC 43ff. **100 250 600**

48.32 VIRTVTI AVG COS II Virtus n. l. stehend.
RIC 48. **100 250 600**

48.33 VIRTVTI AVGVSTI Virtus n. l. stehend.
RIC 49. **100 250 600**

Bronzemünzen

48.34 Sesterz. ANNONA AVG COS II SC Annona n. l. stehend.
RIC 51. **500 1.000 5.000**

48.35 Sesterz. CONCORDIA SC Concordia n. l. sitzend (Dupondius oder As).
RIC 62. **500 1.000 5.000**

48.36 Dupondius oder As. COS II SC Aesculap n. l. stehend.
RIC 57. **250 400 2.500**

48.37 Sesterz. FELICITAS COS II SC Felicitas n. l. stehend (Dupondius oder As).
RIC 52. **500 1.000 5.000**

s *ss* *vz*

48.38 Sesterz. FORT REDVCI COS II SC Fortuna n. l. sitzend (Dupondius oder As).
RIC 53. **500 1.000 5.000**

48.39 Sesterz. MIN(ER) PAC(IF) COS II SC Minerva n. l. stehend (Dupondius oder As).
RIC 54. **500 1.000 5.000**

48.40 Sesterz. PROVID AVG COS SC Providentia n. l. stehend.
RIC 50. **500 1.000 5.000**

48.41 Sesterz. SAECVLI FEL COS II SC Felicitas n. l. stehend.
RIC 55. **500 1.000 5.000**

48.42 Sesterz. SAECVLO FRVGIFERO COS II SC Saeculum Frugiferum n. l. stehend (Dupondius oder As).
RIC 56. **500 1.000 5.000**

49. Septimius Severus

193 – 211

Zur Geschichte

Lucius Septimius Severus wurde am 11.4.146 in Leptis Magna geboren, in einer Stadt also, die einst unter der Herrschaft Karthagos gestanden hatte. Man hat in diesem Kaiser den Beginn der Fremdherrschaft über Rom sehen wollen, tatsächlich ist Septimius Severus eher ein Zeugnis dafür, wie weit die römische Kultur alle Provinzen durchdrungen hatte.

Septimius Severus erhielt seine Ausbildung in Rom, wo er auf Befehl des Kaisers Marcus Aurelius in den Senat aufgenommen wurde. Er durchlief die vorgeschriebene Ämterlaufbahn und zeichnete sich vor allem als Feldherr aus. Während seines Dienstes in Syrien knüpfte er Verbindungen an mit der Priesterdynastie des Baal von Emesa und heiratete im Jahr 185 Iulia Domna, die eben dieser Priesterdynastie angehörte. Sie gebar ihm zwei Söhne, Septimius Bassianus, der sich später Caracalla nennen sollte und Septimius Geta.

191 bis 193 diente Septimius Severus als Statthalter von Oberpannonien. Diese Provinz galt als besonders gefährdete Grenzprovinz. Deshalb verfügte Septimius Severus über ein Heer, das so groß war, daß er es wagen konnte, sich nach der Ermordung des Pertinax 193 in Carnuntum zum Kaiser proklamieren zu lassen. Seinen Gegner, Clodius Albinus, brachte er auf seine Seite, indem er ihm den Caesarentitel anbot. Danach zog Severus gegen Didius Iulianus, der in der Zwischenzeit in Rom zum Kaiser erhoben worden war. Noch ehe Severus in Rom ankam, wurde Didius Iulianus ermordet und Severus vom Senat als neuer Kaiser begrüßt.

Den zweiten Konkurrenten um die Macht, Pescennius Niger, den die syrischen Legionen zum Kaiser gemacht hatten, vernichtete Severus in einem aufwendigen Feldzug. Nun war nur noch Clodius Albinus, der ehemalige Caesar des Severus, übrig geblieben. Um ihn von der Macht zu verdrängen, unternahm Severus erst eine umfassende Propagandaaktion. Seinen Sohn Caracalla ernannte er zum Caesar und gab ihm den Namen Marcus Aurelius Antoninus, um damit seine Familie mit den Antoninen zu verbinden. Severus behauptete, ein Bruder des Commodus zu sein, und erhob seinen der *damnatio memoriae* unterworfenen „Bruder" zum Divus. Clodius Albinus dagegen wurde zum Staatsfeind erklärt. Nach zahlreichen Kämpfen kam es am 19. Februar 197 zur Entscheidungsschlacht bei Lugdunum. Clodius Albinus mußte fliehen und kam auf der Flucht ums Leben.

Unter Septimius Severus, der seinen Rang einzig den Soldaten verdankte, spielte das Heer eine wesentlich größere Rolle als unter seinen Vorgängern. Er erkannte die Notwendigkeit, diejenigen, die die Sicherheit des römischen Reiches garantierten, zufrieden zu stellen. Solderhöhungen, Verbesserung der Zivilversorgung und die Erlaubnis zur Ehe schon während der Dienstzeit war die Folge. Außerdem wurde die Armee auch Nichtrömern geöffnet. Damit war der Weg frei zu den recht abenteuerlichen Karrieren, die mancher Soldatenkaiser des 3. Jahrhunderts machen sollte.

Seine Feldzüge gegen die Parther und später gegen britische Stämme führte Septimius Severus selbst an. Er starb während eines Feldzuges in Britannien am 4. Februar 211 in Eburacum, dem heutigen York.

Zur Münzgeschichte

Die Hauptmünzstätte des Septimius Severus war Rom. Versuche, einige seiner frühen Emissionen nach Pannonien zu legen, sind bis heute gescheitert. Während seines Feldzuges gegen Pescennius Niger wurden drei, vielleicht sogar mehr zusätzliche Münzstätten im Osten benutzt. Eine Emission soll in Alexandria stattgefunden haben, die beiden anderen Münzstätten werden in Syrien lokalisiert. Man hat als Sitz Laodikeia ad Mare und Emesa angenommen.

Unter Septimius Severus wurde der Silbergehalt der Münzen deutlich verschlechtert, von etwa 2,2 g Silber pro Denar im Jahr 193 sank der Anteil des edlen Metalls auf 1,9 g im Jahr 211. Gleichzeitig nahm die Prägung von Bronzemünzen deutlich ab, unter den Soldatenkaisern des 3. Jahrhunderts sollten nur noch sporadisch Bronzemünzen geprägt werden.

Hinweise für Sammler

Die Münzen des Septimius Severus und seiner Familie gehören auf dem Markt zu den häufigsten. Selbst Seltenheiten und interessante Rückseiten, ja sogar gute Erhaltungen, sind unter den Silbermünzen der Kaiser dieser Epoche für wenig Geld erhältlich. Deshalb bietet sich dieses Material gerade für solche Sammler an, die mit wenig Geld schnell eine hübsche Sammlung aufbauen wollen.

s ss vz

Münzen

Folgende Vorderseitenvarianten kommen vor:
Umschrift: IMP CAE L SEP SEV PERT AVG (COS II),
L SEPT SEV AVG IMP XI PART MAX,
L SEPT SEV PERT AVG IMP II (-X),
SEVERVS AVG PART MAX,
SEVERVS PIVS AVG (BRIT).
Büste: n. r., mit Lorbeerkranz, häufig drapiert und / oder gepanzert.

Aurei

49.1 ADVENT AVGG Severus, Caracalla und Geta n. r. galoppierend.
RIC 177f. **1.500 2.500 7.500**

49.2 ADVENTVI AVG FELICISSIMO Severus n. r. reitend, gelegentlich vor ihm Soldat.
RIC 73f. **1.500 2.500 7.500**

49.3 ADVENTVS AVGVSTOR Galeere n. l.
RIC 178. **2.500 5.000 20.000**

49.4 AETERNIT IMPERI Büsten Caracallas und Getas einander gegenüber.
RIC 155. **2.500 5.000 20.000**

49.5 ARAB ADIAB COS P P Victoria n. l. gehend.
RIC 41. **1.200 2.000 6.000**

49.6 CONCORDIA AVGVSTORVM Caracalla und Geta einander gegenüberstehend, eine Statuette der Victoria zwischen sich haltend.
RIC 255. **1.500 2.500 10.000**

49.7 CONCORDIA MILIT Concordia n. l. stehend, zwischen sechs Standarten.
RIC 256. **1.200 2.000 6.000**

49.8 COS III P P Blick auf das Stadion des Domitian.
RIC 260. **4.000 8.000 LP**

49.9 DIVI M PII F P M TR P III COS II P P 1.) Mars n. r. gehend, 2.) Victoria n. l. gehend.
RIC 65f **1.200 2.000 6.000**

s ss vz

49.10 FELICITAS SAECVLI Büste Iulia Domnas frontal zwischen Büsten von Caracalla und Geta.
RIC 159. **2.500 5.000 20.000**

49.11 FORTVNA REDVX 1.) Fortuna n. l. sitzend, 2.) Severus n. l. opfernd.
RIC 187f. **1.200 2.000 6.000**

49.12 IMPERII FELICITAS Büsten des Severus und des Geta einander gegenüber.
RIC 98. **2.500 5.000 20.000**

49.12 INDVLGENTIA AVGG IN CARTH Dea Caelestis n. r. auf Löwen reitend.
RIC 193. **1.500 2.500 10.000**

49.13 LIBERALITAS AVG VI Severus, Caracalla und Geta auf Podium n. l. sitzend, dahinter Offizier, davor Liberalitas, von unten steigt Bürger herauf.
RIC 279. **1.500 2.500 10.000**

49.14 P M TR P II COS II Iupiter, dem Kaiser den Erdball übergebend.
RIC 35. **1.200 2.000 6.000**

49.15 P M TR P II (oder IIII) COS II P P Victoria n. r. gehend.
RIC 86. **1.200 2.000 6.000**

49.16 P M TR P V COS II P P Sol in Quadriga n. r.
RIC 102. **1.200 2.000 6.000**

49.17 P M TR P VII COS II P P Annona frontal stehend.
RIC 135. **1.200 2.000 6.000**

49.18 P M TR P VIII COS II P P Severus n. l. opfernd.
RIC 151. **1.200 2.000 6.000**

49.19 P M TR P X COS III P P Victoria n. r. gehend, einen Schild haltend, darauf VIC PAR.
RIC 183. **1.200 2.000 6.000**

49.20 P M TR P XV COS III P P Büste der Minerva n. r.
RIC 206. **1.500 2.500 10.000**

49.21 RESTITVTOR VRBIS Büste der Roma n. r.
RIC 290. **1.500 2.500 10.000**

49.22 ROMA AETERNA Roma n. l. sitzend.
RIC 291. **1.200 2.000 6.000**

49.23 SACRA SAECVLARIA Severus und Caracalla bei Opferszene, hinter dem Altar Concordia und Flötenspieler, im Hintergrund Tempel, im Vordergrund Tiber.
RIC 293. **1.500 7.500 25.000**

s ss vz

49.24 SAECVLI FELICITAS Die Büsten von Caracalla und Geta einander gegenüber.
RIC 513. 2.500 5.000 20.000

49.25 SEVERI AVG PII FIL Drap. Büste des Caracalla n. r.
RIC 72. 2.500 5.000 20.000

49.26 SPQR OPTIMO PRINC Severus n. l. reitend.
RIC 169. 1.200 2.000 6.000

49.27 TR P VII COS II P P Victoria n. r. gehend.
RIC 513A. 1.200 2.000 6.000

49.28 VICT AVG TR P II COS II Victoria n. l. oder n. r. gehend.
RIC 28f. 1.200 2.000 6.000

49.29 VICTORIA PARTHICA MAXIMA Victoria n. l. gehend.
RIC 195B. 1.200 2.000 6.000

49.30 VICTORI AVG Victoria n. r. gehend.
RIC 438. 1.200 2.000 6.000

49.31 VIRT(VTI) AVGG Roma n. l. stehend oder n. l. sitzend.
RIC 517. 1.200 2.000 6.000

49.32 VIRTVTI AVGG Virtus n. l. sitzend.
RIC 148. 1.200 2.000 6.000

Denare

49.33 ADVENT AVGG Severus n. l. reitend, ein Soldat vorangehend.
RIC 248. 20 50 150

49.34 ADVENTVS AVGVSTI Severus n. l. reitend.
RIC 249. 15 25 75

49.35 AEQVITAS AVG (oder II) Aequitas n. l. stehend.
RIC 343. 15 25 75

49.36 AEQVITAS AVGG Severus auf Sella Curulis n. l. sitzend, vor ihm Aequitas.
RIC 154. 20 50 150

49.37 AEQVITATI AVGG Aequitas n. l. stehend (Aureus).
RIC 122. 15 25 75

s ss vz

49.38.1

49.38 AETERNIT IMPERI 1.) Büsten von Caracalla und Geta einander gegenüber (Aureus), 2.) Büsten von Severus und Caracalla einander gegenüber.
RIC 174. 200 500 1.200

49.39.2

49.39 AFRICA Africa 1.) n. r. stehend, 2.) n. l. gelagert.
RIC 253f. 20 50 150

49.40 ANNONAE AVG(G) 1.) Annona n. l. stehend, 2.) n. r. sitzend.
RIC 57. 15 25 75

49.41 ANTONINVS AVG PON TR P IIII (oder V) Büste Caracallas mit Lorbeerkranz n. r.
RIC 179. 200 500 1.200

49.42 ANTONINVS AVGVSTVS Drap. Büste Caracallas mit Lorbeerkranz n. r. (Aureus).
RIC 151B 200 500 1.200

49.43 ANTONINVS PIVS AVG Büste Caracallas mit Lorbeerkranz n. r.
RIC 180. 200 500 1.200

49.44 APOLLINI AVGVSTO Apollon n. l. stehend.
RIC 40. 15 25 75

49.45 ARAB ADIAB COS II P P (oder ARAB ADIABENIC) Victoria n. l. gehend.
RIC 58. 15 25 75

49.46 AR AD TR P VI COS II P P 1.) Victoria n. l. gehend, 2.) Trophäe zwischen zwei Gefangenen.
RIC 494. 15 25 75

49.47 BONA SPES (oder BONA SPEI, BONAE SPEI, BONI SPES) Spes n. l. gehend.
RIC 351A. 15 25 75

49.48 BON(I) EVENT(VS) Bonus Eventus n. l. stehend.
RIC 347. 15 25 75

49.49 –. Ähre zwischen zwei gekreuzten Füllhörnern.
RIC 369A. 20 50 150

49.50 1.) CERER FRVG, 2.) CERER FRVG II COS, 3.) CERER FRVGIF COS, 4.) CERERI FRVG, 5.) CERER FRVGIFER Ceres n. l. stehend.
RIC 370f. 15 25 75

s ss vz

49.51 CONCORDIAE AETERNAE Büsten des Severus und der Iulia Domna einander gegenüber.
RIC 522. **200 500 1.200**

49.52 CONCORDIAE MILITVM Concordia frontal oder n. l. stehend (Aureus).
RIC 108. **15 25 75**

49.53 COS II P P Victoria n. l. gehend (Aureus).
RIC 125. **15 25 75**

49.54 Quinar. COS II (oder COS III) P P Victoria n. r. oder n. l. gehend.
RIC 42. **100 500 1.500**

49.55 COS III LVDOS SAECVL FEC Hercules r. und Bacchus l. stehend (Aureus).
RIC 257. **25 75 250**

49.56 COS III P P Victoria n. l. gehend.
RIC 504. **15 25 75**

49.57 –. Severusbogen.
RIC 259. **500 1.000 2.500**

49.58 DIS AVSPICIB TR P II COS II P P Hercules r. und Bacchus l. stehend (Aureus).
RIC 31. **20 50 150**

49.59 FELICITAS AVGG Felicitas n. l. stehend.
RIC 261. **15 25 75**

49.60 FELICITAS PVBLICA Felicitas n. l. stehend.
RIC 262. **15 25 75**

49.61 FELICITAS SAECVLI Büste Iulia Domnas frontal zwischen den Büsten Caracallas und Getas.
RIC 181. **200 500 1.200**

49.62.2

49.62 FELICIT(AS) TEMPO(R) 1.) Korb voller Früchte, 2.) Kornähre zwischen zwei gekreuzten Füllhörnern.
RIC 353f. **20 50 150**

s ss vz

49.63 FIDEI LEG TR P COS Fides n. l. stehend (Aureus).
RIC 1. **20 50 150**

49.64 FORT REDVCI COS II Fortuna n. l. sitzend.
RIC 350. **15 25 75**

49.65 FORT REDVG (sic!) Fortuna n. l. stehend.
RIC 355. **15 25 75**

49.66 FORTVN AVG Fortuna n. l. stehend.
RIC 376A. **15 25 75**

49.67 FORTVNAE AVGG Fortuna n. l. sitzend oder frontal stehend (Aureus).
RIC 77. **15 25 75**

49.68 FORT(VNAE) REDV(CI) Fortuna n. l. stehend (zahlreiche andere Varianten der Umschrift).
RIC 376Aff. **15 25 75**

49.69 FORTV(NAE) REDVC(I) Fortuna n. l. sitzend (Aureus).
RIC 78. **15 25 75**

49.70 FORTVNA REDVX Fortuna n. l. sitzend (auch als Quinar).
RIC 264a. **15 25 75**

49.71 FVNDAT(OR) PACIS Severus n. l. stehend.
RIC 128f. **15 25 75**

49.72 GENIVS P R Genius n. l. stehend.
RIC 26. **15 25 75**

49.73 HERCVLI DEFENS Hercules n. l. oder n. r. stehend (Aureus).
RIC 79. **15 25 75**

49.74 INDVLGENTIA AVG Indulgentia n. l. sitzend.
RIC 80. **15 25 75**

49.75 INDVLGENTIA AVGG IN CARTH Dea Caelestis n. r. reitend (Aureus).
RIC 266f. **20 50 150**

49.76 INDVLGENTIA AVGG IN ITALIAM Italia n. l. sitzend.
RIC 268. **25 75 250**

49.77 INVICTA VIRTVS Severus n. r. reitend, einen Feind niederstechend.
RIC 269. **20 50 150**

s *ss* *vz*

49.78.1

49.78 INVICTO IMP (I) 1.) Trophäe und Waffen, 2.) Trophäe, darunter Gefangener.
RIC 389f. **15 25 75**

49.79 INVICTO IMP TROPAEA Trophäe und Waffen (viele andere Legendenvarianten).
RIC 356. **15 25 75**

49.80 IOVI CONSERVATORI Iupiter n. l. sitzend (Aureus).
RIC 111A. **15 25 75**

49.81 IOVI INVICTO Iupiter n. l. sitzend.
RIC 480. **15 25 75**

49.82 IOVI PRAE ORBIS Iupiter n. l. sitzend (Aureus).
RIC 396. **15 25 75**

49.83 IOVI PROPVGNATORI Iupiter n. r. gehend.
RIC 131. **15 25 75**

49.84 IOVI SOSPITATORI Iupiter frontal stehend in Tempel.
RIC 271. **25 75 250**

49.85 IOVI VICT(ORI) Iupiter n. l. sitzend.
RIC 441B. **15 25 75**

49.86 IOVI VICT P M TR P XV COX III P P Iupiter in Quadriga n. r., Blitzbündel auf zwei Giganten schleudernd.
RIC 204. **25 100 350**

(Aureus)

49.87 IVLIA AVGVSTA Büste der Iulia Domna n. r. (Aureus).
RIC 161. **200 500 1.200**

49.88 IVSTITIA Iustitia n. l. sitzend.
RIC 505. **15 25 75**

49.89 LAETITIA TEMPORVM Circusszene: Galeere zwischen Tieren und Kämpfenden.
RIC 274. **250 500 1.200**

49.90 LEG I (oder II) ADIVT TR P COS Legionsadler zwischen zwei Standarten.
RIC 2. **20 50 150**

49.91 LEG I (oder II, III) ITAL TR P COS Legionsadler zwischen zwei Standarten.
RIC 3. **20 50 150**

49.92 LEG I MIN TR P COS Legionsadler zwischen zwei Standarten (Aureus).
RIC 4. **20 50 150**

49.93 LEG IIII FL TR P COS Legionsadler zwischen zwei Standarten.
RIC 8. **20 50 150**

s *ss* *vz*

49.94 LEG V MAC TR P COS Legionsadler zwischen zwei Standarten.
RIC 9. **20 50 150**

49.95 LEG VII (oder XI) CL TR P COS Legionsadler zwischen zwei Standarten.
RIC 10. **20 50 150**

49.96 LEG VIII AVG TR P COS Legionsadler zwischen zwei Standarten (Aureus).
RIC 11. **20 50 150**

49.97 LEG XIII (oder XIIII) GEM (M V) TR P COS Legionsadler zwischen zwei Standarten (Aureus).
RIC 13. **20 50 150**

49.98 LEG XXII (PRI) TR P COS Legionsadler zwischen zwei Standarten.
RIC 15f. **20 50 150**

49.99 LEG XXX VL(P) TR P COS Legionsadler zwischen zwei Standarten.
RIC 17. **20 50 150**

49.100 LIB AVG III P M TR P X COS III P P Liberalitas n. l. stehend.
RIC 182. **15 25 75**

49.101 LIBER(AL) AVG Liberalitas n. l. stehend oder sitzend (zahlreiche Varianten der Inschrift).
RIC 399ff. **15 25 75**

49.102 LIBERAL AVG COS Liberalitas n. l. stehend (Aureus).
RIC 18. **15 25 75**

49.103 LIBERALITAS AVG (II) Liberalitas n. l. stehend (Aureus).
RIC 81. **15 25 75**

49.104 LIBERALITAS AVGG IIII (oder V bzw. VI) Liberalitas n. l. stehend (Aureus).
RIC 276ff. **15 25 75**

(Aureus)

49.105 LIBERO PATRI Bacchus n. l. stehend (Aureus).
RIC 27A. **15 25 75**

49.106 LIBERTAS AVG(G) Libertas n. l. stehend.
RIC 133. **15 25 75**

		s	ss	vz
49.107	L SEPTIMIVS GETA CAES Drap. und gepanzerte Büste Getas n. r. *RIC 132.*	200	500	1.200
49.108	MARS PACATOR Mars n. l. stehend. *RIC 33.*	15	25	75
49.109	MARS PATER Mars n. r. gehend. *RIC 46.*	15	25	75
49.110	MARTI PACIFERO Mars n. l. stehend. *RIC 113.*	15	25	75
49.111	MARTI VICTORI Mars n. r. oder n. l. gehend, oder n. r. stehend (mit zahlreichen Varianten der Inschrift). *RIC 114A.*	15	25	75
49.112	MINER AVG Minerva n. l. stehend. *RIC 458.*	15	25	75
49.113	MINER VICTRIC Minerva n. l. stehend (mit zahlreichen Varianten der Inschrift). *RIC 408ff.*	15	25	75

		s	ss	vz
49.114	MONET(AE) AVG(G) Moneta n. l. stehend oder sitzend (Aureus). *RIC 135.*	15	25	75
49.115	MONETA II AVG Moneta n. l. sitzend. *RIC 412.*	15	25	75
49.116	MVNIFICENTIA AVG Elefant n. r. *RIC 82.*	20	50	150

		s	ss	vz
49.117	PACATOR ORBIS Büste des Sol n. r. (Aureus). *RIC 282.*	20	50	150
49.118	PACI AETERNAE Pax n. l. sitzend. *RIC 118.*	15	25	75
49.119	PACI AVGVSTI Pax n. l. sitzend. *RIC 37.*	15	25	75
49.120	PAR AR AD TR P VI COS II P P Victoria n. l. gehend. *RIC 495f.*	15	25	75
49.121	PART ARAB PART ADIAB COS II P P Zwei Gefangene sitzen unter einer Trophäe (Aureus). *RIC 55.*	15	25	75

		s	ss	vz
49.122	PART MAX P M TR P VIIII Zwei Gefangene sitzen unter Trophäe. *RIC 153.*	15	25	75
49.123	PART MAX P M TR P X COS III P P Zwei Gefangene sitzen unter Trophäe. *RIC 185.*	15	25	75
49.124	PART MAX PONT TR P IIII Zwei Gefangene sitzen unter Trophäe. *RIC 90.*	15	25	75
49.125	PAX AETERNA Pax n. l. stehend. *RIC 283.*	15	25	75
49.126	PIETAS Vesta n. l. sitzend. *RIC 350F.*	15	25	75
49.127	PIETAT AVG Severus n. l. opfernd. *RIC 413.*	15	25	75
49.128	P MAX TR P VIII COS II P P Fides n. l. stehend. *RIC 511.*	15	25	75
49.129	P M TR P II COS II 1.) Iupiter n. l. sitzend (Aureus), 2.) Victoria n. r. gehend. *RIC 34.*	15	25	75
49.130	P M TR P II COS II P P 1.) Apollo n. l. stehend, 2.) Iupiter n. l. sitzend, 3.) Minerva n. l. stehend, 4.) Severus stehend. *RIC 47ff.*	15	25	75
49.131	P M TR P III COS II P P 1.) Apollo n. l. stehend, 2.) Fortuna n. l. stehend, 3.) Mars n. r. gehend, 4.) Minerva n. l. stehend, 5.) Roma n. l. sitzend. *RIC 51ff.*	15	25	75
49.132	P M TR P IIII COS II P P 1.) Fortuna n. l. stehend, 2.) Mars n. r. gehend, 3.) Minerva n. l. stehend, 4.) Pax n. l. sitzend, 5.) Victoria n. l. gehend (Aureus). *RIC 70ff.*	15	25	75
49.133	P M TR P V COS II P P 1.) Concordia n. l. stehend, 2.) Fortuna n. l. stehend, 3.) Genius n. l. stehend, 4.) Pax n. l. sitzend (Aureus), 5.) Sol n. l. stehend. *RIC 87f.*	15	25	75
49.134	P M TR P VII COS II P P 1.) Fortuna frontal stehend (Aureus), 2.) Genius n. l. stehend. *RIC 136f.*	15	25	75

		s	ss	vz
49.135	P M TR P VIII COS II P P Victoria n. l. fliegend. *RIC 150.*	15	25	75
49.136	P M TR P VIIII COS II P P Victoria n. l. fliegend. *RIC 152.*	15	25	75

s | ss | vz

49.137 P M TR P XI COS III P P 1.) Fortuna n. l. sitzend (Aureus), 2.) Genius n. l. stehend.
RIC 189f. 15 25 75

49.138 Quinar. –. Victoria n. l. gehend.
RIC 191. 100 500 1.500

49.139 P M TR P XII COS III P P 1.) Fortuna n. l. sitzend, 2.) Genius n. l. stehend, 3.) Salus n. l. sitzend.
RIC 194ff. 15 25 75

49.140 P M TR P XIII COS III P P 1.) Annona n. l. stehend, 2.) Iupiter n. l. stehend (Aureus), 3.) Roma n. l. stehend, 4.) Salus n. l. sitzend.
RIC 196ff. 15 25 75

49.141 P M TR P XIIII COS III P P 1.) Annona n. l. stehend, 2.) Genius n. l. stehend, 3.) Severus n. r. reitend (Aureus), 4.) Severus n. l. reitend.
RIC 200ff. 15 25 75

49.142 P M TR P XV COS III P P 1.) Africa n. r. stehend, 2.) Annona n. l. stehend, 3.) Genius n. l. stehend, 4.) Salus n. l. sitzend, 5.) Victoria n. r. stehend, 6.) Victoria n. l. gehend, 7.) Severus n. r. reitend, 8.) Severus n. l. reitend, 9.) Trophäe zwischen einem stehenden und einem sitzenden Gefangenen.
RIC 207ff. 15 25 75

49.143 –. Galeere n. l.
RIC 215. 25 75 250

49.144 P M TR P XVI COS III P P 1.) Concordia n. l. sitzend, 2.) Genius n. l. stehend, 3.) Iupiter n. r. stehend, 4.) Salus n. l. sitzend, 5.) Sol n. l. stehend, 6.) Victoria n. r. sitzend (Aureus), 7.) Severus n. r. reitend.
RIC 216ff. 15 25 75

49.145 Quinar. –. Victoria n. l. gehend.
RIC 223. 100 500 1.500

49.146 P M TR P XVI PROF AVGG Severus n. r. reitend, Fußsoldat voraus gehend.
RIC 225A. 20 50 150

49.147.3

49.147 P M TR P XVII COS III P P 1.) Iupiter n. l. stehend, 2.) Neptun n. l. stehend, 3.) Salus n. l. sitzend, 4.) Weibliche Personifikation mit Blume n. l. sitzend, 5.) Severus n. l. galoppierend, einen Feind niederstechend.
RIC 226ff. 15 25 75

49.148 –. Triton n. r. gelagert.
RIC 229. 20 50 150

49.149 P M TR P XVIII COS III P P 1.) Iupiter n. l. stehend, 2.) Neptun n. l. stehend, 3.) Pax n. l. stehend, 4.) Salus n. l. sitzend, 5.) Victoria n. r. gehend, 6.) Weibliche Personifikation mit Blume n. l. sitzend, 7.) Kaiser n. l. galoppierend, einen Feind niederstechend.
RIC 233ff. 15 25 75

s | ss | vz

49.150 P M TR P XIX COS III P P 1.) Iupiter n. l. stehend, 2.) Neptun n. l. stehend, 3.) Salus n. l. sitzend.
RIC 243ff. 15 25 75

49.151 *–. Mit zusätzlicher Inschrift:*
1.) Fortuna n. l. sitzend (FORT RED), 2.) Victoria n. r. gehend (VICT BRIT).
RIC 246f. 15 25 75

49.152 PROFECT AVGG FEL Severus n. r. reitend (Aureus).
RIC 138. 15 25 75

49.153 PROFECTIO AVG Severus n. r. reitend (Aureus).
RIC 91. 15 25 75

49.154 PROVIDENTIA Kopf der Medusa (Aureus).
RIC 285f. 300 1.500 3.000

49.155 PROVID(ENTIA) AVG(G) Providentia n. l. stehend.
RIC 92. 15 25 75

49.156 P SEPT(IMIVS) GETA CAES (PONT) Büste Getas n. r.
RIC 164. 200 500 1.200

49.157 PVDICITIA Pudicitia n. l. sitzend.
RIC 524. 15 25 75

49.158 RECTOR ORBIS Sol n. l. stehend.
RIC 287. 15 25 75

49.159.2

49.159 RESTITVTOR(I) VRBIS 1.) Roma n. l. sitzend (Aureus), 2.) Severus n. l. opfernd (auch als Quinar und als Aureus).
RIC 140. 15 25 75

49.160 ROMAE AETERNAE Roma n. l. sitzend.
RIC 350G. 15 25 75

49.161 SAEC FELICIT Sieben Sterne und Mondsichel (zahlreiche andere Legendenvarianten).
RIC 360. 20 50 150

		s	ss	vz
49.162	SAEC FRVGIF COS Saeculum Frugiferum n. l. stehend (Aureus). *RIC 19.*	20	50	150
49.163	SALVTI AVG(G) Salus n. l. sitzend. *RIC 119.*	15	25	75
49.164	SECVRITAS PVBLICA Securitas n. l. sitzend. *RIC 56.*	15	25	75
49.165	SPQR OPTIMO PRINCIPI Severus n. l. reitend. *RIC 415.*	15	25	75
49.166	Quinar. TR P COS Victoria n. l. gehend. *RIC 20.*	100	500	1.500
49.167	TR P IMP III COS II P P Roma n. r. sitzend. *RIC 463A.*	15	25	75
49.168	TR P III IMP V COS II 1.) Gefangener am Boden sitzend, 2.) Trophäe, darunter zwei Gefangene. *RIC 432ff.*	15	25	75
49.169	TR P XIX COS III P P FORT RED Fortuna n. l. sitzend. *RIC 247A.*	15	25	75
49.170	VENVS VICT Venus n. l. stehend. *RIC 419.*	15	25	75
49.171	VICT AETERN 1.) Victoria einen Schild beschreibend, 2.) Victoria n. l. fliegend. *RIC 95.*	15	25	75
49.172	Quinar. VICT AVGG Victoria n. l. gehend. *RIC 294.*	100	500	1.500
49.173	VIC(T) AVG(G) COS II P P Victoria n. l. gehend (Aureus). *RIC 120.*	15	25	75
49.174	VIC(T) AVG TR P COS 1.) Victoria n. l. sitzend (Aureus), 2.) Victoria n. l. oder n. r. gehend (Aureus). *RIC 21.*	15	25	75
49.175	VICT AVG TR P II COS II (P P) Victoria n. l. oder n. r. gehend (Aureus). *RIC 29A.*	15	25	75
49.176	VICTOR(IA) AVG 1.) Victoria n. l. stehend, 2.) n. r. oder 3.) n. l. gehend (zahlreiche andere Legendenvarianten). *RIC 420ff.*	15	25	75
49.177	VICTORIA Victoria n. l. stehend, AVG auf einen Schild schreibend. *RIC 363.*	15	25	75
49.178	VICTORIA AVGVSTI Victoria n. r. stehend, einen Schild mit VIC B beschreibend. *RIC 298.*	15	25	75

49.179.1 (Aureus)

		s	ss	vz
49.179	VICTORIAE AVGG (FEL) 1.) Victoria n. l. gehend (Aureus) oder 2.) n. l. fliegend (Aureus) oder 3.) in Biga (Aureus). *RIC 143.*	15	25	75

49.180.1

		s	ss	vz
49.180	VICTORIAE BRIT Victoria 1.) n. r. gehend oder 2.) frontal stehend. *RIC 302.*	15	25	75
49.181	VICTORIA PARTH(ICA) MAX(IMA) Victoria n. l. gehend (Aureus). *RIC 296f.*	15	25	75
49.182	VICT(OR) IVST AVG (II COS) Victoria n. l. gehend. *RIC 362.*	15	25	75
49.183	VICTOR SEVER (C) AVG Victoria n. l. gehend. *RIC 428f.*	15	25	75

(Aureus)

		s	ss	vz
49.184	VICT PARTHICAE Victoria n. l. gehend (Aureus). *RIC 121.*	15	25	75
49.185	VICT PART MAX Victoria n. l. gehend (Aureus). *RIC 295.*	15	25	75

		s	ss	vz
49.186	VIRT AVGG Virtus n. l. stehend (Aureus). *RIC 145.*	15	25	75
49.187	VIRT AVG TR P (II) COS (II P P) Virtus n. l. stehend (Aureus). *RIC 24.*	15	25	75
49.188	VIRTVS AVG COS II 1.) Roma n. l. sitzend, 2.) Virtus n. l. stehend. *RIC 350lf.*	15	25	75
49.189	VIRTVS AVG(G) 1.) Severus n. r. reitend (Aureus), 2.) n. l. stehend. *RIC 146.*	15	25	75
49.190	VIRTVS AVGVST Soldat n. r. stehend. *RIC 147.*	15	25	75
49.191	VIRTVS AVGVSTI Mars n. r. gehend. *RIC 436A.*	15	25	75
49.192	VIRTVS AVGVSTOR Roma n. l. sitzend. *RIC 304.*	15	25	75
49.193	VIRTVTE AVG 1.) Virtus n. r. stehend, 2.) Severus n. l. stehend. *RIC 431.*	15	25	75

s | ss | vz

49.194 VOTA PVBLICA Kaiser n. l. opfernd (Aureus).
RIC 96. 15 25 75

49.195 VOTA SOLVT DEC COS III Drei Gestalten über einem Dreifuß opfernd, an der Seite Stier.
RIC 307. 50 200 400

49.196.2

49.196 VOTIS DECENNALIBVS 1.) Severus n. l. opfernd, 2.) in Eichenkranz (Aureus).
RIC 519. 15 25 75

49.197 VOT SVSC DEC P M TR P X COS III P P Severus n. l. opfernd.
RIC 186. 15 25 75

49.198 VOTA SVSCEPTA XX Kaiser n. l. opfernd.
RIC 308. 15 25 75

49.199 –. Severus und Caracalla opfernd, im Hintergrund Flötenspieler (Aureus).
RIC 309. 50 200 400

49.200 VOTA SVSCEPTA XX COS III P P Severus opfernd, im Hintergrund Flötenspieler und Schlächter, einen Stier erschlagend.
RIC 310. 25 75 250

Bronzemünzen

49.201 Sesterz. ADVENTVI AVG FELICISSIMO SC Severus n. r. reitend, (gelegentlich ein Soldat vorangehend) (As).
RIC 718f. 50 300 1.000

49.202 Sesterz. AEQVITATI PVBLICAE SC Die drei Monetae.
RIC 833. 50 300 1.000

49.203 As. –. Aequitas n. l. stehend.
RIC 835. 20 150 350

s | ss | vz

49.204 Sesterz. AFRICA Africa n. r. oder n. l. stehend (Dupondius).
RIC 668. 30 250 750

49.205 As. ANNONA AVG CERES SC Annona n. r. stehend und Ceres n. l. sitzend.
RIC 756. 40 200 400

49.206 Sesterz. ANNONA AVG COS II P P SC Annona n. l. stehend (Dupondius).
RIC 677. 30 250 750

49.207 Sesterz. ANNONAE AVGG (oder AVG COS) SC Annona n. r. sitzend.
RIC 751. 30 250 750

49.208 As. ANNONAE AVG SC Annona n. l. stehend.
RIC 748. 20 150 350

49.209 As. APOLLINI AVGVSTO SC Apollo n. l. stehend.
RIC 682. 20 150 350

49.210 As. AVGVSTI COS SC Severus und Caracalla auf einem Podium sitzend, hinter ihnen Offizier, vor ihnen Soldat.
RIC 822. 40 200 500

49.211 Sesterz. COS III LVDOS SAECVL FEC SC Hercules und Bacchus (As).
RIC 763B. 50 350 1.000

49.212 Sesterz. DII PATRII SC Hercules und Bacchus.
RIC 762. 50 350 1.000

49.213 Sesterz. DIS AVSPICIB TR P II COS II P P SC Hercules und Bacchus (As).
RIC 661. 50 350 1.000

49.214 Sesterz. DIVI M PII F P M TR P III COS II P P SC 1.) Felicitas n. l. stehend (Dupondius), 2.) Roma n. l. sitzend, 3.) Roma n. l. stehend.
RIC 686. 30 250 750

49.215 As. FELICITAS SAECVLI SC Severus, Caracalla und Geta auf Podium sitzend, vor ihnen Offizier, unten Bürger.
RIC 823. 40 200 500

49.216 Sesterz. FIDEI LEG TR P COS SC Fides n. l. stehend (Dupondius).
RIC 651. 30 250 750

s ss vz

49.217 As. FORT RED P M TR P XIX COS III P P SC Fortuna n. l. sitzend.
RIC 810. **20 150 350**

49.218 Sesterz. FORTVNAE REDVCI SC Fortuna n. l. sitzend (As).
RIC 703. **30 250 750**

49.219 As. FORTVNA REDVX SC Fortuna n. l. sitzend.
RIC 824. **20 150 350**

49.220 Sesterz. INDVLGENTIA AVGG IN CARTH SC Dea Caelestis n. r. reitend (As).
RIC 763f. **50 350 1.000**

49.221 Sesterz. LEG XIIII GEM M V TR P COS SC Legionsadler zwischen zwei Standarten.
RIC 652. **30 250 750**

49.222 Sesterz. LIBERAL AVG TR P COS SC Liberalitas n. l. stehend.
RIC 653. **30 250 750**

49.223 Sesterz. –. Severus auf Podium n. l. sitzend, vor ihm Offizier, dahinter Liberalitas, von unten steigt Bürger zum Podium empor.
RIC 654. **250 750 2.500**

49.224 Sesterz. LIBERAL AVG TR P COS II SC Severus auf Podium n. l. sitzend, vor ihm Offizier, dahinter Liberalitas, von unten steigt Bürger zum Podium empor.
RIC 662. **250 750 2.500**

49.225 As. LIBERALITAS AVGG IIII SC Liberalitas n. l. stehend.
RIC 767. **20 150 350**

49.226 Sesterz. MARS PATER SC Mars n. r. gehend (As).
RIC 687. **30 250 750**

49.227 Sesterz. MARTI PACIFERO P M TR P V COS II P P SC Mars n. l. stehend.
RIC 741. **30 250 750**

s ss vz

49.228.1

49.228 Sesterz. MONET AVG COS II P P SC 1.) Die drei Monetae n. l. stehend, 2.) Moneta n. l. stehend (As).
RIC 670. **30 250 750**

49.229 Sesterz. MVNIFICENTIA AVG SC Elefant n. r. gehend.
RIC 721. **50 350 1.000**

49.230 Sesterz. PACI AET P M TR P VI COS II P P SC Pax n. l. sitzend.
RIC 745. **30 250 750**

49.231 Sesterz. PART ARAB PART ADIAB COS II P P SC Zwei Gefangene unter Trophäe (Dupondius).
RIC 690. **50 350 1.000**

49.232 Sesterz. P M TR P III COS II P P SC 1.) Iupiter n. l. stehend, 2.) Fortuna n. l. stehend (Dupondius), 3.) Genius n. l. stehend, 4.) Mars n. r. stehend, 5.) Mars n. r. gehend (Dupondius), 6.) Minerva n. l. stehend (Dupondius, As).
RIC 688f. **30 250 750**

49.233.5

49.233 Sesterz. P M TR P IIII COS II P P SC 1.) Fortuna n. l. stehend (Dupondius, As), 2.) Iupiter n. l. stehend (As), 3.) Mars n. r. stehend (As), 4.) Pax n. l. sitzend, 5.) Victoria n. l. gehend (As).
RIC 707ff. **30 250 750**

49.234 As. –. Roma n. l. stehend.
RIC 733A. **20 150 350**

49.235 Sesterz. P M TR P V COS II P P SC 1.) Genius n. l. stehend, 2.) Pax n. l. sitzend, 3.) Sol n. l. stehend, 4.) Severus n. r. reitend.
RIC 726f. **30 250 750**

49.236 Sesterz. P M TR P VI COS II P P SC Sol n. l. stehend (As).
RIC 744. **30 250 750**

49.237 As. P M TR P XIII COS III P P SC 1.) Roma n. r. sitzend, 2.) oder n. l. stehend.
RIC 768f. **20 150 350**

49.238 Sesterz. P M TR P XIIII (XV oder XVIII) COS III P P SC Galeere n. r. (As: Galeere n. l.).
RIC 770. **200 700 2.000**

s ss vz

49.239 Sesterz. –. 1.) Annona n. l. stehend, 2.) Severus n. r. reitend (As).
RIC 770Af. 30 250 750

49.240 Sesterz. –. Aesculap in Tempel.
RIC 775. 500 1.500 LP

49.241 Sesterz. P M TR P XVI COS III P P SC 1.) Victoria n. r. sitzend (Dupondius, As), 2.) Severus n. l. reitend (As).
RIC 778f. 30 250 750

49.242 As. –. Genius n. l. opfernd.
RIC 782. 20 150 350

49.243 As. –. Brücke mit zwei Türmen an den Enden, darunter Boot.
RIC 786. 500 1.500 4.000

49.244 Sesterz. P M TR P XVI PROF AVGG SC Severus n. r. reitend, davor ein Soldat, dahinter zwei.
RIC 780. 50 350 1.000

49.245 Sesterz. P M TR P XVII COS III P P SC 1.) Annona n. r. sitzend, 2.) Victoria n. r. sitzend (As), 3.) Severus n. l. stehend, 4.) Severus und Caracalla gemeinsam opfernd, zwischen ihnen Concordia.
RIC 787ff. 30 250 750

49.246 As. –. 1.) Iupiter frontal stehend, 2.) Roma n. r. sitzend.
RIC 790ff. 20 150 350

49.247.4

49.247 Sesterz. P M TR P XVIII COS III P P SC 1.) Annona n. r. sitzend, 2.) Zwei Victorien, einen Schild an einer Palme befestigend, 3.) Severus von Virtus bekränzt, 4.) Severus und Caracalla gemeinsam opfernd, zwischen ihnen Concordia.
RIC 794ff. 30 250 750

49.248 Sesterz. –. Severus (gelegentlich mit Geta und Caracalla) auf Podium n. r. stehend, einen Offizier und zwei Soldaten grüßend.
RIC 799ff. 500 1.000 2.500

49.249 Dupondius. –. 1.) Roma n. r. sitzend (As), 2.) Victoria n. r. stehend (As).
RIC 802ff. 20 150 350

49.250 Dupondius. P M TR P XVIII COS III P P SC Victoria n. r. stehend (As).
RIC 806. 20 150 350

49.251 As. P M TR P XIX COS III P P SC Roma n. r. sitzend.
RIC 811. 20 150 350

49.252 Sesterz. PROFECTIO AVG SC Severus n. r. reitend.
RIC 728. 30 250 750

s ss vz

49.253 Sesterz. RESTITVTOR VRBIS SC Severus n. l. opfernd (Dupondius).
RIC 753. 30 250 750

49.254 As. –. Roma n. r. oder n. l. sitzend.
RIC 757. 20 150 350

49.255 Sesterz. ROMAE AETERNAE SC Roma n. l. sitzend (Dupondius).
RIC 671. 30 250 750

49.256 As. SACRA SAECVLARIA SC 1.) Severus und Caracalla opfernd; im Hintergrund Concordia und Tempel, 2.) Severus und Caracalla opfernd, im Hintergrund Flötenspieler und Harfenspieler, im Vordergrund Tiber.
RIC 826. 40 200 500

49.257 Sesterz. SAECVLI FELICITAS (COS II) SC Felicitas n. l. stehend (Dupondius).
RIC 692. 30 250 750

49.258 Dupondius. SAECVLO FRVGIFERO COS II SC Saeculum Frugiferum n. l. stehend.
RIC 664. 20 150 500

49.259 Sesterz. SAECVLO FRVGIFERO TR P COS SC Saeculum Frugiferum n. l. stehend.
RIC 655. 50 350 1.000

49.260 Sesterz. SALVTI AVG P M TR P VI COS II P P SC Salus n. l. stehend.
RIC 747. 30 250 750

49.261 Sesterz. SECVRITAS PVBLICA SC Securitas n. l. sitzend (As).
RIC 729. 30 250 750

49.262 As. VIC PAR MAX AVG SC Victoria in Biga n. r.
RIC 828. 25 150 350

49.263 Sesterz. VICT AVG TR P COS SC Victoria n. l. gehend (Dupondius).
RIC 656. 30 250 750

49.264 Sesterz. VICT AVG TR P II COS II SC Victoria n. l. gehend (As).
RIC 663. 30 250 750

49.265 Sesterz. VICT AVG TR P II COS II P P SC Victoria n. r. eilend oder n. l. gehend (Dupondius, As).
RIC 667. 30 250 750

		s	ss	vz
49.266	Sesterz. VICT BRIT P M TR P XIX COS III P P SC Zwei Victorien, einen Schild an einer Palme befestigend. *RIC 808.*	500	1.000	2.500
49.267	Dupondius. –. Victoria n. r. stehend (As). *RIC 809.*	50	350	1.000
49.268	Sesterz. VICTORIAE AVGG SC Victoria in Biga n. r. (As). *RIC 817.*	30	250	750
49.269	Sesterz. VICTORIAE AVGG FEL SC Victoria n. l. fliegend (As). *RIC 750.*	30	250	750

		s	ss	vz
49.270	Sesterz. VICTORIAE BRITTANNIACAE SC Zwei Victorien einen Schild an einer Palme befestigend. *RIC 818.*	500	1.000	2.500
49.271	Sesterz. –. Victoria n. r. stehend (Dupondius, As). *RIC 819.*	50	350	1.000
49.272	Sesterz. VICT PARTHIC AVGG P M TR P VIIII SC Victoria n. r. eilend. *RIC 754.*	30	250	750
49.273	Sesterz. VIRT AVG TR P COS SC Virtus n. l. stehend (Dupondius, As). *RIC 657.*	30	250	750
49.274	Sesterz. VIRT AVG TR P II COS II P P SC Virtus n. l. stehend (Dupondius, As). *RIC 673.*	30	250	750
49.275	Sesterz. VIRTVS AVGVSTOR SC Roma n. l. sitzend (As). *RIC 820.*	30	250	750
49.276	Sesterz. VIRTVTI AVG SC Roma n. l. stehend. *RIC 693.*	30	250	750
49.277	Sesterz. VOTA PVBLICA SC Septimius und Caracalla über Altar opfernd. *RIC 730.*	50	350	1.000
49.278	As. –. Severus n. l. opfernd. *RIC 736.*	30	150	350
49.279	Sesterz. VOTA SVSCEPTA XX SC Severus n. l. opfernd, vor ihm Liktor, hinter Dreifuß Flötenspieler. *RIC 821.*	50	350	1.000
49.280	Dupondius. –. Severus n. l. opfernd. *RIC 821.*	30	150	350

Divus Severus

Folgende Vorderseitenvarianten kommen vor:
Umschrift: DIVO (SEPTIMIO) SEVERO PIO.
Büste: n. r., barhäuptig.

Aurei

		s	ss	vz
49.281	*Unter Caracalla.* CONSECRATIO Adler auf Blitzbündel n. l. stehend. *RIC 191A.*	1.500	3.000	10.000

Denare

49.282.2

		s	ss	vz
49.282	*Unter Caracalla.* CONSECRATIO 1.) Adler auf Blitzbündel frontal stehend, 2.) Adler auf Globus, 3.) Adler auf Säule, 4.) Thron, darauf Kranz, 5.) Scheiterhaufen (Aureus). *RIC 191Bff.*	30	100	250

49.283.2

		s	ss	vz
49.283	*Unter Traianus Decius.* CONSECRATIO 1.) Adler, 2.) Altar. *RIC 95f.*	50	150	300

Bronzemünzen

		s	ss	vz
49.284	*Unter Caracalla.* Sesterz. CONSECRATIO SC Adler auf Blitzbündel, Severus gen Himmel tragend. *RIC 490A.*	100	500	1.500

50. Iulia Domna

Gattin des Septimius Severus, †217

Zur Geschichte

Iulia Domna entstammte einer syrischen Priesterdynastie. Ihr Vater Bassianos war Sonnenpriester von Emesa. Sie heiratete im Jahr 185 in Lyon Septimius Severus, der zuvor – so berichtet die Historia Augusta – einen Astrologen über die Horoskope aller möglichen Kandidatinnen hatte befragen lassen. Für Iulia Domna war vorhergesagt worden, daß sie einen König zum Mann haben werde, daraufhin habe ihr Severus die Ehe angeboten. Tatsächlich werden wohl eher der Reichtum und die guten politischen Verbindungen, die die Familie Iulia Domnas im Osten hatte, eine Rolle gespielt haben. Severus war in Emesa gewesen und hatte sowohl Iulia Domna wie ihre Schwester Iulia Maesa persönlich kennengelernt.

Iulia Domna war die zweite Frau des Septimius Severus. Seine erste Ehe mit Paccia Marciana war kinderlos geblieben. Iulia Domna gebar ihm zwei Kinder, den Caracalla und den Geta. Sie spielte eine sehr aktive Rolle während der Herrschaft des Severus und ihres Sohnes Caracalla. Sie trat auf als Förderin von kulturellen Aktivitäten: So soll auf ihre Anregung hin Philostrat seine Lebensbeschreibung des Apollonios von Tyana verfaßt haben, und einige Lehrer der Akademie von Athen wurden auf ihre Empfehlung hin angestellt. Sie begleitete ihren Mann auf seinen Feldzügen und erhielt deshalb den Ehrentitel *mater castrorum.*

Nach dem Tod des Severus setzte sich Iulia Domna für den Ausgleich zwischen ihren beiden Söhnen ein, die sie zu friedlicher Kooperation zu bringen hoffte. Dies gelang nicht. Caracalla soll – wenn wir der Historia Augusta folgen – seinen Bruder Geta persönlich im Schoß der Mutter Iulia Domna erschlagen haben. Was auch immer bei dieser Familientragödie tatsächlich geschah, Iulia Domna unterstützte ihren Sohn weiterhin, ja führte sogar für ihn die Regentschaft, wenn er selbst auf Kriegszügen unterwegs war. Nach der Ermordung ihres Sohnes beging Iulia Domna Selbstmord.

Hinweise für Sammler

Mit ein wenig Übung kann man leicht anhand des Porträts die Münzen, die für Iulia Domna unter Septimius Severus geprägt wurden, von denen unterscheiden, die Caracalla für seine Mutter herausgab. Während die Stücke unter Septimius Severus die runden Gesichtszüge einer jungen Frau zeigen und die Frisur deutlich in die waagrecht nach hinten laufenden Strähnen und einen großen länglichen Knoten am Hinterkopf geteilt ist, sind die Züge der Iulia Domna auf den Münzen unter Caracalla härter, die Nase schärfer gezeichnet. Die Frisur ist in lange, waagrechte Strähnen geordnet, die in einen kleinen, fast unsichtbaren Knoten im Nacken zusammenlaufen.

Münzen

Unter Septimius Severus:

Folgende Vorderseitenvarianten kommen vor:
Umschrift: IVLIA AVGVSTA,
IVLIA DOMNA AVG.
Büste: n. r., drapiert.

Aurei

50.1 AEQVITATI AVGG Aequitas n. l. stehend.
RIC 635. **1.000 2.500 7.000**

50.2 ANTONINVS AVG PONT TR P IIII Büste Caracallas n. r.
RIC 543. **1.000 2.500 7.000**

50.3 VENVS GENETRIX Venus n. l. sitzend.
RIC 537. **1.000 2.500 7.000**

Denare

50.4 AEQVITAS II Aequitas n. l. stehend.
RIC 607A. **15 25 75**

50.5.2

50.5 AETERNIT IMPERI 1.) Büsten von Severus und Caracalla einander gegenüber, 2.) Büsten von Caracalla und Geta einander gegenüber.
RIC 539ff. **200 400 1.200**

50.6 ANTONIN PIVS AVG PON TR P V Büste Caracallas n. r.
RIC 542. **150 400 900**

50.7 ANTONINVS PIVS AVG (BRIT) Büste Caracallas n. r.
RIC 544. **150 400 900**

50.8 BONA SPES (oder BONAE SPEI) Spes n. l.
RIC 614. **15 25 75**

50.9 BONI EVENTVS Bonus Eventus n. l. stehend.
RIC 608. **15 25 75**

50.10 CERERE AVG(VS) Ceres n. l. stehend.
RIC 617. **15 25 75**

s ss vz

50.11 CERER FRVG Ceres n. l. stehend.
RIC 616A. 15 25 75

50.12 CERERI FRVGIF Ceres n. l. sitzend.
RIC 546. 15 25 75

50.13 CONCORDIA Concordia n. l. sitzend.
RIC 637. 15 25 75

50.14 CONCORDIA FELIX Severus und Iulia im Handschlag.
RIC 547. 20 50 150

50.15 DIANA LVCIFERA Diana n. l. stehend (Aureus).
RIC 548. 15 25 75

50.16 FECVNDITAS Fecunditas 1.) n. l. stehend, 2.) n. r. sitzend (Aureus).
RIC 534. 15 25 75

50.17 –. Tellus unter Baum n. l. gelagert, um sie herum die vier Jahreszeiten (Aureus).
RIC 549. 75 250 750

50.18 FELICITAS Felicitas n. l. stehend.
RIC 551. 15 25 75

50.19 FELICIT(AS) TEMPOR 1.) Korb mit Kornähren und Mohnkapseln, 2.) Kornähren zwischen zwei Füllhörnern.
RIC 619f. 15 25 75

50.20 FORT R AVG Fortuna n. l. stehend.
RIC 622. 15 25 75

50.21 FORTVNAE FELICI Fortuna 1.) n. l. stehend, 2.) n. l. sitzend.
RIC 552f. 15 25 75

50.22 FORTVNA(E) REDVCI (COS) Fortuna 1.) n. l. stehend oder 2.) n. l. sitzend (mit zahlreichen anderen Legendenvarianten).
RIC 623ff. 15 25 75

s ss vz

50.23 HILARITAS Hilaritas n. l. stehend (auch als Aureus und Quinar.
RIC 555ff. 15 25 75

50.24 IVNO Iuno n. l. oder n. r. stehend (auch als Aureus und Quinar).
RIC 559f. 15 25 75

50.25 IVNO REGINA Iuno n. l. stehend (Aureus).
RIC 560. 15 25 75

(Aureus)

50.26 LAETITIA Laetitia n. l. stehend (Aureus).
RIC 561. 15 25 75

50.27 LIBERAL AVG Liberalitas n. l. stehend oder sitzend.
RIC 627f. 15 25 75

50.28 MATER AVGG Iulia Domna als Kybele in Löwenquadriga n. l. sitzend (Aureus).
RIC 562. 30 100 350

50.29 MATER (oder MATRI) DEVM Kybele n. l. sitzend oder stehend (Aureus).
RIC 564ff. 15 25 75

50.30 MATER (oder MATRI) CASTORVM 1.) Iulia Domna n. l. opfernd (Aureus), 2.) Iulia Domna n. l. sitzend.
RIC 563ff. 20 50 150

50.31 MONET(A) AVG (II COS) Moneta n. l. stehend oder sitzend.
RIC 609. 15 25 75

50.32 PIETAS (AVG) Pietas n. l. sitzend.
RIC 612. 15 25 75

50.33 PIETAS AVGG Pietas n. l. oder n. r. stehend (auch als Aureus und als Quinar).
RIC 572f. 15 25 75

s ss vz

50.34 PIETAS PVBLICA Pietas frontal oder n. l. stehend.
RIC 574. **15 25 75**

50.35 P SEPT GETA CAES PONT Büste des Geta n. r. (Aureus).
RIC 571. **150 400 900**

50.36 PVDICITIA Pudicitia n. l. sitzend (Aureus).
RIC 575. **15 25 75**

50.37 SAECVL FELICIT Mondsichel, darüber sieben Sterne.
RIC 629. **15 25 75**

50.38 SAECVLI FELICITAS Isis, den Horusknaben haltend, n. r. stehend (Aureus).
RIC 577. **15 25 75**

50.39 VENERI GENETRICI Venus n. l. stehend (Aureus).
RIC 578. **15 25 75**

(Aureus)

50.40 VENER VICTOR (oder VENERI VICTR) Venus n. r. stehend (Aureus).
RIC 535. **15 25 75**

50.41 VENERI VICTRICI Venus n. l. stehend (mit zahlreichen Legendenvarianten) (Aureus).
RIC 630ff. **15 25 75**

50.42 VENVS FELIX Venus frontal oder n. l. stehend.
RIC 580. **15 25 75**

50.43 VENVS VICTRIX Venus n. l. stehend (Aureus).
RIC 581. **15 25 75**

50.44 VESTA Vesta n. l. sitzend (Aureus).
RIC 538. **15 25 75**

50.45 VESTA MATER Vesta n. l. sitzend.
RIC 583. **15 25 75**

s ss vz

50.46 –. Vestalin oder zwei Vestalinnen vor Tempel der Vesta opfernd.
RIC 584f. **LP LP LP**

50.47 VESTAE SANCTAE Vestalin n. l. stehend.
RIC 587. **15 25 75**

Bronzemünzen

50.48 Sesterz. CERES SC Ceres n. l. stehend oder n. l. sitzend (Dupondius oder As).
RIC 848f. **30 250 750**

50.49 Sesterz. DIANA LVCIFERA SC Diana n. l. stehend (Dupondius oder As).
RIC 851. **30 250 750**

50.50 Sesterz. FECVNDITAS SC Fecunditas n. l. stehend oder n. r. sitzend (Dupondius oder As).
RIC 838f. **30 250 750**

50.51 Sesterz. –. Tellus n. l. gelagert, um sie herum die vier Jahreszeiten (Dupondius oder As).
RIC 852. **150 750 2.500**

50.52 Dupondius oder As. FELICITAS SC Felicitas n. l. stehend.
RIC 874. **30 250 750**

50.53 Sesterz. FORTVNAE FELICI SC Fortuna n. l. sitzend (Dupondius oder As).
RIC 854. **30 250 750**

50.54 Sesterz. HILARITAS SC Hilaritas n. l. stehend (Dupondius oder As).
RIC 855. **30 250 750**

50.55 Sesterz. IVNONI LVCINAE SC Iuno n. l. sitzend (Dupondius oder As).
RIC 857. **30 250 750**

		s	ss	vz
50.56	Sesterz. IVNO REGINA SC Iuno n. l. stehend (Dupondius oder As). *RIC 840.*	30	250	750
50.57	Sesterz. MATER AVGG SC Iulia Domna als Kybele n. l. sitzend in Quadriga, die von Löwen gezogen wird (Dupondius oder As). *RIC 858.*	50	350	1.800

		s	ss	vz
50.58	Sesterz. MATER DEVM SC Kybele n. l. sitzend zwischen zwei Löwen (Dupondius oder As). *RIC 859.*	50	350	1.800
50.59	Sesterz. MATER (oder MATRI) CASTRORVM SC Iulia Domna l. opfernd, zu ihrer Linken drei Standarten (Dupondius oder As). *RIC 860.*	50	350	1.800
50.60	Sesterz. PIETAS AVGG SC Pietas n. l. stehend (Dupondius oder As). *RIC 863.*	30	250	750
50.61	Sesterz. PIETATI AVGVSTAE SC Iulia Domna zwischen Caracalla und Severus stehend (Dupondius oder As). *RIC 864.*	50	350	1.800
50.62	Sesterz. SAECVLI FELICITAS SC Isis mit Horusknaben n. r. stehend. *RIC 865.*	30	250	750
50.63	Sesterz. VENERI VICTR SC Venus n. r. stehend (Dupondius oder As). *RIC 842.*	30	250	750
50.64	Sesterz. VENVS FELIX SC Venus frontal stehend (Dupondius oder As). *RIC 866.*	30	250	750
50.65	Dupondius oder As. VENVS VICTRIX SC Venus n. l. stehend. *RIC 888.*	20	150	350
50.66	Sesterz. VESTAE SANCTAE SC Vesta n. l. stehend (Dupondius oder As). *RIC 869.*	30	250	750
50.67	Sesterz. VESTA SC Vesta n. l. sitzend (Dupondius oder As). *RIC 843.*	30	250	750

Unter Caracalla:

Folgende Vorderseitenvarianten kommen vor:
Umschrift: IVLIA PIA FELIX AVG.
Büste: n. r., drapiert, bei Antoninianen Büste auf Mondsichel.

Aurei

		s	ss	vz
50.68	PIETATI Pietas n. l. stehend. *RIC 384.*	1.000	2.500	7.000

Denare und Antoniniane

Soweit nichts anderes angegeben ist, handelt es sich um Denare.

		s	ss	vz
50.69	DIANA LVCIFERA Diana n. l. stehend. *RIC 373A.*	15	25	75
50.70	FECVNDITAS Fecunditas n. l. stehend. *RIC 374.*	15	25	75
50.71	FELICITAS Felicitas n. l. stehend. *RIC 375.*	15	25	75
50.72	Quinar. IVNO(NEM) Iuno n. l. stehend. *RIC 376.*	250	1.000	2.500
50.73	IVNO CONSERVATRIX Iuno n. l. stehend. *RIC 377.*	15	25	75

(Antoninian)

		s	ss	vz
50.74	LVNA LVCIFERA Luna in Biga n. l. (Aureus, Antoninian). *RIC 399.*	15	25	75
50.75	MAT AVGG MAT SEN M PATR Iulia n. l. stehend oder sitzend (Aureus). *RIC 380f.*	25	50	150
50.76	MATRI DEVM Kybele frontal stehend. *RIC 382.*	15	25	75
50.77	MONETA AVG Moneta n. r. stehend. *RIC 383B.*	15	25	75
50.78	PVDICITIA Pudicitia n. l. sitzend (Quinar). *RIC 386.*	15	25	75
50.79	Antoninian. VENERI GENETRICI Venus n. l. stehend. *RIC 387.*	25	75	250

s ss vz

(Antoninian)

50.80 VENVS GENETRIX Venus n. l. sitzend (Aureus, Antoninian).
RIC 388f. 15 25 75

50.81 VESTA Vesta n. l. stehend oder sitzend.
RIC 390f. 15 25 75

Bronzemünzen

50.82 Dupondius oder As. CEREREM SC Ceres n. l. stehend.
RIC 596. 20 150 350

50.83 Sesterz. DIANA LVCIFERA SC Diana n. l. stehend.
RIC 583. 30 250 750

50.84 Dupondius oder As. HILARITAS SC Hilaritas n. l. stehend.
RIC 597. 20 150 350

50.85 Sesterz. IVNO(NEM) SC Iuno n. l. stehend (Dupondius oder As).
RIC 584. 30 250 750

50.86 Sesterz. IVNONI LVCINAE SC Iuno n. l. sitzend.
RIC 586. 30 250 750

50.87 Sesterz. LVNA LVCIFERA SC Luna in Biga n. l. (Dupondius oder As).
RIC 587. 30 250 750

50.88 Sesterz. MAT AVGG MAT SEN M PATR SC Iulia mit Zweig und Szepter n. l. sitzend (Dupondius oder As).
RIC 588. 30 250 750

50.89 Sesterz. PVDICITIA SC Pudicitia n. l. sitzend (Dupondius oder As).
RIC 589. 30 250 750

s ss vz

50.90 Sesterz. SAECVLI FELICITAS SC Felicitas n. l. opfernd (Dupondius oder As).
RIC 590. 30 250 750

50.91 Sesterz. VENERI GENETRICI SC Venus n. l. stehend.
RIC 591. 30 250 750

50.92 Sesterz. VENVS GENETRIX SC Venus n. l. sitzend (Dupondius oder As).
RIC 592. 30 250 750

50.93 Sesterz. VESTA SC Vesta n. l. sitzend (Dupondius oder As).
RIC 593. 30 250 750

50.94 Sesterz. –. Vier Vestalinnen, begleitet von zwei Kindern, vor Vestatempel opfernd (Dupondius oder As).
RIC 594. LP LP LP

50.95 Sesterz. VOTA PVBLICA SC Pietas n. l. stehend (Dupondius oder As).
RIC 595. 30 250 750

Diva Iulia

Folgende Vorderseitenvarianten kommen vor:
Umschrift: DIVA IVLIA AVGVSTA.
Büste: n. r., drapiert und verschleiert.

Denare

50.96 *Unter Severus Alexander.* CONSECRATIO Pfau n. l. gehend.
RIC 396. 250 800 2.000

Bronzemünzen

50.97 *Unter Severus Alexander.* Sesterz. CONSECRATIO SC Pfau n. r. fliegend, Iulia emportragend.
RIC 609. 500 2.000 LP

51. Caracalla
Caesar 196 – 198, Augustus 198 – 217

Zur Geschichte

Caracalla wurde als Bassianus am 4. April 188 in Lyon geboren. Er war der Sohn des Septimius Severus und der Iulia Domna.
Er begleitete seit 194 seinen Vater auf dessen Feldzügen und wurde bereits im Alter von 8 Jahren von Septimius Severus zum Caesar erhoben. Nur zwei Jahre später, 198, verlieh ihm sein Vater den Titel Augustus. Gegen seinen Willen heiratete Caracalla im Jahre 202 Fulvia Plautilla, die Tochter des Fulvius Plautianus, der unter Septimius Severus zu einem der mächtigsten Männer im römischen Reich aufgestiegen war. Damit hatte sich Plautianus Iulia Domna zu einer unversöhnlichen Feindin gemacht, die ihren Einfluß auf ihren Gatten dazu nutzte, den Plautianus im Jahr 205 zu stürzen und Plautilla nach Lipara zu verbannen. Die Ehe von Caracalla und Plautilla blieb kinderlos.
Nach dem Tod des Septimius Severus übernahm Caracalla zusammen mit seinem Bruder Geta die Herrschaft. Während in anderen Samtherrschaften die Hierarchie zwischen den Herrschern funktioniert hatte – Lucius Verus hatte sich z. B. widerspruchslos Marcus Aurelius untergeordnet – scheint Geta mit seiner Rolle nicht zufrieden gewesen zu sein. Um einen Bürgerkrieg zu verhindern, ermordete (vielleicht sogar persönlich) Caracalla den Geta Ende 212. Zusammen mit dem Kaisersohn sollen 20.000 Anhänger das Leben verloren haben, was übrigens eher für einen tatsächlich geplanten Aufstand spricht als für eine Familientragödie.
Caracalla konnte das römische Reich gegen die Angriffe aus dem Westen verteidigen. Mit persönlichem Einsatz kämpfte er gegen Chatten und Karpen. Um im Osten einen dauerhaften Frieden zu sichern, versuchte Caracalla als zweiter Alexander zunächst auf dem Verhandlungsweg zu einer Lösung zu kommen, als das scheiterte, organisierte er einen großen Feldzug gegen die Parther. Auf seinem Vormarsch wurde er am 8. April 217 in Carrhae auf Veranlassung des Praetorianerpraefecten Macrinus getötet.
Die wichtigste innenpolitische Entscheidung des Caracalla war die sogenannte Constitutio Antoniniana, in der er im Jahre 212 allen freien Reichsbewohnern das römische Bürgerrecht verlieh.
Der Name Caracalla soll übrigens von einem keltischen Kapuzenmantel stammen, den der Kaiser zu tragen pflegte. Dieser Spitzname ist seit 213 belegt.

Zur Münzgeschichte

Die Völkerwanderung trieb immer neue Völkerscharen dazu, die römischen Grenzen anzugreifen, um neues Siedlungsland zu gewinnen. So mußten seit Marcus Aurelius die Kaiser einen immer größeren Teil des Staatseinkommens für militärische Zwecke ausgeben. Da sich gleichzeitig die weiteren Ausgaben kaum verringerten und eine geplante Finanzverwaltung noch nicht "erfunden" war, kam es zu immer größeren Defiziten in der Staatskasse. Da die Soldaten jedoch bezahlt werden mußten, griff man seit Marcus Aurelius auf die einfache und probate Methode zurück, das Silber zu strecken, indem man aus immer weniger Silber immer mehr Denare prägte und so den Silbergehalt der Denare verringerte. Hatte unter Augustus ein Denar noch 3,65 g reines Silber enthalten, ging er unter Marcus Aurelius auf 2,2 g zurück, unter Septimius Severus auf 1,9 g, um sich unter Caracalla auf ca. 1,5 g Silber einzupendeln. Das bedeutete, daß so ein Denar mittlerweile weniger als 50 % Silber enthielt.
Wichtigste währungsgeschichtliche Neuerung unter Caracalla ist seine Einführung eines neuen Nominals, des sogenannten Antoninians, gegen Ende des Jahres 214, der wohl geprägt wurde, um die Kosten einer Solderhöhung des Jahres 215 aufzufangen. Der Name dieses doppelten Denars ist modern, ob in antiker Zeit ein eigener Ausdruck dafür bestanden hat, mag dahingestellt bleiben. Antoniniane erkennt man leicht daran, daß der Kaiser auf der Vorderseite der Stücke eine Strahlenkrone trägt, die Büste der Kaiserin auf einer Mondsichel zu sehen ist.

Hinweise für Sammler

Seit dem Jahr 198 erneuerte Caracalla jährlich seine Tribunicia Potestas, so daß alle Münzen, die diese Aufschrift tragen, leicht zu datieren sind. Häufig erscheinen die Daten nach dem Tod des Vater Septimius Severus.

TR P	198/9
TR P II	199/200
TR P III	200/1
TR P IIII	201/2
TR P V	202/3
TR P VI	203/4
TR P VII	204/5
TR P VIII	205/6
TR P VIIII	206/7
TR P X	207/8
TR P XI	208/9
TR P XII	209/10
TR P XIII	210/1
TR P XIIII	211/2
TR P XV	212/3
TR P XVI	213/4
TR P XVII	214/5
TR P XVIII	215/6
TR P XVIIII	216/7
TR P XX	217

Münzen

Als Caesar:

Folgende Vorderseitenvarianten kommen vor:
Umschrift: M AVR ANTON(INVS) CAES (PONTIF).
Büste: n. r., barhäuptig, drapiert oder drapiert und gepanzert.

Denare

		s	*ss*	*vz*
51.1	DESTINATO IMPERAT Priesterliche Geräte. *RIC 6.*	**15**	**25**	**75**
51.2	FELICITATEM PVBLICAM Felicitas n. l. stehend. *RIC 1.*	**15**	**25**	**75**
51.3	FIDES PVBLICA Fides n. r. stehend. *RIC 8.*	**15**	**25**	**75**
51.4	IMPERII FELICITAS Felicitas n. l. stehend. *RIC 9.*	**15**	**25**	**75**
51.5	MARS VLTOR oder MARTI VLTORI Mars n. r. gehend. *RIC 10f.*	**15**	**25**	**75**
51.6	PIETAS Pietas n. l. stehend. *RIC 12.*	**15**	**25**	**75**
51.7	PRINCIPI IVVENTVTIS Caracalla n. l. stehend (Aureus). *RIC 13.*	**15**	**25**	**75**
51.8	SAECVLI FELICITAS Felicitas n. l. stehend. *RIC 14.*	**15**	**25**	**75**
51.9	SECVRITAS PERPETVA Minerva n. l. stehend (Aureus). *RIC 2.*	**15**	**25**	**75**
51.10	SEVERI AVG PII FIL Priesterliche Geräte (Aureus). *RIC 3f.*	**15**	**25**	**75**
51.11	SPEI PERPETVAE Spes n. l. gehend (Aureus). *RIC 5.*	**15**	**25**	**75**

Als Augustus:

Folgende Vorderseitenvarianten kommen vor:
Umschrift: ANTONINVS AVGVSTVS,
ANTONINVS PIVS AVG (BRIT oder GERM),
ANTONINVS PIVS FEL AVG,
M AVREL ANTONINVS PIVS AVG BRIT
und viele andere Varianten.
Büste: n. r., mit Lorbeerkranz, drapiert und / oder gepanzert.

Aurei

		s	*ss*	*vz*
51.12	ADVENT AVGG Severus, Caracalla und Geta n. r. galoppierend. *RIC 56.*	**1.500**	**3.000**	**10.000**

		s	*ss*	*vz*
51.13	CONCORDIAE AETERNAE Büsten des Severus und der Iulia Domna nebeneinander auf Mondsichel. *RIC 36.*	**2.500**	**5.000**	**15.000**
51.14	DII PATRII Bacchus und Hercules. *RIC 76.*	**1.500**	**3.000**	**10.000**
51.15	LIBERAL AVG VIII Caracalla auf Podium n. l. sitzend, hinter ihm Lictor, vor ihm Liberalitas, unten Bürger. *RIC 303.*	**2.500**	**5.000**	**15.000**
51.16	PACI AETERNAE Pax n. r. sitzend. *RIC 138.*	**1.000**	**2.500**	**8.000**
51.17	PLAVTILLA(E) AVGVSTA(E) Drap. Büste der Plautilla n. r. *RIC 163A.*	**4.000**	**8.000**	**LP**
51.18	P M TR P XV COS III P P IOV VIC Iupiter n. l. sitzend. *RIC 200.*	**1.000**	**2.500**	**8.000**
51.19	P M TR P XVI COS IIII P P Iupiter n. l. sitzend. *RIC 206A.*	**1.000**	**2.500**	**8.000**
51.20	–. Caracalla in Quadriga n. r. *RIC 210.*	**1.500**	**3.000**	**10.000**
51.21	P M TR P XVII (IMP III) COS IIII P P 1.) Aesculapius frontal stehend, 2.) Pluto n. l. sitzend, 3.) Victoria n. r. sitzend. *RIC 238ff.*	**1.000**	**2.500**	**8.000**
51.22	–. Caracalla zusammen mit zwei Männern, einem Kind und drei Vestalinnen vor Tempel der Vesta opfernd. *RIC 249.*	**3.000**	**8.000**	**20.000**
51.23	P M TR P XVIII COS IIII P P Isis n. r. stehend, Caracalla zwei Ähren überreichend. *RIC 257.*	**1.500**	**3.000**	**10.000**
51.24	–. Victoria n. r. sitzend. *RIC 269.*	**1.000**	**2.500**	**8.000**
51.25	PONTIFEX TR P X COS II Aesculap in Tempel. *RIC 99.*	**2.500**	**5.000**	**15.000**
51.26	PONTIF TR P VII COS Caracalla in Quadriga n. l. *RIC 77.*	**1.500**	**3.000**	**10.000**
51.27	PONTIF TR P X COS II Büste der Roma n. r. oder n. l. *RIC 90f.*	**1.500**	**3.000**	**10.000**

		s	ss	vz
51.28	PONTIF TR P XII COS III Mars n. l. eilend. *RIC 109.*	1.000	2.500	8.000
51.29	PONTIF TR P XIII COS III Mars n. l. gehend. *RIC 115.*	1.000	2.500	8.000
51.30	RESTITVTOR VRBIS Roma n. l. sitzend. *RIC 142.*	1.000	2.500	8.000
51.31	SAECVLI FELICITAS Büsten von Caracalla und Geta einander gegenüber. *RIC 25A.*	2.500	5.000	15.000
51.32	SECVRITATI PERPETVAE Securitas n. r. sitzend. *RIC 229.*	1.000	2.500	8.000
51.33	VICTORIA(E) AVGG Victoria n. l. gehend. *RIC 49.*	1.000	2.500	8.000
51.34	VICTORIAE PARTHICAE Victoria n. l. gehend oder stehend. *RIC 49A.*	1.000	2.500	8.000
51.35	VICTORIA PARTHICA MAXIMA Victoria n. l. gehend. *RIC 79.*	1.000	2.500	8.000
51.36	VIRTVS AVGVSTORVM Severus, Caracalla und Geta n. r. reitend. *RIC 177.*	1.500	3.000	10.000

Denare und Antoniniane

Soweit nichts anderes angegeben ist, handelt es sich um Denare.

		s	ss	vz
51.37	ADVENT AVGG (oder ADVENTVS AVGVSTOR) Galeere n. l. *RIC 120.*	40	80	250
51.38	ADVENTVS AVGVSTI Caracalla n. l. reitend. *RIC 212.*	15	25	75
51.39	AEQVITAS AVGG Caracalla n. l. sitzend, ihm gegenüber Aequitas. *RIC 31.*	25	60	250

		s	ss	vz
51.40	AETERNIT IMPERI Büsten von Severus und Caracalla einander gegenüber. *RIC 32.*	250	500	1.250
51.41	BONVS EVENTVS Bonus Eventus n. l. stehend. *RIC 33.*	15	25	75
51.42	CERERI FRVGIS Ceres n. l. sitzend. *RIC 355.*	15	25	75

		s	ss	vz
51.43	CONCORDIA FELIX Caracalla und Plautilla im Handschlag (Aureus). *RIC 123.*	20	50	150
51.44	CONCORDIA MILIT 1.) Zwei Standarten zwischen zwei Legionsadlern, 2.) Legionsadler zwischen zwei Standarten. *RIC 232f.*	15	25	75

51.45.2

		s	ss	vz
51.45	COS II 1.) Victoria n. l. gehend, 2.) Caracalla in Quadriga n. r. (Aureus). *RIC 86ff.*	15	25	75
51.46	–. Triumphbogen. *RIC 212A.*	500	1.000	2.500
51.47	COS III Salus n. l. stehend. *RIC 201.*	15	25	75
51.48	Quinar. –. COS III (oder COS IIII) P P Victoria n. l. gehend. *RIC 202.*	200	700	2.000

(Aureus)

		s	ss	vz
51.49	FELICITAS AVGG Felicitas n. l. stehend (Aureus). *RIC 18.*	15	25	75
51.50	FELICITAS TEMPOR Felicitas n. l. stehend. *RIC 233A.*	15	25	75
51.51	FIDEI EXERCITVS Fides n. l. stehend. *RIC 213.*	15	25	75
51.52	FIDES PVBLICA Fides n. r. oder n. l. stehend. *RIC 19.*	15	25	75
51.53	FORTVNAE FELICI Fortuna n. l. stehend. *RIC 154.*	15	25	75
51.54	FORTVNA REDVX Fortuna n. l. stehend. *RIC 37.*	15	25	75
51.55	FVNDATOR PACIS Caracalla n. l. stehend. *RIC 129.*	15	25	75
51.56	GENIO SENATVS Genius des Senats n. l. stehend. *RIC 234.*	15	25	75

s ss vz

51.57 IMPERII FELICITAS Felicitas n. l. stehend.
RIC 331. 15 25 75

51.58 INDVLGENTIA AVG Indulgentia n. l. sitzend.
RIC 300. 15 25 75

51.59 INDVLGENTIA AVGG IN CARTH Dea Caelestis auf Löwen n. r. reitend (Aureus).
RIC 130. 20 50 150

51.60 INDVLGENTIA AVGG IN ITALIAM Italia auf Globus n. l. sitzend.
RIC 132. 25 60 250

51.61 INDVLG FECVNDAE Indulgentia n. l. sitzend.
RIC 214. 15 25 75

51.62 INVICTA VIRTVS Caracalla n. r. reitend, einen Speer auf einen Feind werfend (Aureus).
RIC 155. 15 25 75

51.63 IOVI CONSERVATORI Iupiter stehend.
RIC 301. 15 25 75

51.64 IOVI SOSPITATORI Iupiter in Tempel frontal stehend (Aureus).
RIC 156. 80 250 650

51.65 IVSTITIA (TR P) Iustitia n. l. sitzend.
RIC 331A. 15 25 75

51.66 IVVENTA IMPERII Caracalla n. l. stehend, zu seinen Füßen Gefangener (Aureus).
RIC 20. 15 25 75

51.67 LIBERAL(ITAS) AVG(G) (IIII, V, VI, VII oder VIII) Liberalitas n. l. stehend.
RIC 134. 15 25 75

51.68 LIBERALITAS AVGVS Liberalitas n. l. stehend.
RIC 160. 15 25 75

s ss vz

51.69 LIBERTAS AVG Libertas n. l. stehend.
RIC 161. 15 25 75

51.70 LIB AVGG VI ET V Caracalla und Geta auf Podium n. l. sitzend, vor ihnen Liberalitas, unten Bürger (Aureus).
RIC 215. 80 250 650

51.71 Antoninian. MARS VICTOR Mars n. r. gehend.
RIC 306. 20 100 200

51.72 MARTI PACATORI Mars frontal stehend.
RIC 222. 15 25 75

51.73 MARTI PROPVGNATORI Mars n. l. laufend.
RIC 223. 15 25 75

51.74 MINER VICTRIX Minerva n. l. stehend (Aureus).
RIC 21. 15 25 75

51.75 MONETA AVG(G) Moneta n. l. stehend.
RIC 224. 15 25 75

51.76 Quinar. NOBILITAS Nobilitas n. r. stehend.
RIC 162. 200 700 2.000

51.77 PACATOR ORBIS Büste des Sol n. r. (Aureus).
RIC 163. 20 75 200

51.78 PART MAX PONT TR P IIII (COS) Zwei Gefangene um Trophäe (Aureus).
RIC 54f. 15 25 75

51.79 PONTIFEX TR P III Caracalla n. l. stehend, l. Gefangener (Aureus).
RIC 343. 15 25 75

51.80 P MAX TR P III Roma n. l. sitzend (Aureus).
RIC 342. 15 25 75

51.81 P MAX TR P IIII COS Caracalla n. l. opfernd.
RIC 344. 15 25 75

51.82 P M TR P XIIII COS III P P 1.) Concordia n. l. sitzend, 2.) Pax n. l. gehend, 3.) Victoria n. r. oder n. l. gehend, 4.) Virtus n. r. stehend, 5.) Caracalla n. r. reitend.
RIC 183ff. 15 25 75

s ss vz

51.83 P M TR P XIIII COS III P P FORT RED Fortuna n. l. stehend oder sitzend (Aureus).
RIC 189f. 15 25 75

51.84.2

51.84 P M TR P XV COS III P P 1.) Annona n. l. sitzend, 2.) Hercules n. l. stehend (Quinar), 3.) Salus n. l. sitzend, 4.) Serapis n. l. stehend, 5.) Virtus n. r. stehend.
RIC 192ff. 15 25 75

51.85 –. Elefant n. r. gehend.
RIC 199. 25 60 150

51.86 Quinar. –. Victoria n. l. gehend.
RIC 197. 200 700 2.000

51.87 P M TR P XVI COS IIII P P 1.) Hercules n. l. stehend, 2.) Libertas n. l. stehend (Aureus), 3.) Mars stehend, 4.) Sarapis n. l. stehend, 5.) Caracalla n. l. sitzend.
RIC 206-211. 15 25 75

51.88 - Elefant n. r. gehend (Aureus).
RIC 211. 25 60 150

51.89 P M TR P XVII (IMP III) COS IIII P P 1.) Apollon n. l. sitzend, 2.) Hercules n. l. stehend, 3.) Iupiter n. l. stehend, 4.) Roma n. l. stehend, 5.) Serapis n. l. stehend, 6.) Caracalla n. l. stehend.
RIC 238A-244. 15 25 75

51.90 –. Elefant n. r. oder l. gehend.
RIC 250A. 25 60 150

51.91 Antoninian. –. Sol n. l. stehend.
RIC 245. 20 100 200

51.92.5

51.92 P M TR P XVIII COS IIII P P 1.) Aesculapius n. l. stehend, 2.) Apollon n. l. stehend, 3.) Fides Militum n. l. stehend, 4.) Iupiter n. r. stehend, 5.) Pax n. l. stehend, 6.) Pluto n. l. sitzend (Aureus), 7.) Serapis frontal stehend (Aureus), 8.) Sol frontal stehend (Aureus), 9.) Sol in Quadriga n. l. (Aureus), 10.) Löwe n. l. gehend, Blitzbündel im Maul (Aureus).
RIC 251-273. 15 25 75

s ss vz

51.93.6

51.93 Antoninian. –. 1.) Diana in Biga n. l. fahrend, 2.) Iupiter n. r. oder n. l. stehend, 3.) Iupiter n. l. sitzend (Aureus), 4.) Pluto n. l. sitzend, 5.) Serapis frontal stehend, 6.) Sol frontal stehend, 7.) Sol in Quadriga n. l., 8.) Löwe n. l. gehend, Blitzbündel im Maul.
RIC 256-273. 20 100 200

51.94 P M TR P XVIIII COS IIII P P 1.) Diana in Biga n. l. (Aureus), 2.) Iupiter frontal stehend (Aureus), 3.) Iupiter n. l. sitzend, 4.) Pluto n. l. sitzend, 5.) Serapis n. l. stehend (Aureus), 6.) Sol frontal stehend (Aureus), 7.) Sol in Quadriga n. l. (Aureus), 8.) Löwe n. l. gehend, Blitzbündel im Maul (Aureus).
RIC 274-283. 15 25 75

51.95.1

51.95 Antoninian. – 1.) Diana in Biga n. l., 2.) Iupiter frontal stehend (Aureus), 3.) Iupiter n. l. sitzend, 4.) Pluto n. l. sitzend, 5.) Serapis n. l. stehend, 6.) Sol frontal stehend, 7.) Sol in Quadriga n. l., 8.) Löwe n. l. gehend, Blitzbündel im Maul.
RIC 274-283. 20 100 200

51.96 P M TR P XX COS IIII P P 1.) Diana in Biga n. l. (Aureus), 2.) Iupiter n. l. stehend (Aureus), 3.) Iupiter n. l. sitzend (Aureus), 4.) Serapis n. l. stehend (Aureus), 5.) Serapis n. l. sitzend (Aureus), 6.) Sol n. l. stehend (Aureus), 7.) Sol in Quadriga n. l., 8.) Victoria n. r. sitzend, VO XX auf Schild schreibend, 9.) Löwe n. l. gehend, Blitzbündel im Maul (Aureus).
RIC 284-296. 15 25 75

s ss vz

51.97.3

51.97.5

51.97 Antoninian. –. 1.) Diana in Biga n. l., 2.) Iupiter n. l. stehend, 3.) Serapis n. l. stehend, 4.) Serapis n. l. sitzend, 5.) Sol n. l. stehend, 6.) Victoria n. r. sitzend, VO XX auf Schild schreibend.
RIC 284-296. 20 100 200

51.98 P M TR P XX COS IIII P P VIC(T) PART Victoria n. r. sitzend, auf Knie Schild, darauf VO XX, davor Trophäe und zwei Gefangene (Aureus, Antoninian).
RIC 297f. 15 25 75

51.99 PONT(IFEX) TR P II 1.) Securitas n. r. sitzend, 2.) Caracalla n. l. stehend.
RIC 26Af. 15 25 75

51.100 PONTIF TR P III (oder IIII) Sol frontal stehend.
RIC 30. 15 25 75

51.101 PONTIF TR P VIII COS II 1.) Mars n. l. stehend (Aureus), 2.) Salus n. l. sitzend, 3.) Kaiser n. l. stehend.
RIC 80ff. 15 25 75

51.102 PONTIF TR P VIIII COS II 1.) Mars n. l. stehend, 2.) Caracalla n. r. reitend (Aureus).
RIC 83f. 15 25 75

51.103 –. Galeere n. l.
RIC 85A. 40 80 250

51.104.6

51.104 PONTIF TR P X COS II 1.) Mars n. r. gehend oder 2.) n. l. stehend, 3.) Securitas n. r. sitzend, 4.) Caracalla n. r. stehend, 5.) Caracalla n. r. reitend, 6.) Caracalla frontal stehend, l. Flußgott, r. zwei gelagerte Gestalten.
RIC 88ff. 15 25 75

s ss vz

51.105 –. Galeere n. l.
RIC 98. 40 80 250

51.106 Quinar. –. Victoria n. l. gehend.
RIC 94. 200 700 2.000

51.107 PONTIF TR P XI COS III 1.) Mars n. r. stehend, 2.) Caracalla n. r. reitend, 3.) Caracalla in Quadriga.
RIC 100ff. 15 25 75

51.108 –. Caracalla und Geta auf Podium sitzend, zwischen ihnen Severus (Aureus).
RIC 106. 20 75 200

51.109 Quinar. –. Victoria n. l. gehend.
RIC 101. 200 700 2.000

51.110 PONTIF TR P XI COS III PROF Caracalla n. r. reitend.
RIC 107f. 15 25 75

51.111 PONTIF TR P XII COS III 1.) Concordia n. l. sitzend, 2.) Mars n. r. stehend, 3.) Virtus n. r. stehend, 4.) Caracalla, einen Feind niederreitend.
RIC 110ff. 15 25 75

51.112 PONTIF TR P XIII COS III 1.) Concordia n. l. sitzend, 2.) Virtus n. r. stehend, 3.) Caracalla, einen Feind niederreitend.
RIC 116ff. 15 25 75

51.113 PONTIF TR P XIIII COS III Virtus n. r. stehend.
RIC 191. 15 25 75

51.114 PRINC(IPI) IVVENT(VTIS) Caracalla n. l. stehend.
RIC 140. 15 25 75

51.115 PROFECTIO AVG Caracalla n. r. stehend.
RIC 225. 15 25 75

51.116 PROVIDENTIA Kopf der Medusa.
RIC 164f. 25 100 300

51.117 PROVIDENTIAE DEORVM Providentia n. l. stehend (Aureus).
RIC 227. 15 25 75

51.118 P SEPT GETA CAES PONT Büste Getas n. r. (Aureus).
RIC 17. 250 500 1.250

51.119 RECTOR(I) ORBIS Sol frontal stehend (Aureus).
RIC 40. 15 25 75

s ss vz

51.120 RESTITVTOR VRBIS 1.) Roma n. l. sitzend (Aureus), 2.) Caracalla n. l. opfernd.
RIC 41. **15 25 75**

51.121 ROMA AETERNA Roma n. l. sitzend (Aureus).
RIC 143. **15 25 75**

51.122 SAL GEN HVM Salus n. l. stehend.
RIC 42. **15 25 75**

51.123 SECVRITAS PERPETVA Minerva n. l. stehend.
RIC 330. **15 25 75**

51.124 SECVRITAS PVBLICA Securitas n. l. sitzend.
RIC 332. **15 25 75**

51.125 SECVRIT IMPERI Securitas n. r. sitzend.
RIC 168. **15 25 75**

51.126 SECVRIT ORBIS Securitas n. r. oder n. l. sitzend (Aureus).
RIC 22. **15 25 75**

51.127 SEVERI PII AVG FIL Caracalla n. l. stehend, l. sitzender Gefangener (Aureus).
RIC 45 **15 25 75**

51.128 SPES PVBLICA Spes n. l. gehend (Aureus).
RIC 22A. **15 25 75**

51.129 Antoninian. VENERI VICTRICI Venus n. l. stehend.
RIC 310. **20 100 200**

(Antoninian)

51.130 VENVS VICTRIX Venus n. l. stehend (Aureus, Antoninian).
RIC 311f. **15 25 75**

51.131 VIC PART P M TR P XX COS IIII P P Caracalla n. l. stehend, von Victoria bekränzt, l. Gefangener (Aureus, Antoninian).
RIC 299. **15 25 75**

s ss vz

51.132 VICT AETERN(AE) Victoria n. l. gehend.
RIC 23. **15 25 75**

51.133 Antoninian. VICTORIA AVG Victoria in Quadriga.
RIC 313. **20 100 200**

51.134 VICTORIA AVGVST Victoria n. r. sitzend.
RIC 171. **15 25 75**

51.135 VICTORIA BRIT Victoria n. r. stehend.
RIC 169. **15 25 75**

51.136 VICTORIAE AVGG Victoria in Biga n. r. (Aureus).
RIC 170. **15 25 75**

51.137 VICTORIAE BRIT Victoria n. r. oder n. l. gehend (Aureus).
RIC 172ff. **30 75 250**

51.138 VICTORIA GERMANICA Victoria n. r. laufend (Aureus).
RIC 237. **40 100 350**

51.139 VICT(ORIA) PART(H) MAX Victoria n. l. gehend (Aureus).
RIC 144. **15 25 75**

51.140 VICT PARTHICA 1.) Victoria n. r. sitzend, einen Schild haltend, darauf VO XX (Antoninian), 2.) Caracalla n. l. stehend mit Victoriola, zu jeder Seite sitzender Gefangener (Antoninian).
RIC 314f. **15 25 75**

51.141 VIRT(VS) AVGG Virtus n. r. oder n. l. stehend.
RIC 50f. **15 25 75**

		s	ss	vz
51.142	Quinar. –. Virtus n. l. stehend. *RIC 148.*	**200**	**700**	**2.000**
51.143	–. Caracalla frontal stehend, l. Flußgott, r. zwei Gefangene. *RIC 175.*	**15**	**25**	**75**
51.144	VIRTVS AVGVSTOR Virtus n. l. sitzend. *RIC 176.*	**15**	**25**	**75**
51.145	VOTA PVBLICA Caracalla n. l. opfernd. *RIC 178.*	**15**	**25**	**75**
51.146	VOTA SOLVT DEC COS III Caracalla n. l. opfernd. *RIC 204.*	**15**	**25**	**75**
51.147	–. Caracalla n. r. opfernd, vor ihm Schlächter, einen Bullen erschlagend, hinter Dreifuß Flötenspieler (Aureus). *RIC 205.*	**30**	**75**	**250**
51.148	VOTA SVSCEPTA X (oder XX) Caracalla n. l. opfernd. *RIC 150f.*	**15**	**25**	**75**
51.149	–. Severus und Caracalla opfernd, im Hintergrund Flötenspieler. *RIC 181.*	**30**	**75**	**250**

Bronzemünzen

		s	ss	vz
51.150	As. AVGVSTI COS SC Severus und Caracalla auf Podium n. r. sitzend, hinter ihnen Offizier, davor Lictor. *RIC 422A.*	**40**	**300**	**1.000**
51.151	As. CONCORDIA AVG SC Zwei Togati im Handschlag. *RIC 518.*	**30**	**200**	**500**
51.152	Sesterz. CONCORDIAE AVGG SC Caracalla und Geta im Handschlag, einer von Apollon bekränzt, der andere von Hercules. *RIC 459.*	**100**	**500**	**2.500**
51.153	As. COS LVD SAEC(VL) FEC SC Bacchus und Hercules frontal stehend. *RIC 420f.*	**30**	**200**	**500**
51.154	As. DI PATRII SC Bacchus und Hercules frontal stehend. *RIC 422.*	**30**	**200**	**500**
51.155	As. FELICITAS SAECVLI SC Severus, Caracalla und Geta auf Podium n. r. sitzend, hinter ihnen Offizier, unten Bürger. *RIC 469.*	**40**	**300**	**1.000**

		s	ss	vz
51.156	Sesterz. FORT RED (P M) TR P XIIII COS III (P P) SC Fortuna n. l. sitzend (Dupondius, As). *RIC 479.*	**40**	**300**	**1.000**
51.157	Sesterz. INDVLGENTIA AVGG IN CARTH SC Dea Caelestis auf Löwen n. l. oder n. r. reitend (Dupondius, As). *RIC 415.*	**40**	**300**	**1.000**
51.158	As. IOVI SOSPITATORI SC Iupiter frontal stehend in Tempel. *RIC 472.*	**40**	**300**	**1.000**
51.159	As. LIBERALITAS AVGG COS II SC Caracalla und Severus auf Podium n. r. sitzend, hinter ihnen Offizier, davor Lictor. *RIC 430A.*	**40**	**300**	**1.000**
51.160	As. LIBERALITAS AVG IIII SC Liberalitas n. l. stehend. *RIC 416.*	**40**	**300**	**1.000**
51.161	Sesterz. LIBERALITAS AVG VIII SC Liberalitas n. l. stehend (As). *RIC 510.*	**40**	**300**	**1.000**
51.162	Sesterz. LIBERTAS AVG SC Libertas n. l. stehend. *RIC 460.*	**40**	**300**	**1.000**
51.163	Sesterz. MARTI VLTORI SC Mars n. r. gehend (As). *RIC 397.*	**40**	**300**	**1.000**
51.164	Dupondius. MINER VICTRIX SC Minerva n. l. stehend (As). *RIC 406B.*	**30**	**200**	**500**
51.165	Sesterz. P M TR P XIIII COS III P P SC Securitas n. r. sitzend (Dupondius). *RIC 480.*	**40**	**300**	**1.000**

		s	ss	vz
51.166	Sesterz. P M TR P XV COS IIII P P SC Mars n. l. stehend (Dupondius, As). *RIC 490.*	**40**	**300**	**1.000**
51.167	Sesterz. –. Elefant n. l. oder n. r. gehend (Dupondius, As). *RIC 491.*	**50**	**400**	**1.250**
51.168	Dupondius. –. Securitas n. r. sitzend (As). *RIC 492A.*	**30**	**200**	**500**

51.169.2

		s	ss	vz
51.169	Sesterz. P M TR P XVI COS IIII P P SC 1.) Mars n. l. stehend (Dupondius, As), 2.) Libertas n. l. stehend (Dupondius), 3.) Sarapis n. l. stehend (Dupondius, As). *RIC 496ff.*	**40**	**300**	**1.000**
51.170	Sesterz. P M TR P XVI IMP II COS IIII P P SC Caracalla in Quadriga n. r. fahrend, von Victoria bekränzt (As). *RIC 499.*	**50**	**400**	**1.250**

s *ss* *vz*

51.171 Sesterz. –. Circus Maximus.
RIC 500. **1.000 5.000 25.000**

51.172.2

51.172 Sesterz. P M TR P XVII IMP III COS IIII P P SC 1.) Mars n. l. stehend (Dupondius, As), 2.) Caracalla n. r. reitend, einen Speer auf einen Feind werfend.
RIC 524ff. **40 300 1.000**

51.173 Dupondius. –. Roma n. l. sitzend (As).
RIC 530. **30 200 500**

51.174 As. –. Victoria n. l. stehend.
RIC 534. **30 200 500**

(As)

51.175 Sesterz. P M TR P XVIII IMP III COS IIII P P SC Aesculapius frontal stehend, (bei ihm Telesphorus) (Dupondius, As).
RIC 538. **50 400 1.250**

51.176 Sesterz. –. 1.) Diana in Biga n. l. (Dupondius, As), 2.) Iupiter n. l. sitzend (As), 3.) Pluto n. l. sitzend (As), 4.) Sol in Quadriga n. l. (Dupondius, As).
RIC 540ff. **40 300 1.000**

51.177 Sesterz. –. Caracalla n. l. stehend, ihm gegenüber Isis.
RIC 544. **120 900 3.000**

51.178 Sesterz. –. Löwe n. l., im Maul ein Blitzbündel (Dupondius, As).
RIC 548. **50 400 1.250**

51.179 As. P M TR P XVIIII COS IIII P P SC 1.) Diana in Biga n. l., 2.) Iupiter n. l. sitzend, 3.) Pluto n. l. sitzend, 4.) Serapis

s *ss* *vz*

n. l. stehend, 5.) Sol in Quadriga n. l., 6.) Sol n. l. stehend, 7.) Löwe n. l., im Maul ein Blitzbündel.
RIC 558ff. **30 200 500**

51.180.3 (As)

51.180 Sesterz. P M TR P XX (IMP III) COS IIII P P SC 1.) Diana in Biga n. l. (As), 2.) Sol in Quadriga n. l. (As), 3.) Löwe n. l., im Maul ein Blitzbündel (As).
RIC 565. **40 300 1.000**

51.181 As. –. 1.) Iupiter n. l. sitzend, 2.). Pluto n. l. sitzend.
RIC 568ff. **30 200 500**

51.182 Dupondius. PONTIF TR P II (oder III) SC Sol n. l. stehend (As).
RIC 407. **30 200 500**

51.183 Sesterz. PONTIF TR P VIIII COS II SC 1.) Mars n. l. stehend, 2.) Caracalla n. r. reitend (Dupondius, As).
RIC 423f. **40 300 1.000**

51.184 Sesterz. PONTIF TR P X COS II SC 1.) Caracalla n. r. reitend (As).
RIC 425. **40 300 1.000**

51.185 –. Galeere n. l. fahrend (As).
RIC 426. **75 500 2.500**

51.186 As. –. Roma n. l. sitzend.
RIC 427. **30 200 500**

51.187 As. PONTIF TR P XI COS III SC 1.) Mars n. r. stehend oder gehend, 2.) Caracalla n. r. reitend.
RIC 434f. **30 200 500**

51.188 –. Galeere n. l. fahrend.
RIC 437. **40 200 1.000**

51.189 Sesterz. PONTIF TR P XII COS III SC 1.) Mars n. l. laufend (As), 2.) Caracalla n. l. galoppierend.
RIC 442f. **40 300 1.000**

51.190 Sesterz. –. Caracalla und Geta über Dreifuß opfernd, hinter Dreifuß weitere Gestalt.
RIC 444. **60 400 2.000**

51.191 Sesterz. PONTIF TR P XIII COS III SC 1.) Mars n. l. laufend.
RIC 450. **40 300 1.000**

51.192 Sesterz. –. Caracalla und Geta über Dreifuß opfernd, hinter Dreifuß weitere Gestalt.
RIC 444. **60 400 2.000**

51.193 Dupondius. –. Victoria n. r. oder n. l. stehend (As).
RIC 455ff. **30 200 500**

51.194 Sesterz. PONTIF TR P XIIII COS III SC Victoria n. r. stehend, eine Trophäe errichten, darunter Gefangener und Stadtgöttin.
RIC 481. **40 300 1.000**

		s	ss	vz
51.195	Sesterz. –. Caracalla und Geta über Dreifuß opfernd, hinter Dreifuß weitere Gestalt. *RIC 482.*	**60**	**400**	**2.000**
51.196	Sesterz. PRINCIPI IVVENTVTIS SC Caracalla n. l. stehend. *RIC 398.*	**40**	**300**	**1.000**
51.197	Sesterz. PROF AVGG PONTIF TR P XI (oder XII) (COS III) SC Caracalla n. r. reitend (gelegentlich davor und dahinter andere Soldaten) (As). *RIC 432f.*	**40**	**300**	**1.000**
51.198	Dupondius. PROF AVGG PONTIF TR P XII COS III SC Caracalla n. r. reitend, einen Feind niederstechend (As). *RIC 446.*	**30**	**200**	**500**
51.199	As. –. Victoria n. r. stehend. *RIC 448.*	**30**	**200**	**500**

51.200	Sesterz. PROVIDENTIAE DEORVM SC Providentia n. l. stehend, einen Stab über einen Globus haltend (Dupondius, As). *RIC 511.*	**40**	**300**	**1.000**
51.201	Sesterz. RECTOR ORBIS SC Sol frontal stehend (Dupondius, As). *RIC 410.*	**40**	**300**	**1.000**
51.202	Sesterz. RESTITVTOR VRBIS SC Roma n. l. sitzend (As). *RIC 461.*	**40**	**300**	**1.000**
51.203	Sesterz. SECVRITAS PERPETVA SC Minerva n. l. stehend (As). *RIC 399.*	**40**	**300**	**1.000**

51.204	Sesterz. SECVRITATI PERPETVAE SC Securitas n. r. sitzend (Dupondius, As). *RIC 512.*	**40**	**300**	**1.000**
51.205	Sesterz. SEVERI AVG PII FIL SC Priesterliche Geräte (As). *RIC 400.*	**40**	**300**	**1.000**
51.206	Sesterz. SEVERI PII AVG FIL SC Caracalla frontal stehend, zu seinen Füßen Gefangener (Dupondius). *RIC 411.*	**40**	**300**	**1.000**
51.207	Sesterz. SPEI PERPETVAE SC Spes n. l. gehend (As). *RIC 401.*	**40**	**300**	**1.000**

		s	ss	vz
51.208	Dupondius. SPES PVBLICA SC Spes n. l. gehend (As). *RIC 406A.*	**30**	**200**	**500**
51.209	As. TRAIECTVS PONTIF TR P XI COS III SC Brücke, darauf Soldaten, Boote unterhalb. *RIC 441.*	**LP**	**LP**	**LP**
51.210	Sesterz. VENVS VICTRIX SC Venus n. l. stehend (Dupondius, As). *RIC 574.*	**40**	**300**	**1.000**

51.211.1

51.211	Sesterz. VICT BRIT (P M) TR P XIIII COS III (P P) SC 1.) Victoria n. r. stehend, eine Trophäe errichtend, daneben Stadtgottheit und Gefangener, 2.) Victoria n. r. stehend (Dupondius, As). *RIC 483.*	**40**	**300**	**1.000**
51.212	Sesterz. VICTORIAE AVGG SC Victoria in Biga n. r. galoppierend (As). *RIC 463.*	**40**	**300**	**1.000**
51.213	Sesterz. VICTORIAE BRITANNICAE SC 1.) Victoria n. l. stehend, eine Trophäe errichtend, zu Füssen der Trophäe ein Gefangener und eine trauernde Frau (Dupondius), 2.) Zwei Victorien, ein Schild an einer Palme befestigend, unter der zwei Gefangene sitzen. *RIC 464ff.*	**300**	**1.000**	**3.000**
51.214	Dupondius. –. Victoria n. l. sitzend (As). *RIC 516.*	**50**	**400**	**1.250**
51.215	As. VIRTVS AVGG SC Caracalla n. l. stehend, von Minerva bekränzt. *RIC 417.*	**30**	**200**	**500**
51.216	Sesterz. VIRTVS AVGVSTOR SC Virtus n. l. sitzend (Dupondius, As). *RIC 466.*	**40**	**300**	**1.000**
51.217	Sesterz. VOTA PVBLICA SC Caracalla n. l. opfernd, beim Altar Opfer (Dupondius, As). *RIC 513.*	**50**	**400**	**1.250**
51.218	As. VOTA SVSCEPTA X SC Caracalla n. l. opfernd. *RIC 478.*	**30**	**200**	**500**
51.219	As. VOT SOL DEC PONTIF TR P XI COS III SC Caracalla n. l. opfernd, dahinter Flötenspieler, r. Schlächter, das Opfer tötend. *RIC 441A.*	**40**	**300**	**1.000**

	s	ss	vz

Divus Antonius
Folgende Vorderseitenvarianten kommen vor:
Umschrift: DIVO ANTONINO MAGNO.
Büste: n. r., barhäuptig.

Denare

		s	ss	vz
51.220	*Unter Severus Alexander.* CONSECRATIO Adler auf Globus. *RIC 717.*	**250**	**750**	**2.500**

Bronzemünzen

		s	ss	vz
51.221	*Unter Severus Alexander.* Sesterz. CONSECRATIO SC 1.) Adler auf Basis, 2.) Scheiterhaufen, 3.) Frau mit Mauerkrone n. l. opfernd. *RIC 718ff.*	**400**	**1.200**	**3.500**

52. Plautilla

202 – 205

Zur Geschichte

Fulvia Plautilla war die Tochter des engsten Mitarbeiters des Septimius Severus. Ihr Vater Fulvius Plautianus stammte – wie auch der Kaiser – aus der Stadt Leptis Magna. Plautianus hatte Septimius Severus schon in seinem Streit um die Herrschaft unterstützt und dabei verantwortungsvolle Aufgaben übernommen. Es gelang ihm zum Beispiel, die Söhne des Pescennius Niger in seine Gewalt zu bringen. Septimius Severus machte seinen Getreuen zum alleinigen Befehlshaber der Praetorianer und verlieh ihm wichtige politische Rechte.
Den Höhepunkt seiner Macht erreichte Fulvius Plautianus im Jahr 202, als Caracalla widerstrebend auf Befehl seines Vaters die Tochter des Fulvius Plautianus, Plautilla, heiratete. Caracalla war von seiner Mutter Iulia Domna beeinflußt, die in Plautianus einen gefährlichen Konkurrenten für ihren Einfluß sah. Mutter und Sohn nutzten eine momentane Verstimmung zwischen Septimius Severus und Plautianus, um letzteren zu beschuldigen, die Ermordung des Severus geplant zu haben. Am 22. Januar 205 wurde Plautianus hingerichtet, sein Andenken verfiel der *damnatio memoriae,* seine Kinder wurden nach Lipara verbannt. Sieben Jahre blieb Plautilla in Lipara, erst im Jahr 212 ließ Caracalla seine ehemalige Ehefrau hinrichten.

Hinweise für Sammler

Denare der Plautilla sind nicht so selten, wie man auf Grund ihrer kurzen Ehe vermuten möchte. Gerade die Stücke mit der Rückseite CONCORDIA AETERNAE, die anläßlich ihrer Eheschließung herausgegeben wurden, sind sehr häufig im Handel anzutreffen. Sie zeigen ein reizendes Jugendporträt der Kaiserin mit der sogenannten Melonenfrisur, bei der die einzelnen Strähnen nach hinten gezogen und in einem kleinen Knoten auf dem Hinterkopf fixiert sind. Überraschend ist die Tatsache, daß sich trotz der kurzen Zeit, in der Münzen mit dem Porträt der Plautilla geprägt wurden, die Frisur noch zweimal ändern sollte. Ein etwas späteres Porträt zeigt vertikal verlaufende Strähnen, die am Hinterkopf zu einem länglichen Knoten aufgesteckt sind. Die letzte Frisur wird

als Helmfrisur bezeichnet. Dabei fallen die Haare natürlich nach unten und werden lediglich im Nackenbereich zusammengefaßt.
Mit den Severern verschwinden mehr und mehr die Bronzemünzen aus dem Prägeprogramm der Münzstätten. Alle Bronzen der Plautilla sind deshalb extrem selten.

Münzen

Folgende Vorderseitenvarianten kommen vor:
Umschrift: PLAVTILLA AVG,
PLAVTILLA AVGVSTA(E).
Büste: n. r., drapiert.

Aurei

52.1 CONCORDIA AVGG Concordia n. l. sitzend.
RIC 364. **3.000 10.000 25.000**

Denare

52.2 CONCORDIA AVGG Concordia n. l. stehend (Quinar).
RIC 359. **25 75 175**

52.3 CONCORDIAE Concordia n. l. sitzend (Aureus).
RIC 360. **25 75 175**

52.4 CONCORDIAE AETERNAE Caracalla im Handschlag mit Plautilla (Aureus).
RIC 361. **25 75 175**

52.5 CONCORDIA FELIX Caracalla im Handschlag mit Plautilla.
RIC 365. **25 75 175**

52.6 DIANA LVCIFERA Diana n. l. stehend (Aureus).
RIC 366. **25 75 175**

52.7 HILARITAS Hilaritas n. l. stehend.
RIC 371. **25 75 175**

52.8 PIETAS AVGG Pietas n. r. stehend (Aureus).
RIC 367. **25 75 175**

s ss vz

52.9 PROPAGO IMPERI Caracalla im Handschlag mit Plautilla (Aureus).
RIC 362. **25 75 175**

52.10 Quinar. VENVS FELIX Venus n. l. stehend.
RIC 368. **750 2.500 LP**

52.11 VENVS VICTRIX Venus n. l. stehend (Aureus).
RIC 369. **25 75 175**

Bronzemünzen

52.12 Dupondius. CONCORDIA AVGG SC Concordia n. l. sitzend.
RIC 580. **LP LP LP**

52.13 Sesterz. PIETAS AVGG SC Pietas n. r. stehend (Dupondius).
RIC 578. **LP LP LP**

52.14 Sesterz. PROPAGO IMPERI SC Plautilla und Caracalla im Handschlag.
RIC 578A. **LP LP LP**

52.15 Sesterz. VENVS VICTRIX SC Venus n. r. stehend (Dupondius).
RIC 579. **LP LP LP**

53. Geta

Caesar 198 – 209,
Augustus 209 – 212

Zur Geschichte

P. Septimius Geta wurde am 27. Mai 189 als zweiter Sohn des Septimius Severus und der Iulia Domna geboren. Er erhielt am 2. Juni 198 den Caesarentitel. Geta begleitete wie auch sein Bruder Caracalla Septimius Severus auf praktisch allen Feldzügen. Dabei lernte er die Kunst, ein Reich zu beherrschen von Grund auf. Im Jahr 209, als Geta 20 Jahre alt war, übertrug ihm sein Vater Severus die Statthalterschaft über das römische Britannien und verlieh ihm den Augustustitel.
Als Severus zwei Jahre später starb, hätte Geta als Mitregent des Caracalla seine Pflichten übernehmen sollen. Anscheinend war Geta nicht damit zufrieden, an zweiter Stelle zu stehen. Wir wissen von der Ermordung Getas durch Caracalla, die – wenn wir Cassius Dio glauben wollen – im Schoß der gemeinsamen Mutter Iulia Domna stattfand. Die Caracalla-feindliche Geschichtsschreibung scheint die Gründe für diese Ermordung verzerrt zu haben. Zum einen wissen wir, daß nicht nur Geta bei dieser Gelegenheit umkam, sondern auch 20.000 seiner Anhänger, was eher für einen breit angelegten Umsturzversuch auf Seiten Getas spricht, als für eine Familientragödie, zum anderen arbeitete Iulia Domna auch weiterhin loyal mit ihrem Sohn, Caracalla, zusammen.

Hinweise für Sammler

Während Münzen mit dem Jugendbildnis des Geta und der Titulatur Caesar nicht allzu selten sind, findet man Porträts des jungen Mann mit dem Titel Augustus relativ selten, wobei sich diese Seltenheit interessanterweise nicht proportional auf den Preis auswirkt.

Münzen

Als Caesar:

Folgende Vorderseitenvarianten kommen vor:
Umschrift: GETA CAES PONT(IF) COS,
GETA CAES PONTIF(EX),
L SEPTIMIVS GETA CAES,
P SEPT(IMIVS) GETA CAES(AR PONT).
Büste: n. r., barhäuptig, drapiert und / oder gepanzert.

s *ss* *vz*

Aurei

53.1 MINER VICTRIX Minerva n. l. stehend.
RIC 12. **1.500 4.000 15.000**

Denare

53.2 BONVS EVENTVS Bonus Eventus n. l. stehend.
RIC 102. **20 35 100**

53.3 CASTOR Castor n. l. stehend, ein Pferd am Zügel haltend (Aureus, Quinar).
RIC 6. **30 50 150**

53.4 COS Geta in Triumphalquadriga.
RIC 28. **30 50 150**

53.5 FELICITAS AVGG Felicitas n. l. stehend.
RIC 8. **20 35 100**

53.6 FELICITAS PVBLICA Felicitas n. l. stehend (Aureus).
RIC 9. **20 35 100**

53.7 FELICITAS TEMPOR 1.) Felicitas n. l. stehend (Aureus), 2.) Felicitas n. r. stehend im Handschlag mit Geta (Aureus).
RIC 1f. **20 35 100**

53.8 LAETITIA PVBL Laetitia n. l. stehend.
RIC 10. **20 35 100**

53.9 LIBERALITAS AVG VI Liberalitas n. l. stehend (Aureus).
RIC 44. **20 35 100**

53.10 LIBERALITAS AVGVSTORVM Liberalitas n. l. stehend.
RIC 11. **20 35 100**

53.11 MARTI VICTORI Mars n. r. gehend (Aureus).
RIC 103. **20 35 100**

53.12 MINERVA Minerva n. l. stehend.
RIC 25A. **20 35 100**

53.13 MINERVAE VICTRICI Minerva n. l. gehend.
RIC 47. **20 35 100**

53.14 MINERVA PACIFERA COS Minerva n. r. laufend.
RIC 31. **20 35 100**

53.15 MINER VICTRIX Minerva n. l. stehend.
RIC 104. **20 35 100**

53.16 MINERV SANCT Minerva n. l. stehend (Aureus).
RIC 45. **20 35 100**

	s	ss	vz

53.17 NOBILITAS Nobilitas n. r. oder n. l. stehend (Aureus, Quinar).
RIC 13. 30 50 150

53.18 PIETAS Pietas n. l. stehend.
RIC 99. 20 35 100

53.19 PIETAS AVG Pietas n. l. stehend.
RIC 13A. 20 35 100

53.20 PIETAS PVBLICA Pietas n. l. stehend.
RIC 14. 20 35 100

53.21 PONTIF COS Minerva n. l. stehend.
RIC 34. 20 35 100

53.22.5

53.22 PONTIF COS II 1. Genius n. l. opfernd, 2.) Geta n. l. stehend, 3.) Geta n. l. opfernd, 4.) Geta n. l. reitend, 5.) einen gefallen Feind erstechend.
RIC 59ff. 20 35 100

53.23 –. Geta in Quadriga n. r. fahrend (Aureus).
RIC 63. 30 50 150

53.24 –. Severus zwischen Geta und Caracalla auf Podium sitzend (Aureus).
RIC 65. 50 100 250

53.25 PONTIFEX COS 1.) Büste der Minerva n. r., 2.) Minerva n. l. sitzend.
RIC 35f. 20 35 100

53.26 PONTIFEX COS II Minerva n. l. sitzend.
RIC 66A. 20 35 100

53.27 PONTIF TR P III P P Sol n. l. stehend.
RIC 108. 20 35 100

53.28 PRINC IVVENT(VTIS) Geta n. l. stehend (Aureus).
RIC 15ff. 20 35 100

	s	ss	vz

53.29 PRINC IVVENT COS Severus, Caracalla und Geta n. r. galoppierend (Aureus).
RIC 37. 30 50 150

53.30 PROVID DEORVM Providentia n. l. stehend.
RIC 51. 20 35 100

53.31 RESTITVTORI VRBIS Geta n. l. opfernd.
RIC 53. 20 35 100

53.32 RESTITVTOR VRBIS Roma n. l. sitzend.
RIC 52. 20 35 100

53.33 SECVRIT IMPERII Securitas n. l. sitzend (Aureus, Quinar).
RIC 20. 20 35 100

(Aureus)

53.34 SEVER INVICTI AVG PII FIL Büste Caracallas n. l. (Aureus).
RIC 21. 125 500 1.000

53.35 SEVERI PII AVG FIL Priesterliche Geräte (Aureus).
RIC 3. 20 35 100

53.36 SPEI PERPETVE Spes n. l. gehend.
RIC 96. 20 35 100

53.37 SPES PVBLICA Spes n. l. gehend (Aureus).
RIC 4. 20 35 100

53.38 TEMPOR FELICITAS in drei Zeilen.
RIC 22. 30 50 150

53.39 VICT AETERN Victoria n. l. fliegend.
RIC 23. 20 35 100

53.40 VIRTVS AVGVSTOR Virtus n. l. sitzend.
RIC 56. 20 35 100

53.41 VOTA PVBLICA Geta n. l. opfernd (Aureus).
RIC 24. 20 35 100

Bronzemünzen

Nr.		s	ss	vz
53.42	Dupondius oder As. CASTOR SC Castor n. l. stehend. *RIC 116.*	50	150	500
53.43	Sesterz. CONCORDIA AVGVSTORVM SC Caracalla und Geta über Dreifuß opfernd. *RIC 132.*	150	500	1.250
53.44	Dupondius oder As. CONCORDIA MILIT SC Concordia n. l. stehend. *RIC 141.*	50	150	500
53.45	Dupondius oder As. DI PATRII SC Bacchus und Hercules nebeneinander stehend. *RIC 117.*	50	150	500
53.46	Dupondius oder As. FELICITAS PVBLICA SC Felicitas n. l. stehend. *RIC 118.*	50	150	500
53.47	Dupondius oder As. FELICITAS SAECVLI SC Severus, Caracalla und Geta auf Podium n. r. sitzend, davor Offizier, unten Bürger. *RIC 126.*	75	250	800
53.48	Sesterz. FELICITAS TEMPOR SC Felicitas n. l. stehend. *RIC 109.*	150	500	1.250
53.49	Dupondius oder As. LIBERALITAS AVGG IIII SC Liberalitas n. l. stehend. *RIC 119.*	50	150	500
53.50	Sesterz. LIBERALITAS AVGVSTORVM SC Liberalitas n. l. stehend. *RIC 113.*	150	500	1.250
53.51	Dupondius oder As. NOBILITAS SC Nobilitas n. r. stehend. *RIC 120.*	50	150	500
53.52	Dupondius oder As. PONTIF COS SC Minerva n. l. stehend. *RIC 128.*	50	150	500
53.53	Sesterz. PONTIF COS II SC Geta n. l. stehend. *RIC 146.*	150	500	1.250
53.54	Sesterz. –. Geta und Caracalla n. l. stehend, die Hand im Redegestus erhoben, hinter ihnen drei Soldaten, l. Gefangener. *RIC 151.*	250	800	2.500

53.55.2

Nr.		s	ss	vz
53.55	Dupondius oder As. –. 1.) Minerva n. l. sitzend, 2.) Frau n. r. stehend. *RIC 148f*	50	150	500
53.56	Dupondius oder As. PONTIFEX COS SC Aesculap in Tempel frontal stehend. *RIC 129.*	75	250	800
53.57	Sesterz. PRINC IVVENT (COS) SC 1.) Geta n. l. stehend, 2.) Severus, Caracalla und Geta n. r. galoppierend (Dupondius oder As). *RIC 113A.*	150	500	1.250
53.58	Dupondius oder As. RESTITVTOR VRBIS SC Roma n. l. sitzend. *RIC 152.*	50	150	500
53.59	Dupondius oder As. SAECVLARIA SACRA SC Caracalla und Geta gemeinsam opfernd, hinter ihnen Concordia. *RIC 132.*	75	250	800
53.60	Sesterz. SECVRIT IMPERII SC Securitas n. l. oder n. r. sitzend (Dupondius oder As). *RIC 114.*	150	500	1.250
53.61	Sesterz. SEVERI PII AVG FIL SC Priesterliche Geräte (Dupondius oder As). *RIC 110f.*	150	500	1.250
53.62	Sesterz. VICTORIAE AVGG SC Victoria in Biga n. r. (Dupondius oder As). *RIC 139.*	150	500	1.250
53.63	Dupondius oder As. VICTORIAE AVGVSTORVM SC Caracalla und Geta, gemeinsam einen Globus haltend, dahinter Victoria. *RIC 123.*	75	200	600
53.64	Sesterz. VIRTVS AVGVSTOR SC Roma n. l. sitzend (Dupondius oder As). *RIC 140.*	150	500	1.250
53.65	Dupondius oder As. VOTA PVBLICA SC Geta n. l. opfernd. *RIC 133.*	50	150	500

Als Augustus:

Folgende Vorderseitenvarianten kommen vor:

Umschrift: IMP CAE L SEPT GETA AVG COS II,
IMP CAES P SEPT GETA PIVS AVG,
P SEPT GETA PIVS AVG BRIT,
P SEPTIMIVS GETA PIVS AVG BRIT.

Büste: n. r., mit Lorbeerkranz, meist gepanzert und / oder drapiert.

Aurei

Nr.		s	ss	vz
53.66	CONCORDIAE AVGG Caracalla und Geta im Handschlag. *RIC 73.*	1.500	4.000	15.000

Denare

Nr.		s	ss	vz
53.67	ADVENTVS AVGVSTI Geta n. l. reitend. *RIC 84.*	20	35	100
53.68	CONCORDIA Zwei Gestalten im Handschlag. *RIC 85.*	20	35	100
53.69	FID EXERC TR P III COS II Fides n. l. stehend. *RIC 74.*	20	35	100

		s	ss	vz
53.70	FORT RED TR P III COS II (P P) Fortuna n. l. sitzend (Aureus) oder n. r. gelagert. *RIC 76f.*	**20**	**35**	**100**

53.71	LIBERALITAS AVG V Liberalitas n. l. stehend. *RIC 88f.*	**20**	**35**	**100**

53.72.2

53.72	PONTIF TR P II COS II 1.) Felicitas n. l. stehend (Aureus), 2.) Genius n. l. opfernd, 3.) Geta n. l. reitend, einen Feind niederstechend. *RIC 69ff.*	**20**	**35**	**100**
53.73	PONTIF TR P III COS II Felicitas n. l. stehend (Aureus). *RIC 78.*	**20**	**35**	**100**
53.74	PROVIDENTIA DEORVM Providentia n. l. stehend. *RIC 90.*	**20**	**35**	**100**

53.75.1

53.75	TR P III COS II P P 1.) Ianus frontal stehend, 2.) Felicitas n. l. stehend (Aureus), 3.) Providentia frontal stehend. *RIC 79f.*	**20**	**35**	**100**

53.76.2

53.76	VICTORIAE BRIT 1.) Victoria n. r. gehend, 2.) Victoria n. l. stehend. *RIC 91f.*	**20**	**35**	**100**
53.77	VOTA SVSCEPTA X Geta n. l. opfernd. *RIC 93.*	**20**	**35**	**100**

Bronzemünzen

		s	ss	vz
53.78	Sesterz. ADVENTVS AVGVSTI SC Geta n. l. reitend, vor ihm Soldat. *RIC 182.*	**250**	**800**	**2.500**
53.79	Sesterz. AEQVITATI PVBLICAE SC Die drei Monetae. *RIC 183.*	**200**	**750**	**2.000**
53.80	As. –. Aequitas n. l. stehend. *RIC 189.*	**50**	**150**	**500**
53.81	Sesterz. CONCORDIAE AVGG SC Caracalla und Geta im Handschlag, dazwischen Altar, beide bekränzt von Victoria. *RIC 165.*	**250**	**800**	**2.500**
53.82	Sesterz. CONCORDIA AVGVSTORVM SC Caracalla und Geta über Dreifuß opfernd. *RIC 164.*	**150**	**500**	**1.250**

(Sesterz)

(Dupondius)

(As)

53.83	Sesterz. FORT RED TR P III COS II (P P) SC Fortuna n. l. sitzend (Dupondius, As). *RIC 168.*	**150**	**500**	**1.250**
53.84	Sesterz. LIBERALITAS AVGG VI ET V SC Caracalla und Geta auf Podium n. r. sitzend, vor ihnen Liberalitas, unten Bürger (As). *RIC 185.*	**250**	**800**	**2.500**
53.85	Sesterz. P M TR P II COS II P P SC Frau mit Speer und Füllhorn sitzend. *RIC 153.*	**150**	**500**	**1.250**
53.86	Sesterz. PONTIF COS II SC Geta und Caracalla n. l. stehend, die Hand im Redegestus erhoben, hinter ihnen drei Soldaten, l. Gefangener. *RIC 151.*	**250**	**800**	**2.500**

		s	ss	vz
53.87	Dupondius oder As. PONTIF TR P COS II SC Mars n. l. stehend. *RIC 152.*	**50**	**150**	**500**

53.88.3

		s	ss	vz
53.88	Sesterz. PONTIF TR P II COS II SC 1.) Caracalla und Geta im Handschlag, von Apollo und Hercules bekränzt, 2.) Geta und Caracalla n. l. stehend, die Hand im Redegestus erhoben, hinter ihnen drei Soldaten, l. Gefangener, 3.) Caracalla und Geta über einen Dreifuß opfernd, dahinter Opfer und Flötenspieler, 4.) Caracalla und Geta n. l. stehend, vor ihnen Victoria. *RIC 155ff.*	**250**	**800**	**2.500**
53.89	Dupondius. - 1.) Mars n. l. stehend (As), 2.) Frau n. r. stehend (As). *RIC 160ff.*	**50**	**150**	**500**
53.90	Dupondius. PONTIF TR P III COS II SC Frau n. r. stehend (As). *RIC 174.*	**50**	**150**	**500**

		s	ss	vz
53.91	Sesterz. TR P III COS II P P SC Frau mit Szepter und Füllhorn n. l. sitzend, zu ihren Füßen Flußgott. *RIC 171.*	**150**	**500**	**1.250**
53.92	As. TR P IIII COS II P P SC Elefant n. r. gehend. *RIC 181.*	**100**	**500**	**1.500**

		s	ss	vz
53.93	Sesterz. VICT BRIT TR P III COS II SC Victoria auf Panzer n. r. sitzend (As). *RIC 172.*	**150**	**500**	**1.250**
53.94	Sesterz. VICTORIAE BRITTANICAE SC 1.) Victoria n. r. sitzend, 2.) Zwei Victorien, einen Schild an einer Palme befestigend, unter der zwei Gefangene kauern. *RIC 166f.*	**350**	**900**	**2.500**
53.95	Sesterz. –. Victoria n. r. stehend, eine Trophäe errichtend, r. Britannia mit gefesselten Händen, zu ihren Füssen Britannia. *RIC 186.*	**350**	**900**	**2.500**
53.96	As. –. Victoria n. l. sitzend. *RIC 191.*	**100**	**500**	**1.500**
53.97	Sesterz. VOTA PVBLICA SC Geta n. l. opfernd (Dupondius, As). *RIC 187.*	**150**	**500**	**1.250**

54. Macrinus
217 – 218

Zur Geschichte

Marcus Opellius Severus Macrinus wurde im Jahr 164 im mauretanischen Caesarea geboren. Er war ein Geschöpf des Plautianus, des Günstlings des Septimius Severus, der im Jahr 205 einer Intrige des Caracalla und der Iulia Domna zum Opfer fiel. Macrinus teilte das Schicksal seines Wohltäters nicht, sondern machte weiterhin im Staatsdienst Karriere. Er begleitete Caracalla auf seinem Feldzug gegen die Parther. Am 8. April 217 wurde Caracalla ermordet, und man unterstellt bis heute Macrinus eine Beteiligung an dieser Verschwörung. Auf jeden Fall riefen ihn die Soldaten am 11. April 217 zum Kaiser aus. Macrinus ließ sich diese Erhebung durch den Senat bestätigen und machte seinen Sohn, den 9jährigen Diadumenianus, noch 217 zu seinem Caesar. Macrinus führte den Partherkrieg weiter, mußte ihn jedoch im Frühjahr 218 abbrechen. Der Friedensvertrag war für die römische Seite höchst ungünstig. Hohe Entschädigungen mußten gezahlt werden. Macrinus versuchte, diese Summen durch eine Kürzung der Sozialausgaben und der Zahlungen an die Soldaten wettzumachen, doch das brachte die Massen gegen ihn auf. Iulia Maesa, die Schwester der Iulia Domna, nutzte in Emesa diese Chance, ihren Enkel Elagabal zum Kaiser ausrufen zu lassen. Die Entscheidung brachte die Schlacht bei Antiochia am 8. Juni 218, die die Truppen des Macrinus verloren. Macrinus floh, wurde gefangen genommen und Mitte des Jahres 218 beseitigt.

Zur Münzgeschichte

Macrinus behielt das Münzsystem seines Vorgängers Caracalla bei. Auch unter ihm finden wir den Antoninian, wenn auch in wesentlich weniger Typen und seltener ausgeprägt als bei seinem Vorgänger.
Mindestens zwei Münzstätten waren unter Macrinus tätig. Rom – dieser Münzstätte wird das jüngere Porträt des Macrinus mit dem kurzen Bart zugeordnet – und eine östliche Münzstätte, wo die Stempelschneider das vermutlich lebensnähere Porträt des Macrinus mit dem langen Bart herstellten.

Hinweise für Sammler

Denare des Macrinus sind nicht selten auf dem Markt zu finden, Antoniniane dagegen sieht man wesentlich seltener. Während der Sammler einen Denar des Macrinus in „sehr schön" unter Umständen schon für 60 Euro kaufen kann, muß man für einen Antoninian in der gleichen Erhaltung mindestens 200 Euro rechnen.

Münzen

Folgende Vorderseitenvarianten kommen vor:
Umschrift: IMP C M OPEL SEV MACRINVS AVG (AV und AR),
IMP CAES M OPEL SEV MACRINVS AVG (AE).
Büste: n. r., mit Lorbeerkranz, mit Strahlenkrone, drapiert und / oder gepanzert.

Aurei

Normaler Typ. **3.000 9.000 30.000**

Denare und Antoniniane

Soweit nicht anders erwähnt, handelt es sich um einen Denar.

54.1 AEQVITAS AVG Aequitas n. l. stehend (Aureus).
RIC 52f. **30 100 200**

54.2 ANNONA AVG Annona n. l. sitzend (Aureus).
RIC 54. **30 100 200**

(Antoninian)

54.3 FELICITAS TEMPORVM Felicitas n. l. stehend (Aureus, Antoninian).
RIC 57ff. **30 100 200**

54.4.1

54.4 FIDES MILITVM 1.) Fides frontal stehend (Aureus), 2.) Fides n. l. stehend (Antoninian).
RIC 64ff. **30 100 200**

54.5 FIDES PVBLICA Fides n. l. stehend.
RIC 70. **30 100 200**

54.6 FIDES MIL P M TR P Fides frontal stehend.
RIC 1. **30 100 200**

		s	ss	vz
54.7	IOVI CONSERVATORI 1.) Iupiter n. l. stehend (Aureus), 2.) Iupiter n. l. stehend, bei ihm Macrinus (Aureus, Antoninian). *RIC 71ff.*	**30**	**100**	**200**
54.8	LIBERALITAS AVG Liberalitas n. l. stehend. *RIC 78.*	**30**	**100**	**200**
54.9	P M TR P COS P P Iupiter n. l. stehend. *RIC 14.*	**30**	**100**	**200**
54.10	P M TR P II COS P P 1.) Annona n. l. stehend (Aureus), 2.) Macrinus n. l. sitzend. *RIC 25ff.*	**30**	**100**	**200**

54.11.2

54.11	PONTIF MAX TR P COS P P 1.) Annona n. l. sitzend (Aureus), 2.) Felicitas n. l. stehend (Aureus), 3.) Fides n. l. stehend (Aureus), 4.) Iupiter n. l. stehend (Aureus), 5.) Salus n. l. sitzend, 6. Securitas n. l. stehend. *RIC 15ff.*	**30**	**100**	**200**
54.12	PONTIF MAX TR P P P 1. Felicitas n. l. stehend, 2.) Fides frontal stehend, 3.) Iupiter frontal stehend. *RIC 2ff.*	**30**	**100**	**200**
54.13	PONTIF MAX TR P II COS P P 1.) Annona n. l. sitzend (Aureus), 2.) Felicitas n. l. stehend (Aureus), 3.) Fides frontal stehend (Aureus), 4.) Iupiter n. l. stehend, 5.) Securitas n. l. stehend. *RIC 28ff.*	**30**	**100**	**200**
54.14	PONTIF MAX TR P II COS II P P 1.) Annona n. l. sitzend (Aureus), 2.) Felicitas n. l. stehend (Aureus), 3.) Fides frontal stehend, 4.) Iupiter n. l. stehend, 5.) Salus n. l. sitzend (Aureus), 6.) Securitas n. l. stehend (Aureus). *RIC 37ff.*	**30**	**100**	**200**
54.15	PROVIDENTIA DEORVM Providentia n. l. stehend. *RIC 80.*	**30**	**100**	**200**
54.16	RESTITVTOR VRBIS Macrinus n. l. opfernd. *RIC 81.*	**30**	**100**	**200**

(Aureus)

54.17	SALVS PVBLICA Salus n. l. sitzend (Aureus, Antoninian). *RIC 82ff.*	**30**	**100**	**200**

54.18.1 (Aureus)

54.18.2 (Quinar)

		s	ss	vz
54.18	SECVRITAS TEMPORVM 1.) Securitas n. l. stehend (Aureus), 2.) Securitas n. l. sitzend (Aureus, Antoninian, Quinar). *RIC 90ff.*	**30**	**100**	**200**
54.19	VICTORIA PARTHICA Victoria n. r. gehend. *RIC 96f.*	**30**	**100**	**200**
54.20	VICT PART P M TR P II COS II P P Victoria n. r. gehend. *RIC 49.*	**30**	**100**	**200**
54.21	VOTA PVBL P M TR P 1.) Felicitas n. l. stehend (Antoninian), 2.) Fides n. l. stehend (Antoninian), 3.) Iupiter n. l. stehend, zu seiner Rechten kleine Gestalt des Macrinus, 4.) Securitas n. l. sitzend (Aureus), 5.) Salus n. l. sitzend (Antoninian). *RIC 5ff.*	**30**	**100**	**200**

Bronzemünzen

54.22	Sesterz. AEQVITAS AVG SC Aequitas n. l. stehend (Dupondius). *RIC 167f.*	**150**	**1.000**	**4.000**
54.23	Sesterz. ANNONA AVG SC Annona n. l. sitzend (Dupondius, As). *RIC 169ff.*	**150**	**1.000**	**4.000**
54.24	Sesterz. FELICITAS TEMPORVM SC Felicitas n. l. stehend (Dupondius, As). *RIC 172ff.*	**150**	**1.000**	**4.000**
54.25	Sesterz. FIDES MILITVM SC Fides frontal stehend (As). *RIC 179ff.*	**150**	**1.000**	**4.000**

s ss vz

54.26.1

54.26 Sesterz. IOVI CONSERVATORI SC 1.) Iupiter n. l. stehend (Dupondius, As), 2.) Iupiter n. l. stehend, l. von ihm Macrinus (Dupondius, As).
RIC 185ff. **150 1.000 4.000**

54.27 Sesterz. LIBERALITAS AVG SC Liberalitas n. l. stehend.
RIC 193. **150 1.000 4.000**

54.28 Sesterz. P M TR P II COS P P SC 1.) Annona n. l. stehend (As), 2.) Macrinus n. l. sitzend.
RIC 146ff. **150 1.000 4.000**

54.29.3

54.29 Sesterz. PONTIF MAX TR P COS P P SC 1.) Annona n. l. sitzend, 2.) Felicitas n. l. stehend, 3.) Fides frontal stehend, 4.) Iupiter n. l. stehend, 5.) Salus n. l. sitzend, 6.) Securitas n. l. stehend (As).
RIC 136ff. **150 1.000 4.000**

54.30 Sesterz. PONTIF MAX TR P II COS P P SC 1.) Felicitas n. l. stehend, 2.) Securitas n. l. stehend.
RIC 149ff. **150 1.000 4.000**

54.31 As. –. Macrinus in Quadriga n. l., von einer Nike bekränzt.
RIC 152f. **150 350 1.250**

54.32.3 (As)

54.32 Sesterz. PONTIF MAX TR P II COS II P P SC 1.) Felicitas n. l. stehend (As), 2.) Fides frontal stehend (Dupondius), 3.) Macrinus in Quadriga n. l., von einer Nike bekränzt (Dupondius, As).
RIC 155ff. **150 1.000 4.000**

s ss vz

54.33 Dupondius. –. Securitas n. l. stehend (As).
RIC 158ff. **100 400 1.000**

54.34 As. –. Iupiter n. l. stehend.
RIC 154ff. **100 300 900**

54.35 Sesterz. PONTIF MAX TR P P P SC 1.) Felicitas n. l. stehend (As), 2.) Fides frontal stehend, 3.) Iupiter n. l. stehend (Dupondius), 4.) Salus n. l. sitzend.
RIC 119ff. **150 1.000 4.000**

54.36 Sesterz. PONT MAX TR P COS P P SC Iupiter n. l. stehend (Dupondius).
RIC 134. **150 1.000 4.000**

54.37 Sesterz. PROVIDENTIA DEORVM SC Providentia n. l. stehend (Dupondius).
RIC 195f. **150 1.000 4.000**

54.38 Sesterz. SALVS PVBLICA SC Salus n. l. sitzend (Dupondius, As).
RIC 197ff. **150 1.000 4.000**

54.39 Sesterz. SALVS PVBL P M TR P SC Salus n. l. sitzend.
RIC 125. **150 1.000 4.000**

54.40 Sesterz. SECVRITAS TEMPORVM SC 1.) Securitas n. l. stehend (Dupondius, As), 2.) Securitas n. l. sitzend (Dupondius, As).
RIC 201ff. **150 1.000 4.000**

54.41 Dupondius. VICTORIA AVG SC Victoria stehend.
RIC 208. **100 400 1.000**

54.42 Sesterz. VICTORIA PARTHICA SC Victoria n. r. sitzend.
RIC 209. **200 1.250 5.000**

54.43 Sesterz. VICT PART P M TR P II COS II P P SC Victoria n. r. sitzend (Dupondius, As).
RIC 164ff. **150 1.000 4.000**

54.44 Sesterz. VOTA PVBL P M TR P SC 1.) Iupiter n. l. stehend, 2.) Securitas n. l. sitzend (As).
RIC 126ff. **150 1.000 4.000**

54.45 Dupondius. –. 1.) Felicitas n. l. stehend, 2.) Fides n. l. stehend (As), 3.) Salus n. l. sitzend (As).
RIC 127ff. **100 400 1.000**

55. Diadumenianus

Caesar 217 – 218,
Augustus 218

Zur Geschichte

Diadumenianus war der Sohn des M. Opellius Severus Macrinus, der nach der Ermordung des Caracalla am 11. April 217 vom Heer zum Kaiser ausgerufen wurde. Noch im gleichen Jahr versuchte Macrinus, die Nachfolge seines Sohnes zu sichern, indem er ihn zum Caesar ernannte. Diadumenianus war zu diesem Zeitpunkt 9 Jahre alt und spielte in der Regierung natürlich keinerlei Rolle. Nach der Erhebung des Elagabal zum Gegenkaiser am 16. April 218 erhob Macrinus seinen Sohn am 24. April 218 zum Augustus. Lange konnte sich das Kind dieser Ehre nicht freuen. Bei der Schlacht von Antiochia wurde sein Vater am 8. Juni 218 besiegt, gefangen genommen und Vater und Sohn wurden Mitte des Jahres 218 beseitigt.

Hinweise für Sammler

Während schon Münzen für den Caesar Diadumenianus selten sind, kann der normale Sammler nicht damit rechnen, ein Stück mit dem Titel Diadumenianus Augustus für seine Sammlung zu erwerben. Insgesamt sind bis jetzt nur vier Stücke bekannt, von denen drei im Handel waren, eines im British Museum liegt.
Antoniniane des Diadumenianus sind wesentlich seltener als Denare. Man muß für einen Antoninian in der Erhaltung „sehr schön" etwa 1.000 Euro rechnen.

Münzen

Als Caesar:

Folgende Vorderseitenvarianten kommen vor:
Umschrift: M OPEL (ANTONINVS) DIADVMENIAN(VS) CAES.
Büste: n. r., barhäuptig, drapiert und / oder gepanzert.

Denare und Antoniniane

Soweit nicht anders erwähnt, handelt es sich um einen Denar.

		s	ss	vz
55.1	FIDES MILITVM Fides n. l. stehend. *RIC 100.*	100	300	750
55.2	PRINCIPI IVVENTVTIS Diadumenianus frontal stehend. *RIC 112.*	100	300	750

(Antoninian)

		s	ss	vz
55.3	PRINC IVVENTVTIS Diadumenianus frontal oder n. l. stehend (Aureus, Antoninian). *RIC 101.*	100	300	750

		s	ss	vz
55.4	SPES PVBLICA Spes n. l. gehend (Aureus). *RIC 114ff.*	100	300	750

Bronzemünzen

55.5.1 (As)

		s	ss	vz
55.5	Sesterz. PRINC IVVENTVTIS SC 1.) Diadumenianus frontal stehend, 2.) Diadumenianus n. l. stehend (As). *RIC 211ff.*	250	1.500	6.000
55.6	Sesterz. SPES SC Spes n. l. gehend. *RIC 218.*	250	1.500	6.000
55.7	Sesterz. SPES PVBLICA SC Spes n. l. gehend. *RIC 219f.*	250	1.500	6.000

Als Augustus:

Folgende Vorderseitenvarianten kommen vor:
Umschrift: IMP C M OPEL ANT DIADVMENIAN AVG.
Büste: n. r., barhäuptig, drapiert und / oder gepanzert.

Denare

		s	ss	vz
55.8	FELICITAS TEMPORVM Felicitas n. l. stehend. *RIC 118.*	2.000	5.000	18.000

56. Elagabalus
218 – 222

Zur Geschichte

Marcus Aurelius Antoninus wurde als Varius Avitus Bassianus im Jahre 204 geboren. Seine Eltern waren S. Varius Marcellus und Iulia Soaemias, die Nichte der Kaiserin Iulia Domna. Damit stammte der junge Mann aus einem ehrwürdigen Geschlecht von Königen und Priestern. Im Jahr 217 ging er nach Emesa, um dort zum Priester des Sol Elagabal zu werden. Zentrum dieses uralten Kultes war ein Meteoritenstein, den man im Tempel von Emesa verehrte. Am 16. April 218 wurde der 14jährige aus seiner religiösen Rolle gerissen. Seine Großmutter Iulia Maesa hatte die in Emesa stationierte Legion dazu bewogen, ihren Enkel zum Gegenkaiser auszurufen. Nach einer kurzen militärischen Auseinandersetzung sah sich der junge Mann vom ganzen römischen Weltreich als Kaiser anerkannt.

Es sollte die Tragik des Elagabal bleiben, daß er sich nicht zwischen seiner Rolle als Priester und der als Kaiser entscheiden konnte. Religiöse Belange blieben für ihn wichtiger als politische Entscheidungen, vielleicht nicht ganz unverständlich, wenn man daran denkt, daß Elagabal noch in der Pubertät war, als er das höchste Amt im römischen Staat erreichte. Er transportierte den hl. Stein von Emesa nach Rom und richtete ihm auf dem Kapitol einen neuen Tempel ein. Die Verehrung dieses Gottes, in der viele orgiastische Züge der orientalischen Mysterienreligionen eine Rolle spielten, war für die Römer ungewohnt und skandalös. Weltbilder prallten aufeinander, als zum Beispiel Elagabal in einer Art *Hieros Gamos* (= Heilige Hochzeit, Hochzeit des Göttlichen) die oberste Priesterin des wichtigsten römischen Kultes, die oberste Vestalin, heiratete.

Elagabal wurde immer unbeliebter in Rom. Ob er dies selbst merkte und aus eigener Initiative dem entgegenwirken wollte, oder ob es ihm seine Großmutter Iulia Maesa nahe legte, um die Herrschaft für die Severische Dynastie zu retten, wissen wir nicht: Auf jeden Fall adoptierte Elagabal im Jahre 221 den 12jährigen Severus Alexander. Damit hatte der Kaiser unbewußt eine Alternative zu seiner Herrschaft geschaffen. Elagabal wird wohl gesehen haben, daß er sich damit selbst ins Abseits manövriert hatte, und seine Beseitigung jederzeit erfolgen konnte. Er soll noch versucht haben, seiner eigenen Ermordung zuvor zu kommen, indem er Severus Alexander ermorden ließ. Dies glückte jedoch nicht. Am 11. März 222 wurde der 18jährige zusammen mit seiner Mutter ermordet. Sein Andenken verfiel der Damnatio Memoriae.

Zur Münzgeschichte

Es ist verwunderlich, daß die egomanische Verehrung, die Elagabal seinem Sonnengott entgegenbrachte, nicht mehr Niederschlag in seiner Münzprägung fand. Insbesondere der ihm so wichtige Titel eines Priesters des unbesiegten Sonnengottes Elagabal fand nie Eingang in die offizielle Kaisertitulatur auf der Vorderseite. Stattdessen übernahm der Kaiser die Titulatur des Caracalla. Folgende Rückseitendarstellungen können mit dem Sonnenkult in Verbindung gebracht werden: INVICTVS SACERDOS, SVMMVS SACERDOS und SACERD DEI SOLIS ELAGAB, SANCT DEO SOLI ELAGABAL sowie die zahlreichen Darstellungen des Sol. Man hat in dem sogenannten „Horn" des Elagabal einen weiteren Hinweis auf orientalische Fruchtbarkeitsriten sehen wollen, indem man dieses Horn als einen getrockneten und ausgestopften Stierpenis erklärte.

Unter Elagabal arbeiteten mehrere Münzstätten. Neben der in Rom, wurde auch im Osten geprägt, vermutlich in Antiochia, wobei man eine Emission Nikomedia zuweisen will. Die Prägungen aus dem Osten werden charakterisiert durch eine größere Sorglosigkeit in der Ausführung, die sich insbesondere am „expressionistischen" Stil der Haare zeigt.

Hinweise für Sammler

Es ist nicht immer leicht, die Münzen des Elagabal von Jugendporträts des Caracalla zu unterscheiden. Mit etwas Übung gelingt es am besten, wenn man sich auf das Auge konzentriert. Während die Augenpartie des Caracalla sorgfältig realistisch gehalten ist, findet man auf den Münzen des Elagabal das Auge stark vergrößert und betont.

Denare des Elagabal sind häufig, Antoniniane ein wenig seltener. Für einen Antoninian in der Erhaltung „sehr schön" muß man mit etwa 120 Euro rechnen.

Münzen

Folgende Vorderseitenvarianten kommen vor:
Umschrift: ANTONINVS PIVS FEL(IX) AVG,
IMP ANTONINVS (PIVS) AVG,
IMP CAES (M AVR) ANTONINVS (PIVS) AVG.
Büste: n. r., mit Lorbeerkranz oder mit Strahlenkrone, drapiert und / oder gepanzert, gelegentlich mit „Horn".

s ss vz

Aurei

56.1 PONTIF MAX TR P II COS II P P Roma n. l. sitzend.
RIC 25f. **1.000 3.000 12.000**

56.2 –. Elagabal in Quadriga n. l. fahrend.
RIC 26A. **1.000 4.000 15.000**

56.3 P M TR P III COS III P P 1.) Frau mit Speer sitzend, 2.) Elagabal auf Sella Curulis n. l. sitzend.
RIC 30ff. **1.000 3.000 12.000**

56.4 P M TR P IIII COS III Elagabal in Quadriga.
RIC 180. **1.000 4.000 15.000**

56.5 SOLI PROPVGNATORI Sol n. r. gehend.
RIC 198. **1.000 3.000 12.000**

Denare und Antoniniane

Soweit nicht anders erwähnt, handelt es sich um einen Denar.

56.6 ABVNDANTIA AVG Abundantia n. l. stehend.
RIC 56. **15 30 75**

56.7 ADVENTVS AVG Elagabal n. r. reitend.
RIC 184. **15 30 75**

56.8 ADVENTVS AVGVSTI Elagabal n. l. reitend (Aureus).
RIC 58. **15 30 75**

56.9 AETERNITAS AVG Aeternitas n. l. stehend.
RIC 185. **15 30 75**

56.10 ANNONA AVGVSTI Annona n. l. stehend.
RIC 59. **15 30 75**

56.11 BONVS EVENTVS Bonus Eventus n. l. stehend.
RIC 186. **15 30 75**

s ss vz

56.12 CONCORDIA MILIT Zwei Standarten zwischen zwei Vexilla.
RIC 60. **25 50 125**

56.13 CONS II P P Roma n. l. sitzend.
RIC 165. **15 30 75**

(Aureus)

56.14 CONSERVATOR AVG(VSTI) Quadriga, darauf der hl. Stein von Emesa (Aureus).
RIC 62. **150 300 1.200**

56.15 –. Sol n. l. gehend.
RIC 63. **15 30 75**

56.16 CONSVL II Aequitas n. l. stehend.
RIC 166. **15 30 75**

56.17.1

56.17 CONSVL II P P 1.) Aequitas n. l. stehend, 2.) Roma n. l. sitzend.
RIC 167ff. **15 30 75**

56.18 COS III P P Konischer Stein, geschmückt mit Sternen und Adler.
RIC 176. **LP LP LP**

56.19 FELICITAS AVG Felicitas n. l. stehend.
RIC 187A. **15 30 75**

56.20 FELICITAS TEMP Galeere.
RIC 188. **25 75 150**

56.21 FIDES EXERCITVS Fides n. l. sitzend (Aureus, Antoninian).
RIC 68ff. **15 30 75**

s ss vz

56.22 FIDES MILITVM Fides frontal stehend (Antoninian).
RIC 73. 15 30 75

56.23 –. Legionsadler zwischen zwei Standarten.
RIC 77f. 25 50 125

56.24 FIDES PVBLICA Fides n. r. stehend.
RIC 79. 15 30 75

56.25 FORTVNA(E) AVG Fortuna n. l. stehend.
RIC 80. 15 30 75

56.26 FORTVNAE REDVCI Fortuna n. l. stehend (Quinar).
RIC 82Aff. 15 30 75

56.27 FORTVNA REDVX Fortuna n. l. sitzend.
RIC 81. 15 30 75

56.28 HILARITAS AVG Hilaritas n. l. stehend.
RIC 85. 15 30 75

56.29 INVICTVS SACERDOS AVG Elagabal n. l. opfernd (Aureus).
RIC 87f. 15 30 75

56.30 IOVI CONSERVATORI Iupiter, l. von ihm Adler, r. von ihm eine oder zwei Standarten (Antoninian).
RIC 89ff. 15 30 75

56.31 IOVI VICTORI Elagabal stehend, l. von ihm Adler, r. zwei Standarten.
RIC 92. 15 30 75

(Antoninian)

56.32 LAETITA PVBL Laetitia n. l. stehend (Antoninian).
RIC 95. 15 30 75

56.33 LIBERALITAS AVG (oder II, III und IIII) Liberalitas n. l. stehend.
RIC 97ff. 15 30 75

56.34 LIBERTAS AVG Libertas n. l. stehend (Aureus).
RIC 106ff. 15 30 75

s ss vz

56.35 LIBERTAS AVGVSTI 1.) Libertas n. l. sitzend (Antoninian), 2.) Libertas n. l. stehend.
RIC 115ff. 15 30 75

(Antoninian)

56.36 MARS VICTOR Mars n. r. gehend (Aureus, Antoninian).
RIC 121ff. 15 30 75

56.37 NOBILITAS Frau mit Speer und Victoria stehend.
RIC 124. 15 30 75

56.38 PAX AVGVSTI Pax n. l. gehend.
RIC 125. 15 30 75

56.39 PIETAS AVG Pietas n. l. stehend (Antoninian).
RIC 127. 15 30 75

56.40 P M TR P COS P P Roma n. l. sitzend (Antoninian).
RIC 1ff. 15 30 75

56.41 P M TR P II COS II P P 1.) Fortuna n. l. sitzend (Antoninian), 2.) Pax n. l. gehend, 3.) Providentia n. l. stehend (Antoninian), 4.) Roma n. l. sitzend (Aureus, Antoninian), 5.) Sol n. l. stehend, 6.) Elagabal n. l. opfernd.
RIC 11-24. 15 30 75

56.42 P M TR P III COS III P P 1.) Iupiter n. l. sitzend, 2.) Pax stehend, 3.) Providentia n. l. stehend, 4.) Sol n. l. gehend, 5.) Elagabal stehend, die Hand ausstreckend.
RIC 27-32. 15 30 75

56.43.3

56.43 P M TR P IIII COS III P P 1.) Providentia n. l. stehend, 2.) Sol frontal stehend (Aureus), 3.) Victoria n. l. fliegend (Aureus), 4.) Elagabal n. l. opfernd (Quinar).
RIC 37-51. 15 30 75

56.44 P M TR P V COS IIII P P Elagabal n. l. opfernd.
RIC 52f. 15 30 75

56.45 –. Elagabal in Quadriga n. l. (Aureus).
RIC 54f. 25 50 125

56.46 PONT MAX TR P II COS II Mars n. l. gehend.
RIC 172. 15 30 75

56.47 PROVID DEORVM Providentia n. l. stehend (Antoninian).
RIC 128. 15 30 75

56.48 SACERD DEI SOLIS ELAGAB Elagabal n. r. oder n. l. opfernd (Quinar).
RIC 131ff. 15 30 75

s *ss* *vz*

(Antoninian)

56.49 SALVS ANTONINI AVG Salus n. r. stehend (Aureus, Antoninian).
RIC 139f. 15 30 75

56.50 SALVS AVGVSTI Salus n. l. stehend.
RIC 141f. 15 30 75

56.51 SANCTO DEO SOLI ELAGABAL Quadriga, darauf der Stein von Emesa unter Schirmchen (Aureus).
RIC 144. 150 300 1.200

56.52 SECVRITAS SAECVLI Securitas n. r. sitzend.
RIC 145. 15 30 75

56.53 SPEI PERPETVAE Spes n. l. gehend.
RIC 199. 15 30 75

56.54 SPES BONA Spes n. l. gehend.
RIC 199A. 15 30 75

56.55 SVMMVS SACERDOS AVG Elagabal n. l. opfernd.
RIC 147. 15 30 75

(Antoninian)

56.56 TEMPORVM FEL(ICITAS) Felicitas n. l. stehend (Antoninian).
RIC 150. 15 30 75

56.57 TRIB P II COS II P P SPEI Spes n. l. gehend.
RIC 173. 15 30 75

56.58 TR P II P P COS II Elagabal in Quadriga n. l.
RIC 175. 25 50 125

56.59 VICTOR ANTONINI AVG Victoria n. r. laufend (Aureus, Antoninian).
RIC 153ff. 15 30 75

56.60 VICTORIA AVG 1.) Victoria n. l. fliegend, 2.) n. l. gehend, 3.) n. r. gehend.
RIC 158ff. 15 30 75

s *ss* *vz*

56.61 VOTA PVBLICA Elagabal n. l. opfernd.
RIC 202. 15 30 75

Bronzemünzen

56.62 Sesterz. ADVENTVS AVGVSTI SC Elagabal n. l. reitend (As).
RIC 340. 50 250 1.500

56.63 As. ADVENTVS AVG TR P III SC Elagabal n. r. reitend.
RIC 299. 30 150 500

56.64 Sesterz. AEQVITAS AVGVST (oder PVBLICA) Die drei Monetae n. l. stehend.
RIC 343f. 150 1.500 LP

56.65 Sesterz. FIDES EXERCITVS SC Fides n. l. sitzend (Dupondius, As).
RIC 345. 50 250 1.500

56.66 Sesterz. FORTVNAE REDVCI SC Fortuna n. l. stehend (As).
RIC 348. 50 250 1.500

56.67 Sesterz. INVICTVS SACERDOS AVG SC Elagabal n. l. opfernd (As).
RIC 350. 150 1.500 LP

56.68 Sesterz. LIBERALITAS AVGVSTI (II oder III) SC Liberalitas n. l. stehend (As).
RIC 352ff. 50 250 1.500

56.69 Sesterz. LIBERTAS AVGVSTI SC Libertas n. l. stehend (Dupondius).
RIC 358ff. 50 250 1.500

56.70 Sesterz. MARS VICTOR SC Mars n. r. gehend (Dupondius, As).
RIC 362. 50 250 1.500

56.71 As. MVNIFICENTIA AVG SC Elefant n. r.
RIC 365. 100 750 LP

56.72 Sesterz. PAX AVGVSTI SC Pax n. l. gehend (Dupondius, As).
RIC 366. 50 250 1.500

56.73 Sesterz. P M TR P COS P P SC 1.) Roma n. l. sitzend (Dupondius, As), 2.) Salus n. l. sitzend.
RIC 280-283. 50 250 1.500

56.74 As. P M TR P COS II P P SC LIBERAL(ITAS) AVG II Elagabal auf Podium n. l. sitzend, vor ihm Liberalitas, unten Bürger.
RIC 287f. 100 750 LP

56.75 Sesterz. P M TR P II COS II P P SC Sol n. l. stehend.
RIC 289. 50 250 1.500

56.76 Sesterz. –. LIBERAL AVG II Elagabal auf Podium n. l. sitzend, vor ihm Liberalitas, unten Bürger (As).
RIC 290. 150 1.500 LP

s ss vz

56.77.1

56.77 Sesterz. P M TR P III COS III P P SC 1.) Sol n. l. stehend (Dupondius, As), 2.) Elagabal n. l. sitzend (Dupondius, As).
RIC 300-307. 50 250 1.500

56.78 Sesterz. –. Elagabal in Quadriga n. l. (Dupondius, As) oder n. r.
RIC 308ff. 150 1.500 LP

56.79 As. –. Elagabal n. l. opfernd.
RIC 307. 30 150 500

56.80 Sesterz. P M TR P IIII COS III P P SC 1.) Providentia n. l. stehend, 2.) Sol n. l. gehend (Dupondius, As), 3.) Elagabal n. l. opfernd (Dupondius, As).
RIC 318-329. 50 250 1.500

56.81 Sesterz. –. Elagabal in Quadriga n. l.
RIC 331. 150 1.500 LP

56.82 Sesterz. P M TR P IIII COS III DES IIII SC Providentia n. l. stehend (Dupondius).
RIC 332. 50 250 1.500

56.83 Sesterz. P M TR P V COS IIII P P SC Elagabal n. l. opfernd (Dupondius, As).
RIC 334. 50 250 1.500

56.84 As. –. Elagabal in Quadriga n. l.
RIC 337f. 100 750 LP

56.85 Sesterz. PONTIF MAX TR P SC Roma n. l. sitzend (Dupondius, As).
RIC 284. 50 250 1.500

56.86 Sesterz. PONTIF MAX TR P II COS II (P P) SC Roma n. l. sitzend (Dupondius, As).
RIC 293ff. 50 250 1.500

56.87 Sesterz. –. Elagabal in Quadriga n. l. (Dupondius , As).
RIC 296. 150 1.500 LP

56.88 Sesterz. PONTIF MAX TR P III COS III P P SC 1.) Elagabal n. l. reitend, 2.) Elagabal n. l. sitzend.
RIC 314f. 50 250 1.500

56.89 Sesterz. –. Elagabal in Quadriga n. l. (As).
RIC 316. 150 1.500 LP

s ss vz

56.90 Sesterz. SACERD DEI SOLIS ELAGAB SC Elagabal n. l. opfernd (Dupondius).
RIC 369. 150 1.500 LP

56.91 Sesterz. SALVS ANTONINI AVG SC Salus n. r. stehend (As).
RIC 372. 50 250 1.500

56.92 Dupondius. SECVRITAS PERPETVA SC Securitas n. l. sitzend.
RIC 374. 30 150 500

56.93 Sesterz. VICTOR(IA) ANTONINI AVG SC Victoria n. r. laufend (Dupondius, As).
RIC 377. 50 250 1.500

57. Iulia Paula

1. Gattin des Elagabal, 219 – 220

Zur Geschichte

Wir wissen wenig über die erste Gemahlin des Elagabal, Iulia Cornelia Paula, die der Kaiser im Jahre 219 heiratete. Ihr Name „Cornelia" verrät uns, daß sie einem der bedeutendsten römischen Geschlechter angehörte. Anscheinend befriedigte die Ehe mit ihr nicht die religiösen Bedürfnisse des Elagabal, da er sie schon im Jahr 220 ins Privatleben entließ, um die Vestalin Aquilia Severa zu heiraten.

Hinweise für Sammler

Alle Prägungen des Elagabal für seine Gattinnen sind selten. Münzen mit dem Porträt der Iulia Paula sind aber im Verhältnis die häufigsten.

Münzen

Folgende Vorderseitenvarianten kommen vor:
Umschrift: IVLIA PAVLA AVG(VSTA).
Büste: n. r., drapiert, gelegentlich mit Diadem.

Aurei

		s	*ss*	*vz*
	Normaler Typ.	**LP**	**LP**	**LP**

Denare

		s	*ss*	*vz*
57.1	CONCORDIA Concordia n. l. sitzend (Aureus, Quinar). *RIC 211.*	**50**	**75**	**150**

		s	*ss*	*vz*
57.2	–. Elagabal und Iulia Paula im Handschlag. *RIC 214.*	**50**	**100**	**200**
57.3	CONCORDIA AVGG Concordia n. l. sitzend. *RIC 216.*	**50**	**75**	**150**
57.4	FELICIT TEMPOR Felicitas n. l. stehend. *RIC 217.*	**50**	**75**	**150**
57.5	FORTVN FELIC Fortuna n. l. sitzend. *RIC 218.*	**50**	**75**	**150**
57.6	IVNO CONSERVATRIX Iuno n. l. stehend. *RIC 219.*	**50**	**75**	**150**
57.7	IVSTITIA Iustitia n. l. sitzend. *RIC 220.*	**50**	**75**	**150**
57.8	PIETAS Pietas n. l. stehend. *RIC 221.*	**50**	**75**	**150**
57.9	PVDICITIA (AVG) Pudicitia n. l. sitzend. *RIC 221Af.*	**50**	**75**	**150**

		s	*ss*	*vz*
57.10	VENVS GENETRIX Venus n. l. sitzend. *RIC 222.*	**50**	**75**	**150**
57.11	VENVS VICTRIX Venus n. l. sitzend. *RIC 223.*	**50**	**75**	**150**
57.12	VESTA Vesta n. l. stehend. *RIC 224.*	**50**	**75**	**150**

Bronzemünzen

		s	*ss*	*vz*
57.13	Sesterz. CONCORDIA SC Concordia n. l. sitzend (Dupondius, As). *RIC 380ff.*	**1.000**	**2.000**	**7.500**

58. Aquilia Severa

Gattin des Elagabal, 221

Zur Geschichte

Zwischen September und November 221 heiratete Elagabal Iulia Aquilia Severa. Wir wissen praktisch nichts über diese Frau, außer daß sie das Amt der obersten Vestalin bekleidete. In dieser Hochzeit fanden die kulturellen Mißverständnisse zwischen Elagabal und der römischen Gesellschaft ihren Höhepunkt. Während im Osten der *Hieros Gamos,* die heilige Hochzeit zwischen oberstem Priester einer männlichen Gottheit und oberster Priesterin einer weiblichen Gottheit, besonderen Segen auf die Menschen herabrief, galt die Schändung einer zölibatär lebenden Vestalin in Rom als der größte Frevel, der Unheil über das ganze römische Volk herabrufen konnte.

Wohl von Mutter und Großmutter beeinflußt, verstieß Elagabal Aquilia Severa, um die römischen Bürger zu versöhnen, kehrte aber nach einer kurzen Zwischenepisode mit seiner dritten Frau Annia Faustina wieder zurück zu Aquilia Severa. Was nach der Ermordung des Elagabal mit Aquilia Severa geschah, ist nicht weiter bekannt.

Münzen

Folgende Vorderseitenvarianten kommen vor:
Umschrift: IVLIA AQVILIA SEVERA AVG.
Büste: n. r., drapiert

Denare

		s	ss	vz
58.1	CONCORDIA Concordia n. l. stehend. *RIC 225ff.*	**75**	**150**	**400**
58.2	–. Elagabal und Aquilia Severa im Handschlag. *RIC 228.*	**100**	**250**	**600**
58.3	LAETITIA Laetitia frontal stehend. *RIC 229.*	**75**	**150**	**400**
58.4	VENVS CAELESTIS Venus n. l. stehend. *RIC 230.*	**75**	**150**	**400**
58.5	VESTA Vesta n. l. stehend. *RIC 231.*	**75**	**150**	**400**

Bronzemünzen

		s	ss	vz
58.6	Sesterz. CONCORDIA SC Concordia n. l. stehend (Dupondius, As). *RIC 389f.*	**750**	**3.000**	**15.000**
58.7	Dupondius. –. Elagabal und Aquilia Severa im Handschlag. *RIC 395.*	**750**	**3.000**	**15.000**
58.8	Dupondius. LAETITIA SC Laetitia n. l. stehend. *RIC 397.*	**750**	**3.000**	**15.000**

59. Annia Faustina

Gattin des Elagabal, 221

Zur Geschichte

Nach seinem politischen Fehltritt, eine Vestalin geheiratet zu haben, versuchte Elagabal, die römische Gesellschaft zu versöhnen, indem er sich mit der Nachfahrin des beliebtesten Kaisers verheiratete, den Rom je gehabt hatte. Annia Faustina war die Urenkelin des Marcus Aurelius. Sie soll bereits verheiratet gewesen sein. Herodian überliefert uns, daß Elagabal kurzerhand ihren Ehemann Pomponius Bassus ermorden ließ, um Annia Faustina heiraten zu können. Die Ehe dauerte nur wenige Monate, noch vor Ende des Jahres 221 trennte sich Elagabal von Annia Faustina.

Hinweise für Sammler

Münzen der Annia Faustina sind extrem selten. Wer trotzdem ein Porträt dieser Kaiserin besitzen möchte, kann auf die Prägungen ausweichen, die in den Provinzen hergestellt wurden. Sowohl in Ägypten als auch in der Provinz Asia finden sich Münzen mit ihrem Porträt.

Münzen

Folgende Vorderseitenvarianten kommen vor:
Umschrift: ANNIA FAVSTINA AVG(VSTA).
Büste: n. r., drapiert.

Denare

59.1 CONCORDIA Elagabal und Annia Faustina im Handschlag.
RIC 232. **7.500 15.000 40.000**

Bronzemünzen

59.2 Sesterz. CONCORDIA Elagabal und Annia Faustina im Handschlag.
RIC 399. **LP LP LP**

60. Iulia Soaemias

Mutter des Elagabal, † 222

Zur Geschichte

Iulia Soaemias Bassiana war die Tochter der Iulia Maesa und damit eine Nichte der Iulia Domna. Sie war die Mutter Elagabals, geriet jedoch in die Räder der Politik, als ihre eigene Mutter Iulia Maesa den Elagabal systematisch als Alternative zu Macrinus aufbaute.

Man hat überliefert, daß Iulia Soaemias ihren Sohn, der immerhin erst 14 Jahre alt war, als er die Regierung antrat, beriet. Die Historia Augusta – nicht unbedingt die zuverlässigste Quelle, die wir besitzen – überliefert, daß Elagabal seiner Mutter sogar den Vorsitz im Senat überließ. Auf jeden Fall übte Iulia Soaemias mehr Einfluß auf die römische Regierung aus, als die ehrwürdigen Väter einer Frau zugestehen wollten. Nicht zuletzt deswegen wurde sie bei der Ermordung des Elagabal ebenfalls aus dem Wege geschafft.

Münzen

Folgende Vorderseitenvarianten kommen vor:
Umschrift: IVLIA SOAEMIAS AVG(VSTA).
Büste: n. r., drapiert.

Aurei

Normaler Typ. **10.000 30.000 75.000**

Denare und Antoniniane

Soweit nicht anders erwähnt, handelt es sich um Denare.

60.1 ANNONA AVG Annona n. l. stehend.
RIC 234. **40 75 180**

60.2 IVNO Iuno frontal stehend.
RIC 235. **40 75 180**

60.3 IVNO REGINA Iuno n. r. stehend (Aureus).
RIC 236. **40 75 180**

60.4 PIETAS AVG Pietas opfernd.
RIC 237. **40 75 180**

60.5 PVDICITIA Pudicitia n. l. sitzend.
RIC 238. **40 75 180**

60.6 SAECVLI FELICITAS Felicitas n. l. stehend.
RIC 239. **40 75 180**

s ss vz

60.7.1

60.7 VENVS CAELESTIS 1.) Venus n. l. stehend (Aureus, Quinar), 2.) Venus n. l. sitzend (Antoninian, Quinar).
RIC 241ff. **40 75 180**

60.8 VESTA Vesta 1.) stehend oder 2.) n. l. sitzend.
RIC 246ff. **40 75 180**

Bronzemünzen

60.9 Sesterz. MATER DEVM SC Kybele n. l. sitzend (As).
RIC 400. **75 500 2.000**

60.10 Sesterz. VENVS CAELESTIS SC Venus n. l. stehend (Dupondius, As) oder n. l. sitzend (Dupondius, As).
RIC 402. **75 500 2.000**

61. Iulia Maesa

Großmutter des Elagabal, † 226

Zur Geschichte

Iulia Maesa war die Schwester der Iulia Domna. Bis zur Ermordung ihres Neffen Caracalla lebte sie bei ihrer Schwester am Hof des Severus. Macrinus ließ sie zusammen mit den anderen Verwandten des Caracalla aus Rom verbannen. Die Familie kehrte nach Emesa zurück. Dort nutzte Iulia Maesa die Chance, als erste Unzufriedenheiten mit der Politik des Macrinus zu spüren waren. Mit Hilfe der ihr zur Verfügung stehenden Tempelschätze ließ sie ihren 14jährigen Enkel Elagabal zum Kaiser ausrufen. Nach dem Sieg über Macrinus begleitete Iulia Maesa Elagabal nach Rom, wo sie in Zusammenarbeit mit ihrer Tochter versuchte, den römischen Staat zu lenken.
Als Iulia Maesa sah, daß Elagabal sich durch seinen religiösen Fanatismus immer mehr Feinde unter der römischen Bevölkerung machte, baute sie ihren zweiten Enkel, Severus Alexander, als Alternative zu ihm auf. Sie sorgte dafür, daß er zum Caesar ernannt wurde, und überlebte deshalb den Umsturz im Jahr 222. Auch dem Severus Alexander – bei seiner Thronbesteigung ebenfalls nur 14 Jahre alt – stand sie beratend zur Seite, bis sie im Jahre 226 starb.

Münzen

Unter Elagabalus:

Folgende Vorderseitenvarianten kommen vor:
Umschrift: IVLIA MAESA AVG(VSTA).
Büste: n. r., drapiert, gelegentlich mit Diadem, bei Antoninianen auf Mondsichel.

Aurei

Normaler Typ. **10.000 30.000 75.000**

Denare und Antoniniane

Soweit nicht anders erwähnt, handelt es sich um Denare.

61.1 FECVNDITAS Fecunditas n. l. stehend.
RIC 249. **25 60 150**

61.2 Quinar. –. Fecunditas n. l. sitzend.
RIC 250. **400 1.000 2.000**

61.3 FELICITAS PVBLICA Felicitas n. l. sitzend.
RIC 251. **25 60 150**

61.4 FORTVNAE REDVCI Fortuna n. l. stehend.
RIC 252. **25 60 150**

		s	ss	vz

61.5 IVNO (CONSERVATRIX) Iuno n. l. stehend (Aureus).
RIC 254ff. 25 60 150

61.6 IVNO REGI(NA) Iuno n. l. stehend.
RIC 259f. 25 60 150

61.7 LAETITIA PVBL Laetitia n. l. stehend.
RIC 261. 25 60 150

61.8 PAX ETERNA (sic!) Pax n. l. stehend.
RIC 262. 25 60 150

61.9 PIETAS AVG Pietas n. l. opfernd.
RIC 263. 25 60 150

61.10 Antoninian. –.
RIC 264. 50 100 300

61.11 PVDICITIA Pudicitia n. l. sitzend (Aureus, Quinar).
RIC 268. 25 60 150

(Quinar)

61.12 SAECVLI FELICITAS Felicitas n. l. stehend (Aureus, Quinar).
RIC 271f. 25 60 150

61.13 TEMPORVM FEL Felicitas n. l. sitzend.
RIC 274. 25 60 150

61.14 VENVS VICTRIX Venus n. l. stehend.
RIC 275. 25 60 150

61.15 VESTA Vesta stehend.
RIC 276. 25 60 150

		s	ss	vz

Bronzemünzen

61.16 Sesterz. AEQVITAS PVBLICA Die drei Monetae n. l. stehend.
RIC 409. 40 250 750

61.17 Sesterz. FECVNDITAS AVGVSTAE SC Fecunditas n. l. sitzend (As).
RIC 410. 40 250 750

61.18 Sesterz. IVNO SC Iuno n. l. stehend.
RIC 412. 40 250 750

61.19 Sesterz. PIETAS AVG SC Pietas n. l. stehend (As).
RIC 414. 40 250 750

61.20 Sesterz. PVDICITIA SC Pudicitia n. l. sitzend (Dupondius, As).
RIC 417. 40 250 750

61.21 Sesterz. SAECVLI FELICITAS SC Felicitas n. l. stehend (Dupondius, As).
RIC 421. 40 250 750

Diva Iulia Maesa

Alle Prägungen unter Severus Alexander.
Folgende Vorderseitenvarianten kommen vor:
Umschrift: DIVA MAESA AVG(VSTA).
Büste: n. r., drapiert, gelegentlich mit Diadem, gelegentlich verschleiert.

Denar

61.22 CONSECRATIO Iulia Maesa n. l. sitzend.
RIC 377f. 150 500 1.200

61.23 FECVNDITAS Fecunditas n. l. sitzend.
RIC 380. 150 500 1.200

Bronzemünzen

61.24 Sesterz. CONSECRATIO Scheiterhaufen.
RIC 712. 250 2.000 10.000

61.25 Sesterz. CONSECRATIO Iulia Maesa auf Pfau n. r. emporfliegend.
RIC 714. 250 2.000 10.000

62. Severus Alexander

Caesar 221 – 222,
Augustus 222 – 235

Zur Geschichte

Marcus Aurelius Severus Alexander wurde am 1. Oktober 208 im phönizischen Arca Caesarea geboren. Seine Mutter war die jüngere Tochter der Iulia Maesa, Iulia Mamaea, er war also ein Cousin des Elagabal. Als dessen Großmutter Iulia Maesa – graue Eminenz hinter dem Thron – begriff, daß die Religionspolitik ihres Enkels Elagabal die Römer mehr und mehr gegen ihn aufbrachte, sorgte sie dafür, daß der Kaiser am 16. Juni 221 seinen Cousin Severus Alexander adoptierte und zum Caesar erhob. So ging nach der Ermordung des Elagabal am 12. März 222, die mit schweigender Duldung durch Iulia Maesa stattfand, die Macht problemlos auf den 13jährigen Severus Alexander über, der von der kaiserlichen Propaganda zum Inbegriff aller römischen Tugenden stilisiert wurde. In Zusammenarbeit mit der senatorischen Oberschicht konnten tatsächlich einige Probleme der Zeit in Angriff genommen werden. Die Finanzen wurden geordnet, für die Beamtenschaft wurde ein neues Besoldungsreglement erarbeitet und das Rechtswesen wurde reorganisiert.

Im Osten fand unter Severus Alexander ein wesentliches Ereignis statt, das den Römern noch viel Probleme bereiten sollte. Unter Ardashir begründeten die Sasaniden ihr Großreich und vertrieben die Parther. Diese neue Macht im Osten war weit agressiver als die Parther, was die Römer bald zu spüren begannen. Gegen 230 überquerten die Sasaniden den Euphrat und begannen die römischen Provinzen zu bedrohen. Severus Alexander brach 231 gegen sie zum Krieg auf, konnte sie im Jahr 232 zurückschlagen und feierte in Rom am 25. September 233 einen Triumph. Wenig später mußte der Kaiser wegen eines groß angelegten Germaneneinfalls in die Gegend bei Mainz eilen. Dort meuterten die Soldaten im Feldlager von Mainz-Bretzenheim, riefen Maximinus Thrax zum Kaiser aus und töteten Severus Alexander und seine Mutter Iulia Mamaea am 19. März 235.

Zur Münzgeschichte

Unter Severus Alexander wurden Dupondien geprägt, die die Aufschrift MONETA RESTITVTA (= das wieder hergestellte Geldwesen) tragen. Auch wenn deutliche Einschnitte ins Münzwesen nicht erkennbar sind, scheinen doch leichte Verbesserungen bezüglich des Silbergehaltes der Denare eingetreten zu sein. Der Antoninian wurde unter Severus Alexander nicht mehr geprägt und ein altes, unter seinen Vorgängern nicht mehr benutztes Nominal, der Goldquinar wurde wieder ausgemünzt. Münzstätten sind unter Severus Alexander Rom und Antiochia.

Hinweise für Sammler

Die Münzen des Severus Alexander begeistern durch die hohe Qualität ihres Stempelschnittes. Vor allem das hohe Relief und die feine Ausarbeitung des Porträts zeugen von dem Können der römischen Stempelschneider. Da die Preise für solche Stücke wegen ihrer Häufigkeit extrem niedrig sind, eignen sich Münzen des Severus Alexander sehr gut zum Einsteigen in das Sammeln von römischen Münzen. Für wenig Geld bekommt der Käufer Münzen von großem historischen und künstlerischen Wert.

Münzen

Als Caesar:

Folgende Vorderseitenvarianten kommen vor:
Umschrift: M AVR(EL) ALEXANDER CAES.
Büste: n. r., barhäuptig, drapiert und gelegentlich gepanzert.

Denare

		s	*ss*	*vz*

62.1	INDVLGENTIA AVG Spes n. l. gehend (Aureus). *RIC 2.*	**80**	**200**	**700**

62.2	PIETAS AVG Priesterliche Geräte. *RIC 3.*	**80**	**200**	**700**

Bronzemünzen

62.3	As. INDVLGENTIA AVG SC Severus Alexander n. l. stehend. *RIC 381.*	**LP**	**LP**	**LP**

Nr.		s	ss	vz
62.4	Sesterz. PIETAS AVG SC Priesterliche Geräte. *RIC 383.*	LP	LP	LP
62.5	As. PONTIFEX COS SC Severus Alexander in Quadriga n. r. *RIC 385.*	LP	LP	LP
62.6	As. PRINC IVVENTVTIS SC Severus Alexander n. l. stehend. *RIC 386.*	LP	LP	LP

Als Augustus:

Folgende Vorderseitenvarianten kommen vor:
Umschrift: IMP ALEXANDER PIVS AVG,
IMP C(AES) M AVR SEV ALEXAND(ER) AVG,
IMP SEV ALEXAND(ER) AVG.
Büste: n. r., mit Lorbeerkranz, gepanzert und / oder drapiert.

Aurei

Nr.		s	ss	vz
62.7	LIBERALITAS AVGVSTI Liberalitas n. l. stehend. *RIC 149.*	1.000	2.500	7.000
62.8	MARS VLTOR Mars n. r. gehend. *RIC 158.*	1.000	2.500	7.000
62.9	P M TR P VII COS II P P Virtus n. l. stehend. *RIC 77.*	1.000	2.500	7.000
62.10	P M TR P XII COS III P P Sol n. l. stehend. *RIC 118.*	1.000	2.500	7.000
62.11	ROMAE AETERNAE Roma n. l. sitzend. *RIC 175.*	1.000	2.500	7.000

Denare

Nr.		s	ss	vz
62.12	ABVNDANTIA AVG Abundantia n. l. oder n. r. stehend. *RIC 184f.*	15	50	100

(Aureus)

Nr.		s	ss	vz
62.13	AEQVITAS AVG Aequitas n. l. stehend (Aureus, Quinar). *RIC 127.*	15	50	100
62.14	AETERNITATIBVS Frau an Säule gelehnt stehend. *RIC 129.*	15	50	100

62.15.1

Nr.		s	ss	vz
62.15	ANNONA AVG 1.) Annona n. l. stehend (Aureus, Goldquinar, Quinar), 2.) Annona n. r. stehend. *RIC 133ff.*	15	50	100
62.16	CONCORDIA (oder CONCOBDIA) Concordia n. l. sitzend. *RIC 275.*	15	50	100
62.17	FELICITAS AVG Felicitas n. l. stehend. *RIC 137.*	15	50	100
62.18	FELICITAS EXERCI Felicitas n. l. sitzend. *RIC 367A.*	15	50	100
62.19	FELICITAS TEMPORVM Felicitas n. l. stehend. *RIC 277.*	15	50	100
62.20	FIDES EXERCIT(VS) Fides n. l. sitzend. *RIC 138.*	15	50	100
62.21	FIDES MILITVM 1.) Fides n. l. oder 2.) n. r. stehend oder 3.) n. l. sitzend. *RIC 139f.*	15	50	100
62.22	FORTVNAE FELICI Fortuna n. l. sitzend. *RIC 139B.*	15	50	100
62.23	FORTVNAE REDVCI Fortuna n. l. stehend oder sitzend. *RIC 196.*	15	50	100
62.24	FORTVNA REDVX Aequitas n. l. stehend. *RIC 368.*	15	50	100
62.25	IOVI CONSERVATORI Iupiter n. l. stehend (Aureus). *RIC 141.*	15	50	100

Nr.		s	ss	vz
62.26	IOVI PROPVGNATORI Iupiter n. r. kämpfend (Aureus) oder n. l. gehend (Aureus). *RIC 201.*	15	50	100
62.27	IOVIS PROPVGNATOR Iupiter n. l. gehend. *RIC 241.*	15	50	100
62.28	IOVI STATORI Iupiter frontal stehend. *RIC 202.*	15	50	100
62.29	IOVI VLTORI Iupiter n. l. sitzend (Aureus, Quinar). *RIC 143f.*	15	50	100
62.30	IVCVNDITATI AVG Iucunditas n. r. sitzend. *RIC 280.*	20	75	120
62.31	LIBERALITAS AVG (II, III, IIII oder V) Liberalitas n. l. stehend (Aureus) (auch andere Legendenvarianten). *RIC 148.*	15	50	100
62.32	LIBERTAS AVG Liberalitas n. l. stehend. *RIC 151.*	15	50	100
62.33	–. Libertas n. l. stehend (auch andere Legendenvarianten). *RIC 155f.*	15	50	100
62.34	MARS PROPVG Mars n. r. gehend. *RIC 244.*	15	50	100

s *ss* *vz*

62.35.1

62.35 MARS VLTOR 1.) Mars n. r. gehend (Aureus, Quinar), 2.) Mars n. l. stehend.
RIC 207. **15 50 100**

62.36 Antoninian. MARS VICTOR Mars n. r. gehend.
RIC 157. **LP LP LP**

62.37 MARTI PACIFERO Mars n. l. stehend (Aureus, Quinar).
RIC 160. **15 50 100**

62.38 MARTI VICTORI Mars gehend.
RIC 162. **15 50 100**

62.39 MONETA AVG Moneta n. l. stehend.
RIC 163. **15 50 100**

62.40 NOBILITAS Nobilitas n. r. stehend.
RIC 290. **15 50 100**

62.41 PAX AETERNA AVG Pax n. l. stehend (Aureus, Quinar).
RIC 165. **15 50 100**

62.42 PAX AVG Pax n. l. laufend (Aureus).
RIC 168. **15 50 100**

62.43 PERPETVITATI AVG Perpetuitas n. l. stehend.
RIC 169. **15 50 100**

62.44 PIETAS AVG Pietas n. l. stehend.
RIC 170. **15 50 100**

62.45 PIETAS MILITVM Pietas frontal stehend.
RIC 171. **15 50 100**

62.46 P M TR P COS 1.) Fortuna n. l. stehend, 2.) Mars n. l. stehend.
RIC 262-265. **15 50 100**

62.47.5 (Aureus)

62.47 P M TR P COS P P 1.) Fortuna n. l. stehend, 2.) Iupiter n. l. stehend (Aureus), 3.) Libertas n. l. stehend (Aureus, Quinar), 4.) Mars n. l. stehend (Aureus), 5.) Salus n. l. sitzend (Aureus), 6.) Sol n. l. stehend, 7.) Severus Alexander in Quadriga n. l. (Aureus), 8.) Severus Alexander frontal stehend.
RIC 4-17A. **15 50 100**

s *ss* *vz*

62.48 P M TR P II COS P P 1.) Fortuna n. l. stehend, 2.) Iupiter n. l. stehend (Aureus, Quinar), 3.) Mars n. l. stehend (Aureus, Goldquinar), 4.) Mars n. r. gehend, 5.) Pax n. l. stehend (Aureus), 6.) Salus n. l. sitzend.
RIC 18-32. **15 50 100**

(Aureus)

62.49 –. Kolosseum (Aureus).
RIC 33. **LP LP LP**

62.50 P M TR P III COS P P 1.) Iupiter n. l. stehend (Aureus), 2.) Mars n. l. stehend (Aureus), 3.) Pax n. l. stehend (Aureus), 4.) Salus n. l. sitzend (Aureus), 5.) Severus Alexander n. l. stehend (Aureus).
RIC 34-44. **15 50 100**

62.51 P M TR P IIII COS P P 1.) Aequitas n. l. stehend, 2.) Mars n. r. gehend (Aureus), 3.) Severus Alexander n. l. opfernd.
RIC 45-51. **15 50 100**

62.52.2

62.52 P M TR P V COS II P P 1.) Mars n. r. gehend (Aureus), 2.) Kaiser n. l. opfernd (Aureus), 3.) Severus Alexander n. r. gehend.
RIC 52-57. **15 50 100**

62.53.3

62.53 P M TR P VI COS II P P 1.) Aequitas n. l. stehend (Aureus), 2.) Annona n. l. stehend, 3.) Mars n. r. gehend (Aureus, Quinar), 4.) Pax n. l. stehend, 5.) Pax n. l. laufend, 6.) Severus Alexander n. l. opfernd.
RIC 60-70. **15 50 100**

62.54.2

62.54 P M TR P VII COS II P P 1.) Aequitas n. l. stehend, 2.) Mars n. r. gehend (Aureus, Goldquinar), 3.) Mars n. l. stehend, 4.) Mars n. r. stehend, 5.) Pax n. l. stehend, 6.)

s ss vz

Pax n. l. laufend, 7.) Sol n. l. stehend, 8.) Severus Alexander n. l. opfernd.
RIC 71-81. **15 50 100**

62.55 P M TR P VII COS II P P 1.) Mars n. r. gehend, 2.) Mars n. r. stehend (Quinar), 3.) Romulus n. r. gehend (Quinar).
RIC 82-85. **15 50 80**

62.56 Quinar. –. Kaiser n. r. gehend.
RIC 87f. **400 1.000 3.000**

62.57 P M TR P VII COS III P P Virtus n. r. stehend oder gehend.
RIC 89f. **15 50 100**

62.58 P M TR P VIII COS III P P 1.) Annona n. l. stehend, 2.) Libertas n. l. stehend, 3.) Mars n. r. stehend, 4.) Mars n. l. gehend, 5.) Mars n. r. gehend, 6.) Romulus n. r. gehend (Aureus), 7.) Severus Alexander in Quadriga n. r. (Aureus).
RIC 91-99. **15 50 100**

62.59 P M TR P VIIII COS III P P 1.) Romulus n. r. gehend (Aureus), 2.) Sol n. l. stehend (Aureus), 3.) Sol n. r. stehend, 4.) Severus Alexander n. r. stehend.
RIC 100-106. **15 50 100**

62.60 P M TR P VIIII OS II P P (sic!) Kaiser n. l. opfernd.
RIC 273. **15 50 100**

62.61 P M TR P X COS III P P 1.) Mars n. l. stehend, 2.) Sol n. l. stehend, 3.) Sol n. l. gehend.
RIC 107-110. **15 50 100**

62.62 P M TR P XI COS III P P 1.) Sol n. l. stehend (Aureus, Quinar), 2.) Sol n. l. gehend (Goldquinar, Quinar).
RIC 111-117. **15 50 100**

62.63 P M TR P XII COS III P P Sol n. l. gehend (Aureus).
RIC 120. **15 50 100**

62.64 P M TR P XIII COS III P P 1.) Mars n. l. gehend, 2.) Sol n. l. gehend (Aureus).
RIC 123f. **15 50 100**

62.65 P M TR P XIIII COS III P P Sol n. l. gehend.
RIC 125. **15 50 100**

62.66 PONTIF MAX TR P II COS (II) P P Roma n. l. sitzend.
RIC 270f. **15 50 100**

62.67 PONTIF MAX TR P VII COS II P P Roma n. l. sitzend.
RIC 272. **15 50 100**

62.68 PROFECTIO AVG Kaiser n. r. reitend.
RIC 210. **20 75 120**

62.69 PROVID DEORVM Providentia n. l. stehend (und andere Legendenvarianten).
RIC 172. **15 50 100**

62.70 PROVIDENTIA AVG Providentia n. l. stehend (Aureus).
RIC 173f. **15 50 100**

62.71 SACERDOS VRBIS Severus Alexander n. l. stehend.
RIC 297. **20 75 120**

s ss vz

62.72 SALVS AVGVSTI Salus n. r. stehend.
RIC 176. **15 50 100**

62.73 SALVS PVBLICA Salus n. l. sitzend (Aureus).
RIC 178. **15 50 100**

62.74 SECVLI FELICITAS Felicitas n. l. stehend.
RIC 299. **15 50 100**

62.75 SPES PVBLICA Spes n. l. gehend (Aureus, Quinar).
RIC 254. **15 50 100**

62.76 TEMPORVM FELICITAS Felicitas n. l. stehend.
RIC 179. **15 50 100**

62.77 VICTORIA AVG 1.) Victoria n. l. laufend, 2.) n. l. stehend, 3.) n. r. laufend.
RIC 180. **15 50 100**

62.78 VICTORIA AVGVSTI Victoria n. r. stehend, VOT X auf einen Schild schreibend (Aureus).
RIC 218f. **15 50 100**

62.79 VIRTVS AVG 1.) Romulus n. r. gehend (Aureus), 2.) Virtus n. r. stehend (Aureus, Quinar), 3.) Virtus n. l. stehend, 4.) Virtus n. l. sitzend, 5.) Severus Alexander n. r. gehend, 6.) Severus Alexander n. l. stehend (Quinar).
RIC 182. **15 50 100**

62.80 VOTIS VICENNALIBVS in Kranz (Aureus).
RIC 261. **50 200 500**

Bronzemünzen

62.81 Sesterz. ADLOCVTIO AVGVSTI SC Severus Alexander auf Podium n. l. stehend, hinter ihm Praefect und Offizier, drei Soldaten anredend (As).
RIC 544. **50 100 750**

62.82 Sesterz. AEQVITAS AVG(VSTI) SC Aequitas n. l. stehend (As).
RIC 547. **25 50 250**

s ss vz

62.83 Sesterz. ANNONA AVGVSTI SC Annona n. l. stehend.
RIC 548f. **25 50 250**

62.84 Sesterz. FIDES MILITVM SC Fides n. l. stehend (Dupondius, As).
RIC 552. **25 50 250**

62.85 Sesterz. –. Iupiter n. l. stehend, Severus Alexander, ihm über Dreifuß opfernd, der Kaiser wird von Victoria bekränzt (As).
RIC 555. **50 100 750**

62.86 Sesterz. INDVLGENTIA AVG SC Spes n. l. gehend.
RIC 557. **25 50 250**

62.87 Sesterz. IOVI CONSERVATORI SC Iupiter n. l. stehend.
RIC 558. **25 50 250**

62.88 Sesterz. IOVI PROPVGNATORI SC Iupiter n. l. gehend (Dupondius, As).
RIC 628. **25 50 250**

62.89 Sesterz. IOVI VLTORI SC Iupiter n. l. sitzend (Dupondius, As).
RIC 560. **25 50 250**

62.90 As. IOVI VLTORI P M TR P III COS P P Tempel des Iupiter.
RIC 413. **300 1.500 LP**

62.91 Sesterz. IVSTITIA AVGVSTI SC Iustitia n. l. sitzend.
RIC 563. **25 50 250**

62.92 Sesterz. LIBERALITAS AVGVSTI SC Liberalitas n. l. stehend (Dupondius).
RIC 533. **25 50 250**

62.93 Sesterz. –. Severus Alexander auf Podium n. l. sitzend, dahinter Offizier und Soldat, davor Liberalitas, unten Bürger.
RIC 534. **50 100 750**

62.94 Sesterz. LIBERALITAS AVGVSTI II (oder III, IIII) SC Liberalitas n. l. stehend (Dupondius, As).
RIC 567. **25 50 250**

62.95 Sesterz. –. Severus Alexander auf Podium n. l. sitzend, dahinter Offizier und Soldat, davor Liberalitas, unten Bürger (Dupondius, As).
RIC 570. **50 100 750**

62.96 Sesterz. LIBERTAS AVGVSTI SC Libertas n. l. stehend (Dupondius).
RIC 581. **25 50 250**

s ss vz

62.97.1

62.97 Sesterz. MARS VLTOR SC 1.) Mars n. r. gehend (Dupondius, As), 2.) Mars n. l. stehend.
RIC 635. **25 50 250**

62.98 Dupondius. MARS VICTOR SC Mars n. r. gehend.
RIC 584. **15 50 250**

62.99 Sesterz. MARTI PACIFERO SC Mars n. l. stehend.
RIC 585. **25 50 250**

62.100 Sesterz. MONETA AVG SC Moneta n. l. stehend.
RIC 586. **25 50 250**

62.101 Sesterz. MONETA AVGVSTI SC Moneta n. l. stehend.
RIC 587. **25 50 250**

62.102 Dupondius. MONETA RESTITVTA SC Moneta n. l. stehend.
RIC 589. **30 75 350**

62.103 Sesterz. PAX AETERNA AVG SC Pax n. l. stehend.
RIC 590. **25 50 250**

62.104 Sesterz. PAX AVG(VSTI) SC Pax n. l. gehend.
RIC 591f. **25 50 250**

62.105 Sesterz. PERPETVITATI AVG SC Weibliche Gestalt mit Globus und Speer.
RIC 593. **25 50 250**

62.106 Sesterz. P M TR P COS P P SC 1.) Iupiter n. l. stehend, 2.) Libertas n. l. stehend (Dupondius), 3.) Mars n. l. stehend (Dupondius), 4.) Mars n. r. gehend, 5.) Salus n. l. sitzend (Dupondius).
RIC 387-395. **25 50 250**

62.107 As. –. Securitas n. l. sitzend.
RIC 395. **15 50 250**

62.108 Sesterz. P M TR P II COS P P SC 1.) Salus n. l. sitzend, 2.) Severus Alexander n. l. opfernd.
RIC 396-401. **25 50 250**

62.109 Dupondius. –. Securitas n. l. sitzend (As).
RIC 399. **15 50 250**

62.110 As. –. Providentia n. l. stehend.
RIC 397. **15 50 250**

62.111 Sesterz. P M TR P IIII COS P P SC 1.) Fides n. l. stehend (As), 2.) Mars n. r. gehend (Dupondius, As), 3.) Severus Alexander n. l. oder n. r. stehend (Dupondius, As), 4.) Severus Alexander n. l. opfernd (As).
RIC 423-437. **25 50 250**

62.112 As. –. 1.) Iupiter n. l. sitzend, 2.) Mars n. l. stehend, 3.) Mars n. r. stehend, 4.) Securitas n. l. sitzend, 5.) Victoria n. l. laufend.
RIC 423-437. **15 50 250**

		s	ss	vz
62.113	Sesterz. P M TR P V COS II P P SC 1.) Mars n. r. gehend (Dupondius, As), 2.) Severus Alexander n. l. opfernd (As), 3.) Severus Alexander in Quadriga n. r. *RIC 440-451.*	**25**	**50**	**250**
62.114	As. –. 1.) Aequitas n. l. stehend, 2.) Annona n. l. stehend, 3.) Pax n. l. laufend. *RIC 440-451.*	**15**	**50**	**250**
62.115	Sesterz. P M TR P VI COS II P P SC 1.) Aequitas n. l. stehend (As), 2.) Annona n. l. stehend (As), 3.) Mars n. r. gehend (Dupondius, As), 4.) Pax n. l. laufend (As), 5.) Severus Alexander n. l. opfernd. *RIC 456-471.*	**25**	**50**	**250**
62.116	As. –. 1.) Victoria n. l. laufend, 2.) Severus Alexander in Quadriga. *RIC 467ff.*	**15**	**50**	**250**

62.117.5 (As)

		s	ss	vz
62.117	Sesterz. P M TR P VII COS II P P SC 1.) Mars n. r. gehend (As), 2.) Mars n. l. stehend (Dupondius), 3.) Pax n. l. laufend (As), 4.) Romulus n. r. gehend (As), 5.) Severus Alexander n. l. opfernd (As). *RIC 472-486.*	**25**	**50**	**250**
62.118	As. –. Severus Alexander n. l. opfernd, l. zwei Priester, hinter ihm eine weitere Gestalt, im Hintergrund Tempel. *RIC 487.*	**100**	**400**	**1.000**

62.119.4 (As)

		s	ss	vz
62.119	Sesterz. P M TR P VIII COS III P P SC 1.) Libertas n. l. stehend (Dupondius, As), 2.) Mars n. l. stehend, 3.) Sol n. r. stehend, 4.) Severus Alexander in Quadriga n. r. (As). *RIC 488-499*	**25**	**50**	**250**
62.120	As. –. Severus Alexander in Quadriga n. l., von vier Soldaten geführt, beim Kaiser Victoria. *RIC 499.*	**100**	**400**	**1.000**
62.121	Sesterz. P M TR P VIIII COS III P P SC 1.) Sol frontal stehend (Dupondius, As), 2.) Victoria n. r. stehend, VOT X auf Schild schreibend. *RIC 500-506.*	**25**	**50**	**250**
62.122	As. –. 1.) Iustitia n. l. sitzend, 2.) Severus Alexander n. l. stehend. *RIC 507f.*	**15**	**50**	**250**
62.123	As. –. Severus Alexander n. l. sitzend, von Victoria bekränzt, vor ihm Virtus, auf Schild VOT X schreibend. *RIC 510.*	**50**	**100**	**500**

62.124.1

		s	ss	vz
62.124	Sesterz. P M TR P X COS III P P S C 1.) Annona n. l. stehend (As), 2.) Sol frontal stehend (Dupondius, As), 3.) Victoria n. l. stehend. *RIC 511-523.*	**25**	**50**	**250**
62.125	Sesterz. P M TR P XI COS III P P SC Sol n. l. stehend (Dupondius, As). *RIC 525-532.*	**25**	**50**	**250**

		s	ss	vz
62.126	Sesterz. P M TR P XII COS III P P SC Sol n. l. gehend (Dupondius, As). *RIC 535.*	**25**	**50**	**250**
62.127	Sesterz. P M TR P XIII COS III P P SC Sol n. l. gehend (Dupondius, As). *RIC 538.*	**25**	**50**	**250**
62.128	Sesterz. P M TR P XIIII COS III P P SC Sol n. l. gehend (Dupondius, As). *RIC 541.*	**25**	**50**	**250**
62.129	Sesterz. PONTIF MAX TR P II COS P P SC 1.) Pax n. l. sitzend (As), 2.) Providentia n. l. stehend (Dupondius, As), 3.) Securitas n. l. sitzend (Dupondius, As). *RIC 402-409.*	**25**	**50**	**250**
62.130	Sesterz.- Kolosseum (As). *RIC 410.*	**LP**	**LP**	**LP**
62.131	Sesterz. PONTIF MAX TR P III COS P P SC 1.) Pax n. l. sitzend (Dupondius, As), 2.) Providentia n. l. stehend (Dupondius, As), 3.) Severus Alexander n. l. stehend. *RIC 419.*	**25**	**50**	**250**
62.132	Sesterz. PONTIF MAX TR P IIII COS P P SC Severus Alexander n. l. stehend. *RIC 439.*	**25**	**50**	**250**
62.133	As. PONTIF MAX TR P V COS II P P SC Severus Alexander in Quadriga n. r. *RIC 452.*	**15**	**50**	**250**

s ss vz

62.134 As. –. Severus Alexander auf Podium n. l. sitzend, hinter ihm Soldat, vor ihm Liberalitas, unten Bürger, im Abschnitt LIB AVG II oder III.
RIC 454. **100 250 1.500**

62.135 Sesterz. PONT MAX TR P III COS P P SC Felicitas n. l. sitzend.
RIC 422. **25 50 250**

62.136 Sesterz. POTESTAS PERPETV SC Securitas n. l. sitzend.
RIC 594. **25 50 250**

62.137 Sesterz. PROF AVG PONTIF MAX TR P X COS III P P SC Kaiser n. r. reitend, davor Victoria, dahinter Soldat.
RIC 524. **30 75 300**

62.138 Sesterz. PROFECTIO AVGVSTI SC Severus Alexander n. r. reitend, Victoria ihm vorausgehend.
RIC 596. **25 50 250**

62.139 As. –. Kaiser n. l. reitend.
RIC 595. **15 50 250**

62.140 Sesterz. PROVIDENTIA AVG SC Providentia frontal stehend (Dupondius, As).
RIC 642. **25 50 250**

62.141 Sesterz. PROVIDENTIA DEORVM SC Providentia n. l. stehend (Dupondius, As).
RIC 597. **25 50 250**

(Dupondius)

62.142 Sesterz. RESTITVT(OR) MON SC Severus Alexander n. l. stehend (Dupondius).
RIC 600. **25 50 250**

62.143 Sesterz. ROMAE AETERNAE SC Roma n. l. sitzend (Dupondius, As).
RIC 602. **25 50 250**

62.144 Sesterz. SALVS PVBLICA SC Salus n. l. sitzend (Dupondius, As).
RIC 608. **25 50 250**

62.145 Sesterz. SECVRITAS PERPETVA SC Securitas n. l. sitzend (Dupondius, As).
RIC 611. **25 50 250**

s ss vz

62.146 Sesterz. SPES PVBLICA SC Spes n. l. gehend (Dupondius, As).
RIC 648. **25 50 250**

62.147 As. SPQR ANN N F F OPTIMO PRINCIPI PIO SC *(= Annum novum faustum felicem optimo principi pio)* in Kranz.
RIC 615. **30 75 300**

62.148 Sesterz. VICTORIA AVGVSTI SC Victoria n. r. stehend, VOT X auf Schild schreibend (As).
RIC 616. **25 50 250**

62.149 Sesterz. –. Victoria n. l. gehend oder stehend (Dupondius, As).
RIC 618. **25 50 250**

62.150 Sesterz. Kaiser n. r. reitend, von einem Soldaten gefolgt, ihm vorausgehend Victoria, am Boden sitzender Gefangener.
RIC 652. **25 50 250**

62.151 Sesterz. VIRTVS AVGVSTI SC 1.) Romulus n. r. gehend, 2.) Virtus n. r. stehend (As), 3.) Severus Alexander n. l. stehend.
RIC 623ff. **25 50 250**

Divus Alexander

Folgende Vorderseitenvarianten kommen vor:
Umschrift: DIVO ALEXANDRO.
Büste: n. r., mit Strkr.

Antoninian

62.152.1

62.152 *Unter Traianus Decius.* CONSECRATIO 1.) Adler, 2.) Altar.
RIC 97f. **50 150 250**

63. Orbiana

Gattin des Severus Alexander

Zur Geschichte

Am 28. August 225 heiratete Severus Alexander Gnaea Seia Herennia Sallustia Barbia Orbiana. Es könnte sich dabei um die Tochter des L. Seius Herennius Sallustius Macrinus gehandelt haben, der eine wichtige Rolle unter Severus Alexander spielte. Wenig sonst ist uns über die Verbindung bekannt. Die antiken Klatschkolumnisten kolportieren, daß Orbiana sich bei ihrer Schwiegermutter Iulia Mamaea unbeliebt machte und deshalb nach Libyen verbannt wurde. Tatsächlich finden wir auf einigen Inschriften ihren Namen eradiert. Der tatsächliche Grund für ihre Entfernung aus dem Kaiserhaus ist uns nicht bekannt.

Münzen

Folgende Vorderseitenvarianten kommen vor:
Umschrift: SALL BARBIA ORBIANA AVG.
Büste: n. r., mit Diadem, drapiert.

Aurei

Normaler Typ. **LP LP LP**

Denare

(Quinar)

63.1 CONCORDIA AVGG Concordia n. l. sitzend (Quinar).
RIC 319. **100 250 500**

63.2 PROPAGO IMPERI Severus Alexander und Orbiana im Handschlag.
RIC 323. **100 350 600**

63.3 PVDICITIA Pudicitia n. l. sitzend.
RIC 324. **100 250 500**

63.4 SAECVLI FELICITAS Felicitas n. l. stehend.
RIC 325. **100 250 500**

63.5 VENVS GENETRIX 1.) Venus n. l. sitzend, 2.) Venus stehend.
RIC 326f. **100 250 500**

s ss vz

Bronzemünzen

63.6.1

63.6 CONCORDIA AVGVSTORVM SC 1.) Concordia n. l. sitzend (As), 2.) Severus Alexander im Handschlag mit Orbiana (As).
RIC 655. **100 500 1.800**

64. Iulia Mamaea

Mutter des Severus Alexander, † 235

Zur Geschichte

Iulia Mamaea war die jüngere Tochter der Iulia Maesa und damit die Nichte der Iulia Domna. Als ihr 13jähriger Sohn Severus Alexander Kaiser über das römische Reich wurde, unterstützte ihn Iulia Mamaea beratend. Wir wissen wenig über diese Frau, außer daß sie im Gegensatz zu ihrer Schwester Iulia Soaemias einen gesunden Realitätssinn besessen haben muß, mit dessen Hilfe es ihr gelang, ihren Sohn zu einem Mann zu erziehen, wie er der senatorischen Oberschicht Roms akzeptabel war. So soll sie zum Beispiel den bedeutenden Juristen Ulpian zum Erzieher und Berater ihres Sohnes gemacht haben, sowie ihm die Praetorianergarde anvertraut haben. Iulia Mamaea kam zusammen mit ihrem Sohn im Jahr 235 bei einem Aufstand im Feldlager von Bretzenheim bei Mainz um.

Münzen

Folgende Vorderseitenvarianten kommen vor:
Umschrift: IVLIA MAMAEA AVG(VSTA).
Büste: n. r., selten n. l., drapiert, gelegentlich mit Diadem.

Aurei

		s	ss	vz
	Normaler Typ.	5.000	15.000	35.000

Denare

		s	ss	vz
64.1	CONCORDIA Concordia n. l. stehend. *RIC 329.*	15	40	75
64.2	CONCORDIA AVGG Concordia n. l. sitzend. *RIC 330.*	15	40	75
64.3	FECVND AVGVSTAE 1.) Fecunditas n. l. stehend, 2.) n. l. sitzend (Quinar). *RIC 331f.*	15	40	75

64.4.1

		s	ss	vz
64.4	FELICITAS PVBLICA 1.) Felicitas frontal stehend (Aureus, Quinar), 2.) Felicitas n. l. sitzend (Aureus, Quinar). *RIC 335ff.*	15	40	75
64.5	IVNO Iuno n. l. stehend. *RIC 340.*	15	40	75
64.6	IVNO AVGVSTAE Iuno n. l. sitzend. *RIC 341.*	15	40	75

		s	ss	vz
64.7	IVNO CONSERVATRIX Iuno n. l. stehend (Aureus, Quinar). *RIC 343.*	15	40	75
64.8	Quinar. PAX AETERNA AVG Pax n. l. stehend. *RIC 345.*	400	1.000	3.000
64.9	PIETAS AVGVSTAE Pietas n. l. stehend. *RIC 346.*	15	40	75
64.10	PVDICITIA Pudicitia n. l. sitzend. *RIC 347.*	15	40	75
64.11	SAECVLI FELICITAS Felicitas n. l. stehend. *RIC 348.*	15	40	75
64.12	SALVS AVGVST Salus stehend. *RIC 349.*	15	40	75

		s	ss	vz
64.13	VENERI FELICI Venus n. r. stehend (Aureus, Quinar). *RIC 351.*	15	40	75
64.14	VENVS FELIX Venus n. r. stehend. *RIC 353.*	15	40	75
64.15	VENVS GENETRIX Venus n. l. stehend (Aureus). *RIC 355f.*	15	40	75

		s	ss	vz
64.16	VENVS VICTRIX Venus n. l. stehend. *RIC 358.*	15	40	75
64.17	VESTA 1.) Vesta n. l. stehend (Aureus, Quinar), 2.) n. l. sitzend. *RIC 360ff.*	15	40	75
64.18	VICTORIA AVG Victoria n. r. gehend. *RIC 365.*	15	40	75

Bronzemünzen

		s	ss	vz
64.19	Sesterz. FECVNDITAS AVGVSTAE SC Fecunditas n. l. stehend (As). *RIC 668.*	25	180	500

s *ss* *vz*

(As)

64.20 Sesterz. FELICITAS AVG SC Felicitas n. l. stehend (Dupondius, As).
RIC 670. **25** **180** **500**

64.21 As. FELICITAS PERPETVA Iulia Mamaea n. l. sitzend, vor ihr zwei Frauen, eine von ihnen übergibt Globus, hinter ihr Felicitas.
RIC 675. **75** **300** **700**

64.22.2

64.22 Sesterz. FELICITAS PVBLICA SC 1.) Felicitas frontal stehend (Dupondius, As), 2.) Felicitas n. l. sitzend (Dupondius, As).
RIC 676. **25** **180** **500**

64.23 Dupondius. FELICITAS TEMP SC Felicitas n. l. stehend.
RIC 682. **25** **150** **350**

64.24 Sesterz. IVNO AVGVSTAE SC Iuno n. l. sitzend (As).
RIC 683 **25** **180** **500**

64.25 Sesterz. IVNO CONSERVATRIX SC Iuno frontal stehend (Dupondius, As).
RIC 685. **25** **180** **500**

64.26 As. MATER AVG ET CASTRORVM Mamaea n. l. sitzend, hinter ihr zwei Standarten, vor ihr Pietas.
RIC 689. **75** **300** **700**

64.27 As. MATER CASTRORVM Mamaea n. l. sitzend, vor ihr zwei Standarten, hinter ihr stehende Gestalt.
RIC 690. **75** **300** **700**

64.28 As. MATRI CASTRORVM Weibliche Gestalt stehend, vor ihr drei Standarten.
RIC 691. **75** **300** **700**

s *ss* *vz*

64.29 As. TEMPORVM FELICITAS 1.) Felicitas n. l. stehend, vor ihr Frau mit Speer, hinter ihr Frau mit Füllhorn, 2.) Iulia Mamaea n. l. sitzend, vor ihr Frau mit Szepter, hinter ihr Felicitas.
RIC 692f. **50** **200** **500**

64.30 Sesterz. VENERI FELICI SC 1.) Venus n. r. stehend (As), 2.) Venus n. l. stehend (Dupondius, As).
RIC 694. **25** **180** **500**

64.31 Sesterz. VENVS FELIX SC Venus n. l. sitzend (Dupondius, As).
RIC 701. **25** **180** **500**

64.32 Sesterz. VENVS GENETRIX SC Venus n. l. stehend.
RIC 704. **25** **180** **500**

64.33 Sesterz. VENVS VICTRIX SC Venus n. l. stehend (Dupondius, As).
RIC 705. **25** **180** **500**

64.34 Sesterz. VESTA SC Vesta n. l. stehend (Dupondius, As).
RIC 708. **25** **180** **500**

Das Zeitalter der Soldatenkaiser

Mit dem Tod des Severus Alexander endete die Dynastie der Severer. Die Zeit ab 235 bis zum Herrschaftsbeginn des Diocletianus nennt man die „Zeit der Soldatenkaiser". Wobei dieser Begriff eigentlich nicht besonders sinnvoll ist. Das römische Kaisertum war seit Augustus eine Militärdiktatur, bei der sich der jeweilige Kaiser vor allem auf seine Befehlsgewalt über die verschiedenen Heeresteile stützen konnte. Doch nun hatte sich geändert, wer in diesem Militärdienst bis wohin aufsteigen konnte. Waren bisher höhere Kommandos den Angehörigen der senatorischen Oberschicht vorbehalten gewesen, so war mittlerweile der soziale Aufstieg von ganz unten für einen fähigen Militär möglich. Schon der nur kurzlebige Nachfolger des Caracalla, M. Opellius Severus Macrinus, stammte nicht mehr aus der Schicht der Senatorensöhne, sondern hatte sich aus eigener Kraft hochgearbeitet. Unter den Soldatenkaisern des 3. Jahrhunderts sollten immer mehr immer weniger romanisierte Machtmenschen hoch geschwemmt werden.
Es wäre allerdings völlig verfehlt, allein der Herkunft dieser Kaiser die Schuld am „Verfall" des römischen Reiches zu geben. Die Völkerwanderung war nun im vollen Gange und im Osten versuchte das Reich der Sasaniden verstärkt römisches Gebiet unter seinen Einfluß zu bekommen.

65. Maximinus I. Thrax

235 – 238

Zur Geschichte

C. Iulius Verus Maximinus wurde um das Jahr 173 als Sohn eines Bauern in Thrakien geboren. Die Fama überliefert, er habe als Schafhirte gearbeitet, bevor er durch seine körperliche Stärke auffiel und man ihn für das römische Heer rekrutierte. Noch unter Caracalla soll er es bis zum Centurio gebracht haben. Während der Herrschaft des Severus Alexander erreichte er den Rang eines Eques. Nach mehreren wichtigen militärischen Kommandos betraute ihn Severus Alexander mit der Vorbereitung des Krieges gegen die immer wieder den römischen Limes überschreitenden Germanen an der Rheingrenze. Im März 235 erhob das Heer Maximinus zum Kaiser und ermordete den Severus Alexander. Maximinus blieb im Westen, führte einen erfolgreichen Krieg gegen die Germanen im Raum des heutigen Württembergs, zog dann weiter in den Osten, um dort den Kampf gegen die Sarmaten und Daker aufzunehmen.
Fokussiert auf die Bewältigung der militärischen Probleme im Westreich, vernachlässigte Maximinus die Verwaltung des Gesamtreiches. So konnte sich eine senatorische Opposition mit den Anführern einer Revolte in Afrika zusammenfinden, die gemeinsam dafür sorgten, daß der Senat den Maximinus im Jahr 238 zum *hostis publicus,* zum öffentlichen Feind, erklärte. Um seine Macht zurückzuerobern, zog Maximinus nun mit seinem Heer nach Italien, scheiterte aber schon an der Eroberung Aquileias, wo ihn zwischen Mai und Juli 238 seine meuternden Soldaten erschlugen.

Zur Münzgeschichte

Unter Maximinus Thrax war Rom die einzige Münzstätte. Während seiner Herrschaft wurde verstärkt der Mangel an Edelmetall spürbar: Nach 236 wurden keine Aurei mehr ausgegeben. Bronzemünzen sind unter Maximinus Thrax noch relativ häufig.

Münzen

Folgende Vorderseitenvarianten kommen vor:
Umschrift: IMP MAXIMINVS PIVS AVG,
MAXIMINVS PIVS AVG GERM.
Büste: n. r., mit Lorbeerkranz, drapiert und gelegentlich mit Panzer.

Aurei

	Normaler Typ.	**7.500**	**50.000**	**90.000**

Denare

65.1	FIDES MILITVM Fides frontal stehend (Quinar). *RIC 7A.*	**10**	**50**	**100**
65.2	INDVLGENTIA AVG Indulgentia n. l. sitzend. *RIC 8.*	**10**	**50**	**100**

		s	*ss*	*vz*
65.3	LIBERALITAS AVG Liberalitas n. l. stehend. *RIC 10.*	**10**	**50**	**100**
65.4	PAX AVGVSTI Pax n. l. stehend (Aureus, Quinar). *RIC 12.*	**10**	**50**	**100**

		s	*ss*	*vz*
65.5	P M TR P P P Maximinus l. stehend zwischen zwei Standarten (Aureus, Quinar). *RIC 1.*	**10**	**50**	**100**

		s	*ss*	*vz*
65.6	P M TR P II COS P P Maximinus n. l. stehend zwischen zwei Standarten. *RIC 3f.*	**10**	**50**	**100**
65.7	P M TR P III COS P P Maximinus n. l. stehend zwischen zwei Standarten (Quinar). *RIC 5.*	**10**	**50**	**100**
65.8	P M TR P IIII COS P P Maximinus n. l. stehend zwischen zwei Standarten. *RIC 6.*	**10**	**50**	**100**

		s	*ss*	*vz*
65.9	PROVIDENTIA AVG Providentia n. l. stehend (Aureus, Quinar). *RIC 13.*	**10**	**50**	**100**
65.10	SALVS AVGVSTI Salus n. l. sitzend (Aureus, Quinar). *RIC 14.*	**10**	**50**	**100**
65.11	VICT AETERN Victoria n. l. fliegend. *RIC 15.*	**10**	**50**	**100**
65.12	VICTORIA AVG Victoria n. r. gehend (Aureus). *RIC 16.*	**10**	**50**	**100**

		s	*ss*	*vz*
65.13	VICTORIA GERM Victoria n. l. stehend (Aureus, Goldquinar, Quinar). *RIC 23.*	**15**	**75**	**200**
65.14	VOTIS DECENNALIBVS im Kranz. *RIC 17.*	**50**	**150**	**400**

Bronzemünzen

		s	*ss*	*vz*
65.15	Sesterz. FIDES MILITVM Fides frontal stehend (Dupondius, As). *RIC 43.*	**25**	**100**	**300**
65.16	Sesterz. INDVLGENTIA AVG Indulgentia n. l. sitzend (As). *RIC 46.*	**25**	**100**	**300**
65.17	Sesterz. LIBERALITAS AVG(VSTI) SC Maximinus auf Podium n. l. sitzend, hinter ihm zwei Soldaten, vor ihm Liberalitas, unten Bürger und fünf Soldaten. *RIC 48.*	**75**	**300**	**1.000**
65.18	Sesterz. –. Liberalitas n. l. stehend (Dupondius, As). *RIC 49.*	**25**	**100**	**300**
65.19	Sesterz. MARTI PACIFERO SC Mars n. l. stehend (Dupondius, As). *RIC 55.*	**25**	**100**	**300**

(Dupondius)

		s	*ss*	*vz*
65.20	Sesterz. PAX AVGVSTI SC Pax n. l. stehend (Dupondius, As). *RIC 58.*	**25**	**100**	**300**
65.21	Sesterz. P M TR P P P SC Maximinus n. l. stehend (Dupondius, As). *RIC 24.*	**25**	**100**	**300**
65.22	Sesterz. P M TR P II COS P P SC Maximinus in Quadriga n. l., bekränzt von Victoria, (gelegentlich Soldat die Quadriga führend) (As). *RIC 27.*	**35**	**180**	**400**
65.23	Sesterz. –. Maximinus n. l. stehend (Dupondius, As). *RIC 30.*	**25**	**100**	**300**
65.24	As. –. Maximinus n. l. stehend mit einer zweiten Gestalt (Maximus?), Victoria Maximinus bekränzend. *RIC 34.*	**35**	**180**	**400**
65.25	Sesterz. P M TR P III COS P P SC Maximinus n. l. stehend (Dupondius, As). *RIC 37.*	**25**	**100**	**300**

		s	ss	vz
65.26	Sesterz. P M TR P IIII COS P P SC Maximinus n. l. stehend (Dupondius, As). *RIC 40.*	25	100	300
65.27	Sesterz. PROVIDENTIA AVG SC Providentia n. l. stehend (Dupondius, As). *RIC 61.*	25	100	300
65.28	Sesterz. SALVS AVGVSTI SC Salus n. l. sitzend (Dupondius, As). *RIC 64.*	25	100	300
65.29	Sesterz. VICTORIA AVG SC Victoria n. r. gehend (Dupondius, As). *RIC 67.*	25	100	300
65.30	Sesterz. VICTORIA AVGVSTORVM SC Maximinus und Maximus einander gegenüber stehend, eine kleine Victoria gemeinsam haltend, zwischen ihnen zwei sitzende Gefangene, zu jeder Seite Soldat. *RIC 89.*	50	300	750
65.31	Sesterz. VICTORIA GERMANICA SC Maximinus n. l. stehend, zu seinen Füssen Gefangener; er wird von Victoria bekränzt (Dupondius). *RIC 70.*	35	180	400

65.32.1

65.32	Sesterz. –. 1.) Victoria n. l. stehend, zu ihren Füßen Gefangener (As), 2.) Victoria n. l. gehend. *RIC 90.*	35	180	400
65.33	Sesterz. VOTIS DECENNALIBVS SC in Kranz. *RIC 75.*	35	180	400

66. Paulina

Gattin des Maximinus Thrax

Zur Geschichte

Caecilia Paulina starb schon vor der Erhebung ihres Mannes, Maximinus Thrax, zum Kaiser. Über sie sind keine gesicherten Fakten bekannt. Wir kennen noch nicht einmal ihr genaues Sterbedatum.

Münzen

Folgende Vorderseitenvarianten kommen vor:
Umschrift: DIVA PAVLINA.
Büste: n. r., verschleiert.

Denare

66.1.2

66.1	CONSECRATIO 1.) Pfau frontal stehend, 2.) Paulina auf Pfau n. r. fliegend. *RIC 1f.*	100	300	750

Bronzemünzen

66.2.1

66.2	CONSECRATIO 1.) Paulina auf Pfau n. r. fliegend, 2.) Diana in Biga n. r. *RIC 3f.*	200	800	1.800

67. Maximus

Caesar 235-238

Zur Geschichte

C. Iulius Verus Maximus, der Sohn des Maximinus Thrax, wurde von seinem Vater im Spätsommer des Jahres 235 zum Caesar und potentiellen Nachfolger ernannt. Er kam zusammen mit seinem Vater vor Aquileia um, wo meuternde Soldaten die beiden erschlugen.

Hinweise für Sammler

Im Verhältnis zu Prägungen für seinen Vater sind die Münzen des Maximus selten.

Münzen

Folgende Vorderseitenvarianten kommen vor:
Umschrift: (C) IVL VERVS MAXIMVS CAES,
MAXIMVS CAES(AR) GERM.
Büste: n. r., drapiert, leicht vom Rücken gesehen.

Denare

67.1 PIETAS AVG Priesterliche Geräte.
RIC 1f. **75 180 350**

67.2 PRINCIPI IVVENT Maximus n. l. stehend.
RIC 4. **75 180 350**

67.3 PRINC IVVENTVTIS Maximus n. l. stehend, hinter ihm zwei Standarten (Quinar).
RIC 3. **75 180 350**

Bronzemünzen

67.4 PIETAS AVG SC Priesterliche Geräte (Dupondius oder As).
RIC 6ff. **50 180 750**

S SS VZ

67.5 PRINCIPI IVVENTVTIS SC Maximus n. l. stehend, hinter ihm zwei Standarten (Dupondius oder As).
RIC 9f. **50 180 750**

68. Gordianus I.

238

Zur Geschichte

M. Antoninus G. Sempronianus Romanus Africanus, geboren wohl 159, stammte aus einem bedeutenden römischen Geschlecht. Er konnte sich damit brüsten, sowohl mit den Gracchen, den bekannten Sozialreformern der römischen Republik, als auch – über seine Mutter – mit Kaiser Traianus verwandt zu sein. Gordianus I. hatte unter den Severern Karriere gemacht und verwaltete seit dem Jahr 237 die Provinz Africa. Dort töteten im Frühjahr 238 einige junge Nobiles einen Legaten des Maximinus, der sich bei ihnen unbeliebt gemacht hatte. Um ihrem Mord einen Anstrich von Legalität zu geben, brachten sie den Provinzstatthalter Gordianus I. dazu, sich von ihnen zum Kaiser ausrufen zu lassen. Der damals knapp 80jährige ernannte seinen Sohn gleichen Namens zu seinem Mitkaiser und der Senat in Rom legitimierte willig diesen neuen Gegenkandidaten zum unbeliebten Maximinus Thrax, indem man Gordianus I. und seinen Sohn Gordianus II. als Kaiser anerkannte. Den beiden war keine lange Herrschaft beschieden, die Geschichtsschreiber sprechen von genau 22 Tagen. Der Statthalter von Numidien hatte, als er von der Erhebung hörte, sein Heer in Marsch gesetzt. Gordianus II. kam in der Schlacht gegen den loyalen Anhänger des Maximinus um. Gordianus I. beging Ende März oder Anfang April Selbstmord.

Zur Münzgeschichte

Alle Münzen der kurzen Herrschaft der beiden Gordiane wurden in Rom geprägt. Es existierten extrem seltene Aurei und seltene Denare. Auch unter diesen beiden Kaisern wurden keine Antoniniane ausgegeben. An Bronzemünzen gibt es nur Sesterze.

Hinweise für Sammler

Da die Vorderseitentitulatur für beide Kaiser identisch ist, muß der Sammler Gordianus I. von Gordianus II. mit Hilfe des Porträts unterscheiden. Am leichtesten fällt dies, wenn man die vordere Kopfpartie der Kaiser betrachtet. Während Gordianus I. eindeutig kurzes Haar aufweist, sieht man bei Gordianus II. eine Stirnglatze, die bis zum Rand des Lorbeerkranzes reicht.

Münzen

s ss vz

Folgende Vorderseitenvarianten kommen vor:
Umschrift: IMP (CAES) M ANT GORDIANVS AFR AVG.
Büste: n. r., mit Lorbeerkranz, drapiert und gepanzert.

Denare

Nr.	Beschreibung	s	ss	vz
68.1	P M TR P COS P P 1.) Gordianus I. n. l. stehend, 2.) Weibliche Personifikation (Pax?) n. l. stehend. *RIC 1f.*	400	1.200	3.000
68.2	ROMAE AETERNAE Roma n. l. sitzend. *RIC 4.*	400	1.200	3.000

Nr.	Beschreibung	s	ss	vz
68.3	SECVRITAS AVGG Securitas n. l. sitzend. *RIC 5.*	400	1.200	3.000
68.4	VIRTVS AVG Virtus n. l. stehend. *RIC 6.*	400	1.200	3.000

Bronzemünzen

Nr.	Beschreibung	s	ss	vz
68.5	P M TR P COS P P SC Gordianus n. l. stehend. *RIC 8.*	400	1.500	4.000

Nr.	Beschreibung	s	ss	vz
68.6	PROVIDENTIA AVGG SC Providentia n. l. stehend. *RIC 9.*	400	1.500	4.000
68.7	ROMAE AETERNA SC Roma n. l. sitzend. *RIC 10.*	400	1.500	4.000
68.8	SECVRITAS AVGG SC Securitas n. l. sitzend. *RIC 11.*	400	1.500	4.000
68.9	VICTORIA AVGG SC Victoria n. l. gehend. *RIC 12.*	400	1.500	4.000
68.10	VIRT EXERCIT SC Virtus n. l. stehend. *RIC 13.*	400	1.500	4.000
68.11	VIRTVS AVGG SC Virtus n. l. stehend. *RIC 14.*	400	1.500	4.000

69. Gordianus II.

238

Zur Geschichte

M. Antonius G. Sempronianus Romanus Africanus, geboren um 192, begleitete seinen Vater im Jahr 237 nach Africa. Er diente dort als sein Legat und wurde von ihm im Jahr 238 zum Mitkaiser gemacht. Gordianus II. kam bei der Schlacht gegen loyale Truppen des Maximinus Thrax ums Leben. Für nähere Einzelheiten sowie für Bemerkungen zur Münzgeschichte vgl. die Vita von Gordianus I.

Münzen

Folgende Vorderseitenvarianten kommen vor:
Umschrift: IMP (CAES) M ANT GORDIANVS AFR AVG.
Büste: n. r., mit Lorbeerkranz, gepanzert und drapiert.

Denare

69.1 PROVIDENTIA AVGG Providentia n. l. stehend.
RIC 1. **400 1.250 3.000**

69.2 VICTORIA AVGG Victoria n. l. gehend.
RIC 2. **400 1.250 3.000**

69.3 VIRTVS AVGG Virtus n. l. stehend.
RIC 3. **400 1.250 2.500**

s ss vz

Bronzemünzen

69.4 PROVIDENTIA AVGG SC Providentia n. l. stehend.
RIC 4. **400 1.500 4.000**

69.5 ROMAE AETERNAE SC Roma n. l. sitzend.
RIC 5. **400 1.500 4.000**

69.6 SECVRITAS AVGG SC Securitas n. l. sitzend.
RIC 6. **400 1.500 4.000**

69.7 VICTORIA AVGG SC Victoria n. l. gehend.
RIC 7. **400 1.500 4.000**

69.8 VIRTVS AVGG SC Virtus n. l. stehend.
RIC 8. **400 1.500 4.000**

70. Balbinus

238

Zur Geschichte

D. Caelius Calvinus Balbinus wurde im Jahr 178 geboren. Er gehörte zu dem uralten römischen Geschlecht der Caelier und durchlief die normale Beamtenkarriere. Als ihn der Senat im Jahr 238 in das 20 Männer Kollegium wählte, das Italien gegen den gerade zum Staatsfeind erklärten Maximinus Thrax verteidigen sollte, war Balbinus bereits 60 Jahre alt und hatte sich den Senatoren als tüchtiger Verwaltungsbeamter empfohlen. Er und sein Amtskollege Pupienus wurden zu Anfang des Aprils 238, nachdem die Nachricht vom Tod des Gordianus I. und seines Sohnes Rom erreicht hatte, nach dem Kollegialprinzip zu gleichberechtigten Kaisern erhoben. Nur wenige Tage später mußten die beiden Kaiser wegen ihrer Unpopularität Gordianus III., den Enkel Gordianus' I., als Caesar adoptieren.
Während Pupienus sich dem Maximinus Thrax militärisch entgegenstellte, übernahm Balbinus in Rom die Verwaltung. Nach der Ermordung des Maximinus blieb den beiden Kaisern jedoch nur noch wenig Zeit. Die Praetorianer, die wenig Interesse hatten, Geschöpfe des Senats zu unterstützen, die ihnen nicht verpflichtet waren, nahmen die Eifersüchteleien zwischen Balbinus und Pupienus zum Anlaß, die beiden Kaiser nach 99 Tagen Herrschaft zu ermorden und ihren Kandidaten, den Caesar Gordianus III., auf den Thron zu setzen.

Zur Münzgeschichte

Unter Balbinus und Pupienus war Rom die einzige Münzstätte. Bemerkenswert ist, daß der Antoninian nach einer Prägepause zwischen Severus Alexander bis hin zu den Gordianen wieder als Nominal eingeführt wurde. Obwohl für beide Kaiser jeweils nur drei verschiedene Antoninian-Rückseiten bekannt sind, wurde dieses Nominal in großem Umfang ausgeprägt, wie wir aus dem häufigen Vorkommen der Antoniniane dieser Kaiser schließen dürfen.

Münzen

s *ss* *vz*

Folgende Vorderseitenvarianten kommen vor:
Umschrift: IMP C(AES) D CAEL BALBINVS AVG.
Büste: n. r., mit Lorbeerkranz oder Strahlenkrone, gepanzert und drapiert.

Denare und Antoniniane

Soweit nicht anders erwähnt, handelt es sich um Denare.

70.1 CONCORDIA AVGG Concordia n. l. sitzend.
RIC 1. **100 300 600**

70.2 Antoninian. –. Zwei Hände im Handschlag.
RIC 10. **100 300 600**

70.3 Antoninian. FIDES MVTVA AVGG Zwei Hände im Handschlag.
RIC 11. **100 300 600**

70.4 IOVI CONSERVATORI Iupiter n. l. stehend.
RIC 2. **100 300 600**

70.5 LIBERALITAS AVGVSTORVM Liberalitas n. l. stehend.
RIC 3. **100 300 600**

70.6 PAX PVBLICA Pax n. l. sitzend.
RIC 4. **100 300 600**

70.7 Antoninian. PIETAS MVTVA AVGG Zwei Hände im Handschlag.
RIC 12. **100 300 600**

70.8.2

70.8 P M TR P COS II P P 1.) Felicitas n. l. stehend, 2.) Balbinus n. l. stehend.
RIC 5f. **100 300 600**

s ss vz

70.9 PROVIDENTIA DEORVM Providentia n. l. stehend.
RIC 7. **100 300 600**

70.10 VICTORIA AVGG Victoria frontal stehend (Aureus, Quinar).
RIC 8f. **100 300 600**

Bronzemünzen

70.11 Sesterz. CONCORDIA AVGG SC Concordia n. l. sitzend (As).
RIC 22. **100 400 1.200**

70.12 Dupondius. IOVI CONSERVATORI SC Iupiter n. l. stehend.
RIC 13. **400 1.200 2.500**

70.13 Sesterz. LIBERALITAS AVGVSTORVM SC Balbinus, Pupienus und Gordianus III. auf Podium n. l. sitzend, hinter ihnen Soldat, vor ihnen Liberalitas, unten Bürger.
RIC 14. **350 1.000 4.000**

70.14 Sesterz. –. Liberalitas n. l. stehend (Dupondius).
RIC 15. **100 400 1.200**

70.15 Sesterz. PAX PVBLICA SC Pax n. l. sitzend.
RIC 24. **100 400 1.200**

70.16 Sesterz. P M TR P COS II P P SC 1.) Felicitas n. l. stehend, 2.) Balbinus n. l. stehend (Dupondius).
RIC 16f. **100 400 1.200**

70.17 Sesterz. PROVIDENTIA DEORVM SC Providentia n. l. stehend.
RIC 19. **100 400 1.200**

70.18 Sesterz. VICTORIA AVGG SC Victoria n. l. stehend.
RIC 25. **100 400 1.200**

70.19 Sesterz. VOTIS DECENNALIBVS SC in Kranz (Dupondius).
RIC 20. **350 1.000 2.000**

71. Pupienus
238

Zur Geschichte

M. Clodius Pupienus Maximus soll um das Jahr 164 herum geboren worden sein. Er gehörte dem hoch angesehenen Haus der Clodier an und hatte noch die besondere Förderung des Septimius Severus genossen. Im Jahr 238 hatte er eine brillante Karriere hinter sich, während der er die wichtigsten Ämter im römischen Reich bekleidet hatte. Als ihn der Senat im Jahr 238 in das 20 Männer Kollegium wählte, das Italien gegen den gerade zum Staatsfeind erklärten Maximinus Thrax verteidigen sollte, war Pupienus weit in den 70ern. Er und sein Amtskollege Balbinus wurden zu Anfang des Aprils 238, nachdem die Nachricht vom Tod des Gordianus I. und seines Sohnes Rom erreicht hatte, nach dem Kollegialprinzip zu gleichberechtigten Kaisern erhoben. Nur wenige Tage später mußten die beiden Kaiser wegen ihrer Unpopularität Gordianus III., den Enkel Gordianus' I., als Caesar adoptieren.
Pupienus wurde dazu bestimmt, militärisch gegen Maximinus vorzugehen, der sich Rom näherte. Der Senatskaiser mußte sich allerdings keiner entscheidenden Schlacht stellen, da Maximinus Thrax schon bald von seinen eigenen Soldaten ermordet wurde. Nach der Rückkehr des Pupienus nach Rom kam es zu Eifersüchteleien zwischen den beiden gleichrangigen Kaisern. Außerdem sorgte besonders die germanische Leibgarde des Pupienus, die ihn von den Praetorianern unabhängiger machen sollte, für Unruhe bei diesen traditionellen Schützern Roms. Es kam, wie es kommen mußte: Die Praetorianer, die wenig Interesse hatten, Geschöpfe des Senats zu unterstützen, die ihnen nicht verpflichtet waren, nahmen die Eifersüchteleien zwischen Balbinus und Pupienus zum Anlaß, die beiden Kaiser nach 99 Tagen Herrschaft zu ermorden und ihren Kandidaten, den Caesar Gordianus III., auf den Thron zu setzen.

Zur Münzgeschichte

Unter Balbinus und Pupienus war Rom die einzige Münzstätte. Bemerkenswert ist, daß der Antoninian nach einer Prägepause zwischen Severus Alexander bis hin zu den Gordianen wieder als Nominal eingeführt wurde. Obwohl für beide Kaiser jeweils nur drei verschiedene Antoninian-Rückseiten bekannt sind, wurde dieses Nominal in großem Umfang ausgeprägt, wie wir aus dem häufigen Vorkommen der Antoniniane dieser Kaiser schließen dürfen.

Münzen

Folgende Vorderseitenvarianten kommen vor:
Umschrift: IMP C(AES) M CLOD PVPIENVS AVG,
IMP CAES PVPIEN MAXIMVS AVG.
Büste: n. r., mit Lorbeerkranz oder Strahlenkrone, gepanzert und drapiert, von hinten gesehen.

Denare und Antoniniane

Soweit nichts anderes angegeben ist, handelt es sich um Denare.

71.1 Antoninian. AMOR MVTVVS AVGG Zwei Hände im Handschlag.
RIC 9. **100 300 600**

71.2 Antoninian. CARITAS MVTVA AVGG Zwei Hände im Handschlag.
RIC 10. **100 300 600**

71.3 CONCORDIA AVGG Concordia n. l. sitzend.
RIC 1. **100 300 600**

71.4 IOVI CONSERVATORI Iupiter n. l. stehend.
RIC 2. **100 300 600**

71.5 LIBERALITAS AVGVSTORVM Liberalitas n. l. stehend.
RIC 3. **100 300 600**

71.6 Antoninian. PATRES SENATVS Zwei Hände im Handschlag.
RIC 11. **100 300 600**

71.7 PAX PVBLICA Pax n. l. sitzend.
RIC 4. **100 300 600**

71.8 P M TR P COS II P P 1.) Felicitas n. l. stehend, 2.) Pupienus n. l. stehend.
RIC 5f. **100 300 600**

71.9 PROVIDENTIA DEORVM Providentia n. l. stehend.
RIC 7. **100 300 600**

71.10 VICTORIA AVGG Victoria n. l. gehend.
RIC 8. **150 300 600**

Bronzemünzen

s ss vz

71.11 Sesterz. CONCORDIA AVGG SC Concordia n. l. sitzend (As).
RIC 20. **100 400 1.200**

71.12 Dupondius. IOVI CONSERVATORI SC Iupiter n. l. stehend.
RIC 12. **400 1.200 2.500**

71.13 Sesterz. LIBERALITAS AVGVSTORVM SC Balbinus, Pupienus und Gordian III. auf Podium n. l. sitzend, hinter ihnen Soldat, vor ihnen Liberalitas, unten Bürger.
RIC 13. **350 1.000 4.000**

71.14 Sesterz. –. Liberalitas n. l. stehend.
RIC 14. **100 400 1.200**

71.15 Sesterz. PAX PVBLICA SC Pax n. l. sitzend.
RIC 22. **100 400 1.200**

71.16 Sesterz. P M TR P COS II P P S C 1.) Felicitas n. l. stehend, 2.) Pupienus n. l. stehend.
RIC 15f. **100 400 1.200**

71.17 Sesterz. PROVIDENTIA DEORVM SC Providentia n. l. stehend.
RIC 17. **100 400 1.200**

71.18 Sesterz. VICTORIA AVGG SC Victoria n. l. stehend (Dupondius).
RIC 23. **100 400 1.200**

71.19 Sesterz. VOTIS DECENNALIBVS SC im Kranz (Dupondius).
RIC 18. **250 750 2.000**

72. Gordianus III.
238 – 244

Zur Geschichte

M. Antonius Gordianus (* 225) war der Enkel des Gordianus I., nicht der Sohn seines Sohnes Gordianus II., sondern der von dessen Schwester. Er wurde im März von Balbinus und Pupienus auf Verlangen des Volkes adoptiert, zum Caesar erhoben und nach der Ermordung der beiden Kaiser von den Praetorianern zum Augustus ausgerufen.
Gordianus III. war bei seiner Erhebung 13 Jahre alt. Er war damit zu jung, um eigene Vorstellungen in der Politik durchzusetzen. Die Verwaltung wurde deshalb von einem *concilium principis* geführt, einem Rat von erfahrenen Militärs und Beamten, wie es jedem Kaiser zur Beratung diente. Seit 241 dominierte Timisitheus, der in diesem Jahr das Amt des Praetorianerpraefekten für sich gewinnen konnte, diesen Rat. Er setzte die Heirat des Kaisers Gordianus III. mit seiner Tochter Tranquillina durch und wurde dadurch die Macht hinter dem Thron. Er war die treibende Kraft hinter der Entscheidung Gordianus', dem Vordringen der Sasaniden unter Shapur I. militärisch entgegenzutreten. Die Vorbereitungen wurden abgeschlossen, Gordianus III. führte im Jahr 242 gemeinsam mit Timisitheus den Feldzug an. Sein Schwiegervater errang wichtige Erfolge und konnte ganz Mesopotamien sichern. In dieser entscheidenden Situation, im Jahr 243, starb Timisitheus. Als Nachfolger ernannte Gordianus III. den ehrgeizigen M. Iulius Philippus. Der sah keinen Sinn darin, wie Timisitheus nur den Berater eines jungen Mannes zu spielen. Im Gegenteil, nach und nach diskreditierte er den 20jährigen Gordianus bei der Armee, inszenierte Zwischenfälle und in letzter Konsequenz sorgte er im Februar oder März 244 für die Ermordung seines Kaisers.

Zur Münzgeschichte

Unter Gordianus III. gewann der Antoninianus mit seinem Feingehalt unter 40 % Silber immer mehr Bedeutung im Vergleich zu den unter Gordianus noch ausgeprägten Denaren.
Wichtigste Münzstätte unter Gordianus III. war Rom. Allerdings können wir zwei Emissionen Antiochia zuweisen. Die erste, die vermutlich zu Beginn der Herrschaft des jungen Kaisers stattfand, zeichnet sich durch ihren ungewöhnlichen, steifen Stempelschnitt der Buchstaben aus, sowie durch z. T. ungewöhnliche Büsten. Die zweite Emission, die in Antiochia in den Jahren 242 – 244 entstanden ist, dürfte im Zusammenhang stehen mit dem Feldzug gegen die Sasaniden.

Hinweise für Sammler

Gewöhnliche Münzen des Gordianus III. gehören zu dem Häufigsten, was ein Sammler angeboten bekommt. Allerdings lohnt es sich auch bei dieser Massenemission, etwas genauer hinzusehen. Denare des Caesar Gordianus sind selten und werden teuer bezahlt. In Antiochia geprägte Stücke, die den Augustus auf der Vorderseite nach links zeigen, kosten ein Vielfaches vom normalen Preis. Man muß z. B. für einen Antoninian mit dieser speziellen Büstenvariante 50 Euro in schön, 150 Euro in sehr schön und 400 Euro in vorzüglich rechnen.

Münzen

Als Caesar:
Folgende Vorderseitenvarianten kommen vor:
Umschrift: M ANT GORDIANVS CAES.
Büste: n. r., barhäuptig, drapiert.

Denare

72.1 PIETAS AVGG Priesterliche Geräte.
RIC 1. **75 250 500**

Bronzemünzen

72.2 Sesterz. LIBERALITAS AVGVSTORVM SC Liberalitas n. l. stehend.
RIC 2. **150 800 2.500**

s ss vz

72.3 Sesterz. PIETAS AVGG SC Priesterliche Geräte.
RIC 3. 150 800 2.500

Als Augustus:

Folgende Vorderseitenvarianten kommen vor:
Umschrift: IMP CAES GORDIANVS PIVS AVG,
IMP C(AES) M ANT GORDIANVS AVG,
IMP GORDIANVS PIVS FEL AVG und andere Variationen.
Büste: n. r., mit Lorbeerkranz oder Strahlenkrone, gepanzert und / oder drapiert.

Aurei

Normaler Typ. 800 1.200 4.500

72.4 P M TR P IIII COS II P P Gordianus in Quadriga, von Victoria bekränzt, Soldaten vorausgehend.
RIC 135. 1.200 2.500 8.000

Denare und Antoniniane

Soweit nicht anders vermerkt, handelt es sich um Denare.

72.5 Antoninian. AEQVITAS AVG Aequitas frontal oder n. l. stehend (Aureus).
RIC 34. 5 20 50

72.6 AETERNITATI AVG Sol frontal stehend (Aureus, Goldquinar, Quinar).
RIC 111. 15 30 70

72.7 Antoninian. –.
RIC 83. 5 20 50

72.8 Antoninian. CONCORDIA AVG 1.) Concordia n. l. sitzend (Aureus), 2.) n. l. opfernd (Aureus), 3.) n. l. stehend.
RIC 35. 5 20 50

72.9 Antoninian. CONCORDIA MILIT Concordia n. l. sitzend (Quinar).
RIC 49. 5 20 50

72.10 DIANA LVCIFERA Diana n. r. stehend (Aureus).
RIC 127. 15 20 50

72.11 FELICITAS PVBLICA Felicitas n. l. stehend.
RIC 128. 15 20 50

s ss vz

72.12 Antoninian. FELICIT(AS) TEMP(ORVM) Felicitas n. l. stehend (Aureus, Quinar).
RIC 140ff. 5 20 50

72.13 Antoninian. FIDES MILITVM 1.) Fides frontal oder n. l. stehend (Aureus), 2.) n. l. sitzend.
RIC 1. 5 20 50

72.14 Antoninian. FORT(VNA) REDVX Felicitas n. l. sitzend (Aureus).
RIC 143f. 5 20 50

72.15 Antoninian. IOVI CONSERVATORI 1.) Iupiter frontal stehend, die Hand über Gordianus haltend (Aureus), 2.) Iupiter n. l. sitzend, 3.) Iupiter n. l. stehend.
RIC 2. 5 20 50

72.16 IOVI(S) STATOR(I) Iupiter frontal stehend (Aureus, Quinar).
RIC 112. 15 30 70

72.17 Antoninian. –.
RIC 84f. 5 20 50

72.18 LAETITIA AVG N Laetitia n. l. stehend (Aureus).
RIC 113. 15 30 70

72.19 Antoninian. –.
RIC 86. 5 20 50

72.20 Antoninian. LIBERALITAS AVG 1.) Liberalitas n. l. stehend, 2.) Libertas n. l. stehend.
RIC 186. 20 75 125

72.21 LIBERALITAS AVG II (III oder IIII) Liberalitas frontal stehend (Aureus, Quinar).
RIC 45. 15 30 70

72.22 Antoninian. –.
RIC 36. 5 20 50

72.23 Antoninian. MARS PROPVG(NAT) Mars n. r. eilend.
RIC 146f. 5 20 50

72.24 Antoninian. MARTEM PROPVGNATOREM Mars n. r. eilend (Aureus).
RIC 147. 5 20 50

s ss vz

72.25 Antoninian. MARTI PACIFERO Mars n. l. gehend.
RIC 212. 5 20 50

72.26 Antoninian. ORIENS AVG Sol n. l. stehend.
RIC 213. 5 20 50

72.27 Antoninian. PAX AVGVS Pax n. l. stehend.
RIC 188. 20 75 125

72.28 Antoninian. PAX AVGVSTI 1.) Pax frontal stehend (Aureus), 2.) Pax n. l. gehend, 3.) Pax n. l. stehend.
RIC 3. 5 20 50

72.29 Antoninian. –. Krieger n. l. stehend.
RIC 189ff. 20 75 125

(Goldquinar)

72.30 PIETAS AVGVSTI Pietas frontal stehend (Aureus, Goldquinar).
RIC 129. 15 30 70

72.31 Antoninian. P M TRI P CON P P 1.) Sol n. l. stehend, 2.) Gordianus n. l. opfernd.
RIC 169. 20 75 125

72.32.14 (Aureus)

72.32 Antoninian. P M TR P II COS P P 1.) Concordia n. l. stehend, 2.) Fides frontal stehend (Quinar), 3.) Iupiter frontal stehend, die Hand über Gordianus haltend (Aureus), 4.) Iupiter n. l. sitzend, 5.) Libertas n. l. stehend, 6.) Mars frontal stehend, 7.) n. r. gehend, 8.) Pax frontal stehend (Aureus), 9.) Providentia frontal oder n. l. stehend (Aureus), 10.) Sarapis n. l. stehend, 11.) Sol n. l. stehend, 12.) Victoria n. l. gehend (Aureus), 13.) Virtus frontal stehend (Aureus), 14.) Gordianus frontal opfernd (Aureus, Quinar), 15.) Gordianus n. r. reitend, 16.) Gordianus n. l. sitzend.
RIC 15-20, 27-33, 37. 5 20 50

72.33 Antoninian. –. Gordianus in Quadriga n. r.
RIC 50B. 10 40 80

72.34 Antoninian. –. Gordianus n. l. sitzend, einen Zweig von Pax empfangend.
RIC 175. 20 75 125

s ss vz

72.35.4

72.35 P M TR P III COS P P 1.) Gordianus frontal opfernd (Aureus, Quinar), 2.) n. l. opfernd, 3.) Gordianus n. r. stehend, 4.) Gordianus n. l. reitend.
RIC 81. 15 30 70

72.36 Antoninian. –. 1.) Apollon n. l. sitzend (Quinar), 2.) Gordianus frontal opfernd, 3.) n. l. opfernd, 4.) Gordianus n. l. sitzend, 5.) Gordianus n. r. stehend.
RIC 69. 5 20 50

72.37 Antoninian. P M TR P IIII COS II P P 1.) Apollon n. l. sitzend (Aureus), 2.) Gordianus n. r. stehend (Aureus), 3.) Gordianus n. l. reitend.
RIC 88. 5 20 50

72.38 Antoninian. –. Gordianus in Quadriga n. l., von Victoria bekränzt.
RIC 139. 15 40 80

72.39 Antoninian. P M TR P V COS II P P 1.) Apollon n. l. sitzend (Aureus), 2.) Hercules n. r. gehend, 3.) Gordianus n. r. stehend (Aureus).
RIC 89. 5 20 50

72.40 Antoninian. P M TR P VI COS II P P 1.) Apollon n. l. sitzend, 2.) Gordianus n. r. sitzend.
RIC 90. 5 20 50

72.41 Antoninian. P M TR P VII COS II P P Mars n. r. gehend.
RIC 167A. 5 20 50

72.42 Antoninian. PROVID(ENTIA) AVG Providentia n. l. stehend (Aureus).
RIC 148. 5 20 50

72.43 Antoninian. PROVIDENTIA AVG Providentia frontal stehend (Aureus).
RIC 4. 5 20 50

72.44 Antoninian. ROMAE AETERNAE Roma n. l. sitzend (Quinar).
RIC 38. 5 20 50

72.45 Antoninian. SAECVLI FELICITAS Gordianus n. r. stehend.
RIC 216. 5 20 50

s ss vz

72.46 SALVS AVGVSTI Salus n. r. stehend (Aureus).
RIC 129A. 15 30 70

72.47 Antoninian. SECVRIT(AS) PERP(ETVA) Securitas n. l. stehend (Aureus).
RIC 151. 5 20 50

72.48 SECVRITAS PVBLICA Securitas n. l. sitzend.
RIC 130. 15 30 70

72.49 Antoninian. SPES PVBLICA Spes n. l. gehend.
RIC 201. 20 75 125

72.50 VENVS VICTRIX Venus n. l. stehend.
RIC 131. 15 30 70

72.51 Antoninian. VICTOR(IA) AETER(NA) Victoria n. l. stehend (Aureus).
RIC 154. 5 20 50

72.52 VICTORIA AVG(VSTI) Victoria n. l. oder n. r. gehend (Aureus, Quinar).
RIC 5. 5 20 50

72.53 Antoninian. –. Gordianus n. r. reitend.
RIC 203. 20 75 125

72.54 Antoninian. VICTORIA GORDIANI AVG Victoria n. r. gehend.
RIC 219. 5 20 50

72.55 Antoninian. VIRTVS AVG Virtus frontal oder n. l. stehend (Aureus, Quinar).
RIC 6. 5 20 50

72.56 VIRTVTI AVGVSTI Hercules n. r. stehend (Aureus, Goldquinar, Quinar).
RIC 116. 15 30 70

s ss vz

72.57 Antoninian. –.
RIC 95. 5 20 50

72.58 Antoninian. VOTIS DECENNALIBVS in Lorbeerkranz.
RIC 14. 10 40 80

Bronzemünzen

72.59 Sesterz. ABVNDANTIA AVG SC Abundantia n. r. stehend (Dupondius, As).
RIC 274. 25 50 250

72.60 Sesterz. AEQVITAS AVG SC Aequitas frontal stehend (Dupondius, As).
RIC 267. 25 50 250

72.61 Sesterz. AETERNITATI AVG SC Sol frontal stehend (Dupondius, As).
RIC 297. 25 50 250

72.62 Sesterz. CONCORDIA AVG SC Concordia n. l. sitzend (Dupondius).
RIC 268. 25 50 250

72.63 Sesterz. CONCORDIA MILIT SC Concordia n. l. sitzend (Dupondius, As).
RIC 288. 25 50 250

72.64 Sesterz. FELICITAS AVG SC Felicitas frontal stehend (Dupondius, As).
RIC 310. 25 50 250

72.65 Sesterz. FELICIT(AS) TEMPOR(VM) SC Felicitas n. l. stehend (Dupondius, As).
RIC 328ff. 25 50 250

s ss vz

72.66 Sesterz. FIDES MILITVM SC Fides frontal stehend (Dupondius, As).
RIC 254. 25 50 250

72.67 Sesterz. –. Gordianus n. r. reitend zwischen zwei Standarten.
RIC 315. 35 75 350

72.68 Sesterz. FORTVNA REDVX SC Fortuna n. l. sitzend (As).
RIC 321. 25 50 250

72.69 Sesterz. IOVI CONSERVATORI SC Iupiter n. l. stehend, seine Hand über Gordianus haltend (As).
RIC 255. 25 50 250

72.70 Sesterz. IOVI(S) STATOR(I) SC Iupiter frontal stehend (Dupondius, As).
RIC 298. 25 50 250

72.71 Sesterz. LAETITIA AVG N SC Laetitia n. l. stehend (Dupondius, As).
RIC 300. 25 50 250

72.72 Sesterz. LIBERALITAS AVG II SC Liberalitas frontal stehend (Dupondius).
RIC 269. 25 50 250

72.73 Sesterz. LIBERALITAS AVG IIII SC Liberalitas n. l. stehend (Dupondius, As).
RIC 316. 25 50 250

72.74 Dupondius. LIBERALITAS AVGVSTI II SC Liberalitas frontal stehend (As).
RIC 270. 15 40 200

72.75 Sesterz. –. Gordianus auf Podium n. l. sitzend, dahinter Soldaten, unten Bürger.
RIC 275. 200 1.000 2.000

72.76 Sesterz. LIBERALITAS AVGVSTI III (oder IIII) SC Gordianus auf Podium n. l. sitzend, dahinter Soldat, davor Liberalitas, unten Bürger.
RIC 275A. 200 1.000 2.000

72.77 Sesterz. –. Liberalitas frontal stehend (Dupondius, As).
RIC 283. 25 50 250

72.78 Sesterz. LIBERALITAS AVG SC Libertas n. l. stehend (As).
RIC 318. 25 50 250

s ss vz

72.79 Sesterz. MARS PROPVGNAT SC Mars n. r. gehend (As).
RIC 332. 25 50 250

72.80 Sesterz. MARTEM PROPVGNATOREM SC Mars n. r. gehend.
RIC 333. 25 50 250

72.81 Sesterz. PAX AETERNA SC Pax n. l. gehend (Dupondius, As).
RIC 319. 25 50 250

72.82 Sesterz. PAX AVGVSTI SC Pax frontal stehend (Dupondius, As).
RIC 256. 25 50 250

72.83 Sesterz. P M TR P II COS P P SC 1.) Roma n. l. sitzend (Dupondius, As), 2.) Victoria n. r. gehend, 3.) Gordianus n. r. gehend, 4.) Gordianus n. l. opfernd.
RIC 264ff. 25 50 250

72.84 Sesterz. –. Gordianus in Quadriga n. l. (As).
RIC 276. 50 200 750

72.85.1

72.85 Sesterz. P M TR P III COS (II) P P SC 1.) Apollon n. l. sitzend (As), 2.) Gordianus n. l. opfernd (Dupondius, As), 3.) Gordianus n. r. stehend (As), 4.) Gordianus n. l. sitzend (Dupondius, As), 5.) Gordianus n. l. reitend (As).
RIC 292ff. 25 50 250

72.86 Sesterz. P M TR P IIII COS II P P SC 1.) Apollon n. l. sitzend, 2.) Gordianus n. r. stehend (Dupondius, As).
RIC 302. 25 50 250

72.87 As. –. Gordianus in Quadriga n. l.
RIC 320. 25 100 350

72.88.2

72.88 Sesterz. P M TR P V COS II P P SC 1.) Apollon n. l. sitzend (Dupondius, As), 2.) Gordianus n. r. stehend (As).
RIC 303. 25 50 250

72.89 Sesterz. P M TR P VI COS II P P SC 1.) Apollon n. l. sitzend (As), 2.) Gordianus n. r. stehend.
RIC 304. 25 50 250

	s	ss	vz

72.90 Sesterz. P M TR P VII COS II P P Mars n. r. gehend (As).
RIC 339. **25 50 250**

72.91 Sesterz. PONTIFEX MAX TR P III COS P P SC Gordianus n. r. stehend, hinter ihm Soldat, den Erdball von n. l. sitzender Roma entgegennehmend, zwischen ihnen Soldat (As).
RIC 296. **200 1.000 2.000**

72.92 As. PONTIFEX MAX TR P IIII COS II P P Gordianus in Quadriga n. l. von Victoria bekränzt, davor gelegentlich ein oder zwei Soldaten
RIC 321f. **25 100 350**

72.93 Sesterz. PROVIDENTIA AVG SC Providentia frontal oder n. l. stehend (As).
RIC 257. **25 50 250**

72.94 Sesterz. ROMAE AETERNAE SC Roma n. l. sitzend (Dupondius, As).
RIC 272. **25 50 250**

72.95 Sesterz. SALVS AVG SC 1.) Salus n. r. stehend (As), 2.) Salus n. l. sitzend (Dupondius, As).
RIC 260f. **25 50 250**

72.96 Sesterz. SECVRITAS AVG SC Securitas n. l. sitzend (As).
RIC 311. **25 50 250**

72.97 Sesterz. SECVRIT(AS) PERPET(VA) SC Securitas n. l. stehend (As).
RIC 335. **25 50 250**

72.98 As. TRAIECTVS AVG Galeere n. r.
RIC 323. **100 400 1.000**

72.99 Sesterz. VICTORIA AETER(NA) SC Victoria n. l. stehend (As).
RIC 337. **25 50 250**

72.100 Sesterz. VICTORIA AVG SC Victoria n. l. oder n. r. gehend (Dupondius, As).
RIC 258. **25 50 250**

72.101 Sesterz. VICTORIA AVGVSTI SC Gordianus n. l. reitend, ihm vorangehend Victoria.
RIC 325. **25 50 250**

	s	ss	vz

72.102 Sesterz. VIRTVS AVG SC 1.) Virtus frontal stehend (Dupondius, As), 2.) Gordianus n. r. gehend.
RIC 259. **25 50 250**

72.103 Sesterz. VIRTVS AVGVSTI SC Gordianus n. r. reitend, einen Speer auf niedergefallenen Feind werfend.
RIC 327. **50 200 1.000**

72.104 As. –. Gordianus n. l. sitzend, gekrönt von Victoria, davor Virtus, in der Mitte Standarten.
RIC 326. **100 400 1.000**

72.105 As. VIRTVTI AVGVSTI SC Hercules n. r. stehend.
RIC 309. **20 60 200**

72.106 Sesterz. VOTIS DECENNALIBVS SC in Lorbeerkranz (As).
RIC 263. **100 300 1.000**

73. Tranquillina
Gattin des Gordianus III.

Zur Geschichte

Furia Sabinia Tranquillina war die Tochter des Timisitheus, eines wichtigen Mitglieds des *concilium principis.* Dieses Concilium war ein Kreis von politischen und militärischen Beratern, über den jeder Kaiser verfügte. Im Jahre 241 konnte Timisitheus seinen Einfluß auf den jungen Kaiser Gordianus III. so weit ausbauen, daß der ihn nicht nur zum Praefectus der Praetorianer ernannte, sondern auch zustimmte, die Tochter des Timisitheus, Tranquillina, zu heiraten. Nichts außer ihrem Namen ist über das Schicksal der Tranquillina bekannt. Nach dem Tod ihres Vaters in Persien und der Ermordung ihres Ehemannes verschwand sie aus der Geschichte.

Hinweise für Sammler

Münzen der kaiserlichen Prägung, die das Porträt der Tranquillina zeigen, sind selten, sehr teuer und damit für die meisten Sammler nicht erschwinglich. Wer trotzdem nicht auf das Gesicht dieser Kaiserin in seiner Sammlung verzichten möchte, kann auf die Prägungen der griechischen Städte in Thrakien, Moesia Inferior und dem Schwarzmeerbereich ausweichen, die relativ häufig die Kaiserin auf ihre Münzen setzten. Diese Stücke sind meist nicht allzu teuer. Mit etwas Glück kann man Stücke mit einem Doppelporträt von Gordianus III. und seiner Frau Tranquillina bereits für 100 Euro in „sehr schön“ entdecken. Wer lieber eine Tetradrachme aus Alexandria mit dem Porträt Tranquillinas möchte, der muß für ein Stück in „sehr schön“ etwa das Doppelte rechnen.

Münzen

Folgende Vorderseitenvarianten kommen vor:
Umschrift: SABINIA TRANQVILLINA AVG.
Büste: n. r., mit Diadem und drapiert.

Denare und Antoniniane

		s	ss	vz
73.1	Denar. CONCORDIA AVGG Concordia n. l. sitzend. *RIC 252.*	2.500	7.500	12.500

73.2.2

		s	ss	vz
73.2	Antoninian. –. 1.) Concordia n. l. sitzend, 2.) Gordianus im Handschlag mit Tranquillina. *RIC 249.*	1.750	4.000	7.500

Bronzemünzen

		s	ss	vz
73.3	Sesterz. CONCORDIA AVGG SC Concordia n. l. sitzend (As). *RIC 340.*	LP	LP	LP
73.4	Sesterz. CONCORDIA AVGVSTORVM Gordianus im Handschlag mit Tranquillina (Dupondius, As). *RIC 341.*	LP	LP	LP
73.5	Sesterz. FELICITAS TEMPORVM SC Concordia n. l. sitzend. *RIC 342.*	LP	LP	LP

74. Philippus I. Arabs

244 – 249

Zur Geschichte

M. Iulius Philippus, der auch den Beinamen Arabs trägt, wurde um das Jahr 204 in Philippopolis in der Provinz Arabia geboren. Wir wissen wenig über seine Herkunft, doch dürfte es eine Legende sein, daß sein Vater noch ein Wüstenscheich war.

Philippus wurde nach dem Tod des Timisitheus im Jahre 243, mitten während des Feldzuges gegen die Sasaniden, von Gordianus III. zu dessen Amtsnachfolger als Praefect der Praetorianer gewählt. Während es Timisitheus genügt hatte, die graue Eminenz hinter dem noch jugendlichen Kaiser zu sein, strebte Philippus nach einer wichtigeren Rolle. Er diskreditierte den 20jährigen Gordianus bei der Armee, inszenierte Zwischenfälle und sorgte in letzter Konsequenz im Februar oder März 244 für die Ermordung seines Kaisers.

Nach dessen Tod riefen die Soldaten Philippus zum Kaiser aus. Der schloß einen Frieden mit den Sasaniden, um möglichst schnell nach Rom zu kommen und sich dort vom Senat in seinem Amt bestätigen zu lassen. In Mesopotamien ließ er als Praefecten seinen Bruder Priscus zurück, der durch seine harten Steuermaßnahmen einen lokalen Aufstand auslöste, der die Erhebung des Iotapianus und die des Uranius Antoninus nach sich zog.

Schon Ende des Jahres 245 mußte Philippus an die Donaufront, wo die dakischen Karpen die Grenze überschritten hatten. Es gelang ihm zwar, sie zurückzuschlagen, aber nur ein Jahr später mußte sich Philippus der Rebellion des Pacatianus stellen, die zwar in seinem Namen von Decius niedergeschlagen wurde, letztendlich aber zum Ende seiner Herrschaft führte. Decius mußte auf Druck der Armee den Augustus-Titel annehmen und sah nun keinen anderen Ausweg, als sich dem Kampf um die Gesamtherrschaft zu stellen. Im September des Jahres 249 trafen das Heer des Kaisers und das des Decius bei Verona aufeinander. Decius gewann die Schlacht, Philippus verlor darin sein Leben.

Bemerkenswert ist ferner, daß unter der Herrschaft des Philippus im Jahre 248 die 1000-Jahr-Feier des Bestehens von Rom zelebriert wurde.

Zur Münzgeschichte

Die wichtigste Münzstätte des Philippus ist – wie auch für Gordianus – Rom, doch gibt es einige seltene Antoniniane, die wohl aus einer Münzstätte im Osten, vermutlich Antiochia, stammen.

Unter Philippus I., vielleicht sogar schon unter seinem Vorgänger Gordianus III., wurde die Ermittlung, wie viel ein Aureus wiegen sollte, nicht mehr al pezzo, sondern al marco vorgenommen, was bedeutet, daß nicht mehr das einzelne Stück gewogen wurde, sondern eine bestimmte Menge. Deshalb nehmen seit Philippus die Gewichtsschwankungen der Aurei mehr und mehr zu. Ferner findet unter Philippus I. eine Entwicklung ihren Abschluß, die sich schon unter Gordianus III. angebahnt hat: Der Antoninian ist jetzt die wichtigste Münze im Umlauf und verdrängt damit den Denar. Nur noch wenige Stücke dieses Nominals werden unter Philippus geprägt.

Hinweise für Sammler

Während die „normalen" Münzen des Philippus günstig und im Überfluß vorhanden sind, gibt es zahlreiche Spezialsammler, die sich auf die verschiedenen Tiere spezialisiert haben, die im Rahmen der Saecularspiele auf den Münzen erscheinen. Dabei unterscheiden die Zoologen unter den Sammlern mittlerweile wesentlich mehr Tiere als die hier – angelehnt an die Typenbildung im RIC – aufgeführten.

In den letzten Jahren wurde eine Gruppe von Münzen aus Antiochia mit dem Linksporträt des Philippus Arabs in verschiedenen Auktionen angeboten. Man muß für ein vorzügliches Stück mit 400 Euro rechnen.

Münzen

Folgende Vorderseitenvarianten kommen vor:
Umschrift: IMP M IVL PHILIPPVS (AVG),
IMP PHILIPPVS AVG und andere Varianten.
Büste: n. r., selten n. l., mit Lorbeerkranz oder Strahlenkranz, drapiert und / oder gepanzert.

Aurei

Normaler Typ.	**2.000**	**7.000**	**20.000**

Antoniniane

		s	ss	vz

74.1 ADVENTVS AVGG Philippus n. l. reitend (Denar).
RIC 26. **5 20 60**

74.2 AEQVITAS AVG(G) Aequitas n. l. stehend (Aureus).
RIC 27. **5 20 60**

74.3 AETERNITAS AVGG Elefant n. l. gehend.
RIC 58. **20 50 100**

74.4 ANNONA AVGG Annona n. l. stehend (Aureus, Goldquinar).
RIC 28f. **5 20 60**

74.5 CONCORDIA AVGG Concordia n. l. sitzend.
RIC 83. **25 75 150**

74.6 FELICITAS IMPP in Lorbeerkranz.
RIC 60. **20 75 150**

74.7 FELICITAS TEMP Felicitas n. l. stehend.
RIC 31. **5 20 60**

74.8.2

74.8 FIDES EXERCITVS 1.) Fides n. l. stehend, 2.) Vier Standarten.
RIC 61f. **5 20 60**

74.9 FIDES MILIT(VM) Fides n. l. stehend.
RIC 32ff. **5 20 60**

74.10 FORTVNA REDVX Fortuna n. l. sitzend (Aureus).
RIC 63. **5 20 60**

		s	ss	vz

74.11 LAET(IT) FVNDAT(A) Laetitia n. l. stehend.
RIC 35ff. **5 20 60**

74.12 LIBERALITAS AVG Liberalitas n. l. stehend.
RIC 37A. **5 20 60**

74.13 LIBERALITAS AVGG II Liberalitas n. l. stehend.
RIC 38. **5 20 60**

74.14 NOBILITAS AVGG Nobilitas n. l. stehend, im Feld Z
RIC 8. **5 20 60**

74.15 PAX AETERN(A) Pax n. l. stehend oder laufend.
RIC 40. **5 20 60**

74.16 PAX FVNDATA CVM PERSIS Pax n. l. stehend.
RIC 69. **30 75 250**

74.17 P M TR P II COS P P 1.) Minerva n. l. stehend, 2.) Weibliche Personifikation mit Zweig und Ruder n. l., 3.) Philippus n. l. sitzend (Aureus).
RIC 1f. **5 20 60**

74.18.2

74.18 P M TR P III (IIII oder V) COS (II oder III) P P 1.) Concordia n. l. stehend, 2.) Felicitas n. l. stehend, 3.) Philippus n. l. opfernd.
RIC 3ff. **5 20 60**

74.19 P M TR P V COS III P P 1.) Felicitas n. l. stehend, 2.) Mars n. l. stehend.
RIC 7. **5 20 60**

74.20 P M TR P VI COS P P 1.) Felicitas n. l. stehend, 2.) Philippus n. l. opfernd, 3.) Löwe n. r. gehend.
RIC 78-80. **10 40 100**

s ss vz

74.21 ROMAE AETERNAE Roma n. l. sitzend (Aureus).
RIC 44f. 5 20 60

74.22.3

74.22 SAECVLARES AVGG 1.) Löwe n. l. gehend, im Abschnitt I, 2.) Löwe n. r. gehend, im Abschnitt I, 3.) Wölfin n. l., die Zwillinge säugend, im Abschnitt II, 4.) Wölfin n. r., die Zwillinge säugend, im Abschnitt II, 5.) Gazelle n. l. gehend, im Abschnitt III, 6.) Antilope n. l. gehend, im Abschnitt IIII, 7.) Hirsch n. r. gehend, im Abschnitt V, 8.) Hirsch n. r. gehend, im Abschnitt V, 9.) Antilope n. l. gehend, im Abschnitt VI, 10.) Antilope n. r. gehend, im Abschnitt VI, 11.) Ziege n. l. gehend, 12.) Säule, darauf COS III (Aureus, Goldquinar).
RIC 12-24. 20 80 150

74.23 SAECVLVM NOVVM Tempel (Aureus).
RIC 25. 20 80 150

74.24 SALVS AVG(G) Salus n. l. oder n. r. stehend (Quinar).
RIC 46f. 5 20 60

74.25 SECVRIT ORBIS Securitas n. l. sitzend.
RIC 48. 5 20 60

74.26 SPES FELICITATIS ORBIS Spes n. l. gehend.
RIC 70. 5 20 60

74.27 TRANQVILLITAS AVGG Tranquillitas n. l. stehend, im Feld B
RIC 9. 5 20 60

74.28 VICTORIA AVG(G) Victoria 1.) n. r. gehend (Aureus), 2.) n. l. gehend, 3.) n. l. stehend.
RIC 49f. 5 20 60

74.29 VICTORIA CARPICA Victoria n. r. gehend.
RIC 66. 75 250 500

74.30 VIRTVS AVG Virtus 1.) n. l. stehend, 2.) n. l. sitzend.
RIC 52. 5 20 60

74.31 VIRTVS AVGG Philippus I. und II. n. r. galoppierend, im Feld E
RIC 10. 5 20 60

s ss vz

74.32 VIRTVS EXERCITVS Virtus n. r. stehend.
RIC 71. 5 20 60

74.33 VOTIS DECENNALIBVS in Kranz.
RIC 53A. 20 80 150

Bronzemünzen

74.34 Sesterz. ADVENTVS AVGG SC Philippus n. r. reitend.
RIC 165. 50 100 500

74.35 Sesterz. AEQVITAS AVGG SC Aequitas n. l. stehend.
RIC 166. 25 50 250

74.36 Sesterz. AETERNITAS AVGG SC Elefant n. l. (Dupondius, As).
RIC 167. 50 100 500

74.37 Sesterz. ANNONA AVGG SC Annona n. l. stehend (Dupondius, As).
RIC 168. 25 50 250

74.38 Sesterz. FELICITAS TEMP SC Felicitas n. l. stehend (As).
RIC 169. 25 50 250

74.39 Sesterz. FIDES EXERCITVS SC Vier Standarten (Dupondius, As).
RIC 171. 50 100 500

(Dupondius)

74.40 Sesterz. FIDES MILITVM SC Fides n. l. stehend (Dupondius, As).
RIC 172f. 25 50 250

74.41 Sesterz. FORTVNA REDVX Fortuna n. l. sitzend.
RIC 174. 25 50 250

74.42 Sesterz. LAET FVNDATA SC Laetitia n. l. stehend (Dupondius, As).
RIC 175. 25 50 250

S SS VZ

74.43 Sesterz. LIBERALITAS AVG(G oder II, bzw. III) SC Liberalitas n. l. stehend (As).
RIC 177ff. 25 50 250

74.44 Sesterz. LIBERALITAS AVGG III SC Philippus I. und II. n. l. sitzend (As).
RIC 182. 50 100 500

74.45 Dupondius. –. Philippus I. und II. auf Podium n. l. sitzend, hinter ihnen Soldaten, vor ihnen Liberalitas, unten Bürger.
RIC 183. 75 175 750

74.46 Sesterz. MILIARIVM SAECVLVM SC Säule, darauf COS III (Dupondius).
RIC 157. 50 100 500

74.47 Sesterz. NOBILITAS AVGG SC Nobilitas n. r. stehend (Dupondius).
RIC 155. 25 50 250

74.48.2

74.48 Sesterz. PAX AETERNA SC Pax 1.) n. l. stehend (Dupondius, As), 2.) n. l. gehend (Dupondius, As).
RIC 184f. 25 50 250

74.49 Sesterz. P M TR P II COS P P SC Philippus n. l. sitzend (As).
RIC 148. 25 50 250

74.50 Sesterz. P M TR P III COS P P SC Felicitas n. l. stehend (As).
RIC 149. 25 50 250

74.51 Sesterz. P M TR P IIII COS II P P SC Felicitas n. l. stehend (As).
RIC 150. 25 50 250

74.52 As. –. Philippus n. l. sitzend.
RIC 151. 25 50 150

S SS VZ

74.53.1

74.53 Sesterz. P M TR P V COS III P P SC 1.) Felicitas n. l. stehend, 2.) Mars n. l. stehend, 3.) Philippus n. l. sitzend.
RIC 152-154. 25 50 250

74.54.2

74.54 Sesterz. SAECVLARES AVGG SC 1.) Löwe n. r. gehend, 2.) Wölfin, die Zwillinge säugend, 3.) Hirsch n. r. gehend (As), 4.) Antilope n. l. gehend (As), 5.) Säule, darauf COS III (Dupondius, As), 6.) Tempel (Dupondius, As).
RIC 158-164. 50 100 500

74.55 Sesterz. SALVS AVG SC Salus n. r. oder n. l. stehend (Dupondius, As).
RIC 186f. 25 50 250

74.56 Sesterz. SALVS AVGG SC Salus n. r. oder n. l. stehend.
RIC 188f. 25 50 250

74.57 Sesterz. SECVRIT ORBIS SC Securitas n. l. sitzend.
RIC 190. 25 50 250

74.58 Sesterz. TRANQVILLITAS AVGG SC Tranquillitas n. l. stehend.
RIC 156. 25 50 250

74.59 Sesterz. VICTORIA AVG SC Victoria n. r. oder n. l. laufend (Dupondius, As).
RIC 191f. 25 50 250

74.60 Sesterz. VICTORIA AVGG SC Victoria n. r. oder n. l. laufend.
RIC 193f. 25 50 250

74.61 Sesterz. VOTIS DECENNALIBVS in Lorbeerkranz (Dupondius, As).
RIC 195. 50 100 500

75. Otacilia Severa

Gattin des Philippus I. Arabs, † 249

Zur Geschichte

Marcia Otacilia Severa war schon vor der Ernennung ihres Mannes zum Kaiser die Gemahlin des Philippus. Sie entstammte der urrömischen Aristokratie. Ihr Geschlecht, die Marcier, führte seine Abkunft auf einen der mythischen Könige Roms zurück. Im Jahr 237 wurde ihr ältester Sohn geboren, der spätere Mitregent seines Vaters Philippus II. Sie gebar noch weitere Kinder, wobei wir nicht informiert sind, wie viele. Otacilia Severa dürfte mit ihrem Mann und ihren Kindern umgekommen sein. Auch auf sie wurde die über den Rest der Familie verhängte *damnatio memoriae* ausgedehnt.

Die christliche Geschichtsschreibung vereinnahmte später die Kaiserin als eine Christin, was sicher nicht der Wahrheit entsprach.

Hinweise für Sammler

Philippus I. Arabs versuchte, eine eigene Dynastie zu errichten. Er betonte in seinen Münzen programmatisch seine Familie, indem er seiner Gemahlin Otacilia Severa und seinem Sohn, Mitregenten und potentiellen Nachfolger Philippus II. einen großen Teil seiner Münzprägung widmete. Nur von wenigen Kaiserinnen existieren so viele Münzen wie von Otacilia Severa.

Münzen

Folgende Vorderseitenvarianten kommen vor:
Umschrift: MARC(IA) OTACIL(IA) SEVERA AVG,
(M) OTACIL SEVERA AVG.
Büste: n. r., drapiert mit Diadem, auf Mondsichel.

Aurei

	s	ss	vz
Normaler Typus.	2.000	7.000	20.000

Antoniniane

		s	ss	vz
75.1	CONCORDIA AVGG Concordia n. l. sitzend (Aureus, Quinar). *RIC 119.*	5	20	60
75.2	IVNO CONSERVAT(RIX) Iuno n. l. stehend. *RIC 127f.*	5	20	60
75.3	PIETAS AVGG Pietas n. l. stehend, (gelegentlich im Feld D) (Aureus). *RIC 115.*	5	20	60
75.4	PIETAS AVG N Pietas n. l. stehend. *RIC 133.*	5	20	60
75.5	PIETAS AVGVSTAE Pietas n. l. stehend. *RIC 130.*	5	20	60
75.6	PVDICITIA AVG Pudicitia n. l. sitzend (Aureus, Quinar). *RIC 123.*	5	20	60

		s	ss	vz
75.7	SAECVLARES AVGG Nilpferd n. r., im Abschnitt IIII. *RIC 116.*	20	80	150
75.8	SECVRIT ORBIS Securitas n. l. sitzend (Aureus). *RIC 124.*	5	20	60

Bronzemünzen

(As)

		s	ss	vz
75.9	Sesterz. CONCORDIA AVGG SC Concordia n. l. sitzend (Dupondius, As). *RIC 203.*	25	50	250
75.10	Sesterz. MILIARIVM SAECVLVM SC Säule (Dupondius, As). *RIC 199.*	50	100	500
75.11	Sesterz. PIETAS AVG(G) SC Pietas n. l. opfernd (Dupondius, As). *RIC 198.*	25	50	250

		s	ss	vz
75.12	Sesterz. PIETAS AVGVSTAE SC Pietas n. l. opfernd (Dupondius, As). *RIC 208.*	25	50	250

75.13	Sesterz. PVDICITIA AVG SC Pudicitia n. l. sitzend (Dupondius, As). *RIC 209.*	25	50	250

75.14.3 (As)

75.14	Sesterz. SAECVLARES AVGG SC 1.) Nilpferd n. r. stehend, 2.) Gazelle n. l. gehend, 3.) Säule (Dupondius, As). *RIC 199-202.*	50	100	500

76. Philippus II.

Caesar 244 – 247, Augustus 247 – 249

Zur Geschichte

Philippus II. wurde als der älteste Sohn des Philippus I. Arabs und dessen Frau Otacilia Severa im Jahr 237 geboren. Bereits im Alter von 10 Jahren wurde er von seinem Vater zum Mitregenten und potentiellen Nachfolger gemacht. Natürlich war Philipp zu jung, um andere als repräsentative Aufgaben zu übernehmen. So blieb er mit seiner Mutter und seinen Geschwistern in Rom, als sein Vater sich der Usurpation des Decius stellen mußte. Nach der Niederlage seines Vaters wurde er zusammen mit seiner Mutter und seinen Geschwistern von den Praetorianern beseitigt.

Hinweise für Sammler

Philippus I. Arabs versuchte, eine eigene Dynastie zu errichten. Er betonte in seinen Münzen programmatisch seine Familie, indem er seiner Gemahlin Otacilia Severa und seinem Sohn, Mitregenten und potentiellen Nachfolger Philippus II. einen großen Teil seiner Münzprägung widmete. Sowohl die Münzen des Caesars Philippus, als auch die des jungen Augustus sind häufig zu finden.
Auch von Philippus II. gibt es seltene Prägungen aus Antiochia mit dem Porträt des Kaisers n. l. Man muß für ein solches Stück etwa 100 Euro in „sehr schön" rechnen.

Münzen

Als Caesar:
Folgende Vorderseitenvarianten kommen vor:
Umschrift: M IVL PHILIPPVS (NOBIL) CAES.
Büste: n. r., barhäuptig, drapiert.

Aurei

	Normaler Typus.	2.000	7.000	20.000

Antoniniane

76.1	IOVI CONSERVAT(ORI) Iupiter n. l. stehend. *RIC 213f.*	5	20	60

	s	ss	vz

76.2 PIETAS AVGVSTOR Priesterliche Geräte.
RIC 215. 5 20 60

76.3 PRINCIPI IVVENT Philippus n. r. stehend (Aureus, Denar), (gelegentlich Soldat hinter Philippus).
RIC 216f. 5 20 60

76.4 –. Philippus n. l. stehend (Aureus, Denar, Quinar), (gelegentlich zu seinen Füßen Gefangener).
RIC 218. 5 20 60

76.5 PRINCIPI IVVENTVTIS Philippus n. l. stehend (Aureus).
RIC 220. 5 20 60

76.6 SPES PVBLICA Spes n. l. gehend.
RIC 221. 5 20 60

Bronzemünzen

76.7 Sesterz. PRINCIPI IVVENT(VTIS) SC Philippus n. l. oder n. r. stehend (Dupondius oder As).
RIC 255ff. 25 50 250

76.8 Dupondius oder As. SPES PVBLICA SC Spes n. l. gehend.
RIC 259. 25 50 250

Als Augustus:

Folgende Vorderseitenvarianten kommen vor:
Umschrift: IMP CAES M IVL PHILIPPVS AVG,
IMP M IVL PHILIPPVS AVG,
IMP PHILIPPVS AVG.
Büste: n. r., selten n. l., mit Lorbeerkranz oder Strahlenkrone, drapiert und gepanzert.

Aurei

Normaler Typus. 2.000 7.000 20.000

	s	ss	vz

Antoniniane

76.9 AEQVITAS AVGG Aequitas n. l. stehend.
RIC 240. 5 20 60

76.10 AETERNIT IMPER(I) Sol n. l. gehend.
RIC 226. 5 20 60

76.11 CONCORDIA AVGG Concordia n. l. sitzend.
RIC 241. 50 75 150

76.12 FELICITAS IMPP in Lorbeerkranz.
RIC 242. 75 100 150

76.13 LIBERALITAS AVGG III (oder IIII) Philippus I. und II. n. l. sitzend.
RIC 230. 5 20 60

76.14 PAX AETERNA Pax n. l. stehend (Aureus, Quinar).
RIC 227. 5 20 60

76.15 P M TR P IIII COS (oder COS II) P P Felicitas n. l. stehend.
RIC 232f. 5 20 60

76.16 P M TR P IIII COS P P Philippus n. l. opfernd.
RIC 234. 5 20 60

76.17.2

76.17 P M TR P VI COS P P 1.) Felicitas n. l. stehend, 2.) Philippus n. l. opfernd, 3.) Philippus n. l. stehend.
RIC 235-237. 5 20 60

76.18 –. Löwe n. r. oder n. l.
RIC 238f. 20 80 150

76.19 ROMAE AETERNAE Roma n. l. sitzend.
RIC 243. 50 75 150

s ss vz

76.20 SAECVLARES AVGG Ziege n. l. gehend, im Abschnitt III
RIC 224. 20 80 150

76.21 SAECVLVM NOVVM Tempel.
RIC 244. 50 75 150

76.22 VIRTVS AVGG Mars n. r. gehend, im Feld G
RIC 223. 5 20 60

Bronzemünzen

76.23 Sesterz. LIBERALITAS AVGG II (oder III) SC Philippus I. und der II. n. l. sitzend.
RIC 266f. 25 50 250

76.24 Sesterz. PAX AETERNA SC Pax n. l. stehend (As).
RIC 268. 25 50 250

76.25 Sesterz. P M TR P IIII COS II P P SC Philippus II. n. l. sitzend (Dupondius).
RIC 262. 25 50 250

76.26 Sesterz. SAECVLARES AVGG SC 1.) Ziege n. l. gehend (As), 2.) Säule, darauf COS II (Dupondius, As).
RIC 264. 50 150 500

76.27 Sesterz. VIRTVS AVGG SC Mars n. r. gehend.
RIC 263. 25 50 250

76.28 Sesterz. VOTIS DECENNALIBVS SC in Lorbeerkranz (As).
RIC 269. 50 150 500

77. Pacatianus

248 – 249

Zur Geschichte

Wir wissen nur wenig über Ti. Claudius Marinus Pacatianus. Er wurde von römischen Truppen im Rahmen der Kämpfe gegen die einfallenden Goten zum Kaiser erhoben und wenig später von Decius, den Philippus gegen die Revolte geschickt hatte, besiegt. Die Anhänger des Pacatianus sollen – aus Angst vor einer Bestrafung durch Philippus – ihren Überwinder Decius dazu gezwungen haben, sich zum Kaiser zu machen und den Kampf um die Gesamtherrschaft anzutreten.

Zur Münzgeschichte

Unter Pacatianus wurden nur Antoniniane herausgegeben. Als Prägeort dafür kommt nur Viminacium in Frage, eine Stadt im heutigen Serbien, die etwa 60 Kilometer östlich von Belgrad entfernt liegt.
Interessant ist, daß ausgerechnet Pacatianus die zweite Münze der römischen Geldgeschichte prägen ließ, auf der das Datum nicht mit Hilfe der Ämter des Kaisers angegeben ist, sondern über die Stadtgründungsaera (siehe Nr. 77.6) im Jahr 1001 nach der Gründung Roms.

Hinweise für Sammler

Münzen des Pacatianus sind extrem selten.

Münzen

Folgende Vorderseitenvarianten kommen vor:
Umschrift: IMP TI CL MAR PACATIANVS (P F) AV(G).
Büste: n. r. mit Strahlenkrone, gepanzert und drapiert.

Antoniniane

s *ss* *vz*

77.1 CONCORDIA MILITVM Concordia n. l. sitzend.
RIC 1. **1.000 3.500 7.500**

77.2 FELICITAS PVBL Felicitas n. l. stehend.
RIC 2. **1.000 3.500 7.500**

77.3 FIDES MILITVM Fides n. l. stehend.
RIC 3. **1.000 3.500 7.500**

77.4 FORTVNA REDVX Fortuna n. l. sitzend.
RIC 4. **1.000 3.500 7.500**

77.5 PAX AETERNA Pax n. l. stehend.
RIC 5. **1.000 2.500 7.500**

77.6 ROMAE AETER AN MILL ET PRIMO Roma n. l. sitzend.
RIC 6. **1.500 7.500 LP**

78. Iotapianus

248 – 249 (?)

Zur Geschichte

Der Aufstand des M. Fulvius Rufus Iotapianus in Mesopotamien wurde hervorgerufen durch den Bruder des Philippus I., Priscus. Den hatte der Kaiser nach seinem Friedensschluß mit den Sasaniden zum *praefectus Mesopotamiae* gemacht. Als solcher war er auch für die Einziehung der Steuern verantwortlich. Priscus soll dabei so hart vorgegangen sein, daß sich eine Rebellion unter Iotapianus formierte, die wohl Ende des Jahres 248 stattfand. Wann genau sie niedergeschlagen wurde, ist nicht bekannt. Es muß aber auf jeden Fall vor dem Tod des Philippus gewesen sein, also wahrscheinlich früh im Jahr 249.

Zur Münzgeschichte

Wo die seltenen Antoniniane des Iotapianus geprägt wurden, ist nicht geklärt. Sicher ist lediglich, daß dies nicht in Antiochia geschah, da wir keinen Unterbruch dort in den Prägungen für Philippus feststellen können. Es wird also irgendeine andere Stadt gewesen sein, die im Gebiet des Aufstandes, Syrien und Kappadokien lag.

Hinweise für Sammler

Münzen des Iotapianus sind noch erheblich seltener als die des Pacatianus.

Münzen

Folgende Vorderseitenvarianten kommen vor:
Umschrift: IMP C M FRV IOTAPIANVS,
IMP M FR IOTAPIANVS (A),
IMP M FRV IOTAPIANVS AV.
Büste: n. r., mit Strahlenkranz und gepanzert.

Antoniniane

78.1 VICTORIA AVG Victoria n. l. oder n. r. laufend.
RIC 1f. **2.500 12.000 LP**

79. Traianus Decius

249 – 251

Zur Geschichte

C. Messius Quintus Traianus Decius wurde zwischen 190 und 200 in Sirmium oder Budalia in Pannonien geboren. Er soll vornehmer Abkunft gewesen sein, wobei uns allerdings die genauen Informationen fehlen. Auf jeden Fall hatte Decius bereits vor 249 das Konsulat bekleidet, gehörte also schon unter Philippus zur römischen Oberschicht.

Im Jahr 249 beauftragte ihn Philippus, in Moesien und Pannonien den Aufstand des Pacatianus niederzuschlagen und die Ordnung wieder herzustellen. Dies gelang ihm, aber die Anhänger des Pacatianus sollen ihn – aus Angst vor einer Bestrafung durch Philippus – überredet haben, sich zum Kaiser ausrufen zu lassen. Dies geschah in Viminacium. Danach zog Decius nach Italien, um die Gesamtherrschaft zu gewinnen. Er besiegte im Herbst des Jahres 249 bei Verona Philippus.

Decius, der sich nach seiner Ankunft in Rom nach seinem großen Vorbild Traianus nannte, versuchte, die innere Stärke des römischen Reiches wieder herzustellen. Eine Maßnahme dazu war der Versuch, die Gunst der Götter durch erhöhte Frömmigkeit zurückzugewinnen. Die traditionellen Opfer und Zeremonien waren unter der römischen Bevölkerung mittlerweile unmodern geworden, worin Decius den wichtigsten Grund sah, warum die Götter Rom ihr Wohlwollen entzogen hatten und „die Barbaren“ das Land überschwemmen konnten. Ein allgemeiner Opferbefehl an alle, die im römischen Reich lebten, war die Folge. Diejenigen, die nicht dazu bereit waren, das Opfer zu vollziehen, mußten mit schweren Strafen rechnen. Besonders hart traf dies natürlich die Christen, die den Befehl des Decius auf sich bezogen und von einer Christenverfolgung sprachen.

Die meiste Zeit seines Lebens verbrachte Decius an der Ostgrenze bei dem Versuch, die Goten vor einem Eindringen ins Reich abzuhalten. Seine Bemühungen waren nicht von Erfolg gekrönt. Philippopolis ging verloren und Decius selbst kam zusammen mit seinem Sohn Herennius Etruscus bei Abrittus (Dobrudscha) in einer Schlacht gegen die Goten ums Leben.

Zur Münzgeschichte

Unter Traianus Decius wurde in drei verschiedenen Münzstätten geprägt, in Rom, in Mailand und in Antiochia. Genau wie sein Vorgänger Philippus, versuchte Decius eine neue Dynastie zu schaffen. Dazu ließ er große Mengen von Münzen mit dem Bildnis seiner Frau und seiner Söhne Herennius Etruscus und Hostilianus prägen.

Kaum ein Kaiser der Spätzeit hat so viele verschiedene Nominale in so geregelter Form emittieren lassen wie Decius. Wir finden mit seinem Bildnis Aurei aus Gold, Antoniniane, Denare und Quinare aus Silber, Sesterze, Dupondien, Asse und Semisses aus unedlen Metallen. Eine Neuschöpfung unter Traianus Decius, die diesen Kaiser allerdings nicht überlebte, ist der Doppelsesterz.

Hinweise für Sammler

Unter Traianus Decius wurde eine umfangreiche Memorialprägung für die bedeutendsten Kaiser des römischen Reiches herausgegeben – wobei es für das Geschichtsbild dieser Epoche interessant ist, welche Kaiser dazu gezählt wurden. Diese Prägungen sind hier noch einmal zusammenfassend aufgeführt, finden sich aber auch unter den Divus-Prägungen für die einzelnen Kaiser.

Münzen

Folgende Vorderseitenvarianten kommen vor:
Umschrift: IMP C M Q TRAIANVS DECIVS AVG,
IMP CAES C MESS Q DECIO TRAI AVG,
IMP CAES C MESS TRAI Q DECIO AVG,
IMP TRAIANVS DEC(IVS) AVG und andere Varianten.
Büste: n. r., mit Strahlenkrone oder Lorbeerkranz, gepanzert und / oder drapiert.

Aurei

Normaler Typus.	**800**	**2.500**	**7.500**

Antoniniane

79.1	ABVNDANTIA AVG Abundantia n. r. stehend (Aureus). *RIC 10.*	**5**	**20**	**60**
79.2	ADVENTVS AVG Decius n. l. reitend (Aureus). *RIC 1.*	**5**	**20**	**60**

		s	ss	vz
79.3	AEQVITAS AVG(G) Aequitas n. l. stehend. *RIC 44f.*	5	20	60

		s	ss	vz
79.4	DACIA Dacia n. l. stehend (Aureus, Quinar). *RIC 2.*	5	20	60
79.5	DACIA FELIX Dacia n. l. stehend (Aureus). *RIC 14.*	5	20	60
79.6	GEN ILLVRICI Genius n. l. stehend (Aureus). *RIC 15.*	5	20	60
79.7	GENIVS EXERC(ITVS) ILLVRICIANI Genius n. l. stehend (Aureus, Denar, Quinar). *RIC 3f.*	5	20	60

79.8.2

		s	ss	vz
79.8	PANNONIAE 1.) Pannonia frontal stehend, 2.) Die beiden Pannoniae (Aureus). *RIC 5.*	5	20	60
79.9	PAX AVGVSTI Pax n. l. stehend. *RIC 6.*	5	20	60
79.10	PVDICITIA AVG Pudicitia n. l. sitzend. *RIC 46.*	5	20	60
79.11	ROMAE AETERNAE Roma n. l. sitzend. *RIC 47.*	5	20	60
79.12	VBERITAS AVG Uberitas n. l. stehend (Aureus). *RIC 28.*	5	20	60

(Aureus)

		s	ss	vz
79.13	VICTORIA AVG Victoria n. l. gehend (Aureus, Goldquinar, Quinar). *RIC 7.*	5	20	60
79.14	VICTORIA GERMANICA Decius n. l. reitend, vor ihm Victoria mit Kranz und Palmzweig. *RIC 43.*	15	75	150
79.15	VIRTVS AVG Virtus n. l. sitzend. *RIC 8.*	5	20	60
79.16	VOTIS DECENNALIBVS in Lorbeerkranz. *RIC 30.*	15	75	150

Divus Prägungen:

Alle Typen auf der Rückseite mit der Legende CONSECRATIO, zwei Darstellungsvarianten: 1.) Adler, 2.) Altar.

79.17.2

		s	ss	vz
79.17	DIVO AVGVSTO Kopf des Augustus. *RIC 77f.*	50	100	200

79.18.2

		s	ss	vz
79.18	DIVO VESPASIANO Kopf des Vespasian. *RIC 79f.*	50	150	250

79.19.2

		s	ss	vz
79.19	DIVO TITO Kopf des Titus. *RIC 81f.*	60	150	250

79.20.2

		s	ss	vz
79.20	DIVO NERV(A)E Kopf des Nerva. *RIC 83f.*	50	150	250

79.21.2

		s	ss	vz
79.21	DIVO TRAIANO Kopf des Traian. *RIC 85f.*	50	150	250
79.22	DIVO HADRIANVSO Kopf des Hadrianus. *RIC 87f.*	75	200	400

s ss vz

79.23.1

79.23 DIVO PIO Kopf des Antoninus Pius.
RIC 89f. **50 150 250**

79.24.1

79.24 DIVO MARCO (ANTONINO) Kopf des Marcus Aurelius.
RIC 91f. **50 150 300**

79.25.1

79.25 DIVO COMMODO Kopf des Commodus.
RIC 93f. **75 200 400**

79.26 DIVO SEVERO Kopf des Severus.
RIC 95f. **50 150 300**

79.27.2

79.27 DIVO ALEXANDRO Kopf des Severus Alexander.
RIC 97f. **50 150 250**

Bronzemünzen

79.28 Sesterz. ADVENTVS AVG SC Decius n. l. reitend.
RIC 111. **25 50 250**

79.29 Sesterz. DACIA SC Dacia n. l. stehend (Dupondius, As).
RIC 101. **25 50 300**

79.30 Sesterz. DACIA FELIX SC Dacia n. l. stehend (As).
RIC 114. **25 50 300**

s ss vz

(Abbildung leicht verkleinert)

79.31 Doppelsesterz. FELICITAS SAECVLI SC Felicitas n. l. stehend (Dupondius).
RIC 115. **250 1.000 4.000**

79.32 Sesterz. GEN ILLVRICI SC Genius n. l. stehend.
RIC 116. **25 50 300**

79.33 Sesterz. GENIVS EXERC(ITVS) ILLVRICIANI SC Genius n. l. stehend (Dupondius, As).
RIC 117ff. **25 50 300**

79.34 Sesterz. EXERCITVS ILLVRICVS SC Fides n. l. stehend (As).
RIC 102. **25 50 300**

(As)

79.35 Sesterz. GENIVS EXERC(ITVS) ILLVRICIANI SC Genius n. l. stehend (Dupondius, As).
RIC 103ff. **25 50 300**

(Dupondius)

79.36 Dupondius. LIBERALITAS AVG(G) SC Liberalitas n. l. stehend (As).
RIC 120. **25 50 250**

79.37 Sesterz. PANNONIAE SC Die beiden Pannoniae.
RIC 124. **25 50 300**

79.38 Sesterz. PAX AVGVSTI SC Pax n. l. stehend.
RIC 107. **25 50 250**

		s	ss	vz

		s	ss	vz
79.39	Semis. SC Mars n. l. stehend. *RIC 128.*	**25**	**100**	**250**
79.40	Doppelsesterz. VICTORIA AVG SC Victoria n. l. gehend. *RIC 126.*	**250**	**600**	**2.500**
79.41	Sesterz. - (Dupondius, As). *RIC 108.*	**25**	**50**	**250**
79.42	Sesterz. VIRTVS AVG SC Virtus n. l. sitzend (As). *RIC 109.*	**25**	**50**	**250**
79.43	Sesterz. VOTIS DECENNALIBVS SC in Lorbeerkranz (As). *RIC 110.*	**25**	**50**	**250**

80. Herennia Etruscilla

Gattin des Traianus Decius

Zur Geschichte

Herennia Cupressenia Etruscilla war bereits die Frau des Traianus Decius, als er zum Kaiser wurde. Sie soll einem alten etruskischen Geschlecht angehört haben. Weiter wissen wir nichts über sie. Es ist nicht einmal genau geklärt, wann sie starb.

Münzen

Folgende Vorderseitenvarianten kommen vor:
Umschrift: HER(ENNIA) ETRVSC(ILLA) AVG.
Büste: n. r., mit Diadem, drapiert, auf Mondsichel.

Aurei

	Normaler Typus.	**1.000**	**3.000**	**6.000**

Antoniniane

80.1	ADVENTVS AVG Decius n. l. reitend. *RIC 62.*	**5**	**25**	**60**
80.2	AEQVITAS AVG(G) Aequitas n. l. stehend. *RIC 63f.*	**5**	**25**	**60**

80.3	FECVNDITAS AVG(G) Fecunditas n. l. stehend (Aureus). *RIC 55f.*	**5**	**25**	**60**
80.4	IVNO REGINA Iuno n. l. stehend. *RIC 57.*	**5**	**25**	**60**

80.5	PVDICITIA AVG(G) Pudicitia n. l. stehend oder sitzend (Aureus). *RIC 58f.*	**5**	**25**	**60**
80.6	ROMAE AETERNAE AVG Roma n. l. sitzend. *RIC 66.*	**5**	**25**	**60**
80.7	SAECVLVM NOVVM Tempel. *RIC 67.*	**5**	**40**	**90**
80.8	V(B)ERITAS AVG Uberitas n. l. stehend. *RIC 69.*	**5**	**25**	**60**
80.9	VICTORIA AVG Victoria n. l. gehend. *RIC 70.*	**5**	**25**	**60**

		s	ss	vz

Bronzemünzen

80.10 Sesterz. CONCORDIA AVG(G) SC Concordia n. l. sitzend.
RIC 132f. **25 50 250**

80.11 Sesterz. FECVNDITAS AVG(G) SC Fecunditas n. l. stehend.
RIC 134f. **25 50 250**

(Abbildung leicht verkleinert)

80.12 Doppelsesterz. PVDICITIA AVG SC Pudicitia n. l. sitzend.
RIC 136. **400 1.000 4.000**

(As)

80.13 Sesterz. – (Dupondius, As).
RIC 136. **25 50 250**

81. Herennius Etruscus

Caesar 250 – 251,
Augustus 251

Zur Geschichte

Quintus Herennius Etruscus Messius Decius, Sohn des Traianus Decius und der Herennia Etruscilla, wurde im Juni 250 von seinem Vater zu seinem potentiellen Nachfolger bestimmt, indem der Kaiser ihm den Caesarentitel zusammen mit seinem Bruder verlieh. Herennius Etruscus begleitete den Vater auf seinen Feldzügen gegen die Goten, wo ihn Traianus Decius im Mai 251 zum Mitregenten und Augustus erhob. Herennius Etruscus konnte sich dieser neuen Würde nicht lange freuen, da er zusammen mit seinem Vater in einer Schlacht gegen die Goten bei Abrittus (Dobrudscha) ums Leben kam.

Hinweise für Sammler

Während man Münzen des Caesars Herennius Etruscus öfter begegnet als Prägungen des Hostilianus, ist es für die Prägungen als Augustus genau umgekehrt.

Münzen

Als Caesar:
Folgende Vorderseitenvarianten kommen vor:
Umschrift: Q HER ETR MES DECIVS NOB C,
HEREN ETRV MES QV DECIVS CAESAR.
Büste: n. r., barhäuptig, drapiert und / oder gepanzert.

Aurei

Normaler Typus. **2.500 7.500 18.000**

Antoniniane

81.1 ADVENTVS AVG Decius n. l. reitend.
RIC 156. **15 40 90**

81.2 AEQVITAS AVG Aequitas n. l. stehend.
RIC 157. **15 40 90**

81.3 CONCORDIA AVGG Zwei Hände im Handschlag.
RIC 138. **15 40 90**

81.4 MAR PROP(VGNATORI) Mars n. r. gehend.
RIC 139f. **25 50 120**

s *ss* *vz*

81.5 PANNONIAE Pannonia frontal stehend.
RIC 158. **15** **40** **90**

81.6 PIETAS AVGG Mercur n. l. stehend (Aureus).
RIC 142. **15** **40** **90**

81.7 PIETAS AVGVSTORVM Priesterliche Geräte.
RIC 143. **15** **40** **90**

81.8 PRINC IVVENT Apollon n. l. sitzend (Denar).
RIC 144. **15** **40** **90**

81.9.2

81.9 PRINC(IPI) IVVENTVTIS 1.) Apollon n. l. sitzend, 2.) Herennius n. l. stehend (Aureus, Quinar).
RIC 145ff. **15** **40** **90**

81.10 PVDICITIA AVG Pudicitia n. l. sitzend.
RIC 159. **15** **40** **90**

81.11 SPES PVBLICA Spes n. l. gehend.
RIC 149. **15** **40** **90**

81.12 VBERITAS AVG Uberitas n. l. stehend.
RIC 160. **15** **40** **90**

81.13 VICTORIA AVG Victoria n. l. gehend.
RIC 161. **15** **40** **90**

s *ss* *vz*

Bronzemünzen

81.14 Sesterz. PIETAS AVGG SC Mercur n. l. stehend (Dupondius oder As).
RIC 167. **35** **150** **500**

81.15 Sesterz. PIETAS AVGVSTORVM SC Priesterliche Geräte (Dupondius oder As).
RIC 168. **35** **150** **500**

81.16 Sesterz. PRINC IVVENTVTIS Apollon n. l. sitzend (Dupondius oder As).
RIC 169. **35** **150** **500**

81.17 Sesterz. PRINCIPI IVVENTVTIS SC 1.) Apollon n. l. stehend (Dupondius oder As), 2.) Herennius n. l. stehend (Dupondius oder As).
RIC 170ff. **35** **150** **500**

Als Augustus:

Folgende Vorderseitenvarianten kommen vor:
Umschrift: IMP C Q HER R MES DECIO (oder DECIVS) AVG.
Büste: n. r., mit Lorbeerkranz, gepanzert und drapiert.

Aurei

Normaler Typus. **LP** **LP** **LP**

Antoniniane

81.18 MAR PROP Mars n. r. gehend.
RIC 150A. **100** **500** **LP**

81.19 PIETAS AVGG Mercur n. l. stehend.
RIC 151. **100** **500** **LP**

81.20 PIETAS AVGVSTORVM Priesterliche Geräte.
RIC 152. **100** **500** **LP**

81.21 PRINC IVVENT Apollon n. l. sitzend (Aureus).
RIC 153. **100** **500** **LP**

81.22 PRINCIPI IVVENTVTIS Herennius n. l. stehend.
RIC 153A. **100** **500** **LP**

81.23 VICTORIA GERMANICA Victoria n. r. gehend.
RIC 154. **150** **600** **LP**

81.24 VOTIS DECENNALIBVS in Lorbeerkranz.
RIC 155. **150** **600** **LP**

82. Hostilianus

Caesar 250 – 251, Augustus 251

Zur Geschichte

C. Valens Hostilianus Messius Quintus, Sohn des Traianus Decius und der Herennia Etruscilla, wurde im Juni 250 von seinem Vater zu seinem potentiellen Nachfolger bestimmt, indem der Kaiser ihm den Caesarentitel zusammen mit seinem Bruder verlieh. Er erhielt gemeinsam mit seinem Bruder im Mai 251 den Titel Augustus. Nach dem Tod seines Vaters in der Schlacht gegen die Goten wurde er von dessen Nachfolger Trebonianus Gallus adoptiert und zum Mitregenten bestimmt, starb aber noch Ende des Jahres 251 an einer Seuche.

Hinweise für Sammler

Während man Münzen des Caesars Herennius Etruscus öfter begegnet als Prägungen des Hostilianus, ist es für die Prägungen als Augustus genau umgekehrt.

Münzen

Als Caesar:
Folgende Vorderseitenvarianten kommen vor:
Umschrift: C OV(A)L OSTIL MES COVINTVS CAESAR,
C VAL HOST(IL) M(ES) QVINT(VS) CAES(AR),
C VAL(ES) HOS MES QVINTVS N C,
C VALENS HOSTIL MES QVINTVS N C
und andere Varianten.
Büste: n. r., barhäuptig und drapiert.

Aurei

Normaler Typus. 2.500 7.500 20.000

Antoniniane

S SS VZ

82.1 ADVENTVS AVG Decius n. l. reitend.
RIC 193. 25 60 150

82.2 AEQVITAS AVG Aequitas n. l. stehend.
RIC 194. 25 60 150

82.3 CONCORDIA AVGG Zwei Hände im Handschlag.
RIC 174. 25 60 150

82.4 MAR(S) PROP(VG) Mars n. r. gehend.
RIC 175f. 25 60 150

82.5 MARTI PROPVGNATORI Mars n. r. gehend (Aureus).
RIC 177. 25 60 150

82.6 PANNONIAE Pannonia n. r. stehend.
RIC 195. 25 60 150

82.7 PIETAS AVGG Mercur n. l. stehend (Aureus).
RIC 178. 25 60 150

82.8 PIETAS AVGVSTORVM Priesterliche Geräte.
RIC 179. 25 60 150

82.9.2

82.9 PRINCIPI IVVENTVTIS 1.) Apollon n. l. sitzend, 2.) Hostilian n. l. stehend (Aureus, Quinar).
RIC 180-183. 25 60 150

82.10 PVDICITIA AVG Pudicitia n. l. sitzend.
RIC 196. 25 60 150

82.11 ROMAE AETERNAE (AVG) Roma n. l. sitzend.
RIC 197f. 25 60 150

82.12 SAECVLVM NOVVM Tempel.
RIC 199. 25 60 150

82.13 SPES PVBLICA Spes n. l. gehend.
RIC 184. 25 60 150

82.14 VBERITAS AVG Uberitas n. l. gehend.
RIC 200. 25 60 150

82.15 VICTORIA AVG Victoria n. l. gehend.
RIC 201. 25 60 150

82.16 VICTORIA GERMANICA Victoria n. l. gehend.
RIC 185. 35 75 200

Bronzemünzen

82.17 Sesterz. PIETAS AVGG SC Mercur n. l. stehend.
RIC 213. 75 250 500

82.18 Sesterz. PIETAS AVGVSTORVM SC Priesterliche Geräte.
RIC 212. 75 250 500

s ss vz

82.19 Sesterz. PRINC IVVENT SC Apollon n. l. sitzend.
RIC 214. **75 250 500**

82.20 Sesterz. PRINCIPI IVVENTVTIS SC Apollon n. l. sitzend, Hostilian n. l. stehend.
RIC 215-218. **75 250 500**

Als Augustus:

Folgende Vorderseitenvarianten kommen vor:
Umschrift: C OVAL OSTIL MES COVINTVS AVG,
IMP C MES QVINTVS AVG,
IMP CAE(S) C VAL HOS(T) MES Q(VINTVS) AVG,
IMP CAES C VAL HOSTIL MES QVINT AVG
und andere Varianten.
Büste: n. r., mit Lorbeerkranz, drapiert und / oder gepanzert.

Antoniniane

82.21 AEQVITAS AVG Aequitas n. l. stehend.
RIC 202. **35 75 250**

82.22 CONCORDIA AVGG Zwei Hände im Handschlag.
RIC 186. **35 75 250**

82.23 IVNONI MARTIALI Iuno in Tempel frontal sitzend.
RIC 190. **50 100 300**

82.24 MARTI PROPVGNATORI Mars n. r. gehend.
RIC 187. **35 75 250**

82.25 PIETAS AVGG Mercur n. l. stehend.
RIC 188. **35 75 250**

82.26 PRINCIPI IVVENTVTIS Apollon n. l. sitzend.
RIC 189. **35 75 250**

82.27 PVDICITIA AVG Pudicitia n. l. sitzend.
RIC 203. **35 75 250**

82.28 ROMAE AETERNAE Roma n. l. sitzend.
RIC 204. **35 75 250**

82.29 SAECVLVM NOVVM Tempel, darin Statue.
RIC 205. **50 100 300**

s ss vz

82.30 SECVRITAS AVGG Securitas frontal stehend.
RIC 191f. **35 75 250**

82.31 SPES PVBLICA Spes n. l. gehend.
RIC 206. **35 75 250**

82.32 VBERITAS AVG Uberitas n. l. stehend.
RIC 207. **35 75 250**

82.33 VICTORIA AVG Victoria n. l. gehend oder n. r. stehend.
RIC 208f. **35 75 250**

Bronzemünzen

82.34 As. PIETAS AVGVST SC Pietas n. l. opfernd.
RIC 220. **LP LP LP**

82.35 Sesterz. PRINCIPI IVVENTVTIS SC Apollon n. l. sitzend.
RIC 219. **100 300 750**

82.36 Sesterz. PROVIDENTIA AVG SC Providentia n. l. stehend (As).
RIC 221. **100 300 750**

82.37 Sesterz. ROMAE AETERNAE SC Roma sitzend.
RIC 223. **100 300 750**

82.38 Sesterz. SALVS AVGVS SC Salus n. l. stehend.
RIC 224. **100 300 750**

82.39 Sesterz. SECVRITAS AVGG SC Securitas frontal stehend.
RIC 225. **100 300 750**

83. Trebonianus Gallus

251 – 253

Zur Geschichte

C. Vibius Trebonianus Gallus dürfte um das Jahr 206 geboren worden sein. Er gehörte zu den wichtigsten Generälen des Traianus Decius. Ihm war im Jahr 250/1, in dem Traianus Decius seinen Feldzug gegen die Goten durchführte, die Statthalterschaft über die beiden Moesien anvertraut. Nachdem Traianus Decius mit seinem Sohn Herennius Etruscus in einer Schlacht gegen die Goten umgekommen war, machte das Heer den Trebonianus Gallus zum neuen Kaiser. Trebonianus Gallus veranlaßte die Goten auf dem Verhandlungswege, das römische Gebiet gegen jährliche Tributzahlungen zu verlassen. Danach zog er nach Rom, wo er den Hostilianus, den zweiten Sohn des Traianus Decius, adoptierte und als seinen Nachfolger anerkannte.
Inzwischen war es an der Donaufront zu neuen Schlachten gekommen, bei denen sich der General Aemilianus auszeichnete. Er wurde von seinen Soldaten zum Kaiser ausgerufen und zog daraufhin mit dem Heer gegen Trebonianus Gallus. Bevor es zur entscheidenden Schlacht kommen konnte, töteten die eigenen Soldaten den Trebonianus Gallus.

Zur Münzgeschichte

Drei Münzstätten prägten für Trebonianus Gallus, Rom, Mailand und Antiochia.

Hinweise für Sammler

Unter den Soldatenkaisern verschob sich der Wert des Aureus. Wir wissen nicht genau, unter welchem Kaiser er nicht mehr als Äquivalent von 25 Denaren (= 12 1/2 Antoninianen) gerechnet wurde. Auf jeden Fall zeigt die Tatsache, daß es unter Trebonianus Gallus drei verschiedene Sorten von „Aurei" gab, daß es im Verhältnis von Gold und Silber zu Schwankungen gekommen war. Möglich wäre es, daß der leichte Aureus 25 Antoninianen entsprach, der schwere 40, wobei wir nicht ausreichend Beweise für diese Theorie haben, um sie ohne Einschränkungen vertreten zu können.
Antoniniane mit der Vorderseiteninschrift GALLVS PIVS AVG sind wesentlich seltener als normale Antoniniane. Man muß für so ein Stück in „sehr schön" mehr als 180 Euro rechnen.

Münzen

s ss vz

Folgende Vorderseitenvarianten kommen vor:
Umschrift: GALLVS PIVS AVG,
IMP CAE(S) C VIB(IVS) TREB(ONIANVS) GALLVS AVG,
IMP C C VIB TREB GALLVS P F AVG.
Büste: n. r., mit Lorbeerkranz bzw. mit Strahlenkrone, drapiert und gepanzert.

Aurei

	s	ss	vz
Schwerer Aureus („Binio"). Büste mit Strahlenkrone.	**1.250**	**4.000**	**10.000**
Aureus.	**1.000**	**3.000**	**6.000**
Leichter Aureus („Quinar").	**750**	**1.500**	**4.000**

Antoniniane

83.1 ADVENTVS AVG Trebonianus n. l. reitend.
RIC 79. **10 20 50**

83.2 AEQVITAS AVG(G) Aequitas n. l. stehend.
RIC 81. **10 20 50**

83.3 AETERNITAS AVGG Aeternitas n. l. stehend (Aureus).
RIC 30. **10 20 50**

83.4 ANNONA AVGG Annona n. r. stehend (Aureus).
RIC 31. **10 20 50**

83.5 APOLL SALVTARI Apollon n. l. stehend.
RIC 32. **10 20 50**

83.6 CONCORDIA AVGG Concordia 1.) n. l. stehend, 2.) n. l. sitzend.
RIC 51ff. **10 20 50**

83.7 FELICITAS PVBL(ICA) Felicitas n. l. stehend (Aureus).
RIC 33ff. **10 20 50**

83.8 IVNO MARTIALIS Iuno n. l. sitzend.
RIC 35. **10 40 100**

Nr.		s	ss	vz
83.9	IVNONI MARTIALI Iuno in Tempel frontal sitzend. *RIC 54.*	10	40	100
83.10	LIBERALITAS AVGG Liberalitas n. l. stehend. *RIC 36.*	10	20	50
83.11	LIBERTAS AVGG Libertas n. l. stehend (Aureus). *RIC 37ff.*	10	20	50
83.12	LIBERTAS PVBLICA Libertas n. l. stehend. *RIC 50.*	10	20	50

Nr.		s	ss	vz
83.13	MARTEM PROPVGNATOREM Mars n. r. gehend. *RIC 84.*	10	20	50
83.14	MARTI PACIFERO Mars n. l. gehend. *RIC 40.*	10	20	50

Nr.		s	ss	vz
83.15	PAX AETERNA Pax n. l. stehend. *RIC 71.*	10	20	50
83.16	PAX AVGG Pax n. l. stehend. *RIC 56.*	10	20	50
83.17	PAX AVGVS (SC) Pax n. l. stehend. *RIC 86f.*	10	20	50
83.18	PIETAS AVGG Pietas n. l. stehend. *RIC 41f.*	10	20	50
83.19	P M TR P IIII COS II 1.) Trebonianus n. l. stehend (Aureus), 2.) Trebonianus n. l. opfernd. *RIC 2f.*	10	20	50
83.20	PROVIDENTIA AVG(G) Providentia n. l. stehend. *RIC 43f.*	10	20	50
83.21	PVDICITIA AVG Pudicitia n. l. sitzend. *RIC 88.*	10	20	50
83.22	ROMAE AETERNAE AVG Roma n. l. sitzend. *RIC 89.*	10	20	50
83.23	SAECVL(L)VM NOVVM Tempel, darin Statue. *RIC 90f.*	10	40	150
83.24	SALVS AVGG Salus 1.) n. r. stehend (Aureus), 2.) n. l. stehend. *RIC 45f.*	10	20	50
83.25	SALVS AVGVS Salus n. l. stehend. *RIC 47.*	10	20	50
83.26	VBERITAS AVG Uberitas n. l. stehend. *RIC 92.*	10	20	50

83.27.1

Nr.		s	ss	vz
83.27	VICTORIA AVGG Victoria 1.) n. l. stehend, 2.) n. l. gehend, 3.) n. r. stehend, 4.) n. r. gehend. *RIC 48f.*	10	20	50
83.28	VIRTVS AVGG Virtus n. l. oder n. r. stehend. *RIC 57f.*	10	20	50
83.29	VOTIS DECENNALIBVS in Lorbeerkranz. *RIC 49.*	20	75	180

Bronzemünzen

Nr.		s	ss	vz
83.30	Sesterz. AEQVITAS AVGG SC Aequitas n. l. stehend. *RIC 101.*	30	60	250
83.31	Sesterz. AETERNITAS AVGG SC Aeternitas n. l. stehend. *RIC 102.*	30	60	250

Nr.		s	ss	vz
83.32	Sesterz. APOLL(O) SALVTARI SC Apollon n. l. stehend (As). *RIC 103f.*	30	80	300

Nr.		s	ss	vz
83.33	Sesterz. CONCORDIA AVGG SC Concordia n. l. stehend oder n. l. sitzend (As). *RIC 105f.*	30	60	250
83.34	Sesterz. FELICITAS PVBLICA SC Felicitas n. l. stehend (As). *RIC 107f.*	30	60	250
83.35	Sesterz. IVNONI MARTIALI SC 1.) Iuno n. l. sitzend, 2.) Iuno in Rundtempel sitzend, 3.) Iuno in Tempel sitzend. *RIC 109ff.*	40	100	350
83.36	Sesterz. LIBERALITAS AVGG SC Liberalitas n. l. stehend. *RIC 113.*	30	60	250

Nr.		s	ss	vz
83.37	Sesterz. LIBERTAS AVGG SC Libertas n. l. stehend (As). *RIC 114.*	30	60	250
83.38	Sesterz. PAX AVGG SC Pax n. l. stehend (As). *RIC 115.*	30	60	250

Nr.		s	ss	vz
83.39	Sesterz. PIETAS AVGG SC Pietas n. l. stehend (Dupondius, As). *RIC 116f.*	30	60	250
83.40	Sesterz. P M TR P IIII COS II P P SC Trebonianus 1.) n. l. stehend, 2.) n. l. opfernd. *RIC 99f.*	30	60	250
83.41	Sesterz. PRINC IVVENT SC Apollon n. l. sitzend. *RIC 118.*	30	60	250
83.42	As. PRINCIPI IVVENTVTIS SC Apollon n. l. sitzend. *RIC 119.*	25	120	350
83.43	Sesterz. ROMAE AETERNAE SC Roma n. l. sitzend. *RIC 120.*	30	60	250

Nr.		s	ss	vz
83.44	Sesterz. SALVS AVGG SC Salus n. l. oder n. r. stehend (As). *RIC 121f.*	30	60	250
83.45	As. SALVS AVGVS SC Salus n. l. stehend. *RIC 123.*	25	120	350
83.46	Sesterz. SECVRITAS AVGG SC Securitas n. r. stehend. *RIC 124.*	30	60	250
83.47	Sesterz. VICTORIA AVG SC Victoria n. l. stehend. *RIC 125.*	30	60	250
83.48	Sesterz. VIRTVS AVGG SC Virtus n. l. stehend (As). *RIC 126.*	30	60	250
83.49	Sesterz. VOTIS DECENNALIBVS SC in Lorbeerkranz (Dupondius, As). *RIC 127.*	60	180	500

84. Volusianus

Caesar 251,
Augustus 251 – 253

Zur Geschichte

Gaius Vibius Afinius Gallus Veldumnianus Volusianus wurde etwa um das Jahr 230 als Sohn des späteren Kaisers Trebonianus Gallus geboren. Nachdem sein Vater die Macht von dem in der Schlacht gefallenen Kaiser Traianus Decius übernommen hatte, verlieh ihm der Kaiser den Titel eines Caesar. Mitherrscher und Erbe blieb der Sohn des Traianus Decius, Hostilianus. Trebonianus Gallus versuchte, seine Familie auf legale Weise an die untergegangene Dynastie zu binden. So verheiratete er z. B. Volusianus mit der Schwester des Hostilianus. Aber schon Ende des Jahres 251 starb der letzte Sohn des Decius an einer Seuche; damit war der Weg frei für Volusianus, zum Augustus ernannt zu werden.

Volusianus trat nicht neben seinem Vater hervor. Er kam mit ihm zusammen im Jahr 253 durch Meuterer um, ehe Trebonianus Gallus dem Heer des Usurpators Aemilianus militärisch entgegentreten konnte.

Münzen

Als Caesar:

Folgende Vorderseitenvarianten kommen vor:
Umschrift: C VIBIO VOLVSIANO CAES und andere Varianten.
Büste: n. r., mit Lorbeerkranz oder mit Strahlenkrone, drapiert.

Aurei

	Normaler Typ.	2.500	5.000	15.000

Antoniniane

84.1	FELIC PVBL Felicitas n. l. stehend. *RIC 135.*	30	60	160
84.2	IVNONI MARTIALI Iuno 1.) in Tempel sitzend, 2.) n. l. sitzend. *RIC 131f.*	30	60	160
84.3	PAX AVGG Pax n. l. stehend. *RIC 133.*	30	60	160
84.4	PRINCIPI IVVENTVTIS Volusianus n. l. stehend. *RIC 134.*	30	60	160
84.5	SECVRITAS AVG Securitas n. r. stehend. *RIC 136.*	30	60	160

Bronzemünzen

Nr.		s	ss	vz
84.6	Dupondius oder As. PAX AVGG SC Pax n. l. stehend. *RIC 240.*	180	500	LP
84.7	Sesterz. PRINCIPI IVVENTVTIS Volusianus n. l. stehend. *RIC 241f.*	80	250	500
84.8	As. VOTIS DECENNALIBVS in Lorbeerkranz. *RIC 243.*	180	500	LP

Als Augustus:

Folgende Vorderseitenvarianten kommen vor:

Umschrift: IMP C C VIB VOLVSIANVS AVG,
IMP C V AF GAL VEND VOLVSIANO AVG,
IMP C VOLVSIANVS AVG,
IMP CAE C VIB VOLVSIANO AVG.

Büste: n. r., mit Lorbeerkranz oder Strahlenkrone, drapiert und/oder gepanzert.

Antoniniane

Nr.		s	ss	vz
84.9	ADVENTVS AVG Volusianus n. l. reitend. *RIC 214.*	30	60	160
84.10	AEQVITAS AVG(G) Aequitas n. l. stehend (Aureus). *RIC 166.*	30	60	160
84.11	APOLL SALVTARI Apollon n. l. stehend. *RIC 188.*	30	60	160

84.12.2

Nr.		s	ss	vz
84.12	CONCORDIA AVGG Concordia 1.) n. l. stehend, 2.) n. l. sitzend. *RIC 167ff.*	30	60	160
84.13	CONCOR MIL Concordia n. l. stehend. *RIC 213.*	30	60	160
84.14	FELICITAS AVG Felicitas n. l. stehend. *RIC 216.*	30	60	160
84.15	FELICITAS PVBL(ICA) Felicitas n. l. stehend. *RIC 188A.*	30	60	160
84.16	IVNO MARTIALIS Iuno n. l. sitzend. *RIC 209.*	50	100	300

84.17.2

Nr.		s	ss	vz
84.17	IVNONI MARTIALI Iuno 1.) n. l. sitzend, 2.) in Rundtempel sitzend, 3.) in Tempel sitzend. *RIC 171ff.*	50	100	300
84.18	LIBERALITAS AVGG Liberalitas n. l. stehend. *RIC 178.*	30	60	160
84.19	LIBERTAS AVGG Libertas n. l. stehend (Aureus). *RIC 189f.*	30	60	160
84.20	LIBERTAS PVBLICA Libertas n. l. stehend. *RIC 210.*	30	60	160
84.21	MARTEM PROPVGNATOREM Mars n. r. gehend. *RIC 219.*	30	60	160
84.22	MARTI PACIFERO Mars n. l. gehend. *RIC 220.*	30	60	160
84.23	PAX AETERNA Pax n. l. stehend. *RIC 195.*	30	60	160
84.24	PAX AVG(G) Pax n. l. stehend. *RIC 179f.*	30	60	160
84.25	PAX AVGVS (SC) Pax n. l. stehend. *RIC 181.*	30	60	160
84.26	PIETAS AVGG Pietas n. l. stehend. *RIC 182.*	30	60	160

84.27.1

Nr.		s	ss	vz
84.27	P M TR P IIII COS II 1.) Volusianus n. l. stehend, 2.) Volusianus n. l. opfernd. *RIC 140f.*	30	60	160
84.28	PRINCIPI IVVENTVTIS Volusianus n. l. stehend. *RIC 183.*	30	60	160
84.29	PROVIDENTIA AVGG Providentia n. l. stehend. *RIC 193.*	30	60	160
84.30	PVDICITIA AVG(G) Pudicitia n. l. sitzend. *RIC 232f.*	30	60	160
84.31	ROMAE AETERNAE AVG Roma n. l. sitzend. *RIC 221.*	30	60	160
84.32	SAECVL(L)VM NOVVM Tempel, darin Statue. *RIC 222.*	50	100	300

Nr.		s	ss	vz
84.33	SALVS AVGG Salus n. r. stehend. *RIC 184.*	30	60	160
84.34	SALVS AVGVS Salus n. l. stehend. *RIC 185f.*	30	60	160
84.35	VBERTAS AVG Ubertas n. l. stehend. *RIC 237.*	30	60	160

s ss vz

84.36 VICTORIA AVG Victoria 1.) n. l. gehend, 2.) n. r. auf Globus stehend.
RIC 222A. 30 60 160

84.37 VICTORIA AVGG Victoria 1.) n. l. stehend, 2.) n. r. gehend.
RIC 194. 30 60 160

84.38 VIRTVS AVGG Virtus n. l. oder n. r. stehend.
RIC 186f. 40 80 250

Bronzemünzen

84.39 Sesterz. AEQVITAS AVGG SC Aequitas n. l. stehend.
RIC 246. 125 300 750

84.40 Sesterz. APOLL(O) SALVTARI SC Apollon n. l. stehend (As).
RIC 247f. 125 300 750

84.41.2

84.41 Sesterz. CONCORDIA AVGG SC Concordia 1.) n. l. stehend (Dupondius, As), 2.) n. l. sitzend (As).
RIC 249f. 125 300 750

84.42 Sesterz. FELICITAS PVBLICA SC Felicitas n. l. stehend (As).
RIC 251. 125 300 750

84.43 Sesterz. IVNONI MARTIALI SC Iuno in Tempel sitzend (As).
RIC 252f. 150 350 900

84.44 Sesterz. LIBERALITAS AVGG SC Liberalitas n. l. stehend (As).
RIC 254. 125 300 750

84.45 Sesterz. LIBERTAS AVG SC Libertas n. l. stehend (As).
RIC 255. 125 300 750

s ss vz

84.46 Sesterz. PAX AVGG SC Pax n. l. stehend (Dupondius, As).
RIC 256. 125 300 750

84.47 Sesterz. PIETAS AVGG SC Pietas n. l. stehend (Dupondius, As).
RIC 257f. 125 300 750

84.48 Sesterz. P M TR P IIII COS II P P SC 1.) Volusianus n. l. stehend, 2.) n. l. opfernd.
RIC 244f. 125 300 750

84.49 Sesterz. PRINCIPI IVVENTVTIS SC Volusianus n. l. stehend.
RIC 259. 125 300 750

84.50 Sesterz. SALVS AVGG SC Salus n. r. stehend (As).
RIC 260. 125 300 750

84.51 Sesterz. SECVRITAS AVGG SC Securitas n. r. stehend.
RIC 261. 125 300 750

84.52 Sesterz. VICTORIA AVGG SC Victoria n. l. stehend.
RIC 262. 125 300 750

84.53 Sesterz. VIRTVS AVGG SC Virtus n. l. stehend (As).
RIC 263. 125 300 750

84.54 Sesterz. VOTIS DECENNALIBVS SC in Lorbeerkranz.
RIC 264. 125 300 750

85. Aemilianus

253

Zur Geschichte

M. Aemilius Aemilianus stammte wohl aus einem alten und einflußreichen römischen Geschlecht. Er war von Trebonianus Gallus an die Donaufront geschickt worden, um dort zu überwachen, daß die Goten nicht erneut die Grenzen überschritten. Es gelang dem Feldherrn, einige entscheidende Siege zu erkämpfen. Wegen seiner Erfolge hielten ihn die Soldaten seines Heeres für geeigneter, Rom aus der Misere zu führen als Trebonianus Gallus. Sie riefen Aemilianus also zum Kaiser aus. Die Konsequenz war logisch, statt weiter die Verteidigung der Grenze zu organisieren, mußte Aemilianus gegen Trebonianus Gallus kämpfen. Er zog mit seinem Heer nach Italien. Zur Schlacht kam es allerdings nicht, weil Trebonianus Gallus zuvor von seinen eigenen Truppen ermordet wurde.

Doch Aemilianus konnte sich seines Erfolges nicht lange freuen. Noch Trebonianus Gallus hatte Valerianus an die Donaugrenze geschickt, um dort Truppen für den Kampf gegen den Usurpator zu mobilisieren. Nun zog der Feldherr mit eben diesen Truppen gegen Aemilianus, der – wie Trebonianus Gallus zuvor – von den eigenen Soldaten im September oder Oktober 253 bei Spoleto ermordet wurde, ehe es zu einer Entscheidungsschlacht kommen konnte.

Zur Münzgeschichte

Unter Aemilianus wurde in Rom und in einer weiteren, bis jetzt nicht eindeutig identifizierten Münzstätte geprägt.

Hinweise für Sammler

Allmählich werden unter den letzten Soldatenkaisern die Bronzemünzen immer seltener. Alle hier aufgeführten Sesterze sind im RIC immerhin mit der Kennzeichnung R3 versehen.

Münzen

Folgende Vorderseitenvarianten kommen vor:

Umschrift: IMP AEMILIANVS P(IVS FEL) AVG,
IMP CAES AEMILIANVS P F AVG,
IMP M AEMIL AEMILIANVS P F AVG.

Büste: n. r., mit Lorbeerkranz oder Strahlenkrone, drapiert und gepanzert.

Aurei

	s	ss	vz
Normaler Typus.	**8.000**	**30.000**	**90.000**

Antoniniane

		s	ss	vz
85.1	APOL CONSERVAT Apollon n. l. stehend. *RIC 1.*	**60**	**180**	**400**
85.2	APOLL SALVTARI Apollon n. l. stehend. *RIC 27.*	**60**	**180**	**400**
85.3	CONCORDIA AVGG Zwei Hände im Handschlag. *RIC 28.*	**60**	**180**	**400**
85.4	DIANA VICTRI Diana n. l. stehend (Aureus). *RIC 2.*	**60**	**180**	**400**

		s	ss	vz
85.5	ERCVL VICTORI Hercules n. r. stehend (Aureus). *RIC 3.*	**60**	**180**	**400**
85.6	IOVI CONSERVAT Iupiter n. l. stehend, die r. Hand über Aemilianus haltend. *RIC 4.*	**60**	**180**	**400**
85.7	MARTI PACIF Mars n. l. gehend (Aureus). *RIC 5.*	**60**	**180**	**400**

		s	ss	vz
85.8	MARTI PROPVGT Mars n. l. stehend. *RIC 6.*	**60**	**180**	**400**

		s	ss	vz
85.9	PACI AVG Pax n. l. stehend. *RIC 8.*	**60**	**180**	**400**
85.10	PAX AVG Pax n. l. gehend. *RIC 23.*	**60**	**180**	**400**
85.11	P M TR P I P P Aemilianus n. l. opfernd. *RIC 7f.*	**60**	**180**	**400**

		s	*ss*	*vz*

		s	*ss*	*vz*
85.12	ROMAE AETERN Roma n. l. stehend. *RIC 9.*	**60**	**180**	**400**
85.13	SALVS AVG Salus stehend. *RIC 29.*	**60**	**180**	**400**
85.14	SPES PVBLICA Spes n. l. gehend. *RIC 10.*	**60**	**180**	**400**
85.15	VICTORIA AVG Victoria n. l. gehend. *RIC 11.*	**60**	**180**	**400**

		s	*ss*	*vz*
85.16	VIRTVS AVG Virtus n. l. stehend. *RIC 12.*	**60**	**180**	**400**
85.17	VOTIS DECENNALIBVS in Lorbeerkranz. *RIC 13.*	**80**	**200**	**500**

Bronzemünzen

		s	*ss*	*vz*
85.18	Sesterz. AETERNITAS AVGG SC Aeternitas n. l. stehend. *RIC 55.*	**100**	**300**	**800**

		s	*ss*	*vz*
85.19	Sesterz. APOL CONSERVAT SC Apollon n. l. stehend. *RIC 43.*	**100**	**300**	**800**
85.20	Sesterz. CONCORDIA AVG SC Concordia n. l. sitzend. *RIC 56.*	**100**	**300**	**800**
85.21	Sesterz. ERCVL VICTORI SC Hercules n. l. stehend. *RIC 44.*	**100**	**300**	**800**
85.22	Sesterz. IOVI CONSERVA SC Iupiter n. l. stehend. *RIC 57.*	**100**	**300**	**800**
85.23	Sesterz. IOVI CONSERVAT(ORI) SC Iupiter n. l. stehend, die r. Hand über Aemilianus haltend. *RIC 45f.*	**100**	**300**	**800**
85.24	Sesterz. PACI AVG SC Pax n. l. stehend. *RIC 37.*	**100**	**300**	**800**
85.25	Sesterz. PIETAS AVG SC Pietas n. l. stehend. *RIC 61.*	**100**	**300**	**800**
85.26	Sesterz. P M TR P I P P Aemilianus n. l. opfernd (Dupondius). *RIC 47f.*	**100**	**300**	**800**
85.27	Sesterz. P M TR P IIII COS II P P SC Aemilianus n. l. stehend. *RIC 58.*	**100**	**300**	**800**
85.28	Dupondius. P M TR POT SC 1.) Pietas n. l. opfernd, 2.) Aemilianus n. l. opfernd. *RIC 36A.*	**250**	**750**	**LP**
85.29	Sesterz. ROMAE AETERN(AE) SC Roma n. l. stehend. *RIC 38.*	**100**	**300**	**800**
85.30	Sesterz. SALVS AVGVSTI SC Salus n. l. sitzend. *RIC 62.*	**100**	**300**	**800**
85.31	Sesterz. SPES PVBLICA SC Spes n. l. gehend. *RIC 39.*	**100**	**300**	**800**
85.32	Sesterz. VICTORIA AVG SC Victoria n. l. gehend. *RIC 40.*	**100**	**300**	**800**
85.33	Sesterz. VIRTVS AVG SC Virtus n. l. stehend. *RIC 41.*	**100**	**300**	**800**

		s	*ss*	*vz*
85.34	Sesterz. VOTIS DECENNALIBVS SC in Lorbeerkranz (Dupondius, As). *RIC 42.*	**175**	**500**	**1.250**

86. Cornelia Supera

Gattin des Aemilianus

Zur Geschichte

Von Cornelia Supera wissen wir nichts, außer daß sie die Gemahlin des Aemilianus war.

Münzen

Folgende Vorderseitenvarianten kommen vor:
Umschrift: C CORNEL SVPERA AVG,
COR(NEL) SVPERA AVG.
Büste: n. r., mit Diadem und drapiert.

Antoniniane

86.1 CONCORDIA AVGG 1.) Concordia sitzend, 2.) Aemilianus und Cornelia Supera im Handschlag.
RIC 32f. 1.500 4.000 8.000

86.2 IVNONI AVG Iuno n. l. sitzend.
RIC 31. 1.500 4.000 8.000

86.3 IVNO REGINA Iuno n. l. stehend.
RIC 34. 1.500 4.000 8.000

86.4 VENVS VICTRIX Venus stehend.
RIC 35. 1.500 4.000 8.000

86.5 VESTA Vesta n. l. stehend oder sitzend.
RIC 30. 1.500 4.000 8.000

Bronzemünzen

86.6 Sesterz. CONCORDIA AVGG SC Concordia n. l. sitzend.
RIC 64. LP LP LP

87. Uranius Antoninus

253 – 254

Zur Geschichte

Während im Westen die verschiedenen Feldherren damit beschäftigt waren, sich gegenseitig um den Purpur zu streiten, wuchs im Osten die Bedrohung ständig. Im Jahre 252 war der Sasanide Shapur I. in der römischen Provinz eingefallen und drohte, alle Städte zu überrennen und seinem eigenen Reich einzugliedern. Der römischen Bevölkerung blieb nichts anderes übrig, als sich selbst der Bedrohung zu stellen. Die Initiative ergriff Lucius Iulius Aurelius Sulpicius Uranius Antoninus, Priester des Baal und Angehöriger eines alten königlichen Geschlechts. Er wurde zu einem „Usurpator wider Willen". Ihm ging es lediglich um eine Abwehr der Sasaniden, nicht um die Macht im Gesamtreich, wie man an seiner Münzprägung deutlich erkennen kann: er verzichtet auf den wenigen Münzen mit lateinischer Umschrift, die nach römischem Vorbild geprägt wurden (ausschließlich Aurei) auf den Titel Imperator oder Augustus. In der lokalen Silberprägung verwendete er übrigens die griechischen Äquivalente dieser Bezeichungen. Uranius Antoninus war sehr erfolgreich. Ihm gelang es, die östlichen Provinzen für Rom zu retten.
Aber auch ihm war keine lange Herrschaft beschieden. Als Valerianus im Westen seine Macht durchgesetzt hatte, und nun selbst in den Osten zog, um die Perser zu bekriegen, dankte Uranius Antoninus im Laufe des Jahres 254 zugunsten Valerianus' ab.

Zur Münzgeschichte

Die Münzprägung des Uranius Antoninus kann man grob in zwei Teile aufgliedern: Die wenigen Aurei, die in Emesa nach römischem Vorbild geprägt wurden, und die lokale Silberprägung von syrischen Tetradrachmen.

Hinweise für Sammler

Während die Aurei des Uranius Antoninus für den normalen Sammler praktisch unerschwinglich sind, kann man noch eher an den Erwerb einer syrischen Tetradrachme aus Silber denken. Dafür muß man in „sehr schön" etwa 3.000 Euro rechnen. Stücke aus Billon bekommt man „schon" für 1.500 Euro.

Münzen

Folgende Vorderseitenvarianten kommen vor:
Umschrift: L IVL AVR SVL(P VRA) ANTONINVS.
Büste: n. r. oder n. l., mit Lorbeerkranz, gepanzert und drapiert.

Aurei

		s	*ss*	*vz*
87.1	CONSERVATOR AVG 1.) Stein von Emesa, 2.) Stein von Emesa in Quadriga. *RIC 1f.*	**8.000**	**40.000**	**100.000**

		s	*ss*	*vz*
87.2	FECVNDITAS AVG Fortuna n. l. stehend. *RIC 3.*	**4.000**	**10.000**	**35.000**
87.3	FORTVNA REDVX Fortuna n. l. sitzend. *RIC 4.*	**4.000**	**10.000**	**35.000**
87.4	MINERVA VICTRIX Minerva n. l. stehend. *RIC 5.*	**4.000**	**10.000**	**35.000**
87.5	P M TR P XVIIII COS IIII P P Löwe n. r. gehend. *RIC 6.*	**5.000**	**15.000**	**50.000**
87.6	SAECVLARES AVGG Säule, darauf COS I *RIC 7.*	**5.000**	**15.000**	**50.000**
87.7	SOL ELAGABALVS Altar, darauf hl. Stein von Emesa. *RIC 8.*	**8.000**	**40.000**	**100.000**
87.8	VICTORIA AVG Victoria n. l. gehend. *RIC 9.*	**4.000**	**10.000**	**35.000**

88. Valerianus I.

*253 – 260**

Zur Geschichte

Wir wissen wenig über die Herkunft des P. Licinius Valerianus. Lediglich, daß er vor 200 geboren sein muß und aus einer in Etrurien beheimateten senatorischen Familie stammte. Bereits vor Antritt seines Amtes als Kaiser hatte Valerianus das Konsulat erreicht. Im Jahr 253 beauftragte ihn Trebonianus Gallus, in Raetien ein Heer zusammenzustellen. Dieses Heer sollte im Kampf gegen den Usurpator Aemilianus eingesetzt werden, aber bevor es dem Kaiser zu Hilfe eilen konnte, waren Trebonianus Gallus und sein Sohn Volusianus schon tot.

Valerianus benutzte nun sein Heer, um sich selbst ins Spiel um die Macht einzumischen. Bei Spoleto kam es zur Entscheidungsschlacht mit Aemilianus. Auch dieser wurde von den eigenen Truppen verlassen und ermordet.

Der Senat erkannte Valerianus als Augustus an. Der neue Kaiser teilte die Verantwortung über das Reich mit seinem Sohn Gallienus. Während Valerianus in den Osten ging, um sich den andrängenden Sasaniden entgegenzustellen, erhielt Gallienus die Befehlsgewalt im Westen.

Gleich zu Beginn des Jahres 254 begab sich Valerianus in die bedrohten Gebiete im Osten. Sobald er dort angekommen war, unterwarf sich ihm Uranius Antoninus, der bisher die Verteidigung gegen die Sasaniden geführt hatte, ohne militärischen Widerstand. Valerianus versuchte nun, das weitere Vordringen der Sasaniden zu unterbinden. Jedoch konnte er, da gleichzeitig ein Einfall der Goten und Boraner in der reichen Provinz Asia zurückgeschlagen werden mußte, nicht verhindern, daß die Sasaniden 256 die wichtige Stadt Dura Europos eroberten. Im Jahr 258 befahl Shapur I. einen erneuten Angriff auf römisches Gebiet. Das römische Heer war durch eine Seuche geschwächt, so versuchte Valerianus zunächst, die entscheidende Schlacht zu vermeiden, mußte sich aber den Sasaniden im Verlauf der ersten Jahreshälfte 259 stellen. Die Römer wurden vernichtend geschlagen.

* Herkömmliche Datierung. Die Chronologie ist nicht ganz geklärt. Valerianus wurde im Juni 259 von den Persern gefangen genommen, sein Sohn führt ihn aber noch bis 260 in offiziellen Dokumenten als Mitherrscher auf.

Valerianus traf sich darauf im Juni 259 zu einem persönlichen Gespräch mit Shapur I. und wurde dabei gefangen genommen. Wann genau Valerianus von den Sasaniden getötet wurde, ist nicht bekannt.

Zur Münzgeschichte

Während der Herrschaft des Valerianus mit seinem Sohn Gallienus wurden folgende Münzstätten benutzt: Köln, Rom, Mediolanum, Viminacium, Antiochia und Samosata.
Gegen Ende der Regierung des Valerianus wurde – wohl wegen der großen Probleme, die zu bewältigen, aber auch zu finanzieren waren – eine neue Produktionsweise für den Antoninian eingeführt. Statt wie bisher aus einer (zwar schlechten, aber immerhin) Silberlegierung stellte man ihn nun aus Bronze her, die höchstens noch 5 % Silber enthielt. Das gesamte Edelmetall, das in einem Antoninian enthalten war, wurde durch ein speziell entwickeltes Weißsiedeverfahren an der Münzoberfläche versammelt, so daß die Antoniniane zumindest bei ihrer Ausgabe aussahen, als wären sie noch aus solidem Silber.
Aber schon ein wenig Gebrauch entfernte diese Silberschicht, so daß wir heute häufig Antoniniane haben, die aussehen als seien sie aus reiner Bronze.

Hinweise für Sammler

Durch das neue Verfahren in der Münzherstellung müßten wir eigentlich bei unseren Preisangaben eine zusätzliche Kategorie einführen: Mit Silbersud oder ohne. Während vorzügliche Antoniniane mit komplett erhaltenem Silbersud etwa 50 Euro kosten, sind vorzügliche Antoniniane ohne Silbersud, die nun aussehen wie aus reiner Bronze hergestellt, bereits ab 20 Euro zu haben. In unserer Preisübersicht wählten wir als vorzüglich die Stücke, die noch über einen kompletten Silbersud verfügen. Für Antoniniane ohne diesen Silbersud müssen Preisabzüge gemacht werden.
Seit Erscheinen des RIC-Bandes V / 2 vor 84 Jahren hat sich unser Bild von den Prägungen der Zeit von 253 bis 275 durch zahlreiche Funde und Forschungen stark verändert. Deshalb haben wir die Münzen des Valerianus I. anhand neuerer Literatur komplett überarbeitet. Im Katalog ist die alte Nummer jeweils hinter der neuen vermerkt. Eine Konkordanz der alten Kampmann Nummern zu den neuen finden Sie am Ende des Buches auf S. 523.

Die Abkürzung „G" steht für: Robert Göbl, Die Münzprägung der Kaiser Valerianus I. / Gallienus / Saloninus, Regalianus und Macrianus / Quietus (Wien 2000).
Achtung: Göbl verwendet mehrere Zählungen. Die angegebenen Nummern entsprechen den laufenden Nummern in Göbls Tabellen.

Münzen

Folgende Vorderseitenvarianten kommen vor:
Umschrift: IMP C P LIC VALERIANVS (P F) AVG,
IMP VALERIANVS (P F) AVG,
VALERIANVS P F AVG und viele andere mehr.
Büste: n. r., mit Lorbeerkranz oder Strahlenkrone, drapiert und / oder gepanzert.

Aurei

88.1	– LIBERALITAS AVGG III Valerianus und Gallienus mit Liberalitas n. l. sitzend. *G 70.*		**LP**	**LP**	**LP**
88.2	88.6 VICTORIAE AVGG Valerianus in Biga n. r. stehend, von Victoria bekränzt. *G 1680.*		**1.500**	**4.500**	**10.000**

Antoniniane

88.3	88.7 AEQVITAS AVGG Aequitas n. l. stehend. *G 1558.*	**5**	**25**	**50**
88.4	88.10 AETERNITATI AVGG 1.) Saturn n. r. stehend, 2.) Sol n. l. stehend. *G 1559.*	**5**	**25**	**50**
88.5	88.11 ANNONA AVGG Annona n. l. stehend. *G 107.*	**5**	**25**	**50**
88.6	88.12 APOL(L)INI CONSERVA Apollon n. l. stehend (Aureus). *G 72.*	**5**	**25**	**50**
88.7	88.13 APOLINI PROPVG(N) Apollon n. r. stehend. *G 43f.*	**5**	**25**	**50**
88.8	88.14 APOLL SALVTARI Apollon n. l. stehend. *G 91.*	**5**	**25**	**50**
88.9	88.18 CONCOR(DIAE) EXERC(ITI) Concordia n. l. stehend. *G 802f.*	**5**	**25**	**50**
88.10	88.19 CONCOR LEGG Concordia n. l. sitzend. *G 804.*	**5**	**25**	**50**
88.11	88.20 CONCOR MIL Concordia n. l. stehend. *G 806.*	**5**	**25**	**50**
88.12	– CONCORDIA EXERCIT Concordia n. l. stehend. *G 15.*			
88.13	88.21 CONCORDIA MILIT Concordia n. l. stehend. *G 18.*	**5**	**25**	**50**
88.14	88.23 CONSERVAT AVGG 1.) Apollon n. l. stehend, 2.) Apollon und Diana n. l. stehend. *G 164ff.*	**5**	**25**	**50**

s ss vz

88.15 88.24 DEO VOLKANO Vulkan in Tempel.
G 884f. 15 50 100

88.16 88.25 DIANA LVCIFERA Diana n. r. stehend.
G 1560. 5 25 50

88.17 88.26 FELICITAS AVGG Felicitas n. l. stehend (Aureus).
G 73. 5 25 50

88.18 88.27 FELICITAS SAECVLI Diana n. r. gehend.
G 1569. 5 25 50

88.19 88.28 FIDES MILITVM Fides n. l. stehend (Aureus).
G 22. 5 25 50

88.20 88.29 FORTVNA REDVX 1.) Fortuna n. l. stehend, 2.) Mercur n. l. stehend.
G 918. 5 25 50

88.21 88.30 GALLIENVS CVM EXER SVO Iupiter auf Basis stehend, darauf die Aufschrift IOVI VICTORI
G 867. 15 75 175

88.22 88.31 GERMANICVS MAX TER Trophäe zwischen zwei Gefangenen.
G 93. 10 40 80

88.23 88.32 IOVI CONSERVA(TORI) Iupiter n. l. stehend (Aureus, Quinar).
G 23ff. 5 25 50

88.24 88.33 IOVI STATORI Iupiter n. l. stehend.
G 97. 5 25 50

88.25 88.35 LAETITIA AVGG Laetitia n. l. stehend (Aureus).
G 98. 5 25 50

88.26 88.36 LIBERALITAS AVGG Liberalitas n. l. sitzend.
G 67. 5 25 50

88.27 88.39 LIBERALITAS AVGG Valerianus und Gallienus n. l. auf Podium sitzend, hinter ihnen Praefect.
G 68. 10 40 80

88.28 88.38 LIBERALITAS AVGG (III) Liberalitas n. l. stehend (Aureus).
G 66. 5 25 50

s ss vz

88.29 88.41 ORIENS AVGG Sol n. l. stehend (Aureus, Quinar) oder gehend.
G 75. 5 25 50

88.30 88.42 PACATORI ORBIS Iupiter n. l. sitzend.
G 1562. 5 25 50

88.31 88.43 PAX AVGG Pax n. l. stehend.
G 815. 5 25 50

88.32 88.45 PIETAS AVGG Die beiden Kaiser über Altar opfernd.
G 1676. 5 25 50

88.33 88.46 PIETATI (oder PIATAS) AVGG Pietas n. l. stehend.
G 1563. 5 25 50

88.34 88.47 P M TR P II COS P P Valerianus n. l. opfernd.
G 1557. 5 25 50

88.35 88.48 P M TR P II COS II P P Iupiter n. l. stehend.
G 4. 5 25 50

88.36 88.49 P M TR P III COS III P P Valerianus n. l. sitzend.
G 55. 5 25 50

88.37 88.50 P M TR P IIII COS III P P Sol n. l. gehend.
G 59. 5 25 50

88.38 88.51 P M TR P V COS III P P 1.) Valerianus n. l. sitzend, 2.) Sol n. l. gehend.
G 61f. 5 25 50

88.39 88.52 P M TR P V COS IIII P P 1.) Valerianus n. l. sitzend, 2.) Sol n. l. gehend, 3.) Victoria n. l. stehend.
G 63f. 5 25 50

88.40 88.54 PROVID(ENTIA) AVGG Providentia n. l. stehend (Aureus).
G 101. 5 25 50

88.41 88.55 RELIGIO AVGG Diana n. l. stehend.
G 171. 5 25 50

88.42 88.56 RESTITVT GENER HVMANI Kaiser n. r. gehend.
G 1564. 5 25 50

88.43 88.57 RESTITVT ORIENTIS Frau mit Mauerkrone übergibt Valerianus einen Kranz.
G 1685. 10 40 80

s ss vz

88.44 88.58 RESTITVTOR ORBIS Valerianus n. l. stehend, einer knienden weiblichen Gestalt aufhelfend (Aureus, Quinar).
G 111. **10 40 80**

88.45 88.59 ROMAE AETERNAE Roma n. l. sitzend (Aureus).
G 1571. **5 25 50**

88.46 88.60 SAECVLI FELICITAS Felicitas n. l. stehend.
G 822f. **5 25 50**

88.47 88.61 SALVS AVGG Salus n. l. oder n. r. stehend.
G 29. **5 25 50**

88.48 88.63 SECVRIT PERPET Securitas n. l. stehend (Quinar).
G 869. **5 25 50**

88.49 88.64 SPES PVBLICA Spes n. l. gehend.
G 827. **5 25 50**

88.50 88.65 TEMPORVM FELICITAS Felicitas n. l. stehend.
G 810. **5 25 50**

88.51 88.66 VENVS VICTRIX Venus n. l. stehend.
G 1573. **5 25 50**

88.52 88.67 VICT AVGG Victoria n. l. stehend.
G 842. **5 25 50**

88.53 88.75 VICT PART Victoria n. l. stehend (Aureus).
G 847. **15 50 125**

88.54 88.68 VICTORIA AVGG Victoria n. l. stehend (Aureus) oder gehend.
G 30f. **5 25 50**

88.55 88.72 VICTORIA EXERCIT Victoria n. l. stehend.
G 36. **5 25 50**

88.56 88.73 VICTORIA G(ER)M Victoria n. l. stehend (Aureus).
G 81. **10 40 80**

88.57 88.74 VICTORIA GERMANICA Victoria n. l. stehend.
G 793. **10 40 80**

88.58 88.69 VICTORIAE AVGG Mars n. r. stehend.
G 1566. **5 25 50**

88.59 88.71 VICTORIAE AVGG IT GERM Victoria n. l. stehend.
G 79. **10 40 80**

88.60 88.76 VIRTVS AVG Virtus n. l. stehend.
G 794. **5 25 50**

88.61 88.77 VIRTVS AVGG 1.) Virtus n. l. stehend (Aureus), 2.) Mars n. r. gehend, 3.) die beiden Kaiser, einander gegenüberstehend.
G 38. **5 25 50**

88.62 88.78 VOTA ORBIS Zwei Victorien, einen Schild mit Aufschrift SC an Palme befestigend.
G 1682. **5 25 50**

s ss vz

88.63 88.79 VOTIS DECENNALIBVS in Lorbeerkranz.
G 40. **15 60 125**

Bronzemünzen

88.64 88.81 Sesterz. APOLINI CONSERVA SC Apollon n. l. stehend (As).
G 72. **40 175 500**

88.65 88.84 Sesterz. CONCORDIA EXERCIT SC Concordia n. l. stehend (As).
G 15. **40 175 500**

88.66 88.86 Sesterz. FELICITAS AVGG SC Felicitas n. l. stehend (As).
G 73. **40 175 500**

88.67 88.89 Sesterz. FIDES MILITVM SC Fides n. l. stehend.
G 22. **40 175 500**

88.68 88.90 Sesterz. IOVI CONSERVA(TORI) SC Iupiter n. l. stehend (As).
G 94. **40 175 500**

88.69 88.91 Sesterz. LIBERALITAS AVGG (III) SC Liberalitas n. l. stehend (Dupondius, As).
G 66. **40 175 500**

88.70 88.95 Sesterz. ORIENS AVGG SC Sol n. l. stehend (Dupondius, As).
G 75. **40 175 500**

88.71 88.96 Sesterz. P M TR P V COS IIII P P SC Valerianus n. l. sitzend (As).
G 63. **40 175 500**

88.72 88.97 Sesterz. RESTITVTOR ORBIS SC Kaiser n. l. stehend, eine weiblicher Gestalt aufhelfend.
G 111. **40 175 500**

88.73 88.99 Sesterz. SALVS AVGG SC Salus n. l. stehend (As).
G 29. **40 175 500**

88.74 88.103 Sesterz. VICTORIA AVGG SC Victoria n. l. stehend (As) oder gehend.
G 30ff. **40 175 500**

88.75 88.104 Sesterz. VICTORIA GERM SC Victoria n. l. stehend (As).
G 81. **50 200 600**

	s	ss	vz

(As)

88.76 88.105 Sesterz. VIRTVS AVGG SC Virtus n. l. stehend (As).
G 38. **40 175 500**

88.77 88.107 Sesterz. VOTIS DECENNALIBVS (SC) in Lorbeerkranz (Dupondius, As).
G 40. **60 250 700**

89. Mariniana

Gattin des Valerianus

Zur Geschichte

Egnatia Mariniana starb bereits vor dem Regierungsantritt ihres Mannes. Sie wurde im Frühjahr 254 divinisiert. Näheres über ihre Person ist nicht bekannt.

Seit Erscheinen des RIC-Bandes V / 2 vor 84 Jahren hat sich unser Bild von den Prägungen der Zeit von 253 bis 275 durch zahlreiche Funde und Forschungen stark verändert. Deshalb haben wir die Münzen der Mariniana anhand neuerer Literatur komplett überarbeitet. Im Katalog ist die alte Nummer jeweils hinter der neuen vermerkt. Eine Konkordanz der alten Kampmann Nummern zu den neuen finden Sie am Ende des Buches auf S. 523.

Die Abkürzung „G" steht für: Robert Göbl, Die Münzprägung der Kaiser Valerianus I. / Gallienus / Saloninus, Regalianus und Macrianus / Quietus (Wien 2000).

Achtung: Göbl verwendet mehrere Zählungen. Die angegebenen Nummern entsprechen den laufenden Nummern in Göbls Tabellen.

Münzen

Folgende Vorderseitenvarianten kommen vor:
Umschrift: DIVAE MARINIANAE.
Büste: n. r., verschleiert, drapiert und gelegentlich mit Diadem.

Aurei

Normaler Typ. **6.000 18.000 50.000**

Antoniniane

89.1.1

89.1 89.1 CONSECRATIO 1.) Pfau, Rad schlagend (Aureus), 2.) Pfau n. r. gehend, 3.) Pfau, die Kaiserin gen Himmel tragend (Aureus, Quinar).
G 212ff. **40 80 250**

Bronzemünzen

	s	ss	vz

89.2 89.3 Sesterz. CONSECRATIO SC 1.) Pfau, Rad schlagend (As), 2.) Pfau n. r. gehend.
G 212ff. **150 600 1.800**

90. Gallienus

Caesar 253 – 254,
Augustus 254 – 268,
Alleinherrscher 259 – 268

Zur Geschichte

P. Licinius Egnatius Gallienus war der Sohn des Valerianus und der Mariniana. Er soll um das Jahr 218 geboren worden sein, wobei dieses Geburtsdatum so umstritten ist wie alle anderen Daten seiner Regierungszeit. Auf jeden Fall war Gallienus beim Herrschaftsantritt seines Vaters alt genug, um seinen Teil der Verantwortung für das Römische Reich zu übernehmen. Gleich nach dem Sieg des Valerianus über Aemilianus ernannte der Senat Valerianus zum neuen Augustus und Gallienus zu seinem Caesar. Doch schon 254 übertrug Valerianus alle Vollmachten eines Mitkaisers auf seinen Sohn. Die beiden teilten die Verantwortung: Während Valerianus sich im Osten den andrängenden Sasaniden entgegenstellte, versuchte Gallienus im Westen die verschiedenen germanischen Stämme davon abzuhalten, ins römische Reich einzudringen. Er tat dies mit beträchtlichem Erfolg, doch sobald die Niederlage und vor allem die Gefangennahme des Valerianus im Westen bekannt wurde, sah sich Gallienus mit einer ganzen Reihe von schier unlösbaren Problemen konfrontiert.
Zunächst mußte er mit den Usurpatoren fertig werden, die die momentane Schwäche der Zentralregierung nutzten, um sich selbst an der Spitze ihrer Heeresabteilung zum Kaiser auszurufen. Der erste war Ingenuus, den wir an der mittleren Donau lokalisieren können. Er wurde bald darauf in einer Schlacht vernichtet. Münzen sind von ihm nicht bekannt. Kurz darauf empörte sich Regalianus (siehe dort) in Oberpannonien und Postumus (siehe dort) in Gallien. Im Osten mußte sich Gallienus den Usurpatoren Macrianus und Quietus stellen (siehe dort), die das Vakuum füllten, das nach dem Tod des Valerianus entstanden war. Zwei weitere numismatisch nicht überlieferte Rebellionen sollen sich auf dem Balkan abgespielt haben.
Alle Aufstände, ausgenommen der des Postumus, waren bis zum Jahr 261 niedergeschlagen. Diesen Erfolg verdankte Gallienus zum Teil einer Umorganisation des Heeres. Er war der erste Kaiser, der über eine Art strategische Reserve, eine berittene, mobile Einsatz-

truppe verfügte, die in Mailand stationiert war und bei Bedarf unter größter Geschwindigkeit an den Krisenherd verlegt werden konnte.

Diese Truppe machte sich auch um die Verteidigung des römischen Reiches verdient. Mehrere Einfälle germanischer Stämme konnten gestoppt werden. Wie bedrohlich mittlerweile die Lage war, sieht man daran, daß die Stadtmauern von Verona in Oberitalien befestigt werden mußten, um Eindringlingen aus dem Norden oder dem Osten den Weg zu versperren.

Nach 265 wurde das Reich von einem neuerlichen großen Einfall heimgesucht. Goten und Heruler suchten nicht nur die Balkanprovinzen heim, sondern gelangten auf ihren Beutezügen bis nach Athen und tief nach Kleinasien. Zwar gelang es Gallienus ein weiteres Mal, durch persönliches Eingreifen die Völker zurückzuschlagen, doch noch während seines Kampfes in Griechenland rief Aureolus, der Anführer der mobilen Einsatztruppe, zum Aufstand. Dieser hohe Militär hatte bisher Gallienus gute Dienste geleistet. Auf sein Konto gingen die Siege über Regalianus und Macrianus. Nun soll er geplant haben, zu Postumus überzulaufen. Die Ereignisse des nun folgenden Geschehen sind höchst unklar und in ihren Motiven umstritten. Gallienus, der eilends nach Italien marschiert war, soll es gelungen sein, Aureolus bei Mailand zu schlagen. Der Aufständische soll sich daraufhin in die Stadt zurückgezogen haben, wo ihn Gallienus belagerte. Während der Belagerung kam es zu einer Verschwörung, an der sowohl der Nachfolger Gallienus', Claudius Gothicus, als auch der spätere Kaiser Aurelianus beteiligt gewesen sein sollen: Gallienus wurde durch die fingierte Nachricht von einem Ausfallversuch des Aureolus des Nachts aus seinem Quartier gelockt und im Durcheinander des Truppenaufmarsches ermordet.

Allein die Tatsache, daß Gallienus der erste Kaiser war, der seit Severus Alexander wieder die Feiern anläßlich seines 10jährigen Regierungsjubiläums begehen konnte, sollte uns vorsichtig machen gegenüber der Schmähpropaganda, die in verschiedenen historischen Quellen über ihn verbreitet wird. Wir wissen wenig über die Persönlichkeit dieses Mannes, aber allein seine Leistungen im Kampf gegen Usurpatoren und Invasoren um den Bestand des Gesamtreiches machen ihn zu einem der großen römischen Kaiser. Doch da seine Herrschaft zusammenfiel mit dem Höhepunkt der Krise, hat er in seiner Zeit kaum eine gerechte Beurteilung erfahren.

Zur Münzgeschichte

Während der Alleinherrschaft des Gallienus waren folgende Münzstätten aktiv: Rom, Mediolanum, Antiochia und Sarnosata sowie eine in der Provinz Asia, vermutlich Kyzikos. Wichtig wurde vor allem die Neugründung des Gallienus Siscia, das heutige Sisak in Kroatien.

Durch die Verschlechterung der Antoniniane bekamen betrügerische Münzbeamte in den staatlichen Prägeanstalten neue Möglichkeiten, sich selbst zu bereichern. So wurde es immer vordringlicher, ein Kontrollsystem einzuführen. Erste Versuche dazu finden sich bei Gallienus. Zwei Grundsätze bestimmten dieses neue System: Zunächst mußte man die Münzstätte identifizieren können, in der ein Stück geprägt worden war. Dazu benutzte man häufig den Anfangsbuchstaben der Stadt, in der eine Emission produziert wurde (R für Rom, S für Siscia usw., siehe dazu Aufstellung der Münzstättenbezeichnungen unter 119. Diocletianus). Ferner mußte man die Gruppe der Münzbeamten im Münzbild festhalten, die eine bestimmte Emission geprägt hatten. Dazu wurden die Arbeiter in „Officinae" – heute würde man neudeutsch Teams sagen – eingeteilt, denen man feste Nummern zuschrieb, also die 1., die 2., die 3., die 4., die 5. und die 6. Offizin. Diese drückte man aus in lateinischen Ziffern: I, II, III, IIII, V und VI, oder mit P für Prima, S für Secunda, T für Tertia und Q für Quarta. Gelegentlich finden wir auch die griechischen Zahlzeichen, also Α für 1, Β für 2, Γ für 3, Δ für 4, Ε für 5, usw. Unter den Soldatenkaisern wurde dieses System begründet, aber noch nicht systematisch durchgeführt. Diokletian konnte aber bei seiner Reform auf ein bereits vorgedachtes System zurückgreifen.

Seit Erscheinen des RIC-Bandes V / 2 vor 84 Jahren hat sich unser Bild von den Prägungen der Zeit von 253 bis 275 durch zahlreiche Funde und Forschungen stark verändert. Deshalb haben wir die Münzen des Gallienus anhand neuerer Literatur komplett überarbeitet. Im Katalog ist die alte Nummer jeweils hinter der neuen vermerkt. Eine Konkordanz der alten Kampmann Nummern zu den neuen finden Sie am Ende des Buches auf S. 523.

Die Abkürzung „G" steht für: Robert Göbl, Die Münzprägung der Kaiser Valerianus I. / Gallienus /

Saloninus, Regalianus und Macrianus / Quietus (Wien 2000).
Achtung: Göbl verwendet mehrere Zählungen. Die angegebenen Nummern entsprechen den laufenden Nummern in Göbls Tabellen.

Hinweis: Die Bewertung der Antoniniane der 2. Hälfte des 3. Jahrhunderts gestaltet sich oftmals schwierig. So kommen beispielsweise Münzen des Tetricus I. oder des Claudius Gothicus in Massen vor, doch vereinzelte Rückseiten, scheinen sie auch noch so gewöhnlich, sieht ein Sammler oft viele Jahre lang nie angeboten. Solche Stücke wurden mit LP bewertet, da ein effektiver Marktpreis fehlt.

Münzen

Folgende Vorderseitenvarianten kommen vor:
Umschrift: GALLIENVS (P F) AVG,
IMP (C P LIC) GALLIENVS (P F) AVG,
IMP GALLIENVS P F AVG GERM (oder GM)
und viele andere Varianten.
Büste: n. r., mit Lorbeerkranz oder Strahlenkrone, gepanzert und / oder drapiert; Sonderbüsten mit Speer über der Schulter (in sehr schön ca. 80 Euro).

Aurei

90.1 90.1 AETERNIT(AS) AVGG Sol n. l. stehend.
G 800f. **1.000 2.000 4.000**

90.2 90.5 CONCORDIA MILIT Concordia n. l. stehend mit zwei Feldzeichen.
G 18. **1.000 2.000 4.000**

90.3 90.8 FELICITATI AVGVSTI Galeere n. l.
G 1233A. **1.500 3.500 7.500**

90.4 90.10 Doppelaureus. FIDEI EQVITVM in Lorbeerkranz.
G 1068ff. **1.500 3.500 7.500**

90.5 90.13 IANO PATRI Ianus n. l. stehend.
G 449. **1.500 3.500 7.500**

90.6 90.14 LIBERALITAS AVGG III Die beiden Kaiser n. l. sitzend, zwischen ihnen Bürger.
G 12. **1.200 2.500 5.000**

90.7 – P M T P VII COS P P Gallienus zwischen zwei Flußgöttern stehend.
G 1420. **LP LP LP**

90.8 90.23 VBIQVE PAX Victoria in Biga n. r. galoppierend.
G 689. **1.200 2.500 5.000**

	s	ss	vz

90.9 90.25 VICTORIA AVG Gallienus von Victoria bekränzt.
G 692. **1.000 2.000 4.000**

90.10 – VII DES COS Eber n. r.
G 1231A. **1.200 2.500 5.000**

90.11 90.33 VIRTVS AVG Kopf Galliens mit Helm als Mars n. r.
G 408. **1.500 3.500 10.000**

90.12 90.34 VIRTVS AVGG Gallienus n. l. stehend.
G 962. **1.000 2.000 4.000**

Antoniniane

90.13 90.35 ABVNDANTIA AVG Abundantia n. r. stehend (Aureus, Denar).
G 573ff. **5 15 35**

90.14 90.36 –. Flußgott n. l. gelagert.
G 1524. **30 75 250**

90.15 90.37 ADVENTVS AVG Gallienus n. l. reitend.
G 337f. **5 15 35**

90.16 90.38 AEQVIT(AS) AVG Aequitas n. l. stehend (Aureus).
G 499f. **5 15 35**

90.17 90.40 AEQVITAS AVGG Aequitas n. l. stehend.
G 41. **5 15 35**

90.18 90.41 AETERN(ITAS) AVG 1.) Sol n. l. oder n. r. stehend (Aureus, Denar, Quinar), 2.) Saturn n. r. stehend, 3.) Wölfin, die Zwillinge säugend.
G 576f. **5 15 35**

90.19 90.44 AETERNITATI AVG(G) 1.) Saturn n. r. stehend, 2.) Sol n. l. stehend.
G 1559. **5 15 35**

90.20 90.45 ANNONA AVG Annona 1.) n. l. oder 2.) n. r. stehend (Aureus).
G 486ff. **5 15 35**

90.21 90.48 APOLINI CONSERVA Apollon n. l. stehend.
G 42. **5 15 35**

90.22 90.47 APOLINI PROPVG Apollon n. r. stehend.
G 44. **5 15 35**

90.23.1

90.23 90.49 APOLLINI CONS AVG 1.) Kentaur n. r. oder n. l., 2.) Greif n. r. oder n. l.
G 718ff. **5 15 35**

90.24 90.51 APOLLINI PAL Apollon n. l. stehend.
G 1527f. **5 15 35**

s ss vz

90.25 90.52 APOLLO CONSER(VA) Apollon frontal stehend.
G 1166ff. 5 15 35

90.26 90.54 BON EVEN AVG Genius n. l. opfernd.
G 1391. 5 15 35

90.27 90.53 BONAE FORTVNAE Fortuna n. l. stehend (Aureus).
G 1278ff. 5 15 35

90.28 90.56 COHH PRAET V P V F Löwe n. r.
G 978. 20 75 250

90.29 90.57 COHH PRAET VI P VI F Löwe n. r. (Goldquinar).
G 979. 20 75 250

90.30 90.58 COHH PRAET VII P VII F Löwe n. r.
G 980. 20 75 250

90.31 90.59 CONCOR AVG Concordia n. l. sitzend.
G 1392. 5 15 35

90.32 – CONCORD(IA) AET Concordia n. l. sitzend.
G 542ff. 5 15 35

90.33 90.60 CONCORDIA AVGG 1.) Concordia n. l. stehend, 2.) Zwei Hände im Handschlag.
G 13f. 5 15 35

90.34 90.61 CONCORDIA EXERC(IT) Concordia n. l. stehend (Aureus).
G 15f. 5 15 35

90.35 90.64 CONCOR(DIAE) MIL(ITVM) Concordia n. l. stehend.
G 805f. 5 15 35

90.36 90.68 CONSERVAT PIETAT Gallienus n. l. stehend, vor ihm kniende Figur.
G 646ff. 5 15 35

90.37 90.66 CONSERVATOR AVG Aesculap n. l. stehend.
G 1529. 5 15 35

90.38 90.69 COS IIII P P Gallienus in Quadriga n. l.
G 339. 10 50 100

90.39 90.70 DEO MARTI Mars in Tempel.
G 889. 25 80 250

90.40 90.73 DIANA FELIX Diana n. r. 1.) jagend (Aureus), 2.) stehend (Doppelaureus).
G 920. 5 15 35

90.41 90.74 DIANA LVCIFERA Diana n. r. stehend.
G 1560. 5 15 35

s ss vz

90.42 90.72 DIANAE CONS AVG 1.) Hirschkuh n. r. oder n. l., zurückblickend, 2.) Hirsch n. r. oder n. l., 3.) Antilope n. r. oder n. l., 4.) Gazelle n. r. oder n. l.
G 716f. 10 50 100

90.43 90.77 FELICI AET Felicitas n. l. stehend.
G 1430. 10 20 50

90.44 – FELICI AVG Felicitas n. l. stehend.
G 1428f. 5 15 35

90.45 90.82 FELICIT PVBL Felicitas n. l. sitzend.
G 547. 5 15 35

90.46 90.78 FELICIT(AS) AVG 1.) Felicitas n. l. stehend (Quinar), 2.) n. r. stehend (Aureus).
G 475ff. 5 15 35

90.47 90.79 FELICITAS AVGG Felicitas n. l. stehend (Aureus).
G 20. 5 15 35

90.48 90.80 FELICITAS SAECVLI Diana n. r. gehend.
G 1569. 5 15 35

90.49 90.92 FID MILITVM Fides n. l. stehend (Doppelaureus).
G 526. 5 15 35

90.50 90.85 FID PRAET VOTA X Genius n. l. stehend.
G 520. 15 60 180

90.51 90.84 FIDEI PRAET 1.) Drei Feldzeichen (Doppelaureus), 2.) Genius n. l. stehend (Doppelaureus).
G 518f. 15 60 180

90.52 90.86 FIDES AVG Mercur n. l. stehend.
G 1667. 5 15 35

90.53 90.87 FIDES EXERC VIII Fides frontal stehend (Aureus).
G 1029f. 5 15 35

90.54 90.88 FIDES LEG Gallienus n. l. stehend.
G 1657. 5 15 35

90.55 90.89 FIDES MIL Fides n. l. stehend (Aureus).
G 947f. 5 15 35

90.56 90.90 FIDES MILIT(VM) Fides n. l. stehend (Aureus, Denar).
G 22. 5 15 35

90.57 90.91 FIDES MILITVM – 1.) Adler auf Globus zwischen zwei Feldzeichen, 2.) in Lorbeerkranz (Doppelaureus, Aureus).
G 521. 15 60 180

90.58 90.94 FORTVNA AVG Fortuna n. l. stehend.
G 1542. 5 15 35

90.59 90.97 FORTVNA RED Fortuna n. l. stehend.
G 1460. 5 15 35

90.60 90.96 FORT(VNA) REDVX 1.) Fortuna n. l. sitzend (Aureus), 2.) Fortuna n. l. stehend (Aureus, Denar), 3.) Mercur n. l. stehend.
G 585f. 5 15 35

		s	ss	vz
90.61	90.99 GENIO AVG Genius n. l. stehend. *G 1631.*	5	15	35
90.62	90.100 GENIVS AVG Genius n. l. stehend. *G 362ff.*	5	15	35
90.63	90.102 GERMANICVS MAXIMVS Trophäe zwischen zwei Gefangenen. *G 840.*	5	40	75
90.64	90.103 GERMANICVS MAX TER Trophäe zwischen zwei Gefangenen. *G 93.*	5	40	75
90.65	90.104 GERMANICVS MAX V Trophäe zwischen zwei Gefangenen (Quinar). *G 872.*	5	40	75
90.66	90.106 HERCVLI CONS AVG 1.) Löwe n. l. gehend, 2.) Wildschwein n. r. laufend. *G 709.*	10	30	60
90.67	90.109 INDVLGENT AVG Indulgentia n. l. sitzend (Goldquinar, Quinar), 2.) n. l. gehend. *G 540f.*	5	15	35
90.68	90.110 INDVLGENTIA AVG Indulgentia n. l. stehend. *G 638f.*	5	15	35
90.69	90.114 IO CANTAB Iupiter n. l. stehend. *G 1395.*	15	60	180

		s	ss	vz
90.70	90.115 IOVI CONS AVG Ziege n. r. oder n. l. *G 730f.*	5	15	35
90.71	90.116 IOVI CONSERVA(TORI) 1.) Iupiter n. l. stehend, (gelegentlich zu seinen Füßen Gallienus) (Aureus, Quinar), 2.) Iupiter n. l. sitzend, 3.) Iupiter n. l. stehend, Gallienus einen Globus überreichend. *G 23ff.*	5	15	35
90.72	90.117 IOVI CONSERVAT Iupiter n. l. oder n. r. stehend. *G 625f.*	5	15	35
90.73	90.120 IOVI PATRI Iupiter n. r. stehend. *G 1625.*	5	15	35
90.74	90.121 IOVI PROPVGNAT Iupiter, Blitz n. r. schleudernd. *G 640f.*	5	15	35
90.75	90.122 IOVIS STATOR(I) Iupiter n. r. stehend (Aureus). *G 611ff.*	5	15	35

		s	ss	vz
90.76	90.123 IOVI VICTORI Iupiter auf Basis stehend, die mit IMP CES beschriftet ist. *G 870.*	5	40	75

		s	ss	vz
90.77	90.124 IOVI VLTORI Iupiter, Blitz n. r. schleudernd (Doppelaureus, Aureus, Denar). *G 348.*	5	15	35
90.78	90.125 IVBENTVS AVG Gallienus n. l. stehend. *G 1641.*	5	15	35
90.79	90.131 LAETIT TEMP Knabe auf Ziege. *G 814.*	5	40	75
90.80	90.129 LAETITIA AVG(G) Laetitia n. l. stehend (Doppelaureus, Aureus, Denar, Quinar). *G 479f.*	5	15	35
90.81	90.134 LEG I ADI VI P VI F 1.) Capricorn n. r., 2.) Pegasus n. r. *G 982.*	20	75	250
90.82	90.135 LEG I ADI VII P VII F Capricorn n. r. *G 983.*	20	75	250
90.83	90.137 LEG I ITAL VI P VI F Eber n. r. *G 986.*	20	75	250
90.84	90.138 LEG I ITAL VII P VII F Taurocamp n. r. *G 987.*	20	75	250

		s	ss	vz
90.85	90.139 LEG I MIN VI P VI F Minerva n. l. stehend. *G 988.*	20	75	250
90.86	90.140 LEG I MIN VII P VII F Minerva n. l. stehend. *G 989.*	20	75	250
90.87	90.141 LEG II ADI VI P VI F Pegasus n. r. *G 990.*	20	75	250
90.88	90.142 LEG II ADI VII P VII F Pegasus n. r. *G 991.*	20	75	250
90.89	90.144 LEG II ITAL VI P VI F 1.) Capricorn n. r., 2.) Wölfin, die Zwillinge säugend. *G 992.*	20	75	250
90.90	90.145 LEG II ITAL VII P VII F Wölfin, die Zwillinge säugend. *G 993.*	20	75	250
90.91	90.147 LEG II PART VI P VI F Kentaur n. l. oder n. r. *G 996f.*	20	75	250
90.92	90.148 LEG II PART VII P VII F Kentaur n. r. *G 998.*	20	75	250
90.93	90.149 LEG III ITAL VI P VI F 1.) Storch n. r., 2.) Eber n. r. *G 999.*	20	75	250

		s	ss	vz
90.94	90.150 LEG III ITAL VII P VII F Storch n. r. *G 1000.*	20	75	250

s *ss* *vz*

90.95 90.151 LEG IIII FL VI P VI F Löwe n. r.
G 1002. **20** **75** **250**

90.96 90.152 LEG IIII FL VII P VII F Löwe n. r.
G 1003. **20** **75** **250**

90.97 90.153 LEG V MAC VI P VI F Victoria n. r. stehend, vor ihr Adler.
G 1004. **20** **75** **250**

90.98 90.154 LEG V MAC VII P VII F Victoria n. r. stehend, vor ihr Adler.
G 1005. **20** **75** **250**

90.99 90.157 LEG VII CL VI P VI F Stier n. r.
G 1006. **20** **75** **250**

90.100 90.158 LEG VII CL VII P VII F Stier n. r.
G 1007. **20** **75** **250**

90.101 90.160 LEG VIII AVG VI P VI F Stier n. r.
G 1009. **20** **75** **250**

90.102 90.161 LEG VIII AVG VII P VII F Stier n. r.
G 1010. **20** **75** **250**

90.103 90.164 LEG X GEM VI P VI F Stier n. r.
G 1011. **20** **75** **250**

90.104 90.165 LEG X GEM VII P VII F Stier n. r.
G 1012. **20** **75** **250**

90.105 90.166 LEG XI CL VI P VI F Neptun n. r. stehend.
G 1014. **20** **75** **250**

90.106 – LEG XI CL VII P VII F Eber n. r.
G 1016. **20** **75** **250**

90.107 90.167 LEG XIII GEM VI P VI F Victoria n. r. gehend, vor ihr Löwe.
G 1017. **20** **75** **250**

90.108 – LEG XIII GEM VII P VII F Victoria n. r. gehend, vor ihr Löwe.
G 1018. **20** **75** **250**

90.109 90.168 LEG XIIII GEM VI P VI F Capricorn n. r.
G 1019. **20** **75** **250**

90.110 – LEG XIIII GEM VII P VII F Capricorn n. r.
G 1020. **20** **75** **250**

90.111 90.169 LEG IIXX VI P VI F Capricorn n. r.
G 1022. **20** **75** **250**

90.112 90.170 LEG IIXX VII P VII F Capricorn n. r.
G 1023. **20** **75** **250**

90.113 90.173 LEG XXII VI P VI F Capricorn n. r.
G 1021. **20** **75** **250**

90.114 90.175 LEG XXX VLP VI P VI F Neptun n. r. stehend.
G 1024. **20** **75** **250**

90.115 90.176 LEG XXX VLP VII P VII F Neptun n. r. stehend.
G 1025. **20** **75** **250**

s *ss* *vz*

90.116 90.177 LIBERAL AVG Liberalitas n. l. stehend (Doppelaureus, Aureus, Quinar).
G 458f. **5** **15** **35**

90.117 90.178 LIBERALITAS AVGG LIBERALITAS n. l. stehend oder sitzend.
G 9f. **5** **15** **35**

90.118 90.179 –. Die beiden Kaiser sitzend, hinter ihnen Liberalitas.
G 68. **5** **40** **75**

90.119 90.180 LIBERALITAS AVGG III Liberalitas n. l. stehend (Aureus), 2.) drei Personen n. l. sitzend.
G 69f. **5** **15** **35**

90.120 90.181 LIBERO P CONS AVG Panther n. l. oder n. r. gehend.
G 713ff. **5** **15** **35**

90.121 90.182 LIBERT(AS) AVG Libertas n. l. stehend.
G 472ff. **5** **15** **35**

90.122 90.184 LVNA LVCIF(ERA) Luna n. r. gehend.
G 1664f. **5** **15** **35**

90.123 90.189 MARS VICTOR Mars n. r. gehend.
G 1632f. **5** **15** **35**

90.124 90.191 MARTI PACIFE(RO) Mars n. l. stehend oder gehend (Denar).
G 569ff. **5** **15** **35**

90.125 90.192 MARTI PROPVG Mars n. r. stehend.
G 950. **5** **15** **35**

90.126 90.194 MARTI PROPVGNAT Mars 1.) n. l. stehend, 2.) n. r. gehend (Doppelaureus).
G 628. **5** **15** **35**

90.127 90.196 MERCVRIO CONS AVG Hippocampus n. r.
G 741. **5** **15** **35**

90.128 90.197 MINERVA AVG Minerva n. r. stehend.
G 1544. **5** **15** **35**

90.129 90.200 NEPTVNO CONS AVG 1.) Hippocampus n. r. oder n. l., 2.) Capricornus n. r.
G 742f. **5** **15** **35**

90.130 90.202 ORIENS AVG Sol 1.) n. l. gehend (Aureus, Denar), 2.) n. l. stehend (Doppelaureus), 3.) Frau mit Mauerkrone überreicht Gallienus einen Kranz.
G 614ff. **5** **15** **35**

90.131 90.203 ORIENS AVGG Sol n. l. stehend (Doppelaureus, Aureus).
G 75. **5** **15** **35**

90.132 90.204 PACATORI ORBIS Iupiter n. l. sitzend.
G 1562. **5** **15** **35**

90.133 90.205 PAX AETERNA (AVG) Pax n. l. stehend.
G 605ff. **5** **15** **35**

90.134 90.206 PAX AVGG Pax n. l. stehend oder gehend (Aureus, Quinar).
G 27f. **5** **15** **35**

90.135 90.207 PAX AVG(VSTI) 1.) Pax n. l. stehend (Doppelaureus, Aureus), 2.) Pax n. l. gehend (Aureus), 3.) Pax n. l. sitzend.
G 351ff. **5** **15** **35**

		s	ss	vz
90.136	90.208 PAX FVNDATA Trophäe zwischen zwei Gefangenen. *G 1635.*	5	15	35
90.137	90.209 PAX PVBLICA Pax n. l. sitzend (Aureus). *G 552f.*	5	15	35
90.138	90.210 PERPETVITATI AVG Perpetuitas n. l. stehend. *G 1075ff.*	5	15	35
90.139	90.216 PIET SAECVLI Ziege, ein Kind säugend. *G 817.*	5	40	75
90.140	90.211 PIETAS AVG 1.) Pietas n. l. stehend, 2.) Gallienus opfernd. *G 1261ff.*	5	15	35
90.141	– PIETAS AVGG Valerianus und Gallienus einander gegenüberstehend. *G 1676.*	5	40	75
90.142	90.215 PIETATI AVGG Pietas n. l. stehend. *G 1563.*	5	15	35
90.143	90.218 P M TR P II COS P P 1.) Virtus n. l. stehend, 2.) Gallienus n. l. opfernd. *G 1.*	5	15	35
90.144	90.219 P M TR P II COS II P P Iupiter n. l. stehend. *G 4.*	5	15	35
90.145	90.220 P M TR P III COS III P P Sol n. l. gehend. *G 56.*	5	15	35
90.146	90.221 P M TR P IIII COS II (sic!) Gallienus opfernd. *G 6.*	5	15	35
90.147	90.222 P M TR P IIII COS III(I) P P Sol n. l. gehend. *G 59.*	5	15	35
90.148	90.225 P M TR P V COS IIII P P Gallienus n. l. sitzend. *G 63.*	5	15	35
90.149	– P M TR P VI COS Roma n. l. sitzend. *G 1181ff.*	5	15	35
90.150	90.226 P M TR P VII COS 1.) Gallienus n. l. opfernd, 2.) Gallienus n. l. sitzend. *G 1238ff.*	5	15	35
90.151	90.230 P M TR P VII COS IIII P P Mars n. r. gehend. *G 888.*	5	15	35
90.152	90.231 P M TR P VIIII COS IIII P P Gallienus n. l. opfernd (Aureus). *G 943.*	5	15	35
90.153	90.232 P M TR P X COS IIII P P Gallienus in Quadriga n. l. *G 340.*	5	15	35
90.154	90.233 P M TR P XII COS V P P Serapis n. l. stehend. *G 1608.*	5	15	35

		s	ss	vz
90.155	90.234 P M TR P XII C VI P P Löwe mit Strahlenkrone n. l. *G 1620.*	5	40	75
90.156	90.235 P M TR P XIII C VI P P Löwe mit Strahlenkrone n. l., zwischen den Pranken Stierkopf. *G 1622f.*	5	40	75
90.157	90.237 P M TR P XV P P Neptun n. l. stehend. *G 1638.*	5	15	35
90.158	90.238 P M TR P XVI Löwe zwischen den Pranken Stierkopf. *G 1523.*	5	40	75
90.159	– P M TR P XVI COS P P Gallienus n. l. stehend. *G 1456.*	5	15	35
90.160	90.239 P M TR P XVI COS VII Gallienus n. l. stehend. *G 1457.*	5	15	35
90.161	90.240 P M TR P XVII Löwe zwischen den Pranken Stierkopf. *G 1540.*	5	40	75
90.162	90.243 PROVI(DENTIA) AVG(G) (oder PROVID, PROVIDEN) Providentia n. l. stehend (Aureus, Quinar). *G 633f.*	5	15	35
90.163	90.244 PROVIDENT(IA) AVG Mercur n. l. stehend. *G 1534.*	5	15	35
90.164	90.247 RESTITVT GENER HVMANI Gallienus n. r. gehend. *G 1564.*	15	40	75
90.165	90.249 RESTITVT ORIENTIS Weibliche Gestalt, Gallienus einen Kranz überreichend. *G 1677.*	5	40	75
90.166	90.248 RESTIT(VTOR) GALLIAR(VM) Gallienus n. l. stehend, einer knienden weiblichen Gestalt aufhelfend. *G 876ff.*	15	60	180
90.167	90.250 RESTITVTOR ORBIS Gallienus n. l. stehend, einer knienden weiblichen Gestalt aufhelfend (Aureus). *G 111.*	5	40	75
90.168	90.251 ROMAE AETERN(AE) 1.) Roma n. l. sitzend (Aureus), 2.) Gallienus n. r. stehend vor sitzender Roma. *G 1535.*	5	15	35
90.169	90.252 SAECVLARHS (sic!) AVG Hirsch n. r. *G 1626.*	10	30	60
90.170	90.253 SAECVLI FELICITAS Felicitas n. l. stehend. *G 822f.*	5	15	35
90.171	90.254 SALVS AVG Salus 1.) n. r. stehend, 2.) n. l. stehend, 3.) Aesculap n. l. stehend (Doppelaureus), 4.) Apollo n. l. stehend. *G 483ff.*	5	15	35
90.172	90.256 SALVS AVGG Salus n. l. (Quinar) oder n. r. stehend. *G 29.*	5	15	35
90.173	90.257 SALVS AVGVSTI Salus n. l. sitzend. *G 1415.*	5	15	35
90.174	90.258 SALVS ITAL Salus n. r. stehend, ihr gegenüber Gallienus. *G 951.*	5	40	75
90.175	90.259 SALVS PVBLICA Salus n. l. stehend. *G 826.*	5	15	35
90.176	90.264 SECVR TENPO Securitas n. l. stehend. *G 1372f.*	5	15	35

s ss vz

90.177 90.260 SECVRIT AVG Securitas n. l. stehend (Quinar).
G 502ff. 5 15 35

90.178 90.261 SECVRIT ORBIS Securitas n. l. sitzend.
G 549. 5 15 35

90.179 90.262 SECVRIT PERPET Securitas n. l. stehend (Aureus, Denar, Quinar).
G 591ff. 5 15 35

90.180 90.263 SECVRIT(AS) PVBL Securitas n. l. sitzend.
G 556f. 5 15 35

90.181 90.265 SISCIA AVG Siscia n. l. sitzend am Ufer eines Flusses, in dem ein Flußgott schwimmt.
G 1416. **150 1.000 LP**

90.182 90.267 SOLI CONS AVG 1.) Pegasus n. r. oder n. l., 2.) Stier n. r. oder n. l.
G 710ff. 10 30 60

90.183 90.270 SOLI INVICTO Sol n. l. stehend.
G 1655. 5 15 35

90.184 90.271 SPES PVB(LICA) Spes n. l. oder n. r. gehend (Aureus, Quinar).
G 827. 5 15 35

90.185 90.272 SPQR OPTIMO PRINCIPI in Lorbeerkranz.
G 1609. 5 40 75

90.186 90.274 VBERITAS AVG Uberitas n. l. stehend (Aureus, Denar).
G 582ff. 5 15 35

90.187 – VENER VICTRICI Venus n. l. stehend.
G 1654. 5 15 35

90.188 90.276 VENER VICTRIX Venus n. l. stehend.
G 1537. 5 15 35

90.189 90.275 VEN(E)RI VICTRICI Venus n. l. stehend.
G 1653. 5 15 35

90.190 90.277 VENVS AVG Venus n. l. stehend.
G 1548. 5 15 35

90.191 90.279 VENVS VICTRIX Venus n. l. stehend.
G 1573. 5 15 35

90.192 90.283 VIC GALL AVG Victoria n. r. stehend, III auf einen Schild schreibend.
G 392f. 5 15 35

90.193 90.282 VICT AET AVG Victoria n. r. gehend.
G 952. 5 15 35

90.194 90.284 VICT GAL AVG (III) Drei Victorien.
G 368ff. 5 15 35

90.195 – VICT GAL AVG III Victoria n. r. gehend.
G 956. 5 15 35

90.196 90.286 VICT GERM(ANICA) Victoria n. l. gehend, gelegentlich auf einen Gefangenen tretend (Aureus, Quinar).
G 845. 5 40 75

90.197 – VICT PARTICA Victoria n. l. gehend.
G 881. 5 25 50

90.198 90.287 VICTORIA AET Victoria n. l. stehend (Aureus, Denar).
G 587ff. 5 15 35

s ss vz

90.199.2

90.199 90.288 VICTORIA AVG 1.) Victoria n. l. stehend (Aureus), 2.) n. l. gehend (Aureus, Quinar), 3.) Victoria, Gallienus einen Kranz überreichend.
G 354ff. 5 15 35

90.200 90.293 VICTORIA AVG III Victoria n. l. gehend (Doppelaureus).
G 357f. 5 15 35

90.201 90.294 VICTORIA AVG VII Victoria n. l. gehend (Doppelaureus).
G 955. 5 15 35

90.202 90.295 VICTORIA AVG VIII Victoria n. l. gehend.
G 1042f. 5 15 35

90.203 90.290 VICTORIA AVGG Victoria 1.) n. l. stehend (Aureus, Quinar), 2.) n. l. gehend, 3.) frontal stehend, 4.) frontal stehend, ein Diadem in beiden Händen haltend (Quinar).
G 30f. 5 15 35

90.204 90.291 VICTORIA AVGG IT GERM Victoria n. l. stehend.
G 79. 5 40 75

90.205 90.300 VICTORIA GERM Victoria n. l. stehend (Aureus).
G 117. 5 40 75

90.206 90.301 VICTORIA GERMAN Victoria, Gallienus einen Kranz überreichend.
G 1603. 5 40 75

90.207 90.302 VICTORIA GERMANICA Victoria 1.) n. r. gehend, 2.) n. l. stehend, 3.) auf Globus zwischen zwei Gefangenen.
G 873ff. 5 40 75

90.208 90.303 VICTORIA GM 1.) Victoria n. l. stehend, 2.) Trophäe zwischen zwei Gefangenen.
G 147. 5 40 75

90.209 90.304 VICTORIA PART Victoria, Gallienus einen Kranz überreichend.
G 1604. 5 40 75

90.210 90.298 VICTORIAE AVG Victoria n. l. sitzend.
G 1447. 5 15 35

90.211 90.299 VICTORIAE AVGG Mars n. r. stehend.
G 1566. 5 15 35

90.212 90.306 VIRT GALLIENI AVG Gallienus 1.) n. r. gehend, einen Feind zu Füßen, 2.) n. r. reitend, den Speer auf einen gefallenen Feind werfend (Doppelaureus).
G 890. 5 15 35

90.213 90.308 VIRTVS AVG 1.) Virtus n. l. stehend (Aureus, Quinar), 2.) Mars n. l. stehend oder gehend (Aureus, Quinar), 3.) Mars n. r. stehend, 4.) Gallienus n. r. stehend, 5.) Gallienus n. r. stehend, ihm gegenüber Minerva, 6.) Gallienus, eine Trophäe bekränzend, 7.) Gallienus n. l. stehend zwischen zwei Gefangenen, 8.) Gallienus mit Feldzeichen n. l. gehend.
G 342ff. 5 15 35

s *ss* *vz*

90.214 90.309 –. Hercules n. l. oder n. r. stehend.
G 341. **5** **40** **75**

90.215.1

90.215 90.310 VIRTVS AVGG 1.) Virtus n. l. stehend (Aureus), 2.) Mars n. r. gehend oder stehend (Aureus, Quinar), 3.) Valerianus und Gallienus einander gegenüberstehend.
G 83ff. **5** **15** **35**

90.216 90.314 VIRTVS AVGVSTI 1.) Mars n. l. stehend, 2.) Hercules n. r. stehend (Doppelaureus, Aureus).
G 635ff. **5** **15** **35**

90.217 90.316 VIRTVS MIL Virtus n. r. stehend.
G 971. **5** **15** **35**

90.218 90.313 VIRTVTI AVG Trophäe zwischen zwei Gefangenen.
G 1555. **5** **15** **35**

90.219 90.321 VOT X ET XX in Lorbeerkranz (Doppelaureus).
G 515. **15** **50** **150**

90.220 90.317 VOTA DECEN(N)ALIA Victoria n. r. stehend, einen Schild beschreibend.
G 1058ff. **15** **50** **150**

90.221 90.322 VOTA ORBIS Zwei Victorien befestigen einen Schild mit SC an Palme.
G 1682. **5** **15** **35**

90.222 90.319 VOTIS DECENNALIB(VS) in Lorbeerkranz (Doppelaureus).
G 511ff. **15** **50** **150**

90.223 90.320 VOT(IS) X in Lorbeerkranz (Doppelaureus).
G 514. **15** **50** **150**

Bronzemünzen

90.224 90.323 Doppelsesterz. ADVENTVS AVGG Kaiser n. l. reitend.
G 435. **50** **200** **500**

90.225 90.324 As. AEQVITAS AVGG Aequitas n. l. stehend.
G 1558. **40** **175** **350**

90.226 90.330 Sesterz. APOLINI CONSERVA SC Apollon n. l. stehend (Dupondius, As)
G 72. **40** **175** **350**

90.227 90.334 Sesterz. CONCORDIA AVGG SC Zwei Hände im Handschlag (Dupondius, As).
G 13. **20** **60** **300**

s *ss* *vz*

90.228 90.335 Sesterz. CONCORDIA EXERCIT SC Concordia n. l. stehend (As).
G 15. **20** **60** **300**

90.229 90.336 Sesterz. DIANA FELIX Diana n. r. jagend.
G 926. **20** **60** **300**

90.230 90.337 Sesterz. FELICITAS AVGG SC Felicitas n. l. stehend (Dupondius, As).
G 73. **20** **60** **300**

90.231 90.338 Sesterz. FIDES MILITVM SC Fides n. l. stehend.
G 22. **20** **60** **300**

90.232 90.340 Doppelsesterz. GENIVS AVG SC Genius n. l. stehend (Sesterz).
G 430. **20** **60** **300**

90.233 90.342 Sesterz. IOVI CONSERVA(TORI) SC Iupiter n. l. stehend.
G 23ff. **20** **60** **300**

90.234 90.343 As. IOVI VLTORI SC Iupiter, einen Blitz n. r. schleudernd.
G 409. **20** **60** **300**

90.235 90.346 Sesterz. LIBERALITAS AVGG (III) SC Liberalitas n. l. stehend (As).
G 9. **20** **60** **300**

90.236 90.348 Sesterz. MARTI PACIF SC Mars n. l. gehend.
G 47. **20** **60** **300**

90.237 90.354 Sesterz. ORIENS AVGG SC Sol n. l. stehend (Dupondius, As).
G 75. **20** **60** **300**

90.238 90.356 Sesterz. PAX AVG(G) SC Pax n. l. stehend (Dupondius, As).
G 27. **20** **60** **300**

90.239 90.360 Sesterz. RESTITVTOR ORBIS SC Gallienus n. l. stehend, einer knienden weiblichen Gestalt aufhelfend.
G 111. **20** **60** **300**

90.240 90.362 Sesterz. SECVRITAS AVGG SC Securitas n. r. stehend.
G 52. **20** **60** **300**

90.241 90.364 Sesterz. SPQR OPTIMO PRINCIPI in Lorbeerkranz.
G 536. **50** **350** **LP**

90.242 90.368 Sesterz. VICTORIA AVG SC 1.) Victoria n. l. gehend (As), 2.) Victoria, III auf Schild schreibend.
G 427. **20** **60** **300**

90.243 90.372 Doppelsesterz. VICTORIA AVG III SC Victoria n. l. gehend (Sesterz, As).
G 428. **20** **60** **300**

		s	ss	vz
90.244	90.370 Sesterz. VICTORIA AVGG (SC) Victoria frontal stehend, ein Diadem in beiden Händen. *G 927f.*	**30**	**90**	**450**
90.245	90.371 Sesterz. VICTORIA AVGG SC Victoria n. l. stehend (As) oder gehend. *G 30ff.*	**20**	**60**	**300**
90.246	90.374 Sesterz. VICTORIA GERM SC Victoria n. l. stehend, gelegentlich mit kleinem Gefangenen zu ihren Füßen (As). *G 117.*	**30**	**90**	**450**
90.247	90.379 Sesterz. VIRTVS AVG SC Mars n. l. stehend. *G 424.*	**20**	**60**	**300**

90.248	90.380 Sesterz. VIRTVS AVGG SC Virtus n. l. stehend (As). *G 38.*	**20**	**60**	**300**

(Dupondius)

90.249	90.381 Sesterz. VOTIS DECENNALIBVS SC in Lorbeerkranz (Dupondius, As). *G 40.*	**30**	**100**	**500**

91. Salonina

Gattin des Gallienus

Zur Geschichte

Iulia Cornelia Salonina Chrysogone war die Frau des Gallienus und die Mutter seiner Söhne Valerianus Iunior, des Saloninus und eines dritten Sohnes, dessen Namen wir nicht kennen, der aber nach dem Zeugnis der Münzen um das Jahr 265 zur Welt gekommen sein muß.

Salonina stammte wohl aus Dalmatien. Näheres über ihre Persönlichkeit und ihr Leben ist uns nicht bekannt.

Seit Erscheinen des RIC-Bandes V / 2 vor 84 Jahren hat sich unser Bild von den Prägungen der Zeit von 253 bis 275 durch zahlreiche Funde und Forschungen stark verändert. Deshalb haben wir die Münzen der Salonina anhand neuerer Literatur komplett überarbeitet. Im Katalog ist die alte Nummer jeweils hinter der neuen vermerkt. Eine Konkordanz der alten Kampmann Nummern zu den neuen finden Sie am Ende des Buches auf S. 523.

Die Abkürzung „G" steht für: Robert Göbl, Die Münzprägung der Kaiser Valerianus I. / Gallienus / Saloninus, Regalianus und Macrianus / Quietus (Wien 2000).

Achtung: Göbl verwendet mehrere Zählungen. Die angegebenen Nummern entsprechen den laufenden Nummern in Göbls Tabellen.

Münzen

Folgende Vorderseitenvarianten kommen vor:
Umschrift: CORN(ELIA) SALONINA AVG,
SALONINA AVG,
SALONINA P (F) AVG und andere.
Büste: n. r., mit Diadem, drapiert; auf Mondsichel.

Aurei

Normaler Typus.	**1.000**	**5.000**	**10.000**

Antoniniane

91.1	91.2 AEQVITAS AVG Aequitas n. l. stehend. *G 1648.*	**5**	**15**	**35**
91.2	91.4 AVG(VSTA) IN PACE Salonina n. l. sitzend. *G 1231ff.*	**35**	**120**	**350**
91.3	91.5 CERERI AVG Ceres n. l. sitzend. *G 1637.*	**5**	**15**	**35**
91.4	91.6 CONCORD(IA) AET Concordia n. l. sitzend. *G 542ff.*	**5**	**15**	**35**

s *ss* *vz*

91.5 91.7 CONCOR(DIA) AVG(G) Concordia n. l. sitzend.
G 1418. 5 15 35

91.6 91.8 CONCORDIA AVG(G) Gallienus und Salonina im Handschlag.
G 1691. 5 15 35

91.7 91.9 DEAE SEGETIAE Gottheit in Tempel (Aureus).
G 902. 5 15 35

91.8 91.12 FECVNDITAS AVG 1.) Fecunditas frontal stehend (Aureus, Quinar), 2.) Fecunditas n. l. stehend (Denar, Quinar).
G 579ff. 5 15 35

91.9 91.16 FELICIT PVBL Felicitas n. l. stehend.
G 1302. 5 15 35

91.10 91.14 FELICITAS PVBLICA Felicitas n. l. sitzend (Aureus).
G 903. 5 15 35

91.11 91.21 IVNO AVG Iuno n. l. sitzend.
G 1381. 5 15 35

91.12 91.22 IVNO CONSERVAT Iuno n. l. stehend.
G 623. 5 15 35

91.13 91.23 IVNONI CONS AVG Hirschkuh n. r. oder n. l.
G 725f. 5 15 35

91.14 91.24 IVNO REGINA Iuno n. l. stehend (Aureus, Quinar).
G 227. 5 15 35

91.15 91.25 IVNO VICTRIX Iuno n. l. stehend.
G 231. 5 15 35

91.16 91.33 PIETAS AVG(VST) 1.) Pietas n. l. stehend, 2.) opfernd.
G 466ff. 5 15 35

91.17 91.34 PIETAS AVGG Kaiserin n. l. sitzend mit zwei oder drei Kindern (Aureus, Quinar).
G 229. 5 15 35

91.18 – PVDICITIA(M) Pudicitia 1.) n. l. stehend (Denar), 2.) n. l. sitzend (Quinar).
G 376. 5 15 35

s *ss* *vz*

91.19 91.36 PVDICITIA AVG 1.) Pudicitia n. l. stehend, 2.) n. l. sitzend.
G 1594ff. 5 15 35

91.20 91.38 ROMAE AETERNAE Roma n. l. sitzend, Gallienus eine Victoria überreichend.
G 1605. 5 15 35

91.21 91.40 SALVS AVG Salus n. r. stehend.
G 1656. 5 15 35

91.22 91.49 VENERI GENETRICI (auch BENERI) Venus n. l. stehend (Aureus).
G 856ff. 5 15 35

91.23 91.50 VENVS AVG Venus n. l. stehend.
G 1671. 5 15 35

91.24 91.46 VENVS FELIX 1.) Venus n. l. sitzend (Aureus), 2.) Venus n. r. stehend mit Amor.
G 898. 5 15 35

91.25 91.51 VENVS GENETRIX Venus n. l. stehend (Aureus, Quinar).
G 235. 5 15 35

91.26 91.52 VENVS VICT(RIX) 1.) Venus n. l. stehend (Aureus), 2.) n. r. stehend (Aureus).
G 232ff. 5 15 35

91.27 91.53 VESTA 1.) Vesta n. l. sitzend (Quinar), 2.) n. l. stehend (Aureus).
G 365. 5 15 35

91.28 91.54 VESTA AETERNA Vesta n. l. stehend.
G 1683. 5 15 35

91.29 91.55 VESTA FELIX Vesta n. l. stehend.
G 1176ff. 5 15 35

Bronzemünzen

91.30 91.59 Sesterz. FECVNDITAS AVG (SC) Fecunditas frontal stehend.
G 930ff. 75 150 500

91.31 91.61 Sesterz. IVNO REGINA SC Iuno n. l. stehend (Dupondius, As).
G 227f. 75 150 500

91.32 91.62 Sesterz. PIETAS AVG(G) SC Kaiserin n. l. sitzend (As).
G 230. 75 150 500

91.33 91.64 Sesterz. PVDICITIA SC Pudicitia n. l. stehend (As).
G 490. 50 250 500

91.34 91.66 Doppelsesterz. VENVS GENETRIX SC Venus n. l. stehend (Sesterz).
G 236. 75 150 500

91.35 91.68 Sesterz. VESTA SC Vesta n. l. sitzend (As).
G 432. 75 150 500

92. Valerianus II.

Caesar 256 – 258

Zur Geschichte

P. Licinius Cornelius Valerianus, den wir Valerianus II. nennen, war der älteste Sohn des Gallienus und seiner Frau Salonina. Er wurde im Frühjahr 256 zum Caesar erhoben.

Vermutlich begleitete er seinen Vater in den Westen und wurde von ihm nominell – schließlich muß Valerianus II. zu diesem Zeitpunkt noch ein Kind gewesen sein – mit dem Kommando an der Donaufront betraut. Valerianus II. starb bereits in der ersten Jahreshälfte 258. Er wurde sofort nach seinem Tode konsekriert.

Seit Erscheinen des RIC-Bandes V / 2 vor 84 Jahren hat sich unser Bild von den Prägungen der Zeit von 253 bis 275 durch zahlreiche Funde und Forschungen stark verändert. Deshalb haben wir die Münzen des Valerianus II. anhand neuerer Literatur komplett überarbeitet. Im Katalog ist die alte Nummer jeweils hinter der neuen vermerkt. Eine Konkordanz der alten Kampmann Nummern zu den neuen finden Sie am Ende des Buches auf S. 523.

Die Abkürzung „G" steht für: Robert Göbl, Die Münzprägung der Kaiser Valerianus I. / Gallienus / Saloninus, Regalianus und Macrianus / Quietus (Wien 2000).

Achtung: Göbl verwendet mehrere Zählungen. Die angegebenen Nummern entsprechen den laufenden Nummern in Göbls Tabellen.

Münzen

s ss vz

Als Caesar:

Folgende Vorderseitenvarianten kommen vor:

Umschrift: P C L VALERIANVS NOB CAES,
P LIC COR VALERIANVS CAES,
P LIC VALERIANVS (N) CAES,
VALERIANVS (NOBIL) CAES.

Büste: n. r., barhäuptig oder mit Strahlenkrone, gewöhnlich drapiert.

Aurei

Normaler Typ. **5.000 25.000 75.000**

Antoninian

92.1 92.2 FIDES MILITVM Drei Feldzeichen.
G 1692. **5 20 50**

92.2 92.3 IOVI CRESCENTI Iupiter auf Ziege.
G 247. **5 20 50**

92.3 92.6 PIETAS AVGG Priesterliche Geräte (Aureus).
G 248. **5 20 50**

92.4 – PRINC IVVENTVTIS Valerianus II. n. l. stehend, eine Trophäe bekränzend.
G 1694. **5 20 50**

92.5 92.8 PRINC(IPI) IVVENT(VTIS) Valerianus II. n. l. stehend (Aureus, Quinar).
G 250ff. **5 20 50**

92.6 92.10 SPES PVBLICA Spes n. l. gehend.
G 1695. **5 20 50**

92.7 92.11 VICTORIA GERMAN Victoria n. l. stehend, Valerianus II. einen Kranz reichend.
G 1603. **5 20 50**

92.8 92.12 VICTORIA PART Victoria n. l. stehend, Valerianus II. einen Kranz reichend.
G 1604. **5 20 50**

s ss vz

Bronzemünzen

92.9 92.13 As. PIETAS AVGG Priesterliche Geräte.
G 248. **250 600 LP**

92.10 – Sesterz. PIETAS AVGVSTOR Priesterliche Geräte.
G 249. **150 600 LP**

92.11 92.14 Sesterz. PRINCIPI IVVENT SC Valerianus II. n. l. stehend (As).
G 251. **150 500 LP**

Als Divus:

Folgende Vorderseitenvarianten kommen vor:
Umschrift: DIVO CAES(ARI) VALERIANO,
DIVO VALERIANO CAES.
Büste: n. r., barhäuptig oder mit Strahlenkrone, gewöhnlich drapiert.

Aurei

Normaler Typ. **5.000 25.000 75.000**

Antoninian

92.12.2

92.12 – CONSACRATIO 1.) Adler n. l. stehend, 2.) Adler, Valerianus II. gen Himmel tragend, 3.) Scheiterhaufen.
G 909ff. **5 20 50**

92.13 92.15 CONSECRATIO 1.) Adler n. r. oder n. l. stehend (Aureus), 2.) Altar.
G 260ff. **5 20 50**

Bronzemünzen

92.14 92.17 As. CONSECRATIO 1.) Adler, Valerianus II. gen Himmel tragend.
G 259. **250 600 LP**

92.15 92.18 Sesterz. CONSECRATIO SC Valerianus in Biga auf Scheiterhaufen.
G 264. **300 800 LP**

93. Saloninus

Caesar 258 – 260

Zur Geschichte

Nach dem Tod des Valerianus II. wurde der zweite Sohn des Gallienus und der Salonina, P. Licinius Cornelius Saloninus Valerianus, zum Caesar erhoben. Auch er begab sich nach seiner Amtsübernahme nach Gallien. Als Gallienus, nachdem die Nachricht von der Gefangennahme des Valerianus I. im Westen bekannt geworden war, mit seinem Heer in Richtung Rom zog, um die Hauptstadt unter Kontrolle zu halten, übernahm Saloninus im Westen seine Vertretung. Das Kind erhielt Berater, die es in seiner Aufgabe, den Schutz der Provinzen westlich des Rheines zu gewährleisten, unterstützen sollten.
Ein Einfall der Franken, die plündernd und mordend durch Gallien und Spanien zogen, zeigte, daß Saloninus seiner Aufgabe nicht gewachsen war. Es kam zum Aufstand. Postumus, der einige Erfolge gegen die Eindringlinge vorweisen konnte, widersetzte sich den Befehlen des Saloninus und ließ sich von seinen Truppen zum Augustus ausrufen. Saloninus nahm nun ebenfalls den Augustustitel an, wurde aber von der Bevölkerung seiner Residenzstadt Köln im Stich gelassen. Man lieferte ihn an Postumus aus. Der Sieger ließ den Jungen hinrichten.
Seit Erscheinen des RIC-Bandes V / 2 vor 84 Jahren hat sich unser Bild von den Prägungen der Zeit von 253 bis 275 durch zahlreiche Funde und Forschungen stark verändert. Deshalb haben wir die Münzen des Saloninus anhand neuerer Literatur komplett überarbeitet. Im Katalog ist die alte Nummer jeweils hinter der neuen vermerkt. Eine Konkordanz der alten Kampmann Nummern zu den neuen finden Sie am Ende des Buches auf S. 523.
Die Abkürzung „G“ steht für: Robert Göbl, Die Münzprägung der Kaiser Valerianus I. / Gallienus / Saloninus, Regalianus und Macrianus / Quietus (Wien 2000).
Achtung: Göbl verwendet mehrere Zählungen. Die angegebenen Nummern entsprechen den laufenden Nummern in Göbls Tabellen.

Hinweise für Sammler

Sowohl Prägungen des Saloninus als Augustus als auch als Divus sind extrem selten.

s ss vz

Münzen

Als Caesar:

Folgende Vorderseitenvarianten kommen vor:
Umschrift: LIC COR SAL VALERIANVS N(OB) CAES,
P COR SAL VALERIANVS CAES,
SAL VALERIANVS C(AE)S,
SALON VALERIANVS (NOB) CAES.
Büste: n. r., barhäuptig oder mit Strahlenkrone, drapiert.

Aurei

Normaler Typ. **4.000 20.000 50.000**

Antoniniane

93.1 93.1 ADVENTVS AVGG Saloninus n. l. reitend.
G 937. **25 60 120**

93.2 93.3 DII NVTRITORES Iupiter n. l. stehend, ihm gegenüber Saloninus
G 1606. **25 60 120**

93.3 93.7 PIETAS AVG(G) Priesterliche Geräte (Aureus).
G 939f. **25 60 120**

93.4 93.8 PRINC(IPI) IVVENT Saloninus n. l. stehend.
G 271ff. **25 60 120**

93.5 – PRINC(IPI) IVVENT(VTIS) Saloninus neben Trophäe (Aureus).
G 913. **25 60 120**

93.6 93.10 SPES PVBLICA 1.) Spes n. l. gehend, 2.) Spes n. l. gehend, ihr gegenüber Saloninus (Aureus).
G 915. **25 60 120**

Bronzemünzen

93.7 93.12 Sesterz. PRINCIPI IVVENTVTIS S C Saloninus n. l. stehend (As).
G 269. **200 600 LP**

s ss vz

Als Augustus:

Folgende Vorderseitenvarianten kommen vor:
Umschrift: IMP SALON VALERIANVS AVG.
Büste: n. r., mit Strahlenkrone, drapiert.

Antoniniane

93.8 93.4 FELICITAS AVGG Felicitas n. l. stehend (Aureus).
G 916. **250 600 LP**

93.9 93.13 SPES PVBLICA Spes n. l. gehend.
G 917. **250 600 LP**

94. Macrianus

260 – 261

Zur Geschichte

Der Vater dieses Kaisers, Titus Fulvius Iunius Macrianus, diente unter Valerianus als Militärtribun im Feldzug gegen die Sasaniden. Nach der Gefangennahme Valerianus' im Juni 259 verteidigte er zunächst in seiner bisherigen Stellung die Provinz, setzte aber im Frühjahr 260 seine beiden Söhne T. Fulvius Macrianus und T. Fulvius Quietus als Gegenkaiser ein. Die Rebellion war äußerst erfolgreich. Praktisch der ganze Osten schloß sich der neuen Herrscherfamilie an. Etwa im September 260 gelang es sogar, Ägypten zu erobern.

Diese Erfolge veranlaßten Macrianus und seine Söhne, ihre Herrschaft über das Gesamtreich ausdehnen zu wollen. Während Quietus im Osten blieb, zogen Vater und Sohn Macrianus im Frühjahr 261 nach Westen. Sie verloren jedoch in einer Schlacht auf dem Balkan beide ihr Leben.

Seit Erscheinen des RIC-Bandes V / 2 vor 84 Jahren hat sich unser Bild von den Prägungen der Zeit von 253 bis 275 durch zahlreiche Funde und Forschungen stark verändert. Deshalb haben wir die Münzen des Macrianus anhand neuerer Literatur komplett überarbeitet. Im Katalog ist die alte Nummer jeweils hinter der neuen vermerkt. Eine Konkordanz der alten Kampmann-Nummern zu den neuen finden Sie am Ende des Buches auf S. 523.

Die Abkürzung „G" steht für: Robert Göbl, Die Münzprägung der Kaiser Valerianus I. / Gallienus / Saloninus, Regalianus und Macrianus / Quietus (Wien 2000).

Achtung: Göbl verwendet mehrere Zählungen. Die angegebenen Nummern entsprechen den laufenden Nummern in Göbls Tabellen.

Zur Münzgeschichte

Als Münzstätte nimmt Göbl Samosata an.

Münzen

s *ss* *vz*

Folgende Vorderseitenvarianten kommen vor:
Umschrift: IMP C FVL MACRIANVS P F AVG.
Büste: n. r., mit Lorbeerkranz oder Strahlenkrone, drapiert und / oder gepanzert.

Aurei

94.1 94.1 CONSERVATRICI AVGG Diana n. r. stehend.
G 1729. **5.000** **17.500** **50.000**

Antoniniane

94.2 94.2 AEQVTAS AVGG Aequitas n. l. stehend.
G 1727. **30** **60** **180**

94.3 94.3 APOLINI CONSERVA Apollon n. l. stehend.
G 1728. **30** **60** **180**

94.4 94.5 INDVLGENTIAE AVG Indulgentia n. l. sitzend.
G 1732ff. **30** **60** **180**

94.5 94.6 IOVI CONSERVATORI Iupiter n. l. sitzend.
G 1735f. **30** **60** **180**

94.6 94.7 MARTI PROPVGNATORI Mars n. r. gehend.
G 1737. **30** **60** **180**

94.7 94.8 ROMAE AETERNAE Roma n. l. sitzend (Aureus).
G 1738ff. **30** **60** **180**

94.8 94.9 SOL INVICTO Sol n. l. stehend.
G 1741f. **30** **60** **180**

94.9 94.10 SPES PVBLICA Spes n. l. gehend.
G 1743. **30** **60** **180**

94.10 94.11 VICTORIA AVGG Victoria n. r. gehend (Aureus).
G 1744f. **30** **60** **180**

95. Quietus

260 – 261

Zur Geschichte

Der Vater dieses Kaisers, Titus Fulvius Iunius Macrianus, diente unter Valerianus als Militärtribun im Feldzug gegen die Sasaniden. Nach der Gefangennahme Valerianus' im Juni 259 verteidigte er zunächst in seiner bisherigen Stellung die Provinz, setzte aber im Frühjahr 260 seine beiden Söhne T. Fulvius Macrianus und T. Fulvius Quietus als Gegenkaiser ein. Die Rebellion war äußerst erfolgreich. Praktisch der ganze Osten schloß sich der neuen Herrscherfamilie an. Etwa im September 260 gelang es sogar, Ägypten zu erobern.

Diese Erfolge veranlaßten Macrianus und seine Söhne, ihre Herrschaft über das Gesamtreich ausdehnen zu wollen. Während Quietus im Osten blieb, zogen Vater und Sohn Macrianus im Frühjahr 261 nach Westen. Sie verloren jedoch in einer Schlacht auf dem Balkan beide ihr Leben. Quietus wurde im Oktober 261 bei der Belagerung von Emesa durch Odaenatus, den Fürsten von Palmyra, der auf die Seite des Gallienus getreten war, getötet.

Zur Münzgeschichte

Als Münzstätte nimmt Göbl Samosata an.

Seit Erscheinen des RIC-Bandes V / 2 vor 84 Jahren hat sich unser Bild von den Prägungen der Zeit von 253 bis 275 durch zahlreiche Funde und Forschungen stark verändert. Deshalb haben wir die Münzen des Quietus anhand neuerer Literatur komplett überarbeitet. Im Katalog ist die alte Nummer jeweils hinter der neuen vermerkt. Eine Konkordanz der alten Kampmann-Nummern zu den neuen finden Sie am Ende des Buches auf S. 523.

Die Abkürzung „G“ steht für: Robert Göbl, Die Münzprägung der Kaiser Valerianus I. / Gallienus / Saloninus, Regalianus und Macrianus / Quietus (Wien 2000).

Achtung: Göbl verwendet mehrere Zählungen. Die angegebenen Nummern entsprechen den laufenden Nummern in Göbls Tabellen.

Münzen

s ss vz

Folgende Vorderseitenvarianten kommen vor:
Umschrift: IMP C FVL QVIETVS P F AVG.
Büste: n. r., mit Lorbeerkranz oder Strahlenkrone, drapiert und / oder gepanzert.

Aurei

95.1 95.1 VICTORIA AVGG Victoria n. r. gehend.
G 1744. **5.000 17.500 50.000**

Antoniniane

95.2 95.2 AEQVTAS AVGG Aequitas n. l. stehend.
G 1727. **30 60 180**

95.3 95.3 APOLINI CONSERVA Apollon n. l. stehend.
G 1728. **30 60 180**

95.4 95.4 FORT REDVX Fortuna n. l. sitzend.
G 1730f. **30 60 180**

95.5 95.5 INDVLGENTIAE AVG Indulgentia n. l. sitzend.
G 1732ff. **30 60 180**

95.6 95.6 IOVI CONSERVATORI Iupiter n. l. sitzend.
G 1735f. **30 60 180**

95.7 95.9 ROMAE AETERNAE Roma n. l. sitzend.
G 1738ff. **30 60 180**

95.8 95.10 SOL INVICTO Sol n. l. stehend.
G 1741f. **30 60 180**

95.9 95.11 SPES PVBLICA Spes n. l. gehend.
G 1743. **30 60 180**

95.10 95.12 VICTORIA AVGG Victoria n. l. stehend auf Globus.
G 1745. **30 60 180**

96. Regalianus

260

Zur Geschichte

Nachdem im Westen die Niederlage des Valerianus bekannt wurde, ereigneten sich eine ganze Reihe von Usurpationen. Auch der Statthalter von Dakien, Moesien und Pannonia Superior P. C(ornelius?) Regalianus griff nach der Macht. Wir wissen wenig über Regalianus. Sein kurzfristiger Erfolg dürfte damit zu erklären sein, daß Gallienus im Kampf gegen die Alamannen gebunden war. Das weitere Schicksal des Regalianus ist nicht völlig geklärt. Göbl sieht es als erwiesen an, daß Regalianus von den Truppen des von Gallienus geschlagenen Ingenuus in Moesien zum Kaiser ausgerufen wurde, gegen die eingedrungenen Sarmaten siegreich blieb, um schließlich von Gallienus besiegt und vernichtet zu werden.

Zur Münzgeschichte

Abgesehen von wenigen schriftlichen Nachrichten in der Historia Augusta ist Regalianus vor allem von seinen Münzen bekannt, die hauptsächlich in Carnuntum gefunden werden. Deshalb geht man davon aus, daß es sich bei diesem Ort um das Zentrum der Empörung handelte und daß auch die Münzen dort hergestellt wurden.

Regalianus verfügte nicht über eine Münzstätte mit ausgebildeten Handwerker, so sind seine Antoniniane sehr primitiv im Stempelschnitt und auf die Antoniniane anderer Herrscher überprägt.

Seit Erscheinen des RIC-Bandes V / 2 vor 84 Jahren hat sich unser Bild von den Prägungen der Zeit von 253 bis 275 durch zahlreiche Funde und Forschungen stark verändert. Deshalb haben wir die Münzen des Regalianus anhand neuerer Literatur komplett überarbeitet. Im Katalog ist die alte Nummer jeweils hinter der neuen vermerkt. Eine Konkordanz der alten Kampmann-Nummern zu den neuen finden Sie am Ende des Buches auf S. 523.

Die Abkürzung „G“ steht für: Robert Göbl, Die Münzprägung der Kaiser Valerianus I. / Gallienus / Saloninus, Regalianus und Macrianus / Quietus (Wien 2000).

Achtung: Göbl verwendet mehrere Zählungen. Die angegebenen Nummern entsprechen den laufenden Nummern in Göbls Tabellen.

s ss vz

Hinweise für Sammler

Münzen des Regalianus und seiner Gattin Dryantilla sind extrem selten.

Münzen

Folgende Vorderseitenvarianten kommen vor:
Umschrift: IMP C P C REGALIANVS AVG
Büste: n. r., mit Strahlenkrone, drapiert.

Antoniniane

96.1 96.1 CONCORDIA AVGG Regalianus und Dryantilla im Handschlag, zwischen ihnen Altar.
G 1709. **1.750 4.000 10.000**

96.2 96.3 LIBERALITAS AVGG Libertas n. l. stehend.
G 1712. **1.750 4.000 10.000**

96.3 96.4 ORIENS AVGG Sol frontal stehend.
G 1713. **1.750 4.000 10.000**

96.4 96.5 PROVIDENTIA AVGG Providentia n. l. stehend.
G 1714. **1.750 4.000 10.000**

97. Dryantilla

Zur Geschichte

Sulpicia Dryantilla war die Gattin des Regalianus. Durch einen Zufall ist uns die Genealogie ihrer Familie erhalten. Eine Inschrift, die im Heroon von Oinoanda (Lykien) gefunden wurde, teilt uns mit, daß Dryantilla als Tochter eines Proconsuls von Lykien und Pamphylien um das Jahr 210 geboren wurde. Dryantilla gehörte also zu einer reichen Familie aus der Provinz, die großen politischen Einfluß hatte.

Seit Erscheinen des RIC-Bandes V / 2 vor 84 Jahren hat sich unser Bild von den Prägungen der Zeit von 253 bis 275 durch zahlreiche Funde und Forschungen stark verändert. Deshalb haben wir die Münzen der Dryantilla anhand neuerer Literatur komplett überarbeitet. Im Katalog ist die alte Nummer jeweils hinter der neuen vermerkt. Eine Konkordanz der alten Kampmann-Nummern zu den neuen finden Sie am Ende des Buches auf S. 523.

Die Abkürzung „G" steht für: Robert Göbl, Die Münzprägung der Kaiser Valerianus I. / Gallienus / Saloninus, Regalianus und Macrianus / Quietus (Wien 2000).

Achtung: Göbl verwendet mehrere Zählungen. Die angegebenen Nummern entsprechen den laufenden Nummern in Göbls Tabellen.

Münzen

Folgende Vorderseitenvarianten kommen vor:
Umschrift: SVLP DRYANTILLA AVG.
Büste: n. r., mit Diadem, drapiert.

Antoniniane

97.1 97.1 AEQVITAS AVGG Aequitas n. l. stehend.
G 1720. **1.750 4.000 8.000**

97.2 97.2 IVNO REGINA Iuno n. l. stehend.
G 1721. **1.750 4.000 8.000**

97.3 – IVNONI REGINE oder REDINE Iuno n. l. stehend.
G 1722ff. **1.750 4.000 8.000**

97.4 – PROVIDENTIA AVGG Providentia n. l. stehend.
G 1726. **1.750 4.000 8.000**

98. Postumus
260 – 269

Zur Geschichte

M. Cassianus Latinius Postumus war es im Sommer des Jahres 260 gelungen, eine Gruppe von Germanen auf ihrem Rückweg zu vernichten. Es soll zwischen ihm und dem Berater des in Köln zurückgelassenen Saloninus zum Streit über die dabei gewonnene Beute gekommen sein. Postumus soll sich daraufhin von seinen Truppen zum Kaiser ausrufen haben lassen. Während der Belagerung von Köln stellte sich die Besatzung des Kastells auf seine Seite und lieferte den Sohn des Kaisers aus.

Schnell wurde Postumus in Germanien, Gallien, Raetien, Spanien und Britannien anerkannt. Es scheint ihm gelungen zu sein, die Kräfte zu bündeln, um die ständigen Angriffe der Germanen zurückzuschlagen. Er schuf im Norden quasi eine Art Sonderreich, das er unabhängig von der Zentralregierung verwaltete. Die Leistung des Postumus war es, den Automatismus durchbrochen zu haben, der jeden Usurpator antreten ließ gegen die Zentralregierung, was stets zu einer Schwächung der Grenzverteidigung führte. Mit seiner Beschränkung auf ein klar umgrenztes Teilgebiet des römischen Reiches gelang es Postumus, die Rheingrenze zu halten und zu sichern, und damit den Handel und Verkehr in den gallischen Provinzen zu stabilisieren.

Mehrmals versuchte Gallienus, das Sonderreich wieder unter seine Kontrolle zu bringen. Als Postumus im Jahr 269 seine Decennalien feierte, scheint seine Herrschaft bereits instabil geworden zu sein. Wir können eine Verschlechterung des Silbergehalts der Münzen beobachten, was vielleicht auf wirtschaftliche Probleme hinweist. Dies könnte zur Erhebung des Laelianus in Mainz geführt haben, den Postumus schnell ersticken konnte. Als er sich aber weigerte, seinen Soldaten die Stadt Mainz zum Plündern zu überlassen, wurde er selbst getötet.

Zur Münzgeschichte

Postumus ergriff genau in dem Augenblick die Herrschaft, als im Gesamtreich der Metallgehalt der Antoniniane auf seinem niedrigsten Stand war. Auch wenn Gallien wirtschaftlich besser gestellt war, als der Rest des Gesamtreiches, war Postumus trotzdem gezwungen, den Metallgehalt seiner Antoniniane ebenfalls zu verschlechtern.

Postumus ließ eine Vielzahl von Nominalen prägen. Seine Aurei sind von relativ hohem Gewicht (Durchschnitt 5,97 g) und von vorzüglichem Stempelschnitt. Neben Aurei gab Postumus Goldquinare, Antoniniane, Denare, Quinare, Doppelsesterze (erkenntlich an der Strahlenkrone), Sesterze, Dupondii und Asse heraus.

Als Münzstätten gibt der RIC Lugdunum, Köln und Mailand an.

Man findet häufig Bronzemünzen des Postumus von viel zu geringem Gewicht und Durchmessern, die deshalb manchmal als „Dupondien" oder „Asse" bezeichnet werden. Es handelt sich dabei wohl eher um die Prägungen irregulärer Münzstätten.

Eine Besonderheit bilden die Münzen der Münzstätte Mailand. Sie sollen während des Aufstandes des Reitergenerals Aureolus geprägt worden sein (siehe dazu Gallienus, Zur Geschichte). Sie sind leicht erkennbar, enden doch alle Rückseitenlegenden mit EQVIT oder AEQVIT.

Hinweise für Sammler

Ein großer Teil der Münzen des Postumus zeichnet sich durch ihre künstlerische Gestaltung aus. Die Aurei sind von in dieser Zeit einzigartiger Qualität. Doch auch die Antoniniane sind zum Teil von hervorragenden Stempelschneidern.

Die Vorderseite wird unter Postumus wesentlich aufwendiger gestaltet als zuvor. Zum Beispiel entdeckt man auf sehr seltenen Denaren hinter der Büste des Postumus eine weitere Büste, die den Gott Hercules als seinen Begleiter zeigt. Etwas häufiger erscheint Postumus selbst als Hercules mit Keule und Löwenskalp über der Schulter. Diese Vorderseite ist mit verschiedenen Rückseitentypen gekoppelt und ist in „schön" etwa 100 Euro, in „sehr schön" 300 Euro und in „vorzüglich" 500 Euro wert.

Seit Erscheinen des RIC-Bandes V / 2 vor 84 Jahren hat sich unser Bild von den Prägungen der Zeit von 253 bis 275 durch zahlreiche Funde und Forschungen stark verändert. Deshalb haben wir die Münzen des Postumus anhand neuerer Literatur komplett überarbeitet. Im Katalog ist die alte Nummer jeweils hinter der neuen vermerkt. Eine Konkordanz der alten Kampmann-Nummern zu den neuen finden Sie am Ende des Buches auf S. 523.

Abkürzungen:

AGK = Hans-Joachim Schulzki, Die Antoninianprägung der gallischen Kaiser von Postumus bis Tetricus (Bonn 1996).

B = Pierre Bastien, Le monnayage de bronze de Postume (Wetteren 1967).

Sch = Bernhard Schulte, Die Goldprägung der gallischen Kaiser von Postumus bis Tetricus (Aarau 1983).

Münzen

Folgende Vorderseitenvarianten kommen vor:

Umschrift: IMP C M CASS LAT POSTVMVS P F AVG,
IMP C POSTVMVS P F AVG,
IMP POSTVMVS (P FEL) AVG,
POSTVMVS (P F) AVG,
POSTVMVS PIVS (FELIX) AVG,
auf Bronzemünzen auch zahlreiche andere Varianten.

Büste: n. r., mit Strahlenkrone oder Lorbeerkranz, gepanzert und / oder drapiert, siehe auch Hinweise für Sammler.

Aurei

98.1 – CLARITAS AVG Büsten des Sol und der Luna n. r.
Sch 115ff. **3.000 10.000 40.000**

98.2 – FELICITAS AVG Büsten der Victoria und der Felicitas n. r.
Sch 108ff. **3.000 10.000 40.000**

98.3 98.4 FELICITAS TEMP Galeere n. l.
Sch 157f. **2.500 8.000 30.000**

98.4 – HERCVLI NEMAEO Hercules n. l. stehend, den nemäischen Löwen erwürgend.
Sch 120ff. **3.000 10.000 40.000**

98.5 98.6 INDVLG PIA POSTVMI AVG Postumus n. l. sitzend, vor ihm kniender Bittsteller.
Sch 91ff. **2.500 7.500 25.000**

98.6 98.7 NEPT COMITI Neptun n. l. stehend.
Sch 32ff. **2.500 6.000 15.000**

98.7 98.8 P M G M T P COS III P P Trophäe zwischen zwei Gefangenen.
Sch 43ff. **2.500 7.500 25.000**

98.8 98.10 P M TR P COS P P Löwe mit Strahlenkrone n. l. gehend.
Sch 25ff. **2.500 7.500 25.000**

98.9 98.12 P M TR P IMP V COS III P P 1.) Postumus n. l. sitzend, 2.) Postumus n. l. opfernd vor Rundtempel.
Sch 62ff. **2.500 6.000 15.000**

98.10 98.15 QVINQVENNALES POSTVMI AVG Victoria n. r. stehend, einen Schild mit (VOT) X beschreibend.
Sch 79ff. **2.500 7.500 25.000**

98.11 98.16 ROMAE AETERNAE Roma n. l. sitzend.
Sch 47ff. **2.500 6.000 15.000**

		s	ss	vz
98.12	98.17 VIC GERM P M TR P V COS III P P Postumus n. l. stehend, von einer Victoria bekränzt. *Sch 74ff.*	**2.500**	**7.500**	**25.000**

98.13	98.18.1 VICTORIA AVG Victoria in Biga n. r. *Sch 11ff.*	**2.500**	**6.000**	**15.000**

Antoniniane

98.14	98.19 CASTOR Postumus n. l. stehend. *AGK 1.*	**80**	**250**	**1.000**
98.15	– COL CL AGRIP COS IIII Moneta n. r. stehend. *AGK 3.*	**500**	**1.500**	**LP**
98.16	98.21 CONCORD AEQVIT Fortuna n. l. stehend. *AGK 4.*	**-**	**10**	**40**
98.17	98.22 CONCORD EQVIT Fortuna n. l. stehend. *AGK 5ff.*	**-**	**10**	**40**
98.18	– COS IIII Nemesis n. r. stehend. *AGK 9.*	**-**	**10**	**40**
98.19	98.23 COS V Nemesis n. r. stehend. *AGK 10.*	**-**	**10**	**40**

98.20	98.24 DIANAE LVCIFER(A)E Diana n. r. gehend. *AGK 11f.*	**-**	**10**	**40**
98.21	98.25 DIANAE REDVCI Diana n. r. gehend. *AGK 13.*	**25**	**125**	**300**
98.22	98.26 FELICITAS AVG Felicitas n. l. stehend. *AGK 14.*	**-**	**10**	**40**

98.23	98.27 FIDES (A)EQVIT Fides n. l. sitzend. *AGK 15ff.*	**-**	**10**	**40**
98.24	98.29 FIDES EXERCITVS Vier Feldzeichen (Aureus). *AGK 20.*	**10**	**20**	**75**
98.25	98.31 FIDES MILITVM Fides n. l. stehend. *AGK 21.*	**–**	**10**	**40**
98.26	98.32 FORTVNA AVG Fortuna n. l. stehend oder sitzend. *AGK 22f.*	**–**	**10**	**40**

		s	ss	vz
98.27	98.33 FORTVNA REDVX Fortuna in Rundtempel n. l. sitzend. *AGK 24.*	**–**	**10**	**40**

98.28	98.35 HERC DEVSONIENSI Hercules 1.) n. r. stehend (Aureus), 2.) in Tempel n. l. stehend. *AGK 25f.*	**–**	**10**	**40**
98.29	98.36 HERC PACIFERO Hercules n. l. stehend. *AGK 27.*	**–**	**10**	**40**
98.30	– HERCVLI MAGVSANO Hercules n. r. stehend. *AGK 30.*	**5**	**20**	**70**
98.31	98.37 HERCVLI ROMANO AVG Bogen, Keule und Köcher. *AGK 31.*	**5**	**20**	**70**
98.32	98.38 IMP X COS V Nemesis n. r. stehend. *AGK 32.*	**–**	**10**	**40**
98.33	98.39 IOVI CONSERVAT(ORI) Iupiter n. l. stehend. *AGK 34f.*	**–**	**10**	**40**

98.34	98.40 IOVI PROPVGNAT(ORI) Iupiter, den Blitz schleudernd. *AGK 36f.*	**–**	**10**	**40**

98.35	98.41 IOVI STATORI Iupiter n. l. stehend. *AGK 38.*	**–**	**10**	**40**

98.36	98.42 IOVI VICTORI Iupiter, den Blitz schleudernd. *AGK 39f.*	**70**	**250**	**1.000**

Nr.		s	ss	vz
98.37	98.43 LAETITIA AVG Galeere n. l. (Aureus). *AGK 41.*	5	20	70

Nr.		s	ss	vz
98.38	98.46 MARS VICTOR Mars n. l. stehend. *AGK 42.*	–	10	40
98.39	98.49 MERCVRIO FELICI Mercur n. l. stehend, Kopf umgewandt. *AGK 43.*	5	20	70
98.40	98.50 MINER FAVTR Minerva n. l. gehend (Aureus). *AGK 44.*	–	10	40
98.41	98.48 MONETA AVG Moneta n. l. stehend. *AGK 45.*	–	10	40
98.42	98.51 NEPTVNO REDVCI Neptun n. l. stehend. *AGK 46f.*	–	10	40
98.43	98.52 ORIENS AVG Sol n. l. gehend. *AGK 48f.*	–	10	40

Nr.		s	ss	vz
98.44	98.53 PACATOR ORBIS Büste des Sol n. r. *AGK 50.*	25	125	250
98.45	98.54 PAX AVG(VSTI) Pax n. l. gehend oder stehend. *AGK 51ff.*	–	10	40
98.46	98.55 PAX EQVITVM Pax n. l. stehend. *AGK 55ff.*	–	10	40
98.47	98.56 PIETAS AVG Pietas n. l. stehend mit vier Kindern (Aureus). *AGK 58.*	–	10	40
98.48	98.58 P M TR P COS II P P Postumus n. l. stehend (Aureus). *AGK 60.*	–	10	40
98.49	98.59 P M TR P COS III P P Postumus n. l. stehend. *AGK 61.*	–	10	40
98.50	98.61 P M TR P IIII COS III P P Mars n. r. gehend (Aureus). *AGK 64.*	–	10	40

Nr.		s	ss	vz
98.51	98.63 P M TR P VIIII COS IIII P P Bogen, Keule, Köcher. *AGK 65.*	5	20	75
98.52	98.64 P M TR P X COS V P P 1.) Nemesis n. r. stehend, 2.) Postumus n. l. stehend, 3.) Victoria n. r. stehend, VO XX auf Schild schreibend. *AGK 66ff.*	–	10	40
98.53	98.65 PROVIDENTIA AVG Providentia n. l. stehend (Aureus, Goldquinar). *AGK 69f.*	–	10	40
98.54	98.66 REST(ITVTOR) GALLIAR(VM) Postumus n. l. stehend, der knienden Personifikation Galliens aufhelfend. *AGK 71ff.*	25	100	250
98.55	98.67 REST(ITVTOR) ORBIS Postumus n. r. stehend, einer knienden Frau aufhelfend. *AGK 75f.*	25	100	250
98.56	98.68 SAECVLI FELICITAS Postumus n. r. stehend. *AGK 77.*	–	10	40
98.57	98.69 SAECVLO FRVGIFERO Geflügelter Caduceus. *AGK 78.*	–	10	40
98.58	98.70 SALVS AVG 1.) Salus n. l. stehend, 2.) Aesculapius frontal stehend. *AGK 79ff.*	–	10	40
98.59	98.71 SALVS EXERCITI Aesculapius frontal stehend (Aureus). *AGK 85.*	–	10	40
98.60	98.72 SALVS POSTVMI AVG Salus n. r. stehend (Aureus). *AGK 86.*	–	10	40

Nr.		s	ss	vz
98.61	98.73 SALVS PROVINCIARVM Rhein n. l. gelagert (Aureus). *AGK 87f.*	10	60	125
98.62	98.74 SERAPI COMITI AVG Serapis n. l. stehend (Aureus). *AGK 89f.*	–	10	40
98.63	98.75 SPEI PERPETVAE Spes n. l. gehend. *AGK 92.*	–	10	40
98.64	98.77 VBER(I)TAS AVG Uberitas n. l. stehend. *AGK 94f.*	–	10	40

s ss vz

98.65 98.78 VICTORIA AVG Victoria n. l. gehend (Aureus).
AGK 97. – **10** **40**

98.66 98.79 VICT(ORIA) GERMANICA Victoria n. l. oder n. r. gehend.
AGK 98f. **5** **25** **75**

98.67 98.80 VIRTVS (A)EQVIT Mars n. r. gehend.
AGK 106ff. – **10** **40**

98.68 98.81 VIRTVS AVG 1.) Hercules n. r. stehend, 2.) Mars n. r. stehend, 3.) Postumus n. l. stehend, 4.) Postumus n. r. gehend.
AGK 100ff. – **10** **40**

98.69 98.83 VIRTVS EQVITVM Hercules n. r. stehend.
AGK 112f. – **10** **40**

98.70 98.84 VIRTVTI AVGVSTI Hercules n. r. stehend.
AGK 114. – **10** **40**

Bronzemünzen

98.71 98.86 Doppelsesterz. EXERCITVS AVG SC Postumus n. l. reitend, eine Ansprache an drei oder vier Soldaten haltend.
B 20f. **50** **300** **1.000**

98.72 98.87 Doppelsesterz. FELICITAS auf Triumphbogen, im Abschnitt AVG.
B 142. **250** **1.000** **LP**

98.73 98.88.1 Doppelsesterz. FELICITAS AVG (SC) Felicitas n. l. stehend.
B 276. **40** **250** **800**

98.74 98.88.2 Sesterz. FELICITAS AVG (SC) Trophäe zwischen zwei Gefangenen.
B 12ff. **40** **250** **800**

98.75 98.89 Doppelsesterz. FELICITAS PVBLICA (S C) Felicitas n. l. stehend.
B 23f. **40** **250** **800**

s ss vz

98.76 98.92 Doppelsesterz. FIDES MILITVM (SC) Fides n. l. stehend.
B 75ff. **40** **250** **800**

98.77 98.93 Sesterz. –.
B 70ff. **40** **180** **500**

98.78 98.95 Doppelsesterz. GERMANICVS MAX V Trophäe zwischen zwei Gefangenen.
B 301f. **40** **250** **800**

98.79.2

98.79 98.96 Doppelsesterz. HER(C) DEVSONIENS(I AVG) 1.) Hercules n. r. stehend, 2.) im Tempel n. l. stehend.
B 103f. **100** **800** **LP**

98.80 98.97 Sesterz. HERC DEVSONIENSI Hercules n. r. stehend.
B 113. **100** **800** **LP**

98.81 98.98 Sesterz. HERCVLI DEVSONIENSI Büste des Postumus als Hercules n. r.
B 359. **100** **800** **LP**

98.82 98.99 Doppelsesterz. HERC PACIFERO Hercules n. l. stehend.
B 145. **100** **800** **LP**

98.83 98.100 Doppelsesterz. HERCVLI MAGVSANO Hercules n. r. stehend.
B 105. **100** **800** **LP**

98.84 98.101 Sesterz. I O M SPONSORI SAECVLI AVG Iupiter n. r. stehend, ihm gegenüber Postumus über Dreifuß opfernd.
B 131. **100** **800** **LP**

98.85 98.102 Doppelsesterz. IOVI PROPVGNATORI Iupiter n. l. gehend.
B 176. **40** **250** **800**

s ss vz

98.86 98.103 Doppelsesterz. LAETITIA AVG (SC) Galeere n. l.
B 86ff. **50 300 1.000**

98.87 98.104 Sesterz. –.
B 83ff. **40 250 800**

98.88 98.108 Doppelsesterz. MONETA AVG Moneta n. l. stehend.
B 305. **40 250 800**

98.89 98.111 Doppelsesterz. PAX AVG (SC) Pax n. l. gehend.
B 279ff. **40 250 800**

98.90.1

98.90 98.113 Doppelsesterz. P M TR P COS II P P (SC) 1.) Postumus n. l. stehend (Sesterz), 2.) Mars n. r. stehend (Sesterz).
B 47ff. **40 250 800**

98.91 98.115 Doppelsesterz. P M TR P COS III P P SC Postumus n. l. stehend.
B 124f. **40 250 800**

98.92 98.116 Doppelsesterz. P M TR P IIII COS III P P Mars n. r. gehend.
B 178. **40 250 800**

98.93 98.120 Doppelsesterz. RESTITVTOR GALLIAR (SC) Postumus n. l. stehend, der knienden Personifikation der Gallia aufhelfend.
B 28ff. **100 600 2.000**

98.94 98.121 Sesterz. –.
B 25a ff. **80 400 1.500**

98.95 98.122 Sesterz. SAECVLI FRVGIFERO Geflügelter Caduceus.
B 130. **50 500 LP**

98.96 98.124 Doppelsesterz. SALVS AVG Salus n. r. oder n. l. sitzend.
B 227f. **40 250 800**

98.97 98.125 Sesterz. SALVS AVG Salus n. r. stehend.
B 2. **40 180 500**

98.98 98.128 Doppelsesterz. SPEI PERPETVAE Spes n. l. gehend.
B 285. **40 180 500**

s ss vz

98.99.1

98.99 98.129 Doppelsesterz. VICTORIA AVG (SC) Victoria 1.) n. l. gehend, 2.) n. r. gehend, 3.) von einem Globus auffliegend, 4.) Postumus n. r. stehend.
B 95f. **50 300 1.000**

98.100 98.130 Sesterz. –. Victoria 1.) n. l. gehend, 2.) n. r. auf Schild stehend.
B 91ff. **40 180 500**

98.101 98.131 Doppelsesterz. VICTORIAE AVG (SC) Zwei Victorien, einen Schild an einer Palme befestigend, l. und r. Gefangener.
B 39f. **40 250 800**

98.102 98.132 Sesterz. VICTORIA(E) AVG (SC) -.
B 35ff. **40 180 500**

98.103 98.134 Doppelsesterz. VIRTVS AVG (SC) 1.) Iupiter n. l. oder n. r. gehend, 2.) Mars n. l. stehend, 3.) Mars n. r. oder n. l. gehend.
B 53f. **40 300 1.000**

98.104 98.135 Doppelsesterz. –. Büste des Postumus n. l.
B 106f. **100 800 LP**

98.105 98.136 Sesterz. –. Mars n. r. stehend oder gehend.
B 50ff. **40 180 500**

98.106 98.138 Doppelsesterz. VIRTVS POSTVMI SC Postumus n. l. stehend, von Victoria bekränzt.
B 22. **50 400 1.200**

98.107 98.139 Sesterz. VIRTVS POSTVMI AVG Hercules, einen Hirsch fangend.
B 137f. **100 800 LP**

99. Laelianus

269

Zur Geschichte

Wir wissen wenig über Ulpius Cornelius Laelianus. Herkunft und Laufbahn sind nicht bekannt. Er scheint von Postumus zum Statthalter der Provinz Germania Superior ernannt worden zu sein. Sein Machtzentrum lag in Mainz, wo er gegen Postumus rebellierte. Der Aufstand dauerte wohl nur wenige Wochen. Postumus belagerte die Stadt und eroberte sie, wobei Laelianus getötet wurde.

Zur Münzgeschichte

Laelianus prägte nur wenige Aurei und Antoniniane. Die Münzstätte des Laelianus lokalisiert der RIC in Mainz.

Hinweise für Sammler

Münzen des Laelianus sind ausgesprochen selten. Seine Prägungen findet man – verglichen mit allen anderen Herrschern des gallischen Sonderreiches – am seltensten.

Seit Erscheinen des RIC-Bandes V / 2 vor 84 Jahren hat sich unser Bild von den Prägungen der Zeit von 253 bis 275 durch zahlreiche Funde und Forschungen stark verändert. Deshalb haben wir die Münzen des Laelianus anhand neuerer Literatur komplett überarbeitet. Im Katalog ist die alte Nummer jeweils hinter der neuen vermerkt. Eine Konkordanz der alten Kampmann-Nummern zu den neuen finden Sie am Ende des Buches auf S. 523.

AGK = Hans-Joachim Schulzki, Die Antoninianprägung der gallischen Kaiser von Postumus bis Tetricus (Bonn 1996).

Münzen

s *ss* *vz*

Folgende Vorderseitenvarianten kommen vor:
Umschrift: IMP C VLP COR LAELIANVS,
IMP C LAELIANVS P F AVG.
Büste: n. r., mit Lorbeerkranz oder Strahlenkrone, gepanzert und / oder drapiert.

Aurei

		s	*ss*	*vz*
	Alle Typen.	**8.000**	**35.000**	**90.000**

Antoniniane

		s	*ss*	*vz*
99.1	99.2 VICTORIA AVG Victoria n. r. gehend. *AGK 1.*	**100**	**350**	**800**

100. Marius

269

Zur Geschichte

Die Nachrichten, die wir über M. Aurelius Marius besitzen, sind äußerst dürftig. Er soll Waffenschmied gewesen sein und seine Herrschaft soll, wenn wir der Historia Augusta glauben wollen nur zwei oder drei Tage gedauert haben. Tatsächlich ist dies höchst unwahrscheinlich, wenn wir die Zahl der erhaltenen Münzen betrachten. Vermutlich kam Marius im Herbst des Jahres 269 ums Leben.

Zur Münzgeschichte

Marius prägte Aurei und Antoniniane. Der RIC teilt seine Prägungen in zwei Gruppen auf, von denen die eine in Köln, die andere in einer bisher noch nicht identifizierten Münzstätte Galliens, vielleicht Mainz, geprägt worden sein soll.
Seit Erscheinen des RIC-Bandes V / 2 vor 84 Jahren hat sich unser Bild von den Prägungen der Zeit von 253 bis 275 durch zahlreiche Funde und Forschungen stark verändert. Deshalb haben wir die Münzen des Marius anhand neuerer Literatur komplett überarbeitet. Im Katalog ist die alte Nummer jeweils hinter der neuen vermerkt. Eine Konkordanz der alten Kampmann-Nummern zu den neuen finden Sie am Ende des Buches auf S. 523.

AGK = Hans-Joachim Schulzki, Die Antoninianprägung der gallischen Kaiser von Postumus bis Tetricus (Bonn 1996).

Münzen

s *ss* *vz*

Folgende Vorderseitenvarianten kommen vor:
Umschrift: IMP C M AVG MARIVS (P F) AVG,
IMP C MARIVS P F AVG
Büste: n. r., mit Lorbeerkranz oder Strahlenkrone, gepanzert und / oder drapiert.

Aurei

Alle Typen. **LP** **LP** **LP**

Antoniniane

100.1 100.1 CONCORD(IA) MILIT(VM) Zwei Hände im Handschlag (Aureus).
AGK 1ff. **60** **150** **300**

100.2 100.3 SAEC FELICITAS Felicitas n. l. stehend (Aureus).
AGK 4. **60** **150** **300**

100.3.1

100.3 100.5 VICTORIA AVG 1.) Victoria n. l. stehend (Aureus), 2.) n. l. gehend, 3.) n. r. gehend.
AGK 5ff. **60** **150** **300**

100.4 100.6 VIRTVS AVG Virtus n. l. stehend.
AGK 9. **60** **150** **300**

101. Victorinus

269 – 271

Zur Geschichte

M. Piavonius Victorinus stammte aus reichem gallischen Adel. Er gehörte zu den engsten Mitarbeitern des Postumus, der ihn 266 zum *tribunus praetorianorum* ernannte, ihm also eines der höchsten militärischen Ämter zugestand. Manche Autoren sprechen sogar davon, daß Postumus den Victorinus zu seinem Mitkaiser machte, wofür es aber keinen schlüssigen Beweis gibt.

Nachdem der Aufstand des Laelianus zusammengebrochen war, gelang es seinem Nachfolger, Marius, wichtige Städte am Rhein an sich zu bringen, darunter Köln und Trier. Victorinus eroberte nach seiner Erhebung zum Kaiser beide Städte zurück.

Er beherrschte Gallien, Britannien und vielleicht Spanien. Doch bereits 271 wurde er ermordet. Antike Klatschmäuler behaupten, sein Mörder sei ein vom Kaiser persönlich gehörnter Ehemann gewesen.

Zur Münzgeschichte

Unter Victorinus wurden Aurei, Antoniniane sowie wenige Goldquinare und Denare geprägt. In Köln und in einer bisher noch nicht identifizierten „südlichen" Münzstätte wurden offiziell in seinem Namen Münzen geprägt. Zahlreiche „barbarisierte" Prägungen existieren neben den offiziellen. Diese Stücke, die man an ihrem primitiveren Stempelschnitt und ihrem zum Teil wesentlich kleineren Durchmesser erkennt, wurden von irregulären Münzstätten herausgegeben, die nicht automatisch von Münzfälschern betrieben worden sein müssen. Lokale Autoritäten dürften es unterstützt haben, daß der herrschende Kleingeldmangel durch die Produktion von lokalem Geld behoben wurde.

Seit Erscheinen des RIC-Bandes V / 2 vor 84 Jahren hat sich unser Bild von den Prägungen der Zeit von 253 bis 275 durch zahlreiche Funde und Forschungen stark verändert. Deshalb haben wir die Münzen des Victorinus anhand neuerer Literatur komplett überarbeitet. Im Katalog ist die alte Nummer jeweils hinter der neuen vermerkt. Eine Konkordanz der alten Kampmann-Nummern zu den neuen finden Sie am Ende des Buches auf S. 523.

s ss vz

AGK = Hans-Joachim Schulzki, Die Antoninianprägung der gallischen Kaiser von Postumus bis Tetricus (Bonn 1996).

Münzen

Folgende Vorderseitenvarianten kommen vor:

Umschrift: IMP C VICTORINVS AVG,
IMP C PI(AV) VICTORINVS (P F) AVG,
IMP C(AES) VICTORINVS P F AVG,
IMP C (M) PIAVVONI(VS) VICTORINVS P F AVG,
IMP VICTORINVS (P F) AVG,
VICTORINVS (P F) AVG
und andere Varianten.

Büste: n. r., selten n. l., mit Strahlenkrone oder Lorbeerkranz, gepanzert und / oder drapiert, selten mit Speer und Schild.

Aurei

Alle Typen. **4.000 10.000 30.000**

Antoniniane

101.1 101.2 AEQVITAS AVG Aequitas n. l. stehend.
AGK 1. **10 30 80**

101.2.2 (Aureus)

101.2 101.3 COMES AVG 1.) Mars n. r. stehend, 2.) Victoria n. l. stehend (Aureus), 3.) Victoria n. r. gehend.
AGK 2ff. **10 30 80**

101.3 101.6 FIDES MILITVM Fides n. l. stehend (Aureus).
AGK 5. **10 30 80**

101.4 101.7 FORT REDVX Fortuna n. l. sitzend.
AGK 6. **10 30 80**

101.5 101.9 INVICTVS Sol n. l. gehend (Aureus).
AGK 8f. **10 30 80**

101.6 101.12 LAETITIA AVG N Laetitia n. l. stehend.
AGK 10. **10 30 80**

		s	*ss*	*vz*
101.7	101.13 MARS VICTOR Mars n. r. gehend. *AGK 11.*	**10**	**30**	**80**
101.8	101.15 ORIENS AVG Sol n. l. gehend. *AGK 26.*	**10**	**30**	**80**

101.9	101.16 PAX AVG Pax n. l. stehend. *AGK 12ff.*	**10**	**30**	**80**
101.10	101.17 PIETAS AVG Pietas n. l. opfernd. *AGK 16ff.*	**10**	**30**	**80**
101.11	101.22 PROVIDENTIA AVG Providentia n. l. stehend. *AGK 19.*	**10**	**30**	**80**
101.12	101.24 SALVS AVG Salus n. r. oder n. l. stehend. AGK 20f.	**10**	**30**	**80**
101.13	101.28 VICTORIA AVG Victoria n. l. gehend. AGK 22.	**10**	**30**	**80**
101.14	101.29 VIRTVS AVG Virtus n. r. oder n. l. stehend. AGK 23f.	**10**	**30**	**80**

Als Divus:

Folgende Vorderseitenvarianten kommen vor:
Umschrift: DIVO VICTORINO PIO.
Büste: n. r., mit Strahlenkrone.

Antoniniane

101.15	101.31 CONSACRATIO Adler auf Globus n. l. stehend. AGK 1.	**20**	**80**	**350**
101.16	101.34 PROVIDENTIA AVG Providentia n. l. stehend. AGK 2.	**20**	**80**	**350**

102. Tetricus I.

271 – 274

Zur Geschichte

C. Pius Esuvius Tetricus gehörte einer vornehmen, wahrscheinlich gallischen Familie an. Schon unter Victorinus bekleidete er eine einflußreiche Stellung, war Mitglied des gallischen Senates und um 269/70 Statthalter der Provinz Aquitanien.

Nach der Ermordung des Victorinus soll dessen Mutter, die mit Tetricus verwandt war, seine Ausrufung zum Kaiser durch die Soldaten veranlaßt haben. Gleich zu Anfang der Herrschaft des Tetricus fielen Spanien und die Gallia Narbonensis kampflos wieder an die Zentralmacht, verkörpert durch Claudius Gothicus zurück.

Im Jahr 273 sah sich Tetricus zum einen einem Aufstand gegenüber, der durch den Statthalter der Provinz Belgica, Faustinus, ausgelöst worden war, zum anderen einem Angriff des Aurelianus, der versuchte, das Gesamtreich wieder unter seine Kontrolle zu bringen. Angesichts der Übermacht ergab sich Tetricus kampflos. Er wurde mit seinem Sohn als Besiegter im Triumphzug des Aurelianus mitgeführt, diente aber nach dieser Demonstration seiner Niederlage auch weiterhin dem römischen Staat als wichtiger Beamter. Tetricus verstarb im hohen Alter.

Zur Münzgeschichte

Unter Tetricus I. wurden Aurei und Antoniniane geprägt, sowie einige wenige Denare. Unter diesem Kaiser ist die Produktion lokaler Imitationen von Antoninianen auf dem Höhepunkt. Die handwerkliche Fertigkeit, mit der die offiziellen Emissionen hergestellt wurden, ist inzwischen so gesunken, daß die schlechtesten offiziellen Prägungen sich kaum von den besten lokalen Stücken unterscheiden lassen.

Hinweise für Sammler

Tetricus I. ließ höchst seltene Antoniniane prägen, die sein Porträt mit Strahlenkrone zeigen und dahinter das seines Sohnes, der einen Lorbeerkranz trägt. Für ein solches Stück in „sehr schön“ muß ein Sammler mindestens mit 3.000,– Euro rechnen.

Seit Erscheinen des RIC-Bandes V / 2 vor 84 Jahren hat sich unser Bild von den Prägungen der Zeit von 253 bis 275 durch zahlreiche Funde und Forschungen stark verändert. Deshalb haben wir die Münzen des Tetricus I. anhand neuerer Literatur komplett überarbeitet. Im Katalog ist die alte Nummer jeweils hinter der neuen vermerkt. Eine Konkordanz der alten Kampmann-Nummern zu den neuen finden Sie am Ende des Buches auf S. 523.

AGK = Hans-Joachim Schulzki, Die Antoninianprägung der gallischen Kaiser von Postumus bis Tetricus (Bonn 1996).

Münzen

Folgende Vorderseitenvarianten kommen vor:
Umschrift: IMP C (G) P ESV(VIVS) TETRICVS AVG,
IMP C TETRICVS (P F) AVG,
IMP (C) TETRICVS PIVS AVG,
IMP TETRICVS (Büste: n. r., mit Lorbeerkranz oder mit Strahlenkrone, gepanzert und / oder drapiert.

Aurei

Alle Typen. **2.500 8.000 20.000**

Antoniniane

s ss vz

102.1 102.8 COMES AVG Victoria n. l. stehend (Aureus).
AGK 1. **– 10 40**

102.2 102.10 CONCORDIA AVG Concordia n. l. stehend.
AGK 2. **– 10 40**

102.3 102.16 FIDES MILITVM Fides n. l. stehend.
AGK 3. **– 10 40**

102.4 102.19 HILARITAS AVGG Hilaritas n. l. stehend.
AGK 4. **10 20 60**

102.5 102.20 INVICTVS Sol n. l. gehend.
AGK N57c. **– 10 40**

102.6 102.25 LAETITIA AVG N Laetitia n. l. stehend (Aureus).
AGK 5. **– 10 40**

102.7 102.24 LAETITIA AVGG Laetitia n. l. stehend.
AGK 6. **10 20 60**

102.8 102.28 MARS VICTOR Mars n. r. gehend.
AGK 7. **– 10 40**

102.9 102.31 NOBILITAS AVGG Nobilitas n. r. stehend (Aureus).
AGK 15. **10 20 60**

102.10 102.35 PAX AVG Pax n. l. stehend.
AGK 8. **– 10 40**

102.11 102.37 PIETAS AVG Pietas n. l. stehend.
AGK N62b. **– 10 40**

102.12 102.38 PIETAS AVGG Priesterliche Geräte.
AGK 16. **10 20 60**

102.13 102.41 PRINC IVVENT Tetricus II. n. l. stehend.
AGK 9. **– 10 40**

102.14 102.42 PROVIDENTIA AVG Providentia n. l. stehend.
AGK N63b. **– 10 40**

102.15 102.45 SALVS AVG Salus n. l. stehend.
AGK 19. **– 10 40**

102.16 102.46 SALVS AVGG Salus n. l. stehend (Aureus).
AGK 10f. **10 20 60**

102.17 102.49 SPES PVBLICA Spes n. l. gehend (Aureus).
AGK 12. **– 10 40**

102.18 102.53 VICTORIA AVG Victoria n. l. gehend (Aureus).
AGK 13. **– 10 40**

102.19 102.56 VIRTVS AVGG Virtus n. l. stehend.
AGK 14. **– 10 40**

103. Tetricus II.

Caesar 272/3 – 274

Zur Geschichte

C. Pius Esuvius Tetricus war der Sohn des Tetricus I. Er wurde 272 oder 273 zum Caesar erhoben und ergab sich zusammen mit seinem Vater dem Aurelianus, bevor es zu einer Entscheidungsschlacht kommen konnte. Zusammen mit seinem Vater wurde Tetricus II. im Triumphzug mitgeführt, erhielt aber danach den Pardon des Siegers und durchlief in der Folge die wichtigsten senatorischen Ämter. Über sein weiteres Schicksal ist nichts bekannt.

Seit Erscheinen des RIC-Bandes V / 2 vor 84 Jahren hat sich unser Bild von den Prägungen der Zeit von 253 bis 275 durch zahlreiche Funde und Forschungen stark verändert. Deshalb haben wir die Münzen des Tetricus II. anhand neuerer Literatur komplett überarbeitet. Im Katalog ist die alte Nummer jeweils hinter der neuen vermerkt. Eine Konkordanz der alten Kampmann-Nummern zu den neuen finden Sie am Ende des Buches auf S. 523.

AGK = Hans-Joachim Schulzki, Die Antoninianprägung der gallischen Kaiser von Postumus bis Tetricus (Bonn 1996).

Münzen

Folgende Vorderseitenvarianten kommen vor:
Umschrift: C P E(S) TETRICVS CAES,
C P(IV) ESV TETRICVS CAES.
Büste: n. r., selten n. l., barhäuptig oder mit Strahlenkrone, drapiert.

Aurei

	s	ss	vz
Alle Typen.	4.000	15.000	50.000

Antoniniane

Nr.	Beschreibung	s	ss	vz
103.1	103.2 COMES AVG Victoria n. l. stehend. *AGK 1.*	–	10	75
103.2	103.5 FIDES MILITVM Fides n. l. stehend. *AGK 11.*	–	10	75
103.3	103.7 HILARITAS AVGG Hilaritas n. l. stehend. *AGK 12.*	10	60	150
103.4	103.8 INVICTVS Sol n. l. gehend. *AGK N57d.*	–	10	75
103.5	103.11 LAETITIA AVGG Laetitia n. l. stehend. *AGK 13.*	10	60	150
103.6	103.17 NOBILITAS AVGG Nobilitas n. r. stehend. *AGK 2.*	10	60	150

Nr.	Beschreibung	s	ss	vz
103.7	103.19 PAX AVG Pax n. l. stehend. *AGK 3.*	–	10	75
103.8	103.21 PIETAS AVGG Priesterliche Geräte. *AGK 4.*	10	60	150
103.9	103.22 PIETAS AVGVSTOR Priesterliche Geräte. *AGK 5.*	–	10	75
103.10	103.24 PRINC IVVENT Tetricus II. n. l. stehend. *AGK 6ff.*	–	10	75
103.11	103.27 PROVIDENTIA AVG Providentia n. l. stehend. *AGK N63c.*	10	60	150
103.12	103.29 SALVS AVGG Salus n. l. stehend. *AGK 15.*	10	60	150

Nr.	Beschreibung	s	ss	vz
103.13	103.30 SPES AVGG Spes n. l. gehend (Aureus). *AGK 9.*	10	60	150
103.14	103.31 SPES PVBLICA Spes n. l. gehend (Aureus). *AGK 10.*	–	10	75
103.15	103.33 VICTORIA AVG Victoria n. l. stehend oder gehend. *AGK N133b.*	–	10	75
103.16	103.34 VIRTVS AVGG Virtus n. l. stehend. *AGK 16.*	–	10	75

104. Claudius II. Gothicus

268 – 270

Zur Geschichte

Marcus Aurelius Valerius Claudius, den man auch Claudius Gothicus nennt, war ein Illyrer von unbekannter Herkunft, aber mit großem militärischen Geschick. Leider sind die in der Historia Augusta überlieferten Quellen zu seiner Karriere nicht ernst zu nehmen, so daß wir lediglich wissen, daß er vor seiner Ernennung zum Kaiser unter Gallienus den mobilen Reiterverband kommandierte. Er soll entscheidend an der Verschwörung gegen Gallienus vor Mailand beteiligt gewesen sein, und wurde nach dessen Tod im Alter von etwa 50 Jahren zum Kaiser ausgerufen und vom Senat bestätigt. Der fähige Militär konnte die Alamannen in der Nähe des Gardasee zurückschlagen, und unter seinem Oberbefehl säuberte Probus die Ägäis von den dort Piraterie betreibenden Schiffen der Heruler. Seinen größten Sieg, der ihm den Beinamen Gothicus eintrug, errang Claudius im Jahr 269 gegen – so behaupten zumindest die antiken Geschichtsschreiber – 320.000 Goten und Heruler bei Naissos. Kurz darauf, Anfang des Jahres 270 starb er nach seiner Rückkehr nach Pannonien in Sirmium an der Pest.

Claudius Gothicus war in der Bevölkerung sehr populär, was Constantinus der Große nach seinem Zerwürfnis mit Maximianus Herculius nützte. Nachdem er sich von seinem bisherigen Schwiegervater losgesagt hatte, proklamierte er eine bis dahin unbekannte Abstammung von Claudius Gothicus, für den er auch Münzen prägen ließ mit der Aufschrift MEMORIAE AETERNAE und REQUIES OPTIMORVM MERITORVM.

Zur Münzgeschichte

Auch unter Claudius II. Gothicus prägten viele lokale Münzstätten. Vermutlich wurde von ihnen das Bild des Claudius Gothicus vor allem in Gallien nach seinem Tod weiterbenutzt. Wir kennen zahlreiche irreguläre Prägungen mit der Aufschrift CONSECRATIO. Laut RIC prägten für Claudius folgende Münzstätten: Rom, Mailand, Siscia, Antiochia und Kyzikos.

Hinweise für Sammler

Auch unter Claudius Gothicus findet man – wenn auch selten – Sonderbüsten. Für ein Stück mit einer Linksbüste mit Speer und / oder Schild muß man etwa 150 Euro in „sehr schön" rechnen, gute 300 Euro in „vorzüglich".

Seit Erscheinen des RIC-Bandes V / 2 vor 84 Jahren hat sich unser Bild von den Prägungen der Zeit von 253 bis 275 durch zahlreiche Funde und Forschungen stark verändert. Deshalb haben wir die Münzen des Claudius Gothicus anhand neuerer Forschungen komplett überarbeitet. Im Katalog ist die alte Nummer jeweils hinter der neuen vermerkt. Eine Konkordanz der alten Kampmann-Nummern zu den neuen finden Sie am Ende des Buches auf S. 523.

Münzen

Folgende Vorderseitenvarianten kommen vor:
Umschrift: IMP (C) CLAVDIVS AVG,
IMP CLAVDIUS P F(EL) AVG,
IMP C M AVR CLAVDIVS (P F) AVG,
und weitere seltene Varianten.
Büste: n. r., selten n. l., mit Lorbeerkranz oder Strahlenkrone, selten mit Helm, gepanzert und / oder drapiert, gelegentlich Speer und Schild haltend.

Aurei

Normaler Typ.	**1.500**	**5.000**	**17.500**

Antoniniane:

104.1	– ABVNDANTIA AVG Abundantia n. r. stehend. *RIC –.*	–	**10**	**25**
104.2	104.1 ADVENTVS AVG Claudius n. r. reitend. *RIC 13.*	**10**	**30**	**120**
104.3	104.2 AEQVITAS AVG Aequitas n. l. stehend. *RIC 14f.*	–	**10**	**25**
104.4	104.3 AETER AVG Sol und Luna einander gegenüberstehend. *RIC 198.*	–	**10**	**25**
104.5	104.4 AETERNIT AVG Sol n. l. stehend. *RIC 16.*	–	**10**	**25**
104.6	104.5 AETERNITATI AVG Saturn n. r. stehend. *RIC 199.*	**5**	**15**	**40**
104.7	104.6 ANNONA AVG Annona n. l. stehend. *RIC 18f.*	–	**10**	**25**
104.8	104.7 APOLLINI CONS Apollo n. l. stehend. *RIC 20ff.*	–	**10**	**25**

Nr.		*s*	*ss*	*vz*
104.9	104.9 CONCOR AVG Proserpina und Ceres einander gegenüberstehend mit Fackeln. *RIC 200.*	**10**	**30**	**125**
104.10	104.12 CONCORD EXER Concordia n. l. stehend. *RIC 25f.*	–	**10**	**25**
104.11	104.101 CONSECR AVG Jupiter und Juno einander gegenüberstehend. *RIC 258.*	**10**	**30**	**125**
104.12	104.13 CONSER AVG 1.) Sarapis n. l. stehend, 2.) Sarapis und Isis einander gegenüberstehend. *RIC 201f.*	**40**	**100**	**150**
104.13	104.22 DIANA LVCIF Diana n. r. stehend. *RIC 144.*	–	**10**	**25**
104.14	104.21 DIANAE VICTR Diana n. r. stehend mit Hirschkuh. *RIC 205.*	–	**10**	**25**
104.15	– FELI(C) AVG Nemesis und Fortuna einander gegenüberstehend. *RIC –.*	**10**	**30**	**125**

Nr.		*s*	*ss*	*vz*
104.16	104.26 FELIC TEMPO oder TENPO Felicitas n. l. stehend. *RIC 31.*	–	**10**	**25**
104.17	– FELICIT TEMP Felicitas n. l. stehend. *RIC –.*	–	**10**	**25**
104.18	104.24 FELICITAS AVG Felicitas n. l. stehend (Quinar). *RIC 32f.*	–	**10**	**25**
104.19	104.25 FELICITAS SAECVLI Felicitas n. l. stehend. *RIC 179.*	–	**10**	**25**
104.20	104.28 FIDES AVG Mercur n. l. stehend. *RIC 207.*	–	**10**	**25**
104.21	104.27 FIDES EXERCI Fides n. l. stehend. *RIC 34ff.*	–	**10**	**25**
104.22	104.29 FIDES MILIT(VM) Fides n. l. stehend (Denar). *RIC 37f.*	–	**10**	**25**
104.23	104.31 FORTVNA(E) RED Fortuna n. l. stehend. *RIC 150f.*	–	**10**	**25**
104.24	104.32 FORTVNA REDVX Fortuna n. l. stehend. *RIC 39ff.*	–	**10**	**25**
104.25	104.33 GENIVS AVG Genius n. l. stehend. *RIC 44ff.*	–	**10**	**25**
104.26	104.34 GENIVS EXERCI Genius n. l. stehend. *RIC 48f.*	–	**10**	**25**

Nr.		*s*	*ss*	*vz*
104.27	104.36 IOVI CONSERVATORI Iupiter n. l. stehend. *RIC –.*	–	**10**	**25**
104.28	104.39 IOVI STATORI Iupiter n. r. stehend. *RIC 52.*	–	**10**	**25**
104.29	104.40 IOVI VICTORI Iupiter n. l. stehend (Aureus). *RIC 53ff.*	–	**10**	**25**
104.30	104.41 IVNO REGINA Iuno n. l. stehend. *RIC 212.*	–	**10**	**25**
104.31	104.42 IVVENTVS AVG Hercules frontal stehend. *RIC 213.*	**5**	**15**	**40**
104.32	104.43 LAETITIA AVG Laetitia n. l. stehend. *RIC 56.*	–	**10**	**25**
104.33	104.44 LIBERALITAS AVG Liberalitas n. l. stehend. *RIC 57ff.*	–	**10**	**25**
104.34	104.45 LIBERITAS oder LIBERT AVG Libertas n. l. stehend. *RIC 60ff.*	–	**10**	**25**
104.35	104.47 MARS VLTOR Mars 1.) n. r. gehend, 2.) n. l. stehend. *RIC 66f.*	–	**10**	**40**
104.36	104.49 MARTI PACIF(ERO) Mars n. l. gehend. *RIC 68ff.*	–	**10**	**25**
104.37	104.51 MINERVA AVG Minerva n. r. stehend. *RIC 236.*	–	**10**	**25**
104.38	104.53 NEPTVN AVG Neptun n. l. stehend. *RIC 214.*	**5**	**15**	**40**
104.39	104.54 ORIENS AVG Sol n. l. stehend. *RIC 76ff.*	–	**10**	**25**
104.40	104.55 PAX AET Pax n. l. sitzend. *RIC 185.*	–	**10**	**25**
104.41	104.56 PAX AETERNA Pax n. l. stehend. *RIC 237f.*	–	**10**	**25**

Nr.		*s*	*ss*	*vz*
104.42	104.57 PAX AVG(VSTI) Pax n. l. stehend oder gehend. *RIC 79ff.*	–	**10**	**25**
104.43	104.58 PAX EXERC Pax n. l. stehend (Aureus). *RIC 160.*	–	**10**	**25**
104.44	104.61 P M TR P II COS P P Claudius 1.) n. l. stehend, 2.) n. r. gehend. *RIC 10ff.*	–	**10**	**25**
104.45	104.62 PROVID(ENT) AVG Providentia n. l. stehend. *RIC 85ff.*	–	**10**	**25**
104.46	104.63 REGI ARTIS Vulcan n. r. stehend mit Hammer und Nägeln. *RIC 215.*	**25**	**80**	**250**
104.47	104.65 RESTITVTOR ORBIS Claudius n. l. opfernd. *RIC 189.*	**5**	**15**	**40**
104.48	104.66 ROMAE AETERNAE Roma n. l. sitzend (Aureus). *RIC 241.*	–	**10**	**25**

s ss vz

104.49 104.67 SALVS AVG 1.) Aesculapius n. l. stehend, 2.) Salus n. l. stehend.
RIC 165ff. – 10 25

104.50 104.67 SALVS AVG 1.) Apollo n. l. stehend, 2.) Diana und Apollo einander gegenüberstehend, 3.) Isis n. l. stehend, 4.) Salus n. r. stehend.
RIC 97. – 10 25

104.51 104.68 SECVRIT AVG Securitas n. l. stehend.
RIC 100f. – 10 25

104.52 104.70 SECVRITAS PERPETVA Securitas n. l. stehend.
RIC 243f. – 10 25

104.53 104.69 SOL(VS) AVG Sol n. l. stehend.
RIC 221. – 10 25

104.54 104.71 SPES AVG Spes n. l. gehend.
RIC 191. – 10 25

104.55 104.72 SPES PVBLIC Salus und Aesculapius einander gegenüberstehend.
RIC 222. 10 30 125

104.56 104.73 SPES PVBLICA Spes n. l. gehend (Aureus).
RIC 102. – 10 25

104.57 104.74 TEMPORVM FELI(CITAS) Felicitas n. l. stehend.
RIC 192. – 10 25

104.58 104.75 VBERITAS AVG Uberitas n. l. stehend.
RIC 103. – 10 25

104.59 104.76 VENVS AVG Venus n. l. stehend.
RIC 245. – 10 25

104.60 104.77 VICTORIA AVG Victoria 1.) n. l. stehend (Aureus), 2.) n. l. gehend (Aureus), 3.) n .r. gehend (Aureus).
RIC 104ff. – 10 25

104.61 104.79 VICTOR(IA) GERMAN(ANIC) Trophäe zwischen zwei sitzenden Gefangenen.
RIC 250. 10 30 125

104.62 – VICTORIA GVTTICA AVG Trophäe zwischen zwei sitzenden Gefangenen.
RIC – 10 30 125

104.63 104.78 VICTORIAE GOTHIC Trophäe zwischen zwei sitzenden Gefangenen.
RIC 251f. 10 30 125

104.64 104.81 VIRT AVG Vulcan und Minerva einander gegenüberstehend.
RIC 224. 10 30 125

s ss vz

104.65.1

104.65 104.82 VIRTVS AVG 1.) Mars n. r. laufend (Aureus), 2.) Virtus n. l. stehend, 3.) Claudius n. r. reitend, 4.) Minerva n. r. stehend.
RIC 109ff. – 10 25

104.66 – VIRTVTI AVGVSTI Hercules n. r. stehend.
RIC –. 5 15 40

104.67 104.85 VOTA ORBIS Zwei Victorien, einen Schild mit sc an Palme befestigend.
RIC 196. 5 15 40

Bronzemünzen

104.68 104.88 As. IOVI VICTORI Iupiter n. l. stehend.
RIC 124. 150 500 2000

104.69 104.91 Sesterz. MARTI PACIFERO Mars n. l. stehend.
RIC 175. 150 500 2000

104.70 – As. VICTORIA AVG Victoria n. l. stehend.
RIC –. 150 500 2000

Als Divus:

Nach dem Tod des Claudius wurden auch in den regulären Münzstätten sogenannte Hybridprägungen hergestellt, also Prägungen, bei denen die Vorderseite aus der Zeit nach dem Tode des Claudius stammt, die Rückseite aus der Zeit davor bzw. umgekehrt. Diese Prägungen sind sehr häufig.

Aurei (unter Constantin I.):

104.71 104.92 MEMORIAE AETERNAE Adler n. l. stehend.
RIC 292. LP LP LP

Antoniniane

(unter den Nachfolgern des Claudius II. Gothicus):

104.72 – CONSACRATIO 1.) Adler n. l. oder n. r., 2.) Altar.
RIC –. – 10 25

104.73 104.98 CONSAECRATIO Altar.
RIC 257. 10 40 120

104.74 104.100 CONSECRATIO 1.) Adler n. l. oder n. r., 2.) Altar.
RIC 259ff. – 10 25

		s	ss	vz
104.75	104.99f. CONSACRATIO oder CONSECRATIO Scheiterhaufen. *RIC 256.*	**10**	**40**	**120**

Nummi (unter Constantin I.; zu den Münzzeichen vgl. Aufstellung unter Diocletianus)

104.76	104.121 Nummus. MEMORIAE AETERNAE 1.) Adler n. l. oder n. r. blickend, 2.) Löwe n. r. gehend. *RIC 293ff.*	**10**	**40**	**175**

104.77	104.122 Nummus. REQVIES OPT(IMORVM) MER(ITORVM) Claudius n. l. sitzend. *RIC 297ff.*	**10**	**40**	**125**

105. Quintillus

270

Zur Geschichte

Marcus Aurelius Claudius Quintillus war der Bruder des Claudius Gothicus. Er wurde nach dem Tod seines Bruders durch den Senat zum Nachfolger ausgerufen. Er regierte nur wenige Wochen, bis der an der Donau zum Kaiser ausgerufene Aurelian ihn mit seinen Truppen angriff. Angesichts der Übermacht fielen die Truppen von Quintillus ab, was weiter mit ihm geschah, – ob er ermordet wurde oder Selbstmord beging – darüber gibt es widersprüchliche Nachrichten.

Zur Münzgeschichte

Als Münzstätten gibt der RIC Rom, Mailand, Siscia und Kyzikos an.
Seit Erscheinen des RIC-Bandes V / 2 vor 84 Jahren hat sich unser Bild von den Prägungen der Zeit von 253 bis 275 durch zahlreiche Funde und Forschungen stark verändert. Deshalb haben wir die Münzen des Quintillus anhand neuerer Forschungen komplett überarbeitet. Im Katalog ist die alte Nummer jeweils hinter der neuen vermerkt. Eine Konkordanz der alten Kampmann Nummern zu den neuen finden Sie am Ende des Buches auf S. 523.

Münzen

Folgende Vorderseitenvarianten kommen vor:
Umschrift: IMP C M AVR CL QVINTILLVS AVG,
IMP QVINTILLVS (P F) AVG
und viele andere Varianten.
Büste: n. r., mit Lorbeerkranz oder Strahlenkrone, gelegentlich gepanzert und / oder drapiert.

Aurei

	Alle Typen.	**5.000**	**10.000**	**40.000**

Antoniniane

105.1	105.2 AETERNIT AVG Sol n. l. stehend. *RIC 7.*	**15**	**40**	**90**
105.2	105.4 APOLLINI CONS Apollo n. l. stehend. *RIC 9.*	**15**	**40**	**90**
105.3	105.6 CONCO(RD) EXER Concordia n. l. stehend (Aureus). *RIC 45.*	**15**	**40**	**90**
105.4	105.7 CONCORDIA AVG Concordia n. l. stehend. *RIC 13f.*	**15**	**40**	**90**

		s	ss	vz
105.5	105.9 DIANA LVCIF Diana n. r. stehend. *RIC 16.*	**15**	**40**	**90**

(Aureus)

		s	ss	vz
105.6	105.11 FIDES EXERCITI Fides n. l.stehend (Aureus). *RIC 51.*	**15**	**40**	**90**
105.7	105.12 FIDES MILIT(VM) Fides n. l. stehend (Aureus). *RIC 18.*	**15**	**40**	**90**

		s	ss	vz
105.8	105.13 FORTVNA(E) RED(VX) Fortuna n. l. stehend. *RIC 19f.*	**15**	**40**	**90**

		s	ss	vz
105.9	105.18 LAETITIA AVG Laetitia n. l. stehend. *RIC 22.*	**15**	**40**	**90**
105.10	105.20 LIBERITAS AVG Libertas n. l. stehend. *RIC 65ff.*	**15**	**40**	**90**
105.11	105.21 MARS VLTOR Mars n. r. gehend. *RIC 69f.*	**15**	**40**	**90**
105.12	105.22 MARTI PAC(IF) Mars n. r. 1.) stehend, 2.) gehend. *RIC 58f.*	**15**	**40**	**90**
105.13	105.23 PANNONIAE Pannonia n. l. stehend. *RIC 61.*	**25**	**50**	**180**
105.14	105.24 PAX AVG(VSTI) Pax n. l. 1.) stehend, 2.) gehend. *RIC 26.*	**15**	**40**	**90**
105.15	105.27 PROVID(ENT) AVG Providentia n. l. stehend. *RIC 28f.*	**15**	**40**	**90**

		s	ss	vz
105.16	105.29 SECVRIT AVG Securitas n. l. stehend. *RIC 31f.*	**15**	**40**	**90**
105.17	105.30 TEMPORVM FELI Felicitas n. l. stehend. *RIC 74ff.*	**15**	**40**	**90**
105.18	105.31 VBERITAS AVG Uberitas n. l. stehend. *RIC 78f.*	**15**	**40**	**90**
105.19	105.32 VICTORIA AVG Victoria n. r. oder n. l. gehend. *RIC 33f.*	**15**	**40**	**90**
105.20	105.34 VIRTVS AVG Virtus n. l. stehend. *RIC 35.*	**15**	**40**	**90**

106. Aurelianus

270 – 275

Zur Geschichte

Lucius Domitius Aurelianus wurde im oder um das Jahr 207 in der Gegend von Sirmium geboren. Er stammte nicht aus der Oberschicht, sondern war von einfacher Geburt und machte seine Karriere im Militär. Während der Herrschaft des Gallienus hatte er sich zum Reiterführer emporgearbeitet und wirkte in dieser Funktion an der Verschwörung gegen den Kaiser mit.

Nach dem Tod des Claudius Gothicus wurde Aurelianus von seinen Soldaten zum Gegenkaiser zu dem amtierenden Quintillus ausgerufen. Nach dessen Niederlage wurde Aurelianus vom Senat als neuer Herrscher bestätigt.

Unter seiner Herrschaft wurde die Krise des Reiches überwunden. Durch eine aggressive Rückeroberungspolitik – Aurelianus soll in eigener Person während seiner Schlachten mehr als 800 Feinde erschlagen haben – konnten nach und nach alle Teilreiche wieder für das Gesamtreich zurückerobert werden. Zunächst vereinbarte Aurelianus im Osten eine Zusammenarbeit mit Vaballathus, dem er die selbstständige Verwaltung der von ihm beherrschten Gebiete zugestand. Danach konnte er in mehreren siegreichen Schlachten gegen die Juthungen, Sarmaten und Vandalen die Donaufront halten, mußte aber Dakien nördlich des Flusses räumen. Er säuberte Italien vor den plündernden Goten und sicherte die Hauptstadt Rom durch die Aurelianische Mauer, von der heute noch Spuren im Stadtbild zu finden sind. Nachdem die Gefahren im Westen eingedämmt waren, wandte sich Aurelianus dem Osten zu und eroberte das Reich von Palmyra, mit dem er sich vorher gütlich geeinigt hatte. Damit gewann Aurelianus die reiche Kornkammer Ägypten für sich. Die kampflose Aufgabe des letzten gallischen Herrschers Tetricus I., mit der das gallische Sonderreich ihm zufiel, war die Krönung seiner Erfolge.

Im Oktober des Jahres 274 marschierte Aurelianus zu einem Feldzug gegen die Sasaniden. Im Januar 275 wurde er in Thrakien von seinen eigenen Männern ermordet.

Noch eine religionsgeschichtlich interessante Veränderung des römischen Pantheons ist mit Aurelianus verbunden. Unter ihm wurde Sol Invictus zum Reichsgott erhoben, was sich auch in der Münzprägung niederschlug. Die Zahl der Darstellungen von Sol steigen unter seiner Herrschaft massiv an.

Zur Münzgeschichte

Spätestens unter Gallienus hatte der Antoninian seinen tiefsten Silbergehalt erreicht. Der Kaiser selbst, der diese nur mit einer dünnen Silberschicht umhüllten Antoniniane ausgab, befahl inzwischen, die Steuern in Naturalien zu entrichten. Dies ist ein Indiz, daß allmählich im römischen Reich die Naturalwirtschaft begann, die Geldwirtschaft abzulösen. Besonders das Problem, daß zwischen den Goldmünzen – die inzwischen bei einer finanziellen Transaktion wohl nicht mehr gezählt, sondern eher gewogen wurden – und den Antoninianen in der Nominalkette ein riesiges Loch klaffte, dürfte den täglichen Zahlungsverkehr erschwert haben. Aurelianus versuchte, Abhilfe zu schaffen. Auslöser dafür war eine Revolte, die sich im Januar 271 in Rom zutrug. Unter dem Kommando eines Münzstättenbeamten namens Felicissimus soll ein Aufstand ausgebrochen sein, der 7.000 Menschen das Leben kostete. Wir haben keine Hinweise, was diesen Aufstand auslöste und worum es sich gedreht haben mag, aber er war Grund genug für den Kaiser, sich den Zustanden in der Münzstätte zuzuwenden.

Wir können drei Stufen der Münzprägung unter Aurelianus festmachen:

I Nur Aurei, Antoniniane und wenige Sesterzen werden ausgeprägt. Die Münzprägung setzt die seiner Vorgänger fort mit leichtgewichtigen Antoninianen und Münzstempeln, die ohne jedes Gefühl für Qualität geschnitten sind. Es gibt eine große Anzahl von verschiedenen Rückseitenbildern.

II Neben Aurei und Antoninianen werden auch Bronzemünzen wieder ausgeprägt. Der Stil der Münzstempel ändert sich von Grund auf in so einem hohen Maße, daß man davon gesprochen hat, daß das gesamte Team der Stempelschneider in den Münzstätten ausgewechselt wurde, vielleicht als Folge des Aufstandes im Jahre 271. Die Antoniniane sind nun schwerer, das Porträt zeigt einen jüngeren Kaiser, die Buchstaben der Legenden werden wieder sorgfältiger gearbeitet. Die Zahl der Rückseitenmotive geht dramatisch zurück, wobei praktisch alle Bilder in allen

Münzstätten ausgeprägt werden, was man als Zeichen der Zentralisierung der Reichsverwaltung gewertet hat.

III Gewicht und Durchmesser der Münzen gehen wieder leicht zurück. Gelegentlich sehen wir auf den Stücken Wertangaben wie XXI und KA, wobei wir aber nicht wissen, worauf sich die lateinische bzw. griechische Zahl 21 bezieht.

Hinweise für Sammler

Es empfiehlt sich, um den Wert eines Stückes des Aurelianus einzuschätzen, vor allem die Vorderseite anzusehen. Einige höchst seltene Vorderseitenumschriften können den Wert eines Stückes stark erhöhen. Dazu zählen IMP DEO ET DOMINO AVRELIANO AVG, DEO ET DOMINO NATO AVRELIANO AVG, sowie SOL DOMINVS IMPERI ROMANI mit Abkürzungen. Für ein Stück mit diesen Vorderseitenlegenden muß der Sammler in „sehr schön" mit 200 Euro rechnen, in „vorzüglich" mit 500.

In der Tabelle sind die Antoniniane, die aus der 1. Phase stammen, mit 15 Euro in sehr schön und 40 in vorzüglich bewertet, die der 2. und 3. Phase mit 20, bzw. 60 Euro bewertet.

Seit Erscheinen des RIC-Bandes V / 2 vor 84 Jahren hat sich unser Bild von den Prägungen der Zeit von 253 bis 275 durch zahlreiche Funde und Forschungen stark verändert. Deshalb haben wir die Münzen des Aurelianus anhand neuerer Literatur komplett überarbeitet. Im Katalog ist die alte Nummer jeweils hinter der neuen vermerkt. Eine Konkordanz der alten Kampmann-Nummern zu den neuen finden Sie am Ende des Buches auf S. 523.

G = Robert Göbl, Die Münzprägung des Kaisers Aurelianus (270-275) (Wien 1993).

Münzen

Folgende Vorderseitenvarianten kommen vor:

Umschrift: IMP C (L) DOM AVRELIANVS AVG,
IMP (C) AVRELIANVS AVG,
AVRELIANVS AVG
und zahlreiche andere Abarten dieser Legenden.

Büste: n. r., selten n. l., mit Lorbeerkranz oder Strahlenkrone, gepanzert und / oder drapiert, gelegentlich im kaiserlichen Mantel, ein Szepter haltend. Auch andere Büsten kommen vor, alle sind selten und müssen mit einem Aufpreis bezahlt werden: nackte oder gepanzerte Büste mit Schild und Speer; im kaiserlichen Mantel, eine Victoria haltend; drapiert, einen Caduceus haltend; höchst seltene Stücke zeigen statt der Büste des Kaisers auf der Vorderseite die Büste des Sol mit Strahlenkranz mit der Umschrift SOL DOMINVS IMPERI ROMANI mit Abkürzungen, gelegentlich mit seinen vier Pferden.

Aurei

			s	*ss*	*vz*
106.1	106.2	P M TB P V II COS II P P Mars n. r. gehend. *G 77.*	**1.000**	**2.000**	**5.000**
106.2	106.4	P M TR P COS P P Löwe mit Strahlenkranz n. l. gehend oder springend. *G 129.*	**1.000**	**2.500**	**6.000**
106.3	106.8	RESTITVTOR ORIENTIS Sol n. l. stehend. *G 219.*	**1.000**	**2.000**	**5.000**
106.4	–	VIRTVS AVG Mars n. r. gehend. *G 127.*	**1.000**	**2.000**	**5.000**
106.5	106.10	VIRTVS AVG(VSTI) Trophäe zwischen zwei Gefangenen. *G 164f.*	**1.000**	**2.000**	**5.000**
106.6	106.12	VIRTVS ILLVRICI Mars n. r. gehend. *G 363.*	**1.000**	**2.000**	**5.000**

Antoniniane

Bei Motivgleichen Stücken, bei denen die Preise für die Stücke aus der 1. Periode von denen aus der 2. und 3. Periode abweichen, sind in Klammern eine (I) oder eine (II) angegeben. Stücke der zweiten Periode erkennt man an dem wesentlich besseren Stempelschnitt.

			s	*ss*	*vz*
106.7	106.13	ADVENTVS AVG Aurelianus n. r. galoppierend. *G 108.*	–	**20**	**60**
106.8	106.14	AETERNIT AVG Sol n. l. stehend. *G 94.*	–	**15**	**40**
106.9	106.15	AETERNITAS AVG Wölfin, die Zwillinge säugend. *G 303.*	–	**20**	**60**
106.10	106.20	APOLLINI CONS Apollo n. l. stehend. *G 93.*	–	**15**	**40**
106.11	106.21	CONCO EXER Concordia n. l. stehend. *G 21.*	–	**15**	**40**
106.12	106.22	CONCORDIA AVG Concordia n. l. opfernd. *G 88.*	–	**15**	**40**
106.13	106.23f.	–. 1.) Concordia n. l. sitzend 2.) Aurelianus und Severina im Handschlag. *G 202.*	–	**20**	**60**
106.14	106.27.4	CONCORD MILIT Iupiter n. l. stehend, Aurelianus einen Globus übergebend. *G 322.*	–	**20**	**60**
106.15	106.25	CONCORD(IA) LEGI Concordia n. l. stehend (Aureus). *G 32.*	–	**15**	**40**
106.16	106.26	CONCORDIA MILI 1.) Concordia n. l. sitzend (I), 2.) Concordia n. l. stehend, 3.) zwei Concordien mit Feldzeichen einander gegenüber stehend (I) (Aureus). *G 173ff.*	–	**15**	**40**

		s	ss	vz

		s	ss	vz
106.17	106.27.2 CONCORDIA MILIT(VM) Aurelianus im Handschlag mit Concordia. *G 213f.*	–	**20**	**60**
106.18	106.30.2 CONSERVAT AVG Sol n. r. oder l. stehend, Fuß auf Gefangenem (Aureus). *G 378f.*	–	**20**	**60**
106.19	106.30.1 CONSERVATOR AVG Aesculapius n. l. stehend. *G 240.*	–	**20**	**60**
106.20	106.32 DACIA FELIX Dacia n. l. stehend (Aureus). *G 17.*	**10**	**30**	**80**
106.21	106.33 FELIC SAECV(LI) Felicitas n. l. opfernd. *G 36f.*	–	**20**	**60**
106.22	106.34 FELICIT TEMP Felicitas n. l. stehend. *G 293.*	–	**15**	**40**
106.23	106.35 FIDES EXERCITI Mars n. r. gehend. *G 269.*	–	**20**	**60**
106.24	106.36 FIDES MILIT(VM) 1.) Fides n. l. stehend (Aureus), 2.) Aurelianus n. l. stehend. *G 16.*	–	**15**	**40**
106.25	106.37 FIDES MILITVM Iupiter n. l. stehend, Aurelianus einen Globus übergebend. *G 319.*	–	**20**	**60**
106.26	106.38 FORTVNA REDVX Fortuna n. l. stehend. *G 92.*	–	**15**	**40**

		s	ss	vz
106.27	106.39 – sitzend (Aureus). *G 212.*	–	**20**	**60**
106.28	106.40 GENIVS EXERCITI Genius n. l. stehend. *G 316.*	–	**20**	**60**
106.29	106.41 GENIVS ILLV(R) Genius n. l. stehend (Aureus). *G 181f.*	–	**15**	**40**

		s	ss	vz
106.30	106.43 IOVI CONSER(VATORI) Aurelianus n. r. stehend, einen Globus von Iupiter empfangend. *G 45.*	–	**20**	**60**
106.31	106.45 IOVI STATORI Iupiter n. l. stehend. *G 241.*	–	**20**	**60**
106.32	106.46 IOVI VICTORI Iupiter n. l. stehend. *G 109.*	–	**20**	**60**
106.33	106.47 LAETITIA AVG Laetitia n. l. stehend. *G 97.*	–	**15**	**40**
106.34	106.50 LIBER(I)T(AS) AVG Libertas n. l. stehend. *G 157.*	–	**15**	**40**
106.35	106.51 MARS INVICTVS Mars n. r. stehend, einen Globus von Sol empfangend, gelegentlich zwischen ihnen Gefangener. *G 349.*	–	**25**	**75**
106.36	106.53 MARTI PACI(F) Mars n. l. gehend oder stehend (Aureus). *G 14.*	–	**15**	**40**
106.37	106.55 MINERVA AVG Minerva n. r. oder n. l. stehend. *G 308f.*	–	**15**	**40**

106.38.2

		s	ss	vz
106.38	106.56 ORIENS AVG 1.) Sol n. l. stehend, 2.) Sol n. l. stehend mit einem Gefangenem, 3.) Sol n. l. oder n. r., auf einen Gefangenen tretend, 4.) Sol n. l. stehend oder gehend zwischen zwei Gefangenen (Aureus), 5.) Aurelianus n. r. stehend, einen Globus von Sol empfangend. *G 115ff.*	–	**20**	**60**
106.39	106.57 Denar. –. Sol n. l. stehend. *G 245.*	**25**	**60**	**125**
106.40	106.58 PACATOR ORBIS 1.) Sol n. l. gehend, 2.) Aurelianus n. l. opfernd. *G 3.*	–	**20**	**60**
106.41	106.59 PACATOR ORIENTIS Aurelianus n. r. stehend mit Gefangenem. *G 192.*	–	**20**	**60**
106.42	106.63 PANNONIAE Pannonia frontal stehend (Aureus). *G 22.*	–	**15**	**40**
106.43	106.61 PAX AVGVSTI Pax n. l. stehend (I). *G 84.*	–	**15**	**40**

			s	ss	vz
106.44	106.62	– 1.) Pax n. l. stehend (II), 2.) Pax n. l. gehend. *G 190.*	–	20	60
106.45	106.64	PIETAS AVG Aurelianus und Pietas gemeinsam opfernd. *G 61.*	–	20	60
106.46	106.65.1	P M TR P P COS Neptun n. l. stehend. *G 301.*	10	30	80
106.47	106.65.2	P M TR T P P COS Löwe n. r. gehend. *G 302.*	10	30	80
106.48	106.66.1	Denar. PROVIDEN AVG Providentia n. l. stehend. *G 140.*	25	60	125
106.49	106.67	PROVIDEN DEOR Fides n. r. stehend, ihr gegenüber Sol (Aureus). *G 78.*	–	20	60
106.50	106.66.1	PROVIDENT AVG Providentia n. l. stehend. *G 91.*	–	15	40
106.51	106.66.2	PROVIDENT AVG 1.) Venus n. l. stehend, 2.) Mercur n. l. stehend. *G 310f.*	–	20	60
106.52	106.72	RESTIT SAECVLI Aurelianus n. l. stehend, einen Kranz von Frau empfangend. *G 198.*	–	20	60
106.53	106.71.1	RESTITVT ORI(G)ENTIS Aurelianus n. l. stehend, einen Kranz von Frau empfangend. *G 55.*	–	20	60
106.54	106.68	RESTITVTOR EXERCITI Mars n. r. stehend, Aurelianus einen Globus überreichend. *G 348.*	–	20	60

106.55.1

			s	ss	vz
106.55	106.70	RESTITVT(OR) ORBIS 1.) Aurelianus n. l. stehend, einen Kranz von Frau empfangend, 2.) wie vorher, aber kniende Gestalt zwischen beiden, 3.) Sol und Aurelianus gemeinsam einen Globus haltend, 4.) Victoria n. r. stehend, Aurelianus einen Kranz überreichend. *G 259ff.*	–	20	60
106.56	106.71.2	RESTITV(TOR) ORIENT(IS) Aurelianus n. l. stehend, vor ihm kniende Frau. *G 193ff.*	–	20	60
106.57	106.73	ROMAE AETERNE Roma n. l. sitzend. *G 312.*	–	15	40
106.58	106.74	ROMAE AETER(NAE) Roma n. l. sitzend, Aurelianus eine Victoria überreichend. *G 64f.*	–	20	60
106.59	106.75	SAECVLI FELICITAS Aurelianus n. r. stehend. *G 316.*	–	20	60
106.60	106.76	SECVRIT AVG Securitas n. l. stehend. *G 96.*	–	15	40
106.61	106.77	SOLI CONSERVATORI Aurelianus n. r. stehend, einen Globus von Sol empfangend, im Abschnitt zwei Gefangene. *G 336.*	–	20	60
106.62	106.78	SOLI INVICTO 1.) Sol n. l. stehend, 2.) Sol n. l. stehend mit Gefangenem, 3.) Sol n. l. gehend zwischen zwei Gefangenen. *G 73.*	–	20	60
106.63	106.79	VBERITAS AVG Uberitas n. l. stehend. *G 159.*	–	15	40
106.64	106.80	VABALATHVS VCRIMDR Drapierte Büste des Vaballathus mit Lorbeerkranz n. r. *G 353.*	20	40	125
106.65	106.82	VICTORIA AVG Victoria 1.) n. r. gehend (Aureus) (I), 2.) n. l. stehend. *G 86f.*	–	15	40
106.66	106.83	– 1.) Victoria n. r. gehend (Aureus) (II), 2.) Victoria n. l. gehend (Aureus), 3.) Victoria zwischen zwei Schilden, ein Diadem haltend, 4.) Victoria, den Kaiser bekränzend. *G 39.*	–	20	60

			s	ss	vz
106.67	106.84	Denar. VICTORIA AVG Victoria n. l. gehend. *G 139.*	25	75	150
106.68	106.85	VICTORIA GERN Victoria n. r. gehend, sich umwendend. *G 317.*	10	30	80
106.69	106.86	VICTORIAE GOTHIC Trophäe zwischen zwei Gefangenen. *G 295f.*	10	30	80
106.70	106.90	VIRTVS AVG Soldat n. l. stehend. *G 85.*	–	15	40
106.71	106.91	VIRTVS AVG 1.) Hercules n. r. stehend 2.) Aurelianus n. r. stehend, ihm gegenüber Soldat mit Victoria. *G 50.*	–	20	60
106.72	106.96	VIRT(VS) MILITVM Aurelianus n. r. oder n. l. stehend, ihm gegenüber Soldat mit Victoria. *G 105.*	–	20	60

Bronzemünzen

s ss vz

106.73 106.97 Sesterz. CONCORDIA AVG Aurelianus und Severina im Handschlag, über ihnen Büste des Sol.
G 145. **25 80 180**

106.74 106.99 Sesterz. GENIVS EXERCI Genius n. l. stehend.
G 83. **25 80 180**

106.75 106.101 Doppelsesterz, Sesterz. SEVERINA AVG Drapierte Büste der Severina mit Diadem n. r.
G 143f. **350 1.500 3.000**

107. Severina

Gattin des Aurelianus

Zur Geschichte

Außer den Münzen überliefert keine sonstige Quellengattung den Namen der Frau des Kaisers Aurelianus. Wir wissen also rein gar nichts über sie.

Hinweise für Sammler

Alle Antoniniane, die mit dem Porträt der Severina geprägt wurden, gehören in die Periode nach der Münzreform des Aurelianus.

Seit Erscheinen des RIC-Bandes V / 2 vor 84 Jahren hat sich unser Bild von den Prägungen der Zeit von 253 bis 275 durch zahlreiche Funde und Forschungen stark verändert. Deshalb haben wir die Münzen der Severina anhand neuerer Literatur komplett überarbeitet. Im Katalog ist die alte Nummer jeweils hinter der neuen vermerkt. Eine Konkordanz der alten Kampmann-Nummern zu den neuen finden Sie am Ende des Buches auf S. 523.

G = Robert Göbl, Die Münzprägung des Kaisers Aurelianus (270–275) (Wien 1993).

Münzen

Folgende Vorderseitenvarianten kommen vor.
Umschrift: SEVERINA (P F) AVG,
SEVERINA AVGVSTA,
SEVERINAE AVG.
Büste: n. r., drapiert und ein Diadem tragend; auf Mondsichel.

Aurei

107.1 107.1 Binio. CONCORDIAE MILITVM Concordia n. l. stehend.
G 79. **LP LP LP**

Antoniniane

107.2 107.2 CONCORDIA AVG(G) Aurelianus und Severina im Handschlag.
G 132. **15 40 120**

107.3 107.3 CONCORDIAE MILITVM Concordia n. l. stehend.
G 237. **15 40 120**

107.4 107.4 CONCORD MILIT Concordia n. l. sitzend.
G 4. **15 40 120**

s ss vz

107.5 107.6 Denar. LAETITIA AVG Laetitia n. l. stehend.
G 136. 25 60 125

107.6 107.7 PROVIDEN(TIA) DEOR(VM) Fides n. r. stehend, ihr gegenüber Sol.
G 78A. 15 40 120

107.7 107.8 Denar. VENVS FELIX Venus n. l. stehend.
G 141f. 25 60 125

Bronzemünzen

107.8 107.9 Sesterz. IVNO REGINA Iuno n. l. stehend.
G 147. 25 80 175

108. Zenobia

Gemahlin des Odaenathus

Zur Geschichte

Zenobia beherrschte vier Jahre lang das so genannte Reich von Palmyra. Die Oase Palmyra, nach der dieses kurzlebige Sonderreich seinen Namen bekam, war an einer bedeutenden Handelsstraße in der Syrischen Wüste gelegen, etwa 165 km östlich von Emesa (Homs) und 230 km nordwestlich von Damascus. So war Palmyra schon immer ein sehr weit vorgeschobener Vorposten des römischen Reiches, der erst von Caracalla in die Provinz Syrien integriert wurde. Spätestens nachdem die Sasaniden die Parther in ihrer Herrschaft abgelöst hatten, stand Palmyra ständig unter ihrem Druck.

Seit der Mitte des 3. Jahrhunderts war Palmyra mehr oder weniger auf sich selbst angewiesen. In der zweiten Hälfte der 50er Jahre des 3. Jahrhunderts wurde der mächtigste Bürger von Palmyra, Odaenathus, zum Chef der Miliz ernannt, in dessen Händen alle lokale militärische Befugnis zusammenlaufen sollte. Odaenathus war so effektiv, daß Valerianus ihn 257/8 zum Legaten der Provinzen Syrien und Phönizien ernannte.

Diese Position nutzte Odaenathus, als nach dem Tod des Valerianus ein Machtvakuum im Osten entstand. Gallienus selbst unterstützte ihn darin, indem er ihm für den Osten das Kommando über die römischen Armeen übertrug. Es gelang Odaenathus nicht nur, Syrien zu sichern. Er konnte sogar die Provinz Mesopotamia von den Sasaniden zurückerobern.

Ende des Jahres 267 wurde Odaenathus ermordet, ohne daß wir ausreichende Quellen für den konkreten Grund hätten. Nach seinem Tod gelang es seiner resoluten Witwe Septimia Zenobia, die Herrschaft für ihren minderjährigen Sohn Vaballathus zu sichern. Diesmal erkannte das Zentralreich die neuen Herrscher nicht an, die verschiedenen Usurpatoren waren aber nach dem Tod des Gallienus zu beschäftigt damit, sich gegenseitig zu bekämpfen, als daß sie im Osten hätten eingreifen können. Zenobia nutzte dies zur Vergrößerung ihres Herrschaftsgebietes. So konnte sie im Sommer 270 Ägypten besetzen. Nichtsdestotrotz suchte sie den Ausgleich, veranlaßte ihren Sohn, den Titel „Imperator" anzunehmen, sich damit eine Stufe unter Aurelianus zu stellen, der gerade die Herrschaft gewonnen hatte. Doch Aurelian war dazu nicht bereit, er begann im Frühjahr 272 mit einem Feldzug gegen das Teilreich im Osten, das dadurch gezwungen war, sich nun völlig selbstständig zu erklären. Doch der Militärmacht Aurelians war das palmyrenische Teilreich nicht gewachsen. Aurelian konnte den Osten Stück für Stück für sich zurückgewinnen, Zenobia wurde auf der Flucht gefangen genommen. Sie wurde begnadigt, mußte im Triumphzug mitziehen, erhielt dann aber Ehemann und eine kleine Villa in Tivoli, wo sie bis zu ihrem Tode lebte. Wann sie gestorben ist, entzieht sich unserer Kenntnis.

Münzgeschichte

Alle Münzen mit dem Porträt der Zenobia gehören zu einer kleinen Emission, die in Antiochia nach Beginn des Feldzugs Aurelians 272 geprägt wurden.

Hinweise für Sammler

Münzen der Zenobia nach reichsrömischem Vorbild sind äußerst selten. Etwas häufiger, aber immer noch nicht für jeden erschwinglich sind die Alexandrinischen Tetradrachmen, die mit ihrem Porträt geprägt wurden. Für ein Stück aus dieser Emission muß man in „sehr schön“ etwa 800 Euro rechnen, in „vorzüglich“ 2.000.

G = Robert Göbl, Die Münzprägung des Kaisers Aurelianus (270–275) (Wien 1993).

Münzen

Folgende Vorderseitenvarianten kommen vor:
Umschrift: (S) ZENOBIA AVG.
Büste: n. r., drapiert, mit Diadem; auf Mondsichel.

Antoniniane

108.1 IVNO REGINA Iuno n. l. stehend.
G 360. 1.250 4.000 8.000

109. Vabalathus

Augustus 272

Zur Geschichte

Vabalathus war der älteste Sohn Zenobias, der zweiten Gemahlin des Odaenathus. Nach dessen Ermordung, bei der auch der eigentlich für die Thronfolge vorgesehene ältere Bruder ums Leben kam, gelang es Zenobia, dem minderjährigen Vabalathus die Macht seines Vaters zu sichern.

Im Namen des Vabalathus, aber auf Grund seines geringen Alters wohl ohne dessen Beteiligung, wurde das palmyrenische Teilreich vergrößert, der Ausgleich mit Aurelianus gesucht und, nachdem dies nicht gelungen war, ein eigenes Reich eingerichtet. Dieses eroberte Aurelianus im Jahre 272. Dabei wurde Vabalathus gefangen genommen, vor Gericht gestellt und begnadigt. Was weiter mit ihm geschah, darüber schweigen sich die Quellen aus.

Münzgeschichte

Nach der Annahme des Titels „Imperator“ dürfte in Antiochia mit der Münzprägung begonnen worden sein, die auf der Vorderseite den Kaiser Aurelianus zeigt, auf der Rückseite den ihm unterstellten Vabalathus.

Alle Münzen, die ausschließlich das Porträt des Vabalathus zeigen, gehören zu einer kleinen Emission, die in Antiochia nach Beginn des Feldzugs Aurelians 272 geprägt wurden.

Hinweise für Sammler

Das VCRIMDR, das auf den Münzen mit dem Porträt des Aurelianus zu finden ist, wird im allgemeinen aufgelöst als *Vir Consularis Romanorum Imperator Dux Romanorum* – übersetzt: Ein Mann, der die Rechte eines gewesenen Consul der Römer besitzt, Feldherr und Anführer der Römer.

Während alle Münzen selten sind, die nur das Porträt des Vabalathus zeigen, sind die mit dem Doppelporträt Aurelianus / Vabalathus sehr häufig im Handel zu finden.

G = Robert Göbl, Die Münzprägung des Kaisers Aurelianus (270–275) (Wien 1993).

Münzen

Folgende Vorderseitenvarianten kommen vor:
Umschrift: Auf Prägungen des Aurelianus VABALATHVS VCRIMDR, auf seinen eigenen Prägungen IM C VHABALATHVS AVG.
Büste: n. r., mit Strahlenkrone, gepanzert und / oder drapiert.

Antoniniane

		s	*ss*	*vz*
109.1	AEQVITAS AVG Aequitas n. l. stehend. *G 354.*	**175**	**600**	**1.800**
109.2	AETERNITAS AVG Sol n. r. stehend. *G 355.*	**175**	**600**	**1.800**

		s	*ss*	*vz*
109.3	IMP C AVRELIANVS AVG Gepanzerte Büste des Aurelianus mit Strahlenkrone n. r. *G 353.*	**20**	**40**	**125**
109.4	IOVI STATORI Iupiter n. l. stehend. *G 356.*	**175**	**600**	**1.800**

		s	*ss*	*vz*
109.5	IVENVS AVG Hercules n. r. stehend. *G 359.*	**175**	**600**	**1.800**
109.6	VENVS AVG Venus n. l. stehend. *G 361.*	**175**	**600**	**1.800**
109.7	VICTORIA AVG Victoria n. l. gehend. *G 357.*	**175**	**600**	**1.800**
109.8	VIRTVS AVG Soldat n. r. stehend. *G 358.*	**175**	**600**	**1.800**

110. Tacitus

275 – 276

Zur Geschichte

Am 25. September 275 wählte der Senat als Nachfolger des Aurelianus den M. Claudius Tacitus. Tacitus war kurz nach 200 geboren und stammte aus einem alten und reichen römischen Geschlecht, führte gar seine Abstammung auf den berühmten Geschichtsschreiber zurück.
Kurz nach seiner Erhebung zum Augustus begab sich Tacitus nach Kleinasien, wo die Skythen und die Goten die Provinz verheerten. Er konnte mit einigen Gruppen der umherstreifenden Völkerstämme Frieden schließen, andere mußten militärisch besiegt werden, aber schon am oder um den 12. April 276 erlag Tacitus in Tyana / Kappadokien seinem für römische Verhältnisse hohen Alter, dem ungewohnten Klima und den Strapazen.
(Zosimus und Zonaras überliefern für ihn ein anderes Ende: Er soll von seinen eigenen Soldaten getötet worden sein, die mit der Einsetzung eines mißliebigen Verwandten zum Proconsul von Syrien nicht einverstanden waren.)

Zur Münzgeschichte

Die Münzen des Tacitus weichen vom Aussehen, Gewicht und Durchmesser nicht von dem neuen Standard ab, den Aurelianus eingeführt hatte. Eine Besonderheit erscheint in seiner Goldprägung. Zwar gibt es keine Quinare mehr, aber die Aurei fallen in zwei Gewichtsgruppen: Eine zwischen 4 und 5 g – also 72 Stück auf ein römisches Pfund, eine zweite zwischen 6 und 7 g – also 50 Stück auf ein römisches Pfund.
Der RIC gibt folgende Münzstätten für Tacitus an: Gallische Münzstätte, Rom, Ticinum, Siscia, Serdica, Kyzikos, Antiochia, Tripolis.

Hinweise für Sammler

Auch von Tacitus gibt es bestimmte Sonderbüsten auf der Vorderseite, die teurer gehandelt werden, als die normale Büste. Für eine Büste n. l., oft mit Schild und Speer, oder im Konsularmantel mit Szepter muß man in „sehr schön" 200 Euro rechnen, in „vorzüglich" 400.

s ss vz

Münzen

Folgende Vorderseitenvarianten kommen vor:
Umschrift: IMP C M CL TACITVS (P F) AVG,
IMP (C) CL TACITVS AVG
und viele andere Varianten.
Büste: n. r., mit Lorbeerkranz oder mit Strahlenkrone, drapiert und / oder gepanzert.

Aurei

110.1 CONSERVATOR AVG Einer der beiden Dioskuren n. l. stehend, eine Hand auf Hals eines Pferdes n. l. legend.
RIC 111. **2.000 5.000 15.000**

110.2 PAX PERPETVA Pax n. l. stehend.
RIC 72f. **1.500 4.000 9.000**

110.3 P M TR P CONSVL Tacitus n. l. sitzend.
RIC 70. **1.500 4.000 9.000**

110.4 P M TR POT COS DES II Providentia n. l. stehend.
RIC 1. **1.500 4.000 9.000**

110.5 SECVRIT PVBLICA Securitas n. l. stehend.
RIC 118. **1.500 4.000 9.000**

110.6 VIRTVS AVG Mars n. r. gehend.
RIC 12. **1.500 4.000 9.000**

110.7 VIRTVS MILITVM Tacitus n. r. oder n. l. reitend.
RIC 179. **1.500 4.000 9.000**

Antoniniane

110.8 AEQVITAS AVG Aequitas n. l. stehend.
RIC 13ff. **10 40 90**

110.9 ANNONA AVG(VSTI) Annona n. l. stehend.
RIC 123ff. **10 40 90**

110.10.2

110.10 CLEMENTIA TEMP 1.) Clementia n. l. stehend, 2.) Mars n. l. oder n. r. stehend, 3.) Roma n. r. stehend, einen Globus von Tacitus empfangend, 4.) Tacitus n. r. stehend, einen Globus von Soldat empfangend, 5.) Tacitus n. r. stehend, einen Globus von Iupiter empfangend.
RIC 83ff. **10 40 90**

110.11 CONCORD(IA) MILT(VM) Tacitus n. r. stehend im Handschlag mit Concordia.
RIC 129f. **10 40 90**

s ss vz

110.12 CONSERVAT(OR) MILIT(VM) Tacitus n. r. stehend, einen Globus von Iupiter empfangend.
RIC 16f. **10 40 90**

110.13 FELICITAS AVG Felicitas n. l. stehend.
RIC 136. **10 40 90**

110.14 FELICITAS PVBLICA Felicitas n. l. stehend.
RIC 20. **10 40 90**

110.15 FELICITAS SAECVLI Felicitas n. l. stehend.
RIC 21ff. **10 40 90**

110.16 FELIC(ITAS) TEM(P) Felicitas n. l. stehend (Aureus).
RIC 18f. **10 40 90**

110.17 FIDES MILIT(VM) Fides n. l. stehend.
RIC 25ff. **10 40 90**

110.18 IOVI STATORI Iupiter n. l. stehend.
RIC 88. **10 40 90**

110.19 LAETITIA AVG Laetitia n. l. stehend.
RIC 28. **10 40 90**

110.20 L(A)ETITIA(E) FVND Laetitia n. l. stehend.
RIC 89f. **10 40 90**

110.21 LIBERTAS AVG Libertas n. l. stehend.
RIC 91. **10 40 90**

110.22 MARS PACIF Mars n. l. gehend.
RIC 32. **10 40 90**

110.23 MARTI PACIF Mars n. l. gehend.
RIC 145. **10 40 90**

Nr.		s	ss	vz
110.24	MARS VICTOR Mars n. r. gehend (Aureus). *RIC 29ff.*	**10**	**40**	**90**
110.25	PAX AETERNA Pax n. l. stehend. *RIC 33f.*	**10**	**40**	**90**
110.26	PAX AVG(VSTI) Pax n. l. stehend oder gehend (Aureus). *RIC 35ff.*	**10**	**40**	**90**
110.27	PAX PVBLICA Pax n. l. stehend (Aureus). *RIC 44f.*	**10**	**40**	**90**
110.28	PROVID(E) (oder PROVIDENTIA) AVG Providentia n. l. stehend (Denar, Quinar). *RIC 46f.*	**10**	**40**	**90**

110.29.1

Nr.		s	ss	vz
110.29	PROVID(ENTIA) DEOR(VM) 1.) Providentia n. l. stehend (Aureus), 2.) Providentia n. r. stehend, ihr gegenüber Sol, 3.) Tacitus n. r. stehend, einen Globus von Iupiter empfangend. *RIC 48ff.*	**10**	**40**	**90**
110.30	RESTITVTOR ORBIS Victoria n. r. stehend. *RIC 55.*	**10**	**40**	**90**

(Aureus)

Nr.		s	ss	vz
110.31	ROMAE AETER(NAE) Roma n. l. sitzend (Aureus). *RIC 156f.*	**10**	**40**	**90**
110.32	SALVS AVG Salus 1.) n. l. sitzend, 2.) n. r. stehend, 3.) n. l. stehend. *RIC 56f.*	**10**	**40**	**90**

Nr.		s	ss	vz
110.33	SALVS PVBLI(CA) Salus n. r. stehend. *RIC 58.*	**10**	**40**	**90**
110.34	SECVRITAS P R Securitas n. l. stehend. *RIC 164.*	**10**	**40**	**90**
110.35	SECVRIT PERP Securitas n. l. stehend. *RIC 163.*	**10**	**40**	**90**
110.36	SPES AVG Spes n. l. gehend. *RIC 59.*	**10**	**40**	**90**
110.37	SPES PVBLICA 1.) Spes n. l. gehend, 2.) Victoria n. r. oder n. l. stehend, Tacitus einen Kranz übergebend. *RIC 60ff.*	**10**	**40**	**90**

Nr.		s	ss	vz
110.38	TEMPORVM FELICITAS Felicitas n. l. stehend. *RIC 63ff.*	**10**	**40**	**90**
110.39	TRANQVILLITAS AVG Tranquillitas n. l. stehend. *RIC 168.*	**10**	**40**	**90**
110.40	VBER(I)TAS AVG Uberitas n. l. stehend. *RIC 66.*	**10**	**40**	**90**
110.41	VICTORIA AVG Victoria 1.) n. l. stehend (Aureus, Denar, Quinar), 2.) n. r. gehend, 3.) n. l. fliegend. *RIC 97.*	**10**	**40**	**90**

Nr.		s	ss	vz
110.42	VICTORIA GOTTHI Victoria n. l. stehend. *RIC 171ff.*	**15**	**50**	**120**
110.43	VICTORIA PERPETVA AVG Victoria n. r. stehend, Tacitus einen Kranz überreichend. *RIC 201ff.*	**10**	**40**	**90**
110.44	VICTORIA PONTICA AVG Victoria n. r. stehend, Tacitus einen Kranz überreichend. *RIC 204.*	**LP**	**LP**	**LP**
110.45	VIRTVS AVG Soldat n. l. stehend (Aureus). *RIC 67ff.*	**10**	**40**	**90**

Bronzemünzen

Nr.		s	ss	vz
110.46	As. AETERNITAS AVG Tacitus n. l. sitzend, eine andere Gestalt ihm gegenüber. *RIC 106.*	**250**	**900**	**2.200**
110.47	As. FIDES MILITVM Fides frontal stehend. *RIC 107.*	**250**	**900**	**2.200**
110.48	As. MARS VLTOR Mars n. r. gehend. *RIC 108.*	**250**	**900**	**2.200**
110.49	As. VOTIS X ET XX Tacitus n. l. stehend, von Mars bekränzt, gegenüber Victoria auf einem Panzer sitzend, einen Schild haltend, auf dem VOTIS XX geschrieben ist. *RIC 109.*	**300**	**1.200**	**2.500**

111. Florianus

276

Zur Geschichte

Gleich bei seiner Erhebung zum Kaiser ernannte Tacitus seinen Halbbruder M. Antonius Florianus zu seinem Gardepräfekten. Florianus begleitete seinen Bruder auf seinem Feldzug gegen die Goten und die Skythen, die in Kleinasien eingefallen waren. Nach dessen Tod am oder um den 12. April 276 riefen die Soldaten Florianus zum neuen Kaiser aus. Dem war es nicht möglich, sich gegen die überlegene Militärmacht und die große Beliebtheit des Probus durchzusetzen. Florianus wurde von seinen eigenen Männern nach zwei oder drei Monaten Herrschaft ermordet.

Zur Münzgeschichte

Florianus führte die Münzpolitik seines Vorgängers fort. Für ihn prägten laut RIC folgende Münzstätten: Lugdunum, Rom, Ticinum, Siscia, Serdica, Kyzikos.

Münzen

Folgende Vorderseitenvarianten kommen vor:
Umschrift: IMP C (M AN) FLORIANVS (P F) AVG,
IMP C M AN(N) FLORIANVS AVG,
IMP M ANNIVS FLORIANVS AVG,
VIRTVS FLORIANI AVG.
Büste: n. r., mit Lorbeerkranz oder Strahlenkrone, drapiert und/oder gepanzert.

Aurei

Alle Typen. **4.000 20.000 50.000**

Antoniniane

111.1 AEQVITAS AVG Aequitas n. l. stehend.
RIC 1. **25 60 125**

111.2 AETERNITAS AVG Aeternitas n. l. stehend.
RIC 2ff. **25 60 125**

111.3 CLEMENTIA TEMP(ORVM) Clementia n. l. stehend.
RIC 26f. **25 60 125**

111.4 CONCORDIA EXERCI Concordia n. l. stehend.
RIC 6. **25 60 125**

s ss vz

111.5 CONCORD(IA) MILIT(VM) 1.) Florianus n. r. stehend im Handschlag mit Concordia, 2.) Victoria n. r. stehend, Florianus einen Kranz übergebend.
RIC 57. **25 60 125**

111.6 FELICITAS AVG Felicitas n. l. oder n. r. stehend.
RIC 60f. **25 60 125**

111.7 FELICITAS SAECVLI Felicitas n. l. oder n. r. stehend.
RIC 62. **25 60 125**

111.8 FELICIT TEMP Felicitas n. l. stehend.
RIC 63. **25 60 125**

111.9 FIDES MILIT(VM) Fides n. l. stehend.
RIC 29ff. **25 60 125**

111.10 FORTVNA REDVX Fortuna n. l. stehend.
RIC 64. **25 60 125**

111.11 INDVLGENTIA AVG Spes n. l. gehend oder stehend.
RIC 65ff. **25 60 125**

111.12 IOVI CONSERVAT Iupiter n. l. stehend.
RIC 68ff. **25 60 125**

111.13 IOVI STATORI Iupiter n. r. stehend.
RIC 32. **25 60 125**

111.14 LAETITIA FVND Laetitia n. l. stehend.
RIC 33f. **25 60 125**

111.15 MARTI PACIF(ERO) Mars n. l. gehend.
RIC 72. **25 60 125**

111.16 PACATOR ORBIS Sol n. l. gehend.
RIC 7ff. **25 60 125**

111.17 PAX AVGVSTI Pax n. l. stehend oder gehend.
RIC 73ff. **25 60 125**

111.18.1 (Aureus)

111.18 PERPETVIT(ATE) AVG 1.) Providentia n. l. stehend (Aureus), 2.) Securitas n. l. stehend.
RIC 35. **25 60 125**

		s	ss	vz
111.19	PRINCIPI IVVENT(VT) Florianus n. l. stehend. *RIC 79ff.*	25	60	125

111.20	PROVIDE(NTIA) AVG Providentia n. l. stehend. *RIC 10.*	25	60	125

111.21	PROVIDEN DEOR Providentia n. r. stehend, ihr gegenüber Sol. *RIC 110.*	25	60	125
111.22	REDITVS AVG Florianus n. r. stehend, einen Globus von Roma empfangend. *RIC 90f.*	40	80	250
111.23	SALVS AVG Salus n. l. stehend. *RIC 40.*	25	60	125
111.24	SALVS PVBLI Salus n. r. stehend. *RIC 92f.*	25	60	125
111.25	SECVRITAS AVG Securitas frontal stehend. *RIC 94.*	25	60	125
111.26	SECVRITAS SAECVLI Securitas n. l. sitzend oder stehend. *RIC 95.*	25	60	125

111.27	TEMPORVM FELICITAS Felicitas n. r. stehend. *RIC 11f.*	25	60	125
111.28	VBERTAS AVG Uberitas n. l. stehend. *RIC 41.*	25	60	125
111.29	VICTORIA AVG Victoria n. l. gehend. *RIC 96.*	25	60	125
111.30	VICTORIAE AVGVSTI Zwei Victorien einen Schild haltend, darauf VOT X *RIC 43.*	40	80	250
111.31	VICTORIA PERPETVA Victoria n. r. stehend, Florianus einen Kranz überreichend. *RIC 42.*	25	60	125

111.32.2

		s	ss	vz
111.32	VIRTVS AVG(VSTI) 1.) Florianus n. r. reitend, 2.) Mars n. r. gehend, 3.) Florianus n. r. gehend, 4.) Florianus n. r. stehend (Quinar). *RIC 13f.*	25	60	125

Bronzemünzen

111.33	As. PAX AETERNA SC 1.) Pax n. l. gehend, 2.) Sol n. l. gehend. *RIC 51.*	350	1.000	2.500
111.34	As. SECVRITAS AVG SC Securitas n. l. stehend. *RIC 53f.*	350	1.000	2.500
111.35	As. VIRTVS AVG SC oder AVGG Florianus n. r. stehend. *RIC 55f.*	350	1.000	2.500

112. Probus

276 – 282

Zur Geschichte

Marcus Aurelius Probus wurde am 19. August 232 in Sirmium geboren. Er machte Karriere beim römischen Militär, wahrscheinlich bei der Kavallerie.
Nach dem Tod des Tacitus wurde neben Florianus auch Probus zum Herrscher ausgerufen. Letzterer konnte sich im Osten auf das stärkere Heer stützen. Bei Tarsos kam es zur Konfrontation mit Florianus. Der wurde von seinen eigenen Männern beseitigt und machte so den Weg für Probus frei. Ein Glück für das römische Reich, denn ihm gelang es in den sechs Jahren seiner Regierung, die Lage zu stabilisieren. Zunächst sicherte er die Rheingrenze, danach Illyrien. Er kämpfte gegen Räuberbanden, die das Innere Kleinasiens unsicher machten und handelte mit den Sasaniden einen kurzlebigen Frieden aus. Auch unter Probus kam es immer wieder zu Aufständen, 279 im Osten Saturninus, etwa gleichzeitig im Westen Proculus und Bonosus.
Im Herbst 282 wurde Probus in Sirmium ermordet, kurz nachdem Aurelius Carus sich zum Gegenkaiser hatte ausrufen lassen.

Zur Münzgeschichte

Über 10.000 verschiedene Münztypen mit jeweils leicht abweichenden Details – Büste, Umschrift, Rückseitentypus, Münzstättenzeichen – sammelte der Bearbeiter der Münzen des Probus für den RIC. Im Verhältnis zu dieser Vielfalt lassen sich die Rückseitentypen auf nur wenige reduzieren. Unter Probus wurde die Emissionspolitik der Münzstätten – laut RIC Lugdunum, Rom, Ticinum, Siscia, Serdica, Kyzikos, Antiochia und Tripolis – stark vereinheitlicht. Identische Münztypen erscheinen in unterschiedlichen Münzstätten, weichen nur durch das Münzstättenzeichen ab (siehe dazu die Aufstellung der Münzstättenzeichen unter Diocletianus).

Hinweise für Sammler

Den Preis eines Antoninians des Probus entscheidet weniger die Rückseite als der Büstentypus der Vorderseite und die Münzumschrift. Seltene Attribute des Kaisers und ungewöhnliche Umschriften erzielen bei Auktionen Liebhaberpreise in außergewöhnlicher Höhe. Hier nur ein paar Anhaltspreise für die häufigeren der seltenen Varianten:
Für ein Stück mit den Vorderseitenumschriften IMP DEO ET DOMINO PROBO AVG oder DEO ET DOMINO PROBO INVICTO AVG muß man genauso für einen Antoninian, bei dem die Vorderseitenumschrift mit BONO oder PERPETVO beginnt, etwa 150 Euro in „sehr schön“ rechnen, „vorzüglich“ mindestens 300 Euro. Ein Stück mit einer ungewöhnlichen Büste, etwa wenn der Kaiser n. l. gewendet ist, einen Helm auf dem Kopf trägt und ein Pferd am Zügel führt, kann in „sehr schön“ schnell 1.000 Euro kosten. Achten sollte der Sammler auch, ob auf dem Panzer des Probus oder auf seinem Schild außergewöhnliche Szenen abgebildet sind, auch das steigert den Wert eines Antoninians.

Münzen

Folgende Vorderseitenvarianten kommen vor:
Umschrift: IMP C (M AVR) PROBVS (P F) AVG,
(IMP) PROBVS (P F) AVG,
VIRTVS PROBI AVG
und viele andere Varianten.
Büste: n. r., n. l., mit Lorbeerkranz, Strahlenkrone, gelegentlich mit Helm, gepanzert und / oder drapiert, bzw. im kaiserlichen Ornat, als Attribute Schild und Speer, höchst selten ein Pferd haltend oder eine Trophäe geschultert.

Aurei

112.1	HERCVLI ROMANO AVG Hercules n. l. stehend. *RIC 4.*	**1.500**	**2.500**	**7.500**
112.2	ORIENS AVGVSTI Sol n. l. stehend. *RIC 590.*	**1.500**	**2.500**	**7.500**
112.3	PACATOR ORBIS Probus n. l. stehend, um ihn herum vier Bittsteller. *RIC 136.*	**2.000**	**3.500**	**9.000**
112.4	PAX AETERNA Pax n. l. stehend. *RIC 8.*	**1.500**	**2.500**	**7.500**
112.5	P M TR P V COS IIII P P Probus in Quadriga n. l. *RIC 914.*	**1.500**	**2.500**	**7.500**
112.6	SALVS AVG Salus n. r. sitzend. *RIC 137.*	**1.500**	**2.500**	**7.500**
112.7	TEMPOR FELICI Felicitas n. l. stehend. *RIC 9.*	**1.500**	**2.500**	**7.500**
112.8	TRI POT COS P P Kaiser in Quadriga n. r. *RIC 1.*	**1.500**	**2.500**	**7.500**
112.9	VICTORIA AVG Victoria auf Globus r. zwischen zwei Gefangenen. *RIC 599f.*	**1.500**	**2.500**	**7.500**

s *ss* *vz*

112.10 VICTORIAE AVG(G) Victoria in Quadriga n. l. oder n. r.
RIC 831ff. **1.500 2.500 7.500**

112.11 VICTORIA GOTHIC Victoria n. l. gehend.
RIC 10. **2.000 3.500 9.000**

112.12 VICTORIA PROBI AVG Victoria n. r. gehend, eine Trophäe bekränzend.
RIC 11. **1.500 2.500 7.500**

112.13 VICTORIA PERPETVA Victoria in Biga n. l. galoppierend.
RIC 830. **1.500 2.500 7.500**

112.14 VIRTVS PROBI AVG Probus n. l. oder n. r. stehend.
RIC 13. **1.500 2.500 7.500**

112.15 VIRTVTI AVGVSTI Hercules n. r. stehend.
RIC 14. **2.000 3.500 9.000**

Antoniniane

112.16 ABVNDANTIA AVG (N) Abundantia n. r. oder n. l. stehend.
RIC 15ff. **– 20 60**

112.17 ADLOCVTIO AVG Probus auf Podium n. l. stehend, eine Gruppe von Soldaten ansprechend.
RIC 320ff. **250 1.250 LP**

112.18 ADVENTVS AVG(VSTI) Probus n. l. reitend (Aureus).
RIC 154ff. **– 20 60**

112.19 ADVENTVS PROBI AVG Probus n. l. reitend (Aureus).
RIC 19f. **– 20 60**

112.20 AEQVITAS AVG Aequitas n. l. stehend.
RIC 150. **– 20 60**

112.21 AERCVLI PACIF Hercules n. l. stehend.
RIC 373. **– 20 60**

s *ss* *vz*

112.22.2

112.22 AETERNITAS AVG 1.) Sol n. l. stehend (Aureus), 2.) Wölfin n. r. oder n. l. stehend, die Zwillinge säugend.
RIC 168. **– 20 60**

112.23 AETERNITATI AVG Sol n. l. stehend.
RIC 21f. **– 20 60**

112.24 ARCVLI PACIF Hercules n. l. stehend.
RIC 373. **– 20 60**

112.25.2

112.25 CLEMENTIA TEMP 1.) Clementia n. l. stehend, 2.) Probus n. r. stehend, Globus (oder Victoria) von Iupiter empfangend.
RIC 641ff. **– 20 60**

112.26 COMES AVG Minerva n. l. stehend.
RIC 65ff. **– 20 60**

112.27.1

112.27 COMITI PROBI AVG 1.) Minerva n. l. stehend, 2.) Hercules n. l. stehend.
RIC 70. **– 20 60**

112.28 CONCORD(IA) AVG 1.) Concordia n. l. stehend, 2.) Concordia n. r. stehend, ihr gegenüber Sol n. l. stehend.
RIC 323ff. **– 20 60**

112.29 CONCORDIA EXERCI(T) Concordia n. l. stehend.
RIC 313. **– 20 60**

112.30 CONCOR(DIA) MIL(ITVM) 1.) Concordia n. l. stehend, 2.) Concordia n. r. stehend, ihr gegenüber Sol, 3.) Probus n. l. oder n. r. stehend, im Handschlag mit Concordia, 4.) Victoria n. r. stehend, Probus einen Kranz überreichend.
RIC 23. **– 20 60**

s *ss* *vz*

112.31.1

112.31 CONSERVA(TO) AVG 1.) Sol n. l. stehend (Aureus), 2.) Sol in Tempel.
RIC 347ff. – 20 60

112.32 ERCVLI PACIF(ERO) Hercules n. l. stehend.
RIC 373ff. – 20 60

112.33 FELI(CI)TAS AVG (N) Felicitas n. l. stehend.
RIC 355ff. – 20 60

112.34 FELICITAS S(A)EC(VLI) Felicitas n. l. stehend.
RIC 358ff. – 20 60

112.35 FELICIT(AS) TEMP Felicitas n. l. stehend.
RIC 24ff. – 20 60

112.36 FIDES MILIT(VM) Fides n. l. stehend oder sitzend (Quinar).
RIC 27ff. – 20 60

112.37 FIDES VICTOR Fides n. l. stehend.
RIC 30. – 20 60

112.38 FORTVNA REDVX Fortuna n. l. sitzend.
RIC 695. – 20 60

112.39 HERCVLI PACIF(ERO) Hercules n. l. stehend.
RIC 373ff. – 20 60

112.40 INDVLGENTIA AVG Spes n. l. gehend.
RIC 314. – 20 60

112.41 IOVI CONS AVG Iupiter stehend.
RIC 172. – 20 60

112.42 IOVI CONSERVAT(O) 1.) Iupiter n. l. stehend, 2.) Probus, einen Globus von Iupiter empfangend.
RIC 176. – 20 60

112.43 IOVI CONS PROB(I) AVG Iupiter stehend.
RIC 173ff. – 20 60

112.44 IOVI STATORI Iupiter n. r. stehend.
RIC 152. – 20 60

112.45 LAETITIA AVG(VSTI) (N) Laetitia n. l. stehend.
RIC 31ff. – 20 60

112.46 LAETITIA FVND Laetitia n. l. stehend.
RIC 153. – 20 60

s *ss* *vz*

112.47 Quinar. MARS VLTOR Mars n. r. gehend.
RIC 266. 80 300 800

112.48.1

112.48 MARS VICTOR Mars 1.) n. r. gehend (Aureus), 2.) n. l. stehend.
RIC 35ff. – 20 60

112.49 MARTI PACIF(ERO) Mars n. l. stehend oder gehend.
RIC 40ff. – 20 60

112.50 MARTI VICTORI AVG Mars n. l. stehend.
RIC 88f. – 20 60

112.51 ORIENS AVG Sol 1.) n. l. gehend, 2.) n. l. stehend (Aureus), 3.) n. r. stehend.
RIC 44f. – 20 60

112.52 Quinar. –. Sol in Quadriga n. l. galoppierend.
RIC 267. 80 300 800

112.53 ORIGINI AVG Wölfin n. r. stehend, die Zwillinge säugend.
RIC 701ff. 75 250 500

112.54 PAX AVGVSTA Pax n. l. stehend.
RIC 710. – 20 60

112.55 PAX AVG(VSTI) Pax n. l. stehend.
RIC 90ff. – 20 60

112.56 PERPETVIT(ATE) AVG Securitas n. l. stehend.
RIC 317. – 20 60

112.57 PI(A)ETAS AVG Pietas n. l. stehend.
RIC 93ff. – 20 60

s ss vz

Der einfacheren Suche zuliebe wurde TR P und TRI P gleich behandelt.

112.58 P M TR P COS P P 1.) Probus n. l. stehend (Aureus, Denar), 2.) Fides n. l. stehend.
RIC 606. – **25** **75**

112.59 P M TRI P COS II(I) P P Löwe n. r. gehend, ein Blitzbündel im Maul.
RIC 611ff. **20** **80** **250**

112.60 Denar. –. Probus n. l. stehend.
RIC 245. **100** **350** **1.000**

112.61 P M TRI P COS III Probus in Quadriga n. r. (Denar).
RIC 614ff. **40** **125** **300**

112.62 Denar. P M TR P V COS IIII P P Probus n. l. stehend.
RIC 248. **100** **350** **1.000**

112.63 Denar. P M TR P VI COS V P P Probus n. r. stehend.
RIC 249ff. **100** **350** **1.000**

112.64 Quinar. –. Probus n.l. stehend.
RIC 260. **80** **300** **800**

112.65 PRINCIPI(S) IVVENT(VTI) Probus n. l. stehend (Aureus).
RIC 318. – **20** **60**

112.66 PROVIDEN DEOR Providentia n. r. stehend, ihr gegenüber Sol.
RIC 844ff. – **20** **60**

112.67 PROVIDEN(TIA) AVG(VSTI) (N) Providentia n. l. stehend (Denar).
RIC 46ff. – **20** **60**

112.68 PROV PROBI AVG NOSTRI Providentia n. l. stehend.
RIC 728ff. **75** **250** **500**

112.69 RESTITVTOR EXERCITI Probus n. l. stehend, einen Globus von Soldat empfangend.
RIC 909. – **20** **60**

s ss vz

112.70.2

112.70 RESTITVT(OR) ORBIS 1.) Weibliche Gestalt, Probus einen Kranz reichend, 2.) Probus n. r. stehend, einen Globus von Iupiter empfangend, 3.) Probus n. l. stehend, von Victoria einen Kranz empfangend.
RIC 731ff. – **20** **60**

112.71 RESTITVTOR S AVG Probus n. l. stehend, von Sol bekränzt.
RIC 406. – **20** **60**

112.72 RESTITVT S(A)EC(VLI) 1.) Probus n. l. stehend, von einer Victoria bekränzt, 2.) Probus n. l. stehend, von Sol bekränzt.
RIC 400ff. – **20** **60**

112.73.2

112.73 ROMA(E) AETER(NAE) 1.) Roma n. l. sitzend (Aureus), 2.) Roma in Tempel sitzend, 3.) Probus n. r. stehend, eine Victoria von Roma empfangend.
RIC 182ff. – **20** **60**

112.74.2

112.74 SALVS AVG Salus 1.) n. l. stehend, 2.) n. r. stehend, oder 3.) n. l. sitzend.
RIC 122ff. – **20** **60**

112.75 SALVS MILITVM Salus n. l. stehend.
RIC 98. – **20** **60**

112.76 SALVS PVBLI(CA) Salus n. r. stehend.
RIC 566ff. – **20** **60**

112.77 SECVRITAS ORBIS Securitas n. l. stehend.
RIC 49f. – **20** **60**

112.78 SECVRIT PERP(ETVA) Securitas n. l. stehend.
RIC 476f. – **20** **60**

	s	ss	vz

112.79 SECVRITAS SAECVLI Securitas n. l. oder n. r. stehend (Aureus).
RIC 762f. – 20 60

112.80 SISCIA PROBI AVG Siscia zwischen zwei Flußgöttern (Savus und Colapis) sitzend.
RIC 764ff. 75 250 500

112.81.2

112.81 SOLI INVICTO (AVG) 1.) Sol n. l. stehend im Tempel, 2.) in Quadriga frontal, 3.) in Quadriga n. l.
RIC 101. – 20 60

112.82 SOLI INVI(CTO) COM(ITI) AVG Drapierte Büste des Sol mit Strahlenkrone n. l.
RIC 209. 15 80 250

112.83 SPES AVG (N) Spes n. l. stehend oder gehend.
RIC 126ff. – 20 60

112.84 SPES AVGVSTI NOSTRI Spes n. l. gehend.
RIC 791. – 20 60

112.85 SPES PROBI AVG Spes n. l. gehend.
RIC 99f. – 20 60

112.86 TEMPOR(VM) FELIC(ITAS) Felicitas n. r. stehend.
RIC 51ff. – 20 60

112.87 VICTORIA AVG (N) 1.) Victoria n. l. gehend oder stehend (Quinar), 2.) Victoria n. r. gehend, 3.) Trophäe zwischen zwei Gefangenen.
RIC 210ff. – 20 60

	s	ss	vz

112.88.2

112.88 VICTORIAE AVG 1.) Victoria n. l. oder n. r. gehend, 2.) Victoria in Biga n. r., 3.) Zwei Victorien im Handschlag vor Palme.
RIC 795ff. – 20 60

112.89 VICTOR(IA) GER(M) 1.) Victoria n. r. oder n. l. gehend (Denar, Quinar), 2.) Trophäe zwischen zwei Gefangenen (Aureus, Denar, Quinar).
RIC 217ff. – 30 80

112.90 VICTORIOSO SEMPER Probus n. l. stehend, um ihn vier Bittsteller (Aureus).
RIC 224. 250 1.250 LP

112.91 VICT PROBI AVG NOSTRI Victoria n. r. gehend.
RIC 793f. – 30 80

112.92.4

112.92 VIRTVS AVG(VSTI) 1.) Hercules n. l. gehend, 2.) Mars n. r. gehend (Aureus), 3.) Soldat n. l. stehend, 4.) Probus n. l. stehend (Quinar), gelegentlich eine Trophäe bekränzend (Aureus), 5.) Probus n. r. stehend (Quinar), 6.) Probus n. r. gehend, 7.) Probus n. r. oder n. l. reitend (Quinar).
RIC 54ff. – 20 60

112.93 VIRTVS AVGVSTI N Probus n. r. galoppierend, einen Feind mit Speer niederstechend.
RIC 809. – 20 60

112.94 VIRTVS INVIC(TI) AVG 1.) Probus n. r. reitend, gelegentlich r. davon Victoria im Hintergrund, 2.) Probus stehend, bekränzt von Sol.
RIC 451f. – 20 60

112.95.2

112.95 VIRT(VS) PROBI AVG 1.) Mars n. r. gehend (Aureus), 2.) Probus n. r. reitend, einen Feind mit Speer niederstechend (Aureus), 3.) Probus n. l. reitend, 4.) Trophäe zwischen zwei Gefangenen.
RIC 810ff. – 20 60

		s	ss	vz
112.96	Quinar. –. Victoria zwischen zwei Gefangenen. *RIC 287.*	80	300	800

112.97	VOTIS X ET XX FEL im Lorbeerkranz. *RIC 457ff.*	20	80	250
112.98	VOTIS X PROBI AVG ET XX in Lorbeerkranz. *RIC 462ff.*	20	80	250

Bronzemünzen

112.99	As. CONSERVAT AVG Sol n. l. gehend. *RIC 293f.*	150	500	800
112.100	As. FIDES MILITVM Fides n. l. stehend. *RIC 295.*	150	500	800
112.101	As. VICTORIA AVG Victoria n. l. stehend. *RIC 297f.*	150	500	800

112.102.1

112.102	As. VICTORIA GERM 1.) Victoria n. r. gehend, 2.) Trophäe zwischen zwei Gefangene. *RIC 299f.*	150	500	800
112.103	As. VIRTVS AVG Probus n. r. stehend. *RIC 301.*	150	500	800

113. Carus
282 – 283

Zur Geschichte

Marcus Aurelius Carus wurde wohl um 223 in Narbo geboren. Auch er stieg über das Militär auf und wurde von Probus im Jahr 276 zum *praefectus praetorio* ernannt. Die Heere Raetiens und Noricums riefen im Jahr 282 Carus im Alter von wohl 60 Jahren zum Gegenkaiser aus. Nach der Ermordung des Probus fand er Anerkennung im Gesamtreich.

283 ernannte Carus zunächst seinen Sohn Carinus zum Caesar, kurz darauf auch Numerianus. Zu Beginn des gleichen Jahres brach Carus in Begleitung von Numerianus in den Osten auf, um dort gegen die Sasaniden zu kämpfen. Noch bevor Carus sasanidisches Gebiet betrat, erhob er beide Söhne nacheinander zu Augusti.

Carus und seiner Streitkraft wurde von Seiten der Sasaniden kaum Widerstand geleistet. In seinem Lager in der Nähe von Ktesiphon starb Carus vermutlich im November 283 unter mysteriösen Umständen. Ein Blitz soll ihn erschlagen haben.

Zur Münzgeschichte

Folgende Münzstätten prägten gemäß RIC unter Carus und seinen Söhnen: Lugdunum, Rom, Ticinum, Siscia, Kyzikos, Antiochia und Tripolis.

Hinweise für Sammler

Es besteht ein Preisunterschied zwischen Antoninianen, auf denen Carus mit C geschrieben ist und denen, die KARVS buchstabieren. Während die Schreibweise C in vorzüglich etwa 80 Euro kostet, liegt der Preis für K etwa beim Doppelten.

Münzen

Folgende Vorderseitenvarianten kommen vor:
Umschrift: IMP (C) CARVS P F AVG,
IMP C M AVR CARVS (P F) AVG,
IMP C M AVR KARVS P F AVG,
DEO ET DOMINO CARO AVG
und andere Varianten.
Büste: n. r., gelegentlich n. l., mit Lorbeerkranz oder Strahlenkrone, gelegentlich mit Helm, gepanzert und / oder drapiert, im kaiserlichen Mantel, als Attribut ein Szepter oder Schild und Speer.

s ss vz

Aurei

113.1 INDVLGENTIA AVG Victoria n. l. gehend.
RIC 130. **1.500 4.000 12.000**

113.2 MARS VLTOR Mars n. r. gehend.
RIC 92f. **1.500 4.000 12.000**

113.3 PAX AETERNA Pax n. l. gehend.
RIC 31. **1.500 4.000 12.000**

113.4 ROMAE AETERNAE Roma n. l. sitzend.
RIC 94. **1.500 4.000 12.000**

113.5 VICTOR CARO Victoria n. r. gehend.
RIC 131. **1.500 4.000 12.000**

113.6 VICTOR CARINO AVG Victoria n. r. gehend.
RIC 132. **1.500 4.000 12.000**

113.7 VICTORIA AVG Victoria n. l. in Biga.
RIC 116. **1.500 4.000 12.000**

113.8 VICTORIAE AVGG Victoria n. r. gehend.
RIC 122. **1.500 4.000 12.000**

113.9 VIRTVS AVGG Mars n. r. gehend.
RIC 34. **1.500 4.000 12.000**

Antoniniane

113.10 ADVNDANT(IA) AVG Abundantia n. r. stehend.
RIC 66ff. **5 25 75**

113.11 AEQVITAS AVGG Aequitas n. l. stehend.
RIC 6ff. **5 25 75**

113.12 AETERNIT IMPERI Sol n. l. gehend.
RIC 35f. **5 25 75**

113.13 ANNONA AVGG Annona n. l. stehend.
RIC 37. **5 25 75**

113.14 CLEMENTIA (gelegentlich CLEMENLIA) TEMP Carus n. r. stehend, eine Victoria von Iupiter empfangend.
5 25 75

113.15 Quinar. FELICITAS PVBLICA Felicitas n. l. stehend.
RIC 54. **125 350 1.000**

113.16 FELICITAS REI PVBLICAE Felicitas n. l. stehend.
RIC 101. **5 25 75**

113.17 FIDES MILIT(VM) Fides n. l. stehend.
RIC 70ff. **5 25 75**

113.18 FORTVNA AVG Fortuna n. l. stehend (Aureus).
RIC 9. **5 25 75**

113.19 IOVI VICTORI Iupiter n. l. stehend.
RIC 38ff. **5 25 75**

s ss vz

113.20 PAX AVG(G) Pax n. l. stehend oder gehend (Aureus).
RIC 10ff. **5 25 75**

113.21 PAX AVGVSTI Pax n. l. stehend.
RIC 103f. **5 25 75**

113.22 PAX EXERCITI Pax n. l. stehend.
RIC 72ff. **5 25 75**

113.23 PERPETVITATE AVG Securitas n. l. stehend.
RIC 76ff. **5 25 75**

113.24 PROVIDE(NTIA) AVG(G) Providentia n. l. stehend (Aureus, Denar, Quinar).
RIC 15. **5 25 75**

113.25 RESTITVT ORBIS Frau n. r. stehend, Carus einen Kranz überreichend.
RIC 106f. **5 25 75**

113.26 SALVS AVG Salus n. r. stehend.
RIC 16. **5 25 75**

113.27 SECVRITAS PVBLICA Securitas n. l. stehend.
RIC 17. **5 25 75**

113.28 SPES PVBLICA Spes n. l. gehend (Aureus).
RIC 80ff. **5 25 75**

113.29 Denar. SPES PVBLICA Carus und Numerianus n. r. galoppierend.
RIC 51f. **150 350 1.250**

113.30 VICTORIA AVG(G) 1.) Victoria n. l. oder n. r. stehend oder gehend, gelegentlich auf Globus (Aureus), 2.) Victoria n. r. stehend, Carus einen Kranz übergebend.
RIC 18ff. **5 25 75**

113.31 VIRTVS AVG 1.) Soldat n. r. stehend.
RIC 27. **5 25 75**

113.32.1

113.32 VIRTVS AVGG(G) 1.) Soldat n. l. stehend (Quinar), 2.) Carus n. r. stehend, einen Globus von Iupiter empfangend (Aureus).
RIC 45ff. **5 25 75**

s ss vz

Divus Carus
Folgende Vorderseitenvarianten kommen vor:
Umschrift: DIVO CARO (AVG, PARTHICO, PERS oder PIO)
Büste: n. r., mit Strahlenkrone, gelegentlich gepanzert.

Antoniniane

113.33.1

113.33 CONSECRATIO (AVGVSTI) 1.) Adler n. r., n. l. oder frontal stehend, gelegentlich auf Globus (Aureus), 2.) Altar.
RIC 28ff. **5 25 75**

114. Numerianus

Caesar 282 – 283, Augustus 283 – 284

Zur Geschichte

Aurelius Numerius Numerianus war der jüngere Sohn des Carus. Kurz nach seinem Bruder Carinus erhob ihn Carus noch im Jahr 282 zum Caesar. Numerianus begleitete seinen Vater auf dem Feldzug gegen die Sasaniden. Bevor Carus sasanidisches Gebiet betrat, erhob er ihn zum Augustus. So ging die Macht nach dem unerwarteten Tod des Carus ohne größere Widerstände problemlos auf Numerianus über.

Während des Rückzuges des römischen Heeres aus sasanidischem Gebiet wurde der an einer Augenkrankheit leidende Numerianus eines Tages im Herbst 284 nahe Herakleia / Thrakien tot in seiner Sänfte (nach anderen Quellen in seinem Zelt) gefunden. Die Soldaten beschuldigten seinen Schwiegervater Arrius Aper, ihn umgebracht zu haben. Diocletianus, Kommandant der Leibwache, schürte diese Gerüchte noch, erschlug selbst den potentiellen Mörder und wurde danach zum Kaiser ausgerufen.

Hinweise für Sammler

Während Münzen des Numerianus zu Lebzeiten nicht selten sind, trifft man Prägungen für den Divus Numerianus nur selten an.

Münzen

Als Caesar:
Folgende Vorderseitenvarianten kommen vor:
Umschrift: IMP C M AVR NVMERIANVS NOB C,
M AVR NVMERIANVS (NOB) C,
M AVR NVMERIANVS CAES,
NVMERIANVS NOB CAES.
Büste: n. r., gelegentlich n. l., mit Lorbeerkranz oder Strahlenkrone, gelegentlich mit Helm, gepanzert und / oder drapiert, im kaiserlichen Mantel, als Attribut ein Szepter oder Schild und Speer.

Aurei

114.1 VICTORIAE AVGG Victoria n. r. gehend.
RIC 374. **2.500 6.000 20.000**

Antoniniane

114.2 CLEMENTIA TEMP Carinus n. r. stehend, einen Globus von Iupiter (oder Carus) empfangend.
RIC 372. **5 25 60**

		s	ss	vz
114.3	MARS VICTOR Mars n. r. gehend. *RIC 353f.*	5	25	60
114.4	ORIENS AVGG Drapierte Büste des Sol mit Strahlenkrone n. r. *RIC 355.*	5	50	120
114.5	PRINCIPI IVVENT(VT) Numerianus n. l. stehend (Aureus). *RIC 356f.*	5	25	60
114.6	VICTORIA AVGG Victoria n. l. stehend. *RIC 358.*	5	25	60

114.7.2

		s	ss	vz
114.7	VIRTVS AVGG(G) 1.) Numerianus frontal stehend, 2.) Numerianus n. r. stehend, einen Globus von Iupiter (oder Carus) empfangend. *RIC 370.*	5	25	60

Als Augustus:

Folgende Vorderseitenvarianten kommen vor:
Umschrift: IMP C M AVR NVMERIANVS (P F) AVG,
IMP C NVMERIANVS (P F) AVG,
IMP NVMERIANVS (P F) AVG.
Büste: n. r., gelegentlich n. l., mit Lorbeerkranz oder Strahlenkrone, gelegentlich mit Helm, gepanzert und / oder drapiert, im kaiserlichen Mantel, als Attribut ein Szepter oder Schild und Speer.

Aurei

		s	ss	vz
	Alle Typen.	2.500	6.000	20.000

Antoniniane

		s	ss	vz
114.8	Quinar. ABVNDANTIA AVGG Abundantia n. l. stehend. *RIC 434.*	100	250	1.000
114.9	AEQVITAS AVGG Aequitas n. l. stehend. *RIC 382f.*	5	25	60
114.10	CLEMENTIA TEMP Numerianus n. r. stehend, einen Globus von Iupiter (oder Carus) empfangend. *RIC 463.*	5	25	60
114.11	FELICITAS AVGG Felicitas n. l. stehend. *RIC 384f.*	5	25	60
114.12	FIDES EXERCIT AVGG Fides n. l. sitzend. *RIC 460.*	5	25	60
114.13	IOVI VICTORI Iupiter n. l. stehend. *RIC 409f.*	5	25	60
114.14	MARS VICTOR Mars n. r. gehend. *RIC 386ff.*	5	25	60
114.15	ORIENS AVGG Sol n. l. oder n. r. gehend (Denar). *RIC 411f.*	5	25	60
114.16	PACATOR ORBIS Numerianus n. r. stehend. *RIC 390.*	5	25	60

		s	ss	vz
114.17	PAX AVG(G) Pax n. l. stehend. *RIC 391ff.*	5	25	60
114.18	Denar. –. Pax n. l. gehend (Quinar). *RIC 430.*	150	350	1.250

114.19.1

114.19.2

		s	ss	vz
114.19	PIETAS AVG(G) 1.) Mercur n. l. stehend (Quinar), 2.) Pietas n. r. stehend. *RIC 396f.*	5	25	60
114.20	Denar. P M TR P COS P P Numerianus in Quadriga n. r. *RIC 427.*	150	350	1.250
114.21	PRINCIPI IVVENT(VT) Numerianus n. l. stehend. *RIC 417ff.*	5	25	60
114.22	PROVIDENTIA AVG(G) Providentia n. l. stehend. *RIC 446ff.*	5	25	60
114.23	ROMAE AETERN Roma n. l. sitzend. *RIC 449.*	5	25	60
114.24	SECVRIT AVG Securitas n. l. stehend. *RIC 450.*	5	25	60
114.25	Denar. SPES PVBLICA Numerianus n. r. reitend. *RIC 432.*	150	350	1.250
114.26	VNDIQVE VICTORES Numerianus n. l. stehend. *RIC 422f.*	20	75	250
114.27	Quinar. VENERI VICTRI Venus n. l. stehend. *RIC 438.*	100	250	1.000
114.28	VIRTVS AVGG(G) 1.) Soldat n. l. stehend (Denar), 2.) Numerianus n. r. reitend, 3.) Numerianus n. r. stehend, einen Globus von Iupiter (oder Carus) empfangend. *RIC 398ff.*	5	25	60
114.29	Quinar. –. Hercules n. r. stehend. *RIC 439.*	100	250	1.000

s ss vz

114.30 VOTA PVBLICA Carus und Carinus gemeinsam am Altar opfernd.
RIC 461. **20 75 250**

Divus Numerianus:

Folgende Vorderseitenvarianten kommen vor:
Umschrift: DIVO NVMERIANO (AVG)
Büste: n. r., mit Strahlenkrone.

Antoniniane

114.31.1

114.31 CONSECRATIO 1.) Adler frontal stehend, 2.) Altar.
RIC 424ff. **35 120 350**

115. Carinus

Caesar 282 – 283, Augustus 283 – 285

Zur Geschichte

Marcus Aurelius Carinus war der älteste Sohn von Carus. Er dürfte etwa 30 Jahre alt gewesen sein, als er von seinem Vater im September 282 zum Caesar ernannt wurde. Als Carus in den Osten aufbrach, um gegen die Sasaniden zu kämpfen, ließ er Carinus als Augustus im Westen zurück.

Nach dem Tod des Carus mußte sich Carinus zunächst gegen den Usurpator Iulianus von Pannonien behaupten. Nach dem Tod des Numerianus im Herbst 284 ließ sich Diocletianus von seinen Soldaten zum Augustus ausrufen. Carinus zog aus dem Westen dem Diocletianus entgegen, beide beabsichtigten, die Entscheidung in einer Schlacht zu suchen. Diese fand beim Fluß Margus (heute Morava) in Moesien statt. Carinus siegte, wurde aber wenig später ermordet. Antike Schriftsteller überliefern uns das Gerücht, daß sein Mörder ein Offizier gewesen sein soll, dessen Frau Carinus verführt hatte.

Münzen

Als Caesar:

Folgende Vorderseitenvarianten kommen vor:
Umschrift: CARINVS NOBIL CAES,
IMP C M AVR CARINVS NOB C,
M AVR CARINVS NOB C(AES),
M AVR KARINVS NOB(IL) CAE(S).
Büste: n. r., gelegentlich n. l., mit Lorbeerkranz oder Strahlenkrone, gelegentlich mit Helm, gepanzert und / oder drapiert, im kaiserlichen Mantel, als Attribut ein Szepter oder Schild und Speer.

Aurei

115.1 MARS VLTOR Mars n. r. gehend.
RIC 188. **1.500 4.000 12.500**

115.2 PAX AETERNA Pax n. l. gehend.
RIC 153. **1.500 4.000 12.500**

115.3 ROMAE AETERNAE Roma n. l. sitzend.
RIC 189. **1.500 4.000 12.500**

115.4 SPES AVG Spes n. l. gehend.
RIC 200. **1.500 4.000 12.500**

115.5 VENERI VICTRICI Venus n. l. stehend.
RIC 154. **1.500 4.000 12.500**

115.6 VICTORIA AVG(G) Victoria 1.) n. r. gehend, 2.) n. l. gehend, 3.) n. l. auf Globus stehend, 4.) Carinus n. l. stehend, von Victoria bekränzt.
RIC 190ff. **1.500 4.000 12.500**

		s	*ss*	*vz*
115.7	VICTORIA AVGVSTORVM Carus und Carinus einander gegenüberstehend, gemeinsam Victoria haltend. *RIC 193.*	**2.000**	**5.000**	**15.000**
115.8	VICTORIA CAESARIS Victoria in Biga n. l. galoppierend. *RIC 201.*	**2.000**	**5.000**	**15.000**
115.9	VIRTVS AVGGG Soldat n. r. stehend. *RIC 205.*	**1.500**	**4.000**	**12.500**

Antoniniane

115.10	CLEMENTIA TEMP Carinus n. r. stehend, eine Victoria von Iupiter (oder Carus) empfangend. *RIC 202.*	**5**	**25**	**60**
115.11	FIDES MILITVM Fides n. l. stehend. *RIC 195.*	**5**	**25**	**60**
115.12	Quinar. GENIVS EXERC Genius in Tempel opfernd. *RIC 165.*	**150**	**350**	**1.250**
115.13	Denar. MARS VLTOR Mars n. r. gehend. *RIC 163.*	**150**	**350**	**1.250**
115.14	MARS VICTOR Mars n. l. gehend. *RIC 149.*	**5**	**25**	**60**

115.15	Quinar. MARTI VICTORI Mars n. r. gehend. *RIC 166.*	**150**	**350**	**1.250**
115.16	PAX AVGVSTI Pax n. l. gehend. *RIC 196.*	**5**	**25**	**60**
115.17	Quinar. PAX AETERNA Pax n. l. gehend. *RIC 167.*	**150**	**350**	**1.250**

115.18	PIETAS AVGG Priesterliche Geräte. *RIC 155ff.*	**5**	**25**	**60**

115.19	PRINCIPI IVVENT(VTI) Carinus n. l. stehend (Aureus). *RIC 150f.*	**5**	**25**	**60**
115.20	Quinar. PROVIDE AVGG Providentia n. l. stehend. *RIC 168.*	**150**	**350**	**1.250**
115.21	PROVIDENTIA AVG Providentia n. l. stehend. *RIC 187.*	**5**	**25**	**60**

		s	*ss*	*vz*
115.22	SAECVLI FELICITAS Carinus n. r. stehend. *RIC 152.*	**5**	**25**	**60**
115.23	VIRTVS AVGG(G) Carinus n. r. stehend, einen Globus von Iupiter (oder Carus) empfangend. *RIC 206ff.*	**5**	**25**	**60**
115.24	Quinar. VIRTVS AVG(G) 1.) Soldat n. l. stehend, 2.) Carinus n. r. reitend. *RIC 169ff.*	**150**	**350**	**1.250**
115.25	VIRTVTI AVG Hercules n. r. stehend (Denar). *RIC 162.*	**5**	**25**	**60**

Bronzemünzen

115.26	As. PRINCIPI IVVENT Carinus n. l. stehend. *RIC 174.*	**150**	**500**	**1.500**

Als Augustus:

Folgende Vorderseitenvarianten kommen vor:
Umschrift: IMP (C M AVR) CARINVS (P F) AVG.
Büste: n. r., gelegentlich n. l., mit Lorbeerkranz oder Strahlenkrone, gelegentlich mit Helm, gepanzert und / oder drapiert, im kaiserlichen Mantel, als Attribut ein Szepter oder Schild und Speer.

Aurei

115.27	ABVNDANTIA AVG(G) Abundantia n. l. stehend. *RIC 307f.*	**2.000**	**4.000**	**12.500**
115.28	CONCORDIA AVG Concordia n. l. sitzend. *RIC 227.*	**2.000**	**4.000**	**12.500**
115.29	LIBERALITAS AVGG Liberalitas n. l. stehend. *RIC 309.*	**2.000**	**4.000**	**12.500**

115.30	ORIENS AVGG Sol n. l. stehend. *RIC 310.*	**2.000**	**4.000**	**12.500**
115.31	SPES AVG(G) Spes n. l. gehend. *RIC 311.*	**2.000**	**4.000**	**12.500**
115.32	VENERI VICTRICI Venus n. l. stehend. *RIC 230ff.*	**2.000**	**4.000**	**12.500**
115.33	VICTORIA GERMANICA Victoria in Biga n. l. *RIC 319f.*	**2.500**	**5.000**	**15.000**

Antoniniane

		s	ss	vz
115.34	ADVENTVS AVG Carinus n. l. reitend. *RIC 294.*	5	25	60
115.35	AEQVITAS AVG(G) Aequitas n. l. stehend. *RIC 212ff.*	5	25	60
115.36	AETERNIT(AS) AVG(G) Aeternitas n. l. stehend. *RIC 242.*	5	25	60
115.37	CLEMENTIA TEMP Carinus n. r. stehend, eine Victoria von Iupiter (oder Carus) empfangend. *RIC 323f.*	5	25	60
115.38	FELICI(TAS) PVBLICA Felicitas n. l. stehend. *RIC 295.*	5	25	60

		s	ss	vz
115.39	FIDES MILIT(VM) Fides n. l. stehend (Aureus). *RIC 250ff.*	5	25	60
115.40	FORTVNA AVGG Fortuna n. l. sitzend. *RIC 296.*	5	25	60
115.41	FORTVNA RED(VX) Fortuna n. l. sitzend. *RIC 297ff.*	5	25	60
115.42	GENIVS EXERCITI Genius n. l. stehend. *RIC 254ff.*	5	25	60
115.43	IOVI CONSER Carinus n. r. stehend, einen Globus von Iupiter (oder Carus) empfangend. *RIC 314.*	5	25	60
115.44	IOVI VICTORI Iupiter n. l. stehend. *RIC 257ff.*	5	25	60
115.45	LAETITIA FVND Laetitia n. l. stehend. *RIC 261.*	5	25	60
115.46	ORIENS AVG(G) Sol n. l. oder n. r. gehend. *RIC 262.*	5	25	60
115.47	PAX AVGG Pax n. l. gehend (Denar, Quinar). *RIC 263.*	5	25	60
115.48	PAX EXERCITI Pax n. l. stehend. *RIC 301.*	5	25	60

115.49.1

		s	ss	vz
115.49	PIETA(S) AVG(G) 1.) Mercur n. l. stehend (Quinar), 2.) Priesterliche Geräte. *RIC 264ff.*	5	25	60
115.50	PRINCIPI IVVENT(VT) Carinus n. l. stehend. *RIC 267.*	5	25	60
115.51	PROVIDENT AVGG Providentia n. l. stehend. *RIC 303.*	5	25	60
115.52	SAECVLI FELICITAS Carinus n. r. stehend. *RIC 214f.*	5	25	60
115.53	SALVS AVGG Salus n. r. stehend. *RIC 216.*	5	25	60
115.54	VICTORIA AVG(G) Victoria 1.) n. l. gehend (Aureus, Denar, Quinar), 2.) n. r. auf Globus stehend, 3.) Carinus n. l. stehend, einen Kranz von Victoria empfangend. *RIC 218ff.*	5	25	60

115.55.4

		s	ss	vz
115.55	VIRTVS AVG(GG) 1.) Hercules n. r. stehend (Aureus, Quinar), 2.) Mars n. r. gehend, 3.) Virtus n. r. stehend, 4.) Carinus n. r. stehend, einen Globus von Iupiter (oder Carus) empfangend, 5.) Carinus n. l. stehend, einen Kranz von Victoria empfangend. *RIC 223.*	5	25	60
115.56	Quinar. –. Soldat n. l. stehend. *RIC 282.*	100	350	1.000
115.57	VIRTVTI AVG Hercules n. r. stehend. *RIC 271f.*	5	25	60

		s	ss	vz
115.58	VOTA PVBLICA Carus und Carinus über Dreifuß opfernd. *RIC 315f.*	20	75	250

Bronzemünzen

		s	ss	vz
115.59	As. PAX AVGG Pax n. l. gehend. *RIC 285.*	150	500	1.500
115.60	As. VICTORIA AVG Victoria n. l. gehend. *RIC 286.*	150	500	1.500
115.61	As. VIRTVS AVGG Carinus 1.) n. r. reitend, 2.) n. r. stehend. *RIC 287f.*	150	500	1.500

116. Magnia Urbica
Gattin des Carinus

Zur Geschichte

Über Magnia Urbica ist nichts weiteres bekannt, als daß sie gegen Ende August 283 Carinus heiratete.

Münzen

Folgende Vorderseitenvarianten kommen vor:
Umschrift: MAG(NIA) VRBICA AVG,
MAGNIAE VRBICAE AVG.
Büste: n. r., mit Diadem, auf Mondsichel.

Aurei

116.1 CONCORDIA AVGG Concordia n. l. sitzend.
RIC 348. **4.000 12.000 28.000**

116.2 PVDICITIA AVG Pudicitia n. l. sitzend.
RIC 339. **4.000 12.000 28.000**

Antoniniane

116.3 IVNO REGINA Iuno n. l. stehend.
RIC 341. **50 150 350**

116.4 SALVS PVBLICA Salus n. l. sitzend.
RIC 349. **50 150 350**

116.5 VENVS CELEST Venus n. l. stehend.
RIC 345f. **50 150 350**

116.6 VENVS GENETRIX Venus n. l. stehend (Aureus, Denar).
RIC 337. **50 150 350**

116.7 VENVS VICTRI(X) Venus n. l. stehend (Quinar).
RIC 342f. **50 150 350**

117. Nigrinianus
Sohn (?) des Carinus, † 285 (?)

Zur Geschichte

Nigrinianus ist nur von den Münzen bekannt, die anläßlich seiner Konsekration geprägt wurden. Da die Stücke gegen Ende der Herrschaft des Carinus emittiert wurden, nimmt man an, daß es sich um seinen Sohn gehandelt hat.

Münzen

Folgende Vorderseitenvarianten kommen vor:
Umschrift: DIVO NIGRI(NI)ANO.
Büste: n. r., mit Strahlenkrone.

Aurei

117.1 CONSECRATIO Nigrinianus in Biga auf Scheiterhaufen.
RIC 471. **10.000 50.000 150.000**

Antoniniane

117.2.1

117.2 CONSECRATIO 1.) Adler frontal stehend, 2.) Adler auf Altar, 3.) Altar.
RIC 472ff. **400 1.200 3.000**

118. Iulianus I. von Pannonien

284 – 285

Zur Geschichte

Iulianus, der zur Zeit seiner Usurpation den Titel *corrector Venetiae et Histriae* trug, wurde nach dem Tod des Carus vermutlich gegen Ende des Jahres 284 von seinen Truppen zum Kaiser ausgerufen. Iulianus marschierte gegen Rom, wurde aber noch auf dem Weg von Carinus und seinem Heer abgefangen. Es kam zu einer Entscheidungsschlacht. Die Streitkräfte des Carinus siegten und Iulianus kam nahe Verona ums Leben.

Zur Münzgeschichte

Laut RIC prägte für Iulianus I. die Münzstätte Siscia.

Münzen

Folgende Vorderseitenvarianten kommen vor:
Umschrift: IMP C M AVR IVLIANVS P F AVG,
IMP C IVLIANVS P F AVG.
Büste: n. r., mit Lorbeerkranz oder Strahlenkrone, drapiert und/oder gepanzert.

Aurei

118.1 LIBERTAS PVBLICA Libertas n. l. stehend.
RIC 1. **3.000 10.000 28.000**

Antoniniane

118.2 FELICITAS TEMPORVM Felicitas n. l. stehend.
RIC 2. **500 1.200 2.500**

118.3 IOVI CONSERVAT Iupiter n. r. stehend.
RIC 3. **500 1.200 2.500**

118.4 PANNONIAE AVG Die beiden Pannonien.
RIC 4. **500 1.200 2.750**

118.5 VICTORIA AVG Victoria n. l. gehend oder stehend.
RIC 5. **500 1.200 2.750**

119. Diocletianus

284 – 305

Zur Geschichte

Gaius Aurelius Valerius Diocletianus – damals noch Diocles – wurde vermutlich um 243 als Sohn eines freigelassenen Schreibers in Salona beim heutigen Split geboren. Wie so viele andere seiner Mitbürger aus Dalmatien trat auch er in die Armee ein und machte als geborener Organisator, der er war, schnell Karriere. Er diente als *dux* in Moesien, im Bereich der unteren Donau. Nach der Thronbesteigung des Carus gehörte Diocletianus zu den engsten Beratern des Kaisers, und als solcher begleitete er ihn auf seinem Feldzug gegen die Sasaniden.
Nach dem unerwarteten Tod des Carus übernahm dessen Sohn Numerianus das Kommando unter starkem Einfluß seines Schwiegervaters Lucius Aper. Als auch Numerianus plötzlich starb, riefen die Soldaten am 20. November 284 Diocletianus zu ihrem Kaiser aus. Der brachte Aper um, den man des Mordes an Numerianus verdächtigte, und zog sofort gegen Carinus, den eigentlich rechtmäßigen Kaiser. Diocletianus fand breite Unterstützung unter den militärischen Befehlshabern des Reiches. Einer seiner wichtigsten Helfer war Constantius Chlorus, der sich später in der Herrschaft mit ihm teilen sollte. Trotzdem verlor Diocletianus die Entscheidungsschlacht gegen Carinus, da aber dieser Kaiser kurz darauf umkam, spielte das keine Rolle. Im Jahr 285 war Diocletianus unumschränkter Herrscher des römischen Reiches.
Diocletianus setzte während seiner Herrschaft eine Reihe von Neuheiten durch.
Die Tetrarchie: Man bringt Diocletianus immer mit der Einführung der Tetrarchie in Verbindung, der Viererherrschaft, in der zwei Augusti und zwei Caesares sich die Amtsbereiche aufteilen, um nach 20 Jahren in Rente zu gehen, bzw. aufzusteigen. Tatsächlich hat es diese Systematik, wie sie uns unsere Schulbücher vorspiegeln, nie gegeben. Es war weder neu für einen Augustus, sich einen oder mehrere Mitherrscher zu suchen, noch wich es von römischem Denken ab, diese – falls keine eigenen Söhne zur Verfügung standen – durch Adoptiv- oder Schwiegersöhne zu ersetzen. Diocletianus begegnete mit der Suche nach Helfern bei der Regierung jeweils aktuellen Ge-

fahrensituationen. Einen Mitregenten wie Maximianus Herculius, der im Todesfall übergangslos die Regierung fortführen konnte, hatten mit ganz wenigen Ausnahmen praktisch seit Augustus alle Kaiser gehabt. Diocletianus wählte die beiden zusätzlichen Caesares, als sich für sie zusätzliche Aufgaben stellten. Es ist außerdem klar, daß die anderen Herrscher nie mit Diocletianus auch nur ansatzweise gleichgestellt waren. Diocletianus besaß am meisten *auctoritas,* und seiner Meinung schlossen sich im Zweifelsfalle alle anderen Mitherrscher an.

Umorganisation der Verteidigungslinien: Da sich der Limes als Form der Grenze überholt hatte, führte Diocletianus eine neue Organisation der Verteidigung weiter. In losem Abstand wurden kleine Fluchtburgen im Grenzgebiet verteilt, die längere Zeit einem Angriff der schnellen, aber für Belagerungen nicht ausgerüsteten Reitervölker gewachsen waren. In diese Fluchtburgen konnten sich bei Gefahr die Einwohner der umliegenden Gebiete mit ihrem Besitz in Sicherheit bringen bis die mobile Einsatztruppe, die an zentral gelegenen Militärquartieren stationiert war, ankam, um den Angegriffenen Hilfe zu bringen. Zu diesem Zweck wurde das stehende Heer unter Diocletianus stark vergrößert. Man rechnet mit bis zu 500.000 Mann, die ständig unter Waffen standen. Diese Form der Verteidigung war äußerst effektiv und half dem römischen Reich, zumindest die nächsten zwei Jahrhunderte die Folgen der Völkerwanderung zu überleben.

Das neue Steuersystem: Diocletianus war der erste, der ein jährliches Staatsbudget aufstellte, in dem er festlegte, was die Verwaltung und Verteidigung des römischen Reiches kosten würde, und diese Kosten dann auf die gesamte Bevölkerung verteilte. Moderne Forscher schätzen den Gesamtbedarf des Reiches auf 50.000.000 Aurei pro Jahr. Mit einem für die damalige Zeit gewaltigen Beamtenapparat wurde jeder einzelne in das System eingebunden, indem eine gemischte Steuer auf Landbesitz und nach Personenzahl angeordnet wurde. Diese Steuer durfte größten Teils nicht mehr in Geld erbracht werden, sondern in Naturalien oder Dienstleistungen für den Staat.

Berufs- und Bodenbindung: Diocletianus erntete mit seinen Maßnahmen nicht nur Begeisterung. Zahlreiche Steuerpflichtige konnten durch die hohen Zahlungen, die ihnen die Regierung auferlegte, keinen Gewinn mehr aus ihrem Boden herauswirtschaften. Die Versuchung lag nahe, das Gut zu verlassen, um anderweitig das Glück zu suchen. Diocletianus versuchte dies zu verhindern, indem er ein Edikt erließ, daß es verbot, ein Bauerngut zu verlassen, solange der Eigentümer nicht einen Käufer fand, der nicht nur das Gut, sondern auch die damit verbundenen Steuerpflichten übernahm. Die Steuern flüchtiger Gutsbesitzer mußten von ihren Standesgenossen zusätzlich erbracht werden, so daß schon allein die Sozialkontrolle es verhinderte, daß zu viele Bauern flüchtig wurden.

Das gleiche galt für unbeliebte Berufe. Um zum Beispiel stets über genug Soldaten zu verfügen, schrieb Diocletianus vor, daß der Sohn dem Vater in seinen Beruf folgen müsse.

Christenverfolgungen: Im Rahmen seiner Reorganisation des römischen Reiches stieß Diocletianus immer wieder mit den Christen zusammen. Vor allem die Soldatensöhne, die aus Gewissensgründen den Wehrdienst verweigerten, wurden zu einem Problem. Außerdem forderten christliche Eiferer immer wieder durch aggressive Aktionen das Unverständnis und den Haß der heidnischen Mehrheit heraus. Zunächst versuchte Diocletianus nur die christliche Organisation zu treffen, indem er Kirchenbauten niederreißen und christliche Bücher verbrennen ließ. Drei weitere Edikte verschärften die Maßnahmen, die darin gipfelten, daß das Christentum zur *religio illicita* erklärt wurde, daß also schon das Bekenntnis, Christ zu sein, die Todesstrafe nach sich zog.

Bereits in den letzten Jahren seiner Herrschaft ließ sich Diocletianus nahe seines Geburtsortes einen Palast bauen. Nach einer schweren Krankheit, während der er sogar ins Koma fiel, entschloß sich Diocletianus zurückzutreten. Er zwang Maximianus Herculius dies mit ihm zusammen am 1. Mai des Jahres 305 zu tun.

Diocletianus gehört zu den bedeutenden Herrschern des römischen Reiches. Er war ein großartiger Organisator, der den Übergang der antiken Welt ins Mittelalter vorbereitete. Niemand wird ihm zu große Machtgier unterstellen wollen, denn als die anderen Herrscher sich in ihren Auseinandersetzungen nicht mehr einigen konnten und ihn anflehten, an die Macht zurückzukehren, soll er sie nur auf die Qualität der Kohlköpfe hingewiesen haben, die er in Split in seinem Garten zog. Si non è vero, è ben trovato.

Diocletianus mußte noch erleben, wie „sein“ Reich

von Bürgerkriegen zerrissen wurde. Er sah hilflos mit an, wie seine Frau und seine Tochter ermordet wurden. Müde und verbittert starb Diocletianus im Jahr 313, ein Jahr nach der Entscheidung an der Milvischen Brücke.

Zur Münzgeschichte

Im Jahr 294 n. Chr. wurde von Diocletianus eine umfassende Münzreform eingeleitet. Jegliche Sonderprägung für die Provinzen wurde verboten – so endet z. B. die alexandrinische Ausprägung von Billon-Tetradrachmen in diesem Jahr. Die ausschließliche Verantwortung für die Versorgung der römischen Bevölkerung mit Geld wurde in die Hand von zentralistisch geführten Reichsprägestätten gelegt.
Nicht alle Details der Münzreform sind mit letzter Sicherheit geklärt. Zum Teil sind wichtige Einzelheiten umstritten. Wir wissen bis heute nicht, wie die Römer die wichtigste Bronzemünze (Cu mit 2,5 – 3,5 % Silber) nannten, die bei Sammlern heute umgangssprachlich den Namen Follis oder Nummus trägt. Immer noch in Diskussion ist das Verhältnis, in dem die Münzen untereinander standen, wobei die Forschung zu folgendem tendiert (1 römisches Pfund = 327,45 g):

Aureus (Gold) 1/60 Pfund = 5,45 g; Rechenwert 1000 dc
Argenteus (Silber) 1/96 Pfund = 3,41 g; Rechenwert 50 dc
Nummus („Follis") 1/32 Pfund = 10,23 g; Rechenwert 12,5 dc

Hinzu kamen zwei kleinere, weniger häufig geprägte Kupfermünzen, von Wissenschaftlern Radiatus und Laureatus B genannt, deren Nennwert wohl 4 bzw. 2 dc war.
dc steht für *denarii communes*, eine Rechnungseinheit, die sich auf den alten, abgeschafften Denar bezog, der nur dem Namen nach im System erhalten blieb.
Relativ bald stellte sich in der Praxis heraus, daß das Verhältnis, in dem der Aureus zum Argenteus und dem Nummus theoretisch stand, praktisch nicht haltbar war. So erfolgte im Jahr 301 eine neue, kleinere Münzreform, in der die Werte des Argenteus und des Nummus verdoppelt wurden. Das Verhältnis der Nominale zueinander lautete nun wie folgt:

Aureus (Gold) 1/60 Pfund = 5,45 g; Rechenwert 1000 dc
Argenteus (Silber) 1/96 Pfund = 3,41 g; Rechenwert 100 dc
Nummus („Follis") 1/32 Pfund = 10,23 g; Rechenwert 50 dc

Das bedeutete praktisch, daß im täglichen Warenverkehr für exakt die gleiche Warenmenge nur noch die Hälfte an Münzen bezahlt werden mußte. Um zu verhindern, daß die Verkäufer darauf reagierten, indem sie die Preise einfach verdoppelten, erließ Diocletianus zur Unterstützung seiner Münzreform ein Preisedikt, in dem er für eine große Vielfalt von Waren und Dienstleistungen einen Höchstpreis vorschrieb. Dieses Edikt konnte nie im ganzen römischen Reich durchgesetzt werden. Mit dem Rücktritt des Diocletianus im Jahr 305 wurde es ohne großes Aufhebens außer Kraft gesetzt.

Es hatte sich schon längst herauskristallisiert, daß eine einzige Münzstätte nicht in der Lage war, genügend Geld herzustellen, um die gesamte Bevölkerung des römischen Reiches mit Geld zu versorgen. Unter Diocletian wurden die verschiedenen Münzstätten in ein System gebracht und die Planung und Ausführung der verschiedenen Münztypen standardisiert.
Standardisiert wurden auch die verschiedenen Erkennungszeichen, mit denen die Behörden ganz genau feststellen konnten, wo, wann und von wem eine bestimmte Münze geprägt worden war.
Dazu erhielt zunächst jede einzelne Münzstätte ein bestimmtes Kürzel, das wir seit der Münzreform im Abschnitt der Prägung finden:

Londinium	LON / LN
Treveri	TR
Lugdunum	L / LC
Ticinum	T
Aquileia	AQ
Roma	- / R
Ostia	OST
Karthago	- / K / PK
Siscia	SIS / SISC
Serdica	SD / SDA
Thessalonica	TS
Heracleia	H / HE / HA / HT
Nicomedia	N
Cyzicus	K / KV
Antiochia	A / ANT
Alexandria	ALE

Der Sammler möge sich nicht durch ein SM verwirren lassen, das gelegentlich vor der Münzstättenbezeichnung zu finden ist. Es steht für Sacra Moneta. Außerdem tragen die meisten Münzen eine Bezeichnung für die Offizin, also für die Gruppe von Arbeitern, die für diese spezielle Prägung zuständig waren.

1.	A	I	P(rima)	A
2.	B	II	S(ecunda)	B
3.	C		T(ertia)	Γ
4.			Q(uarta)	Δ
5.				E
6.				H
7.				Θ

Dazu kommt noch eine unendliche Vielfalt an Kombinationsmöglichkeiten mit Sternchen, Punkten, kleinen Altären, Ranken und Ringel, die in die Münzstättenbezeichnung eingeflochten sind, und durch die es Wissenschaftlern heute möglich ist, die meisten Emissionen auf das Jahr genau zu datieren, was in dieser Auflistung der Rückseitentypen natürlich nicht übernommen werden konnte.

Münzen

Vor der Münzreform:

Folgende Vorderseitenvarianten kommen vor:
Umschrift: DIOCLETIANVS AVG(VSTVS),
DIOCLETIANVS P F AVG,
IMP C (C) VAL DIOCLETIANVS (P F) AVG,
IMP C DIOCLETIANVS (P F) AVG,
IMP DIOCLETIANVS (P F) AVG
und viele andere Varianten.
Büste: zumeist n. r., selten n. l., mit Lorbeerkranz oder Strahlenkrone, gepanzert und / oder drapiert, gelegentlich mit Helm, bzw. mit Speer und Schild oder Szepter.

Aurei

119.1 CONCORDIAE AVGG NN Diocletianus und Maximianus n. l. sitzend, beide von Victoria bekränzt.
RIC 292. **1.000 2.000 5.000**

119.2 CONSVL IIII P P PROCOS 1.) Diocletianus n. l. stehend, 2.) n. l. sitzend.
RIC 285. **1.000 2.000 5.000**

119.3.2

119.3 COS III Diocletianus 1.) n. l. stehend, 2.) n. r. reitend.
RIC 129. **1.000 2.000 5.000**

119.4 COS IIII Diocletianus n. r. reitend.
RIC 288. **1.000 2.000 5.000**

119.5 FATIS VICTRICIBVS Die Parcen im Handschlag.
RIC 293. **1.000 2.500 6.000**

119.6 IOVI CONSERVATORI ORBIS Iupiter n. l. stehend.
RIC 299. **750 2.000 5.000**

s ss vz

119.7 IOVI FVLGERATORI 1.) Iupiter n. r. gehend, 2.) n. l. gehend, Titan erschlagend.
RIC 144. **1.000 2.000 5.000**

119.8 IOVI VLTORI Iupiter n. l. stehend.
RIC 312. **750 2.000 5.000**

119.9 MARS VICTOR Mars n. r. gehend.
RIC 2. **750 2.000 5.000**

119.10 MARTI VLTORI Mars n. r. gehend.
RIC 300. **750 2.000 5.000**

119.11 VICTORIA AETERNA Victoria n. r. gehend.
RIC 149f. **750 2.000 5.000**

119.12 VICTORIA AVG Victoria n. r. gehend.
RIC 320. **750 2.000 5.000**

Antoniniane

119.13 ABVNDA(N)T(IA) AVG(G) Abundantia n. r. stehend.
RIC 6ff. **5 20 35**

119.14 ADVENTVS AVG Diocletianus n. r. reitend.
RIC 203. **5 20 35**

119.15 ADVENTVS AVGG Diocletianus und Maximianus n. r. reitend.
RIC 11. **10 35 100**

119.16 AEQVITAS AVGG Aequitas n. r. stehend.
RIC 12. **5 20 35**

119.17 AETERNITAS AVGG Aeternitas n. l. stehend.
RIC 204. **5 20 35**

119.18 –. Elefant n. l. gehend.
RIC 13. **40 175 400**

119.19 ANNONA AVG Annona n. l. stehend.
RIC 155f. **5 20 35**

119.20 AVSPIC FEL Liberalitas n. l. stehend.
RIC 115. **5 35 100**

119.21 CLARITAS AVGG Sol n. l. stehend.
RIC 116. **5 20 35**

119.22 CLEMENTIA TEMP Diocletianus n. r. stehend, einen Globus von Iupiter in Empfang nehmend.
RIC 252ff. **5 20 35**

119.23 COMES AVGG Minerva n. l. stehend.
RIC 14ff. **5 20 35**

119.24 CONCORDIA AVGG 1.) Die beiden Concordien im Handschlag, 2.) Diocletianus n. r. stehend, einen Globus von Iupiter in Empfang nehmend.
RIC 17. **5 20 35**

119.25 CONCORDIA MILITVM Diocletianus n. r. stehend, einen Globus oder Victoria von Iupiter in Empfang nehmend.
RIC 256ff. **5 20 35**

s ss vz

119.26 CONSERVAT AVG Sol n. l. gehend.
RIC 206. 5 20 35

119.27 CONSERVATOR AVGG Diocletianus und Iupiter einander gegenüberstehend, gemeinsam über Altar opfernd.
RIC 259ff. 5 20 35

119.28 FELICITAS AVG Felicitas n. l. stehend.
RIC 19. 5 20 35

119.29 FELICIT(AS) PVBL(IC) Felicitas n. l. stehend.
RIC 18. 5 20 35

119.30 FIDES MILIT(VM) 1.) Fides n. l. stehend, 2.) Diocletianus n. r. stehend, einen Globus von Soldat in Empfang nehmend.
RIC 118f. 5 20 35

119.31 FORTVNA RED(VX) Fortuna n. l. sitzend.
RIC 209ff. 5 20 35

119.32 HERCVLI CONSERVAT Hercules n. r. oder n. l. stehend.
RIC 212ff. 5 20 35

119.33 HERCVLI INVICTO AVGG Hercules n. l. stehend.
RIC 21f. 5 20 35

119.34 HERCVLI PACIFERO Hercules n. l. stehend (Denar).
RIC 23. 5 20 35

119.35 IOV ET HERCV CONSER AVGG Iupiter n. r. stehend, ihm gegenüber Hercules.
RIC 323. 5 20 35

119.36 IOVI AVGG Iupiter 1.) n. l. stehend, 2.) n. r. stehend, 3.) n. l. sitzend.
RIC 25ff. 5 20 35

119.37.1

119.37 IOVI CONSER(VATORI AVGG) 1.) Iupiter n. l. oder n. r. stehend (Aureus, Denar, Quinar), 2.) n. l. sitzend (Aureus), 3.) Iupiter n. r. stehend, ihm gegenüber Hercules, 4.) Victoria n. r. stehend oder gehend, einen Kranz an Iupiter überreichend, 5.) Victoria n. r. stehend, einen Kranz an Diocletianus überreichend, 6.) Diocletianus n. r. stehend, einen Globus von Iupiter empfangend.
RIC 49. 5 20 35

119.38 IOVI ET HERCVLI CONS AVGG Iupiter n. r. stehend, ihm gegenüber Hercules.
RIC 275. 5 20 35

119.39 IOVI FVLGERATORI Iupiter 1.) n. r. stehend oder 2.) n. l. gehend.
RIC 167f. 5 35 100

119.40 IOVI PROPVGNAT Iupiter n. l. gehend.
RIC 236ff. 5 20 35

119.41 IOVI TVTATORI AVGG Iupiter n. l. stehend.
RIC 50ff. 5 20 35

s ss vz

119.42 IOVI VICTORI Iupiter n. l. gehend oder stehend.
RIC 58. 5 20 35

119.43 LAETITIA AVGG Laetitia n. l. stehend.
RIC 59. 5 20 35

119.44 LAETITIA FVND Laetitia n. l. stehend.
RIC 170. 5 20 35

119.45 MARS VICTOR (gelegentlich NICTOR) Mars n. l. gehend.
RIC 239. 5 20 35

119.46 MARTI PACIF Mars n. l. stehend.
RIC 172f. 5 20 35

119.47 ORIENS AVG(G) Sol n. l. stehend oder gehend (Aureus).
RIC 60. 5 20 35

119.48 PAX AETERN Pax n. l. gehend.
RIC 61. 5 20 35

111.49.2

119.49 PAX AVGG 1.) Minerva n. l. stehend, 2.) Pax n. l. stehend oder gehend.
RIC 62ff. 5 20 35

119.50 P M TR P VIII COS IIII P P Löwe n. l. gehend, ein Blitzbündel im Maul.
RIC 4. 5 25 50

119.51 PRIMIS X MVLTIS XX 1.) Iupiter n. l. stehend, 2.) Victoria n. r. stehend, VOT X auf Schild an Palme schreibend, 3.) Zwei Victorien VOT X (FEL) auf Schild an Palme schreibend.
RIC 175ff. 20 35 100

119.52 PROVIDENT DEOR 1.) Providentia n. l. stehend, 2.) Providentia n. l. sitzend.
RIC 75f. 5 20 35

119.53 PROVIDENT(IA) AVG Providentia n. l. stehend.
RIC 77. 5 20 35

119.54 ROMAE AETERN(AE) Roma n. l. sitzend (Aureus).
RIC 241. 5 20 35

119.55 SAECVLARES AVG Gebrochene Säule.
RIC 78. LP LP LP

119.56 SALVS AVG(G) Salus n. r. stehend.
RIC 85ff. 5 20 35

119.57 S(A)ECVRIT AVGG Securitas n. l. stehend.
RIC 79. 5 20 35

119.58 S(A)ECVRIT PERP Securitas n. r. stehend.
RIC 80ff. 5 20 35

119.59 TEMPOR(VM) FEL(ICIT) Felicitas n. l. stehend oder sitzend.
RIC 121f. 5 20 35

s **ss** **vz**

119.60.4

119.60 VICTORIA AVG(G) 1.) Victoria n. l. stehend oder gehend (Aureus, Denar, Quinar), 2.) Diocletianus n. l. reitend, eine Victoria ihm vorangehend, 3.) Victoria n. r. gehend, Diocletianus einen Kranz überreichend, 4.) Diocletianus und Maximianus einander gegenüberstehend, zwischen ihnen Victoria.
RIC 91f. **5** **20** **35**

119.61 VIRTVS AVGG 1.) Hercules n. r. oder n. l. stehend (Quinar), 2.) Mars (oder Soldat?) n. l. stehend (Aureus, Quinar), 3.) Iupiter n. r. stehend, ihm gegenüber Hercules, 4.) Diocletianus n. r. stehend, 5.) Diocletianus n. l. stehend, 6.) Diocletianus und Maximianus einander gegenüberstehend und Globus haltend, 7.) Diocletianus und Maximianus einander gegenüberstehend, zwischen ihnen Victoria.
RIC 93ff. **5** **20** **35**

119.62 VIRTVS AVGVSTORVM Hercules n. r. stehend.
RIC 185. **5** **20** **35**

119.63 VIRTVTI AVGG Hercules n. r. stehend, einen Löwen würgend, (sehr selten von Victoria bekränzt).
RIC 100ff. **5** **25** **50**

119.64 VOT X M XX 1.) in Lorbeerkranz, 2.) Victoria auf Globus n. l. stehend.
RIC 108. **5** **25** **50**

119.65 VOTIS X Diocletianus und Maximinianus an Altar opfernd.
RIC 109ff. **5** **25** **50**

Bronzemünzen

119.66 As. IOVI CONSERVAT(ORI) AVGG Iupiter n. l. stehend.
RIC 199. **250** **500** **1.500**

119.67 As. PAX AVG Pax n. l. gehend.
RIC 200. **250** **500** **1.500**

119.68 As. VIRTVS AVGG Hercules n. l. stehend.
RIC 201. **250** **500** **1.500**

s **ss** **vz**

Nach der Münzreform:

Folgende Vorderseitenvarianten kommen vor:
Umschrift: DIOCLETIANVS AVGVSTVS,
DIOCLETIANVS (P F) AVG,
IMP (C C) DIOCLETIANVS (P F) AVG,
IMP C C VAL DIOCLETIANVS (P F) AVG
und viele andere Varianten.
Büste: n. r., mit Lorbeerkranz, gepanzert und / oder drapiert, gelegentlich mit Schild und Speer.

Aurei

119.69 IOVI CONSER AVGG Iupiter n. l. stehend.
750 **2.000** **5.000**

119.70 IOVI CONSERVAT Iupiter frontal sitzend.
750 **2.000** **5.000**

119.71 IOVI CONSERVATORI Iupiter n. l. stehend.
750 **2.000** **5.000**

119.72 PIETAS AVGG ET CAESS NN Pietas frontal stehend, auf dem Arm Kind, l. weiteres Kind. **750** **2.000** **5.000**

119.73 VIRTVS MILITVM Befestigtes Lager. **750** **2.000** **5.000**

119.74 VOT XX AVG in Kranz. **1.000** **2.000** **7.500**

119.75 XX DIOCLETIANI AVG in Kranz. **1.000** **2.500** **7.500**

Argentei

119.75a F(EL) ADVENT AVGG NN Afrika n. l. stehend mit Standarte und Elefantenzahn, zu ihren Füßen Stier. (Nur für Karthago) **150** **400** **1.250**

119.76 PROVIDENTIA AVGG Die vier Kaiser gemeinsam über einem Altar oder einem Dreifuß vor befestigtem Lager opfernd.
100 **250** **750**

s ss vz

119.77.1

119.77 VICTORIA SARM(AT) 1.) Die vier Kaiser gemeinsam über einem Altar oder einem Dreifuß vor befestigtem Lager opfernd. 2.) Lagertor. 100 250 750

119.78.1

119.78 VIRTVS MILITVM 1.) Die vier Kaiser gemeinsam über einem Altar oder einem Dreifuß vor befestigtem Lager opfernd. 2.) Lagertor. 100 250 750

119.79 XCVI und Münzstättenzeichen in Kranz. 150 400 1.250

Nummi / Folles

119.80 FEL(IX) ADVENT AVGG NN Africa n. l. stehend, zu ihren Füßen Löwe mit gefangenem Stier. 25 40 80

119.81 FORTVNAE REDVCI AVGG NN Fortuna n. l. sitzend. 15 30 60

119.82 FORTVNAE REDVCI AVGG ET CAESS NN Fortuna 1.) n. l. sitzend, 2.) n. l. stehend. 15 30 60

119.83 FORTVNAE REDVCI CAESS NN Fortuna n. l. stehend. 15 30 60

119.84 GENIO POPVLI ROMANI Genius n. l. opfernd, gelegentlich zu seinen Füßen Adler. 15 30 60

119.85 HERCVLI VICTORI Hercules n. l. stehend, drei Äpfel haltend. 10 60 180

119.86 IOVI CONS CAES Iupiter n. l. stehend. 25 40 120

119.87 MONETA AVGG ET CAESS NN Moneta n. l. stehend. 15 30 60

119.88 M(ONETA) S(ACRA) AVGG ET CAESS NN Moneta n. l. stehend. 15 30 60

s ss vz

119.89 SACR(A) MONET AVGG ET CAESS NOSTR Moneta n. l. stehend. 15 30 60

119.90 S(ACRA) M(ONET) VRB AVGG ET CAESS NN Moneta n. l. stehend. 25 40 80

119.91 SALVS AVGG ET CAESS AVCTA KART Karthago n. l. stehend, Früchtekorb in beiden Händen. 25 40 80

119.92 SALVIS AVGG ET CAESS FEL KART Karthago n. l. stehend, Früchtekorb in beiden Händen. 25 40 80

Teilstücke

Vorderseite: *Radiatus:* Büste mit Strahlenkrone, *Laureatus:* Büste mit Lorbeerkranz.

119.93 Radiatus. CONCORDIAE AVGG Diocletianus n. r. stehend, eine Victoria von Iupiter empfangend. 5 25 60

119.94 Radiatus. CONCORDIA MILITVM Diocletianus n. r. stehend, eine Victoria von Iupiter empfangend. 5 25 60

119.95 Laureatus. VTILITAS PVBLICA Utilitas frontal stehend. 40 175 400

119.96 Radiatus. VOT XX und Münzstättenzeichen in Kranz. 15 40 100

Nach seinem Rücktritt:

Folgende Vorderseitenvarianten kommen vor:
Umschrift: DN DIOCLETIANO AETER AVG,
DN DIOCLETIANO B(A)EATIS(SIMO SEN AVG),
DN FELIC(ISSIMO) SEN AVG,
DN DIOCLETIANO FS (oder PFS) AVG.
Büste: n. r., mit Lorbeerkranz, in kaiserlichem Mantel mit Olivenzweig und Mappa.

Nummi / Folles

		s	ss	vz
119.97	GENIO POP ROM Genius n. l. opfernd.	25	75	175
119.98	PROVIDENTIA DEORVM Providentia n. r. stehend, ihr gegenüber Quies n. l. stehend.	25	75	175

		s	ss	vz
119.99	PROVIDENTIA DEORVM QVIES AVG(G) Providentia n. r. stehend, ihr gegenüber Quies n. l. stehend.	25	75	175
119.100	QVIES AVGG Quies n. l. stehend.	30	100	250
119.101	QVIES AVGVSTORVM Quies n. l. stehend.	30	100	250
119.102	SECVRIT PERPET DD NN Securitas n. l. stehend.	30	100	250

Teilstücke

		s	ss	vz
119.103	Laureatus. PROVIDENTIA DEORVM Providentia n. r. stehend, ihr gegenüber Quies.	25	75	175
119.104	Laureatus. QVIES AVGG Quies frontal stehend.	100	500	LP

120. Maximianus

Caesar 285 – 286,
Augustus 286 – 305, 307 – 308, 310

Zur Geschichte

Maximianus Herculius stammte aus der Umgebung von Sirmium in Pannonien. Auch er kam wie Diocletianus aus einfachen Verhältnissen und war über die Armee aufgestiegen.

Nach dem Sieg des Diocletianus über Carinus sah sich der neue Kaiser mit dem klassischen Dilemma der Soldatenkaiser konfrontiert: Im Westen überschwemmten germanische Völker die Grenze, die wegen des Bürgerkrieges zwischen Carinus und Diocletianus von Soldaten entblößt war, im Osten war die Gefahr eines Einfalls der Sasaniden noch nicht gebannt. So erhob Diocletianus noch im Jahr 305 Maximianus zum Caesar. Dem gelang es, Gallien und Germanien wieder einigermaßen zu sichern. Allerdings wurde er mit einem neuen Unruheherd in Britannien nicht fertig, wo sich Carausius ein überaus erfolgreiches Sonderreich einrichten konnte. Reaktion des Diocletianus auf die Reichsgründung des Carausius war die Rangerhöhung seines Caesars: Maximinianus wurde am 1. April 286 zum Augustus erhoben.

Solange Diocletianus selbst die Politik des römischen Reiches leitete, blieb Maximianus ihm ein treuer Verbündeter. Er sicherte mit Hilfe seines Caesars Constantius Chlorus den Westen. Seit etwa 298 waren dort keine schwerwiegenden kriegerischen Auseinandersetzungen mehr zu fürchten.

Am 1. Mai 305 zwang Diocletianus seinen Mitherrscher Maximianus, mit ihm zusammen abzudanken. Als dessen Sohn Maxentius sich im Jahr 306 zum Kaiser ausrufen ließ, eilte Maximinianus Herculius ihm zu Hilfe, ließ sich 307 vom Senat neuerlich zum Augustus ausrufen und vernichtete das Heer des Severus, das eigentlich den Maxentius hätte aus Rom vertreiben sollen. Auf der Suche nach Bundesgenossen wendete sich Maximianus an Constantinus, adoptierte ihn und machte ihn zusätzlich noch zu seinem Schwiegersohn, indem er ihn mit seiner Tochter Fausta verheiratete.

Im Herbst 308 fand in Carnuntum eine Konferenz der Kaiser statt, bei der mit Hilfe der Autorität des Diocletianus die Situation entschärft werden sollte.

Für Maximianus bedeutete dies, daß sein alter Kommandant ihn erneut „in Rente“ schickte.
Maximianus zog sich nach dem Treffen in den Westteil des Reiches zu Constantinus zurück. Er erhoffte von ihm ein Heer, um sich erneut Anteil an der Macht zu verschaffen. Als Constantinus dies verweigerte, griff Maximianus zur Selbsthilfe. In Arles befand sich die Kriegskasse. Maximianus bemächtigte sich 310 des Geldes, warb eine Anzahl von Soldaten an und ließ sich ein drittes und letztes Mal zum Augustus ausrufen. In Marseille stellte Constantinus seinen Schwiegervater mit einem eilig zusammengerufenen Heer. Die Besatzung der Stadt lieferte den alten Kaiser ohne jegliches Zögern aus. Constantinus begnadigte Maximianus, der aber wenige Tage darauf erhängt in seinem Schlafgemach aufgefunden wurde.

Hinweise für Sammler

Die Münzprägung des Maximianus Herculius ist höchst komplex. Da dieser Kaiser zweimal sein Amt niedergelegt hat und dreimal an der Macht war, ergibt sich zusammen mit den Prägungen für ihn als Divus ein sehr kompliziertes Bild. Wir haben versucht, hier in diesem Katalog den historischen Abläufen Rechnung zu tragen, indem wir seine Münzprägung in fünf Phasen zerlegt haben (nach seiner zweiten Abdankung wurde nicht mehr für ihn geprägt). Dadurch wird natürlich die Suche nach einem einzelnen Münztyp erschwert, da der Leser in allen sechs Kategorien überprüfen muß, wo er seine Rückseitenlegende findet. Da aber nur durch diese Aufsplittung die historischen Zusammenhänge deutlich werden, haben wir dieses Problem bewußt in Kauf genommen.
Auch für Maximianus lohnt es sich, nach Sonderbüsten zu suchen. Es existieren z. B. sehr gesuchte Varianten, die diesen Kaiser mit Keule und Löwenfell als Hercules abbilden.

Münzen

Folgende Vorderseitenvarianten kommen vor:
Umschrift: IMP C M A(VR) VAL MAXIMIANVS (P F) AVG,
IMP C (VAL) MAXIMIANVS (P F) AVG,
IMP MAXIMIANVS (P F) AVG,
MAXIMIANVS P (F) AVG,
MAXIMIANVS AVG(VSTVS)
und viele andere Varianten.
Büste: zumeist n. r., selten n. l., mit Lorbeerkranz oder Strahlenkrone, gepanzert und / oder drapiert, gelegentlich mit Helm, bzw. mit Speer und Schild oder Szepter, seltene Variante mit einer Keule über der Schulter und einem Löwenfell.

s ss vz

Aurei

120.1 CONCORDIAE AVGG NN Diocletianus und Maximianus n. l. sitzend, beide von Victoria bekränzt.
RIC 601. **1.000 2.000 5.000**

120.2 CONCORDIA MILITVM Concordia n. l. stehend.
RIC 602ff. **750 2.000 5.000**

120.3 CONSVL III P P PROCOS Maximianus n. l. stehend.
RIC 596. **1.000 2.000 5.000**

120.4 CONSVL IIII P P PROCOS Maximianus n. l. stehend.
RIC 611. **1.000 2.000 5.000**

120.5 COS II Maximianus n. r. reitend.
RIC 488. **1.000 2.000 5.000**

120.6 FATIS VICTRICIBVS Die Parcen im Handschlag.
RIC 617f. **1.000 2.500 6.000**

120.7 HERCVLI VICTORI Hercules n. l. stehend.
RIC 489. **750 2.000 5.000**

120.8 IOVI CONSERVAT Iupiter n. l. sitzend.
RIC 539. **750 2.000 5.000**

120.9 MARTI PACIFERO Mars n. l. stehend.
RIC 571. **750 2.000 5.000**

120.10 P M TR P P P Maximianus n. l. stehend, um ihn vier Feldzeichen.
RIC 614. **1.000 2.000 5.000**

120.11 VIRTVTI (H)ERCVLIS Hercules n. r. stehend.
RIC 605. **1.000 2.000 5.000**

Antoniniane

120.12 ABVNDANT AVGG Abundantia n. r. stehend.
RIC 346. **5 20 35**

120.13 ADVENTVS AVGG Diocletianus und Maximianus n. r. reitend.
RIC 347. **20 35 100**

120.14 AEQVITAS AVGG Aequitas n. l. stehend.
RIC 348. **5 20 35**

		s	ss	vz
120.15	AETERNITAS AVGG Aeternitas n. l. stehend. *RIC 542.*	5	20	35
120.16	–. Elefant n. l. gehend. *RIC 349f.*	35	150	400
120.17	AVSPIC FEL Liberalitas n. l. stehend. *RIC 469ff.*	5	35	100
120.18	CLARITAS AVGG Sol n. l. stehend. *RIC 472ff.*	5	20	35
120.19	CLEMENT(IA) TEMP Maximianus n. r. stehend, einen Globus von Iupiter empfangend. *RIC 575ff.*	5	20	35
120.20	COMES AVGG Minerva n. l. stehend. *RIC 351ff.*	5	20	35
120.21	CONCORDIA AVGG Die beiden Concordien im Handschlag. *RIC 354f.*	5	20	35

		s	ss	vz
120.22	CONCORDIA MILITVM Maximianus n. r. stehend, Globus von Iupiter empfangend. *RIC 595.*	5	20	35

120.23.2

		s	ss	vz
120.23	CONSERVATOR AVGG 1.) Hercules n. l. stehend, 2.) Maximianus und Hercules einander gegenüber stehend, opfernd. *RIC 356.*	5	20	35
120.24	FELICIT PERP Felicitas n. l. stehend. *RIC 357f.*	5	20	35
120.25	FELICIT(AS) PVBL(IC) Felicitas n. l. stehend. *RIC 359ff.*	5	20	35
120.26	FELICITAS SAEC Felicitas n. l. stehend. *RIC 362.*	5	20	35
120.27	FIDES MILIT Fides n. l. stehend. *RIC 475ff.*	5	20	35
120.28	FIDES MILITVM Maximianus n. r. stehend, einen Globus von Diocletianus empfangend. *RIC 583.*	5	20	35

		s	ss	vz
120.29	HERCVLI CONSERVAT Hercules n. r. oder n. l. stehend (Aureus). *RIC 543ff.*	5	20	35
120.30	HERCVLI INVICTO AVGG Hercules n. l. stehend. *RIC 363ff.*	5	20	35
120.31	HERCVLI PACIFERO Hercules n. l. stehend. *RIC 371ff.*	5	20	35
120.32	HERCVLI VICTORI Hercules n. r. gehend. *RIC 303.*	5	20	35
120.33	IOVI AVGG Iupiter n. l. stehend oder sitzend. *RIC 381ff.*	5	20	35
120.34	IOVI CONSER(VATORI) (AVGG) 1.) Iupiter n. l. oder n. r. stehend (Aureus, Goldquinar, Denar; Quinar), 2.) Victoria n. r. stehend, Iupiter einen Kranz überreichend, 3.) Maximianus und Hercules einander gegenüber stehend, 4.) Maximianus n. r. stehend, Globus von Iupiter empfangend. *RIC 387ff.*	5	20	35
120.35	IOV(I) ET HERCV(LI) CONS(ER) AVGG Iupiter n. r. stehend, eine Victoria von Hercules empfangend. *RIC 584.*	5	20	35
120.36	IOVI FVLGERATORI Iupiter 1.) n. l. gehend (Quinar), 2.) n. r. stehend. *RIC 510f.*	5	35	100
120.37	IOVI PROPVGNATORI Iupiter n. l. gehend. *RIC 564.*	5	20	35
120.38	IOVI TVTATORI AVGG Iupiter n. l. stehend. *RIC 390ff.*	5	20	35
120.39	ORIENS AVGG Sol n. l. stehend. *RIC 394a.*	5	20	35
120.40	PAX AETERN Pax n. l. stehend oder gehend. *RIC 395.*	5	20	35

120.41.2

		s	ss	vz
120.41	PAX AVGG 1.) Minerva n. l. stehend, 2.) Pax n. l. stehend (Quinar). *RIC 396ff.*	5	20	35
120.42	PIETAS AVGG 1.) Pietas n. r. stehend, 2.) Maximianus n. r. stehend, einer knienden Frau aufhelfend. *RIC 409ff.*	5	20	35
120.43	P M TR P VIII COS IIII P P Löwe n. l. gehend, im Maul Blitzbündel. *RIC 344f.*	5	20	35

s ss vz

120.44 PRIMIS X MVLTIS XX 1.) Hercules n. r. stehend, 2.) Victoria n. r. stehend, VOT X auf einen Schild an Palme schreibend, 3.) Zwei Victorien, VOT X (oder VOTA) auf einen Schild an Palme schreibend.
RIC 511ff. **5 35 100**

120.45 PROVIDENT DEOR Providentia n. l. sitzend.
RIC 412ff. **5 20 35**

120.46 SAECVLARES AVGG Zerbrochene Säule.
RIC 415. **LP LP LP**

120.47 SAECVLI FELICIT Felicitas n. l. stehend.
RIC 416. **5 20 35**

120.48 SALVS AVGG Salus n. r. stehend.
RIC 417ff. **5 20 35**

120.49 SECVRIT AVGG Securitas n. l. stehend (Quinar).
RIC 424ff. **5 20 35**

120.50 SECVRIT PERP Securitas n. r. oder n. l. stehend.
RIC 427ff. **5 20 35**

120.51 TEMPOR FELICIT Genius n. l. sitzend.
RIC 480f. **5 20 35**

120.52 VNDIQVE VICTORES Maximianus n. l. stehend.
RIC 431. **5 35 100**

120.53.3

120.53 VICTORIA AVGG 1.) Victoria n. l. gehend, 2.) Maximianus n. l. stehend, einen Globus von Diocletianus empfangend, 3.) Maximianus und Diocletianus einander gegenüber stehend, zwischen ihnen Victoria.
RIC 430. **5 20 35**

120.54 VIRTVS AVGG 1.) Iupiter n. r. stehend im Handschlag mit Hercules, 2.) Hercules n. r. oder n. l. stehend (Aureus, Denar, Quinar), 3.) Hercules n. r. stehend, einen Löwen erwürgend (Aureus, Quinar), 4.) Hercules n. r. stehend, einen Bogen spannend, 5.) Soldat n. l. stehend, 6.) Maximianus n. r. stehend, 7.) Maximianus, eine Trophäe bekränzend.
RIC 432ff. **5 20 35**

120.55 –. Hercules im Garten der Hesperiden, neben Apfelbaum, um den sich eine Schlange windet.
RIC 568ff. **75 300 750**

120.56 Quinar. VIRTVS AVGG Hercules n. r. stehend, einen Hirsch fangend.
RIC 530. **75 350 900**

120.57 VIRTVS AVGVSTORVM Hercules n. r. oder n. l. stehend (Aureus).
RIC 516. **5 20 35**

s ss vz

120.58.2

120.58 VIRTVTI AVGG Hercules 1.) n. r. stehend, 2.) n. r. stehend, einen Löwen erwürgend, (gelegentlich von Victoria bekränzt).
RIC 454ff. **5 20 35**

120.59 VOTIS AVGG Diocletianus und Maximianus opfernd.
RIC 485. **5 25 50**

120.60 VOTIS X 1.) Maximianus n. l. stehend, opfernd, 2.) Diocletianus und Maximianus einander gegenüber stehend, über Dreifuß opfernd.
RIC 466. **5 25 50**

120.61 VOT X M XX 1.) in Lorbeerkranz, 2.) Victoria auf Globus n. l. stehend.
RIC 468. **5 25 50**

Bronzemünzen

120.62 As. HERCVLI PACIFERO Hercules n. l. stehend.
RIC 532. **250 500 1.500**

Nach der Münzreform:

Folgende Vorderseitenvarianten kommen vor:
Umschrift: DN MAXIMIANO P F S AVG,
IMP C M AVR VAL MAXIMIANVS P (F) AVG,
IMP C (M A) MAXIMIANVS P F AVG,
IMP MAXIMIANVS (P F S) AVG,
MAXIMIANVS (P F) AVG(VSTVS).
Büste: n. r., selten n. l., mit Lorbeerkranz, selten mit Helm, gepanzert und / oder drapiert, gelegentlich mit Schild und Speer, selten mit Keule und Löwenfell n. l.

Aurei

120.63 CONSVL IIII P P PROCOS Maximianus n. l. stehend, einen Globus und einen kurzen Stab haltend.
750 2.000 5.000

120.64 HERCVLI CONSER AVGG ET CAESS NN Hercules frontal stehend. **750 2.000 5.000**

120.65 HERCVLI VICTORI Hercules frontal sitzend.
750 2.000 5.000

120.66 PROVIDENTIA AVGG Lagertor. **750 2.000 5.000**

120.67 VIRTVS MILITVM Lagertor. **750 2.000 5.000**

120.68 VOT XX AVGG in Kranz, Adler als Münzzeichen für Aquileia. **1.000 2.500 7.500**

s ss vz

Argentei

120.68a F(EL) ADVENT AVGG NN Afrika n. l. stehend mit Standarte und Elefantenzahn, zu ihren Füßen Stier. (Nur für Karthago)
150 500 1.400

120.69 VICTORIA(E) SARMAT(ICAE) 1.) Die vier Kaiser gemeinsam über einem Altar oder einem Dreifuß vor befestigtem Lager opfernd. 2.) Lagertor.
100 350 1.000

120.70.1

120.70 VIRTVS MILITVM 1.) Die vier Kaiser gemeinsam über einem Altar oder einem Dreifuß vor befestigtem Lager opfernd. 2.) Lagertor. **100 300 800**

120.71 XCVI in Kranz.
Die Zahl 96 im Kranz steht für die Anzahl der Argentei, die aus einem römischen Pfund Silber geprägt wurden. **150 350 1.250**

Nummi / Folles

120.72 FELIX ADVENT AVGG NN Africa n. l. stehend.
10 40 75

120.73 FORTVNAE REDVCI AVGG ET CAESS NN Fortuna n. l. stehend.
10 40 75

120.74 FORTVNAE REDVCI AVGG NN Fortuna n. l. sitzend.
10 40 75

120.75 FORTVNAE REDVCI CAESS NN Fortuna n. l. stehend.
10 40 75

120.76 GENIO POPVLI ROMANI Genius n. l. opfernd, gelegentlich Adler zu seinen Füßen. **10 30 60**

120.77 HERCVLI VICTORI Hercules n. l. stehend.
10 60 180

120.78 M(ONETA) (SACRA) AVGG ET CAESS NN Moneta n. l. stehend.
10 40 75

s ss vz

120.79 SACRA MONET AVGG ET CAESS NN Moneta n. l. stehend.
10 40 75

120.80 SACR(A) MONET AVGG ET CAESS NOSTR Moneta n. l. stehend.
10 40 75

120.81 S(ACRA) M(ONET) VRB AVGG ET CAESS NN Moneta n. l. stehend.
15 50 100

120.82 SALVIS AVGG ET CAESS AVCTA KART Carthago n. l. stehend, einen Früchtekorb haltend. **10 40 75**

120.83 SALVIS AVGG ET CAESS FEL KART Carthago n. l. stehend, einen Früchtekorb haltend. **10 40 75**

Teilstücke

Vorderseite: *Radiatus:* Büste mit Strahlenkrone, *Laureatus:* Büste mit Lorbeerkranz.

120.84 Radiatus. CONCORDIAE AVGG Kaiser n. r. stehend, einen Globus von Iupiter empfangend **10 25 60**

120.85 Radiatus. CONCORDIA MILITVM Kaiser n. r. stehend, einen Globus von Iupiter empfangend. **10 25 60**

120.86 Laureatus. VTILITAS PVBLICA Utilitas n. l. stehend.
50 125 250

120.87 Radiatus. VOT XX über Münzstättenzeichen in Kranz.
20 40 100

Nach seinem Rücktritt:

Folgende Vorderseitenvarianten kommen vor:
Umschrift: D N MAXIMIANO BAEATIS(SIMO) (SEN AVG),
D N MAXIMIANO FELICIS(SIM),
D N MAXIMIANO FELICISSIMO SEN AVG,
D N MAXIMIANO F S(EN) AVG.
Büste: n. l., mit Lorbeerkranz, in kaiserlichem Mantel mit Olivenzweig und Mappa.

Nummi / Folles

120.88 GENIO POP(VLI) ROM(ANI) Genius n. l. opfernd.
10 40 75

s ss vz

120.89 PROVIDENT(IA) DEOR(VM) QVIES AVGG Providentia n. r. stehend, ihr gegenüber Quies n. l. stehend. 25 75 175

120.90 SAC MON VRB AVGG ET CAESS NN Moneta n. l. stehend. 10 40 75

Teilstücke

Vorderseite: *Radiatus:* Büste mit Strahlenkrone, *Laureatus:* Büste mit Lorbeerkranz.

120.91 Laureatus. PROVIDENTIA DEORVM Providentia n. r. stehend, ihr gegenüber Quies stehend. 100 500 LP

120.92 Laureatus. QVIES AVGG Quies n. l. stehend. 100 500 LP

Nach seiner zweiten Machtergreifung:

Folgende Vorderseitenvarianten kommen vor:
Umschrift: DN MAXIMIANO P F S AVG,
IMP MAXIMIANVS P F AVG.
Büste: n. r., mit Lorbeerkranz, gepanzert und / oder drapiert, gelegentlich mit Schild und Speer.

Nummi / Folles

120.93 CONCORDIA PERPET DD NN Die beiden Kaiser einander gegenüber stehend. 75 150 500

120.94 CONSERVATOR AFRICAE SVAE Africa n. l. stehend, zu ihren Füßen Löwe, einen Bullen fangend. 15 60 120

120.95 CONSERVATORES KART SVAE Carthago n. l. stehend. 15 60 120

120.96 CONSERV(ATORES) VRB SVAE Roma frontal in sechssäuligem Tempel sitzend. 15 60 120

120.97 GENIO IMPERATORIS Genius n. l. opfernd. 15 60 120

120.98 GENIO POP(VLI) ROM(ANI) Genius n. l. opfernd. 10 30 60

120.99 HERCVLI CONSERVATORI Hercules n. l. stehend. 15 50 100

120.100 MARS VICTOR Mars n. r. gehend. 15 50 100

120.101 MARTI PATRI CONSERVATORI Mars n. r. stehend. 15 50 100

120.102 MARTI PATRI PROPVGNATORI Mars n. r. gehend. 15 50 100

s ss vz

120.103 MARTI PATR SEMP VICTORI Mars n. r. gehend. 15 50 100

120.104 QVIES AVG Quies n. l. stehend. 15 50 100

120.105 ROMAE AETER Roma frontal sitzend. 15 50 100

120.106 SALVS AVGG ET CAESS FEL KART Carthago n. l. stehend, einen Früchtekorb haltend. 15 50 100

120.107 SECVRIT PERPET DD NN Securitas n. l. stehend. 15 50 100

120.108 TEMPORVM FELICITAS Felicitas n. l. stehend. 20 100 300

Teilstücke

120.109 VOT XXX AVGG in drei Linien in Kranz. 75 150 500

Divus Maximianus:

Folgende Vorderseitenvarianten kommen vor:
Umschrift: DIVO MAXIMIANO (PATRI MAXENTIVS AVG),
DIVO MAXIMIANO SEN AVG,
DIVO MAXIMIANO SEN (FORT IMP),
IMP MAXENTIVS DIVO MAXIMIANO PATRI.
Büste: n. r., verschleiert und / oder mit Lorbeerkranz.

Nummi / Folles

120.110 AETERNA(E) MEMORIA(E) Adler auf Schrein n. r. stehend. 20 40 175

120.111 –. 1.) Adler n. l. oder n. r. stehend, 2.) Löwe n. l. oder n. r. gehend. 10 40 150

120.112 MEMORIA FELIX Brennender Altar, an jeder Seite Adler. 20 40 175

120.113 REQVIES OPTIMOR MERIT Maximinianus n. l. sitzend. 10 40 125

121. Constantius I. Chlorus

Caesar 293 – 305, Augustus 305 – 306

Zur Geschichte

Marcus Flavius Constantius, genannt Chlorus (= der Blasse), wurde etwa um 250 geboren. Wo und wann, darüber geben uns die Quellen keine Auskunft. Um das Jahr 280, als er in Naissus Helena, die Mutter Constantinus' I., kennen lernte, soll er bereits Militärtribun gewesen sein.

Zu einer historisch interessanten Persönlichkeit wurde Constantius, als er sich im Jahr 284 für Diocletianus entschied, der sich gegen Carinus erhoben hatte. Als Proconsul von Dalmatien sicherte Constantius die Verbindungsstraße zwischen Ost- und Westreich. Fortan gehörte er zu den engsten Mitarbeitern des Kaisers: im Jahr 293 bekleidete er das Amt des Praetorianerpraefekten.

Als es Maximianus Herculius zum zweiten Mal nicht gelang, das Sonderreich des Carausius unter Kontrolle zu bringen, beschloß Diocletianus für diese Aufgabe einen weiteren Helfer heranzuziehen. Am 1. März 293 ernannte er Constantius Chlorus zum Caesar. Damit bewegte sich Diocletianus völlig in der Tradition römischen Denkens: Constantius wurde vor seiner Ernennung zu einem Mitglied der Familie des Maximianus gemacht durch Adoption und durch Heirat mit der Tochter des Maximianus, Theodora. Bedeutsam ist diese Ernennung nicht als „Einführung der Tetrarchie", sondern durch die Absicht des Diocletianus, dem Heer und dem Senat die Möglichkeit zu entziehen, Kaiser „zu machen".

Constantius teilte sich mit Maximianus die Verantwortung über das Westreich: Constantius residierte in Trier und koordinierte von dort aus die militärischen Aktionen in Gallien und Germanien. Seine erste Aufgabe war die Rückeroberung Britanniens, was ihm bereits im Winter 293/4 gelang. Fortan gab es nur noch kleinere Aktionen im Grenzbereich.

Traditionell lobt man Constantius für seine tolerante Haltung gegenüber den Christen. Tatsächlich hatte der Caesar des Westens wesentlich weniger Probleme mit ihnen: Im nicht so stark urbanisierten nordwestlichen Teil des Reiches waren die Christen noch nicht auffällig geworden. Während in den wichtigen Städten des Ostens schon fast jeder zweite sich zum Christentum bekannte, war dieser Glaube von wenigen Ausnahmen abgesehen in den nördlichen Provinzen praktisch nicht verbreitet. Deshalb sah Constantius keinen Grund, das zweite und dritte Christenedikt des Diocletianus durchzuführen. Es blieb bei einem Verbot des christlichen Gottesdienstes und beim Niederreißen christlicher Kirchen.

Nach dem freiwilligen Rücktritt des Diocletianus und des Maximianus übernahm Constantius das Amt des Augustus des Westens mit dem neuen, ihm von Diocletianus zugeordneten Caesar Severus. Doch lange blieb er nicht im Amt: Er starb am 25.7.306 während eines kleinen Feldzuges in Eburacum (= York).

Hinweise für Sammler

Während man Münzen des Caesar Constantius relativ häufig findet, sind die, die während seiner Herrschaft als Augustus geprägt wurden, relativ selten. Auch für Constantius Chlorus findet man gelegentlich interessante Sonderbüsten, wie z. B. eine, die ihn mit Keule und Löwenfell als Hercules zeigt. Für Stücke mit so einer Vorderseite muß der Sammler in sehr schön etwa 150 Euro rechnen, in vorzüglich etwa 400.

Münzen

Als Caesar – vor der Münzreform:

Folgende Vorderseitenvarianten kommen vor:
Umschrift: FL VAL CONSTANTIVS NOB C(AES),
CONSTANTIVS NOB C(AES)
und andere Varianten.
Büste: n. r., mit Lorbeerkranz oder Strahlenkrone, gepanzert und / oder drapiert.

Antoniniane

121.1	AVSPIC FEL Liberalitas n. l. stehend. *RIC 649.*	**25**	**75**	**175**
121.2	CLARITAS AVGG Sol n. l. stehend. *RIC 650f.*	**20**	**60**	**120**
121.3	COMES AVG(G) Minerva n. l. stehend. *RIC 627.*	**20**	**60**	**120**
121.4	CONCORDIA AVGG Zwei Concordien im Handschlag. *RIC 628.*	**20**	**60**	**120**
121.5	CONCORDIA MILITVM Constantius n. r. stehend, einen Globus von Iupiter empfangend. *RIC 672.*	**20**	**60**	**120**
121.6	FIDES MILIT Fides n. l. stehend. *RIC 652f.*	**20**	**60**	**120**
121.7	IOVI AVGG Iupiter n. l. sitzend. *RIC 629.*	**20**	**60**	**120**

		s	ss	vz
121.8	IOVI ET HERCVLI CONS CAES Iupiter n. r. stehend, ihm gegenüber Hercules. *RIC 673f.*	20	60	120
121.9	LAETITIA AVGG Laetitia n. l. stehend. *RIC 630.*	20	60	120
121.10	ORIENS AVGG Sol n. l. stehend. *RIC 631.*	20	60	120
121.11	PAX AVGG Pax n. l. stehend. *RIC 632ff.*	20	60	120
121.12	PIETAS AVGG Constantius n. r. stehend, einer knienden Frau aufhelfend. *RIC 654.*	20	60	120
121.13	PRAESIDIA REI PVBLIC Die Caesares einander gegenüber stehend, gemeinsam einen Globus haltend. *RIC 671.*	75	150	500
121.14	PRINCIPI IVVENTVT Constantius n. r. oder n. l. stehend (Denar, Quinar). *RIC 658ff.*	20	60	120
121.15	PROVIDENT(IA) DEOR(VM) Providentia n. l. stehend oder sitzend. *RIC 635.*	20	60	120
121.16	ROMAE AETERN(AE) Roma n. l. sitzend. *RIC 638f.*	20	60	120
121.17	SAECVLI FELICIT Felicitas n. r. stehend. *RIC 640f.*	20	60	120
121.18	SALVS AVGG Salus n. r. stehend. *RIC 642f.*	20	60	120
121.19	SECVRIT AVGG Securitas n. l. stehend. *RIC 644.*	20	60	120
121.20	TEMPOR FEL Felicitas n. l. stehend. *RIC 655.*	20	60	120
121.21	TEMPOR FELICIT Genius n. l. sitzend. *RIC 656.*	20	60	120
121.22	VNDIQVE VICTORES Constantius n. l. stehend. *RIC 645.*	25	75	175
121.23	VIRTVS AVGG 1.) Hercules n. r. stehend, 2.) Hercules n. r. stehend, einen Löwen würgend, 3.) Soldat n. l. stehend, 4.) Constantius n. r. stehend, 5.) Trophäe zwischen zwei Gefangenen. *RIC 646ff.*	20	60	120
121.24	–. Hercules im Garten der Hesperiden neben Apfelbaum, um den sich eine Schlange windet. *RIC 670.*	75	300	750

Nach der Münzreform als Caesar:

Folgende Vorderseitenvarianten kommen vor:
Umschrift: CONSTANTIVS (NOB) CAE(S),
FL VAL CONSTANTIVS NOB C(AES),
VIRTVS CONSTANTI NOB C
und andere Varianten.
Büste: n. r., selten n. l., mit Lorbeerkranz, gepanzert und / oder drapiert, seltene Variante n. l. mit Keule und Löwenfell.

Aurei

		s	ss	vz
121.25	HERCVLI CONSER AVGG ET CAESS NN Hercules n. l. stehend.	1.000	1.750	7.500

		s	ss	vz
121.26	IOVI CONSERVATORI Iupiter n. l. sitzend.	1.000	1.750	7.500
121.27	MARTI PROPVGNATORI Gepanzerte Büste des Mars mit Helm n. r.	1.500	5.000	12.500
121.28	PROVIDENTIA AVGG Lagertor.	1.250	2.500	10.000

Argentei

		s	ss	vz
121.29	PROVIDENTIA AVG 1.) Die vier Kaiser gemeinsam über einem Altar oder einem Dreifuß vor befestigtem Lager opfernd. 2.) Lagertor.	100	300	1.000

121.30.1

		s	ss	vz
121.30	VICTORIA SARM(AT) 1.) Die vier Kaiser gemeinsam über einem Altar oder einem Dreifuß vor befestigtem Lager opfernd. 2.) Lagertor.	100	300	800

121.31.1

		s	ss	vz
121.31	VIRTVS MILITVM 1.) Die vier Kaiser gemeinsam über einem Altar oder einem Dreifuß vor befestigtem Lager opfernd. 2.) Lagertor.	100	300	800
121.32	XCVI in Kranz. *Die Zahl 96 steht für die Anzahl von Argentei, die aus einem römischen Pfund geprägt wurden.*	150	350	1.250

Nummi / Folles

		s	ss	vz
121.33	FELIX ADVENT AVGG NN Africa n. l. stehend.	10	40	75
121.34	FORTVNAE REDVCI AVGG ET CAESS NN Fortuna n. l. sitzend.	10	40	75
121.35	FORTVNAE REDVCI AVGG NN Fortuna n. l. sitzend.	10	40	75

s ss vz

121.36 FORTVNAE REDVCI CAESS NN Fortuna n. l. stehend. 10 40 75

121.37 GENIO AVGG ET CAESARVM (NN) Genius n. l. opfernd. 10 40 75

121.38 GENIO POPVLI ROMANI Genius n. l. opfernd, gelegentlich zu seinen Füßen Adler. 10 30 60

121.39 HERCVLI VICTORI Hercules n. l. stehend. 10 60 180

121.40 MONETA AVGG ET CAESS NN Moneta n. l. stehend. 10 40 75

121.41 M(ONETA) S(ACRA) AVGG ET CAESS NN Moneta n. l. stehend. 10 40 75

121.42 SACR(A) MONET(A) AVGG ET CAESS NOSTR Moneta n. l. stehend. 10 40 75

121.43 S(ACRA) M(ONET) VRB AVGG ET CAESS NN Moneta n. l. stehend. 10 50 100

121.44 SALVIS AVGG ET CAESS AVCTA KART Carthago n. l. stehend, einen Früchtekorb haltend. 10 40 75

121.45 SALVIS AVGG ET CAESS FEL KART Carthago n. l. stehend, einen Früchtekorb haltend. 10 40 75

Teilstücke

Vorderseite: *Radiatus:* Büste mit Strahlenkrone, *Laureatus:* Büste mit Lorbeerkranz.

121.46 Radiatus. CONCORDIAE AVGG Kaiser n. r. stehend, einen Globus von Iupiter empfangend. 5 25 60

121.47 Radiatus. CONCORDIA MILITVM Kaiser n. r. stehend, einen Globus von Iupiter empfangend. 5 25 60

121.48 Quinar. PRINCI(PI) IVVENT(VTI) Constantius n. l. oder n. r. stehend. 75 250 600

s ss vz

121.49 Laureatus. VTILITAS PVBLICA Utilitas n. l. stehend. 50 120 250

121.50 Radiatus. VOT X über Münzstättenzeichen in Kranz. 10 40 100

121.51 Radiatus. VOT XX über Münzstättenzeichen in Kranz. 10 40 100

121.52 Laureatus. VOT XX SIC XXX in Kranz. 75 175 500

Nach der Münzreform als Augustus:

Folgende Vorderseitenvarianten kommen vor:
Umschrift: CONSTANTIVS (P F) AVG,
IMP C CONSTANTIVS (P F) AVG
und viele andere Varianten.
Büste: n. r., selten n. l., mit Lorbeerkranz, gepanzert und / oder drapiert, selten mit Helm, Speer und Schild.

Aurei

121.53 CONCORDIA AVGG ET CAESS NN Concordia n. l. sitzend. 1.000 1.750 7.500

Argentei

121.54 VIRTVS MILITVM 1.) Die vier Kaiser gemeinsam über einem Altar oder einem Dreifuß vor befestigtem Lager opfernd. 2.) Lagertor. 250 750 1.750

Nummi / Folles

121.55 FIDES MILITVM (AVGG ET CAESS NN) Fides n. l. sitzend oder stehend. 10 40 75

121.56 GENIO POPVLI ROMANI Genius n. l. opfernd, gelegentlich zu seinen Füßen Adler. 10 30 60

121.57 HERCVLI VICTORI Hercules n. l. stehend, drei Äpfel der Hesperiden haltend. 10 60 180

121.58 IOVI CONSERVAT Iupiter n. l. stehend. 10 60 180

121.59 SAC MON VRB AVGG ET CAES NN Moneta n. l. stehend. 10 50 100

121.60 SACR(A) MONET AVGG ET CAESS NOSTR Moneta n. l. stehend. 10 40 75

s *ss* *vz*

121.61 SALVIS AVGG ET CAESS FEL KART Carthago n. l. stehend. **10 40 75**

121.62 VIRTVS AVGG ET CAESS NN Kaiser n. r. galoppierend, einen Feind mit Speer erstechend. **20 75 250**

Teilstücke

Vorderseite: *Radiatus:* Büste mit Strahlenkrone, *Laureatus:* Büste mit Lorbeerkranz.

121.63 Radiatus. CONCORDIA MILITVM Kaiser n. r. stehend, einen Globus von Iupiter empfangend. **20 35 75**

121.64 Laureatus. VOT XX SIC XXX in Kranz. **75 175 500**

Divus Constantius:

Folgende Vorderseitenvarianten kommen vor:
Umschrift: DIVO CONSTANTIO (unter Constantin I.),
DIVO CONSTANTIO AVG (oder PIO)
(unter Maxentius oder Constantin I.),
DIVO CONSTANTIO PIO PRINCIP(I) (unter Constantin I.),
IMP MAXENTIVS DIVO CONSTANTIO DAFINI (oder COGN)
(unter Maxentius).
Büste: n. r., verschleiert, gelegentlich mit Lorbeerkranz, gepanzert, gelegentlich in Konsularkleidung, einen Lorbeerzweig und eine Mappa haltend.

Nummi / Folles

121.65 AETERNA(E) MEMORIA(E) Adler auf Schrein n. r. stehend. **20 50 175**

121.66 CONSECRATIO Adler auf Altar n. r. stehend. **40 100 300**

121.67 MEM(ORIA) DIVI CONSTANTI Adler auf Schrein stehend. **20 50 175**

s *ss* *vz*

121.68.1

121.68 MEMORIAE AETERNAE 1.) Adler n. r. oder n. l. stehend, 2.) Löwe n. r. oder n. l. gehend. **10 40 150**

121.69 MEMORIA FELIX 1.) Brennender Altar, zu beiden Seiten Adler, 2.) Altar, darauf Adler, zu beiden Seiten Adler, 3.) Altar darauf zwei Adler, 4.) Altar in Form eines Cippus, Adler im Feld, 5.) Adler n. l. in Tempel stehend. **20 50 175**

121.70 REQVIES OPTIMOR MERIT(ORVM) Constantius n. l. sitzend. **10 40 120**

122. Galerius
Caesar 293 – 305, Augustus 305 – 311

Zur Geschichte

C. Galerius Valerius Maximianus wurde etwa um 250 in der Nähe von Serdica geboren. Galerius trat in die Armee ein und machte unter den Kaisern Aurelianus und Probus Karriere.
Am 1. Mai 293 wurde Galerius zusammen mit Constantius Chlorus zum Caesar erhoben. Auch er wurde in die Familie eingebunden: Diocletianus adoptierte ihn und gab ihm seine Tochter Galeria Valeria zur Frau.
Galerius übernahm die Verantwortung für die Donauprovinzen und Griechenland, zusätzlich unterstützte er Diocletianus bei aktuellen Problemen. So gelang es ihm, den Sasaniden eine vernichtende Niederlage zuzufügen, die der Beginn für einen vierzig(!)jährigen Frieden sein sollte.
Zusammen mit Constantius Chlorus übernahm Galerius am 1. Mai 305, nach dem gemeinsamen Rücktritt von Diocletianus und Maximianus, das Amt des Augustus. Obwohl eigentlich dem Constantius wegen seines höheren Alters die größere Autorität zugestanden hätte, konnte sich Galerius durch den Einfluß auf die Wahl der Caesares deren Dankbarkeit sichern: die leiblichen Söhne sowohl des Constantius als auch des Maximianus wurden bei der Verteilung der Ämter übergangen, zwei Gefolgsleute des Galerius, darunter sein Neffe, erhielten den Posten des Caesar.
Bereits nach dem Tod des Constantius scheiterten die Pläne des Galerius; das Heer rief den anwesenden Sohn, Constantinus, zum Augustus aus. Durch Verhandlungen erreichte Galerius nur, daß Constantinus sich mit dem Titel Caesar begnügte und Severus den Augustustitel übernahm. Nur wenige Monate später mußte sich Galerius mit dem nächsten Tetrarchensohn auseinandersetzen. Maxentius, Sohn des Maximianus, hatte mit der Hilfe seines Vaters die Herrschaft in Italien an sich gebracht und den Augustus Severus vernichtend geschlagen. Galerius sah nur noch einen einzigen Ausweg: Unter Berufung auf die Autorität des Diocletianus in einer Konferenz in Carnuntum im Herbst des Jahres 308 die Karten neu zu verteilen. Dort erreichte Galerius, daß ihm Licinius als Augustus zur Seite gestellt wurde, Constantinus und Maximinus Daia wurden als Caesares anerkannt, Maxentius nicht. Den Endkampf um die Macht erlebte Galerius nicht mehr. Er starb im Jahr 311.
Die Persönlichkeit des Galerius erscheint durch die ungünstigen Beurteilungen christlicher Geschichtsschreiber völlig verzerrt. Man warf ihm vor, Diocletianus dazu veranlaßt zu haben, die Edikte gegen die Christen zu erlassen. Von der Warte christlicher Historiker aus mußte ein Mann, der Christen verfolgte, ein Ausbund aller Untugenden sein, während seine Gegner zum Inbegriff des Guten wurden. Tatsächlich dürfen wir dem Galerius zumindest einen hohen Realitätssinn zuschreiben. Als er sah, daß das Christentum trotz härtester Maßnahmen nicht mehr ausgerottet werden konnte, erließ er kurz vor seinem Tode ein Edikt, das christliche Autoren später als Toleranzedikt von Mailand für Constantinus vereinnahmen sollten. Darin wurde das Christentum zu einer *religio licita,* also einer offiziell erlaubten Religion erklärt. Die Verehrung des christlichen Gottes wurde ausdrücklich erlaubt mit der Auflage, für den Kaiser und das Heil des römischen Reiches zum christlichen Gott zu beten.

Hinweise für Sammler

Für anonyme Prägungen, die im Osten des Reiches zwischen 305 und 313 geprägt wurden, siehe 128.a–e.

Münzen

Als Caesar vor der Münzreform:
Folgende Vorderseitenvarianten kommen vor:
Umschrift: GAL VAL MAXIMIANVS NOB C(AES),
MAXIMIANVS NOB C(AES) und andere Varianten.
Büste: n. r., selten n. l., mit Strahlenkrone, gepanzert und / oder drapiert.

Antoniniane

122.1	ABVNDANT AVGG Abundantia n. r. stehend. *RIC 675.*	**20**	**60**	**120**
122.2	AETERNITAS AVGG Elefant n. l. gehend. *RIC 676.*	**20**	**60**	**120**
122.3	AVSPIC FEL Liberalitas n. l. stehend. *RIC 693.*	**25**	**75**	**175**
122.4	CLARITAS AVGG Sol n. l. stehend. *RIC 694.*	**20**	**60**	**120**
122.5	COMES AVGG Minerva n. l. stehend. *RIC 677.*	**20**	**60**	**120**

		s	ss	vz
122.6	CONCORDIA AVGG Zwei Concordien im Handschlag. *RIC 678.*	20	60	120
122.7	CONCORDIA MILITVM Galerius n. r. stehend, einen Globus von Iupiter empfangend. *RIC 717.*	20	60	120
122.8	FIDES MILIT Fides n. l. stehend. *RIC 695.*	20	60	120
122.9	IOVI AVGG Iupiter n. l. sitzend. *RIC 679.*	20	60	120
122.10	IOVI ET HERCVLI CONS CAES Iupiter n. r. stehend, ihm gegenüber Hercules. *RIC 719.*	20	60	120
122.11	IOVI PROPVGNAT Iupiter n. l. gehend. *RIC 713f.*	20	60	120
122.12	LAETITIA AVGG Laetitia n. l. stehend. *RIC 670f.*	20	60	120
122.13	ORIENS AVGG Sol n. l. gehend. *RIC 682ff.*	20	60	120
122.14	PAX AETERN Pax n. l. stehend. *RIC 686.*	20	60	120
122.15	PAX AVGG Pax n. l. stehend. *RIC 687f.*	20	60	120
122.16	PIETAS AVGG Galerius n. r. stehend. *RIC 696f.*	20	60	120
122.17	PRAESIDIA REI PVBLIC Galerius und Constantius einander gegenüber stehend, gemeinsam einen Globus haltend. *RIC 716.*	75	150	500
122.18	PRINCIPI IVVENT(VTI) Galerius n. r. oder n. l. stehend (Denar, Quinar). *RIC 704ff.*	20	60	120
122.19	PROVIDENT DEOR Providentia n. l. stehend oder sitzend. *RIC 689f.*	20	60	120
122.20	SECVRITAS AVGG Securitas n. l. stehend. *RIC 691.*	20	60	120
122.21	TEMPOR FEL Felicitas n. l. stehend. *RIC 698.*	20	60	120
122.22	TEMPOR FELICIT Felicitas n. l. sitzend. *RIC 699.*	20	60	120
122.23	VIRTVS AVGG 1.) Soldat n. l. stehend, 2.) Galerius n. r. stehend. *RIC 692.*	20	60	120
122.24	VOTIS X Galerius n. l. stehend. *RIC 702.*	25	75	150
122.25	VOT X M XX Victoria n. l. auf Globus stehend. *RIC 703.*	25	75	150

Nach der Münzreform als Caesar:

Folgende Vorderseitenvarianten kommen vor:
Umschrift: GAL VAL MAXIMIANVS NOB CAES,
MAXIMIANVS CAES(AR),
MAXIMIANVS NOB C(AES)
und andere Varianten.
Büste: n. r., selten n. l., mit Lorbeerkranz, gepanzert und / oder drapiert.

Aurei

		s	ss	vz
122.26	IOVI CONSERVAT AVGG ET CAESS NN Iupiter n. l. sitzend.	750	2.000	5.000
122.27	VIRTVS MILITVM Lagertor.	750	2.500	7.000

Argentei

		s	ss	vz
122.27a	F(EL) ADVENT AVGG NN Afrika n. l. stehend mit Standarte und Elefantenzahn, zu ihren Füßen Stier. (Nur für Karthago)	150	350	1.250
122.28	PROVIDENTIA AVGG 1.) Die vier Kaiser gemeinsam über einem Altar oder einem Dreifuß vor befestigtem Lager opfernd. 2.) Lagertor.	100	350	1.000
122.29	VICTORIA SARM(AT) 1.) Die vier Kaiser gemeinsam über einem Altar oder einem Dreifuß vor befestigtem Lager opfernd. 2.) Lagertor.	100	280	650

122.30.1

		s	ss	vz
122.30	VIRTVS MILITVM 1.) Die vier Kaiser gemeinsam über einem Altar oder einem Dreifuß vor befestigtem Lager opfernd. 2.) Lagertor.	100	280	650

		s	ss	vz
122.31	XCVI über Münzstättenzeichen in Kranz. *Die Zahl 96 steht für die Anzahl von Argentei, die aus einem römischen Pfund geschlagen wurden.*	150	350	1.250

Nummi / Folles

		s	ss	vz
122.32	FELIX ADVENT AVGG NN Africa n. l. stehend.	10	40	75
122.33	FORTVNAE REDVCI AVGG ET CAESS NN Fortuna n. l. sitzend oder stehend.	10	40	75
122.34	FORTVNAE REDVCI AVGG NN Fortuna n. l. sitzend.	10	40	75
122.35	FORTVNAE REDVCI CAESS NN Fortuna n. l. stehend.	10	40	75

s ss vz

122.36 GENIO AVGG ET CAESARVM NN Genius n. l. opfernd. **10 40 75**

122.37 GENIO POPVLI ROMANI Genius n. l.opfernd. **10 30 60**

122.38 IOVI CONS CAES Iupiter n. l. stehend. **20 60 150**

122.39 MONETA AVGG ET CAESS NN Moneta n. l. stehend. **10 40 75**

122.40 M(ONETA) S(ACRA) AVGG ET CAESS NN Moneta n. l. stehend. **10 40 75**

122.41 SACRA MONET AVGG ET CAESS NN Moneta n. l. stehend. **10 40 75**

122.42 SACR(A) MONET AVGG ET CAESS NOSTR Moneta n. l. stehend. **10 40 75**

122.43 S(ACRA) M(ONET) VRB AVGG ET CAESS NN Moneta n. l. stehend. **10 40 75**

122.44 SALVIS AVGG ET CAESS AVCTA KART Carthago n. l. stehend, einen Früchtekorb in beiden Händen haltend. **10 40 75**

122.45 SALVIS AVGG ET CAESS FEL KART Carthago n. l. stehend, einen Früchtekorb in beiden Händen haltend. **10 40 75**

Teilstücke

Vorderseite: *Radiatus:* Büste mit Strahlenkrone, *Laureatus:* Büste mit Lorbeerkranz.

122.46 Radiatus. CONCORDIAE AVGG Kaiser n. r. stehend, einen Globus von Iupiter empfangend. **10 25 60**

122.47 Radiatus. CONCORDIA MILITVM Kaiser n. r. stehend, einen Globus von Iupiter empfangend. **10 25 60**

122.48 Teilstück. MVLTIS X(X) in Kranz. **75 150 500**

s ss vz

122.49 Quinar. PRINC(IPI) IVENT(VTIS) Kaiser n. l. oder n. r. stehend. **75 300 750**

122.50 Teilstück. SIC X SIC XX in Kranz. **75 150 500**

122.51 Laureatus. VTILITAS PVBLICA Utilitas n. l. stehend. **50 120 250**

122.52 Radiatus. VOT X über Münzstättenzeichen in Kranz. **10 40 100**

122.53 Radiatus. VOT XX über Münzstättenzeichen in Kranz. **10 40 100**

122.54 Teilstück. VOT X SIC XX in Kranz. **75 150 500**

122.55 Teilstück. VOT XX AVGG in Kranz. **75 250 700**

Nach der Münzreform als Augustus:

Folgende Vorderseitenvarianten kommen vor:
Umschrift: GAL MAXIMIANVS P F AVG,
IMP C GAL VAL MAXIMIANVS P F AVG,
IMP (C) MAXIMIANVS P F AVG,
MAXIMIANVS (P F) AVG
und viele andere Varianten.
Büste: n. r., selten n. l., mit Lorbeerkranz, gepanzert und / oder drapiert, selten mit Helm, Speer und Schild.

Aurei

122.56 IOVI CONSERVAT AVGG ET CAESS Iupiter n. l. sitzend. **750 1.500 5.000**

122.57 IOVI CONSERVATORI NK Iupiter n. l. stehend. **750 1.500 5.000**

Argentei

122.58 VIRTVS MILITVM 1.) Die vier Kaiser gemeinsam über einem Altar oder einem Dreifuß vor befestigtem Lager opfernd. 2.) Lagertor. **200 750 1.800**

Nummi / Folles

122.59 FIDES MILITVM Fides n. l. sitzend oder stehend. **10 50 120**

122.60 FIDES MILITVM AVGG ET CAESS NN Fides n. l. stehend. **10 50 120**

122.61 GENIO AVGVSTI Genius n. l. opfernd. **10 40 75**

122.62 GENIO CAESARIS Genius n. l. opfernd. **10 40 75**

122.63 GENIO EXERCITVS Genius n. l. opfernd. **10 40 75**

122.64 GENIO IMPERATORIS Genius n. l. opfernd. **10 40 75**

		s	*ss*	*vz*
122.65	GENIO POP ROM Genius n. l. opfernd.	**10**	**30**	**60**

		s	*ss*	*vz*
122.66	GENIO POPVLI ROMANI Genius n. l. opfernd.	**10**	**30**	**60**
122.67	HERCVLI VICTORI Hercules n. l. stehend mit den drei Äpfeln der Hesperiden.	**10**	**60**	**180**
122.68	IOVI CONS CAES Iupiter n. l. stehend.	**10**	**50**	**120**
122.69	IOVI CONSERVAT(ORI) Iupiter n. l. stehend.	**10**	**60**	**180**
122.70	PRINCIPI IVVENTVTIS Kaiser n. l. stehend.	**10**	**60**	**180**
122.71	SAC MON VRB AVGG ET CAESS NN Moneta n. l. stehend.	**10**	**40**	**75**
122.72	SACRA MONET AVGG ET CAESS NN Moneta n. l. stehend.	**10**	**40**	**75**
122.73	SACR MONET AVGG ET CAESS NOSTR Moneta n. l. stehend.	**10**	**40**	**75**
122.74	SALVIS AVGG ET CAESS FEL KART Carthago n. l. stehend, in beiden Händen Früchtekorb.	**10**	**40**	**75**
122.75	SECVRIT PERPET DD NN Securitas n. l. stehend.	**10**	**40**	**75**
122.76	TEMPORVM FELICITAS Felicitas n. l. stehend.	**10**	**60**	**180**
122.77	VIRTVS AVGG ET CAESS NN Kaiser 1.) n. r. reitend, seinen Speer auf einen Feind werfend, 2.) n. l. über drei Feinde hinweg reitend.	**20**	**60**	**150**
122.78	VIRTVS EXERCITVS Virtus n. r. gehend.	**10**	**50**	**120**
122.79	VIRTVS MILITVM Lagertor.	**25**	**75**	**250**
122.80	VIRTVTI EXERCITI Virtus n. r. gehend.	**10**	**50**	**120**
122.81	VIRTVTI EXERCITVS Virtus oder Mars n. r. gehend.	**10**	**50**	**120**

Teilstücke

Vorderseite: *Radiatus:* Büste mit Strahlenkrone, *Laureatus:* Büste mit Lorbeerkranz.

		s	*ss*	*vz*
122.82	Radiatus. CONCORDIA MILITVM Kaiser n. r. stehend, einen Globus von Iupiter empfangend.	**10**	**40**	**75**

Divus Galerius:

Folgende Vorderseitenvarianten kommen vor:

Umschrift: DIVO GAL VAL MAXIMIANO (AVG),
DIVO MAXIMIANO (unter Licinius I.),
DIVO MAXIMIANO (IVN) AVG,
DIVO MAXIMIANO SOCERO MAXENTIVS AVG,
IMP MAXENTIVS DIVO MAXIMIANO SOCERO (unter Maxentius),
DIVO MAXIMIANO MAXIMIANO MAXIMINVS AVG FIL (unter Maximinus Daia).

Büste: n. r., verschleiert, gelegentlich mit Lorbeerkranz, gepanzert.

Nummi / Folles

		s	*ss*	*vz*
122.83	AETERNAE MEMORIAE Adler n. r. auf Schrein stehend.	**15**	**40**	**175**
122.84	AETERNAE MEMORIAE GAL MAXIMIANI Adler n. l. stehend auf brennendem Altar.	**25**	**75**	**250**
122.85	FORTI FORTVNAE Fortuna n. l. stehend.	**25**	**75**	**250**
122.86	MEM DIVI MAXIMIANI Adler auf Schrein stehend.	**15**	**40**	**175**
122.87	MEMORIA FELIX Brennender Altar, zu jeder Seite Adler.	**15**	**40**	**175**

123. Galeria Valeria

Tochter des Diocletianus, Frau des Galerius

Zur Geschichte

Galeria Valeria war die Tochter des Diocletianus. Sie wurde mit Galerius verheiratet, um den Caesar zusätzlich zu seiner Adoption in die Familie des Diocletianus einzubinden.

Galeria hatte keine Kinder von ihrem Mann. Nach dessen Tod begab sie sich zu seinem Neffen Maximinus Daia, der zu diesem Zeitpunkt eine christenfreundliche Politik betrieb, die sie als Christin unterstützte. Als ihr Schutzherr aber versuchte, sich durch eine Ehe mit ihr die Sympathien der ehemaligen Anhänger des Galerius zu verschaffen, weigerte sie sich. Maximinus Daia verbannte sie daraufhin nach Syrien. Nach dem Sieg des Licinius über Maximinus Daia fiel sie einer Säuberungsaktion zum Opfer, in der Licinius versuchte, alle möglichen Gegenkandidaten um die Macht auszuschalten.

Münzen

Folgende Vorderseitenvarianten kommen vor:
Umschrift: GAL VALERIA AVG.
Büste: n. r., drapiert, mit Diadem.

Aurei

123.1 VENERI VICTRICI Venus n. l. stehend.
1.500 5.000 25.000

Nummi / Folles

123.2 VENERI VICTRICI Venus n. l. stehend.
20 60 180

124. Carausius

286/7 – 293

Zur Geschichte

M. Aurelius Mausaeus Valerius Carausius war keltischer Abstammung. Er verdiente sich seinen Lebensunterhalt vor seinem Aufstieg in der Armee als Lotse in der Nordsee, so daß er über eine große Erfahrung in der Seefahrt verfügte. Vor allem deswegen hatte er sich während des Krieges gegen die Bagauden unter dem Kommando von Maximianus Herculius ausgezeichnet. Wegen seiner nautischen Fähigkeiten beauftragte ihn Maximianus, die Seeräuber, die in der Nordsee und im Ärmelkanal ihr Unwesen trieben, auszurotten. Carausius war darin sehr erfolgreich, wurde aber bald verdächtigt, Kriegsbeute unterschlagen zu haben. Ein Urteil erging, dem sich Carausius nur dadurch entziehen konnte, daß er sich von seinen Truppen im Winter 286/7 zum Augustus ausrufen ließ.

Carausius konnte sich in Britannien und auf der gegenübergelegenen französischen Küste ein Sonderreich einrichten, das relativ geschützt von Einfällen gut gedieh. Er hoffte auf die Anerkennung von Seiten des Diocletianus, die ihm dieser aber nicht gewährte. Maximianus führte zwei erfolglose Feldzüge gegen Carausius, ein dritter, der Britannien zurück gewann, wurde von Constantius geführt. Den letzten Feldzug mußte Carausius nicht mehr miterleben; er war vorher durch eine Palastintrige ums Leben gekommen. Wissenschaftler machen heute die Finanzwelt Britanniens für seinen Tod verantwortlich. Die reichen Händler sahen durch die fortwährenden kriegerischen Auseinandersetzungen mit dem Zentralreich ihre Gewinne schwinden und schoben den weniger belasteten Allectus vor, um zu einem Frieden mit Diocletianus zu kommen.

Zur Münzgeschichte

Während der Regierung des Carausius ist eine deutliche Entwicklung der Münzprägung zu verfolgen. Während die ersten Stempel roh und ungelenk geschnitten, die Münzen häufig auf Schrötlinge überprägt sind, die von anderen Kaisern stammen, werden Stil und Fabrikation der Stücke gegen Ende der Herrschaft hin immer besser.

Man will drei verschiedene Münzstätten unterschieden haben, eine in London mit der Signatur L, eine weitere auf dem Kontinent, sowie eine dritte, deren Lage noch nicht eindeutig identifiziert ist.

Bemerkenswert ist eine Emission von Denaren unter Carausius; die Stücke haben einen Silbergehalt, wie er etwa 50 Jahre vorher in Gebrauch war. Man nimmt an, daß Carausius in England über genügend Silbervorräte verfügte, um diese begehrten Münzen herzustellen, die überall – auch im Zentralreich – gerne gesehen waren und so seine Propaganda verbreiteten. Aber schon 289 oder früh im Jahr 290 endete diese Emission. Vermutlich versuchte Carausius nach seinem Sieg über Maximianus Herculius, den Frieden mit Diocletianus nicht zu gefährden. Er paßte geradezu seine Münzen denen der beiden anderen an. Ja, es gibt sogar Emissionen des Carausius im Namen von Diocletianus und Maximianus, die übliche Typen der beiden Kaiser aufnehmen und auf der Vorderseite ihr Porträt und ihre Titulatur tragen. Man erkennt sie als Produkte der Münzwerkstätten des Carausius, weil ihre Rückseitenlegenden stets auf AVGGG enden – als Zeichen dafür daß Carausius sich als den dritten der Augusti verstanden haben wollte.

Hinweise für Sammler

Kaum eine Münzprägung des 3. Jahrhunderts n. Chr. hat in so kurzer Zeit so viele Typen entwickelt wie die des Carausius. Hauptsächlich findet man Stücke mit den Rückseiten PAX AVG, PROVIDENTIA AVG und LAETITIA AVG. Andere Rückseitenvarianten sind weitaus seltener, werden hier aber nicht anders berechnet, da es in Deutschland kaum Spezialsammler für Carausius gibt, so daß dem Sammler das Porträt des Carausius entscheidend für den Preis ist, nicht die seltene oder häufigere Rückseite.

Hier noch einige Preisinformationen zu den unter „Münzgeschichte" genannten Prägungen: Für einen guthaltigen Silberdenar muß man in „sehr schön" mindestens 1.800 Euro rechnen, in „vorzüglich" mindestens 3.500. Billiger sind die Prägungen für Diocletianus und Maximinianus, die unter Carausius durchgeführt wurden. Hier rechnet man in „sehr schön" mit etwa 75 Euro, in „vorzüglich" etwa mit 300 Euro. Die seltenen Stücke, die das Porträt aller drei Kaiser zeigen, findet man praktisch nie in „vorzüglich". Aber auch in „sehr schön" muß man bereits etwa 2.000 Euro zahlen, um so eine Münze seiner Sammlung zufügen zu können.

Münzen

Folgende Vorderseitenvarianten kommen vor:

Umschrift: IMP C CARAVSIVS P (F) AVG,
IMP C CARAVSIVS IVG (oder AVG),
IMP CARAVSIVS P (F) AV(G),
IMP CARAVSIVS AVG
und andere Varianten.

Büste: n. r., gelegentlich n. l., zumeist mit Strahlenkrone, selten mit Lorbeerkranz (Denar), gepanzert und / oder drapiert, zahlreiche Sonderbüsten.

Aurei

Normaler Typus. **7.500 25.000 65.000**

Antoniniane

124.1 ABVNDANTIA (oder ABVNDENTIA) AVG Abundantia n. l. stehend.
RIC 189. **20 60 175**

124.2.1

124.2 ADVENTVS AVG 1.) Carausius n. l. reitend (Denar), 2.) Felicitas n. l. stehend.
RIC 10f. **50 250 500**

124.3 ADVENTVS CARAVSI Carausius n. l. reitend.
RIC 734f. **50 250 500**

124.4 AEQVITAS AVG Aequitas n. l. stehend.
RIC 736f. **20 60 175**

124.5 AEQVITAS MVNDI Aequitas n. l. stehend.
RIC 627. **50 250 500**

124.6 APOLINI CON AV Greif n. l. gehend.
RIC 192. **50 250 500**

124.7 APOL(L)I(NI) CO(NS AVG) 1.) Greif n. l. gehend, 2.) Apollo n. l. sitzend.
RIC 193ff. **50 250 500**

124.8 COH(RT) PRAET Vier Feldzeichen.
RIC 12. **75 300 750**

124.9 COMES (selten COMIS) AVG 1.) Minerva n. l. oder n. r. stehend, 2.) Neptun n. l. stehend, 3.) Providentia n. l. stehend, 4.) Victoria n. l. stehend, 5.) n. r. stehend, 6.) n. l. gehend oder 7.) n. r. gehend.
RIC 13. **20 60 175**

		s	*ss*	*vz*
124.10	COMES AVGG Minerva n. l. stehend. *RIC 20f.*	20	60	175
124.11	COMES AVGGG Victoria n. r. gehend. *RIC 202f.*	20	60	175
124.12	CONCORD(IA) AVG(G) 1.) Concordia n. l. stehend, 2.) Zwei Hände im Handschlag (Denar). *RIC 602.*	20	60	175
124.13	CONCORD EXERCI Vier Feldzeichen. *RIC 22.*	20	60	175
124.14	CONCO(RDIA) M(ILITVM) 1.) Concordia n. l. stehend (Denar), 2.) Carausius n. l. stehend, 3.) Carausius und Concordia im Handschlag, 4.) Zwei Soldaten im Handschlag, 5.) Zwei Hände im Handschlag (Denar). *RIC 23.*	20	60	175
124.15	Denar. CONSER AVG Neptun n. l. sitzend. *RIC 8.*	300	1.000	1.750
124.16	CONSERVAT AV Hercules n. l. stehend. *RIC 212.*	20	75	200
124.17	CONSERVAT AVG 1.) Iupiter n. r. stehend, 2.) Neptun n. l. sitzend, 3.) Sol n. l. stehend. *RIC 29.*	20	60	175
124.18	CONSERVATOR Iupiter n. l. stehend. *RIC 214.*	20	75	200
124.19	CONSTANT AVG Nackte männliche Gestalt n. r. stehend. *RIC 215.*	20	75	200
124.20	ECVITAS (oder EGVITAS) MVNDI Aequitas n. l. stehend. *RIC 628ff.*	20	75	200
124.21	EXPECTATE VENI Britannia n. r. stehend im Handschlag mit Carausius (Denar). *RIC 216ff.*	40	150	LP

124.22.2 (Denar)

		s	*ss*	*vz*
124.22	FELICITAS (AVG) 1.) Felicitas n. l. stehend, 2.) Galeere (Denar). *RIC 31.*	20	60	175
124.23	FELICITAS SAECVL Carausius n. r. gehend. *RIC 222.*	20	60	175
124.24	FELICIT PVBL (oder PVPLI) Felicitas n. l. stehend. *RIC 220.*	20	60	175
124.25	FELICIT TEMP Felicitas n. l. stehend. *RIC 30.*	20	60	175
124.26	FID(EM) AVG Fides n. l. stehend. *RIC 780.*	20	60	175
124.27	FIDE(M) (oder FIDES) MILIT(VM) Fides n. l. stehend. *RIC 32.*	20	60	175
124.28	Denar. –. Aequitas n. l. stehend. *RIC 710.*	300	1.000	1.750
124.29	FIDES EXERCIT Vier Feldzeichen. *RIC 223.*	20	100	300
124.30	FIDES MIL(ITVM) 1.) Fides n. l. stehend (Denar), 2.) Fides n. l. sitzend, 3.) Vier Feldzeichen, 4.) Zwei Hände im Handschlag, 5.) Carausius im Handschlag mit Fides. *RIC 33.*	20	60	175
124.31	FORTVNA(E) Fortuna n. l. sitzend oder stehend. *RIC 232ff.*	20	60	175
124.32	FORTVNA AVG Fortuna 1.) n. l. stehend oder 2.) sitzend, 3.) n. r. sitzend. *RIC 34ff.*	20	60	175
124.33	FORT(VNAE) R(A)E(DVX) Fortuna n. l. sitzend oder stehend. *RIC 237ff.*	20	60	175
124.34	GENIVS (oder GENIO) AVG Genius n. l. stehend. *RIC 38.*	20	60	175
124.35	GENIVS EXERCIT Genius n. l. opfernd. *RIC 241f.*	20	60	175
124.36	GERMANICVS MAX V Trophäe zwischen zwei Gefangenen. *RIC 39f.*	20	100	300
124.37	HERCVLI INVICT Hercules n. l. stehend. *RIC 801.*	20	100	300
124.38	HERCVLI PACIF Hercules n. l. stehend. *RIC 802.*	20	100	300
124.39	HILARITAS (oder HELARITAS) AVG(GG) Hilaritas n. l. stehend. *RIC 41ff.*	20	60	175
124.40	INVICTVS AVG Sol n. l. gehend. *RIC 807.*	20	60	175
124.41	IOVI AVG Iupiter n. r. oder n. l. stehend. *RIC 44.*	20	60	175
124.42	IOVI(S) CONSE(RVAT AV) Iupiter n. l. stehend. *RIC 244f.*	20	60	175
124.43	IOVI STATORI Iupiter n. r. stehend. *RIC 814.*	20	60	175
124.44	IOVI VICTORI(A) Iupiter n. l. gehend oder stehend. *RIC 46.*	20	60	175
124.45	LAETITIA Galeere n. r. *RIC 648.*	20	60	175
124.46	LAETIT(IA) A(VGGG) 1.) Laetitia n. l. stehend, 2.) oder n. r. stehend, 3.) Galeere n. r. *RIC 47ff.*	20	60	175
124.47	LEG I M(IN) Widder n. r. stehend. *RIC 55.*	75	300	750
124.48	LEG MI(N) Ziegenbock n. r. stehend. *RIC 56.*	75	300	750
124.49	LEG II AVG Capricorn n. l. *RIC 57ff.*	75	300	750
124.50	LEG PARTH Weiblicher Kentaur n. r. gehend. *RIC 60.*	75	300	750
124.51	LEG II PARTH Männlicher Kentaur n. l. gehend. *RIC 61ff.*	75	300	750
124.52	LEG II PARTH(ICA) Eber n. r. oder n. l. *RIC 65.*	75	300	750

		s	ss	vz
124.53	LEG III... Stier n. r. *RIC 66f.*	75	300	750
124.54	LEG III (oder IIII) ... Löwe n. r. gehend. *RIC 68.*	75	300	750
124.55	LEG IIII FL Löwe n. r. gehend. *RIC 69f.*	75	300	750
124.56	LEG IIII FLA(VIA) 1.) Kentaur n. l. oder n. r. gehend, 2.) Jugendlicher Kopf mit Diadem n. r., darunter zwei Löwen einander begegnend. *RIC 71f.*	75	300	750
124.57	LEG V ... M AVG Eber n. r. stehend. *RIC 73.*	75	300	750
124.58	LEG VII CL(A) Stier n. r. gehend oder stehend, gelegentlich darüber D X *RIC 74ff.*	75	300	750

		s	ss	vz
124.59	LEG VIII AVG Stier n. r. gehend oder stehend. *RIC 77.*	75	300	750
124.60	LEG VIII INV Widder n. r. stehend. *RIC 78.*	75	300	750
124.61	LEG VIII IN(V) Widder n. l. stehend. *RIC 79.*	75	300	750
124.62	LEG IIXX PRIMIG Capricorn n. l. *RIC 80f.*	75	300	750
124.63	LEG XX AVG Eber n. l. stehend. *RIC 275.*	75	300	750
124.64	LEG XX VV Eber n. r. stehend. *RIC 82f.*	75	300	750
124.65	LEG XXI (oder XXX) VLPIA (V) Neptun n. l. stehend oder sitzend. *RIC 84ff.*	75	300	750
124.66	LIBERALITAS AVG Carausius auf Podium n. l. sitzend, hinter ihm Soldat, vor ihm Liberalitas, unten steht Bürger. *RIC 277f.*	50	200	650
124.67	LITIT AV Laetitia n. l. stehend. *RIC 87.*	20	60	175
124.68	MARS VLTOR Mars n. r. stehend oder gehend. *RIC 89.*	20	60	175
124.69	MARS VICTO(R) Mars n. r. stehend oder gehend. *RIC 88.*	20	60	175
124.70	MARTI AVG Mars n. l. stehend. *RIC 464.*	20	60	175
124.71	MARTI PACIF(ERO) Mars n. l. gehend oder stehend. *RIC 90.*	20	60	175
124.72	MARTI PROPVGN(AT) Mars n. r. gehend. *RIC 467.*	20	60	175

(Denar)

		s	ss	vz
124.73	MON(ETA) AVG(GGG) Moneta n. l. stehend (Denar). *RIC 91f.*	20	60	175
124.74	MONITA AVG(VST) Moneta n. l. stehend. *RIC 93.*	20	60	175
124.75	NEPTVNO REDVCI Neptun n. l. stehend. *RIC 472.*	20	60	175
124.76	ORIE(NS) A(VG) Sol 1.) n. l. gehend oder 2.) n. l. stehend (Denar), 3.) n. r. gehend. *RIC 94ff.*	20	60	175
124.77	PACATOR ORBIS Büste des Sol mit Strahlenkranz n. r. *RIC 872.*	50	150	500
124.78	PAX AET(ERN AVG) Pax n. l. stehend. *RIC 876f.*	20	60	175

124.79.2

		s	ss	vz
124.79	PAX AVG(G)(G) 1.) Minerva n. l. stehend, 2.) Pax n. l. stehend (Denar), 3.) n. l. gehend, 4.) n. l. sitzend oder 5.) n. r. gehend, 6.) n. r. stehend, 7.) Providentia n. l. stehend, 8.) Salus n. l. stehend, 9.) Victoria n. l. stehend, 10.) Soldat n. r. stehend, 11.) Carausius n. l. stehend. *RIC 98ff.*	20	60	175
124.80	PAX AVGVSTI Pax n. l. gehend. *RIC 341.*	20	60	175
124.81	PAX CARAVSI AVG Pax n. l. stehend. *RIC 146.*	50	150	500
124.82	PIETAS AVGG Mercur n. l. stehend. *RIC 343.*	20	60	175
124.83	PI(A)ETAS AVG(VSTI) Pietas n. l. stehend. *RIC 147.*	20	60	175
124.84	PRINCIPI IVVENTVT Junger Mann n. l. stehend (Denar). *RIC 947f.*	20	60	175

		s	ss	vz
124.85	PROVI(DENTIA) AV(G)(G) Providentia n. l. stehend. *RIC 148.*	20	60	175

		s	ss	vz
124.86	PROVIDENTIA AVG Providentia n. r. stehend, ihr gegenüber männliche Gestalt mit Strahlenkranz. *RIC 381.*	20	75	200
124.87	PROVID DE Providentia n. r. stehend, ihr gegenüber Carausius. *RIC 379.*	20	75	200
124.88	PROVID DEOR Providentia n. r. stehend, ihr gegenüber männliche Gestalt mit Strahlenkranz. *RIC 380.*	20	75	200
124.89	RENOVAT ROM(AN) Wölfin, die Zwillinge säugend (Denar). *RIC 382.*	50	175	500
124.90	RESTIT SAECVL 1.) Victoria n. r. gehend, Carausius einen Kranz überreichend, 2.) Carausius n. l. stehend. *RIC 384ff.*	20	60	175
124.91	ROMAE AETER(NAE) 1.) Roma n. l. sitzend, 2.) Roma n. l. in Tempel sitzend (Denar), 3.) Roma n. l. sitzend, Carausius eine Victoria übergebend. *RIC 387ff.*	20	60	175
124.92	ROMANO(RVM) RENO(V) Wölfin, die Zwillinge säugend (Denar). *RIC 615.*	20	75	200
124.93	SAECVLARES AVG 1.) Löwe n. r. gehend, 2.) Cippus, darauf Inschrift COS IIII. *RIC 391f.*	100	300	LP
124.94	SAECVLI FELICI(TAS) 1.) Carausius n. r. stehend, 2.) Gestalt n. r. gehend. *RIC 394ff.*	20	60	175

124.95.3

		s	ss	vz
124.95	SALVS AVG(GG) 1.) Aesculapius n. l. stehend, 2.) Pax n. l. stehend, 3.) Salus n. l. stehend (Denar), 4.) n. r. stehend, 5.) n. l. sitzend (Denar), 6.) Zwei Gestalten im Handschlag. *RIC 154ff.*	20	60	175
124.96	SALVS III Salus n. l. stehend. *RIC 672.*	20	60	175
124.97	SALVS IIII AVG Salus n. l. stehend. *RIC 673.*	20	60	175
124.98	SALVS PVBLICA Salus n. r. stehend. *RIC 165f.*	20	60	175
124.99	SECVRITAS AV Securitas n. l. stehend. *RIC 406.*	20	60	175
124.100	SECVRIT(AS) ORBIS Securitas n. l. sitzend. *RIC 1003.*	20	60	175
124.101	SECVRIT PE(RP) Securitas n. l. stehend. *RIC 167ff.*	20	60	175
124.102	SOLI INVI Sol n. r. gehend. *RIC 407.*	20	60	175
124.103	SOLI INVICT(O) Sol in Quadriga n. l. galoppierend. *RIC 170.*	20	60	175
124.104	SPES AVG 1.) Spes n. l. stehend, 2.) Victoria n. l. stehend. *RIC 410.*	20	60	175
124.105	SPES PVBL(ICA) Spes n. l. gehend oder stehend. *RIC 411.*	20	60	175
124.106	TEMP(ORVM) FEL(ICITAS) Felicitas n. l. stehend (Denar). *RIC 171f.*	20	60	175
124.107	TVTELA (DIVI AVG oder P) Tutela n. l. stehend. *RIC 682ff.*	75	300	750
124.108	VBER(I)TA(S) AVG Frau, eine Kuh melkend (Denar). *RIC 617.*	LP	LP	LP
124.109	VICTORIA AVG 1.) Laetita n. l. stehend, 2.) Mars n. r. gehend, 3.) Salus n. l. stehend, 4.) Victoria n. l. gehend, 5.) n. r. gehend, 6.) n. r. stehend, 7.) n. l. stehend zwischen zwei Gefangenen. *RIC 174ff.*	20	60	175
124.110	Denar. –. Carausius n. l. stehend. *RIC 726f.*	300	1.000	1.750
124.111	VICT(ORIA) GER(MAN) Trophäe zwischen zwei Gefangenen. *RIC 432.*	50	175	500
124.112	VIRT(VS) AVG(GG) 1.) Hercules im Handschlag mit weiblicher Gestalt, 2.) Mars n. r. oder 3.) n. l. gehend, 4.) n. r. oder 5.) n. l. stehend, 6.) Minerva n. l. stehend, 7.) Victoria n. l. gehend, 8.) Löwe n. r. gehend. *RIC 179ff.*	20	60	175
124.113	VIRTVTI AVG Hercules n. r. stehend, einen Löwen erwürgend. *RIC 444.*	50	175	500

125. Allectus
293 – 296

Zur Geschichte

Im Jahre 293 ermordete Allectus seinen Vorgänger im Britischen Sonderreich, Carausius. Wir wissen wenig über die Vorgänge, die zur Ermordung des Carausius führten. Allectus scheint einer seiner engsten Berater gewesen zu sein. Vermutlich unterstanden ihm die Finanzen und so haben moderne Wissenschaftler in Allectus den Kandidaten der britischen Handelswelt sehen wollen, die aufgescheucht war durch die ersten Erfolge des Constantius Chlorus, der im Jahr 292 die Stützpunkte des Carausius auf dem Kontinent wieder für das römische Reich gewonnen hatte. Der Verlust dieser Position brachte erhebliche finanzielle Einbußen im Handel mit sich, so daß – argumentieren moderne Forscher – die Händler den noch nicht kompromittierten Allectus unterstützten, damit er mit dem Zentralreich zu einer friedlichen Lösung fände.
Wie auch immer, Diocletianus hatte kein Interesse an Kompromissen, und Allectus besaß keinerlei militärische Erfahrung. So hatte er der Invasion des Constantius Chlorus nichts entgegen zu setzen. Schon beim ersten Gefecht erlitten seine Truppen eine vernichtende Niederlage und Allectus mußte fliehen. Um auf der Flucht nicht entdeckt zu werden, soll er alle Hoheitszeichen abgelegt haben, so daß man ihn erst später unter Toten entdeckte, die zufällig auf ihrer Flucht erschlagen worden waren.

Zur Münzgeschichte

Da unter Carausius die Besitzungen des britischen Sonderreiches verloren gegangen waren, prägte Allectus nur noch in Münzstätten in England.

Münzen

Folgende Vorderseitenvarianten kommen vor:
Umschrift: (IMP) ALLECTVS P F AVG,
IM C ALLECTVS P (F I) AVG,
IMP C ALLECTVS (PIVS) FELIX AVG,
IMP C ALLECTVS P F IN(V) AVG
und viele andere Varianten.
Büste: n. r., selten n. l., mit Strahlenkrone, selten mit Lorbeerkranz (Denar), gepanzert und / oder drapiert, zahlreiche Sonderbüsten.

Aurei

		s	ss	vz
	Normaler Typus.	7.500	18.000	40.000

Antoniniane

		s	ss	vz
125.1	ABVND(ANTIA) AVG Abundantia n. l. stehend. *RIC 60f.*	30	120	350
125.2	ADVENTVS AVG Allectus n. l. reitend. *RIC 62.*	30	120	350

		s	ss	vz
125.3	AEQVITAS AVG Aequitas n. l. stehend. *RIC 16.*	30	120	350
125.4	COMES AVG Minerva n. l. stehend. *RIC 17.*	30	120	350
125.5	DIANAE REDVCI Diana n. r. gehend. *RIC 65.*	30	120	350
125.6	FELICITAS SAECVLI Felicitas n. l. stehend. *RIC 66.*	30	120	350
125.7	FIDES EXERCIT(VS) Vier Feldzeichen. *RIC 67f.*	30	120	350
125.8	FIDES MILITV(M) Fides n. l. stehend. *RIC 69.*	30	120	350
125.9	FORTVNA AVG Fortuna n. l. sitzend. *RIC 19.*	30	120	350
125.10	HILARITAS AVG Hilaritas n. l. stehend. *RIC 20.*	30	120	350
125.11	IOVI CONSER(VATORI) Iupiter n. l. stehend. *RIC 21.*	30	120	350

		s	ss	vz
125.12	LAETIT(IA) AVG Laetitia n. l. stehend. *RIC 22f.*	30	120	350
125.13	Reduziert. –. Galeere n. r. oder n. l. *RIC 124ff.*	30	120	350
125.14	MONETA AVG Moneta n. l. stehend. *RIC 25.*	30	120	350
125.15	ORIENS AVG Sol n. l. stehend. *RIC 26f.*	30	120	350

		s	ss	vz
125.16	PAX AVG(GG) Pax n. l. stehend. *RIC 28ff.*	30	120	350
125.17	PIETAS AVG Pietas n. l. stehend. *RIC 34.*	30	120	350
125.18	PROVI(DENTIA) AVG Providentia n. l. stehend. *RIC 35f.*	30	120	350
125.19	PROVID DEOR Providentia n. l. stehend. *RIC 39.*	30	120	350
125.20	ROMAE AETER(N) Roma in Tempel n. l. stehend. *RIC 40.*	75	250	600
125.21	SAECVLI FELICITAS Allectus n. r. stehend. *RIC 41.*	30	120	350
125.22	SALVS AVG Salus 1.) n. r. oder 2.) n. l. stehend, 3.) n. l. sitzend. *RIC 42ff.*	30	120	350
125.23	SPES AVG Spes n. l. gehend. *RIC 45.*	30	120	350
125.24	SPES PVBL(ICA) Spes n. l. gehend. *RIC 46.*	30	120	350
125.25	TEMPORA oder TEMPOR(VM) FELIC(ITAS) Felicitas n. l. stehend. *RIC 47.*	30	120	350
125.26	VICTORIA AVG Victoria 1.) n. l. stehend, 2.) n. r. stehend, 3.) n. l. gehend, 4.) n. r. gehend. *RIC 48.*	30	120	350
125.27	VICTORI GER Trophäe zwischen zwei Gefangenen. *RIC 120.*	75	250	600
125.28	VIRTVS AVG 1.) Hercules n. l. stehend, 2.) Hercules in Tempel n. l. stehend, 3.) Mars n. r. stehend, 4.) Mars n. l. stehend, 5.) Allectus n. r. stehend oder gehend, 6.) Trophäe zwischen zwei Gefangenen. *RIC 49ff.*	30	120	350

		s	ss	vz
125.29	Reduziert. –. Galeere n. r. oder n. l. *RIC 55ff.*	30	120	350
125.30	VIRTVS EXERCIT Vier Feldzeichen. *RIC 123.*	40	250	480

126. Domitius Domitianus

297 – 298

Zur Geschichte

Wir wissen wenig über die Person des Domitius Domitianus. Dagegen ist uns die politische Situation, die zu dem Aufstand in Ägypten führte, relativ gut bekannt.

Diocletianus war in verschiedenen Edikten gegen die Christen vorgegangen, die besonders in Ägypten schon großen Rückhalt in der Bevölkerung gefunden hatten. Dies hatte bereits in den Jahren 293 und 294 zu lokalen Aufständen in den Nomen Busiris und Koptos geführt, die von den Tetrarchen unterdrückt wurden. Im Jahre 297 kam es zu einer neuerlichen Aufstandsbewegung, die von einem Domitius Domitianus und einem Achilleus angeführt worden sein soll. Wir wissen praktisch nichts über diese Rebellion. Ja, man hat sogar angenommen, daß es sich bei den beiden Anführern in Wahrheit um eine Person handelte, um einen Mann namens Achilleus, der sich mit dem Namen des alten römischen Geschlechts der Domitier schmückte. Die Papyri widerlegen diese These. Wir wissen aber nicht, ob Domitius Domitianus und Achilleus miteinander oder nacheinander gegen die Römer kämpften.

Bereits im Jahr 298 eroberte Diocletianus Alexandria. Er ging so grausam gegen die Christen vor, daß die koptische Kirche heute noch ihre Zeitrechnung mit dem Regierungsantritt des Diocletianus beginnt und diese Aera die *aera martyrum* nennt, die Aera des Märtyrertums.

Zur Münzgeschichte

Wir kennen nur Prägungen des Domitius Domitianus aus Alexandria.

Münzen

Folgende Vorderseitenvarianten kommen vor:
Umschrift: DOMITIANVS AVG,
IMP C L(VCIVS) DOMITIVS DOMITIANVS AVG.
Büste: n. r., mit Lorbeerkranz.

Aurei

126.1	VICTORI AVG Victoria n. l. stehend.	15.000	35.000	80.000

Nummi / Folles

	s	ss	vz

		s	ss	vz
126.2	GENIO POPVLI ROMANI Genius n. l. opfernd, zu seinen Füßen Adler.	500	1.800	3.500

127. Severus II.

Caesar, 305 – 306, Augustus 306 – 307

Zur Geschichte

Am 1. Mai 305 wurde Flavius Valerius Severus von Diocletianus als Caesar des Westens eingesetzt. Dies war ein politischer Sieg des Galerius. Severus war von niederer illyrischer Herkunft und hatte seinen Aufstieg einzig dem Galerius zu verdanken. Severus wurde zum Caesar über Pannonien, Africa und Italien eingesetzt.

Galerius war es gelungen, Diocletianus zu überzeugen, die leiblichen Söhne des Maximianus und des Constantius Chlorus von den Ämtern auszuschließen. Doch schon nach dem Tod des Constantius ließ sich dessen Sohn Constantinus zum Augustus ausrufen. Diesen Titel mußte er nach Verhandlungen mit Galerius zugunsten des Severus aufgeben, der im Jahr 306 zum zweiten, rangniedrigeren Augustus ernannt wurde.

Doch noch im gleichen Jahr erhob sich der Sohn des Maximianus, Maxentius, in Rom. Severus wurde von Galerius beauftragt, ihm militärisch entgegenzutreten. Doch seine Truppen ließen ihn im Stich, als sie als Gegner ihren alten Kommandanten Maximianus Herculius sahen. Severus wurde von seinen Feinden gefangen und im Sommer 307 in Tres Tabernae ermordet.

Hinweise für Sammler

Auch bei den Münzen des Severus II. findet man gelegentlich Sonderbüsten, z. B. n. l., gepanzert, einen Helm tragend mit Speer und Schild (in „sehr schön" ca. 75 Euro)

Münzen

Als Caesar:

Folgende Vorderseitenvarianten kommen vor:
Umschrift: FL VAL SEVERVS NOB C(AES),
SEVERVS NOB C(AES),
SEVERVS NOB(ILISSIMVS) CAESAR.
Büste: n. r., selten n. l., mit Lorbeerkranz, gelegentlich mit Strahlenkrone, drapiert und / oder gepanzert, einige Sonderbüsten.

s ss vz

Aurei

127.1 CONCORDIA AVGG ET CAESS NN Concordia n. l. sitzend. 1.500 5.000 15.000

127.2 CONCORDIA CAESS NOSTR Concordia n. l. sitzend. 1.500 5.000 15.000

127.3 HERCVLI CONSER AVGG ET CAESS NN Hercules n. l. stehend. 1.500 5.000 15.000

Nummi / Folles

127.4 CONCORDIA IMPERII Concordia n. l. stehend. 20 50 150

127.5 GENIO AVGG ET CAESARVM NN Genius n. l. opfernd. 20 40 120

127.6 GENIO POPVLI ROMANI Genius n. l. opfernd. 20 35 100

127.7 PERPETVITAS AVGG Roma n. l. sitzend. 25 75 250

127.8 SAC MON VRB AVGG ET CAESS NN Moneta n. l. stehend. 20 50 150

127.9 SACRA MONET AVGG ET CAESS NN Moneta n. l. stehend. 20 40 120

127.10 SALVIS AVGG ET CAESS FEL KART Carthago n. l. stehend. 20 40 120

s ss vz

127.11.1

127.11 VIRTVS AVGG ET CAESS NN 1.) Mars n. r. gehend, 2.) Severus n. r. galoppierend, einen Feind mit einem Speer niederstechend. 20 50 150

Teilstücke

Vorderseite: *Radiatus:* Büste mit Strahlenkrone, *Laureatus:* Büste mit Lorbeerkranz.

127.12 Radiatus. CONCORDIA MILITVM Severus n. r. stehend, einen Globus von Iupiter empfangend. 20 40 75

127.13 Quinar. PRINCIPI IVVENTVTIS Severus n. r. stehend. 75 300 750

127.14 Laureatus. VTILITAS PVBLICA Utilitas n. l. stehend. 40 120 300

127.15 Teilstück. VOT X CAESS (NN) in Kranz. 75 175 500

127.16 Teilstück. VOT XX AVGG in Kranz. 75 175 500

Als Augustus:

Folgende Vorderseitenvarianten kommen vor:
Umschrift: IMP C SEVERVS P F AVG,
SEVERVS AVG(VSTVS).
Büste: n. r., selten n. l., mit Lorbeerkranz, gelegentlich mit Strahlenkrone, drapiert und / oder gepanzert, einige Sonderbüsten.

Aurei

127.17 HERCVLI CONSERVAT AVGG ET CAESS NN Hercules n. l. stehend. 1.500 5.000 15.000

127.18 HERCVLI VICTORI Hercules n. r. stehend. 1.500 5.000 15.000

Argentei

127.19 VIRTVS MILITVM Lagertor. 500 1.500 2.500

Nummi / Folles

		s	ss	vz
127.20	CONCORDIA IMPERII Concordia n. l. stehend.	20	50	150
127.21	FIDES MILITVM Fides n. l. sitzend.	20	40	120
127.22	FIDES MILITVM AVGG ET CAESS NN Fides n. l. stehend oder sitzend.	20	40	120
127.23	GENIO POPVLI ROMANI Genius n. l. opfernd.	20	35	100
127.24	HERCVLI VICTORI Hercules n. l. stehend.	25	75	250
127.25	IOVI CONSERVAT Iupiter n. l. stehend.	25	75	250
127.26	SALVIS AVGG ET CAESS FEL KART Carthago n. l. stehend.	20	40	120
127.27	VIRTVS AVGG ET CAESS NN Severus n. r. galoppierend, einen Feind mit einem Speer niederstechend.	20	40	120

Teilstücke

Vorderseite: *Radiatus:* Büste mit Strahlenkrone, *Laureatus:* Büste mit Lorbeerkranz.

		s	ss	vz
127.28	Radiatus. CONCORDIA MILITVM Severus n. r. stehend, einen Globus von Iupiter empfangend.	20	40	75

128. Maximinus Daia

Caesar 305 – 309,
Filius Augustorum 309 – 310,
Augustus 310 – 313

Zur Geschichte

Gaius Valerius Galerius Maximinus Daia, in der englischsprachigen Literatur häufig Maximinus Daza genannt, war der Neffe des Galerius. Als solcher wurde er von Diocletianus dazu bestimmt, als Caesar in der zweiten Tetrarchie mitzuwirken. Maximinus Daia erhielt als Aufgabenbereich Syrien und Ägypten zugewiesen.

Maximinus Daia blieb relativ unberührt von den Geschehnissen um Constantinus und Maxentius. In der Konferenz von Carnuntum im Jahre 309, bei der Diocletianus die Aufgaben neu verteilte, wurde er als Caesar des Ostens bestätigt, mußte aber kurz darauf von Galerius durch die Verleihung des Titels Filius Augustorum davon abgehalten werden, sich eigenmächtig den Titel eines Augustus anzumaßen. Maximinus Daia war damit nur kurzfristig zufrieden. Er ließ sich im Jahr 310 von seinem Heer zum Augustus ausrufen.

Im Jahr 311 starb Galerius, Maximinus Daia nutzte dies, um mit seinem Heer bis zum Bosporus zu marschieren, so daß er nun über Ägypten, Syrien und Kleinasien gebot.

Zwei Jahre später versuchte Maximinus Daia, einem Angriff des Licinius zuvorzukommen, indem er selbst in die Gebiete des mit Constantinus Verbündeten einfiel. Bei Edirne kam es am 30. April 313 zur Schlacht. Maximinus Daia verlor, mußte fliehen, konnte in Kappadokien ein neues Heer aufstellen, starb aber bevor er den Krieg gegen Licinius weiterführen konnte.

Hinweise für Sammler

Auch in der Prägung mit dem Porträt des Maximinus Daia findet man zahlreiche Sonderbüsten. Für Stücke auf denen seine Halbfigur n. l. gezeigt ist und er einen Helm sowie Globus und Schild trägt, muß man in „sehr schön" etwa 250 Euro rechnen, in „vorzüglich" rund 750.

In den Jahren zwischen 305 und 313 wurden im Ostteil des römischen Reiches in den Münzstätten von Nikomedia, Antiochia und Alexandria Bronzemünzen herausgegeben, die die berühmtesten Götter der jeweiligen Stadt abbildeten. Man hat diese Stücke früher in die Herrschaft des Iulianus Apostata bzw. Philosophos datiert, nimmt heute aber an, daß sie in Zusammenhang stehen mit der Propaganda für den alten Glauben, die man von offizieller Seite während der großen Christenverfolgung zwischen 305 und 311 forcierte. Es gibt davon 5 Haupttypen:

128.a *Antiochia.* Viertelnummus. GENIO ANTIOCHENI Tyche von Antiochia frontal stehend, vor ihr der Flußgott Orontes schwimmend. Rv. APOLLINI SANCTO Apollon n. l. stehend. **20 30 75**

128.b *Antiochia.* Viertelnummus. IOVI CONSERVATORI Iupiter n. l. stehend. Rv. VICTORIA AVGG Victoria n. l. gehend. **20 30 75**

128.c *Antiochia.* Viertelnummus. GENIO CIVITATIS Verschleierte und drapierte Büste der Tyche von Antiochia mit Mauerkrone. Rv. APOLLINI SANCTO Apollon l. stehend. **60 250 LP**

128.d Nicomedia. Viertelnummus. DEAE SANC CERERI Drapierte, verschleierte Büste der Ceres n. l., in der r. Hand Ähren haltend. GEN CIVIT NICOM Genius von Nicomedia n. l. stehend. **100 350 LP**

128.e Alexandria. Viertel- oder Achtelnummus. DEO (SANCTO) SERAPIDI Kopf des Serapis mit Modius n. r. (DEO) SANCTO NILO Nil n. r. gelagert. **50 180 LP**

Münzen

Als Caesar:

Folgende Vorderseitenvarianten kommen vor:
Umschrift: GAL VAL MAXIMINVS NOB C(AES),
MAXIMINVS NOB C(AES),
MAXIMINVS FIL AVGG.
Büste: n. r., selten n. l., meist mit Lorbeerkranz, selten mit Strahlenkrone, gepanzert und / oder drapiert, Sonderbüsten.

Aurei

		s	*ss*	*vz*
128.1	HERCVLI CONSER AVGG ET CAESS NN Hercules n. l. stehend.	**1.000**	**2.000**	**7.500**
128.2	IOVI CONSERVATORI AVGG ET CAESS NN Iupiter n. l. stehend oder sitzend.	**1.000**	**2.000**	**7.500**
128.3	SOLE INVICTO(RI) Sol n. l. stehend, in der erhobenen Rechten den Kopf des Sarapis haltend.	**1.000**	**2.000**	**8.000**

Argentei

		s	*ss*	*vz*
128.4	VIRTVS MILITVM Lagertor.	**500**	**1.000**	**2.500**

Nummi / Folles

		s	*ss*	*vz*
128.5	CONCORD(IA) IMPERII Concordia n. l. stehend.	**25**	**60**	**180**
128.6	GENIO AVGG ET CAESARVM NN Genius n. l. opfernd.	**10**	**25**	**60**
128.7	GENIO AVGVSTI Genius n. l. opfernd.	**10**	**25**	**60**

		s	*ss*	*vz*
128.8	GENIO CAESARIS Genius n. l. opfernd.	**10**	**25**	**60**
128.9	GENIO IMPERATORIS Genius n. l. opfernd.	**10**	**25**	**60**
128.10	GENIO POP ROM Genius n. l. opfernd.	**10**	**25**	**60**
128.11	GENIO POPVLI ROMANI Genius n. l. opfernd.	**10**	**25**	**60**
128.12	HERCVLI VICTORI Hercules n. l. stehend.	**25**	**60**	**180**
128.13	IOVI CONSERVAT Iupiter n. l. stehend.	**25**	**60**	**150**
128.14	MARTI PATRI PROPVGNATORI Mars n. r. gehend.	**10**	**30**	**75**
128.15	MAXIMINVS NOBILISSIMVS CAESAR Maximinus n. l. stehend.	**75**	**150**	**500**

		s	*ss*	*vz*
128.16	PERPETVITAS AVGG Roma n. l. sitzend.	**25**	**60**	**180**
128.17	PRINCIPI IVVENT B R P NAT Maximinus Daza n. r. stehend.	**10**	**30**	**75**
128.18	PRINCIPI IVVENTVTIS Maximinus Daza n. l. stehend.	**10**	**30**	**75**
128.19	SAC MON VRB AVGG ET CAESS NN Moneta n. l. stehend.	**10**	**30**	**75**
128.20	SACRA MONET AVGG ET CAESS NN Moneta n. l. stehend.	**10**	**25**	**60**
128.21	SALVIS AVGG ET CAESS FEL KART Carthago n. l. stehend.	**10**	**30**	**75**
128.22	SECVRIT PERPET DD NN Securitas n. l. stehend.	**10**	**30**	**75**

s ss vz

128.23 SOLE INVICTO Sol in Quadriga frontal fahrend.
50 250 750

128.24 TEMPORVM FELICITAS Felicitas n. l. stehend.
25 60 150

128.25 VIRTVS AVGG ET CAESS NN 1.) Mars n. r. gehend, 2.) Maximinus Daza n. r. reitend, mit seinem Speer einen Feind niederstechend. 10 30 75

128.26 VIRTVS EXERCITVS Virtus n. r. gehend oder n. l. stehend.
10 30 75

128.27 VIRTVS MILITVM Lagertor. 100 500 1.000

128.28 VIRTVTI EXERCITI Virtus n. r. gehend. 10 30 75

128.29 VIRTVTI EXERCITVS 1.) Mars n. r. gehend, 2.) Virtus n. r. gehend. 10 30 75

Teilstücke

Vorderseite: *Radiatus:* Büste mit Strahlenkrone, *Laureatus:* Büste mit Lorbeerkranz.

128.30 Laureatus. VTILITAS PVBLICA Utilitas n. l. stehend.
75 175 500

128.31 Teilstück. VOT X CAESS (NN) in Kranz. 75 175 500

s ss vz

Als Augustus:

Folgende Vorderseitenvarianten kommen vor:
Umschrift: IMP C GAL(ER) VAL MAXIMINVS P F (INV) AVG,
IMP MAXIMINVS (P F) AVG,
MAXIMINVS AVGVSTVS.
Büste: n. r., selten n. l., meist mit Lorbeerkranz, selten mit Strahlenkrone, gepanzert und / oder drapiert, Sonderbüsten.

Aurei

128.32 CONSVL P P PROCONSVL Maximinus in Toga n. l. stehend.
1.500 4.000 10.000

128.33 IOVI CONSERVATORI AVGG Iupiter n. l. stehend.
1.000 2.000 7.500

128.34 PRINCIPI IVVENTVTIS Maximinus n. l. stehend.
1.000 2.000 7.500

Argentei

128.35 SOLI INVICTO COMITI Sol in Quadriga frontal fahrend.
30 180 350

Nummi / Folles

128.36 BONO GENIO PII IMPERATORIS Genius n. l. opfernd.
10 30 75

128.37 COMITI AAVVGG Sol n. l. stehend. 10 30 75

128.38 GENIO AVGVSTI Genius n. l. opfernd. 10 25 60

128.39 GENIO CAESARIS Genius n. l. opfernd. 10 25 60

Nr.		s	ss	vz
128.40	GENIO EXERCITVS Genius n. l. opfernd.	10	30	75
128.41	GENIO IMPERATORIS Genius n. l. opfernd.	10	25	60
128.42	GENIO POP ROM Genius n. l. opfernd.	10	25	60
128.43	GENIO POPVLI ROMANI Genius n. l. opfernd.	10	25	60
128.44	HERCVLI VICTORI Hercules n. l. oder n. r. stehend.	10	40	90

Nr.		s	ss	vz
128.45	IOVI CONSERVATORI (AVGG NN) Iupiter n. l. stehend.	10	30	75
128.46	MARTI CONSERVATORI Mars n. r. stehend.	10	30	75
128.47	PRINCIPI IVVENTVTIS Maximinus n. r. stehend.	10	30	75
128.48	SOLE INVICTO Sol in Quadriga frontal fahrend.	75	250	750

Nr.		s	ss	vz
128.49	SOLE (oder SOLI) INVICTO Sol n. l. stehend, eine Büste des Sarapis haltend.	10	40	75
128.50	SOLI INVICTO (COMITI) Sol n. l. oder n. r. stehend.	10	30	75
128.51	SPQR OPTIMO PRINCIPI Legionsadler zwischen zwei Vexilla.	10	40	90
128.52	VIRTVS EXERCITVS 1.) Mars n. r. gehend, 2.) Virtus n. r. gehend.	10	30	75
128.53	VIRTVTI EXERCITI Virtus n. r. gehend.	10	30	75

128.54.1

Nr.		s	ss	vz
128.54	VIRTVTI EXERCITVS 1.) Mars n. r. gehend, 2.) Virtus n. r. gehend.	10	30	75

129. Maxentius

Caesar 306 – 307, Augustus 307 – 312

Zur Geschichte

Marcus Aurelius Valerius Maxentius wurde um 280 als Sohn des Maximinianus Herculius geboren und später mit der Tochter des Galerius vermählt, jedoch in der Verteilung der Ämter nach dem Rücktritt seines Vaters und Diocletianus' übergangen.

Seine Chance kam, als Galerius versuchte, die Praetorianergarde in Rom aufzulösen und die Stadt steuerlich dem Rest des Reiches gleichzustellen. Die Römer widersetzten sich dieser Entscheidung. Sie hatten gerade erlebt, wie das britannische Heer die Ernennung des Sohnes von Constantius Chlorus erzwungen hatte, und versuchten nun das gleiche, indem sie Maxentius, den Sohn des Maximianus Herculius, zum Augustus ausriefen.

Maxentius erkannte, daß er nicht annähernd so eine günstige Ausgangsposition hatte wie Constantinus. Hinter ihm stand nicht ein Heer, sondern lediglich die Garde der Praetorianer. So verzichtete er darauf, sich Augustus zu nennen, zog den Titel „Princeps" vor und bat Galerius um seine Anerkennung. Galerius verweigerte sie und schickte den Caesar des Westens, Severus, um das Problem militärisch zu lösen. Severus scheiterte daran und kam in Italien ums Leben.

Im Jahr 307 konnte Maxentius einen zweiten Angriff, angeführt von Galerius persönlich, abwehren. Nach diesem Sieg entschied er sich, den Augustustitel anzunehmen. In der Konferenz von Carnuntum wurde Maxentius nicht anerkannt; im Gegenteil, für seinen Bereich wurde Licinius zum neuen Augustus ernannt mit der Aufgabe, Pannonien, Italien und Africa zurückzuerobern. Licinius begann, ein Heer zu sammeln, das er aber nicht in Italien einsetzte, da Galerius im Jahr 311 starb, und damit dem Licinius die Chance bot, einen Teil von dessen ehemaligem Herrschaftsgebiet an sich zu bringen.

Die Interessen des Licinius gingen fortan eher in östlicher Richtung. So schloß er mit Constantinus einen Vertrag, der es diesem ermöglichte, Maxentius anzugreifen, was im Spätherbst 311 geschah. Bis in den Oktober 312 hatte Constantinus ganz Oberitalien erobert und belagerte Maxentius in Rom, der sich ihm

am 28. Oktober 312 bei der Milvischen Brücke zur Schlacht stellte. Die stadtrömischen Truppen wurden vernichtet und Maxentius kam auf der Flucht ums Leben. Constantinus ließ seinem Leichnam den Kopf abschlagen und an einer Stange dem siegreichen Heer voraus nach Rom tragen.
Wir können kaum ein klares Bild vom Charakter des Maxentius gewinnen, da die christliche Geschichtsschreibung, auf die wir in weitesten Teilen angewiesen sind, ihn zum großen Gegenspieler des Constantinus stilisierte. Da die Autoren Constantinus als ihren Protagonisten vereinnahmten, wurden ihm alle positiven, seinen Gegnern alle negativen Eigenschaften zugeschrieben. Das Bild des üblen Tyrannen, das christliche Quellen von Maxentius malen, ist mit Sicherheit nicht zutreffend.

Zur Münzgeschichte

Reguläre Münzstätten des Maxentius sind für ihn als Princeps und Caesar Rom und Karthago, für ihn als Augustus Lugdunum, Ticinum, Aquileia, Rom, Ostia, Karthago.

Hinweise für Sammler

Auch für Maxentius kennt man Sonderbüsten. Während eine ihn als Konsul zeigt (n. r. oder l. mit Lorbeerkranz, Konsularmantel und Adlerszepter), stellt ihn eine andere als Feldherrn dar (n. l., mit Lorbeerkranz, gepanzert, Schild und Speer haltend). Für beide Typen muß man in „sehr schön" etwa 100 Euro, in „vorzüglich" 300 Euro rechnen.

Münzen

Als Princeps und Caesar:
Folgende Vorderseitenvarianten kommen vor:
Umschrift: D N MAXENTIVS PRINC,
MAXENTIVS NOB CAES,
M AVR MAXENTIVS NOB CAES,
MAXENTIVS NOB C
und andere Varianten.
Büste: n. r., mit Lorbeerkranz.

Aurei

129.1 CONSERVAT(OR) VRBIS SVAE Roma n. l. sitzend.
6.000 15.000 40.000

129.2 FELIX KARTHAGO Carthago n. l. stehend.
5.000 10.000 25.000

s ss vz

129.3 HERCVLI COMITI AVGG ET CAESS NN Hercules n. r. stehend.
5.000 12.000 35.000

Argentei

129.4 VIRTVS MILITVM Lagertor. **1.000 3.000 7.000**

Nummi / Folles

129.5 CONSERVATOR AFRICAE SVAE Africa n. l. stehend.
40 120 250

129.6 SALVIS AVGG ET CAESS FEL KART Carthago n. l. stehend.
40 120 250

Als Augustus:
Folgende Vorderseitenvarianten kommen vor:
Umschrift: IMP (C) MAXENTIVS P F AVG,
IMP MAXENTIVS P F AVG CONS (II),
MAXENTIVS P F AVG
und andere Varianten.
Büste: n. r., seltener n. l., mit Lorbeerkranz, gepanzert und / oder drapiert, gelegentlich Sonderbüsten.

Aurei

129.7 CONSERVATOR VRBIS SVAE Roma n. l. sitzend.
5.000 10.000 25.000

129.8 TEMPORVM FELICITAS AVG N Wölfin, die Zwillinge säugend.
5.000 10.000 25.000

Argentei

129.9 CONSERVATOR VRBIS SVAE Roma in Tempel frontal sitzend.
800 2.000 6.000

129.10 MARTI PROPAG IMP AVG N Mars n. r. stehend, die Rechte zu stehender weiblicher Gestalt ausstreckend, zu beider Füßen Wölfin, die Zwillinge säugend.
800 2.000 6.000

129.11 TEMPORVM FELICITAS Wölfin, die Zwillinge säugend.
800 2.000 6.000

Nummi / Folles

s ss vz

129.12 ADLOCVTIO AVG N Maxentius n. l. stehend auf Podium, begleitet von Offizieren und Gefangenen, seine Truppen ansprechend. **250 1.000 LP**

129.13.1

129.13 AETERNITAS AVG N 1.) Castor und Pollux frontal stehend, ihre Pferde führend, 2.) Fides n. l. stehend. **10 35 75**

129.14 –. Wölfin, die Zwillinge säugend. **40 100 300**

129.15 CONSERVATOR AFRICAE SVAE Africa n. l. stehend. **10 35 75**

129.16 CONSERVATORES KART SVAE Carthago n. l. stehend, einen Früchtekorb in beiden Händen haltend. **10 35 75**

129.17.1

129.17 CONSERV(ATORES) VRB SVAE 1.) Roma in Tempel frontal sitzend, gelegentlich von einer oder zwei Victorien bekränzt, 2.) Roma im Tempel n. l. sitzend, einen Globus an Maxentius gebend. **10 35 75**

129.18 CONSERVATORI AVG N Hercules n. l. stehend, den Nemäischen Löwen erwürgend. **30 100 300**

129.19 FELICITAS PVBLICA Felicitas n. l. stehend. **30 100 300**

129.20 FEL PROCESS CONS III AVG N Maxentius in Quadriga von vorne. **150 750 LP**

s ss vz

129.21 –. Maxentius von Victoria bekränzt in von Elefanten gezogener Quadriga von vorne. **150 750 LP**

129.22 FIDES MILITVM (AVG N) Fides n. l. stehend oder sitzend. **10 35 75**

129.23 GENIO POP ROM Genius n. l. stehend. **10 25 60**

129.24 MARTI COMITI AVG N Mars n. r. gehend. **60 180 350**

129.25 MARTI COMITI AVG N Maxentius n. l. reitend. **60 180 350**

129.26 MARTI CONSERVAT(ORI) AVG N Mars n. r. gehend. **60 180 350**

129.27 MARTI PACIFERO AVG N Mars n. r. gehend. **60 180 350**

129.28 MARTI PATRI CONSERVATORI Mars n. r. gehend. Es handelt sich um die einzige Emission, die in Trier für Maxentius geprägt wurde. **150 750 LP**

129.29 MARTI VICTORI AVG N 1.) Mars n. r. gehend, 2.) mit zwei Feinden kämpfend. **100 600 LP**

129.30 PRINCIPI IVVENTVTIS Maxentius n. l. stehend. **10 25 60**

129.31 SAECVLI FELIC(ITAS) AVG N Wölfin n. l., die Zwillinge säugend. **40 100 300**

129.32 VICTORIA AETERNA AVG N 1.) Victoria n. l. oder n. r. gehend, 2.) Victoria n. r. stehend, auf einen Schild schreibend VOT X (oder VOT XX FEL). **10 35 75**

129.33 VICTORIA AVG N Victoria 1.) n. l. gehend, 2.) frontal stehend zwischen sechs Gefangenen. **10 35 75**

129.34 VIRTVS AVG N 1.) Maxentius über zwei Feinde hinweg reitend, 2.) Maxentius n. l. stehend, 3.) Maxentius auf einer Sella Curulis n. l. sitzend, von einer Victoria bekränzt, einen Globus von Soldaten empfangend. **250 800 LP**

Teilstücke

129.35 Teilstück. CONSERV VRB SVAE Roma in Tempel frontal sitzend. **25 120 300**

129.36 Halber Follis. VICTORIA AETERNA AVG N Victoria n. r. stehend, VOT X (VOT XX oder VOT XX FEL) auf Schild schreibend. **20 60 180**

129.37 Halber Follis. VOT QQ MVL X (MVL X FEL oder XX) in Kranz. **30 75 250**

129.38 Teilstück. VOT X FEL in Kranz. **60 180 350**

130. Romulus

Sohn des Maxentius, † 309

Zur Geschichte

Wir wissen wenig über den Sohn des Maxentius. Im Jahr 308 erhielt er das erste Mal das Konsulat in Rom, im Jahr 309 das zweite Mal. In diesem Jahr starb er auch.
Rombesuchern dürfte der jung verstorbene Kaisersohn vor allem durch sein eindrückliches Grabmal in Erinnerung geblieben sein, das sich an der Via Appia befindet.

Münzen

Folgende Vorderseitenvarianten kommen vor:
Umschrift: DIVO ROMVLO N V BIS C(ONS),
DIVO ROMVLO N V FILIO MAXENTIVS AVG,
IMP MAXENTIVS DIVO ROMVLO N V FILIO.
Büste: n. r., barhäuptig.

Nummi / Folles

130.1 AETERNA(E) MEMORIA(E) Schrein, darauf Adler sitzend.
75 **150** **500**

Teilstücke

130.2 Halber Follis. AETERNAE MEMORIAE Schrein, darauf Adler sitzend.
60 **120** **280**

131. Domitius Alexander

308 – 310

Zur Geschichte

Die Rebellion des Domitius Alexander kann erklärt werden aus der politischen Lage des Gesamtreiches: In Rom hatte sich bekanntlich Maxentius als Herrscher etabliert und den Augustus des Westens, Severus, besiegt, so daß ihm auch die Herrschaft über Africa zugefallen war. Den Sieg hatte Maxentius in erster Linie mit Hilfe seines Vaters, Maximianus Herculius errungen, doch da dieser nun versuchte, sich selbst wieder zu etablieren, mußte Maxentius fürchten, nicht mehr über ausreichend Soldaten zu verfügen, um Africa zu halten. Da Africa aber die Kornkammer war, die das tägliche Brot der Römer sicherte, war dies für Maxentius lebenswichtig. So verlangte er von dem *vicarius Africae,* dem Verwalter der Provinz Africa, Domitius Alexander, ihm seinen Sohn als Geisel zu stellen. Alexander weigerte sich und ließ sich selbst zum Augustus ausrufen. Er war damit der siebte (!), der Anspruch auf die Herrschaft im römischen Reich erhob. Gleichzeitig schnitt Domitius Alexander Rom von dem Getreidenachschub ab, so daß Maxentius gezwungen war, militärisch gegen ihn vorzugehen. Im Jahr 310 gelang es ihm, Domitius Alexander zu besiegen. Maxentius feierte in Rom einen großartigen Triumph, der als der letzte Triumphzug alten Stils in die Geschichte eingegangen ist.

Zur Münzgeschichte

Münzstätte des Domitius Alexander ist nur Karthago.

Münzen

Folgende Vorderseitenvarianten kommen vor:
Umschrift: IMP (C) ALEXANDER P F AVG.
Büste: n. r., mit Lorbeerkranz.

Aurei

131.1 INVI(C)TA ROMA FEL KARTHAGO 1.) Carthago n. l. stehend, einen Früchtekorb in beiden Händen haltend, 2.) Roma n. l. sitzend.
LP **LP** **LP**

Nummi / Folles

131.2 AFRICA AVG N Africa n. l. stehend.
800 **2.500** **LP**

		s	ss	vz
131.3	GLORIA EXERCIT(VS) KART Alexander 1.) n. r. reitend, 2.) n. l. stehend.	800	2.500	LP
131.4	INVICTA ROMA FELIX KARTHAGO Carthago frontal stehend, einen Früchtekorb in beiden Händen haltend.	800	2.500	LP
131.5	IOVI CONSERVATORI Iupiter frontal stehend.	800	2.500	LP

131.6.1

131.6	ROMAE AETERNAE (AVG N) 1.) Roma in Tempel frontal stehend, 2.) Alexander n. l. stehend.	800	2.500	LP

131.7	SPQR OPTIMO PRINCIPI Legionsadler zwischen zwei Vexilla.	800	2.500	LP

131.8	VICTORIA ALEXANDRI AVG N Victoria n. l. gehend.	800	2.500	LP
131.9	VICTORIA AVGVSTO NOSTRO Victoria n. l. gehend.	800	2.500	LP

132. Licinius I.

308 – 324

Zur Geschichte

Valerius Licinianus Licinius war ein Altersgenosse des Galerius, der schon in dessen erstem Krieg gegen die Sasaniden gekämpft hatte. Auch er stammte aus einfachen Verhältnissen, war Sohn eines Bauern aus Dakien und hatte sich seinen Aufstieg über das Heer erarbeitet. Licinius wurde von Diocletianus in der Kaiserkonferenz von Carnuntum anstelle des Severus als Augustus eingesetzt. Seine Aufgabe sollte es in erster Linie sein, den Maxentius aus Italien zu vertreiben.

Doch als Galerius im Jahr 311 starb, wandte sich Licinius einem leichteren Ziel zu: Er marschierte in die frei gewordenen Gebiete des Toten ein und konnte dessen europäischen Besitz an sich bringen, während sich Maximinus Daia des kleinasiatischen Reichsteils bemächtigte. Diese Neuerwerbung sicherte Licinius, indem er im Jahr 311 mit Constantinus ein Abkommen traf, das diesem freie Hand in Italien zusicherte, wenn er dafür den neuen Machtbereich des Licinius anerkannte. Besiegelt wurde der Vertrag durch eine Heirat: Constantia, die Halbschwester Constantinus' heiratete Licinius. Nach dem Sieg des Constantinus über Maxentius fand ein zweites Treffen in Mailand statt, in dem die Aufteilung der Macht bestätigt wurde. Noch während der Verhandlungen erfuhr Licinius, daß Maximinus Daia in seinen Reichsteil eingefallen war. Sofort sammelte er ein Heer und zog seinem Konkurrenten entgegen. Es gelang ihm am 30. April 313, das feindliche Heer zu schlagen – mit göttlicher Hilfe, wie die Quellen vermelden. Auch Licinius behauptete, vor der Schlacht eine Vision gehabt zu haben, in der ihm die Gebetsworte mitgeteilt wurden, die vor der Entscheidung an den Christengott gerichtet werden mußten. Ob mit oder ohne Hilfe des Christengottes, Maximinus Daia mußte fliehen, starb auf der Flucht und Licinius herrschte unangefochten über den Ostteil des Reiches.

Bis zum Jahr 315 funktionierte die friedliche Koexistenz, doch in diesem Jahr scheint Constantinus gezielt versucht zu haben, sich als oberster der beiden Augusti in einer Machtfrage durchzusetzen. Licinius weigerte sich, den anderen als überlegen anzuerkennen, und Constantinus marschierte im Jahr 316 in

Pannonien ein. Es gelang ihm, Licinius am 8. Oktober 316 beim heutigen Belgrad zu schlagen, danach machte ein harter Winter sämtliche militärischen Operationen unmöglich. Es kam zu Verhandlungen, in denen Licinius sich fast bedingungslos ergab, nur um seine Herrschaft zu sichern. Constantinus durfte die gerade eroberten Gebiete seinem Reichsteil zuschlagen, und wurde als der vorrangige Augustus anerkannt, während es Licinius immerhin erlaubt blieb, in seinem Reichsteil eigenständig zu regieren. Die Söhne von Constantinus und Licinius wurden zu Caesares ernannt, um die Erbfolge zu sichern.
Der Frieden zwischen Licinius und Constantinus hielt acht Jahre. Danach marschierte Constantinus in den Reichsteil des Licinius ein und stellte dessen Heer am 3. Juli 324 bei Edirne zur Schlacht, Licinius verlor, konnte entkommen, stellte sich bei Chrysopolis (= Skutari) wieder zur Schlacht, verlor erneut, floh nach Nikomedia und bot von dort aus Constantinus die bedingungslose Kapitulation an. Constantinus schenkte ihm das Leben, wies ihm seinen Wohnort in Thessalonike an und ließ ihn erst ein Jahr später hinrichten.

Münzen

Folgende Vorderseitenvarianten kommen vor:
Umschrift: IMP (C) LIC LICINIVS P F AVG,
IMP LICINIVS (PIVS FELIX) AVG,
LICINIVS AVGVSTVS,
LICINIVS P F AVG.
Büste: n. r., selten n. l., mit Lorbeerkranz, gepanzert. Sonderbüsten sind auf den Folleis des Licinius I. sehr häufig.

Aurei und Solidi

		s	ss	vz
132.1	Solidus. CONCORDIA AVGG NN Concordia n. l. stehend.	750	1.500	5.000
132.2	Aureus. CONSVL DD NN Licinius n. l. stehend.	750	1.800	5.000
132.3	Aureus. CONSVL(I) P P PRO CO(N)S(VL) Licinius n. l. stehend.	750	1.800	5.000

		s	ss	vz
132.4	Aureus. IOVI CONSERVATORI (AVGG) Iupiter n. l. stehend.	750	1.500	4.000
132.5	Solidus. IOVI CONSERVATORI AVGG Iupiter n. l. sitzend.	750	1.500	5.000

		s	ss	vz
132.6	Aureus. IOVI CONS LICINI AVG Iupiter auf Plattform frontal stehend oder sitzend, auf der Plattform SIC X SIC XX.	1.500	5.000	12.000
132.7	Solidus. MARTI CONSERVATORI Mars n. r. stehend.	750	1.500	5.000
132.8	Aureus. ORIENS AVG(VSTORVM) Sol n. l. stehend.	750	1.500	4.000
132.9	Solidus. PERPETVA VIRTVS AVG Licinius n. r. reitend.	750	1.500	5.000
132.10	Solidus. PRINCIPI IVVENTVTIS Licinius n. r. stehend.	750	1.500	5.000
132.11	Solidus. PRINCIPIS PROVIDENTISSIMI Eule auf Säule, darauf SAPIENTIA, auf dem Boden Helm, Speer und Schild.	1.000	2.500	8.000
132.12	Aureus. PROFECTIO AVGG Licinius n. r. reitend.	750	1.500	4.000
132.13	Aureus. SALVS AVGG NN Salus n. l. stehend.	750	1.500	4.000
132.14	Aureus. SECVRITAS AVGG Licinius in Quadriga n. r.	750	1.500	4.000
132.15	Aureus. SIC X SIC XX in Kranz.	750	1.500	4.000
132.16	Solidus? VBIQVE VICTORES Licinius n. r. stehend, Gefangene zu beiden Seiten.	750	1.500	5.000
132.17	Neun Siliquen (1 1/2 Scripula). –.	1.000	2.500	LP
132.18	Aureus. VICTORIA AVGG NN Victoria n. r. stehend, auf Säule Schild haltend, darauf VOT V MVL X.	750	1.500	4.000
132.19	Solidus. VICTORIA CONSTANTINI AVG Victoria n. l. gehend.	1.000	1.800	6.000
132.20	Aureus. VICTORIAE AVGG NN Victoria n. r. stehend, auf Säule Schild haltend, darauf VOT X MVL XX.	750	1.500	4.000
132.21	Aureus. VIRTVS AVGG Licinius n. r. stehend.	750	1.500	4.000
132.22	Solidus. VIRTVS AVGVSTI Löwe n. l. stehend, darüber Keule.	1.000	2.000	8.000
132.23	Solidus. VIRTVS EXERCITVS GALL Mars n. r. gehend.	1000	2.500	LP
132.24	Aureus. VOTIS V MVLTIS X Victoria n. r. stehend, auf Säule Schild haltend, darauf VICTORIA AVG.	750	1.500	4.000

Argentei

s ss vz

132.25 Argenteus. IOVI CONSERVATORI AVG Adler n. r. fliegend, auf seinem Rücken Kaiser emportragend.
30 120 250

132.26 Miliarense. VOTA ORBIS ET VRBIS SEN ET P R Cippus, darauf XX XXX MVL FEL.
1.500 5.000 LP

Nummi / Folles

132.27 BONO GENIO PII IMPERATORIS Genius n. l. opfernd.
5 20 40

132.28 COMITI AAVVGG Sol n. l. stehend.
5 20 40

132.29 CONCORDIA AVGG NN Concordia n. l. stehend.
– 10 40

132.30 D N CONSTANTINI MAX AVG um Lorbeerkranz, darin VOT XX.
– 10 40

132.31 D N LICINI AVG(VSTI) um Lorbeerkranz, darin VOT XX.
– 10 40

132.32 D N LICINI INVICT AVG um Lorbeerkranz, darin VOT XX.
– 10 40

132.33 D N LICINI MAX AVG um Lorbeerkranz, darin VOT XX.
– 10 40

132.34 D N LIC LICINI AVG(VSTI) um Lorbeerkranz, darin VOT XX.
– 10 40

132.35 DOMINI N LICINI AVG um Lorbeerkranz, darin VOT XX.
– 10 40

132.36 Halb-Follis. FVNDAT PACIS Mars n. r. gehend.
20 60 180

132.37 GENIO AVGVSTI Genius n. l. opfernd.
5 20 40

132.38 GENIO CAESARIS Genius n. l. opfernd.
5 20 40

s ss vz

132.39 GENIO EXERCITVS Genius n. l. opfernd.
5 20 40

132.40 GENIO IMPERATORIS Genius n. l. opfernd.
5 20 40

132.41 GENIO POP ROM Genius n. l. opfernd.
5 20 40

132.42 GENIO POPVLI ROMANI Genius n. l. opfernd.
5 20 40

132.43 Halb-Follis. GLORIA PERPET Zwei Victorien n. r. gehend.
20 60 180

132.44 HERCVLI VICTORI Hercules n. r. stehend.
20 30 75

132.45 IOVI CONSERVATORI (AVGG NN) Iupiter n. l. stehend.
5 20 40

132.46 IOVI CONSERVATORI DD NN Iupiter 1.) n. l. stehend, 2.) n. r. gehend.
5 20 40

132.47 LICINI AVG(VSTI) um VOTIS XX.
25 60 150

132.48 MARTI CONSERVATORI Mars 1.) n. l. oder 2.) n. r. stehend, 3.) n. r. gehend.
5 20 40

132.49 PROVIDENTIAE AVGG Weibliche Gestalt auf Prora stehend, sie wird empfangen von weiblicher Personifikation von Arles.
100 300 500

132.50 PROVIDENTIAE AVGG (NN) Lagertor.
– 10 40

132.51 ROMAE AETERNAE Roma n. r. stehend, Schild haltend, darauf XV.
15 60 150

132.52 SAECVLI FELICITAS Cippus, darauf Schild mit Aufschrift AVG.
20 60 180

132.53 Viertel-Follis. SAPIENTA PRINCIPIS Altar, darauf Eule, Speer über Altar, Schild l., Helm r.
20 60 180

132.54 SECVRITAS AVGG Securitas n. l. stehend.
5 20 40

s *ss* *vz*

132.55 SOLE INVICTO 1.) Sol n. l. stehend, Kopf des Sarapis in der l. Hand, 2.) Sol in Quadriga n. r. galoppierend.
5 20 40

132.56 SOLI INVICTO Sol n. l. stehend, Kopf des Sarapis in der l. Hand.
5 20 40

132.57.1

132.57 SOLI INVICTO COMITI 1.) Sol n. l. oder n. r. stehend, 2.) Sol in Quadriga n. l. stehend.
5 20 40

132.58 SPQR OPTIMO PRINCIPI 1.) Legionsadler zwischen zwei Feldzeichen, 2.) Drei Standarten.
20 30 75

132.59 VICTORIA AVGG NN Victoria n. l. gehend.
– 10 40

132.60 VICT(ORIAE) LAET P(RINC) P(ERP) Zwei Victorien nebeneinander stehend, zwischen sich einen Schild haltend, darauf VOT PR.
– 10 40

132.61 VICTORIAE MAXIMINI AVG Victoria n. l. stehend.
30 50 125

132.62 VIRTVS AVGG Offenes Lagertor.
– 10 40

132.63 VIRT EXERC Sol in der Mitte eines römischen Lagerplans.
100 300 500

132.64.2

132.64 VIRTVS EXERCIT 1.) Trophäe, an beiden Seiten Gefangener, 2.) Standarte, darauf VOT X oder VOT XX, an beiden Seiten Gefangener.
– 10 40

132.65 VIRTVS (oder VIRTVTI) EXERCITI (oder EXERCITVS) 1.) Mars n. r. gehend, 2.) Virtus n. r. gehend.
5 20 40

132.66 VOT X ET XV F in Lorbeerkranz. **– 10 40**

132.67 VOT XV FEL XX in Lorbeerkranz. **– 10 40**

132.68 VOT XX MVLT XXX in Lorbeerkranz. **– 10 40**

133. Licinius II.

Caesar 317 – 324

Zur Geschichte

Valerius Licinianus Licinius filius, unter Münzsammlern Licinius II. genannt, war der Sohn des Licinius und einer Sklavin; er wurde um 313 geboren und war im Jahr 317 bei seiner Ernennung zum Caesar gerade vier Jahre alt.

Licinius II. hatte keinerlei gewichtigen Anteil an der Regierung seines Vaters, mußte aber trotzdem die Folgen der väterlichen Niederlage auf sich nehmen. Zwar überlebte er den Sturz seines Vaters, doch im Jahr 336 erließ Constantinus ein Gesetz, das unehelich geborenen Kindern das Recht nahm, zu erben und sie auf den Rechtsstatus ihrer Mutter festlegte. Dies machte den 24jährigen Licinius mit einem Schlag zum Sklaven. Er wurde in die kaiserlichen Webereien von Karthago geschickt, versuchte zu fliehen, wurde wieder eingefangen und kam bei einer Bestrafung elend ums Leben.

Münzen

Folgende Vorderseitenvarianten kommen vor:
Umschrift: D N VAL LICIN LICINIVS NOB C,
LICINIVS IVN NOB C(AES).
Büste: n. r., n. l., mit Lorbeerkranz, gepanzert und / oder drapiert, zahlreiche Sonderbüsten.

Aurei

133.1 IOVI CONSERVATORI CAES Iupiter auf Podium sitzend, auf dem Podium SIC V SIC X. **1.500 6.000 12.000**

Nummi / Folles

133.2 BEATA TRANQVILLITAS Globus auf Altar mit der Aufschrift VOTIS XX, darüber drei Sterne.
– 10 60

133.3 CAESARVM NOSTRORVM um VOTIS V oder VOT X.
– 10 60

133.4 CLARITAS REI PVBLICAE Sol n. l. stehend.
– 10 60

133.5 DOMINORVM NOSTRORVM CAESS um Lorbeerkranz, darin VOT V.
– 10 60

		s	ss	vz
133.6	IOVI CONSERVATORI Iupiter 1.) n. l. stehend, 2.) n. r. gehend.	–	10	60
133.7	IOVI CONSERVATORI AVGG (oder CAESS) Iupiter n. l. stehend.	–	10	60
133.8	PAX PERPETVA Pax n. l. stehend.	–	10	60
133.9	PRINCIPIA IVVENTVTIS Licinius II. n. r. stehend.	–	10	60

133.10.1

		s	ss	vz
133.10	PROVIDENTIAE CAESS 1.) Iupiter n. l. stehend, 2.) Lagertor.	–	10	60
133.11	ROMAE AETERNAE Roma n. r. sitzend, Schild haltend mit der Aufschrift XV.	20	60	180
133.12	SAECVLI FELICITAS Cippus, darauf Schild mit Aufschrift AVG.	20	60	180
133.13	VICTORIA CAESS NN Victoria n. l. gehend.	–	10	60
133.14	VICT(ORIAE) LAET(AE) P(RINC) P(ERP) Zwei Victorien, ein Schild haltend, darauf VOT PR.	–	10	60
133.15	VIRT EXERC Sol über Lagerplan.	100	300	500
133.16	VIRTVS AVGG Lagertor.	–	10	60

133.17.2

		s	ss	vz
133.17	VIRTVS EXERCIT 1.) Trophäe, zu beiden Seiten Gefangener, 2.) Standarte, darauf VOT X oder XX, zu beiden Seiten Gefangener.	–	10	60
133.18	VIRTVS MILITVM DD NN Mars n. r. gehend.	–	10	60
133.19	VOT V MVLT X CAESS im Lorbeerkranz.	–	10	60
133.20	VOT X ET XV F im Lorbeerkranz.	–	10	60
133.21	VOT XV FEL XX in Lorbeerkranz.	–	10	60
133.22	VOT XX im Lorbeerkranz.	–	10	60

134. Valens

Augustus 316 – 317

Zur Geschichte

Aurelius Valerius Valens war der verantwortliche Offizier des Licinius für die Verteidigung der unteren Donaugrenze. Ihn ernannte Licinius nach seiner Niederlage im September 316 gegen Constantinus zum Augustus, um einen fähigen Militär in seinem Kampf gegen Constantinus an seiner Seite zu haben.
Doch ein besonders harter Winter machte es sowohl Constantinus als auch Licinius unmöglich, weiter Krieg zu führen. Es kam zu Verhandlungen, die zu einem Frieden führten. Constantinus setzte durch, daß Valens von seinem Amt zurücktreten müßte. Licinius löste das Problem, indem er seinen ehemaligen Augustus umbringen ließ.

Zur Münzgeschichte

Münzen für Valens wurden nur in den Münzstätten von Kyzikos und Alexandria geprägt.

Münzen

Folgende Vorderseitenvarianten kommen vor:
Umschrift: IMP C AVR VAL VALENS P F AVG.
Büste: n. r., mit Lorbeerkranz.

Nummi / Folles

		s	ss	vz
134.1	IOVI CONSERVATORI AVG(G) Iupiter n. l. stehend.	4.000	8.000	20.000

135. Martinianus

324

Zur Geschichte

Martinianus wurde von Licinius kurz vor seiner endgültigen Niederlage zum Augustus erklärt. Seine Aufgabe sollte es sein, den Hellespont zu sichern, was ihm nicht gelang. Nach der endgültigen Niederlage wurde Martinianus nach Kappadokien verbannt, dort aber schon ein Jahr später, 325 hingerichtet.

Zur Münzgeschichte

Münzen des Martinianus prägten nur die Münzstätten von Nikomedia und Kyzikos.

Münzen

Folgende Vorderseitenvarianten kommen vor:
Umschrift: D N M MARTINIANO P F AVG,
D N (M) MARTINIANVS P F AVG,
IM CS MAR MARTINIANVS P F AVS.
Büste: n. r., mit Strahlenkrone, drapiert und gepanzert.

Nummi / Folles

135.1 IOVI CONSERVATORI (AVGG) Iupiter n. l. stehend.
1.000 2.000 5.000

136. Constantinus I.

Caesar 306-309,
Filius Augustorum 309-310,
Augustus 307-337

Die sich überschneidenden Jahreszahlen kommen dadurch zustande, daß Constantinus selbst seit 307 den Titel Augustus führte, während seine Zeitgenossen ihn weiterhin als Caesar bzw. als Filius Augustorum titulierten.

Zur Geschichte

Constantinus, der später als der Große in die Geschichte eingehen sollte, war der Sohn des Constantius Chlorus und einer Stallmagd aus Bithynien namens Helena. Wir wissen wenig über die Kindheit des Constantinus, weder sein Geburtsjahr (angenommen wird um 280) noch sein Vorname (nach der Adoption seines Vaters durch Maximianus Herculius nannte er sich Flavius Valerius Constantinus) sind bekannt.

Nach der Ernennung seines Vaters Constantius Chlorus zum Caesar und dessen Heirat mit der Tochter des Maximianus Herculius, Theodora, wurde Constantinus zunächst an den Hof des Diocletianus geschickt, später an den des Galerius. Erst nach der Ernennung des Constantius Chlorus zum Augustus kehrte Constantinus zu seinem Vater zurück, gerade rechtzeitig, um sich nach dessen Tod 306 in Britannien von den anwesenden Truppen zum Kaiser ausrufen zu lassen. Galerius, der überlebende Augustus, mußte Constantinus notgedrungen anerkennen, schließlich verfügte der junge Mann über ein Viertel der römischen Streitmacht. Er stufte ihn aber zum Caesar herab, was Constantinus akzeptierte.

Kurz danach revoltierte Maxentius, der Sohn des Maximianus, in Rom. Sein Vater kam auf der Suche nach Verbündeten nach Trier. Er adoptierte Constantinus und vermählte ihn zusätzlich mit seiner eigenen Tochter Fausta. In der Kaiserkonferenz von Carnuntum 308 wurde Constantinus als Caesar des Westreiches bestätigt, er sollte in Zukunft dem Augustus Licinius unterstellt sein.

Im Jahr 309 versuchte Galerius die inzwischen wieder angespannte Lage zu entschärfen, indem er die Caesares Maximinus Daia und Constantinus protokollarisch erhöhte: Ihnen wurde der Titel Filius Augustorum verliehen. Doch die Versöhnung war nur von kurzer Dauer. Im Jahre 311 starb Galerius, Maximinus Daia und Licinius teilten seinen Herrschaftsbereich unter sich auf, und machten damit für Constantinus den Weg frei, Italien zu annektieren. Dies geschah im Jahr 312. Constantinus marschierte in Italien ein, eroberte nach der berühmten Schlacht um die Milvische Brücke („in diesem Zeichen wirst Du siegen") Rom und tötete den Maxentius. Er sicherte seinen Gebietszuwachs durch ein Abkommen mit Licinius, dem er seinen Teil der Beute aus dem Herrschaftsbereich des Galerius bestätigte. Im Verlauf dieses Treffens in Mailand bestätigten beide Herrscher das berühmte Toleranzedikt, das im Jahre 311 von Galerius erlassen worden war. Durch diese Bestätigung ging das Toleranzedikt unter dem Namen Mailänder Toleranzedikt in die Geschichte ein.

Nach dem Sieg des Licinius über Maximinus Daia blieb für Constantinus nur noch ein Konkurrent um die Alleinherrschaft übrig, den er im Jahre 324 vernichtete. Seitdem vereinigte Constantinus die Herrschaft über das gesamte römische Reich in seiner Hand.

Es ist schwer, die Persönlichkeit und die Leistungen Constantinus' gerecht zu beurteilen, da die christliche Geschichtsschreibung ihn zu ihrem Protagonisten machte, der dem Christentum zum Sieg verholfen haben soll. Dadurch mußte er zum Inbegriff alles Guten und Gottgefälligen werden, seine Feinde zum Inbegriff alles Schlechten. Constantinus wurde bis ins Hohe Mittelalter hinein als politisches Argument benutzt.

Dadurch daß Galerius der christlichen Kirche einen Status gewährt hatte, wie ihn die anderen anerkannten Religionen im römischen Reich besaßen, wurde Constantinus als Pontifex Maximus in deren interne Streitigkeiten hineingezogen. Er nahm im Donatistenstreit Partei für die „katholische" Kirche und formulierte in der Auseinandersetzung mit den Arianern den Kompromißvorschlag zum christlichen Glaubensinhalt, der heute noch als das Nizäische Glaubensbekenntnis in der katholischen Kirche benutzt wird. Auf Constantinus geht der Kanon der in der Kirche benutzten Schriften zurück und die Festlegung des „dies solis", des Sonntages, als allgemeinen Feiertag. Auch wenn die christlichen Geschichtsschreiber Constantinus als „ihren" Kaiser feiern, war seine Herrschaft eher eine Zeit des Ausgleichs. So genehmigte er immerhin einer namentlich nicht bekannten italischen Stadt den Bau eines Tempels, in dem er göttliche Ehrungen erhielt. Constantinus war ein Herrscher des Übergangs, zwischen alter und neuer Religion. Eusebius legt ihm folgende Worte in den Mund: *„Gleichen Frieden und gleiche Ruhe wie die Gläubigen sollen die Irrenden (hier schlägt die christliche Terminologie durch, Anm. d. Verf.) erhalten und freudig genießen. Keiner soll den andern belästigen; wie sein Herz es will, soll jeder es haben, jeder es halten ... Doch darf keiner mit dem, was er selbst aus Überzeugung angenommen hat, einem anderen schaden."*

Nicht vergessen wollen wir hier unter der Lebensbeschreibung des Constantinus die Gründung der Stadt Constantinopolis, die er ganz in der Tradition antiker Herrscher an dem Ort seines Sieges über Licinius gründete und die am 11. Mai 330 feierlich eingeweiht wurde. Sie sollte zur Hauptstadt des Ostreiches werden und den Fall der Stadt Rom um fast ein Jahrtausend überleben.

Constantinus starb am 22. Mai 337 in Nikomedia, kurz nachdem er die Taufe erhalten hatte. Der Kaiser wurde in der Apostelkirche begraben, die er selbst für sich als Mausoleum errichtet hatte.

Konstantin wird in der Ostkirche als Heiliger verehrt. Sein Festtag ist – zusammen mit seiner Mutter Helena – der 21. Mai.

Zur Münzgeschichte

Unter Constantinus wurde ein neues Nominal für Gold eingeführt. Der Aureus wurde abgelöst durch den Solidus, der im Verhältnis von 5 : 6 zum alten Aureus ausgegeben wurde. Das bedeutete, daß Solidus und Aureus nebeneinander zirkulieren konnten, 5 Aurei entsprachen 6 Solidi.

Auch die Silbernominale wurden unter Constantinus völlig geändert. Diocletianus hatte den Argenteus eingeführt, der sich in der Praxis nicht bewährte. Constantinus versuchte seit Mitte des Jahre 313 zwei neue Nominale durchzusetzen: Den Miliarense mit einem theoretischen Gewicht von 4.55 g bzw. 1/72 des römischen Pfunds Silber, und die Siliqua mit einem theoretischen Gewicht von zunächst 3,41 g, also 1/96 des römischen Pfunds Silber. Beide Münzen wurden allerdings in ihrem Gewicht schnell herabgesetzt.

Bemerkenswert ist ferner, daß der Durchmesser und das Gewicht der Folleis bzw. Nummi ständig abnahm. Wir sind relativ gut über die Organisation der Münzstätten unter Constantinus informiert. Während fünf

Münzstätten, Trier, Arles, Siscia, Herakleia und Kyzikos, Heer und Handel mit Kleingeld versorgten, wurden Goldmünzen von einer mobilen Münzstätte zumeist dort geprägt, wo sich der Kaiser aufhielt. So wurden viele der von Constantinus benutzten Münzstätten nur eine begrenzte Zeit lang benutzt. Folgende Münzstätten – mit den beigeordneten Abkürzungen – waren für Constantinus tätig (zur Bezeichnung der Offizinen vgl. Diocletianus).

Londinium	LON / LN / L
Treveri	TR / TRE
Lugdunum	L / LC / LG
Arles	ARL / A / CONST
Ticinum	T
Aquileia	AQ
Roma	- / R
Ostia	OST
Karthago	- / K / PK
Siscia	SIS / SISC
Sirmium	SIRM
Serdica	SD / SDA / SER
Thessalonica	TS / THES
Heracleia	H / HE / HA / HT
Constantinopolis	CONS
Nicomedia	N
Cyzicus	K / KV
Antiochia	A / ANT
Alexandria	ALE

Hinweise für Sammler

Kein anderer Kaiser befahl eine so ausgedehnte und unterschiedliche Münzprägung wie Constantinus. Der größeren Übersicht halber seien hier noch einmal die verschiedenen Preise für Folles des Augustus Constantinus mit normalen Typen nach Größen geordnet vorgestellt.

Durchmesser	s	ss	vz
24 – 28 mm	*15*	*30*	*60*
20 – 23 mm	*10*	*20*	*40*
17 – 22 mm	*–*	*10*	*30*

Für Folles, die in der kurzen Zeit von Constantinus' Herrschaft als Caesar, bzw. als Filius Augustorum geprägt wurden, muß mit Aufschlägen gerechnet werden.

s ss vz

Münzen

Als Caesar:

Folgende Vorderseitenvarianten kommen vor:
Umschrift: CONSTANTINVS N(OB) C(AES),
FL VAL CONSTANTINVS N(OB) C(AES)
und viele andere Varianten.
Büste: n. r., selten n. l., mit Lorbeerkranz, oft gepanzert und / oder drapiert; selten Sonderbüsten.

Aurei

136.1 HERCVLI COMITI AVGG ET CAESS NN Hercules n. r. stehend.
500 1.500 4.000

136.2 MARTI PATRI Mars n. l. stehend.
500 1.500 4.000

136.3 PRINCIPI IVVENTVT(IS) Constantinus n. l. stehend.
500 1.750 5.000

136.4 SPES PVBLICA Spes n. l. gehend. **500 1.750 5.000**

Argentei

136.5 CONSERVATOR KART SVAE Carthago frontal stehend, im Abschnitt XCVI *(= 96 für die 96 Argentei, die aus einem römischen Pfund geprägt wurden).*
350 1.200 2.000

136.6 VIRTVS MILITVM Lagertor (Halber Argenteus).
300 1.000 2.000

136.7 Halber Argenteus. HAEC VOTA MVLT ANN in Kranz.
300 750 1.500

136.8 Halber Argenteus. PLVR NATAL FEL in Kranz.
300 750 1.500

136.9 Halber Argenteus. VOT X FELICI TER in Kranz.
300 750 1.500

Nummi / Folles

136.10 ADVENTVS AVGG Constantinus n. l. reitend.
20 60 150

136.11 CONCORD(IA) IMPERII Concordia n. l. stehend.
20 60 150

136.12 Radiatus. CONCORDIA MILITVM Constantinus n. r. stehend.
– 20 60

Nr.	Beschreibung	s	ss	vz
136.13	CONSERVATOR AFRICAE SVAE Africa n. l. stehend.	20	60	150
136.14	CONSERVATORES KART SVAE Carthago n. l. stehend in Tempel.	20	60	150
136.15	CONSERV(ATORES) VRB SVAE Roma in Tempel frontal sitzend.	20	60	150
136.16	GENIO AVGG ET CAESARVM NN Genius n. l. opfernd.	10	40	120
136.17	GENIO CAESARIS Genius n. l. opfernd.	10	40	120
136.18	GENIO IMPERATORIS Genius n. l. opfernd.	10	40	120
136.19	GENIO POP ROM Genius n. l. opfernd.	10	40	120
136.20	Halber Follis. –.	20	60	180
136.21	GENIO POPVLI ROM Genius n. l. opfernd.	10	40	120

Nr.	Beschreibung	s	ss	vz
136.22	GENIO POPVLI ROMANI Genius n. l. opfernd.	10	40	120
136.23	HERCVLI CONSERVAT CAES Hercules n. l. mit Löwen kämpfend.	20	75	250
136.24	IOVI CONSERVAT Iupiter n. l. stehend.	20	60	150
136.25	MARS VICTOR Mars n. r. gehend.	20	60	150
136.26	MARTI PACIF Mars n. l. gehend.	20	75	250
136.27	Halber Follis. MARTI PATRI CONSERV Mars n. r. stehend.	20	60	180
136.28	MARTI PATRI CONSERVATORI Mars n. r. stehend.	20	60	150
136.29	Halber Follis. MARTI PATRI PROPVG Mars n. r. gehend.	20	60	180

Nr.	Beschreibung	s	ss	vz
136.30	MARTI (PATRI) PROPVGNATORI Mars n. r. gehend.	20	60	150
136.31	Halber Follis. MARTI PROPVGNATORI Mars n. r. gehend.	20	60	180
136.32	Viertel Follis. MVLT NATAL FEL in Kranz.	80	250	750
136.33	PERPETVA VIRTVS Mars n. r. gehend.	20	60	200
136.34	Viertel Follis. PLVR NATAL FEL in Kranz.	80	250	750
136.35	PERPETVITAS AVGG Roma n. l. sitzend.	20	60	150
136.36	PRINCIPI IVVENTVTIS Constantinus n. l. stehend.	20	75	200
136.37	Halber Follis. PRINCIPI IVVENTVTIS Constantinus n. l. stehend.	20	60	180
136.38	ROMA AETERNA Roma n. l. sitzend.	20	60	150
136.39	ROMAE AETER Roma in Tempel frontal sitzend.	40	100	300
136.40	SAC MON VRB AVGG ET CAESS NN Moneta n. l. stehend.	20	60	150
136.41	SALVIS AVGG ET CAESS FEL KART Carthago n. l. stehend.	20	60	150
136.42	VIRTVS AVGG ET CAESS NN 1.) Mars n. r. gehend, 2.) Constantinus n. r. reitend, mit Speer einen Feind niederstechend, weiterer Feind am Boden.	40	100	300
136.43	VIRTVS CONSTANTINI CAES 1.) Mars n. r. gehend, 2.) Constantinus n. r. reitend, mit Speer einen Feind niederstechend, weiterer Feind am Boden.	40	100	300
136.44	VIRTVTI EXERCITVS Virtus n. r. gehend.	20	60	150
136.45	Viertel Follis. VOT X CAESS (NN) in Kranz.	75	180	500
136.46	Viertel Follis. VOTIS X in Kranz.	75	180	500
136.47	Viertel Follis. VOTIS XXX in Kranz.	75	180	500
136.48	Viertel Follis. VOT XXX AVGG (NN) in Kranz.	75	180	500

Als Filius Augusti:

Folgende Vorderseitenvarianten kommen vor:
Umschrift: CONSTANTINVS FIL AVGG und andere Variaten.
Büste: n. r., mit Lorbeerkranz.

Aurei

Nr.	Beschreibung	s	ss	vz
136.49	CONSVL D NN Constantinus n. l. stehend.	LP	LP	LP

Nummi / Folles

Nr.	Beschreibung	s	ss	vz
136.50	GENIO AVGVSTI Genius n. l. opfernd.	50	120	500
136.51	GENIO CAESARIS Genius n. l. opfernd.	50	120	500
136.52	GENIO FIL AVGG Genius n. l. opfernd.	LP	LP	LP
136.53	VIRTVS (oder VIRTVTI) EXERCITVS Virtus n. r. gehend.	50	120	500

s ss vz

Als Augustus:

Folgende Vorderseitenvarianten kommen vor:
Umschrift: CONSTANTINVS (MAX) AVG,
CONSTANTINVS P F AVG,
D N CONSTANTINVS P F AVG,
FL VALER CONSTANTINVS P F AVG,
IMP CONSTANTINVS P F AVG,
IMP (C) CONSTANTINVS (P F) AVG
und viele andere Varianten.
Büste: n. r., n. l., mit Lorbeerkranz, Helm oder Diadem, gepanzert und / oder drapiert, unzählige Sonderbüsten von Constantinus als Feldherr oder als Consul u. ä.

Aurei und Solidi

136.54 Solidus. ADLOCVTIO AVG Constantinus n. l. stehend auf Podium, eine Ansprache an zwei Soldaten haltend. **750 2.500 7.500**

136.55 Solidus. ADVENTVS AVGVSTI N Constantinus n. l. reitend. **500 1.500 3.500**

136.56 Solidus. CLARITAS REI PVBLICAE Sol n. l. stehend. **500 1.000 2.500**

136.57 Solidus. CONCORDIA AVGG NN Concordia n. l. stehend. **600 1.000 2.500**

136.58 Solidus. CONSTANTINIANA DAFNE Victoria auf Cippus n. l. sitzend, vor ihr Trophäe. **750 2.500 7.500**

136.59.1

136.59 Solidus. CONSTANTINVS AVG 1.) Victoria n. l. sitzend, 2.) Victoria n. l. gehend, 3.) Zwei Kränze, darüber Stern. **500 1.500 2.500**

136.60 Aureus. CONSVL P P PROCONSVL Constantinus n. l. stehend. **750 1.500 4.000**

136.61 Solidus. FELICITAS PERPETVA SAECVLI Constantinus n. l. stehend, einen Globus von Sol empfangend, zwischen ihnen Gefangener. **750 1.500 4.000**

136.62 Solidus. FELIX PROCESSVS COS IIII (oder VI) (AVG N) Constantinus n. l. stehend. **600 1.000 2.500**

136.63 Solidus. FIDES EXERCITVS Fides auf Thron sitzend. **600 1.000 2.500**

136.64 Solidus. FORTVNAE REDVCI Fortuna n. l. sitzend. **600 1.000 2.500**

136.65 Solidus. GAVDIVM REI PVBLICAE 1.) Constantinus frontal stehend, einem seiner Söhne einen Globus überreichend, auf der anderen Seite zweiter Sohn, 2.) Trophäe zwischen sitzenden Gefangenen (Francia und Alemannia). **600 1.500 4.000**

136.66 Solidus. GAVDIVM ROMANORVM 1.) Mars frontal stehend, 2.) Constantinus n. l. stehend, ihm gegenüber Soldat, einen Gefangenen herbeibringend. **600 1.000 2.500**

s ss vz

136.67 Solidus. GAVDIVM ROMANORVM ALAMANNIA Alemannia n. l. sitzend, r. davon Trophäe. **600 1.500 4.000**

136.68 Solidus. GAVDIVM ROMANORVM FRANCIA Francia n. l. sitzend, r. davon Trophäe. **600 1.500 4.000**

136.69 Solidus. GAVDIVM ROMANORVM FRAN(C) ET ALAM Trophäe, l. und r. davon Gefangener sitzend. **600 1.500 4.000**

136.70 Solidus. GLORIA EXERCITVS GALL Constantinus n. r. reitend. **600 1.500 4.000**

136.71 Solidus. GLORIA ROMANORVM Res Publica n. r. stehend, Constantinus einen Globus übergebend. **750 1.500 4.000**

136.72 Aureus. HERCVLI COMITI AVGG NN Hercules n. l. stehend. **750 1.500 4.000**

136.73 Aureus. IOVI CONSERVATORI (AVGG) Iupiter n. l. stehend. **750 1.500 4.000**

136.74 Solidus. IOVI CONSERVATORI AVGG Iupiter n. l. sitzend. **500 1.000 2.500**

136.75 Aureus. MARS AVGVSTORVM Mars n. l. stehend. **750 1.500 4.000**

136.76 Solidus. PAX AETERNA AVG N Pax und Republica n. l. stehend, Constantinus einen Kranz oder einen Globus überreichend. **750 1.500 4.000**

136.77 Solidus. PERPETVA FELICITAS Constantinus n. r. stehend, ihm gegenüber Soldat. **750 1.500 4.000**

136.78 Solidus. PIETAS AVGVSTI NOSTRI Constantinus n. l. stehend, kniender weiblicher Gestalt aufhelfend, die Soldat präsentiert. **750 1.500 4.000**

136.79 Solidus. P M TRIB P COS IIII (oder VI) P P PROCOS Constantinus n. l. sitzend oder stehend. **600 1.500 2.500**

136.80 Semis. PONT MAX TRIB PPP PROCS Constantinus n. l. sitzend. **350 1.000 2.000**

136.81 Aureus. PRINCIPI IVVENTVTIS Constantinus n. r. stehend. **750 1.500 4.000**

136.82 Solidus. –. **500 1.000 2.500**

136.83 Solidus. PRINCIPIS PROVIDENTISSIMI Eule auf Säule, darauf SAPIENTIA. **750 2.000 5.000**

136.84 Solidus. RESTITVTORI LIBERTATIS Roma auf Podium stehend, Constantinus einen Globus überreichend. **750 1.500 4.000**

136.85 Solidus. SECVRITAS PERPETVAE Constantinus n. l. stehend, eine Trophäe bekränzend. **500 1.000 2.500**

s ss vz

136.86 Solidus. SECVRITAS REI PVBLICAE Securitas n. r. stehend. **500 1.000 2.500**

136.87 Aureus. SIC X SIC XX in Kranz. **750 1.500 4.000**

136.88 Solidus. SOLI COMITI AVG N Sol n. r. stehend, Globus an Constantinus übergebend, zwischen ihnen Gefangene. **500 1.000 2.500**

136.89 Solidus. SOLI COMITI AVGG NN Sol n. l. stehend. **500 1.000 2.500**

136.90 Solidus. SOLI INVICTO AETERNO AVG Sol in Quadriga, hinter ihm Victoria. **750 2.000 6.000**

136.91 Solidus. SOLI INVICTO COMITI Sol n. r. oder n. l. stehend. **500 1.000 2.500**

136.92 Solidus. S P Q R OPTIMO PRINCIPI Drei Standarten. **750 2.000 6.000**

136.93 Solidus. VBIQVE VICTOR(ES) Constantinus n. r. stehend, zu beiden Seiten sitzender Gefangener. **500 1.000 2.500**

136.94 Solidus. VICTORIA AVG Victoria n. l. gehend. **500 1.000 2.500**

136.95 Solidus. VICTORIA (oder VICTORE) AVG N (VOTIS) Victoria n. r. sitzend, einen Schild mit XXX (MVL XX oder X MVL XX) beschreibend, vor ihr Trophäe zwischen zwei Gefangenen. **500 1.000 2.500**

136.96 Solidus. VICTORIAE AVGG NN Victoria n. r. stehend, einen Schild beschreibend mit VOT X MVL XX. **500 1.000 2.500**

136.97 Solidus. VICTORIA AVGVSTORVM Constantinus n. l. stehend, hinter ihm Victoria, ihn bekränzend. **500 1.000 2.500**

136.98.3

136.98 Solidus. VICTORIA CONSTANTINI AVG 1.) Victoria n. l. oder n. r. gehend, (gelegentlich l. von ihr sitzender Gefangener oder l. und r. Gefangener), 2.) Victoria n. r. oder n. l. stehend, Constantinus n. r. oder n. l. stehend bekränzend, 3.) Victoria n. r. sitzend oder gehend, einen Schild haltend, darauf VOT XX (XXX oder XXXX). **500 1.000 2.500**

136.99 Solidus. VICTORIAE PERPETVAE Victoria n. r. stehend, ein Schild beschreibend mit VOT XX (oder XXX). **500 1.500 2.500**

136.100 Solidus. VICTORIB AVGG ET CAESS NN Victoria n. r. sitzend, einen Schild mit VOT XX beschreibend. **500 1.500 2.500**

136.101 Solidus. VICTOR OMNIVM GENTIVM Constantinus n. l. stehend, vor ihm zwei Bittsteller, hinter ihm Gefangener. **750 1.500 4.000**

136.102 Solidus. VIRTVS AVGVSTI Löwe n. l. stehend. **750 1.500 4.000**

s ss vz

136.103 Solidus. VIRTVS AVGVSTI N 1.) Mars n. r. gehend, 2.) Constantinus n. r. reitend, einen Feind mit Speer erstechend. **500 1.500 2.500**

136.104 Solidus. VIRTVS EXERCITVS GALL Mars n. r. gehend. **500 1.000 2.500**

136.105 Solidus. VOTA PVBLICA Constantinus frontal stehend, zur linken Res Publica, einen Globus überreichend, zur rechten Pax, einen Kranz überreichend. **750 1.500 4.000**

136.106 Aureus. VOTIS V MVLTIS X Victoria n. r. stehend, einen Schild haltend, der die Aufschrift trägt VICTORIA AVG. **500 1.000 2.500**

136.107 Aureus. VOTIS XXX in Lorbeerkranz. **1.500 5.000 12.500**

Silbermünzen

136.108 Miliarense. CAESAR in Lorbeerkranz. **500 1.500 5.000**

136.109.2

136.109 Miliarense. CONSTANTINVS AVG 1.) Constantinus n. l. stehend, 2.) Vier Standarten. **500 1.500 5.000**

136.110 Siliqua. –. Victoria n. l. gehend. **350 1.000 2.000**

136.111 Miliarense. CONSTANTINVS MAX AVG Vier Standarten. **500 1.500 5.000**

136.112 Miliarense. CONSTANTINVS CAESAR Drei Palmzweige. **500 1.500 5.000**

136.113 Siliqua. CONSTANTINVS AVG Victoria n. l. gehend. **350 1.000 2.000**

s ss vz

136.114 Miliarense. CRISPVS ET CONSTANTINVS CC Büsten des Crispus und des Constantinus II. einander gegenüber. 250 750 2.500

136.115 Miliarense. GENIVM P R Genius n. l. stehend. 500 1.500 5.000

136.116 Miliarense. VIRTVS EXERCITVS Soldat n. l. stehend. 500 1.500 5.000

136.117 Halber Argenteus. VIRTVS MILITVM Lagertor. 250 500 1.000

Nummi / Folles

136.118 ADVENTVS AVG N Constantinus n. l. reitend. 5 25 75

136.119 ADVENTVS AVG(G) (NN) Constantinus n. l. reitend. 15 50 100

136.120 BEAT(A) TRANQ(VIL)LITAS Globus auf Altar, darauf VOTIS XX, darüber drei Sterne. – 10 40

136.121 BONO GENIO PII IMPERATORIS Genius n. l. stehend. 10 30 70

136.122 CAESARVM NOSTRORVM in Lorbeerkranz um VOT X. – 10 40

136.123 CLARITAS REI PVBLICAE Sol n. l. stehend oder gehend. – 10 40

136.124 COMITI AAVVGG Sol n. l. stehend. 10 30 80

136.125 COMITI AVGG NN Sol n. l. stehend. 10 30 80

136.126 CONCORDIA FELIX DD NN Zwei Kaiser im Handschlag stehend. 15 50 100

136.127 CONCORDIA PERPET DD NN Zwei Kaiser im Handschlag stehend. 15 50 100

136.128 CONCORD MILIT Concordia n. l. stehend. 10 30 80

s ss vz

136.129 CONSERV(ATORES) VRB SVAE Roma in Tempel frontal sitzend. 10 30 80

136.130 CONSTANTINIANA DAFNE Victoria auf Cippus n. l. sitzend, davor Trophäe. 20 40 120

136.131 CONSTANTINI AVG(VSTI) um VOTIS XX. – 10 40

136.132 CONSTANTINO P AVG B R P NAT Constantinus n. l. stehend. 15 50 100

136.133 CONSTANTINVS AVG in drei Linien. 20 75 180

136.134 D N CONSTANTINI AVG Lorbeerkranz, darin VOT XX. – 10 40

136.135 D N CONSTANTINI MAX AVG Lagertor. – 10 40

136.136 D N CONSTANTINI MAX AVG um Lorbeerkranz, darin VOT XX (oder VOT XXX). – 10 40

136.137 D N LICINI INVICT AVG um Lorbeerkranz, darin VOT XX. 5 25 75

136.138 FELICITAS AVGG (NN) Roma n. l. sitzend. 10 50 100

136.139 Halber Follis. FVNDAT PACIS Mars n. l. oder n. r. gehend. 15 60 180

136.140 GENIO AVGVSTI Genius n. l. opfernd. 10 30 70

136.141 GENIO EXERCITVS Genius n. l. opfernd. 10 30 70

136.142 GENIO IMPERATORIS Genius n. l. opfernd. 10 30 70

136.143 GENIO POP ROM Genius n. l. opfernd. 10 30 70

136.144 GENIO POPVLI ROMANI Genius n. l. opfernd. 10 30 70

136.145 GLORIA EXERCITVS Soldat n. l. stehend. 5 20 50

s *ss* *vz*

136.146 –. Zwei Soldaten; zwischen ihnen eine oder zwei Standarten. – 5 30

136.147 Halber Follis. GLORIA PERPET Zwei Victorien n. r. gehend. 20 60 180

136.148 GLORIA ROMANORVM Roma n. l. sitzend. 5 20 50

136.149 HERCVLI VICTORI Hercules n. r. stehend. 10 30 80

136.150 IOVI CONSERVATORI (AVGG NN) Iupiter n. l. stehend. 10 30 70

136.151 LIBERATORI VRBIS SVAE Roma in Tempel frontal sitzend. 10 30 80

136.152 LIBERTAS PVBLICA Victoria auf Galeere n. l. fahrend. 20 60 180

136.153 Halber Follis. MARTI CONSERV Mars n. r. stehend. 20 60 180

136.154 LICINI AVG um VOTIS XX. – 10 40

136.155 MARTI CONSERVATORI Büste des Mars mit Helm n. r. 10 50 100

136.156 MARTI (PATRI) CONSERVATORI Mars n. r., n. l. oder frontal stehend, n. l. oder n. r. gehend (halber Follis). 10 30 80

136.157 MARTI PATRI PROPVG Mars n. r. stehend. 10 30 80

136.158 MARTI (PATRI) PROPVGNATORI Mars n. r. gehend. 10 30 80

136.159 MARTI PATR SEMP VICTORI Mars n. r. stehend oder gehend. 10 30 80

136.160 Halber Follis. PACI PERPET Pax n. l. stehend. 15 60 180

136.161 PAX PERPETVA Pax n. l. stehend. 20 60 180

136.162 PLVRA NATAL FEL in Lorbeerkranz. 150 500 LP

136.163 PRINCIPI(A) IVVENTVTIS Constantinus n. r. stehend. – 10 40

s *ss* *vz*

136.164 PRINCIPI IVVENT B R P NAT Constantinus n. r. stehend. 10 30 80

136.165 PRINCIPI IVVENTVTIS Constantinus n. l. oder n. r. stehend. 10 30 80

136.166 PROVIDENTIAE AVGG Lagertor. – 5 30

136.167 –. Weibliche Gestalt auf Prora stehend, ihr gegenüber Personifikation von Arles. 250 750 LP

136.168 RECVPERATORI VRB(IS) SVAE Constantinus n. l. sitzend, ihm gegenüber Soldat, ihm einen Globus überreichend. 250 750 LP

136.169 RESTITVTOR VRBIS SVAE Roma in Tempel frontal sitzend. 10 30 80

136.170 ROMAE AETER AVGG Roma n. l. sitzend. 10 30 80

136.171 ROMAE AETERNAE Roma n. r. sitzend, einen Schild mit XV beschreibend. 10 30 80

136.172 ROMAE RESTITVTAE Roma n. l. sitzend. 10 30 80

136.173 SAECVLI FELICITAS Cippus, darauf AVG. 20 60 180

136.174 Viertel Follis. SAPIENT PRINCIP(IS) Eule auf Altar. 20 60 180

136.175 SARMATIA DEVICTA Victoria n. r. gehend. 5 20 75

136.176 SECVRITAS AVGG Securitas n. l. stehend. 10 30 80

136.177 SECVRIT PERPET DD NN Securitas n. l. stehend. 10 30 80

136.178 SOLI (oder SOLE) INVICTO Sol n. l. stehend, in der l. Hand Kopf des Sarapis haltend. 10 30 80

136.179 Halber Follis. –. Sol n. l. stehend. 20 60 180

	s	ss	vz

136.180 SOLI INVICTO COM(ITI) (DN) Sol n. l., n. r. oder (sehr selten) frontal stehend, n. l. oder n. r. gehend. 10 30 80

136.181 –. Büste des Sol n. r. 10 50 100

136.182 –. Sol n. l. stehend in Quadriga frontal. 5 25 75

136.183 SPES PVBLIC Vexillum, darüber Christogramm, Schaft durchsticht Schlange. 500 1.500 4.000

136.184 SPES REI PVBL(ICAE) Constantinus n. l. stehend. 10 30 80

136.185 S P Q R OPTIMO PRINCIPI 1.) Legionsadler zwischen zwei Vexilla, 2.) Drei Standarten. 15 40 100

136.186 TEMPORVM FELICITAS Felicitas n. l. stehend. 10 30 80

136.187 TR B P CONS IIII P P PROCONSVL Constantinus n. l. sitzend. 10 30 80

136.188 VTILITAS PVBLICA Soldat, ihm gegenüber Utilitas auf Prora. 200 750 LP

136.189 VICTORIA AET AVGGG NNN Victoria n. r. stehend, Schild beschreibend mit VOT X. 15 40 100

136.190 VICTORIA AETERNA AVG N Victoria n. r. stehend, Schild beschreibend mit VOTIS XX. 15 40 100

136.191 VICTORIA AVGGG Victoria n. r. gehend. 10 30 80

136.192 VICTORIA AVGG NN Victoria 1.) n. l. gehend, 2.) n. r. stehend, einen Schild mit VOT X beschreibend. 5 25 75

136.193 Halber Follis. VICTORIA CAESS Victoria n. l. stehend. 20 60 180

136.194 VICT(ORIAE) LAET(AE) P(RINC) P(ERP) Zwei Victorien gemeinsam einen Schild haltend, darauf VOT PR. – 10 40

136.195 Teilstück. VICTORIAE LIBERAE Victoria n. l. gehend. 20 60 180

	s	ss	vz

136.196 VIRT CONSTANTINI AVG Constantinus n. l. stehend. 5 20 75

136.197 VIRT EXERC Sol über Plan eines Lagers stehend. 100 300 500

136.198 Halber Follis. VIRT EXERCIT GALL Virtus n. l. stehend. 20 60 180

136.199 VIRT PERP CONSTANTINI AVG 1.) Mars (oder Virtus) n. l. stehend, sitzender Gefangener l. von ihm, 2.) Virtus n. r. stehend. 20 50 100

136.200 VIRTVS AVGG Lagertor. – 5 30

136.201 VIRTVS AVGVSTI Constantinus n. r. stehend. 10 30 80

136.202.2

136.202 VIRTVS EXERCIT 1.) Trophäe, zu beiden Seiten Gefangener, 2.) Standarte, darauf VOT XX, zu beiden Seiten Gefangener. – 10 40

136.203 VIRTVS EXERCITVS Mars oder Virtus n. r. gehend. 10 30 80

136.204 VIRTVS PERPETVA AVG 1.) Hercules n. l. stehend, mit einem Löwen kämpfend, 2.) Mars n. r. gehend. 10 30 80

136.205 VIRTVTI EXERCITVS Virtus n. r. gehend. 10 30 80

136.206 Viertel Follis. VOTIS X in Kranz. 30 100 200

136.207 Viertel Follis. VOT X AVG N in Kranz. 30 100 200

136.208 VOT X ET XV F in Lorbeerkranz. – 10 40

136.209 Halber Follis. VOT X MVL XX in Kranz (Viertel Follis). 30 100 200

136.210 VOT XV FEL XX in Lorbeerkranz. – 10 40

136.211 VOT XX in Lorbeerkranz. – 10 40

136.212 VOT XX MVLT XXX in Lorbeerkranz. – 10 40

s ss vz

Divus Constantinus

Folgende Vorderseitenvarianten kommen vor:
Umschrift: DIVO CONSTANTINO AVG,
DIVO CONSTANTINO P,
D V CONSTANTINVS P T AVG
und viele andere Varianten.
Büste: n. r., verschleiert, gelegentlich mit Lorbeerkranz und drapiert.

Nummi / Folles

136.213 Ohne Legende. Constantinus in Quadriga, die Hand Gottes ihm entgegenkommend. **5 20 60**

136.214 AETERNA PIETAS Constantinus n. l. oder n. r. stehend. **20 40 120**

136.215 IVST VEN(ER) MEM(OR) Aequitas n. l. stehend. **5 30 75**

136.216 VN MR (= venerata memoria). Constantinus, verschleiert, n. r. stehend. **5 20 60**

137. Urbs Roma

Urbs Roma (= Stadt Rom) steht in der hellenistischen Tradition der Stadtpersonifikationen. Wir finden Darstellungen von Roma im Münzbild seit dem 3. Jahrhundert v. Chr. Wichtigstes ikonographisches Kennzeichen ist dabei der Helm. Es kommt später noch die Rüstung hinzu. Roma wird stets als wohl bewaffnet gekennzeichnet.
Die Prägung dieser Münzen begann unter Constantinus I. und wurde noch unter seinen Söhnen fortgesetzt.

Hinweise für Sammler

Für Stücke mit der Vorderseitenaufschrift VRBS ROMA BEATA muß ein leichter Aufschlag berechnet werden, in „vorzüglich" kosten solche Stücke 75 Euro.

Münzen

Folgende Vorderseitenvarianten kommen vor:
Umschrift: VRBS ROMA,
sehr selten VRBS ROMA BEATA.
Büste: n. l., selten n. r., mit Helm, im Consularmantel.

Nummi / Folles

137.1 Ohne Legende. Wölfin, die Zwillinge säugend, (gelegentlich darüber zwei Sterne, sehr selten Kranz zwischen den beiden Sternen). **– 10 50**

137.2 GLORIA EXERCITVS Zwei Soldaten, zwischen ihnen ein oder zwei Feldzeichen. **10 25 75**

137.3 ROMA Büste der Roma n. r. / PR Kaiser n. r. stehend. **20 100 250**

137.4 VOT XX MVLT XXX in Kranz. **10 40 80**

Auf die Einweihung von Constantinopolis

137.5 POP ROMANVS Büste des Populus Romanus n. l., ein Füllhorn haltend / *Ohne Legende.* Brücke. **10 125 300**

		s	ss	vz

137.6 POP ROMANVS Büste des Populus Romanus n. l., ein Füllhorn haltend / *Ohne Legende.* Stern in Kranz. **10** **125** **300**

138. Constantinopolis

Constantinopolis steht in der hellenistischen Tradition der Stadtpersonifikationen. Sie ist gestaltet nach dem Vorbild der Städtepersonifikation von Rom, übernimmt z. B. den Rundhelm.
Die Prägung dieser Münzen begann unter Constantinus I. und wurde noch unter seinen Söhnen fortgesetzt.

Münzen

Folgende Vorderseitenvarianten kommen vor:
Umschrift: CONSTANTINOPOLIS,
selten CONSTANTINOPOLI.
Büste: n. l., selten n. r., mit Helm und Lorbeerkranz, bzw. Perlendiadem, im kaiserlichen Mantel, in der r. Hand einen Speer haltend.

Nummi / Folles

138.1 *Ohne Legende.* Victoria auf Prora n. l. stehend, Szepter in der r. Hand, l. Hand auf Schild. – **10** **50**

138.2 Ohne Legende. Victoria auf Prora n. l. stehend, Kranz und Palmzweig haltend. **20** **100** **250**

138.3 GLORIA EXERCITVS Zwei Soldaten, zwischen ihnen ein oder zwei Feldzeichen. **10** **25** **75**

138.4 PR Pax n. l. stehend. **20** **100** **250**

138.5 VICTORIA AVG Victoria 1.) n. l. gehend, Kranz und Palmzweig haltend, 2.) n. l. auf Prora stehend, Kranz und Palmzweig haltend. **20** **100** **250**

138.6 VOT XX MVLT XXX in Kranz. **10** **40** **80**

139. Helena

Mutter des Constantinus

Zur Geschichte

Helena, die Mutter Constantinus', soll eine Schankmagd in Bithynien gewesen sein, ehe Constantius Chlorus sie vor seiner Erhebung zum Caesar kennenlernte. Nach dessen Beteiligung an der Macht und der damit verbundenen Heirat mit Theodora, der Stieftochter des Maximianus Herculius, wurde Helena vom Hof vertrieben, und durfte als Erzieherin von Crispus erst wiederkehren, als Constantinus die Nachfolge seines Vaters übernommen hatte.
Die christliche Geschichtsschreibung hat sich der Gestalt der Helena angenommen, so daß wir kaum noch authentische Züge an ihr ermitteln können. Gesichert scheint es allerdings, daß sie nach dem plötzlichen und gewaltsamen Tod des Crispus eine Wallfahrt ins heilige Land unternahm, von der sie zahlreiche Souvenirs mitbrachte, die den Reliquienkult im Abendland initiierten. Zu den mit Helena verbundenen Reliquien gehören u. a. das hl. Kreuz und der hl. Rock Christi in Trier. Auf sie soll der Bau der Grabeskirche in Jerusalem zurückgehen. Eine Legende verbindet Helena auch mit dem ersten Kirchenbau in Trier. Seit dem 5. Jahrhundert wurde Helena in Byzanz als Heilige verehrt, ihr Gedenktag ist dort der 21. Mai, während im Westen ihr Fest am 18. August begangen wird.

Münzen

s ss vz

Folgende Vorderseitenvarianten kommen vor:
Umschrift: *Ohne Umschrift,*
FL(AVIA) HELENA AVGVSTA,
HELENA N F und andere Varianten.
Büste: n. r., drap., gelegentlich mit Diadem.

Solidi

139.1 SECVRITAS REI PVBLICAE Securitas n. l. stehend.
5.000 10.000 50.000

Nummi / Folles

139.2 *Ohne Legende.* Stern in Lorbeerkranz.
75 150 400

139.3 FL HELENA AVGVSTA in drei Zeilen. **60 180 500**

139.4 SECVRITAS REI PVBLICE Securitas n. l. stehend.
15 40 100

Diva Helena

Folgende Vorderseitenvarianten kommen vor:
Umschrift: FL IVL HELENAE AVG und andere Varianten.
Büste: n. r., drap., gelegentlich mit Diadem.

Nummi / Folles

139.5 PAX PVBLICA Pax n. l. stehend. **15 40 75**

140. Theodora

Gattin des Constantius Chlorus

Zur Geschichte

Theodora war die Adoptivtochter des Maximianus Herculius, die Tochter seiner Gattin Eutropia aus erster Ehe – wahrscheinlich mit dem Praetorianerpraefekten Afranius Hannibalianus.
Sie gebar dem Constantius Chlorus sechs Kinder: Dalmatius, Hannibalianus, Iulianus Constantius, Constantia, Anastasia und Eutropia.
Wir wissen praktisch nichts über ihr Leben, außer daß ihr Stiefsohn Constantinus sie nach dem Tod seines Vaters aus der kaiserlichen Residenz entfernte. Selbst das Datum ihres Todes ist unbekannt, *terminus ante quem* ist dabei ihre Konsekrationsprägung, geprägt von ihrem Sohn Hannibalianus, aus dem Jahr 335.

Münzen

Folgende Vorderseitenvarianten kommen vor:
Umschrift: FL MAX THEODORAE AVG.
Büste: n. r., drap., mit Diadem.

Nummi / Folles

140.1 PIETAS ROMANA Pietas n. r. stehend, ein Kind haltend.
20 60 150

141. Fausta

Tochter des Maximianus Herculius, Gemahlin des Constantinus

Zur Geschichte

Flavia Fausta wurde im Jahr 307 im Alter von etwa 10 Jahren mit Constantinus I. verlobt. Sie sollte das Bündnis zwischen ihm und ihrem Vater Maximianus Herculius besiegeln. Obwohl dieses Bündnis bald obsolet wurde, löste Constantinus die Ehe mit Fausta nicht auf.
Sicher sind Constantius II. und Constans ihre Kinder, für Constantinus II. ist nicht geklärt, ob er ihr Kind war oder das einer Konkubine des Constantinus.
Im Jahr 325 stand Fausta im Mittelpunkt einer Familientragödie im Hause Constantinus, von der wir bis heute nichts Genaues wissen. In diesem Jahr wurde Crispus, dem vorehelichen Sohn des Constantinus, der Prozeß wegen Hochverrat gemacht, kurz darauf wurde Fausta im Bad erstickt. Wir tappen über die Motive dazu völlig im Dunkeln. Sicher handelte es sich nicht wie häufig kolportiert um eine Liebesaffäre zwischen der Ehefrau des Constantinus und Crispus.

Münzen

Folgende Vorderseitenvarianten kommen vor:
Umschrift: FAVSTA N(OBILISSIMAE) F(EMINAE),
FLAV MAX FAVSTA AVG.
Büste: n. r., drapiert.

Solidi

141.1 SALVS REI PVBLICAE Kaiserin als Salus frontal stehend, zwei Kinder in ihren Armen haltend.
5.000 10.000 50.000

141.2 SPES REI PVBLICAE Kaiserin als Spes frontal stehend, zwei Kinder in ihren Armen haltend.
5.000 10.000 50.000

Nummi / Folles

Nr.	Beschreibung	s	ss	vz
141.3	*Ohne Legende.* Lorbeerkranz, darin Stern.	75	180	300
141.4	FLAV MAX FAVSTA AVG in drei Linien.	60	180	500
141.5	SALVS REI PVBLICAE Kaiserin als Salus frontal stehend, zwei Kinder in ihren Armen haltend.	15	40	100
141.6	SPES REI PVBLICAE Kaiserin als Spes frontal stehend, zwei Kinder in ihren Armen haltend.	15	40	100

142. Crispus

Caesar 316 – 326

Zur Geschichte

Flavius Iulius Crispus war der älteste, voreheliche Sohn von Constantinus I. und einer Konkubine namens Minervina. Nach der Herrschaftsübernahme seines Vaters kam er nach Trier, wurde zunächst von seiner Großmutter Helena betreut, später von dem christlichen Schriftsteller Laktanz erzogen.
Crispus wurde von seinem Vater im Alter von 8 Jahren zum Caesar erhoben und mit der Verwaltung des nordwestlichen Teilreiches mit dem Verwaltungszentrum Trier betraut. Er entwickelte sich zu einem verläßlichen Helfer. Unter seinem Kommando wurde die Rheingrenze gegen Einfälle der Franken und Alemannen verteidigt, im Krieg gegen Licinius übernahm Crispus den Befehl über die Flotte, die eine entscheidende Rolle für den Sieg spielen sollte.
Im Jahr 326 wurde Crispus völlig überraschend hingerichtet. Er muß also ein Verbrechen begangen haben, das von staatlicher Seite mit dem Tode bestraft wurde. Die Beteiligung an einer Verschwörung ist allerdings ausgeschlossen. Crispus wurde von dem provinzialen Gericht des heutigen Pula / Istrien zum Tode verurteilt. Weder der Kaiser, noch ein Vertreter waren in diesen Prozeß als Ankläger involviert. Deshalb fällt sowohl ein Kapitalverbrechen als auch Hochverrat als Anklage aus. Ferner können wir über sein Verbrechen sagen, daß es in der Provinz, in der es bestraft wurde, stattgefunden haben muß. Was es war, wissen wir letztendlich nicht, auch wenn die Phantasie vieler Autoren von der Tatsache beflügelt wurde, daß kurz darauf Fausta im Bade erstickt wurde.

Münzen

Folgende Vorderseitenvarianten kommen vor:
Umschrift: CRISPVS NOB(ILISS) CAES,
CRISPVS NOBIL C(AES),
D N FL IVL CRISPVS NOB CAES,
FL IVL CRISPVS NOB C(AES),
IVL CRISPVS NOB C(AES)
und viele andere Varianten.
Büste: n. r., n. l., mit Lorbeerkranz oder Diadem, gepanzert und/oder drapiert, zahllose Sonderbüsten.

s ss vz

Solidi

142.1 CONCORDIA AVGG NN Concordia n. l. sitzend.
1.000 4.000 12.000

142.2 CRISPVS CAESAR Victoria n. l. gehend.
1.000 5.000 15.000

142.3 FELIX PROCESSVS COS II oder III Crispus in Consulartracht n. l. stehend. **1.500 5.000 15.000**

142.4 GAVDIVM ROMANORVM ALAMANNIA Alamannia n. l. sitzend, hinter ihr Trophäe. **1.000 5.000 15.000**

142.5 GAVDIVM ROMANORVM FRANCIA Francia n. l. sitzend, hinter ihr Trophäe (1 1/2 Scripula). **1.000 5.000 15.000**

142.6 GLORIA ROMANORVM Roma n. l. sitzend.
1.000 4.000 12.000

142.7 PRINCIPI IVVENTVTIS Crispus n. r. oder n. l. stehend.
1.000 4.000 12.000

142.8 SECVRITAS REI PVBLICAE Securitas n. r. stehend.
1.000 4.000 12.000

142.9 1 1/2 Scripula (= 9 Silique). VBIQVE VICTORES Crispus n. r. stehend, zu beiden Seiten Gefangener.
1.000 3.000 7.500

142.10 VICTORIA CONSTANTINI AVG Victoria n. r. gehend, zu beiden Seiten Gefangener. **1.000 4.000 12.000**

142.11 VICTORIA CRISPI CAES Victoria n. r. sitzend, ein Schild haltend mit der Aufschrift VOT X. **1.000 4.000 12.000**

142.12 VICTORIAE PERPETVAE Victoria n. r. sitzend, einen Schild haltend mit der Aufschrift VOT XX. **1.000 4.000 12.000**

142.13 VIRTVS CAESAR(I) (NN) Crispus n. r. reitend, einen Feind mit Speer niederstechend. **1.500 5.000 15.000**

142.14 VIRTVS EXERCITVS GALL Mars n. r. gehend.
1.500 5.000 15.000

s ss vz

Silbermünzen

142.15 Miliarense. FELICITAS ROMANORVM Constantinus n. l. stehend unter Bogen, um ihn herum zwei seiner Söhne.
2.500 5.000 15.000

Nummi / Folles

142.16 ALAMANNIA DEVICTA Victoria n. r. gehend.
5 30 75

142.17 BEAT(A) TRANQ(VIL)LITAS Globus auf Altar mit der Aufschrift VOTIS XX, darüber drei Sterne.
– 5 40

142.18 CAESARVM NOSTRORVM um Lorbeerkranz, darin VOT(IS) V oder VOT X. **– 5 40**

142.19 CLARITAS REI PVBLICAE Sol n. l. oder n. r. stehend, bzw. n. l. gehend. **– 5 40**

142.20 CRISPVS CAESAR in zwei Linien, darüber Stern.
– 10 50

142.21 D N CONSTANTINI MAX AVG Lagertor. **– 5 40**

142.22 DOMINOR(VM) NOSTROR(VM) CAESS in Lorbeerkranz um VOT V, VOT X oder VOT XX. **– 5 40**

s ss vz

142.23 IOVI CONSERVATORI (AVGG oder CAESS) Iupiter n. l. stehend. – 5 40

142.24 PAX PERPETVA Pax n. l. stehend. 20 60 180

142.25.1

142.25 PRINCIPIA IVVENTVTIS 1.) Mars n. r. oder n. l. stehend oder n. r. gehend, 2.) Crispus n. r. oder n. l. stehend oder n. r. gehend. – 5 40

142.26 PRINCIPI IVVENTVTIS Crispus n. r. stehend. – 5 40

142.27 PROVIDENTIAE AVGG Lagertor. – 5 40

142.28.2

142.28 PROVIDENTIAE CAESS 1.) Iupiter n. l. stehend, 2.) Lagertor. – 5 30

142.29 ROMAE AETERNAE Roma n. r. oder n. l. stehend, Schild haltend mit Aufschrift XV. 5 20 60

142.30 SAECVLI FELICITAS Schild auf Cippus, darauf Aufschrift AVG. 5 20 60

142.31 SARMATA DEVICTA Victoria n. r. gehend. – 5 40

142.32 SOLI INVICTO COMITI Sol n. l. oder n. r. stehend. – 5 40

142.33 Halber Follis. VBERTAS SAECVLI Ubertas n. l. stehend. 150 500 1.000

142.34 VICTORIAE CAESS NN Victoria n. l. gehend. – 5 40

142.35 Halber Follis. VICTORIA CAESS Victoria n. l. gehend. 150 500 1.000

142.36 VICT(ORIAE) LAET(AE) P(RINC) P(ERP) Zwei Victorien einander gegenüberstehend, zwischen sich Schild haltend mit der Aufschrift VOT PR, gelegentlich zwischen ihnen Altar. – 5 40

142.37 VIRT EXERC Sol über einem stilisierten Lagerplan. 100 300 700

142.38 VIRTVS AVGG Lagertor. – 5 40

s ss vz

142.39.1

142.39 VIRTVS EXERCIT 1.) Trophäe, zu beiden Seiten Gefangener, 2.) Standarte mit der Aufschrift VOT X oder XX, zu beiden Seiten Gefangener. – 5 40

142.40 Halber Follis. VOT V CAESS NN in Lorbeerkranz. 150 500 1.000

142.41 VOT V MVLT X (CAESS) in Lorbeerkranz. – 5 40

142.42 VOT X ET XV F in Lorbeerkranz. 5 20 60

142.43 VOT XV FEL XX in Lorbeerkranz. – 5 40

143. Dalmatius

Caesar 335 – 337

Zur Geschichte

Flavius Dalmatius war der Sohn des gleichnamigen Stiefbruders von Constantinus, also der Enkel des Constantius Chlorus und der Fausta in direkter Linie. Hatte Constantinus zunächst seine Halbgeschwister aus Trier vertrieben und von der Herrschaft ausgeschlossen, griff er gegen Ende seiner Regierung immer mehr auf deren Unterstützung zurück. Gerade den Vater des Dalmatius zog Constantinus öfter heran. So setzte er den älteren Dalmatius ein, um die Streitigkeiten zwischen Arianern und Anhängern des Athanasius zu schlichten.
Im Jahre 335 verteilte Constantinus die Kompetenz innerhalb seines Reiches neu. Ihm scheint die Idee vorgeschwebt zu haben, eine neue Tetrarchie zu errichten, bei der jeweils ein Caesar für einen Verwaltungsbereich zuständig war, er selbst als Augustus die Oberherrschaft führte. Da Constantinus nur über drei Söhne verfügte, zog er seinen Neffen Dalmatius mit heran, übergab ihm den Verwaltungsbereich Thrakien, Makedonien und Achaia mit dem Verwaltungszentrum Constantinopolis.
Doch schon kurz nach seinem Tod scheiterte das System. Constantius II. eroberte bei dem Versuch, sich selbst zum obersten Augustus zu machen, Constantinopolis und brachte Dalmatius und sämtliche noch lebenden Halbbrüder des Constantinus um.

Zur Münzgeschichte

Für Dalmatius prägten die folgenden Münzstätten: Lugdunum, Trier, Arles, Rom, Aquileia, Siscia, Thessalonike, Herakleia, Constantinopolis, Nikomedeia, Antiochia und Alexandria.

Hinweise für Sammler

Für den Namen des Dalmatius ist sowohl die Schreibweise Delmatius wie Dalmatius üblich. Dies findet sich bereits angelegt in den unterschiedlichen Münzlegenden und wird in den verschiedenen Auktionskatalogen so fortgeführt.

Münzen

s ss vz

Folgende Vorderseitenvarianten kommen vor:
Umschrift: FL DALMATIVS NOB C(AES),
FL DELMATIVS NOB C(AES),
FL IVL DELMATIVS NOB C.
Büste: n. r., mit Lorbeerkranz, gepanzert und / oder drapiert, seltene Sonderbüste mit Perlendiadem.

Solidus

143.1 DELMATIVS CAESAR Victoria n. l. gehend.
2.500 6.000 20.000

143.2 PRINCIPI IVVENTVTIS Dalmatius n. r. stehend.
2.500 6.000 20.000

Siliqua

143.3 DELMATIVS CAESAR Victoria n. l. gehend.
600 1.250 3.000

Nummi / Folles

143.4 GLORIA EXERCITVS Zwei Soldaten nebeneinander stehend, zwischen ihnen eine oder zwei Standarten.
5 30 80

144. Hannibalianus

Rex Regum 335 – 337

Zur Geschichte

Flavius Hannibalianus war der Sohn von Dalmatius, Stiefbruder von Constantinus, also der Enkel des Constantius Chlorus und der Fausta in direkter Linie. Hatte Constantinus zunächst seine Halbgeschwister aus Trier vertrieben und von der Herrschaft ausgeschlossen, griff er gegen Ende seiner Regierung immer mehr auf deren Unterstützung zurück.
Im Jahre 335 verteilte Constantinus die Kompetenz innerhalb seines Reiches neu. Ihm scheint die Idee vorgeschwebt zu haben, eine neue Tetrarchie zu errichten, bei der jeweils ein Caesar für einen Verwaltungsbereich zuständig war, er selbst als Augustus die Oberherrschaft führte. Um das Randgebiet im Osten gegen die Sasaniden effektiver zu schützen, richtete er dort einen Pufferstaat ein aus Gebieten Armeniens, Kappadokiens und Mesopotamiens. Zum König machte er den zweiten Sohn des älteren Dalmatius, Hannibalianus. Zusätzlich verheiratete Constantinus ihn mit seiner Tochter Constantia.
Nach dem Tode Constantinus' befand sich Hannibalianus zusammen mit seinem Bruder in Constantinopolis. Dort wurde er auf Befehl des Constantius II. umgebracht, der alle Konkurrenten um die Macht auszuschalten begann.

Zur Münzgeschichte

Münzen für Hannibalianus wurden nur in der Münzstätte von Constantinopolis geprägt.

Münzen

Folgende Vorderseitenvarianten kommen vor:
Umschrift: FL ANNIBALIANO REGI,
FL HANNIBALLIANO REGI.
Büste: n. r., barhäuptig, gepanzert und drapiert.

Siliqua

144.1 FELICITAS PVBLICA Euphrates n. l. gelagert.
LP LP LP

Nummi / Folles

144.2 SECVRITAS PVBLICA Euphrates n. r. gelagert.
75 250 600

145. Constantinus II.

Caesar 316 – 337, Augustus 337 – 340

Zur Geschichte

Flavius Claudius Constantinus wurde um 316 in Arles als Sohn Constantinus' des Großen geboren. Ob die rechtmäßige Gemahlin des Constantinus, Fausta, seine Mutter war, ist umstritten.
Während Verhandlungen mit Licinius, in denen auch Fragen der Nachfolge besprochen wurden, erhielt Constantinus II. den Titel Caesar. Bei der Neuverteilung der Macht im Jahr 335 sah Constantinus für diesen Sohn den nordwestlichen Reichsteil mit Britannien, Gallien und Spanien vor, zu dem das Verwaltungszentrum Trier gehörte.
Nach der Eroberung des Reichsteils von Dalmatius durch Constantius II. kam es in Viminacium zu einer Konferenz der Brüder, in der die Kompetenzen neu festgelegt wurden. Dabei erhielt Constantinus zwar keine neuen Gebiete zugestanden, dafür aber den Ehrenvorrang als ältester Augustus und die nominelle Vormundschaft über seinen Bruder Constans. Zwei Jahre nach dieser Konferenz, als die Volljährigkeit des Constans nahte, versuchte Constantinus den Reichsteil seines Bruders unter seine Kontrolle zu bringen. Er marschierte mit einem kleinen Heer in Italien ein und wurde bei einem unbedeutenden Gefecht in der Nähe von Aquileia erschlagen.

Hinweise für Sammler

Zum Teil sind die Umschriften, die Constantinus II. als Augustus auf seinen Vorderseiten benutzt, identisch mit denen des Constantinus I. und III. Jedoch ist dank der charakteristischen Porträts keine Verwechslung möglich.

Münzen

Als Caesar:

Folgende Vorderseitenvarianten kommen vor:
Umschrift: CONSTANTINVS IVN N(OB) C(AES),
D N FL CL CONSTANTINVS NOB C,
FL CL CONSTANTINVS IVN N C
und zahlreiche andere Umschriften.
Büste: n. r., n. l., mit Lorbeerkranz oder verschiedenen Diademen, gepanzert und / oder drapiert, zahlreiche Sonderbüsten.

s *ss* *vz*

Solidi

145.1 CLARITAS REI PVBLICAE Sol n. l. stehend.
300 **750** **2.000**

145.2 CONSTANTINVS CAES(AR) Victoria n. l. gehend.
300 **750** **2.000**

145.3 GAVDIVM ROMANORVM ALAMANNIA Alamannia n. l. sitzend.
500 **1.500** **4.000**

145.4 GAVDIVM ROMANORVM SARMATIA Sarmatia n. l. kauernd (1 1/2 Scripula). **500** **1.500** **4.000**

145.5 GLORIA ROMANORVM Weibliche Gestalt mit Mauerkrone, Constantinus II. einen Kranz überreichend.
300 **1.000** **3.000**

145.6 PRINCIPIA IVVENTVTIS Constantinus n. l. stehend, einer Knienden aufhelfend. **500** **1.500** **4.000**

145.7 1 1/2 Scripula (= 9 Siliquen). PRINCIPIA IVVENTVTIS COS IIII Constantinus n. l. sitzend. **350** **1.000** **2.500**

145.8 PRINCIPI IVVENTVTIS Constantinus II. n. r. oder n. l. stehend.
300 **750** **2.000**

145.9 –. Constantinus II. n. l. stehend, Standarte haltend, darauf VOT XX. **300** **750** **2.000**

145.10 1 1/2 Scripula (= 9 Siliquen). PRINCIPI IVVENTVTIS Constantinus II. n. r. stehend. **350** **1.000** **2.500**

145.11 SECVRITAS REI PVBLICAE Securitas n. r. stehend.
350 **800** **2.200**

145.12 1 1/2 Scripula (= 9 Siliquen). VBIQVE VICTORES Constantinus II. n. r. stehend. **350** **1.000** **2.500**

145.13 VICTORIA CAESAR NN Victoria n. l. gehend.
300 **750** **2.000**

145.14 VICTORIA CAESARVM Victoria n. l. gehend.
300 **750** **2.000**

145.15 VICTORIA CONSTANTINI AVG Victoria n. l. gehend, im Feld l. LXXII (= 72 für die Anzahl der Solidi, die aus einem römischen Pfund geschlagen wurden).
1.000 **2.500** **7.500**

145.16 VICTORIA CONSTANTINI CAES Victoria n. r. sitzend, Schild haltend, darauf VOT X. **300** **750** **2.000**

145.17 VICTORIA CONSTANTINI CAES(AR) Victoria n. r. sitzend, einen Schild beschreibend mit VOT XX.
300 **750** **2.000**

s *ss* *vz*

145.18 VICTORIA NOB CAESS Victoria n. l. gehend.
300 **750** **2.000**

145.19 VIRTVS CONSTANTINI CAES Constantinus II., einen Gefangenen beim Schopf packend.
300 **1.000** **3.000**

145.20 VIRTVS EXERCITVS GALL Mars n. r. gehend.
300 **1.000** **3.000**

Silbermünzen

145.21 Miliarense. CONSTANTINVS CAESAR Vier Standarten.
500 **3.000** **LP**

145.22.1

145.22 Siliqua. CONSTANTINVS CAES(AR) 1.) Victoria n. l. gehend, 2.) Drei Palmzweige auf Boden stehend.
75 **180** **500**

145.23 Miliarense. CONSTANTINVS IVN NOB C Vier Standarten.
500 **3.000** **LP**

145.24 Siliqua. GLORIA EXERCITVS Weibliche Gestalt n. l. stehend.
75 **180** **500**

145.25 Siliqua. VICTORIA CAESAR NN Victoria n. l. gehend.
75 **180** **500**

145.26 Siliqua. VICTORIA CAESARVM Victoria n. l. gehend.
75 **180** **500**

Nummi / Folles

145.27 ALAMANNIA DEVICTA Victoria n. r. gehend.
– **20** **50**

145.28 BEAT(A) TRANQ(VIL)LITAS Globus auf Altar, darauf Aufschrift VOTIS XX, darüber drei Sterne.
– **10** **30**

s ss vz

145.29 CAESARVM NOSTRORVM um Lorbeerkranz, darin VOT V oder X. – 10 30

145.30 CLARITAS REI PVBLICAE Sol n. l. oder n. r. stehend, n. l. oder n. r. gehend. – 10 30

145.31 CONSTANTINVS CAES Roma n. l. sitzend. 20 75 150

145.32 CONSTANTINVS CAESAR in drei Zeilen, gelegentlich darüber Stern oder Kranz. 20 75 150

145.33 CONSTANTINVS IVN NOB C in drei Zeilen. 20 75 150

145.34 D N CONSTANTINI MAX AVG Lagertor. 20 75 150

145.35 DOMINOR(VM) NOSTROR(VM) CAESS um Lorbeerkranz, darin 1.) VOT V, 2.) X oder 3.) VOT XX. – 10 30

145.36 GLORIA EXERCITVS Zwei Soldaten nebeneinander stehend, zwischen ihnen ein oder zwei Standarten. – 10 20

145.37 IOVI CONSERVATORI (AVGG oder CAESS) Iupiter n. l. stehend. – 10 30

145.38 PRINCIPIA IVVENTVTIS Constantinus II. n. r. oder n . l. stehend. – 10 30

145.39 PRINCIPI IVVENTVTIS Constantinus II. n. r. stehend. – 10 30

145.40 PROVIDENTIAE CAES(S) Lagertor. – 10 30

145.41 ROMAE AETERNAE Roma n. r. oder n. l. stehend mit Schild, darauf XV. – 10 50

145.42 SARMATIA DEVICTA Victoria n. r. gehend. – 20 50

145.43 SAECVLI FELICITAS Schild auf Cippus, darauf AVG. 20 60 180

145.44 SECVRITAS REI PVB Securitas n. r. stehend. 20 60 180

145.45 SOLI INVICTO COMITI Sol n. l. stehend. – 10 30

s ss vz

145.46 Halber Follis. VBERITAS SAECVLI Die drei Monetae. 150 500 1.000

145.47 Halber Follis. VICTORIA CAESS Victoria n. l. gehend. 150 500 1.000

145.48 VICTORIA CAESS NN Victoria n. l. gehend. – 20 50

145.49 VICTORIAE LAET(AE) PRINC PERP Zwei Victorien einander gegenüber stehend, ein Schild haltend, darauf VOT PR, gelegentlich zwischen ihnen Altar. – 10 30

145.50 VIRT EXERC Sol über stilisiertem Plan eines römischen Lagers. 100 300 500

145.51 VIRTVS AVGG Lagertor. – 10 30

145.52 VIRTVS CAESS Lagertor. – 10 30

145.53 VIRTVS EXERCIT 1.) Trophäe, zu beiden Seiten Gefangener, 2.) Standarte mit der Aufschrift VOT X oder XX, zu beiden Seiten Gefangener. – 10 30

145.54 Halber Follis. VOT V CAESS NN in Lorbeerkranz. 150 500 1.000

145.55 VOT V MVLT CAESS in Lorbeerkranz. – 10 30

145.56 VOT X ET XV F in Lorbeerkranz. – 10 30

145.57 VOT XV in Lorbeerkranz. – 10 30

145.58 VOT XV FEL XX in Lorbeerkranz. – 10 30

Als Augustus:

Folgende Vorderseitenvarianten kommen vor:
Umschrift: CONSTANTINVS AVG,
D N CONSTANTINVS P F AVG,
FL CL CONSTANTINVS (P F) AVG
und viele andere Umschriften.
Büste: n. r., n. l., mit Lorbeerkranz oder verschiedenen Diademen, gepanzert und / oder drapiert, zahlreiche Sonderbüsten.

Solidi

145.59 GAVDIVM POPVLI ROMANI Victoria n. r. sitzend, einen Schild beschreibend mit VOT XX MVLT XXX. 300 750 2.000

145.60 GAVDIVM POPVLI ROMANI um Kranz, darin SIX XX SIC XXX. 500 1.500 4.000

145.61 SECVRITAS REI PVBLICAE Securitas n. r. stehend (Semissis, 1 1/2 Scripula). 300 750 2.000

145.62 VICTORIA AVG Victoria n. l. gehend, im Feld LXXII (= 72 für die 72 Solidi, die aus einem römischen Pfund geschlagen wurden. 1.000 2.500 7.500

145.63 VICTORIA AVGVSTI Victoria n. l. gehend. 300 750 2.000

s *ss* *vz*

145.64 VICTORIA AVGVSTORVM Victoria n. r. sitzend, einen Schild beschreibend 1.) mit VOT XXX, 2.) mit VOT XX MVLT XXX.
300 **750** **2.000**

145.65 VICTORIA CONSTANTINI AVG 1.) Victoria n. r. sitzend, einen Schild beschreibend mit VOT XX, 2.) Victoria n. r. sitzend, einen Schild beschreibend mit VOT XXX (1 1/2 Scripula), 2.) Victoria n. r. gehend, einen Schild mit der Aufschrift VOT XXX haltend (1 1/2 Scripula).
300 **750** **2.000**

145.66 VICTORIA CONSTANTIS AVG Victoria n. r. sitzend, einen Schild beschreibend mit VOT V MVLT X.
500 **1.500** **4.000**

145.67 VICTORIA(E) DDD NNN AVGGG Zwei Victorien einander gegenüber stehend, zwischen sich Kranz, darin VOTIS XX MVLTIS XXX. **300** **750** **2.000**

145.68 VICTORIA DD NN AVG Zwei Victorien einander gegenüber stehend, zwischen sich Kranz, darin SIC XX SIC XXX.
300 **750** **2.000**

145.69 VICTORIA DD NN AVGG Victoria n. l. gehend (Semis).
300 **750** **2.000**

145.70 VICTOR OMNIVM GENTIVM Constantinus II. n. l. stehend.
300 **750** **2.000**

145.71 VIRTVS EXERCITVS GALL Mars n. r. gehend.
300 **750** **2.000**

Silbermünzen

145.72 Miliarense. CONSTANTINVS AVG Vier Standarten.
500 **1.000** **4.000**

145.73 Siliqua. CONSTANTINVS AVG(VSTVS) Victoria n. l. gehend.
75 **180** **500**

145.74 Siliqua. CONSTANTINVS AVG in Kranz. **75** **180** **500**

145.75 Miliarense. CONSTANTINVS P F AVG Drei Standarten.
500 **1.200** **5.000**

145.76 Miliarense. GAVDIVM POPVLI ROMANI um Kranz, darin SIC XX SIX XXX (Siliqua). **1.500** **6.000** **LP**

145.77 Miliarense. PAX AETERNA AVG Pax n. l. stehend.
500 **1.000** **4.000**

145.78 Siliqua. PAX AVGVSTORVM Constantinus II. n. l. stehend.
75 **180** **500**

s *ss* *vz*

145.79 Siliqua. PRINCIPI IVVENTVTIS Constantinus II. n. r. stehend.
75 **180** **500**

145.80 Siliqua. VICTORIA AVGG NN Victoria n. l. gehend.
75 **180** **500**

145.81 Siliqua. VICTORIA AVGVSTI Victoria n. l. gehend.
75 **180** **500**

145.82 Siliqua. VICTORIA DD NN AVGG Victoria n. l. gehend.
75 **180** **500**

145.83 Miliarense. VIRTVS EXERCITVS Soldat n. r. stehend.
1.500 **5.000** **LP**

Nummi / Folles

145.84 GLORIA EXERCITVS Zwei Soldaten nebeneinander stehend, zwischen sich eine oder zwei Standarten.
– **10** **25**

145.85 VIRTVS AVGG NN Soldat n. r. stehend. – **10** **30**

145.86 VIRTVS AVGVSTI Constantinus II. n. r. stehend.
– **10** **30**

146. Constans

Caesar 333 – 337,
Augustus 337 – 350

Zur Geschichte

Flavius Iulius Constans wurde im Jahr 323 als jüngster Sohn Constantinus' des Großen und seiner Frau Fausta geboren.
Wann genau Constans zum Caesar erhoben wurde, ist nicht ganz klar, auf jeden Fall erhielt er bei der Neuverteilung der Macht im Jahr 335 durch Constantinus Italien, Africa und Illyrien.
Nachdem Constantius II. den Reichsteil erobert hatte, den sein Vater Constantinus dem Dalmatius als Aufgabenbereich zugesprochen hatte, kam es in Viminacium zu einer Konferenz der Brüder, in der die Kompetenzen neu festgelegt wurden. Constans erhielt dabei große Gebiete, die vorher dem Dalmatius unterstanden hatten. Gleichzeitig mußte er akzeptieren, daß sein Bruder Constantinus II. nominell die Vormundschaft für ihn übernahm.
Zwei Jahre nach der Konferenz von Viminacium, als die Volljährigkeit des Constans nahte, versuchte Constantinus den Reichsteil seines Bruders unter seine Kontrolle zu bringen. Er marschierte mit einem kleinen Heer in Italien ein und wurde bei einem unbedeutenden Gefecht in der Nähe von Aquileia erschlagen. Dadurch wurde Constans im Alter von 15 Jahren ohne irgendeinen militärischen Einsatz zum Herrscher über das gesamte Westreich. Mit dem vergrößerten Gebiet handelte sich Constans gleichzeitig eine ganze Reihe von potentiellen Krisenherden ein. In England stand die römische Herrschaft durch Angriffe der Angeln und Sachsen kurz vor ihrem Ende, Straßburg war gerade von den Alemannen eingenommen worden. Der jugendliche Kaiser war von diesen Problemen sichtlich überfordert. Es kam zu einer Rebellion. Ein fränkischer Offizier namens Magnentius ließ sich zum Gegenkaiser ausrufen. Constans mußte vor seinem eigenen Heer fliehen und wurde von einem germanischen Heermeister erschlagen.

Hinweise für Sammler

Die Vorderseitenumschrift D N CONSTANS P F AVG wurde auch von Constans II. benutzt.

Münzen

s ss vz

Als Caesar:
Folgende Vorderseitenvarianten kommen vor:
Umschrift: FL CONSTANS NOB CAES,
FL IVL CONSTANS NOB C(AES)
und zahlreiche andere Umschriften.
Büste: n. r., n. l., mit Lorbeerkranz oder verschiedenen Diademen, gepanzert und / oder drapiert, zahlreiche Sonderbüsten.

Solidi

146.1 CONSTANS NOB CAESAR Victoria n. l. gehend. **250 750 1.500**

146.2 PRINCIPI IVVENTVTIS Constans n. l. oder n. r. stehend (1 1/2 Scripula). **250 750 1.500**

146.3 VICTORIA CAESARVM Victoria n. l. gehend. **250 750 1.500**

Silbermünzen

146.4 Miliarense. CONSTANS CAESAR Vier Standarten. **300 1.000 2.500**

146.5 Siliqua. CONSTANS NOB CAESAR Victoria n. l. gehend. **75 180 500**

146.6 Siliqua. VICTORIA CAESARVM Victoria n. l. gehend. **75 180 500**

Nummi / Folles

146.7 GLORIA EXERCITVS Zwei Soldaten nebeneinander stehend, zwischen sich eine oder zwei Standarten. **– 10 30**

146.8 SECVRITAS REI PVB Securitas n. r. stehend. **10 60 180**

Als Augustus:
Folgende Vorderseitenvarianten kommen vor:
Umschrift: CONSTANS AVG(VSTVS),
CONSTANS P F AVG,
D N CONSTANS P F AVG,
FL IVL CONSTANS P(IVS) F(ELIX) AVG
und viele andere Varianten.
Büste: n. r., n. l., mit Lorbeerkranz oder verschiedenen Diademen, gepanzert und / oder drapiert, zahlreiche Sonderbüsten.

Solidi

146.9 FELICITAS PERPETVA Constantinus II. frontal thronend, auf seinem Fußschemel VOT V, l. und r. von ihm Constans und Constantius. **200 750 1.500**

s ss vz

146.10 FELICITAS REI PVBLICE um Kranz, darin VOT XV MVLT XX. 150 500 1.000

146.11 GAVDIVM POPVLI ROMANI um Kranz, darin 1.) SIC V SIC X (Semis, 1 1/2 Scripula), 2.) VOT V MVLT X. 150 500 1.000

146.12 GLORIA REI PVBLICAE Roma und Constantinopolis frontal sitzend, zwischen sich Schild haltend, darauf VOT XX MVLT XXX. 150 500 1.000

146.13.1

146.13 OB VICTORIAM TRIVMFALEM Zwei Victorien einander gegenüber stehend, zwischen sich Kranz haltend, darin 1.) VOT X MVLT XV, 2.) VOT X MVL XX. 150 500 1.000

146.14 SECVRITAS REI PVBLICAE Securitas n. r. stehend (1 1/2 Scripula). 200 750 1.500

146.15 SPES REI PVBLICAE Constans n. l. stehend, Labarum haltend, r. von ihm Victoria, ihn bekränzend. 150 500 1.000

146.16 VICTORIA AVG Victoria n. l. laufend, im Feld r. LXXII (= 72 für die Zahl der Solidi, die aus einem Pfund geschlagen wurden). 900 2.500 6.000

146.17 VICTORIA AVGVSTI Victoria n. r. sitzend, einen Schild haltend, darauf VOT XXX. 150 500 1.000

146.18 VICTORIA AVGVSTORVM 1.) Victoria n. l. gehend, einen Kranz haltend, darin XXV, vor ihr Gefangener, 2.) Victoria n. r. sitzend, einen Schild haltend, darauf VOT XXX (1 1/2 Scripula), 3.) VOT XV MVLT XV, 4.) VOT XV MVLT XX oder 5.) VOT V MVLT X. 150 500 1.000

146.19 1 1/2 Scripula. VICTORIA AVGVSTORVM Victoria n. l. gehend. 150 500 1.500

146.20.4

146.20 VICTORIA CONSTANTIS AVG 1.) Victoria n. r. sitzend, einen Schild haltend, darauf 1.) VOT V, 2.) VOT V MVLT X, 3.) VOT X, 4.) Victoria n. r. gehend, einen Schild haltend, darauf VOT V MVLT X, vor ihr Gefangener. 150 500 1.000

s ss vz

146.21 Semis. VICTORIA CONSTANTIS AVG Victoria n. r. sitzend, einen Schild haltend, darauf VOT XV, vor ihr kleiner Genius. 150 500 1.500

146.22 VICTORIA D N CONSTANTIS AVG Victoria n. r. sitzend, einen Schild haltend, darauf VOT V MVLT X. 150 500 1.000

146.23 VICTORIA DD NN AVGG Victoria n. l. gehend (Semis, 1 1/2 Scripula). 150 500 1.000

146.24 VICTORIAE D N AVG Zwei Victorien einander gegenüber stehend, zwischen sich Kranz, darin VOTIS V MVLTIS X. 150 500 1.000

146.25 VICTORIAE DD NN AVGG Zwei Victorien einander gegenüber stehend, zwischen sich Kranz haltend, darin 1.) VOT V MVL X, 2.) VOT X MVLT XX (Semis), 3.) VOT XV MVLT XX, 4.) VOT XX MVLT XXX. 150 500 1.000

146.26 Semis. –. Victoria n. r. sitzend, Schild haltend, darauf VOT X MVLT XX. 150 500 1.000

146.27 VICTORIAE DDD NNN AVGGG 1.) Zwei Victorien einander gegenüber stehend, zwischen sich Kranz haltend, darin VOT V MVLT X, 2.) Victoria n. r. gehend, einen Schild haltend, darauf VOT V MVLT X, vor ihr Gefangener. 150 500 1.000

146.28 VICTORIAE D N AVG Zwei Victorien einander gegenüber stehend, zwischen sich Kranz haltend, darin VOT V MVLT X. 150 500 1.000

146.29 VICTOR OMNIVM GENTIVM Constans n. l. stehend. 150 500 1.000

146.30 VIRTVS EXERCITVM Constans n. l. stehend, zu beiden Seiten Gefangener. 150 500 1.000

146.31 VIRTVS EXERCITVS GALL Mars n. r. gehend. 300 600 1.200

Silbermünzen

146.32 Miliarense. CONSTANS AVG Vier Standarten. 300 1.000 2.500

146.33.2

146.33 Siliqua. CONSTANS AVG 1.) Victoria n. l. gehend, 2.) Drei Palmzweige, über dem mittleren Stern, 3.) Legende in Kranz. 75 180 500

146.34 Siliqua. CONSTANS AVGVSTVS Victoria n. l. gehend. 75 180 500

146.35 Miliarense. CONSTANS P F AVG Drei Standarten. 300 1.000 2.500

		s	ss	vz
146.36	Miliarense. FELICITAS PERPETVA Die drei Kaiser frontal thronend, im Abschnitt VOT V.	**500**	**2.000**	**8.000**
146.37	Siliqua. FELICITAS PERPETVA Victoria n. l. gehend.	**75**	**180**	**500**
146.38	Siliqua. FEL TEMP REPARATIO Victoria n. r .stehend, einen Schild mit VOT XX beschreibend.	**75**	**180**	**500**
146.39	Siliqua. FL IVL CONSTANS P F AVGG Victoria n. l. gehend.	**75**	**180**	**500**

146.40.1

		s	ss	vz
146.40	Miliarense. GAVDIVM POPVLI ROMANI um Kranz, darin 1.) SIC V SIC X, 2.) SIC X SIC XX.	**300**	**1.200**	**3.000**
146.41	Miliarense. GAVDIVM ROMANORVM Standarte, daran Banner mit Aufschrift 1.) VOT X MVLT XV, 2.) VOT X MVLT XX oder 3.) VOT V MVLT X zu beiden Seiten je ein Gefangener.	**300**	**1.000**	**2.500**
146.42	Siliqua. GAVDIVM POPVLI ROMANI um Kranz, darin 1.) SIC V SIC X, 2.) SIC X SIC XX.	**75**	**180**	**500**
146.43	Miliarense. GLORIA EXERCITVS Vier Standarten.	**350**	**1.500**	**4.000**
146.44	Siliqua. PAX AVGVSTORVM Constans n. l. stehend.	**75**	**180**	**500**
146.45	Siliqua. PRINCIPI IVVENTVTIS Constans n. r. stehend.	**75**	**180**	**500**

		s	ss	vz
146.46	Miliarense. TRIVMFATOR GENTIVM BARBARARVM Constans n. l. stehend.	**300**	**1.000**	**2.500**
146.47	Siliqua. VICTORIA AVGG NN Victoria n. l. gehend.	**75**	**180**	**500**
146.48	Miliarense. VICTORIA AVGVSTORVM Victoria n. l. gehend.	**300**	**1.000**	**2.500**
146.49	Siliqua. VICTORIA AVGVSTORVM Victoria n. l. gehend.	**75**	**180**	**500**
146.50	Siliqua. VICTORIA DD NN AVGG Victoria n. l. gehend (Halbe Siliqua).	**75**	**180**	**500**
146.51	Siliqua. VICTORIAE D N AVG Zwei Victorien einander gegenüber stehend, zwischen sich Kranz haltend, darin 1.) VOT V MVLT X, 2.) VOT X MVLT XV oder 3.) VOT X MVLT XX.	**75**	**180**	**500**
146.52	Miliarense. VICTORIAE DD NN AVGG Victoria n. r. sitzend, einen Schild haltend, darauf 1.) VOT X MVLT XV, 2.) VOT X MVLT XX.	**300**	**1.000**	**2.500**
146.53	Miliarense. VIRTVS DD NN AVGG Constans n. l. stehend.	**300**	**1.000**	**2.500**
146.54	Miliarense. VIRTVS EXERCITVM Vier Standarten.	**300**	**1.000**	**2.500**
146.55	Miliarense. VIRTVS EXERCITVS 1.) Soldat n. r. stehend, 2.) Drei Standarten.	**300**	**1.000**	**2.500**
146.56	Siliqua. VOTIS XXV MVLTIS XXX in Kranz.	**75**	**180**	**500**

Nummi / Folles

146.57.2

146.57 FEL TEMP REPARATIO 1.) Constans n. l. auf Galeere stehend, Phönix auf Globus haltend und Labarum; im Bug sitzt Victoria und steuert das Schiff, 2.) Soldat n. r., eine kleine barhäuptige Gestalt aus einer Hütte wegführend, die unter einem Baum steht, 3.) Soldat n. l. stehend, einen fallenden Reiter mit Speer durchbohrend, 4.) Constans n. l. stehend, vor ihm zwei kniende Gefangene, 5.) Constans n. r. reitend, einen Speer auf zwei vor ihm kniende Gefangene werfend.
Münzen dieser Typen werden in Auktionskatalogen häufig als Centenionalis bezeichnet.
10 30 75

146.58 –. Phönix n. r. stehend.
Münzen dieses Typus werden in Auktionskatalogen häufig als halber Centenionalis bezeichnet.
10 30 75

		s	ss	vz
146.59	GLORIA EXERCITVS Zwei Soldaten nebeneinander stehend, zwischen sich eine oder zwei Standarten.	–	**10**	**25**
146.60	ROMAE AETERNAE Roma n. l. sitzend.	**10**	**30**	**75**
146.61	SECVRITAS REI P(VB) Securitas n. r. stehend.	–	**40**	**90**
146.62	VICT AVG Victoria n. l. gehend.	–	**10**	**40**

		s	ss	vz
146.63	VICTORIA AVGG (NN) Victoria n. l. gehend.	50	100	200
146.64	VICTORIA AVGVSTORVM Victoria n. l. gehend.	–	10	40
146.65	VICTORIAE DD AVGGQ NN Zwei Victorien einander gegenüber stehend, Kranz und Palme haltend.	–	10	40
146.66	VIRTVS AVGG NN Soldat n. r. stehend.	–	10	40
146.67	VOT XV MVLT XX in Kranz.	–	10	40
146.68	VOT XX MVLT XXX in Kranz.	–	10	40

147. Constantius II.

Caesar 324 – 337,
Augustus 337 – 361

Zur Geschichte

Constantius II. wurde am 7.8.317 als Sohn Constantinus' des Großen und der Fausta geboren. Er erhielt im Jahr 324 den Titel Caesar und wurde 335 bei der Aufteilung des Herrschaftsgebietes von seinem Vater mit dem reichsten Teil bedacht. Er verwaltete Thrakien, Vorderasien und Ägypten. Gleichzeitig war damit die Aufgabe verbunden, diese Gebiete gegen die Aggressionen des sasanidischen Nachbarn zu verteidigen.

Nach dem Tod Constantinus' war Constantius II. der erste, der versuchte, seinen Machtbereich auf Kosten seines Mitherrschers Dalmatius zu vergrößern. Durch die Eroberung der Stadt Constantinopolis, wo ihm sein Gegner sowie ein Großteil der Verwandten Constantinus' in die Hände fiel, hatte er die Möglichkeit, eine umfassende Säuberungsaktion unter den potentiellen Konkurrenten durchzuführen, der nur zwei Enkel des Constantinus Chlorus entkamen, Constantius Gallus und Iulianus, der sich später „Apostata" nennen sollte.

In einer Konferenz der Constantinsöhne in Viminacium setzte Constantius seinen Anspruch auf einen Großteil der von Dalmatius eroberten Gebiete durch. Nachdem im Westreich Constantinus II. bei seinem Einfall in Italien ums Leben gekommen war und Constans Herrschaft und Reich an den Usurpator Magnentius verloren hatte, griff Constantius ein. Es gelang ihm, Vetranio zu überreden, sein Kaisertum aufzugeben; danach zog er mit seinem Heer gegen Magnentius. In diesem Zusammenhang ernannte er als Caesar für das Ostreich Constantius Gallus. Es gelang Constantius, die Rebellion des Magnentius niederzuschlagen, so daß im Jahr 353 das Gesamtreich wieder in einer Hand vereint war.

Nachdem sich Constantius Gallus nicht in seinem Amt als Caesar bewährte, ließ Constantius ihn hinrichten und betraute stattdessen den Bruder des Gallus, Iulianus, im Jahr 355 mit dem Amt des Caesars. Dieser ließ sich im Jahr 360 zum Augustus ausrufen. Es kam nur deshalb nicht zum Bürgerkrieg, weil Constantius überraschend in Kilikien starb und noch auf dem Sterbebett Iulianus zu seinem Nachfolger berief.

Zur Münzgeschichte

Mit wenigen unbedeutenden Änderungen wurde das Münzsystem, das Constantinus I. eingeführt hatte, von seinen Söhnen übernommen.

Ein Problem der modernen Forschung stellt dabei das System der Silberprägungen dar. Die Benennung der verschiedenen Nominale ist schwierig und nicht eindeutig zu treffen. Der „schwere" Miliarense soll ein Idealgewicht von 1/72 des römischen Pfundes gehabt haben, der „leichte" Miliarense 1/60. Allerdings sind sowohl die Postulate als auch die Bezeichnungen modern und nicht unumstritten. Die Bezeichnung der kleineren Silbermünze mit einem Gewicht von ca. 2 – 3 g. als Siliqua ist nicht zeitgenössisch überliefert. Noch schwieriger wird es bei den Bronzemünzen. Der RIC behilft sich in die Aufgliederung nach AE 1, 2 und 3, wobei AE 1 einem Gewicht von ca. 8 g. entspricht, AE 2 etwa 5 und AE 3 ca. 3 g. Für zahlreiche Stücke haben sich im Handel andere Nominalbezeichnungen eingebürgert. So bleibt man bei den Bronzemünzen Typ „Zwei Soldaten nebeneinander stehend, zwischen sich Standarte" bei der Bezeichnung Follis, während die Stücke mit der Rückseitenaufschrift FEL TEMP REPARATIO mit Centenionalis, bzw. halber Centenionalis bezeichnet werden.

Vielleicht noch eine Bemerkung zu dem Verhältnis der Münzmetalle untereinander. Die Relation von Gold : Silber : Bronze entsprach unter den Söhnen des Constantinus I. etwa folgendem Wert: AV 1: AR 18: AE 1.800.

Wichtig ist für den Sammler auch zu wissen, daß unter den Söhnen Constantinus' die Münze als Zahlungsmittel hinsichtlich ihrer Wichtigkeit im täglichen Leben weiter abnahm. Die Kleingeldproduktion reichte bei weitem nicht mehr aus, um in allen Provinzen des römischen Reiches die Bürger mit Münzen für den täglichen Einkauf auszustatten. Dies war auch nicht mehr nötig, weil sich der Tauschhandel spätestens seit der 2. Hälfte des 3. Jahrhunderts wieder im ländlichen Bereich durchgesetzt hatte. Klein- und Silbermünzen wurden mehr und mehr in den Umkreis des Heeres, bzw. auf die Märkte der großen Städte zurückgedrängt. Die Goldmünzen dagegen behielten ihre Aufgabe bei finanziellen Transaktionen von bedeutender Größe. Sie wurden deshalb weiterhin in großer Zahl und mit vielen unterschiedlichen Typen ausgeprägt.

Münzen

s ss vz

Als Caesar:

Folgende Vorderseitenvarianten kommen vor:
Umschrift: FL IVL CONSTANTINVS NOB C und viele andere Varianten.
Büste: n. r., n. l., mit Lorbeerkranz oder verschiedenen Diademen, gepanzert und / oder drapiert, zahlreiche Sonderbüsten.

Solidi

		s	ss	vz
147.1	CONSTANTIVS CAESAR Victoria n. l. gehend.	**200**	**500**	**1.500**
147.2	PRINCIPIA IVVENTVTIS Constantius n. l. stehend.	**200**	**500**	**1.500**

(1 1/2 Scripula)

		s	ss	vz
147.3	PRINCIPI IVVENTVTIS Constantius n. l. oder n. r. stehend (1 1/2 Scripula).	**200**	**500**	**1.500**
147.4	VICTORIA CAESAR NN Victoria n. l. gehend.	**200**	**500**	**1.500**
147.5	VICTORIA CONSTANTI CAES Victoria n. r. stehend, einen Schild beschreibend mit VOT XV.	**200**	**500**	**1.500**
147.6	VICTORIA CONSTANTI CAESAR Victoria n. l. gehend.	**200**	**500**	**1.500**
147.7	VICTORIA NOB CAESS Victoria n. l. gehend.	**200**	**500**	**1.500**
147.8	VIRTVS CONSTANTI CAES Constantius n. r. gehend, zu seinen Füßen Gefangener.	**200**	**500**	**1.500**

Silbermünzen

147.9.2

		s	ss	vz
147.9	Miliarense. CONSTANTIVS CAESAR 1.) Vier Standarten, 2.) Drei Palmzweige, über dem mittleren Stern.	**300**	**1.000**	**2.500**
147.10	Siliqua. CONSTANTIVS CAESAR Victoria n. l. gehend.	**250**	**500**	**1.250**
147.11	Miliarense. CONSTANTIVS NOB CAES Drei Palmzweige.	**300**	**1.000**	**2.500**
147.12	Miliarense. FELICITAS ROMANORVM Constantinus I. n. l. stehend, zwischen zwei seiner Söhnen.	**500**	**1.500**	**4.000**

s ss vz

147.13 Miliarense. GLORIA EXERCITVS Weibliche Gestalt n. l. stehend in der Haltung von Securitas, einen Lorbeerzweig haltend. **300 1.000 2.500**

147.14 Siliqua. VICTORIA CAESARVM Victoria n. l. gehend. **75 180 500**

Nummi / Folles

147.15 CAESARVM NOSTRORVM um Lorbeerkranz, darin VOT V. **– 10 40**

147.16 CONSTANTIVS CAES Roma n. l. sitzend. **LP LP LP**

147.17 CONSTANTIVS CAESAR in drei Zeilen, gelegentlich darüber Stern. **20 75 180**

147.18 CONSTANTIVS NOB CAES in drei Zeilen. **20 75 180**

147.19 GLORIA EXERCITVS Zwei Soldaten nebeneinander stehend, zwischen sich ein oder zwei Feldzeichen. **– 10 30**

147.20 PROVIDENTIAE AVGG Lagertor. **– 10 40**

147.21 PROVIDENTIAE CAES(s) Lagertor. **– 10 40**

147.22 SECVRITAS REI PVB Securitas n. r. stehend. **– 10 40**

147.23 VIRTVS CAESS Lagertor. **– 10 40**

Als Augustus:

Folgende Vorderseitenvarianten kommen vor:

Umschrift: CONSTANTIVS (P F) AVG,
D N CONSTANTIVS P F AVG,
FL IVL CONSTANTIVS PERP AVG,
FL IVL CONSTANTIVS PIVS FELIX AVG
und viele andere Varianten.

Büste: n. r., n. l., mit Lorbeerkranz oder verschiedenen Diademen, gepanzert und / oder drapiert, zahlreiche Sonderbüsten.

Solidi

147.24 FELICITAS PERPETVA Victoria n. r. sitzend, einen Schild beschreibend mit VOT X MVLT XX. **150 500 1.000**

147.25 Semis. –. Victoria n. l. gehend. **150 500 1.500**

147.26 FELICITAS REI PVBLICE um Kranz, darin VOT XV MVLT XX. **150 500 1.500**

s ss vz

147.27 FELICITAS ROMANORVM Roma und Constantinopolis nebeneinander thronend, zwischen ihnen Schild, darauf VOT XXXV MVLT XXXX. **150 500 1.000**

147.28 FELICITAS ROMANORVM um Kranz, darin VOTIS XV MVLTIS XX. **150 500 1.000**

147.29 FELIX ADVENTVS AVG N Constantius II. n. l. reitend. **250 750 1.500**

147.30 GAVDIVM POPVLI ROMANI um Kranz, darin 1.) SIC V SIC X oder 2.) SIC X SIC XX. **150 500 1.000**

147.31 GLORIA CONSTANTI AVG Constantius n. l. stehend, eine Standarte haltend, darauf VOT XX, zu seinen Füßen Gefangener. **150 500 1.000**

147.32.2

147.32 GLORIA REI PVBLICAE Roma und Constantinopolis nebeneinander thronend, zwischen ihnen Kranz, darin 1.) FELICITER V, 2.) VOT XX MVLT XXX, 3.) VOT XXX MVLT XXXX, 4.) VOT XXXV MVLT XXXX oder 5.) VOT XXXX. **150 500 1.000**

147.33 –. Constantius II. n. l. reitend. **250 750 1.500**

147.34 –. Constantius II. n. r. reitend, eine Gestalt mit Mauerkrone sich vor ihm verneigend. **300 1.000 2.500**

147.35 OB VICTORIAM TRIVMPHALEM Zwei Victorien einander gegenüber stehend, zwischen sich einen Kranz haltend, darin VOT X MVL XV (Semis). **150 500 1.000**

147.36 SECVRITAS REI PVBLICAE Securitas n. r. stehend (Semis). **150 500 1.000**

147.37 1 1/2 Scripula. SIC X SIC XX in Kranz. **300 750 2.500**

147.38 VRBS ROMA Roma n. l. sitzend. **250 750 1.500**

147.39 VICTORIA AVG Victoria n. l. gehend, im Feld LXXII (= 72 für die Anzahl der Solidi, die aus einem römischen Pfund geprägt wurden). **750 2.000 5.000**

147.40 –. Victoria n. r. stehend, einen Schild beschreibend mit VOT XXX. **150 500 1.000**

s ss vz

147.41 VICTORIA AVG NOSTRI Constantius n. l. stehend, zu seiner Rechten Victoria n. l. gehend. Geprägt in der Münzstätte Trier während der Usurpation des Magnentius. **500 1.800 4.000**

147.42 VICTORIA AVGVSTI Victoria n. r. sitzend, einen Schild beschreibend mit VOT XXX. **150 500 1.500**

147.43 1 1/2 Scripula. –. Gleicher Typus, aber Schild mit 1.) VOT XXX, 2.) VOT XXX MVLT XXXX oder 3.) VOT XXXX. **150 500 1.500**

147.44 VICTORIA AVGVSTORVM Gleicher Typus, Schild mit 1.) VOT XV MVLT XX, 2.) VOT VX MVLT XV, 3.) VOT XX MVLT XXX oder 4.) XXX. **150 500 1.500**

147.45 –. Victoria n. l. gehend, in der r. Hand Kranz, darin XXV. **150 500 1.500**

147.46.2

147.46 Semis. –. 1.) Victoria n. r. sitzend, in einen Kranz VOT X schreibend, 2.) Victoria n. r. sitzend, einen Schild beschreibend mit VOT XXX (1 1/2 Scripula) oder 3.) VOT XXXX (1 1/2 Scripula), 4.) Victoria n. l. gehend (1 1/2 Scripula), 5.) gelegentlich einen Kranz haltend, darin XXV. **150 500 1.500**

147.47 1 1/2 Scripula. –. Victoria n. r. sitzend, einen Schild mit 1.) VOT XXX oder 2.) VOT XXXX beschreibend. **150 500 1.500**

147.48 VICTORIA CONSTANTI AVG 1.) Victoria n. l. gehend, 2.) Victoria n. r. sitzend, einen Schild beschreibend mit VOT X, 3.) VOT X MVLT XV, 4.) VOT XV oder 5.) VOT XX MVLT XXX. **150 500 1.000**

147.49 Semis. –. Victoria n. r. sitzend, einen Schild beschreibend mit VOT XXXX (1 1/2 Scripula). **150 500 1.500**

147.50 VICTORIA DD(D) NN(N) AVG(G) 1.) Victoria n. r. stehend, einen Schild beschreibend mit SIC X SIC XX, 2.) Victoria n. l. gehend (Semis, 1 1/2 Scripula). **150 500 1.000**

147.51.3

147.51 VICTORIAE DD NN AVG(G) 1.) Victoria n. l. gehend, 2.) Zwei Victorien einander gegenüber stehend, zwischen sich einen Kranz haltend mit der Inschrift VOT X MVLT XX, 3.) VOT XX MVL(T) XXX (Semis) oder 4.) VOT XXX, 5.) Victoria n. r. sitzend, einen Schild beschreibend mit VOT X MVLT XX oder 6.) VOT XX MVLT XXX. **150 500 1.000**

147.52 Semis. –. Zwei Victorien einander gegenüber stehend, zwischen sich einen Kranz haltend, darin VOT XXX MVLT XXXX (1 1/2 Scripula). **150 500 1.500**

s ss vz

147.53 VICTORIAE D N AVG Zwei Victorien einander gegenüber stehend, zwischen sich einen Kranz haltend mit der Inschrift 1.) VOTIS XV MVLTIS XX oder 2.) VOT XXV MVL XXX. **150 500 1.000**

147.54 Semis. –. Victoria n. r. sitzend, einen Schild beschreibend mit VOT XXX MVLT XXXX. **150 500 1.500**

147.55 VICTOR OMNIVM GENTIVM Constantius n. l. stehend, vor ihm zwei Bittsteller, hinter ihm Gefangener. **150 500 1.000**

147.56 VIRTVS EXERCITVM Constantius n. l. stehend, zu beiden Seiten Gefangener. **150 500 1.000**

147.57 VIRTVS EXERCITVS GALL Mars n. r. gehend **150 500 1.000**

Silbermünzen

147.58 Miliarense. CONSTANTIVS AVG(VSTVS) Vier Standarten. **300 1.000 2.500**

147.59 Siliqua. –. 1.) Drei Palmzweige, über dem mittleren Stern, 2.) Victoria n. l. gehend, 3.) Legende in Kranz. **75 200 600**

147.60 Miliarense. CONSTANTIVS P F AVG Drei Standarten. **300 1.000 2.500**

147.61 Miliarense. FELICITAS PERPETVA um Lorbeerkranz, darin 1.) VOT XX MVLT XX oder 2.) VOT XX MVLT XXX. **300 1.000 2.500**

147.62 Siliqua. –. Victoria n. l. gehend. **75 180 500**

147.63 Siliqua. FELICITAS REI PVBLICE um Kranz, darin 1.) VOT XV MVLT XX, 2.) VOT XX MVLT XXX oder 3.) VOT XXV MVLTIS XXX. **75 180 500**

147.64 Miliarense. FELICITAS ROMANORVM Constantius und Constantius Gallus nebeneinander stehend, darüber Bogen. **500 1.250 4.000**

147.65 Siliqua. FEL TEMP REPARATIO Victoria n. r. stehend, einen Schild beschreibend mit VOT XX. **75 180 500**

147.66.1

147.66 Miliarense. GAVDIVM POPVLI ROMANI um Kranz, darin 1.) SIC X SIC XX (Siliqua), 2.) SIC XX SIC XXX oder 3.) VOTIS XXX MVLTIS XXXX. **300 1.000 3.000**

147.67 Miliarense. GAVDIVM ROMANORVM Standarte, daran befestigt Banner mit der Aufschrift 1.) VOT X MVLT XV, 2.) VOT X MVLT XX oder 3.) VOT XX MVLT XXX, zu beiden Seiten Gefangener. **300 1.000 2.500**

147.68 Siliqua. PAX AVGVSTORVM Constantius n. l. stehend. **75 180 500**

147.69 Siliqua. PRINCIPI IVVENTVTIS Constantius n. r. stehend, zu seinen Füßen Gefangener. **75 180 500**

		s	ss	vz
147.70	Siliqua. SPES REI PVBLICE Constantius n. l. stehend.	75	180	500
147.71	Miliarense. TRIVMFATOR GENTIVM BARBARVM Constantius n. l. stehend.	300	1.000	2.500
147.72	Siliqua. VICTORIA AVGG NN Victoria n. l. gehend.	75	180	500
147.73	Siliqua. VICTORIA AVGVSTI (N) 1.) Victoria n. l. gehend, 2.) Victoria n. l. stehend, einen Schild haltend, darauf VOT XXXX.	75	180	500

147.74	Miliarense. VICTORIA AVGVSTORVM Victoria n. l. gehend (Siliqua).	300	1.000	2.500

147.75	Siliqua. VICTORIA DD NN AVG(G) Victoria n. l. gehend (Halbe Siliqua).	75	180	500
147.76	Siliqua. VICTORIA D N AVG Victoria n. l. gehend, zu ihren Füßen Gefangener.	75	180	500
147.77	Siliqua. VICTORIAE D N AVG Zwei Victorien einander gegenüber stehend, einen Kranz zwischen sich haltend, darin VOT X MVLT XV.	75	180	500
147.78	Miliarense. VICTORIA ROMANORVM Constantius n. r. stehend, Victoria l. von ihm, über beiden Bogen.	300	1.000	2.500
147.79	Miliarense. VIRTVS DD NN AVGG Constantius n. l. stehend.	300	1.000	2.500

147.80	Miliarense. VIRTVS EXERCITVS Soldat n. r. stehend.	300	1.000	2.500

s ss vz

147.81.1

147.81.3

147.81	Miliarense. VIRTVS EXERCITVS 1.) Soldat n. l. oder n. r. stehend, 2.) Constantius n. r. stehend, 3.) Drei Standarten.	300	1.000	2.500
147.82	Siliqua. VOTIS XV MVLTIS XX in Kranz.	75	180	500
147.83	Siliqua. VOTIS XX MVLTIS XXX in Kranz.	75	180	500
147.84	Siliqua. VOTIS XXV MVLTIS XXX in Kranz.	75	180	500

147.85	Siliqua. VOT(IS) XXX MVLTIS XXXX in Kranz.	75	180	500
147.86	Siliqua. VOTIS XXXV MVLTIS XXXX in Kranz.	75	180	500
147.87	Siliqua. VOTIS XXXX in Kranz.	75	180	500

s *ss* *vz*

Bronzemünzen

147.88 CONCORDIA MILITVM Constantius n. l. stehend, über ihm Stern. 5 30 60

147.89.3

147.89.4

147.89 FEL TEMP REPARATIO 1.) Constantius n. l. auf Galeere stehend, Phönix auf Globus haltend und Labarum; im Bug sitzt Victoria und steuert das Schiff, 2.) Soldat n. r., eine kleine barhäuptige Gestalt aus einer Hütte wegführend, die unter einem Baum steht, 3.) Soldat n. l. stehend, einen fallenden Reiter mit Speer durchbohrend, 4.) Constantius n. l. stehend, vor ihm ein oder zwei Gefangene, 5.) Constantius n. r. reitend, einen Speer auf zwei vor ihm kniende Gefangene werfend. Münzen dieser Typen werden in Auktionskatalogen häufig als Centenionalis bezeichnet. 5 30 60

147.90 –. Phönix n. r. stehend.
Münzen dieses Typus werden in Auktionskatalogen häufig als halber Centenionalis bezeichnet. 15 40 75

147.91 GLORIA EXERCITVS Zwei Soldaten nebeneinander stehend, zwischen sich ein oder zwei Feldzeichen. – 10 30

147.92 GLORIA ROMANORVM 1.) Constantius n. r. galoppierend, einen knienden Barbaren mit Speer niederstechend, 2.) Constantius n. l. stehend, einer knienden Gestalt aufhelfend, 3.) Constantius n. l. stehend. 5 30 60

147.93 HOC SIGNO VICTOR ERIS 1.) Constantius n. l. stehend, über ihm Stern, 2.) Constantinus n. l. stehend, hinter ihm Victoria, ihn bekränzend. 5 30 60

147.94 SALVS AVG NOSTRI Christogramm, flankiert von A und ω. 10 60 120

147.95 SECVRITAS REI P(VB) Securitas n. r. stehend. – 10 40

s *ss* *vz*

147.96 SPES REI PVBLICE Constantius n. r. oder n. l. stehend. 5 30 60

147.97 VICT AVG Victoria n. l. gehend. 5 30 60

147.98 VICT DD NN AVG ET CAES Zwei Victorien einander gegenüber stehend, zwischen sich einen Kranz haltend, darin VOT XXX. 5 30 60

147.99 VICTORIA AVGG Victoria n. l. gehend. 5 30 60

147.100 VICTORIA AVGVSTORVM Victoria n. l. gehend. 5 30 60

147.101 VICTORIA CAESARIS Victoria n. l. gehend. 5 30 60

147.102 VICTORIAE DD AVGGQ NN Zwei Victorien einander gegenüber stehend, beide mit Kranz und Palmzweig. 5 30 60

147.103 VIRTVS AVGG Constantius n. r. reitend, einen Speer auf einen gefallenen Feind werfend. 5 30 60

147.104 VIRTVS AVGG NN Soldat n. r. stehend. – 10 40

147.105 VIRTVS AVGVSTI Constantius n. r. stehend. – 10 40

147.106 VIRTVS AVGVSTORVM Constantius n. r. stehend, zu seinen Füßen Gefangener. 5 30 60

147.107 VOT XV MVLT XX in Kranz. 5 30 60

147.108 VOT XX MVLT XXX in Kranz. 5 30 60

148. Magnentius

350 – 353

Zur Geschichte

Flavius Magnus Magnentius war ein in Autun geborener Franke, der sich im römischen Heer hochgedient hatte. Er ließ sich am 18. Januar 350 in Augustodunum (Autun) zum Gegenkaiser ausrufen und übernahm nach der Ermordung des Constans die Herrschaft über dessen Reichsteil mit Ausnahme Illyriens, wo sich Vetranio als Kaiser installierte.
Magnentius war selbst Heide, setzte aber auf eine Politik des Ausgleichs. Während er zum einen wieder das Opfer für die alten Götter erlaubte, setzte er auf seine großen Bronzemünzen das Christogramm, das bis dahin in dieser Prominenz noch keinen Eingang in die Münzprägung gefunden hatte.
Ende des Jahres 350 erhob Magnentius Decentius, einen Verwandten – ob Bruder oder Vetter ist nicht geklärt – zum Caesar und bereitete die Auseinandersetzung mit Constantius vor. Der zog seinem Gegner bis Mursa entgegen. Am 28. September 351 kam es zur Schlacht. Magnentius erlitt eine entscheidende Niederlage, konnte sich aber nach Gallien zurückziehen. Constantius schlug Magnentius ein zweites Mal bei Mons Seleuci (bei Gap). Inzwischen hatte der Usurpator den Rückhalt der Städte verloren und nahm sich im August 353 das Leben.

Zur Münzgeschichte

Folgende Münzstätten prägten für Magnentius: Amiens (Münzstättenzeichen AM oder AMB), Trier, Lyon, Arles, Rom, Aquileia und Siscia.

Münzen

Folgende Vorderseitenvarianten kommen vor:
Umschrift: D N MAGNENTIVS (P F) AVG,
IMP CAE MAGNENTIVS AVG,
MAGNENTIVS AVG
und zahlreiche andere Varianten.
Büste: n. r., barhäuptig oder mit Diadem, drapiert und gepanzert.

Solidi

148.1 BIS RESTITVTA LIBERTAS Victoria r. und Libertas l. stehend, zusammen eine Trophäe haltend. **1.000 2.500 5.000**

148.2 1 1/2 Scripula. FELICITAS PERPETVA Victoria n. l. gehend. **750 1.500 3.500**

s ss vz

148.3 GLORIA ET REPARATIO TEMPORVM Magnentius n. l. stehend. **750 2.000 4.000**

148.4 RESTITVTOR LIBERTATIS Magnentius n. l. stehend. **750 2.000 4.000**

148.5 VICT AVG LIB ROM ORB Victoria r. und Libertas l. stehend, zusammen eine Trophäe haltend. **750 2.000 4.000**

148.6 VICTORIA AVG LIB ROMANOR Victoria r. und Libertas l. stehend, zusammen eine Trophäe haltend. **750 2.000 4.000**

148.7 VICT CAES LIB ROM ORB Victoria r. und Libertas l. stehend, zusammen eine Trophäe haltend. **750 2.000 4.000**

148.8 VICT DD NN AVG ET CAES Victoria r. und Libertas l. stehend, zusammen eine Trophäe haltend. **750 2.000 4.000**

148.9 Semis. VICTORIA DD NN AVGG Victoria n. l. gehend. **750 1.500 3.500**

Silbermünzen

148.10 Miliarense. AEQVITAS AVG NOSTRI Aequitas n. l. stehend. **1.000 2.000 6.000**

148.11 Miliarense. FELICITAS PERPETVA um Kranz, darin VOT V MVLT X. **1.000 2.000 6.000**

148.12 Siliqua. FELICITAS PERPETVA Victoria n. l. gehend. **250 500 1.250**

148.13 Miliarense. PRINCIPI IVVENTVTIS Decentius n. r. gehend. **500 1.250 2.500**

148.14 Miliarense. VICTORIAE DD NN AVGG Victoria n. r. sitzend, VOT V MVLT X in einen Kranz oder auf einen Schild schreibend. **500 1.250 2.500**

148.15 Miliarense. VICTORIAE DD NN AVG ET CAE Zwei Victorien einander gegenüber stehend, einen Kranz zwischen sich haltend, darin VOT V MVL X. **500 1.250 2.500**

148.16 Miliarense. VIRTVS AVG NOSTRI Magnentius n. l. stehend, vor ihm Gefangener. **500 1.250 2.500**

s ss vz

148.17 Siliqua. VIRTVS EXERCITI Soldat n. r. stehend.
250 500 1.250

Bronzemünzen

148.18 BEATITVDO PVBLICA Magnentius in Consulartracht n. r. auf Sella Curulis sitzend. **100 500 LP**

148.19 FELICITAS REI PVBLICE Magnentius n. l. stehend.
20 60 120

148.20.1

148.20 FEL TEMP REPARATIO 1.) Magnentius n. l. auf Galeere stehend, Phönix auf Globus haltend und Labarum; im Bug sitzt Victoria und steuert das Schiff, 2.) Magnentius n. l. stehend, gelegentlich zwei Gefangene vor ihm, 3.) Soldat n. l. stehend, einen fallenden Reiter mit Speer durchbohrend. **20 60 120**

148.21 GLORIA ROMANORVM 1.) Zwei Victorien einander gegenüber stehend, zwischen sich einen Kranz haltend, darin VOT X, 2.) Soldat n. r. gehend, 3.) Magnentius n. r. reitend, einen Barbaren mit Speer niederstechend, 4.) Magnentius n. l. stehend.
20 60 120

148.22 RENOBATIO VRBIS ROME Roma n. l. sitzend.
20 60 120

148.23 SALVS DD NN AVG ET CAES Christogramm zwischen A und ω.
Dieses Nominal wird in Auktionskatalogen häufig als Doppelmaiorina bezeichnet. **60 180 500**

s ss vz

148.24 VRBS ROMA Roma n. l. sitzend. **40 120 300**

148.25 VICTORIA AVG ET CAES Magnentius n. r. stehend.
20 60 120

148.26 VICTORIA AVG LIB ROMANOR 1.) Victoria r. und Libertas l., nebeneinander stehend und eine Trophäe haltend, 2.) Magnentius n. r. oder n. l. stehend.
40 120 300

148.27 VICT(ORIAE) DD NN AVG ET CAE(S) Zwei Victorien einander gegenüber stehend, zwischen sich einen Kranz haltend, darin VOT V MVLT X.
In Auktionskatalogen wird dieses Nominal häufig als Maiorina bezeichnet. **20 60 120**

148.28 VIRTVS EXERCITVS Magnentius n. l. stehend.
20 60 120

149. Decentius

Caesar 350 – 353

Zur Geschichte

Magnus Decentius wurde von seinem Verwandten (Vetter oder Bruder?) Magnentius Ende des Jahres 350 zum Caesar erhoben. Seine Aufgabe war es, die Rheingrenze zu sichern, während sein Augustus den Kampf mit Constantius aufnahm.

Decentius bewährte sich nicht: Er erlitt eine entscheidende Niederlage gegen den Alamannenkönig Chnodomar und konnte so für Magnentius nicht den militärischen Rückhalt schaffen, den dieser nach seiner ersten verlorenen Schlacht bei Mursa benötigt hätte. Nachdem Decentius die Nachricht von der zweiten Niederlage des Magnentius bei Gap erhalten hatte, nahm er sich im August 353 das Leben.

Münzen

Folgende Vorderseitenvarianten kommen vor:
Umschrift: D N DECENTIVS FORT (oder NOB) CAES,
D N DECENTIVS CAESAR,
DECENTIVS FOR CAES,
MAG DECENTIVS NOB CAES
und zahlreiche andere Varianten.
Büste: n. r., barhäuptig, drapiert und / oder gepanzert.

Solidi

149.1 VICT CAES LIB ROM ORB Victoria r. und Libertas l. stehend, zusammen eine Trophäe haltend. **1.000 2.500 7.000**

149.2 VICTORIA AVG LIB ROMANOR Victoria r. und Libertas l. stehend, zusammen eine Trophäe haltend. **1.000 2.500 7.000**

149.3 VICTORIA CAES LIB ROMANOR Victoria r. und Libertas l. stehend, zusammen eine Trophäe haltend. **1.000 2.500 7.000**

149.4 1 1/2 Scripula. VICTORIA DD NN AVGG Victoria n. l. gehend. **1.250 4.000 LP**

149.5 Semis. VICTORIA D N CAES Victoria n. l. gehend (1 1/2 Scripula). **2.000 6.000 LP**

s ss vz

Silbermünzen

149.6 Miliarense. AEQVITAS AVG NOSTRI Aequitas n. l. stehend. **1.000 5.000 12.000**

149.7 Miliarense. PRINCIPI oder PRINCITI (sic!) IVVENTVTIS Decentius n. r. gehend. **600 3.000 6.500**

149.8 Miliarense. VICTORIAE DD NN AVG ET CAE Zwei Victorien einander gegenüber stehend, zwischen sich Kranz haltend, darin VOT V MVL X. **600 3.000 6.500**

149.9 Siliqua. VIRTVS EXERCITI oder EXERCITVS Virtus n. r. stehend. **600 2.000 3.500**

Bronzemünzen

149.10 GLORIA ROMANORVM Magnentius n. r. reitend, einen Feind mit Speer niederstechend. **30 90 150**

149.11 RENOBATIO VRBIS ROME Roma n. l. sitzend. **40 120 300**

149.12 SALVS DD NN AVG ET CAES Christogramm zwischen A und ω.
Dieses Nominal wird in Auktionskatalogen häufig als Doppelmaiorina bezeichnet. **60 180 500**

149.13 VICTORIA AVG ET CAES Magnentius n. r. stehend. **30 90 150**

149.14 VICT(ORIAE) DD NN AVG ET CAE(S) Zwei Victorien einander gegenüber stehend, zwischen sich einen Kranz haltend, darin VOT V MVLT X.
In Auktionskatalogen wird dieses Nominal häufig als Maiorina bezeichnet. **20 60 120**

149.15 VIRTVS EXERCITVS Magnentius n. l. stehend. **30 90 150**

150. Nepotianus
350

Zur Geschichte

Flavius Popilius Virius Nepotianus war der Sohn von Eutropia, einer Halbschwester Constantinus' I. Nachdem Magnentius Italien erobert hatte und einen Praetorianerpraefekten als Verwalter der Provinz eingesetzt hatte, scharte Nepotianus einige Getreue des Hauses Constantinus' um sich, eroberte Rom und beherrschte die Stadt vom 3. bis zum 30. Juni. Danach wurden seine Kräfte von der Armee des Magnentius vernichtet. Nepotianus und seine Mutter wurden zusammen mit zahlreichen Getreuen hingerichtet.

Zur Münzgeschichte

Alle Münzen des Nepotianus stammen aus der Münzstätte Rom.

Münzen

Folgende Vorderseitenvarianten kommen vor:
Umschrift: D N IVL NEPOTIANVS P F AVG,
FL NEP CONSTANTINVS AVG,
FL POP NEPOTIANVS P F AVG.
Büste: n. r., barhäuptig oder mit Diadem, gepanzert und / oder drapiert

Solidi

150.1 VRBS ROMA Roma n. l. sitzend. **LP LP LP**

Bronzemünzen

150.2 GLORIA ROMANORVM Nepotianus n. r. reitend, einen Feind mit Speer niederstechend. **1.500 4.000 8.000**

150.3 VRBS ROMA Roma n. l. sitzend. **1.500 4.000 8.000**

151. Vetranio
350

Zur Geschichte

Im Jahr 350 ließ sich Vetranio, ein hoher Offizier, der in Illyrien als *magister peditum* stationiert war, zum Kaiser ausrufen, um eine Eroberung der Provinz Illyrien durch den Usurpator Magnentius zu verhindern. Man sagt, hinter seiner Usurpation hätte Constantia, die Tochter des Constantinus I., Witwe des Hannibalianus gestanden, die Vetranio dazu überredete. Beide hofften, nach der Rettung Illyriens die Anerkennung als Mitkaiser durch Constantius II. durchzusetzen.
Nach einer Herrschaft von 10 Monaten dankte Vetranio zu Gunsten des Constantius II. ab, durfte sich nach Prusa in Bithynien zurückziehen und lebte noch 6 Jahre als Privatmann.

Zur Münzgeschichte

Münzen für Vetranio wurden in nur zwei Münzstätten geprägt: Siscia und Thessalonike.

Münzen

Folgende Vorderseitenvarianten kommen vor:
Umschrift: D N VETRANIO P F AVG.
Büste: n. r., mit Lorbeerkranz, drapiert und gepanzert.

Solidi

151.1 SALVATOR REI PVBLICAE Vetranio n. l. stehend, hinter ihm Victoria stehend, ihn bekränzend. **5.000 15.000 50.000**

151.2 VIRTVS EXERCITVM Vetranio n. l. stehend, zu seinen Füßen Gefangener. **5.000 15.000 50.000**

Silbermünzen

s *ss* *vz*

151.3 Miliarense. GAVDIVM POPVLI ROMANI um Kranz, darin VOT V MVL X. **2.500 5.000 15.000**

151.4 Miliarense. VICTORIA AVGVSTORVM Victoria n. l. gehend. **1.500 4.000 12.000**

151.5 Siliqua. –. **800 3.500 8.000**

151.6 Miliarense. VIRTVS EXERCITVM Vetranio n. l. stehend. **2.500 5.000 15.000**

Bronzemünzen

151.7 CONCORDIA MILITVM Vetranio n. l. stehend, über seinem Kopf Stern. (Centenionalis) **30 75 300**

151.8 GLORIA ROMANORVM Vetranio n. l. stehend. (Halber Centenionalis) **20 60 180**

151.9 HOC SIGNO VICTOR ERIS Vetranio n. l. stehend, hinter ihm Victoria stehend, ihn bekränzend. (Centenionalis) **40 120 350**

151.10 VIRTVS AVGVSTORVM Vetranio n. r. stehend, zu seinen Füßen Gefangener. *(Halber Centenionalis)* **20 60 180**

151.11 VIRTVS EXERCITVM Vetranio n. l. stehend. (*Centenionalis)* **30 75 300**

152. Constantius Gallus

Caesar 351 – 354

Zur Geschichte

Flavius Claudius Constantius Gallus war der Sohn des Iulius Constantius, eines der Halbbrüder Constantinus' des Großen. Geboren wurde Constantius Gallus im Jahre 325/6, so daß er wie sein jüngerer Bruder Iulianus, der später zum Augustus werden sollte, zu jung schien, um den Söhnen Constantinus' gefährlich zu werden. Er entkam dem Blutbad von Constantinopolis im Jahre 337, das Constantius II. unter den Nachkommen seines Großvaters Constantius Chlorus anrichtete.

Constantius Gallus erhielt zunächst in Caesarea Cappadocia, später in Constantinopolis eine sorgfältige Erziehung. Im Jahr 351 – nachdem der Usurpator Magnentius seinerseits einen Caesar ernannt hatte – wählte Constantius II. seinen Neffen und ältesten überlebenden Verwandten, Constantius Gallus, zum Caesar. Er wurde mit Constantia, der Schwester des Constantius II. und Witwe des Hannibalianus, vermählt. Ihm wurde Antiochia als Residenz angewiesen, wo er unter der Aufsicht zahlreicher Berater die Interessen des Constantius im Osten wahrnehmen sollte.

Constantius Gallus bewährte sich nicht als Caesar. Er soll, wenn wir den Quellen glauben wollen, eine Schreckensherrschaft errichtet haben, indem er jeden, der ihm widersprach, auf der Folter umbringen ließ. Constantius II. beschloß, ihn von seinem Posten abzuberufen, ohne ihm die Gelegenheit zu geben, sich im Osten zum Gegenkaiser ausrufen zu lassen. So schickte er nach seinem Caesar, um im Westen wichtige Beschlüsse mit ihm zu diskutieren, und ließ ihn im Jahre 354 nach seiner Ankunft in Flanona (Istrien) hinrichten.

Münzen

Folgende Vorderseitenvarianten kommen vor:
Umschrift: CONSTANTIVS (NOB) CAE(S),
D N CONSTANTIVS IVN NOB C,
D N (FL) CONSTANTIVS NOB CAES
und viele andere Varianten.
Büste: n. r., barhäuptig, drapiert und gepanzert.

Solidi

s ss vz

152.1.1

152.1 GLORIA REI PVBLICAE Roma und Constantinopolis nebeneinander thronend, einen Kranz zwischen sich haltend, darin 1.) VOT V MVLT X oder 2.) VOTIS V. **300 1.200 4.000**

152.2 Semis. –. Victoria n. r. sitzend, einen Kranz haltend, darin VOTIS V (1 1/2 Scripula). **300 1.000 2.500**

152.3 HOC SIGNO VICTOR ERIS Constantius Gallus n. l. stehend, hinter ihm Victoria, ihn bekränzend. **500 1.500 5.000**

152.4 Semis. VICTORIA AVGVSTORVM Victoria n. r. sitzend, einen Schild beschreibend mit VOTIS V (1 1/2 Scripula). **300 1.000 2.500**

152.5 Semis. VICTORIAE DD NN AVGG Victoria n. r. sitzend, einen Schild haltend, darauf VOT V MVLT X. **300 1.000 2.500**

Silbermünzen

152.6 Siliqua. *Ohne Legende.* Stern in Kranz. **300 600 2.000**

152.7 Miliarense. FELICITAS ROMANORVM Constantius und Constantius Gallus, nebeneinander stehend unter einem Bogen. **LP LP LP**

152.8 Miliarense. GLORIA EXERCITVS Vier Standarten. **1.000 4.000 8.000**

152.9 Siliqua. VICTORIA CAESARIS Victoria n. l. gehend. **200 500 1.500**

152.10.1

152.10 Miliarense. VIRTVS EXERCITVS 1.) Soldat n. r. stehend, 2.) Drei Standarten. **1.000 4.000 8.000**

152.11 Miliarense. VICTORIA ROMANORVM Constantius Gallus n. r. stehend, Victoria von l. kommend. **1.000 4.000 8.000**

s ss vz

152.12 Sililqua. VOTIS V in Kranz. **200 500 1.500**

152.13 Siliqua. VOT(IS) V MVLT(IS) X in Kranz. **200 500 1.500**

Bronzemünzen

152.14 CONCORDIA MILITVM Constantius Gallus n. l. stehend, über ihm Stern. **5 30 60**

152.15.2

152.15 FEL TEMP REPARATIO 1.) Constantius Gallus n. l. auf Galeere stehend, Phönix auf Globus haltend und Labarum; im Bug sitzt Victoria und steuert das Schiff, 2.) Soldat n. l. stehend, einen fallenden Reiter mit Speer durchbohrend, 3.) Constantius Gallus n. l. gehend, vor ihm kniender Gefangener. Münzen dieser Typen werden in Auktionskatalogen häufig als Centenionalis bezeichnet. **5 30 60**

152.16 –. Phönix n. r. stehend. *Münzen dieses Typus werden in Auktionskatalogen häufig als halber Centenionalis bezeichnet.* **15 40 75**

152.17 GLORIA ROMANORVM Constantius Gallus n. l. stehend. **10 50 80**

152.18 HOC SIGNO VICTOR ERIS Constantius Gallus n. l. stehend, r. von ihm Victoria ihn bekränzend. **5 30 60**

152.19 VICT DD NN AVG ET CAES Zwei Victorien einander gegenüber stehend, zwischen sich einen Kranz haltend, darin VOT V MVLT X. **5 30 60**

152.20 VICTORIA AVGVSTORVM Victoria n. l. gehend. **5 30 60**

152.21 VICTORIA CAESARIS Victoria n. l. gehend. **5 30 60**

153. Iulianus II.
Caesar 355 – 360, Augustus 360 – 363

Zur Geschichte

Flavius Claudius Iulianus war der Sohn des Iulius Constantius, eines der Halbbrüder Constantinus' des Großen. Geboren wurde Iulianus Ende des Jahres 331, so daß er wie sein jüngerer Bruder Constantius Gallus zu jung schien, um den Söhnen Constantinus' gefährlich zu werden. Er entkam dem Blutbad von Constantinopolis im Jahre 337, das Constantius II. unter den Nachkommen seines Großvaters Constantius Chlorus anrichtete.
Iulianus erhielt eine sorgfältige Erziehung. Nach der Ernennung seines Bruders Constantius Gallus zum Caesar des Ostens konnte Iulianus in Pergamon und Ephesos studieren und soll sich, wie er selbst sagte, im Jahr 351 von der christlichen Lehre ab und der Philosophie des Neuplatonismus zugewandt haben. Der Neuplatonismus war Ende des 3. Jahrhunderts n. Chr. zum schärfsten Konkurrenten des christlichen Glaubens geworden. Ein um 204 geborener ägyptischer Grieche namens Plotin hatte ihn begründet. Dieser versuchte in seiner Lehre alle philosophischen Schulmeinungen in Einklang zu bringen mit den antiken und orientalischen Religionen. Plotin deutete alle Erscheinungen als Ausdrucksform des göttlichen Prinzips. Die Welt war mit ihren Bestandteilen in eine Stufenfolge geordnet, die vom Geist zum Stoff herabführte. Damit stand die Seele selbst an der Spitze der Ordnung, während der Körper mit seinen Funktionen ganz unten in der Stufenfolge zu finden war. Das Böse selbst, so glaubte Plotin, sei nur subjektiv. Es sei hervorgerufen von der Störung der kosmischen Ordnung, die von Harmonie und Sympathie durchdrungen ist. Ziel des Neuplatonismus war es, den Menschen von allem Irdischen zu reinigen. Das Heil der Seele durch eine tugendsame, asketische Lebensführung stand im Mittelpunkt. Der Neuplatonismus kannte genau wie das frühe Christentum nur einen Gott, der die vielen Dämonen beherrschte, auf die der Mensch durch magische Zeremonien Einfluß gewinnen konnte.
Iulianus vertrat nicht – wie vielerorts zu lesen – die Rückkehr zur alten Religion. Er war ein Kind seiner Zeit und wollte den christlichen Moralvorstellungen und Jenseitshoffnungen ein heidnisches Gegenmodell gegenüber stellen.
Nachdem Iulians Bruder Constantius Gallus gescheitert war als Caesar, ernannte Constantius II. seinen jüngeren Neffen, den inzwischen 24jährigen Iulianus am 6. November 355 in Mailand zum Caesar. Er übertrug ihm den Grenzschutz im Westen. Iulianus bewährte sich glänzend. Es gelang ihm, die Provinzen Gallien und Germanien wieder zu sichern. Zum Bruch zwischen Constantius II. und Iulianus kam es, als der Augustus von seinem Caesar Truppen anforderte, um einen Krieg gegen die Sasaniden zu führen. Iulianus verweigerte dies, ließ sich im März 360 in Paris zum Augustus ausrufen und zog mit seinem Heer dem Constantius entgegen. Die Entscheidungsschlacht wurde vermieden, da Constantius überraschend im November 361 starb und Iulianus zu seinem Nachfolger designierte.
Iulianus versuchte, die alten Werte des römischen Reiches neu zu beleben. Er selbst verzichtete auf ein aufwändiges Hofzeremoniell, versuchte die Verwaltung zu vereinfachen und die römischen Bürger zur alten Frömmigkeit anzuhalten. Das Christentum sollte wieder auf den Status einer Religionsgemeinschaft unter anderen zurückgestuft werden. Besondere Probleme erwuchsen daraus, daß im Osten viele christliche Gemeinden Land und Bauten heidnischer Kulte annektiert und dort ihre Versammlungsräume errichtet hatten. Dies alles wurde zurückgefordert.
Zumindest die christliche Bevölkerung wird aufgeatmet haben, als Iulianus während eines Feldzuges gegen die Sasaniden an den Folgen eines Pfeilschusses starb. Sicher nicht historisch ist der bei Theodoret HE III 25 überlieferte Ausspruch, den Iulianus während seines Todeskampfes getan haben soll: „Du hast gesiegt, Galiläer."
Iulianus wurde sofort von seinen heidnischen Anhängern als Märtyrer in Beschlag genommen. Sie sammelten seine literarische Hinterlassenschaft, so daß von keinem anderen Kaiser der Antike mehr Primärquellen erhalten sind als von Iulianus.

Zur Münzgeschichte

Unter Iulianus wurde eine Reform der Bronzemünzen durchgeführt. Zwei neue Nominale wurden ausgeprägt, deren antike Namen wir nicht kennen: Das größere Stück („AE 1") wog 8.25 g. und zeigte auf der Rückseite einen Stier, das kleinere („AE 3") wog 2,95 g. und zeigte einen Kranz mit einer Inschrift.

Hinweise für Sammler

Die berühmteste Münze des Iulianus II. dürfte seine große Bronzemünze sein, die in Auktionskatalogen meist als Doppelmaiorina bezeichnet wird und auf der Rückseite einen Stier zeigt. Der RIC führt vier verschiedene Interpretationsvorschläge dieser Darstellung an: Es könnte sich beziehen auf 1.) den Apisstier, der spät im Jahr 362 in Ägypten gefunden wurde, 2.) das liebste Opfertier des Iulianus, 3.) sein Geburtszeichen „Stier" oder 4.) Iulianus als Wächter seines Volkes.
Am plausibelsten sind die letzten beiden Vorschläge. Allerdings kennen wir das Geburtszeichen des Iulianus aus keiner anderen Quelle. Der Stier als Symbol des Kaisers ist dagegen in philosophischen Quellen anzutreffen und die Umschrift SECVRITAS REI PVB (= Sicherheit des Staates) würde zu dieser Interpretation gut passen.

Münzen

Als Caesar:
Folgende Vorderseitenvarianten kommen vor:
Umschrift: D N CL IVLIANVS NOB CAES,
D N IVLIANVS NOB C(AES),
FL CL IVLIANVS NOB C(AES)
und viele andere Varianten.
Büste: n. r., selten n. l., barhäuptig, drapiert und gepanzert.

Solidi

153.1 FEL TEMP REPARATIO Roma und Constantinopolis nebeneinander sitzend, zwischen sich Schild, darauf Stern.
300 1.000 2.500

153.2 GLORIA REI PVBLICAE Roma und Constantinopolis nebeneinander sitzend, zwischen sich einen Kranz haltend, darin 1.) VOTIS V, 2.) VOT V MVLT X oder 3.) ein Stern; 4.) gelegentlich Schild statt Kranz, darauf Stern.
300 1.000 2.500

153.3 Semis. VICTORIA AVGVSTORVM Victoria n. r. sitzend, einen Schild beschreibend mit 1.) VOT V (1 1/2 Scripula) oder 2.) Stern auf Schild (1 1/2 Scripula).
300 1.000 2.500

153.4 1 1/2 Scripula. VICTORIA IVLIANI NOB CAES Victoria n. r. sitzend, einen Schild beschreibend mit VOT V MVLT X.
300 1.000 2.500

Silbermünzen

s ss vz

153.5 Siliqua. *Ohne Legende.* Stern in Kranz.
100 300 800

153.6 Miliarense. D N IVLIANVS (NOB) CAES Drei Standarten.
350 1.200 3.500

153.7 Miliarense. VICTORIA ROMANORVM Iulianus n. r. stehend, l. von ihm Victoria, beide unter Bogen.
350 1.200 3.500

153.8 Miliarense. VIRTVS EXERCITVS 1.) Soldat n. r. stehend, 2.) Drei Standarten. **350 1.200 3.500**

153.9 Siliqua. VOTIS V (MVLTIS X) in Kranz. **30 75 180**

Bronzemünzen

153.10 FEL TEMP REPARATIO Soldat n. l. stehend, einen fallenden Reiter mit Speer durchbohrend. **5 30 60**

153.11 GLORIA ROMANORVM Iulianus n. l. stehend.
5 30 60

153.12 SPES REI PVBLICE Iulianus n. r. oder n. l. stehend.
5 30 60

Als Augustus:
Folgende Vorderseitenvarianten kommen vor:
Umschrift: D N CL IVLIANVS AVG,
D N FL CL IVLIANVS P F AVG,
FL CL IVLIANVS PERP AVG,
FL CL IVLIANVS P F (oder P P) AVG,
IVLIANVS AVG.
Büste: n. r., selten n. l., mit Diadem, drapiert und gepanzert, gelegentlich Sonderbüsten.

Solidi

153.13 GLORIA REI PVBLICAE Roma und Constantinopolis nebeneinander sitzend, zwischen sich einen Kranz haltend, darin 1.) VOT(IS) V MVLT(IS) X, 2.) VOTIS X MVLTIS XX.
300 1.000 2.500

153.14 1 1/2 Scripula. GLORIA ROMANORVM Victoria n. r. sitzend, einen Schild beschreibend mit VOT XX.
300 1.000 2.500

153.15 1 1/2 Scripula. VICTORIA AVGVSTORVM Victoria n. r. sitzend, einen Schild haltend, darauf VOT X. **300 1.000 2.500**

153.16 Semis. VICTORIAE DD NN AVGG Victoria n. r. sitzend, VOT X in einen Kranz schreibend. **300 1.000 2.500**

		s	ss	vz
153.17	1 1/2 Scripula. VICTORIAE D N AVG Victoria n. r. sitzend, einen Schild beschreibend mit VOTIS V MVLTIS X.	300	1.000	2.500
153.18	1 1/2 Scripula. VICTORIA ROMANORVM Victoria n. r. sitzend, einen Schild beschreibend mit VOT XX.	300	1.000	2.500
153.19	VIRTVS EXERC GALL Soldat n. r. stehend, einen Gefangenen am Schopf packend.	300	1.000	2.500

153.20	VIRTVS EXERCITVS ROMANI oder ROMANORVM Soldat n. r. stehend, einen Gefangenen am Schopf packend.	300	1.000	2.500
153.21	–. Iulianus in Consulartracht 1.) frontal sitzend oder 2.) n. l. stehend.	500	2.000	7.000

Silbermünzen

153.22	Miliarense. FIDES EXERCITVS Soldat n. r. stehend.	350	1.200	3.500
153.23	Miliarense. FIDES EXERCITVVM Zwei Standarten, dazwischen Stab, darauf Adler.	350	1.200	3.500
153.24	Siliqua. VICTORIA AVGVSTI N Victoria n. l. gehend.	25	75	180

153.25	Siliqua. VICTORIA DD NN AVG Victoria n. l. gehend.	25	75	180
153.26	Halbe Siliqua. VICTORIA PERPETV Victoria n. l. gehend.	500	1.000	LP
153.27	Miliarense. VICTORIA ROMANORVM Iulianus n. r. stehend, r. oder l. von ihm Victoria, ihn bekränzend, beide unter einem Bogen stehend.	350	1.200	3.500
153.28	Siliqua. –. Victoria n. l. gehend.	25	75	180

153.29	Miliarense. VIRTVS EXERCITVM Soldat n. l. stehend.	350	1.200	3.500
153.30	Siliqua. VOT(IS) V MVLT(IS) X in Kranz.	25	75	180

		s	ss	vz
153.31	Siliqua. VOT(IS) X MVLT(IS) XX in Kranz.	25	75	180
153.32	Siliqua. VOTIS XXX MVLTIS XXXX in Kranz.	25	75	180

Bronzemünzen

153.33	SECVRITAS REI PVB Stier n. r. stehend, darüber zwei Sterne. *In Auktionskatalogen findet man für dieses Nominal zumeist die Bezeichnung Doppelmaiorina.*	30	125	500
153.34	SPES REI PVBLICE Iulianus n. r. oder n. l. stehend.	5	30	60
153.35	VIRT EXERC ROMANORVM Soldat n. r. stehend, einen Gefangenen beim Schopf packend.	5	30	60

153.36	VOT X MVLT XX in Kranz. *In Auktionskatalogen findet man für dieses Nominal zumeist die Bezeichnung Centenionalis.*	5	30	60

154. Iovianus

363 – 364

Zur Geschichte

Flavius Iovianus wurde um 331 in Singidunum geboren. Sein Vater gehörte zu den hochrangigen Militärs unter den Nachkommen Constantinus' und sein guter Ruf war ausschlaggebend dafür, daß das Heer, das wegen des Feldzuges gegen die Sasaniden mitten in Feindesland stand, am 27. Juni 363 Iovianus zum Kaiser ausrief. Der schloß einen übereilten Waffenstillstand mit den Sasaniden und lieferte ihnen dafür Gebiete aus, die seit Jahrzehnten in sicherem römischen Besitz gewesen waren. Iovianus verzichtete außerdem auf allen Einfluß auf die Besetzung des Königsamts in Armenien.
Iovianus erneuerte als orthodoxer Christ die Vorrechte der christlichen Kirche, die ihr von Iulianus genommen worden waren. Nicht allzu viele Neuerungen wurden unter Iovianus eingeführt. Dazu war seine Herrschaft zu kurz. Er starb bereits am 17. Februar 364 – aller Wahrscheinlichkeit nach an einer Kohlenmonoxydvergiftung.

Hinweise für Sammler

Man unterscheidet – wie auch für die anderen Kaiser seit Constantius II. – leichte und schwere Siliquen. Für die anderen Kaiser sind mit dem unterschiedlichen Gewicht auch unterschiedliche Typen verbunden. Für Iovianus dagegen ist das gleiche Motiv mit unterschiedlichen Gewichten verbunden, was die Werteinschätzung schwieriger macht, da der Wert einer schweren Siliqua wesentlich höher ist, als der einer leichten.
Hier ein kleiner Überblick über die Gewichte der Silbermünzen.

Nominal	Gewogenes Gewicht	Theoretisches Gewicht	Anzahl der Stücke auf das römische Pfund
Schwere Miliarense	5,16 g	5,37 g	60
Leichte Miliarense	4,23 g	4,48 g	72
Siliqua	3,11 g	3,36 g	96
Reduzierte Siliqua	2,02 g	2,24 g	144

Münzen

Folgende Vorderseitenvarianten kommen vor:
Umschrift: D N IOVIANVS P F (P P) AVG,
D N IOVIANVS PE(R)P AVG.
Büste: n. r., mit Diadem, drapiert und gepanzert.

		s	ss	vz

Solidi

		s	ss	vz
154.1	GAVDIVM ROMANORVM Constantinopolis n. l. thronend, vor ihr kniender Bittsteller, hinter beiden Victoria.	450	1.000	2.500
154.2	GLORIA REI PVBLICAE Roma und Constantinopolis frontal sitzend, einen Kranz oder einen Schild zwischen sich haltend, darin bzw. darauf 1.) VOT V oder 2.) VOT V MVL(T) X.	300	750	2.000

		s	ss	vz
154.3	SECVRITAS REI PVBLIC(A)E Roma und Constantinopolis frontal sitzend, einen Kranz zwischen sich haltend, darin VOT V MVLT X.	300	750	2.000
154.4	–. Iovianus n. l. stehend, zu seinen Füßen Gefangener.	450	1.000	2.500
154.5	1 1/2 Scripula. VICTORIA AVGVSTI Victoria n. r. sitzend, einen Schild beschreibend mit VOT V MVL X.	500	1.000	2.500

Silbermünzen

		s	ss	vz
154.6	Miliarense. GLORIA ROMANORVM Iovianus n. r. stehend, über ihm Bogen.	1.000	5.000	LP
154.7	Miliarense. RESTITVTOR REI P Iovianus n. l. stehend.	1.000	5.000	LP
154.8	Miliarense. VOTIS V MVLTIS X in Kranz.	1.000	5.000	LP
154.9	Siliqua. VOT V MVL(T) X in Kranz.	75	250	750

		s	ss	vz
154.10	Leichte Siliqua. –.	60	120	300
154.11	Siliqua. VOT X MVLT X in Kranz.	60	120	300

Bronzemünzen

		s	ss	vz
154.12	RESTITVTOR REI P Iovianus n. l. stehend.	75	280	500
154.13	VICTORIA AVGVSTI N Victoria n. l. gehend.	75	280	500

		s	ss	vz

		s	ss	vz
154.14	VICTORIA ROMANORVM Iovianus n. r. stehend.	75	280	500
154.15	VOT V in Kranz.	5	25	75

		s	ss	vz
154.16	VOT V MVLT X in Kranz.	5	25	75
154.17	VOT X MVLT XX in Kranz.	5	25	75

155. Valentinianus I.

364 – 375

Zur Geschichte

Flavius Valentinianus wurde im Jahre 321 in Cibalae / Pannonien geboren. Er entstammte einer illyrischen Offiziersfamilie. Sein Vater hatte hohe Kommandostellen in Britannien und Africa bekleidet, ohne direkt zu den führenden Militärs zu gehören. Auch Valentinianus stand als Kommandant einer Abteilung der Leibwache eher in der zweiten Reihe, trotzdem wählte ihn die Versammlung der Offiziere in Nikaia zum Nachfolger des Iovianus und erhob ihn am 26. Februar 364 zum Augustus. Auf ihr Drängen hin ernannte Valentinianus seinen Bruder Valens zum zweiten Augustus, so daß wieder einmal das römische Reich zwischen zwei Verantwortlichen aufgeteilt war. Die Grenze verlief von der Großen Syrte zur Save an die Donau und teilte damit das Reich genau so, wie schon zwischen Constans und Constantius. Valentinianus übernahm den Westteil.

Nach dem Bekanntwerden des Todes von Iulianus begannen die Alamannen wieder, Überfälle auf das römische Reich durchzuführen. Es kam zu ernsthaften militärischen Auseinandersetzungen, die nicht immer zugunsten der Römer verliefen. Erst 374 schloß Valentinianus einen Frieden mit den Alamannen.

Auch in anderen Provinzen hatten Valentinianus mit Problemen zu kämpfen. In Britannien erhob sich ein Usurpator ebenfalls mit Namen Valentinianus, der aber von Theodosius – dem späteren Kaiser – beseitigt werden konnte. In Mauretanien kam es zu einer Aufstandsbewegung der Donatisten, einer Splittergruppe der Christen, unter einem Mann namens Firmus, die schnell niedergeschlagen wurde.

Um auch über seinen Tod hinaus die Herrschaft über das römische Reich zu sichern, setzte Valentinianus am 24. August 367 seinen Sohn Gratianus zum zweiten Augustus des Westens ein.

Valentinianus fand für einen Kaiser ein sehr unerwartetes Ende: In Pannonien war es seit 373 immer wieder zu Einfällen der Quaden gekommen, die man mit Militärmacht beenden wollte. Nach einigen verlustreichen Schlachten kam es zu Friedensverhandlungen, in deren Verlauf sich Valentinianus derartig aufregte, daß er am 17. November 375 einen Blutsturz erlitt, an dem er starb.

Zur Münzgeschichte

Valentinianus übernahm ein Münzsystem, in dem die Goldnominale seit Constantinus I. unverändert geblieben waren und die Silbernominale seit der Reform des Constantius II. im Jahre 355. Im Bereich der Bronzemünzen führte Valentinianus gleich im ersten Jahr seiner Regierung leichte Veränderungen hinsichtlich der Größe und des Gewichts der ausgegebenen Bronzemünzen durch, die aber noch mehrfach während seiner Regierung geändert wurden. Folgende Münzstätten prägten unter Valentinianus und seinen Nachfolgern:

Trier	TR
Lyon	LVG
Arles	CON(ST) / KON(ST)
Mailand	M(D), MED
Aquileia	AQ
Rom	R
Siscia	SIS
Sirmium	SIRM, SM
Thessalonike	TES
Herakleia	H / HA
Constantinopolis	C / CONS
Kyzikos	K
Nikomedia	N
Antiochia	ANT
Alexandria	ALE

Die Bezeichnungen für die Offizinien bleiben wie gehabt (vergleiche die Aufstellung unter Diocletianus). Zusätzlich findet sich die Bezeichnung OB, wie sie später regelmäßig Teil der Münzstättenbezeichnung auf byzantinischen Goldmünzen werden wird. Dieses OB steht für *obryzium,* dem lateinischen Begriff für raffiniertes Gold, wie es mit der besten damals erreichbaren Feinheit aus den Steuereinnahmen geschmolzen wurde. Die ebenfalls auftauchende Bezeichnung CONOB steht also für solches Gold mit dem hohen Feingehalt, das in Constantinopolis ausgeprägt wurde. COMOB dagegen bezieht sich auf Münzstätten, die prägten, als der kaiserliche Hof sich in der gleichen Stadt aufhielt. COM geht dabei auf *comitatus* zurück, der *terminus technicus* für den Hofstaat, der den Kaiser begleitete und ständig beriet.

s ss vz

Hinweise für Sammler

Die Vorderseiteninschrift D N VALENTINIANVS P F AVG wird auch von Valentinian II. und dem III. benutzt.

Münzen

Folgende Vorderseitenvarianten kommen vor:
Umschrift: D N VALENTINIANVS (P F) AVG,
VALENTINIANVS AVG
und zahlreiche andere Varianten.
Büste: n. r., mit Diadem, drapiert und gepanzert, selten Sonderbüsten.

Solidi

155.1 GLORIA REI PVBLICAE Roma und Constantinopolis nebeneinander sitzend, zwischen sich einen Schild haltend, darauf 1.) VOT V MVLT X, 2.) VOT X MVLT XV. **250 500 1.000**

155.2 Aureus. GLORIA ROMANORVM Valentinianus in Wagen, Geld unter die Menge werfend. **5.000 25.000 50.000**

155.3 –. Roma und Constantinopolis nebeneinander sitzend, zwischen sich einen Schild haltend, darauf VOT X MVL XX. **250 500 1.000**

155.4 1 1/2 Scripula. PAX PERPETVA 1.) Victoria frontal stehend, 2.) Victoria n. r. sitzend, einen Schild mit VOT V MVL X beschreibend. **500 1.000 1.750**

155.5 RESTITVTOR REI PVBLICAE Valentinianus frontal stehend. **250 500 1.000**

155.6 SALVS REI P Valentinianus n. r. stehend, zu seinen Füßen Gefangener. **300 600 1.200**

155.7 SPES R P Valentinianus und Valens nebeneinander sitzend, zwischen sich kleine Gestalt, darüber Schild, darauf 1.) VOT V MVL X oder 2.) VOT X MVL XX. **300 600 1.200**

155.8 TRIVMFATOR GENT BARB Valentinianus n. l. stehend, zu seinen Füßen Gefangener. **300 600 1.200**

155.9 VICTORES AVGVSTI Valentinianus und Valens nebeneinander sitzend, einen Globus haltend, Victoria sie bekränzend. **300 600 1.200**

155.10 1 1/2 Scripula. VICTORIA AVG Victoria n. r. sitzend, einen Schild beschreibend mit VOT V MVLT X. **500 1.000 1.750**

s ss vz

155.11 VICTORIA AVGG Valentinianus und Valens nebeneinander sitzend, einen Globus haltend, Victoria sie bekränzend. **250 500 1.000**

155.12 Semis. VICTORIA AVGVSTI Victoria n. l. gehend. **250 350 500**

155.13 1 1/2 Scripula. VICTORIA AVGVSTI N Victoria n. l. gehend. **500 1.000 1.750**

155.14 VICTORIA AVGVSTORVM Victoria n. r. sitzend, einen Schild beschreibend mit VOT V MVL X. **300 600 1.200**

155.15 1 1/2 Scripula. –. 1.) Victoria n. r. sitzend, einen Schild beschreibend mit VOT V, 2.) Victoria n. l. gehend. **500 1.000 1.750**

155.16 Semis. –. Victoria n. r. sitzend, einen Schild beschreibend mit VOT X MVL XX. **250 350 500**

155.17 Semis. VICTORIA DD NN AVG Victoria n. l. gehend. **250 350 500**

155.18 1 1/2 Scripula. VICTORIA D N AVG Victoria n. l. gehend. **500 1.000 1.750**

155.19 Semis. VICTORIAE D N AVG Victoria n. r. sitzend, einen Schild mit VOT V MVLT X beschreibend. **250 350 500**

155.20 VIRTVS ROMANORVM Valentinianus und Valens einander zugewandt stehend, einen Globus gemeinsam haltend. **250 500 1.000**

155.21 VOTA PVBLICA Valentinianus und Valens in Consulartracht nebeneinander sitzend, gelegentlich Gefangene zu beiden Seiten. **350 750 1.500**

Silbermünzen

155.22 Miliarense. GLORIA ROMANORVM 1.) Valentinianus n. r. stehend unter Bogen, 2.) Valentinianus und Valens einander gegenüberstehend, selten unter Bogen. **300 750 1.500**

155.23 Miliarense. RESTITVTOR REI P(VBLICAE) Valentinianus n. r. stehend (Siliqua). **300 750 1.500**

155.24 Miliarense. SALVS REI PVBLICAE Vier Standarten. **500 1.500 2.500**

155.25 Miliarense. SECVRITAS REI P Valentinianus und Valens einander zugewandt stehend. **300 750 1.500**

s ss vz

155.26 Miliarense. SECVRITAS REI PVBLICAE Victoria n. l. stehend. **300 750 1.500**

155.27 Siliqua. VRBS ROMA Roma n. l. sitzend. **30 70 150**

155.28 Miliarense. VICTORIA AVGVSTORVM Victoria n. r. gehend, einen Gefangenen am Schopf packend. **500 1.500 2.500**

155.29.1

155.29 Miliarense. –. Victoria n. r. stehend, einen Schild beschreibend mit 1.) VOT V MVLT X oder 2.) VOT X MVLT XV. **300 750 1.500**

155.30 Miliarense. VICTORIA D N AVG Victoria n. l. stehend, einen Schild auf einem Stab haltend, darauf VOT X MVLT XX, zu beiden Seiten Gefangener. **LP LP LP**

155.31 Miliarense. –. Valentinianus n. l. stehend, zu beiden Seiten Gefangener. **300 750 1.500**

155.32 Miliarense. VICTORIAS AVGVSTORVM Zwei Victorien gemeinsam einen Schild haltend, darauf VOT V. **300 750 1.500**

155.33 Miliarense. VIRTVS EXERCITVS (oder EXERCITI) Valentinianus n. l. oder n. r. stehend. **300 750 1.500**

155.34 Siliqua. –. Valentinianus n. l. stehend. **40 75 180**

155.35 Siliqua. VOT(IS) V in Kranz (Argenteus). **40 75 180**

155.36 Miliarense. VOT(IS) V MVLT(IS) X in Kranz (Argenteus, Siliqua). **500 1.500 2.500**

155.37 Miliarense. VOT X MVLT XV in Kranz (Siliqua). **500 1.500 2.500**

155.38 Miliarense. VOT(IX) X MVL(TIS) XX in Kranz (Argenteus, Siliqua). **500 1.500 2.500**

155.39 Siliqua. VOT VX MVLT XX in Kranz (Argenteus). **40 75 180**

Bronzemünzen

		s	ss	vz

155.40.1

155.40 GLORIA ROMANORVM 1.) Valentinianus n. r. gehend, einen Gefangenen hinter sich her ziehend, 2.) Victoria n. l. gehend (AE 3). **5 25 75**

155.41 –. Lagertor (AE 2). **250 1.000 LP**

155.42 PERPETVITAS IMPERII Valentinianus n. r. stehend, einen Schild von oben empfangend, der mit einer Swastika beschrieben ist (AE 3). **LP LP LP**

155.43 RESTITVTOR REI P Valentinianus n. r. stehend (AE 3). **5 25 75**

155.44 RESTITVTOR REI PVBLICAE Valentinianus n. r. stehend (AE 1). **150 400 750**

155.45 SECVRITAS REI PVBLICAE 1.) Victoria n. l. gehend, 2.) Valentinianus n. r. gehend, einen Gefangenen hinter sich her ziehend (AE 3). **5 25 75**

155.46 VOT V MVLT X in Kranz (AE 3). **5 25 75**

156. Valens

364 – 378

Zur Geschichte

Am 28. März 364 wurde der im Jahr 328 in Cibalae (Slawonien) geborene Flavius Valens in Constantinopolis von seinem älteren Bruder Valentinianus I. zum Augustus ernannt. Im Juni 364 zog er mit seinem Bruder nach Naissus und teilte dort mit ihm Reich und Heer. Ihm fiel dabei der Osten zu.

Valens sah sich während seiner Regierung mit einer ganzen Reihe von inneren und äußeren Problemen konfrontiert. Bald nach seiner Ernennung kam es zu einer ersten Rebellion unter Procopius, die jedoch bereits 366 niedergeschlagen werden konnte.

Auch mit den Sasaniden gab es neue Auseinandersetzungen. Iovianus hatte Sapor in dem Waffenstillstandsvertrag, der nach dem Tod des Iulianus den Rückzug des römischen Heeres absicherte, das fast völlig christianisierte Armenien vertraglich zugesichert. Armenien aber fühlte sich traditionell eher den Römern zugehörig. Sapor versuchte nun, das Land mit Waffengewalt zu erobern. Zwar gelang es Valens, diese Eroberung unter großem Einsatz von militärischen und politischen Mitteln zu verzögern, im Jahre 378 aber standen vier Fünftel Armeniens unter dem Einfluß der Sasaniden. Lediglich ein Fünftel wurde noch von einem römischen Klientelfürsten kontrolliert.

Das Jahr 378 wurde zu einem Schicksalsjahr der römischen Geschichte. Historiker wählen traditionell dieses Jahr, um den Beginn der Völkerwanderungszeit zu markieren, wobei dies natürlich nicht ganz zutreffen ist. Bereits seit dem 1. Jahrhundert v. Chr. war es immer wieder zu Wanderungen einzelner germanischer Stämme gekommen und spätestens seit der Herrschaft des Marcus Aurelius waren die römischen Grenzen durch die fortwährende Abwehr der verschiedenen Völker zu einem ständigen Krisenherd geworden. Die Goten aber waren allem bisher Gesehenen an militärischer Stärke überlegen.

Ausgegangen war das Problem der Goten von den Hunnen, die um die Mitte des 4. Jahrhunderts v. Chr. einen Einfall im Gebiet der Alanen machten, einem iranischen Nomadenstamm, der am Aralsee lebte. Die Alanen wurden dadurch aus ihren traditionellen Gebieten vertrieben und zogen nach Süden.

Sie schlugen zunächst die West-, danach die Ostgoten, die nach dem Dominoprinzip ihrerseits in Richtung Süden zogen und unter der Führung von Fritigern und Alavivus an der Donau erschienen, um Aufnahme ins römische Reich zu erbitten. 200.000 Personen sollen sich an dieser Wanderung beteiligt haben.
Erste Kontakte hatte Valens bereits durch die Rebellion des Procopius mit den Goten gehabt. Dieser hatte militärische Unterstützung von ihnen erhalten. Valens führte daraufhin mehrere Vergeltungszüge durch, mußte aber im Sommer 369 einen Frieden mit den Goten schließen. Kurz danach kam es zu einer Spaltung der Goten: Ein Stammesteil unter Fritigern nahm das Christentum an und bat Valens um Missionare und Unterstützung. Da Valens sich selbst zum arianischen Glauben bekannte, wurden die Goten in diesem Sinne durch Wulfila missioniert. Im Jahre 376 erschien eine Gesandtschaft der Goten vor Valens, die um Aufnahme ins römische Reich als Siedler bat, was ihnen auch gewährt wurde. Allerdings geriet der Einzug der Goten bald außer Kontrolle. Die zuständigen Beamten versuchten überdies, sich an den Einwanderern zu bereichern und schufen eine künstliche Lebensmittelknappheit, die von den Goten mit der Forderung nach einem freien Zugang zu den römischen Märkten beantwortet wurde. Das gegenseitige Mißtrauen wuchs, es kam zu ersten militärischen Zwischenfällen und bald war der offene Krieg ausgebrochen. Der Kaiser selbst versuchte, durch sein militärisches Eingreifen die Lage zu wenden, wurde aber am 9. August 378 in der Schlacht von Adrianopolis geschlagen und verlor sein Leben. Die Heiden betrachteten diese Niederlage als die göttliche Strafe des Kaisers für sein Christentum, die orthodoxen Christen sahen darin die göttliche Strafe für des Kaisers arianisches Bekenntnis; wie auch immer, mit dieser Niederlage endete die relativ stabile Endphase des römischen Reiches, es kam zu immer kürzeren Regierungszeiten von immer schneller wechselnden Kaisern.

Hinweise für Sammler

Statt Argenteus wird in Auktionskatalogen auch die Bezeichnung schwere Siliqua verwendet. Für einen Argenteus, bzw. eine schwere Siliqua müssen erhöhte Preise bezahlt werden: In „schön" etwa 180 EUR, in „sehr schön" 350 EUR, in „vorzüglich" 800 EUR.

Münzen

s ss vz

Folgende Vorderseitenvarianten kommen vor:
Umschrift: D N VALENS P F AVG,
D N VALENS PER F AVG
und viele andere Varianten.
Büste: n. r., mit Diadem, gepanzert und drapiert, selten Sonderbüsten.

Solidi

156.1 GLORIA REI PVBLICAE Roma und Constantinopolis nebeneinander sitzend, zwischen sich einen Schild haltend, darauf 1.) VOT V MVLT X oder 2.) VOT X MVLT XV. **250 500 1.000**

156.2 GLORIA ROMANORVM 1.) Valens frontal stehend, 2.) Valens n. l. reitend, 3.) Roma und Constantinopolis nebeneinander sitzend, zwischen sich einen Schild haltend, darauf VOT X MVL XX. **300 600 1.200**

156.3 1 1/2 Scripula. PAX PERPETVA Victoria frontal stehend, einen Kranz in beiden Händen. **600 1.000 1.500**

156.4 RESTITVTOR REI PVBLICAE Valens frontal stehend. **250 500 1.000**

156.5 SALVS REI P Valens n. r. stehend, zu seinen Füßen Gefangener (Aureus). **300 600 1.200**

156.6 SPES R P Valentinianus und Valens nebeneinander sitzend, zwischen ihnen kleine Gestalt in Toga stehend, darüber Schild mit der Aufschrift VOT V MVL X. **500 1.000 2.500**

156.7 VICTORES AVGVSTI Valentinianus und Valens nebeneinander sitzend, einen Globus haltend, Victoria sie bekränzend. **300 600 1.200**

156.8 1 1/2 Scripula. VICTORIA AVG Victoria n. r. sitzend, einen Schild beschreibend mit VOT V MVL X. **600 1.000 1.500**

156.9 VICTORIA AVGG Valentinianus und Valens nebeneinander sitzend, einen Globus haltend, Victoria sie bekränzend. **250 500 1.000**

156.10 1 1/2 Scripula. –. Victoria n. l. gehend. **600 1.000 1.500**

156.11 1 1/2 Scripula. VICTORIA AVGVSTI N Victoria n. l. gehend. **600 1.000 1.500**

s ss vz

156.12.2

156.12 VICTORIA AVGVSTORVM Victoria n. r. sitzend, einen Schild beschreibend mit 1.) VOT V MVL X oder 2.) VOT X MVLT XX. **250 500 1.000**

156.13 1 1/2 Scripula. –. Wie vorher, aber mit 1.) VOT V oder 2.) VOT X MVL XX. **600 1.000 1.500**

156.14 Semis. –. Wie vorher, aber mit VOT X MVL XX. **250 350 500**

156.15 1 1/2 Scripula. VICTORIA D(D) N(N) AVG(G) Victoria n. l. gehend. **600 1.000 1.500**

156.16 VIRTVS ROMANORVM Valentinianus und Valens nebeneinander stehend, gemeinsam einen Globus haltend, Victoria beide bekränzend. **300 600 1.200**

156.17 VOTA PVBLICA Valentinianus und Valens in Consulartracht nebeneinander sitzend, gelegentlich Gefangene zu beiden Seiten. **350 750 1.500**

Silbermünzen

156.18 Miliarense. GLORIA ROMANORVM 1.) Valentinianus n. r. unter Bogen stehend, 2.) Valentinianus und Valens einander gegenüberstehend, selten unter Bogen. **350 1.000 1.750**

156.19 Miliarense. RESTITVTOR REI P Valens n. r. stehend (Siliqua). **350 1.000 1.750**

156.20 Miliarense. SALVS REI PVBLICAE Vier Standarten. **500 1.500 2.500**

156.21 Miliarense. SECVRITAS REI PVBLICAE Victoria n. l. stehend. **350 1.000 1.750**

156.22 Siliqua. VRBS ROMA Roma n. l. sitzend. **30 70 150**

156.23 Miliarense. VICTORIA AVGVSTORVM Victoria n. r. gehend, einen Gefangenen am Schopf packend. **500 1.500 2.500**

s ss vz

156.24.1

156.24 Miliarense. –. Victoria n. r. stehend, einen Schild beschreibend mit 1.) VOT V MVLT(IS) X oder 2.) VOT X MVLT XV. **350 1.000 1.750**

156.25 Siliqua. VICTORIA DD NN AVG Victoria n. l. gehend. **LP LP LP**

156.26 Miliarense. VIRTVS EXERCITVS Valens n. l. oder n. r. stehend. **350 1.000 1.750**

156.27 Argenteus. –. Drei Standarten. **LP LP LP**

156.28 Siliqua. VOT V in Kranz (Argenteus). **30 75 180**

156.29 Miliarense. VOT(IS) V MVLT(IS) X in Kranz (Argenteus, Siliqua). **500 1.500 2.500**

156.30 Miliarense. VOT(IS) X MVLT(IS) XV in Kranz (Siliqua). **500 1.500 2.500**

(Siliqua)

156.31 Miliarense. VOT(IS) X MVLT(IS) XX in Kranz (Argenteus, Siliqua). **500 1.500 2.500**

(Siliqua)

156.32 Miliarense. VOT(IS) XV MVLT(IS) XX in Kranz (Siliqua). **500 1.500 2.500**

s ss vz

Bronzemünzen

156.33 FELICITAS ROMANORVM Victoria n. l. gehend (AE 3). **10 50 150**

156.34.2

156.34 GLORIA ROMANORVM 1.) Victoria n. l. gehend, 2.) Valens n. r. gehend, einen Gefangenen hinter sich her ziehend (AE 3). **5 25 75**

156.35 –. Lagertor (AE 2). **250 1.000 LP**

156.36 RESTITVTOR REI P Valens n. r. stehend (AE 3). **5 25 75**

156.37 RESTITVTOR REI PVBLICAE Valens n. r. stehend (AE 1). **250 1.000 4.000**

156.38 SECVRITAS REI PVBLICAE Victoria n. l. gehend (AE 3). **5 25 75**

156.39 VICTORIA AVGGG Victoria n. l. gehend (AE 4). **– 10 60**

156.40 VICTORIA AVGVSTORVM Victoria n. l. gehend (AE 4). **– 10 60**

156.41 VICTORIA DD NN AVG Victoria n. l. gehend (AE 3). **LP LP LP**

157. Procopius

365 – 366

Zur Geschichte

Procopius war der letzte überlebende Nachkomme Constantinus' I. Ihm soll Iulianus, der keine Kinder hatte, die Nachfolge im Kaiseramt versprochen haben.

Eine Gruppe von Militärs, die mit der Ernennung des Valentinianus zum Augustus nicht zufrieden war, rief Procopius am 28. September 365 zum Kaiser aus. Die Anfangserfolge des Usurpators waren gewaltig: Ganz Thrakien und Bithynien inklusive Constantinopolis fielen ihm zu. Da jedoch die Anführer der Orientarmee sich der Usurpation nicht anschlossen, war das baldige Ende des Procopius besiegelt. Sein Heer wurde bei Nacolea in Kleinasien besiegt, Procopius selbst am 27. Mai 366 hingerichtet.

Zur Münzgeschichte

Für Procopius wurde in folgenden Münzstätten geprägt: Herakleia, Constantinopolis, Kyzikos und Nikomedia,

Münzen

Folgende Vorderseitenvarianten kommen vor:
Umschrift: D N PROCOPIVS AVG.
Büste: n. r., gelegentlich n. l., mit Diadem, gepanzert und / oder drapiert.

Solidi

157.1 REPARATIO FEL TEMP Procopius n. r. stehend. **7.000 20.000 50.000**

157.2 SECVRITAS REI PVB Procopius n. l. stehend **7.000 20.000 50.000**

Silbermünzen

157.3 Siliqua. VOT V in Lorbeerkranz. **250 500 2.500**

Bronzemünzen

157.4 REPARATIO FEL TEMP Procopius n. r. stehend (AE 1). *Dieses Nominal wird in Auktionskatalogen meist als „Doppelte Maiorina" bezeichnet.* **LP LP LP**

		S	SS	VZ
157.5	–. (AE 2).	500	1.500	LP

157.6	–. (AE 3).	20	60	180

158. Gratianus

367 – 383

Zur Geschichte

Flavius Gratianus wurde als Sohn der Marina Severa und des Valentinianus I. im Jahr 359 geboren. Im Alter von 8 Jahren ließ ihn sein Vater zum Augustus ausrufen. Vorausgegangen war eine schwere Erkrankung des Valentinianus I., die ihm gezeigt hatte, daß eine Sicherung der Erbfolge nötig war. Trotzdem mißlang die Übergabe der Macht nach dem Tod des Valentinianus im Jahr 375. Da Gratianus sich zu diesem Zeitpunkt in Gallien befand, ließen zwei Heermeister Valentinianus II. zum Augustus ausrufen. Mit ihm teilte Gratianus – zumindest nominell, schließlich war Valentinianus II. bei seiner Erhebung gerade mal 4 Jahre alt - das Westreich. Dabei verblieben für Gratianus Gallien, Spanien und Britannien. Hauptaufgabe des Gratianus war es, die Grenzen gegen die ständigen Einfälle der Germanen zu verteidigen.

Als die Bedrohung durch die Goten im Jahr 378 immer drängender wurde, führte Gratianus ein Heer in den Osten, um seinem Onkel Valens zu Hilfe zu kommen. Er traf erst nach der Niederlage von Adrianopolis und dessen Tod ein. So mußte er zu nächst einen neuen Augustus des Ostens ernennen. Seine Wahl fiel auf Flavius Theodosius, mit dem er einen der fähigsten Militärs wählte, den das römische Reich zur damaligen Zeit besaß.

Danach eilte Gratianus sofort wieder in den Westen, wo erneute Germaneneinfälle stattgefunden hatten, die nur zum Teil zurückgeworfen werden konnten. Im Jahr 383 kam es zu einer neuen Usurpation, diesmal in Britannien, das sich seit Jahren alleine gelassen fühlte mit dem Problem, die eindringenden Scoten und Picten abzuwehren. Magnus Maximus, ein Verwandter des Theodosius, wurde dort zum Kaiser ausgerufen. Er setzte nach Gallien über, wo ihm Gratianus ein Heer entgegenführte. Die Soldaten aber verließen ihren Kaiser und Gratianus wurde am 25. August 383 im Alter von 30 Jahren von einem Heermeister des Maximus bei Lyon erschlagen.

Münzen

s ss vz

Folgende Vorderseitenvarianten kommen vor:
Umschrift: D N GRATIANVS (P F) AVG und andere Varianten.
Büste: n. r., mit Diadem, drapiert und gepanzert, selten Sonderbüsten.

Solidi

158.1 CONCORDIA AVGGG(G) Constantinopolis frontal thronend, gelegentlich hinter der Legende Offizinbuchstaben. **250 500 1.000**

158.2 GLORIA NOVI SAECVLI Gratianus n. l. stehend, Victorien Kranz über seinen Kopf haltend. **300 750 1.500**

158.3 GLORIA REI PVB Zwei Kaiser nebeneinander sitzend, gemeinsam einen Globus haltend, zwischen ihnen Victoria. **500 1.000 2.500**

158.4 PRINCIPIVM IVVENTVTIS Gratianus n. r. stehend. **250 500 1.000**

158.5 RESTITVTOR REI PVBLICAE Gratianus n. r. stehend. **250 500 1.000**

158.6 SPES R P Zwei Kaiser nebeneinander sitzend, zwischen ihnen kleiner Togatus, darüber Schild mit Aufschrift VOT V MVL X. **300 750 1.500**

158.7 VICTORIA AVGG Zwei Kaiser nebeneinander sitzend, gemeinsam einen Globus haltend, zwischen ihnen Victoria. **250 500 1.000**

158.8.1

158.8 VICTORIA AVGVSTORVM Victoria n. r. sitzend, einen Schild beschreibend mit 1.) VOT V MVL(T) X oder 2.) VOT X MVLT XX. **250 500 1.000**

158.9 –. Wie vorher, aber auf Schild Aufschrift VOT X. **600 1.000 1.500**

158.10 1 1/2 Scripula. –. Victoria n. l. gehend. **600 1.000 1.500**

s ss vz

158.11 Semis. –. Victoria n. r. sitzend, einen Schild beschreibend mit VOT V MVLT X. **250 350 500**

158.12 VOTA PVBLICA Zwei Kaiser in Consulartracht nebeneinander sitzend, gelegentlich Gefangene zu beiden Seiten. **300 600 1.250**

Silbermünzen

158.13 Siliqua. CONCORDIA AVGGG Constantinopolis frontal sitzend. **50 100 200**

158.14 Miliarense. GLORIA ROMANORVM Gratianus n. r. stehend unter einem Bogen. **350 1.000 1.750**

158.15 Siliqua. –. Roma frontal sitzend. **LP LP LP**

158.16 Siliqua. PERPETVETAS Phönix n. l. auf Globus stehend. **150 750 1.500**

158.17 Siliqua. VRBS ROMA Roma n. l. sitzend. **30 70 150**

158.18 Miliarense. VICTORIA AVGVSTORVM Victoria n. r. stehend, einen Schild beschreibend mit VOT V MVLT X. **350 1.000 1.750**

158.19 Halbe Siliqua. –. Victoria n. l. gehend. **300 750 LP**

158.20 Siliqua. VICTORIA AVGG Victoria n. l. gehend. **40 80 180**

158.21 Halbe Siliqua. VICTORIA AVGGG Victoria n. l. gehend. **300 750 LP**

158.22 Miliarense. VICTORIA AVGVSTORVM Victoria n. r. gehend, einen Gefangenen am Schopf packend. **LP LP LP**

s *ss* *vz*

158.23 Miliarense. VIRTVS EXERCITVS Gratianus n. l. stehend (Argenteus). **350 1.000 1.750**

158.24 Siliqua. VIRTVS ROMANORVM Roma frontal sitzend. **40 80 180**

158.25 Siliqua. VOTIS V in Kranz. **40 80 180**

158.26 Miliarense (schwer). VOTIS V MVLTIS X in Kranz. **500 1.500 2.500**

158.27 Miliarense (leicht). VOT V MVLT(IS) X in Kranz (Siliqua). **350 1.000 1.750**

158.28 Siliqua. VOT X MVLT(IS) XV in Kranz. **40 80 180**

158.29 Miliarense. VOT(IS) X MVLT(IS) XX in Kranz (Siliqua). **500 1.500 2.500**

158.30 Miliarense. VOT(IS) XV MVLT(IS) XX in Kranz (Siliqua). **500 1.500 2.500**

158.31 Siliqua. VOT XV MVLT XXX in Kranz. **50 100 250**

Bronzemünzen

158.32.1

158.32 CONCORDIA AVGG(G) 1.) Roma frontal sitzend, 2.) Constantinopolis frontal sitzend (AE 3). **10 25 75**

158.33 FELICITAS REI PVBLICAE Gratianus n. l. stehend auf einem Schiff, an der Prora Victoria, einen Kranz haltend (AE 2). **LP LP LP**

158.34 FELICITAS ROMANORVM Victoria n. l. gehend (AE 3). **10 25 75**

s *ss* *vz*

158.35 GLORIA NOVI SAECVLI Gratianus n. l. stehend (AE 3). **20 40 120**

158.36 GLORIA ROMANORVM 1.) Victoria n. l. gehend, 2.) Gratianus n. r. gehend, einen Gefangenen am Schopf packend (AE 3). **10 25 75**

158.37 –. Lagertor (AE 2). **250 1.000 LP**

158.38 –. Gratian n. l. auf Schiff stehend, im Heck Victoria (AE 2). **10 40 120**

158.39 REPARATIO REI PVB Gratianus n. l. stehend, einer knienden Gestalt aufhelfend (AE 2). **10 40 120**

158.40 SECVRITAS REI PVBLICAE Victoria n. l. gehend (AE 3). **10 25 75**

158.41 VICTORIA AVGG(G) Victoria n. l. gehend (AE 3 und AE 4). **10 25 75**

158.42 VICTORIA AVGVSTORVM Victoria n. l. gehend (AE 4). **5 25 75**

158.43 VIRTVS ROMANORVM Roma frontal sitzend (AE 3). **10 25 75**

158.44 VOT V in Kranz (AE 4). **5 25 75**

158.45 VOT V MVLT X in Kranz (AE 4). **5 25 75**

158.46 VOT X MVLT XX in Kranz (AE 4). **5 25 75**

158.47 VOT XV MVLT XX in Kranz (AE 4). **5 25 75**

158.48 VOT XX MVLT XXX in Kranz (AE 4). **5 25 75**

159. Valentinianus II.

375 – 392

Zur Geschichte

Valentinianus II. wurde im Jahr 371 als Sohn des Valentinianus I. geboren. Seine Mutter war Iustina, die Witwe des Magnentius, die Valentinianus nach dem Tod seiner ersten Frau geheiratet hatte.

Bereits im Alter von 4 Jahren wurde Valentinianus II. am 22. November 375 in Aquincum vom Heer zum Kaiser ausgerufen. Unter dem Einfluß seines Bruders Gratianus und seiner Mutter Iustina stehend, dürfte der Anteil, den Valentinianus II. an der Regierung nahm, zunächst denkbar klein gewesen sein.

Als eigenständige Persönlichkeit tritt uns Valentinianus II. erst im Jahr 384 entgegen, als er das Gesuch des römischen Senats ablehnte, die Statue der Victoria, die Augustus nach seinem Sieg bei Actium in der Kurie aufstellen ließ und die auf Geheiß des Gratianus entfernt worden war, wieder an ihrem alten Platz aufstellen zu lassen. Schon ein Jahr später sehen wir Valentinianus im Streit mit Ambrosius, der verhindern wollte, daß Valentinianus II. eine arianische Kirche vor den Toren Mailands errichtete. Valentinianus II. mußte sich wiederholt im Kampf um eine Toleranz des arianischen Bekenntnisses dem von Ambrosius organisierten Druck der Straße fügen. Valentinianus floh aus Mailand und bat Magnus Maximus um Unterstützung. Der zog selbst nach Italien und übernahm dort die Macht. Valentinianus II. floh zu Theodosius, der Magnus Maximus vertrieb und nach seinem Rückzug in den Osten die Macht über den Westen wieder Valentinianus II. anvertraute – natürlich nicht ohne dem jungen Mann einige ihm selbst treue Ratgeber zu hinterlassen.

Einer von ihnen war Arbogast, ein Franke, der auf bisher nie gesehene Art und Weise das Amt seines Vaters als Heermeister übernommen hatte: Seine Truppen hatten ihn dazu ausgerufen. Arbogast verfügte über so große Macht, daß er es wagen konnte, Valentinianus II. dessen ihm geltende Entlassungsurkunde vor die Füße zu werfen. Nach dieser Verzweiflungstat des Valentinianus stellte ihn Arbogast unter Hausarrest und wenige Tage später fand man den 21jährigen Kaiser erhängt im Palast von Vienne.

Hinweise für Sammler

Die Umschrift D N VALENTINIANVS P F AVG wurde ebenso von Valentinianus I. und III. benutzt, allerdings fällt eine Unterscheidung der drei Kaiser leicht. Valentinianus I. wird als Mann in seinen besten Jahren dargestellt, Valentinianus II. trägt die Züge eines jungen Mannes und die Porträts des Valentinianus III. sind relativ grob geschnitten.

Münzen

Folgende Vorderseitenvarianten kommen vor:
Umschrift: D N VALENTINIANVS (IVN) P F AVG
und viele andere Varianten.
Büste: n. r., selten n. l., mit Diadem, drapiert und / oder gepanzert, selten Sonderbüsten.

Solidi

159.1.1

159.1 CONCORDIA AVGGG Constantinopolis 1.) frontal sitzend, gelegentlich Offizinsbuchstabe am Ende der Legende, 2.) frontal sitzend, einen Schild haltend mit der Aufschrift VOT X MVLT XV, 3.) VOT X MVLT XX oder 4.) VOT XV MVLT XX. **250 800 1.500**

159.2 GLORIA ROMANORVM Constantinopolis und Roma nebeneinander sitzend, einen Schild haltend, darauf VOT XV MVLT XX. **250 800 1.500**

159.3 VICTORIA AVGG Zwei Kaiser frontal thronend, gemeinsam einen Globus haltend, zwischen ihnen Victoria. **250 800 1.500**

159.4 VICTORIA AVGVSTORVM Victoria n. r. sitzend, einen Schild beschreibend mit VOT V. **250 800 1.500**

159.5 1 1/2 Scripula. –. 1.) Victoria n. l. gehend, 2.) Victoria n. r. sitzend, einen Schild beschreibend mit VOT V MVL X. **500 1.200 2.000**

159.6 Semis. –. Victoria n. r. sitzend, einen Schild beschreibend mit VOT V MVL X. **150 350 500**

		s	*ss*	*vz*
159.7	Tremissis. –. Victoria n. l. oder n. r. gehend.	**100**	**250**	**400**
159.8	VOTA PVBLICA Zwei Kaiser frontal thronend in Consulartracht.	**250**	**800**	**1.500**

Silbermünzen

159.9	Miliarense. GLORIA ROMANORVM Valentinianus n. l. stehend.	**300**	**1.000**	**1.750**
159.10	Siliqua. PERPETVETAS Phönix n. l. stehend.	**150**	**750**	**LP**

159.11	Siliqua. VRBS ROMA Roma n. l. sitzend.	**30**	**75**	**150**

159.12	Siliqua. VICTORIA AVGG(G) Victoria n. l. oder n. r. gehend.	**50**	**100**	**200**
159.13	Miliarense. VICTORIA AVGVSTORVM Victoria n. r. gehend, einen Gefangenen am Schopf packend.	**500**	**1.500**	**2.500**

159.14	Miliarense. VIRTVS EXERCITVS Valentinianus n. l. stehend.	**300**	**1.000**	**1.750**
159.15	Siliqua. VIRTVS ROMANORVM Roma n. l. sitzend.	**50**	**100**	**200**
159.16	Siliqua. VOT(IS) V MVLT(IS) X in Kranz.	**50**	**100**	**200**
159.17	Siliqua. VOT X MVLT XX in Kranz.	**50**	**100**	**200**
159.18	Argenteus. VOT XV MVLT XX in Kranz (Siliqua).	**300**	**750**	**LP**

Bronzemünzen

159.19	CONCORDIA AVGGG 1.) Constantinopolis frontal sitzend, 2.) Roma frontal sitzend (AE 3).	**5**	**25**	**75**
159.20	GLORIA REI PVBLICAE Lagertor (AE 3 und 4).	**5**	**25**	**75**
159.21	GLORIA ROMANORVM 1.) Victoria n. l. gehend, 2.) Valentinianus n. r. gehend, einen Gefangenen am Schopf packend (AE 3).	**5**	**25**	**75**

		s	*ss*	*vz*
159.22	–. Valentinianus auf Schiff n. r. stehend, Victoria in Heck sitzend (AE 2).	**5**	**40**	**150**

159.23.2

159.23	REPARATIO REI PVB 1.) Valentinianus n. l. stehend, 2.) Valentinianus n. l. stehend, einer knienden weiblichen Gestalt aufhelfend (AE 2).	**5**	**40**	**150**

159.24	SALVS REI PVBLICAE Victoria n. l. gehend, einen Gefangenen beim Schopf packend (AE 4).	**5**	**25**	**75**
159.25	SECVRITAS REI PVBLICAE Victoria n. l. gehend (AE 3).	**5**	**25**	**75**
159.26	SPES REI PVBLICAE Valentinianus n. r. stehend (AE 3).	**5**	**25**	**75**
159.27	VRBS ROMA Roma n. l. sitzend (AE 3).	**5**	**25**	**75**
159.28	VICTORIA AVG Zwei Victorien mit Kranz einander gegenüber stehend.	**5**	**25**	**75**
159.29	VICTORIA AVGG Victoria n. r. stehend, einen Schild beschreibend mit VOT X MVLT XX.	**LP**	**LP**	**LP**
159.30	VICTORIA AVGGG Victoria n. l. gehend (AE 3 und 4).	**5**	**25**	**75**
159.31	–. Zwei Victorien einander gegenüber stehend, jede einen Kranz und einen Palmzweig haltend (AE 4).	**5**	**25**	**75**
159.32	VIRTVS AVGGG Valentinianus n. l. stehend auf Schiff, im Heck Victoria (AE 3).	**5**	**25**	**75**
159.33	VIRTVS EXERCITI Valentinianus n. r. stehend (AE 2).	**5**	**40**	**120**
159.34	Wie vorher (AE 3).	**5**	**25**	**75**
159.35	VIRTVS ROMANORVM Roma frontal sitzend (AE 3).	**5**	**25**	**75**
159.36	VOT V in Kranz (AE 4).	**5**	**25**	**75**

159.37	VOT V MVLT X in Kranz (AE 4).	**5**	**25**	**75**
159.38	VOT X MVLT XV in Kranz (AE 4).	**5**	**25**	**75**
159.39	VOT X MVLT XX in Kranz (AE 4).	**5**	**25**	**75**
159.40	VOT XV MVLT XX in Kranz (AE 4).	**5**	**25**	**75**
159.41	VOT XX MVLT XXX in Kranz (AE 4).	**5**	**25**	**75**

160. Theodosius I.

379 – 395

Zur Geschichte

Flavius Theodosius stammte nicht wie die meisten Kaiser des 4. Jahrhunderts aus ärmlichen Verhältnissen. Er war ein Sohn aus begüterter Familie, dessen gleichnamiger Vater bis zu seiner Verwicklung in einen Majestätsprozeß einer der erfolgreichsten Generäle des römischen Reiches gewesen war. Flavius Theodosius war Spanier; er wurde am 11. Januar 347 in Cauca geboren und brüstete sich einer Verwandtschaft mit dem Kaiser Traianus.

Wegen der Hinrichtung seines Vaters Anfang 376 zog sich Theodosius ins Privatleben zurück, wurde aber schon zwei Jahre später nach der Niederlage des Valens bei Adrianopolis wieder in den aktiven Dienst gerufen. Nach ersten Siegen gegen die Sarmaten noch im Jahr 378 übertrug ihm Gratianus das Amt als Augustus des Ostens am 19. Januar 379. Die erste Aufgabe des neuen Kaisers war es, die Donauprovinzen zu befrieden, was erst gelang, als man gotische Soldaten ins Heer aufnahm und unter den eindringenden Stämmen eine Pest ausbrach. Am 3. Oktober 382 wurde ein Epoche machender Frieden geschlossen, der erste, bei dem ein großes Volk auf reichsrömischem Gebiet als völkerrechtliches Subjekt behandelt wurde. Praktisch bedeutete das, daß die Römer ein *foedus,* also ein Bündnis mit den Goten abschlossen: Diese erhielten steuerfreien Grundbesitz, lebten nach eigenem Recht unter eigenen Fürsten, versprachen dafür aber, Soldaten zu stellen, die gegen Bezahlung in eigenen Verbänden unter eigenen Anführern kämpften. Damit war ein neuer Status für Reichsbewohner geschaffen, ein geteiltes Bürgerrecht, das zu dem Problem einer geteilten Loyalität führen sollte.

Nicht vergessen werden darf hier die große Aufmerksamkeit, die Theodosius der Kirchenpolitik schenkte. Er selbst war orthodoxer Katholik und persönlich sehr fromm. Theodosius war der erste Kaiser, der auf den Titel *pontifex maximus* verzichtete, was mehr war als die Aufgabe einer leeren Formel: damit stellte sich zum ersten Mal ein Kaiser in religiösen Fragen unter die Autorität der kirchlichen Führer. Unter dem Einfluß des Ambrosius von Mailand, der heute noch als Kirchenvater verehrt wird, hob Theodosius am 17. Februar 380 die Toleranz gegenüber anderen christlichen Bekenntnissen auf und erklärte nur das als rechtgläubig, was in Rom und Alexandria gelehrt wurde. Damit war der Sieg des katholischen Christentums über die Arianer errungen. Im Jahr 381 führte Theodosius ein später ökumenisch genanntes Konzil durch, das seine Beschlüsse sanktionierte. Dieses Jahr gilt als die offizielle Einführung der christlich-katholischen Staatsreligion.

Als im Westen die Lage durch kirchliche Auseinandersetzungen und Einfälle von verschiedenen germanischen Stämmen immer unübersichtlicher wurde, entschied sich Theodosius, einzugreifen. Er übertrug seinem bereits früher zum Augustus ernannten Sohn Arcadius das Kommando in Constantinopolis und zog mit einem starken Heer nach Italien. Zunächst schlug er ein gotisch-hunnisches Heer bei Siscia, danach beendete er die Usurpation des Magnus Maximus. Theodosius konnte als unbestrittener Augustus in Mailand einziehen, geriet aber dort bald mit dem Bischof Ambrosius in Konflikt. Der Anlaß für diese Machtprobe lag weit von Mailand entfernt: In Thessalonike war ein Wagenlenker verhaftet worden. Seine darüber aufgebrachten Anhänger stürmten das Gefängnis. Bei dieser Gelegenheit kam ein germanischer Heermeister ums Leben. Theodosius sah seine Autorität in diesem getöteten Beamten verletzt, er veranstaltete ein Strafgericht, dem Tausende in Thessalonike zum Opfer gefallen sein sollen. Ambrosius nahm dies zum Anlaß, dem Kaiser die Kommunion zu verweigern und ihn zur Kirchenbuße aufzurufen, die Theodosius nach längerem Zögern auf sich nahm. Damit verbunden dürfte die Auflage gewesen sein, den Kampf gegen die Anhänger der alten Götter mit schärferen Mitteln zu führen, was Theodosius nun begann. 391 wurde jegliche Form des altgläubigen Gottesdienstes verboten, sowohl der Tempelbesuch wie auch das häusliche, private Ritual. Ein Beauftragter des Kaisers reiste durch die östlichen Provinzen und schloß zahlreiche Heiligtümer. Mönchshorden zerstörten besonders in Ägypten ehrwürdige Kultgegenstände, die seit Jahrtausenden verehrt worden waren. Dort kam es deswegen zu einem Aufstand der Altgläubigen. Sie erhoben sich im Jahr 391 unter dem Philosophen Olympios. Nach harten Kämpfen verschanzten sich die letzten Überlebenden im Serapeion von Alexandria. Das ehrwürdige Bauwerk wurde von kaiserlichen Soldaten erobert und auf Befehl des Theodosius vollständig zerstört.

Auch im Westen gab es unter dem fränkischen Heermeister Arbogast und dem von ihm protegierten Kaiser Eugenius ein letztes Aufbäumen des heidnischen Glaubens, das Theodosius damit beantwortete, daß er seinen Sohn Honorius als Augustus des Westens einsetzte und mit einem Heer in den Westen zog. Am 6. September 394 kam es an einem Paß zwischen Laibach und Görz zur Entscheidungsschlacht zwischen altem und neuem Glauben, zwischen Eugenius und Arbogast auf der einen, Theodosius und Honorius auf der anderen Seite. Theodosius siegte. Der Ausgang der Schlacht wurde als Gottesurteil gewertet. Theodosius zog weiter nach Mailand, starb dort aber am 17. Januar 395, noch bevor er in den Osten zurückkehren konnte.

Theodosius I. war der letzte römische Kaiser, der einen wesentlichen Einfluß sowohl auf die Politik im Osten wie im Westen ausübte. Seit seiner Aufteilung des Reiches unter den beiden Söhnen, blieb das römische Reich gespalten in ein Westreich, das nicht einmal mehr 100 Jahre bestehen sollte, und ein Ostreich, das zum byzantinischen Reich wurde.

Zur Münzgeschichte

Solidi mit dem Porträt des Theodosius wurden außer in den gewöhnlichen Münzstätten auch in Londinium geprägt.

Münzen

s *ss* *vz*

Folgende Vorderseitenvarianten kommen vor:
Umschrift: D N THEODOSIVS P F AVG und andere Varianten.
Büste: n. r., selten n. l., mit Diadem, gepanzert und drapiert, selten Sonderbüsten.

Solidi

160.1.1

160.1.2

160.1 CONCORDIA AVGGG 1.) Constantinopolis frontal sitzend, 2.) frontal sitzend, einen Schild haltend mit der Aufschrift VOT V MVLT X oder 3.) VOT X MVLT XX, selten mit Offizinsbuchstaben. **300 600 1.200**

160.2 GLORIA REI PVB Zwei Kaiser frontal sitzend, gemeinsam einen Globus haltend, dazwischen Victoria. **300 600 1.200**

160.3 VICTORIA AVGG(G) Zwei Kaiser frontal sitzend, gemeinsam einen Globus haltend, dazwischen Victoria. **250 500 1.000**

160.4 –. Theodosius n. r. stehend, gelegentlich am Ende der Legende Offizinsbuchstabe. **250 500 1.000**

160.5 1 1/2 Scripula. VICTORIA AVGVSTORVM 1.) Victoria n. l. gehend, 2.) Victoria n. r. sitzend, einen Schild beschreibend mit VOT V MVL X oder 3.) VOT X MVLT XV. **500 1.000 1.500**

160.6 Tremissis. –. Victoria n. l. oder n. r. gehend. **100 250 400**

160.7 VOTA PVBLICA Zwei Kaiser frontal sitzend in Consulartracht. **300 600 1.200**

s ss vz

Silbermünzen

160.8 Siliqua. CONCORDIA AVGGG Constantinopolis frontal sitzend. **40 80 175**

160.9 Miliarense. GLORIA ROMANORVM Theodosius n. l. stehend. **350 1.000 1.750**

160.10 Siliqua. PERPETVETAS Phönix n. l. stehend. **150 750 LP**

160.11 Halbe Siliqua. SPES ROMANORVM Victoria n. l. gehend. **250 750 LP**

160.12 Siliqua. VRBS ROMA Roma n. l. sitzend. **30 70 150**

160.13 Siliqua. VICTORIA AVGG(G) Victoria n. l. gehend. **40 80 175**

160.14 Halbe Siliqua. VICTORIA AVGGG Victoria n. l. gehend. **250 750 LP**

160.15 Miliarense (schwer). VICTORIA AVGVSTORVM Victoria n. r. gehend. **500 1.500 2.500**

160.16 Miliarense (leicht). –. Theodosius mit Trophäe n. r. gehend. **350 1.000 1.750**

160.17 Miliarense. VIRTVS EXERCITVS Theodosius n. l. stehend. **350 1.000 1.750**

160.18 Siliqua. VIRTVS ROMANORVM Roma frontal oder n. l. sitzend. **40 80 175**

160.19 Siliqua. VOT V MVLT X in Kranz. **40 80 175**

160.20 Siliqua. VOT X MVLTIS XV in Kranz. **40 80 175**

160.21 Siliqua. VOT X MVLT XX in Kranz. **40 80 175**

s ss vz

Bronzemünzen

160.22 CONCORDIA AVGGG 1.) Constantinopolis frontal sitzend, 2.) Roma frontal sitzend (AE 3 und 4). **10 25 75**

160.23 GLORIA REI PVBLICAE Lagertor (AE 3). **10 25 75**

160.24 GLORIA ROMANORVM Theodosius n. r. stehend (AE 2). **10 40 120**

160.25 –. 1.) Theodosius n. r. gehend, einen Gefangenen am Schopf packend, 2.) Theodosius n. r. reitend (AE 3). **10 25 75**

160.26 –. Theodosius n. l. auf Schiff stehend, im Heck Victoria sitzend (AE 2 und 3). **10 25 75**

160.27 REPARATIO REI PVB Theodosius n. l. stehend, einer knienden weiblichen Gestalt aufhelfend (AE 2). **10 40 120**

160.28 SALVS REI PVBLICAE Victoria n. l. gehend (AE 4). **5 25 75**

160.29 SPES REI PVBLICAE Theodosius n. r. stehend (AE 3). **20 25 75**

160.30 SPES ROMANORVM Victoria n. l. gehend (AE 4). **5 25 75**

160.31 VRBS ROMA FELIX Roma n. r. oder frontal stehend (AE 3). **10 40 120**

160.32 VICTORIA AVG Zwei Victorien einander gegenüber stehend, beide halten Kranz (AE 4). **5 25 75**

160.33 VICTORIA AVGGG Victoria n. l. gehend (AE 3 und 4). **5 25 75**

		s	ss	vz

		s	ss	vz
160.34	–. Zwei Victorien einander gegenüber stehend, beide halten Kranz und Palmzweig (AE 4).	**5**	**25**	**75**
160.35	VIRTVS AVGGG Theodosius n. l. auf Schiff stehend, im Heck Victoria (AE 3).	**10**	**25**	**75**

		s	ss	vz
160.36	VIRTVS EXERCITI Theodosius n. r. stehend (AE 2).	**10**	**40**	**120**
160.37	VIRTVS ROMANORVM Roma frontal sitzend (AE 3).	**10**	**25**	**75**
160.38	VOT V in Kranz (AE 4).	**5**	**25**	**75**
160.39	VOT V MVLT X in Kranz (AE 4).	**5**	**25**	**75**
160.40	VOT X MVLT XX in Kranz (AE 4).	**5**	**25**	**75**

		s	ss	vz
160.41	VOT XV MVLT XX in Kranz (AE 4).	**5**	**25**	**75**
160.42	VUI XX MVLI XXX in Kranz (AE 4).	**5**	**25**	**75**

161. Aelia Flacilla

Gemahlin des Theodosius I., † 386

Zur Geschichte

Aelia Flacilla gehörte zum Provinzialadel Spaniens. Theodosius heiratete sie in den Jahren zwischen 376 und 378, als er sich nach der Hinrichtung seines Vaters ins Privatleben zurückziehen mußte.

Aelia Flacilla gebar dem Theodosius drei Kinder: Honorius, Arcadius sowie eine Tochter namens Pulcheria.

Im Jahr 386 starb Aelia Flaccilla in Skotumis (Thrakien). Alles, was wir über ihren Charakter wissen, müssen wir der Leichenrede entnehmen, die der Kirchenvater Gregor von Nyssa ihr im Jahr 386 hielt (Greg. Nyss. or. fun. Flacc. PG 46, 881 c). Wenn wir dieser sicher nicht ganz unvoreingenommenen Quelle glauben wollen, dann war Aelia Flacilla eine vorbildliche, fromme und mildtätige Frau. Sie soll sich außerdem durch ihre strikte Ablehnung des Arianismus ausgezeichnet haben.

Münzen

Folgende Vorderseitenvarianten kommen vor:
Umschrift: AEL FLACCILLA AVG.
Büste: n. r., mit Diadem, drapiert.

Solidi

		s	ss	vz
161.1	Tremissis. *Ohne Legende.* Christogramm in Kranz.	**5.000**	**LP**	**LP**

		s	ss	vz
161.2	SALVS REI PVBLICAE Victoria n. r. sitzend, ein Christogramm auf einen Schild schreibend, gelegentlich am Ende der Legende Offizinsbuchstabe.	**1.500**	**6.000**	**15.000**

Silbermünzen

		s	ss	vz
161.3	Siliqua. *Ohne Legende.* Christogramm in Kranz.	**1.500**	**4.000**	**LP**

Bronzemünzen

		s	ss	vz

		s	ss	vz
161.4	SALVS REI PVBLICAE Victoria n. r. sitzend, ein Christogramm auf einen Schild schreibend (AE 2).	75	170	300

		s	ss	vz
161.5	–. (AE 4).	5	40	180
161.6	–. Aelia Flaccilla frontal stehend, ihre Arme über der Brust kreuzend (AE 2).	100	250	500

162. Magnus Maximus

383 – 388

Zur Geschichte

Magnus Maximus stammte wie sein Verwandter Theodosius I. aus einer spanischen Familie und hatte sich über die militärische Laufbahn bis zum Kommandanten Britanniens emporgearbeitet. Dort wurde er im Frühjahr 383 von den römischen Truppen, die sich von der Zentralregierung in ihrem Kampf gegen die eindringenden Picten und Scoten alleingelassen fühlten, zum Augustus ausgerufen. Magnus Maximus führte sein Heer nach Gallien. Einer seiner Heermeister ermöglichte durch die Ermordung des Gratianus die Übernahme Galliens durch Magnus Maximus.

Die Mutter des jungen Valentinianus II. schickte Gesandte, und Theodosius I. anerkannte ebenfalls die Machtübernahme durch Magnus Maximus. Durch ihn wurden Britannien und Gallien mit fester Hand verwaltet. Magnus Maximus gelang es sogar, Valentinianus II. aus Italien zu verdrängen, als dieser sich von den Anhängern des Bischofs von Mailand, Ambrosius, aus seiner Hauptstadt vertrieben sah.

Auch für Magnus Maximus brachte sein Versuch, sich den orthodoxen Christen in den Weg zu stellen, letztendlich den Untergang. Er versuchte zu verhindern, daß die Anhänger des Ambrosius eine Synagoge anzündeten. Magnus Maximus konnte den Bau nicht retten, und er verscherzte sich damit die Unterstützung des Ambrosius, der dem von Osten heranmarschierenden Theodosius I. half, die Herrschaft im Westen zu übernehmen. Magnus Maximus mußte aus Mailand fliehen, ergab sich in Aquileia und wurde am 28. August(?) 388 enthauptet.

Zur Münzgeschichte

Für Magnus Maximus wurde in folgenden Münzstätten geprägt: London (Münzstättenzeichen AVG), Trier, Lugdunum, Arelate, Mediolanum, Aquileia, Rom und Constantinopolis.

Hinweise für Sammler

Unter Magnus Maximus gibt es zwei verschiedene Größen von Kleinbronzen, wie sie im RIC mit AE 4 bezeichnet sind. Wir haben hier einen mittleren Preis für beide Größen gewählt, tatsächlich werden die etwas größeren Stücke mit einem Durchmesser von 14 – 16 mm etwas teurer gehandelt als die kleineren mit einem Durchmesser von 12 – 13 mm.

Münzen

Folgende Vorderseitenvarianten kommen vor:
Umschrift: D N (MAG) MAXIMVS P F AVG.
Büste: n. r., mit Diadem, drapiert und gepanzert.

Solidi

162.1 RESTITVTOR REI PVBLICAE Magnus Maximus frontal stehend. **2.000 3.000 5.000**

162.2 VICTORIA AVGG Zwei Kaiser nebeneinander sitzend, gemeinsam einen Globus haltend, zwischen ihnen Victoria. **2.000 3.000 5.000**

162.3 Semis. VICTORIA AVGVSTORVM Victoria n. r. sitzend, einen Schild beschreibend mit VOT V MVLT X. **2.000 4.000 LP**

162.4 Tremissis. –. Victoria n. l. gehend. **1.000 2.000 LP**

Silbermünzen

162.5 Siliqua. CONCORDIA AVGGG Constantinopolis frontal sitzend. **40 80 250**

162.6 Siliqua. VICTORIA AVGG Victoria n. l. gehend. **40 80 250**

162.7 Siliqua. VICTORIA AVGVSTORVM Victoria n. l. gehend. **40 80 250**

162.8 Miliarense. VIRTVS EXERCITVS Magnus Maximus n. l. stehend. **750 1.500 5.000**

s ss vz

162.9 Siliqua. VIRTVS ROMANORVM Roma frontal sitzend. **40 80 250**

162.10 Miliarense. VOTIS V M(V)LTIS X in Kranz. **1.000 2.500 7.000**

162.11 Siliqua. VOT V MVLT X in Kranz. **40 80 250**

Bronzemünzen

162.12.2

162.12 REPARATIO REI PVB 1.) Magnus Maximus n. l. stehend, 2.) Magnus Maximus, einer knienden Frau aufhelfend (AE 2). **60 180 400**

162.13 SPES ROMANORVM Lagertor, darüber Stern (AE 4). **50 120 350**

162.14 VICTORIA AVGG Magnus Maximus n. l. stehend (AE 2). **60 180 400**

162.15 –. Victoria n. l. gehend (AE 4). **50 120 350**

162.16 VIRTVS EXERCITI Magnus Maximus n. r. stehend (AE 2). **60 180 400**

162.17 VOTIS V in Kranz (AE 4). **50 120 350**

162.18 VOT V MVLT X in Kranz (AE 4). **50 120 350**

163. Flavius Victor

387 – 388

Zur Geschichte

Flavius Victor wurde von seinem Vater Magnus Maximus zum Augustus ernannt und mit der Aufgabe betraut, im Westen die Grenzen Galliens gegen die eindringenden Sachsen und Franken zu verteidigen. Wir wissen nicht genau, wann Flavius Victor zum Augustus ernannt wurde. Wahrscheinlich ist dies entweder kurz nach der Machtergreifung des Magnus Maximus im Jahr 384 geschehen, oder im Jahr 387, als Flavius Victor sein militärisches Kommando in Gallien erhielt. Auf jeden Fall teilte Flavius Victor das Schicksal seines Vaters, er wurde noch im Jahr 388 enthauptet.

Münzen

Folgende Vorderseitenvarianten kommen vor:
Umschrift: D N FL VICTOR P F AVG und zahlreiche Varianten.
Büste: n. r., mit Diadem, drapiert und gepanzert.

Solidi

163.1 BONO REI PVBLICE NATI Magnus Maximus und Flavius Victor nebeneinander sitzend, gemeinsam einen Globus haltend, zwischen sich Victoria.
6.000 18.000 60.000

163.2 Semis. VICTORIA AVGVSTORVM Victoria n. r. sitzend, einen Schild beschreibend mit VOT V MVLT X.
LP LP LP

163.3 Tremissis. VICTORIA AVGVSTORVM Victoria n. l. gehend.
LP LP LP

Silbermünzen

163.4 Siliqua. VICTORIA AVGVSTORVM Victoria n. l. gehend.
100 250 500

163.5 Siliqua. VIRTVS ROMANORVM Roma frontal sitzend.
100 250 500

Bronzemünzen

163.6 SPES ROMANORVM Lagertor, darüber Stern (AE 4).
60 250 LP

164. Eugenius

392 – 394

Zur Geschichte

Nachdem Valentinianus II. am 15. Mai 392 unter mysteriösen Umständen in seinem Palast erhängt aufgefunden worden war, schickte sein mutmaßlicher Mörder, der fränkische Heermeister Arbogast, eine Botschaft an Theodosius I., in der er zum einen seine Unschuld beteuerte, zum anderen den Augustus bat, einen neuen Kaiser des Westens zu ernennen. Theodosius zögerte, wohl weil er keinen seiner Söhne der Gefahr aussetzen wollte, ebenfalls von Arbogast ermordet zu werden. So veranlaßte Arbogast die Erhebung eines Hofbeamten namens Flavius Eugenius am 22. August 392 zum Kaiser. Theodosius ließ daraufhin sofort seinen zweiten Sohn Honorius am 23. Januar 393 zum zweiten Mitkaiser ausrufen.

Flavius Eugenius, der einen Philosophenbart trug wie einst Iulianus, war Rhetor und ein Anhänger der alten Religion. Es kam in Zusammenarbeit mit Arbogast, der sich ebenfalls nicht zum Christentum bekannte, zu einer Renaissance des alten Glaubens. Sichtbares Symbol dafür war die Rückkehr der Victoriastatue in die Kurie, die einst Augustus zur Erinnerung seines Sieges bei Actium hatte aufstellen lassen und die von Gratianus als heidnisch entfernt worden war.

Die Entscheidungsschlacht zwischen altem und neuem Glauben fand am 6. September 394 an einem Paß zwischen Laibach und Görz statt. Auf der einen Seite kämpften Eugenius und Arbogast, auf der anderen Seite Theodosius und Honorius. Theodosius siegte. Der Ausgang der Schlacht wurde als Gottesurteil gewertet. Arbogast beging Selbstmord, Eugenius ergab sich und wurde von den Soldaten des Theodosius erschlagen.

Zur Münzgeschichte

Folgende Münzstätten prägten Münzen mit dem Porträt des Eugenius: Trier, Lugdunum, Arelate, Mediolanum, Aquileia und Rom.

s ss vz

Münzen

Folgende Vorderseitenvarianten kommen vor:
Umschrift: D N EVGENIVS P F AVG.
Büste: n. r., mit Diadem, drapiert und gepanzert.

Solidi

164.1 VICTORIA AVGG Zwei Kaiser nebeneinander sitzend, gemeinsam einen Globus haltend, zwischen ihnen Victoria.
2.500 9.000 18.000

164.2 Tremissis. VICTORIA AVGVSTORVM Victoria n. l. gehend.
2.500 7.000 15.000

164.3 VOTA PVBLICA Zwei Kaiser nebeneinander sitzend in Consulartracht.
3.000 10.000 20.000

Silbermünzen

164.4 Miliarense. GLORIA ROMANORVM Eugenius n. l. stehend.
800 3.500 8.000

164.5 Siliqua. VRBS ROMA Roma n. l. sitzend.
100 350 900

164.6 Halbe Siliqua. VICTORIA AVGGG Victoria n. l. gehend.
250 750 LP

164.7 Miliarense. VIRTVS EXERCITVS Eugenius n. l. stehend.
800 3.500 8.000

164.8 Siliqua. VIRTVS ROMANORVM Roma n. l. sitzend.
100 350 900

164.9 Miliarense. VOT V MVLT X in Kranz.
1.200 4.500 10.000

s ss vz

Bronzemünzen

164.10 SPES ROMANORVM Victoria n. l. gehend (AE 4).
50 300 LP

164.11 VICTORIA AVGGG Victoria n. l. gehend (AE 4).
50 300 LP

Ostreich

165. Arcadius
383 – 408

Zur Geschichte

Flavius Arcadius wurde um 377 als ältester Sohn des Theodosius I. geboren. Sein Vater ernannte ihn schon am 16. Januar 383 zum Augustus und übertrug ihm bereits im Jahre 384 Anteil an der Macht, als er selbst in den Westen aufbrach, um die Usurpation des Magnus Maximus zu beenden.
Nach dem Tod des Theodosius I. trat sein 17jähriger Sohn die Herrschaft an. Sofort begannen Auseinandersetzungen, wer für ihn die Regentschaft führen sollte. Sieger blieb Eutropius, der die Geschäfte des Reiches zunächst relativ erfolgreich betreute. Nach dessen Hinrichtung im Jahr 399 kam es zu einem schnellen Wechsel in den hohen Ämtern des Ostreiches. Der Kaiser selbst scheint nur wenig Einfluß auf die Verwaltung seines Reiches genommen zu haben.
Kirchenpolitisch setzte Arcadius die harte Linie des Theodosius fort, bestärkt von seiner Frau Eudoxia. Unter ihm wurden alle hohen Beamtenstellen ausschließlich mit orthodoxen Christen besetzt, nur bei den germanischen Heerführern beanstandete man deren arianischen Glauben nicht.
Arcadius starb am 1. Mai 408 und wurde im Mausoleum des Constantinus beigesetzt.

Hinweise für Sammler

Solidi mit dem kindlichen Frontalporträt des Arcadius können leicht höhere Preise erzielen. In „sehr schön" muß man mit ca. 750 Euro rechnen, in „vorzüglich" mit 1.500 Euro.

Bemerkenswert sind die Exagia, die Münzgewichte, die aus dieser Zeit angeboten werden. Sie zeigen auf der Vorderseite die Porträts der drei Kaiser, und tragen auf der Rückseite die Legende EXAGIVM SOLIDI. In „sehr schön" muß man für so ein Stück ca. 1.000 Euro rechnen.

Münzen

Folgende Vorderseitenvarianten kommen vor:
Umschrift: D N ARCADI AVG,
D N ARCADIVS P F AVG.
Büste: n. r., selten n. l., mit Diadem, gepanzert und drapiert; oder in Dreiviertelansicht mit Helm, Schild und Speer.

Solidi

165.1.1

		s	ss	vz
165.1	CONCORDIA AVGG(GG) 1.) Constantinopolis frontal sitzend, 2.) Constantinopolis frontal sitzend, einen Schild haltend, darauf VOT V MVLT X oder 3.) VOT X MVLT XV, alle Typen gelegentlich Offizinsbuchstabe am Ende der Legende.	250	600	1.250
165.2	GLORIA ROMANORVM Roma und Constantinopolis nebeneinander sitzend, einen Schild haltend, darauf VOT X MVLT XX.	250	600	1.250
165.3	NOVA SPES REI PVBLICAE Victoria n. r. sitzend, einen Schild beschreibend mit XX XXX.	350	900	1.800
165.4	VICTORIA AVGG Zwei Kaiser nebeneinander sitzend, gemeinsam einen Globus haltend, zwischen ihnen Victoria, gelegentlich mit Offizinsbuchstabe am Ende der Legende.	250	600	1.250

		s	ss	vz
165.5	–. Arcadius n. r. stehend, einen Gefangenen niedertretend.	250	600	1.250
165.6	Semis. –. Victoria n. r. sitzend, einen Schild beschreibend mit XX XXX.	250	350	500
165.7	VICTORIA AVGGG Arcadius n. r. stehend.	250	600	1.250
165.8	1 1/2 Scripula. VICTORIA AVGVSTORVM Victoria n. r. sitzend, einen Schild beschreibend mit VOT V MVL X.	500	1.000	1.750
165.9	Semis. –. Victoria n. r. sitzend, einen Schild haltend, darauf 1.) VOT X MVLT XV oder 2.) VOT X MVLT XX.	250	350	500
165.10	Semis. –. Victoria n. r. sitzend, einen Schild beschreibend mit VOT X MVLT XX.	250	350	500

	s	ss	vz

165.11 Tremissis. –. Victoria n. l. oder n. r. gehend. 100 250 400

Silbermünzen

165.12 Miliarense. GLORIA ROMANORVM Arcadius n. l. stehend. 350 1.000 1.700

165.13 Siliqua. VRBS ROMA Roma n. l. sitzend. 30 70 150

165.14 Halbe Siliqua. VICTORIA AVGG Victoria n. l. gehend. 100 300 500

165.15 Halbe Siliqua. VIRTVS AVGGG Victoria n. l. gehend. 100 300 500

165.16 Miliarense. VIRTVS EXERCITVS (oder EXERCITVM) Arcadius n. l. stehend. 350 1.000 1.700

165.17 Siliqua. VIRTVS ROMANORVM Roma n. l. sitzend. 40 80 175

165.18 Siliqua. VOT V MVLT X in Kranz. 40 80 175

165.19 Siliqua. VOT V MVLT XV in Kranz. 40 80 175

(Siliqua)

165.20 Miliarense. VOT X MVLT XX in Kranz (Siliqua). 500 1.500 2.500

Bronzemünzen

165.21 CONCORDIA AVG(GG) (oder NVGGG) (AE 4). 10 25 120

165.22 CONCORDIA AVGG(G) Constantinopolis frontal thronend (AE 3). 10 25 120

165.23 GLORIA REI PVBLICE Lagertor (AE 3 und 4). 10 25 120

165.24 GLORIA ROMANORVM Arcadius n. l. oder n. r. stehend (AE 2). 10 25 120

	s	ss	vz

165.25.1

165.25 –. 1.) Arcadius n. r. gehend, einen Gefangenen am Schopf packend, 2.) Arcadius n. r. reitend, 3.) Drei Kaiser frontal stehend (AE 3). 10 25 120

165.26 SALVS REI PVBLICAE Victoria n. l. gehend (AE 4). 10 25 120

165.27 SPES REI PVBLICAE Arcadius n. r. stehend (AE 3). 10 25 120

165.28 VRBS ROMA FELIX Roma n. r. oder frontal stehend (AE 3). 10 40 150

165.29 VICTORIA AVG Zwei Victorien einander gegenüberstehend (AE 4). 10 25 120

165.30 VICTORIA AVGG(G) 1.) Victoria n. l. gehend, 2.) Zwei Victorien einander gegenüberstehend, Kranz und Palmzweig haltend (AE 4). 10 25 120

165.31 VIRTVS AVGGG Arcadius n. l. stehend auf Schiff, im Heck Victoria (AE 3). 10 40 150

165.32 VIRTVS EXERCITI Arcadius n. r. stehend (AE 2). 10 25 120

165.33 –. Arcadius n. l. stehend, Victoria ihn bekränzend (AE 3). 10 25 120

165.34 VOT V in Kranz (AE 4). 10 25 120

165.35 VOT V MVLT X in Kranz (AE 4). 10 25 120

165.36 VOT X MVLT XX in Kranz (AE 4). 10 25 120

165.37 VOT XX MVLT XXX in Kranz (AE 4). 10 25 120

166. Aelia Eudoxia
Gemahlin des Arcadius, † 404

Zur Geschichte
Aelia Eudoxia war die Tochter des fränkischen Heermeisters Bauto. Eutropius, der sich bemühte, seinen Einfluß auf Arcadius auszudehnen, überredete den Augustus, die als Schönheit gepriesene junge Frau zu heiraten. Die Ehe wurde am 27. April 395 geschlossen. Eudoxia wird von den Quellen als sehr energisch geschildert. Ihr besonderes Interesse galt der Kirchenpolitik. 5 Kinder gebar sie ihrem Mann, ehe sich im Jahr 404 starb.

Hinweise für Sammler
Die Umschrift AEL EVDOXIA AVG wurde auch von Licinia Eudoxia benutzt.

Münzen
Folgende Vorderseitenvarianten kommen vor:
Umschrift: AEL EVDOXIA AVG.
Büste: n. r., mit Diadem und drapiert.

Solidi
166.1 Semis. *Ohne Legende.* Christogramm in Kranz.
2.000 4.000 9.000

166.2 Tremissis. *Ohne Legende.* Kreuz in Kranz.
600 1.250 2.500

166.3 SALVS REI PVBLICAE Victoria n. r. sitzend einen Schild haltend, darauf Christogramm. 2.000 4.000 9.000

Silbermünzen

166.4 Miliarense. *Ohne Legende.* Christogramm in Kranz.
3.000 9.000 15.000

166.5 Siliqua. *Ohne Legende.* Kreuz in Kranz.
750 1.500 LP

s ss vz

Bronzemünzen

166.6 GLORIA ROMANORVM Aelia Eudoxia frontal thronend, von der Hand Gottes bekränzt (AE 3). 40 75 250

166.7 SALVS REI PVBLICAE Victoria n. r. sitzend, einen Schild mit einem Christogramm beschreibend (AE 3).
40 75 250

167. Theodosius II.
402 – 450

Zur Geschichte

Theodosius II. wurde im Jahre 401 als Sohn des Arcadius und der Aelia Eudoxia geboren. Bereits an seinem ersten Geburtstag am 10. Januar 402 ernannte sein Vater ihn zum Augustus.
Der kindliche Kaiser erhielt eine umfassende Bildung. Seine Lehrer brachten ihm vor allem den christlichen Glauben nahe. Er soll überaus fromm gewesen sein. Der Politik schenkte Theodosius praktisch kein Interesse. Man sagt ihm nach, er habe alles unterschrieben, mit Ausnahme von Todesurteilen.
Theodosius II. stand während seiner gesamten Herrschaft unter dem Einfluß von hochrangigen, miteinander heftig konkurrierenden Beamten. Von 405 bis 414 führte der Reichspräfekt und Patricius Anthemius für ihn die Geschäfte. Ihn verdrängte Helion, der im Jahr 422 einen stabilen Frieden mit den Sasaniden aushandeln sollte. Wichtig wurde danach der Stadt- und Reichspräfekt Kyros, der Constantinopolis mit einer Straßenbeleuchtung ausstattete, was ihn beim einfachen Volk so beliebt machte, daß Theodosius II. ihn vorsichtshalber verbannte. Das Machtvakuum füllte der Patricius Nomos, der als Gesandter an Attila in die Geschichte eingegangen ist. Eine wichtige Rolle spielten ferner die Eunuchen, auf die wohl die Vertreibung der Kaiserin vom kaiserlichen Hof nach Jerusalem zurückzuführen ist.
Wichtigste Errungenschaft unter der Herrschaft des Theodosius dürfte der Codex Theodosianus sein, der im Jahre 438 in Constantinopolis, 439 in Rom in Kraft gesetzt wurde. Diese Gesetzessammlung hatte Vorbildfunktion für viele Stämme der Völkerwanderungszeit. Etwa in die gleiche Zeit fällt der Abschluß des Talmud, die Kodifikation der jüdischen Gesetze.
Kirchenpolitisch setzte Theodosius II. die Linie seiner Vorgänger fort, wobei während seiner Regierung der größte Bestechungsskandal stattfand, den die römische Geschichte kennt. In Alexandria war Kyrillos als Patriarch eingesetzt. Dieser zeichnete sich durch die kompromißlose Verfolgung von Heiden, Juden und nicht orthodoxen Christen aus. Kyrillos widersprach öffentlich den Thesen des Nestorios, Patriarch von Constantinopolis, der die Lehre der zwei Naturen Christi verfocht. Es kam zu einem 3. ökumenischen Konzil in Ephesos, der so genannten Räubersynode, bei der die beiden verfeindeten Parteien getrennt tagten und sich gegenseitig verurteilten. Daraufhin ließ der Kaiser sowohl Kyrillos als auch Nestorios ihrer Ämter entheben und gefangen nehmen. Kyrillos gelang die Flucht und er inszenierte von Ägypten aus eine gewaltige Bestechung. 14.400 Solidi erhielt der wichtigste Palasteunuch von ihm für seine Unterstützung, die gezahlten Summen sanken dann hinab bis auf 100 Solidi für die weniger bedeutenden Politiker. Die ägyptische Gemeinde mußte hohe Schulden aufnehmen, um die Summen zahlen zu können, aber letztendlich bestätigte der Kaiser die Meinung von Alexandria: Maria sei nicht nur die Mutter Jesu, sondern die Mutter Gottes.
Wenden wir uns noch kurz der Außenpolitik zu: Unter Theodosius II. wurde das römische Reich mit den anstürmenden Horden der Hunnen konfrontiert. Bis zum Jahr 440 konnte sich Theodosius dieser Gefahr durch die Zahlung von jährlichen Tributen entziehen. Doch danach erklärten die Hunnen Rom für eidbrüchig und zogen los: 440 eroberten sie Viminacium, 441 Sirmium, Singidunum und Naissus, 442 drangen sie vor bis zum Hellespont. Ein zweiter Feldzug erfolgte in den Jahren nach 447. Dabei sollen siebzig Städte erobert worden sein. Theodosius wurde gezwungen, einen erhöhten Jahrestribut von 2.100 Pfund Gold zu zahlen, außerdem ernannte er Attila zum römischen Heeresmeister *honoris causa.*
Theodosius brauchte sich nicht mehr lange mit der Hunnengefahr auseinandersetzen: Er starb während einer Jagd am 28. Juli 450 durch einen Sturz vom Pferd.

Hinweise für Sammler

Die Legende D N THEODOSIVS P F AVG findet auch für Münzen des Theodosius I. Verwendung.
Die seltene Vorderseitendarstellung des Theodosius in Consulartracht kostet in „sehr schön“ ca. 1.500 Euro, in „vorzüglich“ 4.000.

Münzen

Folgende Vorderseitenvarianten kommen vor:
Umschrift: D N THEODOSIVS P F AVG.
Büste: n. r., selten n. l., mit Diadem, gepanzert und drapiert; oder in Dreiviertelansicht mit Helm, Schild und Speer.

s | ss | vz

Solidi

167.1 Tremissis. Ohne Legende. Trophäe zwischen zwei Sternen. **150 300 600**

167.2 CONCORDIA AVGG Constantinopolis frontal sitzend, einen Schild haltend, darauf X VOT XX. **150 350 750**

167.3 CONCORDIA AVGG(G) Constantinopolis frontal sitzend, am Ende der Legende Offizinsbuchstabe. **150 350 750**

167.4 FELICITER NVBTIIS Theodosius zwischen Valentinianus III. und Eudoxia stehend. **1.000 2.500 LP**

167.5 GLORIA REI PVBLICAE Roma und Constantinopolis nebeneinander sitzend, zwischen ihnen ein Schild, darauf VOT XV MVL XX. **150 350 750**

167.6 GLOR ORVIS TERRAR Theodosius frontal stehend, am Ende der Legende Offizinsbuchstabe. **300 750 2.000**

167.7 IMP XXXXII COS XVII P P Constantinopolis frontal thronend, am Ende der Legende meist Offizinsbuchstabe. **150 350 750**

167.8 IMP XXXXIIII COS XVIII Theodosius frontal thronend in Consulartracht. **300 750 2.000**

167.9 SALVS REI PVBLICAE Theodosius und Valentinianus frontal thronend, am Ende der Legende Offizinsbuchstabe. **250 500 1.000**

167.10 Semis. VICTORIA AVGG Victoria n. r. sitzend, einen Schild haltend, darauf 1.) XV XX, 2.) XXX XXXX, 3.) +XXV, 4.) +XXX, 5.) +V XXX oder 6.) +XXXV. **150 300 500**

167.11 VICTORIA AVGGG 1.) Theodosius n. r. stehend, Standarte haltend, 2.) Theodosius frontal stehend, ein langes Christogramm haltend, bekränzt von Hand Gottes. **250 500 1.000**

167.12 Tremissis. VICTORIA AVGVSTORVM Victoria n. l. oder n. r. gehend. **100 250 500**

167.13 VIRT EXERC ROM Soldat n. r. gehend, am Ende der Legende Offizinsbuchstabe. **250 500 1.000**

167.14 VOT XX MVLT XXX Victoria n. l. stehend, ein langes Kreuz haltend. **150 350 750**

s | ss | vz

167.15.1

167.15 VOT XXX MVLT XXXX 1.) Constantinopolis n. l. thronend, 2.) Victoria n. l. stehend, ein langes Kreuz haltend, am Ende der Legende Offizinsbuchstabe. **150 350 750**

167.16 –. Zwei Kaiser in Konsulartracht nebeneinander sitzend. **300 750 2.000**

Silbermünzen

167.17 Miliarense (schwer). GLORIA ROMANORVM Theodosius n. l. stehend. **500 1.500 2.500**

167.18 Miliarense (leicht). –. **300 1.000 1.750**

167.19 Halbe Siliqua. VICTORIA AVGG Victoria n. l. gehend. **75 180 500**

167.20 Siliqua. VIRTVS ROMANORVM 1.) Theodosius n. r. stehend, 2.) Roma n. l. sitzend. **75 150 350**

167.21 Siliqua. VOT X MVLT XX in Kranz. **60 150 350**

167.22 Siliqua. VOT XV MVLT XX in Kranz. **60 150 350**

167.23 Siliqua. VOT XX MVLT XXX in Kranz. **60 150 350**

167.24 Siliqua. VOT (XXX) MVLT XXXX in Kranz. **60 150 350**

Bronzemünzen

167.25 *Ohne Legende.* Kreuz in Kranz (AE 3-4). **10 25 120**

167.26 *Ohne Legende.* Monogramm in Kranz (AE 3-4). **10 25 120**

167.27 CONCORDIA AVG Zwei Kaiser frontal stehend (AE 2). **60 250 LP**

167.28 CONCORDIA AVGG Constantinopolis frontal sitzend (AE 3). **10 25 120**

Nr.		s	ss	vz
167.29	–. Theodosius frontal stehend (AE 3).	20	50	250
167.30	–. Victoria frontal stehend (AE 4).	10	25	120
167.31	CONCORDIA AVG(GG) (oder NVGGG) Kreuz (AE 4).	10	25	120
167.32	GLORIA ROMANORVM 1.) Drei Kaiser frontal stehend (AE 3), 2.) Zwei Kaiser frontal stehend (AE 3).	10	25	120
167.33	GLOR ORVIS TERRAR Theodosius frontal stehend (AE 3).	LP	LP	LP
167.34	SALVS REI PVBLICE Victoria n. l. gehend (AE 4).	10	25	120
167.35	VRBS ROMA FELIX Roma frontal stehend (AE 3).	20	50	250
167.36	VIRTVS ROMANORVM Theodosius n. r. stehend (AE 4).	10	25	120
167.37	VOT X MVLT XX in Kranz (AE 4).	10	25	120
167.38	VOT XXX in Kranz (AE 4).	20	50	LP
167.39	VT XXX V in Kranz (AE 4).	10	25	120

168. Aelia Eudocia

Gemahlin des Theodosius II., † 460

Zur Geschichte

Aelia Eudocia hieß ursprünglich Athenais. Sie stammte aus Athen und war die Tochter eines Philosophen namens Leontios. Nach dessen Tod kam sie nach Constantinopolis, um dort ihre Position in einer Erbschaftsangelegenheit zu vertreten. Pulcheria, die Schwester des Kaisers Theodosius II. lernte sie kennen, bekehrte sie zum christlichen Glauben und vermittelte sie getauft unter dem Namen Aelia Eudocia an ihren Bruder Theodosius II., der sie am 7. Juni 421 heiratete. Sie gebar dem Theodosius drei Kinder, darunter Licinia Eudoxia, die spätere Gemahlin des Kaisers Valentinianus III.

Aelia Eudocia war eine einfühlsame Dichterin. Einige ihrer politischen und theologischen Werke sind erhalten. Wegen einer Verstimmung mit Pulcheria pilgerte sie im Jahre 441 zum ersten Mal nach Jerusalem, im Jahr 443 nahm sie dort ihren Wohnsitz.

Münzen

Folgende Vorderseitenvarianten kommen vor:
Umschrift: AEL EVDOCIA AVG.
Büste: n. r., mit Diadem, drapiert.

Solidi

Nr.		s	ss	vz
168.1	Semis. *Ohne Legende.* Christogramm in Kranz.	1.000	2.000	4.000

Nr.		s	ss	vz
168.2	Tremissis. *Ohne Legende.* Kreuz in Kranz.	250	750	1.200
168.3	IMP XXXXII COS XVII P P Constantinopolis frontal thronend, am Ende der Legende Offizinsbuchstabe.	1.500	2.500	5.000

Nr.		s	ss	vz
168.4	VOT XX MVLT XXX Victoria n. l. stehend, ein langes Kreuz haltend, am Ende der Legende meist Offizinsbuchstabe.	1.500	2.500	5.000

		s	ss	vz
168.5	VOT XXX MVLT XXXX Victoria n. l. stehend, ein langes Kreuz haltend, am Ende der Legende Offizinsbuchstabe.	1.500	2.500	5.000

Silbermünzen

168.6	Siliqua. *Ohne Legende.* Kreuz in Kranz.	350	700	1.800
168.7	Siliqua. VOT MVLT XXXX in Kranz.	350	700	1.800

Bronzemünzen

168.8	CONCORDIA AVG Aelia Eudocia frontal thronend (AE 3).	10	300	LP

169. Pulcheria

Schwester des Theodosius II., † 453

Zur Geschichte

Aelia Pulcheria war die älteste Tochter von Arcadius und Aelia Flaccilla. Geboren im Jahr 399, übte sie als ältere Schwester einen großen Einfluß auf ihren Bruder Theodosius II. aus. Sie wurde von ihm am 4. Juli 414 zur Augusta erhoben und kümmerte sich danach um Fragen der Personal- und Kirchenpolitik. Pulcheria soll persönlich sehr fromm gewesen sein. Sie gelobte öffentlich ewige Jungfräulichkeit und beeinflußte ihre beiden Schwestern, es ihr gleich zu tun.

Münzen

Folgende Vorderseitenvarianten kommen vor:
Umschrift: AEL PVLCHERIA AVG.
Büste: n. r., mit Diadem, drapiert.

Solidi

169.1	Semis. *Ohne Legende.* Christogramm in Kranz.	1.000	2.000	4.000
169.2	Tremissis. *Ohne Legende.* Kreuz in Kranz.	600	1.200	2.000
169.3	IMP XXXXII COS XVII P P Constantinopolis frontal thronend, am Ende der Legende Offizinsbuchstabe.	800	1.900	4.000

169.4	SALVS REI PVBLICAE Victoria n. r. sitzend, einen Schild beschreibend mit Christogramm.	800	1.900	4.000
169.5	VICTORIA AVGGG Victoria n. l. stehend, ein langes Kreuz haltend, am Ende der Legende Offizinsbuchstabe.	800	1.900	4.000

169.6	VOT XX MVLT XXX Victoria n. l. stehend, ein langes Kreuz haltend, am Ende der Legende Offizinsbuchstabe.	800	1.900	4.000
169.7	VOT XXX MVLT XXXX Victoria n. l. stehend, ein langes Kreuz haltend, am Ende der Legende Offizinsbuchstabe.	800	1.900	4.000

Silbermünzen

	S	SS	VZ

169.8 Siliqua. *Ohne Legende.* Kreuz in Kranz.
350 **750** **1.750**

169.9 Siliqua. SAL REI PYI in Kranz. **500** **1.000** **LP**

Bronzemünzen

169.10 CONCORDIA AVG Pulcheria frontal thronend (AE 3).
100 **300** **LP**

169.11 SALVS REI PVBLICAE Victoria n. r. sitzend, einen Schild mit einem Christogramm beschreibend (AE 3).
100 **300** **LP**

170. Marcianus

450 – 457

Zur Geschichte

Marcianus wurde um das Jahr 396 als Sohn eines thrakischen Soldaten geboren. Er hatte sich zu einem hohen Offiziersposten in der Garde von Constantinopolis hochgedient, als ihn verschiedene Machtgruppen nach dem Tod des Theodosius II. zum Augustus erhoben. Um seine Position zu legitimieren heiratete ihn die Schwester des verstorbenen Kaisers, Pulcheria.
Unter Marcianus wurden die traditionellen Hunnentribute verweigert, was die Hunnen zu einem Angriff veranlaßte, der von dem Feldherrn Aëtius im Jahr 451 auf den Katalaunischen Feldern zurückgeschlagen wurde. Da Attila bereits 453 starb, erfolgten vorläufig keine Angriffe der Hunnen mehr auf römisches Gebiet.
Nach den verschiedenen Kindkaisern tritt uns mit Marcianus eine sympatische Gestalt entgegen, die es vermochte, dem römischen Reich wieder Respekt zu verschaffen.

Münzen

Folgende Vorderseitenvarianten kommen vor:
Umschrift: D N MARCIANVS P F (AVG),
D N MARCIANO P F A(V)
und viele andere Varianten.
Büste: n. r., selten n. l., mit Diadem, gepanzert und drapiert; oder in Dreiviertelansicht mit Helm, Schild und Speer.

Solidi

170.1 GLOR ORVIS TERRAR Marcianus frontal stehend.
250 **500** **1.200**

170.2 Semis. VICTORIA AVGG Victoria n. r. sitzend, einen Schild haltend, darauf XVXXX. **200** **350** **600**

170.3 VICTORIA AVGGG Victoria mit langem Kreuz n. l. stehend, am Ende der Legende Offizinsbuchstabe.
150 **350** **900**

170.4 –. Marcianus frontal stehend, ein langes Kreuz haltend, ein Fuß auf Menschenköpfiger Schlange.
300 **700** **1.400**

170.5 Tremissis. VICTORIA AVGVSTORVM Victoria n. l. gehend.
100 **250** **400**

s *ss* *vz*

Silbermünzen

170.6 Miliarense. GLORIA ROMANORVM Marcianus n. l. stehend.
1.000 **3.000** **7.000**

170.7 Siliqua. SAL REI PVI in Kranz. **500** **1.200** **LP**

170.8 Siliqua. VOT MVLT XXXX in Kranz.
500 **1.200** **LP**

Bronzemünzen

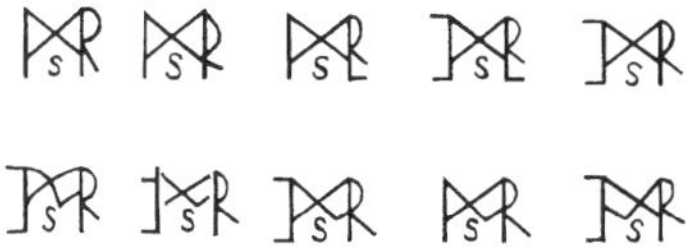

170.9 *Ohne Legende.* Monogramm in Kranz (AE 4).
20 **40** **100**

171. Leo I.

457 – 474

Zur Geschichte

Leo I. kam aus Thrakien. Er diente als Offizier im Gefolge des Aspar, des Reichsfeldherrn im Ostreich. Als man Aspar nach dem Tod des Marcianus das Amt des Kaisers antrug, lehnte dieser ab – als Arianer barbarischer Abstammung hätte er Schwierigkeiten gehabt, sich durchzusetzen – und schlug statt seiner Leo vor. Der wurde am 7. Februar 457 als erster Kaiser vom Patriarchen von Constantinopolis gekrönt. Im Laufe seiner Regierung baute Leo I. systematisch eine neue Palastgarde aus Isauriern auf, die er als Gegengewicht zu Aspar benutzte. Mit ihrer Hilfe konnte er sich des mächtigen Reichsfeldherrn entledigen. Leo lud Aspar zu einem feierlichen Bankett ein und ließ ihn dabei töten. Dieser Mord trug dem Kaiser den Beinamen *macelles,* der Schlächter ein. Der Kommandant der isaurischen Garde, Zeno, übernahm das Amt des Aspar.
Leo I. starb nur drei Jahre später, am 18. Januar 374.

Hinweise für Sammler

Unter Leo I. tauchen zahlreiche Varianten von Legenden auf, die verraten, daß die ausführenden Stempelschneider nicht mehr uneingeschränkt der lateinischen Sprache mächtig waren.

Münzen

Folgende Vorderseitenvarianten kommen vor:
Umschrift: D N LEO PERPET(VVS) AVG,
D N LEO P F AVG,
D N LEO
und zahlreiche Varianten, in denen u. a. auch Buchstaben falsch benutzt werden.
Büste: n. r., selten n. l., mit Diadem, gepanzert und drapiert; oder in Dreiviertelansicht mit Helm, Schild und Speer.

Solidi

171.1 Tremissis. *Ohne Legende.* Kreuz in Kranz.
150 **400** **750**

171.2 SALVS REI RVBLICAE C Leo I. und Leo II. nebeneinander thronend. **1.000** **1.500** **3.000**

171.3 Semis. VICTORIA AVGG Victoria n. r. sitzend, sie hält einen Schild, darauf 1.) XVXXX, 2.) XXV oder 3.) XXXX.
150 **300** **500**

s ss vz

171.4 VICTORIA AVGGG Victoria mit langem Kreuz n. l. stehend, am Ende der Legende Offizinsbuchstabe. **200 350 750**

171.5 –. Leo I. frontal thronend in Konsulartracht. **500 2.000 4.500**

171.6 Tremissis. VICTORIA AVGVSTORVM Victoria n. l. gehend. **100 250 400**

Silbermünzen

171.7 Miliarense. GLORIA ROMANORVM Leo n. l. stehend. **750 2.000 5.000**

171.8 Siliqua. SAL(VS) REI PVI in Kranz. **300 1.000 LP**

171.9 Halbe Siliqua (Imitation). –. **500 1.200 LP**

Bronzemünzen

171.10 Ohne Legende. Löwe n. l. oder n. r. stehend, (gelegentlich in Kranz) (AE 4). **20 40 LP**

171.11 *Ohne Legende.* Monogramm in Kranz (AE 4). **20 40 LP**

171.12 Ohne Legende. Kaiser n. l. stehend, einen Gefangenen festhaltend (AE 4). **20 40 LP**

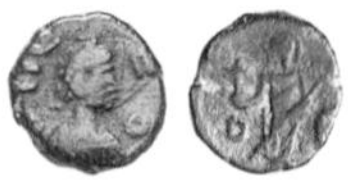

171.13 *Ohne Legende.* Kaiserin frontal stehend (AE 4). **20 40 LP**

171.14 Ohne Legende. Zwei Kaiser nebeneinander stehend (AE 4). **20 40 LP**

171.15 SALVS R PVBLICA Leo n. r. stehend (AE 2). **75 300 LP**

171.16 VIRTVS EXRCITI Leo n. r. stehend (AE 2). **75 300 LP**

172. Aelia Verina

Gattin des Leo I., † nach 484

Zur Geschichte

Aelia Verina war die Gattin des Leo I. Wirkliche politische Bedeutung erreichte sie aber erst nach dem Tod ihres Mannes und ihres Enkels, als der Ehemann ihrer Tochter, der Isaurier Zeno, das Amt des Kaisers übernahm. Da Zeno relativ unbeliebt war, unterstützte Aelia Verina ihren Bruder, den Heermeister Basiliscus, dem es im Jahr 475 gelang, die Herrschaft über Constantinopolis zu erringen.
Aelia Verina entzweite sich mit ihrem Bruder endgültig, als dieser ihren Liebhaber töten ließ, weil Aelia begonnen hatte, ihn als Alternative zu Basiliscus im Kaiseramt aufzubauen. Nach der Rückkehr des Zeno sah sich Aelia Verina kaltgestellt. So war sie eine der treibenden Kräfte, die es dem Sohn des Westkaisers, Flavius Marcianus, ermöglichten, sich der Stadt Constantinopolis zu bemächtigen. Nach der Niederlage ihres Protegés aller Macht beraubt, unterstützte Aelia Verina einen neuen Usurpator, Leontios. Mit ihrer Hilfe wurde er am 18. Juli 484 zum Gegenkaiser ausgerufen. Auch Leontius scheiterte, aber das erlebte Aelia Verina nicht mehr mit, sie starb zwischen 484 und 488.

Münzen

Folgende Vorderseitenvarianten kommen vor:
Umschrift: AEL VERINA AVG, häufig ist der Buchstabe V durch das im Griechischen entsprechende B ersetzt.
Büste: n. r., mit Diadem, drapiert.

Solidi

172.1 Tremissis. *Ohne Legende.* Kreuz in Kranz. **900 2.000 4.500**

s *ss* *vz*

172.2 VICTORIA AVGGG Victoria n. l. stehend, ein langes Kreuz haltend, am Ende der Legende Offizinsbuchstabe.
2.500 **7.000** **16.000**

Bronzemünzen

172.3 SALVS REI PVBLICAE Victoria n. r. sitzend, einen Schild haltend, darauf Christogramm (AE 2).
500 **1.500** **LP**

173. Leo II.

374

Zur Geschichte

Leo II. war der Sohn des isaurischen Fürsten Tarasis / Zeno und der Tochter des Leo I., Ariadne. Sein Großvater setzte ihn testamentarisch zum Augustus des Ostreichs ein. Da Leo zum Zeitpunkt seiner Machtergreifung im Januar 374 zu jung war, um das Amt des Kaisers auszuüben, übernahm sein Vater Zeno auf Senatsbeschluß für ihn die Regierung. Dieser Zustand war nicht von langer Dauer.
Leo II. starb bereits im November 374.

Zur Münzgeschichte

Nur eine einzige sehr seltene Emission wurde für Leo II. alleine herausgegeben, sonst prägt er zusammen mit seinem Mitkaiser Zeno.

Münzen

Folgende Vorderseitenvarianten kommen vor:
Umschrift: D N LEO ET ZENO P P AVG,
sehr selten D N LEO PERPET AVG.
Büste: n. r., selten n. l., mit Diadem, gepanzert und drapiert; oder in Dreiviertelansicht mit Helm, Schild und Speer.

Solidi

173.1 SALVS REI PVBLICAE Leo und Zeno nebeneinander sitzend, am Ende der Legende meist Offizinsbuchstabe.
1.000 **1.750** **3.000**

173.2 –. Leo frontal stehend mit langem Kreuz.
2.000 **4.500** **12.000**

173.3 Semis. VICTORIA AVGG Victoria n. r. sitzend, einen Schild haltend, darauf XXXX. **1.000** **1.750** **3.000**

173.4 VICTORIA AVGGG Victoria n. l. mit langem Kreuz stehend.
1.000 **1.750** **3.000**

173.5 Tremissis. VICTORIA AVGVSTORVM Victoria n. l. gehend.
800 **1.500** **LP**

174. Zeno

474 – 475 und 476 – 491

Zur Geschichte

Zeno stammte aus Isaurien, einem Gebiet im Inneren der heutigen südlichen Türkei. Als er mit einer ganzen Reihe von Soldaten nach Constantinopolis kam, hieß er noch Tarasis. Seine Krieger lieferten Leo I. die Möglichkeit, gegen die gotischen Truppen des Aspar ein Gegengewicht aufzubauen. Deshalb förderte Leo I. Tarasis. Er verheiratete ihn im Jahre 467 mit seiner ältesten Tochter Ariadne. Als Mitglied der königlichen Familie trug Tarasis den Namen Zeno.
Nach dem Tod des Leo I. am 18. Januar 474 wurde dessen Enkel, Sohn des Zeno und der Ariadne, Leo II. zum Nachfolger bestimmt. Zeno wurde durch Senatsbeschluß am 9. Februar 474 zum Mitherrscher ernannt. Dieser Zustand dauerte nur bis November des gleichen Jahres, als sein Sohn ums Leben kam.
Zeno blieb in seinem Amt als Kaiser nicht unbestritten. Er war durch seine Herkunft ein höchst unpopulärer Kaiser. Bereits im Januar 475 kam es zu einem Aufstand gegen seine Herrschaft unter Basiliscus, dem Bruder der Gattin Leos I. Doch mit Hilfe Theoderichs des Großen gelang es Zeno, Ende August oder Anfang September 476 Constantinopolis wieder für sich zu gewinnen.
Schon 479 kam es zum nächsten Aufstand unter Flavius Marcianus, dem Sohn des Westkaisers Anthemius. Auch ihm gelang es, kurzfristig Constantinopolis zu gewinnen, doch wurde er von den Feldherrn des Zeno militärisch geschlagen, so daß der Kaiser aus Isaurien erneut an die Herrschaft kam. Die nächste Erhebung fand im Jahr 484 unter Leontios statt, sie wurde im Jahre 488 niedergeschlagen.
Da Zeno mehrfach auf die Hilfe des Theoderichs angewiesen gewesen war und keine Möglichkeit sah, ihn und seine Goten aus dem Gebiet zu vertreiben, das sie mit ihren Raubüberfällen tyrannisierten, versprach er Theoderich Italien, falls er den Odovacar überwinden könne. 488 brach Theoderich auf. 493 sollte ihm Ravenna gehören, doch dies erlebte Zeno nicht mehr, er war am 9. April 491 in Constantinopolis an der Ruhr gestorben.

Zur Münzgeschichte

Während der Regierungszeit des Zeno wurde ein neues Nominal von großen Bronzemünzen eingeführt, das nur in Italien ausgeprägt wurde und durch die Wertaufschrift XL auf der Rückseite als 40 Nummi gekennzeichnet ist.

Hinweise für Sammler

Die Legenden auf den östlichen Münzen des Zeno sind eindeutig nicht mehr von Stempelschneidern angefertigt, die noch Latein sprachen. Zahlreiche Verschreibungen kommen vor.

Münzen

Folgende Vorderseitenvarianten kommen vor:
Umschrift: D N ZENO ET LEO NOV CAES,
D N ZENO PERP AVG,
D N ZENO P F AVG,
D N ZENO PERP F AVG,
IMP ZENO FELICISSIMO SEN AVG,
IMP ZENO SEMPER AVG
und zahlreiche andere Varianten,
z. T. mit Rechtschreibfehlern.
Büste: n. r., selten n. l., mit Diadem, gepanzert und drapiert; oder in Dreiviertelansicht mit Helm, Schild und Speer.

Solidi

174.1 Tremissis. *Ohne Legende.* Kreuz in Kranz.
500 1.000 LP

174.2 Semis. SALVS REI PVBLICE Christogramm in Kranz.
1.000 2.500 LP

174.3 Semis. VICTORIA AVGG Victoria n. r. sitzend, einen Schild haltend, darauf 1.) VXX oder 2.) XXXV.
150 300 500

174.4 VICTORIA AVGG(G) Victoria n. l. stehend, ein langes Kreuz haltend, am Ende der Legende meist Offizinsbuchstabe. **200 350 750**

174.5 Semis. VICTORIA AVGGG Christogramm in Kranz.
1.000 2.500 LP

174.6 Tremissis. VICTORIA AVGVSTORVM Victoria n. l. gehend.
100 250 400

Silbermünzen

174.7 Halbe Siliqua. *Ohne Legende.* Victoria n. l. gehend.
350 1.000 LP

s ss vz

174.8 –. Gestalt mit Mauerkrone n. l. stehend, r. Fuß auf Prora. **350 800 LP**

174.9 –. Adler mit ausgebreiteten Flügeln auf Zweig stehend. **350 800 LP**

174.10 –. Christogramm in Kranz. **500 1.500 LP**

174.11 Miliarense. GLOR ORVS TARRAR Zeno n. l. stehend. **1.500 3.000 7.500**

174.12 Siliqua. SRI REI PVL oder SRA REI BδL in Kranz. **300 750 LP**

Bronzemünzen

174.13 *Ohne Legende.* Zeno n. r. stehend (AE 3). **100 250 LP**

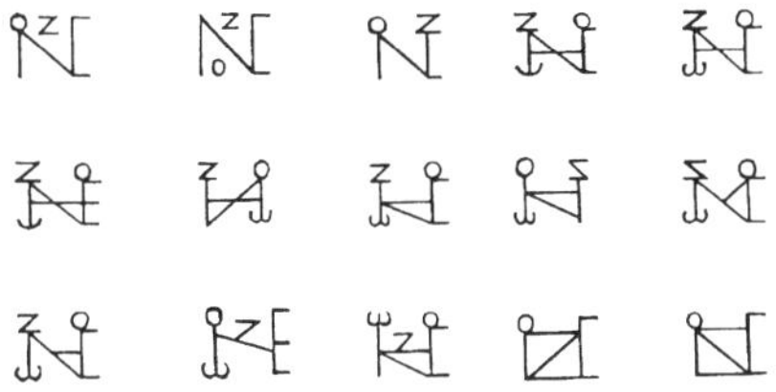

174.14 *Ohne Legende.* Monogramm im Kranz (AE 4). **20 40 LP**

174.15 CONCORDIA Zeno n. r. stehend (AE 2). **100 250 LP**

174.16 40 Nummi. GLORIA ROMANORO Victoria n. r. gehend, Prora unter den Füßen, im Abschnitt XL. **350 1.000 2.500**

174.17 40 Nummi. INVICTA ROMA Victoria n. r. gehend, im Abschnitt XL. **350 1.000 2.500**

174.18 SE CN Victoria n. l. gehend (AE 3). **100 250 LP**

174.19 ZENO Zeno frontal stehend (AE 3-4). **100 250 LP**

175. Aelia Ariadne

Gemahlin des Zeno und des Anastasius, † 515

Zur Geschichte

Aelia Ariadne war die älteste Tochter des Kaisers Leo I. und seiner Frau Aelia Verina. Im Jahre 467 wurde sie mit dem Isaurierfürsten Taranis, der in Constantinopolis den Namen Zeno führen sollte, verheiratet. Sie gebar ihm einen Sohn, der wenige Monate als Leo II. herrschen sollte.

Ariadne überlebte ihren Gemahl Zeno, der mit einer Unterbrechung fast 20 Jahre das Ostreich beherrschen sollte. Sie war es, die am 11. April 491 den damals sechzigjährigen Anastasius als nächsten Kaiser vorschlagen sollte. Indem sie ihn am 20. Mai 491 heiratete, legitimierte sie seine Machtübernahme. An seiner Seite herrschte sie noch mehr als 20 Jahre, bevor sie im Jahre 515 starb.

Münzen

Folgende Vorderseitenvarianten kommen vor:
Umschrift: AEL ARIADNE AV(G).
Büste: n. r., mit Diadem, drapiert.

Solidi

175.1 Tremissis. *Ohne Legende.* Kreuz in Kranz. **LP LP LP**

175.2 VICTORIA AVGGG Victoria mit langem Kreuz n. l. stehend, am Ende der Legende Offizinsbuchstabe. **LP LP LP**

175.3 Tremissis. VICTORIA AVGVSTORVM Victoria n. l. gehend. **LP LP LP**

176. Basiliscus

475 – 476

Zur Geschichte

Basiliscus war der Bruder der Aelia Verina, Gemahlin des Leo I. Schon unter seinem Schwager übte Basiliscus die Stellung eines Heermeisters aus und wurde mit dem Kampf gegen die Vandalen unter Geiserich betraut, wobei er im Jahre 478 eine empfindliche Niederlage erlitt.

Nach dem Tod Leos I. und der Machtübernahme durch dessen Schwiegersohn Zeno nutzte Basiliscus die gegen den Kaiser aus Isaurien gerichtete Stimmung im Volk und inszenierte mit Hilfe seiner Schwester einen Aufstand. Nach einem großen Gemetzel unter den in Constantinopolis ansässigen Isauriern wurde Basiliscus am 9. Januar 475 gekrönt. Er erhob sofort seinen Sohn Marcus zum Mitregenten.

Basiliscus brachte durch seine ungeschickte Kirchenpolitik die Massen gegen sich auf und mußte zeitweise vor den marodierenden Gläubigen aus der Stadt fliehen. Die Unterstützung der Militärs verlor er, indem er wichtige militärische Posten an unbedarfte Günstlinge vergab. So liefen seine beiden bedeutendsten Generäle zu Zeno über und lieferten Basiliscus an seinen Feind aus.

Zeno hatte geschworen, Basiliscus nicht mit dem Schwert zu töten – er ließ ihn und seine Familie stattdessen verhungern.

Zur Münzgeschichte

Ein Großteil der Münzen des Basiliscus wurde zusammen mit seinem Sohn Marcus ausgegeben.

Hinweise für Sammler

Stücke, auf denen auf der Vorderseite Marcus ebenfalls erwähnt werden, sind weit seltener als die für Basiliscus alleine, sie werden dementsprechend auch teurer bewertet. Für einen Solidus vom gewöhnlichen Typ „Victoria mit Kreuz" muß man in „sehr schön" mit 2.000 Euro rechnen, in „vorzüglich" mit 4.000. Münzen, auf denen Marcus als Caesar fungiert, sind noch weitaus seltener und kommen im Handel praktisch nicht vor.

Münzen

s ss vz

Folgende Vorderseitenvarianten kommen vor:
Umschrift: D N BASILISCVS PERT AVG,
D N BASILISCVS P F AVG,
D N BASILISCI ET MARCI C (Marcus als Caesar!),
D N BASILISCI ET MARC P AVG,
D N BASIL ET MAR P AVG,
sowie eine große Anzahl von Varianten, die z. T. auf Rechtschreibfehlern beruhen, außerdem wird häufig das V durch das U ersetzt.
Büste: n. r., selten n. l., mit Diadem, gepanzert und drapiert; oder in Dreiviertelansicht mit Helm, Schild und Speer.

Solidi

176.1 Tremissis. *Ohne Legende.* Kreuz im Kranz. **300 750 1.200**

176.2 SALVS REI PVBLICAE Basiliscus und Marcus frontal thronend, am Ende der Legende Offizinsbuchstabe. **1.000 2.500 LP**

176.3 Semis. VICTORIA AVGG Victoria n. r. sitzend, ein Schild haltend mit der Aufschrift XXXX. **1.500 2.500 LP**

176.4 VICTORIA AVGGG Victoria n. l. stehend, ein langes Kreuz haltend. **750 1.200 2.000**

176.5 Tremissis. VICTORIA AVGVSTORVM Victoria n. l. gehend. **250 500 1.000**

Silbermünzen

176.6 Halbe Siliqua. Ohne Legende. Gestalt mit Mauerkrone n. l. stehend, Fuß auf Prora. **1.000 2.500 LP**

176.7 Miliarense. GLORIA ROMANORVM Basiliscus n. l. stehend. **2.500 7.500 15.000**

176.8 Siliqua. VRBIS ROMA Roma frontal thronend. **LP LP LP**

Bronzemünzen

176.9 *Ohne Legende.* Monogramm in Kranz. **50 250 LP**

176.10 *Ohne Legende.* Basiliscus und Marcus frontal thronend. **75 300 LP**

177. Aelia Zenonis

Gattin des Basiliscus, † 476

Zur Geschichte

Wir wissen wenig über die Gattin des Basiliscus, Aelia Zenonis. Ihr Name scheint eine Verbindung zur Isaurischen Bevölkerungsgruppe darzustellen. Auf jeden Fall teilte Zenonis das Schicksal ihres Mannes nach dessen Sturz. Auch sie verhungerte auf Befehl des Zeno.

Münzen

Folgende Vorderseitenvarianten kommen vor:
Umschrift: A(EL) ZENONIS (AVG).
Büste: n. r., mit Diadem, drapiert.

Solidi

177.1 VICTORIA AVGGG Victoria n. l. stehend, ein langes Kreuz haltend, am Ende der Legende Offizinsbuchstabe.
15.000 40.000 LP

Bronzemünzen

177.2 *Ohne Legende.* Monogramm in Kranz (AE 4).
500 1.500 LP

178. Leontius

484 – 488

Zur Geschichte

Leontius war einfacher Herkunft, hatte sich aber durch sein militärisches Talent bis zum Kommandanten emporgearbeitet. Ihm übertrug Zeno im Jahre 484 ein Kommando gegen die Aufständischen. Die brachten Leontius aber auf ihre Seite, indem sie ihn selbst zum Kaiser ausriefen. Leontius konnte sich nur kurz in Antiochia halten, mußte sich dann auf eine Bergfestung im Inneren der Türkei zurückziehen, die nach langer Belagerung an Zeno fiel, der seinen Gegner enthaupten ließ.

Zur Münzgeschichte

Für Leontius wurde nur in Antiochia geprägt.

Münzen

Folgende Vorderseitenvarianten kommen vor:
Umschrift: D N LEO(N)TIO PERPS AVG.
Büste: in Dreiviertelansicht, gepanzert, mit Helm, Schild und Speer.

Solidi

178.1 VICTORIA AVGG Victoria mit langem Kreuz n. l. stehend.
LP LP LP

Westreich

179. Honorius

393 – 423

Zur Geschichte

Flavius Honorius wurde am 9. September 384 als Sohn des Theodosius I. geboren. Am 22. August 392 wurde er mit 8 Jahren zum Augustus ernannt, um der Usurpation des Eugenius entgegenzutreten. Nach dem Sieg seines Vaters über Eugenius wurde Honorius zusammen mit seiner Stiefschwester Galla Placidia als Herrscher des Westens installiert. Nur wenige Wochen nach dem Sieg, am 17. Januar 395, übernahm der junge Kaiser nach dem Tod seines Vaters die Alleinherrschaft über den Westen.

Honorius wurde von 395 bis 408 von Stilicho beraten, der seinen Einfluß auf den Kaiser dadurch stärkte, indem er nacheinander zwei seiner Töchter mit Honorius verheiratete. Stilicho benutzte seine Verantwortung, um das Heer nicht mehr dem Kaiser zu unterstellen, sondern einer Art Reichsfeldherrn, ein Posten den er bis zum Jahr 408 bekleidete. Seither finden wir im Westreich ständig die Kombination schwacher Kaiser, starker Reichsfeldherr.

Unter Honorius fielen die Goten unter Alarich ins römische Reich ein, konnten bis nach Italien vordringen, wo sie den Kaiser selbst in Mailand belagerten. Erst Ende des Jahres 405 gelang es Stilicho, Alarich bei Faesulae entscheidend zu schlagen; ein Vertrag wurde geschlossen, das Heer des Alarich in den Dienst des Westreichs gestellt. Im Jahr 408 wurde Stilicho ermordet. Alarich nutzte sofort die Schwäche des römischen Reiches und belagerte dreimal hintereinander die Stadt Rom, 408, 409 und 410. Bei der letzten Belagerung wurde Alarich am 24. August ein Stadttor durch eine Verräterin geöffnet, so daß es zur berühmten dreitägigen Plünderung Roms durch die Goten kam. Der Fall von Rom wurde im ganzen Imperium als Fanal des Endes empfunden, der u. a. einen großen Zuwachs an persönlicher Frömmigkeit und Rückzug in den Glauben hervorrief.

Honorius ließ sich durch solche „Kleinigkeiten" anscheinend nicht beirren. Bekannt geworden ist die sicher nicht wahre, aber gut erfundene Anekdote über die Reaktion des Kaisers Honorius, als er von dem Ende „Romas" hörte. Er, ein begeisterter Züchter von Hühnern, konnte dabei nur an sein Lieblingshuhn namens Roma denken. Er klagte, lamentierte und tröstete sich erst, als er hörte, daß ja „nur" die alte Hauptstadt gefallen sei.

Nach der Eroberung Roms kam es im ganzen Reich zu zahlreichen Usurpationen. Die Bevölkerung vieler Provinzen sah sich vom Zentralreich im Stich gelassen und versuchte nun auf eigene Faust unter einem eigenen Kaiser die Verteidigung gegen die Völker der Völkerwanderung zu organisieren.

Honorius berief Constantius zu seinem neuen Reichsfeldherrn. Nach ihrer Rückkehr verheiratete er seine Schwester Galla Placidia mit ihn. Damit war Constantius an Honorius gebunden und blieb ihm treu, bis er am 2. September 421 an einer Rippenfellentzündung starb.

Honorius selbst starb am 27. August 423, ohne direkte Nachfolgen zu hinterlassen.

Münzen

Folgende Vorderseitenvarianten kommen vor:
Umschrift: D N HONORI(VS P F) AVG,
D N ONORIVS P F AVG.
Büste: n. r., selten n. l., mit Diadem, gepanzert und drapiert; oder in Dreiviertelansicht mit Helm, Schild und Speer.

Solidi

179.1 CONCORDIA AVGG(G) Constantinopolis frontal sitzend, am Ende der Legende Offizinsbuchstabe. **200 350 750**

179.2.1

179.2 VICTORIA AVGG(G) Honorius 1.) n. r. stehend, 2.) frontal stehend, ein langes Christogramm haltend, von Hand Gottes bekränzt, am Ende der Legende Offizinsbuchstabe. **200 350 750**

179.3 Semis. –. Victoria n. r. sitzend, einen Schild haltend, darauf XV XX. **250 350 500**

179.4 Semis. VICTORIA AVGVSTORVM Victoria n. r. oder n. l. gehend. **250 350 500**

179.5 Tremissis. –. **100 250 400**

s *ss* *vz*

179.6 Semis. –. Victoria n. r. sitzend, einen Schild haltend, darauf 1.) VOT V MVLT X, 2.) VOT X MVLT XX, 3.) VOT XX MVLT XXX, 4.) XX XXX oder 5.) VOT XXX MVLT XXXX. **250 350 500**

179.7 VOTA PVBLICA Honorius und Arcadius frontal sitzend. **600 1.800 7.500**

179.8 VOT XX MVLT XXX Victoria n. l. stehend, ein langes Kreuz haltend, am Ende der Legende Offizinsbuchstabe. **200 350 750**

179.9 VOT XXX MVLT XXXX Honorius in Consulartracht frontal thronend. **5.000 15.000 LP**

Silbermünzen

179.10 Miliarense (schwer). GLORIA ROMANORVM Honorius n. l. stehend. **500 1.500 2.500**

179.11 Miliarense (leicht). –. **350 1.000 1.750**

179.12 Siliqua. VRBS ROMA Roma n. l. thronend. **30 75 180**

179.13 Halbe Siliqua. VICTORIA AVGG(G) Victoria n. l. gehend. **100 300 500**

179.14 Miliarense. VIRTVS EXERCITVM oder EXERCITVS Honorius n. l. stehend. **350 1.000 1.750**

179.15 Miliarense. VIRTVS ROMANORVM Honorius n. l. stehend. **350 1.000 1.750**

179.16 Siliqua. –. Roma n. l. sitzend. **30 75 180**

179.17 Miliarense. VOT V MVLT X in Kranz (Siliqua). **500 1.500 2.500**

179.18 Siliqua. VOT X MVLT XV in Kranz. **30 75 180**

179.19 Miliarense. VOT X MVLT XX in Kranz (Siliqua). **500 1.500 2.500**

179.20 Miliarense. VOT XV MVLT XX in Kranz (Siliqua). **500 1.500 2.500**

179.21 Siliqua. VOT XX MVLT XXX in Kranz. **30 75 180**

s *ss* *vz*

Bronzemünzen

179.22 CONCORDIA AVG Kreuz (AE 4). **5 25 75**

179.23 CONCORDIA AVGG Constantinopolis frontal thronend (AE 3). **5 25 75**

179.24 GLORIA ROMANORVM Honorius n. r. stehend (AE 2). **10 35 120**

179.25 –. Honorius n. r. stehend, hinter ihm Gefangener, vor ihm Bittsteller (AE 3). **10 35 120**

179.26 –. Honorius n. r. reitend (AE 3). **10 35 120**

179.27 –. Honorius, Arcadius und Theodosius II. frontal stehend (AE 3). **10 35 120**

179.28 –. Honorius und Theodosius II. frontal stehend (AE 3). **10 35 120**

179.29 REPARATIO REI PVBL Honorius n. l. stehend (AE 2). **10 35 120**

179.30 SALVS REI PVBLICAE Victoria n. l. gehend (AE 4). **5 25 75**

179.31 VRBS ROMA FELIX Roma n. stehend (AE 3). **10 35 75**

179.32 VICTORIA AVGG(G) Victoria n. l. gehend (AE 4). **5 25 75**

179.33 VIRTVS EXERCITI Honorius n. l. stehend, Victoria ihn bekränzend (AE 3). **5 25 75**

180. Constantinus III.

407 – 411

Zur Geschichte

Flavius Claudius Constantinus, soll ein gemeiner Soldat gewesen sein, als er im Jahr 407 von allen noch verfügbaren römischen Truppen in Britannien zum Kaiser ausgerufen wurde. Die Zentralmacht war zu beschäftigt mit eigenen Problemen, um die von den verschiedenen eindringenden Stämmen der Völkerwanderung bedrängten Westprovinzen zu schützen. Constantinus III. zog sich aus Britannien zurück und veranlaßte damit die endgültige Landnahme der Sachsen in Britannien. In Gallien konnte sich Constantinus behaupten, er ernannte seinen Sohn Constans II. zum Mitregenten und marschierte gar kurzfristig in Italien ein.
Das Ende kam durch einen Aufstand eines Heermeisters des Constantinus, der seinen eigenen Sohn Maximus zum Kaiser ausrufen ließ, und mit seinem Heer den ehemaligen Herrn in Arles belagerte. Die Belagerung wurde durch den Feldherrn des Honorius, Flavius Constantius aufgehoben, der nun seinerseits die Stadt belagerte, eroberte und Constantinus III., der sich schnell vor der Eroberung der Stadt zum Priester hatte weihen lassen, um dem Tod zu entgehen, wurde nach Italien verbracht, wo man ihn wohl noch im Jahr 411 hinrichtete.

Hinweise für Sammler

Die Legende D N CONSTANTINVS P F AVG wurde sowohl von Constantinus I. und II. benutzt, die beiden anderen Legenden FL CL CONSTANTINVS AVG und FL CL CONSTANTINVS P F AVG wurden von Constantinus II. benutzt. Durch den unterschiedlichen Stil der Büsten ist aber eine Verwechslung zwischen den drei Kaisern ausgeschlossen.

Münzen

Folgende Vorderseitenvarianten kommen vor:
Umschrift: D N CONSTANTINVS P F AVG,
FL CL CONSTANTINVS (P F) AVG.
Büste: n. r., selten n. l., mit Diadem, gepanzert und drapiert; oder in Dreiviertelansicht mit Helm, Schild und Speer.

s ss vz

Solidi

180.1 CONCORDIA AVGGGG Constantinus III. n. r. stehend, einen sitzenden Gefangenen niedertretend. **LP LP LP**

180.2 RESTITVTOR REI PVBLICAE Constantinus III. n. r. stehend. **LP LP LP**

180.3 Tremissis. VICTORIA AAVGGG Victoria n. r. gehend. **2.000 4.000 LP**

180.4 VICTORIA A(AA)VGGG(G) Constantinus III. n. r. stehend, einen Gefangenen niedertretend. **2.500 4.000 7.500**

Silbermünzen

180.5 VICTORIA AA(A)VGGG(G) Roma n. l. sitzend. **250 500 1.000**

Bronzemünzen

180.6 VICTORIA AVGGG Victoria n. l. gehend. **LP LP LP**

181. Constans II.

410 – 411

Zur Geschichte

Constans II. war zum Zeitpunkt der Usurpation seines Vaters, Constantinus III., in einem Kloster in Gallien. Dieses mußte er verlassen, um als Augustus seinem Vater beizustehen und für ihn Spanien zu erobern. Tatsächlich gelang es ihm, diese Aufgabe zu erfüllen, aber in Spanien kam es zu einem Aufstand des Heermeisters Gerontius, der nun seinerseits seinen Sohn zum Kaiser ausrief, und den nach Vienne abgezogenen Constans II. umbrachte.

Hinweise für Sammler

Die Vorderseitenlegende wurde auch von Constans I. verwendet.

Münzen

Folgende Vorderseitenvarianten kommen vor:
Umschrift: D N CONSTANS P F AVG.
Büste: n. r., mit Diadem, drapiert.

Silbermünzen

181.1 Siliqua. VICTORIA AAVGGG Roma n. l. sitzend. **5.000 20.000 45.000**

182. Maximus

409 – 411, 418 – 421

Zur Geschichte

Im September 409 überschritten germanische Stämme die Pyrenäen. Der Heermeister Gerontius, der eigentlich hätte die römischen Provinzen schützen sollen, verbündete sich mit ihnen und ließ seinen eigenen Sohn Maximus zum Augustus ausrufen. Maximus war damals der sechste von sechs gleichzeitig amtierenden Augusti.

Sein Vater Gerontius zog nach Gallien, tötete dort Constans II. in Vienne und belagerte danach Constantinus III. in Arles. Er wurde von Truppen des Honorius vertrieben und von seinen eigenen Leuten anschließend zum Selbstmord gezwungen während sein Sohn Maximus nach Spanien entkam. Dort ließ ihn der Vandale Geiserich im Jahre 418 erneut zum Kaiser ausrufen. Maximus fiel im Jahr 421 dem Honorius in die Hände und wurde im Jahr darauf in Ravenna hingerichtet.

Zur Münzgeschichte

Alle Münzen des Maximus wurden in Barcelona geprägt. Das Münzstättenzeichen für Barcelona lautet SMBA.

Hinweise für Sammler

Es existieren zahlreiche Fälschungen von Münzen des Maximus. Einige von ihnen erkennt man daran, daß sie das Münzstättenzeichen SMB ohne A aufweisen.

Münzen

Folgende Vorderseitenvarianten kommen vor:
Umschrift: D N MAXIMVS P F AVG.
Büste: n. r., mit Diadem, gepanzert und drapiert.

Silbermünzen

182.1 Siliqua. VICTORA AAVGGG Roma n. l. sitzend. **1.000 2.800 6.000**

Bronzemünzen

182.2 VICTORIA AVGGG Maximus n. l. stehend, einer knienden Gestalt mit Mauerkrone aufhelfend (AE 2). **LP LP LP**

182.3 –. Victoria n. l. gehend (AE 3 und 4). **250 750 LP**

183. Priscus Attalus

409 – 410, 414 – 415

Zur Geschichte

Priscus Attalus wurde während der zweiten Belagerung Roms Ende 409 auf Veranlassung Alarichs vom Senat zum Gegenkaiser erhoben. Er stammte aus einer alten römischen Familie, hatte sich noch nicht zum Christentum bekehrt und übte zum Zeitpunkt der Belagerung der Stadt durch die Goten das Amt des Praefekten von Rom aus. Da sich Priscus Attalus weigerte, die Provinz Africa den Goten zu überlassen, setzte ihn Alarich kurzerhand im Jahr 410 wieder ab. Im Jahr 414, im Jahr der Hochzeit des neuen Königs der Goten, Athawulf, mit der Schwester des Honorius, Galla Placidia, ließ Athawulf Priscus Attalus erneut zum Kaiser ausrufen. Als die Goten jedoch vom Heermeister des Honorius bedrängt im Jahre 415 aus Gallien abziehen mußten, überließen sie den Priscus Attalus seinem Schicksal. Er geriet in die Hände des Honorius, der ihn 416 im Triumphzug durch Ravenna mitführen ließ. Danach wurden dem ehemaligen Schattenkaiser der Goten zwei Finger abgehackt. So verstümmelt durfte sich Priscus Attalus ins Exil nach Lipari zurückziehen. Über sein weiteres Schicksal ist nichts bekannt.

Zur Münzgeschichte

Zwei Münzstätten prägten für Priscus Attalus: In der ersten Phase Rom, in der zweiten Narbonne, das auf Solidi mit der Abkürzung NB zeichnet, auf Siliquen mit P SR V.

Hinweise für Sammler

Während Münzen des Priscus Attalus, die in Rom geprägt wurden, schon höchst selten sind, tauchen Stücke aus der zweiten Phase seiner Regierung in Narbonne praktisch nicht auf dem Markt auf.

Münzen

Folgende Vorderseitenvarianten kommen vor:
Umschrift: IMP PRISCVS ATTALVS P F AVG,
PRIC(CVS) ATTALVS P F AVG.
Büste: n. r., mit Diadem, gepanzert und / oder drapiert.

Solidi

		s	ss	vz
183.1	INVICTA ROMA AETERNA Roma frontal thronend.	7.500	20.000	50.000
183.2	Tremissis. –.	5.000	8.000	LP
183.3	RESTITVTIO REI P Priscus Attalus frontal stehend.	LP	LP	LP
183.4	VICTORIA AVGVSTI Priscus Attalus n. r. stehend, einen Gefangenen niedertretend.	7.500	20.000	60.000

Silbermünzen

		s	ss	vz
183.5	Siliqua. INVICTA ROMA AETERNA Roma n. l. sitzend.	2.500	8.000	20.000
183.6	Siliqua. RESTITVTIO REI P Priscus Attalus frontal stehend.	LP	LP	LP
183.7	Miliarense. VICTORIA ROMANORVM Victoria n. r. oder n. l. gehend.	5.000	15.000	LP
183.8	Halbe Siliqua. –.	4.000	10.000	LP
183.9	Siliqua. VOT V MVLT X in Kranz.	4.000	10.000	LP

Bronzemünzen

		s	ss	vz
183.10	VICTORIA ROMANORVM Victoria n. l. gehend (AE 3).	800	2.000	LP

184. Iovinus

411 – 412

Zur Geschichte

Im Jahr 411 ließ sich der gallische Senator Iovinus in Mainz von den Königen der Burgunder und der Alanen zum Kaiser ausrufen. Er wurde in Britannien anerkannt und fand Unterstützung bei den Westgoten. Als die jedoch von Honorius in Ravenna ein besseres Angebot erhielten, lieferten sie Iovinus und dessen zum Mitkaiser erhobenen Bruder Sebastianus aus. Beide wurden im Jahre 412 getötet.

Zur Münzgeschichte

Nur die Münzstätten Arles, Trier und Lyon prägten für Iovinus.

Hinweise für Sammler

Einige Wissenschaftler halten die seltenen Halbsiliquen des Iovinus, die auf der Rückseite das Christogramm zeigen, für falsch. Wir haben sie hier aus diesem Grund in unsere Aufstellung nicht aufgenommen.

s *ss* *vz*

Münzen

Folgende Vorderseitenvarianten kommen vor:
Umschrift: D N IOVINVS P F AVG.
Büste: n. r., mit Diadem, gepanzert und / oder drapiert.

Solidi

184.1 RESTITVTOR REI P Iovinus n. r. stehend, einen Gefangenen niedertretend. **7.500 15.000 40.000**

184.2 VICTORIA AVGG Iovinus n. r. stehend, einen Gefangenen niedertretend. **7.500 15.000 40.000**

Silbermünzen

184.3 Siliqua. RESTITVTOR REI P Roma n. l. sitzend. **400 1.500 5.000**

184.4 Siliqua. VICTORIA AVGG Roma n. l. sitzend. **400 1.500 5.000**

185. Sebastianus
411 – 412

Zur Geschichte
Sebastianus war der Bruder des Iovinus, den im Jahr 411 die Könige der Burgunder und Alanen zum Kaiser ausriefen. Sebastianus wurde von ihm zum Mitkaiser gemacht und teilte das Schicksal seines Bruders, den die Westgoten zunächst unterstützten und dann fallen ließen. Auch er wurde im Jahre 412 hingerichtet.

Zur Münzgeschichte
Nur die Münzstätte Arles prägte Münzen mit dem Bild des Sebastianus. Das Münzstättenzeichen lautet KON(T).

Münzen
Folgende Vorderseitenvarianten kommen vor:
Umschrift: D N SEBASTIANVS P F AVG.
Büste: n. r., mit Diadem, gepanzert und drapiert.

Silbermünzen

185.1 Siliqua. RESTITVTOR REI P Roma n. l. sitzend.
7.500 15.000 30.000

185.2 Siliqua. VICTORIA AVGG Roma n. l. sitzend.
7.500 15.000 30.000

186. Constantius III.
421

Zur Geschichte
Flavius Constantius war ein römischer Offizier aus Naissus in Dakien. Er diente als Heermeister des Honorius und konnte in dessen Diensten die Rebellion des Gerontius beenden – auch wenn es dessen Sohn gelang, sich nach Spanien zu retten -, sowie die Usurpation des Constantinus III. Sein größter Coup war der Rückkauf der Galla Placidia von den Goten gegen 600.000 Scheffel voll Getreide. Dieser Dienst wurde von Honorius auf einzigartige Weise belohnt: Neben einem ehrenvollen zweiten Konsulat erhielt Constantius III. die Hand der Galla Placidia. So wurde er der Vater einer kaiserlichen Tochter namens Honoria und eines Sohnes, der später als Valentinianus III. zum Kaiser des Westens aufsteigen sollte.
Nach weiteren militärischen Erfolgen gegen die Vandalen, Alanen und Sweben in Spanien, sowie gegen die Westgoten verlieh Honorius ihm die beispiellose Ehre eines 3. Konsulats und machte ihn am 8. Februar 421 zum zweiten Augustus des Westens. Allerdings starb Constantius bereits am 2. September des gleichen Jahres an einer Rippenfellentzündung.

Hinweise für Sammler
Auch wenn die Titulatur des Constantius III. auf Münzen mit der identisch ist, die Constantius II. benützte, wird das etwas geschulte Auge leicht die Prägungen der beiden Kaiser unterscheiden können. Die Stempel, die für Constantius III. hergestellt wurden, sind weit gröber in ihrer Ausführung.

Münzen
Folgende Vorderseitenvarianten kommen vor:
Umschrift: D N CONSTANTIVS P F AVG.
Büste: n. r., mit Diadem, drapiert.

Solidi

186.1 VICTORIA AVGGG Constantius III. n. r. stehend.
3.000 8.000 20.000

186.2 Tremissis. VICTORIA AVGVSTORVM Victoria n. r. gehend.
4.000 7.500 LP

187. Galla Placidia

Mutter des Valentinianus III. Gemahlin des Athawulf, Gemahlin des Constantius III., † 450 Tochter des Theodosius I.

Zur Geschichte

Galla Placidia wurde um das Jahr 389 als Tochter des Theodosius I., und damit als Schwester des Arcadius und des Honorius geboren. Sie begleitete ihren Bruder Honorius nach dessen Einsetzung als Augustus des Westens in seinen Reichsteil.

Im Jahr 410 wurde sie bei der Eroberung Roms durch die Goten des Alarich gefangen genommen und zog mehrere Jahre als Geisel mit dem germanischen Stamm. Im Jahre 414 heiratete sie der Gote Athawulf, der Alarich in der Herrschaft nachgefolgt war. Ende des Jahres gebar ihm Galla Placidia einen Sohn, der den dynastischen Namen Theodosius erhielt, ein Symbol für das politische Programm, das Athawulf vertrat. Sein Plan war es, das Imperium Romanum durch die unverbrauchten Goten zu erneuern. Doch bereits im Jahr 415 wurde der gotische Ehemann der Galla Placidia ermordet. Der neue König Vallia tauschte seine Geisel im Jahr 416 gegen 600.000 Scheffel Getreide an Constantius, den Heermeister des Honorius, aus. Zum Dank übertrug Honorius letzterem das Amt des Konsul im Jahr 417 und erlaubte, daß er Galla Placidia am 1. Januar 417 heiratete. Galla Placidia gebar ihm zwei Kinder, eine Tochter namens Honoria und einen Sohn, den späteren Kaiser Valentinianus III. Nur drei Jahre später, am 8. Februar 421, erhob Honorius Constantius zum zweiten Augustus des Westens, damit wurde Galla Placidia Augusta, doch schon am 2. September desselben Jahres verstarb Constantius, so daß Galla Placidia sich erneut als Witwe fand. Da sich die energische Frau nicht mit dem Machtverlust abfinden wollte, kam es zu Auseinandersetzungen mit ihrem Bruder, die in bewaffneten Auseinandersetzungen zwischen den kaiserlichen Garden gipfelten. Placidia floh mit ihren beiden Kindern Anfang 423 nach Constantinopolis zu ihrem Neffen Theodosius II. Sie kehrte bereits Ende des nächsten Jahres nach Italien zurück, wo Honorius verstorben war und ihr Sohn Valentinianus III. seinen Anspruch auf die Herrschaft mit ihrer Hilfe erkämpfen sollte. Dies gelang. Am 23. Oktober 425 feierte Valentinianus III. seine Erhebung zum Augustus des Westens.

Bis mindestens zum Jahr 437, in dem Valentinianus III. sich vermählte, übte Galla Placidia ohne Einschränkungen die Macht im Westreich aus, ehe sie der Heermeister Aëtius in dieser Position langsam ablöste. Galla Placidia mußte den Mord an ihrem Sohn nicht mehr miterleben. Sie starb am 27. November 450.

Münzen

Folgende Vorderseitenvarianten kommen vor:
Umschrift: AEL PLACIDIA AVG,
D N GALLA PLACIDIA P F AVG,
GALLA PLACIDIA AVG.
Büste: n. r., mit Diadem, drapiert.

Solidi

187.1 Tremissis. *Ohne Legende.* Kreuz in Kranz.
1.000 2.500 4.000

187.2 IMP XXXXII COS XVII P P Constantinopolis n. l. thronend, am Ende der Legende Offizinsbuchstabe.
4.000 7.500 10.000

187.3 SALVS REI PVBLICAE Victoria n. r. sitzend, einen Schild mit einem Christogramm beschreibend.
4.000 7.500 10.000

187.4 Semis. –. Christogramm in Kranz.
2.500 5.000 8.000

187.5 VOT XX MVLT XXX Victoria n. l. stehend, ein langes Kreuz haltend, am Ende der Legende Offizinsbuchstabe.
4.000 7.500 10.000

187.6 VOT XXX MVLT XXXX Constantinopolis frontal sitzend, am Ende der Legende Offizinsbuchstabe.
4.000 7.500 10.000

		s	ss	vz

Silbermünzen

187.7 Halbe Siliqua. Ohne Legende. Christogramm oder Kreuz in Kranz. **500 1.500 LP**

187.8 Siliqua. SALVS REI PVBLICAE Victoria n. r. sitzend, einen Schild haltend, darauf Christogramm. **500 2.000 LP**

Bronzemünzen

187.9 CONCORDIA AVG Galla Placidia frontal thronend (AE 3). **200 1.000 LP**

187.10 SALVS REI PVBLICE Victoria n. l. gehend (AE 4). **200 1.000 LP**

187.11 –. Kreuz (AE 4). **200 1.000 LP**

188. Johannes

423 – 425

Zur Geschichte

Nach dem Tod des Honorius war kein Nachfolger sofort verfügbar: Der Kaiser des Westens hatte keinen leiblichen Erben hinterlassen, sein nächster Nachkomme, Flavius Placidus Valentinianus III. war mit seiner Mutter nach Constantinopolis geflohen und der Herrscher des Ostens, Theodosius II., verweigerte seiner Tante Galla Placidia militärische Hilfe bei der Einsetzung ihres unmündigen Sohnes in die Herrschaft.

Die Truppen des Westens ergriffen nach einer viermonatigen kaiserlosen Zeit die Initiative und riefen am 20. November 423 den Zivilbeamten Johannes zum neuen Kaiser des Westens aus. Dies bewirkte ein Handeln des Theodosius II. Er schickte den fünfjährigen Valentinianus III. als Caesar des Westens nach Italien. Mit ihm zog ein Heer, das Ravenna im Handstreich eroberte. Johannes wurde gefangen genommen und im Mai 425 enthauptet.

Zur Münzgeschichte

Gold- und Silbermünzen für Johannes wurden in Ravenna und Mailand gepragt. Bronzemünzen prägten für ihn Rom und Arles.

Münzen

Folgende Vorderseitenvarianten kommen vor:
Umschrift: D N IOHANNES P F AVG.
Büste: n. r., mit Diadem, drapiert und gepanzert.

Solidi

188.1 VICTORIA AVGGG Johannes n. r. stehend, einen Gefangenen niedertretend. **3.000 6.000 12.000**

188.2 Semissis. VICTORIA AVGVSTORVM Victoria n. r. sitzend, einen Schild mit Christogramm beschreibend. **2.500 5.000 LP**

188.3 Tremissis. –. Victoria n. r. gehend. **1.500 4.000 LP**

S SS VZ

Silbermünzen

188.4 Siliqua. VRBS ROMA Roma n. l. sitzend.
3.000 7.000 16.000

188.5 Halbe Siliqua. VICTORIA AVGG Victoria n. l. stehend.
3.000 7.000 16.000

Bronzemünzen

188.6 SALVS REI PVBLICE Victoria n. l. gehend (AE 4).
100 600 LP

188.7 VICTORIA AVGG Victoria n. l. gehend (AE 4).
100 600 LP

189. Valentinianus III.

425 – 455

Zur Geschichte

Flavius Placidius Valentinianus III. war der Sohn der Galla Placidia und des Constantius III., dem kurzlebigen Mitkaiser des Honorius. Wegen Auseinandersetzungen seiner Mutter mit ihrem Bruder Honorius mußten beide fliehen. Doch als kurz darauf der Kaiser des Westens starb, ohne einen leibliche Erben zu hinterlassen, verlobte Theodosius II. den fünfjährigen Valentinianus III. mit seiner eigenen Tochter Licinia Eudoxia, und ernannte ihn am 23. Oktober 424 zum Caesar. Die Herrschaft über Italien mußte für Valentinianus III. erst erkämpft werden. Dort war ein Usurpator namens Johannes an der Macht, der aber schnell besiegt wurde. Am 23. Oktober 425 feierte Valentinianus III. seine Erhebung zum Augustus. Die ersten Jahre, mindestens bis zu seiner Hochzeit mit Licinia Eudoxia am 28. Oktober 437, überließ Valentinianus III. die Regierungsgeschäfte völlig seiner Mutter Galla Placidia. Danach übernahm mehr und mehr der Heermeister Aëtius den Schutz des Reiches. Auch wenn unter Valentinianus auf so wichtige Provinzen wie Africa, Spanien und Britannien endgültig verzichtet werden mußte und andere Provinzen wie Gallien immer mehr unter dem Einfluß germanischer Stämme standen, konnte Aëtius zumindest einigermaßen stabile Verhältnisse erhalten. Dies scheiterte erst, als Attila mit seinen Hunnen ins Westreich einfiel. Es gelang Aëtius, ihn mit Hilfe der verbündeten Germanen und vor allem der Westgoten unter Theoderich I. an den Katalaunischen Feldern bei Châlons abzufangen. Trotzdem plünderten die Hunnen Oberitalien, darunter so bedeutende Städte wie Aquileia, Ticinum und Mailand.

Nach seinem Sieg über die Hunnen versuchte Aëtius, seine Verschwägerung mit dem Kaiserhaus durchzusetzen. Er vermählte seinen Sohn mit der Tochter des Valentinianus III. Der aber glaubte, nach dem Sieg über die Hunnen auf seinen erfolgreichen Heermeister verzichten zu können. Valentinianus III. ermordete in eigener Person am 21. September 454 den Aëtius auf dem Palatin.

Damit hatte sich der Kaiser die Gunst seines Heeres verscherzt. Petronius Maximus, der ihn in seinem Entschluß zum Mord bestärkt hatte und sich nun bei der Ämtervergabe übergangen sah, ermunterte die Gefolgsleute des Aëtius zur Rache. Der Kaiser wurde während einer Truppenschau am 16. März 455 von dem Schwiegersohn des Aëtius und einem weiteren Gefolgsmann erschlagen. Nicht ein einziger Soldat erhob die Hand, um seinen Kaiser zu schützen.

Hinweise für Sammler

Obwohl die Titulatur von Valentinianus III. D N VALENTINIANVS P F AVG mit der von Valentinianus I. und II. identisch ist, fällt dem geübten Auge die Unterscheidung der drei Typen leicht. Valentinianus I. wird mit einem breiten, flachen Porträt in den mittleren Jahren dargestellt, Valentinianus II. weist ein gestreckt wirkendes jungendliches Porträt auf, der Stempelschnitt von Münzen des Valentinianus III. wurde nicht mehr mit der gleichen Eleganz ausgeführt wie der für seine Vorgänger.

Münzen

Folgende Vorderseitenvarianten kommen vor:
Umschrift: D N PL(A) VALENTINIANVS P F AVG,
D N VALENTINIANVS P F AVG,
D N VALENTINIANO
und viele andere Varianten.
Büste: n. r., selten n. l., mit Diadem, gepanzert und drapiert; oder in Dreiviertelansicht mit Helm, Schild und Speer.

Solidi

s ss vz

189.1 Tremissis. *Ohne Legende.* Kreuz im Kranz. **150 500 1.200**

189.2 IMP XXXXII COS XVII P P Constantinopolis n. l. thronend, am Ende der Legende Offizinsbuchstabe. **300 600 1.200**

189.3 SALVS REI PVBLICAE Theodosius II. und Valentinianus nebeneinander thronend, am Ende der Legende Offizinsbuchstabe. **350 750 1.500**

189.4 Semis. –. Victoria n. r. sitzend, einen Schild haltend, darauf VOT X MVLT XX. **250 900 2.000**

189.5 Semis. –. Christogramm in Kranz. **250 900 2.000**

189.6 Semis. VICTORIA AGG Victoria n. r. sitzend, einen Schild beschreibend mit 1.) XX XXX oder 2.) mit Christogramm. **250 900 2.000**

189.7 VICTORIA AVGGG Victoria n. l. stehend, ein langes Kreuz haltend, am Ende der Legende Offizinsbuchstabe. **250 500 1.000**

189.8 –. Valentinianus III. frontal stehend, ein langes Kreuz haltend, Fuß auf menschenköpfige Schlange gestützt. **300 600 1.200**

189.9 –. Valentinianus III. frontal thronend in Konsulartracht. **750 1.800 4.000**

189.10 Semis. VICTORIA A(V)GVSTORVM Victoria n. r. sitzend, einen Schild haltend, darauf VOT X MVLT XX. **250 900 2.000**

189.11 Semis. –. Christogramm in Kranz. **250 900 2.000**

189.12 Tremissis. –. Victoria n. l. oder n. r. gehend. **150 300 500**

189.13 VOT XX MVLT XXX Victoria n. l. stehend, ein langes Kreuz haltend. **300 600 1.200**

189.14 VOT XXX MVLT XXXX Constantinopolis frontal thronend, am Ende der Legende Offizinsbuchstabe. **300 600 1.200**

189.15 –. Valentinianus III. frontal stehend, ein langes Kreuz haltend, Fuß auf menschenköpfige Schlange gestützt. **300 600 1.200**

189.16 –. Valentinianus in Konsulartracht, einer knienden Gestalt Münzen gebend. **750 1.800 3.500**

Silbermünzen

189.17 Halbe Siliqua. Ohne Legende. Kreuz oder Christogramm in Kranz. **800 1.800 LP**

189.18 Miliarense. GLORIA ROMANORVM Valentinianus III. n. l. stehend. **LP LP LP**

189.19 Siliqua. SALVS REI PVBLICAE Victoria n. r. sitzend, einen Schild haltend, darauf Christogramm. **1.000 2.000 LP**

189.20 Siliqua. VRB(I)S ROMA Roma n. l. sitzend. **1.000 2.000 LP**

189.21 Halbe Siliqua. VICTORIA AVGG Victoria n. l. gehend. **800 1.800 LP**

189.22 Siliqua. VIRTVS ROMANORVM Valentinianus III. frontal stehend. **1.000 2.000 LP**

		s	ss	vz
189.23	–. Roma n. l. sitzend.	1.000	2.000	LP
189.24	Siliqua. VOT XX MVLT XXX in Kranz.	1.000	2.000	LP
189.25	Siliqua. VOT XXX MVLT XXXX in Kranz.	1.000	2.000	LP

Bronzemünzen

189.26	Ohne Legende. Kreuz oder Christogramm in Kranz (AE 3-4).	50	150	LP
189.27	CONCORDIA AGV Theodosius II. und Valentinianus III. frontal stehend (AE 2).	50	250	LP
189.28	CONCORDIA AVG Victoria n. l. gehend (AE 4).	50	150	LP
189.29	SALVS REI PVBLICE Victoria n. l. gehend (AE 4).	50	150	LP
189.30	–. Kreuz (AE 4).	50	150	LP
189.31	VICTORIA AVGG Victoria n. r. stehend oder n. l. gehend (AE 3).	75	300	LP

189.32	–. Zwei Victorien einander gegenüber stehend (AE 4).	50	150	LP
189.33	–. Victoria n. l. gehend (AE 4).	50	150	LP
189.34	VIRTVS ROMANORVM Valentinianus frontal stehend (AE 4).	50	150	LP

189.35	VOT PVB Toranlage (AE 3).	75	300	LP
189.36	VOT XV in Kranz (AE 3 oder 4).	50	150	LP
189.37	VOT XX in Kranz (AE 3).	75	300	LP

190. Eudoxia

Gemahlin des Valentinianus III., † nach 462

Zur Geschichte

Licinia Eudoxia war die Tochter des Theodosius II. und seiner Gemahlin Athenais – Aelia Eudocia. Sie wurde bereits im Alter von nur zwei Jahren mit ihrem Großcousin Valentinianus III. verlobt, ehe der nach Italien aufbrach, um seine Ansprüche als Kaiser des Westens durchzusetzen. Die Heirat erfolgte erst am 28. Oktober 437.

Nach der Ermordung ihres Mannes zwang dessen Nachfolger Petronius Maximus Eudoxia, ihn zu heiraten, um seine Stellung zu legitimieren. Sie rief den Vandalen Geiserich gegen ihn zu Hilfe, der tatsächlich den Petronius Maximus beseitigte, dabei aber Rom plünderte und die gesamte Familie des Valentinianus III. als Geiseln mit sich nahm. Auf ihren Besitz stützte Geiserich seinen Anspruch auf das Westreich. Licinia Eudoxia kam erst wieder frei, als Geiserich bedrängt durch Rikimer den Frieden mit dem Oströmischen Reich suchte und als Zeichen des guten Willens die ehemalige Kaiserin und ihre jüngere Tochter im Jahr 462 freiließ. Die ältere Tochter Eudocia hatte er bereits 456 mit seinem Sohn vermählt.

Nach dem Jahr 462 verlieren sich die Spuren der Eudoxia. Wir wissen nicht, in welchem Jahr sie starb.

Hinweise für Sammler

Da Eudoxia bzw. Eudocia in der theodosianischen Herrscherdynastie ein äußerst beliebter Name war, fällt die Unterscheidung der verschiedenen weiblichen Angehörigen des Kaiserhauses dem Anfänger schwer. Licinia Eudoxia z. B. teilte die Titulatur AEL EVDOXIA AVG mit Aelia Eudoxia, der Gemahlin des Arcadius.

Münzen

s *ss* *vz*

Folgende Vorderseitenvarianten kommen vor:
Umschrift: AEL EVDOXIA AVG,
D N ELIA EVDOXIA P F AVG,
LICINIA EVDOXIA P F AVG.
Büste: n. r., mit Diadem, drapiert.

Solidi

190.1 Tremissis. Ohne Legende. Kreuz oder Christogramm in Kranz. **LP LP LP**

190.2 IMP XXXXII COS XVII P P Constantinopolis n. l. thronend, am Ende der Legende Offizinsbuchstabe. **2.000 4.000 8.000**

190.3 SALVS REI PVBLICAE Eudoxia frontal thronend. **6.000 18.000 45.000**

190.4 VICTORIA AVGGG Victoria n. l. stehend, ein langes Kreuz haltend, am Ende der Legende Offizinsbuchstabe. **2.000 6.000 LP**

190.5 VOT XXX MVLT XXXX Constantinopolis n. l. thronend, am Ende der Legende Offizinsbuchstabe. **2.000 4.000 8.000**

Silbermünzen

190.6 Halbe Siliqua. *Ohne Legende.* Christogramm in Kranz. **LP LP LP**

191. Honoria

Schwester des Valentinianus III., † 454

Zur Geschichte

Iusta Grata Honoria war die Tochter des Constantinus III. und seiner Frau Galla Placidia, damit also die Schwester des Valentinianus III. Sie sollte kurioser Weise den Vorwand für den Einfall der Hunnen im Westreich liefern.
Valentinianus III. wollte seine Schwester zwingen, als wahre Christin Jungfräulichkeit zu üben, um damit die Unterstützung Gottes auf den kaiserlichen Hof herabzurufen. Honoria, die sich mit dieser Idee nicht anfreunden konnte, bat Attila um Hilfe und schickte ihm zur Beglaubigung des Boten einen Ring. Der Hunnenkönig betrachtete sich durch diese Gabe als Schwager des Kaisers und forderte als Mitgift die Hälfte des Westreiches.
Welche Folgen ihre unüberlegte Handlung für Honoria hatte, überliefern uns die antiken Quellen nicht. wir wissen lediglich daß sie im Jahr 454 starb.

Münzen

Folgende Vorderseitenvarianten kommen vor:
Umschrift: D N IVST GR(A)T HONORIA P F AVG.
Büste: n. r., mit Diadem, drapiert.

Solidi

191.1 Tremissis. *Ohne Legende.* Kreuz in Kranz. **700 1.800 4.500**

191.2 BONO REI PVBLICAE Victoria mit Kreuz n. l. stehend. **2.500 7.000 12.500**

191.3 Semis. SALVS REI PVBLICAE Christogramm in Kranz. **2.500 6.000 10.000**

191.4 VOT XX MVLT XXX Victoria mit Kreuz n. l. stehend. **2.500 7.000 12.500**

192. Petronius Maximus

455

Zur Geschichte

Petronius Maximus stammte aus einer äußerst reichen, altsenatorischer Familie. Er hatte eine steile Karriere gemacht und zählte zu den engsten Beratern des Kaisers, Valentinianus III. Als solcher ermutigte er ihn, nachdem Aëtius die Hunnen besiegt hatte, den erfolgreichen Heermeister zu ermorden. Als aber Valentinianus III. nach dieser Tat nicht daran dachte, das Amt des Ermordeten dem Petronius Maximus zu übergeben, hetzte der die Anhänger des Aëtius auf, den Mord zu rächen, was diese am 16. März 455 taten. Bereits am nächsten Tag wurde Petronius Maximus zum Kaiser ausgerufen. Da er kaum Rückhalt im Heer hatte, zwang er die Witwe des Kaisers, Licinia Eudoxia, ihn zu heiraten. Die rief den Vandalen Geiserich gegen ihren Bedränger zu Hilfe, der tatsächlich im Mai nach Rom segelte, um die Stadt zu erobern. Dabei wurde Petronius Maximus durch einen Steinwurf getötet, durch die Stadt geschleift und in den Tiber geworfen. Es folgte eine 14tägige Plünderung der ewigen Stadt.

Der Begriff „Vandalismus" wurde übrigens erst mehr als 1.000 Jahre später eingeführt, als am 31. August 1794 der Bischof von Blois im Konvent der französischen Volksversammlung über den Kunstfrevel der Jakobiner berichtete.

Zur Münzgeschichte

Für Petronius Maximus wurde nur in Rom und Ravenna geprägt.

Münzen

Folgende Vorderseitenvarianten kommen vor:
Umschrift: D N PETRONIVS MAXIMVS P F AVG.
Büste: n. r., mit Diadem, drapiert.

Solidi

192.1 VICTORIA AVGGG Petronius Maximus frontal stehend, ein langes Kreuz haltend, den Fuß auf menschenköpfige Schlange gestützt. **8.000 20.000 50.000**

193. Avitus

455 – 456

Zur Geschichte

Angesichts der drohenden Alamannengefahr hatte Petronius Maximus einen neuen Heermeister ernannt, Flavius Eparchius Avitus, ebenfalls aus dem Senatsadel. Avitus verfügte über hervorragende Verbindungen zu den Westgoten. Er wurde von Theoderich II. nach dem Tod des Petronius Maximus dazu bewogen, die Nachfolge des gestürzten Kaisers zu übernehmen. Am 9. Juli 455 rief ein gallisches Provinzkonzil Avitus zum Kaiser aus.

Avitus zog nach Italien und hoffte dort auf die Anerkennung durch den Ostkaiser. Die blieb jedoch aus, genauso wie das Getreide aus Africa, auf das die Römer traditionell angewiesen waren. Die Hungersnot brachte Ober- wie Unterschicht gegen den neuen Kaiser auf. So konnte Rikimer, ein swebischer Prinz, dem Avitus am 17. Oktober 456 bei Placentia in einer Schlacht die Herrschaft entreißen. Avitus entkam seiner Hinrichtung, indem er das Amt des Bischofs in Placentia übernahm. Kurz darauf starb er unter für uns ungeklärten Umständen.

Zur Münzgeschichte

Münzen des Avitus wurden in Arles, Mailand und Rom geprägt.

Münzen

Folgende Vorderseitenvarianten kommen vor:
Umschrift: D N AVITVS PERP A(V)G,
D N (oder A N) AVITVS PERP F AVG,
D N AVITVS P F AVG.
Büste: n. r., mit Diadem, drapiert.

Solidi

193.1 Tremissis. *Ohne Legende.* Kreuz in Kranz. **2.000 7.500 12.000**

193.2 VICTORIA AVGGG Avitus mit einem langen Kreuz oder Standarte n. r. stehend, einen Gefangenen niedertrampelnd. **8.000 20.000 40.000**

		s	ss	vz

Silbermünzen

193.3 Siliqua. VRBIS ROMA Roma n. l. sitzend. **5.000** **LP** **LP**

Bronzemünzen

193.4.2

193.4 VICTORIA AVGG 1.) Avitus n. l. stehend, 2.) Victoria n. l. stehend. **LP** **LP** **LP**

194. Maiorianus

457 – 461

Zur Geschichte

Nach seinem Sieg über Avitus verlieh der Augustus des Ostens, Leo I., Ricimer das Amt eines *patricius.* Es wurde also erstmals vom Ostreich aus versucht, den Westen mittels eines Reichsfeldherrn zu verwalten. Rikimer aber befand es für nötig, einen Schattenkaiser zu berufen. Er rief am 1. April 457 Flavius Iulianus Maiorianus als Kaiser des Westens aus, einen Offizier aus der Provinz Illyrien. Leo erkannte Maiorianus nicht an.

Zunächst verbuchte Maiorianus einige Erfolge bei Feldzügen nach Gallien und Spanien. Es sollten die letzten Kriege sein, die ein weströmischer Kaiser persönlich führte. Mit den Vandalen unter Geiserich mußte Maiorianus allerdings einen unvorteilhaften Frieden abschließen. Rikimer war enttäuscht von ihm, ließ Maiorianus gefangen setzen und ihm den Purpur und das Diadem abnehmen. Am 7. August 461 wurde der abgesetzte Kaiser ausgepeitscht und geköpft.

Münzen

Folgende Vorderseitenvarianten kommen vor:
Umschrift: D N (IVLIVS) MAIORIANVS P F AVG
und viele andere Varianten.
Büste: n. r., mit Diadem, drapiert.

Solidi

194.1 Tremissis. *Ohne Legende.* Kreuz in Kranz. **750** **1.800** **3.500**

194.2 VICTORIA AVGGG Maiorianus frontal stehend, ein langes Kreuz haltend, den Fuß auf menschenköpfige Schlange gesetzt. **2.500** **4.000** **8.000**

194.3 VOTIS MVLTIS Zwei Kaiser nebeneinander in Konsulartracht thronend. **LP** **LP** **LP**

Silbermünzen

194.4 Siliqua. VICTORIA AVGG Victoria n. l. stehend. **900** **2.400** **5.000**

		s	*ss*	*vz*

194.5 Halbe Siliqua. –. **900 2.400 5.000**

194.6 Siliqua. VOTIS MVLTIS Maiorianus frontal stehend. **LP LP LP**

Bronzemünzen

194.7 VICTORIA AVGGG 1.) Maiorianus n. l. stehend, 2.) Victoria n. l. stehend (AE 3-4). **150 600 1.200**

195. Libius Severus

461 – 465

Zur Geschichte

Fast ein Vierteljahr nach der Hinrichtung des Maiorianus erhob Rikimer einen neuen Augustus des Westens, Libius Severus. Zwar wurde dessen Herrschaft offiziell vom Senat bestätigt, tatsächliche Bedeutung übte er aber nie aus. Er soll der Überlieferung nach am 14. November 465 von seinem einstigen Gönner vergiftet worden sein.

Münzen

Folgende Vorderseitenvarianten kommen vor:
Umschrift: D N LIBIVS SEVERVS PERPETV AVG,
D N LIB(IVS) SEVERVS P F AVG
und zahlreiche Varianten.
Büste: n. r., mit Diadem, drapiert.

Solidi

195.1 Tremissis. *Ohne Legende.* Kreuz in Kranz. **1.500 2.000 4.000**

195.2 Semis. SALVS REI PVBLICAE Christogramm im Kranz. **1.000 2.800 6.000**

195.3 VICTORIA AVGGG Libius Severus frontal stehend, ein langes Kreuz haltend, den Fuß auf einer menschenköpfigen Schlange. **2.500 4.000 8.000**

Silbermünzen

195.4 Halbe Siliqua. *Ohne Legende.* Christogramm in Kranz. **1.000 2.000 LP**

195.5 Siliqua. VRBIS ROMA Roma n. l. sitzend. **1.500 5.000 LP**

Bronzemünzen

195.6 *Ohne Legende.* Monogramm im Kranz (AE 4). **200 500 LP**

195.7 VICTO AVG Victoria n. l. (AE 4). **300 750 LP**

196. Anthemius

467 – 472

Zur Geschichte

Nach dem Tod des Libius Severus gestattete Rikimer dem Senat von Rom, den Kaiser Leo I. in Constantinopolis um einen neuen Augustus des Westens zu bitten. Leo wählte einen erfahrenen Militär, von dem er hoffen konnte, er sei Rikimer gewachsen: Procopius Anthemius, den Schwiegersohn des bereits verstorbenen Ostkaisers Marcianus. Dieser wurde in Constantinopolis zum Caesar erhoben und am 12. April 467 in Rom als Augustus ausgerufen. Anthemius sicherte sich die Gunst des Rikimer, indem er ihn mit seiner Tochter Alypia vermählte. Trotzdem kam es zwischen beiden zu Spannungen, die bis zum offenen Bürgerkrieg führten. Der Heermeister Rikimer belagerte den römischen Kaiser Anthemius in Rom. Am 11. Juli 472 wurde letzterer ermordet, die Stadt Rom zum dritten Mal geplündert.

Münzen

Folgende Vorderseitenvarianten kommen vor:
Umschrift: D N (PROC) ANTHEMIVS PERPET(V) AVG,
D N ANTHEMIVS P F AVG.
Büste: n. r., selten n. l., mit Diadem, gepanzert und drapiert; oder in Dreiviertelansicht mit Helm, Schild und Speer.

Solidi

196.1 Tremissis. *Ohne Legende.* Kreuz in Kranz.
900 1.800 3.500

196.2 SALVS REI PVBLICAE Leo I. und Anthemius nebeneinander stehend, zwischen einander einen Globus oder ein Kreuz haltend. **1.500 2.500 5.000**

196.3 Semis. –. Christogramm in Kranz.
2.500 5.000 LP

196.4 VICTORIA AVGGG Victoria n. l. stehend, ein langes Kreuz haltend. **1.500 2.500 5.000**

s ss vz

196.5 –. Anthemius frontal stehend, ein langes Kreuz haltend, den Fuß auf eine menschenköpfige Schlange gestützt. **1.500 2.500 5.000**

196.6 VOTIS MVLTIS Leo I. und Anthemius in Konsulartracht nebeneinander thronend. **LP LP LP**

Silbermünzen

196.7 Halbe Siliqua. *Ohne Legende.* Christogramm in Kranz.
1.000 2.500 LP

196.8 Viertel Siliqua(?). SALVS REI PVBLICAE Roma n. l. thronend.
LP LP LP

Bronzemünzen

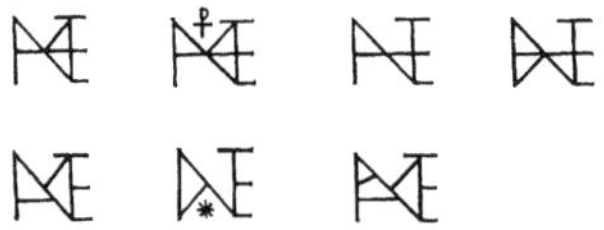

196.9 *Ohne Legende.* Monogramm in Kranz (AE 3 oder 4).
100 750 LP

197. Euphemia

Gemahlin des Anthemius,
† nach 472

Zur Geschichte

Euphemia war die Tochter des Kaisers im Ostreich, Marcianus. Sie wurde von diesem 455 mit einem seiner bedeutendsten Heermeister, Anthemius verheiratet. Durch ihre Verwandtschaft mit dem Kaiserhaus machte Euphemia ihren Mann zu einem für Leo I. akzeptablen Bewerber um die Kaiserherrschaft im Westreich.
Euphemia folgte Anthemius nach Italien. Über ihr weiteres Schicksal lassen uns die Quellen im Dunkeln.

Münzen

Folgende Vorderseitenvarianten kommen vor:
Umschrift: D N AEL MARC EVFEMIAE P F AVG und andere Varianten.
Büste: n. r., mit Diadem, drapiert.

Solidi

197.1 GLORIA REI PVBLICAE Zwei Kaiserinnen frontal stehend. **7.500 28.000 75.000**

197.2 VICTORIA AVGGG Victoria n. l. stehend, ein langes Kreuz haltend. **7.500 28.000 75.000**

Silbermünzen

197.3 Siliqua. VRBIS ROMA Roma n. l. thronend. **LP LP LP**

198. Olybrius

472

Zur Geschichte

Anicius Olybrius wurde von Leo I. aus Constantinopolis gesandt, um zwischen Anthemius und Rikimer zu vermitteln. Er gehörte zu den engsten Beratern des Ostkaisers, ja seine Frau war Placidia, die Tochter Valentinianus III., die einige Zeit bei den Vandalen als Geisel verbracht hatte. Rikimer nutzte die Anwesenheit des Mannes, um ihn zum Gegenkaiser zu erheben, doch bereits am 2. November 472 kam Olybrius ums Leben. Trotz seiner kurzen Regierungszeit überlebte er Rikimer, der so viele Kaiser vor ihm ins Jenseits befördert hatte. Der Heermeister verstarb am 19. August 472.

Münzen

Folgende Vorderseitenvarianten kommen vor:
Umschrift: D N ANICIVS OLYBRIVS AVG.
Büste: n. r., mit Diadem, drapiert.

Solidi

198.1 Tremissis. *Ohne Legende.* Kreuz in Kranz. **20.000 75.000 120.000**

198.2 SALVS MVNDI Kreuz. **LP LP LP**

198.3 Tremissis. –. Kreuz. **20.000 75.000 120.000**

199. Glycerius

473 – 474

Zur Geschichte

Nach dem Tod des Rikimer erbte dessen Schwestersohn, der burgundische Gundobad, das Amt des Heermeisters. Er setzte nach gewohnter Manier am 3. März 473 Glycerius als Schattenkönig ein. Der fand allerdings nicht die Zustimmung des Ostkaisers. Leo protegierte einen Gegenkaiser namens Iulius Nepos, der im Juni 474 noch Rom zog und dort zum Augustus erhoben wurde. Glycerius wollte sich einem Kampf nicht stellen, ließ sich zum Bischof weihen und entging so seiner Hinrichtung.

Münzen

Folgende Vorderseitenvarianten kommen vor:
Umschrift: D N GLVCERIVS P F AVG.
Büste: n. r., mit Diadem, drapiert.

Solidi

199.1 Tremissis. *Ohne Legende.* Kreuz im Kranz.
7.500 12.500 30.000

199.2 VICTORIA AVGG(G) Glycerius n. r., ein langes Kreuz haltend.
10.000 50.000 LP

Silbermünzen

199.3 Halbe Siliqua. VICTORIA AVGGG Victoria n. l. gehend.
LP LP LP

200. Iulius Nepos

474 – 475

Zur Geschichte

Iulius Nepos war entfernt mit der Gemahlin des Kaisers des Ostreiches Leo I. verwandt. So unterstützte ihn Leo bei seinen Bemühungen um das Kaiseramt. Im Juni 474 landete Iulius Nepos in Portus, begab sich nach Rom und wurde dort zum Kaiser des Westens ausgerufen. Es gelang ihm, Gundobad und seinen Schützling Glycerius zur Abdankung zu zwingen. Iulius Nepos versuchte, den vollständigen Verlust der Provinz Gallien aufzuschieben. Aus diesem Grund ernannte er einen Pannonier namens Orestes zum Reichsfeldherrn. Der aber meuterte und Iulius Nepos mußte am 28. August 475 Rom verlassen. Er zog sich nach Dalmatien zurück, wo er im Jahr 480 ermordet wurde.

Münzen

Folgende Vorderseitenvarianten kommen vor:
Umschrift: D N IVLIVS NEPOS P F AVG.
Büste: n. r., selten n. l., mit Diadem, gepanzert und drapiert; oder in Dreiviertelansicht mit Helm, Schild und Speer.

Solidi

200.1 Tremissis. *Ohne Legende.* Kreuz in Kranz.
1.200 3.500 7.500

200.2 SALVS REI PVBLICAE Christogramm in Kranz.
LP LP LP

200.3 VICTORIA AVGGG Victoria n. l. stehend, ein langes Kreuz haltend.
LP LP LP

Silbermünzen

200.4 Halbe Siliqua. Ohne Legende. Büste der Ravenna mit Mauerkrone n. l.
1.000 2.500 LP

200.5 Siliqua. VRBIS ROMA Roma n. l. thronend.
4.000 8.000 LP

Bronzemünzen

200.6 *Ohne Legende.* Monogramm in Kranz (AE 3).
150 750 LP

201. Romulus Augustulus

475 – 476

Zur Geschichte

Am 31. Oktober 475 ernannte Orestes, der Reichsfeldherr des Westens, seinen Sohn Romulus, dem die Geschichte den Spitznamen Augustulus (= das Kaiserlein) verleihen sollte, zum Kaiser des Westens. Doch bereits am 28. August 476 wurde Orestes von Odovacar getötet. Damit fiel das Westreich an Odovacar, der keinen Sinn darin sah, den kleinen Romulus zu ermorden. Er wies ihm das ehemalige Landgut des Lucullus bei Neapel an, wo der letzte römische Kaiser in Rente ging.

Münzen

Folgende Vorderseitenvarianten kommen vor:
Umschrift: D N ROMVL(VS) A(V)GVSTVS P F AVG.
Büste: n. r., selten n. l., mit Diadem, gepanzert und drapiert; oder in Dreiviertelansicht mit Helm, Schild und Speer.

Solidi

201.1 Tremissis. *Ohne Legende.* Kreuz in Kranz.
5.000 7.500 LP

201.2 VICTORIA AVGGG Victoria n. l. stehend, ein langes Kreuz haltend. **8.000 15.000 50.000**

Silbermünzen

201.3 Halbe Siliqua. *Ohne Legende.* Weibliche Gestalt mit Mauerkrone n. l. stehend, Fuß auf Prora.
5.000 LP LP

Anhang

Anhang

Bildindex der Kaiser und männlichen Angehörigen des Kaiserhauses

1. Caesar
Seite 35

2. Augustus
Seite 38

2. Augustus
Seite 38

4. Agrippa
Seite 49

5. Tiberius
Seite 50

6. Drusus
Seite 52

8. Drusus Minor
Seite 54

9. Germanicus
Seite 55

11. Caligula
Seite 57

12. Claudius
Seite 59

12a. Britannicus
Seite 62

14. Nero
Seite 64

16. Clodius Macer
Seite 71

17. Galba
Seite 72

18. Otho
Seite 76

19. Vitellius
Seite 77

20. Vespasianus
Seite 81

22. Titus
Seite 90

24. Domitianus
Seite 97

26. Nerva
Seite 106

27. Traianus
Seite 109

28. Marcus Ulpius Traianus
Seite 118

32. Hadrianus
Seite 122

32. Hadrianus
Seite 122

34. Aelius
Seite 140

35. Antoninus Pius
Seite 141

37. Marcus Aurelius
Seite 161

37. Marcus Aurelius
Seite 161

39. Lucius Verus
Seite 181

41. Commodus
Seite 188

41. Commodus
Seite 188

43. Pertinax
Seite 201

44. Didius Iulianus
Seite 203

47. Pescennius Niger
Seite 205

48. Clodius Albinus
Seite 207

48. Clodius Albinus
Seite 207

49. Septimius Severus
Seite 210

51. Caracalla
Seite 227

51. Caracalla
Seite 227

53. Geta
Seite 239

53. Geta
Seite 239

54. Macrinus
Seite 244

55. Diadumenianus
Seite 247

56. Elagabalus
Seite 248

62. Severus Alexander
Seite 258

65. Maximinus I. Thrax
Seite 268

67. Maximus
Seite 271

68. Gordianus I.
Seite 272

69. Gordianus II.
Seite 273

70. Balbinus
Seite 274

71. Pupienus
Seite 275

72. Gordianus III.
Seite 277

72. Gordianus III.
Seite 277

74. Philippus I. Arabs
Seite 284

76. Philippus II.
Seite 289

77. Pacatianus
Seite 291

78. Iotapianus
Seite 292

79. Traianus Decius
Seite 293

81. Herennius Etruscus
Seite 297

82. Hostilianus
Seite 299

83. Trebonianus Gallus
Seite 301

84. Volusianus
Seite 303

85. Aemilianus
Seite 306

87. Uranius Antoninus
Seite 308

88. Valerianus I.
Seite 309

90. Gallienus
Seite 314

92. Valerianus II.
Seite 325

93. Saloninus
Seite 326

94. Macrianus
Seite 328

95. Quietus
Seite 329

96. Regalianus
Seite 330

98. Postumus
Seite 331

99. Laelianus
Seite 337

100. Marius
Seite 338

101. Victorinus
Seite 339

102. Tetricus I.
Seite 340

103. Tetricus II.
Seite 342

104. Claudius II. Gothicus
Seite 343

105. Quintillus
Seite 346

106. Aurelianus
Seite 348

109. Vabalathus
Seite 3454

110. Tacitus
Seite 355

111. Florianus
Seite 358

112. Probus
Seite 360

113. Carus
Seite 365

114. Numerianus
Seite 367

115. Carinus
Seite 369

117. Nigrinianus
Seite 372

118. Iulianus I. von Pannonien
Seite 373

119. Diocletianus
Seite 373

119. Diocletianus
Seite 373

120. Maximianus
Seite 380

120. Maximianus
Seite 380

121. Constantius I. Chlorus
Seite 386

122. Galerius
Seite 390

124. Carausius
Seite 394

125. Allectus
Seite 399

126. Domitius Domitianus
Seite 400

127. Severus II.
Seite 401

128. Maximinus Daia
Seite 403

129. Maxentius
Seite 406

130. Romulus
Seite 409

131. Domitius Alexander
Seite 409

132. Licinius I.
Seite 410

133. Licinius II.
Seite 413

134. Valens
Seite 414

135. Martinianus
Seite 415

136. Constantinus I.
Seite 415

136. Constantinus I.
Seite 415

136. Constantinus I.
Seite 415

142. Crispus
Seite 428

143. Dalmatius
Seite 431

144. Hannibalianus
Seite 432

145. Constantinus II.
Seite 432

146. Constans
Seite 436

146. Constans
Seite 436

147. Constantius II.
Seite 439

147. Constantius II.
Seite 439

148. Magnentius
Seite 445

149. Decentius
Seite 447

150. Nepotianus
Seite 448

151. Vetranio
Seite 448

152. Constantius Gallus
Seite 449

153. Iulianus II.
Seite 451

154. Iovianus
Seite 454

155. Valentinianus I.
Seite 455

156. Valens
Seite 458

157. Procopius
Seite 461

158. Gratianus
Seite 462

159. Valentinianus II.
Seite 465

160. Theodosius I.
Seite 467

162. Magnus Maximus
Seite 471

163. Flavius Victor
Seite 473

164. Eugenius
Seite 473

165. Arcadius
Seite 475

167. Theodosius II.
Seite 478

170. Marcianus
Seite 482

171. Leo I.
Seite 483

173. Leo II.
Seite 485

174. Zeno
Seite 486

176. Basiliscus
Seite 488

179. Honorius
Seite 490

180. Constantinus III.
Seite 492

182. Maximus
Seite 493

183. Priscus Attalus
Seite 494

184. Iovinus
Seite 495

185. Sebastianus
Seite 496

188. Johannes
Seite 498

189. Valentinianus III.
Seite 499

193. Avitus
Seite 503

194. Maiorianus
Seite 504

195. Libius Severus
Seite 505

196. Anthemius
Seite 506

200. Iulius Nepos
Seite 508

Bildindex der weiblichen Angehörigen des Kaiserhauses

3. Livia
Seite 48

7. Antonia Minor
Seite 53

10. Agrippina Maior
Seite 56

13. Agrippina Minor
Seite 63

21. Domitilla die Ältere
Seite 89

23. Iulia Titi
Seite 96

25. Domitia Longina
Seite 105

29. Plotina
Seite 119

30. Marciana
Seite 120

31. Matidia
Seite 121

33. Sabina
Seite 138

33. Sabina
Seite 138

36. Faustina Maior
Seite 157

38. Faustina Minor
Seite 176

38. Faustina Minor
Seite 176

40. Lucilla
Seite 186

42. Crispina
Seite 200

45. Manlia Scantilla
Seite 204

46. Didia Clara
Seite 205

50. Iulia Domna
Seite 222

50. Iulia Domna
Seite 222

52. Plautilla
Seite 237

57. Iulia Paula
Seite 253

58. Aquilia Severa
Seite 254

60. Iulia Soaemias
Seite 255

61. Iulia Maesa
Seite 256

63. Orbiana
Seite 265

64. Iulia Mamaea
Seite 266

66. Paulina
Seite 270

73. Tranquillina
Seite 283

75. Otacilia Severa
Seite 288

80. Herennia Etruscilla
Seite 296

86. Cornelia Supera
Seite 308

89. Mariniana
Seite 313

91. Salonina
Seite 323

97. Dryantilla
Seite 331

107. Severina
Seite 352

108. Zenobia
Seite 353

116. Magnia Urbica
Seite 372

123. Galeria Valeria
Seite 394

139. Helena
Seite 426

140. Theodora
Seite 427

141. Fausta
Seite 427

161. Aelia Flacilla
Seite 470

166. Aelia Eudoxia
Seite 477

168. Aelia Eudocia
Seite 480

169. Pulcheria
Seite 481

172. Aelia Verina
Seite 484

187. Galla Placidia
Seite 497

191. Honoria
Seite 502

Alphabetischer Kaiserindex

Aelia Ariadne (175) 487
Aelia Eudocia (168) 480
Aelia Eudoxia (166) 477
Aelia Flacilla (161) 470
Aelia Verina (172) 484
Aelia Zenonis (177) 489
Aelius (34) 140
Aemilianus (85) 306
Agrippa (4) 49
Agrippina Maior (10) 56
Agrippina Minor (13) 63
Allectus (125) 399
Annia Faustina (59) 255
Anthemius (196) 506
Antonia Minor (7) 53
Antoninus Pius (35) 141
Aquilia Severa (58) 254
Arcadius (165) 475
Augustus (2) 38
Aurelianus (106) 348
Avitus (193) 503
Bürgerkrieg (15) 69
Balbinus (70) 274
Basiliscus (176) 488
Britannicus (12a) 62
Caesar (1) 35
Caligula (11) 57
Caracalla (51) 227
Carausius (124) 394
Carinus (115) 369
Carus (113) 365
Claudius (12) 59
Claudius II. Gothicus (104) 343
Clodius Albinus (48) 207
Clodius Macer (16) 71
Commodus (41) 188
Constans (146) 436
Constans II. (181) 493
Constantinopolis (138) 425
Constantinus I. (136) 415
Constantinus II. (145) 432
Constantinus III. (180) 492
Constantius Gallus (152) 449
Constantius I. Chlorus (121) 386
Constantius II. (147) 439
Constantius III. (186) 496
Cornelia Supera (86) 308
Crispina (42) 200
Crispus (142) 428
Dalmatius (143) 431
Decentius (149) 447
Diadumenianus (55) 247
Didia Clara (46) 205
Didius Iulianus (44) 203
Diocletianus (119) 373
Domitia Longina (25) 105
Domitianus (24) 97
Domitilla die Ältere (21) 89
Domitius Alexander (131) 409
Domitius Domitianus (126) 400
Drusus Maior (6) 52
Drusus Minor (8) 54
Dryantilla (97) 331
Elagabalus (56) 248
Eudoxia (190) 501
Eugenius (164) 473
Euphemia (197) 507
Fausta (141) 427
Faustina Maior (36) 157
Faustina Minor (38) 176
Flavius Victor (163) 473
Florianus (111) 358
Galba (17) 72
Galeria Valeria (123) 394
Galerius (122) 390
Galla Placidia (187) 497
Gallienus (90) 314
Germanicus (9) 55
Geta (53) 239
Glycerius (199) 508
Gordianus I. (68) 272
Gordianus II. (69) 273
Gordianus III. (72) 277
Gratianus (158) 462
Hadrianus (32) 122
Hannibalianus (144) 432
Helena (139) 426
Herennia Etruscilla (80) 296
Herennius Etruscus (81) 297
Honoria (191) 502
Honorius (179) 490
Hostilianus (82) 299
Iotapianus (78) 292
Iovianus (154) 454
Iovinus (184) 495
Iulia Domna (50) 222
Iulia Maesa (61) 256
Iulia Mamaea (64) 266
Iulia Paula (57) 253
Iulia Soaemias (60) 255
Iulia Titi (23) 96
Iulianus I.
von Pannonien (118) 373
Iulianus II. (153) 451
Iulius Nepos (200) 508
Johannes (188) 498
Laelianus (99) 337
Leo I. (171) 483
Leo II. (173) 485
Leontius (178) 489
Libius Severus (195) 505
Licinius I. (132) 410
Licinius II. (133) 413
Livia (3) 48
Lucilla (40) 186
Lucius Verus (39) 181
Macrianus (94) 328
Macrinus (54) 244
Magnentius (148) 445
Magnia Urbica (116) 372
Magnus Maximus (162) 471
Maiorianus (194) 504
Manlia Scantilla (45) 204
Marciana (30) 120
Marcianus (170) 482
Marcus Aurelius (37) 161
Marcus Ulpius Traianus (28) 118
Mariniana (89) 313
Marius (100) 338
Martinianus (135) 415
Matidia (31) 121
Maxentius (129) 406
Maximianus (120) 380
Maximinus Daia (128) 403
Maximinus I. Thrax (65) 268
Maximus (67) 271
Maximus (182) 493
Nepotianus (150) 448
Nero (14) 64
Nerva (26) 106
Nigrinianus (117) 372
Numerianus (114) 367
Olybrius (198) 507
Orbiana (63) 265
Otacilia Severa (75) 288
Otho (18) 76
Pacatianus (77) 291
Paulina (66) 270
Pertinax (43) 201
Pescennius Niger (47) 205
Petronius Maximus (192) 503
Philippus I. Arabs (74) 284
Philippus II. (76) 289
Plautilla (52) 237
Plotina (29) 119
Postumus (98) 331
Priscus Attalus (183) 494
Probus (112) 360
Procopius (157) 461
Pulcheria (169) 481
Pupienus (71) 275
Quietus (95) 329
Quintillus (105) 346
Regalianus (96) 330
Romulus (130) 409
Romulus Augustulus (201) 509
Sabina (33) 138
Salonina (91) 323
Saloninus (93) 326
Sebastianus (185) 496
Septimius Severus (49) 210
Severina (107) 352
Severus Alexander (62) 258
Severus II. (127) 401
Tacitus (110) 355
Tetricus I. (102) 340
Tetricus II. (103) 342
Theodora (140) 427
Theodosius I. (160) 467
Theodosius II. (167) 478
Tiberius (5) 50
Titus (22) 90
Traianus (27) 109
Traianus Decius (79) 293
Tranquillina (73) 283
Trebonianus Gallus (83) 301
Uranius Antoninus (87) 308
Urbs Roma (137) 424
Vabalathus (109) 354
Valens (134) 414
Valens (156) 458
Valentinianus I. (155) 455
Valentinianus II. (159) 465
Valentinianus III. (189) 499
Valerianus I. (88) 309
Valerianus II. (92) 325
Vespasianus (20) 81
Vetranio (151) 448
Victorinus (101) 339
Vitellius (19) 77
Volusianus (84) 303
Zeno (174) 486
Zenobia (108) 353

Konkordanz der Kampmann-Nummern 1. Auflage – 2. Auflage

Nummern der ersten Auflage, die nicht mehr in die 2. Auflage aufgenommen wurden, fehlen in der Konkordanz.

1. Aufl.	*2. Aufl.*
Vespasianus	
20.1	20.1
20.3	20.2
20.4	20.4
20.6	20.6
20.7	20.39
20.9	20.10
20.11	20.11
20.12	20.13
20.15	20.15
20.16	20.16
20.17	20.19
20.18	20.20
20.19	20.21
20.20	20.22
20.21	20.23
20.22	20.24
20.23	20.25
20.24	20.26
20.25	20.27
20.26	20.28
20.27	20.29
20.28	20.30
20.29	20.31
20.32	20.3
20.33	20.32
20.34	20.33
20.35	20.34
20.36	20.5
20.37	20.35
20.38	20.36
20.39	20.7
20.40	20.37
20.41	20.8
20.42	20.38
20.43	20.40
20.44	20.9
20.45	20.41
20.46	20.42
20.47	20.43
20.48	20.44
20.49	20.45
20.50	20.46
20.51	20.47
20.52	20.48
20.53	20.49
20.54	20.50
20.55	20.51
20.56	20.52
20.57	20.53
20.58	20.54
20.60	20.55
20.62	20.56
20.63	20.57
20.64	20.58
20.66	20.59
20.67	20.60
20.68	20.61
20.69	20.14, 20.62
20.71	20.63
20.72	20.64
20.73	20.65
20.74	20.66
20.74.4	20.18
20.75	20.67
20.76	20.68
20.77	20.69
20.78	20.70
20.79	20.71
20.80	20.72
20.81	20.73
20.82	20.74
20.83	20.75
20.84	20.76
20.85	20.77
20.86	20.78
20.87	20.79
20.88	20.80
20.89	20.81
20.90	20.82
20.91	20.83
20.93	20.84
20.94	20.85
20.96	20.86
20.97	20.87
20.98	20.88
20.99	20.89
20.101	20.92
20.102	20.93
20.103	20.94
20.104	20.95
20.105	20.96
20.106	20.97
20.107	20.98
20.108	20.99
20.109	20.100
20.111	20.101
20.112	20.102
20.113	20.105
20.114	20.103
20.115	20.104
20.116	20.106
20.117	20.107
20.118	20.108
20.120	20.109
20.121	20.110
20.122	20.111
20.123	20.112
20.124	20.113
20.125	20.114
20.126	20.115
20.127	20.116
20.128	20.117
20.129	20.118
20.130	20.119
20.131	20.120
20.132	20.121
20.133	20.122
20.134	20.123
20.135	20.124
20.136	20.125
20.137	20.127
20.138	20.126
20.139	20.128
20.140	20.129
20.141	20.130
20.142	20.131
20.144	20.134
20.145	20.135
20.146	20.137
20.147	20.133
20.148	20.136
20.155	20.140
20.156	20.141
20.157	20.142
20.158	20.143
20.159	20.144
20.160	20.145
20.161	20.146
20.163	20.147
Domitilla d. Ä.	
21.2	21.1
21.5	21.2
21.6	21.3
Titus	
22.1	22.1
22.2	22.2
22.3	22.3
22.4	22.4
22.6	22.7
22.7	22.8
22.8	22.9
22.10	22.10
22.11	22.11
22.12	22.12
22.13	22.13
22.15	22.14
22.16	22.15
22.17	22.16
22.18	22.17
22.19	22.18
22.20	22.19
22.21	22.20
22.22	22.21
22.22.1	22.5
22.24	22.22
22.25	22.6
22.26	22.23
22.27	22.24
22.28	22.25
22.29	22.26
22.30	22.27
22.31	22.28
22.34	22.29
22.35	22.30
22.36	22.31
22.37	22.32
22.38	22.33
22.39	22.35
22.40	22.36
22.41	22.37
22.42	22.38
22.43	22.39
22.44	22.40
22.45	22.41
22.46	22.42
22.47	22.43
22.48	22.44
22.49	22.45
22.50	22.46
22.52	22.47
22.53	22.48
22.54	22.49
22.55	22.50
22.56	22.51
22.57	22.52
22.58	22.53
22.59	22.54
22.60	22.55
22.61	22.56
22.62	22.57
22.63	22.58
22.64	22.59
22.66	22.60
22.67	22.61
22.68	22.62
22.70	22.63
22.71	22.64
22.72	22.65
22.73	22.66
22.80	22.67
22.81	22.68
22.83	22.69
22.84	22.70
22.85	22.71
22.86	22.72
22.88	22.74
22.89	22.75
22.90	22.76
22.91	22.77
22.92	22.78
22.93	22.79
22.94	22.80
22.95	22.81
22.96	22.82
22.97	22.83
22.98	22.84
22.99	22.85
22.100	22.86
22.101	22.87
22.102	22.88
22.103	22.89
22.104	22.90
22.105	22.91
22.107	22.92
22.108	22.93
22.110	22.94
22.111	22.95
22.112	22.96
22.114	22.97
22.115	22.98
22.116	22.99
22.117	22.101
22.118	22.102
22.119	22.100
22.120	22.103
22.121	22.105
Iulia Titi	
23.1	23.1
23.3	23.2
23.4	23.3
23.5	23.4
23.6	23.6
23.7	23.7
23.8	23.8
23.9	23.9
Domitianus	
24.1	24.1
24.2	24.2
24.3	24.3
24.4	24.4
24.5	24.5
24.6	24.6
24.7	24.7
24.8	24.8
24.9	24.9
24.11	24.10
24.12	24.11
24.13	24.12
24.14	24.13
24.15	24.14
24.16	24.15
24.17	24.16
24.20	24.17
24.21	24.18
24.22	24.19
24.23	24.20
24.24	24.21
24.25	24.22
24.26	24.23
24.27	24.24
24.28	24.25
24.29	24.26
24.32	24.27
24.33	24.28
24.35	24.29
24.36	24.30
24.38	24.31
24.39	24.32
24.40	24.33
24.41	24.34
24.42	24.35
24.43	24.37
24.46	24.38
24.47	24.39
24.48	24.40
24.49	24.41
24.50	24.42
24.52	24.44
24.53	24.46
24.54	24.47
24.55	24.48
24.57	24.49
24.59	24.52-24.53
24.60	24.54
24.61	24.55
24.62	24.57
24.63	24.58
24.64	24.59
24.65	24.60
24.66	24.61
24.67	24.62
24.68	24.63
24.70	24.64
24.71	24.65
24.72	24.66
24.73-78	24.67
24.79	24.68
24.80	24.69
24.81	24.70
24.83-84	24.71
24.85	24.72
24.86	24.73
24.87	24.74
24.88	24.76
24.89	24.77
24.90	24.78
24.91	24.79
24.92	24.80
24.93	24.81
24.94	24.82
24.95	24.83
24.96	24.85
24.97	24.84
24.98	24.86
24.99	24.87
24.100	24.88
24.101	24.89
24.102	24.90
24.103	24.91
24.104	24.92
24.105	24.93
24.106	24.94
24.107	24.95
24.108	24.96
24.109	24.97
24.110	24.98
24.111	24.99
24.112	24.100
24.114	24.101
24.115	24.102
24.116	24.103
24.117	24.104
24.118	24.105
24.119	24.106
24.121	24.107
24.122	24.108
24.123	24.109
24.124	24.110
24.125	24.111
24.126	24.112
24.127	24.113

1. Aufl.	*2. Aufl.*
24.128	24.114
24.129	24.115
24.130	24.116
24.131	24.117
24.132	24.118
24.133	24.119
24.134	24.120
24.135	24.121
24.136	24.122
24.137	24.123
24.138	24.124
24.139	24.125
24.140	24.126
24.141	24.127
24.142	24.128
24.143	24.129
24.144	24.130
24.145	24.131
24.146	24.132
24.147	24.133
24.148	24.134
24.150	24.135
Domitia	
25.1	25.1
25.2	25.2
25.3	25.3
25.5	25.4
25.6	25.6
25.7	25.7
Valerianus I.	
88.6	88.2
88.7	88.3
88.10	88.4
88.11	88.5
88.12	88.6
88.13	88.7
88.14	88.8
88.18	88.9
88.19	88.10
88.20	88.11
88.21	88.13
88.23	88.14
88.24	88.15
88.25	88.16
88.26	88.17
88.27	88.18
88.28	88.19
88.29	88.20
88.30	88.21
88.31	88.22
88.32	88.23
88.33	88.24
88.35	88.25
88.36	88.26
88.38	88.28
88.39	88.27
88.41	88.29
88.42	88.30
88.43	88.31
88.45	88.32
88.46	88.33
88.47	88.34
88.48	88.35
88.49	88.36
88.50	88.37
88.51	88.38
88.52	88.39
88.54	88.40
88.55	88.41
88.56	88.42
88.57	88.43
88.58	88.44
88.59	88.45
88.60	88.46
88.61	88.47
88.63	88.48
88.64	88.49
88.65	88.50
88.66	88.51
88.67	88.52
88.68	88.54
88.69	88.58
88.71	88.59
88.72	88.55
88.73	88.56
88.74	88.57
88.75	88.53
88.76	88.60
88.77	88.61
88.78	88.62
88.79	88.63
88.81	88.64
88.84	88.65
88.86	88.66
88.89	88.67
88.90	88.68
88.91	88.69
88.95	88.70
88.96	88.71
88.97	88.72
88.99	88.73
88.103	88.74
88.104	88.75
88.105	88.76
88.107	88.77
Mariniana	
89.1	89.1
89.3	89.2
Gallienus	
90.1	90.1
90.5	90.2
90.8	90.3
90.10	90.4
90.13	90.5
90.14	90.6
90.23	90.8
90.25	90.9
90.33	90.11
90.34	90.12
90.35	90.13
90.36	90.14
90.37	90.15
90.38	90.16
90.40	90.17
90.41	90.18
90.44	90.19
90.45	90.20
90.47	90.23
90.48	90.21
90.49	90.22
90.51	90.24
90.52	90.25
90.53	90.27
90.54	90.26
90.56	90.28
90.57	90.29
90.58	90.30
90.59	90.31
90.60	90.33
90.61	90.34
90.64	90.35
90.66	90.37
90.68	90.36
90.69	90.38
90.70	90.39
90.72	90.42
90.73	90.40
90.74	90.41
90.77	90.43
90.78	90.46
90.79	90.47
90.80	90.48
90.82	90.45
90.84	90.51
90.85	90.50
90.86	90.52
90.87	90.53
90.88	90.54
90.89	90.55
90.90	90.56
90.91	90.57
90.92	90.49
90.94	90.58
90.96	90.60
90.97	90.59
90.99	90.61
90.100	90.62
90.102	90.63
90.103	90.64
90.104	90.65
90.106	90.66
90.109	90.67
90.110	90.68
90.114	90.69
90.115	90.70
90.116	90.71
90.117	90.72
90.120	90.73
90.121	90.74
90.122	90.75
90.123	90.76
90.124	90.77
90.125	90.78
90.129	90.80
90.131	90.79
90.134	90.81
90.135	90.82
90.137	90.83
90.138	90.84
90.139	90.85
90.140	90.86
90.141	90.87
90.142	90.88
90.144	90.89
90.145	90.90
90.147	90.91
90.148	90.92
90.149	90.93
90.150	90.94
90.151	90.95
90.152	90.96
90.153	90.97
90.154	90.98
90.157	90.99
90.158	90.100
90.160	90.101
90.161	90.102
90.164	90.103
90.165	90.104
90.166	90.105
90.167	90.107
90.168	90.109
90.169	90.111
90.170	90.112
90.173	90.113
90.175	90.114
90.176	90.115
90.177	90.116
90.178	90.117
90.179	90.118
90.180	90.119
90.181	90.120
90.182	90.121
90.184	90.122
90.189	90.123
90.191	90.124
90.192	90.125
90.194	90.126
90.196	90.127
90.197	90.128
90.200	90.129
90.202	90.130
90.203	90.131
90.204	90.132
90.205	90.133
90.206	90.134
90.207	90.135
90.208	90.136
90.209	90.137
90.210	90.138
90.211	90.140
90.215	90.142
90.216	90.139
90.218	90.143
90.219	90.144
90.220	90.145
90.221	90.146
90.222	90.147
90.225	90.148
90.226	90.150
90.230	90.151
90.231	90.152
90.232	90.153
90.233	90.154
90.234	90.155
90.235	90.156
90.237	90.157
90.238	90.158
90.239	90.160
90.240	90.161
90.243	90.162
90.244	90.163
90.247	90.164
90.248	90.166
90.249	90.165
90.250	90.167
90.251	90.168
90.252	90.169
90.253	90.170
90.254	90.171
90.256	90.172
90.257	90.173
90.258	90.174
90.259	90.175
90.260	90.177
90.261	90.178
90.262	90.179
90.263	90.180
90.264	90.176
90.265	90.181
90.267	90.182
90.270	90.183
90.271	90.184
90.272	90.185
90.274	90.186
90.275	90.189
90.276	90.188
90.277	90.190
90.279	90.191
90.282	90.193
90.283	90.192
90.284	90.194
90.286	90.196
90.287	90.198
90.288	90.199
90.290	90.203
90.291	90.204
90.293	90.200
90.294	90.201
90.295	90.202
90.298	90.210
90.299	90.211
90.300	90.205
90.301	90.206
90.302	90.207
90.303	90.208
90.304	90.209
90.306	90.212
90.308	90.213
90.309	90.214
90.310	90.215
90.313	90.218
90.314	90.216
90.316	90.217
90.317	90.220
90.319	90.222
90.320	90.223
90.321	90.219
90.322	90.221
90.323	90.224
90.324	90.225
90.330	90.226
90.334	90.227
90.335	90.228
90.336	90.229
90.337	90.230
90.338	90.231
90.340	90.232
90.342	90.233
90.343	90.234
90.346	90.235
90.348	90.236
90.354	90.237
90.356	90.238
90.360	90.239
90.362	90.240
90.364	90.241
90.368	90.242
90.370	90.244
90.371	90.245
90.372	90.243
90.374	90.246
90.379	90.247
90.380	90.248
90.381	90.249
Salonina	
91.2	91.1
91.4	91.2
91.5	91.3
91.6	91.4
91.7	91.5
91.8	91.6
91.9	91.7
91.12	91.8
91.14	91.10
91.16	91.9
91.21	91.11
91.22	91.12
91.23	91.13
91.24	91.14
91.25	91.15
91.33	91.16
91.34	91.17
91.36	91.19
91.38	91.20
91.40	91.21
91.46	91.24
91.49	91.22
91.50	91.23
91.51	91.25
91.52	91.26
91.53	91.27
91.54	91.28
91.55	91.29
91.59	91.30
91.61	91.31
91.62	91.32
91.64	91.33
91.66	91.34
91.68	91.35
Valerianus II.	
92.2	92.1
92.3	92.2
92.6	92.3
92.8	92.5
92.10	92.6
92.11	92.7
92.12	92.8
92.13	92.9
92.14	92.11
92.15	92.13
92.17	92.14

1. Aufl.	*2. Aufl.*
92.18	92.15
Saloninus	
93.1	93.1
93.3	93.2
93.4	93.8
93.7	93.3
93.8	93.4
93.10	93.6
93.12	93.7
93.13	93.9
Macrianus	
94.1	94.1
94.2	94.2
94.3	94.3
94.5	94.4
94.6	94.5
94.7	94.6
94.8	94.7
94.9	94.8
94.10	94.9
94.11	94.10
Quietus	
95.1	95.1
95.2	95.2
95.3	95.3
95.4	95.4
95.5	95.5
95.6	95.6
95.9	95.7
95.10	95.8
95.11	95.9
95.12	95.10
Regalianus	
96.1	96.1
96.3	96.2
96.4	96.3
96.5	96.4
Dryantilla	
97.1	97.1
97.2	97.2
Postumus	
98.4	98.3
98.6	98.5
98.7	98.6
98.8	98.7
98.10	98.8
98.12	98.9
98.15	98.10
98.16	98.11
98.17	98.12
98.18.1	98.13
98.19	98.14
98.21	98.16
98.22	98.17
98.23	98.19
98.24	98.20

1. Aufl.	*2. Aufl.*
98.25	98.21
98.26	98.22
98.27	98.23
98.29	98.24
98.31	98.25
98.32	98.26
98.33	98.27
98.35	98.28
98.36	98.29
98.37	98.31
98.38	98.32
98.39	98.33
98.40	98.34
98.41	98.35
98.42	98.36
98.43	98.37
98.46	98.38
98.48	98.41
98.49	98.39
98.50	98.40
98.51	98.42
98.52	98.43
98.53	98.44
98.54	98.45
98.55	98.46
98.56	98.47
98.58	98.48
98.59	98.49
98.61	98.50
98.63	98.51
98.64	98.52
98.65	98.53
98.66	98.54
98.67	98.55
98.68	98.56
98.69	98.57
98.70	98.58
98.71	98.59
98.72	98.60
98.73	98.61
98.74	98.62
98.75	98.63
98.77	98.64
98.78	98.65
98.79	98.66
98.80	98.67
98.81	98.68
98.83	98.69
98.84	98.70
98.86	98.71
98.87	98.72
98.88.1	98.73
98.88.2	98.74
98.89	98.75
98.92	98.76
98.93	98.77

1. Aufl.	*2. Aufl.*
98.95	98.78
98.96	98.79
98.97	98.80
98.98	98.81
98.99	98.82
98.100	98.83
98.101	98.84
98.102	98.85
98.103	98.86
98.104	98.87
98.108	98.88
98.111	98.89
98.113	98.90
98.115	98.91
98.116	98.92
98.120	98.93
98.121	98.94
98.122	98.95
98.124	98.96
98.125	98.97
98.128	98.98
98.129	98.99
98.130	98.100
98.131	98.101
98.132	98.102
98.134	98.103
98.135	98.104
98.136	98.105
98.138	98.106
98.139	98.107
Laelianus	
99.2	99.1
Marius	
100.1	100.1
100.3	100.2
100.5	100.3
100.6	100.4
Victorinus	
101.2	101.1
101.3	101.2
101.6	101.3
101.7	101.4
101.9	101.5
101.12	101.6
101.13	101.7
101.15	101.8
101.16	101.9
101.17	101.10
101.22	101.11
101.24	101.12
101.28	101.13
101.29	101.14
101.31	101.15
101.34	101.16
102.8	102.1

1. Aufl.	*2. Aufl.*
Tetricus I.	
102.10	102.2
102.16	102.3
102.19	102.4
102.20	102.5
102.24	102.7
102.25	102.6
102.28	102.8
102.31	102.9
102.35	102.10
102.37	102.11
102.38	102.12
102.41	102.13
102.42	102.14
102.45	102.15
102.46	102.16
102.49	102.17
102.53	102.18
102.56	102.19
Tetricus II.	
103.2	103.1
103.5	103.2
103.7	103.3
103.8	103.4
103.11	103.5
103.17	103.6
103.19	103.7
103.21	103.8
103.22	103.9
103.24	103.10
103.27	103.11
103.29	103.12
103.30	103.13
103.31	103.14
103.33	103.15
103.34	103.16
Claudius II. Gothicus	
104.1	104.2
104.2	104.3
104.3	104.4
104.4	104.5
104.5	104.6
104.6	104.7
104.7	104.8
104.9	104.9
104.12	104.10
104.13	104.12
104.21	104.14
104.22	104.13
104.24	104.18
104.25	104.19
104.26	104.16
104.27	104.21
104.28	104.20
104.29	104.22

1. Aufl.	*2. Aufl.*
104.31	104.23
104.32	104.24
104.33	104.25
104.34	104.26
104.36	104.27
104.39	104.28
104.40	104.29
104.41	104.30
104.42	104.31
104.43	104.32
104.44	104.33
104.45	104.34
104.47	104.35
104.49	104.36
104.51	104.37
104.53	104.38
104.54	104.39
104.55	104.40
104.56	104.41
104.57	104.42
104.58	104.43
104.61	104.44
104.62	104.45
104.63	104.46
104.65	104.47
104.66	104.48
104.67	104.49-104.50
104.68	104.51
104.69	104.53
104.70	104.52
104.71	104.54
104.72	104.55
104.73	104.56
104.74	104.57
104.75	104.58
104.76	104.59
104.77	104.60
104.78	104.63
104.79	104.61
104.81	104.64
104.82	104.65
104.85	104.67
104.88	104.68
104.91	104.69
104.92	104.71
104.98	104.73
104.99f.	104.75
104.100	104.74
104.101	104.11
104.121	104.76
104.122	104.77
Quintillus	
105.2	105.1
105.4	105.2
105.6	105.3

1. Aufl.	*2. Aufl.*
105.7	105.4
105.9	105.5
105.11	105.6
105.12	105.7
105.13	105.8
105.18	105.9
105.20	105.10
105.21	105.11
105.22	105.12
105.23	105.13
105.24	105.14
105.27	105.15
105.29	105.16
105.30	105.17
105.31	105.18
105.32	105.19
105.34	105.20
Aurelianus	
106.2	106.1
106.4	106.2
106.8	106.3
106.10	106.5
106.12	106.6
106.13	106.7
106.14	106.8
106.15	106.9
106.20	106.10
106.21	106.11
106.22	106.12
106.23f.	106.13
106.25	106.15
106.26	106.16
106.27.2	106.17
106.27.4	106.14
106.30.1	106.19
106.30.2	106.18
106.32	106.20
106.33	106.21
106.34	106.22
106.35	106.23
106.36	106.24
106.37	106.25
106.38	106.26
106.39	106.27
106.40	106.28
106.41	106.29
106.43	106.30
106.45	106.31
106.46	106.32
106.47	106.33
106.50	106.34
106.51	106.35
106.53	106.36
106.55	106.37
106.56	106.38
106.57	106.39

1. Aufl.	*2. Aufl.*
106.58	106.40
106.59	106.41
106.61	106.43
106.62	106.44
106.63	106.42
106.64	106.45
106.65.1	106.46
106.65.2	106.47
106.66.1	106.48, 106.50
106.66.2	106.51
106.67	106.49
106.68	106.54
106.70	106.55
106.71.1	106.53
106.71.2	106.56
106.72	106.52
106.73	106.57
106.74	106.58
106.75	106.59
106.76	106.60
106.77	106.61
106.78	106.62
106.79	106.63
106.80	106.64
106.82	106.65
106.83	106.66
106.84	106.67
106.85	106.68
106.86	106.69
106.90	106.70
106.91	106.71
106.96	106.72
106.97	106.73
106.99	106.74
106.101	106.75
Severina	
107.1	107.1
107.2	107.2
107.3	107.3
107.4	107.4
107.6	107.5
107.7	107.6
107.8	107.7
107.9	107.8
Zenobia	
108.1	108.1
Vabalathus	
109.1	109.1
109.2	109.2
109.3	109.3
109.4	109.4
109.5	109.5
109.6	109.6
109.7	109.7
109.8	109.8

Abbildungsverzeichnis

Für die Hilfe bei der Beschaffung der Bilder sei der Firma Lübke & Wiedemann gedankt, den besten Fotographen, mit denen ich je zusammenarbeiten durfte, sowie Herrn Wilfried Danner für die unkomplizierte Art und Weise, mit der er mir Zugriff auf sein umfassendes Bilderarchiv gewährte. Nicht vergessen möchte ich, noch einmal den Verantwortlichen in den jeweiligen Auktionsfirmen zu danken, die mir freundlicher weise erlaubten, ihr Bildmaterial zu benutzen: Mr. Lucien Birkler (M&M Numismatics), Mr. Victor England (Classical Numismatic Group), den Herren Fritz Rudolf und Ulrich Künker (Fritz Rudolf Künker GmbH & Co. KG), Herrn Dr. Hubert Lanz (Numismatik Lanz), den Herren Arturo und Roberto Russo (Numismatica Ars Classica), Herrn Joachim Stollhoff (Münzen und Medaillen Deutschland GmbH), Herrn Heiner Stotz (Numismatik Leu) und Herrn Dr. Hans Voegtli (Münzen und Medaillen AG).

Folgende Abkürzungen wurden im Abbildungsverzeichnis verwendet:

CNG – Classical Numismatic Group, Lancaster und London.
Künker – Fritz Rudolf Künker GmbH & Co. KG, Osnabrück.
Lanz – Numismatik Lanz, München.
Leu – Numismatik Leu AG, Zürich.
M&M – M&M Numismatics Ltd., Washington DC.
MMAG – Münzen und Medaillen AG, Basel.
MMDe – Münzen und Medaillen Deutschland GmbH, Weil.
NAC – Numismatica Ars Classical, London und Zürich.

Einleitung: MMAG 92, 51; 186; 304; 305; 322; 367; 303; 44; 45; 133; 271; 315; 324; 72; 73; 74; 43; 284; 328; 333. Karte aus M. Beier, Das Münzwesen des Römischen Reiches (2002), 474.

1.3 = Leu 83, 692; 1.6 = Lanz 94, 759; 1.7 = MMAG 92, 7; 1.8 = Leu 83, 683; 1.10 = Lanz 94, 762; 1.11 = Leu 83, 687; 1.13 = Lanz 94, 775; 1.18 = Lanz 94, 765; 1.21 = Leu 83, 694; 1.27 = Leu 83, 698; 1.30 = MMAG 92, 9; 1.32 = Lanz 94, 764; 1.33 = Lanz 94, 921.

2.1 = MMAG 93, 76; 2.3 = Lanz 94, 29; 2.4 = MMAG 92, 17; 2.6 = Lanz 94, 4; 2.7 = Lanz 94, 5; 2.8 = Lanz 94, 8; 2.9 = Lanz 94, 3; 2.12 = Lanz 94, 13; 2.13 = Lanz 94, 15; 2.15 = Lanz 94, 12; 2.16 = Lanz 94, 14; 2.17 = Lanz 94, 16; 2.18 = MMDe 12, 367; 2.20 = MMDe 11, 239; 2.21 = Lanz 94, 25; 2.22 = MMDe 12, 366; 2.23= MMDe 11, 241; 2.24 = Lanz 94, 21; 2.25 = Lanz 94, 23; 2.26 = Lanz 94, 26; 2.31 = Lanz 94, 2; 2.38= MMDe 12, 377; 2.44 = Leu 83, 707; 2.48 = MMDe 11, 977; 2.49 = MMDe 12, 376; 2.51 = Lanz 94, 62; 2.52 = Lanz 94, 44; 2.53 = Lanz 94, 9; 2.54 = Lanz 94, 65; 2.55 = Lanz 94, 31; 2.56 = Lanz 94, 94; 2.57 = Lanz 94, 95; 2.59 = MMDe 12, 375; 2.60 = Lanz 94, 48; 2.61 = MMDe 11, 248; 2.62 = Lanz 94, 50; 2.63 = MMDe 11, 247; 2.64 = Lanz 94, 52; 2.65 = Lanz 94, 56; 2.68 = Lanz 94, 57; 2.69 = MMDe 11, 976; 2.70 = Lanz 94, 85; 2.71 = Lanz 94, 86; 2.72 = Lanz 94, 68; 2.74 = Lanz 88, 943; 2.82 = Lanz 88, 940; 2.83 = Lanz 88, 945; 2.85 = Lanz 88, 929; 2.90 = Lanz 88, 956; 2.100 = MMDe 12, 372; 2.114 = MMAG 93, 86; 2.120 = Lanz 88, 958; 2.131 = MMDe 12, 373; 2.138 = Lanz 88, 972; 2.148 = MMDe 12, 386.

3.1 = MMAG 92, 24.

4.3 = Leu 83, 708; 4.4 = Leu 83, 705; 4.5 = MMDe 12, 379.

5.1 = Leu 83, 715; 5.5 = Leu 83, 713; 5.6 = Lanz 94, 150; 5.10 = MMAG 93, 91; 5.11 = Lanz 94, 152; 5.13 = MMAG 92, 22; 5.15 = MMDe 11, 257; 5.16 = Lanz 94, 147; 5.19 = MMAG 93, 92; 5.22 = Leu 83, 712.

6.1 = Lanz 94, 168; 6.4 = MMAG 92, 34; 6.5 = MMAG 92, 35.

7.2 = MMAG 92, 36; 7.3 = MMAG 92, 37.

8.1 Lanz 94, 163; 8.2 = MMAG 92, 25.

9.2 = MMAG 92, 28; 9.5 = Lanz 94, 176.

10.1 = MMAG 93, 96; 10.3 = MMDe 12, 380; 10.4 = Lanz 94, 185.

11.2 = Lanz 94, 190; 11.4 = Lanz 94, 182; 11.5 = MMAG 92, 26; 11.6 = Lanz 94, 194; 11.7 = MMDe 12, 391; 11.9 = MMAG 92, 27; 11.10a = Lanz 94, 195; 11.14 = Lanz 94, 197.

12.1 = MMAG 93, 107; 12.3 = MMAG 93, 106; 12.4 = Leu 86, 764; 12.5 = MMDe 11, 259; 12.6 = MMAG 93, 109; 12.7 = MMAG 93, 105; 12.10 = Lanz 94, 205; 12.11 = Lanz 94, 207; 12.13 = Lanz 94, 229; 12.14 = Leu 83, 717; 12.16 = Lanz 94, 219; 12.17 = Leu 83, 719; 12.19 = MMDe 11, 263; 12.20 = MMAG 92, 32; 12.23 = Lanz 94, 213; 12.24 = MMAG 93, 103; 12.26 = Lanz 94, 214; 12.27 = Lanz 94, 211; 12.28 = MMDe 12, 394; 12.29 = Lanz 94, 216.

12a.1 = CNG Triton XIII, 312.

13.1 = Leu 83, 721; 13.2 = MMAG 92, 38; 13.7 = Lanz 94, 228.

14.2 = Lanz 94, 240; 14.4 = Lanz 94, 239; 14.9 = Lanz 94, 237; 14.10 = Leu 83, 727; 14.15 = Lanz 94, 241; 14.19 = Leu 83, 721; 14.21 = Leu 86, 774; 14.24 = Lanz 94, 242; 14.27 = Lanz 94, 251; 14.30 = Lanz 94, 246; 14.31 = Lanz 94, 243; 14.33 = Lanz 94, 253; 14.34 = MMAG 92, 41; 14.38 = MMAG 92, 43; 14.39 = Lanz 94, 256; 14.40 = Leu 83, 726; 14.45 = MMAG 92, 42; 14.46 = Lanz 94, 245.

15.1 = Leu 86, 780; 15.2 = Lanz 94, 271; 15.4 = Lanz 94, 274; 15.7 = Lanz 94, 272; 15.9 = Lanz 94, 273; 15.12 = Leu 86, 781.

16.1 = M&M 1, 237; 16.2 = Lanz 94, 268.

17.3 = Leu 83, 729; 17.8 = Lanz 112, 361; 17.10 = MMAG 93, 116; 17.21 = Leu 83, 730; 17.28 = Lanz 94, 276; 17.39 = Lanz 94, 279; 17.42 = Lanz 94, 277; 17.43 = NYS V, 276; 17.46 = Lanz 94, 286; 17.48 = Lanz 94, 285; 17.51 = Leu 83, 731; 17.62 = MMAG 92, 46; 17.67 = Lanz 94, 287; 17.80 = Lanz 94, 281; 17.82 = Lanz 94, 289.

18.3 = Leu 83, 732; 18.4 = Leu 86, 787; 18.6 = Lanz 112, 366; 18.8 = Leu 86, 786.

19.7 = Lanz 94, 294; 19.9 = MMAG 93, 120; 19.16 = MMAG 93, 121; 19.20 = MMAG 92, 49; 19.23 = Lanz 94, 295; 19.27 =

Lanz 94, 305; 19.29 = Lanz 94, 304; 19.30 = Lanz 94, 298; 19.32 = Leu 83, 734; 19.35 = Lanz 112, 370; 19.43 = NYS V, 280; 19.44 = MMAG 92, 50; 19.46 = Lanz 94, 302; 19.53 = Leu 83, 733; 19.60 = Lanz 94, 300.

20.1 = Gorny & Mosch 176 (2009), 2187; 20.5.2 = Gorny & Mosch 159 (2007), 390; 20.9 = Gorny & Mosch 181 (2009), 2087; 20.10 = Leu 86, 793; 20.11 = MMAG 93, 123; 20.18 = Gorny & Mosch 164 (2008), 381; 20.24 = Gorny & Mosch 165 (2008), 1888; 20.26 = Lanz 112, 384; 20.27 = Leu 86, 791; 20.35.1 = Lanz 94, 312; 20.36.2 = Lanz 94, 313; 20.41 = NYS I, 250; 20.42 = Lanz 94, 314; 20.44 = Lanz 112, 374; 20.46 = Lanz 112, 395; 20.47 = Lanz 94, 330; 20.52 = Leu 83, 735; 20.53 = Lanz 94, 310; 20.57.1 = Gorny & Mosch 160 (2007), 2241; 20.59.3 = MMAG 92, 52; 20.61 = Gorny & Mosch 170 (2008), 2046; 20.66.4 = Gorny & Mosch 160 (2007), 2243; 20.68 = Lanz 94, 311; 20.70 = Leu 83, 739; 20.74 = Lanz 94, 326; 20.84 = Lanz 94, 325; 20.92 = NYS V, 282; 20.103 = Gorny & Mosch 164 (2008), 383; 20.97 = Lanz 94, 317; 20.100 = NYS V, 284; 20.104 = Leu 83, 737; 20.105 = Lanz 94, 320; 20.109.2 = Lanz 94, 321; 20.110.2 = Gorny & Mosch 165 (2008), 1899; 20.118 = Gorny & Mosch 180 (2009), 379; 20.127 = Gorny & Mosch 165 (2008), 1893; 20.131 = Gorny & Mosch 176 (2009), 2202; 20.134 = Lanz 94, 329; 20.142 = Lanz 94, 334; 20.143 = NYS I, 252; 20.145 = Leu 83, 741; 20.146 = Lanz 94, 332; 20.147 = Lanz 112, 397.

21.1 = MMAG 92, 57; 21.3 = Lanz 112, 408.

22.3 = Leu 87, 14; 22.10 = Leu 87, 13; 22.12 = NYS I, 254; 22.13 = Lanz 112, 399: 22.20 = Leu 83, 742; 22.28 = Lanz 94, 340; 22.36.1 = Lanz 94, 344; 22.37 = Lanz 94, 347; 22.40 = Lanz 94, 350; 22.42 = Lanz 94, 355; 22.44 = Lanz 94, 356; 22.47 = Lanz 94, 348; 22.53 = Gorny & Mosch 160 (2007), 2251; 22.55.1 = Lanz 94, 349; 22.56.3 = Gorny & Mosch 159 (2007), 400; 22.66 = Gorny & Mosch 176 (2009), 2207; 22.67 = Leu 86, 811; 22.72.2 = Leu 87, 15; 22.74 = Leu 83, 743, Leu 83, 744, MMAG 92, 54; 22.76 = Lanz 94, 354; 22.79 = Gorny & Mosch 165 (2008), 1908; 22.83 = Gorny & Mosch 180 (2009), 381; 22.86 = Gorny & Mosch 170 (2008), 2077; 22.87 = MMAG 92, 55; 22.92 = Gorny & Mosch 169 (2008), 275; 22.100 = Lanz 94, 357; 22.105 = Lanz 94, 361.

23.3 = Leu 83, 745; 23.4 = Leu 83, 746; 23.8 = Lanz 94, 369; 23.9 = NYS V, 288.

24.2 = Leu 87, 16; 24.4 = Leu 86, 815; 24.8.3 = Lanz 112, 413; 24.14 = Leu 83, 747. 24.16 = Leu 83, 748, Lanz 94, 376; 24.17.2 = Lanz 94, 380; 24.42 = Leu 87, 17; 24.53.2 = Gorny & Mosch 159 (2007), 404; 24.44 = Lanz 94, 373; 24.49.3 = Leu 86, 818; 24.55 = Leu 83, 751; 24.67.1 = Lanz 112, 421; 24.68.2 = Lanz 112, 422; 24.71.3 = Lanz 112, 423; 24.73 = Leu 83, 750; 24.98 = Gorny & Mosch 160 (2007), 2276; 24.102 = Gorny & Mosch 160 (2007), 2275; 24.106 = Leu 83, 752; 24.107 = Lanz 94, 390; 24.111 = Leu 86, 816; 24.112.3 = Lanz 94, 383; 24.112.5 = Lanz 94, 384; 24.115 = MMAG 92, 62; 24.117.2 = Lanz 94, 387; 24.125 = Gorny & Mosch 170 (2008), 2104; 24.126.1 = NYS I, 262; 24.131 = Lanz 94, 397; 24.132.3 = Lanz 94, 396; 24.135 = Leu 86, 821.

25.1 = Leu 87, 18; 25.2 = Leu 83, 753; 25.3 = Lanz 94, 404.

26.3 = MMAG 92, 66; 26.4 = Leu 83, 754; 26.6 = Lanz 94, 412; 26.13 = Leu 86, 822; 26.22 = Lanz 94, 414; 26.23 = Lanz 94, 418; 26.24 = NYS I, 267; 26.25 = Leu 86, 823; 26.30 = MMAG 92, 67; 26.31 = Lanz 94, 415; 26.34 = NYS V, 291; 26.36 = Lanz 94, 416; 26.38 = Lanz 94, 420.

27.4.1 = Leu 83, 756; 27.12 = MMAG 94, 144; 27.27.8 = Leu 86, 828; 27.31 = Lanz 94, 423; 27.33 = Lanz 112, 444; 27.34.7 = Lanz 94, 431; 27.35.1 = Lanz 94, 435; 27.37.3 = MMAG 92, 69; 27.45.6 = Leu 86, 826; 27.49.4 = MMAG 92, 70; 27.49.7 = Leu 83, 755; 27.52.1 = Leu 86, 757; 27.62 = Lanz 94, 433; 27.64.1 = Lanz 94, 427; 27.66 = Lanz 112, 456; 27.76 = Lanz 94, 454; 27.86 = Lanz 94, 448; 27.94 = NYS V, 293; 27.107 = Lanz 94, 447; 27.111 = Lanz 112, 454; 27.113 = NYS I, 269, 271; 27.116 = MMAG 92, 72; 27.118 = Lanz 94, 439; 27.119 = Lanz 94, 440; 27.120 = Lanz 112, 455; 27.126 = MMAG 92, 73; 27.127.2 = MMAG 92, 74; 27.131.3 = NYS V, 292; 27.132.3 = Lanz 94, 437; 27.145 = NYS I, 273; 27.148 = MMAG 93, 148; 27.150.1 = Lanz 94, 465.

28.1 = Leu 86, 829; 28.3 = Lanz 94, 464.

29.3 = NYS V, 294; 29.4 = Lanz 94, 468; 29.5 = Lanz 94, 469; 29.6 = Lanz 94, 473.

30.5 = NYS V, 295; 30.10 = Lanz 94, 472.

31.1 = Leu 83, 759; 31.5 = Lanz 94, 475; 31.7 = NYS V, 296.

32.8 = Leu 87, 24; 32.9.2 = NYS I, 276; 32.9.4 = Leu 86, 836; 32.24.6 = MMAG 92, 77; 32.24.7 = MMAG 94, 149; 32.36 = Leu 87, 25; 32.43 = Lanz 112, 483; 32.45 = Lanz 112, 482; 32.51 = Lanz 94, 478; 32.53.4 = Lanz 94, 481; 32.53.19 = Lanz 94, 482; 32.54.12 = Leu 86, 833; 32.54.19 = Lanz 112, 475; 32.54.25 = Lanz 112, 474; 32.55 = Lanz 112, 476; 32.60 = Lanz 94, 479; 32.63 = Lanz 94, 488; 32.70 = Lanz 94, 487; 32.71 = Lanz 94, 489; 32.90.6 = Leu 86, 832; 32.90.16 = MMAG 92, 78; 32.92.5 = NYS V, 297; 32.93.8 = Lanz 112, 472; 32.98 = Lanz 94, 490; 32.101.3 = Leu 86, 761; 32.121 = Lanz 112, 486; 32.122 = Leu 86, 840; 32.124 = MMAG 92, 79; 32.132 = Lanz 94, 511; 32.134 = MMAG 92, 80; 32.135 = Lanz 94, 512; 32.141 = Lanz 112, 487; 32.146.4 = Lanz 94, 497; 32.147 = NYS V, 301, 302; 32.151.4 = NYS V, 299; 32.152 = MMAG 93, 152; 32.154.1 = Lanz 112, 479; 32.167 = Lanz 112, 489; 32.181 = Lanz 112, 491; 32.188 = Gorny & Mosch 170 (2008), 2207; 32.199 = Lanz 94, 501; 32.204.2 = NYS I, 275; 32.210.1 = Lanz 112, 468; 32.210.2 = Lanz 112, 467; 32.214.1 = Lanz 94, 493; 32.216 = Gorny & Mosch 160 (2007), 2331; 32.223 = Gorny & Mosch 169 (2008), 294; 32.224 = Gorny & Mosch 159 (2007), 421; 32.226 = Lanz 112, 488; 32.231 = Gorny & Mosch 181 (2009), 2175; 32.238 = Gorny & Mosch 176 (2009), 2288; 32.243 = Lanz 94, 507; 32.255 = Gorny & Mosch 170 (2008), 2208; 32.257.3 = NYS I, 277; 32.258.2 = Lanz 94, 518; 32.259 = Lanz 94, 517; 32.264 = Lanz 94, 520; 32.267 = Gorny & Mosch 160 (2007), 2337.

33.1.5 = NYS I, 278; 33.2 = MMAG 92, 81; 33.3 = Lanz 94, 525; 33.10 = Leu 83, 762; 33.12 = NYS V, 303; 33.13 = NYS I, 279; 33.15 = NYS I, 280; 33.20 = Lanz 112, 501; 33.22 = NYS I, 281.

34.2.1 = Lanz 94, 535; 34.5.5 = Lanz 94, 536; 35.2; 34.7.1 = MMAG 92, 82; 34.12.3 = MMAG 92, 83; 34.14.1 = Lanz 112, 502; 34.14.5 = NYS V, 305.

35.1 = Gorny & Mosch 176 (2009), 2305; 35.5.1 = Gorny & Mosch 176 (2009), 2306; 35.16.2 = Lanz 112, 504; 35.21.1 = Leu 87, 27; 35.23 = Lanz 94, 542; 35.27 = MMAG 93, 168; 35.40 = Leu 87, 28; 35.47.1 = Leu 86, 846; 35.51.2 = MMAG 93, 173; 35.60 = Gorny & Mosch 170 (2008), 2240; 35.64 = Lanz 112, 518; 35.66 = Gorny & Mosch 170 (2008), 2241; 35.72.1 = MMAG 92, 85; 35.72.2 = Lanz 112, 506; 35.72.11 = Lanz 94, 544; 35.74 = Leu 83, 767; 35.78 = Gorny & Mosch 160 (2007), 2344; 35.87 = NYS I, 283; 35.88 = Gorny & Mosch 181 (2009), 2192; 35.94 = Gorny & Mosch 181 (2009), 2191; 35.100 = Gorny & Mosch 165 (2008), 2012; 35.104 = Lanz 112, 510; 35.118.1 = Leu 87, 29; 35.125 = Lanz 94, 545; 35.131 = Gorny & Mosch 165 (2008), 2017; 35.134 = Lanz 94, 572; 35.143 = Lanz 94, 552; 35.149.1 = MMAG 92, 88; 35.150 = Lanz 112, 509; 35.158 = MMAG 93, 167; 35.166 = Lanz 94, 553; 35.170

= Gorny & Mosch 176 (2009), 2312; 35.174.1 = Leu 83, 764; 35.174.2 = Lanz 112, 505; 35.177 = Lanz 94, 563; 35.178 = Lanz 94, 564; 35.179 = Lanz 94, 565; 35.181 = Gorny & Mosch 165 (2008), 2024; 35.184 = Lanz 94, 551; 35.190 = Leu 83, 765; 35.199 = Gorny & Mosch 170 (2008), 2264; 35.206 = Lanz 94, 566; 35.213 = Gorny & Mosch 170 (2008), 2266; 35.227 = NYS V, 306; 35.228 = Gorny & Mosch 169 (2008), 297; 35.232 = NYS I, 284; 35.233 = Lanz 94, 549; 35.234 = MMAG 92, 87; 35.241 = Lanz 94, 554; 35.243.1 = Leu 83, 766; 35.249 = Gorny & Mosch 170 (2008), 2267; 35.251 = Gorny & Mosch 165 (2008), 2023; 35.252 = Lanz 94, 558; 35.254 = MMAG 94, 166; 35.270 = Lanz 94, 562; 35.276.1 = Gorny & Mosch 181 (2009), 2206; 35.283.1 = MMAG 92, 89; 35.289.4 = MMAG 94, 172; 35.300 = NYS I, 285; 35.309.4 = Gorny & Mosch 170 (2008), 2269; 35.312 = Lanz 94, 575; 35.313 = Lanz 94, 576; 35.314 = Lanz 94, 577; 35.316.1 = Lanz 94, 579; 35.319 = NYS V, 309; 35.326 = Leu 86, 853; 35.328 = Gorny & Mosch 170 (2008), 2234; 35.333 = Lanz 94, 568; 35.339 = Gorny & Mosch 164 (2008), 403; 35.344 = Gorny & Mosch 176 (2009), 2342; 35.347 = Leu 86, 852.

36.4.1 = Lanz 94, 580; 36.7 = Gorny & Mosch 170 (2008), 2279; 36.11 = Gorny & Mosch 170 (2008), 2278; 36.25 = Gorny & Mosch 170 (2008), 2280; 36.26.6 = Lanz 94, 584; 36.27 = Gorny & Mosch 175 (2009), 256; 36.29.1 = Leu 83, 768; 36.29.7 = Lanz 112, 519; 36.31 = Leu 86, 854; 36.32.3 = Lanz 112, 520; 36.37 = Lanz 112, 522; 36.39 = NYS I, 287; 36.41.1 = Lanz 112, 523; 36.45.4 = Gorny & Mosch 181 (2009), 2213; 36.51 = Lanz 94, 587; 36.54 = Lanz 94, 589; 36.55 = Lanz 94, 586; 36.60 = Lanz 94, 590.

37.5 = NYS I, 289; 37.6 = Leu 86, 860; 37.7 = NYS V, 312; 37.8 = Leu 87, 30; 37.11.1 = MMAG 93, 175; 37.12 = Leu 86, 862; 37.19.1 = Lanz 94, 595; 37.22.1 = Lanz 112, 525; 37.23.1 = Leu 73, 770; 37.28 = Gorny & Mosch 170 (2008), 2292; 37.33 = Lanz 94, 597; 37.35.2 = Gorny & Mosch 160 (2007), 2354; 37.37.2 = Gorny & Mosch 165 (2008), 2042; 37.49 = Lanz 94, 604; 37.50 = Lanz 94, 605; 37.52 = Lanz 94, 603; 37.56.2 = Gorny & Mosch 170 (2008), 2297; 37.58 = Gorny & Mosch 170 (2008), 2298; 37.69.2 = Lanz 94, 606; 37.70.1 = NYS V, 313; 37.81.1 = Lanz 112, 526; 37.84.2 = NYS I, 290; 37.93 = Gorny & Mosch 159 (2007), 426; 37.95 = Leu 83, 771; 37.101.1 = Gorny & Mosch 169 (2008), 305; 37.102 = Gorny & Mosch 159 (2007), 427; 37.105 = Lanz 112, 529; 37.107 = Lanz 112, 532; 37.108 = Lanz 94, 598; 37.110.4 = MMAG 92, 95; 37.115 = Leu 83, 773; 37.119 = Gorny & Mosch 181 (2009), 2218; 37.122.5 = Gorny & Mosch 170 (2008), 2305; 37.128 = MMAG 93, 179; 37.135 = Lanz 112, 531; 37.137 = Gorny & Mosch 176 (2009), 2334; 37.142.5 = Lanz 94, 599; 37.149.1 = Gorny & Mosch 170 (2008), 2301; 37.150.2 = Gorny & Mosch 164 (2008), 408; 37.163.1 = NYS I, 293; 37.165 = Gorny & Mosch 165 (2008), 2047; 37.172 = Lanz 94, 607; 37.173 = Lanz 112, 528; 37.177 = Lanz 94, 609; 37.179.2 = Lanz 94, 610; 37.188 = Lanz 94, 618; 37.189 = Lanz 94, 611; 37.190.1 = MMAG 92, 96; 37.194 = Lanz 94, 619; 37.197.2 = Lanz 94, 613; 37.200 = Lanz 112, 533; 37.207 = Lanz 94, 608; 37.212 = MMAG 93, 180; 37.213 = NYS V, 316; 37.216 = Lanz 94, 612; 37.219 = NYS V, 315; 37.229.5 = NYS I, 291; 37.234 = Leu 83, 772; 37.248.1 = Gorny & Mosch 181 (2009), 2230; 37.251 = MMAG 93, 182; 37.253 = NYS I, 292; 37.256 = Lanz 94, 614; 37.262 = Leu 86, 864; 37.263.2 = Lanz 112, 536; 37.265.1 = NYS V, 317; 37.266 = Lanz 112, 537.

38.2 = Leu 86, 867; 38.4 = MMAG 93, 184; 38.7 = Gorny & Mosch 170 (2008), 2328; 38.8 = Lanz 112, 538; 38.9 = MMAG 92, 98; 38.12 = NYS I, 294; 38.13.5 = Lanz 94, 631; 38.24 = Lanz 94, 630; 38.30 = Lanz 112, 539; 38.32 = MMAG 93, 185; 38.34 = Leu 83, 774; 38.37 = Lanz 112, 541; 38.41 = Leu 86, 868; 38.43 = Lanz 94, 626; 38.47 = NYS I, 295; 38.48 = MMAG 92, 99; 38.55 = Gorny & Mosch 170 (2008), 2334; 38.63 = Lanz 94, 628; 38.65.1 = Lanz 94, 632; 38.70 = Gorny & Mosch 181 (2009), 2234; 38.73 = MMAG 93, 188; 38.74 = NYS V, 318; 38.75 = MMAG 92, 100; 38.77 = Lanz 112, 540; 38.88.4 = Lanz 94, 634; 38.91.1 = Lanz 94, 635; 38.94 = Lanz 94, 637; 38.95 = Lanz 94, 636.

39.2 = Leu 83, 778; 39.3 = Lanz 112, 550; 39.8 = Lanz 94, 639; 39.10 = Leu 87, 36; 39.13 = Leu 86, 872; 39.19 = Lanz 112, 549; 39.21 = Leu 87, 35; 39.22 = NYS I, 296; 39.25.2 = MMAG 92, 103; 39.27 = Gorny & Mosch 160 (2007), 2364; 39.35 = Lanz 112, 548; 39.40 = NYS I, 297; 39.44 = MMAG 92, 104; 39.50 = Gorny & Mosch 170 (2008), 2355; 39.53 = Lanz 94, 648; 39.55 = Lanz 94, 644; 39.60.1 = Gorny & Mosch 164 (2008), 412; 39.65.1 = MMAG 93, 193; 39.72.2 = Lanz 94, 645; 39.75.1 = NYS V, 319; 39; 39.77 = NYS I, 298; 39.79.2 = Lanz 94, 649.

40.2.1 = NYS I, 300; 40.11 = Lanz 94, 652; 40.13 = NYS I, 301; 40.15 = Leu 86, 874; 40.16 = Lanz 94, 658; 40.21 = NYS I, 299; 40.24 = Lanz 94, 661; 40.28 = NYS I, 302; 40.33 = Lanz 94, 657; 40.35 = NYS V, 320.

41.5 = Leu 86, 876; 41.8 = Leu 83, 779; 41.12 = Gorny & Mosch 165 (2008), 2065; 41.14 = Lanz 94, 663; 41.21.2 = Gorny & Mosch 181 (2009), 2247; 41.25 = Gorny & Mosch 170 (2008), 2368; 41.35.1 = Gorny & Mosch 165 (2008), 2071; 41.39 = Lanz 94, 677; 41.40 = Lanz 94, 682; 41.44 = Lanz 94, 683; 41.49 = Gorny & Mosch 176 (2009), 2357; 41.52.1 = Lanz 94, 676; 41.89 = Lanz 112, 558; 41.90 = Lanz 112, 559; 41.95 = Gorny & Mosch 165 (2008), 2066; 41.101.2 = MMAG 92, 111; 41.107.2 = Lanz 94, 665; 41.108 = NYS V, 322; 41.114.3 = MMAG 92, 110; 41.115 = Gorny & Mosch 181 (2009), 2249; 41.119.4 = Gorny & Mosch 170 (2008), 2371; 41.122.4 = Leu 83, 780; 41.126 = Lanz 94, 667; 41.138.9 = Lanz 112, 554; 41.150 = Lanz 94, 680; 41.168 = Lanz 94, 679; 41.173.2 = Gorny & Mosch 165 (2008), 2073; 41.178 = Lanz 112, 557; 41.188.9 = MMAG 92, 113; 41.192 = MMAG 92, 114; 41.206.1 = Lanz 94, 685; 41.219 = Lanz 94, 678; 41.222.6 = Gorny & Mosch 165 (2008), 2072; 41.237.1 = NYS V, 555; 41.244.1 = MMAG 92, 115; 41.251 = Gorny & Mosch 164 (2008), 413.

42.2 = Leu 87, 44; 42.3 = MMAG 92, 116; 42.6.2 = Leu 83, 782; 42.7 = Lanz 94, 688; 42.9 = MMAG 92, 117; 42.10 = Leu 86 = 879; 42.11 = Leu 83, 781; 42.18 = Lanz 94, 692; 42.20 = Lanz 94, 694; 42.23 = Lanz 94, 691.

43.1 = Leu 87, 45; 43.4 = MMAG 92, 119; 43.7 = Leu 83, 783; 43.8 = MMAG 92, 118; 43.15 = MMAG 93, 201; 43.18 = MMAG 92, 120; 43.21 = MMAG 93, 200; 43.25 = Lanz 112, 573.

44.1 = Lanz 112, 574; 44.2 = Leu 87, 46; 44.7 = MMAG 92, 122.

45.1 = NYS V, 326.

46.3 = NYS V, 327.

47.6 = Leu 83, 785; 47.12 = MMAG 92, 123; 47.16 = Gorny & Mosch 169 (2008), 331; 47.17 = Lanz 112, 576; 47.21 = Gorny & Mosch 170 (2008), 2405; 47.25 = Gorny & Mosch 159 (2007), 438; 47.31 = Gorny & Mosch 176 (2009), 2371; 47.33.1 = NYS V, 328.

48.3 = Gorny & Mosch 176 (2009), 2373; 48.6 = MMAG 92, 124; 48.7 = M&M 1, 349; 48.10 = MMAG 92, 125; 48.19 = MMDe 13, 71; 48.23 = Gorny & Mosch 160 (2007), 2373; 48.25 = Gorny & Mosch 170 (2008), 2408; 48.30 = Gorny & Mosch 165 (2008), 2082; 48.37 = NYS V, 329; 48.39 = MMAG 93, 204.

49.1 = MMAG 93, 211; 49.4 = Leu 87, 51; 49.10 = MMAG 93, 210; 49.20 = Leu 87, 54; 49.25 = Leu 87, 48; 49.29 = MMAG

93, 212; 49.33 = Gorny & Mosch 170 (2008), 2428; 49.38.1 = Lanz 112, 631; 49.39.2 = M&M 3, 701; 49.47 = Gorny & Mosch 181 (2009), 2264; 49.52 = NYS V, 330; 49.53 = Lanz 112, 596; 49.55 = MMDe 13, 713; 49.62.2 = Gorny & Mosch 170 (2008), 2418; 49.68 = Lanz 112, 588; 49.71 = Lanz 112, 599; 49.75 = Leu 87, 53; 49.78.1 = Gorny & Mosch 165 (2008), 2087; 49.87 = MMAG 93, 208; 49.97 = Lanz 112, 585; 49.98 = M&M 3, 699; 49.105 = Leu 87, 49; 49.114 = Lanz 112, 597; 49.117 = Gorny & Mosch 159 (2007), 442; 49.122 = Gorny & Mosch 181 (2009), 2268; 49.135 = Gorny & Mosch 176 (2009), 2377; 49.147.3 = NYS V, 331; 49.154 = Gorny & Mosch 165 (2008), 2090; 49.156 = Gorny & Mosch 181 (2009), 2267; 49.159.2 = Lanz 112, 600; 49.161 = Gorny & Mosch 165 (2008), 2086; 49.179.1 = Leu 87, 52; 49.180 = M&M3, 702; 49.184 = Leu 87, 50; 49.186 = Gorny & Mosch 181 (2009), 2266; 49.196.2 = Gorny & Mosch 170 (2008), 2422; 49.201 = Lanz 112, 594; 49.204 = Gorny & Mosch 176 (2009), 2380; 49.213 = Gorny & Mosch 176 (2009), 2381; 49.217 = Gorny & Mosch 170 (2008), 2439; 49.221 = Gorny & Mosch 181 (2009), 2272; 49.226 = M&M1, 350; 49.228.1 = Gorny & Mosch 176 (2009), 2382; 49.233.5 = MMAG 92, 127; 49.247.4 = Gorny & Mosch 180 (2009), 409; 49.254 = Lanz 112, 605; 49.263 = Gorny & Mosch 176 (2009), 2378; 49.270 = NYS V, 332; 49.282.2 = Lanz 112, 632; 49.283.2 = Gorny & Mosch 176 (2009), 2383.

50.5.2 = MMAG 92, 128; 50.12 = Gorny & Mosch 170 (2008), 2456; 50.15 = Lanz 112, 635; 50.17 = M&M 3, 706; 50.23 = Lanz 112, 636; 50.26 = Leu 83, 789; 50.28 = Gorny & Mosch 165 (2008), 2098; 50.31 = Lanz 112, 634; 50.34 = Gorny & Mosch 165 (2008), 2097; 50.38 = Leu 83, 790; 50.40 = Leu 87, 55; 50.42 = Gorny & Mosch 170 (2008), 2455; 50.46 = Gorny & Mosch 164 (2008), 419; 50.48 = Gorny & Mosch 169 (2008), 337; 50.54 = Gorny & Mosch 160 (2007), 2384; 50.58 = NYS V, 333; 50.69 = MMAG 92, 130: 50.74 = Gorny & Mosch 160 (2007), 2381; 50.80 = MMAG 92, 129; 50.84 = MMAG 92, 132; 50.86 = MMAG 92, 131; 50.90 = MMDe 13, 715; 50.96 = Gorny & Mosch 170 (2008), 2468.

51.13 = MMAG 93, 216; 51.37 = NYS V, 334; 51.40 = Gorny & Mosch 170 (2008), 2474; 51.43 = Gorny & Mosch 160 (2007), 2389; 51.45.2 = Gorny & Mosch 170 (2008), 2482; 51.49 = Leu 87, 59; 51.59 = Lanz 112, 649; 51.61 = Gorny & Mosch 176 (2009), 2397; 51.64 = Gorny & Mosch 181 (2009), 2286; 51.67 = Lanz 112, 650; 51.73 = Gorny & Mosch 181 (2009), 2290; 51.77 = Gorny & Mosch 181 (2009), 2287; 51.81 = Lanz 112, 647; 51.84.2 = NYS V, 335; 51.85 = Lanz 112, 656; 51.92.5 = MMAG 93, 220; 51.93.6 = NYS V, 336; 51.95.1 = Lanz 112, 660; 51.97.3 M&M 3, 714; 51.97.5 = MMAG 92, 133; 51.100 = MMAG 92, 134; 51.104.6 = MMDe 13, 716; 51.110 = MMDe 13, 717; 51.118 = Lanz 112, 687; 51.119 = MMAG 93, 215; 51.122 = Gorny & Mosch 160 (2007), 2387; 51.126 = Gorny & Mosch 181 (2009), 2284; 51.128 = Gorny & Mosch 170 (2008), 2473; 51.130 = M&M 3, 715; 51.136 = Lanz 112, 652; 51.137 = Lanz 112, 657; 51.138 = Leu 87, 63; 51.139 = Leu 83, 792; 51.141 = Lanz 112, 648; 51.156 = Gorny & Mosch 170 (2008), 2498; 51.166 = MMAG 92, 136; 51.169.2 = MMDe 13, 720; 51.171 = NYS I, 319; 51.172.2 = Lanz 112, 659; 51.175 = MMAG 92, 137; 51.180.3 = M&M 1, 352; 51.200 = NYS I, 320; 51.204 = Gorny & Mosch 175 (2009), 266; 51.211.1 = Gorny & Mosch 176 (2009), 2402.

52.2 = M&M 3, 717; 52.3 = MMAG 92, 138; 52.6 = Gorny & Mosch 170 (2008), 2507; 52.9 = NYS V, 337; 52.11 = Lanz 112, 689.

53.6 = Gorny & Mosch 170 (2008), 2514; 53.16 = Lanz 112, 692; 53.17 = Lanz 112, 690; 53.22.5 = MMDe 13, 724; 53.28 = MMAG 92, 140; 53.29 = Lanz 112, 693; 53.34 = MMAG 93, 221; 53.39 = M&M 3, 719; 53.41 = Leu 83, 795; 53.55.2 = MMAG 93, 222; 53.67 = Gorny & Mosch 170 (2008), 2522; 53.71 = MMAG 92, 141; 53.72.2 = NYS V, 338; 53.75.1 = M&M 3, 720; 53.76.2 = Lanz 112, 695; 53.83 = MMAG 92, 142; 53.83 = MMAG 92, 143; 53.83 = MMAG 92, 144; 53.88.3 = MMAG 92, 321; 53.91 = MMDe 13, 725; 53.93 = NYS I, 322.

54.3 = MMAG 92, 146; 54.4.1 = NYS V, 339; 54.11.2 = M&M 3, 723; 54.17 = Leu 87, 67; 54.18.1 = MMAG 92, 145; 54.18.2 = Lanz 112, 711; 54.22 = M&M 3, 724; 54.26.1 = NYS V, 340; 54.29.3 = NYS I, 325; 54.32.3 = MMAG 92, 148; 54.37 = MMAG 93, 224.

55.3 = MMAG 92, 149; 55.4 = NYS V, 341; 55.5.1 = MMAG 92, 151; 55.8 = MMAG 92, 150.

56.1 = Leu 83, 799; 56.10 = M&M 3, 727; 56.12 = Gorny & Mosch 176 (2009), 2425; 56.14 = Leu 87, 69; 56.17.1 = Gorny & Mosch 170 (2008), 2552; 56.20 = Lanz 112, 723; 56.21 = MMAG 92, 154; 56.23 = M&M 3, 728; 56.29 = Gorny & Mosch 175 (2009), 271; 56.32 = Lanz 112, 724; 56.34 = Gorny & Mosch 176 (2009), 2424; 56.36 = Gorny & Mosch 170 (2008), 2549; 56.43.3 = M&M 1, 355; 56.49 = Gorny & Mosch 170 (2008), 2550; 56.51 = Lanz 112, 722; 56.56 = Gorny & Mosch 181 (2009), 2309; 56.59 = MMAG 92, 152; 56.69 = MMAG 92, 155; 56.77.1 = NYS V, 342; 56.78 = Lanz 112, 725; 56.93 = MMDe 13, 732.

57.2 = NYS V, 343; 57.10 = NYS V, 344; 57.13 = NYS I, 330.

58.1 = NYS V, 345; 58.6 = NYS V, 346.

59.1 = Gorny & Mosch 169 (2008), 349.

60.7.1 = MMAG 92, 158; 60.10 = NYS I, 332.

61.5 = Leu 87, 70; 61.10 = MMAG 92, 159; 61.11 = Leu 86, 932; 61.12 = NYS V, 348; 61.12 = Leu 86, 933; 61.19 = Gorny & Mosch 165 (2008), 2138.

62.1 = Gorny & Mosch 160 (2007), 2413; 62.2 = Gorny & Mosch 160 (2007), 2414; 62.13 = Leu 87, 74; 62.15.1 = MMAG 92, 161; 62.26 = Leu 83, 803; 62.35.1 = NYS V, 349; 62.41 = Gorny & Mosch 165 (2008), 2141; 62.47.5 = Leu 87, 71; 62.49 = Leu 87, 72; 62.52.2 = Leu 83, 800; 62.53.3 = M&M 1, 357; 62.54.2 = Leu 86, 936; 62.70 = Leu 86, 938; 62.75 = Leu 86, 949; 62.80 = Lanz 112, 740; 62.83 = Gorny & Mosch 165 (2008), 2144; 62.97.1 = Gorny & Mosch 160 (2007), 2417; 62.117.5 = Leu 83, 801; 62.119.4 = Leu 86, 937; 62.124.1 = MMAG 92, 162; 62.126 = MMDe 13, 739; 62.140 = Gorny & Mosch 160 (2007), 2418; 62.142 = NYS V, 350; 62.146 = Gorny & Mosch 176 (2009), 2438; 62.152.1 = Gorny & Mosch 170 (2008), 2601.

63.1 = MMAG 92, 163; 63.1 = Leu 86, 941; 63.6.1 = NYS V, 351.

64.4 = M&M 3, 736; 64.7 = MMAG 92, 164; 64.13 = Gorny & Mosch 170 (2008), 2612; 64.16 = NYS V, 352; 64.20 = MMAG 92, 166; 64.22 = MMAG 93, 231; 64.24 = Gorny & Mosch 170 (2008), 2615; 64.31 = Leu 83, 805; 64.34 = MMAG 92, 165.

65.5 = MMAG 92, 167; 65.6 = Lanz 112, 748; 65.9 = Lanz 112, 749; 65.13 = Lanz 112, 750; 65.15 = MMAG 92, 169; 65.20 = MMAG 92, 170; 65.32.1 = M&M 1, 359.

66.1 = Leu 86, 944; 66.2 = MMDe 13, 746.

67.1 = M&M V, 356; 67.3 = Leu 86, 945; 67.5 = MMAG 92, 174.

68.3 = Leu 86, 947; 68.6 = MMAG 92, 176.

69.2 = M&M V 358; 69.5 = MMAG 93, 237; 69.8 = MMAG 92, 178.

70.2 = MMAG 92, 179; 70.7 = Leu 83, 809; 70.8.2 = NYS I, 338; 70.9 = Leu 83, 807; 70.11 = M&M V, 361; 70.15 = Leu 86, 948.

71.3 = M&M V, 361; 71.6 = NYS I, 340; 71.11 = M&M V, 362; 71.18 = MMAG 92, 184; 71.19 = Lanz 112, 761.

72.1 = Lanz 112, 765; 72.3 = MMAG 92, 190; 72.6 = Leu 87, 76; 72.14 = Leu 87, 77; 72.17 = MMAG 92, 187; 72.23 = Gorny & Mosch 170 (2008), 2665; 72.26 = Gorny & Mosch 170 (2008), 2663; 72.30 = MMAG 92, 186, 72.32.14 = Lanz 112, 768; 72.35.4 = Lanz 112, 769; 72.43 = Gorny & Mosch 165 (2008), 2163; 72.45 = Gorny & Mosch 170 (2008), 2664; 72.50 = MMDe 13, 752; 72.52 = Leu 87, 75; 72.55 = Lanz 112, 766; 72.57 = Gorny & Mosch 170 (2008), 2662; 72.59 = Gorny & Mosch 165 (2008), 2166; 72.61 = Gorny & Mosch 170 (2008), 2670; 72.68 = Gorny & Mosch 169 (2008), 386; 72.71 = MMAG 92, 191; 72.85.1 = MMAG 93, 239; 72.88.2 MMDe 13, 753; 72.90 = M&M V, 363; 72.96 = Gorny & Mosch 165 (2008), 2167.

73.2.2 = MMAG 92, 193.

74.1 = M&M 3, 741; 74.2 = Lanz 112, 803; 74.4 = Gorny & Mosch 170 (2008), 2677; 74.8.2 = Gorny & Mosch 181 (2009), 2344; 74.11 = Gorny & Mosch 181 (2009), 2343; 74.16 = Leu 86, 949; 74.18.2 = Lanz 112, 805; 74.21 = Lanz 112, 802; 74.22.3 = MMAG 92, 194; 74.23 = Lanz 112, 808; 74.35 = Lanz 112, 807; 74.40 = MMAG 93, 241; 74.43 = MMDe 13, 756; 74.48.2 = MMDe 13, 757; 74.50 = M&M V, 364; 74.53.1 MMAG 93, 240; 74.54.2 = Gorny & Mosch 160 (2007), 2431; 74.59 = Gorny & Mosch 165 (2008), 2179.

75.1 = MMAG 92, 196; 75.7 = Lanz 112, 809; 75.9 = M&M V, 365; 75.13 = MMAG 92, 197; 75.14.3 = MMAG 92, 198.

76.2 = Lanz 112, 811; 76.4 = Gorny & Mosch 170 (2008), 2695; 76.7 = MMDe 13, 759; 76.10 = M&M V, 366; 76.11 = Lanz 112, 814; 76.13 = Gorny & Mosch 181 (2009), 2353; 76.17.2 = Gorny & Mosch 170 (2008), 2706; 76.20 = Gorny & Mosch 176 (2009), 2476; 76.23 = MMAG 92, 200; 76.27 = Gorny & Mosch 160 (2007), 2437.

77.1 = Gorny & Mosch 169 (2008), 392; 77.5 = MMAG 92, 201.

78.1 = Lanz 100, 289.

79.1 = Gorny & Mosch 170 (2008), 2708; 79.4 = MMAG 92, 203; 79.8.2 = Gorny & Mosch 181 (2009), 2358; 79.13 = Leu 83, 813; 79.17.2 = M&M V, 368; 79.18.2 = M&M V, 369; 79.19.2 = M&M V, 370; 79.20.2 = M&M V, 371; 79.21.2 = Lanz 112, 823; 79.23.1 = Lanz 112, 824; 79.24.1 = M&M V, 374; 79.25.1 = M&M V, 375; 79.27.2 = M&M V, 376; 79.31 = MMAG 92, 204; 79.35 = MMAG 92, 207; 79.36 = MMAG 92, 206; 79.39 = NYS I, 346.

80.3 = Lanz 100, 299; 80.5 = Gorny & Mosch 170 (2008), 2715; 80.12 = Lanz 100, 302; 80.13 = MMAG 92, 212.

81.3 = MMDe 13, 761; 81.6 = MMDe 13, 763; 81.7 = M&M V, 378; 81.9 = MMAG 92, 214; 81.14 = MMAG 92, 215.

82.5 = Lanz 112, 826; 82.9 = MMAG 92, 216; 82.19 = Lanz 100, 313; 82.22 = Lanz 100, 311; 82.30 = MMDe 13, 768.

83.1 = M&M 3, 750; 83.3 = Gorny & Mosch 181 (2009), 2366; 83.8 = MMAG 92, 217; 83.9 = Privatsammlung; 83.13 = Lanz 100, 315; 83.15 = Lanz 100, 314; 83.27.1 = Gorny & Mosch 170 (2008), 2730; 83.32 = MMDe 13, 769; 83.33 = Lanz 100, 316; 83.37 = MMAG 92, 218; 83.39 = Gorny & Mosch 176 (2009), 2488; 83.44 = Gorny & Mosch 170 (2008), 2731.

84.12.2 = Lanz 100, 319; 84.17.2 = Lanz 112, 828; 84.27.1 = Privatsammlung; 84.33 = Gorny & Mosch 160 (2007), 2442; 84.38 = Lanz 100, 320; 84.41.2 = Lanz 100, 321; 84.46 = MMAG 92, 221; 84.54 = Gorny & Mosch 176 (2009), 2490.

85.1 = MMAG 93, 249; 85.5 = M&M V, 382; 85.8 = Lanz 100, 325; 85.9 = MMAG 92, 222; 85.12 = Lanz 100, 326; 85.16 = Leu 86, 951; 85.19 = MMAG 92, 223; 85.34 = Lanz 100, 328.

86.2 = Lanz 112, 830; 86.5 = MMAG 92, 224.

87.2 = MMAG 93, 250.

88.15 = MMDe 11, 347; 88.17 = M&M V, 384, 88.29 = Lanz 100, 335; 88.32 = Lanz 80, 593; 88.43 = Lanz 100, 334; 88.47 = M&M 3, 755; 88.63 = MMDe 6, 352; 88.69 = Lanz 100, 337; 88.76 = Lanz 100, 338.

89.1.1 = MMAG 92, 226; 89.2.1 = Lanz 100, 341.

90.8 = MMAG 92, 227; 90.9 = Leu 87, 81; 90.23.1 = Privatsammlung; 90.28 = Privatsammlung; 90.39 = MMDe 11, 348; 90.59 = Lanz 80, 598; 90.70 = Lanz 100, 346; 90.76 = Privatsammlung; 90.85 = Privatsammlung; 90.94 = Lanz 100, 345; 90.96 = Privatsammlung; 90.155 = Lanz 80, 597; 90.199.2 = MMAG 92, 229; 90.215.1 = MMAG 92, 228; 90.227 = Lanz 100, 354; 90.234 = Lanz 100, 352; 90.248 = Lanz 100, 351; 90.249 = Lanz 100, 353.

91.7 = MMDe 11, 349; 91.10 = Lanz 100, 356; 91.14 = MMAG 92, 230; 91.31 = Lanz 100, 359; 91.32 = Lanz 100, 360.

92.2 = Lanz 100, 362; 92.3 = M&M V, 388; 92.12.2 = Lanz 100, 364.

93.3 = MMDe 13, 773; 93.4 = Lanz 100, 367; 93.9 = Lanz 100, 368.

94.3 = Lanz 80, 601; 94.5 = Lanz 112, 833; 94.8 = Lanz 100, 372.

95.6 = Lanz 100, 373; 95.7 = Lanz 100, 374; 95.9 = Lanz 112, 835.

96.4 = Lanz 100, 370.

97.2 = Lanz 100, 371.

98.13 = Leu 83, 817; 98.20 = Lanz 100, 377; 98.23 = Lanz 112, 836; 98.28 = MMDe 11, 350; 98.34 = MMDe 6, 353; 98.35 = Lanz 80, 602; 98.36 = Lanz 100, 378; 98.37 = MMDe 13, 781; 98.38 = Privatsammlung; 98.44 = Privatsammlung; 98.51 = Privatsammlung; 98.61 = Privatsammlung; 98.65 = Lanz 100, 376; 98.72 = MMDe 11, 353; 98.76 = Lanz 100, 380; 98.79 = MMDe 11, 352; 98.86 = Leu 83, 818; 98.90 = Lanz 100, 381; 98.99.1 MMDe 13, 780.

99.1 = Lanz 100, 384.

100.1 = Lanz 100, 385; 100.4.2 MMDe 13, 785; 100.3.1 = Lanz 100, 386.

101.2.2 = Leu 87, 85; 101.3 = Lanz 100, 387; 101.5 = Lanz 80, 603; 101.9 = MMAG 92, 239.

102.10 = Lanz 100, 389; 102.16 = MMAG 92, 240; 102.19 = Lanz 100, 390.

103.7 = MMAG 92, 241; 103.13 = Lanz 100, 391.

104.9 = Lanz 80, 606; 104.16 = Privatsammlung; 104.42 = Lanz 100, 392; 104.63 = Privatsammlung; 104.65.1 = Lanz 80, 605; 104.69 = Lanz 100, 394; 104.77 = Lanz 80, 607.

105.6 = MMAG 92, 243; 105.8 = MMDe 13, 786; 105.9 = Lanz 100, 396; 105.16 = MMAG 92, 244.

106.17 = Lanz, 112, 841; 106.27 = Lanz 100, 397; 106.30 = Lanz 80, 609; 106.38.2 = Lanz 112, 842; 106.55.1 = Lanz 80, 610; 106.67 = Lanz 100, 399; 106.73 = Lanz 100, 400; 106.75 = Lanz 100, 402.

107.3 = MMAG 92, 249; 107.7 = MMDe 13, 788; 107.8 = MMAG 92, 250.

108.1 = MMAG 92, 251.

109.3 = MMAG 92, 254; 109.5 = MMAG 92, 252.

110.10.2 = Gorny & Mosch 165 (2008), 2218; 110.12 = Gorny & Mosch 170 (2008), 2793; 110.17 = Gorny & Mosch 170 (2008), 2795; 110.19 = M&M 3, 763; 110.20 = MMDe 13, 789; 110.29.1 = Gorny & Mosch 181 (2009), 2406; 110.31 = Leu 87, 87; 110.33 = MMAG 92, 256; 110.38 = Lanz 100, 409; 110.42 = Lanz 100, 410.

111.1 = Lanz 100, 413; 111.6 = Gorny & Mosch 165 (2008), 2222; 111.16 = MMAG 92, 257; 111.18.1 = Leu 87, 88; 111.20 = Leu 83, 825; 111.21 = Lanz 80, 612; 111.27 = MMDe 13, 790; 111.32.2 = Lanz 100, 412.

112.10 = Leu 87, 90; 112.12 = Leu 87, 91; 112.18 = Lanz 100, 420; 112.22.2 = Gorny & Mosch 176 (2009), 2520; 112.25.2 = Lanz 112, 848; 112.27.1 = Lanz 80, 615; 112.31.1 = Gorny & Mosch 176 (2009), 2517; 112.39 = Lanz 112, 849; 112.47 = Gorny & Mosch 181 (2009), 2428; 112.48.1 = Lanz 100, 416; 112.49 = Privatsammlung; 112.55 = Lanz 100, 423; 112.59 = Privatsammlung; 112.62 = Lanz 112, 850; 112.67 = Lanz 80, 616; 112.70.2 = Gorny & Mosch 176 (2009), 2536; 112.73.2 = Lanz 100, 421; 112.74.2 = MMAG 92, 261; 112.78 = Gorny & Mosch 181 (2009), 2426; 112.80 = Gorny & Mosch 160 (2007), 2482; 112.81.2 = Lanz 100, 417; 112.86 = Gorny & Mosch 181 (2009), 2411; 112.88.2 = Lanz 100, 418; 112.92.4 = Privatsammlung; 112.95.2 = Lanz 100, 422; 112.97 = Gorny & Mosch 170 (2008), 2816; 112.102.1 = Lanz 100, 428.

113.4 = MMAG 92, 263; 113.20 = Gorny & Mosch 170 (2008), 2847; 113.28 = Lanz 112, 851; 113.32.1 = Gorny & Mosch 165 (2008), 2239; 113.33.1 = Lanz 100, 433.

114.7.2 = Gorny & Mosch 170 (2008), 2850; 114.17 = Lanz 100, 434; 114.19.1 = MMAG 92, 267; 114.19.2 = Lanz 100, 435; 114.31 = Gorny & Mosch 170 (2008), 2853.

115.15 = Gorny & Mosch 160 (2007), 2501; 115.18 = Lanz 100, 437; 115.19 = Lanz 100, 436; 115.22 = Privatsammlung; 115.30 = Leu 87, 94; 115.39 = Gorny & Mosch 170 (2008), 2856; 115.49.1 = Lanz 80, 618; 115.55.4 = Lanz 100, 438; 115.58 = Gorny & Mosch 165 (2008), 2244.

116.3 = Lanz 100, 445; 116.7 = Lanz 100, 446.

117.2 = Lanz 100, 447.

118.1 = Leu 87, 96; 118.5 = MMAG 92, 268.

119.3 = Leu 87, 98; 119.25 = M&M 3, 771; 119.37.1 = Gorny & Mosch 170 (2008), 2859; 119.49.2 = Lanz 100, 451; 119.60.4 = MMAG 92, 270; 119.66 = M&M 3, 770; 119.71 = Leu 87, 97; 119.75 = Leu 83, 831; 119.77.1 = Leu 86, 963; 119.78.1 = Lanz 100, 449; 119.84 = Lanz 100, 452; 119.89 = Lanz 100, 453; 119.99 = Lanz 100, 454.

120.1 = Leu 86, 968; 120.7 = Leu 86, 966; 120.10 = MMAG 93, 269; 120.22 = Lanz 100, 461; 120.23.2 = MMAG 92, 279; 120.29 = Gorny & Mosch 176 (2009), 2550; 120.41 = Gorny & Mosch 176 (2009), 2551; 120.53.3 = Gorny & Mosch 170 (2008), 2871; 120.58.2 = Gorny & Mosch 165 (2008), 2252; 120.65 = MMAG 92, 277; 120.70.1 = Lanz 100, 459; 120.71 = Leu 86, 971; 120.76 = MMAG 92, 280; 120.80 = Lanz 112, 859; 120.88 = Lanz 100, 463; 120.89 = Lanz 100, 462; 120.110 = Lanz 80, 626; 120.113 = Gorny & Mosch 165 (2008), 2257.

121.26 = Leu 83, 835; 121.30.1 = MMAG 92, 283; 121.31.1 = Leu 86, 980; 121.38 = Lanz 100, 480; 121.39 = M&M 1, 366; 121.48 = Lanz 100, 482; 121.53 = Leu 87, 108; 121.56 = Lanz 100, 481; 121.62 = Gorny & Mosch 170 (2008), 2892; 121.67 = Lanz 100, 483; 121.68.1 = Lanz 100, 485; 121.70 = Lanz 112, 862.

122.30.1 = Lanz 100, 487; 122.31 = Gorny & Mosch 176 (2009), 2570; 122.37 = Lanz 100, 489; 122.42 = Gorny & Mosch 170 (2008), 2895; 122.47 = Lanz 100, 491; 122.64 = MMAG 92, 287; 122.66 = Lanz 100, 490.

123.2 = MMAG 92, 289.

124. Hinweise für Sammler = Lanz 100, 474; 124.2.1 = Gorny & Mosch 169 (2008), 409; 124.22.2 = MMAG 92, 274; 124.59 = Gorny & Mosch 170 (2008), 2882; 124.73 (Denar) = Gorny & Mosch 164 (2008), 446; 124.79.2 = Lanz 100, 472; 124.85 = MMAG 92, 275.

125.3 = Gorny & Mosch 181 (2009), 2453; 125.12 = Gorny & Mosch 170 (2008), 2885; 125.16 = Lanz 100, 475; 125.29 = M&M V, 393.

126.2 = MMAG 92, 281.

127.6 = MMAG 92, 290; 127.7 = Lanz 100, 497; 127.10 = Lanz 100, 496; 127.11.1 = Lanz 100, 498; 127.12 = MMAG 92, 291; 127.28 = Lanz 100, 499.

128.e = Lanz 112, 887; 128.1 = Leu 87, 110; 128.8 = MMAG 92, 295; 128.16 = Gorny & Mosch 170 (2008), 2901; 128.23 = Lanz 112, 885; 128.27 = Lanz 100, 501; 128.32 = Leu 87, 111; 128.35 = Lanz 100, 500; 128.36 = Lanz 100, 503; 128.38 = Lanz 100, 502; 128.45 = Gorny & Mosch 176 (2009), 2573; 128.49 = Lanz 100, 504; 128.54.1 = Gorny & Mosch 160 (2007), 2527.

129.3 = Leu 87, 112; 129.11 = Lanz 100, 505; 129.12 = Gorny & Mosch 160 (2007), 2530; 129.13.1 = Lanz 100, 508; 129.17.1 = Lanz 100, 506; 129.21 = Gorny & Mosch 160 (2007), 2529.

130.1 = Lanz 100, 509.

131.6.1 = Lanz 100, 511; 131.7 = Lanz 100, 510; 131.8 = MMAG 92, 296.

132.4 = Leu 86, 981; 132.6 = MMAG 92, 297; 132.25 = Lanz 100, 512; 132.31 = Gorny & Mosch 176 (2009), 2576; 132.37 = Lanz 100, 513; 132.40 = MMAG 92, 299; 132.45 = Lanz 100, 515; 132.57.1 = Gorny & Mosch 170 (2008), 2913; 132.64.2 = Lanz 100, 516; 132.68 = Gorny & Mosch 165 (2008), 2273.

133.1 = Leu 87, 114; 133.10.1 = MMAG 92, 301; 133.17.2 = Lanz 100, 518.

134.1 = MMAG 92, 302.

135.1 = Lanz 100, 519.

136.3 = Leu 87, 115; 136.6 = Lanz 100, 521; 136.22 = Lanz 100, 525; 136.30 = Lanz 100, 526; 136.59.1 = Leu 83, 841; 136.67 = MMAG 93, 276; 136.82 = Leu 83, 838; 136.98.3 = Lanz 100, 304; 136.105 = Leu 87, 118; 136.109.2 = Lanz 100, 520; 136.110 = Lanz 112, 871; 136.113 = Lanz 100, 522; 136.114 = Lanz 100, 540; 136.117 = Lanz 100, 523; 136.120 = Lanz 80, 639; 136.129 = Lanz 100, 527; 136.130 = Lanz 100, 537; 136.136 = Lanz 100, 535; 136.146 = Lanz 100, 538; 136.150 = Lanz 100, 530; 136.155 = Lanz 100, 528; 136.166 = Lanz 100, 536; 136.167 = Lanz 112, 865; 136.171 = Lanz 100, 533; 136.174 = Lanz 100, 539; 136.180 Lanz 100, 529; 136.183 = Lanz 112, 872; 136.194 = Lanz 100, 532; 136.197; 136.202.2 = Lanz 100, 534; 136.213 = Gorny & Mosch 160 (2007), 2541.

137.1 = Lanz 100, 543; 137.5 = Gorny & Mosch 176 (2009), 2586; 137.6 = Gorny & Mosch 181 (2009), 2494.

138.1 = Lanz 100, 544.

139.2 = Lanz 100, 545; 139.4 = Lanz 100, 546; 139.5 = Lanz 100, 547.

140.1 = Lanz 100, 486.

141.2 = Leu 87, 119; 141.3 = Lanz 100, 548.

142.1 = Leu 87, 120; 142.2 = MMAG 93, 280; 142.13 = Leu 86, 988; 142.15 = Lanz 100, 549; 142.16 = Lanz 100, 551; 142.17 = Lanz 80, 641; 142.18 = Lanz 100, 550; 142.22 = Lanz 80, 642; 142.25.1 = MMAG 92, 312; 142.28.2 = Lanz 100, 552; 142.39.1 = Lanz 112, 878.

143.3 = Lanz 100, 553; 143.4 = Lanz 100, 554.

144.2 = Lanz 100, 555.

145.9 = Leu 87, 121; 145.17 = Leu 86, 989; 145.22 = Gorny & Mosch 176 (2009), 2594; 145.27 = Lanz 80, 654; 145.28 = Lanz 100, 560; 145.29 = Lanz 80, 653; 145.39 = Lanz 100, 559; 145.40 = Lanz 100, 562; 145.52 = Lanz 80, 652; 145.73 = Lanz 100, 557; 145.76 = MMAG 92, 315; 145.80 = Lanz 100, 556.

146.7 = Gorny & Mosch 181 (2009), 2503; 146.13.1 = Leu 86, 1002; 146.16 = Leu 86, 998; 146.20.4 = Leu 86, 999; 146.33.2 = Lanz 100, 565; 146.34 = Lanz 100, 566; 146.40.1 = Lanz 100, 563; 146.46 = Lanz 100, 564; 146.57.2 = Lanz 100, 569; 146.58 = Lanz 100, 571; 146.59 = Lanz 100, 567; 146.63 = Lanz 100, 568.

147.3 = Leu 87, 122; 147.9.2 = Lanz 112, 893; 147.19 = Lanz 80, 657; 147.21 = Lanz 80, 655; 147.27 = Leu 83, 848; 147.32.2 = Leu 86, 994; 147.36 = Leu 86, 991; 147.46.2 = MMAG 92, 322; 147.51.3 = MMAG 92, 321; 147.66.1 = Leu 86, 993; 147.74 = Lanz 100, 574; 147.75 = Lanz 100, 575; 147.80 = Leu 86, 995; 147.81.1 = Lanz 100, 573; 147.81.3 = Lanz 100, 572; 147.85 = Leu 86, 996; 147.89.3 = Lanz 100, 578; 147.89.4 = Lanz 100, 577; 147.94 = Lanz 100, 579.

148.5 = Leu 86, 1004; 148.6 = Leu 83, 849; 148.16 = MMAG 92, 331; 148.17 = Lanz 100, 587; 148.19 = Lanz 80, 661; 148.20.1 = MMAG 92, 334; 148.23 = Lanz 100, 589; 148.27 = Lanz 100, 590.

149.3 = MMAG 92, 335; 149.9 = Lanz 100, 591; 149.12 = Lanz 100, 592; 149.14 = Lanz 100, 593.

150.2 = Lanz 100, 581; 150.3 = Lanz 100, 582.

151.1 = Leu 87, 123; 151.3 = Lanz 100, 583; 151.5 = Lanz 100, 584; 151.7 = Lanz 100, 586; 151.9 = Lanz 100, 585.

152.1.1 = Leu 87, 124; 152.6 = Lanz 100, 595; 152.10.1 = Gorny & Mosch 170 (2008), 2963; 152.15.2 = Lanz 100, 596.

153.5 = Gorny & Mosch 165 (2008), 2315; 153.9 = Lanz 100, 598; 153.20 = Leu 87, 125; 153.25 = Leu 86, 1008; 153.29 = Lanz 100, 597; 153.31 = Lanz 100, 599; 153.33 = Lanz 100, 600; 153.36 = Lanz 100, 602.

154.3 = Leu 86, 1013; 154.10 = Lanz 100, 605; 154.14 = Lanz 100, 606; 154.16 = Lanz 100, 607.

155.5 = Leu 86, 1015; 155.11 = Leu 86, 1018; 155.21 = Leu 83, 851; 155.27 = Lanz 100, 609; 155.29.1 = MMAG 92, 351; 155.33 = Lanz 100, 608; 155.40.1 = Lanz 80, 668; 155.44 = Lanz 100, 610.

156.4 = Leu 86, 1020; 156.9 = Leu 86, 1019; 156.12.2 = Leu 86, 1022; 156.17 = Leu 83 = 852; 156.22 = Lanz 100, 613; 156.24.1 = MMAG 93, 295; 156.26 = Lanz 100, 612; 156.31 = Leu 86, 1021; 156.32 = Lanz 100, 614; 156.34.2 = Lanz 100, 615; 156.37 = Lanz 112, 906; 156.38 = Lanz 80, 684.

157.3 = Lanz 100, 617; 157.6 = Lanz 100, 618.

158.1 = Leu 86, 1027; 158.7 = Leu 86, 1026; 158.8.1 = Leu 86, 1025; 158.12 = Leu 83, 853; 158.16 = Lanz 100, 622; 158.17 = Lanz 100, 621; 158.23 = Lanz 100, 620; 158.24 = Lanz 80, 694; 158.27 = Lanz 80, 690; 158.32.1 = Lanz 100, 625; 158.35 = Lanz 80, 691; 158.38 = Lanz 100, 624; 158.41 = Lanz 80, 696; 158.43 = MMAG 92, 362.

159.1.1 = Leu 86, 103; 159.3 = Leu 86, 1029; 159.4 = Leu 86, 1028; 159.11 = Lanz 100, 629; 159.12 = Lanz 100, 628; 159.14 = Lanz 100, 627; 159.23.2 = Lanz 100, 630; 159.24 = Lanz 100, 631; 159.37 = Lanz 80, 700.

160.1.1 = Leu 86, 1033; 160.1.2 = Leu 86, 1037; 160.3 = Leu 86, 1032; 160.8 = Lanz 100, 634; 160.9 = Lanz 100, 633; 160.18 = Lanz 80, 708; 160.24 = Lanz 100, 636; 160.26 = Lanz 112, 912; 160.28 = Lanz 100, 637; 160.34 = Lanz 80, 707; 160.36 = Lanz 100, 635; 160.41 = Lanz 80, 704.

161.2 = Leu 86, 1038; 161.4 = Lanz 100, 638; 161.5 = Lanz 100, 639.

162.1 = MMAG 93, 299; 162.5 = Leu 86, 1039; 162.8 = Lanz 100, 640; 162.9 = Lanz 100, 641; 162.12 = Lanz 100, 642; 162.13 = Lanz 100, 643; 162.14 = Lanz 80, 715; 162.15 = MMAG 92, 375.

163.5 = Lanz 100, 644; 163.6 = Lanz 100, 645.

164.2 = MMAG 93, 301; 164.4 = Lanz 100, 653; 164.8 = Lanz 100, 654; 164.10 = Lanz 112, 920.

165. Hinweise für Sammler = Lanz 100, 649; 165.1 = Leu 86, 1040; 165.5 = Lanz 112, 919; 165.11 = Leu 86, 1043; 165.17 = Lanz 100, 646; 165.20 = Lanz 112, 918; 165.22 = Lanz 100, 648; 165.25 = Lanz 80, 719; 165.26 = Lanz 112, 917; 165.32 = Lanz 100, 647; 165.34 = Lanz 80, 716.

166.3 = Lanz 112, 925; 166.4 = Lanz 100, 651; 166.6 = Lanz 100, 652.

167.3 = Lanz 112, 925; 167.7 = Leu 86, 1051; 167.12 = Lanz 112, 927; 167.15 = Leu 86, 1050; 167.18 = Lanz 100, 658; 167.24 = Lanz 100, 659.

168.2 = Leu 83, 860; 168.4 = Leu 86, 1052; 168.6 = Lanz 100, 660.

169.4 = Leu 86, 1053; 169.6 = Leu 86, 1054; 169.8 = Lanz 100, 661.

170.3 = Leu 86, 1054.

171.4 = Leu 86, 1062; 171.7 = Lanz 100, 677; 171.8 = Lanz 100, 678; 171.10 = Lanz 80, 752; 171.13 = Lanz 100, 679.

172.1 = Leu 86, 1063; 172.2 = M&M 1, 382; 172.3 = Lanz 100, 680.

173.1 = M&M V, 406.

174.4 = Leu 83, 866; 174.8 = Lanz 80, 754; 174.14 = MMDe 13, 835.

175.1 = NAC 34 (2006), 122.

176.2 = M&M 1, 385; 176.4 = Leu 86, 1066; 176.5 = Lanz 112, 945.

177.2 = CNG 73 (2006), 1030.

179.2 = Leu 86, 1014; 179.11 = Lanz 100, 655; 79.13 = Lanz 100, 657; 179.16 = Lanz 100, 656; 179.22 = Gorny & Mosch 181 (2009), 2555.

180.4 = Leu 86, 1055; 180.5 = Lanz 100, 662.

181.1 = NAC 42 (2007), 237.

182.1 - Lanz 100, 664.

183.1 = NAC 54 (2010), 654; 183.10 = Lanz 100, 665.

184.1 = MMAG 93, 305; 184.3 = Lanz 112, 940; 184.4 = Lanz 100, 666.

185.1 = Lanz 100, 667.

186.1 = NAC 38 (2007), 290.

187.3 = MMAG 93, 306; 187.6 = Leu 86, 1058; 187.8 = Lanz 100, 669.

188.1 = Gorny & Mosch 160 (2007), 2599; 188.5 = MMAG 93, 307; 188.6 = Lanz 100, 671.

189.8 = Leu 86, 1059; 189.20 = Lanz 80, 745; 189.21 = Lanz 100, 672; 189.32 = Lanz 80, 747; 189.35 = Lanz 80, 746.

190.3 = Künker 168 (2010), 7954.

191.2 = Leu 83, 863.

192.1 = CNG, Triton VI (2003), 1165.

193.2 = CNG, Triton VI (2003), 1166; 193.4.2 = Lanz 100, 675.

194.2 = Leu 83, 864; 194.5 = Lanz 100, 676.

195.4 = Lanz 100, 681.

196.1 = Gorny & Mosch 176 (2009), 2662; 196.2 = Leu 86, 1064.

197.2 = Rauch 79 (2006), 2575.

198.1 = UBS 78 (2008), 2041.

199.1 = NAC 33 (2006), 631.

200.1 = Leu 86, 1067.

201.1 = Künker 174 (2010), 1108.

Anzeigen

Seit über 40 Jahren
MÜNZHANDLUNG
RITTER
DÜSSELDORF
DAS RÖMISCHE KAISERREICH
IN UNSEREM ONLINE-SHOP
ECHTHEITS-
ZERTIFIKAT
WWW.MUENZEN-RITTER.COM
LAGERLISTE
Die ganze Welt der Münzen
Von der Antike bis zur Gegenwart
JETZT BESTELLEN
GRATIS LAGERLISTE
VERBAND DER DEUTSCHEN MÜNZENHÄNDLER
Immermannstr.19 • 40210 Düsseldorf
Postfach 24 01 26 • 40090 Düsseldorf
Tel.: 0211-367800 • Fax: 0211-36780 25
E-Mail: info@muenzen-ritter.com
www.muenzen-ritter.com